Thaya
raltaich
au
Markgrafschaft
Österreich
Mautern
Traismauer
Tulln
Linz
Wels
Lambach
St.Florian
Lorch
Persenbeug
Pöchlarn
Melk
St.Pölten
Baden
Kremsmünster
tsee
Mondsee
Pitten
iern
Enns
Leoben
Göß
Mur
Eppenstein
Karan-
tanische
Mark
um Kärnten
Friesach
Hohenburg
Gurk
Karnburg
Drau
Marburg
Mur
Pettau
Mark
Krain
Krainburg
Cilli
Windische
Mark
chaft
Save

Entwurf: F.P. Knapp
Graphik: Studio Pirker, Graz

GESCHICHTE DER LITERATUR
IN ÖSTERREICH

GESCHICHTE DER LITERATUR IN ÖSTERREICH
VON DEN ANFÄNGEN BIS ZUR GEGENWART

Herausgegeben
von
HERBERT ZEMAN

BAND 1

Akademische
Druck- u. Verlagsanstalt
Graz/Austria

DIE LITERATUR DES FRÜH- UND HOCHMITTELALTERS

IN DEN BISTÜMERN
PASSAU, SALZBURG, BRIXEN UND TRIENT
VON DEN ANFÄNGEN BIS ZUM JAHRE 1273

von
FRITZ PETER KNAPP

Akademische
Druck- u. Verlagsanstalt
Graz/Austria

Publiziert mit Unterstützung des
Fonds zur Förderung der wissenschaftlichen Forschung
und des
Mitteleuropäischen Forschungszentrums
für die Literaturen und Kulturen des Donauraumes

Die Deutsche Bibliothek – CIP-Einheitsaufnahme

**Geschichte der Literatur in Österreich
von den Anfängen bis zur Gegenwart /**
hrsg. von Herbert Zeman. –
Graz/Austria : Akad. Dr.-und Verl.-Anst.
NE: Zeman, Herbert [Hrsg.]
Bd. 1. Knapp, Fritz Peter: Die Literatur des Früh- und
Hochmittelalters in den Bistümern
Passau, Salzburg, Brixen und Trient
von den Anfängen bis zum Jahre 1273. – 1994

Knapp, Fritz Peter:
Die Literatur des Früh- und Hochmittelalters
in den Bistümern Passau, Salzburg, Brixen und Trient
von den Anfängen bis zum Jahre 1273 / von Fritz Peter Knapp. –
Graz/Austria : Akad. Dr.-und Verl.-Anst., 1994
(Geschichte der Literatur in Österreich
von den Anfängen bis zur Gegenwart ; Bd. 1)
ISBN 3-201-01611-X

Umschlaggestaltung:
Ingeborg Kumpfmüller, Wien
Satz:
LeykamDruck, Graz
Reproduktion und Druck:
Print & Art, Graz

© Akademische Druck- u. Verlagsanstalt, Graz 1994
ISBN 3-201-01611-X
Printed in Austria

Vorbemerkung des Herausgebers

Die *Geschichte der Literatur in Österreich* tritt mit dem Erscheinen des vorliegenden ersten Bandes ins Leben. Nach der wissenschaftlichen Vermessung des literarischen Terrains durch das vier- bzw. siebenbändige Werk *Die österreichische Literatur – eine Dokumentation ihrer literarhistorischen Entwicklung* (Graz, Akademische Druck- u. Verlagsanstalt, 1979–1989) folgt nun die zusammenhängende literaturgeschichtliche Darstellung. Sie steht am Ende einer ausgebreiteten, den gesamten deutschen und den spezifisch österreichischen Kulturraum erfassenden literaturwissenschaftlichen Forschung im 20. Jahrhundert: Die Zeit ist reif geworden für das Wagnis einer neuen Literaturgeschichte.

Die *Geschichte der Literatur in Österreich* soll das seinerzeitige Sammelunternehmen der *Deutsch-Österreichischen Literaturgeschichte. Ein Handbuch zur Geschichte der deutschen Dichtung in Österreich-Ungarn*, herausgegeben von Johann Willibald Nagl, Jakob Zeidler und Eduard Castle (4 Bände, Wien 1899–1938) ersetzen. Zwar blieb der „Nagl-Zeidler-Castle" bis in die Gegenwart mit vielen seiner Kapitel ein wichtiges Nachschlagewerk, im ganzen jedoch entsprach und entspricht er weder in methodischer noch in inhaltlicher Hinsicht modernen Erwartungen. Ähnlich gilt für die *Literaturgeschichte Österreichs* von Josef Nadler (Linz 1948; Salzburg ²1952).

Schon der vorliegende erste Band der Literaturgeschichte zeigt, welche Fülle an literarischen Denkmälern in den letzten Jahrzehnten neu erschlossen, welche neue Einsichten den Autorenpersönlichkeiten, welche neue Einschätzungen und Deutungen den Werken zuteil wurden und wie neue literarhistorische Perspektiven die zusammenfassende Darstellung prägen. Was für das Früh- und Hochmittelalter gilt, trifft auch für die späteren Perioden zu: Die literarische Landschaft formiert sich dem modernen Betrachter aufgrund des geänderten Standpunktes und der entscheidend vergrößerten Stoffkenntnis völlig anders als den Bearbeitern der seinerzeitigen *Deutsch-Österreichischen Literaturgeschichte*. Sieben Wissenschaftler erschließen das literarhistorische Panorama, das in sieben Bänden historisch gegliedert dargeboten wird.

Band I
Fritz Peter Knapp: Die Literatur des Früh- und Hochmittelalters
Band II
Fritz Peter Knapp: Die Literatur des Spätmittelalters
Band III
Werner M. Bauer: Die frühe Neuzeit (Das Zeitalter des Humanismus)
Band IV
Dieter Breuer: Die mittlere Neuzeit (Das Zeitalter des Barock)
Band V
Herbert Zeman: Das 18. und das frühe 19. Jahrhundert (Das Zeitalter der Aufklärung und das Biedermeier)
Band VI
Herbert Zeman: Das späte 19. Jahrhundert und die Jahrhundertwende (Das Zeitalter des Realismus, Impressionismus, Jugendstils und Expressionismus)

Band VII
Werner M. Bauer, Wolfgang Kraus, Joseph P. Strelka, Walter Zettl: Das 20. Jahrhundert

Die besondere Beachtung regionaler Literaturforschung seit den siebziger Jahren ließ auch dem österreichischen Literaturraum ein neues Profil zukommen.[1] Die Fluktuation des kulturellen und politischen Raumes, den man „österreichisch" nennen könnte, und das damit verbundene Erscheinungsbild der deutschen bzw. deutschsprachigen Literatur im Zusammenhang mit der mittel- und neulateinischen, der italienischen, der slawischen oder ungarischen Literaturen[2] gaben Veranlassung, von einer *Geschichte der Literatur in Österreich* zu sprechen und begriffliche Festlegungen, wie etwa *Literaturgeschichte Österreichs* oder *Österreichische Literaturgeschichte*, zu vermeiden. Die Abfassung einer *Geschichte der Literatur in Österreich* darf nicht mehr als vaterländische Notwendigkeit im Sinn des in der habsburgischen Donaumonarchie begonnenen und in der ersten Republik abgeschlossenen „Nagl-Zeidler-Castle" bestimmt werden; wohl aber führt sie den modernen Leser durch die Charakteristik der Literaturtradition hin zu einer neuen Identifikation mit der österreichischen Kultur. Vor allem ist jedoch die Erkenntnis des literarischen Entwicklungsganges in den „österreichischen" Ländern vom babenbergischen Territorium des Mittelalters über die habsburgische Hausmacht in der frühen Neuzeit bis zur Donaumonarchie und den beiden Republiken des 20. Jahrhunderts ein lehrreiches Beispiel überregionalen und übernationalen kulturellen Zusammenspiels im Herzen Europas.

Die Idee einer umfassenden *Geschichte der Literatur in Österreich* fand Zustimmung und Unterstützung bei den Bandbearbeitern, beim Verlag und beim „Fonds zur Förderung der wissenschaftlichen Forschung". Der Herausgeber ist in diesem Sinne dankbar für die Förderung eines Unternehmens, das sowohl ein lange erwartetes wissensschaftliches Desideratum verwirklicht, als auch eine kulturpolitisch wichtige Standortbestimmung ist. Möge die neue *Geschichte der Literatur in Österreich* am Ende unseres Jahrtausends abgeschlossen vorliegen und dem modernen Bewußtsein die unerhörte geistige Leistung österreichischer literarischer Kunst in ihrem gesamten Umfang vergegenwärtigen.

Wien, im Juni 1994 H. Z.

---

[1] Vgl. hiezu Herbert Zeman: *Der Weg zur österreichischen Literaturforschung – ein wissenschaftsgeschichtlicher Abriß*. In: *Die österreichische Literatur – Ihr Profil von den Anfängen im Mittelalter bis ins 18. Jahrhundert (1050–1750)* unter Mitwirkung v. Fritz Peter Knapp hg. v. Herbert Zeman, Graz: ADEVA 1986, S. 1–47.

[2] Vgl. dazu Fritz Peter Knapp: *Gibt es eine österreichische Literatur des Mittelalters?* In: *Die österreichische Literatur*, s. Anm. 1, ebda., S. 49–85 und Herbert Zemann: *Die österreichische Literatur – Begriff, Bedeutung und literarhistorische Entfaltung in der Neuzeit*, ebda., S. 617–639.

Vorwort

Jede von einem einzelnen verfaßte umfangreiche Literaturgeschichte ist notgedrungen bei ihrem Abschluß veraltet, dies selbst wenn die Veröffentlichung unverzüglich erfolgt. Im vorliegenden Fall hat sich leider auch noch die Drucklegung durch eine Verkettung unglücklicher Umstände und Fehlleistungen empfindlich verzögert. Diese hat zwar der Verfasser dieses Bandes in keiner Weise zu verantworten, wohl jedoch den seit der Fertigstellung 1991 kaum veränderten Zustand des Manuskriptes. Eine Neubearbeitung hätte jedoch bedeutet, den Beginn der Arbeit an Band II der Literaturgeschichte beträchtlich aufzuschieben, einer Arbeit, die um so dringlicher erschien, als die Materie aufgrund der Editions- und Forschungslage ohnehin nur in einer längeren Reihe von Jahren zu bewältigen ist, zumal aus der nunmehr entstandenen räumlichen Distanz zum Entstehungsort der zu untersuchenden Denkmäler. Austriaca (und Bavarica) fehlen in der Kieler Universitätsbibliothek in einem unvorhersehbaren Ausmaß, das auch eine Überarbeitung von Band I in angemessener Frist von vornherein illusorisch werden ließ.

Daß es immerhin gelungen ist, diesen Band noch vor Ablauf eines Jahrhunderts nach dem Erscheinen des völlig unzureichenden, aber bisher noch nicht ersetzten ersten Bandes der *Deutsch-Österreichischen Literaturgeschichte* (1899) herauszubringen, dafür sei allen gedankt, die sich bei Verlagen und Subventionsgebern mit Gutachten, Anfragen und Anträgen selbstlos eingesetzt haben. Ein großzügiger Zuschuß von seiten des österreichischen Fonds zur Förderung der wissenschaftlichen Forschung und die Bereitschaft der ADEVA zu verlegerischem Risiko haben nunmehr die Voraussetzung geschaffen, daß das vorliegende Buch nicht nur für öffentliche Bibliotheken erschwinglich sein wird. Die Kosten der – gegenüber der Planung des Verfassers allerdings stark reduzierten – Illustrationen hat das Mitteleuropäische Forschungszentrum für die Literaturen und Kulturen des Donauraumes übernommen. Ich kann nur hoffen, daß sie alle sich um eine Sache verdient gemacht haben, die es wert ist.

Allen Helfern und Ratgebern bei der Abfassung des Buches in Universitäten, Archiven und Bibliotheken sei nur global der Dank abgestattet, namentlich aber allen, die die Korrekturen der Druckfahnen ganz oder teilweise mitgelesen haben, Frau Alison Gundle, Frau Birgit Siegmund, Frau Silke Wrage, Herrn Univ.-Prof. Dr. Herbert Zeman und der Verlagslektorin, Frau Dr. Christine Brandstätter.

Was schließlich meine Familie, insbesondere meine Frau, während meiner Arbeit an dem Buch auszustehen hatte, davon kann sich der Leser kaum eine Vorstellung machen. Sapienti sat!

Kiel, im Juni 1994 F. P. K.

Inhaltsverzeichnis

Richtlinien der Auswahl und Darstellung 13

1. KAPITEL:
Grundlagen und Vorgeschichte: Erste Spuren des Schrifttums zur Zeit der Kolonisation und Missionierung des deutschen Südostens 17

Einleitung: Grundlinien der allgemeinen historischen Entwicklung 19
Mündlichkeit und Schriftlichkeit 24
Die kirchliche Organisation 25
Das Schrifttum der Klöster und Stifte 27
    Salzburg 29
    Mondsee 37
    Niederaltaich 40
    Passau 42
    Diözesen Brixen und Trient 45
Das Profil der Epoche 47

2. KAPITEL:
Die Literatur in der Zeit vom Ausbruch des Investiturstreits bis zum Privilegium minus (1075–1156) 51

Einleitung: Grundlinien der allgemeinen historischen Entwicklung 53
1. Lateinische Literatur 56
    Kirchenreform und Klostergründungen 56
    Streitschriften des Reformzeitalters 63
    Gerhoch von Reichersberg 65
    Admonter Predigten und Bibelkommentare 74
    Hagiographische Prosa 79
    Historiographische Prosa 83
    Versdichtung 85
    Liturgische Feier und liturgischer Gesang 90
2. Deutsche Literatur 100
    Alttestamentliche Bibelepik 102
    Neutestamentliche Bibelepik 117
    Glaubenslehre in Versen 123
    Lebenslehre in Versen 128
    Gebete in Versen 132
Das Profil der Epoche 138

3. KAPITEL:
Die Literatur zur Zeit der babenbergischen Herzöge und des Interregnums (1156–1273) 147

Einleitung: Grundlinien der allgemeinen historischen Entwicklung 149

ABTEILUNG A: Die Literatur im Bistum Passau 155

1. Lateinische Literatur 157
   Alte und neue Wege des Bildungswesens 157
   Theologisches Schrifttum 167
   Hagiographische Prosa 172
   Historiographische Prosa 179
   Briefsammlungen 191
   Gelehrtes Recht 194
   Metrische Versdichtung 197
   Weltliche Dichtung in Rhythmen 206
   Geistliche Lyrik 208
   Geistliches Spiel 217
2. Deutsche Literatur 221
   Prosa 223
   Glaubenslehre in Versen 229
   Geistliche Lebenslehre in Versen 233
   Legendenepik aus biblischer Wurzel 241
   Ein Marienmirakel 246
   Früher donauländischer Minnesang 246
   Liedkunst der Hohen Minne 256
   Walther von der Vogelweide 267
   Minnesangs Wende 281
   Sangspruchdichtung neben und nach Walther 302
   Heldenepik 304
   Der Stricker und seine „Schule" 327
   Anstands- und Lebenslehre in Merkversen 347
   Helmbrecht von Wernher dem Gärtner 350
Anhang: Hebräische Literatur 357

ABTEILUNG B: Die Literatur in den Bistümern Salzburg, Brixen und Trient   363

1. Lateinische Literatur 365
   Alte und neue Wege des Bildungswesens 365
   Predigt 375
   Hagiographische Prosa 378
   Historiographische Prosa 393
   Ars dictaminis 396
   Metrische Versdichtung 398
   Geistliche Lyrik 400

Carmina Burana	407
Weltliche rhythmische Dichtung außerhalb des Codex Buranus	422
Geistliches Spiel	424
2. Deutsche Literatur	444
Prosa	445
Geistliche Dichtung	453
Sangspruchdichtung	465
Ulrich von Liechtenstein und die Minnelyrik	482
Heldenepik	498
Kleinere Reimpaardichtung	532
Artusroman	543
Anhang: Hebräische Literatur	568
Das Profil der Epoche	570
Literaturverzeichnis	595
Abkürzungsverzeichnis	635
Abbildungsverzeichnis	636
Bildquellenverzeichnis	636
Register der Autoren und Werke	653

Richtlinien der Auswahl und Darstellung

1. Gegenstand des vorliegenden Bandes ist ein nicht sprachlich, sondern räumlich bestimmter Ausschnitt aus der mittelalterlichen Literatur. Ausgewählt sind Regionen des Reichs, des Imperium Romanum, die zusammen umfangmäßig ungefähr dem heutigen Österreich – unter Einschluß einiger bairischer Randgebiete, jedoch ohne den alemannischen Teil (Vorarlberg) – entsprechen. Damit soll einerseits einem auf die Gegenwart ausgerichteten Gesamtkonzept, andererseits den tatsächlichen mittelalterlichen Verhältnissen Rechnung getragen werden. Da erst im Spätmittelalter die fünf Länder Tirol, Salzburg, Kärnten, Steiermark und Österreich allesamt verfassungsmäßig selbständige Einheiten des Reiches geworden sind (s. Bd. II), treten in Band I an ihre Stelle die Bistümer Trient, Brixen, Salzburg und Passau, obwohl diese natürlich im Spätmittelalter weiterbestehen und mit jenen Ländern nur annähernd deckungsgleich gewesen sind. Die Wahl dieses „Geschichtskörpers" nimmt auch die Entscheidung für die Periodisierung teilweise vorweg. Als Einschnitte werden der Beginn des Investiturstreits, die Erhebung Österreichs zum selbständigen Herzogtum und der Beginn der habsburgischen Herrschaft in Österreich und Steier in Anspruch genommen. Wie die räumlichen sollen also auch zeitliche Vorgaben der „allgemeinen" Geschichte für die Literaturgeschichte nutzbar gemacht werden. Ob hier jedoch in dieser oder jener Hinsicht echte Epochenschwellen vorliegen, soll durch den Gebrauch des pathetischen, aber überaus bequemen Ausdrucks „Epoche" nicht entschieden werden.

2. Das in unserer Zeit neu erwachte allgemeine Interesse an Region und Regionalismus kann sich in unserem Fall den historischen Befund zunutze machen, daß der mittelalterliche Mensch sich in der Regel in eine ziemlich eng begrenzte Gemeinschaft wie einen Konvent, eine Pfarrei, eine Grundherrschaft, einen Hof oder eine Stadt bzw. in die nächsthöhere Einheit, eine Ordensprovinz, ein Bistum, ein Territorium oder ein Land eingebunden weiß. Obwohl Angehörige bestimmter Personengruppen von den großen Fürsten bis zu einfachen Pilgern auch damals erstaunlich weit in der Welt herumkamen und es natürlich überregionale Verklammerungen materieller und ideeller Art in reichem Maße gab, dominierte wohl im ganzen Mittelalter, wenngleich mit wechselnder Intensität, nicht nur im Reich insgesamt, sondern auch in dessen deutschsprachigem Teil die Vorstellung von der Vielfalt über die der Einheit, die man eben nur oder primär als eine der Sprache ansah, weshalb bis ins 15. Jahrhundert der Plural „deutsche Länder" *(diutschiu lant, diutsche lant, diutsch lant)* gegenüber dem Singular „deutsches Land" weitaus bevorzugt wurde. Der mittelalterliche Literaturbetrieb war, obschon es spätestens seit dem 12. Jahrhundert auch den im ganzen Reich herumziehenden Berufsdichter gab, im Prinzip kleinräumig organisiert. Die Literaturproduzenten schufen ihre Werke fast immer zuerst einmal für einen relativ kleinen Kreis von Zuhörern und gegebenenfalls auch Gönnern. Erst in einem zweiten Schritt kam die Verbreitung durch Handschriften und Vortrag an anderen Orten hinzu.

3. Literaturgeschichtsschreibung erfolgt in den letzten Jahrzehnten bevorzugt durch Zusammenarbeit von Spezialisten, ein Verfahren, das durchaus seine Berechtigung hat, jedoch den Versuch nicht überflüssig macht, einen größeren literarhistorischen Abschnitt aus der einheitlichen Sicht eines einzelnen zu überschauen. Birgt dieser Versuch schon bei Beschränkung auf die deutsche Literatur ein beträchtliches Risiko, so muß er illusorisch erscheinen, wenn er noch der vielfach theoretisch erhobenen, aber bisher kaum ansatzweise erfüllten Forderung nach Einbeziehung der lateinischen Literatur entsprechen will. Da bietet sich die Beschränkung auf ein Teilgebiet des deutschen Sprachraumes nahezu von selbst als Ausweg an. Aus der Not kann dabei eine Tugend werden, wenn es gelingt, für die ausgewählte(n) Region(en) eine Art Arbeitsteilung der beiden Literaturen und ihr gelegentliches Wechselverhältnis aufzuzeigen. Dennoch empfiehlt es sich, die beiden Literaturen, die in eigenen Gattungstraditionen stehen, in getrennten Abschnitten zu behandeln.

4. Die mediävistische Germanistik und Latinistik sind seit jeher von einem ziemlich umfassenden Literaturbegriff ausgegangen, obwohl insbesondere die Mittellateinische Philologie sich in der konkreten Forschung dann notgedrungen doch meist auf wenige Bereiche konzentriert und andere anderen Wissenschaften überlassen hat. Auch in der vorliegenden Literaturgeschichte werden Schriftdenkmäler, die rein technischen Charakter aufweisen und in ihrer Gebrauchsfunktion für die Lebenspraxis aufgehen, in aller Regel völlig ausgeklammert: Inschriften, Urkunden, Register, Gesetze, Weistümer, Gerichtsordnungen, Verbrüderungsbücher, Nekrologien, Ämterlisten, Genealogien und andere Personenverzeichnisse, Traditionsbücher, Urbare und andere Sachverzeichnisse, Rechnungsbücher, Kalendarien, Rezepte, Arzneibücher, Handwerksbücher und dergleichen. Einzelne Ausnahmen bilden Texte von besonderem, über die jeweilige Gebrauchsfunktion hinausgehendem, sprach-, ideen- oder mentalitätsgeschichtlichem Interesse. Ein wichtiges Kriterium ist die sprachliche Gestalt. Je primitiver sie ausfällt, um so weniger findet ein Text Aufnahme, außer er bezieht sich auf die Sprache selbst, wie Wörterbücher, Glossen und ähnliches. Was über den sprachlichen Code hinausgeht, Mathematik etc., bleibt gänzlich ausgespart.

5. Nichtsdestoweniger nötigt das Unternehmen den Verfasser, weit über die germanistische und latinistische Literaturwissenschaft in andere Wissensgebiete auszugreifen, in die politische Geschichte, die Kirchen-, Frömmigkeits-, Rechts-, Wirtschafts-, Sozial-, Bildungs-, Sprach-, Kunst- und Musikgeschichte, in Spezialdisziplinen wie Bibelexegese, Liturgik und Hymnologie, schließlich in andere Literaturen, die romanischen, die slawische(n) und die hebräische. Der Zwang, Wissen aus zweiter und dritter Hand zu beziehen und zu vermitteln, d. h. schlicht und einfach zu dilettieren, wird so im Laufe der Arbeit immer wieder übermächtig.

6. Doch auch im engeren Objektbereich ist es für einen einzelnen nicht möglich, stets ad fontes zu gehen, will er den Arbeitszeitraum nicht auf Jahrzehnte erstrecken. Die Darstellung in diesem Band beruht daher, von gelegentlichen Hinweisen abgesehen, nur auf gedruckten Quellen. Ihre Auswertung geht in der Regel von den gängigen Handbüchern, insbesondere der Neuauflage des Verfasserlexikons, aus, bezieht weitere (mittels derselben Handbücher und der großen Fachbibliographien ausfindig gemachte) Sekundärliteratur in Auswahl ein und sucht schließlich zu einem eigenen

Urteil vorzustoßen, was jedoch keineswegs in allen Fällen gelingt, ebensowenig wie die Auffüllung aller Lücken, wo die Handbücher geeignete Informationen versagen.

7. Die Literaturgeschichte ist nach längeren Vorarbeiten etwa von Mitte 1985 bis Anfang 1991 geschrieben worden, und zwar im wesentlichen in der Abfolge der Abschnitte, wie sie der vorliegende Band zeigt. Nur die allerletzten Teile spiegeln somit einigermaßen den Forschungsstand vom Ende der 80er Jahre. Im Grunde wäre nun am Ende eine Revision von Anfang an nötig und dann nochmals und so fort. Diese Verzögerung des Abschlusses wäre aber schwerlich zu rechtfertigen, da die Forschung ohnehin von vornherein nicht vollständig erfaßt worden ist.

8. Wer die literarische Wertung für ein unwissenschaftliches Unterfangen hält, wird sehr rasch an der entscheidenden Aufgabe, den Stoff einer Literaturgeschichte plausibel zu gewichten, scheitern. Sich dabei einfach von der Länge des jeweiligen Textes und der Menge der Produktions- und Rezeptionszeugnisse leiten zu lassen, wäre absurd. Gewiß steuert der Umfang des Faktenmaterials und der Forschungsliteratur in jedem Fall bis zu einem gewissen Grade die Ausführlichkeit der Behandlung, gewiß verdienen Texte, die beim zeitgenössischen Publikum und den nachfolgenden Generationen reges Interesse geweckt haben, auch das unsere. Doch Literaturgeschichte wird für die Gegenwart geschrieben. Der heutige Leser hat ein Recht darauf, auch über den Stellenwert der Texte im Rahmen der übergreifenden Mentalitäts-, Ideen-, Gattungs- und Formgeschichte und insbesondere über den ästhetischen Genuß, den ein solcher Text auch heute noch zu verschaffen vermag, etwas zu erfahren. Hier endet offenkundig die Möglichkeit rein objektiven Urteils. Wenn die literarische Wertung somit notwendigerweise die Proportionen einer Literaturgeschichte bestimmt, so findet dieses Prinzip einerseits an den genannten Gegebenheiten seine Grenze, andererseits aber auch an der Ausnahmestellung der großen Meisterwerke. Ihre wirklich adäquate Behandlung würde den Rahmen sprengen, erscheint aber auch gar nicht erforderlich, kann sich der Leser doch gerade über sie am leichtesten anderswo ausreichend informieren.

9. Wie in der traditionellen Literaturgeschichte steht auch in der vorliegenden die Dichtung im Mittelpunkt des Interesses. Die Auswahl der Textzitate orientiert sich vor allem an der sprachkünstlerischen Qualität. Wo die Form eine besondere Rolle spielt, geht das Original der Übersetzung voraus, die sonst, um Platz zu sparen, als kümmerlicher Ersatz allein steht. Auf ihren Behelfscharakter sei ausdrücklich verwiesen, sowohl dort, wo sie von anderen übernommen, als auch und namentlich dort, wo sie eigens ad hoc angefertigt worden ist. Die meisten Originalzitate stammen naturgemäß aus lyrischen Werken. Bei epischen soll jeweils eine Inhaltsangabe einen ersten Eindruck vermitteln. Sie dürfte höchstens dem Fachmann überflüssig erscheinen.

10. Zur zwar nicht erschöpfenden, aber immerhin ausreichenden Fakteninformation gehört in unserem Fall unbedingt die Frage der Textlokalisierung. Gerade weil sie häufig umstritten ist, muß sie in einer regionalen Literaturgeschichte zumindest hypothetisch entschieden werden, was einige Argumentation erfordert, die zum Ergebnis mitunter in einem Mißverhältnis steht. Wo jene Entscheidung negativ ausge-

fallen ist, wie bei Reinmar von Zweter oder Ulrich von dem Türlin, wird der Autor (bzw. das Werk) entweder nur am Rande oder gar nicht erwähnt. Vom Standpunkt eines positivistischen Skeptizismus ist das ganze Verfahren natürlich unzulässig; kaum vertretbar wohl auch der breite Raum, der der Werkinterpretation zugestanden wird. Wie die Aufbereitung der „Fakten", die ebenfalls häufig ungesichert sind, strotzen die Interpretationen vielfach von hypothetischen Formulierungen: „vielleicht", „wohl", „könnte", „dürfte" usw. Doch auch wo sie fehlen, sind sie bisweilen bloß dem Überdruß des Verfassers zum Opfer gefallen.

11. Das Ziel ist bei allem Willen zur Sachlichkeit doch die Lesbarkeit gewesen, obschon sie nicht selten vom spröden Gegenstand beeinträchtigt worden sein mag. Will man die Leserschaft nicht von vornherein auf Fachkollegen und Fachstudenten eingrenzen, so muß das Dickicht der Gelehrsamkeit gelichtet werden. Philologische Detailfragen bleiben meist unerörtert. Die Texte werden einfach nach einer gängigen Ausgabe ohne sprachliche Vereinheitlichung und textkritische Anmerkungen abgedruckt, die fremdsprachigen Werktitel mitunter stillschweigend vereinfacht. Der Stil der Darstellung meidet das Prätentiöse und Pretiöse, nicht aber jede bildhafte Ausdrucksweise.

12. Die Literaturgeschichte soll auf dreierlei Weise gelesen werden können: fortlaufend als ganze, in ausgewählten größeren Abschnitten und als Nachschlagewerk. Diesem dreifachen Zweck dienen einzelne Wiederholungen, die erweiterten Zusammenfassungen am Ende der Kapitel und vor allem zahllose Querverweise und das Register. Was ein echtes Nachschlagewerk an Genauigkeit dieser Literaturgeschichte voraushat, sollte diese durch Zusammenschau wettmachen, hier im speziellen durch eine Zusammenschau unter regionalem Aspekt, die, sofern sie einleuchtet, weit besser als jede theoretische Überlegung das Unternehmen rechtfertigen könnte.

1. KAPITEL

Grundlagen und Vorgeschichte:
Erste Spuren des Schrifttums zur Zeit der Kolonisation
und Missionierung des deutschen Südostens

Einleitung: Grundlinien der allgemeinen historischen Entwicklung

In der Mitte des 6. Jahrhunderts ist der Stamm der Baiern erstmals sicher im Raum der ehemaligen römischen Provinzen Noricum und Raetia secunda bezeugt. Der Name *Baiuvarii* (oder ähnlich) hängt vermutlich mit dem Landnamen Böhmen (*Boiohaemum, Bohemia*) zusammen, doch läßt dies bestenfalls auf die Herkunft einer neuen Herrenschicht des 6. Jahrhunderts, keinesfalls jedoch des gesamten Stammes schließen, der erst im Alpenvorland aus den Splittern verschiedenster germanischer Völkerschaften und Resten der romanischen Bevölkerung zusammengewachsen sein dürfte. Noch im gleichen Jahrhundert drangen die Baiern auch in die Alpentäler ein. Die Vormachtstellung in der gesamten Alpenregion behaupteten die Goten bis zum Tode König Theoderichs des Großen – des berühmten Helden Dietrich von Bern (= Verona) in der bairischen Heldensage – im Jahre 526. Bald danach gerieten die Baiern in politische Abhängigkeit vom Frankenreich, welche die Stammesherzöge aus dem Geschlecht der Agilolfinger jedoch in Anlehnung an die Langobarden in Oberitalien sukzessive einzuschränken trachteten, bis schließlich Karl der Große ihre Bundesgenossen 774 unterwarf und 788 den Baiernherzog Tassilo III. absetzte. Baiern – ich verwende diese Schreibung in Unterscheidung zum modernen Bayern – wurde eine fränkische Provinz.

Im Osten waren die Baiern bereits im 6. Jahrhundert auf den aus dem Inneren Asiens nach Westen vorgedrungenen nomadischen Reiterstamm der Avaren und die von diesen in die Gefolgschaft gezwungenen slawischen Völkerschaften gestoßen. Slawen siedelten im frühen 7. Jahrhundert bis ins östliche Pustertal, ins oberste Ennstal und bis an die Traun. Es kam sogar kurzzeitig zur Errichtung eines selbständigen Slawenreiches von Böhmen bis Kärnten unter König Samo, einem fränkischen Kaufmann. Nach dessen Tod (um 660) etablierten die Avaren ihre Oberhoheit aufs neue. Die Baiern verteidigten mit Mühe die Enns-Grenze (um 700), brachten aber die Karantanen (Alpenslawen, Slowenen) in ihre Abhängigkeit (nach 740), die diesen offenbar erstrebenswerter als eine von den Avaren erschien. Das 788 dem Frankenreich angegliederte Baiern wird dann wie Oberitalien (Mark Friaul) zum Aufmarschgebiet der Heere Karls des Großen gegen die Avaren, die sich bald nach 800 unterwerfen müssen. Es werden nun fränkische Marken im Donauraum bis zur Save errichtet, die Ostmark, Ober- und Unterpannonien, und dann zusammen mit Karantanien einer neuen, von Baiern getrennten fränkischen Markgrafschaftsverwaltung unterworfen. Diese Trennung hat man sich aber nur partiell vorzustellen. Vor allem von Baiern aus setzt die deutsche Kolonisation ein. Zeitweise werden Baiern und die Marken auch in Personalunion regiert. Insbesondere Karantanien bleibt, obschon zeitweise sogar als eigenes *regnum* bezeichnet, relativ eng mit Baiern verbunden, dies auch, nachdem bereits der Sturm des nach den Hunnen und Avaren dritten asiatischen Reitervolkes, der Ungarn, über Europa hereingebrochen, nach der Schlacht bei Preßburg 907 die Ostflanke des Reiches aufgerissen und ein Großteil der östlichen Marken (bis zum Gebirgswall der Alpen und im Donautal bis zur Enns) verlorengegangen waren. Ein Herrschaftstitel wie der 935 genannte *dux Bagoariorum et Carantanorum* zeigt jedoch, daß auch unter Personalunion die Selbständigkeit des Landes weiterbesteht.

Als dann unter Otto I. Baiern nach kurzzeitiger Unabhängigkeit zum „Kronland" des Reiches wird, das der König mit loyalen Amtsherzögen (meist der eigenen Familie) besetzt, wird auch der karantanische Herzog gleichsam unter königliche Kuratel gestellt. Die erstarkende Zentralgewalt des Reiches beschert beiden Herzogtümern jedoch eine beträchtliche Erweiterung ihrer territorialen Machtbasis. Das alte Stammesherzogtum Baiern hatte im Süden in etwa das Gebiet des heutigen Nord- und Südtirol bis einschließlich des Bozener Beckens umfaßt (der Vintschgau war zwischen den Herzogtümern Schwaben und Baiern umstritten). 952 wird nun das alte langobardische Herzogtum Friaul, bestehend aus den Markgrafschaften Istrien, Aquileia, Verona und Trient, dem Baiernherzog zu Lehen gegeben. Im Osten erstehen nach der Niederlage der Ungarn in der Lechfeldschlacht 955 die karolingischen Marken in veränderter Form neu: die östliche Mark an der Donau, die nach 970 bis zum Wienerwald, nach 991 bis an die Fischa, seit 1020 bis an Leitha und March reicht, die – 970 erstmals genannte – Karantanische Mark (an der mittleren Mur), die Mark an der Drau (mit Marburg und Pettau), die Mark an der Sann (Saunien, Windische Mark) und die Mark Krain (an der oberen Save). Im Rahmen der ottonischen Neuordnung des Reiches werden 976 dem Baiernherzog das Herzogtum Karantanien/ Kärnten aberkannt und zudem fast alle Marken der Oberhoheit des neuen Kärntner Herzogs unterstellt, so daß jenem von den Neuerwerbungen nur die östliche Mark (996 erstmals Ostarrichi genannt) verbleibt, die unter seiner Oberhoheit ab 976 von Markgrafen aus dem Geschlecht der Babenberger verwaltet wird. Weder Baiern noch Kärnten vermochten ihre Marken in den jeweiligen Landesverband definitiv zu integrieren.

Um die genannten und noch zu nennenden Gebietsveränderungen richtig einschätzen zu können, hat man sich das wohl erst von Otto Brunner und im Anschluß an ihn richtig erkannte verfassungshistorische Prinzip der Unterscheidung von Land und Herrschaft vor Augen zu halten. Auf eine simple Formel gebracht, ist ein mittelalterliches Land „die Interessengemeinschaft einer Anzahl lokaler Machthaber (Grafen, Hochfreien, Ministerialen) mit einer von ihnen als übergeordnet anerkannten Instanz, dem Markgrafen oder Herzog. Jeder dieser Machthaber verfügte über ein unterschiedlich großes Potential an kriegerischen Gefolgsleuten *(milites)*, mit deren Hilfe er ein mehr oder minder großes Gebiet beherrschte und zu seinem Einflußbereich machte. Die ‚Kontaktstelle' mit der von ihnen als übergeordnet anerkannten Persönlichkeit war für diese Potentaten die gemeinsam mit dieser abgehaltene Versammlung, oder um es anders auszudrücken: die Landherren kamen mit dem Landesherrn zum Landtaiding zusammen. Dort hat man divergierende Interessen untereinander abgestimmt, über Krieg, Frieden und andere, das ‚Land' betreffende Angelegenheiten entschieden" (M. Weltin). In den Ländern bildet sich auch ein jeweils eigenes Landrecht aus. Das Land besteht also einerseits aus vielen Herrschaften (landsässiger und nicht landsässiger Herren, selbstverständlich auch aus solchen des Landesherrn selbst), andererseits kann der Landesherr Landesherrschaft auch über mehr als ein Land ausüben (eben auf dem Wege über die jeweiligen Landtaidinge). Schließlich kann ein Land kurzfristig auch ohne einen Landesherrn weiterexistieren (wie etwa Österreich und Steier 1246–1251). So ist es also auch zu verstehen, wenn wir uns nicht der allenthalben zu lesenden Aussage anschließen, Kärnten sei 976 von Baiern getrennt worden. Vielmehr war es auch zuvor „nicht ein Teil Bayerns, sondern wurde von Herzogen von Bayern verwaltet" (Otto Brunner). Nun verstärkt sich die Selbständigkeit Kärntens – in Fortsetzung der Tradition des alten slowenischen Fürstentums – allerdings beträchtlich. Die vom König eingesetzten Amtsherzöge können im Land zumeist kaum Fuß fassen. Ihre Machtgrundlage bildet vielmehr zunächst die Mark Verona. Eine Ausnahme stellen nur die Herzöge aus dem Geschlecht der Eppensteiner dar. Diese als obersteirische Grafen auch zu Markgrafen der neu gegründeten karantanischen Mark (und der anscheinend zumeist mit dieser gemeinsam verwalteten vier obersteirischen – damals wohl noch karantanischen – Grafschaften) ernannt und auch im (heutigen) Kärnten reich begütert, wurden mit diesem 1011 und – nach ihrem Sturz 1035 – wieder 1077 belehnt. Die ihnen 1035 aberkannte und den Wels-Lambachern bzw. bald nach 1050 den Otakaren von Steyr zugesprochene Markgrafenwürde erlangten sie allerdings nicht wieder. Damit ging die in den Ungarnkriegen 1042–1044 bis zur Lafnitz nach Osten und bis zur Piesting nach Norden erweiterte, dann nach der Stammburg der neuen Markgrafen in Steier (-mark) umbenannte karantanische Mark ihren eigenen Weg zum selbständigen Land, nicht anders als die Mark Krain, die sich seit Anfang des 11. Jahrhunderts von Kärnten zu lösen begann, um die Windische Mark vergrößert und 1077 zusammen mit Istrien und Friaul vom König dem Patriarchen von Aquileia zu Lehen gegeben wurde, ohne daß deshalb die genannten Marken zu einem Land zusammenwuchsen. Der Patriarch war dabei nur einer der Nutznießer der ottonisch-salischen Reichskirchenpolitik. Schon 1027, im selben Jahr, da das Patriarchat aus der Oberhoheit Kärntens herausgenommen worden war, hatten der Bischof von Trient die Grafschaft Bozen und den Vintschgau (zusammen mit der bereits 1004 verliehenen Grafschaft Trient) und der Bischof von Brixen die Grafschaften im Eisacktal und im Unterinntal (1091 dann auch im Pustertal) zu Lehen erhalten. In den Territorien der beiden Bischöfe haben wir die Grundlage der späteren Landwerdung Tirols zu erblicken. Vorläufig sind sie jedoch (alle?) noch als Teile Baierns zu betrachten.

Keine Klarheit herrscht hinsichtlich der „staatsrechtlichen" Verbindung der Karantanischen (dann Steier-) Mark mit Baiern bzw. mit Kärnten im 10. und 11. Jahrhundert. Die Otakare waren zwar – ebenso wie die Wels-Lambacher – Vasallen des bairischen Herzogs. Doch schließt dies wohl die Anerkennung einer nominellen Oberhoheit des Kärntner Herzogs für die kaum zufällig weiter so genannte Karantanische (Kärntner) Mark nicht aus, schon gar nicht für die „Obere Mark", den Machtbereich der obersteirischen Grafen von Eppenstein, die 1011–1035 und 1077–1122 ja Herzöge von Kärnten waren, und für die Mark an der Drau. Das Gebiet um St. Lambrecht und Murau galt ohnehin das Mittelalter hindurch als Teil Kärntens (so wie der ab dem 13. Jahrhundert salzburgische Lungau). Entscheidend bei all diesen Überlegungen bleibt aber allein die Tatsache einer bereits seit der Jahrtausendwende bestehenden relativen Selbständigkeit der Steiermark.

Zur Selbständigkeit tendierte an sich jede Mark und so auch die an der Donau. Von einem Land Österreich (Ostarrichi) wird man gemäß der oben gegebenen Begriffsbestimmung vermutlich bereits seit der Frühzeit der Babenbergerherrschaft, nämlich spätestens seit dem ersten, auf 985/991 zu datierenden Landtaiding sprechen dürfen, das damals jedoch unter Leitung des bairischen Herzogs stattfand. Die damit dokumentierte Abhängigkeit blieb vorläufig auch weiter bestehen. Das Land Baiern aber endete im Osten nördlich der Donau etwa am Haselbach und südlich an der Enns. Die Ausbildung des Landes Salzburg, das ja nie Mark gewesen war, ließ dagegen noch lange auf sich warten. Es blieb ein integrierender Bestandteil Baierns.

Einem völlig anderen politischen Zusammenhang, nämlich dem alten Herzogtum Schwaben, gehörten schließlich das heutige österreichische Bundesland Vorarlberg und das heute tirolische Lechtal an.

Es ist unerläßlich, als Grundlage der Literaturgeschichte unseres Raumes nicht nur einen Abriß der territorialen Entwicklung, sondern auch der sich wandelnden gesellschaftlichen Verhältnisse vorauszuschicken, wenngleich dieses wie jenes aus verständlichen Gründen nur in Form grober Vereinfachung und Verkürzung geschehen kann.

Kennzeichnend für das gesamte Mittelalter (und für weitere Jahrhunderte) ist die grundsätzliche rechtliche Ungleichheit. Die germanischen Stammes- oder Volksrechte, so auch das der Baiern, unterscheiden zwischen Freien und Unfreien. Darin kommt die uralte, bei Griechen, Römern, Kelten wie Germanen oder Slawen gleich ausgeprägte Scheidung von grundbesitzenden Hausherren *(domini)* und ihren Knechten zum Ausdruck. Unter den Freien gibt es aber durch Herkunft und Reichtum ausgezeichnete Familien, den Adel, der ganz überwiegend Herrschaft ausübt und die übrigen Freien, soweit sie nicht zum Adel aufzuschließen vermögen, vielfach in die Unfreiheit abdrängt. Andererseits ist auch der Aufstieg aus der Unfreiheit zur Freiheit nicht unmöglich, am seltensten freilich aus der untersten Schicht der Hörigen und Leibeigenen. Adel und Grundherrschaft existieren längst, ehe in karolingischer Zeit sich das Lehenswesen ausprägt. Der König hat auch schon zuvor Amtsträger, die Herzöge und Grafen, mit militärischen, richterlichen und administrativen Aufgaben betraut, ihnen dafür Güter übertragen, und die Herzöge und Grafen haben ihrerseits geeignete Adelige zur Erfüllung dieser Aufgaben herangezogen. Diese Amtsübertragungen erfolgen nun aber in der Rechtsform der Lehensvergabe und des Lehenstreueeides. Das Verhältnis von Herrn und Mann (Vasall) ist prinzipiell ein gegenseitiges; jener ist zu „Huld" (Schutz und Lohn), dieser zu „Rat und Hilfe", namentlich Waffenhilfe, verpflichtet. Die persönliche Bindung bleibt auch erhalten, sobald das Lehen erblich wird.

Herrschaft im Mittelalter: das ist Herrschaft von Personen über Personen, wie wir bereits oben bei der Begriffsbestimmung des Landes gesehen haben. Das schließt aber die Herrschaft über ein Gebiet nicht aus, sondern vielmehr ein. Das Land ist ja in dieser Ära ganz überwiegender Agrarwirtschaft nichts anderes als der Verband von Grundherren, die Land besitzen, bebauen oder bebauen lassen. Das kommt in der immer wiederkehrenden rechtlichen Formel „Land und Leute" zum Ausdruck. Die frühmittelalterlichen Länder Altdeutschlands, Schwaben, Franken, Sachsen, Thüringen und Baiern, sind Stammesländer, in welchen jeweils ein eigenes Stammesrecht gilt. Ihnen steht als Stammesoberhaupt und Vertreter des Königs der (Stammes-)Herzog vor. Der (Stammes-)Adel leistet dem Herzog Heerfolge und besucht dessen Landtage, verfügt aber ansonsten über vom Herzog weitgehend unabhängige Machtbefugnisse. Das Herzogtum selbst trägt lange Zeit Amtscharakter, den jedoch nur ein starkes Königtum voll zur Geltung bringen kann.

Weder Herzog noch Graf noch andere adelige Machthaber, denen Gewalt delegiert wird, sind also „Staatsbeamte" in unserem Sinne. Ihre Macht entzieht sich stets bis zu einem gewissen, häufig hohen Grade der Kontrolle der Zentralgewalt. Zur Regelung von Rechtsstreitigkeiten steht ihnen das legitime Mittel der Fehde zu. Die Kirche und die Landfriedensgesetzgebung erreichten während des ganzen Mittelalters nur Restriktionen des Fehderechts, keine Aufhebung.

Da es kein staatliches Monopol legitimer Gewaltanwendung gibt, bietet die Sippe dem einzelnen vielfach den einzigen wirksamen Schutz. Der Mann gehört allein seiner angestammten Familie an, die verheiratete Frau sowohl der des Gatten wie ihrer eigenen. Im Hause gebietet der Hausherr, der den Hausfrieden sicherzustellen hat – wie der Herzog den Landfrieden –, über Frau, Kinder und Gesinde. Die mittelalterliche Gesellschaftsordnung ist streng patriarchalisch.

Auch die Kirche wird völlig von Männern dominiert. Ihnen ist die Priesterweihe vorbehalten. Auch sind Frauenklöster weit seltener als Mönchskonvente. Beide aber nehmen im Frühmittelalter fast ausschließlich Adelige auf. Gar zur Bischofs- oder Abtswürde vermögen andere Leute kaum je aufzusteigen. „Könige und Adel entschieden über die Bekehrung ihrer Völker zum Christentum, stifteten Kirchen und Klöster, gewiß nach dem in Gallien und anderwärts vorgefundenen Vorbild, aber ausgestattet aus ihrem eigenen Grundbesitz, und wen sie damit versorgten, das bestimmten sie gern selbst, zuvörderst ihresgleichen, die auch das unentbehrliche Ansehen mitbrachten" (H. Grundmann). Diese Kirchen und Klöster gelten dann einfach als Eigentum der betreffenden Adeligen (Eigenkirchenwesen).

In der Hand des Adels liegen also Reichtum und Macht, Bildung und Wissen, ja selbst die Lenkung der Gläubigen in geistlichen Dingen.

Mündlichkeit und Schriftlichkeit

Was wir von der mittelalterlichen Literatur wissen und kennen, ist uns durch die Schrift, den Buchstaben, die *littera*, überliefert, meist in Abschriften von Abschriften. Damit scheint eine ebenso banale wie ausreichende Bestimmung unseres Gegenstandes gegeben. Doch schon der heute unbestrittene bildungsgeschichtliche Befund, daß die Zahl der des Lesens und Schreibens Kundigen, der *litterati*, bis in die Neuzeit hinein auch nicht entfernt an die Zehnprozentmarke herankam, muß uns stutzig machen. Jedes urtümliche und schriftlose Naturvolk verfügt über eine den alltäglichen Gebrauch überschreitende Sprachkultur für besondere Anlässe: den Ritus und den Mythos, die Prophetie, das Recht, allgemeine Lebensweisheit, die Ankündigung und erinnernde Bewahrung außerordentlicher Taten und Ereignisse. Die dabei entstehenden Gebilde sind ihres besonderen sprachlichen Gepräges wegen mit Fug und Recht als mündliche Dichtung (*oral poetry* in der englischen Terminologie) zu bezeichnen. In irgendwelchen Formen – und seien es die modernen Schwundformen unseres Medienzeitalters – existiert solche *oral poetry* in jeglicher menschlichen Gesellschaft. Sie darf daher ohne weiteres auch für die *illitterati* unserer Region, die eingewanderten germanischen, slawischen, avarischen und ungarischen Völkerschaften ebenso wie die romanisch-keltische, des römischen Schutzes und der römischen Bildungseinrichtungen beraubte Restbevölkerung in der Zeit der Völkerwanderung und darüber hinaus angenommen werden. Insofern Dichtung seit jeher als vornehmster Gegenstand der Literaturgeschichte gegolten hat, wäre gerade auf diese „Literatur der Illiteraten" besonderes Augenmerk zu richten. Da sie jedoch naturgemäß für uns in ihrer ursprünglichen Form ein für allemal verklungen ist, hat man vielfach Zuflucht zur Sprachgeschichte (z. B. Namenkunde), Siedlungsarchäologie und Volkskunde (z. B. Volkslied- und Sagenforschung) genommen, um so auch die Vorgeschichte des mittelalterlichen Schrifttums zu rekonstruieren. Obwohl wir dieser Hilfsmittel auch nicht völlig entraten können, wollen wir doch insgesamt einen sowohl bescheideneren als auch sicheren Weg einschlagen: Wir beschränken uns auf die Geschichte der Literatur im engeren Sinne, schenken jedoch dabei den darin auffindbaren vereinzelten Reflexen mündlicher Dichtung volle Aufmerksamkeit. Es kann aber vorab nicht genug betont werden, wie zufällig und bruchstückhaft das auf diese Weise Gespiegelte ist und wie breit wir uns insgesamt diese mündliche Tradition im Vergleich zum schmalen Rinnsal der Schriftlichkeit – und dies bis in die frühe Neuzeit! – vorzustellen haben.

Die kirchliche Organisation

Die Verheerungen der Völkerwanderungszeit hatten in den überrannten römischen Provinzen Noricum, Raetia und Pannonia zwar keineswegs überall die Siedlungskontinuität unterbrochen, wohl aber jeder Schriftkultur den Boden entzogen. Erst die christliche Mission hat dafür neue Grundlagen geschaffen. Sie wurde im bairischen Gebiet anfänglich von angelsächsischen, irischen und (west-)fränkischen Mönchen getragen. Nachhaltiger Erfolg war dabei den gegen 700 von den bairischen Herzögen herbeigerufenen Missionsbischöfen Emmeram, Rupert und Corbinian beschieden, die von den Herzogssitzen Regensburg, Salzburg und Freising die Mission leiteten. Emmeram dürfte von Poitiers, Rupert von Worms, wo er bereits das Bischofsamt bekleidet hatte, zu den Baiern gekommen sein. Corbinian war wohl keltischer Abstammung. Vielleicht nach irischem Muster bekleideten die genannten Bischöfe zugleich das Amt eines Domklosterabtes. Rupert hatte sein Domkloster St. Peter wohl selbst gegründet (ebenso wie das Frauenkloster auf dem Nonnberg). Die Dotierung der Klöster erfolgte durch die Herzogsfamilie. Bei diesen wie auch den weiteren Gründungen halfen selbstverständlich weltlicher und geistlicher Arm zusammen. Auch die neue und für lange Zeit endgültige Bistumsorganisation entsprang ebensogut politischen wie pastoralen und missionarischen Motiven. Sie wurde von dem angelsächsischen Wanderbischof und Missionar Winfried, der sich seit seinem ersten Romaufenthalt 719 Bonifatius nannte, im Einvernehmen mit dem Papst und mit Unterstützung des bairischen Herzogs Odilo († 748) im Jahre 739 durchgeführt. Darin fand neben Regensburg, Freising und Salzburg auch Passau Anerkennung als Bischofssitz. Die Zusammenfassung der bairischen Kirchenprovinz unter einem Erzbischof erfolgte aber erst auf Wunsch Karls des Großen mit der Erhebung des Salzburger Bischofs Arn (Arno * 746? † 821) zum Metropoliten im Jahre 798. Seiner geistlichen Oberhoheit wurde auch der Bischof von Säben (bei Klausen im Eisacktal) unterstellt.

Nach und nach bildeten sich feste Bistumsgrenzen heraus. Im 10. Jahrhundert gehörte zum Bistum Brixen (wohin der Sitz von Säben verlegt worden war) ein Großteil Nordtirols bis zur Ziller im Osten und der östliche Teil von Südtirol (im Pustertal bis zur Lienzer Klause). Das bairisch besiedelte Etschtal (im Norden ab der Passer bei Meran, im Süden einschließlich des Bozener Beckens) blieb dagegen beim Bistum Trient (Trento), in Übereinstimmung mit der alten Grenze des langobardischen Herzogtums Trient und des karolingischen Königreichs Italien. Der Großteil der Diözese, die sich im übrigen umfangsmäßig etwa mit dem heutigen Trentino deckte, gehörte nie zum bairischen Siedlungsraum. Auch als Trient der weltlichen Herrschaft der Herzöge von Baiern (952) bzw. Kärnten (976) unterworfen wurde, hatte dies nicht die Eingliederung in die bairische Kirchenprovinz zur Folge. Der Trientiner Bischof blieb ein Suffragan des Patriarchen von Aquileia. An das Bistum Brixen schloß östlich die Erzdiözese Salzburg an, die am Inn (bis zum Kloster Gars) an das Bistum Freising grenzte und im Norden noch den Isengau bis zur Rott mitumfaßte, wo sie an das Bistum Regensburg stieß. Bis westlich von Pfarrkirchen gehörte das Rottal (Rottachgau) allerdings zur Diözese Passau, die sich im Nordwesten bis zur unteren Isar und zum oberen Schwarzen Regen im Bayerischen Wald erstreckte, d. h. Künziggau und Schweinachgau einschloß. Die Grenze zum Erzbistum Salzburg bildete die Salzach und dann in etwa die heutige Salzburger Landesgrenze, abgesehen von Mattsee, das zu Passau geschlagen wurde. Im Rahmen der bairischen Ostbewegung, insbesondere nach der Niederwerfung der Avaren 790/92 und in neuem Anlauf nach der Lechfeldschlacht 955 dehnte Passau sein Diözesan- und Missionsgebiet schrittweise im Donauraum nach Osten aus, während Salzburg schon vor der Mitte des 8. Jahrhunderts mit der Missionierung der Karantanen begonnen hatte (s. u.). Als Südgrenze gegenüber dem Patriarchat Aquileia bestimmte Karl der Große 811 die Drau. Die Nordgrenze des Erzbistums fiel schließlich mit der des 976 begründeten Herzogtums Kärnten (und der Karantanischen Mark) zusammen. Da die genannten Bistümer nicht nur kirchenpolitische, sondern natürlich auch kulturelle Einheiten bildeten, sollen sie im folgenden als ganze in den Blick genommen werden, obwohl unser Hauptinteresse den nachmaligen österreichischen Ländern gelten muß. Während also Teile der heutigen Regierungsbezirke Nieder- und Oberbayern hier zumindest ausschnittweise mitbehandelt werden, bleiben das heutige Vorarlberg, das heute tirolische obere Lechtal und der Vintschgau, die zu den alemannischen Diözesen Konstanz, Chur und Augsburg gehörten, ebenso ausgeschlossen wie das jetzige Burgenland, das 1001 der ungarischen Kirchenprovinz Gran zugeschlagen wurde.

Das Schrifttum der Klöster und Stifte

Alleinige Stätten des Schrifttums sind in den ersten Jahrhunderten des Mittelalters in unserem Raum die geistlichen Gemeinschaften, allen voran das Salzburger Domstift St. Peter (s. o.), in zweiter Linie die Monasterien von Mondsee (gegründet vor 748), Niederaltaich (741?), Kremsmünster (777?) und das Domstift zu Passau (8. Jahrhundert?). Bescheidenere Skriptorien der Karolingerzeit dürften in den Stiften und Klöstern St. Florian (8. Jahrhundert), Mattsee (vor 783/784), Herrenchiemsee (vor 770), Innichen (769), in den Domstiften Säben und Trient, in den Frauenkonventen Nonnberg/Salzburg (s. o.) und Niedernburg/Passau (8. Jahrhundert?), eventuell auch noch andernorts bestanden haben.

Wesentliche Impulse gingen dabei zweifellos von der sogenannten Karolingischen Renaissance, der kirchlich geprägten Erneuerung der antiken lateinischen Kultur im Frankenreich aus, doch macht sich der kulturelle Neubeginn in Baiern schon zuvor deutlich bemerkbar. Dabei kreuzen sich westliche, vor allem insulare, und südliche, oberitalienisch-langobardische Anregungen. Der langobardische Herrschaftsbereich reichte ja im Norden fast bis Bozen und Meran.

Vorerst galt es, den völlig oder weitgehend unterbrochenen Anschluß an die spätantike Schriftkultur wiederzufinden, die für die Bewahrung, Vertiefung und Verbreitung einer Buchreligion wie des Christentums unabdingbar war. Das begann mit der Erlernung der lateinischen Sprache in Wort und Schrift meist allein durch den täglichen Gebrauch liturgischer Texte. Dazu benötigte man fürs erste Meß- und Gebetsbücher, die nach den von den Missionaren mitgebrachten oder sonstwo entlehnten Vorlagen in ausreichender Menge angefertigt werden mußten: Psalterien (die alttestamentarischen Psalmen), Sakramentare mit Meß- und Weiheformeln, Antiphonarien, Gradualien und andere Gesangbücher, Evangelistare (Perikopenbücher) mit den Evangelienlesungen des Gottesdienstes in der Reihenfolge des Kirchenjahres, Lektionare mit Abschnitten aus dem Alten und Neuen Testament für bestimmte Lesungen im Gottesdienst und schließlich Evangeliare mit den (zumeist vollständigen) vier Evangelien. Die Lektionen für die Heiligenfeste konnten entweder in den allgemeinen Lektionaren enthalten sein oder in eigenen hagiographischen Lektionaren gesammelt vorliegen oder jeweils den sogenannten Legendarien entnommen werden, in welchen vollständige Berichte über Heilige auch zu außerliturgischem Gebrauch zusammengetragen wurden. Für die Lektüre während der Mahlzeiten im Refektorium und für das Studium in der Stifts- und Klosterschule – andere Schulen gab es nicht – waren darüber hinaus Texte erforderlich, mit deren Hilfe die Heilige Schrift formal und inhaltlich erklärt, die Natur als „zweite Bibel" begriffen, Mission und Seelsorge durchgeführt, das kirchliche Leben geordnet und nach Vorbildern ausgerichtet werden konnte. Dazu erwarb oder entlehnte und kopierte man in allererster Linie exegetische (erklärende) Schriften zu den einzelnen Büchern der Bibel, in zweiter Linie Werke, die das dazu nötige Grundwissen in den sogenannten *Artes liberales*, den (sieben) freien (d. h. ursprünglich eines freien römischen Bürgers würdigen) Künsten (= Wissenschaften), vermittelten. Man unterschied zwei Gruppen von *Artes*, die „redenden" Künste des „Dreiwegs" (*Trivium*, also *artes triviales*, „triviale", weil elementare Künste), Grammatik, Rhetorik und Dialektik (Logik und Argumentationslehre), und die „rechnenden" Künste des „Vierwegs" *(Quadrivium),* Arithmetik, Geometrie, Musik und Astronomie. Hinzu kamen religiöse Erbauungsschriften verschiedener Ausrichtung (z. B. Askese) und Form (z. B. Briefe, Gespräche), einzelne Heiligenviten und Legendarien (siehe oben), kirchenrechtliche Schriften *(Canones),* Konzilsakten, Mönchsregeln (v. a. die Regel des hl. Benedikt) und anderes.

Die meisten rezipierten Texte stammen von den Kirchenvätern des 4. bis 8. Jahrhunderts, lateinischen wie Cyprianus, Lactantius, Ambrosius, Hieronymus, Augustinus, Orosius, Cassiodorus, Johannes Cassianus, Gregorius dem Großen, Isidorus von Sevilla, Aldhelm von Malmesbury, Beda Venerabilis, griechischen wie Clemens von Alexandrien, Origenes, Eusebios von Caesarea, Athanasios, Basileios dem Großen, Gregorios von Nazianz, Gregorios von Nyssa, Johannes Chrysostomos, Johannes von Damaskos, deren Werke teilweise ins Lateinische übersetzt vorlagen. Auch für den Bereich der Artes konnte man auf Schriften der Väter zurückgreifen, so etwa von Augustinus, Cassiodor, Beda oder Isidor, dessen nach Wortstämmen geordnete Enzyklopädie, die *Etymologiae,* gewaltige Verbreitung fand. Daneben benutzte und tradierte man aber noch in reichem Maße die grammatischen Werke des Donatus (4. Jahrhundert) und des Priscianus (um 500), zahlreiche römische Rhetoriker (Cicero etc.), die Schriften zur Dialektik und zum Quadrivium von Boethius († 524), der im Mittelalter namentlich wegen seines berühmtesten Werkes *Über die Tröstung der Philosophie (De consolatione philosophiae)* oft den Kirchenvätern an die Seite gestellt wurde, und schließlich die Darstellung aller sieben Artes in der Enzyklopädie des Martianus Capella (5. Jahrhundert). Die Tradition lateinischer Dichtung, selbst der christlichen, tritt dagegen hierzulande vorerst – bis auf die in der Liturgie verwendeten Hymnen – ganz zurück.

Dementsprechend spärlich sind die Spuren eigener poetischer Versuche unter den insgesamt nicht zahlreichen Originalwerken der Zeit. Angesichts dieser geringen Produktivität ist allerdings die typisch mittelalterliche Neigung zur Bewahrung bei gleichzeitiger Skepsis gegen alles Originelle in Rechnung zu stellen – ganz abgesehen von der Situation des kulturellen Neubeginns. Der Schrift kam auch gewiß neben ihrer inhaltsvermittelnden und -bewahrenden Funktion ein hoher ästhetischer Wert zu, der häufig durch die Buchmalerei (Illumination) noch wesentlich gesteigert wurde. Man schrieb ja seit dem Beginn des Mittelalters auf Pergament, das schon seit dem 4. Jahrhundert die Papyrusrolle zu verdrängen begonnen hatte und sich weit besser bearbeiten ließ. Die einfach gefalteten und zu Lagen zusammengestellten präparierten Tierhäute werden liniert und in sorgfältiger Kalligraphie, der sogenannten karolingischen Minuskel – die erst im 12. Jahrhundert in die gotische Minuskel übergeht –, beschrieben, mit farbigen Initialen, häufig auch noch zusätzlich verziert. Sodann werden die Lagen zu einem Codex zusammengestellt und zumeist mit einem lederüberzogenen Holzdeckeleinband, bisweilen aber auch mit weit kostbareren Prachteinbänden versehen. Der Codex gilt als geschätzter Wertgegenstand und das Abschreiben als gottgefällige Tätigkeit des Mönchs.

Salzburg

Die ältesten erhaltenen Codices aus der Schreibschule von St. Peter in Salzburg stammen aus der Zeit des irischen Abtbischofs **Virgil** (746–784), in dessen Todesjahr und auf dessen Veranlassung das *Salzburger Verbrüderungsbuch* angelegt wird, ein Verzeichnis der mit dem Domkloster in Gebetsverbrüderung stehenden Lebenden und Toten. Der ältere Teil enthält an die 8000 Eintragungen (bis zum Ende des 9. Jahrhunderts), darunter die älteste Salzburger Bischofsreihe, der jüngere reicht von 1004 bis in die Mitte des 12. Jahrhunderts (Stiftsarchiv St. Peter, Handschrift A 1). Noch weit prachtvoller als dieses „Originalwerk" ist aber das reich illuminierte Evangeliar ausgestattet, das der Angelsachse Cutbercht vermutlich in St. Peter vielleicht noch zur Zeit Virgils hergestellt hat (Cod. Vind. 1224). Vielleicht gehörte Cutbercht aber auch schon dem Skriptorium Bischof Arns (785–821) an, der für St. Peter 150 Bände abschreiben ließ, wie ein Nekrolog behauptet. Dieser Schreibschule entstammen u. a. zwei Legendare, die Codices Vindobonenses 420 und 371, die zu den fünf ältesten aus dem deutschen Sprachraum gehören. Diese – wie auch die übrigen älteren Legendare aus dem „österreichischen" Raum – beruhen natürlich auf noch älteren Vorlagen, bei der Zusammenstellung der einzelnen Heiligenviten, Passionen, Wunderberichte etc. ist aber immerhin die Hand eines „Herausgebers" spürbar. Ähnliches könnte z. B. für die Sammlung chronologischer und naturwissenschaftlicher Texte im Cod. Vind. 387 aus Salzburg – mit den ältesten Monatsbildern der abendländischen Malerei (siehe unten) – geltend gemacht werden wie auch für den Codex Vindobonensis 795, der Briefe Alkuins (darunter viele an Arn selbst) und andere Traktate enthält. Schon dem Schreibstil nach sind die Handschriften Zeugen fränkisch-karolingischen Einflusses. Arn war vor 785 Abt des belgischen Klosters St. Amand gewesen und stand in persönlicher Verbindung zu Karl dem Großen und zu dem Leiter von dessen Hofschule, dem berühmten angelsächsischen Theologen Alkuin (um 730–804). Die in dem letztgenannten Codex vereinigten unterschiedlichen Texte entsprechen also wohl Arns persönlichem Interesse, das sich somit nicht nur auf Exegese, die kirchliche Topographie Roms und die Briefe seines gelehrten Freundes erstreckte, sondern auch auf Alkuins Schrift *De orthographia*. An deren Ende finden sich drei Alphabete: die griechischen Buchstaben mit ihrer Aussprache und ihrem Zahlenwert (fol. 19r–19v), die Runen des älteren (gemeingermanischen) Futhark-Alphabetes mit Angabe des Lautwerts und der altenglischen Namen (fol. 20r), die gotischen Buchstaben der von Wulfila für seine Bibelübersetzung geschaffenen Unzialschrift mit ihren (nur hier überlieferten) Namen und weitere gotische oder halb gotische, halb althochdeutsche *Abb. 9* sowie lateinische Notizen aus oder zu der Wulfilabibel (fol. 20v). Die germanischsprachigen Eintragungen werfen schwierige, in der Forschung bisher kontrovers beantwortete paläographische Fragen auf, wie auch der Entstehungsort der gesamten Handschrift nach wie vor umstritten ist. Sie wurde jedenfalls in Salzburg, wenn nicht geschrieben, so zumindest gelesen und korrigiert. Die gotischen Eintragungen bezeugen keinesfalls das Fortleben der gotischen Sprache im Alpenraum rund zweihundertfünfzig Jahre nach dem Untergang des Ostgotenreiches in Italien. Sie gehen entweder auf Alkuins Beschäftigung mit linguistischen und textkritischen Fragen der Bibel zurück oder auf gelehrte Kontakte Salzburgs mit Italien (Ravenna). Möglicherweise sind sie von **Baldo,** dem wichtigsten Schreiber, Korrektor, Redaktor und Glossator der Salzburger Schreibschule zur Zeit der Erzbischöfe Adalram (821–836) und

Liupram (836–859), schon um 800 (in Zusammenarbeit mit andern?) in den Codex eingetragen worden. Von Baldos Hand stammen jedenfalls – nach B. Bischoff – etliche Namen im *Verbrüderungsbuch* (s. o.) und die meisten Salzburg und Baiern betreffenden historiographischen Notizen in der Ostertafel einer jetzt in Würzburg befindlichen, ursprünglich in St. Amand angelegten Handschrift des frühen 9. Jahrhunderts. Solche Ostertafeln dienten – als einfachere Formen des Computus, eines kalendarischen Lehrbuchs – zur Festlegung der beweglichen kirchlichen Feste aufgrund astronomischer Berechnungen und waren für den Kult unerläßlich. Die Eintragungen Baldos und seiner Mitbrüder (zum Zeitraum 725–825) enthalten nichts als knappe, trockene Informationen über Ereignisse einzelner Jahre, auch dort, wo eine ganze freie Seite zur Verfügung stand. Solche sogenannten Annalen wollen offenbar weniger die eigene Geschichte systematisch darstellen als sie ausschnittweise in ein Zeitgerüst zur historischen Orientierung und in den größeren reichs- und weltgeschichtlichen Rahmen einbauen. Aus der Überlieferung in dem Würzburger Codex und einer weit jüngeren in einer Admonter Handschrift des 12. Jahrhunderts (*Annales Iuvavenses maximi* zu den Jahren 725–956) haben Historiker eine gemeinsame Quelle, die *Alten Salzburger Annalen (Annales Iuvavenses antiqui)* aus der Zeit Adalrams und auch noch deren Vorstufe, die *Ältesten Salzburger Annalen*, erschlossen, die jedoch beide hypothetische Größen bleiben müssen. Die *Annales Iuvavenses antiquissimi* wären dann wohl noch in der Zeit Virgils angelegt worden. Neben diesen Einzelnotizen dürfte Virgil aber auch die Abfassung der **Vita Ruperti**, und zwar am ehesten anläßlich der Weihe des Salzburger Domes 774 und der Translation der Gebeine des ersten Salzburger Bischofs in diese Kirche veranlaßt haben. Die älteste Handschrift gehört aber erst der Zeit Liuprams an (Graz UB 790). In etwa 60 Zeilen (der modernen Ausgabe dieser Fassung) erzählt die Vita ganz knapp von dem Weg des Heiligen von Worms über Regensburg, Lorch, Seekirchen (am Wallersee) nach Iuvavum-Salzburg, wo sich in römischer Zeit schöne Gebäude befunden hätten, „die damals alle verfallen und mit Wäldern überwachsen waren" (p. 160, 3). Das vom Herzog zugeteilte Gebiet habe der Gottesmann wieder zu kultivieren *(renovare)* begonnen, eine schöne Kirche und ein Kloster mit Nebengebäuden errichtet (p. 160, 11–13). Nach der Gründung des Frauenkonvents auf dem Nonnberg folgen nur noch gemeinplatzartige Wendungen über den seligen Tod des – auch zuvor entsprechend gepriesenen – Heiligen und die üblichen Wunder an seinem Grab. Man hat die kleine Schrift auch Virgil selbst zuweisen wollen, doch ohne ausreichende Begründung. Noch kühner erscheint die Identifikation des Salzburger Bischofs mit dem Verfasser einer rätselhaften Erdbeschreibung, *Cosmografia,* der sich hinter dem Pseudonym **Aethicus Ister,** das ist „Philosoph *(ethicus)* aus Istrien oder vom Hister (Unterlauf der Donau)", verbirgt. Die These (von H. Löwe) geht von der gut bezeugten Rivalität der Bischöfe Virgil und Bonifatius aus. Dieser hatte jenen u. a. deshalb beim Papst angeklagt, weil er sich der antiken Lehre von der Kugelgestalt der Erde und von den Antipoden angeschlossen hatte. Mit der phantastisch-lügenhaften *Cosmografia* habe dann Virgil die Leichtgläubigkeit der Leserschaft bloßstellen und damit an seinem ehemaligen Widersacher eine Art „geistige Rache" üben wollen. Obwohl diese Theorie erstaunlich breite Zustimmung erfahren hat, scheinen die Argumente bei weitem nicht auszureichen. Der Text gehört zum Rätselhaftesten, was wir aus dem Mittelalter besitzen. Schon die Sprache bereitet an vielen Stellen unüberwindliche Schwierigkeiten. Wie hier manieristischer Schwulst mit vulgärlateinischem Wildwuchs verquickt ist, so im Inhalt gelehrtes, aus vielfältigen antiken Quellen gespeistes Wissen mit dreisten Phantasiegebilden, die wir von jenem gar nicht säuberlich trennen können, da für uns nicht nur die mündlichen, sondern auch viele schriftliche Quellen des Autors verlorengegangen sein dürften. Das erste Buch handelt von der Erschaffung der überirdischen und irdischen Welt und von ihrer allgemeinen Beschaffenheit, das zweite von den Reisen des Aethicus an die Ränder der Erde, das dritte von den im Alten Testament übergangenen Völkern, das vierte von den verschiedenen Arten der Schiffe, das fünfte von den Völkern des Nordostens im weiteren Umkreis des Kaspischen Meeres, das sechste von den südlichen Gegenden von Armenien bis Spanien mit Ausblicken auf Mitteleuropa, Vorderasien, Indien und Äthiopien. Wir brauchen hier nicht weiter ins Detail zu gehen, da sowohl der parodistisch-satirische Charakter des Textes wie die Datierung ins späte achte Jahrhundert und die Lokalisierung in Baiern, alles notwendige Vorbedingungen für eine Zuweisung an Virgil (oder seinen Kreis), mit guten Gründen in Zweifel gezogen werden können (und auch wurden).

Mit größerer Berechtigung, aber keineswegs mit hinreichender Sicherheit darf man dem irischen Umkreis Virgils den im 3. Viertel des 8. Jahrhunderts entstandenen und später unter dem Namen Isidors von Sevilla laufenden *Liber de numeris*, eine der irischen Exegese verpflichtete Erklärung der symbolischen Zahlenbedeutungen (zu diesen s. auch S. 71), zuschreiben. In einfacher Sprache werden darin der Zahl eins der eine Gott, der eine Adam, der eine Christus etc., der Zahl zwei Leib und Seele, die beiden Erzsünden Hochmut und Neid, Frieden und Zwietracht etc., der Zahl drei die Dreifaltigkeit etc. zugeordnet und so fort. Dergestalt entsteht eine ganze theologische Enzyklopädie, zum Großteil zusammengestellt in kompilatorischer Manier aus Hieronymus, Isidor von Sevilla und anderen.

Eines der Kapitel, für welche eine unmittelbare Quelle bisher nicht gefunden wurde, enthält bemerkenswerte Angaben über die frühmittelalterliche Jenseitsvorstellung. Hier wird zwischen zwei Arten der Unterwelt *(infernus)* unterschieden, von denen die eine der biblischen Vorstellung der Hölle, des Ortes der Strafen für die Sünder, entspricht, die andere aber als Ort der Buße, des Trostes und der Prüfung für die *sancti*, die Heiligen, auf der Erde *(in terra)* angesiedelt wird. Den Ausdruck *sancti* gebraucht die Vulgata, wo moderne Übersetzer von Gläubigen oder Seligen sprechen. Sie ruhen nach frühchristlicher Annahme, die ihre Spur bis heute im römischen Meßkanon hinterlassen hat, von ihrem Tode bis zur Auferstehung an einem Ort der Labung *(locus refrigerii)*, des Lichtes und des Friedens. Genau mit diesem Ort bringt den irdischen *infernus* auch eine Parallelüberlieferung dieses Kapitels in einer Karlsruher Handschrift des 9. Jahrhunderts in Zusammenhang. Hier erscheint fast derselbe Text wie im *Liber de numeris* eingefügt in einen anonymen grammatischen Traktat *De litteris* (unter dem Buchstaben I). Die beiden Traktate gehen also auf eine gemeinsame Vorlage zurück. Im Buchstabentraktat wird der entsprechende Text aber mit einem (ungenauen) Zitat aus dem *Buch der Weisheit* 3, 1–3 eingeleitet: „Die Seelen der Gerechten sind in Gottes Hand, und keine Qual der Bosheit berührt sie. Des Gerechten Seele aber wird, welcher Tod auch immer ihn ergreifen mag, am Orte der Labung *(in refrigerio)* sein." Dergleichen fehlt im Zahlentraktat, so daß alles viel unbestimmter bleibt. Der beiden Traktaten gemeinsame Text selbst malt jedenfalls ein Bild, das einigermaßen sowohl auf irdische Prüfungen wie auf eine jenseitige Läuterung passen könnte. Die dann erst dem Hochmittelalter vertraute Vorstellung des Fegefeuers liegt keinesfalls vor.

Virgils Umwelt hat also von ihm gewiß bedeutsame Anregungen empfangen. Auch außerhalb Salzburgs sind sie dankbar aufgegriffen worden, so etwa von seinem Freund Arbeo, dem vermutlich aus dem bairischen Adelsgeschlecht der Huosi stammenden, in Mais bei Meran geborenen Bischof von Freising (764/5–783), der von seinem irischen Amtsbruder zur Abfassung der *Vita Corbiniani* ermuntert wurde. Eine eigene schriftstellerische Tätigkeit Virgils bleibt aber ungreifbar.

Anonym überliefert sind auch die literarischen Eigenprodukte aus Salzburgs karolingischer Zeit, die **Carmina Salisburgensia**, die **Translatio sancti Hermetis** und die **Conversio Bagoariorum et Karantanorum.**

Die lateinischen metrischen Gedichte (in Hexametern oder elegischen Distichen) liegen uns zum ganz überwiegenden Teil in einer Münchener Handschrift (Clm 14743) gesammelt vor, die unter Erzbischof Liupram (836–859) angelegt wurde. Spätestens in dieser Zeit sind sie auch verfaßt worden, einige wohl schon vorher, die meisten vermutlich von ein und demselben Verfasser, vielleicht Baldo (s. o.). Es handelt sich in der Regel um jene Art von Epigrammen (von einem halben Dutzend bis drei Dutzend Versen), wie sie in der Karolingerzeit unzählige geschrieben wurden, so etwa von Alkuin, der solche auch für Salzburg anfertigte, also um reine Gebrauchspoesie, wie Bischofslisten der bairischen Diözesen (wohl angeregt durch fränkische Listen wie die der Metzer Bischöfe), Epitaphien auf die (Erz-)Bischöfe Virgil, Arn und Adalram, Preisgedichte auf denselben und Liupram, Sach- und Bildaufschriften, Buchwidmungen, Schreiberverse und Monatsgedichte. In Carmen X und v. a. XI könnten sprachliche Erläuterungen zu den oben erwähnten Monatsbildern des Cod. Vind. 387 (fol. 90r) vorliegen. Die Monate sind hier jeweils als Personen dargestellt. Der Januar wärmt sich am Feuer, der Februar hält eierlegende Vögel, der März einen Vogel und eine Schlange, der April weist auf einen grünenden Baum, der Mai bringt Blumen, der Juni pflügt, der Juli hat eine Sense geschultert, der August schneidet Getreide mit der Sichel, der September sät, der Oktober pflückt Trauben, November und Dezember schlachten gemeinsam ein Schwein. Carmen XI bietet dazu wenig abweichende, bisweilen aber noch zusätzliche Informationen (z. B. daß die Schweine mit Eicheln gefüttert werden). Die Handhabung des Lateinischen zeigt, daß man den Anschluß an den westlichen Standard gefunden hat. Vor allem darin liegt die kulturhistorische Bedeutung dieser poetisch mittelmäßigen Carmina.

Ebenfalls unter Erzbischof Liupram, und zwar 851/855, ist ein ganz kurzer Bericht von der Übertragung der Gebeine des hl. Hermes von Rom nach Salzburg (im Jahre 851) in relativ anspruchsvoller Prosa aufgezeichnet worden (*Translatio sancti Hermetis*).

Mit ziemlich einfachen sprachlichen Mitteln, schlichter, selten rhetorisch geschmückter, bisweilen unbeholfener Erzählprosa begnügt sich der unbekannte Autor der *Conversio Bagoariorum et Karantanorum*. Der Quellenwert für die frühmittelalterliche Geschichte des Ostalpenraumes ist jedoch kaum zu überschätzen, so daß man wohl mit Recht von dem „Haupt- und Glanzstück der ruhmvollen Salzburger Historiographie" gesprochen hat (A. Lhotsky). Die darin enthaltene Bekehrungsgeschichte der Baiern setzt sich nur aus einer erweiterten Fassung der *Vita Ruperti* (s. o.) und der Bischofsreihe von Rupert bis Virgil zusammen (Kap. 1–2). Die Bekehrung der slawischen Karantanen nimmt die Kapitel 3 bis 9, die der Slawen Unterpannoniens die Kapitel 10–14 ein. Das letzte Kapitel lautet (in der Übersetzung von H. Wolfram):

Zwischen dem Zeitpunkt, da auf Verleihung und Befehl des Herrn Kaisers Karl die Salzburger Bischöfe das Volk des östlichen Pannoniens zu regieren begannen, bis zur Gegenwart liegen fünfundsiebzig Jahre, und kein Bischof, der dorthin kam, hatte in jenem Gebiet eine kirchliche Machtbefugnis außer den Salzburger Leitern. Auch wagte kein Priester, der von auswärts kam, dort länger als drei Monate sein Amt auszuüben, hatte er nicht vorher dem Bischof sein Entlaßschreiben vorgelegt. So wurde es nämlich dort beobachtet, bis die neue Lehre des Philosophen Methodius aufkam (*usque dum nova orta est doctrina Methodii philosophi*).

Erst in den letzten Kapiteln kommt – und zwar in erstaunlich moderater Weise – die besondere Stoßrichtung dieses Denkmals zum Vorschein. Jetzt, da die Ansprüche des Salzburger Metropoliten auf Unterpannonien durch die Mission der Slawenapostel Kyrillos-Konstantinos und Methodios bedroht werden, läßt Erzbischof Adalwin (859–873) im Jahre 871 (?) im Anschluß an die ältere hagiographische und annalistische Tradition die diversen Salzburger Urkunden und Güterverzeichnisse (wie die *Notitia Arnonis*) – die wir hier nicht weiter behandeln können – die alten Rechte Salzburgs von ihren Ursprüngen her, d. h. eben durch die erfolgreiche Mission im höchsten Auftrage, begründen. Was so entsteht, ist weniger als Chronik denn als eine Denkschrift, ein Weißbuch zu bezeichnen.

Die Brüder Kyrillos und Methodios hatten 863 die byzantinische Mission nach Mähren und 866 nach Pannonien gebracht, folgten dann aber 867 einer Einladung des Papstes nach Rom, wo Kyrill 869 als Mönch verstarb, während sein Bruder zu den Slawen zurückkehrte, dort aber in die Mühlen fränkisch-bairisch-mährischer Politik und schließlich in Gefangenschaft geriet. Die Vorwürfe der bairischen Bischöfe bei der Synode von Regensburg 870 lassen sich der *Conversio* entnehmen, wo es im Kapitel 12 heißt, daß ein Grieche namens Methodios mit neu erfundenen slawischen Buchstaben daherkam und die lateinische Sprache, die römische Lehre und die authentische lateinische Liturgie in den Augen des ganzen Volkes nach Philosophenart herabsetzte, und zwar bezüglich der Messe, der Verkündigung des Evangeliums und des Kirchendienstes derjenigen, die das alles auf lateinisch gefeiert hatten.

Tatsächlich verdankte die Mission der Einführung der *Glagolica*, der v. a. aus der griechischen abgeleiteten Schrift, und der dadurch ermöglichten Aufzeichnung liturgischer Texte in slawischer Sprache ein Gutteil ihres Erfolges. Ob die beiden griechischen Brüder die notwendigsten Teile der (gesungenen) byzantinischen Liturgie bereits in den slawischen Dialekt ihrer Vaterstadt übersetzt und nach Norden mitgenommen oder erst im westslawischen Raum mit den Mitteln einer hier bereits vorgebildeten altkirchenslawischen Sprache nachgeformt oder Elemente aus den beiden Bereichen benutzt haben, ist in der Forschung umstritten (s. u.). Jedenfalls fand das Bekehrungswerk der Slawenapostel nach Methods Tod im westslawischen Raum kaum noch Nachfolge, wohl jedoch bei den Südslawen des byzantinischen Einflußbereichs. Die sich dadurch ausbildende altbulgarische Kirchensprache begründete eine auch auf die Ostslawen ausgreifende, bis zum Ende des 18. Jahrhunderts reichende literarische Kultur. Durch den Einfall der Magyaren in Pannonien blieben die Westslawen davon abgeschnitten.

Nun erfahren wir aber aus der *Conversio* von einer Salzburger Mission bei den Alpenslawen längst vor dem Wirken Kyrills und Methods. Mit Hilfe allein der lateinischen Kirchensprache, die selbstverständlich der Bezugspunkt in der Liturgie bleiben mußte, konnte kein Missionar auskommen. Er mußte sich der Volkssprache bedienen, das heißt in unserem Raum einmal des Deutschen (in der bairischen Variante), zum anderen des Alpenslawischen (s. u.) und zum dritten, worauf der Slawist

O. Kronsteiner mit Nachdruck hingewiesen hat, des Alpenromanischen, einer Form des sogenannten Vulgärlateinischen. Das letztgenannte Idiom bereitete den Missionaren vermutlich keine so großen Schwierigkeiten, da es dem Lateinischen noch relativ nahe stand und man in der Verschriftlichung immer auf dieses zurückgreifen konnte. Für die anderen Sprachen mußte dagegen eine eigene Orthographie und ein neuer religiöser Wortschatz geschaffen werden. Auch die Salzburger Mission muß sich von Anfang an intensiv darum bemüht haben. Die gesetzlichen Anweisungen der Kapitularien Karls des Großen, allem Volke in seiner Sprache zu predigen und ihm die wichtigsten liturgischen Texte wie *Credo*, *Paternoster* und *Taufgelöbnis* genau einzuprägen, kodifizieren dann nur, was auch schon zuvor allgemein vom Klerus, wenngleich bisweilen vielleicht nachlässig, geübt wurde. Die volkssprachliche religiöse Literatur wurde somit von Karl ebensowenig „geschaffen" wie dann von seinem Sohn Ludwig dem Frommen wieder „abgeschafft", der vom Einsatz der Volkssprache für kirchliche Zwecke nichts wissen wollte und dies auf der Synode von Inden 817 festschreiben ließ.

Leider sind insgesamt wenige volkssprachliche Texte der Mission aufs Pergament gelangt und davon wieder etliche verloren. Besonders schmal ist die slawische Überlieferung. Aus dem Frühmittelalter sind nur drei kleine Denkmäler auf uns gekommen, die nach der Herkunft der Handschrift (jetzt in München als Cod. latinus 6426) ***Freisinger Denkmäler*** genannt werden. Die Freisinger Kirche hatte im 10. Jahrhundert im Südkärntner Gebiet größeren Eigenbesitz und übernahm dort auch die Seelsorge. Zu diesem Zweck ließ Bischof Abraham einen Codex zusammenstellen und in diesen vermutlich zwischen 960 und 980 in lateinischer Schrift jene slawischen Texte eintragen, die offenbar damals in der genannten Gegend in Gebrauch waren. Über Alter, Herkunft und Sprache der drei Stücke herrscht allerdings unter Fachleuten völlige Uneinigkeit, wobei ideologische Vorgaben oft eine größere Rolle als philologische Argumente spielen. Hier sei die Ansicht von O. Kronsteiner wiedergegeben. Danach könnten die Slawen Karantaniens bereits von den dort verbliebenen Romanen im 7. Jahrhundert christlich beeinflußt worden sein. Eine Mission im engeren Sinn setzte aber erst auf Veranlassung Virgils von Salzburg im späten 8. Jahrhundert ein und dauerte auch im 9. Jahrhundert unter Ausdehnung auf Pannonien an, wie es die *Conversio* berichtet. Für diese Mission schuf man – gewiß wiederum unter Anleitung Virgils – eine eigene und damit die älteste slawische Kirchensprache auf der Basis des im Missionsgebiet gesprochenen alpenslawischen (altslowenischen) Idioms unter Zuhilfenahme kirchenlateinischer Begriffe, die teils als Lehnwörter, teils als Lehnübersetzungen (eigene Wörter mit neuer Bedeutung) in die Volkssprache eingingen. Diese neue Kirchensprache des 8./9. Jahrhunderts haben dann Kyrill und Method ihrerseits übernommen und auf eigenständige Weise weiterentwickelt. Die romanischen Elemente in den *Freisinger Denkmälern* erklären sich aus der romanischen Muttersprache nicht weniger Salzburger Mönche und Missionare. Soweit Kronsteiner.

Das erste Stück (ein Pergamentblatt) ist ein ausführliches Beichtbekenntnis *(confessio)*, eingeleitet von einer Aufforderung, die folgenden Worte nachzusprechen. Es werden Gott, Maria und alle Heiligen um Barmherzigkeit angefleht. Das zweite Stück (zwei Bätter, die letzte Seite etwa ein Drittel beschrieben) stellt eine Bußpredigt dar, die zu guten Werken mahnt und vor bösen warnt, um schließlich mit Hinweis auf das Jüngste Gericht zum Sündenbekenntnis aufzurufen. Dieses selbst ist wiederum

Inhalt des dritten Stückes (ein Blatt und ein paar weitere Zeilen). Hierin heißt es unter anderem (in Übersetzung von A. Žgur):

Gott dem Allmächtigen bekenne ich alle meine Sünden, und der heiligen Maria, alle üblen Werke und üblen Gedanken, was ich wissentlich oder unwissentlich begangen habe, gezwungen oder aus eigenem Antrieb, schlafend oder wachend [... es folgen einzelne Sünden].

Die entsprechenden Zeilen lauten in der Handschrift (in der Originalschreibweise, aber mit korrigierter Worttrennung und Zeichensetzung):

Bogu uzemogokemu izpouuede uze moie greche i sancte marie uzeh nepraudnih del i nepraudnega pomislenia, ese iezem uuede ztuoril ili neuuede, nudmi ili lubmi, zpe ili bde [...].

In die Beichte sind auch Formeln aus dem Taufgelöbnis und dem *Credo* aufgenommen.

Man würde vermuten, daß solche *Confessiones* als Formulare für das öffentliche Beichtbekenntnis der Gemeindemitglieder gedient haben. A. Masser nimmt jedoch für die entsprechenden althochdeutschen Stücke Verwendung im täglichen privaten Gebetsleben an, was dann auch für die beiden Freisinger Beichten in Erwägung zu ziehen wäre. Die Übereinstimmungen der entsprechenden deutschen und slawischen Denkmäler gehen ja teilweise bis in den Wortlaut hinein. Die sogenannte *Altbairische Beichte* beginnt in einer jetzt in Orléans liegenden, aber aus einem oberösterreichisch-salzburgischen Skriptorium stammenden Handschrift des beginnenden 9. Jahrhunderts folgendermaßen:

Truhtin, dir uuirdu ih pigihtik allero minero suntiono enti missatatio, alles des ih io missasprah eddo missateta eddo missadahta, uuorto enti uuercho enti kidancho, des ih kihukkiu eddo nigahukkiu, des ih uuizzanto kiteta eddo unuuizzanto, notak eddo unnotak, slafanti eddo uuachenti [...]

Herr, dir bekenne ich alle meine Sünden und Missetaten, alles, was ich je Böses sprach oder tat oder dachte, Worte und Werke und Gedanken, wessen ich mich entsinne oder nicht entsinne, was ich wissend tat oder unwissend, gezwungen oder nicht gezwungen, schlafend oder wachend [...]

Auch wenn sich die Entstehung dieses Codex nicht genauer lokalisieren läßt, kann die Existenz dieses oder eines ähnlichen Textes in Salzburg ohne weiteres vorausgesetzt werden – ebenso wie in den anderen Klöstern und Stiften der gesamten Salzburger Kirchenprovinz. Die übrigen erhaltenen Versionen weichen nur geringfügig ab. Sie gehören alle einem einzigen Typus an, der deutlich von dem „offiziellen", im Gefolge der Kirchengesetzgebung Karls des Großen entstandenen Typus abweicht, also gewiß älter ist. O. Kronsteiner führt die Gemeinsamkeiten der altbairischen und der altslowenischen Beichten sämtlich auf die gemeinsame lateinische Vorlage, die allerdings nicht direkt belegt ist, zurück, räumt aber einen althochdeutschen Einfluß auf den Wortschatz des Altslawischen ein. In dem mehrsprachigen Milieu der Salzburger Mission mußten sich ja wechselseitige Beeinflussungen wie von selbst ergeben.

Daß Gebete in der Volkssprache, wie das eben zitierte oder die sogenannte *Vorauer Beichte* (ein vermutlich noch Ende des 9. Jahrhunderts in einem oberrheinischen Skriptorium geschriebenes Stück, das wohl nur zufällig in einer Vorauer Handschrift des 13. Jahrhunderts als Deckelaufkleber geraten ist und jetzt in Straßburg liegt), nur von einem Laien gesprochen wurden, ist weder erweislich noch wahrscheinlich. Die

35

enorme Dominanz des Lateinischen im frühmittelalterlichen Schrifttum erweist nur, daß in geistlichen Gemeinschaften der Gebrauch der Volkssprache auf die Mündlichkeit beschränkt blieb. Die Liturgie hatte freilich in einer heiligen Sprache, das heißt in Latein, da man im Abendland bis auf geringe Ausnahmen des Griechischen nicht – und schon gar nicht des Hebräischen – mächtig war, zu erfolgen. Aber schon der Anfängerunterricht ist ohne Rückgriff auf die Muttersprache nicht denkbar. Selbst von berühmten Schullehrern wie Ekkehard I. von St. Gallen wird berichtet, er habe den Kleinen hin und wieder ein deutsches Wort gestattet (*Casus Sancti Galli,* Kap. 130).

Auf dem Pergament führt das Deutsche jedoch eine marginale Existenz in des Wortes ursprünglicher Bedeutung. Es existiert in Form von Zusätzen zu den lateinischen Texten, am häufigsten als Glossen. Das griechische Wort *glossa* meint im lateinischen Mittelalter soviel wie Erklärung. In der Philologie versteht man darunter seit Jacob Grimm (1826) „deutsche Übersetzungen einzelner Wörter oder Sätze, welche den Handschriften interlinearisch oder am Rande beigefügt oder auch in besondere Verzeichnisse geordnet sind". Lateinische Glossen zu griechischen oder seltenen (obsoleten, fach- oder vulgärsprachlichen) lateinischen Ausdrücken verwendeten schon die antiken Römer. Mit der Rezeption der antiken Literatur gelangte die Methode vom Süden und Westen nach Baiern. Die reichste **althochdeutsche Glossenliteratur** ist in alemannischen Klöstern angelegt worden. In Baiern haben sich v. a. Freising, St. Emmeram in Regensburg und Tegernsee hervorgetan.

In Salzburg scheint man in karolingischer Zeit der Glossenarbeit kein großes Interesse entgegengebracht zu haben. Abgesehen von ganz vereinzelten Eintragungen finden sich neben einer Menge eingeritzter lateinischer und deutscher Glossen in einem Matthäus-Kommentar des Hieronymus (Codex St. Peter a VII 2, um 800) nur zwei fragmentarisch erhaltene Glossensammlungen (Glossare), eine zu einer Kirchenrechtssammlung *(Canones)* in einem Codex vom Anfang des 9. Jahrhunderts (Museum Carolino-Augusteum 2163) und eine andere aus der Zeit Liuprams (St. Peter a XII 25, Fragment 7).

Im 10. Jahrhundert ist Salzburg dann allerdings an der Überlieferung der großen bairischen Glossenkompilation beteiligt, die unten in dem Abschnitt über Mondsee zu besprechen sein wird. Inzwischen hat aber die kulturelle Szenerie entscheidend gewechselt. Im letzten Drittel des 9. Jahrhunderts scheinen die Antriebe der karolingischen Renaissance verbraucht. Dann brechen die Ungarnstürme über das Land herein. Der materielle und kulturelle Neubeginn gestaltet sich hernach in allen „österreichischen" Ländern schwierig und langwierig. In Salzburg bemüht man sich zwar um eine Reorganisation der Domschule (die 987 nach der endgültigen Trennung von Kloster St. Peter und Domkapitel eingerichtet wird) unter anderem durch die Bitte an Walther von Speyer um Übersendung seiner um 982/3 verfaßten Christophorus-Vita, deren erstes Buch den Bildungsgang des Autors schildert. Die von Walther hier genannten Schulautoren Vergilius, Homerus (= *Ilias latina,* eine lateinische Kurzbearbeitung der *Ilias),* Martianus Capella (s. o.), Horatius, Persius, Iuvenalis, Boethius, Statius, Terentius und Lucanus werden wohl auch in Salzburg für den Grammatikunterricht vorgesehen gewesen sein. Zu eigenen literarischen Leistungen scheint die Lektüre aber – bis auf eine unbedeutende Schrift über die Reformen des verselbständigten St. Peter-Klosters *(Ratio, qualiter renovata est vita monachorum ad sanctum Petrum a Fridarico archiepiscopo)* – nicht angeregt zu haben. Unerklärlicherweise werden die Salzburger Annalen sogar in der Ungarnzeit bis 956, dann aber nicht mehr fortgesetzt. In diesem Abbruch der historiographischen Tradition darf man fast so etwas wie ein Symbol für das Ende der literarischen Vormachtstellung Salzburgs im „österreichischen Mittelalter" sehen. In der bildenden Kunst, nicht zuletzt der Buchkunst, spielt Salzburg dagegen weiterhin eine hervorragende Rolle. In der ersten Hälfte des 11. Jahrhunderts zeugen dafür v. a. der spätottonische Umbau des Virgil-Domes und drei prächtige Evangeliare, allen voran das aus St. Peter (jetzt in New York, Pierpont Morgan Library 781) mit 19 Darstellungen aus dem Leben Jesu.

Hinzuweisen gilt es hier noch – gleichsam als Anhang – auf ein kleines althochdeutsches Denkmal, das sich keinem Skriptorium zuweisen läßt, aber möglicherweise in der Salzburger Erzdiözese aufgeschrieben wurde.

Im Codex Vindobonensis 552 des 9. Jahrhunderts mit lateinischen *Passiones Sanctorum* sind auf Blatt 107r von einer Hand des 10. Jahrhunderts zwei Blattfüllsel eingetragen, ein deutscher und ein lateinischer Segen, letzterer untermischt mit unverständlichen Brocken einer offenbar magischen Geheimsprache. Der althochdeutsche *Hundesegen* lautet (in der Ausg. v. E. Steinmeyer):

Christ uuart gaboren er uuolf ode diob. do uuas sancte Marti Christas hirti. Der heiligo Christ unta sancte Marti der gauuerdo uualten hiuta dero hunto, dero zohono, daz in uuolf noh uulpa za scedin uuerdan nemegi, se uuara se geloufan uualdes ode uueges ode heido. Der heiligo Christ unta sancte Marti de frumma mir sa hiuto alla hera heim gasunta.

Christus wurde geboren, ehe Wolf oder Dieb (geboren wurden). Da war Sankt Martin der Hirte Christi. Der heilige Christus und Sankt Martin, der geruhe, heute zu wachen über die Hunde und die Hündinnen, daß ihnen weder Wolf noch Wölfin Schaden zufügen können, wohin immer sie im Wald, auf dem Weg oder auf der Heide laufen mögen. Der heilige Christus und Sankt Martin, der bringe mir sie heute alle gesund hierher heim.

Der Segen enthält alte stabreimende Formeln *(wolf noh wulpa, waldes ode weges)* und steht in der langen Tradition des germanischen Zauberspruchs. Dennoch liegt rein christliches Gedankengut in schlichter Prosa vor. Zu Anfang werden Christus, der vor aller Schöpfung existiert hat, und sein Hirte, Martin (der Schutzpatron der Tiere), eingeführt. Dann folgt das an die beiden gerichtete Bittgebet. Ob im letzten Satz noch eine Beschwörungsformel steckt, scheint mir äußerst fraglich.

Mondsee

Wir haben im Abschnitt über Salzburg auch einige Grundgegebenheiten des frühmittelalterlichen „Literaturbetriebes" zu beschreiben versucht, die für die übrigen Schreibschulen Baierns und darüber hinaus Geltung gehabt haben. Schon aus diesem Grunde müssen die weiteren Abschnitte knapper ausfallen, was die tatsächlichen Größenverhältnisse verzerrt. Dennoch ist der Abstand Salzburgs zu den übrigen Stätten des Schrifttums beträchtlich. Am nächsten kommt noch das von Herzog Odilo in der Passauer Diözese gegründete Kloster Mondsee. Dessen Skriptorium zeichnet sich v. a. durch seine relative Eigenständigkeit gegenüber fremden Einflüssen aus. „Damit, daß Mondsee bedeutende Prachtevangeliare in Unziale hervorgebracht hat – in der Karolingerzeit eine durchaus seltene Erscheinung –, besitzt es einen ungewöhnlichen Rang im gesamten südostdeutschen Buchwesen" (B. Bischoff). Wenn wir oben allein die karolingische Minuskel als die frühmittelalterliche „Normalschrift" erwähnt haben, so bestätigen Handschriften in Unziale, einer Majuskelschrift, wie das Evangeliar in München (Clm 27270) oder die Nürnberg-New Yorker Evangeliar-Fragmente, die wie jenes vermutlich in den achtziger Jahren in Mondsee geschrieben wurden, als Ausnahmen nur die Regel. Ebenfalls hier oder in dem (wohl von Mondsee aus besiedelten) Nachbarkloster Kremsmünster dürfte der *Codex Millenarius Maior,* das prachtvoll illuminierte Evangeliar der Kremsmünsterer Stiftsbibliothek (Cimelium 1), entstanden sein (2. Jahrzehnt des 9. Jahrhunderts?). Die acht gleich

Abb. 1 großen Vollbilder der vier Evangelisten und ihrer vier Symbole (Mensch, Löwe, Stier und Adler) in rundbogigen Arkaden sind die ältesten erhaltenen ihrer Art.

Was dem Kunsthistoriker der *Millenarius,* das ist dem Germanisten ein aus Mondsee stammender, nun bruchstückhaft in Wien (Cod. Vind. 3093*) und Hannover (Niedersächsische Landesbibliothek, Ms. I, 20) aufbewahrter Codex. Diese sogenannten ***Mondsee-Wiener-Fragmente*** – es begegnet auch in neuerer Literatur die ältere Schreibung Monsee (ahd. Maninseo), gelegentlich auch die Bezeichnung *Fragmenta theotisca* nach der Erstausgabe von S. Endlicher und H. Hoffmann von Fallersleben 1834 – setzen sich aus 40 Blättern bzw. deren Resten zusammen, die aus Bucheinbänden herausgelöst worden sind. Den Inhalt bilden Bruchstücke des Matthäus-Evangeliums, eines sonst nicht bekannten, vermutlich im späten 8. Jahrhundert entstandenen Traktats über die Bekehrung der Heiden und das Recht des Gebrauchs der Volkssprache zu sakralen Zwecken (von den ersten Editoren *De vocatione gentium* genannt), einer anderen unbekannten Abhandlung oder Predigt, des weiteren der Predigt Nr. LXXVI des Augustinus und die Anfangspartien des Trinitätstraktats *De fide catholica ex veteri et novo testamento contra Judaeos* (*Über den katholischen Glauben nach dem Alten und Neuen Testament wider die Juden*) Isidors von Sevilla. Alle diese Texte waren zweisprachig angelegt, so daß lateinisches Original und althochdeutsche Übersetzung auf gegenüberliegenden Seiten standen. Von den oben angesprochenen Glossen zu dieser erstaunlich freien deutschen Übersetzung ist es ein sehr weiter Weg. In der allgemeinen historischen Entwicklung der Übersetzungsliteratur führt dieser Weg über die sogenannte Interlinearversion. Hier werden die einzelnen Interlinearglossen zu fortlaufenden Wort-für-Wort-Übertragungen des lateinischen Textes zusammengefügt, ohne daß der deutsche Text den syntaktischen Gesetzen der eigenen Sprache gehorchen würde. Dies geschieht erst durch schrittweise Lösung vom fremdsprachigen Original. Da diese Zwischenschritte in unserem Raum überhaupt nicht belegt sind, kann hier die in den *Mondsee-Wiener-Fragmenten* dokumentierte enorme Übersetzungsleistung gar nicht vollbracht worden sein. Und tatsächlich hat die intensive Forschungsdiskussion ergeben, daß Mondsee für sich nur den Ruhm in Anspruch nehmen kann, eine fremde Vorlage mehr oder minder konsequent in den eigenen bair. Dialekt umgesetzt und zumindest in dieser Form für die Nachwelt bewahrt zu haben. Dies ist insofern von entscheidender Bedeutung, als wir nur für Teile des Isidor-Traktats über einen anderen Textzeugen verfügen, der allerdings die ursprüngliche Sprachgestalt in ihrer sorgfältig geregelten Orthographie bietet. Diese Handschrift (heute in der Bibliothèque Nationale in Paris, Ms. Lat. 2326) ist auf die Jahre nach 800 zu datieren. Das Original dürfte im engsten Umkreis des Hofes Karls des Großen und als Ausfluß von dessen kulturellen Bestrebungen abgefaßt worden sein. K. Matzel hat ja die Sprache der Pariser Handschrift im Bereich des westlichen südrheinfränkischen Lothringen, also im Herkunftsgebiet der Karolinger, lokalisiert und angenommen, nach Mondsee seien „die Vorlagen der Übersetzungen aller Wahrscheinlichkeit nach durch Hildebold von Köln gelangt, der als Erzkapellan Karls d. Gr. höchster Kirchenbeamter des Reiches und zugleich Abt von Mondsee (a. 803–813) war". Die in dieser zweisprachigen Textsammlung behandelten Themen müssen in der karolingischen Kirchenpolitik vor 800 zudem aktuell gewesen sein. Aber auch in der bairischen Ostmission ließ sich einiges davon gut verwerten.

Ein ganz kurzes Textbeispiel mag die erstaunliche Gewandtheit dieser Übersetzungsprosa und ihre dialektale Umschrift in Mondsee veranschaulichen. Im Kapitel III. *Quia Christus deus et dominus est* („Daß Christus Gott und Herr ist") deutet Isidor u. a. den in der Vision des Propheten Zacharias (Sacharja) auftauchenden Mann mit der Meßschnur auf Christus, da nur dieser von sich die folgenden Worte sagen könne:

Lauda et letare, filia Sion, quia ecce ego venio et habitabo in medio tui, dicit dominus. Et adplicabuntur gentes multe ad dominum in die illa et erunt mihi in populum et habitabo in medio tui, et scies quia dominus exercituum misit me ad te (De fide catholica 3,9, so auch im Pariser Codex 2326 – wörtlich nach Vulgata, Zach. 2,10–11).

Dem entspricht in der Pariser Handschrift folgende althochdeutsche Übersetzung:

Lobo endi freuui dhih, siones dohter, bidhiu huuanda see ih quhimu endi in dhir mitteru ardon, quhad druhtin. Endi in dhemu daghe uuerdhant manego dheodun chisamnoda zi druhtine endi uuerdhant mine liudi, endi ih ardon in dhir mitteru, endi dhu uueist dhazs uuerodheoda druhtin sendida mih zi dhir.

Dasselbe in dem Mondseer Fragment Nr. XXXV:

Lobo enti frauui dih, siones tohter, bidiu huuanta see ih quimu enti in dir mitteru arton, quad truhtin. E[.] ti in demo tage uuerdant manago deotun kasamnato za truhtine enti uuerdant mine liuti, [.] nti ih arton in dir mitteru. Enti du uueist daz uueradeota truhtin sentita mih za dir.

Der althochdeutsche Text in wörtlicher neuhochdeutscher Wiedergabe würde lauten:

Preise und freue dich, Sions Tochter, denn siehe, ich komme und wohne mitten in dir, sprach der Herr. Und an diesem Tage werden viele Völker gesammelt zum Herrn und werden meine Leute, und ich wohne mitten in dir. Und du weißt, daß der Herr des Heeres (Volkes) mich zu dir sandte.

Trotz der Unvollständigkeit des überlieferten Textes und trotz der bloß phonologischen Umformung der westlichen Vorlage vermögen wir hier doch einen Eindruck davon zu erhalten, wie die Heilige Schrift damals am Südostrand des bairischen Sprachgebietes im heimatlichen Idiom geklungen haben mag. –

Die Glanzzeit des Klosters Mondsee endete jäh, als Ludwig der Fromme es 833 dem Hochstift Regensburg im Tausch gegen Obermünster als Eigenkloster überantwortete. Mondsee büßte eine Menge seines Besitzes, gewiß auch Bücher und Schreiber, v. a. aber das Recht auf freie Abtwahl (bis 1142) ein. Erst in der Regierungszeit Bischof Wolfgangs von Regensburg (972–994) setzt das Schrifttum in Mondsee nach mehr als hundert Jahren wieder ein. Diesem Aufschwung verdanken möglicherweise sowohl die aus Mondsee nach Wien gelangte Glossenhandschrift

Cod. Vind. 2723 wie der inhaltlich ganz eng verwandte ehemals salzburgische Cod. Vind. 2732 ihre Entstehung. Ebensogut könnten allerdings beide Handschriften einem Salzburger Skriptorium entstammen. Den Kern beider Codices bildet ein großes bairisches Bibelglossar des 9./10. Jahrhunderts, das noch in etlichen Münchener und einer Göttweiger Handschrift überliefert ist. Die **Mondseer Glossen** sind so angelegt, daß nicht einem fortlaufenden lateinischen Text deutsche Wörter überschrieben, sondern die einzelnen erklärungsbedürftigen lateinischen Wörter herausgenommen und mit der althochdeutschen Glosse zusammen aneinandergereiht werden, also z. B. aus dem Schöpfungsbericht der Bibel (Vulgata) 1,9 *Arida. truchini* („trockenes Land"), 2,10 *Capita. ursprinch* („Quellen"), 2,12 *Bdellium. flied* („Harz"). Wenn die Zuweisung an Mondsee (oder Salzburg) richtig sein sollte, so ergibt sich daraus, daß unser Raum zwar weiterhin an der verbreiteten Glossierungstätigkeit teilgenommen, die Übersetzungsprosa der *Mondsee-Wiener-Fragmente* aber weder in Mondsee noch andernorts Nachfolge gefunden hat.

Summarisch muß hier vermerkt werden, daß die Tradition der Glossenhandschriften sich im ganzen deutschen Sprachraum durch das Mittelalter hindurch fortsetzt. Obwohl auch „Österreich" dazu wichtige Codices beigesteuert hat, dürfen wir sie im folgenden vernachlässigen. In den Anfängen des deutschen Schrifttums ist uns freilich jeder seiner Zeugen zu kostbar, um ihn zu übergehen. Dasselbe gilt selbstverständlich für die spärlichen Reste althochdeutscher Prosa aus unserem Raum. Deshalb sei hier noch – rein willkürlich – ein an sich unbedeutendes Gebet angeschlossen, das sich keinem Skriptorium zuordnen läßt, vielleicht jedoch in der Diözese Passau zu Pergament gebracht worden ist. Es findet sich in einer Handschrift des 11. Jahrhunderts, einem Psalter aus der Stiftsbibliothek von Klosterneuburg (Cod. 987), der von Leopold dem Heiligen († 1136) verwendet wurde, eingetragen von einer Hand des mittleren 11. Jahrhunderts in bairisch gefärbter spätalthochdeutscher Sprache auf Blatt 204r, und wird daher **Klosterneuburger Gebet** genannt. Die schlichte Anrufung Gottes um Vergebung der Sünden und um Hilfe in der Todesstunde stellt gewiß die bloße Übersetzung einer lateinischen Gebetsformel dar. Nach wenigen Zeilen bricht der Text ab.

Niederalteich

Die nicht geringe Bedeutung des karolingerzeitlichen Skriptoriums in dem von Herzog Odilo wahrscheinlich 741 gegründeten Kloster Niederalteich (*Alt-aha* „Altwasser" der Donau) läßt sich mit guten Gründen vermuten (B. Bischoff), aber aufgrund der Quellenlage nicht exakt belegen.

Nach der Ungarnzeit dauerte es nicht lange, bis sich das Kloster vom Niedergang wieder erholte. Die Kleriker lebten dort jedoch inzwischen (ab 950) nicht mehr nach der Regel des hl. Benedikt, sondern als Weltgeistliche (Kanoniker) zusammen. Im Zuge der vom lothringischen Kloster Gorze ausstrahlenden Reformbewegung wurde Niederalteich auf herzogliche Initiative ca. 990 wieder in einen Benediktinerkonvent rückgewandelt und dann unter Abt Godehard (996–1022) selbst Zentrum der Reform. Ihr schlossen sich u. a. nach 1013 Kremsmünster und das 1028 in Kärnten gegründete Ossiach an. 987 hatte der Salzburger Erzbischof eine entsprechende

Erneuerung des Klosters St. Peter vorgenommen (s. o.), die weiter auf die um 1010 bzw. 1043 gegründeten Kärntner Nonnenklöster St. Georgen am Längsee und Gurk ausstrahlte. Die Anregung zur Reform aber hatte der Salzburger Oberhirte vom hl. Wolfgang, dem Bischof von Regensburg, empfangen. Aus St. Emmeram in Regensburg, dem bedeutendsten Reformzentrum Baierns, kamen u. a. der erste Abt des erneuerten St. Peter-Klosters wie der erste Abt des vor 999 gegründeten Klosters St. Lambert in Seeon. Dieser nördlich des Chiemsees in der Erzdiözese Salzburg gelegene Konvent verfügte offenbar in Kürze über ein leistungsfähiges Skriptorium, da es für Kaiser Heinrichs II. Stiftung Bamberg (1007) prachtvolle Codices anfertigen konnte. In einen davon hat der **Abt von Seeon, Gerhard** (ca. 1001 – nach 1020), ein lat. Hexametergedicht auf Bamberg als das neue Athen eingefügt.

Godehard (um 960–1038) war nicht nur ein Vorkämpfer der Ordenszucht, sondern auch ein Mann der Künste. In Niederalteich beteiligte er sich selbst im Skriptorium an der Herstellung illuminierter Bände. In Tegernsee, wohin er kurzzeitig als Abt berufen wurde, begründete er eine Schreibschule, die unter ihrem Vorstand Froumund (gest. 1008) kaum ihresgleichen im Reich hatte. 1022 dann zum Bischof von Hildesheim ernannt, setzte er dort die Kunstförderung seines Vorgängers Bernward fort.

Nicht zuletzt Godehards Kulturarbeit bereitete den Boden für die eigenständige literarische Produktion in Niederalteich. Nach 1050 entstanden hier die nach 1073 abgeschlossenen *Annales Altahenses,* „die wichtigste historiographische Leistung Bayerns vor dem Investiturstreit" (H. Glaser). Mit jenen meist unverbunden nebeneinanderstehenden lapidaren Einzeleintragungen wie den *Salzburger Annalen* haben sie zum Großteil nur die Gliederung nach Jahren gemeinsam. Bis zum Jahr 1032 werden freilich einfach ältere Annalen und Viten ausgeschrieben. Die Jahre 1033–73 sind jedoch in ganz selbständiger Weise mehr oder minder ausführlich gemäß eigenem Informationsstand und Interesse klar und überlegt dargestellt. Der eindeutig monastische, zugleich grundsätzlich königstreue Standpunkt des Verfassers kommt eindeutig zum Ausdruck, ohne zu parteiischer Polemik zu entarten. König Heinrich III., Beschützer der Klöster, Förderer der Reform, Vertreter einer sakralen Königsidee, erscheint in besonders hellem Licht. Besonderes Interesse gilt seiner Ostpolitik wie überhaupt den Vorgängen in Böhmen, Ungarn und der östlichen Mark (wo das Kloster reich begütert war). Ein Stück der Eintragung zum Jahr 1045 soll dafür als Beispiel dienen. Im Jahr zuvor hatte Heinrich III. mit dem Sieg bei Menfö dem 1041 gestürzten ungarischen König Peter zur Wiedererlangung der Macht verholfen. Nun sollte Peter sein Land vom *rex Romanorum* zu Lehen empfangen. Heinrich brach nach Osten auf.

Darauf kam er vor den Tagen der Bittwoche nach Regensburg und fuhr auf einem angemessen ausgestatteten Schiffe nach Passau, wo er die Himmelfahrt des Herrn feierte; von da aufbrechend eilte er in schneller Fahrt, wohin er gebeten war, nach Ungarn. Auf dieser Reise wurde er von einem traurigen Unfall heimgesucht, der bei weitem bejammernswerter war, nicht nur als die seither erduldeten, sondern auch als alle, von denen man später hören sollte. Denn als er an der gefährlichen Stelle des Flusses, so man Poienstein nennt, vorüberfuhr, und der Bischof Brun von Wirzburg, sein Verwandter, ihm auf seinem Schiffe folgte, sah dieser Bischof auf dem vorgenannten Stein eine Erscheinung, die Gestalt des Teufels, und hörte, wie sie zu ihm sprach: „Bischof, wohin Du auch gehst, in meiner Gewalt bist Du und wirst Du sein. Wenn ich Dir auch jetzt nichts tue, in Zukunft werde ich Dich doch treffen". Nach diesen Worten wurde er von der Beschwörung des Bischofs gebannt, verstummte und verschwand gänzlich. Doch trog er, obschon er immer ein Lügner gewesen, dieses Mal nicht ganz. Denn als der König nicht weit davon auf Einladung und angelegentlichste Bitte nach Persenbeug abgelenkt hatte, wo die Witwe des Grafen Adalpero, welcher in der vergangenen Fastenzeit gestorben war, ihm ein Gastmahl bereitet hatte, saß der Cäsar in einem der oberen Gemächer im Zwiegespräch mit einigen, welche er dazu geladen hatte. Da brechen die Balken, das Gemach stürzt ein und verschüttet die darin Sitzenden alle zusammen. Der Cäsar selbst lag, da mehrere über ihn fielen, zu unterst; da ihn aber Gott beschützte, so entging er der Todesgefahr, nur ein später stürzender Balken riß die Haut von seinem Arme, den er demselben zur Abwehr entgegenstreckte. Der genannte Bischof Prun aber und der Abt Altmann von Ebersberg werden mit gebrochenen Schenkeln, zermalmten Körpern, zugleich mit der Hausfrau halbtot aufgehoben, in die Schlafgemächer getragen, ins Bett gelegt und gingen, nach Verlauf weniger Zeit danach an diesen Verletzungen verschieden, zu Gott ein. Von da brach der König auf, Gott Dank sagend, daß er aus der Todesgefahr befreit wurde, in Besorgnis für die, welche er dem Tode nahe zurückließ. In Ungarn aber angelangt, wurde er nach königlicher Sitte in angemessener Weise empfangen und ehrenvoll gehalten. An dem heiligen Festtage übergab der König Peter das Reich Ungarn mit der vergoldeten Lanze dem Cäsar, seinem Herrn, vor allem Volk der Seinen und der Unseren. Nach Beendigung des mit königlicher Pracht ausgestatteten Gastmahles spendete er dem Könige noch eine sehr große Menge Goldes, welches dieser alles unter die Krieger verteilte, die er in dem siegreichen Kampfe des vorigen Jahres bei sich gehabt hatte (Übers. v. L. Wieland).

Die Stelle offenbart wichtige Züge des (früh-)mittelalterlichen Geschichtsverständnisses. Auch der Kaiser, dessen Tatkraft und herrscherliche Fähigkeiten in dem Werk so sehr herausgestellt werden, steht ständig in Gottes Hand und bleibt sich dessen auch gläubig bewußt. Gute und böse Vorzeichen künden das künftige Geschick. Engel und Dämonen werden als ganz real erfahren. Dahinter steht eine ziemlich problemlose Religiosität, die den fast greifbar nahen Himmel als Abbild irdischer Herrschaft versteht. Die – für unseren Raum bloß rekonstruierbaren – Kirchen dieser Zeit ruhen in sich und breitausladend auf dem Boden, sind Gottes Burgen auf Erden. Was die zitierte Übersetzung nicht hinreichend deutlich machen kann, sind der gute lateinische Stil des Textes und die Anlehnung an die Technik antiker Historiker.

Passau

Wie bei Niederaltaich ist man für die Frühgeschichte des Passauer Skriptoriums fast völlig auf Vermutungen angewiesen. Sicher läßt sich ihm aus der Karolingerzeit nur das älteste Traditionsbuch (Reste davon jetzt im Bayerischen Hauptstaatsarchiv in München) zuweisen, das hier seiner exzeptionellen Stellung wegen Erwähnung finden soll, obschon im übrigen Urkunden aus unserer Darstellung ausgeschlossen bleiben müssen. Nichts wissen wir über die kulturellen Leistungen des irischen Bischofs Sidonius (nach 752/54), der zusammen mit seinem Landsmann Virgil nach Baiern gekommen war. Die schriftstellerischen Arbeiten des Bischofs Ermenrich von Passau (866–874) stammen noch aus einer Zeit, da er Mönch in Ellwangen (Württemberg) war. Auch die gewiß vorhandene Schreibschule des Frauenklosters Niedernburg (s. o.) bleibt für uns eine unbekannte Größe. Gut informiert sind wir aber über eine entscheidende Bereicherung der Bibliothek des Domstiftes im Jahre 903, da der entsprechende Tauschvertrag zwischen Bischof Burchard von Passau und dem Chorbischof Madalwin erhalten ist. Madalwin vermacht darin dem Domstift aus seinem Privatbesitz etliche liturgische Werke, Predigten, biblische Bücher mit Erklärungen, exegetische Schriften, einzelne Heiligenviten (darunter die des hl. Severin!) und solche, die nach dem Kirchenjahr zusammengestellt sind *(Passionalia)*, Kirchen- und Volksgesetze, ein Bußbuch, einen Computus, vor allem aber eine umfangreiche Sammlung *De arte grammatica*. Darunter finden sich neben spätantiken und frühmittelalterlichen Grammatiken (geläufigen wie der Donats und ganz seltenen wie der des Mallius Theodorus) Schriften von Orosius, Cassiodorus und Boethius, die Enzyklopädie des Martianus Capella, die spätantiken Bibeldichtungen von Sedulius und Arator, die *Psychomachia* des Prudentius (ein grundlegendes Werk für die Entwicklung der mittelalterlichen Allegorie), die Rätsel des Symphosius, Aldhelm und Joseph Scottus, die *Bucolica* und *Georgica* Vergils mit dem Kommentar des Servius, typische Anfängerlektüre wie die *Disticha Catonis,* die Fabeln Avians und die Epigramme des Prosper Aquitanus, den *Querolus* (eine spätantike Lesekomödie nach Plautus), versifizierte Martyriologien und Musterbriefe (Briefsteller). Daruntergemischt erscheinen auch in dieser Abteilung noch einzelne liturgische und exegetische Bücher. Alles in allem sind es 56 Bände.

Was hier unter dem Obertitel der *Ars grammatica* zusammengefaßt wird, gibt uns zum ersten Mal gewisse Auskunft darüber, welche antiken Dichtungen von den Lateinschülern in unserem Raum zur metrischen und stilistischen Schulung herangezogen werden konnten. Unterschiede wie Gemeinsamkeiten zur Autorenliste Walthers von Speyer fallen ins Auge. Beide Listen zusammen ergeben dann – mit ein paar Abstrichen (Symphosius etc.) – in etwa den „Klassikerkanon" des Hochmittelalters. Das Gewicht der formalen literarischen Bildung hat um 900 jedenfalls seit dem 8. Jahrhundert beträchtlich zugenommen.

Umso drastischer muß der Rückschlag der Katastrophe von 907 gewirkt haben. Von Madalwins Büchern wird dabei wohl nicht viel übriggeblieben sein. Doch auch aus dem Jahrhundert nach der Ungarnnot sind uns keine literarischen Leistungen aus Passau bekannt, da man als solche die sogenannten Lorcher Fälschungen nicht gelten lassen kann. Sie bezeugen allerdings die kirchenpolitischen und historischen Interessen des Bischofs Pilgrim von Passau (971–991), eines ehemaligen Niederalteicher Kanonikers, der dann die Passauer Domschule wesentlich förderte, offenbar jedoch weniger aus „schöngeistigen" Motiven als zur Unterstützung seiner Ansprüche auf Ausweitung des Passauer Sprengels. Nicht nur sollte die Passau zustehende Mission an der Donau weiter vorangetrieben und weit nach Ungarn hineingetragen, sondern endlich die Vormachtstellung Salzburgs im Osten gebrochen werden. Durch gefälschte Urkunden sollte Lorch (Lauriacum) an der Enns, in der *Vita Severini* nur als Bischofssitz genannt (Kap. 30), als spätantiker Sitz eines Erzbischofs erwiesen werden, dessen Rechtsnachfolger dann eben die Passauer Bischöfe gewesen wären. Damit drang Pilgrim freilich nicht durch. Doch auch Ungarn wurde durch die Einrichtung der Kirchenprovinz Gran (Esztergom) im Jahre 1001, die im Westen auch das heutige Burgenland umfaßte, der geistlichen Gewalt des Passauer Bischofs entzogen. Immerhin nahm der erste christliche König von Ungarn, Waik, in der Taufe den Namen des Passauer Dompatrons Stephan an, und Stephans Gattin, Gisela, eine bairische Herzogstochter, brachte bairische Kleriker nach Ungarn. Als sie das Land verlassen mußte, wirkte sie bis zu ihrem Tode (um 1060) als Äbtissin des Klosters Niedernburg.

Dies alles fände wohl kaum Platz in einer Literaturgeschichte, hätten nicht weit später (um 1200) das *Nibelungenlied* Pilgrim zum Oheim der Burgundenkönige und die *Klage* ihn gar zum Auftraggeber einer Aufzeichnung des Nibelungenuntergangs *in latînischen buochstaben* durch einen Meister Konrad (V. 4295–4319) gemacht. Daran haben sich seit der humanistischen Geschichtsschreibung und dann vor allem seit dem 19. Jahrhundert unzählige Hypothesen angeschlossen, die von einigen modernen skeptischen Philologen alle rundweg in den Bereich der Fabel verwiesen worden sind. Die Argumente für und wider eine lateinische Nibelungenaufzeichnung des 10. Jahrhunderts und ihre Nachwirkung im *Nibelungenlied* scheinen alle umkehrbar. Man kann es zweifellos auch nicht ausschließen, daß alle an die bairisch-österreichisch-ungarischen Verhältnisse des 10. Jahrhunderts gemahnende Züge des *Nibelungenliedes* und der *Klage* erst um 1200 als gelehrte Anleihen aus der Historiographie in die Dichtung gekommen sind; zu glauben vermag ich es nicht. Zum einen ist da im *Nibelungenlied* der Hunnenkönig, der (1.) wie der ungarische Großfürst Géza (971–997) den Ruf eines milden, zwar heidnischen, aber dem christlichen Glauben aufgeschlossenen Fürsten genießt, der (2.) selbst nicht in die Kämpfe eingreift, wie es ein alter magyarischer Brauch dem König vorschreibt, und der (3.) eine Tochter des Burgunderkönigs heiratet so wie Gézas Sohn Waik (s. o.) die Enkelin König Konrads I. von Burgund, Gisela. Da erscheint zum anderen im *Nibelungenlied* die Gestalt Rüdigers, der, obschon selbst nicht Hunne, über eine Markgrafschaft des Hunnenreiches bis zur Enns im Westen gebietet, ein Freund des aus seinem Reich vertriebenen und beim Hunnenkönig im Exil lebenden Gotenkönigs Dietrich von Bern. Wenn man bedenkt, daß das mittelalterliche Abendland die asiatischen Steppenvölker der Hunnen, Avaren und Magyaren miteinander zu identifizieren pflegte, sind die Parallelen zur historischen Situation nach 907 frappant. Die Ungarn geboten bis zur Enns. 914 floh der bairische Herzog Arnulf mit Verwandten und Getreuen nach Ungarn. In der Mitte des 12. Jahrhunderts (1150/60) erwähnt Metellus von Tegernsee in seinen *Quirinalia* die *regio Flumine nobilis Erlafia Carmine Teutonibus celebri Inclita Rogerii comitis Robore seu Tetrici veteris* (das durch den Fluß Erlauf [der bei Pöchlarn in die Donau mündet] ausgezeichnete Gebiet, berühmt aufgrund der von den Deutschen im Liede vielgepriesenen Kampfeskraft des Grafen Rogerius und des alten Tetricus). Andere Zeugnisse belegen Existenz und Verbindung der beiden Sagengestalten vor und außerhalb des *Nibelungenliedes*. Ein besonders seltsames und daher zumeist der Fälschung verdächtigtes Zeugnis findet sich in den *Commentariorum Reipublicae Romanae illius in exteris provinciis acquisitis constitutae libri XII* des österreichischen Humanisten Wolfgang Lazius (Basel 1551, S. 1300). Lazius zitiert hier aus einem Pergamentcodex, wie er sagt, einige Strophen, die sich auf Rüdiger beziehen. Davon finden sich vier im *Nibelungenlied,* nicht aber die fünfte:

> *Doch bald hat im verkürtzt sein starckes leben*
> *Dschlacht wie er ward von Kaiser Haynrich vertriben*
> *Und mit sampt den Hungern jm zelan*
> *Wurd geschlagen so offt der Heünisch man.*

Es könnte sich hier ohne weiteres um eine junge, zufällig und unorganisch in eine *Nibelungenlied*-Handschrift eingefügte Strophe eines rohen mündlichen Liedes handeln, das gleichwohl alte Züge einer mit der Reichsgeschichte des 10. Jahrhunderts verquickten Rüdigersage enthielt. In dem *Kaiser Haynrich* wären dann – ein keineswegs seltener Vorgang in der Heldensage – mehrere Personen zusammengeflossen, in diesem Falle wohl bairische Herzöge des Namens, die mit den Ungarn die Klinge kreuzten, und Kaiser Heinrich II., der Schwager König Stephans.

Wie zumeist, wenn wir von verschollenen mündlichen Dichtungen reden, bewegen wir uns auch hier völlig im Bereich der Spekulation. Sie würde in diesem Falle lauten: Die ursprünglich an den historischen Untergang des Burgundenreiches 436/37 und die Gestalten des Hunnenkönigs Attila (gest. 453) und des Ostgotenkönigs Theoderich (gest. 526) anknüpfende alte germanische Sage vom Untergang der Nibelungen – dazu s. u. S. 306 – wäre unter dem Eindruck von Personen und Geschehnissen des 10. Jahrhunderts im Bereich der Diözese Passau teilweise umgeformt worden bzw. hätte Sproßsagen entwickelt. Möglicherweise kam es am Passauer Bischofshof gegen Ende des Jahrhunderts sogar zu einer lateinischen (chronikalischen?) Aufzeichnung aufgrund zeitgenössischer Lieder. Die weitere mündliche Tradition der Sage bezeugt uns ja ebenfalls der Bericht der *Klage: getihtet man ez [= daz maere] sît hât dicke* [oft] *in tiuscher zungen* (V. 4316f.). Ist dieser Bericht reine Fiktion, so entfällt die wichtigste Stütze für diese hier vorgetragene Hypothese, die ohnehin in der modernen Forschung auf wenig Gegenliebe stößt.

Daß von jener lateinischen Aufzeichnung nichts auf uns gekommen ist, besagt allerdings wenig, da dies für die gesamte Passauer Historiographie vor dem 13. Jahrhundert ebenso gilt.

Diözesen Brixen und Trient

Am Anfang dieses kurzen Abschnittes sehen wir uns genötigt, im selben Fahrwasser der Spekulation noch ein wenig weiterzusegeln. Wir haben eben die Sagen um Dietrich von Bern erwähnt. Nun ist im 4. Jahrzehnt des 9. Jahrhunderts auf den Außenseiten einer wahrscheinlich in Fulda geschriebenen lateinischen Handschrift vermutlich ebenda das wohl meistumrätselte Stück der älteren deutschen Literatur, das *Hildebrandslied*, eingetragen worden. Daß es sich hier um ein Fuldaer Originalwerk oder überhaupt um einen schriftlich konzipierten Text handelt, halte ich für ausgeschlossen, selbst wenn sich das seltsame Sprachgemisch der überlieferten 68 Verse dem dortigen Skriptorium „anlasten" und sich so keine bairische Vorlage erweisen ließe. Vielmehr haben wir hier das einzige verschriftlichte Beispiel der mündlichen südgermanischen Heldenlieddichtung vor uns. Wenn nicht alles täuscht, ist das *Hildebrandslied* in seiner Grundsubstanz bei den Langobarden in Oberitalien entstanden. Was ihm überhaupt einen ganz bescheidenen Platz in einer „österreichischen" Literaturgeschichte sichern kann, ist sein geradezu selbstverständlich anzusetzender Transmissionsweg über die Tiroler Alpen nach Norden. Auch ohne entsprechende Belege dürfen wir vermuten, daß im 7./8. Jahrhundert noch weitere Sagen, die sich um Theoderich den Großen gerankt hatten, denselben Weg einschlugen. Die mittelhochdeutschen Dietrichepen des 13. Jahrhunderts – s. u. S. 501 – lokalisieren das Geschehen vielfach in den Südtiroler und Trentiner Bergen und immer wieder in Verona (Bern), wo die Etsch in die norditalienische Tiefebene hinaustritt. Im Jahr 489 war Theoderich im Einvernehmen mit Byzanz in Italien eingefallen, hatte den „Usurpator" Odoakar aus Verona vertrieben, 493 in der Schlacht vor Ravenna (Raben) besiegt und kurz darauf mit eigener Hand getötet. Die Sage hat diese Ereignisse geradezu auf den Kopf gestellt. Schon das *Hildebrandslied* setzt die Vertreibung Dietrichs durch Odoakar voraus. Der tragische Zweikampf Hildebrands mit seinem Sohn Hadubrand ereignet sich bei der Heimkehr des Vaters, eines treuen Begleiters des Gotenkönigs, aus dem Exil. Diese Umwertung Theoderichs wird wohl erst unter dem Eindruck des Untergangs der Ostgoten bei Langobarden und Baiern erfolgen und dann anderen germanischen Stämmen vermittelt worden sein.

Wenn wir nun aus dem nicht so recht faßbaren Reich der Sage zur handfesten schriftlichen Überlieferung in den Bistümern Säben-Brixen und Trient zurückkehren, so ist die Ausbeute eher mager. Trient hat am Übergang zum Mittelalter offenbar noch eine Nachblüte spätantiker Kultur erlebt. Noch vor Beginn der langobardischen Herrschaft wird über dem Grab des Bischofs Vigilius in Trient eine prächtige Basilika errichtet. Vielleicht ist zu diesem Anlaß die *Passio sancti Vigilii* überarbeitet worden, die im Kern aber auf den Bericht von Augenzeugen des Martyriums zurückgehen könnte. Der um 385 zum Bischof von Trient geweihte Vigilius soll zur verstärkten Missionierung seiner Diözese drei kappadokische Kleriker zu den Anaunern vom Nonsberg geschickt haben, die im Jahre 397 die Missionare erschlugen, und im Jahre 400 seinerseits bei einem Bekehrungsversuch im Val Rendena in Judikarien von Einheimischen gesteinigt worden sein. Die *gesta* des Bischofs seien, berichtet die Passio, wie üblich, sogleich nach Rom übermittelt worden, um den Märtyrerakten einverleibt zu werden. Die ältesten Handschriften der Passio stammen aber erst aus dem 9. Jahrhundert, so daß eine so späte Entstehung der ältesten erhaltenen Fassung nicht völlig ausgeschlossen werden kann. Gewiß älter, aber leider verloren ist ein kleines chronikalisches Werk über die Geschichte der Langobarden von Secundus (gest. 612), dem Abt eines Klosters in oder bei Trient. Zur Zeit der Abfassung der Chronik war die Stadt Sitz eines langobardischen Herzogs. Bezeugt ist uns das Werk durch Paulus Diaconus (um 720–um 799), der es für seine *Historia Langobardorum* als Quelle benutzt hat. In der Karolingerzeit scheint die kulturelle Bedeutung Trients dagegen eher zurückgegangen zu sein. Immerhin weist B. Bischoff ein Sakramentar aus der 1. Hälfte des 9. Jahrhunderts (jetzt im Castel del Buon Consiglio) dem Skriptorium von Trient zu, wobei gewiß nur an das Domstift und nicht an das vermutlich im 9. Jahrhundert am Stadtrand gegründete Kloster San Lorenzo zu denken ist. Ein weiterer bedeutsamer liturgischer Codex, das sogenannte **Missale Udalricum** wurde dann für Bischof Ulrich II. von Trient (1022–1055) wohl vom selben Skriptorium hergestellt. Die in den Meßkanon eingetragenen Listen der Bischöfe von Trient und anderswo, der Geistlichen und Laien, Kaiser und Kaiserinnen stellen eine der wenigen schriftlichen Geschichtsquellen der Region aus jener Zeit dar.

Das frühmittelalterliche Bistum Säben-Brixen steht an kultureller Bedeutung noch hinter Trient zurück. Zwar wurden neben dem Domstift mehrere geistliche Institutionen ins Leben gerufen – Innichen (8. Jahrhundert, Freisinger Eigenkloster, ca. 1140 Kollegiatsstift), St. Georgenberg bei Schwaz (Ende 10. Jahrhundert?, ab 1138 Benediktiner), Wilten (10. Jahrhundert?, ab ca. 1130 Prämonstratenser), Sonnenburg im Pustertal (Frauenkonvent, 1. Hälfte 11. Jahrhundert) –, Schriftzeugnisse haben sie uns allesamt bis auf einige Urkunden keine hinterlassen, die älter als das 12. Jahrhundert wären. Auch das sogenannte Innicher Evangeliar ist (nach B. Bischoff) einer alemannischen Schreibschule zuzuweisen. Säben könnte in der Karolingerzeit eine Schreibschule besessen haben, da Bischof Alim (769–800) mit Alkuin und Arn von Salzburg Verbindungen pflegte. Sicher anzusetzen ist ihre Existenz aber erst nach der Verlegung des Bischofssitzes nach Brixen im 10. Jahrhundert. Aber auch dann dauert es noch weit über hundert Jahre, bis sich reichere literarische Frucht einstellen wird.

Das Profil der Epoche

Grundlagen und Vorgeschichte – diesen Obertitel habe ich für das erste Kapitel der vorliegenden Literaturgeschichte gewählt. Daß die frühe Zeit vom 8. bis zum 11. Jahrhundert hier überhaupt und in diesem Umfang dargestellt wird, mag aus eben dem Obertitel seine Rechtfertigung erfahren. Von einem eigenständigen literarischen Profil der nachmaligen österreichischen Länder kann ja in jenen frühen Jahrhunderten überhaupt keine Rede sein. Der Großteil des Gebiets bleibt für uns ohnehin stumm, der kleinere, schriftproduktive Teil, d. h. insbesondere Salzburg, Mondsee, Niederalteich und Passau, ist damals nicht weniger bairisch als Regensburg, Freising oder Tegernsee. An der Einheit dieser „Kulturprovinz" kann nicht der geringste Zweifel bestehen. Eine Geschichte der „österreichischen Literatur" ist auch in Ansätzen noch nicht greifbar.

Gleichzeitig werden aber in dieser „Vorgeschichte" so wichtige Grundsteine für die spätere Entwicklung gelegt, daß auf sie ohne Schaden für das Verständnis der folgenden Jahrhunderte nicht verzichtet werden kann. Obschon der Ungarnsturm die Kontinuität der kulturellen Aufbauarbeit in unserem Raum empfindlich gestört hat, so daß viele Jahrzehnte erforderlich waren, um auch nur den Stand des 9. Jahrhunderts wieder zu erreichen, vom Nullpunkt brauchte man an den alten kulturellen Hauptorten in den seltensten Fällen neu zu beginnen. Die erhaltenen Schriftstücke aus der karolingischen Periode sind beredte Zeugen dafür. Wie sie überlebten aber auch viele lebendige Kulturträger, die ihr in den Schulen des 9. Jahrhunderts erworbenes Wissen und Können weitergeben konnten. Die Weitergabe erfolgte aber nicht nur am Ort und im Austausch der Zentren untereinander, sondern selbstverständlich darüber hinaus an die dem Reich nach der Lechfeldschlacht allmählich wiedergewonnenen östlichen und südöstlichen Regionen. Die Saat dieser nunmehr im zweiten Anlauf begonnenen Aufbauarbeit wird freilich erst in der folgenden Periode ihre greifbaren Früchte bringen.

Vorgeschichte darf der vorliegende Abschnitt aber noch aus einem anderen Grunde heißen. Wir hatten in der darin behandelten Zeit so gut wie keinen in unserem Raum entstandenen Originaltext vorzustellen, der wirklich überregionale literarische – wohlgemerkt: literarische, nicht sprach- oder kulturgeschichtliche – Bedeutung für sich beanspruchen dürfte, abgesehen vielleicht von den *Annales Altahenses,* die ihre hohe Einschätzung aber auch vornehmlich ihrem Quellenwert verdanken. Der Grund für diesen negativen Befund mag teilweise in der europäischen „Literaturgeographie" des Frühmittelalters liegen, obgleich Erklärungen solcher Art die banale Tatsache nicht verdecken sollten, daß sich geniale Begabungen im Bereich der Literatur wie anderswo nicht als Produkte eines regionalen kulturellen „Klimas" voraussagen lassen, mögen sie davon in ihrer Entfaltung auch nicht unabhängig sein.

Am Beginn der Epoche, im Übergang vom Altertum zum Mittelalter, liegen die Schwerpunkte der Vermittlung des literarischen und kulturellen Erbes der Antike überhaupt außerhalb des Fränkischen Reiches im Westen und Süden, in Italien, Spanien und auf den Britischen Inseln. Namen wie Gregor der Große (um 540–604), Isidor von Sevilla (um 570–636) oder Beda Venerabilis (672/73–735) können dafür stehen. Große, wenngleich bisweilen auch überschätzte Bedeutung kommt in diesem Prozeß den Iren zu, die wie die Germanen jenseits des Limes das Lateinische als Schriftsprache nicht infolge ihrer Romanisierung, sondern der Christianisierung übernehmen, dies jedoch bereits im 5. Jahrhundert (durch die Mission des hl. Patrick) und sogleich mit erstaunlicher Intensität. Das vorbenediktinische, rigorose Mönchstum der Iren entwickelt dann im 6. Jahrhundert eine Form der Askese, die Auswirkungen auf das ganze Abendland zeitigt: die Pilgerschaft für Christus *(peregrinatio pro Christo)*, das Verlassen der (geliebten) Heimat um der ewigen willen *(exulare pro aeterna patria)*. Leitgestalt der irischen Mission auf dem Festland ist Columbanus (543–615). Viele Landsleute suchen es ihm gleichzutun, unter ihnen dann Feirgil-Virgilius, der 742 Irland verläßt und Salzburg zu einem geistlichen und geistigen Zentrum Baierns macht.

Die gelehrigsten und auch bald selbständigen Schüler der Iren waren die Angelsachsen. Sie setzten das Werk der Mission und Kulturarbeit auf dem Kontinent fort. Kurz vor Virgils Tod folgte der northumbrische Gelehrte Alkuin 782 der Berufung zum Leiter der Hof- und Palastschule Karls des Großen in Aachen. Hier versammelte sich in der Folge eine illustre Runde der Gelehrten und Poeten, darunter aus Italien die Langobarden Paulus Diaconus und Paulinus von Aquileia, aus Spanien der Westgote Theodulf von Orléans, aus Irland Dungal, aus Fulda der Franke Einhard. Von Aachen und dem Kerngebiet des Karolingerreichs an Maas, Mosel und Rhein ging die kulturelle Erneuerungsbewegung aus. Sie erreichte, wie wir gesehen haben, auch den deutschen Südosten, doch die wahrhaft hervorragenden literarischen Leistungen blieben hier aus. Der *praeceptor Germaniae*, Lehrer Germaniens, Hrabanus Maurus (783–856), selbst Schüler Alkuins, wirkte in Fulda und Mainz. Bei Hraban in Fulda studierte Walahfrid Strabo (808/9–849), der wohl begabteste lateinische Poet seiner Zeit; Jugend und Alter verbrachte er im Kloster auf der Reichenau. Denselben Rang für die zweite Jahrhunderthälfte kann Notker der Stammler (um 840–912) beanspruchen, der als Lehrer im Kloster St. Gallen die lyrische Gattung der Sequenz zur Vollendung führte. Franken und Alamannien lagen jenem karolingischen Kerngebiet offenbar nicht nur geographisch näher.

Wie einst um Karl den Großen gruppierten sich dann um Otto den Großen und die sächsische Königsfamilie die führenden Literaten der Epoche: Rather von Verona (etwa 887–974), Widukind von Corvey (etwa 925–nach 973), Hrotsvit von Gandersheim (etwa 935 bis nach 973), Liudprand von Cremona (920–970/3). Wiederum lag der Schwerpunkt des Reichs weitab von Baiern. Otto III., hochgebildeter Sohn Ottos II. und der Byzantinerin Theophanu, dachte vollends in europäischen und imperial-römischen Zusammenhängen und umgab sich mit gleichgesinnten Gelehrten wie dem Franzosen Gerbert von Aurillac (um 940/50–1003), dem berühmten Lehrer und Naturwissenschaftler an der Kathedralschule von Reims und späteren Papst (Silvester II.). König Heinrich II. entstammte zwar der bairischen Linie des Königshauses, verhalf jedoch gerade der sächsischen Literatur der Ottonenzeit zu einer Nachblüte. Seine kulturpolitische Großtat, die Gründung und reiche Dotierung des Bistums Bamberg, kam hingegen dem östlichen Franken zugute. Das Kerngebiet der Herrschaft der ersten salischen Könige lag dann am Oberrhein und im Bodenseeraum. Dementsprechend treffen wir dort die führenden Literaten der Zeit an, so den Hofkaplan Wipo von Burgund (gest. nach 1046) oder Hermann von Reichenau (1013–1054).

Immerhin ist Baiern als „Kronland" seit den Ottonen fest in die Machtbasis des Königshauses eingebunden. Der Anschluß an die lothringische Reform verstärkt die Bindung an den Westen. In den bairischen Zentren der Reform entstehen infolgedessen so bedeutsame Texte wie die autobiographischen Schriften Otlohs von St. Emmeram (um 1010–nach 1070), die *Tegernseer Briefsammlung* (angelegt von dem 1008 verstorbenen Mönch Froumund) oder eben die *Niederalteicher Annalen*. Selbst das originellste Stück mittellateinischer Versepik, der *Ruodlieb*, der vielumrätselte erste Vorläufer des Ritterromans aus dem letzten Drittel des 11. Jahrhunderts, ist ohne den vorhergehenden kulturellen Wiederaufschwung des Klosters Tegernsee schwer denkbar.

Vergleichbare Werke haben Salzburg, Mondsee oder andere geistliche Kommunitäten der näheren Umgebung im selben Zeitraum nicht aufzuweisen. Gründe dafür sind schwer anzugeben. Am ehesten wäre an die große Last zu denken, die die Kulturarbeit in den östlichen Marken des Reichs gerade den ostbairischen Stiften und Konventen aufbürdete, obwohl sich an ihr auch die Bistümer Regensburg und Freising (und sogar andere) beteiligten. Wie dem auch sei, an dem Befund selbst ist nicht zu rütteln: Man hatte in dem Jahrhundert nach der Lechfeldschlacht hierzulande offenkundig andere Sorgen, als Literatur zu produzieren. Auf diese Weise blieb in den Diözesen Passau und Salzburg, die im 8. und 9. Jahrhundert wenigstens mit dem literarischen Niveau der anderen bairischen Bistümer hatten mithalten können, die ottonische Renaissance nahezu wirkungslos.

Von den volkssprachlichen Texten war auf den vorangehenden Seiten gar nicht die Rede. Der Gesamtüberblick würde hier bei Abweichungen im Detail insgesamt ähnlich aussehen. Die Bilanz fiele freilich in diesem Punkte für unseren Raum noch ungünstiger aus. Daß sie durch einen höheren Anteil nicht überlieferter mündlicher Dichtung in Wirklichkeit ausgeglichen gewesen wäre, bleibt reine Spekulation.

Der Eindruck einer nahezu rein lateinischen Schriftkultur ist dadurch noch unabweisbarer als anderswo, da er nicht durch so umfangreiche volkssprachliche Texte wie die südrheinfränkische *Evangelienharmonie* Otfrieds von Weißenburg oder den altsächsischen *Heliand* beeinträchtigt wird. Doch selbst solche Zeugnisse nehmen sich, aufs Ganze gesehen, nur wie Randbemerkungen zu einem dickleibigen lateinischen Codex aus. Mögen jene Marginalien auch einiges im Haupttext erhellen, an diesen selbst müssen wir uns doch in erster Linie halten, wollen wir das Gesicht der Epoche erkennen.

Liest man Briefe gelehrter Mönche wie etwa die Alkuins an den Salzburger Bischof Arn, so spürt man etwas von der reinen, unbewegten, aber auch ziemlich dünnen Luft, in der sich die führenden Geister jener Zeit fernab von den Niederungen irdisch-weltlicher Betriebsamkeit aufzuhalten pflegten. Gewiß hatten die geistlichen Gemeinschaften wichtige wirtschaftliche und soziale Aufgaben auch für die Laien zu erfüllen. Gerade die literarischen Aktivitäten konnten sich aber nur in jenem nach außen abgeschlossenen Freiraum entfalten, der vor den Wonnen und Begierden der „Welt" ebenso geschützt war wie vor dem aufreibenden Lebenskampf. Bei aller Betonung der Arbeit in der Benediktinerregel kam doch dem Gottesdienst und der stillen Meditation ein besonderer Stellenwert zu. So lobt etwa Bischof Salomo III. von Konstanz (890–919), zugleich Abt von St. Gallen, sein Kloster vor allem seiner *commoditas*, seiner Behaglichkeit wegen. Was der von der Hektik und Verderbnis der Großstadt geplagte Römer der Antike in der Idylle des Landlebens gesucht hatte, suchte und fand nun der mittelalterliche Mönch im Garten, in der Zelle seines Klosters: Ruhe und Bildung. Freilich stand dies nun alles unter religiösen Vorzeichen, aber Sprache und Ausdrucksformen waren weithin die der römischen Antike, dies bis in den Freundschaftskult hinein, der da und dort sogar zu „klassisch" ausfallen mochte. Die meisten der uns bekannten, weil schriftlich dokumentierten Freundschaftsbande bestanden aber wohl nur in dem Austausch sorgfältig ausgefeilter Briefe. In ihnen wird zugleich die Internationalität dieser Formkultur sichtbar. Das Latein verbindet über die Grenzen der jeweiligen Muttersprache hinweg. Die lateinischen Autoren den einzelnen Nationalliteraturen zuzuzählen, bereitet Schwierigkeiten. Die unmittelbare Umgebung behält dagegen oft ihren prägenden Charakter. So sehnt sich etwa Walahfrid Strabo aus Fulda in die Wärme und Muße auf der Reichenau zurück (Carmen 75). Das Latein verbindet, trennt jedoch zugleich. Es bleibt den Geistlichen vorbehalten. Außerhalb des Klerus beherrschen es nur einige wenige, meist weibliche Angehörige fürstlicher Familien. Während die allermeisten Adeligen in der Illiteratizität verblieben, übergaben sie häufig männliche Familienmitglieder bereits als Knaben mit sechs, sieben Jahren einem Kloster, die dann dieses notgedrungen als ihr eigentliches Zuhause empfinden und von klein auf mit Latein und Schrift umzugehen lernen mußten. Diese sogenannten *pueri oblati,* die dargebrachten Knaben, waren damit ganz früh der „Welt" entzogen und einer rein geistlichen, europaweit ziemlich gleichförmigen Prägung unterworfen.

Auch das trug zur Internationalität dieser Kultur bei, zugleich aber auch zu ihrer Uniformität und Exklusivität. Nie mehr im Laufe des Mittelalters werden uns in einer Periode so wenige ausgeprägte Individualitäten und so wenige Berührungspunkte mit der Welt der Laien begegnen. Um so einheitlicher, ja starrer ist das Weltbild, das uns aus der Literatur des 8. bis 11. Jahrhunderts entgegentritt. Selbstverständlich gibt es da und dort Züge, die sich dem allgemeinen Bild nicht fügen. Die dominanten kehren aber doch erstaunlich oft wieder: Die Vorstellung von der himmlischen Hierarchie mit dem erhabenen, majestätischen Pantokrator, Allherrscher, an der Spitze, wie wir ihn aus zahlreichen bildlichen Darstellungen der Zeit kennen, entspricht so ziemlich der irdischen Hierarchie. Die gläubig-liebende Begegnung des einzelnen mit dem menschgewordenen und gekreuzigten Christus steht weit zurück hinter der Geborgenheit des einzelnen in der Gemeinschaft der Kirche. „Die Menschen des frühen Mittelalters erwarteten die Wiederkehr Christi ohne Angst vor dem Gericht, [...] weil zu den ‚Heiligen' alle im Frieden der Kirche entschlafenen Gläubigen zählten, die ihren Leib kirchlichem Boden anvertraut hatten" (P. Ariès). Und wo konnte man sich im Schoße der Kirche besser aufgehoben wähnen als in einem Stift oder Konvent? Diese waren einzelnen Märtyrern und Bekennern geweiht. Ihnen fühlte man sich eng verbunden, sie „besaß" man in Form von Reliquien, von ihnen geleitet war der Übergang in jene bessere Welt, die man sich doch recht irdisch ausmalte, nicht allzu schwer.

Mit diesen Andeutungen soll es hier sein Bewenden haben, da es an eigenständigen Texten, durch welche sie hinreichend belegt werden könnten, in unserem Raum eben mangelt. Doch werden jene Vorstellungen ja nur ganz allmählich abgebaut und umgeformt, so daß sie anhand jüngerer Denkmäler noch ebensogut dargestellt werden können.

2. KAPITEL

Die Literatur in der Zeit vom Ausbruch des Investiturstreits
bis zum Privilegium minus
(1075–1156)

Einleitung: Grundlinien der allgemeinen historischen Entwicklung

Die dominierende politische Rolle des Imperiums im Abendland gründete ganz wesentlich im ottonisch-salischen Reichskirchensystem, das die Bischöfe als Lehensträger des Reiches zu entscheidenden Stützen einer Staatsordnung gemacht hatte, an deren Spitze ein mit sakraler Weihe umgebenes Königtum stand. Dieses System wurde von den kirchlichen Reformideen des 11. Jahrhunderts grundsätzlich in Frage gestellt. Der nun einsetzende jahrzehntelange Kampf zwischen König und Papst endete schließlich mit einem Kompromiß, der die Investitur (Einsetzung) des Bischofs oder Abtes seitens des Königs durch die Verleihung des Kirchengutes (Temporalia) und seitens der Kirche durch die Verleihung der Spiritualia, des kirchlichen Amtes, vorsah. Damit stand dem König das gewichtigste Machtmittel der Zentralgewalt nicht mehr zur freien Verfügung. Aus Institutionen der Reichsverwaltung werden schließlich vom Adel beherrschte, dem Reich nur noch lehensrechtlich verpflichtete geistliche Fürstentümer.

Die Spaltung der Reichsfürsten in zwei Lager während des Investiturstreites gab den partikularistischen Tendenzen schon kräftigen Auftrieb. In Baiern suchten ab 1070 die Herzöge aus dem Hause der Welfen – mit wechselndem Erfolg – ihre Herrschaft auf Kosten des königstreuen Adels auszubauen, verlagerten später nach der Erwerbung Sachsens 1137 ihre Machtinteressen allerdings mehr nach Norden. Sie waren daher weder willens noch in der Lage, ihre Oberhoheit über die Marken Österreich und Steier machtvoll zur Geltung zu bringen und hier wie dort die Herausbildung eines durchaus eigenständigen Landesbewußtseins zu hemmen. In der Steiermark bezeichnet gerade das Jahr 1122, da die Eppensteiner ausstarben und die Otakare als ihre Haupterben damit ihre Macht als Markgrafen in der ganzen Mark durchsetzen konnten, zugleich die nominelle Anerkennung der Oberhoheit des Baiernherzogs in der gesamten Mark und den entscheidenden Schritt in Richtung eines von diesem Herzog unabhängigen Landesfürstentums. 1147 kam auch noch die Mark an der Drau durch Erbfall vom Grafen Bernhard von Spanheim-Marburg an den steirischen Markgrafen und wurde später ein Teil des Landes Steier. Das Geschlecht der Spanheimer hatte 1122 die Kärntner Herzogswürde erhalten. Bis 1151/1152 war damit auch die Verwaltung der Mark Verona verbunden. Eine Nebenlinie des Geschlechts behauptete sich bis 1173 in Istrien. In Kärnten selbst gelang den Spanheimern die Durchsetzung ihrer Landeshoheit vorerst nur in Ansätzen. Die Salzburger und Bamberger Territorien im Lande standen dem ebenso im Wege wie etwa die der Ortenburger und vor allem der Görzer, der Erben der 1125 ausgestorbenen Lurngaugrafen. Sollten die Spanheimer Herzöge überhaupt noch lehensrechtliche Ansprüche gegenüber den steirischen Markgrafen geltend gemacht haben, was trotz fehlender Quellen der Fall gewesen sein könnte, war dies gewiß ohne jede praktische Bedeutung.

Im Investiturstreit und auch danach waren die Kärntner Herzöge grundsätzlich königstreu so wie der Patriarch von Aquileia und die Bischöfe von Trient und Brixen (mit Ausnahme Bischof Hartmanns 1140–1164). Weder die Otakare noch die Babenberger nahmen hingegen durchgehend eine einheitliche Haltung ein. In Österreich hatte sich vor allem der geistige Einfluß Bischof Altmanns von Passau (1065–1091) ausgewirkt. Markgraf Leopold II. erhob sich gegen den König, der darauf die Mark dem Böhmenherzog verlieh. Trotz einer schweren Niederlage bei Mailberg 1082 blieb Leopold im Besitz der Mark, da der Großteil des Adels im Land nicht von ihm abfiel. Leopold III. (1095–1136) wurde nach anfänglichem Zögern Parteigänger von Heinrichs IV. aufrührerischem Sohn Heinrich V., heiratete dessen Schwester Agnes, die Witwe Friedrichs von Staufen (1106), lehnte 1125 eine Kandidatur für die Königswahl ab und widmete sich ganz dem Ausbau seines Landes. In der um 1125 in Göttweig entstandenen Lebensbeschreibung des Bischofs Altmann finden „wir nicht nur die Nennung des ius illius terrae, des Landrechts, sondern vor allem das erste Auftreten eines geschichtlichen Landesbewußtseins" (O. Brunner). Die völlige Selbständigkeit des Landes von Baiern war nur noch eine Frage kurzer Zeit. Zuvor jedoch wurde der Markgraf von Österreich auch noch Herzog von Baiern. Als Konrad III. von Staufen, der Sohn jener Agnes, den Königsthron bestieg, wurde sein Halbbruder Markgraf Leopold IV. (1136–1141) in den Machtkampf mit den Welfen verwickelt und 1139 mit Baiern belehnt, so wie dann 1143 sein Bruder Heinrich II. Jasomirgott (1141–1177).

König Friedrich I. Barbarossa gibt jedoch in seinem Bestreben einer Befriedung des Reiches Baiern an die Welfen zurück. Zum Ausgleich wird Österreich in ein selbständiges Herzogtum (mit einigen im sogenannten *Privilegium minus* festgelegten Sonderrechten) umgewandelt und scheidet somit 1156 definitiv aus dem bairischen Lehensverband aus. Herzog Heinrich, der nie so recht in Baiern und seiner Hauptstadt Regensburg Fuß fassen hat können, macht Wien zu seiner Residenz (statt des vorherigen Markgrafensitzes Klosterneuburg). Der historisch denkbare gemeinsame Weg der Länder Baiern und Österreich setzt sich nicht mehr fort. Nicht entschieden ist damit aber das Schicksal des heutigen Bundeslandes Oberösterreich, in dem die Interessen der beiden Herzöge und des steirischen Markgrafen, dessen Einfluß von der Donau unterhalb Linz bis in den Hausruck und das Ischlland reicht, aufeinandertreffen.

Die gesellschaftliche Entwicklung dieser Periode ist einmal durch den – schon im 8. Jahrhundert begonnenen und sich nun fortsetzenden – Bevölkerungszuwachs, Siedlungsausbau und steigenden Wohlstand gekennzeichnet, andererseits durch reichliche militärische Auseinandersetzungen um Besitz und Herrschaft. Der hohe Adel richtet sich auf diese seit der Mitte des 11. Jahrhunderts durch den Bau privater Befestigungen, Garanten und Symbolen seiner Stellung und Macht, ein. Vorher hatte man sich mit leicht befestigten Herrenhöfen in oder bei den Dörfern begnügt und nur einige Fluchtburgen zum Schutz der Bevölkerung unterhalten. Nun dient die Adelsburg als Herrschaftszentrum, das auch der betreffenden Dynastie den Namen gibt. Im Gefolge des Burgherrn dienen nicht nur adelige Vasallen, sondern auch zahlreiche nichtadelige Krieger, die als Inhaber kleiner Dienstlehen ganz allmählich Anschluß an den Adel finden. Auf diese – noch immer nicht befriedigend aufgeklärte – Weise wird der Berufssoldat, der bewaffnete Reiter (mhd. *rîter*), zum Ritter (mhd. *ritter,* afrz. *chevalier*), ein Berufsstand zum Geburtsstand. Entscheidenden Anteil haben daran im Imperium Romanum (im Gegensatz zu Frankreich) die Ministerialen (*ministeriales* „Diener", mhd. *dienestman, dienestliute*) der Könige, Kirchen und Landesherren.

Sie kommen nicht selten sogar aus der rechtlichen Unfreiheit. Nach neuerer Erkenntnis der Geschichtswissenschaft dürften jedoch auch nicht wenige Adelige in die Ministerialität eingetreten sein, da sich der Dienst offenbar auch für sie lohnte. Der unzweifelhaft vorhandene soziale Aufstieg in den Adel betraf also wohl keine so große Masse von Personen, wie man früher annahm.

Ganz wesentlich zur Ausbildung des Rittertums hat die Kirche mit ihrer Idee vom Streiter *(miles)* Christi beigetragen. Mittels der Vorgabe ethischer Normen für die Anwendung von Gewalt sollte namentlich das für den Klerus und alle nicht Waffenfähigen ruinöse Fehdewesen eingedämmt werden. Es ganz zu beseitigen war unmöglich, doch fand der Gedanke des Gottesfriedens von Frankreich aus Verbreitung, insbesondere als Heinrich IV. dieses Instrument der königlichen Zentralgewalt dienstbar machen wollte und den Gottesfrieden 1085 im ganzen Reich verkünden ließ. Mit der Androhung weltlicher Strafen war der Schritt zum Landfrieden bereits getan, wie er dann für das Reich (erstmals 1103) und für einzelne Länder immer wieder für bestimmte Zeit erlassen wurde.

Die Kirche erstrebte nicht nur eine „Domestizierung" des Kriegeradels, sondern auch die volle Freiheit von der Königs- und Adelsherrschaft. „Kein Kleriker, kein Priester darf eine Kirche oder ein kirchliches Amt, kein Abt ein Kloster von Laien empfangen, mit oder ohne Gegengabe: es ist Simonie und Häresie, was vorher in allen adeligen Eigenkirchen und -klöstern geschah, was auch die Könige überall für ihr gutes altes Recht hielten" (H. Grundmann) – so die Beschlüsse der päpstlichen Synoden. Der dadurch ausgelöste Investiturstreit (s. o.) führt schließlich de facto zu einer Ausgliederung der Kirche als einer Hierarchie eigenen Rechtes aus der umfassenden Gesellschaftsordnung. Aber der Anteil des Adels in den oberen Rängen dieser Hierarchie bleibt nach wie vor enorm hoch, und auch die Einflußnahme von außen nimmt nur ganz allmählich ab. Kirchliche Institutionen bedürfen ja nach wie vor des militärischen und richterlichen Schutzes durch den weltlichen Arm. Diese Aufgabe nimmt der Kirchenvogt wahr. Seit der Mitte des 11. Jahrhunderts erhalten Adelige Vogteien als erbliche Lehen. Alles kommt nun darauf an, ob es einem Bischof, Abt etc. gelingt, den Vogt zu verdrängen und die Vogtei von eigenen Beamten verwalten zu lassen. Dies ist, wofern überhaupt, zumeist erst ab dem 13. Jahrhundert der Fall.

1. Lateinische Literatur

Zur Dokumentation der Vorgeschichte des Schrifttums in „Österreich" hatten wir möglichst viele Schriftzeugnisse, ausgenommen reine Gebrauchstexte wie Güterverzeichnisse oder Traditionsbücher, herangezogen. Die nunmehr allmählich anwachsende Zahl der erhaltenen Denkmäler zwingt zu einer strengeren Auswahl. Nur bei den deutschen Schriftwerken wird noch einigermaßen Vollständigkeit angestrebt. Bei den lateinischen kann reine Abschreibetätigkeit zumeist nur noch summarisch Erwähnung finden, doch auch selbständige Texte bedürfen eines gewissen literarischen Eigenwertes, um hier überhaupt oder nicht bloß als Namen aufgenommen zu werden. Dabei bleibt natürlich ein subjektiver Ermessensspielraum. Kriterien sind der Grad der Stereotypie der Darstellung – der z. B. bei den Bischofsviten gewöhnlich sehr hoch ist – und wiederum der Grad der Abhängigkeit von der jeweiligen Gebrauchsfunktion im Rechtsstreit, in der Klosterreform, in der politischen oder theologischen Polemik usw. Wo sich ein über die konkrete Situation hinausgehender ideen- und mentalitätsgeschichtlich interessanter Gehalt, sei es als besonders originell, sei es als besonders repräsentativ für die Epoche nachweisen läßt oder wo die stilistische Form größere Beachtung verdient, wird das betreffende Werk hier vorgestellt werden, auch wenn die Literaturgeschichte im Gegensatz zur Geschichtswissenschaft oder Theologie sich bisher nicht darum gekümmert hat.

Kirchenreform und Klostergründungen

Leben und Wirken der Weltgeistlichen und der geistlichen Gemeinschaften stehen in der Nachfolge Christi und der Apostel, streben somit nach einem schwer oder gar nicht erreichbaren Ideal. So gilt es, sich mit Annäherungswerten zufriedenzugeben. Wenn aber der Abstand zum Ideal zu groß geworden ist oder zu werden droht, setzt im Laufe der Kirchengeschichte immer und immer wieder eine Welle der Reform, der Erneuerung ein, die stets als Rückkehr zu den unverfälschten Anfängen der ersten Christen verstanden wird, mag auch ganz neues daraus entstehen.

Bereits im vorangegangenen Kapitel war gelegentlich von der im 10. Jahrhundert vom Westen ausgehenden Reform die Rede. Da sie in unserem Raum aber im wesentlichen erst im 11. und 12. Jahrhundert zur Auswirkung kam, sei sie hier kurz dargestellt. Dabei muß stark vergröbernd verfahren werden, nicht nur weil Kirchengeschichte nicht unser Anliegen ist, sondern weil sich die von K. Hallinger 1950 vorgenommene säuberliche Trennung der einzelnen Reformbewegungen doch als vielfach anfechtbar erwiesen hat. Der Gegensatz der beiden großen Reformzentren Gorze (in Lothringen) – dem neuere Forschungen sogar die Spitzenstellung in der sogenannten Reichsklosterreform absprechen wollen, was hier nicht zu diskutieren ist – und Cluny (in Burgund) war wohl von allem Anfang an eher ein gradueller denn ein prinzipieller. Cluny stellte sich nicht bedingungslos gegen das laikale Eigenkirchenrecht, gegen die Kirchenvogtei oder gar gegen jegliche kulturelle Betätigung der Mönche. Auch stand Cluny nicht einfach an der Seite des Papstes dem reichstreuen Gorze gegenüber. Dennoch wird man sagen können, daß Cluny den Gedanken der *libertas ecclesiae*, der Freiheit der Kirche, anfangs weit stärker betonte, ebenso die Exklusivität des Klerus, die Bedeutung der speziellen Klosterordnungen (*Consuetudines*) und der Liturgie, die Unabhängigkeit vom Diözesanbischof und die freie Abtwahl, schließlich (ab ca. 1100) das sogenannte Konverseninstitut. Größte Berühmtheit, aber zugleich auch Anfeindungen erfuhr Cluny durch seine aufwendige Gestaltung der Gottesdienste. In der riesigen Abteikirche wurde eine gewaltige Feierlichkeit durch Altarschmuck, Beleuchtung, Weihrauch, Geläute, Priesterornat, Prozessionen und endlose Gebete entfaltet. Die „Tagesleistung" der Stundengebete ging im Winter bis zu 215 Psalmen. Die große Zahl der zum Priester geweihten Mönche, die täglich zumindest eine Messe zu zelebrieren hatten, gewährleistete auch eine Tag und Nacht ununterbrochene Folge von stillen Messen, die alle ein *Memento* der Toten enthielten, also zugleich Seelenmessen waren. P. Ariès hat die gewichtige Rolle dieses permanenten Totengedenkens mit Recht hervorgehoben. Zugrunde lagen solche Verbrüderungsbücher, wie eines am Anfang der Salzburger Überlieferung steht (s. o.), oder ähnlich angelegte Totenregister. Auf diese Weise standen die geistlichen Gemeinschaften in Verbindung, und man betete wechselseitig für die jeweils namentlich erwähnten Verstorbenen. Ariès führt dies auf eine steigende Angst innerhalb des Klerus vor der Strafe im Jenseits zurück. „Um dieser Angst vor ewiger Verdammnis zu entrinnen, trat man ins Kloster ein, zelebrierte man dort – obwohl das durchaus nicht die ursprüngliche Funktion von Mönchen und Eremiten war – die Messe, so viele Messen wie nur möglich, deren eine die andere nach sich zog und deren jede zum Heil der Seelen beitrug." Auch wenn diese Begründung nicht über allen Zweifel erhaben ist, so fehlt es jedenfalls für das Ansehen, das sich Cluny gerade durch die intensive Übung dieses Brauches verschaffte, nicht an Belegen. Noch größere soziale Bedeutung kam wohl dem cluniazensischen Konverseninstitut zu. Während bisher in den Orden neben jenen Mönchen, die bereits als Knaben dem Kloster übergeben worden waren (*oblati*), nur relativ wenige lebten, die erst in reiferem Alter eingetreten waren und dann zumeist dieselben Rechte und Pflichten wie die Oblaten übernahmen, stand das deutsche cluniazensische Reformzentrum Hirsau (und im Anschluß daran auch Cluny selbst) der Oblation, da hier die Entscheidung bei den Eltern lag, äußerst skeptisch gegenüber und förderte statt dessen den Eintritt Erwachsener. Diese sogenannten *fratres conversi*, bekehrten Brüder, blieben aber in der Regel Laien, d. h. nicht nur ohne Priesterweihe, sondern auch ohne klerikale Ausbildung und daher Illiteraten. Sie legten auch anfangs kein volles Mönchsgelübde ab, bildeten also eine Art Zwischenschicht zwischen den Mönchen und den Laien außerhalb des Klosters. Ab dem 12. Jahrhundert wurden die beiden Arten des Gelübdes aber einander angeglichen, und die neuen Orden machten gar keinen Unterschied mehr. Im Benediktinerorden war es zwar nach den Statuten durchaus möglich, vom Laienbruder zum Vollmönch aufzusteigen, de facto konnten dessen Aufgaben, v. a. die lateinische Liturgie, aber nur aufgrund einer ausreichenden Schulbildung bewältigt werden. Hier waren eben die als Kinder von adeligen Eltern gegen eine entsprechende Dotierung dem Kloster übergebenen Oblaten (s. o.) im Vorteil. Man konnte auf sie auch kaum verzichten, ließ aber die Oblation ab dem 12. Jahrhundert im allgemeinen nicht mehr als bindendes Gelübde, sondern nur noch als eine Art „Ausbildungsvertrag" gelten. Neben den Hirsauern waren die Zisterzienser (s. u.)

besondere Gegner der Oblation. Im Gegensatz zu den Benediktinern unterstrichen sie aber die Trennungslinie zwischen Vollmönchen und Konversen ausdrücklich, wohl gerade deshalb, weil die von ihnen so hochgehaltene manuelle Arbeit ungebildeten Laienbrüdern eher zugemutet werden konnte. „Kein Konverse darf ein Buch besitzen, und er darf nichts lernen außer dem Vaterunser, dem Glaubensbekenntnis und dem Miserere; [...] und das soll er nicht schriftlich besitzen, sondern nur auswendig lernen", bestimmt der *Usus Conversorum*, Kapitel 9 (zitiert nach M. Richter). Dementsprechend konnte kein Laienbruder je zum Vollmönch aufsteigen. Diese strenge Hierarchie nach Bildungsgraden mußte auf eintrittswillige adelige Laien abschreckend wirken. Nun waren die Klöster aber gerade auf solche Eintritte angewiesen, brachten sie doch reiche Mehrung des Klostervermögens und Ansehens. Cluny hatte viele weltliche Große angezogen, so etwa den Herzog von Burgund, Hugo (1079), und schon im 11. Jahrhundert seine anfängliche Offenheit auch für Nichtadelige weitgehend verloren. Da mochten die Zisterzienser wohl nicht zurückstehen. 1188 bestimmte das Generalkapitel, daß ein Adeliger in jedem Falle als Mönch aufzunehmen sei. Der sozialen Mobilität waren also auch in den geistlichen Gemeinschaften des Hochmittelalters Grenzen gesetzt.

In der gemeinsamen Opposition von Gorze und Cluny (bzw. ihrer Ableger) gegen die Zisterzienser setzt sich dann das Zusammengehörigkeitsgefühl der „alten" Benediktiner doch durch. Zuvor freilich stehen die cluniazensischen Reformzentren im Reich, St. Blasien und Hirsau im Schwarzwald, eindeutig auf seiten des großen Reformpapstes Gregors VII. (1073–1085), während die ursprünglich reichstreuen Gorzer eine uneinheitliche Haltung an den Tag legen. Der Ablauf des Investiturstreits bietet insgesamt ein verwirrendes Bild, das über die in der historischen Einleitung gebotenen knappen Andeutungen hinaus hier nicht erhellt werden kann. Die zahllosen Reformen der einzelnen Klöster und Stifte, Vorbereitungs-, Begleit- und Folgeerscheinungen des Investiturstreits, passen genau in dieses Bild. Die diversen Reformbewegungen laufen nebeneinander her, überkreuzen und überlagern sich, ja lösen einander bisweilen auch jäh in ein und derselben geistlichen Gemeinschaft ab. Aus unserem Blickwinkel ist dabei in der Regel die jeweilige Ausrichtung der Reform von weit geringerem Interesse als die bloße Tatsache, daß auf diese Weise unzählige Stifte oder Klöster zu neuem geistigen Leben erweckt, neu besiedelt oder überhaupt erst gegründet wurden. So ließen sich Benediktiner u. a. nieder in Lambach (1056), Melk (1089), Göttweig (1094), Formbach am Inn (1094), Garsten (1107), Seitenstetten (1116), Asbach (um 1122), Gleink (ca. 1123), Kleinmariazell (1136), Altenburg (1144) und Wien (Schottenkloster 1155) in der Diözese Passau, Admont (1074), Millstatt (1080/90), St. Paul im Lavanttal (1091), St. Lambrecht (1096/1103) in der Erzdiözese Salzburg, St. Georgenberg bei Fiecht (1138) im Bistum Brixen und San Lorenzo bei Trient (1146) im Bistum Trient. Wichtigstes Reformzentrum hirsauischer Prägung wurde davon (ab etwa 1115) das Kloster Admont, das die Klöster Millstatt, Seeon, Melk, St. Peter in Salzburg u. a. in seinen Bann zog.

Ein ganz besonderes Anliegen der Reformbischöfe jener Zeit, insbesondere Altmanns von Passau (1065–91), Konrads I. von Salzburg (1106–47), Hartmanns von Brixen (1140–64) und Altmanns von Trient (1124–49), war die sittlich-religiöse Erneuerung und Regulierung des Weltklerus in den Domkapiteln, Kollegiatsstiften und Pfarreien. Auf diese Weise wurden eine ganze Reihe von Augustiner-Chorherrenstiften gegründet oder ältere Domkapitel bzw. Kollegiatsstifte nachträglich der

Augustinus-Regel, die der Benediktinerregel in vielen Punkten entsprach, unterworfen, so u. a. in der Diözese Passau ca. 1070 St. Nikola bei Passau, 1071 St. Florian, 1075/80 Göttweig (ab 1094 Benediktinerkloster), 1081 St. Pölten, 1112 St. Georgen (1244 nach Herzogenburg verlegt), 1122 Reichersberg am Inn, 1125 Ranshofen, ca. 1126 Suben, 1133 Klosterneuburg, in der Erzdiözese Salzburg 1105 Baumburg an der Alz, 1120 Berchtesgaden, 1122 Salzburg (Domkapitel), 1123 Gurk (Domkapitel, s. u.), vor 1129 Gars am Inn, 1130 Herrenchiemsee, 1136 Reichenhall, 1140 Seckau, 1163 Vorau, in der Diözese Brixen 1142 Neustift bei Brixen, in der Diözese Trient zu Altmanns Zeit Trient (Domkapitel), Au bei Bozen (1406 nach Gries verlegt), St. Michael an der Etsch (1145). Die Gründungen und Umwandlungen beschränkten sich dabei keineswegs auf den Rahmen des jeweiligen Bistums. Die folgenreichste Gründung Altmanns von Passau war das Augustiner-Chorherrenstift Rottenbuch in der Diözese Freising, wo dann viele hervorragende Gregorianer Zuflucht fanden. In dieses Stift trat auch Gerhoch (s. u.) ein, dessen Ideen Erzbischof Konrad I. in dem Bemühen um Verbreitung der Augustiner-Chorherren im Erzbistum Salzburg wesentlich bestärkten. In der Diözese Passau erneuerte Konrad I. das salzburgische Eigenstift Reichersberg 1122 und setzte 1132 Gerhoch als Propst ein, wodurch es überregionale Bedeutung erlangte. Die Augustiner-Chorherren blieben trotz ihrer Verpflichtung zum Leben in der Gemeinschaft (*vita communis* oder *vita canonica*) und ihres Verzichts auf Privatbesitz Weltpriester, deren Hauptaufgabe die Seelsorge war – ein entscheidender bildungsgeschichtlicher Faktor. Sie unterstanden auch keinem Abt oder Prior (Priorate waren Benediktinerklöster, die von einem Mutterkloster abhängig blieben, wie etwa Mariazell von St. Lambrecht), sondern einem Propst *(praepositus)*. Sie nahmen damit in jeder Hinsicht eine Zwischenstellung zwischen den Mönchen und den für sich von einer ihnen zugesprochenen Pfründe *(praebenda)* lebenden Weltpriestern (Säkular-Kanonikern) ein. Eine noch etwas strengere Reform der Augustiner-Chorherren verfolgte die Gründung des Stifts Prémontré (bei Laon) 1120. Der daraus hervorgegangene Orden der Prämonstratenser rief in der Diözese Passau u. a. die Stifte Osterhofen (1138) und Geras (1153/55), in der Diözese Brixen das Stift Wilten (1138) ins Leben.

Obwohl beide Chorherrenorden viel für die Kolonisierung leisteten, kam der größte Anteil daran den Zisterziensern zu, dies dank des für den Landesausbau wie geschaffenen Konverseninstituts, das oben bereits besprochen wurde. Die Zisterzienser, so genannt nach ihrem Mutterkloster Cîteaux (gegründet 1098), verdankten ihren großen Zulauf und ihre rasche europaweite Verbreitung vor allem der Strenge und Einfachheit ihres Ordenslebens, die in Kirchenbau und Liturgiefeier deutlich von Cluny abstachen, und der zentralistisch-aristokratischen Ordensverfassung, die die Mutterklöster für ihre Gründungen verantwortlich machte und alle Äbte alljährlich zur Zusammenkunft im Generalkapitel unter Vorsitz des Abtes von Cîteaux verpflichtete. (Diesen Zentralismus übernahmen auch die Prämonstratenser, die ja in einem ähnlichen Verhältnis zu den Augustiner-Chorherren wie die Zisterzienser zu den Benediktinern standen.) Viel verdankte der Orden aber auch solch überragenden Persönlichkeiten wie Bernhard von Clairvaux (um 1090–1153) oder Otto von Freising, der 1132 in die Abtei Morimond eintrat, 1138 schon zum Abt und im selben Jahr zum Bischof von Freising erhoben wurde. Ottos Vater, Markgraf Leopold III. von Österreich, gründete 1135/36 Heiligenkreuz als Tochterkloster Morimonds. Heiligenkreuz war das Mutterkloster von Zwettl (1138) und Baumgartenberg (1141).

Von Morimond aus wurde auch Ebrach in Franken gegründet, von dort aus dann 1129/30 Rein in der Steiermark und 1146 Aldersbach in Niederbaiern, von Rein 1146 Wilhering und wahrscheinlich auch um 1136 Sittich in der Windischen Mark (Patriarchat Aquileia). Ebenfalls auf ein Tochterkloster von Morimond, Weiler-Bettnach in Lothringen, geht die Kärntner Zisterziensergründung Viktring 1142 zurück. Diese Liste ist ebensowenig vollständig wie die vorangehenden. Zudem entstanden Zisterzen auch noch im 13. und 14. Jahrhundert, so z. B. in Lilienfeld 1202, in Fürstenzell (bei Passau) 1274/5, in Stams 1275 – die älteste Niederlassung des Ordens im Bistum Brixen – oder in Neuberg an der Mürz 1327.

Eine kurze Darstellung dieser kirchengeschichtlichen Vorgänge war aus mehreren Gründen unerläßlich. Zum einen dokumentieren sie den bedeutenden geistigen und materiellen Aufschwung unseres Raumes im 11. und 12. Jahrhundert, der freilich auch mit inneren, zum Teil recht handfesten, nicht nur mit geistigen Waffen ausgetragenen Kämpfen verbunden war. Nur den Kampf auf literarischer Ebene haben wir unten ansatzweise darzustellen. Er tobte nicht nur zwischen Kaiser und Papst, Laien und Klerus, sondern auch – was dem heutigen, in einer säkularisierten Welt lebenden Leser besonders überraschen muß – zwischen den einzelnen Orden. Nicht weniges von dieser Polemik wird allerdings bloß rhetorisch gemeint gewesen sein.

Zum anderen schaffen die großen Reformbewegungen neue bildungsmäßige Voraussetzungen für Produktion und Rezeption von Literatur. So gut wie jedes Stift oder Kloster unterhielt, sobald es sich über die Größe einer Zelle (*cella*, z. B. Zell am See, Mariazell) erhob, eine Schule, häufig auch ein Skriptorium und eine – freilich oft recht kleine – Bibliothek. In den Benediktinerklöstern bestand nicht selten eine „innere Schule" *(schola interior)* für die späteren Mönche und eine „äußere Schule" *(schola exterior)* für die übrigen Schüler. Die urkundlichen Zeugnisse aus unserem Raum sind dafür aber äußerst spärlich. Wer die sogenannte äußere Schule besucht hat, läßt sich auch nur in Einzelfällen eindeutig feststellen. Man bereitete sich jedenfalls im allgemeinen darin auf eine klerikale Laufbahn, d. h. nicht etwa stets auf die priesterliche Tätigkeit in einer Pfarre oder bei Hofe, sondern ebenso auf die Bewältigung des Schriftverkehrs für den schreibunfähigen oder schreibunwilligen weltlichen Adel, vor. Es muß immer wieder betont werden, daß im Mittelalter viele unter den Laien lebende Kleriker sich von jenen nur durch die niederen Weihen, die nicht als sakramental und daher widerrufbar galten, und zumeist durch Tonsur und Habit unterschieden – abgesehen eben von ihrer lateinischen Bildung. Nur ganz wenige adelige Laien hatten in ihrer Kindheit Schulunterricht genossen, zumeist nur dann, wenn sie ursprünglich für den geistlichen Stand bestimmt gewesen, aber doch, aus welchem Grunde immer, wieder in die Welt zurückgekehrt waren. Wie oft es im 11. und 12. Jahrhundert vorkam, daß ein Angehöriger eines regierenden Adelshauses für seine spätere richterliche und politische Tätigkeit außerhalb der Kirche klerikale Kenntnisse erwarb, ist den kümmerlichen Belegen nicht zu entnehmen und in der Forschung dementsprechend umstritten.

Die soziale Trennungsmauer zwischen Klerikern und Laien blieb also vorläufig weithin undurchlässig. Selbst im 13. und 14. Jahrhundert, wo schon einige Breschen hineingeschlagen worden waren, werden *pfaffen unde leien*, wie sie im damaligen Deutsch heißen (*pfaffe* hat dabei keinen schlechten Beigeschmack wie später), immer wieder einander gegenübergestellt. Dies galt, wie wir gesehen haben, sogar vielfach innerhalb der Klostermauern, so insbesondere bei den Zisterziensern. Diese unterhielten übrigens auch nur innere Schulen für ihren eigenen Klerikernachwuchs, während in den Augustiner-Chorherrenstiften anscheinend in der Regel diejenigen Schüler, die sich auf die *vita communis* vorbereiteten, zusammen mit den übrigen unterrichtet wurden.

Europa erlebt im späteren 11. und im 12. Jahrhundert die große Blüte der Domschulen. In Frankreich treten sie gleichsam das Erbe der benediktinischen Klosterschulen an, die im Einflußbereich Clunys ihre Tätigkeit stark einschränken, während in den deutschen Ablegern der Reform die schulische Bildung höher gehalten wird als in Cluny selbst. Da sich die Domschulen jedoch neuen Denkformen rascher öffnen, gewinnt Frankreich hierin einen gewaltigen Vorsprung. Von Paris, Chartres, Reims, Laon und anderen französischen Schulen nahmen die auf Logik und Dialektik gegründete Rezeption des gelehrten Rechts und Glossierung der gesamten Bibel *(Glossa ordinaria)* und schließlich die Frühscholastik ihren Ausgang. Der Besuch einer solchen Schule bot eine gute Voraussetzung, um im Reich einen Bischofsstuhl einnehmen zu können. Altmann von Passau(?), Eberhard I. von Salzburg oder Otto von Freising haben in Paris studiert. Das kam dann ihren eigenen Domschulen gewiß zugute. Insgesamt hat man jedoch keineswegs den Eindruck, als hätten die Domschulen unseres Raums den besten Kloster- und Stiftsschulen etwas vorausgehabt. Für Passau, Brixen und Trient mangelt es überhaupt an ausreichenden Belegen. Die Schule am Salzburger Dom nahm allerdings ab Konrad I. (1106–1147) und vor allem unter Eberhard I. (1147–1164) einen beträchtlichen Aufschwung und konnte so den Vorsprung der jüngeren Anstalten wieder ausgleichen. Als weitere Domschule trat im 12. Jahrhundert noch die von Gurk hinzu, nachdem der Salzburger Erzbischof aufgrund der großen Ausdehnung seiner Diözese 1072 dieses Salzburger Eigenbistum gegründet, 1123 ein Domkapitel in Gurk errichtet und 1131 dem Bistum einen eigenen Sprengel zugeteilt hatte. Wie bei den entsprechenden Gründungen des 13. Jahrhunderts (Chiemsee, Seckau und Lavant – s. u.) war dieser aus der Salzburger Diözese herausgeschnittene Sprengel ebenso bescheiden wie die Stellung des neuen Bischofs, der reichs- und kirchenrechtlich völlig vom Metropoliten abhängig blieb. (Wir berücksichtigen die vier Salzburger Eigenbistümer daher auch bei unserer Stoffgliederung nicht, sondern behandeln die Erzdiözese weiterhin als Einheit.) Für Kärnten bedeutete die Einrichtung der Gurker Domschule allerdings eine wichtige Bereicherung.

Das Unterrichtsprogramm und der Lektürekanon wichen wohl trotz gewisser früher Übernahmen aus dem Westen in der Regel nur unerheblich von dem aus der vorangehenden Periode Gewohnten ab. Kräftigere Wellen der renaissancehaften Strömungen aus Frankreich wurden erst ab der Mitte des 12. Jahrhunderts in unseren Raum gespült. In den Zisterzen lagen allerdings schon seit der Gründung neue theologische Schriften aus Frankreich zum Studium bereit. So verzeichnet ein zwischen 1134 und 1147 angelegter Bibliothekskatalog von Heiligenkreuz auch Werke Anselms von Canterbury, Hugos von St. Victor und Bernhards von Clairvaux.

Ein Kapitel für sich ist die Bildung der Mädchen und Frauen. Einerseits hielt die streng patriarchalische Gesellschaftsordnung den weiblichen Teil der Bevölkerung ziemlich konsequent von der höheren Bildung ab und sah auch keine Klerikerpfründen für ihn vor, andererseits begegnen uns im Früh- und Hochmittelalter unter den grundsätzlich illiteraten weltlichen Adeligen wesentlich mehr weibliche als männliche Ausnahmen. Das zwingt zu der quellenmäßig nur schwach zu stützenden

Annahme, in den geistlichen Frauengemeinschaften seien häufiger als in denen der Männer Laien unterrichtet worden. Es versteht sich jedoch von selbst, daß die den Klöstern und Stiften übergebenen Mädchen *(puellae oblatae)*, nachdem im Verlauf der Reform die Oblation nicht mehr als unwiderruflich angesehen wurde, ihre notwendige selbständige Entscheidung nach dem 12. Lebensjahr (oder etwas später) nicht selten gegen den Verbleib im Orden trafen und folglich in den Laienstand zurückkehrten, da für sie im Pfarr- oder Hofklerus ja kein Platz war.

Ab dem 11. Jahrhundert stieg die zuvor äußerst bescheidene Zahl von Niederlassungen der Frauenorden an. Etliche Doppelklöster entstanden. Bei den Augustiner-Chorherrenstiften war die Verbindung mit Chorfrauenstiften sogar die Regel. Die in solcher Konstellation stark beschnittene Eigenständigkeit wirkte sich allerdings negativ auf die kontinuierliche Entwicklung aus und führte nicht selten zu einer baldigen Auflösung. Abgesehen vom Unterricht, der aber auch nicht immer von einer Nonne oder Chorfrau geleitet wurde, beschränkte sich die Tätigkeit der Frauen zumeist auf Haus-, Näh- und Stickarbeiten, auf das Abschreiben von Büchern und auf den Gottesdienst, für den die ausreichende Kenntnis der lateinischen Liturgie, insbesondere der Psalmen, sowie des Gesanges erforderlich war.

Der älteste Frauenkonvent in unserem Raum, das 712/15 vom hl. Rupert gegründete Benediktinerkloster auf dem Salzburger Nonnberg, konnte auch bei den Neugründungen des 11. Jahrhunderts den größten Erfolg verbuchen: Göß (1020), St. Georgen am Längsee (vor 1023), Sonnenburg im Pustertal (1029), Traunkirchen am Traunsee (1020/40), St. Walburg in Eichstätt (1035), Gurk (1042, wieder aufgehoben 1072). Im 12. Jahrhundert reformierte Konrad I. von Salzburg natürlich auch die Frauenorden seiner Erzdiözese. Die Reichsklöster Göß und Frauenchiemsee (gegründet 782?) widersetzten sich jedoch erfolgreich dem gregorianischen Oberhirten so wie das Reichskloster Niedernburg dem Passauer Bischof. Die von Admont ausstrahlende hirsauische Reform erfaßte dann jedoch auch die Frauenkonvente Nonnberg und St. Peter in Salzburg, Seeon, Göß und St. Georgen. In Admont selbst gab es erst seit 1121 einen Frauenkonvent. Er wurde jedoch sehr bald zum maßgebenden Bildungszentrum der ganzen Region, dem sich erst im späteren 12. Jahrhundert das Chorfrauenstift Seckau an die Seite stellen konnte.

Alle in der – ab dem 12. Jahrhundert streng gehandhabten – Klausur lebenden Mitglieder der Frauenorden, ob *conversae* oder *oblatae,* scheinen grundsätzlich dieselbe Bildung erhalten zu haben. Das hindert jedoch nicht, auch in Frauenkonventen und -stiften ein dankbares Publikum für volkssprachliche geistliche Dichtungen zu vermuten. Ob ihre männlichen Kollegen, die (Voll-)Mönche, ohne diese geistige Nahrung auskamen, ist äußerst fraglich. Für die analphabetischen Laienbrüder war sie schlechterdings unabdingbar, insbesondere für die von der Benediktinerregel vorgeschriebene Vorlesung bei Tisch. Obwohl uns die diesbezüglichen Zeugnisse wieder einmal im Stich lassen, dürfen wir getrost den Aufschwung der deutschsprachigen Literatur mit dem Bedarf der in den neu gegründeten geistlichen Gemeinschaften lebenden Brüder und Schwestern, die des Lateinischen nur teilweise oder gar nicht mächtig waren, in Zusammenhang bringen.

Streitschriften des Reformzeitalters

Der epochale Streit um die sittlich-religiöse Erneuerung des Klerus, um die neuen kirchlichen Organisationsformen, um die Unabhängigkeit der Kirche vom Zugriff der weltlichen Gewalt, im besonderen dann um die Investitur der Bischöfe findet so gut wie in allen lat. Schriften der Zeit irgendwie seinen Widerhall. In diesem allgemeinen Verstande des Wortes sind sie somit alle Streitschriften. Es lassen sich jedoch einige herausheben, die den Namen im speziellen Sinne verdienen.

Am ehesten erwarten wir, daß uns solche Texte aus der Feder der führenden Reformbischöfe überliefert sein sollten. Zu unserer Überraschung ist weder von Konrad I. von Salzburg noch von Altmann von Passau etwas Schriftliches auf uns gekommen. Nur der aus dem schwäbischen Hochadel stammende **Gebhard von Salzburg** (1060–88) hat uns einen Brief hinterlassen, den er im Jahre 1081 aus dem Exil an den Bischof Hermann von Metz schrieb. Dieser hatte den Amtsbruder um Orientierungshilfe in der großen kirchenpolitischen Auseinandersetzung gebeten, worauf Gebhard auch schriftlich in eindeutiger, aber maßvoller Form Partei für die Gregorianer ergriff und die Bannung des Königs rechtfertigte. Der Brief gehört weder aufgrund der Herkunft seines Verfassers noch aufgrund des Ortes seiner Abfassung in den Rahmen unserer Literaturgeschichte, ebensowenig wie die an Gebhard gerichtete Streitschrift Manegolds von Lautenbach (1030/40–nach 1103), das heftigste gregorianische Pamphlet des Investiturstreits, das Erwählung und Absetzung des Königs durch die Souveränität des Volkes begründet – eine damals ziemlich neue Idee.

Ein Zeugnis ganz anderer, nicht literarischer Art für die Verbreitung gregorianischen Gedankenguts in unserem Raum geht auf einen anderen Reformbischof, Adalbero von Würzburg (1045–1090), den letzten Sproß der Grafenfamilie von Lambach-Wels, zurück. Der „Kampfgefährte" Altmanns und Gebhards wandelte das Stift Lambach in eine Benediktinerabtei um (s. o.) und gab den Auftrag zur Errichtung der Klosterkirche und ihrer Ausmalung. Unter den erhaltenen Fresken im ehemaligen Westchor, Darstellungen aus dem Leben Jesu, findet sich eine dramatische Szene, welche einen hingestürzten Herrscher mit herabfallender Krone, aufblickend zu einem thronenden, gekrönten, Szepter und Globus tragenden Herrscher, zeigt. *Abb. 2* Hier ist höchstwahrscheinlich der plötzliche, von einem Engel angekündigte Tod des Judenkönigs Herodes Agrippa I. (44 n. Chr.) ins Bild gefaßt. Ein damaliger gebildeter Betrachter mußte in Herodes jedoch zugleich jeden von Gott gerichteten Tyrannen sehen, und das hieß nunmehr in den Augen der Gregorianer: Heinrich IV., den großen Feind der römischen Kirche, den Gerhoch von Reichersberg (s. u.) dann als einen der Führer der Partei des Antichrist in eine Reihe mit Herodes, Nero, Julianus Apostata und anderen stellt. Wenn diese Deutung richtig ist, so handelt es sich bei den Lambacher Fresken nicht nur um frühromanische Kunstwerke von europäischer Geltung, sondern auch um ein geistesgeschichtliches Zeugnis ersten Ranges.

Die ältesten Streitschriften aus unserem Raum stammen erst aus der Zeit nach dem Wormser Konkordat von 1122, das zwar den Investiturstreit im engeren Sinne, nicht aber die Auseinandersetzungen zwischen weltlicher und geistlicher Macht sowie innerhalb der Kirche beenden konnte, und zwar von jenem eben genannten Gerhoch von Reichersberg. Ein eigener Abschnitt soll dieser zentralen Gestalt vorbehalten sein.

Hat Gerhoch seine Ideen aus den Diözesen Augsburg und Freising in das Bistum Passau mitgebracht und hier weiterentwickelt, so sein Zeitgenosse **Idung von Prüfening** die seinen aus der Diözese Regensburg. Idung ist 1133 und 1142 urkundlich als *Magister scholarum* in Regensburg nachweisbar. Um 1144 läßt er sich, schwer erkrankt, angesichts des Todes in das Benediktinerkloster Prüfening bei Regensburg aufnehmen. Kurz darauf wiederum genesen, verfertigt er dort um 1144/45 eine Schrift über vier Fragen *(Argumentum super quatuor quaestionibus)* des Mönchslebens (wie etwa die gemeinsame Klausur von Mönchen und Nonnen). Länger als zehn Jahre hält es ihn jedoch in dem Kloster, dessen Observanz ihn zu lässig dünkt, nicht, und er tritt kurz nach dem Tode Bernhards von Clairvaux (1153) in ein nicht namentlich genanntes Zisterzienserkloster ein, das jedoch mit ziemlicher Sicherheit im Bistum Passau zu suchen ist, da alle Handschriften von Idungs zweitem Werk aus Zisterzen dieser Diözese, nämlich Heiligenkreuz, Zwettl, Lilienfeld, Baumgartenberg und Aldersbach, stammen.

Dieses Werk, die *Unterredung zweier Mönche (Dialogus duorum monachorum),* eines Cluniazensers (= Benediktiners) und eines Zisterziensers, stellt Idungs Rechtfertigung seines Übertritts dar und ist der Äbtissin Kunigunde von Niedermünster in Regensburg gewidmet. Zeigt sich schon darin der Rückbezug auf seine klösterliche Vergangenheit, so arbeitet er offenkundig insgesamt in der Schrift seinen in Prüfening aufgestauten Ärger ab. Die Animosität zwischen den beiden Orden war zwar latent vorhanden, Bernhard von Clairvaux hatte sie jedoch durch seine Autorität zum Verstummen gebracht, so daß sie sich selbst nach seinem Tod kaum zu Wort meldete, eben bis auf den *Dialogus,* der nicht zuletzt Idungs persönlicher Situation entsprang. Er hatte sich zu einem Schritt entschlossen, den Bernhard zwar für möglich, aber nicht für empfehlenswert hielt. Vielleicht wäre eine solche Schrift im engeren Wirkungskreis Bernhards auch nach dessen Tode gar nicht möglich gewesen. Selbst in solcher räumlichen Entfernung mußte Idung wohl die abgemilderte Form des Dialogs wählen, um den direkten Angriff auf Cluny zu vermeiden. Nichtsdestoweniger werden die argumentativen Gewichte im Text so ungleich verteilt, daß doch nur ein schlichtes zisterziensisches Pamphlet entstanden ist. Der cluniazensische Gesprächspartner dient zumeist nur als Stichwortbringer. Die gegen ihn vorgebrachten Argumente gehen gewiß über Idungs persönliches Anliegen hinaus und vermitteln ein allgemeines Stimmungsbild aus den Zisterzienserkonventen des deutschen Südostens in den fünfziger Jahren des 12. Jahrhunderts. Wie lange Idung in einer solchen Abtei bereits leben mußte, um es so wiedergeben zu können, muß offen bleiben.

Hauptstreitpunkte sind die Handarbeit, das Chorgebet und das Schweigegebot. So erklärt etwa der Cluniazenser: „Allein unsere Prim (Stundengebet bei Sonnenaufgang) mit der Litanei und den übrigen Zusätzen übertrifft euren ganzen Dienst, den ihr Gott im Chor den ganzen Tag über, abgesehen von Messen und Vespern, leistet" (2,3). Darauf der Zisterzienser: „Der Hl. Benedikt hat unseren Dienst im Chor mit genauer Unterscheidung festgelegt. Diese Unterscheidung verlaßt ihr und stürzt euch in eine außerordentliche Willkür. Zudem verringert ihr auf diese Weise gegen die Vorschrift der Regel und des Apostels die Stunden der Handarbeit" (2,4). Von dem exzessiven Gottesdienst der Cluniazenser war oben (S. 57) schon die Rede. Idung sieht darin eine mißbräuchliche Ausweitung des kontemplativen gegenüber dem aktiven Leben der Mönche *(vita contemplativa – vita activa,* biblisch vorgeprägt durch die Schwestern Maria und Martha):

Was entgegen der Vernunft und den Statuten der heiligen Väter vorwitzig unternommen wird, heißt mit Recht weder kultische Andacht noch andächtiger Kult. Daher werden das lange Liegen des ausgestreckten Körpers auf dem Boden, vorgenommen gegen die Vorschrift der Heiligen Väter, und eure zusammen mit der Feier der Prim zu unpassenden Stunden gegen die Anordnung der Regel gefeierten Laudes am Morgen (das Stundengebet beim ersten Morgengrauen) weniger Frucht bringen als die Hymnen derselben (d. h. der regulären) Stunden, die laut Einspruch erheben und gleichsam eure Vermessenheit anklagen (2,8).

Die mangelhafte Einhaltung der Regel zeige sich in erschreckendem Maße auch in der Übertretung des Schweigegebotes. Dieses gelte z. B. für die Zeit nach der Versammlung des Kapitels. Was aber geschieht da bei den Cluniazensern?

Es fliegt das Geschwätz von oben nach unten und wieder von unten nach oben. Und da ein jeder mit seinem Nachbarn redet, erhebt sich ein wirrer und lauter Lärm wie von Feilschenden auf dem Markte und von Säufern in der vollen Schenke, wo ein jeder mit seinem Mitsäufer und eine jede mit ihrer Mitsäuferin redet. Bisweilen fahren beim Gespräch Beleidigte im Kapitel ihre Beleidiger mit harten Worten an, und aus der Erlaubnis zu schwätzen entsteht Stoff zu streiten, aus dem Streit Drohungen und Beschimpfungen, so daß es nötig wird, mit dem Schlag auf die Tafel ein zweites Mal den Konvent zum Kapitel zu rufen (1,23).

Auf solche Weise werden die einzelnen Verstöße gegen die Regel, die meisten mehrfach, durchgehechelt. Trotz der offensichtlichen Parteilichkeit stellt das Werk eine unentbehrliche Quelle für die Geschichte des Mönchstums dar. Vom literarischen Standpunkt kann die (in der modernen Ausgabe ca. 100 Seiten lange) Prosaschrift dagegen nicht befriedigen, insbesondere aufgrund des totalen Mangels einer sinnvollen Ordnung des Stoffes. Der rhetorische Aufputz durch Figuren aller Art – z. B. in dem oben aus 2,8 gegebenen Zitat *religiosa devotio vel devota religio* –, Kursus (nach Silbenbetonung geregelte Satz- und Satzteilschlüsse) und Reim zeigt allerdings recht geschickte Verwertung einer gediegenen Ausbildung in den Fächern des Triviums (s. o. S. 28). Dafür sprechen ebenso die erkennbaren Lesefrüchte nicht nur aus Bibel, Patristik, Kanonistik und modernen Theologen (wie Anselm von Laon, Hugo von St. Victor, Rupert von Deutz), sondern auch aus Horaz, Cicero, Terenz, Ovid, Vergil und den *Disticha Catonis*. Gesammelt hat Idung die meisten davon wohl schon in der reichen Bibliothek von Prüfening.

Gerhoch von Reichersberg

Obschon die meisten Schriften Gerhochs (die mhd. Schreibungen -*hoh* und -*hoch* haben denselben Lautwert) zumindest zum Teil den Charakter von Streitschriften tragen, kann eine solche Einordnung der herausragenden Bedeutung dieser Schriftstellerpersönlichkeit in keiner Weise gerecht werden. Wir sind über sie dank einer glücklichen Quellenlage und der erschöpfenden Biographie von P. Classen (1960) recht gut informiert.

Gerhoch wurde 1092/93 im oberbairischen Polling (Diözese Augsburg) geboren als einer von sechs Brüdern, die alle später in Augustiner-Chorherrenstifte eintraten. Er besuchte die Stiftsschulen in seinem Heimatort, in Moosburg, Freising und Hildesheim und wurde Scholaster und Kanoniker in Augsburg, bis ihn die Bekehrung durch einen namentlich nicht bekannten Eremiten zu einem Leben als *pauper Christi*, als Armer Christi, bewog. So wie er nun selbst in das Augustiner-Chorherrenstift Rottenbuch (nicht weit von seinem Geburtsort) eintrat, so bemühte er sich sein

Leben lang, eine Kirchenreform durchzusetzen, die den gesamten Weltklerus zu persönlicher Armut und Gemeinschaftsleben verpflichten sollte. 1126 versuchte er, in Rom den Papst dafür zu gewinnen, hatte hier aber ebensowenig Erfolg wie in Augsburg, Regensburg oder Cham, wo er kurzzeitig das Pfarramt innehatte. 1128 nach Regensburg zurückgekehrt und ohne ein neues Amt, hatte Gerhoch Zeit, nunmehr erstmals als Schriftsteller für seine Sache zu kämpfen. In dem kleinen Werk *Von Gottes Gebäude (De aedificio Dei)* griff er den besitzenden Klerus, insbesondere Bischöfe, die sich wie weltliche Fürsten gerierten, scharf an. Seine zahlreichen Feinde erreichten 1130 einen Prozeß gegen ihn (in Regensburg) und eine teilweise Verurteilung seiner Sakramentenlehre (s. u.). Ihn selbst schützten allerdings Erzbischof Konrad I. von Salzburg und Bischof Kuno von Regensburg. 1131 übersandte Gerhoch eine Verteidigungsschrift *(Dialogus inter clericum saecularem et regularem)* an den Papst, der sie wohlwollend aufnahm und den Verfasser, dessen Bitte entsprechend, dem Salzburger Oberhirten empfahl. Dieser setzte 1132 Gerhoch als eine der wichtigsten Stützen seiner kraftvoll durchgeführten Reform zum Propst des Salzburger Eigenstifts Reichersberg am Inn ein. Damit begann Gerhochs Wirken in unserem Raum. Reichersberg verdankt ihm einen beträchtlichen Aufschwung. Neben der Sorge für sein Stift, dem er bis zu seinem Lebensende vorstand, gab er jedoch sein viel weiter gespanntes Ziel nie auf. 1135 sandte er eine weitere Rechtfertigung seiner Sakramentenlehre an den von ihm hochverehrten Bernhard von Clairvaux *(Liber de eo quod princeps huius mundi iam iudicatus sit/Buch darüber, daß der Fürst dieser Welt schon gerichtet sei)*, ohne eine Antwort zu erhalten. 1141/42 erhob Gerhoch neuerlich Klage in Rom vor Papst und Kurie über den Verfall der Kirchenzucht. Zur Untermauerung entwarf er dann in Reichersberg 1142 ein Bild der Welt- und Kirchengeschichte aufgrund spiritueller Bibelexegese in einem *Büchlein von der Reihe der Gaben des Heiligen Geistes (Libellus de ordine donorum sancti Spiritus)*. 1143 nahm er an einer Visitation in Böhmen teil, 1151 an einer in Süddeutschland, 1152 sollte er selbst eine nach Ungarn anführen, gelangte aber nicht bis dorthin. Damit nahm auch sein unmittelbarer Dienst für Rom ein Ende. Im selben Jahr hatte er in Rom Eugen III. seine *Abhandlung zu Psalm 64* überreicht, seine umfassendste Reformschrift, die den Zustand der Kirche als Kampf Zions mit Babel darstellt. Später fügte er sie seinem gewaltigen *Psalmenkommentar* ein, an dem er bis kurz vor seinem Tode arbeitete. Begonnen hatte er dieses sein elfteiliges Hauptwerk bereits 1144. Am Ende umfaßte es neun stattliche Codices (davon heute sieben in Reichersberg, einer in München, einer verloren). Die übrigen Werke entstanden nebenher, zuerst 1147 das dem Admonter Abt Gottfried gewidmete *Buch gegen zwei Häresien (Liber contra duas haereses)*. Es sind Vertreter einer bestimmten Christologie (s. u.) und die Gegner der von Gerhoch vertretenen Sakramentenlehre, die hier bekämpft werden. Gerhochs christologische Thesen stehen auch im Mittelpunkt des 1156 dem Papst zugesandten Brieftraktats *Von den Neuerungen dieser Zeit (De novitatibus huius temporis)* und der Schrift *De gloria et honore Filii hominis (Von Ruhm und Ehre des Menschensohnes)* von 1163. Gerhochs Hauptkontrahenten in dem ab etwa 1162 weite Kreise ziehenden Dogmenstreit waren Bischof Eberhard von Bamberg und Folmar von Triefenstein. Als Gerhoch sich schon dem Sieg nahe sah, erlegte Papst Alexander III. ihm 1164 Schweigen auf, so daß eine neuerliche Gegenschrift gegen Folmar über die Frage, *Ob der Mensch Christus Sohn Gottes und Gott von Natur oder durch Gnade ist (Utrum Christus homo sit Filius Dei et Deus natura an gratia*), wohl nie veröffentlicht wurde. In den Hintergrund gedrängt hatte Gerhoch dagegen ausnahmsweise die Polemik in dem Buch *Vom Lob des Glaubens (De laude fidei)*, einem schon 1158/59 verfaßten Traktat über einige Sprüche Salomons. Die Ablehnung der dialektischen Theologie wird gleichwohl auch darin deutlich artikuliert.

Das 1159 als Folge der Auseinandersetzungen von Kaiser und Papst ausgebrochene Schisma zwischen Alexander III. und Victor IV. stürzte Gerhoch in schwere Gewissenszweifel. Erst als Alexander dem Kaiser 1163 die bisher verweigerte Bereitschaft bekundete, sich vom Verdacht der Simonie und Verschwörung zu reinigen, bekannte Gerhoch sich – trotz verbleibender Bedenken und weiterer Kritik an Rom – aus kirchenrechtlichen Gründen zu Alexander und blieb ihm trotz der folgenden Enttäuschungen und Drangsale treu. Aber an eine vom Papsttum ausgehende Erneuerung der verdorbenen Kirche glaubte Gerhoch nun endgültig nicht mehr. Statt dessen forschte er in seinem originellsten und interessantesten Werk *Vom Aufspüren des Antichrist (De investigatione Antichristi)* um 1160/62 nach den Spuren des Antichrist in der Geschichte und nach den einander jeweils in spirituellem Sinne entsprechenden Gerichten Gottes über die Menschen. Auch hier fügte er (als Buch I) eine ausführliche christologische Abhandlung ein, die nur locker mit dem Hauptthema – dem Antichrist als Gegenbild Christi – verknüpft war. Ob sich Folmars schwere Angriffe auf dieses Buch oder auf mündliche bzw. briefliche Äußerungen Gerhochs bezogen, entzieht sich unserer Kenntnis. Inzwischen spitzte sich der Konflikt zwischen dem Kaiser und dem auf seiten Alexanders stehenden Erzbistum Salzburg immer weiter zu, bis dieses 1166 der Reichsacht verfiel. Der davon unmittelbar betroffene Propst eines Salzburger Eigenstifts versuchte, mit einem an die Kurienkardinäle gerichteten Brieftraktat *(Opusculum ad cardinales)* den von ihm als rechtmäßig anerkannten Papst zur Beschwichtigung des Kaisers zu bewegen, doch ohne Erfolg. 1167 wurde auch Reichersberg von den kriegerischen Auseinandersetzungen in Mitleidenschaft gezogen. Der 73jährige Propst ging ins Exil; wann, wie lange und wohin, wissen wir nicht (nach Aldersbach? Klosterneuburg? Admont?). Dort stellte er notdürftig seinen Psalmenkommentar fertig und verfaßte seine letzte größere und persönlichste Schrift, das Lehrgespräch *De quarta vigilia noctis*. Der Titel meint die vierte Nachtwache, in der Christus auf dem Meer wandelt (Matthäus 14, 22–23). Gerhoch verbindet sie jedoch mit der bangen Erwartung des Jüngsten Gerichts und gliedert die Kirchengeschichte in vier symbolische Nachtwachen, deren letzte Christus selbst durch seine Wiederkunft beenden wird. Nur er kann die nun selbst in der Kirche herrschende Habsucht besiegen. In seinen letzten beiden, in Reichersberg verbrachten Lebensjahren kommt Gerhoch in einem kurzen Traktat ein letztes Mal auf seine christologischen Thesen zurück, beschäftigt sich aber hauptsächlich mit der Sammlung und Ordnung seines reichen (hier keineswegs vollständig benannten) Lebenswerks und der Mitwirkung am Reichersberger Annalenwerk. Am 27. Juni 1169 ist er gestorben. Man hat in Reichersberg einen Hymnus auf seinen Hingang gedichtet und eine ausführliche Vita in die Annalen eingefügt. Damit ist aber sein Nachleben auch schon so gut wie beendet. Er und seine Werke geraten im Mittelalter fast völlig in Vergessenheit.

Obwohl Gerhoch aller konsequenten Systematik sichtlich abhold und stets zur Aneinanderreihung oder gar Verquickung mehrerer ihn bewegenden zentralen Themen geneigt war, müssen diese hier möglichst getrennt und ohne Rücksicht auf

Folge und Einheit der einzelnen sie verarbeitenden Werke vorgestellt werden; stark vereinfacht, versteht sich.

Ausgangspunkt ist Gerhochs Kampf gegen Simonisten und Nikolaiten, wie er sie sieht. Und er faßt die Begriffe so weit, daß ihm nur wenige Männer der Kirche zu folgen bereit waren. Unter Simonie fällt für Gerhoch nicht nur der Erwerb eines geistlichen Amtes für eine materielle Gegenleistung, sondern auch die Annahme eines Lehens durch einen geistlichen Amtsträger. Als noch weit schlimmere Simonie, ja als Häresie, bezeichnet Gerhoch die Vermietung geistlicher Pflichten durch höhergestellte Kleriker an niedrigere (Vikarswesen), ja jeden privaten Besitz der Kleriker, der auf diese Weise der Kirche entzogen wird. Das betraf faktisch alle Weltkleriker außerhalb einer *vita communis*. Die allermeisten jener Weltkleriker fallen für Gerhoch zugleich in die Rubrik der – ebenfalls häretischen – Nikolaiten. Darunter versteht er nämlich nicht nur verheiratete oder im Konkubinat lebende Priester, sondern alle, die sich einem ungebundenen und angenehmen Leben, der *vaga luxuria*, ergeben. Simonisten und Nikolaiten sind deshalb Häretiker, weil sie päpstlichen Dekreten offen zuwiderhandeln. So hatte schon Gregor VII. die Häresie definiert. Doch Gerhoch behauptete, jene Häretiker seien bereits ohne kirchliches Urteil durch ihre Tat selbst aus der Kirche ausgeschlossen. Da er aber mit anderen bedeutenden Gelehrten des 12. Jahrhunderts zudem die Konsekrationsgewalt der von der Kirche getrennten Priester leugnete, so entstand notwendig die Frage, wo es noch gültige Sakramente gäbe. Dies alles mußte er später durch feinere Unterscheidungen abschwächen, ohne jedoch im Grundsätzlichen Abstriche zu machen. Durch neue und mildere Formulierungen seiner Thesen suchte Gerhoch immer wieder die großen Autoritäten der Kirche auf seine Seite zu bringen. Er strebte nur eine Reform von oben an – im Gegensatz zu Arnold von Brescia, der offenbar ähnliche Lehren vertrat, dabei aber direkt gegen den Papst opponierte und dafür mit dem Leben bezahlte. Nicht mit Arnold stimmte Gerhoch in der Forderung nach radikaler Einschränkung des Kirchenvermögens überein, dessen Mehrung er vielmehr als Bedingung für das Leben der *pauperes Christi* in den Stiften und Klöstern ansah. Diese sollen vom Bischof, der den Zehnt einzieht und verwaltet, die nötigen Mittel erhalten, die nach Deckung des eigenen Bedarfs unter die Armen verteilt werden. Dabei setzt Gerhoch die Existenz von Armen und Reichen nicht nur als real, sondern auch als grundsätzlich gottgewollt voraus. Wären alle Menschen reich, wäre Barmherzigkeit unnötig; wären alle arm, wäre sie unmöglich. Durch Werke der Barmherzigkeit oder durch das geduldige Erleiden der Armut sei jedoch gleichermaßen das ewige Seelenheil zu erlangen, andernfalls auch zu verspielen. Auch die Verteilung des Besitzes an Gute und Böse hält der Reichersberger Propst für gerecht und sinnvoll:

Gäbe Gott die weltlichen Güter nur den Guten, so würde der Böse glauben, Gott sei ihretwegen zu verehren. Gäbe er sie nur den Bösen, so hätte der Schwache Angst, sich zu Gott zu bekehren und so aller solcher Güter beraubt zu werden. Also gibt er sie den Guten, damit sie Trost daraus ziehen und ihren Lebensunterhalt damit bestreiten; er gibt (sie) auch den Bösen, damit die Guten lernen, andere Dinge, die sie mit jenen Bösen nicht gemeinsam haben, anzustreben. Ebenso nimmt er sie den Guten, damit der Schwache nicht davor zurückschrecke, sich zu Gott zu bekehren, um die zu erhalten, die, wie er sieht, weder von Bösen noch von Guten erhalten werden können, obschon jene sie auf andere Weise verlieren (*Kommentar zu Psalm 66*, Vers 2).

Die Verheißung jenseitiger Bestrafung und Belohnung wie die Warnung vor Auflehnung gegen eine – in Gerhochs Augen bloß scheinbare – irdische Ungerechtigkeit entsprechen der im Mittelalter weitgehend herrschenden sozialkonservativen Tendenz aller Reformer, bilden aber zugleich eine wichtige Bedingung für die geforderte partielle Umverteilung vom reichen Adel auf die (regulierten) Stifte und Klöster. Die darin lebenden Armen Christi sollen gleichsam den jenseitigen Zustand der Gleichheit vorwegnehmen – wenn man will, eine Sozialutopie im geistlichen Freiraum. Zusammengesehen mit Gerhochs scharfen Angriffen gegen die meisten Reichsbischöfe, die ja alle dem Hochadel entstammten, „scheint dies in gewisser Weise die Vermutung zu rechtfertigen, daß in seine kirchenreformerischen Bestrebungen ein heimlicher Protest gegen die Privilegien mit einfließt, die die Abkömmlinge großer Familien des Reiches in bezug auf die Ämter der Kirche hatten" (A. Lazzarino del Grosso).

Hängen einerseits Reform des Klerus und Sakramentenlehre bei Gerhoch eng zusammen, da nur ein unzweifelhaft der einen wahren Kirche, dem spirituellen Leibe Christi angehörender Priester täglich den im Altarsakrament verwandelten Leib Christi darbringen kann und darf, so schließen daran nahtlos Gerhochs Thesen von der Fleischwerdung Gottes im Menschen Jesus Christus an. Dem modernen Betrachter, selbst dem gläubigen Christen muß ins Gedächtnis gerufen werden, daß die allermeisten antiken und teilweise bis heute nachwirkenden Kirchenspaltungen aus der Frage nach dem Verhältnis von Vater und Sohn entsprungen sind. In Abwehr des (dann von den Goten und anderen germanischen Stämmen übernommenen) Arianismus, des Nestorianismus und des Monophysitismus (die sich in Asien verbreiteten) und anderer Lehren war das Konzil von Chalkedon (451) zu derjenigen Festlegung gekommen, die bis heute für die katholische Kirche verbindlich geblieben ist: „Der eine und selbe ist vollkommen der Menschheit nach, wahrer Gott und wahrer Mensch, bestehend aus einer vernünftigen Seele und dem Leibe. Der eine und derselbe ist wesensgleich dem Vater der Gottheit nach und wesensgleich auch uns seiner Menschheit nach […] Wir bekennen einen und denselben Christus, den Sohn, den Herrn, den Einziggeborenen, der in zwei Naturen unvermischt, unverwandelt, ungetrennt und ungesondert besteht." So logisch ausgeklügelt eine solche Definition angesichts dieses undurchdringlichen Glaubensgeheimnisses anmutet, sie ließ dennoch genug Spielraum für weiteren Streit um Begriffe und um die positive Auffüllung der zuletzt zitierten rein negativen Aussagen. Französische Frühscholastiker suchten mittels sprachlogischer Unterscheidungen zu in sich widerspruchslosen Aussagen zu gelangen. Petrus Abaelardus behauptete, Christus sei teilweise Gott und teilweise Mensch, als Mensch sei er nur Gottes einzigartige Wohnung und somit nur im übertragenen Wortsinne Gott zu nennen. Gilbert von Poitiers unterschied mit Hilfe einer subtilen spekulativen Grammatik die eine göttliche Wesenheit *(substantia, essentia, natura)*, wodurch Gott Gott ist, von den drei personalen Prädikaten, die alle von Gott ausgesagt werden können, und von den drei Personen, die durch je eines der Prädikate definiert, aber nicht mit diesen identisch sind. Die göttliche Natur schloß er von der Menschwerdung aus, da keine Natur eine weitere annehmen könne, sondern nur eine Person eine zweite Natur.

Genau auf die übernatürliche Vereinigung der Naturen zielte Gerhoch, auf die *supernaturalis naturarum unio*, wodurch die göttliche Natur selbst Fleisch angenommen habe und dieses Fleisch als inkarnierter Logos in Christus erhöht, in den Himmel erhoben und so verherrlicht worden sei. Erst in dieser gottgleichen Verherrlichung der menschlichen Natur vollende sich die Erlösung der Menschen, damit überschreite der fleischliche Leib Christi auch die Grenzen von Zeit und Raum und könne als Altarsakrament zugleich an tausend Altären dargebracht werden. Von einer Abstufung zwischen Gottvater und Sohn will Gerhoch nichts wissen, faßt er diese Sohnschaft doch keineswegs als eine gnadenhafte, sondern als eine natürliche. Daher gebühre auch dem Menschen Christus, der als Mensch dieselbe Weisheit und Herrlichkeit besitze wie Gott, genau dieselbe Anbetung wie Gott.

Gerhoch drang damals mit dieser – später ähnlich von Luther vertretenen – Lehre ebensowenig durch wie die von ihm erbittert bekämpften französischen „Dialektiker" und ihre deutschen Anhänger mit den ihren. Doch der scholastischen Methode gehörte eindeutig die Zukunft. Gerhoch lehnte sie ausdrücklich ab, bediente sich ihrer nur notgedrungen und eher unbeholfen, verfügte dagegen über eine ungemein reiche Bibel- und Väterkenntnis und argumentierte am liebsten mit anschaulichen, aus der Methode der spirituellen Bibelauslegung gewonnenen Bildern. Sein großes Vorbild ist hier der Hauptvertreter des hochmittelalterlichen „Symbolismus", Rupert von Deutz (um 1070–1129/30), den er auch reichlich benutzt und ausgeschrieben hat.

Das Mittelalter hatte aus der christlichen Antike die Exegese der Bibel nach dem mehrfachen Schriftsinn übernommen und weiterentwickelt. Danach unterscheidet man in der Regel einen buchstäblichen, historischen Sinn des biblischen Geschehens *(sensus litteralis vel historicus)* von drei spirituellen Sinnebenen *(sensus spirituales)*, nämlich dem typologisch-heilsgeschichtlichen Sinn *(sensus allegoricus)*, dem moralischen Sinn *(sensus moralis vel tropologicus)* und dem eschatologischen Sinn *(sensus anagogicus)*. Gerhoch unterscheidet das „Historische, das man als buchstäblich Geschehenes liest", „das Allegorische, das sich insgesamt zwischen Christus und Kirche abgespielt hat", „das Moralische, das täglich getan wird, bis die gläubige Seele mit dem Wort Gottes vereinigt wird", und „das Anagogische, das im Himmel geschieht" (Kommentar zu Psalm 36). Reihenfolge, Zahl und Terminologie können aber schwanken. So begegnet auch ein Dreierschema, da sich sowohl das sittliche Verhalten des Einzelmenschen in seinem jenseitigen Heil bzw. Unheil erfüllt wie auch die gesamte Heilsgeschichte in den kommenden Äon mündet. Das klassische Beispiel einer solchen vierfachen Deutung lautet: Jerusalem ist (1.) eine Stadt auf Erden, (2.) die Kirche, (3.) die Seele des Gläubigen, (4.) die himmlische Gottesstadt. Insbesondere die zweite Sinnebene ist in der Glaubensverkündigung ab der Aufklärung nur noch selten berücksichtigt worden. Um so stärker ist ihre Bedeutung für das gesamte Mittelalter hervorzuheben. Ausgehend von Jesu Wort „Ich bin nicht gekommen, das Gesetz und die Propheten aufzuheben, sondern zu erfüllen" (Matth. 5, 17) und der paulinischen Theologie werden Personen und Ereignissen des Alten Testaments, den sogenannten Typen, solche des neuen Testaments, die Antitypen, zugeordnet, nicht einfach als Analogien, sondern als heilsgeschichtliche Erfüllungen, die den wahren Sinn jener Realprophetien, jener geschichtlichen Vorzeichen enthüllen. So ist Jesus Christus der neue Adam, Maria die neue Eva, die Taufe der neue Zug durchs Rote Meer, die christliche Kirche die neue Synagoge usw. Das Problem dieser wie jeder spirituellen Auslegung liegt darin, daß sie sich nicht wie der Literalsinn gleichsam notwendig aus der biblischen Aussage ergibt. Der Literalsinn ist grundsätzlich eindeutig, der spirituelle Sinn grundsätzlich mehrdeutig. Daß etwa der Löwe sowohl Christus als auch den Teufel – wenngleich nicht an derselben Stelle – bezeichnen kann, gilt dem Mittelalter nur als Beweis der Unausschöpfbarkeit des Sinnpotentials der Bibel und der von Gott geschaffenen Welt. Es zu entschlüsseln ist die unendliche Aufgabe des christlichen Gelehrten. Die uns heute vielfach als rein willkürlich erscheinende spirituelle Auslegung weiß sich stets geleitet von genauer Kenntnis der Bibel, der Tradition ihrer Exegese und nicht zuletzt von religiöser Inspiration. Die Grenze zwischen zielgerichteter Sinndeutung und freier Meditation über einen Text ist freilich fließend.

Nur zögernd und nicht allgemein akzeptiert vollzieht sich die Übertragung der typologischen Sehweise von dem in der Bibel erzählten Geschehen auf die gesamte Kirchengeschichte. Bei Rupert von Deutz wird sie wie selbstverständlich vorgenommen, und der Reichersberger Propst ist ihm darin begeistert gefolgt. Er übernimmt die rupertinische Geschichtstheologie fast völlig und baut sie vor allem durch Hinweise auf die Gegenwart aus. Grundlegende Interpretationsschemata sind die mystisch-symbolischen Zahlen der Bibel, insbesondere drei, vier und sieben. Nach pythagoräisch-platonischer Tradition im Verein mit dem jüdischen Schöpfungsgedanken begreift der mittelalterliche Mensch den gesamten Aufbau des Mikro- wie des Makrokosmos als von Zahlenverhältnissen strukturiert: „Alles hast Du nach Maß, Zahl und Gewicht geordnet" (Buch der Weisheit 11, 21). Diese Zahlen in Natur und Geschichte verweisen damit ebenfalls auf das dahinter stehende Prinzip, das Wirken Gottes, das letztlich auf das Heil des erbsündenbelasteten Menschen ausgerichtet ist.

So koordiniert Gerhoch (im Anschluß an Rupert) die sieben Gaben des Hl. Geistes, Weisheit, Einsicht, Rat, Stärke, Erkenntnis, Frömmigkeit und Furcht einerseits (in umgekehrter Reihenfolge) mit den 7 Schöpfungstagen und den 7 Weltaltern, nämlich den Epochen (1.) von der Vertreibung aus dem Paradies bis zur Sintflut, (2.) bis Abraham, (3.) des geschriebenen Gesetzes, (4.) des davidischen Königtums, (5.) von der babylonischen Gefangenschaft bis zu den Propheten, (6.) von Christus bis zur Gegenwart, (7.) der Ruhe der gläubigen Seelen (s. u.) und andererseits (in gerader Reihenfolge) mit 7 Stationen des Lebens Jesu, den 7 Posaunen des Jüngsten Gerichts (gemäß der Apokalypse), 7 Merkmalen der Taube (nach der Bibel und religiös-symbolischen Naturbüchern wie dem *Physiologus*) und den 7 Perioden der Kirchengeschichte, die unter den Stichwörtern (1.) Christus, (2.) Pfingsten, (3.) Vertreibung der Juden und Aufnahme der Heiden, (4.) Märtyrer, (5.) Bekenner, (6.) „wir Bauern und Arme" und (7.) Gericht laufen.

Von Rupert hat Gerhoch das Verhältnis des 6. zum 7. Weltzeitalter übernommen. Dieses „folgt nicht, sondern läuft gleichsam neben dem sechsten her, seit Christus den seligen Seelen die Paradiesesruhe eröffnet hat" *(De ordine donorum)*. Das will sagen, für die Lebenden dauert das 6. Zeitalter bis zum Jüngsten Tage, während die Frommen nach ihrem Tode in den paradiesischen Zustand der Ruhe bis zur Auferstehung (s. o. S. 31) eintreten. Bei Rupert sind auch die Epochen der Kirchengeschichte vorgeprägt. Zur Gegenwart hin werden seine Aussagen aber immer unbestimmter. Gerhoch bringt dagegen das Zeitalter der Frömmigkeit unmittelbar mit dem Wirken Gregors VII., Innozenz' II. und Bernhards von Clairvaux in Zusammenhang.

Auf der Suche nach Typen für die Protagonisten des jahrhundertelangen bis in die Gegenwart reichenden Kampfes von *regnum* und *sacerdotium* gelangt Gerhoch über die freiere Verwendung der Typologie hinaus ansatzweise zu einer chronologischen Parallelisierung von alt- und neutestamentarischer Geschichte. Die Geschichte des jüdischen Tempels entspricht danach der des Leibes Christi (nach Joh. 2, 19–22), d. h.

der Kirche. Wie die Babylonier den Tempel verbrannt haben, so die Christenverfolger die Märtyrer. Wie die feindlichen Nachbarn Judas den Wiederaufbau des Tempels behindert haben, so die Häretiker wie Arius den Aufbau der Kirche. Auf jene Zeit folgt im Alten Testament die Bedrückung der Juden durch den Seleukidenkönig Antiochus IV. Epiphanes, gegen den sich Judas Makkabäus erhebt. Diese Vorzeichen erfüllen sich in der Zeit des Investiturstreits und danach durch äußere Bedrängnis und inneren Verfall der Kirche. Den alttestamentarischen Kontrahenten entsprechen die Antitypen Heinrich IV. und Gregor VII. So zu lesen im ersten Buch *Vom Aufspüren des Antichrist.*

Im zweiten und dritten Buch ordnet Gerhoch biblische und außerbiblische, historische und natürliche Sachverhalte nach den Ternaren Christi („Ich bin der Weg, die Wahrheit und das Leben": Joh. 14, 6) und der Dreifaltigkeit in insgesamt über vierzig Reihen (Tugenden, Laster, göttliche Strafgerichte, Versuchungen Jesu, Patriarchen etc.). Direkt auf der Linie der Versuche des ersten Buches liegt dagegen die Auffüllung des Schemas der vier Nachtwachen, welche die Jünger im Schiff Petri auf dem Meer der Welt durchzustehen haben. Jetzt unterteilt Gerhoch jedoch die Zeit von Christus an in die Perioden bis Konstantin den Großen, bis Gregor den Großen, bis Gregor VII. und die nach Gregor VII. Jeder Periode ordnet er bestimmte Drangsale (Stürme), *Antichristi* (s. u.), deren alttestamentarische Typen, schließlich Wächter zu. Die Drangsal der Gegenwart ist die Habsucht, die vornehmlich durch das römische Volk repräsentiert und durch Antiochus (s. o.) präfiguriert wird. Habsucht ist das wesentliche Attribut des letzten Antichrist (s. u.). Ihm leisten nur noch die in der Bergpredigt seliggepriesenen Armen im Geiste Widerstand, doch auch sie vermögen nichts mehr gegen ihn. Nur der Herr selbst kann ihn töten.

Der Antichrist nimmt eine ganz zentrale Stellung im Denken des alten Propstes ein. Die christliche Tradition bot drei mit jenem Namen verbundene Vorstellungen an: das Haupt des teuflischen Leibes (im Gegensatz zum Leib Christi, der Kirche), jedes Glied des teuflischen Leibes (also Antichristi im Plural) und den falschen Messias der Endzeit. Gerhoch verwendet alle drei, äußert aber gegenüber der letzten, weit verbreiteten Ansicht, die auf den einen schrecklichen, apokalyptischen Widersacher fixiert ist, ernste Zweifel des Bibelexegeten. Im Gegensatz zu dieser Vorstellung, die etwa von Frau Ava verarbeitet wird (s. u. S. 121), erwägt Gerhoch die Möglichkeit, alle auf den Antichrist zu beziehenden Aussagen der Schrift seien durch die vielen Antichristi der Geschichte schon erfüllt. Damit bedarf die Wiederkunft des Herrn keines Vorläufers mehr, sie kann jederzeit eintreten.

Hier wie durchgehend in seinem Werk erweist sich Gerhoch keineswegs als der Vertreter einer volkstümlichen Frömmigkeit, den man gelegentlich in ihm hat sehen wollen. Trotz aller Vorliebe für bildhaftes Denken, das er mit der religiösen Dichtung grundsätzlich gemein hat, bleibt er doch Theologe und nimmt an den subtilen Diskussionen der geistigen Elite teil. Ob nun die Einschätzung Gerhochs als „des vielseitigsten, gelehrtesten und bei allem Eklektizismus doch originellsten Denkers Deutschlands im 12. Jahrhundert" durch seinen Biographen gerechtfertigt sein mag oder nicht, für unseren Raum treffen die Superlative gewiß zu. Alle hier entstandene geistliche Literatur muß sich in irgendeiner Form an dem gedanklichen Niveau dieses gewaltigen, mehrere tausend Seiten umfassenden Gesamtwerks messen lassen.

Ein klein wenig verringert sich unser Erstaunen über den Umfang dieser Produktion, wenn man die intensive Mitarbeit von Gerhochs Bruder, **Arno von Reichers-**

berg, in Rechnung stellt. Arno, um 1100 in Polling geboren, war 1124 seinem Bruder nach Rottenbuch und 1132 nach Reichersberg gefolgt, wo er das Amt des Dekans übernahm und 1169 nach Gerhochs Tod zum Propst gewählt wurde. Er starb 1175 ebendort. Sein Leben und Wirken reichen also noch weiter als das seines Bruders in die folgende Periode (nach 1156) hinein, finden aber doch besser an diesem Punkt der Darstellung seinen Platz. Arno stand stets im Schatten seines Bruders, fühlte sich ganz als dessen Mitstreiter, Apologet und ausführendes Organ. Dementsprechend wird sein Schaffen auch hier nur ganz kurz, gleichsam als Anhang, vorgestellt, obschon dies seine eigenständige Leistung ungerechtfertigt verkleinert.

Mit dem um 1146 entstandenen *Schild der Kanoniker (Scutum canonicorum)* verteidigt Arno die vorbildliche Lebensweise der Regularkanoniker gegen die Anmaßung der Zisterzienser und Prämonstratenser, zwischen 1146 und 1150 redigiert er Gerhochs Predigten, etwa zwischen 1150 und 1160 schreibt er sein Hauptwerk, das *Hexaëmeron (Exameron),* eine *Auslegung des Sechstagewerkes* der Schöpfung. Wie sein Bruder geht er dabei v. a. von der Geschichtstheologie Ruperts von Deutz und der Zahlensymbolik, hier den sieben Gaben des Hl. Geistes, die den Schöpfungstagen einschließlich des Sabbats entsprechen, und den drei Personen der Trinität, aus. In der Dreifaltigkeit sieht er den dreifachen Schriftsinn vorgeprägt, den er im wesentlichen als Dreiheit von historischer, moralischer und heilsgeschichtlich-typologischer Ebene versteht. Nur als Mißgriff kann man es freilich bezeichnen, wenn Arno nach der Verwendung der üblichen Terminologie in der Einleitung (*sensus litteralis, moralis* und *allegoricus*) dann zu Beginn des Buches V die Termini Hugos von St. Victor, *sensus historicus, allegoricus* und *tropologicus,* samt ihren Definitionen übernimmt, ohne gewahr zu werden, daß bei Hugo die Reihenfolge vertauscht ist und somit *tropologicus* natürlich nicht dem *allegoricus,* sondern dem *moralis* entspricht. Naheliegend sind dagegen bei einer Auslegung des Schöpfungsberichtes naturphilosophische Überlegungen. Arno schlägt sie ausdrücklich dem *sensus moralis* zu, da er sich von der Vorstellung des Menschen als Mikrokosmos, die auch in Abaelards Schöpfungskommentar begegnet, leiten läßt. Bei der Erfassung dieses *sensus physicalis* hat sich Arno vor allem auf zwei kompilatorische Werke des Honorius Augustodunensis, *Clavis physicae* und *Imago mundi,* gestützt, deren erstes nur eine Zusammenfassung (bzw. Abschrift) des berühmten Buches *De divisione naturae (Von der Einteilung der Wirklichkeit)* von Johannes Scotus (d. h. dem Iren, um 810–um 877) darstellt. Die entsprechende naturphilosophische Komponente bringt Arno dann auch in Gerhochs Schrift *De investigatione Antichristi* (s. o.) ein. Steht bereits im *Hexaëmeron* die Gestalt Christi ziemlich im Vordergrund, so stellt sich Arno mit seinem 1163/65 abgefaßten *Apologeticus contra Folmarum,* der *Verteidigungsschrift gegen Folmar* (von Triefenstein), ganz auf die Seite seines Bruders im Kampf um dessen Christologie. Anders als Gerhoch hält Arno dagegen sein exegetisches Hauptwerk weithin frei von Gegenwartsbezügen und Polemik. Stärker als sein Bruder zeigt er sich darin auch von der spekulativ-philosophischen Weltsicht Johannes' des Iren beeinflußt, die er aber wohl nur aus den Auszügen des Honorius gekannt hat. Dennoch sichert allein die Vermittlung der epochalen Gedanken des spätkarolingischen Theologen über Regensburg an Reichersberg und von dort nach Klosterneuburg, wo sich die einzige erhaltene Handschrift des *Hexaëmeron* spätestens seit Anfang des 13. Jahrhunderts befand, Arnos Schöpfungskommentar einen wichtigen Platz in der mittelalterlichen Geistesgeschichte unseres Raumes, so daß er einen vollständigen Druck verdienen würde, auch wenn sich aufgrund der ausführlichen Inhaltsangabe von I. Peri dessen hohe Wertschätzung des Werkes nicht ganz nachvollziehen läßt. Ähnlich schmal überliefert wie das *Hexaëmeron* sind Arnos übrige Werke. Auch diese geringe Wirkung teilt er mit seinem Bruder.

In diesem Gruppenbild, das uns Gerhoch mit seinem brüderlichen Mitstreiter zeigt, müßte nun noch Gerhochs bedeutendster Widersacher in der Region aufscheinen: Magister Petrus von Wien. Da dieser aber erst 1183 gestorben und vor der Mitte des 12. Jahrhunderts nicht bezeugt ist und sein berufliches Wirken höchstwahrscheinlich mit dem Aufstieg Wiens zur Herzogsresidenz ab 1156 zusammenhängt, wollen wir sein Porträt für das folgende Kapitel aufsparen.

Admonter Predigten und Bibelkommentare

Das geistige Zentrum der Erzdiözese Salzburg lag in der ersten Hälfte des 12. Jahrhunderts ohne Zweifel im Kloster Admont. Von hier strahlte die hirsauische Reform im Ostalpenraum aus. Von hier kamen dreizehn Reformäbte in andere Klöster. Hier bestand eine berühmte Schreib- und Miniaturschule. Gewichtigen Anteil daran hatten die Insassen des angeschlossenen Nonnenklosters. Wir kennen auch einige Schreiberinnen mit Namen. Auch über die Ausbildung der Nonnen sind wir ein wenig informiert durch die Lebensbeschreibung der ersten Admonter Klostervorsteherin. Auch wenn wir die Absicht in Rechnung stellen, dem Adressaten der Schrift, Papst Innozenz II. (dem sie 1139 überreicht wurde) die Heiligkeit jener *magistra* so lebhaft wie möglich zu demonstrieren, so dürfen wir wohl dem Bericht glauben, daß sie sowohl in biblischen und liturgischen Schriften wie in den Artes gut bewandert, selbst schriftstellerisch tätig und auf die Bildung ihrer Zöglinge eifrig bedacht war. Nächtliches Diktieren scheint sie nicht als Verletzung des Schweigegebots aufgefaßt zu haben, sofern dabei keine deutschen Worte fielen (*Vita cuiusdam magistrae monialium Admuntensium*, Kap. 4). Das hohe Bildungsniveau der Nonnen blieb auch im weiteren erhalten. Einige von ihnen waren sogar befähigt, notfalls statt des verhinderten Abtes die geistliche Sonn- oder Feiertagsansprache zu halten.

Die berühmtesten Admonter Äbte des 12. Jahrhunderts waren Gottfried (1138–1165) und **Irimbert** (1172–1176). Die beiden Brüder wurden zu Anfang des Jahrhunderts möglicherweise in Schwaben geboren. Gottfried trat in das Kloster St. Georgen im Schwarzwald ein und folgte 1138 seinem ehemaligen Mitbruder Wolfhold als Abt und Fortsetzer der hirsauischen Reform in Admont nach, wo sein Bruder Irimbert bereits seit früher Jugend lebte. Während dieser dann seine eigentliche Aufgabe als geistlicher „Vater" und Lehrer der Nonnen fand, dagegen als Abt von Seeon (ca. 1147 bis ca. 1151) mit seinen Reformabsichten offenbar scheiterte und nach wenigen Jahren resignierte, gehörte sein Bruder zu den führenden Männern der kirchlichen Erneuerung im süddeutsch-österreichischen Raum. Nicht zufällig widmete gerade ihm Gerhoch seine Streitschrift *Gegen zwei Häresien* (s. o. S. 66).

Nichtsdestoweniger richtete auch Gottfried seine Predigten nicht nur an seine Mitbrüder, sondern auch an die Schwestern im Kloster, was unter Einhaltung der strengen Klausur nur durch ein Fenster des Kapitelsaales des Nonnenkonvents geschehen konnte. Ebendort lauschten die Nonnen auch den geistlichen Ansprachen Irimberts, wie er selbst berichtet, und zeichneten diese sogar mehr oder minder systematisch auf, ohne daß er dessen vorerst gewahr wurde. Es handelte sich also um ganz oder vorwiegend mündlich konzipierte Vorträge – für uns eine wichtige Warnung vor der voreiligen Gleichsetzung von Latein und Schriftlichkeit –, ehe Irimbert nach seiner Seeoner Abtszeit 1151 zuerst in St. Georgen am Längsee in Kärnten und dann wieder in Admont auf Anregung seines Bruders selbst zu schreiben begann. Auf diese Weise fertigte er in nur sechs Monaten einen *Kommentar zu den vier Büchern der Könige* an, der in der späteren Endredaktion fast 700 Blätter einer großformatigen Prachthandschrift einnimmt, eine gewaltige Leistung, die, auch wenn man die Schwächen des Werkes einkalkuliert, nur als Niederschrift eines in Gedanken bereits vorfabrizierten Produkts, das wir ja zum Teil in Form älterer Mitschriften der Nonnen besitzen, erklärt werden kann. Es folgten, wiederum in kurzer Frist, *Kommentare zu den Büchern Josua, Richter und Ruth*. Im Jahre 1160 erfolgte Irimberts Berufung zum Abt von Michelsberg in Bamberg, 1172 zum Abt seines Heimatklosters, wo er wahrscheinlich die Endredaktion seiner Bibelkommentare in den beiden repräsentativen Admonter Codices 16 und 17 in Auftrag gab und überwachte, ehe er, für damalige Begriffe hochbetagt, 1176 starb. Nur von seinem kleinen *Kommentar zu ausgewählten Stellen des Hohenliedes,* von dem auch bereits aus der Zeit vor 1147 eine Niederschrift existierte, war vermutlich schon während seiner Abwesenheit um 1160–1165 eine Reinschrift in Admont angefertigt worden.

Abgesehen von den sieben Prologen zu den *Kommentaren zu den vier Büchern der Könige* und *zum Buch Josua* (in drei Büchern) gibt es nur barocke Drucke der Werke Irimberts nach Abschriften des Melker Benediktiners Bernhard Pez (1683–1735). Von den eben genannten beiden größten exegetischen Schriften Irimberts hat Pez allerdings auch nur einen winzigen Ausschnitt, einen Exkurs im *Kommentar zum 4. Buch der Könige,* herausgegeben. Weit wichtiger war es ihm offenbar erschienen, die lateinischen Predigten in den Admonter Prachthandschriften 58, 62, 63, 73 (und 455) 1725 zum Druck zu befördern. Pez schrieb die Predigten dem berühmten Bruder Irimberts, Gottfried, zu. Diese Zuschreibung gilt trotz gelegentlich geäußerter Bedenken bis heute unangefochten – ohne Grund, wie ein (von dem seit 1982 tätigen Stiftsbibliothekar J. Tomaschek angeregter) Lokalaugenschein gezeigt hat. Während Irimberts schriftstellerische Tätigkeit früh erwähnt wird, der Autor sich in einem Prolog selbst nennt und seine Verfasserschaft für drei Kommentare im 14. Jahrhundert, für die übrigen im 16. Jahrhundert im Kloster bezeugt ist, findet sich nichts dergleichen in bezug auf die durchweg anonym überlieferten **Admonter Predigten.** Pez hat auch keinerlei Begründung für seine Annahme geliefert. Sie lag freilich nahe, denn die Predigten sind ohne Zweifel an Mitglieder einer geistlichen Gemeinschaft gerichtet und ganz überwiegend in Admont überliefert, wo Gottfried, wie die Äbte vor und nach ihm, pflichtgemäß geistliche Ansprachen an die Mönche und Nonnen hielt. Daß keine dieser Predigten aufgezeichnet wurde, dünkt unwahrscheinlich, noch mehr aber die Unterdrückung der Autorschaft eines so berühmten Mannes in der Hausüberlieferung bis ins 18. Jahrhundert, es sei denn, Gottfried selbst hätte die Warnungen der alten Mönchsautoren Salvianus oder Sulpicius Severus aus dem 5. Jahrhundert vor der Selbstberühmung des Schriftstellers sehr ernst genommen und die Nennung seines Namens ausdrücklich untersagt. Ähnliches gilt aber gleichermaßen für Irimbert, sofern man diesem auch die Predigten zuschreiben wollte. Gerade bei namhaften Schriftstellern bestand ja stets die Tendenz, ihnen auch anonymes Gut zu unterschieben, was in diesem Falle aber gerade unterblieben wäre.

Kein hinreichendes Argument liefert dagegen wohl der stilistische Unterschied zwischen den Kommentaren Irimberts und den *Admonter Predigten*. Er könnte sich sowohl aus der Gattungsdifferenz als auch aus einer schriftstellerischen Weiterentwicklung Irimberts ergeben haben, der ja erst im höheren Alter als Abt zu predigen hatte. Vielleicht könnte Irimberts Wechsel als Abt von Michelsberg in Bamberg nach Admont auch das fehlende Lokalkolorit in den *Admonter Predigten* erklären. Doch bleibt dies alles Spekulation, da sich ja nicht einmal die Entscheidung zwischen einer Einzahl oder Mehrzahl von Autoren treffen läßt. Daß in den (nicht zahlreichen) Homilien über einzelne Stellen oder ganze Bücher des Alten Testaments einige (seltene) Zitate und Passagen aus Irimberts Kommentaren begegnen, ist ebenfalls in verschiedener Richtung deutbar.

Die Augsburger Ausgabe der *Admonter Predigten* (unter dem Autornamen Gottfried) von Bernhard Pez aus dem Jahre 1725, die 1854 in der Patrologia latina, Band 174 (vermehrt um die schon früher, 1721, unter Irimberts Namen veröffentlichte *Expositio super decem onera Isaiae*) auf ca. 1200 Spalten wiederabgedruckt wurde, folgt nicht der Ordnung der fünf benutzten Codices, sondern teilt die Predigten konsequent in 92 Sonntagshomilien, 84 Festtagshomilien sowie 17 Homilien und zwei Predigtzyklen zu Stellen des Alten Testaments ein. Der erste Zyklus ist der eben genannte über die Lasten für die Heiden bei Isaias, Kapitel 13, 15, 17, 19, 21, 22, 23 und 30, der zweite ist eine Auslegung der Segnungen Jakobs in Genesis 49, 1–28 *(Expositio super benedictiones Iacob)*. Die Anordnung der Sonntags- und Festpredigten bei Pez entspricht dem jetzigen kirchlichen Usus. Im 12. Jahrhundert standen jedoch zwei Perikopenordnungen nebeneinander, eine ältere, noch herrschende, mit Weihnachten beginnende, und eine neue, letztlich siegreiche, die den ersten Adventssonntag an den Anfang stellt. So beginnen die 40 Festtagspredigten in Codex 58 mit der Geburt des Herrn, die 73 Sonntagspredigten in den Codices 63+73 mit Advent. In Codex 62 sind Sonntags- und Feiertagspredigten vereinigt und auch Homilien zu einzelnen alttestamentarischen Bibelstellen (einschließlich der beiden genannten Zyklen) aufgenommen. Cod. 455 enthält 43 Festtagshomilien und Predigten zu einzelnen Bibelstellen. Die Kompilation des Herausgebers reiht die Predigten zum selben liturgischen Anlaß jeweils aneinander. Zu jedem Sonntag gibt es mindestens eine Homilie, nicht selten aber auch mehrere, höchstens sechs (für den ersten Adventssonntag und den Palmsonntag). Ausgewählte Wochentage der Fasten- und Osterzeit erhalten jeweils eine Predigt zugeteilt. Die Herren- und Marienfeste sind in der Regel mit mehr als einer Predigt bedacht, am reichsten das Fest Assumptionis Mariae mit sieben und noch je einer für die Vigil und für die Oktav, ausgiebig auch Mariä Verkündigung und Geburt (mit je fünf) und die Weihnachtsvigil (mit sechs Predigten). Die Verehrung der Muttergottes hatte in Admont also einen hohen Stellenwert. Darin ein Anzeichen für eine besondere Ausrichtung auf den Frauenkonvent zu sehen, wäre wohl voreilig. Daß sich die *Admonter Predigten* zumindest teilweise auch an Nonnen richten, versteht sich aber nahezu von selbst. Die Pfingstpredigt Nr. 51 spricht sie sogar direkt und unmißverständlich an. Weibliche Heilige geben jedoch nur höchst selten Anlaß zu Predigten (Agatha und Maria Magdalena). Sogar die Patrone des Admonter Frauenklosters, Rupert und Martin, sind ja männliche Heilige. Sofern wir von den *Admonter Predigten* auf eine spezielle Verehrung in dem obersteirischen

Kloster schließen dürfen, so kam eine solche überdies den Heiligen Blasius (dem Patron des Männerklosters), Amandus, Georg, Bonifaz, Benedikt, Paternian (!), Laurentius und Ulrich (dessen Tod in Admont gemeinsam mit der Weihe Martins gefeiert wurde) zu, in höherem Maße aber noch den seit frühesten Zeiten verehrten biblischen Heiligen (Johannes Baptista, den Aposteln etc.), denen nicht selten mehr als eine Predigt gilt.

Bemerkenswerterweise sind aber die Heiligenpredigten ebenso Homilien wie alle anderen Predigten, also Auslegungen von Bibelstellen. Meist wird ein Bezug zu dem Heiligen überhaupt nicht hergestellt. Wenn in der zweiten Predigt zum Fest Martini et Udalrici die – sonst offenbar wenig verbreitete – Legende von der überirdischen Kirchweihe der Martinsbasilika (in Tours) kurz erzählt wird (Nr. 84), so ist das eine Ausnahme, ganz im Gegensatz zur späteren Praxis, die gerne Heiligenviten als Ausgangspunkt benutzt. Die *Admonter Predigten* weisen in ihrer homiletischen Form dagegen durchgehend einen dem Schriftkommentar verwandten Charakter auf, auch dort, wo die Bestimmung für einen liturgischen Anlaß schon von der Superscriptio her gegeben ist. In der Regel wurden die Predigten wohl vor oder nach der Messe gehalten. Aber das schließt ihre Verwendung, vielleicht in kleineren Portionen, für das nächtliche Stundengebet nicht unbedingt aus. Wie unten (S. 104f.) dargelegt werden wird, fanden in den Lektionen der Matutin sowohl die Bibel wie ihre Exegese Platz. In der Fastenzeit wurde der Heptateuch gelesen. Dies bezeugt gerade die zweite *Homilia in scripturam* aus Admont. Da sich diese Homilienreihe teilweise auf den Heptateuch bezieht, wird sie möglicherweise ebenfalls in die Tageszeitenliturgie eingebaut gewesen sein, vielleicht auch die beiden geschlossenen Predigtzyklen zum Alten Testament (s. o.). Sie unterscheiden sich gattungsmäßig von den exegetischen Schriften Irimberts de facto gar nicht mehr. Während in den Sonn- und Festtagspredigten zumindest gelegentlich die Zuhörer direkt angesprochen werden und die typologische Exegese, die Irimbert in seinen Kommentaren so gerne anwendet, selten zum Einsatz kommt, gleichen die Admonter *Homiliae in scripturam* auch in diesen Punkten weitgehend den exegetischen Schriften Irimberts. Die Ausrichtung auf ein monastisches Publikum ist ohnehin allen genannten Admonter Texten gemeinsam. Natürlich tritt in den „echten" Predigten die Ermahnung zur Besinnung auf die Werte mönchischen Lebens und zu ihrer praktischen Realisierung von der Askese über Beichte, Buße und Eucharistie bis zu Gebet, Kontemplation und Versenkung in Gott weit stärker hervor. Aber Irimbert ist grundsätzlich von derselben Spiritualität geprägt.

Eine inhaltliche Auswertung der *Admonter Predigten* hätte eine gründliche Quellenanalyse zur Voraussetzung. Da diese bisher kaum in Ansätzen geleistet ist, entzieht sich der Grad der Eigenständigkeit so ziemlich unserer Beurteilung. Wichtigste Vorlagen sind offenkundig die Kirchenväter, insbesondere Gregor der Große, Origenes und Pseudo-Dionysius Areopagita, gewesen. Von späteren Autoren scheinen Bernhard von Clairvaux und Hugo von St. Victor einen gewissen Einfluß ausgeübt zu haben. Bei anderen wie Rupert von Deutz, Gerhoch von Reichersberg oder gar Anselm von Canterbury scheint dies schon fraglich, auch wenn einzelne Forschungsergebnisse dafür sprechen könnten. Am besten untersucht ist bisher die Mariologie in den *Admonter Predigten*. Auch sie hängt offenkundig fast gänzlich von Gedanken der alten Väter, namentlich des Origenes, ab.

Predigten wie Kommentare, die notgedrungen trockener und steifer als jene wirken, zeigen gleichermaßen einen lateinischen Stil von guter Schulung, aber geringer persönlicher Note. Eine Stelle wie die folgende zeigt schon so ziemlich die Grenze rhetorischen Schwunges an, den die Predigten aufzubringen vermögen. Es geht um die Prophezeiung bei Isaias 60, 5f: „[...] wenn zu dir (Jerusalem) die Fülle des Meeres kehren und die Stärke der Völker zu dir kommen wird. Es wird dich die Menge der Kamele bedecken und die Dromedare von Madian und Epha." Dazu die Epiphanias-Predigt 16:

> Dromedare sind schnelle Läufer. Madian aber wird übersetzt mit „Schlechtigkeit", Epha mit „ausschüttend" oder „losgelöst". Wir, Brüder, wir sind jene Dromedare, d. h. schnelle Läufer sollen wir sein, da wir verpflichtet sind, nicht säumig, nicht träge, sondern mit aller Schnelligkeit und Eile, wie wir es vermögen *(pro posse nostro)*, sowohl in der Beichte wie im Gebet alle Schlechtigkeit und Ungerechtigkeit auszuschütten und auszuwerfen. Aber mit jenen drei, der „Fülle des Meeres", der „Stärke der Völker", der „Menge der Kamele" können die drei Stände *(ordines)*, die sich ein spirituelles Leben vorgenommen haben, bezeichnet werden. In der „Fülle des Meeres" sind die einfachen und einfältigen Menschen enthalten, in der „Stärke der Völker" die Krieger, in den „Kamelen" die Kanoniker und Sanktimonialen. Nicht unpassend wird unter „Meer", das stumm ist und unzählbar an Wassertropfen, die unzählbare Menge der bekehrten Menschen begriffen, die sich Christus angeschlossen haben *(foederati)*, bevor sie von den Taten dieser Welt befleckt wurden *(foedati)*. Mag auch ihre Geisteskraft gering sein und kein großes Wissen um die Lehre sie erfüllen, gefallen sie in ihrer Einfalt Gott sehr, leisten alles, was sie können, in Ruhe und Stille und verdienen Lob durch ihren Gehorsam. [...] Die „Stärke der Völker" aber wird kommen, wenn die starken und mächtigen Gewaltherrscher und Krieger von den Taten des Kriegsdienstes dieser Welt, von denen sie vor Gott besudelt waren, zum guten Kriegsdienst Christi übergehen; sie werden, je verbrecherischer und namhafter sie im Bösen waren, wenn sie zu Gott bekehrt sind, um so hervorragender und lobenswerter in den Tugenden und guten Taten. Unter den Kamelen, welche teils rein, teils unrein sind, wird der Stand der Kleriker und Sanktimonialen (= Mönche und Nonnen) begriffen. Sie sind insofern rein, als sie die Lehre und das Wissen der Heiligen Schrift besitzen, insofern aber unrein, als sie im Geheimen gesündigt haben und ihre Sünden den Menschen noch nicht zur Kenntnis gelangt sind.

In den Bemerkungen über den Kriegerstand könnte Bernhards berühmte Schrift *De laude novae militiae* von etwa 1135 nachklingen. Wenn dem so ist, läßt ein vergleichender Blick den enormen Abstand zur Eloquenz des „honigfließenden" Zisterzienserpaters *(pater mellifluus)* sofort ins Auge springen. Aber auch von solchen emotionalen Ausbrüchen und dunklen Manierismen, wie wir sie bei Gerhoch immer wieder finden, halten sich die *Admonter Predigten* und Irimberts Kommentare frei, zielen vielmehr auf unmittelbares Verständnis.

Wirkung über das eigene Kloster hinaus scheint weder angestrebt noch erreicht worden zu sein. Zumindest die Prachthandschriften der Endredaktionen blieben in Admont und wurden nirgends kopiert.

Auch in diesem Punkt unterschieden sich die Admonter Autoren grundlegend von ihrem Zeitgenossen Gerhoch von Reichersberg, der um möglichst europaweite Verbreitung seiner Idee kämpfte, wenngleich vergeblich. Der Gegensatz wird auch in den Schriften selbst greifbar. Bei den Admontern fehlt nahezu jeglicher Bezug auf die wahrhaft „welterschütternden" kirchenpolitischen und theologischen Kontroversen der Gegenwart, auf die Gerhoch fast bei jeder passenden und unpassenden Gelegenheit lossteuert. Irimbert erlaubt sich in seinen Kommentaren nur vereinzelt eher versteckte Anspielungen auf seine persönliche Situation (insbesondere seinen Seeoner Mißerfolg) und die herausragende Stellung der Benediktiner cluniazensisch-hirsauischer Observanz. Wie sein Biograph, J. W. Braun, feststellt, vergleicht Irimbert in einem Exkurs nach der Exegese von 15,10 des 2. Buches der Könige die Cluniazenser, Zisterzienser und Kartäuser den alten thebanischen, ägyptischen und cassinensischen Mönchen, läßt den großen Aufschwung der drei neuen Orden vor damals 70 Jahren beginnen, was sich bei den an der Spitze stehenden (!) Cluniazensern nur auf Hirsau beziehen kann, und stellt sich unwillkürlich alle neueren Mönche in schwarzem Habit vor, obwohl dies weder auf Zisterzienser noch auf Kartäuser zutrifft.

Mit den Reichersbergern teilen die Admonter ihre Ablehnung der scholastischen Theologie, kleiden sie allerdings meist in eine Demutsformel. So glaubt sich Irimbert, wie er sagt, den Anforderungen einer regelrechten Schriftexegese nicht gewachsen: „denn ich hatte von Kindheit an mein ganzes Leben doch nicht in Schulen, sondern im Kloster verbracht" (Prolog zu Buch II der Könige). Im Prolog zu den Sonntagspredigten nach Trinitatis heißt es: „Die Gelehrten *(litterati)* und Weisen mögen also die Auslegungen weiser und gebildeter Männer lesen, die Kleinen und Geringen *(parvi et humiles)*, die in den Klöstern sind, mögen, wenn sie wollten, die Erfindungen unserer Beschränktheit, seien sie beschaffen, wie auch immer, lesen." Aber man weist gelegentlich auch den Überlegenheitsanspruch der „Gelehrten" zurück: „Oft habe ich nämlich gesehen, daß auch einfache Männer bisweilen von Gott im geistlichen Leben ein solches Verständnis der Heiligen Schriften empfangen, wie es gebildete Männer in der Welt selten oder nie erlangen können" (Festtagspredigt 33).

Dementsprechend unberührt zeigt man sich von der neuen frühscholastischen Theologie, obgleich diese, nach Ausweis der Handschriften, früh in Admont rezipiert wurde. Das fällt bei Homilien weniger ins Gewicht als bei notwendig „wissenschaftlicher" geprägten Kommentaren. Während Gerhoch sich zumindest auf seine Weise mit den Argumenten der scholastischen Theologen auseinandersetzte und die spirituelle Exegese Ruperts von Deutz erweiterte, verblieb Irimbert in den uralten, ausgefahrenen Bahnen. Aufs Ganze gesehen, kann man feststellen, daß sich seine Kommentare „Gedankenreichtums oder wenigstens irgendeiner originellen Gesamtkonzeption nicht rühmen können, sondern in ermüdender Wiederholung die traditionellen Auslegungsschemata ins Endlose rekapitulieren" (J. W. Braun). Auch wenn eine ausstehende Detailuntersuchung des umfangreichen Werkes hier die eine oder andere Korrektur im einzelnen anbringen mag, so werden Irimbert und der (die) Autor(en) der *Admonter Predigten* einen der vordersten Plätze zwar in der Ordens- und Bildungsgeschichte, jedoch kaum in der Theologie- oder gar Literaturgeschichte einnehmen können.

Hagiographische Prosa

Geschichtsüberlieferung in Form fortlaufender Erzählung bleibt in der hier besprochenen Periode fast ganz auf Lebens- und Leidensbeschreibungen frommer Männer beschränkt, die als geistliche Vorbilder dienen konnten oder zur Ehre der Altäre erhoben werden sollten, was bisweilen auch tatsächlich gelang.

Zeitlich voran geht eine **Vita des Erzbischofs Gebhard von Salzburg,** verfaßt im Kloster Admont im ausgehenden 11. Jahrhundert und überliefert in einer wenig jüngeren Handschrift dieses Klosters. Die knappe Lebensbeschreibung beschränkt sich weitestgehend auf Fakteninformationen: Gründung des Klosters Admont, Gründung des Bistums Gurk, Verfolgung und Vertreibung Gebhards im Verlauf des Investiturstreits, Rückkehr und Tod. Das Lob am Schluß klingt nach Gemeinplätzen: geistreich und gebildet, eifrig bedacht auf Gebete und Lektionen sei er gewesen, das kanonische Recht habe er genauestens erforscht und Almosen reichlich verteilt, gegen Unbeugsame sei er mit bedingungsloser Strenge vorgegangen (Kap. 5). Auffallend dagegen die Zurückhaltung des Autors in der kirchenpolitischen Auseinandersetzung. Die Entscheidung über die Bannung des Königs wird der Kirchenleitung überlassen: „Wir aber haben den Spruch des Hirten, sei er recht oder unrecht (!), zu respektieren, und wir Admonter Mönche haben vielmehr die Taten und Erlebnisse jenes Bischofs zu überliefern, von dessen Zuwendungen uns der Lebensunterhalt und von dessen hier gegenwärtigem Grab uns Ruhm zuteil wurde" (Kap. 3).

Vorausgeschickt werden über fünfzig Verse einer Salzburger Bischofsliste, recht ordentliche, der reicheren Überlieferung nach zu schließen, ziemlich verbreitete leoninische Hexameter, deren erste den Bericht über die antike Herrlichkeit Salzburgs in der Rupertsvita ausschmücken (V. 1–8):

> *Urbs Iuvavensis fuit olim splendida muris,*
> *Aggeribus magnis munitaque turribus altis.*
> *Sedes hic regum fuerant ac templa deorum*
> *Gente sub antiqua fulgenti marmore structa,*
> *Sed veluti legimus multis inculta diebus*
> *Culmine de summo cecidit prolapsa Iuvavo*
> *Ac tegitur silvis teritur lustrisque ferinis,*
> *Urbeque de tanta remanent vix ultima signa.*

Einst war die Stadt I. prächtig ausgestattet mit Mauern und großen Wällen, bewehrt mit hohen Türmen. Königssitze waren hier gewesen und Göttertempel, zur Zeit der alten Heidenschaft aus gleißendem Marmor errichtet. Aber, wie wir lesen, verödete in vielen Tagen und stürzte I. von seiner höchsten Höhe, wurde, von Wäldern bedeckt, zum Aufenthaltsort wilder Tiere, und kaum blieben von einer so großen Stadt die letzten Anzeichen übrig.

Wesentlich länger, rund 50 Jahre, hat es gedauert, bis der Reformbischof der Passauer Nachbardiözese nach seinem Tode eine Vita erhalten hat. Ein Göttweiger Benediktinermönch hat sie auf Weisung seines Abtes Chadalhoch (1125–1142) vor dessen Tod verfaßt. (Nur das letzte Kapitel ist später hinzugefügt.) Die Lebensbeschreibung stammt also wie bei Gebhard und später bei Adalbero aus einer Gründung des jeweiligen Bischofs, wo dieser auch begraben liegt.

Die *Vita Altmanni* setzt nach einem Prolog (mit dem üblichen Bescheidenheitstopos) ein mit einem Abriß der Geschichte der Sachsen (Kap. 1), der sächsisch-westfälischen Abstammung und den ersten geistlichen Ämtern Altmanns in Paderborn und Aachen (2) und berichtet dann (3–4) von dem großen Pilgerzug 1064/65, an dem neben Altmann viele hochgestellte Männer und Frauen teilnahmen, darunter Bischof Gunther von Bamberg und in dessen Begleitung u. a. „der Scholastikus Ezzo, ein Mann voll Gelehrsamkeit und Sprachgewandtheit, der auf der Pilgerfahrt ein Lied von den Wundertaten Christi meisterhaft in deutscher Sprache dichtete" (Kap. 3– s. S. 456). Der Autor kann sich hier offenkundig nicht entscheiden, ob er mehr die unvernünftige Tollkühnheit des Unternehmens tadeln oder mehr den Duldermut der hart geprüften, geschmähten, ausgeraubten, gemarterten oder auch getöteten Pilger und Pilgerinnen bewundern soll. Es folgen Erwählung und Einsetzung Altmanns zum Bischof von Passau, begleitet von der lobenden Beteuerung seiner Eignung, dem Bericht eines ersten Wunders und einer frühen Vorahnung der späteren Würde (5–7), hierauf Altmanns Gründungen und Reformen geistlicher Gemeinschaften (8–10). Spart hier der Autor schon nicht mit Aufzählungen der Schandtaten der unwürdigen Kleriker und der verbrecherischen Gegenaktionen der verstockten Sünder, so dann um so weniger bei der Schilderung von Altmanns Kampf gegen die Priesterehe (11).

Dementsprechend erscheint dann Heinrich IV. als Wüstling, Räuber, Mörder und Tyrann, der die Ketzer und Hurer über die Frommen triumphieren, Passau „zu einem Sitz des Teufels" machen und Altmann vertreiben läßt. Kapitel 14–16 schildern Altmanns Exil, Romfahrt, Wiedereinsetzung durch Papst Gregor VII., Heinrichs Bannung, das allgemeine und das Passauer Schisma. Zu Altmanns Ruhme werden nun seine Bautätigkeit – er soll die Kirchen aus Holz durch solche aus Stein ersetzt haben – und seine Fürsorge für eine Hebung des materiellen, geistigen und sittlichen Niveaus der Pfarren, Klöster und Stifte hervorgehoben (17), seine vier Haupttugenden gepriesen, er selbst der Marmorsäule aus der sibyllinischen Weissagung gleichgesetzt (18), mehrere Wundertaten, insbesondere Dämonenaustreibungen und Heilungen geschildert (19–22). Kapitel 23–25 zeigen Altmanns Verwicklung in rechtliche und politische Auseinandersetzungen der Region und seine Rolle beim Übertritt Markgraf Leopolds II. ins Lager der Gregorianer. Nun wendet sich der Autor dem Lobe seines Klosters zu, erklärt den Namen Göttweig mit einer mythologischstammesgeschichtlichen Etymologie (26), beschreibt enthusiastisch Lage und Baulichkeiten des Klosters (27), erklärt phantasievoll den Namen des Landes Noricum Ripense („das nunmehr Österreich heißt" – *quae nunc Orientalis dicitur*) (28) und schildert ausführlich die Gründung des Stiftes (29). Kapitel 30 bringt Auszüge aus päpstlichen Schreiben an Altmann. Nun folgen Tod des Bischofs in Zeiselmauer, Trauer um ihn, Beerdigung, zahlreiche Wunder an seinem Grab und zwei Visionen, in denen Altmann frommen Männern erschien (31–37). Die letzten Kapitel 38–44 berichten vom Verfall des Stiftes, seiner Umwandlung in ein Benediktinerkloster, dem großen Aufstieg unter Abt Hartmann und schließlich in knapper Form über die weitere Geschichte des Klosters bis zur Ermordung des Abtes Wernher 1154. Damit bricht der Text ziemlich unvermittelt ab.

Die *Vita Altmanni* erfreut sich unter Landeshistorikern eines hohen Ansehens, zum einen natürlich der zahlreichen nur hier überlieferten Fakten wegen, zum anderen aber auch als hervorragendes Zeugnis eines erwachenden Landesbewußtseins. Der anonyme Autor spricht mehrfach von der *provincia orientalis* oder *terra orientalis*, was einem *Osterlant* oder *Osterriche* im damaligen Deutsch entspräche, und einmal vom *ius illius terrae*, dem „Recht jenes Landes". In offenkundiger, aber durch geographische Unkenntnis etwas mißglückter Anlehnung an die *Vita Severini* trennt er *Noricum*, das Land der Baiern um Regensburg, von *Noricum Ripense*, Ufernoricum, das er mit *(Terra) Orientalis* gleichsetzt (Kap. 28). „Das kann doch nur den Sinn haben, daß der geistliche Verfasser Österreich damals schon als ein zwar zu Bayern gehöriges, von ihm aber deutlich geschiedenes Gebiet ansah" (O. Brunner). Etwa zur selben Zeit, im Stiftsbrief des Klosters Kleinmariazell von 1136 spricht der Markgraf von seinem *principatus terrae*, von seiner Landesherrschaft. Für eine geistliche Institution wäre an sich das Bistum, dem sie angehörte, der natürliche Orientierungsrahmen gewesen. Dementsprechend spielt er auch in der *Vita Altmanni* eine gewichtige Rolle. Da Altmann jedoch im Westen den königlichen Gegenbischöfen weichen mußte, beschränkte sich sein Sprengel schließlich de facto auf die Mark Österreich, ein kirchenhistorisch folgenreicher Vorgang. Kommt in dem Werk also ein Zugehörigkeitsgefühl zu Diözese und „Land" zum Ausdruck, so mindestens ebensosehr zur engeren „Heimat", eben zu Göttweig, dessen Kirchen der Autor ebenso stolz preist wie ihre Lage auf dem „lieblichen Berg" *(amoenus mons)* (29), der „mit seinem hohen Gipfel fast an die Wolken reicht" *(excelso vertice nubibus paene coniunctus)* und „heute mit Weingärten und Obstbäumen bepflanzt ist" *(nunc vineis et pomiferis arboribus consitus)* (27).

Schon diese Sätze aus der ältesten uns überlieferten mittelalterlichen Beschreibung einer österreichischen Landschaft lassen die nicht bloß kirchenpolitischen und religiösen, sondern auch die literarischen Ambitionen des Autors erahnen. Er weiß wirklich lebendig und anschaulich zu erzählen. Gerade die unverhüllte Parteilichkeit und naive Frömmigkeit lockern die in diesem Genre verbreitete Eintönigkeit auf. Kaum je wandeln den Autor Zweifel an, auf wessen Seite Gott steht und wo überall er unmittelbar seine Hand im Spiele hat. Allenthalben fallen die Sünder, getroffen von Gottes gerechter Strafe, in Krankheit, Wahnsinn oder Tod, werden Gute und Reuige geheilt und erhoben. Vorzeichen und Visionen lenken die Einsicht des Gläubigen in die Ratschlüsse Gottes. Sogar eine kleine Erzählung von der Entrückung eines Träumenden in Hölle und Paradies wird geboten (Kap. 37), gewiß nicht vergleichbar mit einer großen und wirkungsmächtigen Vision wie der 1148/49 von dem irischen Mönch Marcus im Regensburger Schottenkloster St. Jakob aufgezeichneten *Visio Tnugdali (Tundali),* doch hübsch zu lesen. Das Wirken des Teufels ist ebenso mit Händen zu greifen wie das des Heiligen, der als Lebender und Toter unzählige Wunder wirkt. Obwohl dafür massenhaft hagiographische Erzählmuster bereitlagen, so wird man doch am ehesten an das Vorbild der in unserem Raum damals hochgeschätzten *Lebensbeschreibung des hl. Severin,* der ja in derselben Region gewirkt hat, denken. Auch der Aufbau der beiden Viten ist durchaus ähnlich. Der Autor zeigt sich auch sonst belesen. Er schreibt ein gutes Latein und verwendet durchgehend Reimprosa. Im damaligen babenbergischen Gebiet war eine solche Ausbildung wohl nicht leicht zu erwerben. Man hat eine Herkunft des Autors aus dem deutschen Nordwesten erwogen.

Nicht erforderlich erscheint eine solche Annahme bei der – schon umfangsmäßig – bescheideneren **Historia sancti Cholomanni.** Die Begebenheit von dem irischen Pilger Koloman, der als angeblicher Spion im nordöstlichen Grenzgebiet der östlichen Mark (in Stockerau?) getötet wurde, berichten uns die *Melker Annalen* (s. u.) zum Jahr 1012 und Thietmar von Merseburg zum Jahr 1017. Die *Historia* hat das Geschehen ganz dem Muster der Märtyrerlegende angepaßt (und wird daher zumeist als *Passio* bezeichnet). Koloman achtet von vornherein das irdische Leben und daher auch die fürchterlichen Folterwerkzeuge, wie Steine, eine glühende Zange oder eine Säge, womit sein Geständnis erpreßt werden soll, gering. Als die Henker sehen, daß sie seine Standfestigkeit nicht bezwingen können, hängen sie ihn zusammen mit zwei Schächern auf – eine für jedermann sichtbare Parallele zu Christus. Während aber die Leiber der Bösewichte sogleich von Vögeln, wilden Tieren und der Fäulnis angefressen werden, bleibt der Körper des Heiligen unversehrt. Einem Manne offenbart ein Traum, ein Stück des Leichnams könne seinen schwer gichtkranken Sohn heilen. Als man dem Toten, der bereits eineinhalb Jahre dort hängt, ein Stück Fleisch herausschneidet, blutet die Wunde wie bei einem Lebenden, schließt sich aber daraufhin wieder, ohne eine Schramme zu hinterlassen. Der Knabe wird durch die Berührung sofort gesund. Das Grab des nunmehr beigesetzten Heiligen in einer Kirche an der Donau bleibt bei einer Überflutung des Gotteshauses völlig trocken. Markgraf Heinrich (I.), dem das Wunder zu Ohren kommt, läßt den nach wie vor unverwesten Leichnam feierlich unter großer Anteilnahme der Bevölkerung nach Melk überführen, wo er, nachdem er ein neuerliches Wunder gewirkt hat, im Ostteil der Peterskirche begraben wird. Ein etwa gleich langer zweiter Teil erzählt nun die Wunder am Melker Grab.

Über die Zusammengehörigkeit der beiden Teile, über Datierung und Autorschaft herrscht Uneinigkeit in der Forschung. Seit dem 14. Jahrhundert wird Abt Erchinfrid (1121–1163) als Verfasser einer Kolomanslegende bezeichnet. Diese kann ohne weiteres die hier in Rede stehende *Historia* (samt Mirakelteil!) gewesen sein. Die Kolomanverehrung setzte aber bereits mit der Translation des Heiligen ein. Der Name erscheint schon in Martyrologien des 11. Jahrhunderts. Vielleicht verwertete die *Historia* nicht nur mündliche, sondern auch schriftliche Berichte aus jener Zeit. Im Hoch- und Spätmittelalter wurden weitere Fassungen angefertigt. Koloman konnte die ihm von den Babenbergern zugedachte Rolle eines österreichischen Landespatrons behaupten, bis ihn der Babenberger Leopold III. selbst seit seiner Heiligsprechung 1485 allmählich verdrängte. Das alles fällt weit eher ins Gebiet der Frömmigkeits- und Kirchengeschichte als in das der Literaturgeschichte. Als Literaturdenkmal ist die *Historia (Passio) Cholomanni* kaum der Rede wert.

Historiographische Prosa

Die hier im Anschluß an A. Lhotsky vorgenommene Trennung von hagiographischen und nichthagiographischen Denkmälern ist insofern vertretbar, als die letztgenannten rein ereignisbezogen berichten, während nur heiligmäßige Männer einer biographischen Darstellung gewürdigt werden. Nichtsdestoweniger wird dadurch die enge Zusammengehörigkeit verschleiert. Einerseits erheben die Bischofsviten und selbst eine legendarische Märtyrergeschichte wie die vom hl. Koloman den Anspruch, Geschichtsschreibung zu sein, andererseits stehen auch hinter den übrigen historiographischen Produkten der Stifte und Klöster kirchenpolitische Interessen.

Ganz offenkundig ist dies bei dem *Bericht von der Wahl Lothars zum König der Römer* (**Narratio de electione Lotharii in regem Romanorum**), den ein Augenzeuge bald nach diesem Ereignis vom Jahre 1125 in Göttweig verfaßte. Der Autor, vielleicht Abt Chadalhoch selbst, der Auftraggeber der *Vita Altmanni* (s. S. 80), erweist sich in dem Text als Anhänger der Reform, wenn er schreibt: „Der Kaiserwürde soll zustehen, den frei erwählten, kanonisch geweihten feierlich durch das Zepter mit den Regalien zu bekleiden, aber ohne Kosten, und ihr soll zustehen, ihn fest zu verpflichten, zu Gehorsam, Treue und rechtem Dienst, vorbehaltlich der Rechte des geistlichen Vorgesetzten." Dementsprechend steht er auf der Seite Lothars gegen den Staufer, berichtet jedoch zugleich, daß neben diesen beiden Kandidaten auch noch Markgraf Leopold III. von Österreich zur Wahl stand, der aber, wie anfangs auch Lothar, in Demut die Wahl ablehnte: „So großen, merkwürdigen und früher unerhörten Einfluß gewährte in unserer Zeit der Herr seiner Kirche, daß die fromme Demut ungelehrter Laien auf höhere Ehren verzichtete und dadurch erwies, wie verderblich der schädliche Ehrgeiz der Geistlichen und Gelehrten frevelt, wenn er sich in weniger wichtigen Angelegenheiten von geistlicher Art breit macht." Hier artikuliert sich deutlich sowohl das Standesbewußtsein des Autors wie die Sorge um das Ansehen dieses Standes. Die positive Rolle der geistlichen Fürsten bei dieser Wahl wird gleichwohl nicht in Frage gestellt. Die Entscheidung kommt schließlich aber nur durch „die Gnade des heiligen Geistes" zustande. Ob sich dahinter eher Naivität des Berichterstatters (so F.-J. Schmale) oder Propaganda verbirgt, läßt sich vom modernen Standpunkt aus gar nicht beurteilen. Gattungsmäßig ist die kleine Schrift für die Zeit ein Unikum. Die quellenkundlichen Handbücher drücken sich dementsprechend um eine Definition herum. Gustav Freytag, aus dessen Übersetzung der *Narratio* in den *Bildern aus der deutschen Vergangenheit* (Teil I, 1859, Bild 9) hier zitiert wurde, glaubte darin „das älteste geschriebene Zeitungsblatt" sehen zu dürfen. Davon kann keine Rede sein. Schon der minimale publizistische Erfolg spricht dagegen. Nur eine einzige (kirchenreformatorisch orientierte) Göttweiger Sammelhandschrift überliefert den Text, so daß man den Adressatenkreis – ebenfalls ohne Gewähr – auf die Mitbrüder des Autors hat einschränken wollen.

Das wenige Seiten umfassende Werkchen ist das einzige Stück fortlaufender lateinischer Erzählung aus dem hier behandelten Zeitabschnitt bis 1156 außerhalb der Lebens- und Leidensbeschreibungen. Im übrigen wählte man die simplere Form der Annalistik. Ohne auf die unter Historikern heftig diskutierten Fragen der Anfänge der sogenannten **österreichischen Annalistik** und ihrer weiteren Verzweigung hier näher einzugehen, dürfen einige halbwegs gesicherte Forschungsergebnisse von allgemeinerem Interesse festgehalten werden:

Es handelt sich insofern um ein österreichisches Phänomen, als die im ersten Viertel des 12. Jahrhunderts – also in beträchtlichem zeitlichen Abstand von der im 10. Jahrhundert erloschenen älteren Salzburger Annalistik – neu angelegten Annalen von der babenbergischen Mark und zwar von Melk oder Göttweig ausgehen. Die älteste, im Original erhaltene Handschrift wurde 1123 im Kloster Melk unter Abt Erchinfrid geschrieben. Ein davon abhängiges Parallelunternehmen entstand um 1129 (?) in Klosterneuburg, weitere dann auch außerhalb der Mark Österreich sowohl in der Diözese Passau wie in der Erzdiözese Salzburg. In diesen Bistümern, aber kaum je über sie hinaus, setzte sich die annalistische Tradition auch im späteren 12. Jahrhundert, vereinzelt sogar bis ins 16. Jahrhundert, in komplizierten Abhängigkeitsverhältnissen unter Beteiligung der meisten wichtigen Klöster und Stifte fort.

Daß man ausgerechnet im Herrschaftsbereich der babenbergischen Markgrafen zu dieser bescheidenen Art von Geschichtsschreibung gegriffen hat, die „den Wechsel der Äbte, Bischöfe, Päpste, der Herrscher und Fürsten, Kriegsgeschehen, Naturereignisse und sonstige Merkwürdigkeiten, alles in buntem Wechsel zusammenhanglos mit knappen Wörtern notiert", dies „meist anonym, ohne Titel, ohne Vorwort und Widmung, ohne literarischen Anspruch" (H. Grundmann), erklärt sich am einfachsten aus dem historiographischen Nachholbedarf des jungen Koloniallandes, der nach der Phase des Aufbaus und der Wirren des Investiturstreits möglichst rasch und ohne besonders gut ausgestattete Skriptorien wie Bibliotheken befriedigt werden sollte. So wählte man keine umfangreiche Chronik als Vorbild, sondern einen schmalen Auszug aus der Konzeptfassung der Weltchronik Hermanns von Reichenau (1044/45, mit fremden Fortsetzungen bis 1100), den wahrscheinlich hirsauische Reformmönche in die östliche Mark gebracht hatten. Der Zusammenhang mit der Kirchenreform ist aber ein rein äußerlicher, insofern als sie den generellen Anstoß zu neuen geistigen Leistungen der Stifte und Klöster gegeben hat. Die reinen Faktenreihen lassen die von Historikern geortete gregorianische (in den *Melker Annalen*) bzw. kaisertreue Tendenz (in den *Klosterneuburger Annalen*) höchstens erahnen. In der oben genannten Melker Handschrift wurden als erstes die Jahreszahlen von

1 bis 1300 von derselben Hand in ganz geringem Abstand eingetragen. Auch die zeitgenössische Berichterstattung war damit auf die Erfüllung eines übergeordneten welthistorischen Orientierungsschemas seit Christi Geburt eingeengt. Erst in der folgenden Periode wird dann gelegentlich, im Spätmittelalter sogar häufig, dieses Schema durchbrochen werden zugunsten fortlaufenden Erzählens mit subjektiven Zügen, an denen sich dann weit klarer das jeweilige Landesbewußtsein ablesen läßt als an der bloßen Auswahl der Fakten.

Versdichtung

Auf die oben besprochene *Gebhardsvita* folgt in der Admonter Handschrift des frühen 12. Jahrhunderts nach einigen Dutzend Versen des Übergangs, die nochmals den Erzbischof und seine Reliquien sowie die Salzburger Gründungen des hl. Rupert preisen, ein Gedicht in 181 leoninischen Distichen über das Martyrium des Salzburger Erzbischofs Thiemo (1090–1098) im Jahre 1101 in Askalon. Thiemo, ein getreuer Gregorianer, war aus seinem Bischofssitz vertrieben worden und hatte sich zusammen mit Abt Giselbert von Admont, Bischof Ulrich von Passau, Herzog Welf von Baiern und Markgräfin Ita von Österreich auf einen Kreuzzug ins Heilige Land begeben. Die metrische **Passio Thiemonis** berichtet nun weiter von seiner Gefangennahme durch einen heidnischen Herrscher, der den ebenso frommen wie kunstfertigen Mann zwingen will, ein Götzenbild zu reparieren. Als Thiemo es statt dessen zertrümmert, wird er schrecklichen Martern ausgesetzt. Der Autor bekennt in Form des traditionellen Gemeinplatzes seine Unfähigkeit, das unerhörte Geschehen zu schildern. Es wäre ein würdiger Gegenstand für Cicero, Homer, Pindar oder Vergil. Kein Lied der alten Griechen und Römer habe solches aber je dargestellt, kein sizilischer Tyrann, weder Decius noch Nero oder Antiochus (s. o. S. 72) hätten solche Qualen je erdacht (V. 228ff.). Nach und nach werden dem Märtyrer alle Gelenke durchschnitten, die Knie zerquetscht und die Ellbogen gebrochen. Thiemo weigert sich bis zuletzt, die Götzen anzubeten, stimmt Psalmen an und tröstet die weinende Menge. Endlich schneidet der Henkersknecht ihm den Leib auf, zieht die Eingeweide heraus und windet sie auf einen Pflock. Der sterbende Heilige übergibt seinen Geist in die Hände des höchsten Vaters. Der Augenzeuge, dessen Bericht der Autor in Verse gebracht zu haben vorgibt, sieht hierauf, wie die Engelschöre die fromme Seele empfangen. Den toten Körper aber schützt nun Gott vor jeder weiteren Entehrung. Der Heidenfürst übergibt ihn den Christen zur feierlichen Bestattung. An seinem Grab geschehen viele Wunder.

Man kann nicht behaupten, daß die lateinische Versepik unseres Raumes mit diesem Gedicht einen besonders glorreichen Einstand gefeiert hat. Die Sprache ist annehmbar, doch an Erzählsubstanz hatte der Autor wenig Eigenes zu geben. Er hält sich ganz an die Stereotype alter Märtyrerakten und sucht sie nur an Grausigkeit zu überbieten. Wir werden an die zahlreichen spätmittelalterlichen Tafelbilder vom Martyrium des hl. Erasmus erinnert. Aus der antiken Tradition ist selbstverständlich auch das geläufige Motiv der Götzenanbetung und -zertrümmerung entnommen. Es ist auch den anderen erhaltenen Darstellungen vom Tode Thiemos eigen und geht daher wohl schon auf den angeblichen Augenzeugenbericht zurück. Auf diesen bezieht sich auch Otto von Freising in seiner *Chronik* (7,7), wenn er schreibt: „Dieses Ereignis hat einer von ihnen, der nach seinem eigenen Zeugnis an diesem Zug teilgenommen hat, mitleiderregend und anschaulich nach Art einer Tragödie geschildert." Tadelnd ist das keineswegs gemeint, wie gelegentlich in der Forschung behauptet wurde, bezeichnet Otto doch sein eigenes Verfahren an anderer Stelle ganz ähnlich (Widmungsschreiben an Kaiser Friedrich). Auch zweifelt der gewissenhafte Historiograph auch keineswegs an diesem glorreichen Martyrium an sich, setzt aber hinzu: „Daß er (Thiemo) aber Götzenbilder zertrümmert hat, ist schon deshalb schwer zu glauben, weil ja bekanntlich alle Sarazenen nur einen Gott verehren sowie Gesetz und Beschneidung übernommen haben" (7,7). Otto zeigt anschließend einige Wesenszüge des Islam auf, die recht gute Kenntnisse verraten. Sehr verbreitet können solche aber nicht gewesen sein, tragen doch zahlreiche Dichtungen, namentlich volkssprachliche, teilweise bis ins Spätmittelalter das historisch falsche Bild von den Muslimen als Polytheisten weiter. Selbst bei diesen Dichtungen von Kreuzzügen und anderen Orientfahrten besteht kein Anlaß, von vornherein an ihrem Wahrheitsanspruch zu zweifeln, um so weniger bei unserer *Passio Thiemonis,* die offenbar einen Heiligenkult begründen will. Überdeutlich formuliert diesen Wunsch dann eine jüngere Admonter Prosadarstellung der *Passio* aus der Mitte des 12. Jahrhunderts, die sich zwar auf eine eigene mündliche Tradition stützt, im Hauptteil aber nur die metrische *Passio* umschreibt. Reiche in den Bericht eingestreute Zitate aus antiken Schriftstellern haben dem Werk eine gewisse Hochschätzung in Quellenhandbüchern für Historiker eingetragen.

Neben der Salzburger Gründung Admont tritt noch ein zweites Kloster, das, wiewohl in der Diözese Passau gelegen, seit je starke Anregungen von Salzburg empfangen hat, Mondsee, literarisch in Erscheinung, ehe in Salzburg selbst der Aufschwung der Domschule eine beachtliche schriftstellerische Produktion hervorruft. In der Mitte des 12. Jahrhunderts ist in dem oberösterreichischen Kloster eine Gründungsgeschichte in 229 leoninischen Hexametern verfaßt worden: ***De constructione vel deconstructione claustri in Maense*** *(Von der Errichtung und Zerstörung des Klosters in Mondsee).* Das Gedicht schildert die Anfänge des Klosters und dann ausführlich die Geschichte Tassilos, des Sohnes des Gründers (V. 39–184), vermutlich nach den *Lorscher Annalen,* ohne Sympathie für den bairischen Herzog, dann nach einigen Versen des Übergangs die Übergabe von Mondsee an das Regensburger Hochstift und den traurigen Niedergang (s. o. S. 39), der auch durch das Eingreifen Kaiser Heinrichs II. nur geringfügig aufgehalten werden konnte. Man hat mit eher schwachen Gründen den fragmentarischen Charakter des Gedichts behauptet. Noch weniger begründbar ist die Zuweisung an Liuthold, einen namhaften Mitarbeiter des damaligen Mondseer Skriptoriums, von dem einige Widmungsverse und eventuell noch vier Abtsepitaphien stammen. Sie machen alle einen gewandteren Eindruck als die ziemlich unbeholfenen Verse der Gründungsgeschichte. Metrum und Reim bereiten dem Autor, der über keinen großen Wortschatz verfügt, sichtlich Mühe. Dennoch riskiert er sogar gelegentlich noch ein komplizierteres Reimschema, ohne dann, trotz Verdrehung der Syntax, genügend Reimwörter zu finden (V. 169f.). Nichtsdestoweniger ist uns das unbedeutende Werk wichtig als frühes Beispiel der Gattung der Klostergründungsgeschichten *(Fundationes),* die in späterer Zeit in verschiedensten, meist prosaischen Formen immer wiederkehren, von uns aber weitgehend vernachlässigt werden wird.

Endlich aus dem Bereich der historischen Quellen hinaus gelangen wir mit dem *Buch von den sieben Lastern und den sieben Tugenden (Liber de septem vitiis et septem virtutibus)*. Als Autor nennt sich ein nicht identifizierbarer Abt **Johannes.** Da jedoch die beiden ältesten und verläßlichsten der insgesamt 17 Textzeugen in Salzburg und Wien zu finden sind und weitere Überlieferungsschwerpunkte in Italien und Süddeutschland liegen, hat der Herausgeber des Textes mit Recht auf eine Herkunft des Gedichts aus unserem Raum geschlossen. Beweisen läßt sich dies jedoch ebensowenig wie die vermutete Datierung in die erste Hälfte des 12. Jahrhunderts.

Nach einem Proömium von 62 Versen, in welchen der Dichter ohne die üblichen Topoi der Unfähigkeit, Sündigkeit und Demut sein Anliegen, den Schülern *(alumni* V. 7) den Zugang zur Tugend zu erleichtern, ohne dabei allzu sehr ins Schwätzen zu geraten, vorträgt, folgen sieben Abschnitte zu je 70 Versen über je ein Hauptlaster und die ihm jeweils als Heilmittel entgegengesetzte Tugend: 1. *superbia – humilitas* (Hochmut – Demut), 2. *invidia – dilectio* (Neid – Liebe), 3. *ira – mansuetudo* (Haß – Sanftmut), 4. *tristitia – constantia* (Trauer, Mutlosigkeit – Standhaftigkeit), 5. *avaritia – misericordia* (Habsucht – Barmherzigkeit), 6. *gula – sobrietas* (Schlemmerei – Mäßigkeit, Enthaltsamkeit), 7. *luxuria – castitas* (Ausschweifung – Keuschheit). Johannes gestaltet die Gegenüberstellung aber nicht, wie sonst im Mittelalter häufig, in Form von Streitgesprächen oder von Kämpfen allegorischer Personifikationen nach dem Vorbild der damals hochberühmten *Psychomachia* des Prudentius, sondern er liefert bloß Sittensprüche, Sprichwörter, Sentenzen von je einem Distichon, die fast durchgehend in sich abgeschlossen sind und nur das jeweilige Generalthema des Kapitels gemeinsam haben. Anfänge und Schlüsse der Kapitel sind allerdings analog formuliert: Die sieben Laster werden kurz charakterisiert bzw. mit einer der sieben Vaterunserbitten in Zusammenhang gebracht.

Die Beliebtheit der Zahlensymbolik im allgemeinen und der Septenare im besonderen wurde oben schon angesprochen (S. 71). Von den bei Gerhoch genannten Septenaren finden hier aber nur – nebenher – die Vaterunserbitten Verwendung. Die Übereinstimmungen der sieben Tugenden mit den Gaben des Hl. Geistes sind minimal. Dennoch dürften diese und andere biblische Septenare ursprünglich der von Gregor dem Großen festgelegten Siebenzahl der Laster zum Durchbruch gegenüber der älteren Achtzahl verholfen haben. Auf Gregor geht auch die Benennung und Reihung der Laster, die sich im wesentlichen bis zum 13. Jahrhundert gehalten hat, zurück. Die entgegengesetzten Tugenden sind dagegen nie in der gleichen Weise kanonisiert worden und wechseln daher mehr oder minder stark in den zahlreichen mittelalterlichen Tugend- und Lasterkatalogen. Noch relativ am nächsten kommt (nach H.-W. Klein) dem Tugendsystem des Johannes das in den *Arbores virtutum et vitiorum (Tugend- und Lasterbäumen)* aus dem 12. Jahrhundert, die somit als Vorlage für Johannes in Frage kommen. Weit stärker weicht schon der Tugendkatalog in der Schrift *Von fünf Siebenzahlen (De quinque septenis)* Hugos von St. Victor ab; dagegen findet sich bei Hugo (gest. 1141) die Verbindung mit den Paternosterbitten.

Der Herausgeber hat das Büchlein des Johannes mit vollem Recht als Frucht der Schullektüre der römischen Autoren der Goldenen und Silbernen Latinität, nicht zuletzt Ovids, der vor allem das Muster des Versbaus geliefert hat, charakterisiert und seine Bestimmung für den Schulunterricht hervorgehoben. Hier mußte es aber insbesondere mit den *Disticha Catonis* in Konkurrenz treten, einer spätantiken ethischen Spruchsammlung in hexametrischen Zweizeilern, die einen praxisorientierten Stoizismus predigt. Dies mag fürs erste erklären, warum auch bei Johannes die speziell monastischen Ideale so stark zurücktreten. Zumindest im Kapitel über die Keuschheit und die Ausschweifung würden wir von einem Abt erwarten, daß er Zölibat und Jungfräulichkeit propagiert. Statt dessen fallen diese Begriffe gar nicht. Wir lesen vielmehr (V. 525–30):

> *Casta pio mulier veneratur amore maritum,*
> *Casta suum turtur novit amare parem.*
> *Vir mulierque sibi servantes federa crescunt,*
> *Servant alterutrum se relevando pedes.*
> *Nil est nobilius quam vir mulierque pudici,*
> *Nil pocius gemino lumine mundus habet.*

Eine keusche Frau verehrt in pflichtgetreuer Liebe ihren Gatten. Die keusche Turteltaube weiß ihren Gefährten zu lieben. Mann und Frau, die einander den Bund bewahren, werden gestärkt. Die Füße sorgen füreinander beim Heben. Nichts ist edler als ein keuscher Mann und eine keusche Frau. Nichts Vorzüglicheres hat die Welt als die doppelte Leuchte [= Sonne und Mond].

Das ist die geläufige Ehelehre der Kirche, die von der Ehefrau Unterordnung, von beiden Ehepartnern aber bedingungslose Treue verlangte, ohne mit der zweiten Forderung in der patriarchalischen Gesellschaftsordnung durchzudringen. Die Nähe zu alttestamentarischen Weisheitslehren und den Paulusbriefen garantierte aber keineswegs die Eignung des Textes zur Vorbereitung eines Schülers auf den Eintritt in eine geistliche Gemeinschaft (bzw. auf den Verbleib in derselben). Wer also ist hier angesprochen? Ein Laienpublikum außerhalb geistlicher Lehranstalten scheidet aus. Es bleiben aber keineswegs allein jene Schüler und Schülerinnen übrig, die später einmal ein weltliches Leben führen würden, denn auch künftige Seelsorger mußten mit Kenntnissen einer Laienethik versorgt werden, die sie später an den Mann bzw. an die Frau bringen sollten. Schließlich darf eben auch daran erinnert werden, daß jene keineswegs christlich inspirierten *Disticha Catonis* durchaus auch künftigen Geistlichen im Anfängerunterricht vorgesetzt wurden.

Die zitierten Verse können zugleich das formale Verfahren des Autors illustrieren. Auf jede unmittelbar themenbezogene Aussage über das betreffende Laster bzw. die Tugend folgt die Veranschaulichung in einem konkreten Vergleichsbild aus dem Bereich des (alltäglichen) Menschenlebens oder der Natur. Besonders beliebt sind Tiervergleiche. Der Autor verzichtet dabei auf ein formales Kennzeichen des Vergleichs (*wie, gleich wie* etc.) und stellt Grundvorstellung und Bild unverbunden nebeneinander. Dies ist typisch für sentenzartige Aussagen mittelalterlicher Literatur und wird später von hochmittelalterlichen Poetiken ausdrücklich empfohlen. Hier vermeidet es vor allem ständige Wortwiederholungen. Bisweilen sind Bild- und Grundvorstellung auch vertauscht, oder der Vergleich fehlt ganz. Wo er vorhanden ist, wirkt er keineswegs immer geglückt, sondern mitunter an den Haaren herbeigezogen. Ein Meisterwerk ist das Büchlein keineswegs. Auch wenn man die damalige Vorliebe für alles Lehrhafte und Sentenziöse in Rechnung stellt, wird man die Eintönigkeit dieser Proverbreihen nicht übersehen können.

Nichtsdestoweniger überrascht die an klassischen Mustern geschulte, leicht dahinplätschernde Sprache ebenso wie das thematische Heraustreten aus dem Raum klösterlicher Selbstbeschränkung, die Öffnung hin zur Welt der Laien, auch wenn diese nicht notwendigerweise direkt angesprochen sind. Wenn wir es hier nicht vielleicht doch mit einem Import aus dem „fortschrittlicheren" Westen zu tun haben, so ist Johannes entweder hierzulande seiner Zeit voraus oder er hat sein Werk erst im späteren 12. Jahrhundert verfaßt.

Noch weit größere Schwierigkeiten bereitet die Eingliederung der erst vor wenigen Jahren erstmals gedruckten *Carmina Runensia.* Deren Datierung ist ziemlich gesichert. Die Handschrift Nr. 20 der Stiftsbibliothek der steirischen Zisterze Rein – danach der Name der Gedichte – ist im ersten Viertel oder ersten Drittel des 12. Jahrhunderts geschrieben. Sie enthält außer Schriften Bedas zeitgenössische Werke, zwei, die im Codex Bernhard von Clairvaux zugeschrieben werden, aber von einem Anonymus bzw. Richard von St. Victor stammen, und eines von Hugo von St. Victor. Die Carmina sind zwar von einer anderen, aber etwa gleichzeitigen Hand, die dieselben Charakteristika der damaligen Zisterzienserschrift aufweist, auf dem Vorsatzblatt und auf Blatt 1 recto des Codex Runensis 20 eingetragen worden. Die vom Herausgeber vorgebrachten Argumente, daß es sich hierbei um das Autograph eines unbekannten Reiner Dichters handelt, können jedoch die Beweislast kaum tragen. Wenn dieses wie die anderen Stücke der Handschrift ca. 1130 geschrieben wurde, so bot das erst 1129 in unwegsamem Waldgebiet zu ebendessen Kolonisierung gegründete Zisterzienserkloster Rein dazu schwerlich die geeigneten Voraussetzungen. Da ist es doch wesentlich wahrscheinlicher, daß die fertige Handschrift bereits aus Ebrach in Oberfranken oder, da auch diese Zisterze erst seit 1127 bestand, sogar schon aus dem französischen Mutterkloster Morimond (s. o. S. 59) über Ebrach nach Rein mitgebracht wurde. Die Hauptmasse der Texte in dem Codex bilden ohnehin religiöse Schriften aus dem Westen. Auch für unsere sechs kleinen Carmina (insgesamt 93 Verse) hat der Herausgeber Ausbildung des Autors in Frankreich postuliert. Daß es sich dabei um typische Vagantenlieder, vergleichbar denen der Zeitgenossen Hugo Primas von Orléans und Serlo von Wilton, handelt, will hinwiederum keineswegs so unmittelbar einleuchten. Gewiß werden heidnische Autoren der Antike wie Vergil, Horaz, Juvenal, Claudianus und v. a. Ovid ausführlich benutzt, viele rhetorische Mittel des sogenannten leichten Stils eingesetzt und die Hexameter und Pentameter mit Binnenreimen versehen. Bis auf die Verwendung der *versus Leonini, caudati, trinini salientes* etc. (s. u. S. 204) verfolgt der eben besprochene Abt Johannes aber ähnliche formale Ziele, auch wenn er auf bildhafte Sentenzen ausgeht statt auf reiche Wortspiele wie die folgenden Zeilen im ersten Teil des *Carmen Runense* IV:

> *Legem non fregit, qui totum posse peregit;*
> *Iam pro posse suo nullum lex ulla coegit.*
> *Multa die legi, studio me nocte subegi:*
> *Sic omni legi pro posse meo satis egi.*
> *Quod ualeo pro posse meo siquando peregi,*
> *Non timeo, quia, teste deo, deseruio legi.*
> *Legibus obsequitur, qui toto posse potitur.*
> *Legi nil debes, cum que potes omnia prebes.*

Das Gesetz hat nicht gebrochen, wer alles ausgeführt hat, was er vermochte; über das, was er vermochte, hinaus hat ein Gesetz keinen mehr gezwungen. Vieles las ich bei Tag, nachts unterwarf ich mich dem Studium. So habe ich gemäß meinem Vermögen jedem Gesetz Genüge getan. Wenn ich einmal, was ich kann, gemäß meinem Vermögen, ausgeführt habe, fürchte ich nicht, dem Gesetz den Dienst zu versagen [?], Gott ist mein Zeuge. Den Gesetzen gehorcht, wer alles erreicht, was er kann. Dem Gesetz schuldet man nichts, wenn man alles bietet, was man kann.

Hier und in weiteren sechs Versen wird eine einzige Aussage, die schon die Digesten Justinians festhalten *(Ultra posse nemo obligatur)* und etliche mittelalterliche Sprichwörter tradieren, nahezu tautologisch mittels Paronomasie bzw. Polyptoton (*legem – lex – legi* etc.; *peregit – coegit – egi* etc.) oder reiner Wortwiederholung *(posse)* fast bis zum Überdruß variiert. Nur der konkrete Bezug auf das Studium tritt als zweiter Gedanke hinzu. Daß es inhaltlich nur um eine Sentenz geht, erkennt man schon daraus, daß eine solche in Prosa dem Gedicht vorangestellt wird: *Qui facit quod potest, omnes leges adimplet* (Wer tut, was er kann, erfüllt alle Gesetze). Wenn ein vergleichbarer „Titel" sonst nur noch über Carmen VI steht, bedeutet dies keineswegs, daß die übrigen Gedichte nicht demselben Prinzip folgten. Alle formulieren sie allgemeine Urteile über menschliche Verhaltensweisen. I empfiehlt die gute Behandlung des Wachhundes, um dessen Schutz zu genießen. II definiert den Habgierigen als einen, der ständig darbt, wieviel er auch besitzt. III beklagt die Unbeständigkeit der Gunst des Mächtigen. V wirft dem Satten vor, vom Leiden des Hungernden weder etwas zu wissen noch wissen zu wollen. VI schließlich stuft den plötzlich reich gewordenen Armen als besonders großes Übel ein.

Die Themen stammen aus der Bibel (z. B. III aus Psalm 117,9; 145, 2–3), antiker Lehrdichtung (z. B. I aus Vergils *Georgica* 3,405ff.), Fabel, Satire, den *Disticha Catonis*, mittelalterlichen Sentenzensammlungen usw., ohne daß sich immer eine bestimmte Quelle geltend machen ließe. Was wir oben über Johannes gesagt haben, gilt hier noch weit mehr. Monastisch (oder gar zisterziensisch) wirken diese Themen oder ihre Verarbeitung ganz und gar nicht. Von den Erzeugnissen eines Hugo von Orléans trennt unsere Carmina aber das Fehlen der persönlichen Note, der direkten Invektive und des kaustischen Witzes. Daß der Autor in den meisten Stücken aus eigener schmerzlicher Erfahrung spreche, ist eine unbewiesene Behauptung des Herausgebers. Nicht einmal der Gleichnischarakter des Gedichtes (Wachhund = Untergebener = Dichter) kann als wirklich ausgemacht gelten. Wir haben hier insgesamt recht gut gelungene Schulübungen aus dem Milieu des Weltklerus, wie wir es für die französischen Bischofssitze ab ca. 1100 voraussetzen dürfen (s. o. S. 61), vor uns. In unsere Literaturgeschichte gehören die *Carmina Runensia* vermutlich nur als Zeugnisse der Vermittlung poetischer Inhalte und Formen aus dem Westen an unseren Raum, an die solche Werke wie der *Liber de VII vitiis et VII virtutibus,* vor allem aber dann die einheimische Vagantenlyrik (s. u. S. 410ff.) anknüpfen konnte.

Liturgische Feier und liturgischer Gesang

Das antike Drama war mit dem heidnischen Altertum ins Grab gesunken. Im Gegensatz zu den lyrischen, epischen, didaktischen, historiographischen (etc.) Texten der paganen Literatur war der dramatische Text grundsätzlich (trotz gewisser Ausnahmen) an eine szenische Realisierung gebunden, und gerade diese verfiel wegen ihrer Bindung an den heidnischen Kult oder an heidnische Formen der Unterhaltung wie Zirkus, Tanz, Pantomime, Gelage, bei denen Nacktheit und Sexualität wichtige Ingredienzien waren, dem strengen christlichen Verdikt. Als Lesedramen wurden zwar die Komödien des Terentius recht gerne abgeschrieben und sogar im Schulunterricht verwendet, da sie als relativ leicht faßlich und als wirklichkeitsnäher galten als die Tragödien, die somit bis auf die – tatsächlich nicht für die Bühne bestimmten – Dramen Senecas für uns fast ganz verloren sind (soweit es den hier allein berücksichtigten lateinischen Anteil betrifft). Zur Aufführung gelangten aber auch die Stücke des Terenz (oder die spärlich überlieferten Komödien des Plautus) vor der Wiederbelebung durch die Humanisten des 15./16. Jahrhunderts nicht, um so weniger irgendwelche antike Tragödien. Was im lateinischen Mittelalter nach antikem Vorbild an dramatischer oder halbdramatischer Literatur geschaffen wurde, war ausschließlich zum (Vor-)Lesen bestimmt. Was dagegen Schausteller aller Art zu bieten hatten, kam entweder überhaupt ohne Sprache aus oder zumindest ohne Schrift. Nichts deutet darauf hin, daß dabei Wortkunstwerke der *oral poetry* entstanden wären wie in den anderen Gattungen das Heldenlied oder Liebeslied.

Das menschliche Urbedürfnis nach theatralischem Ausdruck konnte jedoch auch im geistlichen Bereich durchaus Befriedigung finden. Der christliche Gottesdienst kommt ja keineswegs allein mit dem – zweifelsohne dominierenden – Wort aus, sondern vergegenwärtigt und vollzieht symbolisch das Heilsgeschehen durch Bewegungen, Gebärden, Requisiten (Opfergerät, Kerzen, Weihrauch, Kreuze, Gewänder etc.) unter Ausnutzung des Kirchenraumes auch über den Altarraum hinaus. Als drittes wichtiges theatralisches Moment kommt noch die Musik hinzu: Gebete und Lesungen wurden in aller Regel mit Singstimme vorgetragen. Dabei entsprachen im gregorianischen Choral entweder jeder Wortsilbe ein Ton (syllabischer Typus) oder zwei bis fünf Töne (neumatischer Typus) oder lange, reich ausgezierte Tonphrasen (melismatischer Typus). Der letztgenannte Typus fand vor allem im Graduale (Zwischengesang), Halleluja, Tractus (Psalm anstelle des Halleluja), Offertorium (Opferbereitung) und in den Responsorien (Wechselgesängen) Verwendung. Den reichen Melismen konnte nun nachträglich wieder ein neuer Text, ein sogenannter Tropus, unterlegt werden, so in der Ostermesse dem Melisma auf der Schlußsilbe des Halleluja im Introitus (Eingangsgesang) der Ostertropus, ein Wechselgesang der Frauen mit dem Engel (den Engeln) am leeren Grabe des Auferstandenen. Die seit dem 10. Jahrhundert in ganz geringen Varianten überlieferte älteste Form des Wechselgesanges lautet in der Melker Handschrift 1977 aus dem 12. Jahrhundert (Lipphardt II, Nr. 264):

> *Quem queritis in sepulchro, o Christicole?*
> Wen sucht ihr im Grabe, ihr Christen?
> *Ihesum crucifixum, o celicole.*
> Jesus, den Gekreuzigten, ihr Himmlischen.
> *Non est hic, surrexit, sicut predixerat;*
> *ite, nunciate, quia surrexit a morte.*
>
> Er ist nicht hier, er ist auferstanden, wie er vorausgesagt hatte.
> Geht, verkündet, daß er vom Tode auferstanden ist.

Dieses aus vier Sätzen bestehende „Urdrama des christlichen Europa" (M. Wehrli) wurde zu Anfang von zwei Halbchören vorgetragen, dann aber durch einzelne Personen, die ihre Rollen auch bereits mimisch-gestisch zum Ausdruck brachten. Dies war allerdings erst möglich, nachdem der Ostertropus in die Matutin des Ostermorgens verlegt worden war. Hier konnte der vorher bloß durch das Wort ausgedrückte Grabbesuch, die *Visitatio sepulchri*, szenisch zumindest angedeutet werden. Diese „Entwicklung" setzt sich in den kommenden Jahrhunderten fort; das darstellerische Potential wird mehr und mehr ausgenützt; der Text schwillt an, wird variiert.

Ein geradliniges Fortschreiten vom Einfachen zum Komplizierten gibt es dabei aber nicht. Der älteste Typ I bleibt neben den folgenden gleich zu beschreibenden Typen II und III durchaus vielerorts in Gebrauch, und es kommt zu Mischformen. Vor allem bleiben diese Tropen vorerst fester, wenngleich nicht notwendiger Bestandteil des Gottesdienstes. Die Texte sind mit geringen Abweichungen und Zusätzen dem Neuen Testament entnommen. Es können nur heilige Personen auftreten (nicht etwa die Soldaten oder Salbenkrämer), und sie werden ausschließlich von Priestern, Diakonen, Scholaren und Schulknaben in geistlichen Gewändern mit geringen personellen Attributen dargestellt. Es empfiehlt sich daher, hier von „Feier" im Gegensatz zum sich daraus entwickelnden „Spiel" (s. S. 217) zu sprechen. Erster Träger der Feier in ihren ältesten Formen scheint allein der Orden der Benediktiner gewesen zu sein.

Über die gesamte Entwicklung der geistlichen Feier wie des geistlichen Spiels gibt H. Linke nunmehr (1987) einen vorzüglichen Überblick, der sich allerdings auf die Grundzüge beschränkt. Will man genaueres über den erstgenannten Bereich erfahren, so muß immer noch die überaus verdienstvolle „Textgeschichte der lateinischen Osterfeiern" (1967) von H. de Boor als Führer durch dieses schwierige literarische Gelände dienen, obgleich die Ausgabe von W. Lipphardt inzwischen die Textbasis wesentlich verbreitert hat. Dieser – philologisch allerdings keineswegs zuverlässigen – Ausgabe ist nun zu entnehmen, daß der Feiertypus I in den Bistümern Passau und Salzburg durchaus schon früh belegt ist, in Seeon im 11. Jahrhundert, in Klosterneuburg im frühen 12. Jahrhundert, in Melk (s. o.) und Kremsmünster im 12. Jahrhundert. Dennoch trifft de Boors Feststellung immer noch zu, daß die älteste Stufe in unserem Raum schon bald und weitgehend von dem Feiertypus II verdrängt worden ist, der am ehesten in der Salzburger oder Passauer Diözese etwa in der Mitte des 11. Jahrhunderts entstanden sein dürfte. Eine der ältesten Überlieferungen aus unserem Raum, eine jetzt in Graz befindliche Handschrift eines Breviers der Augustiner-Chorfrauen von Seckau aus der zweiten Hälfte des 12. Jahrhunderts bietet folgenden Text (Lipphardt IV, Nr. 742a):

Ze dem Grabe:	*Maria Magdalena et alia Maria ferebant diluculo aromata, Dominum querentes in monumento.*
Zum Grab:	M. M. und die andere Maria brachten im Morgengrauen Spezereien und suchten den Herrn im Grabe.
Mulieres:	*Quis resolvet nobis ab ostio lapidem quem tegere sanctum cernimus sepulchrum?*
Frauen:	Wer wird uns den Stein vom Eingang wegwälzen, der, wie wir sehen, das Heilige Grab bedeckt?
Angelus:	*Quem queritis, o tremule mulieres, in hoc tumulo plorantes?*
Engel:	Wen sucht ihr, zitternde, weinende Frauen in diesem Grab?
Mulieres:	*Ihesum Nazarenum crucifixum querimus.*
Frauen:	Jesus von Nazareth, den Gekreuzigten, suchen wir.
Angelus:	*Non est hic, quem queritis, sed cito euntes nunciate discipulis eius et Petro, quia surrexit Ihesus.*
Engel:	Er ist nicht hier, den ihr sucht. Aber geht rasch und kündet seinen Jüngern und Petrus, daß J. auferstanden ist.
Mulieres:	*Ad monumentum venimus gementes, angelum Domini sedentem vidimus et dicentem, quia surrexit Ihesus.*
Frauen:	Seufzend kamen wir zum Grabe und sahen den Engel des Herrn sitzen, der sagte, daß J. auferstanden ist.
Chorus:	*Currebant duo simul et ille alius discipulus precucurrit cicius Petro, et venit prior ad monumentum, alleluia.*
Chor:	Beide liefen zugleich, und jener andere Jünger lief schneller als Petrus voraus und kam früher zum Grabe, Halleluja.

Petrus et Johannes:	*Cernitis o socii, ecce lintheamina et sudarium, et corpus non est in sepulchro inventum.*
P. und J.:	Sehet, Mitbrüder, hier die Leintücher und das Schweißtuch, und der Leib ist im Grab nicht gefunden worden.
Chorus Antiphonam:	*Surrexit enim, sicut dixit, Dominus; precedet vos in Galyleam, alleluia; ibi eum videbitis. Alleluia, alleluia, alleluia.*
Chor die Antiphon singend:	Denn der Herr ist auferstanden, wie er es gesagt hat. Er wird euch nach Galilea vorangehen, dort werdet ihr ihn sehen. Halleluja, H., H.
	Te Deum laudamus.
	Dich, Gott, loben wir.

Hier ist, abgesehen von anderen Weiterungen und Variationen im Anschluß an Matthäus 28,1–7, Markus 16,1–8 und Lukas 24,1–9, woraus bereits das Textmaterial von Feiertyp I stammt, zum Grabbesuch der Frauen noch der Lauf der Apostel Petrus und Johannes (nach Johannes 20,3–10) und das Vorweisen der Tücher nach der Rückkehr getreten. Bisweilen wird der Apostellauf wirklich „inszeniert", ein erster Ansatz zu echter Theatralik.

Die älteste Überlieferung aus unserem Raum liegt in einer eventuell noch der ersten Hälfte des 12. Jahrhunderts, also der Zeit Erzbischof Konrads I. (1106–47), angehörenden Handschrift der Universitätsbibliothek Salzburg (M II 6, folio 67 recto = Lipphardt IV, Nr. 694, datiert auf um 1160) vor. Während der Ostertropus selbst nur durch die jeweiligen Anfänge der Antiphone festgehalten ist *(Incipit-Form),* werden die „Regieanweisungen" ganz genau gegeben: Der gesamte Klerus trägt brennende Kerzen zum Hl. Grab. Ein Diakon als Engel sitzt mit weißer Stola rechts des Grabes. Priester mit Kapuzenmänteln und Weihrauchgefäßen stellen die drei Frauen dar. Zwei Kantoren laufen als Apostel, einer schneller als der andere, zum Grab und nehmen die Tücher weg, in die das Bild Jesu eingehüllt war. Nach der Antiphon des Chores *Surrexit enim* singt das Volk das deutsche Osterlied *Christ ist erstanden,* wofür dieser Codex die früheste Quelle ist.

Dieses alte deutsche Kirchenlied, das hier wie in den meisten der rund 300 mittelalterlichen Textzeugen nur mit dem Incipit zitiert wird, bestand ursprünglich nur aus einer vierzeiligen Strophe mit abschließendem *Kyrieleis:*

> *Christ ist erstanden*
> *von der marter alle,*
> *Des sull wir (alle) frô sîn,*
> *Christ sol unser trôst sîn.*
> *Kyrieleis(on)*

Älteste Quelle für diese ganze erste Strophe ist erst ein Klosterneuburger Codex von 1325 (Lipphardt III, Nr. 597). Doch schon Handschriften des ausgehenden 12. Jahrhunderts aus St. Lambrecht und Seckau belegen mit dem Zitat des Anfangs *(Es) giengen drei vrouwen* die Existenz einer zweiten Strophe. Bis ins 14. Jahrhundert scheint das Lied über sein Ursprungsgebiet, die Diözesen Passau und Salzburg nicht hinausgelangt zu sein. Da das Lied eine textliche und musikalische Bearbeitung der Ostersequenz *Victimae paschali* Wipos (s. o. S. 48) darstellt und die Passauer Feier II beide in enger Verbindung enthält, hat man auf Passauer Provenienz des Liedes geschlossen (W. Lipphardt), obwohl die älteste Überlieferung aus Salzburg stammt. Ebenso ungeklärt ist auch die Frage, ob die Feier II insgesamt als eine Salzburger oder Passauer Leistung zu gelten hat. Das Alter der Textzeugen (Salzburg, Domstift, s. o.; Seckau: 5 Handschriften aus der 2. Hälfte des 12. Jahrhunderts; St. Lambrecht:

1 Handschrift um 1200) spricht wiederum für Salzburg. Aber auch eines der anderen Bistümer im Ostteil des Reiches ist als Ursprungsgebiet nicht auszuschließen. Jedenfalls waren für Ausprägung und Verbreitung nun nicht mehr in erster Linie die Benediktiner, sondern die Diözesanleitungen verantwortlich.

Im 12. Jahrhundert kam es dann vermutlich in Frankreich zur Ausprägung eines dritten Typus der Osterfeier. Nochmals wird dazu ein Stück aus dem Johannes-Evangelium (20,14–17) herangezogen, die sogenannte *Hortulanus* (Gärtner)-Szene, in der Maria Magdalena als erste den Auferstandenen, den sie zu Anfang für den Gärtner hält, zu Gesicht bekommt. Das unerhört Neue liegt vor allem im bisher vermiedenen leibhaftigen Auftreten der Person des göttlichen Erlösers, der hier in seiner verklärten Unnahbarkeit gezeigt wird *(Noli me tangere)*, zum anderen aber auch in der Begegnung mit einer individuellen menschlichen Gestalt, die, da sie ja mit der Sünderin aus Lukas 7,36 gleichgesetzt wurde, die gefallene, nun aber erlöste Menschheit repräsentiert.

H. de Boor konnte die Feier III in unserem Raum nicht direkt belegen, meinte aber, ein indirektes Zeugnis für ihre Existenz gefunden zu haben. Er machte gute Gründe dafür geltend, daß Frau Ava in ihrem *Leben Jesu* (s. S. 122) nicht nur biblische und biblisch-apokryphe Texte verarbeitet, sondern auch den visuellen Eindruck einer Osterfeier des Typs III wiedergegeben hat. Damit wäre dieser bereits für den Anfang des 12. Jahrhunderts anzusetzen, als gerade erst der Typ II sich gefestigt hatte. Dieser wäre dann unter Einfluß der französischen Feier III adaptiert worden. Sicherheit ist aber natürlich bei dieser Beweislage nicht zu erlangen.

Auch Feier III war noch Bestandteil der Osterliturgie, zeigte aber bereits deutliche Tendenzen, durch Umfang und innewohnende dramatische Spannung den liturgischen Rahmen zu sprengen. Der Übergang zum „Spiel" ist damit angebahnt. Die von einigen Forschern angestrebte strikte Trennung wird hier problematisch. Weder von der Funktion und dem Aufführungsrahmen, sofern sie überhaupt bezeugt sind, noch vom logischen und chronologischen Aufbau her ist in der Übergangszone die Unterscheidung von „Feier" und „Spiel" immer exakt möglich. Das Ziel der Entwicklung, ein frei von liturgischen Zwängen entfaltetes, nach rein dramatischen Gesichtspunkten gestaltetes, sich selbst genügendes Spiel, soll damit nicht geleugnet werden.

Weit früher wird diese Übergangszone bei den Feiern/Spielen außerhalb des Osterkreises erreicht (und überschritten), so schon bei den Stücken des Weihnachtskreises, dem *Officium pastorum* (Hirten-Feier mit Krippenbesuch), dem *Officium stellae* (Stern-Feier mit Herodes und den Heiligen Drei Königen) und dem *Ordo Rachelis* (Rachel-Feier mit bethlehemitischem Kindermord und Klage darüber), noch rascher bei Stücken mit alttestamentarischen und apokalyptisch-eschatologischen Themen, aber auch bei den Passionsspielen, denen gar keine Feierstufe vorausgegangen sein dürfte. Was von solchen Feiern/Spielen in unserem Raum bis zur Mitte des 12. Jahrhunderts schon vorhanden war, läßt sich nur vermuten, da im Gegensatz zu den benachbarten Diözesen Freising und Regensburg hier die Aufzeichnungen erst später einsetzen. (Das in Lambach aufbewahrte Fragment eines Dreikönigsspieles aus dem 11. Jahrhundert, das vielleicht auch die berühmten Lambacher Fresken beeinflußt hat, ist rheinfränkischen Ursprungs und wohl über Würzburg nach Lambach gelangt.) Leider fehlt es in dem berühmten Zeugnis Gerhochs von Reichersberg an Ortsangaben:

Sogenannte Priester widmen sich mit Hingabe nicht mehr der Kirche oder dem Altardienst, sondern den Beschäftigungen der Habsucht, Eitelkeiten und Schauspiele, so daß sie die Kirchen selbst, d. h. das Haus der Gebete, in Theater verwandeln und mit Darstellungen von Schauspielen anfüllen. [...] Was also Wunder, wenn sie nun auch, da sie in ihren Spielen den Antichrist oder Herodes vorstellen, dieselben nicht, wie es ihre Absicht ist, im Schauspiel bloß vorgaukeln, sondern wahrhaftig selbst verkörpern, da ja ihr Leben vom freizügigen Verhalten des Antichrist nicht weit entfernt ist [...] Es geschah, wie wir erfahren haben, einmal bei solchen Leuten, daß sie denjenigen, den sie während ihres Schauspiels als vom Propheten Elischa (Elisäus) aufzuerweckenden Toten darstellten, nach der Vorstellung tot auffanden. Ein anderer, der ebenfalls herbeigeschafft wurde, um von seinem Antichrist auferweckt zu werden, starb innerhalb von sieben Tagen tatsächlich, wie wir gehört haben, und wurde begraben [...] Überdies stellen sie bildhaft die Wiege der Kindheit des Erlösers dar, das Quäken des Säuglings, das mütterliche Gebaren der Jungfrau im Kindbett, den (leitenden) Stern als flammenden Himmelskörper, die Ermordung der Kinder, die mütterlichen Tränen Rachels. Aber die Gottheit von oben und das gereifte Antlitz der Kirche verabscheuen theatralische Schauspiele und verfallen nicht auf Nichtigkeiten und falsche Wahnvorstellungen, nein, nicht falsche, sondern schon wahre Wahnvorstellungen, bei denen Männer sich ganz zu Frauen verunstalten, so als schämten sie sich, Männer zu sein, Kleriker sich in Soldaten, Menschen sich in Dämonenfratzen verwandeln [...] *(De Investigatione Antichristi* I, 5; um 1160/62).

An einer Stelle seines *Psalmenkommentars,* wo er eine ähnliche, für seinen rigoristischen Eifer typische Schelte losläßt, beruft sich Gerhoch ausdrücklich auf seine eigenen Erfahrungen in Augsburg (ca. 1122/3) und nennt als konkrete Spielinhalte ebenfalls Herodes und den bethlehemitischen Kindermord. Es ist naheliegend, wenngleich nicht unbedingt zwingend, Gerhochs Kenntnis der Antichrist-Darstellung auf das einzige uns erhaltene lateinische Spiel dieses Sujets, das *Tegernseer Antichrist-Spiel,* zu beziehen, das dann kurz vorher entstanden wäre. Auf die Spielpraxis in den Diözesen Passau und Salzburg dürfen wir also aus Gerhochs Angriffen nicht unmittelbar schließen.

Wie dem auch sei, an einer frühen und intensiven Pflege der liturgischen Feier auch in diesen Bistümern – die Belege für die Diözese Brixen stammen aus dem ausgehenden Mittelalter oder der frühen Neuzeit – ist insgesamt nicht zu zweifeln. –

Wie beim Alleluja (Halleluja) des Introitus der Ostermesse konnte ab dem 9. Jahrhundert dem Schlußmelisma des Alleluja nach dem Graduale in jeder Messe ein neuer Text unterlegt werden. Diese Tonfolge auf dem Schluß-a hieß *sequentia,* „Gefolge" des Alleluja, der neue Text dann *sequentia cum prosa* oder *prosa ad sequentiam* bzw. kurz *prosa* oder *sequentia.* Dieser Text war also anfangs reine, aus der Musik geborene Prosa, bei der eine Silbe meist einem Ton zu entsprechen hatte. In der Regel wurde sie von einem Doppelchor gesungen, der im Wechselgesang einander entsprechende, also paarweise gleich gebaute Abschnitte, sogenannte Versikel, vortrug. Nur im Anfangs- und Schlußversikel, die zumeist noch den Text Alleluja enthielten, vereinigten sich die Chöre. Dann ersetzte man auch diese Alleluja-Versikel durch andere Worte. Das ist die übliche Form bei Notker (dem Stammler) von St. Gallen († 912), dem größten Sequenzenmeister des Frühmittelalters, der den Parallelismus der Versikel in formaler und inhaltlicher Hinsicht zur Vollendung führte. Die beiden Doppelversikel zusammen unterschieden sich aber von den anderen derselben Sequenz meist sehr stark und hatten eigene Melodien.

Im 11. Jahrhundert geriet die Sequenz zunehmend unter den Einfluß des Hymnus, der ältesten Form des Kirchengesanges neben den Psalmen, die v. a. von Ambrosius von Mailand († 397) geprägt, aber schon bald mit Reimen ausgestattet und vom metrischen zum rhythmischen Schema überführt worden war. Stufenweise paßte sich die Sequenz nun dem gleichstrophigen Hymnus an, bis der Unterschied nur noch in der Struktur der Melodie bestand. Während im Hymnus stets dieselbe Strophenmelodie wiederholt wurde, blieb die Sequenz durchkomponiert.

Dazu einige Beispiele aus unserem Raum. Lokalisierung und Datierung der durchweg anonymen Hymnen und Sequenzen sind allerdings fast sämtlich unsicher, zumeist umstritten oder bloß vermutet. Ohne profunde musikologische und liturgiewissenschaftliche Kenntnisse wird auch niemand in die Geheimnisse der Hymnologie eingeweiht. Wir betrachten die Sache hier also gleichsam von außen.

Die vielleicht älteste Sequenz aus unserem Raum, im 11. Jahrhundert zu Ehren des hl. Agapitus, des Patrons von Kremsmünster, geschaffen, beginnt so (**AH 53, Nr. 120**):

1. *Concentu veneremur cuncti,*
fratres, sollemni

2. *Beati*   3. *Perpessi*
Agapiti festum,   *genera poenarum.*

Lasset uns alle, Brüder, in feierlichem Chorgesange das Fest des seligen A. feiern, der (alle) Arten von Martern erlitten hat.

Die Versikel 4–5 berichten vom Widerstand gegen den römischen Tyrannen, 6–7 von den ersten Marterqualen. Deren Höhepunkt markieren dann 8–9:

8. *Inverso vertice*   9. *Bestiis traditur,*
distentus   *maxillis*
fumigatur stercoris igne.   *frangitur, hinc decapitatur.*

Mit dem Scheitel nach unten aufgehängt, wird er im Feuer eines Misthaufens geräuchert. Wilden Tieren wird er ausgeliefert, von Kiefern zermalmt, hierauf enthauptet.

Auf die für Märtyrergeschichten keineswegs ungewöhnlich derbe, ans Komische grenzende Darstellung folgen in 10–11 die Aufnahme in den Himmel und die Abschlußbitte:

12. *Qui nos suo*   13. *Martyr sancte*
dignos servitio   *digneris hodie*
ut efficiat Deus ab alto,   *pro servulis clemens orare,*

14. *Athleta regis summi.*

Daß dieser [= der Herr], Gott aus der Höhe, uns würdig seines Dienstes mache, dafür wollest du, heiliger Märtyrer, gnädig heute für die kleinen Diener bitten, Streiter des höchsten Königs.

Die auf eine noch ältere Melodie gesungene, ordentlich, aber keineswegs besonders kunstvoll durchgestaltete Sequenz zeigt keinen Ansatz zu gleichförmigen Strophen oder zu Rhythmen, jedoch bereits weitgehend einsilbigen Reim (Assonanz). So ziemlich dasselbe gilt für eine demselben Klosterpatron gewidmete weitere Kremsmünsterer Märtyrersequenz (AH 53, Nr. 238). Das entspricht alles dem sogenannten „Übergangstypus" (s. u.). Demgegenüber setzt ein vielleicht ebenfalls in Kremsmünster (im 12. Jahrhundert) entstandenes Stück folgendermaßen ein (**AH 54, Nr. 223**):

1. *Ave, plena gratiae,*   2. *Per quam omnis gratiae*
Mater misericordiae,   *Fons ortus est ecclesiae,*
Sancta Maria,   *Sancta Maria.*

Gegrüßt seist du, voll der Gnade, Mutter der Barmherzigkeit, Heilige Maria, durch die der Quell ganzer Gnade für die Kirche entsprungen ist, S. M.

3. *Laude digna angelorum*
   Sume laudes peccatorum,
      Sancta Maria.

4. *Spes reorum, pes lapsorum*
   Laetitia beatorum,
      Sancta Maria.

Würdig des Lobes der Engel, nimm an die Lobpreisungen der Sünder, S. M., Hoffnung der Schuldigen, Fuß der Gestrauchelten, Freude der Seligen, S. M.

Diese Strophen sind zwar noch nicht gleich, aber bereits stark angenähert. Die folgenden zeigen freilich wiederum drei bis fünf Zeilen (abgesehen vom Refrain). Die Variationsbreite der Zeilenlänge ist jedoch auf ein gewisses Mittelmaß eingeschränkt. Zweisilbiger Reim kommt mehrfach vor, sogar in reiner Form wie in 3–4. Rhythmus und Symmetrie sind nur ansatzweise vorhanden wie schon die zitierten Versikel zeigen. Diese Form steht in der Mitte zwischen dem „Übergangstypus" und der regulären Sequenz (s. u.). Als origineller, vielleicht typisch österreichischer Zug tritt hier der Refrain hinzu. (Er findet sich auch im *Melker Marienlied*, dazu s. u. S. 134ff.) Ohne den frommen, schlichten Charakter, den die Herausgeber der Sequenz attestieren, zu beeinträchtigen, schmücken Figuren wie der Gleichklang *spes-pes* in 4 den sprachlichen Duktus. Der Schmerz der Gottesmutter unter dem Kreuz wird eindringlich geschildert, aber aus der Distanz der betenden Gemeinde, wie nach der damaligen Frömmigkeitshaltung nicht anders zu erwarten.

Die Sequenzen der zweiten Stilperiode, die sogenannten regulären, also strophischen Sequenzen sind vor allem Sache der Augustiner-Chorherren. Hier werden die Franzosen, insbesondere die Mitglieder des Stiftes St. Victor (bei bzw. in Paris), führend. Als größter Meister des 12. Jahrhunderts gilt Adam von St. Victor (um 1110–1192). Wenn nicht alles trügt, hat die neue Blüte der Sequenzendichtung schon in der ersten Hälfte des 12. Jahrhunderts von Frankreich auf den deutschsprachigen Südosten übergegriffen (R. W. Schmidt), während die Herausgeber der Analecta Hymnica noch an eine „österreichische Parallelschule" gedacht hatten. Wenn das etwa 1150 begonnene **Missale im Codex Vind. 13314** wirklich aus Klosterneuburg stammt, käme diesem Stift wohl das Hauptverdienst bei der Vermittlung zu. Dasselbe Missale enthält aber in seinem alten Bestand doch überwiegend Stücke des ältesten Stils, darunter rund zwei Dutzend Sequenzen Notkers von St. Gallen, und des Übergangsstils, darunter zwei Sequenzen Hermanns von Reichenau (1013–1054), eine Wipos von Burgund (die berühmte Ostersequenz) und etliche Sequenzen Gottschalks von Aachen (2. Hälfte 11. Jahrhundert), für die unser Codex die Hauptquelle darstellt. Wie viele dieser 22 Stücke wirklich von dem großen niederdeutschen Sequenzenmeister stammen, ist allerdings unklar. Vielleicht hat man mit einem Klosterneuburger Gottschalk-Imitator zu rechnen. In diesem und in dem 1140 gegründeten Augustiner-Chorherrenstift Seckau hat man jedenfalls allem Anschein nach noch in der Mitte des 12. Jahrhunderts Sequenzen im Übergangsstil geschaffen, z. B. AH 54, Nr. 26 *Ad auram post meridiem* (Afra), AH 54, Nr. 88 *Ad laudes salvatoris*, ja sogar solche im ältesten Stil, z. B. AH 10, Nr. 180 *Supernorum civium* (Augustinus; nur in Klosterneuburg überliefert), AH 10, Nr. 363 *Exsultent filii sponsae* (Nikolaus; aus Klosterneuburg oder St. Florian), AH 53, Nr. 126 *Huius diei gaudia* (Augustinus; wohl aus Seckau). Der französische Einfluß dürfte also doch erst in der zweiten Jahrhunderthälfte stärker durchgeschlagen haben. Immerhin finden sich aber im alten Teil des genannten Klosterneuburger (?) Missales schon zwei formvollendete Beispiele für den neuen Typus, AH 54, Nr. 228 *Ave, candens lilium* und **AH 54, Nr. 222,** ebenfalls eine Mariensequenz, die hier vollständig zitiert sei:

1. *Ave, plena* *singulari gratia;*	2. *Ave, digna* *hymnis et melodia,*
3. *Digna laude singulari,* *Cui nulla comparari* *Matrum valent gaudia.*	4. *Alto fructu fecundaris,* *Germen Dei terra paris* *In magnificentia.*
5. *Recens orbis vix orditur* *Et iam tua aperitur* *Serpenti potentia,*	6. *Cuius tumens caput teris* *Et calcaneum tueris* *Ab eius insidia.*
7. *Praedux stella rubri maris,* *Pharaone merso canis* *Tympano et cithara.*	8. *Spina ardens nec combusta,* *Virga florens et onusta* *Nuce, suci nescia.*
9. *Te perfudit ros novellus,* *Maduit ut quondam vellus,* *Sicca tamen area.*	10. *Terrae rigant universa* *Siccitate iam detersa* *Tua stillicidia.*
11. *Novum decus atque mirum* *Terrae creas, sola virum* *Dum circumdas femina;*	12. *Homo Deum, virgo prolem,* *Virga florem, stella solem* *Fers ferentem omnia.*
13. *Favus stillans, fons signatus,* *Hortus clausus, austri flatus,* *Porta regis pervia,*	14. *Iesse radix, Iacob sidus,* *Agni sponsa et ipsius* *Mater es et filia.*
15. *Torus sponsi, templum Dei,* *Effectum da nostrae spei,* *O salutis ianua.*	16. *Stella maris, redde portum,* *Ab occasu duc ad ortum* *Per tot mundi maria.*
17. *Rex, intende et, regina,* *Vide et aurem inclina* *Ad epithalamia;*	18. *Nato iube, regem ora,* *Ut nos tecum potiora* *Ducat in cellaria*

19. *Ad Ierusalem superna.*

1. Sei gegrüßt, voll der einzigartigen Gnade; 2. sei gegrüßt, würdig der Hymnen und des Gesanges, 3. würdig einzigartigen Lobes, dem keine Mutterfreuden verglichen werden können. 4. Fruchtbar wirst du von erhabener Frucht, als Nährboden bringst du den Sproß Gottes in Herrlichkeit hervor. 5. Kaum beginnt der neue Erdkreis zu existieren, und schon wird deine Macht der Schlange offenbar, 6. deren schwellendes Haupt du zu Boden trittst und vor deren Neid du die Ferse schützt. 7. Leitstern des Roten Meeres, du singst nach dem Untergange des Pharao zu Trommel und Zither. 8. Dornbusch, der brennt, doch nicht verbrennt, Stab, der blüht und nußbeladen ist, ohne Saft zu erhalten. 9. Dich durchtränkte neuer Tau, als einst das Vlies feucht war, die Tenne jedoch trocken. 10. Schon ist alle Trockenheit der Erde geschwunden, denn deine Tropfen spenden Feuchtigkeit. 11. Du bringst eine neue und wunderbare Erdenzier hervor, sobald du den Mann als Frau allein umgibst. 12. Als Mensch den Gott, als Jungfrau das Kind, als Stab die Blüte, als Stern trägst du die Sonne, die alles trägt. 13. Träufelnde Honigwabe, versiegelte Quelle, verschlossener Garten, Hauch des Ostwindes, Durchgangspforte des Königs, 14. Wurzel Jesse, Stern Jakobs, Braut des Lammes, bist du sowohl seine Mutter als seine Tochter. 15. Lager des Bräutigams, Tempel Gottes, gib Erfolg unserer Hoffnung, o Pforte des Heils. 16. Meerstern, gewähre den Hafen, führe vom Untergang zum Aufgang über so viele Weltmeere. 17. König beachte, Königin sich und höre geneigten Ohres das Brautlied; 18. befiehl dem Sohn, bitte den König, daß er uns mit dir in die besseren, die himmlischen Vorratskeller in Jerusalem führt.

Der meisterhaften Sequenz, die den Vergleich mit den besten Stücken Adams von St. Victor durchaus nicht zu scheuen braucht, eignen höchste gedankliche Dichte und kunstvolle formale Textur. Melodie und Strophenform hat der Dichter allerdings nicht selbst erfunden, sondern ein verbreitetes Muster übernommen. Bis auf die Doppelversikel zu Beginn und den einzeiligen Schlußversikel handelt es sich um gleichgebaute dreizeilige Strophen aus zwei Achtsilbern mit zweisilbiger Kadenz und einem Siebensilber mit dreisilbiger Kadenz. Die Achtsilber reimen paarweise rein; die Siebensilber weisen ein- oder zweisilbige Assonanz auf. (Das ist die beliebteste mittellateinische rhythmische Strophenform, nach dem später populärsten Beispiel

Stabat-mater-Strophe genannt.) Tonbeugung ist sehr selten, die Mittelzäsur in den Achtsilbern fast stets gewahrt. Diese wird bisweilen sogar zur Grundlage einer Gedankenfigur wie bei den Paradoxen des Versikels 12, der zudem in einem schönen Wortspiel (Polyptoton) ausklingt. Der Anfang des „Liedes" entwickelt sich aus dem Ave Maria, steigert sich zum überschwenglichen Preis der Mutterschaft Marias und mündet in den aus meist typologischen Bildern geformten Hauptteil. Protoevangelium, Siegesgesang Marias (der Schwester Aarons), brennender Dornbusch, Aarons Stab, Gideons Vlies, Wurzel Jesse, Stern Jakobs, zahlreiche Mariennamen aus der Hohenlied-, Propheten- und Psalmen-Exegese und andere traditionelle Gedanken der Mariologie formen ein neues Ganzes, das wie üblich in eine Bitte um Fürsprache bei Gott ausklingt. Auch für die Heimholung ins Himmelreich steht ein Bild aus dem Hohenlied (1,3), das aber durch die Wortwahl der Vulgata *(cellaria)* eine anheimelnde Assoziation mit der Klosterkellerei zuläßt. Das Bildmaterial ist Gemeingut der Marienlyrik, aber ein Blick auf andere berühmte Vertreter der Gattung wie die ungemein wirkungsmächtige Sequenz *Ave praeclara maris stella* Hermanns von Reichenau (s. u. S. 459) oder das *Melker Marienlied* (s. u. S. 134ff.) geben einen Eindruck von der dennoch möglichen Gestaltungsvielfalt. In ihrer Gebetshaltung stehen alle drei Beispiele einander recht nahe: Ein Mitglied einer geistlichen Gemeinschaft spricht für diese und im Bewußtsein gemeinsamen religiösen Wissens ehrfurchtsvoll, demütig, staunend, bewundernd, vertrauensvoll, gläubig zur hoch erhabenen Himmelskönigin.

Aus einer solchen Gebetshaltung und aus dem liturgischen Vollzug des Chorgesanges erwachsen der lateinischen Literatur unseres Raumes auch die besten poetischen Kräfte.

2. Deutsche Literatur

Der deutschsprachigen Literatur des hier zu behandelnden Zeitabschnitts und Raumes hat die literaturwissenschaftliche Forschung ungleich größere Aufmerksamkeit entgegengebracht als der lateinischen, war jene doch zum einen umfangmäßig weit schmäler, somit kostbarer und überschaubarer, zum anderen ausgezeichnet durch die Merkmale des Neuen, Archaischen, Entwicklungsfähigen, die der romantischen Sehnsucht nach der Frühzeit sehr entgegenkamen, schließlich fast ausschließlich in Versen abgefaßt, d. h. Literatur im landläufigen Sinne.

Der Masse an Forschungsschrifttum, welche die der behandelten Texte längst um ein vielfaches übersteigt, stehen verhältnismäßig wenige einigermaßen gesicherte, unumstrittene Ergebnisse gegenüber. Das liegt in erster Linie daran, daß wir von kaum einem der Texte die konkreten Umstände seiner Entstehung kennen. Die allermeisten sind anonym und nur durch zeitlich wie räumlich vom Original abgelegene Codices, v. a. Sammelhandschriften, überliefert. Datierung und Lokalisierung des Originals werden dann nur möglich durch überlieferungs-, quellen-, form- und sprachgeschichtliche Argumente, die jedoch fast alle anfechtbar sind. Die Überlieferung sagt, strenggenommen, nur etwas darüber aus, wo der Text genügend Interesse fand bzw. überhaupt verfügbar war, um aufgeschrieben zu werden. Dazu ist es überdies nötig, den Schreibort der Handschrift zuvor ermittelt zu haben, was keineswegs immer möglich ist. Gemeinsamkeiten zweier Texte – vorausgesetzt, sie sind einwandfrei gegeben – können als Abhängigkeit des Textes B von Text A oder umgekehrt oder beider von einem dritten Text C gedeutet werden. Die Entwicklung des altdeutschen Verses zwischen den althochdeutschen binnengereimten, zu zweit gebündelten Langzeilen Otfrieds von Weißenburg und den fortlaufenden Reimpaarversen des Höfischen Romans ab Heinrich von Veldeke kennt zwar eine allgemeine Linie von der Variationsfreiheit und „Regellosigkeit" zur Normierung in Taktzahl und Reimreinheit, im einzelnen jedoch ein Hin und Her, ein regionales und individuelles Nebeneinander „fort- und rückschrittlicher" Formen. Was zu guter Letzt die dialektgeographischen Argumente betrifft, so werden sie stark beeinträchtigt durch (1.) unser nach wie vor zu geringes Wissen über die mundartliche Gliederung der sogenannten frühmittelhochdeutschen Sprache (der Zeit von ca. 1050/60 bis ca. 1160/70) überhaupt, (2.) die nachträglichen Überformungen der Originale in den Abschriften, so daß wir auf die vermutlich originalen Reimwörter angewiesen sind, und (3.) eben die Unreinheit der Reime, die viel stärkere Veränderungen als in späterer Zeit zulassen.

Das alles hat fatale Folgen auch für die hier unvermeidliche räumliche und zeitliche Einordnung der Denkmäler. So hat man z. B. die sogenannte *Jüngere Judith*, ein kleines biblisches Epos, das in der Vorauer Handschrift (s. u.) überliefert ist, im Original sowohl dem österreichischen wie dem nordbairischen, alemannischen und mitteldeutschen Sprachgebiet zugeschrieben. Daß der Text hier von der Darstellung ausgeschlossen bleibt, ebenso wie die vielleicht alemannische *Millstätter Sündenklage*, nicht jedoch die beiden Gedichte *Die Hochzeit* und *Vom Rechte* (aus der Millstätter Handschrift), die auch gewisse alemannische Einschläge zeigen, hat etwas von reiner Willkür an sich. Dasselbe gilt für die Behandlung der *Vorauer Bücher Mosis* im vorliegenden Kapitel, bei welchen von der Forschung auch eine Datierung auf um 1160 oder noch später erwogen worden ist.

Das suggestivste Argument für die Herkunft der im folgenden vorzustellenden Werke aus den Diözesen Salzburg und Passau ist nach wie vor die Überlieferung in den drei großen frühmittelhochdeutschen Sammelhandschriften, der Wiener, der Millstätter und der Vorauer Handschrift, obwohl für keine von ihnen das Heimatskriptorium einwandfrei bestimmt werden kann. Nur die erste könnte eventuell noch in die Mitte, ebensogut aber auch schon ins letzte Viertel des 12. Jahrhunderts datiert werden: der *Codex Vindobonensis 2721* (Sigle W), eine Pergamenthandschrift kleinen Formats mit 183 zwanzigzeilig beschriebenen Blättern und sieben Federzeichnungen (und weiteren für – unausgeführte – Miniaturen vorgesehenen Leerräumen). Wie bei der verwandten Millstätter Handschrift (Sigle M – s. S. 454) ist H. Menhardt für eine Entstehung in Regensburg eingetreten, H. Voß dagegen – vermutungsweise – für einen von Salzburg abhängigen Raum (Kärnten? Steiermark?). Ausschlaggebend dafür war jedesmal die stilgeschichtliche Einordnung der Miniaturen. Der Codex enthält drei Stücke: (1.) Die *Wiener Genesis* (fol. 1r–129v), (2.) den *Wiener Physiologus* in Prosa (fol. 129v–158r), (3.) die *Wiener Exodus,* eine ältere, aber unvollständige Parallelüberlieferung (nur Vers 1–1400 und 1455–79) der in M zur Gänze, aber in leichter sprachlicher Erneuerung erhaltenen *Altdeutschen Exodus*. Die Handschriften W und M gehen auf eine gemeinsame erschließbare Vorlage *WM zurück, die aber gewiß aus zwei unterschiedlichen Teilen (oder Handschriften?) bestand. Eine weitere Vorstufe von *WM ist höchstwahrscheinlich auch die Vorlage für den Joseph-Teil der *Vorauer Bücher Mosis* in der Vorauer Handschrift (Sigle V – s. S. 455) gewesen (*WMV). Über die den drei Sammelhandschriften möglicherweise zugrundeliegenden Aufbaupläne ist sinnvollerweise erst zusammenfassend im folgenden Kapitel zu sprechen (s. S. 453ff.).

Nur wenige Texte dieser Periode sind außerhalb dieser drei Sammelhandschriften als Eintragungen in lateinische Handschriften oder als Fragmente auf Einzelblättern erhalten. Zwei kleine Gedichte, die *Auslegung des Vaterunsers* und *Von der Siebenzahl* sind zusammen mit weiteren Siebenzahlgedichten und lateinischen und deutschen Rezepten in einer ursprünglich selbständigen Lage einer heute in Innsbruck befindlichen Handschrift im 12. Jahrhundert aufgezeichnet worden (Universitätsbibliothek Hs. 652). Der Codex stammt aus dem Tiroler Zisterzienserkloster Stams, wurde dort aber höchstens zusammengebunden, da die Stiftung des Klosters erst 1275 erfolgte. Die Zweitüberlieferung des ersten Gedichts in der Millstätter Handschrift läßt eine Entstehung des Originals in der Erzdiözese Salzburg vermuten. Vielleicht kommt eine dortige Zisterze, Rein oder Viktring, als Vermittlerin des Textes in Frage.

Eine Gruppierung der Denkmäler nach chronologischen oder geographischen Gesichtspunkten verbietet sich nach dem Gesagten von selbst. Doch auch die von der Forschung ausfindig gemachten Texttypen können die literarische Wirklichkeit, die gerade in dieser Zeit voll der Übergänge und Mischungen und ohne akzeptierte Gestaltungsnormen war, nur mangelhaft erfassen und sind dementsprechend ebenfalls umstritten.

Verhältnismäßig unproblematisch erscheint die Trennung von narrativen, erzählenden, und diskursiven, erörternden, Texten. Allerdings ist nach damaliger Auffassung alles biblische und außerbiblische historische Geschehen der Auslegung bedürftig oder zumindest zugänglich, die dann die Erzählung geradezu überwuchern kann. Andererseits geht etwa die Homilie von einer Schriftstelle aus, die paraphrasierend nacherzählt werden kann, und bedient sich bisweilen – in späterer Zeit häufig – eingestreuter narrativer Exempla zur Illustration. Es kann bei der Typisierung hier wie allenthalben nie um ein Entweder-Oder gehen, sondern nur um eine Orientierung an den vorherrschenden, strukturbildenden Elementen.

Kaum weniger schwierig stellt sich die Binnengliederung der nicht-narrativen Texte dar. G. Vollmann-Profe hat in ihrer Literaturgeschichte zuletzt vorgeschlagen, „Formen der Rede", „in denen der Aspekt der Belehrung dominiert", solchen Typen gegenüberzustellen, „in denen die christliche Gemeinschaft oder auch der einzelne Gläubige unmittelbar sich des Heils zu vergewissern trachtet – betend, büßend, Gott und seine Heiligen verherrlichend: literarische Formen lyrischen Charakters wie Gebete, Klagen, Hymnen". Man könnte diese Differenz etwas primitiver, aber deshalb auch praktikabler – unter vorläufiger Vermeidung des durch die moderne Diskussion so belasteten Begriffs des Lyrischen – aus der verschiedenen Sprechhaltung begründen: Im ersten Fall tritt ein Ich einer Gemeinschaft gegenüber, der dieses Ich zwar entweder im weiteren Sinne – als Mitmensch – oder im engeren Sinn – als Gruppenmitglied (Mitbruder etc.) – angehört, die jedoch Adressat der Belehrung ist. Im zweiten Fall spricht ein Ich als Teil einer Gemeinschaft, in der es im Wir-Bewußtsein ganz aufgehen kann, zu einer transzendenten Instanz. Wiederum ist nur die dominante Haltung gemeint. Der zweite Typus, den man in einem weiteren Wortsinn durchaus Gebet nennen kann, liegt auch dann vor, wenn gelegentlich Belehrungen oder Erzählteile eingeschoben werden, nicht aber, wenn der Sprecher sich bloß da und dort, meist zu Anfang und Ende, direkt an Gott wendet.

Im Rahmen des ersten Typus heben sich noch Texte, die in erster Linie theologisches Wissen vermitteln, von solchen ab, die auf das rechte, das heilsgerechte Verhalten der Gläubigen zielen. Vorgeschlagene Begriffe „dogmatische Dichtung" oder „Reimtheologie" auf der einen, „Bußdichtung" oder „Reimpredigt" auf der anderen Seite sind durchaus vertretbar, ebenso wie auch andere, ältere Vorschläge. Keiner ist freilich ganz unmißverständlich. Ich entscheide mich für „Glaubenslehre in Versen" und „Lebenslehre in Versen", bin mir aber der Problematik auch dieser Benennungen bewußt.

Die erzählenden Texte haben ausschließlich die biblische Geschichte zum Inhalt. Die Unterscheidung nach den Stoffen des Alten und Neuen Testaments ergibt sich da von selbst.

Alttestamentliche Bibelepik

Nû fernemet, mîne lieben,
ich wil iu eine rede fore tuon.
ube mir got der guote
geruochet senten ze muote
daz ich chunne reden
alsô ich diu buoch hôre zelen,
sô wurde diu zala minnechlich:
dem gotes wuntere ist niweht glîch.

Nun vernehmt, meine Lieben, ich will vor euch etwas zu erzählen beginnen. Wenn mir der gute Gott gnädig die Eingebung senden will, daß ich so zu sprechen vermöchte, wie ich die Heiligen Schriften erzählen höre, dann würde die Erzählung köstlich ausfallen, denn dem göttlichen Wunder ist nichts gleich.

Mit diesen Versen setzt die schriftlich überlieferte deutsche Dichtung in unserem Raum erstmals ein, falls das Werk, dessen Anfangszeilen wir zitiert haben, wirklich hier entstanden ist. Dies läßt sich nur vermuten, desgleichen auch der Zeitpunkt der Abfassung. Man hat stets V. 287–290 des Werkes herangezogen, wo es (in Übersetzung) heißt:

Auch hat der König das Gewohnheitsrecht *(site)*, damit (mit einem Fingerring) das Bistum demjenigen Kleriker zu vermählen, den er zum Herrn (darin) machen will.

Dies ist nichts anderes als die berühmt-berüchtigte Laieninvestitur mit Ring und Stab (s. o. S. 53), die spätestens seit der Reformschrift Humberts von Moyenmoutier *Adversus simoniacos* (vor 1060) in Kreisen der päpstlichen Partei als durchaus unzulässig angesehen, von Gregor VII. in seinem Schreiben an den König 1075 ausdrücklich gerügt und schließlich im Wormser Konkordat 1122 vom König feierlich aufgegeben wurde. Vor dem letztgenannten Datum muß also das Werk allemal entstanden sein, aber wie lange vorher? Da wir den Autor nicht kennen, wissen wir auch nichts über seine Parteizugehörigkeit im Investiturstreit. Aus stilistisch-metrischen Gründen hat man zumeist 1060/1070 erwogen, was bedeuten würde, daß zum nächsten deutschen Werk unseres Raumes eine „Produktionslücke" von vierzig bis fünfzig Jahren anzunehmen wäre. Von einer kontinuierlichen Fortsetzung der Gattung der frühmittelhochdeutschen Bibelepik könnte dann kaum die Rede sein. Jene sprach- und versgeschichtlichen Argumente scheinen zu schwach, um diese große Lücke wirklich wahrscheinlich zu machen.

Denn was sind es für Verse, die hier nach dem zitierten Muster zu Hunderten aneinandergereiht werden? Kommt man vom sogenannten höfischen Reimpaar der „klassischen" mittelhochdeutschen Epik (seit Heinrich von Veldeke) her, so klingen sie äußerst unbeholfen. Neben reinen Reimen wie *guote: muote* stehen unreine wie *reden: zelen* und vage Assonanzen wie *lieben: tuon*. Die Einzelverse haben ganz unterschiedliche Länge. Im gesamten Werk weisen sie mindestens 3, höchstens 17, im Mittel 6–10 Silben auf. Die ganz überwiegenden Verse mittlerer Länge lassen sich zumeist mit vier sprachlichen Hebungen lesen, wie etwa V. 1:

Nú fernémet, míne líeben.

Die Rhythmisierung der kürzeren und längeren Verse ist in der Forschung dagegen durchaus umstritten. Man hat nicht nur die – später obligatorische – Viertaktigkeit als Richtmaß, sondern die Taktgliederung überhaupt in Zweifel gezogen. Klar scheint nur, daß die Verslänge nach syntaktischen Sinneinheiten variieren kann, also eine eher abgeleitete Größe ist. Da die Satzgrenze nun nicht selten am Ende eines Reimpaares liegt, hat man sogar an das Fortleben der alten binnengereimten Langzeile Otfrieds von Weißenburg geglaubt (F. Maurer), wogegen heftig polemisiert wurde (v. a. von W. Schröder). Eine solche Kontinuität ist alles andere als wahrscheinlich, waren damals doch Verse nach dem otfridischen Muster schon mehr als hundertfünfzig Jahre nicht mehr aufs Pergament gelangt, ja in unserem Raum wohl überhaupt noch nie. Näher liegt der Gedanke an das Vorbild mündlicher Dichtung, die sich aber nur indirekt aus Reflexen in geistlicher Dichtung der vorliegenden Art erschließen läßt – ein klassischer Zirkelschluß. Schließlich wurde das Modell der Tageszeitenliturgie geltend gemacht, genauer: die mit Singstimme rezitierten meist zwei-, selten dreiteiligen Psalmverse (U. Hennig, K. Bertau). Das setzt freilich die ursprüngliche Bestimmung für eine geistliche Gemeinschaft voraus, die bei dieser wie bei so gut wie allen frühmittelhochdeutschen geistlichen Dichtungen heftig umstritten ist. Zu erweisen ist sie tatsächlich in den seltensten Fällen. Auch wenn man dieser soziologischen Einordnung Wahrscheinlichkeit zubilligt, ergibt sich daraus der Vortrag der deutschen Verse nach Art der Psalmen keineswegs mit Notwendigkeit. Gewiß sind beiden stark wechselnde Länge und ein einfacher, parataktischer, von vielen Wiederholungen und Gleichläufen gekennzeichneter Stil eigen. Doch trifft dasselbe eben auch für die große Mehrzahl der *oral poetry* zu, die mit der Bibel sicher nichts zu tun hat. Vor allem fehlt den Psalmversen der Reim, der bei aller Unvollkommenheit doch für den deutschen Epenvers konstitutiv ist. Ob es sich dabei jeweils um die Bindung von Binnen- und Endreim einer Langzeile oder um Endreime zweier Kurzzeilen handelt, ist vielleicht eine reine Definitionsfrage. In jedem Fall bilden die durch den Reim gebundenen Redeteile auch eine Sinneinheit von mehr oder minder großer Selbständigkeit, wodurch der ästhetische Eindruck einer in ganz kleinen, stets neu einzusetzenden Schüben vorangetriebenen Erzählung entsteht. Natürlich ergeben sich außer den unzähligen kleinen Pausen zwischen den einzelnen, bisweilen auch zu zweit gebündelten Reimpaaren (oder Langzeilen) auch noch stärkere Einschnitte nach größeren Erzähl- bzw. Aussageeinheiten. Daß diese (häufig in den Handschriften durch größere Initialen angezeigten) Abschnitte ungleichzeilige Strophen, vergleichbar den Laissen der altfranzösischen Chanson de geste, gewesen seien, wie F. Maurer behauptet, mag bei dem einen oder anderen Gedicht vielleicht zutreffen, bleibt aber insgesamt unerweislich.

Sprechen nun aber nicht auch inhaltliche Argumente für eine möglichst enge Bindung an die monastische Sphäre? Das mit jenen zitierten Worten eingeleitete Werk, die nach der Überlieferung in der Wiener Handschrift 2721 so genannte **Wiener Genesis**, ist ja eine Nacherzählung des ersten Buches der Bibel; und Lesungen aus der Genesis sieht das neuzeitliche Brevier für die Vorfastenzeit vom Septuagesima-Sonntag (dem dritten Sonntag vor Aschermittwoch) bis Fastnacht vor. Nun stellt das Brevier, wie der Name *breviarium* besagt, eine Kurzfassung dar und beschränkt sich demgemäß auf die Kapitel 1–14 der Genesis. Im Mittelalter waren die Lesungen dagegen weit umfangreicher. In langen Winternächten bewältigte man oft in einer Matutin 15–20 Kapitel aus der Bibel. Allgemeingültige Normen gab es nicht. Besonders weit verbreitet war aber jene römische Lektionsordnung, die die Lesung des Heptateuchs (der fünf Bücher Mosis, der Bücher Josua und Richter, bisweilen unter Einschluß des kleinen Buches Ruth) für die Zeit vom Septuagesima-Sonntag bis zum Passionssonntag (zweiten Sonntag vor Ostern) vorsah. Für unseren Raum bezeugt den Brauch (ohne genaue Zeitangabe) der Admonter Prediger. Er beginnt seine zweite Homilie zu Stellen des Alten Testaments so:

In den heiligen Tagen des Fastens werden die fleischlichen Genüsse deshalb dem Körper entzogen, damit, während das Fleisch durch Fasten und die übrigen Kasteiungen schwer mitgenommen wird, der Geist sich heftiger erhebe in der Liebe zu Gott und Sehnsucht nach ihm und sich mehre an himmlischen und geistlichen Gütern. Daher werden in diesen heiligen Tagen die fünf Bücher Mosis unter Beifügung der beiden anderen, Josua und Richter, in der ganzen Kirche vorgelesen, damit sich das geistliche Verständnis und die geistlichen Genüsse, die in diesen Büchern verborgen gefunden werden, in Nahrung und Belebung einer jeden seligen Seele verwandeln.

Jede Tageszeitenliturgie der Benediktiner bestand grundsätzlich aus einer Anrufung Gottes, aus Psalmen mit Antiphonen, aus der Lesung mit Responsorium, einem

Gesang (Versikel, Hymnus etc.) und dem Kirchengebet des Tages. Als Lesung *(lectio)* dienten Abschnitte aus Bibel, Legenden, Homilien und Sermones (thematischen Predigten), wobei Schriftlesung und Auslegung zumeist, auf die drei Nokturnen der Matutin verteilt, aufeinander folgten. So schreibt z. B. Honorius Augustodunensis (1. Hälfte des 12. Jahrhunderts) in *De gemma animae*, daß „die nächtlichen Lektionen zur Matutin der Unterweisung der Unerfahrenen dienen und deshalb auch ausgelegt werden" (MPL 172, 669A). Daß dabei aber die Volkssprache verwendet wurde, ist offenbar nicht belegt und auch nicht eben wahrscheinlich. Entgegen einer weitverbreiteten Ansicht konnte das Officium divinum der Mönche und Nonnen (bzw. Chorherren und Chorfrauen) „nicht fallweise in lateinischer oder deutscher Sprache verrichtet werden, sondern war unbedingt an das Latein als Liturgiesprache gebunden" (J. Janota). Davon streng zu trennen sind die von der Benediktinerregel zwar ebenfalls vorgeschriebenen und auf geistliche Erbauung festgelegten, aber nicht zur Liturgie zählenden Tischlesungen. Obwohl auch dafür in den in Frage kommenden monastischen Unterweisungen, soweit ich sehe, die Volkssprache nicht empfohlen wird, war sie sicher nicht untersagt. Dasselbe galt wohl für die Lesungen zwischen Abendessen und Komplet, wofür Benedikt die *Unterredungen* Cassians oder die *Lebensbeschreibungen der Väter (Vitae Patrum)* oder „sonst etwas, was den Hörer erbaut", vorschreibt, den Heptateuch und das Buch der Könige aber ausschließt – „denn für schwache Gemüter ist es nicht gut, diese Schrifttexte zur Abendstunde zu hören; man lese sie aber zu anderen Zeiten" *(Regula Benedicti* 42, 3–4; Übers. v. B. Steidle). Gerade dort, wo am ehesten Platz für volkssprachlichen Vortrag im Leben geistlicher Gemeinschaften war, bei der Tischlesung, fehlte es also an genaueren Festlegungen auf bestimmte Inhalte und Vortragsformen. Daß da ein gewisser Gleichklang mit der Tageszeiten- und auch der Meßliturgie bestanden haben könnte, ist aber immerhin möglich. Nichts hindert somit, uns die *Wiener Genesis* als Tischlesung vorzustellen, nichts zwingt uns freilich dazu.

Das umfangreiche, über 6000 Kurzverse umfassende Gedicht erzählt, seiner biblischen Vorlage mit Auslassungen, Raffungen, Verbreiterungen und Zusätzen folgend, (I) Schöpfung und Sündenfall (1–1050), und zwar nach der Einleitung die Schaffung der zehn Engelschöre, den Sturz Lucifers und seines zehnten Chors und den Beschluß Gottes, zum Ersatz den Menschen zu schaffen (1–92), dann die Schöpfung von Himmel und Erde (93–170), Erschaffung und Sündenfall Adams und Evas (171–1050), als Teil II die Geschichte der Adamiten von Kain und Abel bis zur Sintflut (1051–1473a), als Teil III von den Nachkommen Noes bis Abrahams Tod (1474–2112), als Teil IV von Isaak und Jakob (2113–3414) und schließlich (V) von Joseph in Ägypten (3415–6060). Diese (von H. Kuhn vorgeschlagene) Gliederung ist nur eine der denkbaren. Ihr zufolge stünden am Ende von Teil I eine Aufforderung zur Buße und die typologische Verbindung vom Baum im Paradies und dem heilbringenden Kreuzesholz, am Ende von Teil II die typologische Auslegung des Regenbogens nach der Sintflut auf Wasser und Blut aus der Seite Christi, Symbolen der Eucharistie, die uns im Verein mit der Buße das Heil erwirkt, am Ende von Teil III, IV und V jeweils das Ruhen der Seligen im Schoße der Patriarchen, wobei nur einmal (IV) die Bußfertigkeit als Vorbedingung nicht ausdrücklich hinzugesetzt wird. Bei Teil V ist allerdings der anagogisch-eschatologische Hinweis auf die ewige Ruhe mit Abraham, Freude mit Isaak und Gottesschau mit Jakob an dessen irdisches Ende angeschlossen und der Tod Josephs als Anhang nachgetragen.

Vergleichbare Inkonsequenzen ergeben sich bei allen übrigen vorgeschlagenen Gliederungen des Werks. Eine bis ins Detail ausgefeilte Komposition läßt sich dem Werk schwerlich nachsagen. Schon gar nicht leuchten daher Versuche ein, den Aufbau des Ganzen oder von Teilen nach ästhetischen und/oder symbolischen Zahlenverhältnissen, wie er bei den Siebenzahlgedichten vorliegt (s. u. S. 126f.), zu erweisen (D. Hensing, H. Blinn). Zudem wäre ein solcher Aufbau nur dem Leser des Codex, nicht dem Zuhörer einsichtig gewesen.

Die Auswahl des Stoffes ist also in erster Linie von der inhaltlichen Aussageabsicht gesteuert. Der Autor entwirft das gesamte Panorama der Heilsgeschichte vom Ursprung der Welt und der Sünde bis zu den Letzten Dingen, Antichrist, Weltenende, Jüngstem Gericht und ewiger Seligkeit. Deren Grundbedingung, die Erlösungstat Christi, stellt er ebenso heraus wie die von jedem Menschen abverlangte Entscheidung gegen das Böse und dessen Abtötung in der Buße. Zur „historischen" Abrundung muß er einerseits die Erzählung vom Engelsturz und Chorersatz und andererseits zahlreiche Ausblicke auf Mitte und Ende der Heilsgeschichte einfügen. Verhältnismäßig selten wird der zukünftige Aspekt mittels typologischer Exegese aus dem alttestamentarischen Geschehen entwickelt. Nur einmal, gegen Ende des Werkes, verdichtet sich solches Verfahren zur ausführlichen Allegorese, bei den Weissagungen Jakobs über seine Söhne. Juda, dem hier gemäß Gen. 49,8–12 eine herrschaftliche Stellung gleich dem Löwen verheißen wird, bezeichnet Christus, der „alle unsere Feinde überwunden hat" (5559f.).

Als er zwei Tage im Grab geruht hatte, bestand am dritten Morgen für den Teufel Anlaß zur Sorge: Er erstand von dem Tode mit Leib und Seele, er fuhr mit Löwenkraft (hinab), die Hölle aufzubrechen. Den Teufel fesselte er, warf ihm einen Ring in den Mund, daß dem Ungeheuer stets das Maul offenstehe, damit der böse Hund, wenn wir wegen unserer Sünden in seinen Rachen kommen, den Mund nicht zumachen kann, sondern uns mittels Beichte und Buße gegen seinen Willen freiläßt (5585–5602).

Kann der Autor bereits hier den neuerlichen Hinweis auf Beichte und Buße nicht unterdrücken, so deutet er ein weiteres Detail des Segens („seine Zähne sind weißer als Milch": Gen. 49, 12–V. 5529f.) sogleich tropologisch auf die Prediger, die dem Volk die Lehre so wirksam zubereiten wie die Zähne die Nahrung dem Leib und so „weißer sind als die Milch, mit der man die Kinder ernährt, die noch keine feste Speise genießen können" (5635–38). Ähnlich geht er bei Jakobs Sohn Dan vor, obwohl die Antichrist-Typologie (s. o. S. 72) dominiert. Hier wie allenthalben besteht des Autors Eigenleistung nur in der Auswahl und geringfügigen Variation der reichen, im Kern konstanten Bibelexegese der Kirchenväter (v. a. Isidors von Sevilla und Gregors des Großen) und des auf ihnen aufbauenden Mittelalters. So gut wie alle wesentlichen Züge haben sich aus ihr herleiten lassen, so daß die Bedeutung literarischer Quellen wie der spätantiken lateinischen Bibelepen dagegen weit zurücktritt.

Der an sich bestechende Gedanke eines großen literarhistorischen Bogens von dem „christlichen Vergil" Juvencus mit seiner Hexameterparaphrase des Matthäusevangeliums (nach 313) über das *Carmen paschale (Ostergedicht)* des Sedulius (5. Jahrhundert), das Genesis-Exodus-Gedicht des Alcimus Avitus (um 500) und die versifizierte Apostelgeschichte des Arator (544) zum althochdeutschen *Evangelienbuch* Otfrieds von Weißenburg und dem altsächsischen *Heliand* und schließlich zur frühmittelhochdeutschen Bibeldichtung versieht diese mit einer allzu würdigen Ahnengalerie, der sie sich wohl nur sehr zum Teil verpflichtet gefühlt hat. Die genannten frühmittelalterlichen volkssprachlichen Werke lagen höchstwahrscheinlich überhaupt außerhalb des Gesichtskreises des 11./12. Jahrhunderts. Die lateinischen Autoren Sedulius und Arator (s. o. S. 43), seltener Juvencus, gehörten immerhin seit dem Frühmittelalter zur Schullektüre. Die Anrufung Gottes und die Bitte um die Gabe des Wortes am Beginn des Werkes, dieser kaum einem bibelepischen Gedicht fehlende Exordialtopos, mag so durchaus einer von Juvencus begründeten Tradition entstammen, die ihrerseits den klassisch-antiken Musenanruf ersetzt hatte. Ausgerechnet das Schöpfungsgedicht *De spiritalis historiae gestis* (*Von den Ereignissen der Heilsgeschichte*) des Avitus, das von der Forschung als Hauptquelle (neben der Bibel) für die *Wiener Genesis* namhaft gemacht worden ist, fehlt jedoch unter den gängigen Schulbüchern. Man tut daher gut daran, andere Quellen ins Spiel zu bringen. Ob sich Anleihen bei Avitus – vielleicht als Sekundärzitate – ganz ausschließen lassen, wird sich zeigen.

Besonders schwierig erscheint dies bei solchen Zutaten wie der anatomischen Beschreibung des Menschen oder den botanischen Namen der vielen Bäume, Blumen und Kräuter des Paradiesesgartens. Enzyklopädische Handbücher wie Isidors *Etymologien* boten aber auch dafür reiches Material. Obwohl sich darin sogar so kuriose, geradezu humoristisch anmutende Details finden wie die natürliche Bestimmung des kleinen Fingers zum Ausputzen der Ohren (V. 294 *daz er in daz ôre grubilet* – Is. Etym. 11,1,71 *quod eo aurem scalpimus*), spricht aus einer so einläßlichen und positiv wertenden Darstellung der irdischen Schöpfung eine wirklichkeitszugewandte Weltsicht, die fast an die aufklärerische Vorstellung von der besten aller Welten und aus diesem Geist genährte literarische Werke wie das Textbuch zu Joseph Haydns Oratorium *Die Schöpfung* gemahnt. Die Verderbnis durch die Sünden der Erzväter auszublenden, wäre unserem mittelalterlichen Dichter freilich nicht eingefallen. Schon bei der Erwähnung der Geschlechtsorgane fügt er hinzu: „Daß wir das nie nennen, womit wir Kinder zeugen, das kommt von den Sünden, so daß wir glauben, uns dafür schämen zu müssen" (365–368). Aber nicht nur die negativ gesehene geschlechtliche Begierde, die Plackerei des Lebens, das Gebären unter Schmerzen kommen von der Sünde, sondern auch die soziale Unfreiheit.

> 1529 *Von Chames sculde*
> *wurden allerêrist scalche.*
> *ê wâren si alle*
> *eben vrî unde edele.*

Durch die Schuld Hams [er hatte seinen Vater verspottet] entstanden zu allererst Knechte. Zuvor waren alle gleich frei und edel.

Die Nachkommen Sems und Japhets gelten somit weiterhin als adelig gemäß den mittelalterlichen Rechtsvorstellungen. Der Erzvater Jakob ist *ein êrlich recke* (ein ehrenhafter Held: 5128), seine Söhne sind *geboren fon einem adele* (4416). Joseph reitet in Begleitung vieler hochgemuter Ritter (*mit ime manich rîter gemeit*: 5060).

Das erinnert uns unmittelbar an bildliche Darstellungen, wo alt- und neutestamentliche Gestalten ganz selbstverständlich in mittelalterlichen Gewändern, Interieurs und Exterieurs agieren. Nur auf diese Weise vermag das biblische Geschehen auf den damaligen Betrachter unmittelbar zu wirken. Dieser soll und kann sich mit dem historischen Geschehen identifizieren, das ja nicht einfach vergangen, sondern in der Gegenwart heilswirksam, in wichtigen Etappen sogar liturgisch nachvollziehbar ist. Auch die Profangeschichte besitzt exemplarischen Gegenwartsbezug. Diese bewußte didaktische Absicht des Künstlers schließt natürlich keineswegs aus, daß ihm auch unfreiwillige Anachronismen unterlaufen. Kein Zwang zur historisch „richtigen" Rekonstruktion wirkt dem entgegen. Die vergangene Epoche in ihrer kulturellen Eigenart zu erfassen, wird erst der Renaissance zu einem Anliegen.

Zu dem gar nicht neuzeitlichen Geschichtsverständnis gesellt sich im Falle der alttestamentlichen Bibelepik des 11./12. Jahrhunderts „eine kulturmorphologische Affinität zwischen der heroischen Epoche des Judentums und der des christlichen Abendlandes" (M. Wehrli). Es war kein ideologischer Gewaltakt, wenn Karolinger, Ottonen, Salier ihre Herrschaft in dem Königtum Davids vorgeprägt sahen, wenn sie ihr Volk wie die Patriarchen, Richter und Könige Israels zu führen wähnten, waren die Christen doch das neue Israel, dessen „Verträge" mit Gott sie nun nach dem „Vertragsbruch" der Juden zu erfüllen hatten. Die Nachfolger der Apostel verwalteten nun die Ämter der alttestamentarischen Priester und Leviten. Sie ordneten das Verhältnis des neuen Gottesvolkes mit Gott nun genauso rechtsgültig, wie dies einst Moses und Aaron getan hatten. Das der irdischen Hierarchie analog vorgestellte lehensmäßige Verhältnis zu Gott (s. o. S. 50 u. ö.) entsprach in vielerlei Hinsicht der Vorstellung von dem Bund, den Gott mit Moses geschlossen hatte. Im Kampf gegen Ketzer und Heiden setzten die Christen nur Israels Kriege mit den Ägyptern, Moabitern, Philistern und vielen anderen fort. In einer so geordneten Welt mochten sich Adel und Klerus des 11./12. Jahrhunderts wohl leichter zurechtfinden als in den Verheißungen der Bergpredigt.

Bei den kleineren und größeren Retuschen, die der Autor der *Wiener Genesis* an der biblischen Erzählung vornimmt, läßt sich vielfach gar nicht sagen, ob er die Anschauungen seiner eigenen Zeit bewußt oder unbewußt in sie hineinlegt, so etwa wenn Abraham gemäß deutschem Brauch schon von vornherein Rebekka als Braut seines Sohnes vorsieht (1903ff.), statt dies der Fügung Gottes zu überlassen (Gen. 24,4–9), oder wenn Jakob und seine Söhne statt als demütige Bittsteller vor Pharao (Gen. 47,1–6) als Edle wie vor ihrem Lehensherrn auftreten (5125ff.). Häufig kehrt die Bemerkung wieder, dies oder jenes sei damals nicht anders gewesen als heutzutage. Was dagegen aus der Sicht des Bearbeiters gar zu fremd, unverständlich oder nebensächlich erschien, wird in der Regel einfach übergangen. Das gibt einesteils Gelegenheit, aus eigener Erfahrung das Geschehen lebendig und anschaulich zu entfalten – die Darstellung von bäuerlicher Arbeit, von Brautwerbung, Empfang, Abschied, Gelage, Totenklage zeugen davon –, andernteils jenes Geschehen jederzeit unmittelbar moraldidaktisch auf den Zuhörer (oder Leser) zu beziehen. Im Mittelpunkt steht dabei, wie wir gesehen haben, unzweifelhaft die Mahnung zu echter und vollständiger Buße. Damit werden wir wiederum auf die Vorbereitungszeit für das Osterfest, die Vorfasten- und Fastenzeit, verwiesen. Da sich die Mahnung an jedermann richten kann, ergibt sich jedoch daraus abermals keine ständische Zuordnung.

Alles in allem scheint mir trotzdem das Werk am ehesten in eine benediktinische Lebensatmosphäre zu passen. Dagegen spricht die relativ weltoffene Haltung keineswegs. Die Klöster waren Grundherren und Lehensträger. Der Rückzug der Patres aus der Laienseelsorge setzte im allgemeinen auch erst im Laufe des 12. Jahrhunderts ein. Daß jene Weltoffenheit ihre Grenzen hat, verheimlicht zudem der Autor keineswegs, wenn er etwa mit beredten Worten vor dem hochmütigen Streben nach weltlicher

Ehre und Herrschaft warnt (5697–5710). Die deutlichste Sprache spricht er jedoch anläßlich der Behandlung der Sexualität:

Den einen treibt der Teufel zur Begierde, zur geschlechtlichen Lust, so daß er völlig entflammt ist, bis er die Frau gewinnt. Die Virginität *(magettuom)* verliert er, das engelhafte Leben gibt er auf. Auf diese Weise hat er sich befleckt; der Teufel lacht darüber. Er ist unrein, er hat keine Gemeinschaft mehr mit heiligen Kindern noch mit Jungfrauen, die mit der Heiligen Maria stets in Freuden weilen, wie es diejenigen von Rechts wegen tun, die den Teufel überwinden (839–854).

So mochte vielleicht ein Regularkanoniker und Reformanhänger wie Gerhoch von Reichersberg sprechen (s. o. S. 68), der jedoch dann gewiß eine andere Haltung in der Investiturfrage eingenommen hätte als unser Dichter. So mußte aber selbstverständlich auch jemand, der selbst das Keuschheitsgelübde abgelegt hatte, zu Standesgenossen, Mönchen und Nonnen, reden. Den Konvent, an den sich die Worte gerichtet haben, ausfindig zu machen, ist natürlich aussichtslos. Nur eines läßt sich sagen: Ein Stützpunkt der Gregorianer kann er nicht gewesen sein.

Die *Wiener Genesis* geht den übrigen deutschen Dichtungen dieses Zeitabschnitts nicht nur zeitlich, sondern auch an Bedeutung voran. Was in dieser Pioniertat in ganzer Breite angelegt ist, wird zwar in diesem oder jenem Punkt von späteren Autoren vertieft, aber stets in einseitiger Weise. Die *Wiener Genesis* verbindet eine naive Erzählfreude mit reichen theologischen Zutaten. Daher die große Länge des Textes. –

Das Werk hat, sofern man solches für den damaligen Literaturbetrieb überhaupt behaupten darf, Schule gemacht. Es wurde als ganzes metrisch-stilistisch neu bearbeitet *(Millstätter Genesis)*, fast zur Hälfte ziemlich wortgetreu in die *Vorauer Bücher Mosis* übernommen (2648 Verse) und darüber hinaus vielfach zitiert (so von Frau Ava). Zuerst einmal aber hat man sie inhaltlich fortgesetzt. Diese **Altdeutsche Exodus** ist wie die *Genesis* in der Wiener und der Millstätter Hs. überliefert, braucht aber nicht wie jene zweifach benannt zu werden, da der Text im jüngeren Codex in diesem Fall keine Bearbeitung (s. u. S. 454), sondern nur eine Abschrift darstellt. Stil, Metrum und Reim des Originals wiesen hier bereits weit weniger archaische Freiheiten auf, so daß eine Neuformung nicht dringlich erscheinen mochte. Man denkt sich die 3316 Verse der *Exodus* in den ersten Jahrzehnten des neuen Jahrhunderts, zumeist um 1120, entstanden. (Obwohl d e r Exodus als Fremdwort in der Gegenwartssprache üblich ist, heißt das biblische Buch und seine Nachdichtung in der Forschung gemäß dem griechischen Grundwort d i e Exodus.)

Abgesehen von Anfang und Schluß begnügt sich der Autor der *Altdeutschen Exodus* im Gegensatz zu allen Dichterkollegen der Epoche völlig mit der Nacherzählung der alttestamentarischen Vorgänge, d. h. in diesem Fall der ersten fünfzehn Kapitel des zweiten Buches Mosis (Geschichte der Israeliten vor ihrer Bedrückung und der Geburt des Moses bis zu ihrer Freilassung aufgrund der zehn Plagen und zur Vernichtung der Ägypter im Roten Meer). Die Anlehnung an den Vulgata-Text ist ziemlich eng. Zusätze fehlen freilich keineswegs. Epische Szenen wie Empfang und Abschied etwa werden breiter ausgestaltet – ebenso wie in der *Wiener Genesis*. Weit stärker als in dieser sticht aber die „Verritterung" des Geschehens ins Auge. Schon am Beginn der Erzählung wird das Entwürdigende der Knechtsarbeit der Juden hervorgehoben, da diese ja *hêrlîche chnechte* (129), *uon adele geborn* (127) gewesen seien und nun mit *handen uile wîzzen* (131: „mit gar weißen Händen") als Maurer schuften mußten. Als sie dann gegen Ende unter Mosis Führung ausziehen, da formiert sich ein Heereszug von großer Schönheit:

> 2879 *manige halsperge wîzze*
> *die fuorten si ze ulîzze,*
> *manigen eislîchen scaft,*
> *si wâren unnôthaft.*
> *helm unde brunne*
> *die scinen sam diu gimme,*
> *si lûhten sam der sterne,*
> *die chôs man alsô uerre;*
> *sarwât diu wîzze*
> *geworht was si mit ulîzze*
> *mit rôteme golde* [...]

Sie trugen im Wetteifer viele helle Rüstungen, viele furchterregende Lanzen. Sie litten keine Not. Helm und Brustpanzer glänzten wie der Edelstein. Sie leuchteten wie der Stern; man nahm sie aus weiter Ferne wahr. Das helle Kriegsgewand war sorgfältig aus rotem Golde gefertigt [...]

In dieser Form werden im folgenden die stählernen Beinschienen, die langen Spieße, die breiten Schilde, die Feldzeichen, die scharfen Schwerter mit ihren kostbaren Griffen vorgestellt (2889–2926). Nicht weniger prächtig ist der Heereszug der Ägypter ausgestattet, nur daß diese Mohren (!) sich in ihrem Hochmut aufblähen, während die Juden frei von dieser Sünde bleiben. Selbst die Kröten und Heuschrecken in der zweiten und achten Plage kommen wie Heerscharen daher. Bei dem *herige uile chleinime* („gar zierlichen Heer": 1340) der Kröten nennt der Autor ausführlich alle fehlenden Ausstattungsstücke, Schilder, Schwerter usw., gebraucht also einen Vergleich ex negativo. Die Heuschrecken nennt er zwar metaphorisch Krieger und Helden (2176f. *uil guote wîgande,/uil snelle helede*), führt dann aber nur ihre natürliche Tätigkeit des Fressens vor. Da es ähnliche Heeresbeschreibungen (wie die drei erstgenannten) in solcher Ausführlichkeit in der frühmittelhochdeutschen Dichtung sonst nicht gibt, hat man mit Recht Anlehnung an verlorene mündliche Heldendichtung erwogen (O. Pniower). Ausgerechnet mitten in der längsten dieser Schilderungen werden nun die Zuhörer angeredet: *Nû uernemet, mîne hêrren,/ ich wil iw* („euch") *sagen mêre* (= *maere* „Kunde") (2907f.). Könnte dies nicht eine der üblichen Apostrophen aus mündlicher Dichtung gewesen sein? Dann ließe sich die Frage, ob hier, in der *Exodus*, die Anrede dem Publikum wirklich zukam, gar nicht entscheiden. An sich hätten nur weltliche Adelige und Kleriker mit höheren Weihen Anspruch darauf gehabt.

Daß das Werk nur oder vor allem für jene bestimmt gewesen sei, hat man eben aus der „Verritterung" und dem Fehlen der spirituellen Auslegung geschlossen. An eine solche überhaupt zu denken, legen außer unspezifischen Anspielungen auf die tiefere Bedeutung biblischer Namen und Sachen (602, 1140, 2490) nur Einleitung und Schluß nahe. Zu Anfang kündet der Dichter etwas aus jenen Büchern an, in denen wir die Ehre des Himmelskönigs und seine erhabenen Werke aufsuchen sollen (1ff.), hierauf bittet er Gott, ihm mit seiner Weisheit bei der Umsetzung des Lateinischen ins Deutsche beizustehen (17–20) und ihm seinen Heiligen Geist, den Helfer (*paraclitus*), zu senden, der ihm die Fesseln lösen möge, damit er sprechen könne (29–32). Das gemahnt deutlich an das Psalmenwort „Herr, du wirst meine Lippen öffnen (und mein Mund wird dein Lob verkünden)" – *Domine, labia mea aperies, et os meum adnuntiabit laudem tuam* (Ps. 50,17), das Benedikt für den Beginn der Tischlesung vorschreibt (*Regula Benedicti*, Kap. 38). Das Ende der *Exodus* schließt daran an. Zuerst werden die Zuhörer ermahnt:

>   3297 *mit ime* [= Moses] *sô tuo wir same,*
>   *daz ouch wir muozzen uarn*
>   *uon diseme ellende*
>   *heim ze deme lande,*
>   *zuo der himelisken Jerusalem.*
>   *ir sprechet alle AMEN.*

Mit ihm handeln wir gemeinsam so, daß auch wir von dieser Fremde nach Hause in das [=unser] Land, ins himmlische Jerusalem, gelangen mögen. Sagt alle: Amen.

Schließlich dankt der Dichter dem Heiligen Geist, daß er ihm geholfen hat, auf deutsch die Freude des Gottesvolkes „an diesem heutigen Tage" zu künden, und verspricht ihm dafür beständige Lobpreisungen (*gloriam laudis:* 3316). Das erinnert an den Vers *Laus tibi, Domine, Rex aeternae gloriae* („Lob dir, Herr, König des ewigen Ruhmes"), der in der Zeit vom Septuagesima-Sonntag bis Gründonnerstag das Alleluja nach dem Graduale im römischen Brevier ersetzt und in der *Wiener Genesis* wörtlich (V. 1050) zitiert wird. Aber die berühmte typologische Verbindung von Taufe und Durchzug durchs Rote Meer ist hinter der allgemeinen tropologisch-anagogischen Auslegung (3297ff.) nur undeutlich erkennbar, und die übrigen ebenso prominenten Typologien (Passahlamm – Christus, Würgeengel – Christus) sind bestenfalls zu erahnen. Wenn das Werk in österlicher Zeit im Rahmen einer geistlichen Gemeinschaft vorgetragen wurde, so ergaben sich die genannten sprituellen Bezüge natürlich von selbst. Soll man ihr Verschweigen als besondere Raffinesse gegenüber Eingeweihten deuten oder doch als Rücksicht auf die ungebildeten Laienbrüder oder gar auf adelige Laien in der „Welt"? Vielleicht wollte sich der Autor alle Möglichkeiten offenhalten. Vertrautheit mit weltlicher Heldendichtung konnte er jedenfalls mit großer Wahrscheinlichkeit voraussetzen – hier wie dort. Daß ein Geistlicher den Kriegeradel mit diesem Werk für einen Kreuzzug begeistern wollte (D. Green), hat dagegen wenig für sich. Während ein klerikales Publikum den österlichen Bezug natürlich von sich aus ergänzen konnte, hätte ein weltliches eine typologische Verbindung des Auszugs der Juden mit dem Kreuzzug, wie sie in der Kreuzzugspropaganda tatsächlich mehrfach auftaucht, von selbst nicht herstellen können, sondern bereits im Text vorfinden müssen. Doch wird man sagen können, daß kein anderes deutsches Werk dieses Zeitabschnitts der Mentalität des Kriegeradels so nahekommt wie die *Altdeutsche Exodus*.

Die Millstätter Handschrift von ca. 1200 oder später – zu ihrem Inhalt s. u. S. 454 – bietet, wie gesagt, Genesis und Exodus in von der Wiener Handschrift etwas abweichender Textgestalt, die es aber nur bei der **Millstätter Genesis** geraten erscheinen läßt, von einer Neubearbeitung zu sprechen. Auch hier sind es jedoch rein sprachliche, stilistische und metrische Eingriffe, die den Sinn der einzelnen Aussagen zumeist wenig, Inhalt und Tendenz des Gesamtwerkes gar nicht antasten. Die Freiheit der Senkungsfüllung und der Hebungszahl wird etwas eingeschränkt, veraltete Wörter, Fügungen und Reime werden ausgewechselt. Das führt bisweilen zu Umdichtungen ganzer Zeilen, die dann häufig eher störend wirken, so etwa wenn die einfachen Verse 103f. der *Wiener Genesis: dô er dô gesach/daz (daz) lieht guot was* nun erscheinen als *do er do daz gesach,/daz lieht was des mennischen gemach*

(Diemer 2,25). Damit ist der Reim zwar rein, aber das Licht zur Annehmlichkeit für den Menschen geworden, obwohl dieser zu dem Zeitpunkt noch gar nicht geschaffen ist. Einen poetischen Gewinn bedeuten die Änderungen ganz selten. Auch wo sie nicht mißglückt sind, wirken sie fast immer flacher. Wirklich wertvoll ist die Handschrift nur dort, wo sie altes Gut der gemeinsamen Vorlage im Gegensatz zum Wiener Codex bewahrt hat. Doch sind solche Stellen nicht leicht auszumachen. Die *Millstätter Genesis* könnte zusammen mit der ziemlich unveränderten Wiedergabe der *Altdeutschen Exodus* und dem in der Handschrift dazwischenstehenden *Vers-Physiologus* (s. u. S. 124) etwa gegen 1130 entstanden sein. –

Ist schon diese Datierung äußerst fraglich, so noch weit mehr die der sogenannten **Vorauer Bücher Mosis.** Die unter dieser vom Herausgeber gewählten Bezeichnung (mit der Namensform Moses, Nominativ, bzw. Mosis, Genitiv, während im Text selbst die Form der Vulgata, Moyses, gebraucht wird) laufenden fünf Einzelstücke sind gegen Ende des 12. Jahrhunderts in die Vorauer Handschrift eingetragen worden. Der handschriftliche Befund legt die Annahme nahe, daß der Schreiber des Codex ein bereits fertiges Ganzes mit seinen Lücken und Fehlern als Vorlage benützt hat. Da dieses Ganze einerseits nach einem einheitlichen, uns freilich nur teilweise einleuchtenden Stoffplan und in einheitlicher Orthographie angelegt, andererseits in sich nach Form und Inhalt durchaus disparat erscheint, hat man an eine Gemeinschaftsarbeit von Brüdern einer geistlichen Gemeinschaft des Donautales (oder Kärntens) in den Jahren 1130–40 gedacht.

Den Komplex eröffnet die **Vorauer Genesis,** eine stark kürzende und freie Nacherzählung von Genesis, Kapitel 1–36. Trotz gelegentlicher Anklänge an die *Wiener* (bzw. *Millstätter*) *Genesis* haben die beiden Werke wenig gemein. Die ältere Forschung hat bemängelt, „daß dieser Dichter den anheimelnden Ton des Volksmäßigen und Gegenwärtigen nicht getroffen hat" (G. Ehrismann). Es sieht so aus, als habe dieser klerikale Autor die heilsgeschichtlichen Ereignisse von der Erschaffung der Engelschöre und dem Sturz Lucifers (die auch hier dem biblischen Bericht vorausgehen) bis zur Geburt von Jakobs jüngstem Sohn Benjamin seinen Mitbrüdern nur kurz in Erinnerung rufen wollen – wofür die *Wiener Genesis* 3444 Kurzverse aufgewendet hatte, dafür braucht er nur 1290 –, um sogleich den Gegenwartsbezug und die Nachvollziehbarkeit des Geschehens herauszuarbeiten. Das geschieht zumeist durch simple Erzählerbemerkungen: „Zum Knecht wurde der adelige Mann (= Adam durch den Sündenfall), der neue Adam (= Christus) machte ihn wieder frei" (Diemer 9,28–10,2). „Zweiundsiebzig Sprachen gab er ihnen damals (= Gott den Menschen, die den Turm von Babel bauen wollten), immer noch besteht die Welt so" (15,22–24). „Zu einem Stein wurde sie dort (= Lots Frau vor Sodom), in eine Salzsäule verwandelt... Immer noch steht sie dort" (17,27–18,4). „Damals in jenen Zeiten herrschte noch Schamgefühl unter den Frauen. Die Herrin (= Abrahams Frau) war nicht dort vorne (= bei den Gästen)" (18,22–24). Bisweilen greift der Autor aber zum Mittel der spirituellen Auslegung, so bei den Engelschören, bei den drei Besuchern Abrahams (dem Bild der Trinität), bei der Neugierde von Lots Weib, bei der Abraham verheißenen Nachkommenschaft, bei den Hirten der Herde Jakobs. Im letztgenannten Fall hat er die Erzählpassage von den Hirten, die das nach allen Seiten ausbrechende Vieh mit Schlägen zurücktreiben, in den Bericht von Genesis, Kapitel 33, erst eingefügt, um sie dann auszulegen:

Ebenso verfahren die guten Hirten, die die Herde Gottes führen. Als vorderste Schar wollen die Heuchler gehen. Wollen sie hinten nachgehen, so könnt ihr darunter ihre Schlechtigkeit verstehen. Es sind die Kinder auf der linken Seite, die unverhohlen böse sind. Die rechts gehen wollen, die bringt ihr Mutwille dorthin. Ihnen allen soll man wehren, wenn sie ihre Seele retten sollen (29,27–30,6).

Angesichts solcher Allegoresen ist es gewiß berechtigt, von „Statik und Beziehungslosigkeit" und einer „auch syntaktisch allzu schlichten Komposition" (H. Freytag) zu sprechen. Im Original sind die Sätze noch weit härter gefügt als in dem möglichst wörtlichen, aber doch bereits verdeutlichenden Übertragungsversuch. Die Tendenz, die Bedeutung der geistlichen Führer herauszustellen, liegt aber klar zutage. Sind sie wichtige Adressaten des Textes? –

Jacob buwen (wohnen) *began
in dem lande ze Chanan,*

so beginnt das zweite Stück, der **Vorauer Joseph**. Das ist eine Umreimung der Zeilen der *Wiener Genesis* 3445f.:

*Jacob begunde bûwen
in deme lante Chanaan.*

Auf diese Weise wird die gesamte Josephsgeschichte aus dem älteren Gedicht (V. 3445–6060) übernommen, nicht selten sogar getreuer als in der *Millstätter Genesis* (die z. B. dieselben Verse 3445f. in umgekehrter Reihenfolge neu gereimt hat). Allerdings begegnen viele Flüchtigkeitsfehler, die den textkritischen Wert der Handschrift beeinträchtigen. An sich könnte sie zur Rekonstruktion eines „Urtextes" beitragen, da sie wohl aus jener Quelle geschöpft hat, die auch der gemeinsamen Vorlage von W und M zugrundelag (s. o. S. 101). Es handelt sich beim *Joseph* also um kein Originalwerk. Es ist ersatzweise – aus Zeitmangel? – zwischen die Bearbeitungen von Genesis 36 und Exodus 1 eingeschoben worden, um die Kompilation als fortlaufenden biblischen Bericht erscheinen zu lassen. Geeignet mochte es vor allem durch die einläßliche typologische Exegese der Weissagungen Jakobs (s. o. S. 106) erscheinen. –

Was in der *Wiener Genesis* die Ausnahme bildet, wird im folgenden Stück, dem **Vorauer Moses,** weithin die Regel. Die spirituelle Exegese überwuchert nun sogar fast durchweg die Erzählung. Die biblischen Fakten von der Geburt Mosis bis zu seinem Tod und der Eroberung Jerichos durch Josua (vor allem nach dem Buch Exodus, im letzten Teil auch nach den Büchern Numeri und Josua) bilden zwar noch das Gerüst der Darstellung, ja sie werden sogar noch durch außerbiblisches Legendenmaterial (s. u.) vermehrt, aber die an dem dünnen Gerüst aufgehängten Deutungen prägen doch das Gesamtbild der 1374 Kurzverse. Wie üblich, überwiegt die moralisch-tropologische Auslegung: Die zehn ägyptischen Plagen sind die Sünden der Menschen; auch Ägypten ist die Sünde, regiert von Pharao, dem Teufel; aus diesem Land soll der Christ fliehen; die drei Tagesreisen der Flucht der Israeliten bezeichnen die guten Werke, das fromme Schweigen, die reinen Gedanken. Der Opferweihrauch meint einmal das Gebet, ein anderes Mal die Tränen der Reue und so fort.

Erstaunlich reichlich fließt aber auch der Strom der heilsgeschichtlichen Allegorese, deren einzelne, nicht leicht unterscheidbare Varianten oft mit tropologischen

Deutungen gekoppelt erscheinen. Wenn z. B. der in eine Schlange verwandelte Stab Mosis den Typus des Kreuzes Christi darstellt, so wird zugleich der Christ aufgefordert, das Kreuz auf sich zu nehmen, also durch sein moralisches Verhalten der Schlange, dem Teufel, zu entgehen (Diemer 35,12–18). Neben solchen typologischen Beziehungen auf Christus (wie auch beim Passahlamm) stehen ekklesiologische Deutungen auf einzelne Sakramente (Manna = eucharistische Speise usw.), auf die Kirche, ihre Vorboten (Patriarchen, Propheten) und edelsten Repräsentanten, die Apostel, Märtyrer, Bekenner, Jungfrauen usw. Sie gehören zwar durchaus noch in den heilsgeschichtlichen Deutungsrahmen, stellen aber insbesondere das Heilswirken der Kirche heraus, das sich auch hier und jetzt durch ihre Amtsträger vollzieht. Hinter dem Text wird auch mehrfach die Liturgie sichtbar, so etwa die Verwendung der weißen Ornatfarbe an den Festen der Bekenner, die nach Aussage des Autors von dem weißen Tuch in der Stiftshütte bezeichnet werden (59,9–15), oder diverse Gebetsformeln wie die bei der Wasserweihe in der Osternacht, wo auf das bittere Wasser von Mara (51,3–52,3 nach Exodus 15,22–25) angespielt wird.

Der in der Liturgie mehrfach verwendete Siegesgesang des Moses wird sogar mit den lateinischen Anfangsworten zitiert. Mochten diese vielleicht auch Laien aus dem Gottesdienst bekannt sein, so macht ein anderes, nicht-liturgisches, elf Zeilen langes lateinisches Zitat einen ausgesprochen esoterischen Eindruck, der vom Autor auch noch ausdrücklich unterstrichen wird: „Wer es begreifen will, der muß alle seine Sinne wecken" (66,26f.). Das Zitat enthält die geheime Offenbarung Gottes an den sterbenden Moses über die Dauer der Weltzeit und stammt aus den *Biblischen Altertümern* des Pseudo-Philo, die auch noch an anderer Stelle zu Rate gezogen werden. Dieser ursprünglich hebräische Text des 1. Jahrhunderts n. Chr., der nur in lateinischer Gestalt erhalten ist, war im Mittelalter ziemlich verbreitet und auch in unserem Raum im frühen 12. Jahrhundert bekannt, wie ein Admonter Codex des 11. Jahrhunderts beweist. Eine andere rabbinische Legende ist Flavius Josephus entnommen, jedoch nur ihr erster Teil, der zweite ist auf Latein nur in der *Historia scholastica* des Franzosen Petrus Comestor nachzuweisen. Diese fürderhin vielbenutzte, ausführliche und kommentierende Darstellung der alt- und neutestamentarischen Geschichte nach biblischen und außerbiblischen Quellen entstand jedoch erst um 1170. Wenn unser Autor also sein Wissen nicht aus einer älteren verlorenen Quelle oder aus persönlichem Kontakt mit jüdischen Kreisen bezogen hat – was D. A. Wells, dem wir die Nachweise verdanken, immerhin für möglich hält –, so muß man das Werk um mindestens 40 Jahre später datieren. Nicht solche chronologischen Schwierigkeiten bereitet dagegen die Hauptquelle für die allegoretischen Partien, die sogenannte *Glossa ordinaria,* eine im Laufe der ersten Jahrhunderthälfte aus älteren und neueren Teilen zusammengestellte fortlaufende Erklärung der gesamten Bibel.

Die Auswahl der Quellen und vor allem ihre Verarbeitung schließen ein weltliches Publikum noch eindeutiger als bei der *Vorauer Genesis* aus. Die biblischen Fakten brauchten bei einem klerikalen Hörer- und Leserkreis eben gerade nur angespielt zu werden, ja gewisse gängige Allegoresen durften ebenfalls als bekannt vorausgesetzt und sogar gelegentlich gleich an die Stelle des historischen Berichts gesetzt werden. Wieweit der ziemlich primitive Stil von den Psalmen der Vulgata angeregt sein könnte (D. A. Wells), bleibe dahingestellt. Eher scheint der Drang zur Sachinformation in Glaubens- und Moralfragen jeden ästhetischen Impetus unterdrückt zu haben. –

Etwas stärker tritt dieser in den beiden folgenden Stücken zutage. Obwohl sie beide ohne Zeilenwechsel und Schmuckinitiale in der Vorauer Handschrift auf den *Moses* folgen, sind sie in der Forschung stets als selbständige Gedichte aufgefaßt worden. Das erste, bekannt unter dem Titel **Vorauer Marienlob**, besteht offenbar aus fünf etwa gleich langen, jeweils 20 bis 26 Kurzverse umfassenden Strophen oder Abschnitten. In allen bilden die messianischen Weissagungen des Propheten Jesaja/Isaias (11,1–5) den Ausgangspunkt. Strophe I formuliert das doppelte Paradoxon von der Jungfrauengeburt Jesu Christi und der Mutterschaft Marias, die zugleich Tochter ihres Kindes, d. h. Gottes, ist. In Strophe II wird gemäß den Angaben des Alten und Neuen Testaments eine genealogische Linie von Jesse, dem Vater Davids, zu Jesus gezogen. Die Betonung liegt dabei auf der Typologie (David–Christus). Strophe III setzt die Blume aus der Wurzel Jesse gleich mit der Lilie des Hohenliedes 2,1 und beide mit Christus, dem nun die sieben Gaben des Heiligen Geistes (Isaias 11,2–3) zugeteilt werden. War bisher der Name Christi vermieden und stets umschrieben worden, so fällt er in Strophe V und wird in Strophe IV durch *den einbornen sun unser frowen sancte Marjun* vorweggenommen. Strophe IV bezeichnet diese ausdrücklich als die *gerte* (*virga* bei Isaias), aus der die *bluome*, eben der Sohn Gottes, hervorging, und stellt dann über die Allegorese der Isaiasworte den Bezug zur Göttlichkeit und eschatologischen Richterfunktion Christi her. Strophe V schließlich spricht Maria direkt an, als Jungfrau, Himmelskönigin, Gottes Gebärerin und Amme, und identifiziert sie dann mit der Braut des Hohenliedes, die der Blume des Feldes gleicht, unvergleichlichen Duft verströmt, Honig und Milch unter der Zunge trägt (Cant. 2,1; 4,10f.).

Alle Allegorien und Allegoresen des Gedichtes haben sich in der lateinischen Bibelexegese nachweisen lassen, wenngleich nicht alle zugleich in einem Text, der dann die Vorlage für das *Vorauer Marienlob* gewesen sein könnte. Unabweisbar aber ist die Verbindung mit Liturgie und Predigt zum Fest Mariä Verkündigung am 25. März. Eine solche Predigt ist u. a. auch in den *Admonter Predigten* überliefert, die auch in einigen Details der Allegorese mit unserem Gedicht zusammengehen. Ausgangspunkt ist in allen Fällen Isaias 11,1–5. Diese biblischen Sätze werden nicht nur in der Meßliturgie verwendet, „und zwar anstelle des Graduale, wenn das Marienfest in die österliche Zeit fällt" (H. Freytag), sondern auch stets als Lesung in der Tageszeitenliturgie des Marienfestes. An eine liturgische Verwendung des deutschen Textes ist gleichwohl aus den oben genannten Gründen (s. o. S. 105) nicht zu denken, auch wenn das Gedicht der Gattung der Hymne (s. o. S. 95ff. und unten S. 134ff.) nahesteht, ja am Ende ganz in eine solche einzumünden scheint. Wird dergestalt der „exegetische Grundcharakter des Allegoriegebrauches… charakteristisch überlagert von einem mehr poetischen Gebrauch der Allegorie als eines Mittels der Komposition, der ebenso knappen wie beziehungsreichen und verschlüsselten Darbietung der Gedanken" (H. Freytag), so scheint jener Charakter doch immer noch durch. Das Gedicht erweist sich so als Gebilde des Übergangs vom Bibelkommentar zum feierlichen Gebet, aber auch, dem Inhalt nach, vom Preis Christi – Mariä Verkündigung war ursprünglich ein Fest des Herrn und ist es jetzt wieder! – zur Marienverehrung, deren zaghafte Herauslösung aus der Christologie im Laufe des 12. Jahrhunderts wir hier gleichsam mit Händen greifen können. –

Was das *Vorauer Marienlob* besonders als Fremdkörper innerhalb der *Vorauer Bücher Mosis* erscheinen läßt, ist die Rückkehr des folgenden Gedichts, des *Vorauer*

Balaam, zur erzählenden Bibelparaphrase des Buches Numeri, das bereits im *Vorauer Moses* gelegentlich herangezogen worden war. Die Prophetien des Isaias hatten dagegen für Erzählung keinen Anlaß gegeben, so daß nicht etwa eine Mischung aus Bibelepik und Lobpreisung entstand, wie sie schon in der lateinischen Spätantike, z. B. bei Dracontius, begegnet.

Der *Balaam* besteht aus zwei inhaltlich und darstellungstechnisch durchaus verschiedenen, nur mit einem Kunstgriff verbundenen Teilen. Teil I erzählt gemäß Numeri 22, wie der heidnische Prophet Balaam (Bileam), von den Moabitern zu Hilfe gerufen, um Israel zu verfluchen, auf seinem Ritt einem Engel des Herrn begegnet, der sich aber zuerst Balaams Esel offenbart und ihm die Gabe des Sprechens verleiht, ehe er dem Propheten selbst seinen Willen kundtut. Als nun Balaam zum König der Moabiter gelangt, zeigt ihm dieser von einem Berg aus das Lager der Israeliten. Das gibt dem Autor Gelegenheit, eine Beschreibung dieses Lagers mit den 12 Stämmen Israels und der Stiftshütte aus anderen Stellen des Buches Numeri und aus dem Buch Exodus einzufügen, die nun teilweise reichlich allegoretisch ausgelegt werden. Dabei erweist sich die Stiftshüttenallegorese als so etwas wie die nachträgliche Ergänzung von Details, die im *Moses* noch gefehlt haben. Andererseits begegnen zwei aus der Exegese der Väter vertraute Typen für Jesu Geburt aus der Jungfrau Maria (79,16; 80,16), die angeblich wunderbare Verwandlung des Manna in Würmer aus Exodus 16,20 und der grünende Stab des Leviten Aaron aus Numeri 17,8, die man mit Recht mit dem *Marienlob* in Verbindung gebracht hat. Jene Stelle Numeri 24,17 „Es wird ein Stern aus Jakob aufgehen und ein Stab *(virga)* sich erheben aus Israel", die den Bezug auf Mariä Verkündigung erst so recht klar hätte machen können, fehlt jedoch, da der *Balaam* zuvor ziemlich unvermittelt abbricht. Nach der Stiftshüttenallegorese wird die Balaamerzählung nur noch mit sechs Zeilen abgeschlossen: Angesichts der Zelte der Israeliten spricht der Prophet keinen Fluch, sondern einen Segen. Das wirkt wenig gekonnt. Erzählerbemerkungen, die auch zuvor schon auf den Schluß drängen, zeigen aber, daß hier nichts in der Überlieferung verlorengegangen ist. Daß die handlungsmäßige Klammer überhaupt geschlossen ist, mag man loben, die Perspektive aber gleich mit der Mauerschau in der *Ilias* zu assoziieren, scheint mir reichlich kühn. Mehr Geschick als im *Moses* ist hier freilich allemal am Werk.

Was nun den *Balaam*, ein Gedicht von 450 Versen, das sich, dem Typ nach, lateinischen Kurzepen über biblische Einzelereignisse (wie etwa Jonas und den Walfisch) aus Spätantike und Frühmittelalter vergleichen ließe, mit dem kommentarhafthymnischen *Marienlob* und den drei völlig verschieden erzählten Bibelepen *Genesis, Joseph* und *Moses* insgesamt verbindet, ist im Grunde nur der fastenzeitliche Lektürekanon des Offiziums, also der Pentateuch bzw. Heptateuch, zu dem eben auch Isaias 11,1–5 hinzukam, wenn Mariä Verkündigung in die Zeit vor dem Passionssonntag fiel, was nicht selten der Fall war. Daß dies als ästhetisches Prinzip einer einheitlichen Konzeption gelten könne, wird niemand behaupten wollen. Nichts hindert aber, die fortlaufende Lektüre aller fünf Stücke der *Vorauer Bücher Mosis* bei Tisch in einer geistlichen Gemeinschaft, also eine Einheit im Gebrauch, anzunehmen.

Neutestamentliche Bibelepik

Mit den auf den nächsten Seiten zu besprechenden vier Werken betreten wir nun endlich etwas sichereren Boden, was den „Sitz im Leben" betrifft. Am Ende der zusammen überlieferten und wohl als Zyklus konzipierten heilsgeschichtlichen Gedichte nennt sich die Verfasserin mit Namen – sie heißt **Ava** – und zwar nur, um die Leser zu bitten, für sie und ihre beiden Söhne zu beten, deren einer schon gestorben, deren anderer noch am Leben sei. Sie *dihtôte* (dichtete, diktierte, schrieb) dieses *buoch*, sagt sie, aber ihre beiden Söhne *sageten ir disen sin* (*Jüngstes Gericht*, V. 395), deuteten ihr den Sinn, offenbar aufgrund theologischer Kenntnisse. Sie werden also Kleriker gewesen sein. Diese persönlichen Schlußworte sind nur in der *Vorauer Handschrift* bewahrt. Vielleicht war dem Schreiber der Name noch ein Begriff. Die zweite Handschrift (verschollen, zuletzt in Görlitz) aus dem 14. Jahrhundert hat den Schlußabschnitt weggelassen, dafür aber das erste, in V fehlende Stück des Zyklus, den *Johannes*, überliefert. Im 12. Jahrhundert gab es eine offenbar weithin bekannte Persönlichkeit des Namens Ava, denn die *Melker Annalen* (s. o. S. 84f.) verzeichnen ihren Tod zum Jahr 1127, und andere Annalen haben die Notiz übernommen. Ihren Ruhm verdankte sie gewiß ihrer Lebensweise als Inkluse, als „Eingeschlossene". Als *Ava inclusa* erscheint sie in den *Annalen*. Wie solche Inklusen, deren das Melker Totenbuch noch weitere verzeichnet, ihr Dasein verbrachten, können wir aus einem im 17. Jahrhundert im Augustiner-Chorherrenstift Baumburg (im Chiemgau) aufgefundenen, vermutlich aus frühmittelalterlicher Zeit (aus Irland?) stammenden ganz kurzen *Ordo inclusorum* entnehmen:

> Wer immer ein Inkluse sein will, möge für sich einen Ort vorsehen, der dazu taugt, Tag und Nacht den Gottesdienst abhalten und hören zu können… Die Klause, d. h. das Haus des Inklusen, soll aus Stein sein, Länge und Breite sollen 12 Fuß betragen und drei Fenster haben, eines am Chor, durch das er den Leib Christi empfangen soll, ein zweites gegenüber, durch das er die Nahrung erhalten soll, ein drittes, woher er Licht haben soll, das stets mit Glas oder Horn verschlossen sein soll […] Drei Gefäße soll er haben, einen Topf, einen Napf und einen Becher. Nach der Terz soll er Topf und Becher durchs Fenster hinausstellen und es schließen, um die Non kommen und sehen, ob sein Essen dort ist […] Ein Unter- und ein Obergewand soll er besitzen, um darin zu gehen und zu schlafen, und wenn im Winter die Notwendigkeit es heischt, soll er mit Erlaubnis seines Hirten einen Pelz tragen, da er als Feuer nur soviel haben darf, wie eine Kerze hergibt. Eine Decke (?) soll er haben und ein Polster. Ein Grab soll er für sich vorbereiten, drei Tage, nämlich Montag, Mittwoch und Freitag, bei Brot und Wasser fasten, an den übrigen Tagen eine Fastenspeise und, wenn verfügbar, eine Birne oder einen Apfel essen. Am Sonntag und an den höchsten Festtagen mag er Milch genießen. Von der Non bis zur Vesper mag er sprechen, wenn er will.

Eine Regel für Einsiedler war schon im 9. Jahrhundert von einem Priester Grimlaicus verfaßt worden. Erst nach Avas Tod schrieb der berühmte englische Abt Aelred von Rievaux (1110–67) eine Regel eigens für weibliche Inklusen. Die Möglichkeit, erst nach einem Weltleben in reiferem Alter Inkluse zu werden, sahen diese Regeln durchaus vor. Sofern die Klause in der genannten Art an die Kirche angebaut war, konnte der oder die Inkluse nicht nur der Meßfeier, sondern dem gesamten Officium divinum folgen.

Wie nun P. K. Stein nachgewiesen hat, enthält das mit dem Verfassernamen Ava versehene Œuvre lauter Merkmale, die auf eine enge Bindung an eine geistliche Gemeinschaft schließen lassen. Bis auf eine meßliturgische begegnen sonst nur tagesliturgische Formeln und diese reichlich. Die mit unübersetzten lateinischen Bibelzitaten durchwobene Sprache der Gedichte setzt ein bibelkundiges Publikum mit gemischtsprachigem Jargon voraus. Die Autorin betrachtet sich offenkundig als Mitglied der angesprochenen Hörer- und Lesergemeinschaft, sie redet zu keinem getrennten Gegenüber, sondern schließt sich mit „wir" ein. Sie will keine Primärkenntnisse vermitteln und keine lebenspraktischen Anweisungen geben, sondern zur erbaulichen Meditation über das Heilsgeschehen anregen. All das läßt sich ohne Schwierigkeiten mit der Existenzform einer Inkluse vereinbaren. Wir dürfen also getrost die Verfasserin mit der *Ava inclusa* der Annalen identifizieren. Wir hätten somit hier nicht nur die älteste bekannte deutschsprachige Dichterin vor uns, sondern auch die erste außerhalb ihres Werkes einigermaßen sicher faßbare Dichterpersönlichkeit unseres Raumes überhaupt. Auch die Umrisse ihres Lebensweges werden sichtbar. Sie schließt sich als Witwe und vermutlich nach Eintritt ihrer beiden Söhne in das Kloster Melk diesem ebenfalls an, und zwar als Inkluse, eignet sich mit Hilfe ihrer Söhne und der übrigen Klostergemeinschaft die nötige Bildung an und gibt sie ihnen in Form volkssprachlicher, zur Tischlektüre bestimmter Gedichte wieder zurück.

Diese Gedichte sind der *Johannes* (446 Kurzverse), das *Leben Jesu* mit einem Anhang über die Sieben Gaben des Heiligen Geistes (2418 Kurzverse, davon 146 für den Anhang), *Der Antichrist* (118 Kurzverse) und *Das Jüngste Gericht* (406 Kurzverse). Die Wahl des zeitlichen Rahmens ist wohlbegründet. Die ersten vier Zeilen des *Johannes* lauten:

> *Nu sul wir mit sinnen*
> *sagen von den dingen,*
> *wie daz zît ane viench*
> *daz diu alte ê zergiench.*

Nun werden wir mit Bedacht davon reden, wie die Zeit anhob, die das Ende des Alten Testaments brachte.

Frau Ava setzt also mit der Wende von der Zeit *sub lege*, unter dem Gesetz (Mosis), zur Zeit *sub gratia*, unter der Gnade, ein. Johannes bereitet dem Erlöser, dessen Ankunft die neue Zeit, das letzte Weltzeitalter nach mittelalterlichem Verständnis (s. o. S. 71), bringt, den Weg. Am Ende dieses Weltzeitalters stehen das Kommen des Antichrist, der Weltuntergang, das Jüngste Gericht.

Der *Johannes* präsentiert sich als ziemlich abgeschlossene Erzählung vor allem auf biblischer Basis. Die Heilsankündigungen des Täufers weisen aber unübersehbar auf das Folgende hin. Alles Gewicht liegt auf dem sechsmal so umfangreichen *Leben Jesu*. Um in diesem Rahmen alle wesentlichen biblischen Tatsachen und auch noch etliche, nicht sehr zahlreiche tropologische (wenige typologische) Auslegungen unterzubringen, muß Ava doch ziemlich gedrängt erzählen, die Wunderberichte weitgehend und die Lehren Jesu fast gänzlich beiseite lassen. Auswahl und Anordnung setzen zwar recht genaue Bibelkenntnisse voraus, folgen aber im großen und ganzen den liturgischen Lesungen (Perikopen) mit Bevorzugung der Sonn- und Feiertage des Kirchenjahres von Advent bis Pfingsten. Besonderen Wert legt Ava auf eine möglichst lückenlose und genaue Chronologie der Ereignisse. Dazu zieht sie nicht nur möglichst viele Zeitangaben der Bibel (auch außerhalb der Perikopen) heran, sondern auch den Kalender des Kirchenjahres. So weist sie etwa Jesus bei seiner Taufe ein Alter von 30 Jahren und 12 Tagen zu. Die Jahresangabe findet sich bei Lukas. Die zwölf Tage jedoch sind die Zeitspanne von Weihnachten bis Epiphanie, zu deren Festinhalt auch die Taufe Jesu gehörte. Scheinbare Rückschritte im Kirchenjahr dürften einer Verteilung der Perikopen auf die drei Jahre von Jesu öffentlichem Wirken zuzuschreiben, also in Wahrheit Fortschritte sein (A. Masser). Ein Lektionar für die Stundengebete der Mönche bietet sich am ehesten als Hauptquelle an.

Durch Erzählerbemerkungen werden folgende Hauptabschnitte einigermaßen markiert: (1) Geburt bis Epiphanie (V. 1–304); (2) Darstellung im Tempel bis Versuchung (305–526); (3) Berufung der Jünger bis Heilung eines Blindgeborenen (527–1092); (4) Erweckung des Lazarus bis Begräbnis Jesu (1093–1722); (5) Höllenfahrt (1723–1790); (6) Auferstehung (1791–1942); (7) Erscheinung im Kreis der Apostel bis Himmelfahrt (1943–2112); (8) Pfingstwunder und Beginn des Wirkens der Apostel und Evangelisten (2113–2268); (9) Sieben Gaben des Heiligen Geistes (2269–2418). Da diese sieben Gaben traditionsgemäß mit den sieben Hauptstationen des Lebens Jesu verknüpft werden – so z. B. auch bei Gerhoch von Reichersberg (s. o. S. 71) –, hat man einen Aufbau des Werkes nach diesen Stationen vermutet (P. K. Stein). Tatsächlich würden ihnen die Abschnitte 1 (= Geburt), 2 (= Taufe), 4 (= Kreuzigung), 5 (= Höllenfahrt), 6 (= Auferstehung), 7 (= Himmelfahrt) unter Einschluß des Gedichtes vom *Jüngsten Gericht* als letzter Station gut entsprechen. Die Abschnitte 3, 8 und 9 blieben aber übrig. Vor allem verbindet Ava selbst die Geistesgaben gerade nicht mit jenen Stationen, sondern mit den vier Elementen, aus denen nach damaliger Anschauung der Makrokosmos der Welt insgesamt und der Mikrokosmos des menschlichen Leibes im besonderen aufgebaut ist, und den drei Seelenkräften. Auf die Elemente Erde, Feuer, Wasser, Luft, sagt Ava, wirken die Geistesgaben der Furcht, Frömmigkeit *(guote)*, Erkenntnis und Stärke, auf die Kräfte Gedächtnis, Verstand und Willen dann die Gaben Rat, Einsicht und Weisheit. Dem letzten Ternar entspricht zugleich die Dreiheit der Wesensmerkmale des dreieinigen Gottes, nämlich Macht, Weisheit und Güte. Unter diesen Einflüssen göttlicher Gnadengeschenke gedeihen die christlichen Tugenden, die in großer Menge aufgezählt werden, häufig unter ihren lateinischen Namen. Eine Ordnung ist hier bestenfalls ansatzweise vorhanden. Teilweise haben die Seligpreisungen der Bergpredigt das Schema geliefert, das aber nicht durchgehalten wird. Man beachte, daß u. a. Armut, Keuschheit und Gehorsam hinzutreten, die Mönchsgelübde. Ein mystischer Zug fehlt durchaus, obschon der hohe Stellenwert der Gottesminne herausgestellt wird. Sie ist eben die Frucht der *meditacio*, der geistlichen Meditation (V. 2382), zu der gerade ein solches Werk wie das der Frau Ava Anlaß geben soll.

Bestenfalls als Vorstufe zur Mystik mag man die nicht seltenen Bekundungen subjektiven Empfindens im *Leben Jesu* begreifen. Ava begnügt sich nicht damit, eine Aufforderung zu christlichem Glauben und Handeln abzuleiten, obgleich sie auch das vielfach tut, so z. B. anläßlich der Heimkehr der Heiligen Drei Könige (V. 297–304):

> *Lieben mîne hêrren,*
> *des sculn ir got flêgen,*
> *daz wir den vermîden,*
> *sô wir häim îlen.*
> *so megen wir mit gesunde*
> *chomen häim ze lande*
> *hin ze paradŷse*
> *ûzer dirre vräise.*

Meine lieben Herren, ihr sollt Gott darum anflehen, daß wir den [Teufel] vermeiden [so wie die Weisen den König Herodes], wenn wir nach Hause eilen. So können wir heil heimkehren ins Paradies aus dieser Drangsal.

Ganz andere Töne schlägt Ava dagegen angesichts des Leidens am Kreuz an:

> 1693 *Owî, Maria Magdalena,*
> *wie gestuonde du ie dâ,*
> *dâ du dînen hêrren guoten*
> *sâhe hangen unde bluoten,*
> *unde du sâhe an sînem lîbe*
> *die gestochen wunden!*
> *wie mohtest du vertragen*
> 1700 *die läitlîchen chlage*
> *sîner trût muoter,*
> *Sancte Marien der guoten!*
> *wie manigen zaher si gâben*
> *ze dem selben mâle*
> *dîniu chûsken ougen,*
> *mîn vil liebiu frouwe,*
> *do du sus sâhe handelon*
> *din unsculdigen sun,*
> *do man in marterôte alsô sêre,*
> 1710 *daz fläisk, daz er von dir genomen hête!*
> *Owî, Josep der guote,*
> *dô du mînen hêrren abe dem chrûtze huobe,*
> *hête ich dô gelebet,*
> *ich hête dir vaste zuo gechlebet*
> *ze der pivilde hêre*
> *mînes vil lieben hêrren.*
> *Owî, Nychodemus,*
> *wane moht ich dir etewaz*
> *liebes erbieten,*
> 1720 *ze lône unde ze mieten,*
> *daz du in abe huobe*
> *unde in sô scône begruobe!*

Ach, Maria Magdalena, wie standest du allezeit da, wo du deinen guten Herrn hängen und bluten sahst und an seinem Leib die gestochenen Wunden sahst! Wie vermochtest du die leidvolle Klage seiner geliebten Mutter, der guten Heiligen Maria, zu ertragen! Wie viele Tränen vergossen deine reinen Augen damals, meine sehr liebe Herrin [= Maria], da du deinen unschuldigen Sohn so behandelt sahst, als man ihn so sehr marterte, das Fleisch, das er von dir angenommen hatte! Ach, Joseph [von Arimathia], als du meinen Herrn von dem Kreuz nahmst! Wenn ich damals gelebt hätte, wäre ich bei dem erhabenen Leichenbegängnis meines sehr lieben Herrn nicht von deiner Seite gewichen. Ach, Nikodemus, warum konnte ich dir nicht dafür etwas Liebes zum Lohn erweisen, daß du ihn herunternahmst und ihn so schön begrubst!

Hier hören wir nicht nur „die meist knappe, sachliche Schilderung… leise lyrischen Klang annehmen" (M. Wehrli), hier spüren wir eine persönliche Betroffenheit, ein sich Einlassen auf das heilige und zugleich zutiefst menschliche Geschehen, wie es uns bisher noch nicht begegnet ist. Gewiß ist es kein Zufall, daß sich die neue gefühlsmäßige Anteilnahme vornehmlich bei der Passion hervorwagt, da hier die Osterspiele vorgearbeitet haben. Auch vom Gegenstand her bietet sich dieser Teil des Heilsgeschehens wie von selbst an. Die Zeit der Gotik wird dann von der *compassio*, dem innigen Mitleiden mit dem Gekreuzigten, geprägt sein. Was in jener Zeit dann als ein bevorzugter Heilsweg gelten wird, vollzieht Ava jedoch noch gleichsam zweckfrei und auch relativ verhalten. Auch legt sie in der gesamten Darstellung weit größeren Wert auf die Göttlichkeit des Erlösers als auf sein kreatürliches Menschsein, das dem Menschen der Gotik vor allem den Zugang zu Christus eröffnen wird. Ob sich Avas Umgang mit der biblischen Geschichte, insbesondere mit der Leidensgeschichte, allein aus der benediktinischen Meditation herleiten läßt (so E. Greinemann und P. K. Stein), halte ich dennoch nicht für ausgemacht.

Vielmehr scheint sich hier doch eine neue Frömmigkeitshaltung anzukündigen, aber beileibe keine spezifisch laienhafte. Für eine solche könnte – vielleicht – eine gewisse Vorliebe für Elemente aus apokryphen, d. h. nichtkanonischen biblischen Schriften sprechen, Elemente, die seit dem Hochmittelalter bis heute zum festen Bestand der Volksfrömmigkeit gehören: Ochs und Esel an der Krippe, Joseph als betagter Mann, die drei Weisen aus dem Morgenlande als drei Könige und anderes. Was Ava hier aus geistlichen Spielen, was aus mündlicher Überlieferung, was direkt aus apokryphen Evangelien bezogen hat, ist schwer zu sagen. Bei der Höllenfahrt Christi und der Befreiung der Erzväter und Propheten wird wohl das *Evangelium Nicodemi* eine Quelle gewesen sein. Daneben weisen aber zahlreiche wörtliche Übereinstimmungen mit der *Wiener Genesis* auf eine direkte Abhängigkeit von diesem Text. Die oben daraus in Übersetzung zitierte Stelle V. 5585–5602 (aus der typologischen Deutung des Jakobssegens) entspricht den Versen 1731–60 mit einigen Erweiterungen und Variationen.

Um so wahrscheinlicher ist es, daß Ava auch im *Antichrist* Anleihen bei der *Wiener Genesis* gemacht hat, obwohl die Zitate hier weniger kompakt auftreten. Im übrigen folgt sie einer breiten Legendentradition, die aus der Exegese der biblischen Endzeitvoraussagen hervorgegangen und am umfassendsten bei Adso von Montier-en-Der im 10. Jahrhundert dargestellt worden ist. In Avas *Antichrist* nimmt eine Wiedergabe von Matthäus 24,1ff. (Jesu Prophezeiungen seiner Wiederkunft) die erste Hälfte ein. Erst in der zweiten Hälfte tritt der Antichrist aus dem Geschlecht Dans auf, besiegt Elias und Enoch, bringt Krieg, Not und Verwirrung, tut (unechte) Wunder, errichtet in dreieinhalb Jahren eine Gewaltherrschaft im Heiligen Land, wird aber dann unversehens vom Tod hinweggerafft. Die Gedankenführung wirkt hier sprunghaft, bisweilen widersprüchlich.

Das *Jüngste Gericht* wird von Vorzeichen angekündigt: Meere und Flüsse verändern ihren Stand, Fische und Vögel bringen sich gegenseitig um, der Himmel verfärbt sich, Gestirne fallen herab, Unwetter tosen, die Erde bebt, Burgen und Städte werden zu Schutt und Asche, die Landtiere klagen, die Toten stehen auf, eine riesige Feuersbrunst verzehrt die Erde und alle darauf lebenden Wesen. Ava nennt insgesamt fünfzehn Tage mit solchen Vorzeichen. Eine direkte Vorlage für ihre Darstellung hat sich bisher nicht finden lassen. In mehr oder minder abweichender Form ist die Legende von den fünfzehn Vorzeichen aber im Abendland schon vor Ava weit verbreitet. Hauptquellen dafür sind neben der Bibel apokryphe Schriften, v. a. das apokalyptische *4. Buch Esra* (1. Jahrhundert n. Chr.) und die *Thomas-Apokalypse* (5. Jahrhundert) gewesen. Die wichtigsten Ausprägungen hat die Legende durch Pseudo-Beda im 10. Jahrhundert (?) in Irland (?), durch Petrus Damiani im 11. Jahrhundert und – nach Ava – durch Petrus Comestor (s. o. S. 114) im 12. Jahrhundert erhalten.

Für das Gericht bot die Bibel genügend Stoff. Ava hat sich insbesondere an Matth. 25,31–46 gehalten und nicht viel hinzugefügt. Die besten Plätze zur Rechten Gottes in der Schar der Apostel weist sie denjenigen zu, die auf die weltlichen Freuden verzichtet haben. Aber sie sieht darin keineswegs den einzigen Weg zum Heil. Alle können gerettet werden, „die die Welt in anständiger Weise *(gezogenlîchen)* besitzen, die Gott nie vergaßen, wenn sie beim Festmahl saßen" (V. 200–203). Es folgen konkrete Gebote: Gott lieben, wahrhaftig sein, Almosen geben, Prunksucht meiden, die Ehe halten, Waisen schützen, Gefangene befreien, den Feinden vergeben, gerecht richten,

Arme (= sozial Untergeordnete) nicht hart aburteilen, Vertriebene aufnehmen, zur Kirche gehen, beichten und Buße tun. Trotz gewisser Anklänge an die Benediktinerregel (Kap. 4) hat dieser Tugendkatalog nur weltliche Adelige im Auge, zu denen Ava wohl selbst einmal gehört hat. Aber nun gebraucht sie kein „wir", kein „ihr", sondern das distanzierende „sie sollen…". Am Schluß malt Ava die Strafen der Hölle und die Freuden des Himmels aus – ein beliebtes Thema zahlloser lateinischer und deutscher geistlicher Schriften, woraus sie schöpfen konnte – und wünscht denen, die ihr Werk hören oder lesen, daß sie, den Engeln gleich, der Himmelsruhe einst teilhaftig werden.

Vom Stil der Gedichte können die oben zitierten Stellen einen Eindruck geben, der jedoch insofern trügt, als der ganz überwiegende Teil der Verse Avas weit einförmiger, starrer und primitiver ausfällt, ohne deshalb die archaische Verdichtung vieler Zeilen der *Wiener Genesis* zu erreichen. Gegenüber dieser werden die Freiheiten in Metrik und Reim einigermaßen, aber nicht entscheidend eingeschränkt. Im Vergleich mit den biblischen Vorlagen hat die Erzählung selbstverständlich an Anschaulichkeit gewonnen. So lebendige Eindrücke wie die von dem weißen und dem roten Engel am offenen Grab oder von Maria Magdalena, die weinend in das Grab hineinspäht, wird man aber nicht häufig antreffen. Darf man hier vermuten, daß Ava sie aus eigener Anschauung eines geistlichen Spieles übernommen hat (H. de Boor), so sind andere Höhepunkte der Darstellung, wie die Bändigung des Höllenhundes, eben auch nicht eigene Erfindungen der Dichterin. Am ehesten treten solche dort auf, wo sie ihre persönliche Anteilnahme an dem Geschehen bekundet (s. o.). Das vermag für manches zu entschädigen.

Wenn Frau Ava schon nicht „große" Dichtung geschaffen hat, so nimmt ihr Werk in jedem Fall eine Ausnahmestellung ein, dies schon des gewählten thematischen Rahmens wegen. Gegenüber alttestamentlicher Bibelepik ist neutestamentliche rar. In der hier behandelten Periode hat unser Raum keine Darstellung des Lebens Jesu und überhaupt kein neutestamentliches Werk größeren Umfanges mehr hervorgebracht. Nur Avas *Johannes* steht nicht allein.

Eine Linzer lateinische Handschrift theologischen Inhalts überliefert auf dem letzten Blatt das Bruchstück einer deutschen Versdichtung von Johannes dem Täufer (76 Kurzverse). Da die Handschrift aus dem 1141 gegründeten Zisterzienserkloster Baumgartenberg stammt, wird das Gedicht vermutlich auch dort entstanden sein, und zwar noch vor der Mitte des Jahrhunderts, da die Verse 1–4 des Fragments in die wohl bald nach 1146 beendete Regensburger *Kaiserchronik* übernommen worden sind. Der **Baumgartenberger Johannes Baptista,** der vielleicht einmal über 200 Verse umfaßt hat, setzt in der zu Anfang und Ende verstümmelten Überlieferung unvermittelt mit den Wundertaten des Täufers ein, bietet dann seinen Streit mit den Juden über das mosaische Gesetz (in freiem Anschluß an Joan. 3,25ff.), die Agnus-Dei-Szene nach Joan. 1,29ff. und schließlich Jesu Worte über Elias nach Matth. 17,10ff. Der fragmentarische Zustand läßt ein Urteil über die Intention des Textes und ihre Verwirklichung kaum zu. Der Autor hat aber jedenfalls exegetische Schriften herangezogen und sich keineswegs mit einer Nacherzählung des Heiligenlebens begnügt. Er stellt Johannes nicht nur als Vorläufer Jesu und neuen Elias heraus, sondern auch schon als prononcierten Vertreter des Neuen Bundes, der den Alten Bund zwar nicht aufhebt, aber entscheidend überhöht. Der Text wirkt ziemlich lehrhaft. Ob dies in den verlorenen Teilen durch Erzählung ausgeglichen wurde, wissen wir nicht.

Ebenso bleibt fraglich, ob die im Codex mit den römischen Zahlen VII bis XII am Rande bezeichneten Sinnabschnitte mit F. Maurer als Strophen zu verstehen sind.

Auffallende Berührungen mit Avas *Johannes* weist der Text nicht auf. Dies ist dagegen der Fall bei dem *Johannes* des Priesters Adelbrecht, der sein Werk aber bereits in der folgenden Periode verfaßt haben dürfte (s. u. S. 241).

Glaubenslehre in Versen

Mit dem ersten unter dieser Rubrik vorzustellenden Werk treten wir scheinbar aus dem Kreis der von der Bibel ausgehenden und angeregten Texte ganz heraus in die Welt der Naturkunde. Da lesen wir zum Beispiel vom Phönix (in Übers.):

Von diesem Vogel spricht so der Meister Physiologus: Der Vogel hat in einem Land gewohnt, Indien ist das genannt. Wenn er fünfhundert Jahre alt wird, fliegt er in einen Wald, der Libanon heißt, und füllt seine beiden Flügel mit Spezereien, die sich in dem Wald befinden. Er bereitet sich aus den Spezereien ein Nest. Er sammelt eine große Menge Holz, das er darunter legt. Dann fliegt er hinaus zu der Sonne [...] Das Feuer entzündet ihn hierauf, dann schlüpft er in sein Nest. Darinnen verbrennt er mit Schmerzen. Im März spielt sich das ab. Danach wird er zu Asche; am ersten Tag wird er zu einem Wurm; am andern Tag wird er zu einem Vogel; am dritten Tag wird er, was er zuvor in trefflicher Weise war (V. 1215–38).

Hier wird keine Fabel erzählt, sondern eine angebliche Naturtatsache berichtet. Daß wir den heute immer noch sprichwörtlichen Phönix aus der Asche längst in das Reich der freien Erfindungen verwiesen haben, ändert nichts daran, daß der mittelalterliche Mensch an ihn geglaubt hat, bezeugten ihn doch zahlreiche antike heidnische und christliche Autoren wie Plinius der Ältere oder Laktanz. Was dieses Naturwunder dem Christen aber so teuer machte, war seine heilsgeschichtliche Symbolik. In unserem Gedicht beginnt der Abschnitt vom Phönix so:

Phönix heißt ein Vogel. Gott selbst vergleicht sich ihm, denn er spricht so im Evangelium: „Ich habe Gewalt, mein Leben zu lassen und es wieder zu nehmen. Ein anderer hat keine Gewalt über mich." Wegen dieser Worte waren die Juden gegen ihn aufgebracht (V. 1207–14).

Und nach der zitierten Schilderung folgt die genauere Auslegung:

Dieser Vogel bezeichnet Christus, dessen Flügel voll des süßen Duftes sind, gewirkt aus dem Neuen und Alten Testament. Gar wohl gelehrt ist er, ein Meister im Himmel. Das Neue und das Alte Gesetz lehrt er. Väterlich behütet er uns. Dafür sei unserem Herrgott Lob und Dank gesagt. Amen (V. 1239–48).

Wir befinden uns also in Wahrheit abermals in der Welt der Bibel, nur daß diese sich nun in der Natur spiegelt, die ihrerseits ihren tiefen Sinn erst mit Hilfe der Bibel preisgibt. Das in menschliche Sprache übersetzte Gotteswort der Heiligen Schrift ist als Offenbarung der durch Gottes Wort (Logos) in die Wirklichkeit gerufenen natürlichen Schöpfung nur dadurch überlegen, daß der menschliche Verstand jenes leichter entziffern und somit auch zur Enträtselung der Natur heranziehen kann. Dafür ist aber zur Kenntnis der Schrift Schulbildung erforderlich, während in der Natur an sich jeder Fromme zu „lesen" versteht. „Jegliches Geschöpf auf Erden ist gleichsam ein Buch und ein Bild zum Spiegel für uns" *(Omnis mundi creatura/ quasi liber et pictura/ nobis est in speculum)* beginnt eines der berühmtesten mittellateinischen Gedichte (von Alanus von Lille, gest. 1203).

Dieses Buch der Natur lesbar zu machen, hat sich eben schon der *Physiologus,* der Naturforscher, dessen griechische Berufsbezeichnung alsbald zum Titel seines kleinen Büchleins wurde, zur Aufgabe gemacht, als er – es können ebensogut mehrere Autoren gewesen sein – vielleicht im 2. Jahrhundert n. Chr. aus mannigfaltigen Quellen alltägliche, vor allem aber wundersame Naturbeobachtungen zu Tieren, Pflanzen und Steinen zusammentrug und mit heilsgeschichtlichen, tropologischen und anagogischen Auslegungen versah. Seine Autorität war in der christlichen Welt außerordentlich groß, vergleichbar nur der Bibel. Vom Griechischen wurde das Werk direkt oder indirekt in nahezu alle europäischen und orientalischen Kultursprachen übertragen und dabei vielfach verändert und erweitert. Sowohl was Verbreitung wie was literarische Anspruchslosigkeit und gedankliche Einfalt betrifft, kann hier wahrhaft von einem Volksbuch gesprochen werden.

Ein Ableger der mindestens zwei ältesten lateinischen Versionen (des 6. Jahrhunderts?), eine Fassung des 11. Jahrhunderts (?) aus Frankreich (?) hat 27 Kapitel aus der Menge der Überlieferung ausgewählt. Diese fälschlich dem griechischen Kirchenvater Johannes Chrysostomos zugeschriebene Version ist schon im 11. Jahrhundert ins Deutsche übersetzt worden (sogenannter *Älterer deutscher Prosa-Physiologus* aus dem alemannischen Raum), dann im 12. Jahrhundert nochmals. Auf diese verlorene, vermutlich ebenfalls alemannische Übersetzung gehen wahrscheinlich gleichermaßen die beiden bairisch-österreichischen Umschriften der Wiener Handschrift W (s. o. S. 101) und der Millstätter Handschrift (s. u. S. 454) zurück. Während aber jene von ca. 1120 (?) die Prosa und sogar einige alemannische Eigentümlichkeiten beibehält (sogenannter **Jüngerer deutscher Prosa-Physiologus)**, vermeidet die Millstätter Version von ca. 1130 (?) beides. Dabei entstand allerdings eine jämmerliche Reimerei, die häufig nur die Wortfolge verschoben, aber dabei bisweilen den Sinn verbogen hat. Interesse kann dieser *Vers-Physiologus* – wie die übrigen deutschen Bearbeitungen auch – im Grunde nur als Nachweis für die Bekanntheit des Naturbuchs und seine Verwendung als Klosterlektüre auch in der Volkssprache beanspruchen.

Die ausgewählten Kapitel handeln von dem Löwen, dem Panther, dem Einhorn, dem Fischotter, den Sirenen und Onocentauren (Eselsmenschen), der Hyäne, dem Wildesel und der Äffin, dem Elefanten, der Autula (einer Art Antilope), der Serra (einem Meerwesen), der Schlange, der Eidechse, dem Hirsch, der Steingeiß, dem Biber, der Ameise, dem Igel, dem Adler, dem Pelikan, dem Nachtraben, dem Bläßhuhn, dem Rebhuhn, dem Wiedehopf, dem Regenpfeifer und dem Phönix. Jedes Kapitel zeigt in der Regel denselben Aufbau: Auf ein Bibelzitat folgt die (angebliche) Naturbeobachtung, hierauf und davon getrennt die spirituelle Allegorese. So bezeichnet dann das totgeborene und am dritten Tag durch das Brüllen seines Vaters zum Leben erweckte Löwenjunge den auferstandenen Herrn; die Elefantenkuh, die, um ein Junges zu bekommen, mit dem Elefantenbullen zum Paradies läuft und ihn zum Essen der Mandragora-Wurzel und erst so zum Geschlechtsverkehr verleitet, die Verführerin Eva; der Igel, der aus dem Weingarten die Trauben auf seinen Stacheln nach Hause trägt, den Teufel, der den Menschen um die Früchte seiner guten Werke bringt; das Einhorn, das sich von niemandem fangen läßt, sich aber einer Jungfrau freiwillig in den Schoß legt, den menschgewordenen Sohn Gottes, und so fort. Es wird jedes Geschöpf in seiner Bedeutung auf gut oder böse, d. h. zumeist Christus oder Teufel, festgelegt. Wieweit zumindest noch theoretisch die prinzipielle Ambivalenz alles Irdischen (s. o. S. 70f.) anerkannt wird, ist der unklaren Ausdrucksweise des Textes (V. 1197ff.) nicht zu entnehmen.

Die deutschen Fassungen übten offenkundig minimale Wirkung aus, während eine lateinische Versfassung *(Physiologus Theobaldi,* 11. Jahrhundert ?) aus Frankreich, Italien oder Deutschland (Diözese Passau?) als Anfängerlektüre in den Schulen Verwendung fand. Daneben entstanden seit dem 10. Jahrhundert in Europa lateinische, später auch volkssprachige Tierbücher (Bestiarien), Pflanzenbücher (Herbarien) und Steinbücher (Lapidarien), die sich derselben oder einer ähnlichen Allegorese bedienten. Sie schöpften dabei wie der *Physiologus* aus der Bibelexegese, auf die sie wie jener auch wieder zurückwirkten. Aus dem so entstandenen und weiter entstehenden Wissensreservoir bedienten sich bildende Kunst und Dichtung nicht nur des Mittelalters, sondern bis herauf ins 19. Jahrhundert. –

Das älteste deutschsprachige Schriftwerk der Steinallegorese ist ein in der Vorauer Handschrift V und der Millstätter Handschrift M (hier nur Reste der acht Anfangsverse) überliefertes Gedicht, das man **Das Himmlische Jerusalem** genannt hat (472 Kurzverse). Es könnte um 1140 entstanden sein. Es gibt sich gleich zu Beginn als eine Bearbeitung eines Kapitels der Geheimen Offenbarung des Johannes (Kap. 21) zu erkennen und beschreibt im Prolog kurz die Lebensumstände des Evangelisten auf Patmos, unter welchen dieser der großen Vision der Himmelsstadt teilhaftig wurde. Im Hauptteil werden zuerst die zwölf Tore der Stadt, je drei nach jeder Himmelsrichtung, als Eingänge gedeutet, die den Seligen je nach dem Zeitpunkt ihrer irdischen Hinwendung zu Gott, also den vier Lebensaltern, offenstehen. Christus selbst ist der Eckstein dieser Mauern (vgl. Eph. 2,19) und die alles erhellende Lichtquelle darin. Zwölf Edelsteine bilden die Mauern (Apoc. 21, 18–20). Gemäß ihren (angeblichen) Natureigenschaften bezeichnen sie die christlichen Tugenden und Lebensformen bzw. ihre Träger, so der grüne Jaspis, vor dem der Teufel flieht, den festen Glauben oder der schwarz-rot-weiße Sardonix die Demut, das Martyrium und die Herzensreinheit etc. Rund 300 Verse werden allein auf diese Edelsteinallegorese verwendet. Das völlige Ebenmaß der Stadt nach Länge, Breite und Höhe (Apoc. 21, 16) findet nun noch seine Entsprechung in der paulinischen Trias Glaube, Liebe, Hoffnung, ehe ein Epilog nochmals die moralische Nutzanwendung zusammenfaßt. Der Epilog beginnt (V. 443–452):

> *Nu habet ir alle wol vernomen,*
> *wie ir in di burch sculet chomen*
> *unt wie irs ouch muget verwerchen,*
> *woltent ir daz merchen.*
> *swa man aine guote rede tuot*
> *[...daz ist] dem tumben unmare.*
> *der haizet ime singen*
> *von werltlichen dingen*
> *unt von der degenhaite,*
> *daz endunchet in arbaite.*

Nun habt ihr alle gar wohl vernommen, wie ihr in die Stadt gelangen werdet und wie ihr es auch versäumen könnt – wenn ihr es nur wohl beobachten wolltet. Wo immer man etwas Treffliches vorträgt, dort stößt es beim Toren auf Gleichgültigkeit. Er befiehlt, daß ihm etwas von weltlichem Geschehen und Kampfestaten rezitiert werde. Das hält er für [echte] Drangsal.

Dem hält der Autor die wirklich lohnende Mühe entgegen, die es kostet, den engen, beschwerlichen Weg (vgl. Matth. 7,13f.) zur Himmelsstadt zu beschreiben. Dabei wechselt er, wohlgemerkt, von der distanzierenden dritten Person („er – der Tor") wieder zur identifizierenden wir-Perspektive des übrigen Textes, empfiehlt dann seinem Publikum Gottesvertrauen und wünscht ihm zuletzt Rettung vor dem Zugriff des Teufels. Der Epilog enthält nicht nur eine ungemein wertvolle Bezeugung gleichzeitiger weltlicher Dichtung (s. u. S. 142), sondern dokumentiert zugleich eine (auch sonst in dem Gedicht faßbare) engagierte Hinwendung zum Hörer oder Leser. Auch wenn man hier wie meist den Begriff der (auf eine bestimmte Gebrauchssituation beschränkten) Predigt besser fernhalten sollte, muß man auf den Abstand zu dem viel stärker auf bloße Erklärung ausgerichteten lateinischen Traktat in einer Berner Handschrift des 11./12. Jahrhunderts Gewicht legen, den Ch. Meier als Hauptquelle des *Himmlischen Jerusalem* festgestellt hat. In der stilistischen Umformung und der anschaulicheren Darstellungsweise liegt denn auch fast ausschließlich die Leistung des Autors, da er – falls die bisherigen Ergebnisse der Quellenforschung nicht trügen – im Gegensatz zu den meisten seiner „Berufs-" und Zeitgenossen nicht aus dem großen Schatz der Exegese, Homilie etc., sondern im wesentlichen nur aus einer einzigen Vorlage (abgesehen von der Bibel) geschöpft hat. Immerhin kommt ihm das Verdienst zu, die wahrhaft „erbauliche" Vorstellung von den *lapides vivi, den lemtigen steinen* (V. 6), den lebendigen Steinen, aus denen das ewige Jerusalem erbaut ist, in die deutsche Literatur eingeführt zu haben. –

Während im *Himmlischen Jerusalem* die inhaltlich zugrundeliegende Symbolzahl 12 offenkundig nicht als formales Aufbauprinzip nutzbar gemacht ist, erfolgt die in der Handschrift M (fragmentarisch) und im Codex 652 der Universitätsbibliothek Innsbruck (s. o. S. 101) überlieferte **Auslegung des Vaterunsers** in jeder Hinsicht auf der Grundlage der Zahl 7. Das erhellt fürs erste sogleich aus dem Innsbrucker Codex, der an dieses Gedicht ein weiteres *Von der Siebenzahl*, dann eine weitere Zusammenstellung von Septenaren anfügt. V. Schupp hat in dem lateinischen Schema den Schlüssel zum Verständnis der Paternoster-Auslegung erkannt und danach eine genaue Analyse des Gedichts vorgenommen, die diesem allerdings ein klein wenig zu viel Ehre angedeihen läßt. Die ersten fünf der 20 gleichzeiligen Strophen (Ausnahme Str. IV mit 14 statt 12 Kurzversen) mahnen den Menschen gegenüber seinem himmlischen Herrn und Vater zu Liebe und Furcht (Str. I), den Hauptgeboten des Neuen und Alten Bundes (Str. IV, V), und weisen auf die Korrelation der sieben Bitten des Paternoster mit den sieben Gaben des Heiligen Geistes (Str. II, III) hin. Diese Septenare sind uns nun schon mehrfach begegnet, dazu noch andere, darunter die der Hauptstationen des Lebens Christi und der Seligpreisungen der Bergpredigt (wobei von diesen stets zwei zusammengefaßt sind). Hier sind noch die 7 Patriarchen (David, Moses, Jakob, Isaak, Abraham, Noe und Adam), ein weiterer aus der Exegese geläufiger Septenar, hinzugefügt. Die geradzahligen Strophen VI, VIII, X, XII, XIV, XVI und XVIII enthalten nun der Reihe nach jene sieben Vaterunser-Bitten mit ihrer spirituellen Auslegung, die jeweils darauf folgenden ungeradzahligen Strophen dann je ein Glied aus den vier anderen Septenaren. Als Beispiel diene Str. VII in Übersetzung:

Selig sind die Friedfertigen! Sie ehren auf treffliche Weise den Namen des Vaters, die hier versöhnlich leben wollen (a). Das muß die Gottesfurcht schenken (b). Die sich um den Gerichtstag (c) Sorge machen, die versöhnen sich hier, solange sie können. Sie bringen dem Vater kein Opfer dar, solange sie dem Bruder etwas schulden. Diese Furcht besaß David (d), als er seinen Feind dergestalt schonte: Er weinte (sogar) über den Tod Sauls, der ihn so oft in Bedrängnis gebracht hatte.

So sinnvoll sind die Septenare a–d nicht immer gebündelt. Stets aber sind die Strophenpaare VI+VII, VIII+IX etc. innerlich verzahnt und nach außen klar abgehoben. Es verwundert, daß Schupp dabei nicht an die Form der Sequenz gedacht hat, obwohl auch die Strophen II und III, sowie IV und V deutlich Paare bilden, während Strophe I und XX für sich allein stehen (zur Sequenzenform s. o. S. 95f.). Strophe XX teilt die sieben Bitten zuletzt noch in 3+4 ein, wobei die Dreizahl der Trinität und die Vierzahl dem aus den vier Elementen geschaffenen Leib des Menschen entsprechen (s. o. S. 119 zu Ava). Das formale Bauschema bestimmt insgesamt die Gedankenfolge, die so bisweilen äußerst sprunghaft ausfällt. Man hat zu Recht zeitgenössische Bildwerke mit ihren von außen herangetragenen theologischen Programmen zum Vergleich herangezogen. In ihnen wirkt das bloße Nebeneinander allerdings dem Medium gemäßer als in der auf der zeitlichen Sukzession beruhenden Dichtung. Allerdings wird die *Auslegung des Vaterunsers* doch durch den leitenden Grundgedanken des Herrengebets zusammengehalten, das, wie der Autor sagt (Str. II; V. 16–20), „alles das mit knappen Worten zusammenfaßt, wessen der Mensch für die Zeit seines Lebens und zu seinem ewigen Heil jemals bedurfte". Dieser Autor, der nach einer Eintragung im Innsbrucker Codex vielleicht Konrad (Chunrat) geheißen hat, weist sich selbst als Mitglied einer Gemeinschaft aus, die Gott dient mit *singen unde lesen* (V. 12), also eines Klosters oder Stiftes. Dessen räumliche Zuordnung ist nur aufgrund der handschriftlichen Überlieferung (s. o. S. 101) vage zu vermuten. Die Bibliothek des Hauses hat der Dichter aber vermutlich gut gekannt. Daß er sich allein auf eine bestimmte theologische Schrift, etwa den Siebenzahltraktat Hugos von St. Victor oder die eine oder andere Admonter Predigt gestützt hat, ist nicht eben wahrscheinlich. Als Entstehungszeit des Gedichts hat man zuletzt vor oder um 1150 vermutet.

Während in dem Gedicht die Septenare als solche gar nicht benannt werden, steht die Zahl 7 in dem kleinen Werk, das in der Innsbrucker Handschrift unmittelbar anschließt, schon in der Überschrift *De VII Sigillis*, „Von den sieben Siegeln". Damit sind die sieben Siegel des außen und innen beschriebenen Buches in der Hand des thronenden Herrn aus der Apokalypse des Johannes (Kap. 5) gemeint, die man im Mittelalter als die sieben Hauptstationen des Lebens Jesu ausgelegt hat (z. B. Petrus Damiani, Rupert von Deutz, Bernhard von Clairvaux). Davon ausgehend reiht das Gedicht in insgesamt 94 (ursprünglich 96?) Kurzzeilen, ziemlich frei assoziierend, eine Menge weitere Septenare an, wie die Todsünden, die Gaben des Heiligen Geistes, die Sakramente, die Wochentage, die Söhne Hiobs, die Hörner vor Jericho, die Tage des jüdischen Osterfestes. Das Gedicht trägt also in der Forschung zu Recht meist den allgemeineren Titel **Von der Siebenzahl.** Wenn V. Schupp (bzw. F. Maurer, der ihn geringfügig korrigiert) recht hat, so sind es alles in allem 28 Septenare, die zu siebent auf je zwei, durch Initialen deutlich markierte Strophen (zu je 12 Kurzzeilen bzw. 6 Langzeilen) verteilt werden. Aber auch dann läge hier kein so strenges Aufbauschema zugrunde wie in der *Auslegung des Vaterunsers*. Eher vergleichbar ist das auch thematisch eng verwandte, in der Vorauer Handschrift V überlieferte Gedicht *Von der Siebenzahl* eines Priesters Arnolt, den man vermutlich mit dem gleichnamigen 1163 verstorbenen Propst des Prämonstratenserstiftes Schäftlarn an der Isar (Oberbaiern, Diözese Freising) gleichzusetzen hat. Das Siebenzahl-Gedicht in der Innsbrucker Handschrift könnte dagegen in unmittelbarer zeitlicher und räumlicher Nachbarschaft zur Paternoster-Auslegung, vielleicht sogar von demselben Autor verfaßt worden sein.

Lebenslehre in Versen

Nieman ist so here
so daz reht zware.

Niemand ist fürwahr so erhaben wie das Recht.

Mit diesen Worten beginnt eines der merkwürdigsten frühmittelhochdeutschen Gedichte. Es läuft unter dem Namen **Vom Rechte,** aber das ist nicht mehr als ein Notbehelf, denn das mittelalterliche Wort *reht* entzieht sich in seinem großen Bedeutungsumfang einer Wiedergabe mit einem einzigen neuhochdeutschen Wort. Es bezeichnet das, was einer Person oder einer Sache aufgrund der gottgeschaffenen natürlichen Ordnung oder der (daraus abgeleiteten) gesetzlichen oder sittlichen Regelung normativ zukommt (d. h. zugestanden oder aufgetragen ist). Der schon in diesem Begriff enthaltene natur- und rechtsphilosophische Anspruch kann von dem kompositorisch und stilistisch ziemlich unbeholfenen Gedicht nur sehr unzureichend eingelöst werden. Dennoch verdient der im Rahmen der deutschen Literatur durchaus neue und, wie es scheint, auch im größeren Umfeld der christlichen Moraldidaxe recht originelle Zugriff auf die menschliche Lebenswelt unser Interesse.

Da wird gleich nach der Einleitung der Mächtige vor unrechter Gewaltanwendung gegenüber dem Machtlosen – hier wie anderswo im Mittelalter stehen dafür die keineswegs auf den Besitz eingeschränkten Begriffe reich und arm – gewarnt. Denn irdische Güter, Reichtum und Macht, sind alle vergänglich, Hochmut und Ungerechtigkeit aber verwirken das Heil. Der Autor führt hier das Bild vom gemeinsamen Roden von Herr und Knecht ein, das sowohl einen buchstäblichen wie einen übertragenen Sinn enthält, die aber unentwirrbar ineinander verflochten sind. Einerseits gleicht dem großen, nur mit schwerer Arbeit aus dem künftigen Ackerboden zu entfernende Wurzelstock der hartnäckige, übermütige Mächtige, den nur Gott bezwingen kann, andererseits sollen Herr und Knecht das gemeinsam mühsam gerodete Land gerecht teilen – eine offenbar vom bereits rechtmäßig verteilten Altsiedelland abweichende Rechtsnorm. Sie steht aber wiederum zugleich als Exempel für die allgemeine Maxime der gegenseitigen Anerkennung ehrlich erworbenen Besitzstandes. Als zweite Norm nach der Gerechtigkeit nennt der Autor die Treue, deren exemplarische Verletzung durch den Abfall Lucifers manifestiert worden ist, deren gewissenhafte Einhaltung aber den wahren Adel des Menschen begründet. Das Wort *triuwe* meint dabei im engeren Sinne das Treueverhältnis des Abhängigen zum Herrn, im weiteren aber die getreuliche Wahrung des Rechtes, der Ordnung, des göttlichen Gebotes überhaupt: „Wollen sowohl Herr als auch Knecht das *reht* lieben, so sagen die Bücher in der Tat, daß sie gleich erhaben (*ebenhere*) sein werden... Wie hoch ein Mann auch immer geboren sei, wenn er unrecht leben will und unrecht lebt, so hat er das *reht* (den Stand) der Knechte... Wenn die Knechte und Mägde die *triuwe* lieben, so kann ihre Armut nicht so groß sein, daß sie nicht den Erhabensten ebenbürtig würden" (V. 217–234). Der Autor gebraucht für die wahre wertmäßige Überlegenheit die Metapher des dem höheren Stand zustehenden Vortritts *(hin fur gan:* V. 237).

Als dritte Norm handelt er die Wahrhaftigkeit ab. Deren hohen Wert sieht er durch das wunderbare, von Gott selbst ermöglichte Bestehen der Feuerprobe (dazu s. u.

S. 146) bestätigt. Verleumdungen und Lügen können dagegen schweren Schaden anrichten. Wenn eine Lüge in einem Dorf umgeht, soll daher ein wackrer Grundherr seinen Knechten, Kindern und seiner Frau die Weiterverbreitung verbieten. Nun folgen eine Warnung vor Geiz und Habgier, hierauf eine Ermahnung aller, die befehlen und lehren, zu Verantwortungsbewußtsein, dann eine Ehelehre in ca. 70 Versen (V. 345–416): Die Eheleute sollen wahrhaft eins, sie sollen um das Seelenheil des jeweils anderen besorgt und einander treu sein. Die Ehe ist eine gottgewollte Institution zur Bevölkerung der Erde und des Himmels, sie ist aber auch eine irdische Rechtsinstitution, die jeweils der Zustimmung der Verwandten der Braut bedarf (V. 414) und die Frau der Befehlsgewalt des Mannes unterwirft (V. 387ff.). Der jungen Frau billigt der Autor – anders als viele geistliche Rigoristen – sogar zu, sich für ihren Gemahl schön zu machen (V. 411f.).

So wie der Herr Meister des Knechts, wie der Mann Meister der Frau, so soll der Priester Meister des ungebildeten *(tumben)* Laien sein. Freilich hat er damit eine hohe Verantwortung übernommen. Er muß nicht nur in der Lehre, sondern auch in seinem Tun untadelig sein, ein Vorbild in den drei Normen *(rehten)* Güte, Demut und Liebe. Erfüllt er diese Bedingung und gehorcht ihm der Laie, so können sie beide, nachdem sie die drei Ordnungen *(reht)* des Lebens, Geburt, Tod und Auferstehung, hinter sich gebracht haben, getrost vor den himmlischen Richter treten.

Als Quellen hat I. Schröbler die sogenannten Haustafeln des Neuen Testaments (Briefe des Paulus an die Kolosser 3,18ff. und an die Epheser 5,21ff.), antike griechische Schriften über das Hauswesen (die aber im 12. Jahrhundert im deutschen Sprachraum schwerlich bekannt waren) und mittelalterliche lateinische Standespredigten bzw. Morallehren, insbesondere die *Praeloquia* Rathers von Verona (um 890-974), namhaft gemacht, ohne die Selbständigkeit unseres Gedichts in Abrede zu stellen. Die Forschung hat stets mit Staunen die Wirklichkeitsnähe der hierin vertretenen Lehren registriert. Tatsächlich spiegeln sich in ihnen die konkreten Lebensverhältnisse einer ländlich-dörflichen Gesellschaft mit grundherrschaftlicher Ordnung. Der Autor muß sie wohl aus eigener Anschauung gekannt und bei der Formulierung auch an sie gedacht haben. Aber die Standeslehren selbst sind, wie es scheint, so gut wie sämtlich traditionell und bleiben auch weiterhin im großen und ganzen während des Mittelalters gültig – von der Unverrückbarkeit der gottgewollten realen Ungleichheit der Menschen auf der einen Seite bis zum Ideal des Tugendadels, der angesichts jenseitiger Gerechtigkeit alle Standesschranken aufhebt, auf der anderen. Der Gedanke von der Gleichheit aller Menschen vor Gott, wie ihn die Bibel klar verkündete, konnte solange keine politische Sprengkraft entfalten, als die Theologie alles Gewicht auf die bloße Vorläufigkeit und somit relative Bedeutungslosigkeit des irdischen Daseins legte. Desgleichen hatte Boethius, dessen philosophische Begründung des Tugendadels im Mittelalter besondere Resonanz fand, gerade zur Verachtung aller irdischen Glücksgüter aufgerufen. Es gilt jedoch zu beachten, daß dem Rechtsdenken des weltlichen Kriegeradels egalitäre Vorstellungen von vornherein fremd waren und von kirchlicher Seite nur langsam nahegebracht werden konnten. Der Gegensatz der beiden Lebens- und Bildungswelten im Mittelalter darf trotz vielfältiger Überschneidungen, Gemeinsamkeiten und Berührungspunkte keinesfalls unterschätzt werden. Als äußerliches Unterscheidungsmerkmal dient eben die Schriftlichkeit. So beruft sich denn auch unser Autor auf *diu buoch,* die Bücher, und zwar ausgerechnet an der Stelle über den Tugendadel (s. o.). Will er damit einem

Laienpublikum imponieren? Das scheint die allgemeine Auffassung der Forschung zu sein. Am geistlichen Stand des Autors hat allerdings niemand gezweifelt. Es ist bestechend, an ein „Mitglied eines der neuen Orden, die im Landesausbau engagiert waren" (G. Vollmann-Profe), zu denken. Man sollte dann aber auch zumindest in Erwägung ziehen, ob das Gedicht nicht Chorherren oder Mönchen zuerst einmal in ihrer Gemeinschaft zu Gehör gebracht worden sein könnte, ehe sie Gedanken daraus in geeigneter Form in ihrer Seelsorgetätigkeit verwendeten. –

In der Millstätter Handschrift folgt auf das *Recht* ein Gedicht, das man **Die Hochzeit** genannt hat. Beide zeigen deutliche Übereinstimmungen in der bairisch gefärbten, aber mit alemannischen Einsprengseln versehenen Sprache, im wiederholungsreichen und etwas unklaren Stil, in der übergangshaften, zum reinen Reim und zur Vierhebigkeit tendierenden, aber doch nicht selten davon abweichenden Verstechnik. Sie scheinen im selben Milieu (Kärnten?) und zur selben Zeit (Mitte des 12. Jahrhunderts?) entstanden zu sein. Gegen die mögliche Autoreinheit spricht die starke inhaltliche Verschiedenheit. Während sich das *Recht* insgesamt als diskursive Rede präsentiert, kündigt die *Hochzeit* gleich im Prolog ein erhabenes *spel*, also eine fiktive Erzählung (in der lat. Poetik eine *fabula*) von einem mächtigen König an, in der sich viele schöne *zeichen*, also Verweise auf tiefere Bedeutungen bzw. diese selbst (lat. *significationes*) verbergen; sie mitzuteilen sei Pflicht desjenigen, dem Gott den Schatz der Weisheit anvertraut hat (vgl. Jesus Sirach 20,31f.). Das Werk ist also zweiteilig. Es besteht aus einem erzählenden Bildteil (V. 145–324) und einem – weit umfangreicheren – Auslegungsteil (V. 325–1078; Schlußgebet V. 1079–1088). Jener König, wird berichtet, herrscht auf einem hohen Berg. Er wirft seine ungetreuen, aufständischen Knechte in einen schrecklichen Abgrund voll von Untieren. Dann beschließt er, sich mit einer edlen Jungfrau aus dem Tal zu vermählen, um einen rechtmäßigen Erben zu zeugen. Er sendet einen Boten zu ihr. Sie und ihre Verwandten stimmen zu. Am Tage der Hochzeit wird sie gebadet, prächtig geschmückt und vom Bräutigam in festlichem Zuge heimgeholt. Ein herrliches Hochzeitsmahl steht am Ende der Erzählung. Diese wird nun in mehreren Anläufen auf mehreren Ebenen teils explizit, teils implizit, ohne Beachtung strikter Logik ausgelegt. Mehr oder minder wichtige Anregungen haben dazu die Parabel Jesu von der königlichen Hochzeit (Matth. 22,2–14), das Hohelied, die Verse 19,7–9 der Apokalypse des Johannes (vom Hochzeitsmahl des Lammes) und die reiche Exegese dieser Bibelpassagen geliefert. Eine einheitliche exegetische Quelle konnte hier, wie so oft, nicht nachgewiesen werden. Am größten scheint die Übereinstimmung mit allegorischen Erzählungen in Prologen zu mittelalterlichen Hohelied-Kommentaren, insbesondere dem des Philipp von Harvengt († 1183), zu sein. In der deutschen Literatur vor der *Hochzeit* begegnet das Bild von der heiligen Hochzeit des Himmels und der Erde *(do gihite der himel zuo der erde)*, angewandt auf die Inkarnation Gottes in Maria, u. a. in Avas *Leben Jesu* (V. 74). In der *Hochzeit* bezeichnen Braut und Bräutigam die menschliche Seele und den Heiligen Geist, der Brautbote den Priester, die Verwandten der Braut die Sakramente, das Bad der Braut die Beichte und so fort. Die Kirche als Mittlerin des Heils wird ebenso herausgestellt wie im Gedicht *Vom Rechte*. Nur die kirchlichen Gnadenmittel ermöglichen eine Teilnahme an der himmlischen Hochzeit. Daß alle Christen zu dieser geladen sind, während Lucifer in die Hölle verbannt worden ist, begründet ein letzter Teil des Gedichtes (V. 839–1078) durch einen Abriß der Heilsgeschichte, insbesondere des Lebens Jesu. Der Erlösungsgedanke stellt auch das einigende Band des Gedichtes dar, das im Auslegungsteil bisweilen in Einzelheiten zu zerfallen droht. Hier verpackt der Autor vieles an Moraltheologie, das im Bildteil bestenfalls angedeutet worden war, so auch die christliche Soziallehre, wie wir sie schon aus dem *Recht* kennen. Der Literaturwissenschaft mußte aber gerade der Erzählteil teuer sein, da das fiktive Element in der gesamten frühmittelhochdeutschen geistlichen Literatur sonst kaum vertreten ist. Man hat auf Parallelen zu weltlichen Brautwerbungsgeschichten hingewiesen und aus der Betonung der *militia Christi* und aus stilistischen Eigenheiten auf eine Art „geistliche Kontrafaktur zu weltlicher Heldendichtung" geschlossen (P. Ganz). Tatsächlich mag hier manches aus mündlicher Dichtung stammen. Aber den selbständigen Unterhaltungswert der Erzählung in der *Hochzeit* sollte man nicht überschätzen. Sie ist doch nur Mittel zum Zweck.

Den hohen literarhistorischen Stellenwert erhält das Denkmal aus dem Umstand, daß hier zum ersten Mal in der deutschsprachigen Literatur nicht eine im wesentlichen vorgeprägte, bestenfalls im Detail selbständig angereicherte biblische oder legendarische Erzählung bzw. eine Naturbeobachtung (wie im *Physiologus*) allegoretisch ausgelegt, sondern zum Zwecke der Allegorese eine Erzählung erst einmal erfunden wird. (Daß für diese Fiktion wiederum Quellen benutzt werden, versteht sich von selbst.) Gemäß der christlich-spätantiken Literaturtheorie handelt es sich hier um eine *fabula* im Gegensatz zur *historia*, die nicht nur die Geschichte, also das Geschehene, die *res gestae*, sondern auch die *res naturales*, die (geschaffene) Natur, umfaßt. Ihre moraltheologische Legitimation empfängt die *fabula* (das *spel*) aber nur durch ihren tieferen Sinn, die *significatio*, die *bezeichenunge*, das *zeichen*. Im Hochmittelalter heißt dann die Verbindung von *spel* und Auslegung *bîspel*, wörtlich übersetzt „Neben-Erzählung" (daraus später volksetymologisch *Beispiel*). Diese Gattung wird die spätere Literatur unseres Raumes entscheidend prägen. –

Die oben zitierte Zeile über die Hochzeit von Himmel und Erde aus dem *Leben Jesu* der Frau Ava begegnet mit ganz geringer Änderung wieder im *Melker Marienlied* (s. u. S. 135) und ist wohl daraus entlehnt in einem **Die Wahrheit** genannten kleinen Gedicht von 182 Kurzversen (in V. 29f.). Das Bild für die Zeugung und Geburt des Erlösers hat aber hier untergeordnete Bedeutung gegenüber dem folgenden, das den zentralen Gedanken des Gedichtes darstellt: den fünf Wunden Christi, die die Sünden tilgen (V. 35f.). B. Murdoch, dem wir die beste Interpretation des Werkes verdanken, hat sogar „Heil der Wunden" als Titel vorgeschlagen. Dieser dürfte sich schwerlich durchsetzen, auch wenn der übliche Titel aus V. 151 *Daz liet heizet diu warheit* keineswegs mit Sicherheit herauszulesen ist. Nicht überzeugen kann auch der Versuch, das Gedicht in die Nähe liturgischer Hymnen zu rücken. *Die Wahrheit* ist gewiß keine Predigt, aber sie hat doch ganz eindeutig belehrenden, nicht gebethaften Charakter. Sie stellt dem Zuhörer oder Leser die alles entscheidende Alternative zwischen Himmel und Hölle, zwischen Gott und Teufel vor Augen, mahnt zu rechtzeitiger Umkehr und warnt davor, sie aufzuschieben, bis es zu spät ist. Der zweite, eher positiv gewendete Teil stellt das Heilmittel, Beichte, Buße und Absolution durch den Priester, nachdrücklich vor Augen. Das Sakrament wird dabei nicht direkt angesprochen, sondern in das Bild von den Wunden gefaßt, die der Mensch dem Arzt zeigen und von ihm heilen lassen soll. Das Wortspiel mit *sunde – wunde – gesund* mündet in die Aufforderung, Gottes Schöpfung und irdische Sorge um den

Menschen als Garantie für das Kommen jenes Tages aufzufassen, da der Mensch ganz gesund sein wird. Am Ende lenkt der Dichter aber den Blick nochmals auf die negative Alternative zurück. Ihn dauern die vielen, die durch ihre Sünden zur Hölle fahren, durch Sünden, die sie „an ihrem Gewand, ihrem Haar und ihrem Schuhwerk" (V. 177f.) begehen. Das zielt offenbar auf weltlichen Luxus (der stets auch mit Unzucht in Verbindung gesehen wurde). Das Gedicht *Vom Rechte* hatte da eine mildere Haltung eingenommen (s. o. S. 129). Dieser letzte Abschnitt (V. 171–182) scheint den Gesamtduktus des Gedichtes zu stören und ist daher als unecht verdächtigt worden. Das heißt aber doch wohl, das ästhetische Anliegen eines solchen Autors überschätzen. Störung der Überlieferung ist freilich auch nicht auszuschließen, da sich das Gedicht nur in Handschrift V, an seltsamer Stelle nach den *Vorauer Büchern Mosis*, findet. Etwa in der Mitte des 12. Jahrhunderts, zwischen 1140 und 1160, wird es entstanden sein.

Gebete in Versen

Das zuletzt behandelte Gedicht *Die Wahrheit* hätten wir eher im neutestamentlichen Teil der Handschrift V erwartet, etwa in der Nachbarschaft der vermutlich um dieselbe Zeit in unserem Raum entstandenen **Vorauer Sündenklage**, die ihren Platz zwischen Avas *Jüngstem Gericht* und dem Bamberger *Ezzolied* gefunden hat. Die ersten dreizehn Verse des in V 854 Verse zählenden Gedichts sind auch in einer Handschrift des Zisterzienserklosters Zwettl überliefert (Cod. 73).

Die *Vorauer Sündenklage* setzt ein mit der lateinischen Gottesanrufung aus der Tageszeitenliturgie *Domine, labia mea aperies* (s. o. S. 110) und schließt mit einer der häufigsten Gebetsschlußformeln *qui vivis et regnas per omnia saecula saeculorum* („Der du lebst und herrschst in alle Ewigkeit"). Dazwischen liegen eine deutsche Paraphrase des Einleitungsverses als Eröffnungsgebet zu Christus (V. 1–7), ein langes, bereits aus tiefem Schuldbewußtsein gesprochenes Gebet, das sich zuerst an Maria, die Fürsprecherin, dann an den Schöpfer und Erlöser wendet (V. 8–446), das eigentliche Sündenbekenntnis (V. 447–558), inständige Bitten um Vergebung (V. 559–728) und schließlich ein Schlußgebet zum Erlöser, der Mensch geworden und ans Kreuz geschlagen worden ist, um die Macht des Teufels zu besiegen, und der nun auch dem Sünder in seinem Kampf gegen den Widersacher beistehen soll (V. 729–858). Nicht nur die lateinischen Formeln, sondern auch einige flüchtige Anspielungen auf Bibel und Bibelallegorese setzen ein eingeweihtes Publikum voraus. Wenn der Autor sagt, Maria weise den Menschen zum Paradies, „wie der Meerstern den Schiffer weit über jenes breite Meer leitet" (V. 127–129), so gibt er weder den Meerstern *(stella maris)* als Namensetymologie von Maria (Hieronymus, Isidor von Sevilla) zu erkennen noch erklärt er, worauf sich „jenes breite Meer" bezieht (nämlich auf Psalm 103,25). Könnte hier noch eventuell eine der bewußt verkürzten, rätselhaften und dadurch feierlich wirkenden Benennungen Marias aus der Hymnik (s. o. S. 98f.) vorliegen, so verzichtet der Autor an etlichen Stellen überhaupt auf die Vorführung des auszulegenden biblischen Bildes. So spricht er zwar vom Irrtum des Teufels, der im sterbenden Heiland am Kreuz die lebendige Gottheit nicht wahrgenommen habe (V. 844–847), deutet aber nicht einmal an, daß es sich hier um die Allegorese der Stelle

Iob 40,19f. handelt: Der Leviathan (= Teufel) schluckt den Angelhaken (= Gottheit), der im Köder (= Menschheit Christi) verborgen ist. „Die *Vorauer Sündenklage* nimmt das Bild nur als gerade noch kenntlichen Ausgangspunkt für die Darstellung eines andernorts über die Allegorie so erschlossenen Sinnzusammenhangs. Dieser ihr vorgegebene Sinnzusammenhang ist jeweils ihr eigentliches Anliegen" (H. Freytag). Er besteht fast ausschließlich in reuigem Schuldbekenntnis und Flehen um Vergebung. Dabei verzichtet der Betende auf eine möglichst vollständige Aufzählung denkbarer Sünden in der Art eines Beichtspiegels, wie sie etwa die um einiges ältere, wohl aus dem alemannischen Raum stammende Sündenklage in der Millstätter Hs. noch bietet, und schränkt sie ein zugunsten der allgemeinen Beteuerung tiefer Zerknirschung über die eigene Sündhaftigkeit auf der einen und vertrauender Hoffnung auf Gottes Gnade auf der anderen Seite. Dabei wendet er den weit verbreiteten frommen „Trick" an, Gott an seine zahlreichen Akte der Hilfe, Befreiung und Vergebung (hier etwa genannt Maria Aegyptiaca, Drei Jünglinge im Feuerofen, Susanna, Daniel) und insbesondere an das große Erlösungswerk, das sich ja im Heil des einzelnen Menschen erst vollendet, zu erinnern und mächtige Fürsprecher „vorzuschicken", hier Petrus (V. 293) und allen voran die Gottesmutter. Deren stark ausgebaute Mittlerfunktion darf wohl als zukunftsweisendes Element auf dem Sektor der Frömmigkeitsentwicklung verbucht werden so wie auf dem der Stilgeschichte die gewandtere Handhabung der Syntax und Verstechnik. (Die häufige Reimbrechung hat F. Maurer veranlaßt, hier keine Langzeilen mehr anzunehmen.) In der Komposition hält es der Dichter aber weiterhin mit der Methode freier Gedankenassoziationen, die bisweilen durchaus ungewollt wirkende Kreisbewegungen beschreiben. Das nur wenig mehr als 100 Kurzverse umfassende Sündenregister fällt dabei noch am geradlinigsten und kompaktesten aus: Ungehorsam als Kind, Arglist, Zorn, Haß, Untreue, Hochmut, Hohn, Raub, Diebstahl, Ehebruch und Hurerei, Meineid, Rache, Verletzung der Kirchengebote des Kirchganges, des Fastens, der Buße, schlechter Umgang werden im einzelnen aufgezählt und insgesamt als Torheit und Mangel an *heiliger minne (caritas)* qualifiziert. Das sind nun zu einem Gutteil Sünden von Laien. Der Dichter bekennt auch, daß die Welt ihm gezeigt habe, wie ihr Lohn aussieht: *daz ich ir so vil gedienet han,/ daz muoze* (möge) *got erbarmen* (V. 378f.). Nun bittet er aber Gott um einen wahrhaft wirksamen Brustpanzer (*brustwere*: V. 760) nicht aus Horn, Bein, Stein oder Stahl, sondern aus Glauben, Reue, Treue, Hoffnung, Liebe, Leidensmut und Demut und schon von vornherein um Bestrafung seines Leibes zur Errettung seiner Seele (V. 337ff.). Was liegt näher, als hier an die Weltabkehr eines ehemaligen Laien, der nun als Konverse in einer geistlichen Gemeinschaft Buße tut, zu denken? Sichere Indizien gibt es dafür allerdings keine.

Noch weit mehr tappen wir naturgemäß im dunkeln bei der Beurteilung der sogenannten *Klagenfurter Gebete.* Die drei Stücke sind nur stark verstümmelt auf dem Rest eines (ehemals in Klagenfurt befindlichen, jetzt verschollenen) Doppelblattes aus dem 2. Drittel des 12. Jahrhunderts überliefert. Das erste und letzte ist in Versen, das mittlere, fast völlig zerstörte, vermutlich in Prosa abgefaßt. Die Sprache könnte bairisch-österreichisch sein. Die Verstechnik weist auf die Jahrhundertmitte. Im Gebet I werden – ähnlich wie in Heinrichs *Litanei* (s. u. S. 461ff.) – Jesus und die Apostel Johannes und Jakob angerufen. Äußert sich bereits hier ein starkes Schuldbewußtsein, so gehört Gebet III, gerichtet an die Heilige Dreifaltigkeit, vollends zur Gattung der Sündenklagen. –

Aus dem Bereich der Sündenklage, nicht aber aus dem der Marienverehrung, wie sie sich in der *Vorauer Sündenklage* und auch im *Vorauer Marienlob*, das wir im Rahmen der *Vorauer Bücher Mosis* (s. o. S. 115) besprochen haben, manifestiert, fällt das letzte hier zu behandelnde Gedicht heraus: das **Melker Marienlied.** Es dürfte um einiges älter als jene Werke sein, wenn die jüngste und einläßlichste kodikologische Beschreibung des einzigen Überlieferungsträgers das Richtige trifft. Das Lied steht auf der ersten Seite des Melker Codex 391, der u. a. die berühmten *Melker Annalen* (s. o. S. 84f.) enthält. Vom zweiten bis 1133 tätigen Schreiber der Annalen soll auch das deutsche Lied geschrieben sein (M. Bruck). Damit wäre die von vielen vertretene Spätdatierung des Liedes auf 1140–60 oder noch später hinfällig. (Die am Rande eingetragenen Noten des 15. Jahrhunderts haben vermutlich mit dem Lied nichts zu tun.)

Die ersten drei Strophen des Liedes lauten in der „Leseausgabe" und Übersetzung von M. Wehrli:

I *Jû in erde*
   leit Aaron eine gerte.
   diu gebar mandalôn,
   nüzze alsô edile:
   die süezze hâst dû füre brâht,
   muoter âne mannes rât,
      Sancta Maria.

II *Jû in deme gespreidach*
   Moyses ein fiur gesach.
   daz holz niene bran,
   den louch sa er obenân,
   der was lanch unde breit:
   daz bezeichint dîne magetheit,
      Sancta Maria.

III *Gedeon, dux Israel.*
    nider spreit er ein lamphel.
    daz himeltou die wolle
    betouwete almitalle:
    alsô chom dir diu magenchraft,
    daz dû wurde berehaft,
       Sancta Maria.

I Oh, auf die Erde
   legte Aaron einen Zweig.
   Der trug Mandeln,
   Nüsse, so edel:
   diese Süße hast du hervorgebracht,
   Mutter ohne Mannes Zutun,
      Sancta Maria.

II Oh, in dem Gesträuch
   sah Moses ein Feuer.
   Das Holz brannte nicht,
   die Flamme sah er darüber,
   sie war lang und mächtig.
   Das bezeichnet dein Magdtum,
      Sancta Maria.

III Gideon, dux Israel,
    nieder breitete er ein Lammfell.
    Des Himmels Tau die Wolle
    betaute ganz und gar:
    so kam dir die Kraft,
    daß du fruchtbar wurdest,
       Sancta Maria.

Die gleichzeiligen Strophen bestehen aus sechs paarweise gereimten, meist viertaktigen (vgl. aber I 1!) Kurzversen, die man auch als binnengereimte Langzeilen auffassen kann, und einem Refrain *Sancta Maria*, den wir aus der lateinischen Mariensequenz AH 54, Nr. 223 *Ava plena gratiae* kennen (s. o. S. 96f.). Die Reime des Gedichts sind etwa zur Hälfte rein. Es kommen aber auch noch viele Endsilbenreime und sogar so vage Anklänge vor wie in I 3/4. Ohne Kenntnis der Melodie ist das Werk den Gattungen Hymnus oder Sequenz nicht zuzuordnen. Eine Sequenz mit gleichzeiligen Strophen wäre zu so früher Zeit in unserem Raum aber ein Unikum. So hat man das Lied meist als Hymne bezeichnet, wenn man es nicht überhaupt von den lateinischen Gattungen absondern wollte.

Der Hauptunterschied zur lateinischen Hymnik (einschließlich der Sequenz) besteht in den gelegentlich auftretenden narrativen und explikativen Elementen. Während im Lateinischen der Vorgang der Allegorese ganz selten explizit gemacht wird, stellen hier die drei zitierten Eingangsstrophen den Kurzbericht aus dem Alten

Testament der neutestamentlichen Bedeutung jeweils ausdrücklich gegenüber, einmal sogar mit dem Terminus *bezeichinen* (II 6, ebenso dann VI 6). Am Anfang steht der Aaronsstab aus Numeri 17,6–9, wie ihn auch der *Vorauer Balaam* als Typus der wunderbaren Geburt Jesu verwendet (s. o. S. 116). Für Marias unverletzte Jungfräulichkeit werden hierauf noch die Zeichen des brennenden und doch nicht verbrennenden Dornbusches aus Exodus 3,2 und des Vlieses hinzugefügt, das Gideon (Gedeon) auf der Tenne ausbreitet und auf das Gott am Morgen Tau herabkommen läßt, während die Umgebung sonst trocken bleibt (Richter 6, 36–40). Man wird nicht sagen können, daß diese epischen Minimalelemente die Kenntnis der Bibelstellen oder ihrer Exegese überflüssig machen. Beim dritten Zeichen fehlt sogar der springende Punkt des Wunders („und auf dem ganzen Boden Trockenheit": Iud. 6,37). Die exegetische Verbindung mit Maria war zudem damals zwar geläufig, aber nicht obligatorisch. So stellt Irimbert von Admont sie in seinem Kommentar zur Stelle nicht her.

Strophe IV verzichtet denn auch ganz auf die Deutung der Bilder, die vielmehr wie in der lateinischen Hymnik einfach preisend aneinandergereiht werden: Meerstern – die Etymologie von Maria (s. o. zur *Vorauer Sündenklage* S. 132) –, Morgenrot, Blume auf dem Brachland, Lilie unter Dornen – Metaphern für die Braut des Hohenliedes (Cant. 6,9; 2,1; 2,2), traditionelle Zeichen Marias, die beiden letzten insbesondere für ihre jungfräuliche Empfängnis. Strophe V und VI bringen typologische Bilder für die Herkunft Marias, jedoch in ganz unterschiedlicher Manier. Während in V das Geschlecht Marias mit der Angelschnur und der daran befestigte Angelhaken mit der Gottheit (Christi), an der der Tod zugrunde geht, gleichgesetzt, der Bezugspunkt in Iob 40,20f., der gefangene Leviathan, aber verschwiegen wird, führt VI die Weissagung Jesajas über Zweig und Blume aus der Wurzel Jesse (Is. 11,1) mit Quellenangabe vor und schließt die Auslegung auf Maria und Jesus an. Damit ist die Inkarnation Gottes in Maria, der Jungfrau, hinreichend präfigurativ vorbereitet, um nun in der Mitte des Gedichts als Bericht dargeboten zu werden:

VII *Dô gehît ime sô werde*
    der himel zuo der erde,
    dâ der esil unde daz rint
    wole irchanten daz vrône chint:
    dô was diu dîn wambe,
    ein chrippe deme lambe,
    Sancta Maria.

Da vermählt sich so herrlich
der Himmel mit der Erde,
wo der Esel und das Rind
wohl erkannten das heilige Kind,
da war dein Schoß
eine Krippe dem Lamm,
Sancta Maria.

VIII *Dô gebaere dû daz gotes chint,*
    der unsih alle irlôste sint
    mit sînem heiligen bluote
    von der êwigen noete:
    des scol er iemmer gelobet sîn.
    vile wole gniezze wir dîn,
    Sancta Maria.

Da gebarst du das Kind Gottes,
der uns alle seither erlöst hat
mit seinem heiligen Blut
von der ewigen Not.
Drum soll er immer gepriesen sein.
Sehr wohl kommst du uns zugute,
Sancta Maria.

VII eröffnet ein fast wörtliches Zitat aus der Verkündigungsszene in Avas *Leben Jesu* (s. o. S. 130). Es wird geschickt verbunden mit drei weiteren Bildern, die ihrerseits ineinander verwoben sind: Esel und Rind, die ihren Herrn erkennen (Is. 1,3), an der Krippe (im Stall zu Bethlehem), welche der Autor (offenbar selbständig) zur Metapher für den Leib Marias macht und wo er statt des Kindes das Osterlamm, den Typus Christi, hineinlegt. Auf das dichte Bildgewebe in VII folgt in VIII eine bildlose

Nennung und Preisung der durch die Inkarnation möglich gewordenen Erlösung in der Passion Christi. Die Strophen IX–XI reihen nun wiederum wie an einer Perlenschnur schmückende Mariennamen, zum Großteil aus dem Preis der Braut im Hohenlied, aneinander: zuvor die verschlossene Pforte aus Ezechiel 44,2, dann die Honigwabe, die Gewürze, die Taube ohne Galle, die versiegelte Quelle, den verschlossenen Garten (Cant. 4,10–11; 1,9; 4,12), schließlich Zimt, Balsam und Myrrhe, die Zeder im Libanon, die Rose in Jericho aus dem Buch Jesus Sirach (Eccli. 24,20; 24, 17f.). Strophe XI mündet in die Typologie Eva–Maria, die in XII näher ausgeführt wird: Die Szene der Verführung durch die Einflüsterung des Teufels steht der Verkündigung Gabriels gegenüber, die todbringende erste Frau der lebensspendenden zweiten. Strophe XIII ruft noch einmal die jungfräuliche Gebärerin an in ihrem Adel, vergleicht sie der Sonne (vgl. Cant. 6,9), die in Nazareth aufgegangen ist, und rühmt sie schließlich mit jenen lateinischen Worten, die die Vulgata für Judith, die Retterin ihres Volkes gebraucht (Iudith 15,10): *Hierusalem gloria, Israhel laetitia*, „Jerusalems Ruhm, Israels Freude". In der letzten Strophe schließlich läuft der Lobpreis, wie üblich, in eine Anrufung der Gottesmutter als gnädiger Fürbitterin aus:

XIV *Chüniginne des himeles,*	Königin des Himmels,
porte des paradyses,	Pforte des Paradieses,
dû irweltez gotes hûs	du erwähltes Gotteshaus,
sacrarium sancti spiritus,	Sacrarium sancti spiritus,
dû wis uns allen wegente	du sei uns allen hilfreich
ze jungiste an dem ente,	zuletzt an dem Ende,
Sancta Maria.	Sancta Maria.

Bis auf den uralten nicht allegorischen Namen der Himmelskönigin finden wiederum Typologien Verwendung: Als Himmelspforte und Gotteshaus bezeichnet Jakob die Stätte seines Traumes von der Himmelsleiter (Gen. 28,17); der Tempel des Heiligen Geistes variiert das Gotteshaus. Die Bitte am Ende erfolgt direkt, ohne Bild.

Intensive Quellenforschungen (v. a. von H. Freytag) haben ergeben, daß so gut wie alle Motive des Liedes aus der lat. Exegese zur Perikope Lukas 1,26–28, die am Fest Mariä Verkündigung *(Annuntiatio sanctae Mariae)* am 25. März gelesen wurde, stammen, insbesondere aus der Predigt *In Annuntiatione s. Mariae* und dem *Sigillum beatae Mariae* des Honorius Augustodunensis und dem *Marienoffizium* des Petrus Damiani. Ohne Anregung durch lat. Marienhymnen und -sequenzen ist aber gleichwohl die Entstehung des deutschen Gegenstücks nicht denkbar. Auch wenn es an die besten lateinischen Stücke nicht ganz heranreicht, stellt es eine bewundernswerte Leistung dar, für die wir keine deutschen Vorläufer namhaft machen können. Die aufgezählten Präfigurationen Marias markieren in ihrer Reihenfolge zwar nicht den Fortgang des heilsgeschichtlichen Prozesses, wie es im Meisterwerk der Gattung, der Sequenz *Ave praeclara maris stella* Hermanns von Reichenau der Fall ist, dafür rahmen die Typologien den „epischen" Bericht von der Geburt des Erlösers in den beiden, jeweils mit *do* eingeleiteten Mittelstrophen VII und VIII. Vielleicht ist es auch kein Zufall, daß die 7 Verse jeder Strophe den zweimal 7 Strophen des Gedichtes entsprechen.

Die Frömmigkeitshaltung, die im *Melker Marienlied* zum Ausdruck kommt, weicht von der in den gleichzeitigen und älteren lat. Werken der Gattung nicht ab (dazu s. o. S. 99). Subjektives Gefühl und persönliche Identifikation durchbrechen noch nicht den gewahrten Abstand zwischen dem feiernden und betenden „Wir" und der gefeierten und angebeteten Heilsbringerin, der Himmelskönigin. Leider wissen wir nichts über die Art des „Gebrauchs". Gegen die Annahme liturgischen Vortrags spricht nicht nur die deutsche Sprache, sondern auch die Überlieferung außerhalb der zahlreich erhaltenen liturgischen Bücher.

Das Profil der Epoche

War das erste Kapitel dieses Buches der Vorgeschichte der „österreichischen" Literatur gewidmet, so das zweite der Frühgeschichte. Noch dominieren klar die politischen und kulturellen Klammern mit dem bairischen Mutterland, aber allmählich bildet sich in der Markgrafschaft Österreich ein eigenes Landesbewußtsein heraus. (Für Kärnten und Steiermark fehlen, soweit ich sehe, so frühe vergleichbare Zeugnisse.) Auch die einzelnen Bistümer heben sich deutlicher voneinander ab. Zu diesem Eindruck mag allerdings die Zahl der literarischen Denkmäler, die um ein Vielfaches gegenüber der vorangehenden Periode angestiegen ist, wesentlich beitragen. Man kann geradezu von einer Explosion der Literaturproduktion, vor allem der deutschsprachigen, sprechen, selbst wenn man die großen Verluste an frühmittelalterlichen Denkmälern durch die Ungarnstürme in Rechnung stellt. Der Terminus Frühgeschichte deutet schon an, daß erst jetzt eine kontinuierliche Geschichte der Literatur in unserem Raum ihren Anfang nimmt. Dafür sind in erster Linie äußere Faktoren, demographische, ökonomische, soziale und politische, verantwortlich (s. o. S. 53ff.). Sie wirken sich nur vereinzelt auf den Inhalt der Schriften aus, schaffen aber erst die Voraussetzungen für die steigende Produktion und Rezeption geistiger Güter. Selbst die große Kirchenreform (s. o. S. 53f. und S. 56ff.) liefert weniger den konkreten Stoff für literarische Ergüsse als den generellen Anreiz zu schriftstellerischer wie kultureller Aktivität überhaupt. So hat unser Raum offenbar keine Streitschrift zur Investiturfrage hervorgebracht! Die religiöse und sittliche Erneuerung der geistlichen Orden findet jedoch in deren mehr oder minder edlem Wettstreit auch auf dem Gebiet der Künste ihren Niederschlag. Im Vordergrund steht dabei natürlich die Liturgie. Für sie werden neue prächtige Sakralräume errichtet, so die Kloster- bzw. Stiftskirchen von Millstatt (begonnen Ende des 11. Jahrhunderts ?), von St. Peter in *Abb. 14* Salzburg (1130–1143), Heiligenkreuz (Langhaus 1135/36–1187), Gurk (um 1140 – um 1200), Viktring (1142–1202), Seckau (um 1150–1164), die in ihrer romanischen Bausubstanz zum Teil bis heute unverändert erhalten sind. Von den allenthalben angebrachten Wandmalereien können wir freilich nur noch wenige bewundern, etwa die in der frühromanischen, bereits 1089 geweihten Kirche von Lambach (s. o. S. 64) oder die aus der ersten Hälfte des 12. Jahrhunderts in der Benediktinerinnen-Abteikirche auf dem Salzburger Nonnberg. Liturgische Bücher für Messe und Offizium werden in reicher Zahl hergestellt und mit großer Sorgfalt ausgestaltet. Reiche Neumierung bietet Gedächtnisstützen für den gregorianischen Gesang. Bilderschmuck illustriert, kommentiert und vertieft den Inhalt des heiligen Wortes. Herausragende Beispiele der Buchkunst sind das Perikopenbuch des Custos Perhtolt (ca. 1060/80) für St. Peter/Salzburg (jetzt in New York), die Evangeliare aus Admont (Codex 511) und aus Millstatt (Graz UB Cod. 805) vom Ende des 11. Jahrhunderts (in der Nachfolge Perhtolts), die in Salzburg um 1140 angefertigte sogenannte Admonter Riesenbibel (Cod. Vind. s. n. 2701–2702), das Perikopenbuch aus Kloster Nonnberg (München, Clm 15903) von ca. 1140, das Evangeliar (Cod. Vind. 1244) des fleißigen Mondseer Malers und Schreibers Liutold, der 1145 bis 1170 nachweisbar ist. Der Metropolitansitz Salzburg hat also nach wie vor unbestritten die Führungsposition in der Buchmalerei inne. Es muß überraschen, daß gleiches für die Literaturproduktion nicht zutrifft. Dürfen wir das darauf zurückführen, daß der bildenden Kunst mehr eine repräsentative, der Literatur mehr eine informative, appellative oder kommunikative Funktion zukommt? Dann müßten wir wohl der bildenden Kunst die liturgische Feier mit ihrem musikalisch-theatralischen Gepräge und Gepränge an die Seite stellen. Als Beleg könnten wir anführen, daß der neue Typ II der Osterfeier tatsächlich von den Diözesanleitungen der Bistümer Passau und Salzburg ihren Ausgang genommen haben dürfte. Der gewichtige Anteil der Augustiner-Chorherren an der Ausbreitung dieses Typs wie an der Ausgestaltung des Chorgesanges (Sequenzen!) überhaupt steht dazu nicht im Gegensatz, versuchen doch die Reformbischöfe, die Domkapitel ebenfalls der Augustinerregel zu unterwerfen, was in Salzburg auch gelang (s. o. S. 58f.).

Die Vorrangstellung in der übrigen lateinischen Literaturproduktion der Zeit verdankt der Orden der Augustiner-Chorherren aber fast allein dem Wirken Gerhochs von Reichersberg, der mit seinen umfangreichen exegetischen, geschichtstheologischen, ekklesiologischen und christologischen Schriften für uns das Bild der Epoche prägt. Das Bild trügt jedoch insofern, als einerseits Gerhochs Wirkung, wie wir gesehen haben, weit hinter seinen Intentionen zurückblieb und andererseits die Orden der Benediktiner und Zisterzienser, auch wenn ihnen kein einzelner Autor vom Format Gerhochs erwuchs, insgesamt durchaus Gewichtiges zum religiösen und kulturellen Aufschwung beizutragen hatten. Sie standen auch nicht weniger als die Regularkanoniker im Austausch mit dem geistig führenden Westen. In Admont oder Heiligenkreuz werden die großen Theologen wie Anselm von Canterbury, Hugo von St. Victor oder Bernhard von Clairvaux mindestens ebenso eifrig rezipiert wie in Klosterneuburg oder Reichersberg.

Die auf südwestdeutschen Grundlagen aufbauende österreichische Annalistik ist vollends eine benediktinische Schöpfung (aus Melk oder Göttweig). Aus Göttweig stammt auch der wichtigste Beitrag zur historiographisch-hagiographischen Prosa, die *Vita Altmanni*. Hierin finden wir auch jenen engagierten Zeitbezug, den wir sonst in der lateinischen Literatur der Periode, etwa in dem reichen exegetischen und homiletischen Œuvre aus Admont, zumeist vermissen. Überreich vertreten ist er sonst nur bei Gerhoch, der sich als einziger in der ersten Jahrhunderthälfte nicht nur mit den Anliegen der Kirchenreform, sondern auch bereits eigenständig mit der frühscholastischen Theologie des Westens auseinandersetzt.

Hier gilt es zugleich bei aller Bewunderung für Gerhochs reiches Wissen und unbändiges Engagement den Abstand zu jenen führenden Geistern zu betonen, die das Antlitz Europas damals wahrhaft verändert haben. Dem Reichersberger Propst standen weder der dialektische Scharfsinn eines Petrus Abaelard (1079–1142) oder eines Gilbert von Poitiers (um 1080–1154) zu Gebote noch die ausgereifte Methode klarer Systematik eines Petrus Lombardus (um 1095–1160) noch die philosophisch-humanistische Gelehrsamkeit eines Johannes von Salisbury (um 1115–1180) noch die hinreißende Beredsamkeit eines Bernhard von Clairvaux (um 1090–1153). Gerechterweise muß allerdings eingeräumt werden, daß dem westeuropäischen Kulturkreis der gesamte deutschsprachige Raum damals nur wenig Gleichwertiges entgegenzusetzen hatte. So mag ein Vergleich mit Hildegard von Bingen (1098–1179), der großen Visionärin, Rupert von Deutz (um 1070–1129/30), dem monastischen Theologen, Otto von Freising (1111/15–1158), dem überragenden Geschichtsschreiber und Geschichtstheologen (einem Sohn Leopolds III. von Österreich, einem Babenberger also, der aber in Österreich nur seine Jugend verbrachte, seine theologischen Studien v. a. in Frankreich absolvierte und seine Werke in Baiern schuf), oder Honorius Augustodunensis (um 1080 – um 1137), dem popularisierenden Enzyklopädisten, eher am Platze sein. Dabei werden Stärken und Schwächen Gerhochs zutage treten. Alles in allem kann er sich in diesem Kreis zwar durchaus sehen lassen, aber es ist doch wohl kein Zufall, daß er in seiner Wirkung an keinen der Genannten heranreicht, fehlt es ihm doch auf der einen Seite an ausgreifenden originellen Konzepten – seine Abhängigkeit von Rupert kann da als symptomatisch gelten –, auf der anderen Seite aber ebenso an der Fähigkeit zur Vereinfachung, Ordnung und Komprimierung überkommener theologischer und sonstiger Lehrinhalte, einer Fähigkeit, die Honorius zu dem wohl „populärsten" Schriftsteller seiner Zeit und zum wichtigsten „Themenlieferanten" für die volkssprachliche Literatur gemacht hat.

Während die frühscholastische Theologie aus dem Westen in unserem Raum in der ersten Jahrhunderthälfte zumindest auf passives Interesse oder polemische Ablehnung stößt und die neue Form der liturgischen Sequenz bei uns rasch Anklang und Nachahmung findet, bleibt die weltlich-humanistische Seite der Renaissance des 12. Jahrhunderts vorläufig ganz ohne Widerhall (wenn man von gewissen stilistischen Einflüssen wie auf die Sentenzensammlung des Abtes Johannes absieht). Vergeblich werden wir nach einer Parallele zu den weltlichen Gedichten des Loire-Kreises (Marbod von Rennes, um 1035–1123, Balderich von Bourgueil, 1046–1130, Hildebert von Lavardin, 1056–1133) oder des ersten großen „Vaganten" Hugo von Orléans (um 1093 – um 1160) suchen – dies aber im ganzen deutschen Sprachraum. Immerhin belebt sich im Umkreis des Stauferhofes zur Zeit der Regierung Friedrich Barbarossas (1152–1190) dann die Szene beträchtlich, während unser Raum weiterhin abseits steht (s. S. 579), somit also in dieser Hinsicht das ganze Jahrhundert lang geistige Provinz bleibt.

Daß wir hierin die Auswirkung eines insgesamt nicht besonders hohen oder zumindest recht ungleichmäßigen lateinischen Bildungsniveaus in unserer Region zu sehen haben, dafür könnte gerade der überraschende Aufschwung der einheimischen deutschen Literatur sprechen. Soweit sich die deutschen Denkmäler zumindest vermutungsweise lokalisieren lassen, weisen sie nicht nach Admont oder Reichersberg, was wir doch erwarten müßten, wenn deutsche und lateinische Produktion als „naturgemäß" zusammengehörig zu denken wären. Nur für das Kloster Melk unter Abt Erchinfrid (1121–1163) zeichnet sich so etwas wie eine Symbiose der beiden Literaturen ab. Die *Melker Annalen* und die *Passio Cholomanni* sind aber durchaus bescheidene literarische Leistungen, während die Werke der Frau Ava und das *Melker Marienlied* in der ersten Reihe der damaligen volkssprachlichen Dichtung stehen. Die Vermutung drängt sich also auf, das Deutsche könnte da und dort eine Lücke gefüllt haben, die das Lateinische offengelassen hatte. Immerhin befanden sich viele Klöster und Stifte zu dieser Zeit noch in der Aufbauphase. Zur materiellen Absicherung bedurfte es vieler eifriger Handarbeiter, deren von der Ordensregel vorgeschriebene geistliche Erbauung und Belehrung auf deutsch wohl vorerst einfacher zu bewerkstelligen waren.

Gegen eine Lückenbüßerrolle der deutschen Literatur spricht aber wiederum die ganz geringe gattungsmäßige Überlappung mit dem lateinischen Schrifttum. Auf dem Felde der Prosa herrscht allein das Lateinische. Was in lateinischen Hexametern dargestellt wird, ist andererseits gar kein Thema deutscher Dichtung. Nur bei den deutschen Gebeten in Versen lassen sich gewisse Affinitäten zur lateinischen liturgischen Lyrik konstatieren. Gattungsgleichheit ist aber in den seltensten Fällen zu vermuten und nirgends zu beweisen. Am ehesten wird man das *Melker Marienlied* den lateinischen Hymnen formal, wenn auch nicht funktional, gleichstellen dürfen.

Die deutschen Gattungen ohne lateinische Parallelen in unserem Raum sind die Bibelepik, die Glaubenslehre und die Lebenslehre in Versen, wobei die erstgenannte ein gewaltiges Übergewicht aufweist. Da auch die beiden anderen Genres mehr oder minder direkt, mehr oder minder häufig auf die Bibel Bezug und aus ihr den Stoff nehmen, kommt ihr für die gesamte volkssprachliche Dichtung eine ganz zentrale Funktion zu. Das mag wie eine Selbstverständlichkeit klingen, wenn man den Stellenwert der Bibel für Leben und Ausbildung der Weltgeistlichen, Regularkanoniker und Konventualen bedenkt, gewinnt jedoch das Merkmal des Auffälligen angesichts der bedeutenden Rolle, die außerbiblische – historische und legendenhafte – Themen in der lateinischen Literatur des gesamten Reiches und auch in der deutschen Versdichtung außerhalb unserer vier Bistümer spielen. Wenn so etwas wie das Kölner *Annolied* (aus den achtziger Jahren des 11. Jahrhunderts?) über das Leben und die Wunder des heiligen Bischofs Anno von Köln (1056–1075) oder die Regensburger *Kaiserchronik* (beendet wohl bald nach 1146) über die Geschichte des Imperium Romanum von Caesar bis Konrad III. in unserem Raum nicht geschaffen worden ist, so könnte das am ehesten daran liegen, daß die dort artikulierten Anliegen des Reiches der „provinziellen" Selbstgenügsamkeit des Südostens ferner lagen. Doch nicht nur die Reichsgeschichte, sondern auch die Kirchengeschichte der Zeit nach dem Pfingstwunder bis zur Gegenwart bleiben hierzulande von den Autoren deutscher Werke ausgespart. Man hat zwar mit Recht auf die historisierende Tendenz der deutschen Bearbeitungen der biblischen Geschichte hingewiesen, die fast stets in den Rahmen von Schöpfung und Engelsturz bis Weltende und Gericht eingespannt wird. Doch auf diese Weise wird nur die von Heiliger Schrift und Kirchenvätern sanktionierte Heilsgeschichte an den Hörer und Leser in der Volkssprache herangetragen. Der Versuch, die übrige Weltgeschichte der Heilsgeschichte einzuordnen, bleibt aus. Wurde er als zu gefährlich für ein nicht gelehrtes Publikum befunden?

Das Publikum der deutschen (verschriftlichten) Dichtung näher zu definieren ist, wie wir gesehen haben, recht problematisch. Laien außerhalb der Klostermauern sind wohl kaum je in erster Linie angesprochen, auch wenn sie da oder dort schon bald Zugang zu dem einen oder anderen Text erlangt haben mögen. Am ehesten kommen die *Altdeutsche Exodus* und das Gedicht *Vom Rechte* weltlichen Interessen entgegen. Dennoch kann jene ohne weiteres zuerst vor Konversen vorgetragen worden und dieses für Laienseelsorger bestimmt gewesen sein. Wie die *Altdeutsche Exodus* verraten auch *Die Hochzeit* und *Das himmlische Jerusalem* Kenntnis weltlicher (mündlicher) Dichtung, ja setzen diese Kenntnis vielleicht bei den Hörern voraus, die somit keinesfalls ihr ganzes Leben in einer geistlichen Gemeinschaft zugebracht haben könnten. Einen Konversen als Autor haben wir für die *Vorauer Sündenklage* vermutet. Die für ein solches Werk nötige Bildung mußte man keineswegs bereits als *puer oblatus* oder *puella oblata* (s. o. S. 57, 62) erwerben, das bezeugt uns der Fall der Frau Ava, die erst als Mutter zweier erwachsener Söhne, d. h. wohl als Witwe, Inkluse wurde. Sie hat ihre Werke höchstwahrscheinlich für die Tischlesung der Mönche und Laienbrüder in Melk verfaßt. Ob für denselben Kreis nicht nur das *Melker Marien-*

lied, sondern auch die *Wahrheit* und die *Vorauer Bücher Mosis* geschaffen wurden, bleibt offen. Der zuletzt genannte biblische „Zyklus" stellt jedenfalls solche Anforderungen, daß nur lateinisch intensiv Gebildete sie voll erfüllen konnten. Ein in dieser Hinsicht „gemischtes" Publikum will offenbar die *Wiener Genesis* erreichen, ein Publikum, das wir in einem Benediktinerkonvent zu suchen haben werden (s. S. 109). Augustiner-Chorherren wird man dagegen am ehesten ins Spiel bringen, wenn Texte für die Laienseelsorge bzw. für die Vorbereitung auf diese bestimmt scheinen, wie im Falle des *Rechtes* oder eventuell auch der *Hochzeit.* Mit Nonnen, Augustiner-Chorfrauen oder anderen Kanonissen läßt sich überraschenderweise kein einziger deutscher Text sicher in Verbindung bringen, jedoch auch bei wenigen eine solche Verbindung mit Sicherheit ausschließen.

Gerade wer die bis heute in der Forschung vielfach vertretene Auffassung, die besprochenen geistlichen deutschen Denkmäler seien überwiegend für Laien außerhalb geistlicher Gemeinschaften geschaffen worden, nicht teilt, muß mit Nachdruck nach deren Literatur fragen. Da die genuine Laienkultur eine rein mündliche war, sind wir auf indirekte Zeugnisse angewiesen. Das wichtigste aus unserem Raum steht am Ende des Gedichtes vom *Himmlischen Jerusalem* (s. o. S. 125): Von „weltlichem Geschehen und Kampfestaten" (V. 450f.) wußten die Sänger mündlicher Epik zu berichten, heißt es da, nicht anders als im Kölner *Annolied,* wo etwas präziser von „alten Geschehnissen, wie kühne Helden fochten, wie sie feste Burgen eroberten, wie vertraute Freundschaften zerbrachen, wie mächtige Könige ganz zugrundegingen", die Rede ist (V. 2–6). Einen schwachen Eindruck kriegerischer Ereignisse vermitteln uns kurze Abschnitte der *Altdeutschen Exodus,* die sich offenbar an jene mündliche Epik anlehnen. Diese kann aber doch nicht nur von Heldentaten und Händeln berichtet, sondern muß auch das Repräsentationsbedürfnis des Kriegeradels befriedigt haben. Aus solchen Schilderungen feudaler Sitten und Festlichkeiten haben etliche geistliche Dichtungen, besonders aber, wie es scheint, *Die Hochzeit* geschöpft. Versmaß und Reim werden die Kleriker von der mündlichen Dichtung übernommen und wohl nur geringfügig adaptiert haben. Ein so großer Umfang wie der der *Wiener Genesis* dürfte dagegen an die Schriftlichkeit gebunden gewesen sein. Hier wirkte das Vorbild lateinischer Buchepen. Doch dieser Umfang ist auch unter den deutschen Bibelepen die Ausnahme. Daß mündliche Epen in jener Zeit zumindest die Länge der *Altdeutschen Exodus* erreichen konnten, scheint nicht undenkbar, obwohl die Forschung zumeist nur mit kurzen, balladenartigen Stücken (vergleichbar der *Älteren Judith*) zu rechnen geneigt ist. Über Zahl und Aussehen der damals umlaufenden mündlichen Dichtungen läßt sich nur spekulieren. Wenn jedoch unser Raum neben dem mitteldeutschen Sprachgebiet das wichtigste Zentrum der frühmittelhochdeutschen geistlichen Dichtung ist, ja sogar die Spitzenstellung im ganzen deutschen Sprachraum beanspruchen darf und wenn sich dies nicht mit einer außergewöhnlichen Leistung im Lateinischen koppeln läßt (s. S. 140), was liegt da näher, als ein wohlbebautes Feld mündlicher Dichtung als Nährboden des deutschen Schrifttums anzunehmen? –

Auf das Schrifttum, lateinisches wie deutsches, sind wir selbstverständlich angewiesen, wenn wir uns das Weltbild jener Periode vergegenwärtigen wollen. Dementsprechend einseitig geistlich muß es ausfallen. Diesen Vorbehalt darf man nicht aus dem Auge verlieren. Die gemeinsame klerikale Herkunft erklärt auch die bemerkenswerte Übereinstimmung der Themen und Aussagen in den lateinischen und den deutschen Texten und die diesbezüglich ziemlich ungebrochene Kontinuität im Verhältnis zur vorausgehenden Periode. Jetzt läßt sich aber vieles aus den Denkmälern belegen, was für das Frühmittelalter nur indirekt zu erschließen war.

Deutsche wie lateinische Autoren schöpfen, so sehr sie sich auch bei der Wahl der Gattungen und der Darstellungsmittel unterscheiden mögen, aus dem gemeinsamen riesigen Fundus des klerikalen Wissens, dessen Grundlage die Bibel und die antiken Wissenschaften, beide vermittelt und interpretiert von den Kirchenvätern, bilden und das seither stetig erweitert worden ist, ohne jene Grundlage anzutasten. Der Mensch ist eingespannt als Erdenwesen zwischen der Unterwelt mit Teufeln und Dämonen und dem Himmel mit Gott, Engeln und Heiligen. Als Wesen der Schöpfung stellt er einen Mikrokosmos dar, der den Makrokosmos abbildet, dieser wie jener aufgebaut aus den vier Elementen Wasser, Erde, Feuer und Luft. Alles sinnlich Wahrnehmbare bezeichnet etwas Übersinnliches; die Schöpfung verweist in allen ihren Teilen und in deren klaren mathematischen Proportionen auf ihren Schöpfer, erhält davon Sinn, Würde und Weihe. Erkennbar wird dieser Sinn aber nur durch die direkte Offenbarung in der Heiligen Schrift, zu deren Erklärung freilich auch heidnische Artes herangezogen werden müssen. Aus der kunstvollen Auslegung der Bibel nach dem Literalsinn und den drei spirituellen Sinnebenen erfließt in letzter Konsequenz alles menschliche Verständnis Gottes, der Natur und der Geschichte, ein Verständnis, das dem Menschen auch erst die Einsicht in den persönlichen Heilsweg gewährt. Gottes Schöpfung und Heilstaten geben aber nur den allgemeinen Rahmen für diesen persönlichen Heilsweg vor, der durch eigenes Versagen des Menschen ebensogut zu einem Unheilsweg werden kann.

Hier läßt sich nun eine Wandlung der Einstellung etwa seit dem 11. Jahrhundert beobachten. Die Bedrohung durch Gericht und Strafe wird weit eindringlicher ausgemalt, die Aufrufe zu Umkehr und Buße werden viel lauter. Nur scheinbar widerspricht dem eine steigende Wertschätzung der sinnlich wahrnehmbaren Natur, insbesondere des menschlichen Leibes und der irdischen Belange des Alltags (*Wiener Genesis, Vom Rechte*). Das Bewußtsein der Gefährdung durch irdische Reize ist nur die natürliche Kehrseite ihrer intensiveren Wahrnehmung. Die Kirche ist offenbar an beiden Strömungen beteiligt, indem sie einerseits Anstöße aus der Laienwelt aufnimmt, verstärkt, abschwächt oder zurückweist und andererseits selbst aktiv auf die Laien einwirkt, teils nur durch das Angebot der kirchlichen Gnadenmittel, teils durch die Mahnung zur radikalen Weltverachtung und zum Eintritt in einen geistlichen Orden. Doch auch wenn dieser Eintritt erfolgt ist, muß der Erdenrest durch Buße und Askese noch mühsam abgewaschen werden. Auch hört die Gefährdung der Seele hinter Klostermauern nicht ganz auf, während man sich dort in früheren Jahrhunderten, wie es scheint, so gut wie sicher fühlte, garantierten doch schon die Zugehörigkeit zur Kirche und ein christliches Begräbnis im allgemeinen das Heil (s. o. S. 50). Die neue Verunsicherung hat ihre Hauptwurzel in der großen Reformbewegung, die nicht nur die Trennmauer zwischen Laien und Klerus erhöhte, sondern auch harte Kritik an der Lebensweise von Angehörigen geistlicher Orden übte. Oder ist gar umgekehrt die gestiegene Angst um das Seelenheil ein wichtiger Antrieb für die Reform gewesen? Wie dem auch sei, zur Überbewertung dieser neuen Tendenz in der Literatur besteht kein Anlaß. Die rigoristischen und bußpredigthaften Elemente werden in den lateinischen Admonter Klosterpredigten ebenso wie in den vermutlich zur Tischlesung in geistlichen Gemeinschaften verwendeten deutschen Texten alles in allem von den positiven erbaulich-meditativen Zügen weit überwogen. Bei dem Eiferer Gerhoch von Reichersberg dürfte die Sache freilich etwas anders liegen.

Hinter der partiellen Wandlung der religiösen Einstellung steht weit eher eine partielle Änderung des Menschenbildes als des Gottesbildes. Gott ist die weit entrückte, herrscherlich thronende, zwar heilsspendende, aber ebenso unnachgiebig richtende Königsgestalt geblieben, noch immer ebenso durch das Alte wie das Neue Testament geprägt. Aber der einzelne Mensch artikuliert, obschon er sich immer noch fest in natürliche und soziale Ordnungen eingebunden fühlt, doch schon häufiger als früher seine persönlichen Ansichten und Gefühle. Bei Frau Ava glaubten wir dergleichen zu spüren, ein wenig auch in anderen deutschen Dichtungen, stärker in der *Vita Altmanni*, am deutlichsten aber bei Gerhoch, der ersten unverwechselbaren Individualität, der wir im Rahmen dieser Literaturgeschichte begegnet sind. Selbstverständlich ist sie nicht im neuzeitlichen Sinn zu verstehen. Eine freie Selbstdefinition und Selbstbestimmung des einzelnen gibt es im Mittelalter nicht. Gerhoch redet auch kaum je über sich selbst. Aber im Reden über Gott und Welt wird er als geprägte Persönlichkeit sichtbar.

Wenn dieses – weithin wohl unbewußte – steigende Selbstwertgefühl des Menschen dem eher starr bleibenden Gottesbild gegenübertritt, so muß davon zuerst die Christusvorstellung berührt werden. Weit stärker als im Frühmittelalter tritt Christus als Mittler zwischen Gott und dem Menschen hervor. Auf ihn, den menschgewordenen Gott, kann der Mensch jene menschlichen Emotionen projizieren, denen der ferne Schöpfer- und Richtergott entrückt bleibt. Aber der Weg vom Christus Pantokrator, der selbst vom Kreuz aus die Welt regiert, bis zum Schmerzensmann der Gotik ist weit. Kann es da Zufall sein, wenn Gerhoch sein ganzes Leben lang leidenschaftlich für die Idee der übernatürlichen Einheit der göttlichen und der menschlichen Natur in Christus kämpft? Noch ist für ihn das vollgültige Menschentum des Erlösers nicht das große religiöse Anliegen wie in späteren Jahrhunderten. Vielmehr sieht er gerade in der gottgleichen Verherrlichung der menschlichen Natur in Christus die Vollendung der Erlösung, wodurch Betonung der menschlichen Würde und der Göttlichkeit Christi faktisch zusammenfallen. In der Gewaltsamkeit dieser halb häretischen Lösung offenbart sich wohl ein Phänomen des Übergangs.

Mit der steigenden Bedeutung des Gedankens der Inkarnation rückt notwendig auch die Rolle der Mutter des Herrn mehr in den Mittelpunkt des Interesses. Wir konnten deutlich verfolgen, wie sich die Marienverehrung ganz allmählich aus christologischem Ideengut heraus entwickelt (*Vorauer Marienlob, Melker Marienlied, Vorauer Sündenklage*), ohne sich vorläufig zu verselbständigen oder die Distanz zur „Himmelskönigin" zu überbrücken. Die Gebetshaltung bleibt kollektiv und meditativ geprägt. Trotz des großen Einflusses der Hoheliedexegese ist auch noch nichts von Brautmystik in den mariologischen Texten zu erkennen.

Neben Maria behalten selbstverständlich auch die Heiligen ihre wichtige Rolle als Heilsvermittler, Fürbitter und Vorbilder. Überraschenderweise sind wir hier – abgesehen von zwei Johannes-Gedichten – nur auf lateinische Zeugnisse angewiesen. Auch in anderen deutschen Landen schlägt die Stunde der deutschen Verslegende erst ab etwa 1160. Aber immerhin gehen dort das halblegendarische *Annolied* und die in die *Kaiserchronik* eingelagerten Legenden voraus. Das diesbezügliche Defizit unseres Raumes ist beachtenswert.

Eine einheitliche Geschichtsauffassung geht aus den behandelten Schriftdenkmälern, abgesehen von dem selbstverständlichen heilsgeschichtlichen Rahmen, nicht hervor. Gerhochs spekulative und zahlensymbolisch geprägte Geschichtstheologie hat weder in der lateinischen Annalistik noch in den deutschen Bibelepen ein Gegenstück. Gemeinsam ist ihnen ein permanent spürbarer Gegenwartsbezug alles historischen Geschehens, der freilich in den verschiedenen Gattungen ganz verschieden hergestellt und funktionalisiert wird. Die wichtigen Heilstatsachen, die in den Bibelepen erzählt werden, haben zugleich ihren angestammten Platz in der heiligen Liturgie der Kirche, werden entweder selbst zu Mittelpunkten von Festen oder den Festereignissen zumindest präfigurativ zugeordnet, sind somit zugleich vergangen und präsent. Darin liegt einer der Gründe (s. o. S. 107f.) für die vielen Anachronismen in den biblischen Verserzählungen.

Ein weiterer Grund besteht in gewissen Konvergenzen der gesellschaftlichen Vorstellungen des mittelalterlichen Kriegeradels mit denen der alttestamentlichen Israeliten, vor allem was Stellung und Funktion des Herrschers und der beiden führenden Kasten, Krieger und Priester, betrifft (s. o. S. 108). In dieser Hinsicht sind die deutschen Bibelepen einer vorsichtigen sozialhistorischen Fragestellung durchaus zugänglich. Will man mehr über das gesamte Gesellschaftsgefüge des 11./12. Jahrhunderts erfahren, so gibt – außer verstreuten Einzelhinweisen – nur das Gedicht *Vom Rechte* einigen Aufschluß, und auch dieses selbstverständlich mehr über das Wunschbild als den Ist-Zustand. Immerhin hören wir hier etwas von der Landaufteilung im Rodungsgebiet – unsere Periode ist zugleich die der letzten großen Rodungen – und von den dabei wie allenthalben üblichen Übergriffen der Mächtigen *(rîchen)* gegen die sozial Schwächeren *(armen)*. Dagegen predigt die Kirche die ideale Harmonie der naturgemäß hierarchisch geordneten Stände. Wer die Aufgaben seines jeweiligen Standes in Gerechtigkeit, Treue und Wahrhaftigkeit erfüllt, der erwirbt jenen Adel der Tugend, der auch noch etwas gilt, wenn die irdische Ungleichheit ihre Geltung verloren hat. Bewahrung dieser Ungleichheit vom immanenten Standpunkt, ihre Aufhebung vom transzendenten Standpunkt – dieselbe Position vertritt auch Gerhoch von Reichersberg, wobei er mit der *vita communis* der *pauperes Christi* eine Art Vorwegnahme des jenseitigen Zustandes propagiert (s. S. 68f.). Nur den Wechsel vom weltlichen zum geistlichen Stand kann die Kirche gutheißen. Wer im weltlichen Stand (und damit auch notwendig und gottgewollt in seinem Geburtsstand) verbleibt, soll sich zumindest der Führung der geistlichen Seelsorger anvertrauen, lehrt das Gedicht *Vom Rechte*.

Wie es der Kirche gelingt, auch ursprünglich weltliche Rechtsakte der Laien mit ihrer sakralen Weihe zu umgeben, zeigen die Schwertweihe und das Gottesurteil. In einem Rituale aus St. Florian, das in der ersten Hälfte des 12. Jahrhunderts vermutlich in diesem Chorherren-Stift geschrieben wurde, lautet der Beginn des Schwertsegens *(benedictio ensis)* in Übersetzung:

Erhöre, o Herr, bitten wir dich, unsere Bitten und wolle dieses Schwert, mit dem dein Diener hier umgürtet zu werden begehrt, mit der Rechten deiner Majestät segnen, auf daß er Schutz und Schirm der Kirchen, der Waisen und aller Untergebenen (d. h. der nicht Waffenfähigen) gegen das Wüten der Heiden sein kann und er allen, die ihm nach dem Leben trachten, Furcht und Schrecken einjagt.

An Gottesurteilen enthält das Rituale gleich mehrere. Der Aufwand an religiösen Handlungen und Gebeten ist jeweils beträchtlich. Bei der Probe des heißen Eisens (der Beschuldigte muß es in die Hände nehmen, die nach drei Tagen keine Brandwunden mehr aufweisen dürfen) spricht der Priester u. a. folgende Worte:

Gott, dich bitten wir flehentlich, daß du dieses glühende Eisen für die gerechte Prüfung dieses Zweifelsfalles segnen und heiligen wollest, so daß dieser Mensch, falls er an der genannten Sache, von der er gereinigt zu werden wünscht, unschuldig ist, unverletzt erscheint, nachdem er dieses heiße Eisen in die Hand genommen hat. Wenn er aber schuldig und strafbar ist, so möge deine Macht, um dies an ihm mit der Wahrheit an den Tag zu bringen, sich ganz gerecht erweisen, damit die Ungerechtigkeit nicht über die Gerechtigkeit herrscht, sondern stets die Lüge sich der Wahrheit unterwirft.

Beim vierten Laterankonzil werden dann 1215 solche Gottesurteile von der Kirche im Verlaufe einer neuen Reformbewegung verworfen werden. Da wird sich die soziokulturelle Szene inzwischen gründlich geändert haben. Jene Reform antwortet bereits auf die große Welle der Laienemanzipation des 12. Jahrhunderts, die einen Hauptschwerpunkt des folgenden Kapitels bildet.

3. KAPITEL

Die Literatur zur Zeit der babenbergischen Herzöge
und des Interregnums (1156–1273)

Einleitung: Grundlinien der allgemeinen historischen Entwicklung

Die Rangerhöhung des österreichischen Landesherrn 1156, seine gute außenpolitische Position durch verwandtschaftliche Bande zu den Staufern, zum Böhmenherzog und zum Kaiser von Byzanz und die unangefochtene Führungsstellung im Lande übten offenbar eine starke Anziehungskraft auf die Machthaber im Gebiet zwischen Inn und Enns aus. So gingen unter anderem die Schaunberger zum Babenbergerherzog über, dessen Einflußbereich sich damit im Westen bis zum Salletwald (westlich der Aschach) erstreckte, was in den Quellen als Grenzverschiebung anläßlich der Umwandlung Österreichs zum Herzogtum erscheint. Ein Großteil des heutigen Oberösterreich verblieb jedoch im Personenverband der Mark Steier, woraus sich der vieldiskutierte Umstand erklärt, daß Heinrich der Löwe noch 1176 zu Enns einen Gerichtstag abhalten konnte: „Über seinen markgräflichen Vasallen reichte der Einfluß des Baiernherzogs bis an die Enns, und er konnte nach Belieben in dessen Stadt Rechtshandlungen setzen" (M. Weltin).

Die Reichspolitik nach 1156 stand im Zeichen einer neuen Kraftprobe zwischen Kaiser und Papst. Als 1165 Erzbischof Konrad von Salzburg, ein Babenberger, den Eid auf den kaiserlichen Gegenpapst verweigerte, wurden ihm daraufhin alle Lehen aberkannt, was zu jahrelangen Kämpfen auf Salzburger Gebiet führte. Als erster hatte Heinrich der Löwe den Eid abgelegt, in den siebziger Jahren kam es aber zur Entfremdung gegenüber dem Kaiser. Der Herzog von Sachsen und Baiern machte in steigendem Maße Außenpolitik auf eigene Faust und entzog schließlich Barbarossa die Unterstützung im Kampf um Italien. Der Kaiser griff infolgedessen nicht mehr zugunsten des Welfen ein, als einige von dessen zahlreichen Gegnern im Reich ihn des Rechtsbruches anklagten. 1180 wurde der mächtigste Reichsfürst geächtet und seiner Herzogswürde entkleidet. Baiern wurde an Otto von Wittelsbach (†1183) verliehen, zugleich erfolgte die Umwandlung der Steiermark, die inzwischen längst zu einem eigenen Land (mit einem sich nunmehr ausbildenden eigenen Landrecht) geworden war, in ein selbständiges Herzogtum. Diese Selbständigkeit blieb auch erhalten, als 1192 beim Tod des letzten Traungauers, Otakars IV., aufgrund des Georgenberger Erbvertrages von 1186 das Herzogtum an den Babenberger Herzog Leopold V. (1177–1194) fiel. Die Machtbasis der Babenberger hatte sich damit jedoch entscheidend erweitert. Vom heutigen Oberösterreich blieben den Wittelsbachern, die mehr als genug damit zu tun hatten, sich im bairischen Kerngebiet durchzusetzen, nur das Innviertel, das Mondsee- und Wolfgangland. Das Maximum an Stabilität im Inneren und Ansehen nach außen erreichte das babenbergische Territorium unter Leopold VI., Herzog von Steier ab 1194, von Österreich und Steier 1198–1230. Sein Nachfolger, Friedrich II., sah sich jedoch sogleich einer starken inneren und äußeren Opposition gegenüber. Der Stauferkönig Friedrich II. nahm bereitwillig sein Amt als oberster Schiedsrichter wahr, kam zur Vollstreckung der Reichsacht selbst mit Heeresmacht ins Land und hätte den Herzog vollends daraus vertrieben, hätten diesem nicht einige wenige lokale Machthaber, namentlich solche des Traungaus und des

Pittner Gebiets, die Treue gehalten. So erlangte schließlich der Herzog 1239 seine frühere Stellung im ganzen Territorium wieder, fiel jedoch 1246 in einer Schlacht gegen die Ungarn, ohne einen männlichen Erben zu hinterlassen.

Im Nachbarland Kärnten war es inzwischen, namentlich unter Herzog Bernhard von Spanheim (1202–1256), zu einer Festigung der herzoglichen Machtposition gekommen, die jedoch nach wie vor auf den energischen Widerstand der Görzer stieß. Diese wollten sogar nach der Herzogswürde greifen, erlitten jedoch eine militärische Niederlage. Dem Sohn Bernhards, Ulrich III. (1256–1269), brachte seine Gattin, die Schwester des letzten Andechs-Meraniers (s. u.) und Witwe Friedrichs II. von Babenberg, 1248 auch noch die Mark Krain in die Ehe. Ein Jahr zuvor wurde sein Bruder Philipp zum Erzbischof von Salzburg erwählt, konnte aber, da er, als möglicher Nachfolger Ulrichs, die Weihen vermied, sein Amt nicht vollgültig ausüben. Dabei hätte er sich als geistlicher Würdenträger durchaus mit weltlichen Reichsfürsten messen können, hatte doch sein Vorgänger, Erzbischof Eberhard II. (1200–1246), ein großes geschlossenes Erzstiftsterritorium geschaffen, welches freilich erst im 14. Jahrhundert definitiv aus dem bairischen Landesverband ausschied – ebenso wie das Hochstift Passau, das, hervorgegangen aus dem Gebiet der Reichsabtei Niedernburg (Ilzgau), 1217 als Reichslehen an den Bischof vergeben worden war, und die Propstei Berchtesgaden. Der entscheidende Schritt zur Landwerdung war jedoch hier wie dort im 13. Jahrhundert getan. Den geistlichen Fürsten gelang es aber nur, ihre Landeshoheit durchzusetzen, indem sie sich rechtzeitig der weltlichen Vögte entledigen konnten.

Genau das erreichten die Bischöfe von Brixen und Trient nicht. Sie übten zwar die Lehensherrschaft über die Grafschaften im späteren Land Tirol (und da und dort darüber hinaus) aus, vermochten jedoch ihre Oberhoheit gegenüber ihren mächtigsten Lehensträgern, namentlich den Vögten ihrer Hochstifte, auf die Dauer nicht zur Geltung zu bringen. Die Vogtei von Trient erlangten um 1150 die Grafen von Tirol, welche die Grafschaft Vintschgau und ab 1165 auch Bozen verwalteten. Im Bistum Brixen entsprachen ihnen an Macht und Einfluß die Grafen von Andechs, Grafen im Unterinntal und im Pustertal, Vögte von Brixen ab ca. 1170. Die Machtbasis der Andechser reichte aber über das Bistum weit hinaus, vom Fichtelgebirge im Norden bis an die Adria im Süden. Ihnen fielen auch die Markgrafschaft Istrien und die Pfalzgrafschaft Burgund zu. In den achtziger Jahren wurde Graf Berthold II. († 1204) als Herzog von Meran (in Istrien) in den Reichsfürstenstand erhoben. Nur die (vermutlich verleumderische) Anklage, an der Ermordung König Philipps 1208 beteiligt gewesen zu sein, hielt den weiteren, v. a. die Herzogmacht der Wittelsbacher bedrohenden Aufstieg der Andechser auf. Im Bistum Brixen waren die Grafen von Tirol die Nutznießer. Sie erhielten alle Brixener Lehen zuerst allein und nach der Rehabilitierung der Andechser mit diesen zur gesamten Hand und zu gegenseitigem Erbrecht. Graf Albert III. von Tirol überlebte den letzten Grafen von Andechs, starb aber selbst fünf Jahre darauf 1253, so daß das große Erbe in beiden Bistümern, das er zu Lasten der Bischöfe noch zu mehren verstanden hatte, seinen beiden Schwiegersöhnen und schließlich zur Gänze den Nachkommen des einen, den Grafen von Görz, zufiel. Diese, bereits zuvor Herren über reiche Territorien in Kärnten, Krain, Istrien, im Patriarchat Aquileia und auch dessen Vögte, wurden dadurch zur mächtigsten Familie im südlichen Ostalpenraum. 1271 kam es allerdings zur Erbteilung. Das Pustertal und die östlich und südöstlich davon gelegenen Territorien fielen an Albert von Görz. Sie wuchsen auch in den folgenden Jahrhunderten nie zu einem Land zusammen.

Dies war dagegen der Fall bei dem westlichen Erbteil, vor allem dank der ebenso dynamischen wie skrupellosen Aufbauarbeit Graf Meinhards II. von Görz-Tirol (1259–1295), dem es gelang, in noch größerem Stil als einst Albert III. den Bischöfen ihren Adel abspenstig zu machen und dessen Burgen an sich zu ziehen. Der bereits im 12. Jahrhundert ziemlich weit fortgeschrittene Prozeß der Ablösung vom Land Baiern fand nun auch durch rechtliche Fixierung 1282 seinen Abschluß.

Dabei hatte es Meinhard verstanden, von den Wirren des Interregnums zu profitieren. Den größten Vorteil im Südosten des Reiches schien vorerst Ottokar II. Přemysl, König von Böhmen 1253–1278, aus dem Fehlen einer Zentralgewalt zu ziehen. 1251 hatten ihn die österreichischen Landherren als Landesfürsten anerkannt, 1260 auch die steirischen, nachdem er die Ungarn aus dem Land getrieben hatte. (Zuvor hatte ein erster Ausgleich mit den Ungarn 1254 die Pyhrngrenze zwischen beiden Ländern festgelegt, da sich der Traungauer Adel bereits in den Auseinandersetzungen der Jahre 1236/39 für den österreichischen Herzog entschieden hatte – ein wichtiger Schritt zur Ausbildung des Landes Oberösterreich.) 1269 erbte Ottokar noch von den Spanheimern Kärnten und Krain. Herzog Ulrich III. hatte ihm die Länder vermacht, nicht seinem Bruder Philipp, der nun leer ausging, da er 1265, noch immer ohne Weihen, endgültig des Salzburger Erzbischofsstuhls entsetzt worden war. 1272 wurde der Böhmenkönig schließlich noch Generalkapitän von Friaul und gebot damit de facto über das Patriarchat Aquileia. Er hatte sich aber inzwischen so viele Feinde in den neuerworbenen Ländern geschaffen, daß der 1273 neugewählte König Rudolf von Habsburg nach Ottokars Weigerung, ihm zu huldigen, bei der Vollstreckung der Reichsacht auf ziemlich breite Unterstützung rechnen konnte. In der Schlacht bei Dürnkrut 1278 wurde der Böhmenkönig endgültig besiegt und kam dabei selbst ums Leben. Entscheidenden Flankenschutz im Süden hatten dem Habsburger dabei die Görzer gegeben, da sie 1276 Kärnten und Krain besetzten. Dafür gab Rudolf dem Tiroler Grafen Meinhard II. 1286 das Herzogtum Kärnten zu Lehen und beließ ihm auch Krain (mit der Windischen Mark) als Pfandherrschaft, obwohl er dieses Land (bzw. diese Länder) zusammen mit Österreich und Steiermark 1282 seinen Söhnen verliehen hatte.

*

In dem Zeitabschnitt von der Mitte des 12. bis zum Ende des 13. Jahrhunderts erlebt Mitteleuropa die für mittelalterliche Verhältnisse höchsten Zuwachsraten der Bevölkerung. Das bringt zum ersten Mal da und dort eine Verknappung des Bodens mit sich, vor allem aber eine beträchtliche Verdichtung des Waren-, Vermögens- und auch Meinungsaustausches. Im Bauerntum treten stärkere, teilweise sogar krasse soziale Unterschiede auf. Die nun kräftig wachsenden alten und vielen neu gegründeten Städte ziehen die Landbewohner an, vor allem die Unterprivilegierten, da sie auf diese Weise der Unfreiheit entkommen können. Mit steigender Bedeutung des Handels und der Kaufleute gewinnt die Geldwirtschaft zum ersten Mal entscheidend an Raum gegenüber der bislang ganz überwiegenden Naturalwirtschaft. Das kirchliche Zinsverbot weist den Juden im Kreditwesen vorerst die führende Rolle zu, doch wird es von Christen, namentlich in Oberitalien, auch bald umgangen.

Nur wer diese ökonomische Entwicklung zu nutzen verstand, konnte als Landesherr von der Schwächung der Zentralgewalt des Reiches im 12. und 13. Jahrhundert wirklich profitieren. Bedingung für das Aufkommen der sogenannten jüngeren Länder sind einerseits der Rückzug des Königtums „von der unmittelbaren Herrschaft über die zerfallenden Stammesländer auf eine (überwiegend lehensrechtliche, nicht landrechtliche) Herrschaft über die Landesherren und die anderen reichsunmittelbaren Gebiete" (O. Brunner) und andererseits die Wahrung der Landeseinheit (vielfach in engeren Grenzen) und der Ausbau der Landeshoheit durch eben jenen Landesherrn. Die ersten dieser jüngeren Länder entstehen aus den älteren herzoglichen Amtssprengeln, so etwa Baiern, Österreich oder Kärnten, die anderen aus jeweils mehreren Landen, die erst unter der Herrschaft eines Herrn zu einem einheitlichen Land zusammenwachsen, so etwa Tirol oder Salzburg. In jedem Fall ist der Landesherr nicht mehr Amtsträger des Königs, sondern gewährt ohne dessen Unterstützung selbständig seinem Land Schutz und Schirm des Landfriedens und erweist sich damit als tatsächlicher Herr des Landes.

Aber nach wie vor macht er nur zusammen mit den dort ansässigen lokalen Machthabern das Land aus. Nicht gegen sie, sondern nur im Konsens mit ihnen ist der Ausbau der Landeshoheit zu Anfang möglich. Nichtsdestoweniger besteht hier auch ein natürlicher Interessengegensatz, der nach der Phase der Konsolidierung der Eigenständigkeit nach außen zum inneren Konflikt führen muß. So bricht im Herzogtum Österreich nach Leopolds VI. Tod eine Adelsrevolte los, um die fortgesetzte Einschränkung adeliger Herrschaftsrechte durch den Landesherrn – namentlich auf dem Gebiet der Kirchenvogtei – rückgängig zu machen oder zumindest aufzuhalten. Die Träger des Widerstandes sind Mitglieder der Gruppe der Landherren, wie sich die potentesten Machthaber nun nennen, ganz überwiegend landesfürstliche Ministerialen, die mit den wenigen nicht ausgestorbenen hochfreien Dynastenfamilien zu einer Schicht – trotz verbleibender rechtlicher Unterschiede – verschmolzen sind. Ab etwa der Mitte des 13. Jahrhunderts bauen sie ihre Adelssitze zu Burgen aus – die zweite große Welle des Burgenbaus im Reich. Wer es von den Ministerialen nicht schafft, in diese oberste Schicht aufzusteigen, muß sich in deren oder des Landesfürsten Abhängigkeit begeben. Als unterste Adelsschicht bildet sich im 13. Jahrhundert der Ritterstand als nunmehr rechtlich klar bestimmte und nach oben und unten abgegrenzte Gruppe aus. Dies jedenfalls suggeriert uns die in Rechtsbüchern wie dem *Sachsenspiegel* formulierte „Heerschildordnung". Darin wird die Lehensnahme streng geregelt. Heerschild bedeutet die Befugnis, Vasallen aufzubieten: der König (1. Schild) die geistlichen und weltlichen Fürsten (2. und 3. Schild), diese die edelfreien Grafen und Dynasten (4. Schild), diese die kleineren Vasallen (5. Schild), diese die Ministerialen (6. Schild), diese die Ritter. Mit der sozialen Realität, die selbstverständlich auch regional stark unterschiedlich war, hat diese Lehenspyramide nur sehr bedingt etwas zu tun. In die sich allmählich herausbildenden Landstände der österreichischen Länder (s. u.) hat dann jedenfalls nur die Trennung in Herren- und Ritterstand Eingang gefunden.

Wichtige Stützen des Landesherrn waren neben der Kirche und den landesfürstlichen Rittern auch die von ihm gegründeten und geförderten Städte, die ihm als Zentren des Gewerbes, des Handels und der Geldwirtschaft durch Abgaben aller Art erheblichen finanziellen Nutzen einbrachten. Die Abgabepflicht ergab sich aus dem von der Bürgergemeinde dem Stadtherrn geleisteten Treueeid. Dennoch hatte der Landesfürst auch hier stets mit dem Selbständigkeitsstreben der Oberschicht zu rechnen, die ja, namentlich zu Anfang, enge Bindungen zum Landadel der jeweiligen Umgebung unterhielt und dort auch selbst über Grundbesitz verfügte. Eine gewisse Sonderstellung nahm Wien ein, einerseits als einzige Großstadt des Raumes – ab ca. 1200 überflügelte sie Regensburg an Einwohnerzahl (ca. 20.000) –, andererseits aufgrund eines besonderen Naheverhältnisses zum Landesfürsten. „Die Anwesenheit des Herzogs in der Stadt Wien – und Wien übertraf als Aufenthaltsort bei weitem alle anderen Städte in Österreich und der Steiermark – führte dazu, daß eine eigene Stadtministerialität, eine herzogliche Dienstmannschaft, keine wesentliche Rolle in der Stadt spielte" (P. Csendes). Im 13. Jahrhundert traten vielmehr rittermäßige Bürger (Ritterbürger: *cives et milites*) sowie reiche nichtadelige Fernkaufleute und die sogenannten Münzerhausgenossen, die für die landesfürstliche Münze verantwortlich waren, in den Vordergrund. Ihnen allen wurde 1278 schließlich die Lehensfähigkeit zugesprochen, ihr Anspruch auf Gleichstellung mit den Ritterbürgern also rechtlich anerkannt. In ihrer Lebensweise glich sich die städtische Oberschicht der ländlichen durchaus an. Die Kehrseite der großstädtischen Entwicklung bestand in der Ausbildung eines Proletariats.

Die Seelsorge der Stadtbewohner übernahmen seit den ersten Jahrzehnten des 13. Jahrhunderts neben dem Weltklerus die neuen Bettelorden. Deren Auftreten bezeichnet nicht nur eine entscheidende Wende in der Frömmigkeitsgeschichte des Mittelalters, sondern auch den Bruch des Adelsprivilegs im Ordensklerus, da unter den Bettelmönchen Nichtadelige nicht nur als Laienmönche Aufnahme fanden, sondern auch die höheren Weihen empfangen konnten.

Abteilung A

Die Literatur im Bistum Passau

1. Lateinische Literatur

Obwohl die kleinräumige Zuordnung sowohl der lateinischen wie der deutschen Denkmäler der nun zu besprechenden Epoche uns immer noch in vielen Fällen vor unüberwindliche Probleme stellt, läßt allein schon die große Menge eine „Portionierung" unumgänglich erscheinen. Dabei kann es dann natürlich – wie bei der Datierung – nicht ohne Willkür abgehen. Immerhin zeichnet sich nun der Raum der Diözese Passau entlang der Donau doch schon recht deutlich als eine kulturelle Einheit gegenüber den Diözesen des altbairischen Zentralraumes wie gegenüber denen der Alpenregion ab. Zugleich machen sich freilich auch schon andere, zukunftsweisende Tendenzen bemerkbar. Die Hauptresidenzen der Landesfürsten gewinnen zunehmend an Anziehungskraft, die der Wittelsbacher, Landshut, auf der einen Seite, die der Babenberger, Wien, auf der anderen. Das hat eine gewisse Ausrichtung Niederbaierns und des Innviertels (gelegentlich sogar Passaus) nach Westen und der babenbergischen Territorien, d. h. nicht nur Österreichs, sondern ab 1192 auch der Steiermark – die gleichwohl, abgesehen vom Traungau, kirchenrechtlich beim Salzburger Sprengel verblieb – nach Osten (bzw. Nordosten) zur Folge.

Naturgemäß trifft dies auf weltliche Kreise weit stärker als auf geistliche zu. Die von Klerikern für Kleriker geschaffene lateinische Literatur folgt weiterhin eher den Gegebenheiten der kirchlichen Organisation. Zu diesen gehört freilich auch – darauf muß immer wieder hingewiesen werden – die Eingliederung der kleineren in die nächsthöhere größere Einheit bis hinauf zur Kirchenprovinz und schließlich zur abendländischen Christenheit. Es kann somit nicht wundernehmen, wenn in beiden Abteilungen dieses Kapitels die lateinische Literatur ein ähnliches Gesicht zeigt. Um so klarer treten dann aber auch die wenigen Unterschiede hervor.

Alte und neue Wege des Bildungswesens

Der prinzipiell konservative Charakter des mittelalterlichen Bildungswesens würde es erlauben, ja erfordern, ganze Teile der einleitenden Abschnitte des ersten und zweiten Kapitels an dieser Stelle zu wiederholen. Der Leser wird somit gebeten, sich ins Gedächtnis zurückzurufen, was dort über die Grundausstattung der Kloster- und Stiftsbibliotheken, die Einteilung der „Wissenschaften", die wirkungsmächtigsten antiken christlichen und heidnischen Autoren, die Schullektüre im Grammatikunterricht (dazu besonders S. 43), die Bildungsanforderungen für Seelsorge und Gottesdienst, den Unterricht in den diversen Orden, die bildungsgeschichtliche Bedeutung der Kirchenreform des 11./12. Jahrhunderts, das Aufblühen der Domschulen zur selben Zeit in Frankreich, die Unterschiede in der Bildung nach Geschlecht und Stand gesagt wurde.

Unerläßlich ist es, hier nochmals einen Blick auf den Einfluß der französischen Domschulen auf den Südosten des Reiches zu werfen, da sich dieser Einfluß seit der Jahrhundertmitte offenbar noch beträchtlich verstärkt. Die frühen Frühscholastiker-

Handschriften, die P. Classen in Klöstern oder Stiften der Salzburger Kirchenprovinz nachgewiesen hat, stammen, auch wo eine genauere Datierung mit paläographischen Mitteln nicht möglich erscheint, gewiß zum überwiegenden Teil aus dem späteren 12., in einigen Fällen sogar erst aus dem beginnenden 13. Jahrhundert. In der Diözese Passau hat man insbesondere in den Zisterzen Heiligenkreuz und Zwettl sowie in den Augustiner-Chorherrenstiften St. Nikola bei Passau, St. Florian, Klosterneuburg und Reichersberg Werke Abailards, Gilberts von Poitiers, Hugos von St. Victor, des Lombarden Petrus und ihrer Schüler abgeschrieben, gesammelt und glossiert. In anderen Diözesen tun sich auf diesem Gebiet auch reformierte Benediktinerklöster hervor (dazu s. u. S. 366). Die hier stattfindende geistige Auseinandersetzung trägt großteils durchaus kritische Züge, die am deutlichsten in den selbständigen Schriften Gerhochs und Arnos von Reichersberg (s. S. 69ff.) zum Ausdruck kommen. Nachdem die Strömung der Reform aus dem progressiven Klima des Westens auch frühscholastisches Schrifttum in den Osten mitgeführt hatte, löste das Zusammentreffen mit der hierzulande noch herrschenden theologischen Strömung eine Art geistiges Gewitter aus, das sich im heftigen Pro und Contra entlud, sich aber relativ rasch wieder verzog. Die Großwetterlage ließ dergleichen nur als Ausnahme zu. Die konservativen Reichersberger standen von vornherein auf verlorenem Posten. Sie fanden so gut wie keine Nachfolge. „Die wissenschaftliche Zukunft gehörte der Scholastik, und diese konnte in Deutschland vielleicht das eine oder andere Werk hervorbringen, aber keine wirkliche Heimstatt finden, weil ihr das Lebenselement, die Schule, fehlte" (P. Classen). Es zeigte sich rasch, daß die Verbindung der – übrigens abebbenden – Kirchenreform im Reich mit der neuen Theologie eine bloß äußere gewesen war. Deren Initiatoren und erste Hauptvertreter waren in aller Regel eben keine Mönche, sondern Weltkleriker mit Lehrbefugnis an den Schulen der zunehmend wirtschaftlich und gesellschaftlich bedeutenden französischen Städte, insbesondere dann der Großstadt Paris, deren diverse Schulen im Laufe des Jahrhunderts zur Universität zusammenwuchsen. Dorthin pilgerte im 13. Jahrhundert, wer immer im deutschen Sprachraum die höchsten Grade theologischer Kenntnisse erwerben wollte und sich die weite Reise nur irgendwie leisten konnte.

Der imposante Aufstieg von Paris zur Spitzenstellung im europäischen Geistesleben und die damit eng verbundene dominante Rolle der Theologie dürfen aber nicht vergessen lassen, daß die rasante Entwicklung der Scholastik in Frankreich anfangs Hand in Hand ging mit einem Wiederaufleben der sieben *Artes liberales,* insbesondere der Grammatik, der Mutter der Artes, die sich liebevoll der antiken Musterautoren annahm, da nur aus diesen ein wahrhaft gutes Latein zu schöpfen war. Wie in der Theologie so wetteiferten im 12. Jahrhundert die nordfranzösischen Kathedralschulen von Paris, Chartres, Orléans, Tours, Laon und Reims in der Ausbildung der Studierenden zu erstklassigen Lateinkennern, die damaligem Brauche zufolge das Erlernte auch in Form von Musterdichtungen anzuwenden pflegten. An all diesen Schulen, insbesondere in Orléans und in Chartres, studierten bzw. lehrten namhafte Poeten – einige werden unten (S. 421) zu nennen sein. Jeder dieser Dichter beherrscht seinen Vergil, Lucan, Statius, Horaz und vor allem seinen Ovid in kaum glaublicher Weise, so wie die Prosaiker sich namentlich an Cicero und Seneca geschult zeigen. Darüber hinaus prunkt so mancher mit Lesefrüchten aus weit ausgefalleneren *auctores.* Voraussetzung dafür war selbstverständlich ein entsprechender Bibliotheksbestand.

Wie sah es damit in der Diözese Passau aus? Ohne Nachweise, wie sie P. Classen für die Frühscholastiker-Handschriften erbracht hat, sind wir auf die erhaltenen Bibliothekskataloge angewiesen. Für die Dombibliothek Passau fehlen zwischen dem Verzeichnis der Bücher Madalwins von 903 (s. o. S. 42), von denen wohl nur wenige die Ungarnstürme überdauert haben dürften, und der Bestandsaufnahme von 1259 die Zeugnisse. Sofern Bischof Otto von Lonsdorf (1254–65), der den (das Bücherverzeichnis enthaltenden) Codex anlegen ließ, auch für den Ausbau der Bibliothek maßgebend war, so dürfen wir das Zeugnis erst für das Ende der hier darzustellenden Periode in Anspruch nehmen. In diesem Katalog finden sich unter den Schulbüchern *(libri scholastici)* grundlegende Werke aller *Artes liberales* (und der Naturkunde), darunter aus dem Bereich der Grammatik mehrere Exemplare der Handbücher Donats und Priscians und fast alle wichtigen *auctores*: Vergil *(Aeneis, Eklogen, Georgica)*, Horaz (alle Werke), Juvenal, Persius, Martial, Terenz, Lucan, Statius *(Achilleis* und *Thebais)*, Sedulius, Prosper Aquitanus, Prudenz, Cicero (u. a. *De amicitia, De senectute)*, Macrobius. Es fehlen überraschenderweise außer der typischen Anfängerlektüre (den *Disticha Catonis*, den Fabeln Avians und Aesops, der *Ilias latina* und der allegorischen Ekloge eines gewissen Theodulus aus dem 10. Jahrhundert) *De consolatione philosophiae* des Boethius und der ganze Ovid. Dafür begegnet der eher seltene Martial. Von modernen Dichtungen ist nur der *Anticlaudianus* Alains von Lille (gest. 1203) vorhanden (mit Glossen). Besonderes Interesse verdienen die Bücher aus dem „Privatbesitz" des Bischofs, die im selben Verzeichnis aufscheinen. Otto verwahrte in seinem Zimmer an *auctores* Lucan, Seneca (?) und immerhin die *Heroides (Liebesbriefe mythischer Frauen)* Ovids, dazu aber auch moderne Dichtungen, die *Aurora* des Petrus Riga (gest. 1209), *De contemptu mundi* von Bernhard von Morlas (12. Jahrhundert), ein metrisiertes *Hohelied* (von Altmann von St. Florian?), ein metrisches *Steinbuch* (Marbods von Rennes?), einen metrischen *Attila* und – fast sensationell – einen *libellus in Gallica lingua de Artusio* (ein Büchlein in französischer Sprache von Artus). Die erste Hälfte der Privatbibliothek nehmen bibelexegetische Schriften, Predigten (auch solche für das Volk!) und Rechtstexte (s. u.) ein. Bei der Erklärung der Heiligen Schrift hat der Bischof offenkundig großen Wert auf den *sensus historicus* (s. o. S. 70) gelegt. Davon zeugt die bei ihm verwahrte *Historia scholastica* des Petrus Comestor (s. o. S. 114), der sogar ein Kommentar beigegeben ist. Diesem historischen Interesse entsprechen unter den *auctores* nicht nur der bereits genannte *Attila* (auch der *Artus?*), sondern auch Glossen zur Weltgeschichte des Orosius (?), eine *Cronica Karoli* (eine Chronik der Zeit Karls des Großen) und eine weitere ungenannte Chronik. Mit der rationaldialektischen Scholastik hat Otto wohl gar nichts anzufangen gewußt. Von Gilbert von Poitiers findet sich nur der Psalmenkommentar in der Dombibliothek. Dafür tauchen einige Werke Hugos von St. Victor, der die Erkenntnisse und Methoden der neuen Theologie mit der monastisch-mystischen Richtung zu vereinbaren wußte, auf, davon mehrmals seine Sakramentenlehre, die auch in Ottos Zimmer, und zwar neben dem Prophetenkommentar Ruperts von Deutz zu stehen kam. In der Reihe der Antidialektiker darf dann auch Bernhard von Clairvaux nicht fehlen.

Da man wohl damit rechnen muß, daß der Bischof vieles hinzuerworben, kaum jedoch, daß er vieles ausgeschieden hat, sagen die Lücken auch etwas über die Zeit vor seiner Regierung aus. Die *aetas Ovidiana*, das Zeitalter Ovids, wie man das 11./12. Jahrhundert insbesondere im Hinblick auf Frankreich genannt hat, hat an der

Domschule von Passau wohl ebensowenig stattgefunden wie die „Revolution" der Theologie.

Für die gesamte Diözese kann das so nicht gegolten haben. Was die scholastischen Schriften betrifft, wurde oben schon das Nötige gesagt. Daß auch das Ovidstudium hier betrieben wurde, bezeugen uns zum einen das Schulbuchverzeichnis des Stifts Klosterneuburg aus der Zeit um 1200, zum andern das sogenannte *Florileg von Heiligenkreuz*. Das Klosterneuburger Verzeichnis, von österreichischen Forschern gerne als Ruhmesblatt hochmittelalterlicher Bildung im Lande vorgewiesen, enthält außer grundlegenden Schriften zu Theologie, Dialektik und Grammatik folgende *auctores:* die Anfängerlektüre *Disticha Catonis,* Theodul, Avian und Maximian (Verfasser von Elegien, 6. Jh.), die heidnischen Klassiker Lucan (mit Glossen), Horaz (vollständig), Ovid *(Heroides, Heilmittel gegen die Liebe, Liebesgedichte* und *Metamorphosen)* und Sallust *(Catilina),* die christlichen Autoren Arator, Boethius (Teilausgabe), Sedulius, Juvencus, Prudenz (mit Glossen), Prosper Aquitanus. Man vermißt den lateinischen Homer, Terenz, Statius, die Satiriker Juvenal und Persius, vor allem aber Cicero und Vergil.

In der Blütenlese aus antiken Dichtern, die aufgrund der ältesten Überlieferung in einem Heiligenkreuzer Codex aus der 2. Hälfte des 12. Jahrhunderts *Florileg von Heiligenkreuz* genannt wird, in ihrer Entstehung aber höchstens auf die Salzburger Kirchenprovinz eingeschränkt werden kann, sind auf ca. 30 Blättern Exzerpte aus Ovid, Horaz, Vergil, Lucan, Persius, Maximian, Juvenal, Juvencus, Boethius, Sedulius, Prudentius, Arator, Avitus (zu diesem siehe S. 107), Venantius Fortunatus (6. Jahrhundert) und Sulpicius Severus (um 400) eingetragen. Etwa ein Drittel des Raumes ist für Ovid reserviert, etwas weniger als ein Viertel für Horaz. Sofern in Klosterneuburg Vergil tatsächlich gefehlt haben sollte, so konnte diesem Mangel mit den knappen Auszügen aus den *Büchern vom Landbau* und der *Aeneis* (daraus nur ganz wenige) in dem Florileg, das zu Beginn des 13. Jahrhunderts auch hier abgeschrieben wurde, kaum abgeholfen werden. Überdies gilt es zu beachten, daß solche Blütenlesen die Werke der Antike in erster Linie als Steinbruch für Sentenzen der Lebensweisheit betrachten und daher nur beschränkten Wert als Stilmuster haben.

Die Vernachlässigung Vergils gegenüber Ovid bestätigen auch die Zeugnisse aus dem Land ob der Enns. Aus St. Florian ist leider kein Bibliotheksverzeichnis des Mittelalters erhalten. Immerhin wird gelegentlich (zu Anfang des 13. Jahrhunderts) vermerkt, daß das Epos Lucans und die *Metamorphosen* Ovids an das Chorherrenstift Waldhausen verliehen worden sind. Gut sind wir dank zweier Verzeichnisse des Schreibers Gottschalk über die Bibliothek von Lambach zu Anfang des 13. Jahrhunderts informiert, und da zeigt es sich, daß die Lambacher Benediktiner begeisterte Ovidianer gewesen zu sein scheinen. Nicht nur, daß sie in ihrer Bibliothek die *Heroides,* die *Metamorphosen* (mit Glossen), die *Heilmittel gegen die Liebe,* den Festkalender *(Fasti),* das Schmähgedicht *Ibis* und vermutlich auch die *Liebesgedichte (Amores)* aufbewahrten, besaßen sie auch vier im Stil Ovids verfaßte hochmittelalterliche Lesedramen, sogenannte elegische Komödien *(Geta* und *Aulularia* von Vitalis von Blois, *Milo* von Matthäus von Vendôme und den anonymen *Pamphilus,* alle aus dem 12. Jahrhundert). Daß es der großteils wenig erbauliche Inhalt der Ovidiana und Pseudo-Ovidiana gewesen sei, der es den Mönchen insbesondere angetan habe, ist gleichwohl kaum anzunehmen. Vielmehr werden wir in Rechnung zu stellen haben, daß Ovid in der Regel am Anfang der Fortgeschrittenenlektüre zu stehen kam und die elegischen Komödien häufig Anfängern vorgelegt wurden. Dazu paßt genau die gute Ausstattung der Bibliothek mit anderen Texten für Anfänger (Aesop, Theodul, Maximian, Homerus), während offenbar von den heidnischen Klassikern außer Ovid rein gar nichts vorhanden war. An christlichen *auctores* werden nur Prudenz (Teilausgabe) und Prosper genannt. Die übrige Ausstattung der Bibliothek zeigt das gewohnte Bild: Liturgica, Kirchenväter, Bibeltexte, Exegetica, Predigten, Legenden, Rechtstexte, Regeltexte; von hochmittelalterlichen Autoren die *Sentenzensumme* aus der Schule Hugos von St. Victor, Predigten Bernhards von Clairvaux, eine reiche Auswahl aus den Werken Ruperts von Deutz und etliches von Honorius Augustodunensis.

Dieser gehört überhaupt zur Lieblingslektüre in den hochmittelalterlichen geistlichen Gemeinschaften unserer Diözese. Werke des Regensburger Mönchs oder Inklusen (s. o. S. 140) sind verzeichnet in den genannten Katalogen von Heiligenkreuz und Klosterneuburg, am zahlreichsten jedoch in der Liste jener Bücher, die ein Bruder Heinrich dem Kloster Göttweig geschenkt hat. Es werden rund 20 des Honorius genannt, was schon etwa ein Drittel der ganzen Liste ausmacht. An übrigen Werken wären grammatische und rhetorische Schriften, Anfängerlektüre (Theodul und ein *Novus Cato*, also eine Bearbeitung der *Disticha Catonis*), die *Hirtengedichte (Bucolica)* Vergils, eine Schrift Anselms von Canterbury und vor allem der rare *Timaios* Platons (in der lateinischen Übersetzung des Chalcidius, 4. Jahrhundert) hervorzuheben. Wir gäben viel darum, etwas über die Person jenes Bruders Heinrich zu wissen.

Das Gesamtbild, das sich hier abzeichnet, ist selbstverständlich äußerst bruchstückhaft, aber gewiß nicht ganz trügerisch. Reichere Bestände an antiken *auctores* sind schwerlich die Regel gewesen, und selbst wo sie anzutreffen waren, wiesen sie immer noch beachtliche Lücken auf. Die modernen Lehrbücher für die Verspoesie (*artes poeticae* oder *versificatoriae*) aus dem französischen Sprachraum blieben hier ebenfalls vorläufig unbekannt. Das Studium klassischer Autoren und moderner Theologie wurde wohl kaum je an einem Ort gleichzeitig betrieben. Die Ausnahme dürfte, zumindest eine Zeit lang, Klosterneuburg gewesen sein. Das Gegenbeispiel wäre das Zisterzienserkloster Zwettl, dessen Bibliothekskatalog aus der ersten Hälfte des 13. Jahrhunderts zwar theologische Werke Hugos von St. Victor, Lanfrancs von Bec (gest. 1089), Anselms von Canterbury und Gilberts von Poitiers, von den *auctores* aber nur Seneca verzeichnet. Stellt man dem das Verzeichnis der Passauer Dombibliothek zur Zeit des Bischofs Otto (s. o.) gegenüber, so könnte man fast von einer Polarisierung der Bildungsangebote sprechen.

Eine wichtige Aufgabe der Domschule zu Passau bestand darin, Kleriker für die Kanzlei *(cancellaria)* des Bischofs und seit dem ausgehenden 12. Jahrhundert auch des Herzogs von Österreich auszubilden. Der Kanzleidienst dieser Hofgeistlichen *(capellani)* bestand in erster Linie in der Abwicklung von Rechtsgeschäften, in der Finanzgebarung, im Anlegen von Güterverzeichnissen. Die Ausstellung von Urkunden wurde ihnen dagegen teilweise von den geistlichen Gemeinschaften abgenommen, die in den Genuß der mit den betreffenden Urkunden verbrieften Rechte kamen. Vor Einrichtung der babenbergischen Kanzlei lag das Urkundenwesen offenbar ganz in den Händen der Mönche und Kanoniker. Besondere Bedeutung kam dabei dem Wiener Schottenkloster und dem Stift Klosterneuburg zu. Das hier eingerichtete Urkundenarchiv bewahrte seine Bedeutung noch über den Tod des letzten Babenbergers hinaus.

Die Hofkapellane aber hatten bisweilen auch diplomatische Missionen zu erfüllen, die Söhne des Herzogs zu erziehen oder den Bischof bzw. den Landesfürsten und seine Familie ärztlich zu betreuen. So fungierte z. B. 1215–27 als Protonotar Leopolds VI. ein Magister Heinricus phisicus („der Arzt"). Er brachte es dabei zu großem Einfluß und Reichtum. Sein Vorgänger als Leiter der Kanzlei (bezeugt als erster herzoglicher Notar seit 1193) wurde mit landesfürstlicher Unterstützung sogar zum Bischof von Passau gewählt und regierte als Ulrich II. 1215–1221, seit seiner Belehnung mit dem Ilzgau 1217 nicht nur als geistlicher Oberhirte, sondern auch als Landesherr im Reichsfürstenstand. Eine noch steilere Karriere machte Ulrich von Kirchberg († 1268), der, ab 1241 als Protonotar bezeugt, 1244 Bischof von Seckau und 1256 Erzbischof von Salzburg wurde. Beide Ulriche mußten dazu selbstverständlich die höheren Weihen besitzen. Für die Mehrzahl der „Beamten", namentlich der niederen, reichten hingegen die niederen Weihen aus, damit sie Einkünfte aus einer Pfründe *(praebenda* oder *beneficium)*, zumeist einer landesfürstlichen Eigenpfarre, beziehen konnten. Die höheren Weihen benötigte sonst nur ein Hofgeistlicher, der seelsorgerische Aufgaben zu erfüllen hatte. Am Bischofshof waren dafür selbstverständlich die Kanoniker des Domkapitels zuständig. Am Herzogshof konnten im Prinzip sowohl Weltgeistliche als auch Regularkanoniker und Mönche ein solches Amt übernehmen. Die Benediktiner zogen sich allerdings seit dem 12. Jahrhundert mehr und mehr hinter die Klostermauern zurück und näherten sich damit der völlig weltabgewandten Lebensweise der Zisterziensermönche an. Dadurch vergrößerte sich das Betätigungsfeld des Weltklerus, noch mehr aber durch die immer stärkere Verschriftlichung der weltlichen Geschäfte der Regierung, Verwaltung, Wirtschaft und des Handels. Die Geschäfte waren nicht nur im Dienste des Landesfürsten, sondern aller größerer Grundherren und nicht zuletzt der städtischen Kommunen, deren hohe Zeit nun auch in unserem Raum allmählich anbrach, zu erledigen. Daß ein Grundherr oder ein Fernhandelskaufmann seine Söhne selbst an einer geistlichen Bildungsanstalt die nötigen beruflichen Kenntnisse für den Schriftverkehr erwerben ließ, war offenbar nach wie vor selten. Dafür gab es eben den eigenen „Stand" des Schreibers *(scriba, scriptor, notarius* etc.).

Für diesen Beruf waren außer einer ausreichenden Beherrschung der lateinischen Sprache vor allem Kenntnisse in der *Ars dictaminis*, einem Zweig der Rhetorik, der sich mit Aufbau und Stil von Briefen und Urkunden beschäftigt, und in der Rechtskunde erforderlich. Es erstaunt daher, daß im Passauer Bibliothekskatalog von 1259 zwar eine Menge juristischer Texte, aber herzlich wenige aus dem erstgenannten Bereich zu finden sind. Der Unterricht an der Domschule müßte also in diesem Fach einen eher praktischen Charakter besessen haben. Es ist aber zu vermuten, daß die bedeutende Brieflehre *(Flores dictaminum)* Bernhards von Meung bald nach ihrer Entstehung am Ende des 12. Jahrhunderts auch in Passau bekannt geworden und von dort (und über Salzburg) dem östlichen Diözesangebiet vermittelt worden ist. Hier regte die an den theoretischen Teil des Werks angeschlossene fiktive Briefsammlung zur Nachahmung (s. u. S. 192) an.

An dem Übergewicht der Rechtskunde ist aber nicht zu rütteln. Der enorme Aufstieg des gelehrten Rechts in Europa seit der Mitte des 12. Jahrhunderts findet auch in den Bibliotheken und Schulen der Diözesen unseres Raumes seinen breiten Niederschlag. Durch W. Stelzers gewissenhafte Dokumentation (1982) wissen wir, wie rasch, wie intensiv und wie aktiv sich unser Raum an der Rezeption dieser neuen geistigen

Strömung beteiligt hat. Die Anwendung scholastischer Methoden hat in der Rechtswissenschaft ebenso zu einer „Revolution" geführt wie in der Theologie. Sie hat auf beiden Gebieten mit heftigen Widerständen zu kämpfen gehabt. In der Kirchenprovinz Salzburg hat vor allem Gerhoch von Reichersberg gegen beide Neuerungen letztlich vergeblich seine Stimme erhoben. Während aber die scholastische Theologie in der Folgezeit hier doch keine bleibende Heimstätte finden konnte, schlug die neue Rechtswissenschaft voll durch und zwar bis in die Rechtspraxis. Noch vor Ende des 12. Jahrhunderts wurde die kirchliche Gerichtsverfassung des Bistums Passau entsprechend umgebildet. Die wichtigsten Schulzentren zur Ausbildung der gelehrten Juristen dürften neben Passau die Chorherren-Stifte St. Florian und St. Pölten gewesen sein. Da es sich um einen der auffälligsten Aktivposten des österreichischen Geisteslebens im Hochmittelalter handelt, muß ihm ein eigener Abschnitt gewidmet werden (s. u. S. 194 bis S. 197), obwohl juristische Texte in einer Literaturgeschichte doch nur begrenztes Heimatrecht beanspruchen dürfen. Eine in St. Pölten um 1200 angelegte Sammelhandschrift für den Rechtsunterricht (s. S. 195) läßt übrigens eine enge Verflechtung von Jurisprudenz und Rhetorik im Lehrprogramm erkennen. Das mag teilweise den geringen Bestand an eigenständigen rhetorischen Handbüchern in Passau und anderen Bibliotheken erklären. In Italien bildet sich im 13. Jahrhundert sogar eine systematische Kombination von *ars dictaminis* und Rechtslehre heraus, die *ars notariae*, die Notariatskunst, deren berühmtestes Lehrbuch, die *Summa Rolandina* von ca. 1255 (von Rolandus Passagerii) von Spanien bis Polen Verwendung findet.

Das wohl immer noch und auch weiterhin wichtigste praktische Anwendungsgebiet der Rhetorik ist jedoch die Predigt. Auch dafür gab es weit verbreitete Handbücher, die Anweisungen über Stil (Augustinus: *De doctrina Christiana*, Buch IV; exzerpiert von Hrabanus Maurus: *De institutione clericorum*, Buch III) und Inhalt (Gregor der Große: *Cura pastoralis*) enthielten. Bisweilen griff man wohl auch zu neueren Werken wie der *Predigtkunst (De arte praedicatoria)* Alains von Lille, die immerhin im späten 13. Jahrhundert in Lilienfeld verzeichnet ist. Darin bahnte sich schon der dann in den Pariser Universitätspredigten von 1230/31 voll ausgebildete, neue scholastische Predigttypus an, der *sermo*, eine logisch argumentierende, systematisch-thematische Predigt, zum Unterschied von der alten Homilie, die eine Schriftauslegung nach dem mehrfachen Schriftsinn präsentiert. Die dafür entwickelte neue *ars praedicatoria* wird namentlich in England im 13. und 14. Jahrhundert zur Blüte geführt werden.

Die Rolle der Lehrschriften war jedoch im allgemeinen bescheiden gegenüber der Vorbildwirkung der Musterpredigten, die seit der Antike immer aufs neue gesammelt werden. Keine Kloster- oder Stiftsbibliothek kam ohne solche Sammlungen aus. Ambrosius, Augustin, Gregor der Große und Hieronymus genossen auf diesem Gebiet das größte Ansehen. Enorme Verbreitung fand im 12. und 13. Jahrhundert bei uns eine Sammlung des Honorius Augustodunensis mit dem Namen *Kirchenspiegel (Speculum ecclesiae)*, die Predigten jener vier Kirchenväter enthält, jedoch in frei bearbeiteter Form. Bausteine aus den alten Stücken wurden auch sonst immer wieder in die ungezählten mehr oder minder eigenständigen lateinischen Predigten des Mittelalters eingefügt. Da sie ganz überwiegend anonym überliefert sind, läßt sich der Anteil der Diözesen unseres Raumes an dieser Produktion nicht einmal annähernd abschätzen. Natürlich war jeder Abt oder Propst (bzw. sein Vertreter) verpflichtet, regelmäßig im Kapitel lateinische Ansprachen zu halten. Wieweit sie sich dabei fremder Stücke bedienten, wissen wir aber nicht. Jedenfalls scheint vor Gutolf von Heiligenkreuz (s. Bd. II) keine originale Predigt eines namhaften Verfassers aus der Diözese Passau überliefert zu sein.

Neben der lateinischen gewinnt die deutsche Predigt gerade in dieser Periode entscheidende Bedeutung. Sie richtet sich an die Konversbrüder in den geistlichen Gemeinschaften, insbesondere aber an das „Volk". Doch deutsche Predigttexte sind weit rarer als lateinische überliefert, denn auch die deutsch gehaltenen Predigten werden damals in aller Regel lateinisch konzipiert und tradiert. Bischof Otto von Lonsdorf läßt unter den Büchern in seinem Zimmer auch *sermones vulgares,* volkssprachliche Predigten, verzeichnen, aber die dabei eingetragenen Anfangsworte, das sogenannte *incipit,* sind lateinisch. Ein im Codex 70 der Stiftsbibliothek Kremsmünster aufbewahrter und wohl in diesem Kloster in der zweiten Hälfte des 12. Jahrhunderts geschriebener, acht Blätter umfassender *ordo sermonarius,* also eine Predigtliturgie, besteht aus einem Einleitungsgebet, einem Hymnus, einer Antiphon, einem weiteren Gebet, zehn Predigten und einer ganz kurzen Erläuterung dazu – alles auf Latein – und zwei deutschen Gebetstexten, *Beichte* und *Glauben.* Aber nicht nur diese beiden werden unten (S. 223f.) in dem der deutschen Literatur vorbehaltenen Teil zu behandeln sein, sondern die gesamte hier vorliegende Predigtliturgie, da sie ohne Zweifel für eine Volksmesse, eine *missa publica,* bestimmt war. Die dazu verwendeten deutschen Predigten lassen sich aus den kurzen lateinischen Entwürfen freilich nur vage rekonstruieren.

Die grundlegenden geistesgeschichtlichen Neuerungen des 12. Jahrhunderts sind zwar nicht einfach als notwendige Folgen der ökonomischen und sozialen Wandlungen, genausowenig jedoch ohne diese zu verstehen. Mit dem starken Anwachsen der Bevölkerung und damit aller wirtschaftlichen Aktivitäten und insbesondere des Geldverkehrs erhöht sich sprunghaft der Bedarf an Arbeitskräften im allgemeinen und somit auch an spezialisierten „Kopfarbeitern", Lehrern, Beamten und Seelsorgern. So fühlen sich auch begüterte Laien bemüßigt, zumindest einige ihrer Kinder zu *litterati* ausbilden zu lassen. Vor allem aber werden sich Kirche, Adel und Patriziat ihrer Verantwortung für den Zugang möglichst vieler zur Schriftkundigkeit bewußt. Es versteht sich von selbst, daß gerade Angehörige unterer Schichten von dem neuen Bildungsangebot eifrig Gebrauch machen, da es nahezu den einzigen Ausgangspunkt eines sozialen Aufstiegs darstellt. Die höheren Kirchenämter behält sich der Adel freilich noch immer vor.

Immerhin bestimmt das 3. Laterankonzil im Jahre 1179 unter anderem:

Die Kirche Gottes ist verpflichtet, in den Dingen, die sich auf die Erhaltung des Leibes beziehen, ebenso wie in denen, die zum Nutzen der Seele gereichen, wie eine liebevolle Mutter für die Bedürftigen zu sorgen, damit den Armen, die sich nicht auf das elterliche Vermögen stützen können, die Gelegenheit, Unterricht und Fortbildung zu bekommen, nicht vorenthalten wird. Aus diesem Grunde soll an jeder Kathedralkirche einem Lehrer, der die Kleriker dieser Kirche und die armen Schüler unentgeltlich unterrichten soll, ein angemessenes Benefizium zugewiesen werden... In den anderen Kirchen und Klöstern, in denen in der Vergangenheit zu diesem Zweck Zuwendungen gemacht worden waren, sollen diese erneuert werden. Für die Erteilung der Unterrichtserlaubnis aber darf keinerlei Gebühr erhoben werden; niemand darf unter dem Vorwand irgendeines Gewohnheitsrechtes von denen, die unterrichten, eine Steuer einziehen; keinem, der um die Unterrichtserlaubnis bittet, darf diese versagt werden, wenn er die Eignung besitzt (Dekret 18).

Auf dem 4. Laterankonzil wird 1215 das ausdrücklich bekräftigt, da, wie es heißt, „an vielen Kirchen diese Bestimmung sehr wenig befolgt wird", und hinzugefügt,

daß nicht nur an jeder Kathedralkirche, sondern auch an anderen Kirchen mit einem hinreichend großen Vermögen von den Kirchenoberen ein geeigneter Lehrer bestellt werden soll, der von dem Kapitel oder von dem größeren und im Recht befindlichen Teil des Kapitels gewählt werden soll. Er soll die Kleriker dieser und anderer Kirchen unentgeltlich in der Grammatik und anderen Fächern unterrichten, soweit das möglich ist. In jedem Fall soll die Metropolitankirche einen Theologen unterhalten, der die Priester und anderen Kleriker in der Heiligen Schrift unterweisen und besonders in den Gegenständen belehren soll, die mit der Seelsorge zusammenhängen (Dekret 11).

Hierauf wird die Besoldung – wiederum durch Einkünfte aus einer Pfründe – geregelt. Das Konzil von Béziers von 1233 bestimmt in Dekret 21:

Damit in den Monasterien (d. h. sowohl der Mönche als auch der Regularkanoniker) Lehrer bestellt werden, die sowohl den Ordensangehörigen *(religiosi)* wie den Externen höhere Bildung beibringen sollen, ... bestimmen wir, daß in den einzelnen Konventen die Konventsoberen einen Lehrer unterhalten, sei es einen aus ihrer Gemeinschaft, sei es einen Weltgeistlichen, der die Kleinen und andere Ungebildete in der Grammatik unterrichten kann.

Diese Anweisungen wurden gewiß ebensowenig durchgehend befolgt wie die der vorhergehenden Konzile. Sie ergingen auch nur nach Maßgabe vorhandener Mittel. Viele Pfarrer mußten weiterhin den Klerikernachwuchs ihres Sprengels selbst, d. h. wohl meist mehr schlecht als recht, heranbilden. Aber ein eigener Schullehrer (*scholasticus* oder dergleichen) ist schon in der ersten Hälfte des 13. Jahrhunderts in etlichen Pfarren der Diözese Passau belegt, so in Hadersdorf am Kamp, Kirchschlag, Krems, Laa an der Thaya und Wels.

Eine Sonderstellung nahm selbstverständlich Wien, die einzige Großstadt der Diözese, ein. Im Jahre 1237 erließ Kaiser Friedrich II. auf dem Höhepunkt der Auseinandersetzungen mit Herzog Friedrich dem Streitbaren ein kaiserliches Privileg für die neue Reichsstadt Wien. Darin heißt es u. a.:

Gemäß unserer Absicht, daß auch auf angemessene Weise für einen Unterricht gesorgt werde, durch welchen Weisheit in der Bevölkerung gelehrt und das ungebildete Alter der Knaben unterrichtet wird, verleihen wir Vollmacht dem Magister, der in Wien durch uns und unsere Nachfolger zur Leitung der Schulen aufgenommen werden wird, damit er nach dem Rat der Weisen derselben Stadt in den Fakultäten weitere Lehrer einsetzen möge, die als hinreichend und geeignet für den Unterricht ihrer Hörer gelten.

Aus den verwendeten Fachausdrücken *studium*, *doctores* und *facultates* hat man „auf unbedingt höhere, geradezu präuniversitäre Wissenschaftlichkeit" der Wiener Pfarrschule zu St. Stephan geschlossen (A. Lhotsky). Näher scheint mir der Gedanke zu liegen, der Kaiser habe hier ohne viel Rücksicht auf die realen Gegebenheiten ähnliche Maßstäbe wie bei seiner Gründung der ersten und für lange Zeit einzigen staatlichen Universität (1224 in Neapel) angelegt. In der deutschen Fassung des Privilegs werden jedenfalls *magister* und *doctor* gleichermaßen mit *maister*, das *studium* mit *lernung* und die *facultates* gar nicht wiedergegeben. Und in dem Stadtrecht von 1296 für die nunmehr wiederum landesfürstliche Stadt Wien werden die Bestimmungen von 1237 zwar teilweise wörtlich wiederholt, die Ernennung von *doctores in facultatibus* aber schlicht als Unterordnung der übrigen Schulen der Stadt unter den *schulmaister datz* (dort zu) *sant Stephan der pharrechirchen* ausgelegt (s. Bd. II). Nichtsdestoweniger setzt schon das Privileg von 1237 eine länger bestehende und gut ausgestattete Pfarrschule voraus. Wir können aber für die in diesem Kapitel darzustellende Zeit keinen einzigen Schulmeister mit Sicherheit namhaft machen. Allerdings ist es äußerst verlockend anzunehmen, Herzog Heinrich II. Jasomirgott habe anläßlich der Weihe der Wiener Stephanskirche 1147 hier auch eine Schule gegründet und ihren Aufbau jenem immer noch ziemlich rätselhaften Magister Petrus, der in den 60er Jahren als *scholasticus* in Wien bezeugt ist (s. u. S. 168), übertragen. Sicher wissen wir nur, daß Petrus dem Stand der *capellani* zugerechnet wurde. Selbstverständlich könnte er als Hofkleriker auch die Pfarrschule geleitet haben. Andere als theologische Interessen sind ihm aber nicht zuzuschreiben, Namen seiner Schüler und Nachfolger nicht überliefert. Ein 1216 in einer Urkunde Leopolds VI. bezeugter französischer Magister Robert könnte zu ihnen gehört haben.

Ebenso spärlich fließen die Quellen zur Frühgeschichte der Bildungsanstalten der Bettelorden in unserem Raum. Mit diesen Orden tritt ein völlig neues Element in die europäische Geistes- und Sozialgeschichte ein. Waren die alten Orden einschließlich ihrer jüngeren Zweige, ja bis zu einem gewissen Grade sogar einschließlich der Regularkanoniker in ihrer Frömmigkeitshaltung weithin weltabgewandt und trotz missionarischer und seelsorgerischer Aktivitäten ziemlich auf sich selbst bezogen, in wirtschaftlicher Hinsicht ländlich-agrarisch, in sozialer Hinsicht feudal-aristokratisch orientiert, so öffneten sich die aus der Armutsbewegung geborenen Mendikantenorden zur Welt, d. h. ihre Mitglieder gingen zu den Menschen, suchten sie auf, wo sie sich am zahlreichsten beisammen fanden, in den Städten, und errichteten vornehmlich hier ihre Niederlassungen. Der Orden der Predigerbrüder oder Dominikaner, genannt nach seinem Gründer, dem Spanier Domingo Guzmán († 1221), gründete sein erstes Kloster auf dem Boden des Bistums Passau, von Leopold VI. aus Ungarn berufen, 1226 in Wien, von dort aus dann 1236 in Krems. Die Gründungen in Tulln 1280 und Retz 1295 fallen schon in die Zeit der Habsburger. Alle vier Niederlassungen (wie auch die der Dominikanerinnen) gehörten zur Ordensprovinz Teutonia (s. Bd. II). Im Rahmen des zweiten Bettelordens, der Minderbrüder, Minoriten oder – nach Francesco Bernardone von Assisi († 1226) benannten – Franziskaner scheint sich dagegen sehr früh eine die Länder- und Diözesangrenzen übergreifende Ordensprovinz Austria ausgebildet zu haben. Auf die Passauer Diözese entfallen davon zehn Franziskanerniederlassungen des 13. Jahrhunderts: Wien und Stein (wohl noch aus der Zeit Leopolds VI.), Tulln, Laa an der Thaya, Feldsberg (heute Valtice in der Tschechischen Republik), Hainburg, Linz, Passau, Enns und – erst aus der Zeit der beginnenden habsburgischen Herrschaft – Wels. An der Chronologie der Bettelordensfundationen läßt sich geradezu die jeweilige Größe und Bedeutung der Städte messen, in welchen jene angesiedelt werden. Aus der städtischen Bevölkerung rekrutieren sich auch mit Vorliebe, aber keinesfalls ausschließlich die beiden Orden. Entscheidend ist jedoch, daß tatsächlich allen Schichten der Zugang offensteht. Das hat Adelige keineswegs vom Eintritt abgeschreckt, das seelsorgerische Prestige der Orden beim Volk aber wesentlich erhöht.

Den *litterati* stand der hl. Franz, der *Poverello*, äußerst skeptisch gegenüber. Nach seinem Tode kam es dennoch bald zum Aufbau eines franziskanischen Studiensystems mit Zentren in Paris, Bologna und Oxford. Kein Orden konnte damals auf Dauer ohne Anschluß an die hohe Gelehrsamkeit der Zeit auskommen. Vor allem aber wirkte das Vorbild der Dominikaner, die als Predigerbrüder von Anfang an dem Studium einen ganz prominenten Platz im Ordensleben einräumen mußten. Dominikus traf schon in den ersten Konstitutionen von 1216 Regelungen für das Studium, die in der Neufassung von 1241 erweitert wurden: Jeder Konvent müsse unbedingt über einen Lehrer *(doctor)* verfügen, der mindestens vier Jahre Theologie studiert haben sollte; ein *magister studentium* sei zur Betreuung der Studierenden abzustellen; das Studium habe gleichsam ständig zu erfolgen, weshalb an die Stelle des gemeinsamen Schlafsaales Einzelzellen für jeden Mönch eingerichtet werden; das Studium solle von monastischen Observanzen dispensieren können; deshalb sei auch das Chorgebet zugunsten des Studiums zu kürzen – eine revolutionierende Neuerung gegenüber der Benediktinerregel, Kapitel 43, erklärbar nur aus einem Verständnis des Studiums als einer Art Gottesdienst –; schließlich seien begabte Fratres an die besten Schulen zu schicken. So entsandte schon Dominikus Brüder an die Universitäten von Paris und Bologna. Aus den hier und in anderen Universitätsstädten gegründeten Ordensniederlassungen gingen die sogenannten *studia generalia* hervor, die als Teil der Universitäten oder als eigene Ordenshochschulen jene Brüder aufnahmen, die nach Absolvierung der ordenseigenen *studia conventualia* (Hausstudien), *studia provincialia* bzw. *particularia* (Provinz- bzw. Teilstudien) die höchsten Weihen der Gelehrsamkeit empfangen wollten. In der Provinz Teutonia gab es erst ab 1248 ein eigenes Generalstudium (in Köln). Zuvor mußte man zu diesem Zweck nach Italien, Frankreich, England oder Spanien gehen. Über das Studium der Dominikaner in unserem Raum wissen wir für die Zeit vor der Habsburgerherrschaft so gut wie nichts. Als erster Lehrer *(lector* oder *doctor)* ist 1258 ein Bruder Daniel bezeugt. Die reiche Saat dominikanischer Gelehrsamkeit wird hierzulande erst in den folgenden Jahrhunderten aufgehen. Aber die entscheidenden Anfänge sind in der jetzt zu behandelnden Zeitspanne gemacht worden.

Theologisches Schrifttum

Schon mehrfach ist in diesem Buch eine Persönlichkeit angesprochen worden, die trotz intensiver und teilweise auch erfolgreicher Bemühungen der Forschung ihr Inkognito noch immer nicht ganz gelüftet hat. Seit dem Jahr 1153 begegnet ein Magister Petrus aus der Schule Gilberts von Poitiers (oder de la Porrée = Porretanus) als Briefpartner und theologischer Kontrahent Gerhochs von Reichersberg. Man hat vermutet, der Franzose sei durch Vermittlung Bischof Ottos von Freising (1138–58) nach Baiern und Österreich, die 1143–56 in der Hand von Ottos Bruder Heinrich vereinigt waren, gekommen, vielleicht nach dem Reimser Konsistorium 1148, bei dem die Vorwürfe gegen Gilberts Trinitätslehre verhandelt wurden. Von dem polemischen Briefwechsel (in den auch Otto und Gerhochs Bruder Rüdiger einbezogen waren) sind drei Stücke aus Gerhochs, eines aus Peters Feder erhalten, die anderen verloren. Gerhoch bezieht sich auch in einigen seiner Traktate direkt oder indirekt auf Petrus, den er im *Liber de novitatibus huius temporis* (s. o. S. 66) mit dem Namen Helyu (Eliu) belegt und so dem von Gregor dem Großen als Inbegriff der Eitelkeit abqualifizierten Streitgegner Hiobs vergleicht. Möglicherweise trat Petrus auch als Gegner Gerhochs auf dem Kapitel in Friesach ca. 1160 auf. Es ging dabei jedenfalls um die zwischen Gerhoch und den Gilbertinern umstrittenen christologischen Fragen, wobei Rüdiger und Arno die Lehre ihres abwesenden Bruders verteidigten, die anwesenden Bischöfe aber schwiegen.

Urkundlich belegt ist Magister Petrus 1158 in Mautern und 1161 in Wien, hier als Zeuge (der Gründung des Schottenklosters) unter den *capellani*, also den Klerikern der Hofkapelle. Demgemäß spricht Gerhoch von ihm auch als dem Herrn **Petrus von Wien** *(dominus Petrus Wiensis)*. Dessen Mitstreiter, der Diakon der kaiserlichen Pfalz Hugo von Honau, nennt Petrus *scholasticus in florentissimo Austriae oppido* (Schullehrer in der blühendsten Stadt Österreichs). Als *scholasticus Wiennensis* bezeichnet Petrus sich selbst in einem Schreiben an seinen Freund Hugo von Pisa, einen ebenfalls in Frankreich ausgebildeten, jedoch des Griechischen mächtigen Theologen. In dem Brief bittet Petrus um die Übersendung von Zitaten griechischer Väter zu christologischen Fragen, an denen der Absender ebenso wie der Überbringer des Schreibens interessiert sei. Dieser, eben jener Hugo von Honau, wird als kaiserlicher Gesandter und Gegner Papst Alexanders III. von Hugo von Pisa aber nicht persönlich empfangen und erneuert brieflich mehrfach die von Petrus ausgesprochene Bitte. Schließlich widmet der Pisaner beiden die gewünschte, wohl 1179 vollendete Sammlung, den *Liber de differentia naturae et personae (Buch vom Unterschied der Natur und der Person)*. Ob Petrus selbst auch einmal in Byzanz gewesen ist, muß offenbleiben. Vielleicht hat er Herzog Heinrich II. 1166 nach Sofia begleitet und ist von dort nach Konstantinopel weitergereist, wo eben eine Synode über jene christologischen Fragen stattfand, die Petrus so am Herzen lagen. Der Wiener Magister könnte aber dort zugleich einen diplomatischen Auftrag des Herzogs zu erfüllen gehabt haben, so wie dann später bei einer vom Legaten des Papstes Alexanders III. 1175 einberufenen Kirchenversammlung in Ungarn. Heinrich II. Jasormirgott war als Gatte der Nichte des Kaisers Manuel einerseits an der Union der griechischen und lateinischen Kirche, andererseits trotz seiner Treue zum Kaiser auch an einer Beendigung des abendländischen Schismas interessiert. Insbesondere lag ihm an einem guten Verhältnis zum Stift Klosterneuburg, wo man im Verein mit Reichersberg und Admont sowohl dem Gegenpapst als auch den Lehren des Magisters Petrus Widerstand leistete. Um 1168 unterbreitete denn auch schon ein Klosterneuburger Chorherr dem Scholaster in versöhnlichem Ton Vorschläge zur Beendigung des theologischen Streits. Daß Petrus von seiner Position abgerückt sei, ist kaum anzunehmen. Vielmehr bestärkte ihn wohl die Zitatensammlung des Pisaners, die ihm vermutlich um 1180 Hugo von Honau nach Österreich brachte, noch in seiner Meinung. Doch da war der Wiener Magister gewiß nicht mehr der Jüngste. Kein anderer als er dürfte gemeint sein, wenn die *Zwettler Annalen* zum Jahr 1183 den Tod eines Magisters Petrus, eines hochgelehrten Mannes, melden, denn ausgerechnet in Zwettl werden noch heute drei Exemplare von Gilberts Boethiuskommentar und vor allem das theologische Sentenzenwerk eines Magister Petrus Pictaviensis (= von Poitiers) aufbewahrt. Dieses „beste bis jetzt bekannte systematische Werk der Porretanerschule" (N. M. Häring), das auch nach der Entdeckung einer zweiten Handschrift in Admont in der Forschung weiterhin den Titel *Summa Zwettlensis (Zwettler Summe)* führt, ist wohl von Petrus von Wien nicht nur nach Zwettl (wohin er sich vermutlich an seinem Lebensabend zurückzog) gebracht, sondern von ihm selbst auch verfaßt worden, jedoch schwerlich in Österreich, sondern noch in Frankreich. Da Petrus jedoch in seiner neuen Heimat offenkundig dieselben Lehren vertreten hat wie in der *Summa*, ist deren kurze Vorstellung in diesem Rahmen zweifellos gerechtfertigt.

Die *Summa*, „in spekulativer Hinsicht ohne Zweifel das bedeutendste theologische Sentenzenwerk des 12. Jahrhunderts" nach der Meinung des Herausgebers, folgt dem in der Schule der Gilbertiner üblichen Schema. Alles dreht sich vorerst um die dialektisch-sprachlogische Erklärung der dreieinigen Gottheit und der Inkarnation. Erst das vierte und letzte Buch über die Sakramente tritt aus der rein ontologisch-spekulativen Sphäre heraus. Buch I ist vor allem den leidigen Begriffsdefinitionen gewidmet, an denen seit dem ersten Jahrhundert die Einheit des christlichen Bekenntnisses immer wieder gescheitert war. Was meinen die griechischen und lateinischen Wörter für Sein, Seiendes, Wesenheit, Eigenschaft, Einheit, Verschiedenheit, Natur, Person und dergleichen? Besonderen Wert legt Petrus dabei auf die strenge Unterscheidung nicht nur von Natur und Person, sondern auch von Natur und persönlicher Eigenschaft (*proprietas*). Die Proprietäten des Vaters, des Sohnes und des Hl. Geistes bezeichnen jeweils Beziehungen der drei Personen zueinander. In ihrer Unübertragbarkeit begründen diese Proprietäten drei Personen, die dennoch in der einen göttlichen Substanz zusammenfallen. Im natürlichen Bereich sind dagegen drei Personen auch drei verschiedene Substanzen. Bereits zu Anfang hat Petrus 34 Sprachregeln aufgestellt, die im natürlichen Bereich gelten, jedoch nur teilweise auf die Gotteslehre anwendbar sind. Petrus scheint in diesem Punkt ein klein wenig flexibler zu sein als sein Lehrer Gilbert, der die Übertragung seiner strengen sprachlogischen Prinzipien auf die Theologie (im engsten Wortsinne) ziemlich weit getrieben hatte.

Das zweite Buch bespricht die Zeugung des Sohnes vom Vater durch den Hl. Geist und deren Ewigkeit, Gleichheit und Verbindung. Ausdrücklich lehnt Petrus dabei u. a. die Aussage, der Vater sei im Sohn und der Sohn im Vater, ab, sofern sie sich nicht auf die Substanz, sondern auf die Person beziehe. Das dritte Buch behandelt die Menschwerdung des Sohnes, die keinesfalls Sache der göttlichen Natur, sondern nur Sache der Proprietät des Sohnes sei – ein gilbertinischer Satz, den Gerhoch als häretisch verdammt. Petrus formuliert: „Verbunden sind die Natur des Menschen und die Natur Gottes, verbunden ist die Menschheit dem Sohn Gottes" (III, 24). Diese Verbindung sei jedoch keine Zusammensetzung, welche der Sohn als i n d i v i d u e l l e Substanz gar nicht eingehen könne. Die menschliche Natur habe daher auch in ihrer Verbindung mit der göttlichen nie aufgehört, menschlich zu sein. Nicht eine Natur habe eine Natur angenommen – das wäre Gerhochs Lehre –, denn nur eine Person könne eine Natur annehmen.

Aus der Sakramentenlehre des Buches IV seien hier nur Gilberts umstrittene These, daß den Auserwählten durch die Taufe auch zukünftige Sünden erlassen würden, sowie die Betonung des sakramental-spirituellen Charakters der Kommunion, der materielle Äußerlichkeiten (wie die Verwendung von Weiß- oder Rotwein) nebensächlich erscheinen läßt, und der Gültigkeit eines von einem unwürdigen Priester gespendeten Sakraments hervorgehoben. Bei der ausführlichen Abhandlung dieser und anderer derartiger Fragen zeigt sich Petrus als im kanonischen Recht äußerst bewandert. Hingegen verzichtet er fast durchgehend auf Kirchenväterzitate, was selbst für einen Scholastiker mehr als ungewöhnlich ist. Außer bei der Sakramentenlehre beruft er sich auch ganz selten auf die Hl. Schrift, auch wenn diese natürlich der prinzipielle Ausgangspunkt ist. Hierin kommt ein wahrhaft staunenswertes Vertrauen in die Autonomie logisch-dialektischen Argumentierens in der Theologie zum Ausdruck.

Die heftige Kritik konservativer Theologen, allen voran des Reichersberger Propstes, hat Petrus freilich gezwungen, den engeren Anschluß an die Bibel und die

Patristik zu suchen. Gerade auf sie beruft er sich in seinem an Otto von Freising gerichteten Gutachten über die Verherrlichung des Gottessohnes immer wieder, wehrt sich aber zugleich heftig dagegen, Frömmigkeit und Integrität als alleinige Garanten theologischer Erkenntnis gelten zu lassen. „Ein großes Gut ist ein gutes Leben; aber auch dann, wenn es vorhanden ist, bringt es ohne den Lehrer keine Erkenntnis." Ein solcher Satz zielt direkt auf die moralische Autorität des Reformeiferers Gerhoch, dessen Verherrlichungslehre (s. o. S. 69f.) Petrus strikt ablehnt. Die Instanz der Vernunft behält, wenn sie sich auch nicht mehr so unbedeckt hervorwagt, letztlich doch ihren hohen Stellenwert. Um im Streit der Meinungen zu bestehen, mußte Petrus sich freilich bemühen, die durch freie logische Spekulation erzielten Ergebnisse durch Autoritäten zu decken. Deshalb bemühte er sich jahrelang, solche aus dem Bereich der griechischen Patristik zu finden.

Wenn Petrus, woran wohl kein Zweifel bestehen kann, in Wien gelehrt hat, so hatten seine Schüler wahrhaft keine leichte Kost zu verdauen. Viele werden es schwerlich gewesen sein, die seine auf dem hochintellektuellen Boden französischer Domschulen gewachsenen Früchte der Erkenntnis ohne Beschwerden verkosten konnten. Nachfolge hat die *Zwettler Summe* hierzulande jedenfalls keine gefunden. Magister Petrus ist letztlich das geblieben, was er seit seiner Übersiedlung aus dem Westen gewesen war: ein Fremder. –

Zum Höhenflug der abendländischen Theologie in Form der Hochscholastik des 13. Jahrhunderts hatte unser gesamter Raum nichts von Bedeutung beizutragen. Aber auch auf etwas tieferem Niveau gab es harte Arbeit zu verrichten. Die Diözese Passau erwies sich nämlich als ein erstaunlich fruchtbarer Acker für die Saat verschiedener religiöser Lehren, die sich in mehr oder minder starkem, mehr oder minder offenem Gegensatz zu den offiziellen Lehren der katholischen Kirche befanden.

Die Hauptquelle für den historischen Befund ist zugleich ein damals bereitgestelltes Instrument zur Bekämpfung jener Lehren, ein heterogenes Sammelwerk, das sich als ganzes keiner literarischen Gattung zuordnen läßt. Der Autor wird in der Forschung noch immer **Passauer Anonymus** genannt, obgleich er sich längst als ein in Österreich tätiger Kleriker, vielleicht ein Dominikaner, herausgestellt hat. Das Werk ist im originalen Wortlaut nicht erhalten, sondern nur in späteren divergierenden Redaktionen. Die komplizierte Rekonstruktion des alten Grundbestandes von etwa 1260/66 durch A. Patschovsky kann hier nicht nachgezeichnet werden. Die Redaktionen A und B zeigen in etwa folgende gemeinsame Gesamtanlage: 1. eine etwa zwei Drittel des Werkes umfassende Polemik gegen die Juden; 2. ein Zwischenstück über den Antichrist; 3. eine Streitschrift wider die Ketzer; 4. einen Anhang über die Glaubenslehren anderer christlicher Kirchen, des Islam, heidnischer Philosophen usw.

Für den Juden-Teil mangelt es an detaillierten Quellenuntersuchungen. Die reiche Materialsammlung bedient sich jedenfalls wörtlicher und freier Zitate aus Bibel, Talmud, Flavius Josephus *(Jüdischer Krieg, Jüdische Altertümer)* und Eusebius *(Kirchengeschichte)*. Ihre Anordnung und Verwertung könnte unser Anonymus zumindest teilweise selbst vorgenommen haben. Zuerst vergleicht er die Erzväter vor und unter dem mosaischen Gesetz und schließt aus ihrer beider Heiligkeit, daß für die von Christus erlöste Menschheit erst recht das Gesetz keine Bedeutung mehr hat, behauptet hierauf, die Juden seien ohnehin vom Gesetz Mosis zu den Lehren des Talmud abgefallen, und konfrontiert schließlich die jüdische Messiaserwartung mit dem christlichen Glauben an den Menschensohn Jesus Christus. Die Widerlegung der jüdischen Religion erfolgt nur auf theologisch-dogmatischer Ebene und verzichtet fast völlig auf konkrete zeitgeschichtliche Bezüge.

Der Antichrist-Teil verdankt seine Einfügung in das Sammelwerk zwar der Annahme, daß die Ausbreitung der „falschen" Glaubenslehren die Ankunft des Antichrist ankündigt, doch argumentiert der Passauer Anonymus auch hier keineswegs von der Situation der Gegenwart aus, sondern verwendet nur traditionelle Elemente der Antichrist-Darstellung. Der Text setzt sich im wesentlichen aus Passagen der Bibel und Bibelexegese *(Glossa ordinaria*, Gregor der Große, Petrus Lombardus) zusammen. Er bietet im ersten Abschnitt eine Sammlung von Anzeichen für das Kommen des Antichrist, im zweiten die Beschreibung seiner Person und seines Wirkens, im dritten schließlich die Schilderung seiner größten Taten und Wunder sowie seines Endes.

Auch im Ketzer-Teil kompiliert der Autor mehr oder minder geschickt fremde Texte und zwar von einigen häretischen, vornehmlich jedoch von katholischen Schriftstellern (antiken wie Augustin und Isidor und modernen wie Albertus Magnus, Rainer Sacconi, Raimund von Peñaforte, Wilhelm von Peyraut). Aber hier, wo er sich auf persönliche Erfahrung berufen kann, hat er auch eine Menge Eigenes zu bieten. Auf diesen Teil hat sich denn auch die historische Forschung konzentriert und mehrfach Stücke daraus zum Druck befördert, während wir für die ersten beiden Teile auf die Inhaltsangaben von A. Patschovsky angewiesen sind. In den selbständigen Partien von Teil III finden sich u. a. Angaben zum Ursprung der Häresien, eine Sammlung von Lehrsätzen der Waldenser, ein Traktat über die Waldenser, eine Auflistung kirchlicher Mißstände, die Anlaß zur Abwendung vom wahren Glauben bieten konnten, eine Liste von „Ketzer-Orten" (nur solchen in der Diözese Passau!), eine Beschreibung von Werbungsmethoden der Ketzer, Angaben zum Prozeßgang und zur Verhörpraxis der Inquisition. Abgesehen von den zuletzt genannten, umfangmäßig bescheidenen Textpartien zielen alle übrigen auf die Bereitstellung von Diskussionsmaterial zur rein geistigen, nicht juristisch-inquisitorischen Auseinandersetzung mit den Glaubensgegnern.

Eine Auswertung dieser und anderer Quellen hat ergeben, daß sich die Verhältnisse in Österreich im 13. und zu Beginn des 14. Jahrhunderts in der Tat mit jenen in Südfrankreich und Oberitalien vergleichen lassen, was die Bedeutung der Häresie und ihre Ausbreitung in Stadt und Land sowie auf alle sozialen Schichten betrifft. Die regionalen Schwerpunkte lagen in den dicht besiedelten Gebieten südlich der Donau. Seit Anfang des 13. Jahrhunderts förderten die österreichischen Landesfürsten mit Nachdruck die Verfolgung der Ketzer. Diese wehrten sich, so gut sie konnten, vereinzelt auch mit Gewalt. Der Passauer Anonymus berichtet: „Allein in der Pfarre Kematen (an der Krems) gibt es zehn Häretikerschulen, und der Pfarrer dieses Kirchspiels ist von den Häretikern erschlagen worden, ohne daß bisher ein Gerichtsverfahren eingeleitet worden wäre." Derselbe Autor hat aber auch in ungewöhnlich offener Form die Mißstände in der Kirche zur Sprache gebracht, die bei den Laien Anstoß erregen und zum Abfall verleiten konnten, darunter nicht nur die üblichen Verfehlungen wie Unzucht und Simonie, sondern auch spezielle wie Aberglauben und Vernachlässigung der Sakramente. Er selbst war an der vom Passauer Bischof geleiteten und vom Landesherrn, Ottokar Přemysl, kräftig unterstützten Inquisition in der Mitte des 13. Jahrhunderts unmittelbar beteiligt, was seinem Bericht einen einzigartigen Stellenwert im deutschen Sprachraum verleiht. Was die Sektenzugehörigkeit der Ketzer betrifft, so weisen die Angaben unseres Anonymus in erster Linie auf die Waldenser, die als *pauperes Christi* sowohl die weltliche wie die kirchliche Rechts- und Herrschaftsordnung ablehnten. Als Laien bedienten sie sich selbstverständlich der Volkssprache. Der Passauer Anonymus gibt dies als einen der Gründe für die Verbreitung der Sekte an, wobei er den enormen Lern- und Lehreifer der Ketzer hervorhebt:

Der dritte Grund ist, daß sie das Neue und das Alte Testament in die Volkssprache übersetzt haben und auf diese Weise lehren und lernen. Ich habe einen ungebildeten Bauern gesehen und gehört, der das Buch Hiob wortwörtlich aufsagte, und andere mehr, die das ganze Neue Testament vollständig auswendig konnten. Und weil sie ungebildete Laien sind, legen sie die Schrift falsch und fehlerhaft aus, z. B. Joh. 1,11 *Sui eum non receperunt* („Die Seinen nahmen ihn nicht auf") sagen sie „die Schweine" (*sues*) statt „die Seinen"; und Psalm 67,31 *Increpa feras arundinis* („Lasse die Tiere des Schilfes erzittern") sagen sie *Refele diu tier der swalwem*, *yrundinis pro arundinis* („der Schwalbe" statt „des Schilfes"). Den Psalmen geben sie auch Titel: *Eructavit* (Ps. 44) – *der maide salme* („Jungfrauen-Psalm"); *Exurgat* (Ps. 67) – *der rache salme*; *De profundis* (Ps. 129) – *der re salm* („Toten-Ps."?); und so bei den übrigen.

Daneben aber weisen einige der vom Anonymus aufgespießten häretischen Sätze (Ablehnung der Kindertaufe und der Ehe) eindeutig auf die Katharer. Ihre dualistische, extrem leibfeindliche manichäische Lehre hatten die südfranzösischen Katharer von den slawischen Bogomilen übernommen. Als sie sich auch in Oberitalien ausbreiteten, griff die päpstliche Inquisition ein. Die dazu nötige Unterstützung durch die weltliche Gewalt entglitt jedoch der Kirche immer wieder. So verheerten und eroberten 1209–29 die Heere der französischen Könige den bisher unabhängigen Süden des Landes unter dem Vorwand der Bestrafung der Katharer (Albigenser). Auch der österreichische Herzog Leopold VI. reiste 1212 an, um an dem Ketzerkreuzzug teilzunehmen. Wohl bereits zuvor hatte er sich das Lob der Kirche verdient, wie Thomasin von Zerklaere in seinem 1215/16 verfaßten *Welschen Gast* (s. u. S. 334) vermerkt: „Die Lombardei wäre glücklich zu schätzen, hätte sie den Landesherrn von Österreich, der die Ketzer zu sieden weiß. Er entdeckte daran ein schönes Gericht. Er will nicht, daß der Teufel sich gleich die Zähne ausbeißt, wenn er sie ißt. Deshalb läßt er sie fest sieden und braten" (V. 12683ff.). Trotz des grausamen Vorgehens konnte die „Pest ketzerischer Verderbtheit" (wie es in einem päpstlichen Schreiben heißt) hierzulande nicht ausgerottet werden, so daß immer neue Versuche unternommen werden mußten, so eben auch in der Regierungszeit des Böhmenkönigs in Österreich.

Das davon erhaltene Zeugnis des Passauer Anonymus kann, mag sein literarischer Wert auch äußerst bescheiden sein, als geistesgeschichtliches Dokument gar nicht hoch genug eingeschätzt werden.

Hagiographische Prosa

Schlägt man einen beliebigen Bibliothekskatalog des Mittelalters auf, so wird man kaum je Legendare oder Passionalien darin vermissen. Meist standen sie neben den Bibelauslegungen und Vätertexten. Im Passauer Verzeichnis von 1259 finden wir u. a. die sogenannten *Vitaspatrum* (gängige vulgärlateinische Form für *Vitae patrum*), d. i. eine Sammlung von Lebensbeschreibungen der alten Anachoreten in den Wüsten des vorderen Orients, ein *Passionarium*, ein *Passionale* (also Sammlungen von Märtyrerlegenden), einzelne Passionen der Heiligen Victor, Marcellus und Kilian und eine Vita des hl. Columban. In seinem Zimmer bewahrte der Bischof die *Vitaspatrum* und eine *Passio sancti Vigilii* auf. Dagegen fehlt dergleichen in den Passauer Ausleihverzeichnissen. Man war also auch anderweit mit solchen Texten gewiß gut versorgt.

Ein ungemein reichhaltiges Legendar mit ca. 580 Einzelstücken ist im Ostalpenraum im 12. und 13. Jahrhundert mehrfach aufs Pergament gelangt. Die vier ältesten, dem ausgehenden 12. Jahrhundert angehörenden Codices, die im einstigen integren Zustande wohl einmal das gesamte nach dem Kalender geordnete Repertoire umfaßten, liegen in Heiligenkreuz, wo sie wahrscheinlich auch geschrieben wurden. Parallelüberlieferungen des 13. Jahrhunderts finden sich in Admont, Lilienfeld, Melk, Zwettl und Wien, eine überarbeitete Rezension des 14. Jahrhunderts in Klosterneuburg, späte Abschriften aus der 2. Hälfte des 15. Jahrhunderts in Melk. Daraus hat man auf Entstehung der Sammlung in Niederösterreich geschlossen und ihr den Namen **Magnum Legendarium Austriacum** gegeben. Da sie dem Typus des sogenannten klassischen Legendars (G. Phillipart) angehört, das zum allergrößten Teil fremdes Textgut fast oder ganz unverändert aufnimmt, käme unserem Raum ohnehin nur der Ruhm ungewöhnlichen Sammeleifers zu. Doch dürfte selbst dieser ihm vermutlich nicht zustehen, da A. Kern in dem Legendar nicht weniger als vier junge Originalstücke aus Prüfening bzw. Regensburg, die Marienvision Botos von Prüfening († um 1170), die dialogisierten Marienmirakel Arnolds von Prüfening (von 1163/68), die Vita Ottos von Bamberg, verfaßt 1140/46 von Wolfger von Prüfening (?), und die *Vita Mariani* eines Regensburger Schottenmönchs (von kurz vor 1185), festgestellt hat. Wenn somit die Kompilation um 1190 im Benediktinerkloster Prüfening angefertigt sein sollte, wäre sie kurz darauf in die Zisterze Heiligenkreuz gelangt und von dort weiterverbreitet worden. Wir erinnern uns des Wechsels des Prüfeninger Mönchs Idung nach 1153 in eine Zisterze des Bistums Passau (s. o. S. 64). Bei Handschriften war der Ordenswechsel noch weit unproblematischer.

Nicht auszuschließen ist freilich die Möglichkeit, daß in Österreich noch das eine oder andere Stück dazukam, so etwa aus dem *Zwettler Passional* (Stiftsbibliothek Codex 40, 12. Jahrhundert), das eine nähere Untersuchung verdienen würde. Bisher dürfte nur die Verwandtschaft mit einer Handschrift aus Mittelitalien einigermaßen feststehen. Ob die in der zweiten Hälfte des 12. Jahrhunderts in Passau entstandene **Vita des hl. Valentin** schon in Prüfening oder erst in Österreich in das Legendar aufgenommen wurde, muß offenbleiben. Der Entstehungsort ergibt sich dagegen zwanglos aus der Bedeutung des Heiligen für die bischöfliche Dreiflüssestadt. Dorthin hatte nämlich 761 der Baiernherzog Tassilo die Gebeine aus Trient überführen lassen. Als ursprünglicher Bestattungsort gilt jedoch Mais (bei Meran), der Geburtsort Bischof Arbeos von Freising (s. o. S. 32), wo der Wanderbischof Valentinus, der in Rätien das Evangelium predigte, um 470 gestorben sein soll. Die schlichte Vita dient dem Ruhm des Passauer Bistumspatrons, dessen erstes Wirken als Prediger sie nach Passau verlegt, wo er jedoch keinen Erfolg bei „diesem wilden und viehischen Menschenschlag" *(id hominum genus ferum ac beluinum)* gehabt habe und schließlich unter Beteiligung der arianischen Häretiker vertrieben worden sei. Valentins Wirken in den südlichen Alpentälern wird etwas erfolgreicher dargestellt, obgleich die dort lebenden Heiden genau dieselben schmeichelhaften Bezeichnungen erhalten und die arianische Irrlehre als dort nicht minder wütend erscheint. Der Kampf gegen die arianische Christologie stellt sich sogar als die Hauptaufgabe heraus. Neben der

Festigkeit im wahren Glauben und den üblichen Tugenden heiliger Männer hebt die Vita noch besonders seine „süße" Rede hervor, in der Valentin vor allem das Erbarmen des Erlösers verkündet habe. Den Tod soll er als Einsiedler aufgrund eines von übergroßer Askese ausgelösten schweren Leidens gefunden haben. Anlaß für die Aufzeichnung der Vita war die Auffindung des Grabes im Passauer Dom. Viel Mühe hat man sich dabei nicht gegeben. Soweit die unzureichende Ausgabe ein Urteil zuläßt, sind Stil und Aufbau äußerst konventionell.

Unter den jüngsten Produkten des Legendars befinden sich die anläßlich der Auffindung des Sarges von Bischof Virgil (s. o. S. 29) 1181 abgefaßten *Vitae et miracula sanctorum Iuvavensium Virgilii, Hartwici, Eberhardi* (s. u. S. 381ff.).

Keine Aufnahme fand dagegen die wohl 1173/82 entstandene *Lebensbeschreibung des seligen Berthold, Abts des Klosters Garsten* **(Vita beati Bertholdi abbatis coenobii Garstensis)**, die der Autor, ein Angehöriger dieses Klosters, dem Abt des Nachbarklosters Kremsmünster, einem Neffen Bertholds, widmete. Berthold war aus St. Blasien im Schwarzwald nach Göttweig und dann (1111?) als zweiter Abt nach Garsten gekommen. Dort regierte er erfolgreich als eifriger Vertreter der Reform bis 1142. Der Autor seiner *Vita* teilte zwar sein Engagement im Sinne der Hirsauer (s. o. S. 56ff.), beschränkte sich bei den historischen Fakten jedoch fast ausschließlich auf die Gründungsgeschichte des Klosters vor Berthold und auf die Berufung Bertholds. Die *Vita* ist „mehr ein Wunderkatalog als eine Lebensbeschreibung und kann sich mit der *Vita Altmanni* nicht von ferne an literarischem Wert messen, obwohl die Latinität gut ist" (A. Lhotsky). Was der Historiker bemängelt, verweist uns jedoch nur um so deutlicher auf den gesteckten Gattungsrahmen der Hagiographie, den die Lebensbeschreibungen jüngst verstorbener frommer Männer eben mit denen der alten Märtyrer und Bekenner teilen. Demgemäß stellt der Autor statt des politischen Einflusses auf die Markgrafen von Steier und Österreich die strenge Askese, die Güte, Frömmigkeit und Demut des Abtes heraus. Wenn von keinem Martyrium zu berichten war, konnte nur eine solche Nachfolge Christi den Geruch der Heiligkeit verbreiten, sofern sich auch Zeugnisse für die Wunderkraft des Lebenden oder zumindest des Toten beibringen ließen. Die Bertholdsvita versucht zudem, die Christusanalogie bei den Wunderberichten herauszuarbeiten, ebenfalls ein beliebtes Verfahren. So heißt es etwa zu Beginn des 4. Kapitels: „Als er in der Gegend von Pöchlarn einmal bei Tische saß, wo viele aus einer Schüssel aßen, teilte er die Fische, ohne daß bei einem trotz der Teilung vom Ganzen etwas fehlte." Kapitel 35 berichtet von einer Einladung auf Burg Wildberg (bei Horn), wo Abt Berthold um einen Trunk aus der neben der Burgmauer sprudelnden klaren Quelle bittet. „Als er getrunken und den Becher vor sich hingestellt hatte, sagte die Gräfin (seine Gastgeberin), sie würde gerne, wenn es mit seiner Erlaubnis geschehen könnte, mit ihm von seinem Getränk trinken. Als er bereitwillig zustimmte, trank sie, jedoch nicht Wasser, das er zuvor gekostet hatte, sondern köstlichsten Wein." Selbstverständlich bekehrt der Heilige wie Christus auch Sünder. Einmal lädt ihn Ulrich von Pernegg auf seine Burg ein.

Als er dorthin kam, fand er im Hause des Mannes zwölf Damen, mit weiblichem Putz äußerst aufdringlich hergerichtet für die Welt und ihren zeitlichen Herrn. Der Mann wünschte, daß eine jede von ihnen, da seine Ehefrau verstorben war, seinem Bette stets für seine Begierde zur Verfügung stehen sollte. Als der Mann des Herrn sie gesehen und von seinem Gastgeber gehört hatte, wer sie seien und aus welchem Grunde sie bei ihm weilten, da vernahm dieser, obschon er ruhmreich und großmächtig war, doch als Antwort, was er zu hören wert war. Denn der heilige Mann schalt ihn heftig ob solchen Mangels an Enthaltsamkeit und sprach ihm jegliche Hoffnung auf das Heil ab, wenn ihn so das Jüngste Gericht antreffen sollte... (Kap. 34).

Um die Bekehrung des Haremsbesitzers zu vollenden, muß er allerdings noch ein kleines Wunder nachschieben. Als Ulrich trotz seines Schwures noch in derselben Nacht wieder eine Dame zu sich befiehlt, vermag diese sich auf dem Wege plötzlich nicht mehr fortzubewegen. Die meisten Wunder des Heiligen folgen freilich dem üblichen Schema: Austreibung von Dämonen und Heilung von Kranken. Die Sprache des Textes entspricht damaligem Usus und zeigt sich vor allem an Bibel, Gregor dem Großen und Sulpicius Severus *(Vita Martini)* geschult.

Noch schematischer verfährt der Verfasser der **Vita Wirnts, des Abtes von Formbach,** wohl auch deshalb, weil er von der Zeit des 1127 verstorbenen Abtes schon zu weit entfernt war. Vielleicht ist er mit dem um 1240 belegten Abt Gerhoch von Formbach identisch. Frühestens zu Anfang des 13. Jahrhunderts kann die aus hagiographischen Gemeinplätzen bestehende Lebensbeschreibung entstanden sein. Genauere historische Angaben über Wirnt, der als Göttweiger Prior 1107 die ersten Benediktiner nach Garsten gebracht hatte und kurz darauf nach Formbach berufen worden war, dürfen wir hier keine erwarten.

Ebenfalls nach dem *Magnum Legendarium* und ebenfalls im weiten zeitlichen Abstand nach dem Tode des betreffenden Heiligen entstand die **Vita sancti Adalberonis.** Um und nach 1200 legte ein Lambacher Mönch ein kleines Sammelwerk zur Geschichte des Klosters an (Codex LIV der Stiftsbibliothek Lambach), das die kurze *Vita,* eine Abtsliste, einen Bericht von der Entdeckung des Grabes des hl. Virgil von Salzburg, eine Hostienwundererzählung, Nachrichten von den Wundern am Grabe Adalberos (mit Nachträgen), einen moraltheologischen Traktat und eine Predigt über die eben (1200) kanonisierte hl. Kunigunde enthält. Die *Vita* ist kaum als solche zu bezeichnen. Sie weiß de facto von Adalbero nur zu berichten, was sich auf das Heimatkloster des Verfassers bezieht und hier tradiert worden ist, also die Abstammung des Heiligen aus der Gründerfamilie (s. o.), die Stiftung und Umwandlung des Klosters, die Weihe der Stiftskirche 1089 und den Tod Adalberos im darauffolgenden Jahr. Von Adalberos Wirken als Bischof von Würzburg und seiner Vertreibung im Investiturstreit gibt sie nur vage und wirre Kunde. Doch der Autor weiß sie geschickt mit einer reichen Wortfassade aus Stilfiguren, Gemeinplätzen, Bibel- und Dichterzitaten zu verkleiden. Schon vorneweg hat er sein Unternehmen in geschraubter Manier mit dem traditionellen Motiv der Ablehnung der schönen Lügen der Dichter gerechtfertigt. Dazu holt er Verse aus Ovids *Briefen vom Pontus* und *Fasten,* aus dem *Ostergedicht* des Sedulius und der *Ars poetica* des Horaz heran und stellt die mit Bibelauszügen belegte Verpflichtung des Christen dagegen, die Heilstaten der Auserwählten Gottes im Gedenken zu verherrlichen. Dazu zählt eben auch die Gründung des Klosters Lambach. Noch weit größeren Raum widmet der Autor dann freilich den „Zeichen und Wundern und den Heilungen, mit denen die Barmherzigkeit des Herrn... das Grab unseres seligen Vaters, des Bischofs Adalbero, verherrlichte", obwohl er sich ausdrücklich auf diejenigen beschränkt, die zu seinen Lebzeiten geschehen sind. Bis auf einen Fall, wo eine leidende Frau mit Hilfe des Heiligen durch einen gnädigen Tod erlöst wird, handelt es sich um lauter Heilungen von Kranken, Verletzten und Körperbehinderten, zweiundzwanzig an der Zahl. Während sie in den Nachträgen kursorisch beschrieben werden, erreichen sie sonst durchaus kleinepische Dimensionen. Aus einer besonders ausführlichen Schilderung seien hier Ausschnitte (in der Übersetzung von I. Schmale-Ott) wiedergegeben.

10. Die Heilung des kranken Familienvaters
Die Kirche des heiligen Blasius ist an einer sonnigen Stelle errichtet; ein Fluß, dessen Name ich verschweige, weil er bekannt ist, fließt vorbei, ein weitausgedehnter und schöner Wald umgibt sie, der voll ist von wilden Tieren und sehr geeignet zur Jagd auf das Wild, auch für das Vieh finden sich da sehr fruchtbare Weiden. In der Umgebung der Kirche aber erheben sich Hügel, die durch natürliche Erdbewegung entstanden sind, im Innern sind Höhlen verborgen, durch Naturgesetze ausgefressen, gleichsam als Schlupfwinkel den Menschen zur Zuflucht geschaffen, so daß du, wenn du vielleicht den heiligen Blasius sehen würdest, der der Wut der Verfolgung ausweicht, glauben könntest, er sei da einmal untergeschlüpft und habe den wilden Tieren, die sich zu ihm flüchteten, um Schutz und Heilung zu finden, wie seine Legende erzählt, den Segen gegeben. Ein Verwalter wohnte da, der für die Rechte der Kirche eifrig und segensreich wirkte, der die Vieh- und Schafherden, die dort waren, und das übrige, was den Brüdern zum Unterhalt diente, sehr sorgfältig besorgte. Seinen Namen übergehe ich schweigend, weil er täglich Umgang mit uns hat, um sein Schamgefühl zu schonen, oder damit er nicht glaubt, wir wollten ihn brandmarken, und auch der Erzählung wäre wenig gedient, wenn wir seinen Namen hersetzten. Die körperlichen Kräfte dieses Mannes fingen plötzlich an zu schwinden und in sehr heftigem Fieberbrand zu erlahmen, und zwar so sehr, daß er auf sein Lager fiel und nur in seiner kleinen Brust noch der Lebensatem flackerte. Er konnte nicht mehr sprechen, die Gliedmaßen lösten sich voneinander und schwanden dahin, wie wenn sie abgeschnitten wären, man sprach nur noch von seiner Beerdigung.

Die Lage der kleinen Kirche bei Lambach wird teils topisch, teils realistisch geschildert und geschickt in die legendäre Sphäre eingebettet. Die Krankheitsdarstellung folgt den üblichen Legendenmustern. Auch der folgende Kampf der bösen Geister um die Seele des Sterbenden ist ein vertrauter Zug dieser Literaturgattung:

Kurz nach der zweiten Nachtwache, als die Wachenden vor allzu großer Müdigkeit eingeschlafen waren, überdeckten die Wände des Schlafzimmers, in dem er lag, die Balken, Pfeiler und die Decke scheußliche Vögelchen in der Art von Fledermäusen, Spatzen und Schwalben, die an den Wänden und an der Decke hingen und an ihnen hafteten, auch einige schreckliche Gespenster, die grausig anzusehen waren, erschienen in den Ritzen der Wände, fletschten ihre Zähne zu drohendem Biß, und ihr schreckenerregender Anblick marterte die arme, zitternde Seele, über der sie schnaubten in Lauten, wie sie Hunde hervorbringen, die durch allzu große Sonnenhitze toll geworden sind. Das, glaub' ich, werden die wilden Tiere sein, von denen der Psalmist sagt (Ps. 73,19): *Deine Bekenner gib nicht dem Verderben preis, das Leben deiner Elenden vergiß nicht für immer!* Diese verruchten Bestien scharen sich beim Tod eines jeden Menschen, wie öfter bezeugt ist, haufenweise zusammen, ob sie vielleicht in der Seele Sünden fänden, die sich im Leben angesammelt haben, von denen der Mensch sich nicht gereinigt hat, und die er noch mit sich herumträgt, um die Seele dann zu ihrer Qual in die Hölle zu schleppen. Aber das göttliche Erbarmen verbietet ihnen, so großen Schaden anzurichten, wie sie gern möchten.

Es wird auch gleich ein berühmtes Exempel, der hl. Martin, genannt, der trotz seines reinen Lebens im Tode von einer Bestie versucht wurde, wie Gregor von Tours berichtet. Aber der Autor bemüht sich doch um eigene intensive Ausmalung der Schreckensvision, um ihr die heilsame engelsgleiche Erscheinung des hl. Adalbero entgegenzustellen:

Als daher die zitternde Seele schwer im Todeskampf kämpfte, siehe, da betritt plötzlich eine Gestalt von sehr würdigem Aussehen, die sich nach der Art ihrer Gewänder als Bischof auswies, das Schlafgemach des Kranken, von unsagbarem Licht umflossen, bei dessen Erscheinen die Nacht wich und Licht im Gemach aufstrahlte, die Spukgestalten der rabenschwarzen Vögel, die den ganzen Boden mit finsterem Schrecken erfüllt hatten durch ihr Kriechen und Fliegen, verziehen sich in verborgene Winkel und verlangen eifrig, sich zu verstecken. Der Eintretende aber nähert sich ohne Zögern dem Bett des Kranken, streichelt sein trauriges Gesicht mit liebkosender Hand, trocknet ihm das tränenüberströmte Gesicht, aber auch der übrige Teil seines Körpers war durch sein heftiges Schwitzen so durchnäßt, daß die Leintücher, auf denen er lag, feucht waren. Bei der Berührung des Mannes kehrt das Leben wieder [...]

Auf den Bericht von der endgültigen Wiederherstellung des Kranken folgt dann noch eine Belehrung über die Verwandlungskünste des Satans mit Berufung auf die Viten des hl. Antonius und des hl. Gregorius Magnus.

Aus Legenden stammen denn auch, abgesehen von Bibel und Liturgie, die meisten Lesefrüchte in der *Vita Adalberonis*. Wie wir schon am Prolog gesehen haben, kennt der Autor aber überdies einige antike Dichter, vor allem Ovid und Horaz, recht gut. Man hat daraus auf die Stellung des Autors als *magister scholarum* geschlossen. Zu erinnern ist zudem an die dominante Rolle Ovids im ersten Lambacher Bibliotheksverzeichnis (s. o. S. 160). Nicht übersehen dürfen wir aber die zahlreichen bisher nicht identifizierten, wohl ganz überwiegend mittelalterlichen Verseinschübe in der Vita, die einer genaueren Untersuchung wert wären.

Mit einer rein prosaischen Darstellung und deren zeittypischen rhetorischen Manierismen begnügt sich ein Niederalteicher Mönch des 13. Jahrhunderts bei seinen Lebensbeschreibungen, die nun jedoch – einem neuen Trend folgend – frommen Frauen gewidmet sind. Der Wert der Viten als historische Quelle ist ungeklärt, der literarische Wert offenbar noch nie untersucht worden. Ein gewisses Interesse verdient in der ersten, der **Vita sanctae Alrunae**, das Bemühen des unbekannten Autors, einer Frau, die weder als Blutzeugin (oder wenigstens aus Glaubensgründen Verfolgte) noch als gottgeweihte Jungfrau von sich reden gemacht hat, einen Heiligenschein zu verleihen. Nach einem ausführlichen Bescheidenheitstopos preist er die Erlösungstat Christi, der den Menschen einen doppelten Weg der Nachfolge aufgetragen habe, entweder das leibliche Martyrium oder das geistige. Als dieses können, wie der Autor sagt, gelten: „die Wachsamkeit der Bekenner, die Unversehrtheit der Jungfrauen, die Reinheit der Enthaltsamen, der gottgefällige Wandel der Witwen, Glauben und Gerechtigkeit der Eheleute". Die aus dem Geschlecht der Edelleute von Cham stammende adelige Dame Alruna – die zur Zeit Kaiser Heinrichs II. (1002–1024) gelebt haben soll – sei zwar von Freunden und Verwandten zu einer standesgemäßen Ehe überredet worden, doch habe das Verderben des Fleisches *(corruptio carnis)* im ehelichen Verkehr ihren keuschen Sinn keinesfalls beeinträchtigt. Überdies hege die Kirche ohnehin die reuigen Sünder mehr als die allzeit Gerechten. Alruna wird sogar als eine jede von beiden ausgegeben, eine krause Logik, die das Dilemma des Mönches zeigt, das traditionell negative Ehebild der Kirche mit der Realität der Feudalehe und mit dem Wunsche, gerade die Verehrung dieser Frau zu rechtfertigen, in Einklang zu bringen. Etwas leichter wird die Aufgabe angesichts der Flüchtigkeit dieser Ehe. Kaum hat Alruna sich dem Willen ihres Gatten demütig unterworfen, ein keusches Leben an seiner Seite, „von keinem Brande der Lust entflammt", geführt, aber doch den notwendigen Erben im Ehebett empfangen, stirbt der Gatte nach wenigen Tagen, und Alruna kann sich nun als Witwe nur noch dem Wachen, Beten, Fasten und vor allem der Armenfürsorge widmen, der zuliebe sie sogar ihren Plan, Einsiedlerin zu werden, aufgibt. Eines der wenigen Wunder, die sie zu ihren Lebzeiten gewirkt haben soll, ist eine Nachahmung der Brotvermehrung Jesu, als einmal der Vorrat zur Speisung der Armen ausgegangen ist. Die Wunder nach ihrem Tode folgen großteils dem üblichen Schema der Krankenheilungen. Aber auch die Befreiung eines Ritters aus der Gefangenschaft durch Anrufung der Heiligen wird erwähnt. Die Darstellung des Todes der Heiligen bedient sich der mit Bildern des Hohenliedes gestalteten Brautmystik, wie sie sich um die Vereinigung gottgeweihter Jungfrauen mit dem himmlischen Bräutigam zu ranken pflegte. Die grenzenlose Freigebigkeit und Nächstenliebe Alrunas aber erinnert deutlich an das große Vorbild der 1235 heiliggesprochenen Elisabeth von Thüringen.

Alruna vermochte freilich keine überregionale Verehrung zu erlangen. Dasselbe gilt für die beiden Klausnerinnen Salome und Judith, deren Leben von einem, vermutlich demselben Niederalteicher Mönch verfaßt wurde *(Vita beatarum Salomes et Iudith)*. Bei diesem Text ist das Fehlen einer kritischen Ausgabe und jeglicher interpretatorischen Versuche noch bedauerlicher, zeigt er doch durchaus Ansätze novellistischen Gestaltens und theologischer Ausdeutung. Salome wird als Nichte und Ziehtochter des englischen Königs und als Mädchen von außergewöhnlicher Schönheit vorgestellt, ein Meisterwerk des höchsten Künstlers, ein himmlisches Bild, worin „das Blut der Rose die Weiße der Lilie in sich aufnahm" (1,4). Dennoch habe das wunderhübsche und standesgemäß erzogene Mädchen ihren Sinn allein auf den himmlischen Bräutigam gerichtet und darin auch ihre beiden Gespielinnen – der standesbewußte Autor nennt sie „zwar nicht edelfrei, aber doch durch die höchste Ehre des Ministerialenstandes der Edelfreiheit nahe" – unterwiesen, so daß sie sie bei ihren karitativen Tätigkeiten unterstützt und mit ihr den Prunk des Königshofes gemieden hätten. Ihren Lieblingsaufenthalt bezeichnet der Autor mit dem schon von Vergil und Ovid für jede besonders reizende Talgegend gebrauchten Namen des thessalischen Tales Tempe.

Sooft sie dorthin mit den ihr anhangenden Mädchen gekommen war, um das Böse des Tages und den Überdruß an den, wie der Apostel sagt (2. Timotheus-Brief 3,1), gefährlichen Zeiten zu lindern, mischte sie anmutiger unter die gewohnten Gespräche weiblicher Redeweise – denn wes das Herz voll ist, des geht der Mund über – ihnen, die anders empfanden, aus dem guten Schatze ihres Herzens eine Drachme göttlichen Hoflebens *(divinae curialitatis dragmam)* (1,6).

Das Treiben am Königshof vermag sie nicht mehr zu ertragen.

Der königliche Sproß zog es, als sie schließlich in das heiratsfähige Alter gekommen war, vor, im Eifer für das unsterbliche Leben und in Verachtung zerstörbarer Brautfackeln einer Ehe, die vielerlei Schmerzen, bejammernswerten Wechselfällen, elenden Trennungen unterworfen wäre, die Vorzüge der himmlischen Hochzeit zu besitzen (1,7).

Bei der Eröffnung ihres Entschlusses im Kreis ihrer Gespielinnen legt ihr unser Niederalteicher Anonymus eine ganze theologische Ästhetik nach dem Vorbild des christlichen Neuplatonismus (Pseudo-Dionysius, Johannes Scotus, Hugo von St. Victor) in den Mund: Die Schönheit der Schöpfung verweist auf den Schöpfer, die sichtbare Herrlichkeit auf die unsichtbare; denn alles hier auf Erden, wie die Blumen und Bäume dieser Landschaft, sind doch vergänglich. Daher soll der Mensch auch auf Güter dieser Welt verzichten, obwohl sie vom guten Gott gut geschaffen sind, da sie zu Mißbrauch Anlaß geben:

Dergestalt schlägt der Wein, der das Herz des Menschen erheitert, geschaffen zur Fröhlichkeit oder zum notwendigen Gebrauch, bei Maßlosigkeit zur Schmähung des Schöpfers aus; so wird das heilige Gesetz der Ehe durch die Missetat der Unkeuschheit und des Ehebruchs besudelt; so wird ein goldener Ring, wertvoller noch durch einen eingelegten Edelstein, der Gattin als Mahlschatz, den sie hegen, lieben und bewahren soll, nicht aus Liebe zum Gold, sondern zu ihm, vom keuschen und treuen Gatten anvertraut; wenn sie jedoch den Ring um seines Preises willen geliebt haben sollte, wird sie nicht mit Recht, da sie die Liebe zum Gatten befleckt hat, der Hurenliebe für schuldig befunden?

Mit diesen und ähnlichen Worten bewegt Salome ihre Gefährtinnen, das Gewand dieser Welt abzulegen und mit ihr ins Heilige Land zu ziehen. Während diese auf der beschwerlichen Reise umkommen, kehrt Salome zwar aus dem Osten zurück, sucht jedoch nur eine andere Fremde auf, diesmal Baiern, wo sie durch ihre unverminderte Schönheit in der Nähe von Regensburg die Begehrlichkeit eines Ritters erweckt. Sie erfleht von Gott einen körperlichen Makel, wird daraufhin mit völliger Erblindung geschlagen, stürzt in die Donau, entgeht mit Hilfe zweier Fischer mit knapper Not dem Tode, wird vom Aussatz befallen, jedoch noch ehe dieser völlig zum Ausbruch kommt, von Mildtätigen mit dem Schiff nach Passau gebracht und dort eine Weile von Almosen erhalten. Schließlich nimmt Abt Waltker von Niederalteich (der ab 1068 regierte) die in strengster Askese lebende Fürstentochter als Klausnerin auf. Sie lebt in einer östlich an die Chorwand der Kirche angebauten Zelle bis zu ihrem seligen Ende.

Das letzte Kapitel schildert nun noch die Aufnahme einer zweiten Inklusen. Es soll sich um Judith, die Tochter des englischen Königs, gehandelt haben, die nach Verlust ihrer Kinder aufgebrochen sei, ihre Kusine zu suchen. Es wird berichtet, wie Judith auf dem Weg ins Heilige Land zufällig vom Aufenthalt Salomes erfährt, eine Zelle neben ihr erhält, sich Gott weiht, aber vom Satan mit schrecklichen Visionen geplagt wird, bis sie auch dieser Herr wird, einige Zeit nach Salome ins himmlische Jerusalem eingeht und wie jene an der Außenmauer der Klosterkirche begraben wird. Ein Lichtwunder am Grabe Salomes und eine feierliche Translation der Gebeine beider Inklusen ins Innere des Klosters beenden das Werk.

Typische Legendenmotive, mündliche historische Zeugnisse, praktische kirchliche Interessen an der Etablierung eines Heiligenkultes, religiöse Belehrung und reine Erzählfreude gehen hier eine Verbindung ein, der nur eine genaue Analyse beikommen könnte. Ohne eine solche läßt sich nur konstatieren, daß sich der Autor wie alle anderen Vitenverfasser, die hier vorzustellen waren, obwohl er hörbar über einen kräftigeren erzählerischen Atem verfügt, doch letztlich durch Unterbringung zusätzlicher „Fakten" um die Früchte seines sorgfältigeren Aufbaus bringt. Dennoch ist die *Vita beatarum Salomes et Iudith* eine achtbare Leistung und würde gut in die Regierungszeit des als Historiographen hochangesehenen Abtes Hermann 1242–1273 (s. u. S. 184ff.), passen.

Historiographische Prosa

Das Bild der Geschichtsschreibung in den Diözesen Passau und Salzburg wird im Hochmittelalter nach wie vor von der Annalistik geprägt. Wie im vorigen Kapitel vermerkt (s. S. 84), werden die in der ersten Hälfte des 12. Jahrhunderts angelegten Kloster- und Stiftsannalen in der Folgezeit fortgesetzt, andernorts übernommen, dort gekürzt, erweitert und ihrerseits fortgeführt. Über die komplizierten Abhängigkeitsverhältnisse herrscht unter Historikern noch immer keine völlige Einigkeit. Grob lassen sich eine Klosterneuburger Gruppe mit Ablegern in Heiligenkreuz, in Kleinmariazell, im Wiener Schottenkloster und eine von Klosterneuburg abgeleitete Admonter Gruppe mit Vertretern in Garsten, Lilienfeld, Vorau und Salzburg unterscheiden. An beiden Gruppen dürften die Zwettler Annalen Anteil haben. Die Abhängigkeitslinien überschreiten also von beiden Seiten die Bistumsgrenzen. Bis Kärnten oder Tirol reicht die Ausstrahlung jedoch nicht.

Eine wichtige Etappe in der Entwicklung der österreichischen Annalistik stellt die nach 1177 in Klosterneuburg vorgenommene Redaktion dar. In dem neuen Hauskloster der Babenberger, das in dieser Funktion Melk ablöste, wurde das berühmte *Chronicon pii marchionis (Chronik des frommen Markgrafen)*, eine Lebensbeschreibung Leopolds III. von Österreich, in die Annalen eingefügt, das erste zusammenhängende Stück historiographischer Erzählung innerhalb einer solchen Reihe knapper Jahresnotizen. Der Form nach bleibt der Einschub jedoch noch weitgehend der traditionellen Vita verhaftet und somit ein gattungsmäßiger Fremdkörper. Das – erst im 19. Jahrhundert so genannte – *Chronicon* wurde denn auch zur Grundlage der Verehrung und schließlich 1485 erfolgten Kanonisation des hl. Leopold.

Im Text selbst wird ein solcher Anspruch noch nicht erhoben. Der Autor, ein Klosterneuburger Chorherr, rückt zwar sein Stift ins helle Licht, welches nicht zuletzt vom angeblichen Gründer und nachweislichen Förderer, dem Landesherrn, darauf fallen soll; doch er befleißigt sich dabei einer bemerkenswerten Sachlichkeit, der das *Chronicon* seinen ausgezeichneten Ruf als Geschichtsquelle verdankt. Anläßlich der Erwähnung der Grundsteinlegung für die Stiftskirche 1114 stellt er seinen „Helden" so vor:

Dies ist jener *Liupoldus*, Markgraf von Österreich *(marchio Austriae)*, der mit Beinamen „der Fromme" hieß. Nicht unverdient, denn er stiftete, von Frömmigkeit getrieben, zwei Klöster in seiner Mark; das erste und herausragende mit dem bereits oben genannten Namen Neuburg *(Niwenburch)* für weltliche Kanoniker, denen er auch den obenerwähnten Otto als Propst gab.

Nach der Nennung der zweiten Stiftung, Heiligenkreuz, wird der Blick sogleich auf die reiche Nachkommenschaft Leopolds gelenkt, die bereits mit der Nennung Ottos, des späteren Bischofs von Freising, angesprochen worden war und das Gerüst für den Großteil der folgenden Erzählung abgibt. Dazu muß allerdings auch im patriarchalischen Mittelalter der Gemahlin des Familienvaters gedacht werden:

[...] um seiner Frömmigkeit willen versah ihn Gott mit einer überaus frommen und ebenso guten Frau, die königlichem Geschlecht entsprossen war, Agnes mit Namen, Tochter Kaiser Heinrichs IV., allenthalben berühmt durch ihre angeborene Tugend.

In dem hier wie selbstverständlich gebrauchten frühmittelalterlichen Topos von der *genuina virtus* verbirgt sich wohl nicht nur eine Verneigung vor den babenbergischen Landesherren, sondern auch das ungebrochene Bewußtsein adeliger Überlegenheit, das unter den Augustiner-Chorherren weiterhin herrschte. Die elf überlebenden Kinder (von ursprünglich achtzehn) dieses erlauchten Elternpaares werden nun der Reihe nach vorgestellt, am ausführlichsten Otto, der, obgleich zum Studium abwesend, bis zu seinem Eintritt in die Zisterze Morimond ca. 1133 Propst des Stiftes blieb. An diesem Punkt unterbricht der Autor die Vorstellung der Nachkommen Leopolds und schiebt die Umwandlung des Säkularkanonikerstiftes in ein Augustiner-Chorherrenstift (mit dem Propst Hartmann an der Spitze) ein. An Ottos Berufung zum Bischof und seinen seligen Heimgang schließt er die Karriere Konrads, des sechsten Sohnes, als Bischof von Passau und Erzbischof von Salzburg an, ein willkommener Anlaß, um die Standhaftigkeit der Klosterneuburger Chorherren im Schisma 1159–1177 herauszustellen. Nun zählt er noch die fünf Töchter und drei Schwestern Leopolds und ihre Gatten aus edelstem Geblüte auf und gibt zu guter Letzt die gesamte – in modernen Ausgaben zwei bis drei Druckseiten lange – Darstellung als Exempel dafür aus, *quantum divina gratia ob meritum pietatis illi contulerit, et quantum antiqua illa Domini Creatoris benedictio „Crescite et multiplicamini" in illo operata sit.*

Wieviel die göttliche Gnade wegen des Verdienstes der Frömmigkeit jenem zugeteilt und wie sehr jener alte Segenswunsch des Herrn und Schöpfers in jenem gewirkt hat: „Wachset und vermehret euch"!

Gewiß nicht zufällig greift der Autor, der bisher ohne jedes Bibel- oder Väterzitat ausgekommen ist, zu einer Passage aus dem Alten Testament, das im Mittelalter fast regelmäßig dort herangezogen wird, wo es um die Gottgefälligkeit weltlicher Herrschaft geht. Zwar wird Leopold nicht gleich mit David oder Salomon verglichen, doch seine reiche Nachkommenschaft, die in halb Europa zu hohen und höchsten Würden, weltlichen wie geistlichen, aufsteigt, wird im Lichte der Verheißung gesehen, die an die Stammeltern der Menschen ergangen und gegenüber den Erzvätern mehrfach wiederholt worden ist. Von einer Prüfung wie der Abrahams hören wir jedoch nichts, als Beweis der *pietas* des Markgrafen genügt seine Fürsorge für die Kirche. Um diese, namentlich um das Stift Klosterneuburg geht es auch in mindestens zwei Drittel des Textes. Der Rest ist bestenfalls als Rumpf-Vita zu bezeichnen. Doch haben wir ähnliches bei der *Vita Adalberonis* auch beobachten können. Der dennoch erkennbare enorme Unterschied liegt nicht nur im dominierenden Wunderkatalog der Heiligenvita, sondern vor allem in Umfang und Stil. Das *Chronicon* ist nicht roh, aber schmucklos gezimmert, mit bescheidener Dimension. In dieser Hinsicht erweist es sich eben doch als Ableger der Annalistik.

Doch auch zur Gattung der Herrschergenealogien weist es eine gewisse Affinität auf. Diese sind jedoch nicht prospektiv, sondern retrospektiv angelegt, blicken also von einem späteren Zeitpunkt, der in der Regel als ein Gipfelpunkt erscheinen soll, auf die Reihe der regierenden Vorfahren des jetzigen Herrschers zurück. Einige kümmerliche Exemplare der Gattung sind in der Erzdiözese Salzburg angefertigt worden (s. S. 395). Eine „armselige Leistung" (A. Lhotsky) ist auch das sogenannte ***Breve chronicon Austriae Mellicense***, eine dürre Geschichte der Babenberger bis 1157, enthalten im Melker Annalen-Codex (s. o. S. 134), jedoch in einem von den Annalen getrennt angelegten Teil. Auf zwei Seiten des Codex werden Auszüge aus der *Passio Cholomanni* und den Klosterannalen geboten, um damit, wie im Vorspann gesagt wird, einem Wunsche Leopolds V. nachzukommen. Eigene Zutat ist nur die wohl auf mündlicher Überlieferung beruhende Sage von dem Erwerb der Mark durch Leopold I.:

Als er, noch ein Jüngling, eines Tages auf der Jagd dem Kaiser, der damals den Staat der Römer verwaltete, durch unwegsames Gelände gefolgt war, ihm allein als einziger, und jener, um ein Wild zu erlegen, den Bogen mit zu kräftigem Druck zerbrochen hatte, drückte der Jüngling seinen Bogen, gespannt wie er war, unverzüglich in die Hand des Zögernden; und so versprach ihm der Fürst nach Erlegen des Wildes, da ihm die Flinkheit des Jünglings gefiel, kraft seiner herrscherlichen Autorität ein Land, das für ihn als nächstem zufällig frei werden sollte und seiner wert wäre. Zur Erinnerung und Bekräftigung des Versprechens, gab er ihm, da niemand Zeuge war, den zerbrochenen Bogen. Als nicht lange danach der Markgraf von Österreich gestorben war und viele aus hohem Adel den Kaiser im eigenen Interesse bestürmten, da stürzte sich der Jüngling in ihre Mitte und erbat unter Vorweis des gebrochenen Bogens die Einlösung des königlichen Versprechens. Der Fürst verbriefte ihm ohne Zögern, da er seines Eifers gedachte, kraft königlicher Autorität die Übertragung der Mark.

Eine hübsche kleine Geschichte, der leider nichts Gleichwertiges mehr folgt. Zur Erhöhung des äußerst geringen Quellenwertes trägt sie natürlich nichts bei. Dennoch haben Historiker heftige Gefechte um die Datierung des *Breve chronicon* ausgetragen. Es dürfte am ehesten in den siebziger Jahren des 12. Jahrhunderts und auf jeden Fall in Melk entstanden sein.

Vermutlich unabhängig von der österreichischen Annalistik wurden auch im Stift Reichersberg ab 1157 (?) Annalen angelegt, und zwar wahrscheinlich von Propst Gerhoch selbst (s. o. S. 67). Darin treten erst in den jüngeren, bis 1167 reichenden Teilen und auch da nur in der Zweitfassung Merkmale einer Stiftschronik zutage, während im übrigen ein chronographischer Abriß des sechsten Weltzeitalters seit Christi Geburt im Stile der *Imago mundi* des Honorius Augustodunensis vorliegt, die auch einen kleinen Teil des Materials geliefert hat. Hauptquellen waren jedoch Orosius, die sogenannte *Historia miscella* und Regino von Prüm. Kirchengeschichte und Kaisergeschichte stehen einander, auf zwei Kolumnen verteilt, gegenüber.

Auf dem Grundstock der von Gerhoch und anderen (?) angelegten, anfangs sehr knappen, gegen Ende ausführlicheren annalistischen Notizen hat ein weiterer Reichersberger Chorherr, der 1195 verstorbene Magnus, ab etwa 1170 (?) seine Annalen aufgebaut. **Magnus von Reichersberg**, „der sich von den zahlreichen Annalisten seiner Zeit durch seine Selbständigkeit abhebt" (F.-J. Schmale), hat offenbar selbst drei Fassungen seines Werkes verfertigt, die teilweise sogar (wie Gerhochs Annalen) im Autograph erhalten, in ihrem gegenseitigen Abhängigkeitsverhältnis aber nach wie vor umstritten sind. Fassung III steht dem ursprünglichen welthistorisch-chronographischen Konzept Gerhochs am nächsten. Fassung II nimmt dagegen die stiftschronikalische Tendenz stärker auf. So findet hier auch eine Vita Gerhochs – die wohl nicht von Magnus stammt – ihren Platz. In allen Fassungen manifestiert sich aber eine reiche Kenntnis älterer Historiographie (Cassiodorus, Hieronymus, Beda, Eugippius etc. bis zur Chronik Ottos von Freising) wie auch zeitgenössischer Berichte (etwa vom dritten Kreuzzug – s. S. 190f.). Im letzten und eigenständigsten Teil nähert sich Magnus noch weit stärker als Gerhoch der fortlaufend erzählenden, wenngleich des chronologischen Gerüsts keineswegs völlig entratenden Welt- und Reichschronik. So gibt er denn die von Gerhoch vorgeprägte Gegenüberstellung von Papst- und Kirchengeschichte in der einen Spalte und von Kaiser- und Reichsgeschichte in der anderen bei der Zeitgeschichte ganz auf. Um deren Darstellung vor Augen zu führen, sei wiederum der Versuch, ein kleines Stück ins Deutsche zu übertragen, unternommen:

Im folgenden Monat August, am zweiten Tage vor den Iden desselben Monats (12. Aug. 1192) erhob sich ein gewaltiges Unwetter bei Anbruch der Nacht und ein schrecklicher Aufruhr des Himmels, wodurch uralte Stämme vom plötzlichen Wirbelwind überall entwurzelt, Häuser und Kirchen durch die Gewalt heftigsten Windes zerstört, viele Menschen vom Blitzschlag bedroht und viele traurigerweise tot aufgefunden wurden. Sogleich folgten darauf jene unerhörte Wirrnis und Verwüstung des Landes. Denn die Fürsten und Verwalter unseres Landes, alle, große wie kleine, gerieten miteinander in harten und unversöhnlichen Streit und verwüsteten das Land Baiern durch Brand und Raub aufs grausamste und ohne Mitleid. Schließlich schonten sie nicht einmal mehr die Ordenshäuser und andere geweihte Kirchen, sondern brannten allenthalben alle gottgeweihten Stätten nieder oder brachen sie mit Gewalt auf, schändeten die Altäre des Herrn und trugen wie Diebe selbst Heiligenreliquien weg sowie geweihte Priestergewänder und alles, was sie an dort verborgenen und dem Schutz der Heiligen anvertrauten Habseligkeiten der Armen fanden. Diese Greuel taten sie nicht nur ihren Feinden an, sondern auch ihren Freunden und Unschuldigen, ohne Rücksicht auf Geschlecht oder Alter. Im Monat Oktober rückte Leopold, der Herzog von Österreich, gegen das gräfliche Brüderpaar von Ortenburg an, sich mit einem großen Heer gleichsam wie ein Wirbel oder Sturzbach vom Osten über Teile Baierns ergießend. Er löste damit den Krieg aus, wobei Herzog Berthold von Meranien mit ihm in der Sache zusammenstand. Nach unermeßlicher Verwüstung des Landes sandte der Herr, bewogen von den Tränen und Seufzern der Heimgesuchten und derer, die nach Brand ihrer Wohnstatt und Raub ihrer Kleider vor Kälte und Hunger auf den Straßen vegetierten und starben, sein Wort und befreite sie aus den Händen der Unterdrücker. Auf Befehl des Kaisers wurde nämlich der Friede geschlossen und besiegelt zwischen denselben Fürsten am Beginn des Monats Dezember, am achten Tag vor den Iden desselben Monats (6. Dez.) und ein allgemeiner Reichstag für den achten Tag vor den Iden des Januar (6. Jan.) einberufen. Auch wurde jener Fürst, der sich als Anstifter, Anreizer und gleichsam Bannerträger jenes Übels herausstellte, nämlich der Graf von Bogen (Albert III.), wegen der unzähligen und unerhörten Greuel, die er an den Christenmenschen in seiner Gegend verübte, und weil er gegen sie ein barbarisches und wildes Volk, die Böhmen, heranführte, mit gerechter Strafe gezüchtigt, nämlich als öffentlicher Reichsfeind vor dem Kaiser abgeurteilt. Später wurde er jedoch wieder in Gnaden aufgenommen.

Die Stelle ist aus vielen Gründen äußerst aufschlußreich. Zuerst natürlich als wichtigste Quelle für die sogenannte bogen-bairische Fehde von 1192. Die sozioökonomischen Hintergründe – die Neuverteilung freigewordener Reichslehen und der Gegensatz von Landesherrn und Dynasten – werden jedoch mit keinem Wort erwähnt und statt dessen die uralten moraltheologischen Urteile ausgesprochen: Streitsucht, Zerstörungswut, Grausamkeit und Raubgier verleiten die Mächtigen zu ihrem bösen Tun. Die Greuel auf der Erde werden von einem schrecklichen Unwetter angekündigt. So wie Gott hier zuvor ein Zeichen setzt, so beendet er dann auch die Bedrängnis. Als Ausführender des göttlichen Wortes erscheint der Kaiser. Unter diese theologische Geschichtsauffassung mischen sich aber realistische Elemente: Es sind vor allem die Wehrlosen, die unter den Fehden zu leiden haben. Daß der Autor hier natürlich auch pro domo spricht und Gemeinplätze reaktiviert, mindert die Wirklichkeitsnähe nur geringfügig. Auch der lapidare Schlußsatz wirft ein bezeichnendes Licht auf die hier geübte Gerechtigkeit. Er ist aber gewiß nicht ironisch gemeint. Das Vertrauen in die Frieden und Recht garantierende kaiserliche Gewalt ist seit Ende des Schismas wiederhergestellt. Die von Gerhoch übernommene Dominanz der Kirchengeschichte bewirkt keine reichsfeindliche Haltung. Aber als *terra nostra* erscheint bei Magnus eindeutig die *provincia Bawariae*, die sich nun auch klar vom Osten *(Oriens)*, der jetzt *Austria* heißt, abhebt. (Dieser Name begegnet etwa in der etwas früher, vor 1175, und viel weiter westlich entstandenen *Passio sancti Quirini* Heinrichs von Tegernsee nicht, der dafür *orientalis Bawaria* verwendet.)

Um den durchaus chronikalischen Stil dieser Darstellung wahrzunehmen, mag der Leser zum Vergleich einen Blick auf eines jener Annalenwerke werfen, die in der Mitte des 13. Jahrhunderts bereits reichlich zeitgenössische Informationen zusammentragen und somit weit über die früheren spärlichen Jahresnotizen von zwei, drei Sätzen hinausgehen, beispielsweise die bis 1257 reichende Fortsetzung der *Garstener Annalen*. Da schwillt etwa die Eintragung zum österreichischen Schicksalsjahr 1246 auf den Umfang jener eben aus den Annalen des Magnus von Reichersberg zitierten Passage an. Aber sie besteht doch aus acht separaten, alle (bis auf die erste) mit *item* eingeleiteten Notizen über die Schlacht bei Staatz, die Leitha-Schlacht, den Tod der Herzoginmutter Theodora, die Heirat Wladislaws von Mähren mit der Nichte des Herzogs, den Tod Erzbischof Eberhards von Salzburg, den Zwist unter den Ministerialen ob der Enns, den Erbanspruch der Schwester des Herzogs und schließlich die Einsetzung des Gegenkönigs Heinrich Raspe durch den Papst. Nur der Abschnitt über die Schlacht an der Leitha gewinnt eine gewisse epische Dimension:

Ferner griff im selben Jahr am Festtag des hl. Veit (15. Juni 1246) König Bela von Ungarn mit anderen Königen und Fürsten Herzog Friedrich von Österreich, einen wackeren und machtvollen Ritter, in offener Feldschlacht an. Dazu versammelte sich auf beiden Seiten eine große Schar von Kriegern zur Aufstellung der Schlachtreihen am Flüßchen Leitha. Aber ach, welch traurige Kunde: Friedrich, der ruhmreiche Landesfürst von Österreich und Steier, griff, getrieben vom Kampfeseifer, der ihn stets erfüllte, die Vorhut der Könige mit andern dergestalt an, daß er im Zusammenprall der Heere, ungewiß, ob begleitet von Verrat oder Tücke, den leiblichen Kriegsdienst niederlegte, um den ewigen Ruhm zu erlangen. Das Heer des Herzogs hingegen schlug, ohne eine Ahnung vom Tod seines Herrn zu haben, das gegnerische unzählbare Heer in die Flucht und setzte ihm mannhaft nach, wobei auf seiten des Herzogs einige, jedoch wenige fielen, auf der anderen Seite aber nicht nur viele in Gefangenschaft gerieten, sondern sehr viele und unzählige Mächtige wie Geringe das deutsche Schwert tödlich zu spüren bekamen. Österreich und Steier saßen gleichsam als einiges Land traurig und seufzend im Staube, verlassen von ihren Fürsten und Erben.

So wichtig diese Angaben für die Rekonstruktion der damaligen Ereignisse und Mentalität – so etwa des bemerkenswerten Zusammengehörigkeitsgefühles der beiden babenbergischen Erbländer – sein mögen, so erkennbar wird auch die Mühe, mit welcher die Materie sprachlich bewältigt wird. Die Übersetzung muß hier beträchtlich glätten. Doch auch abgesehen vom Stil machen solche Annalen trotz oder gerade wegen ihrer Informationsfülle stets den Eindruck, als steure diese gleichsam allein von sich aus die Darstellung. Der Autor versucht so gut wie nie, übergeordnete Gesichtspunkte zur Geltung zu bringen, fragt auch nicht nach den Wirkungskräften, die nach mittelalterlichem Verständnis Geschichte lenken.

Die großen Historiographen dieses wie der vorigen Jahrhunderte waren selbstverständlich anders verfahren, jeder auf seine Weise, Otto von Freising etwa, indem er sein von Augustinus abgeleitetes, aber modifiziertes Gesamtkonzept vom Gegensatz der beiden Staaten entwickelte, das jedoch im Detail auch ganz anderen Erklärungsmodellen weichen mußte, um der Vielfalt historischer Erscheinungen gerecht werden zu können. Nicht selten blieb aber auch er notgedrungen in der kruden Stoffmasse stecken. Um so eher ist dies bei kleineren Geistern zu erwarten, die ihm nacheiferten.

Magnus von Reichersberg etwa hielt sich grundsätzlich an das einfache Gliederungsschema der Annalistik, durchbrach aber bei der Zeitgeschichte dann im Einzelfall den Rahmen bloßer Bestandsaufnahme zugunsten größerer kausaler Zusammenhänge. Dieselbe Tendenz tritt dann mehr als ein halbes Jahrhundert später bei **Hermann von Niederalteich** hervor.

Hermann, geboren 1200/1201, erzogen im Kloster, wurde 1242 zum Abt von Niederalteich gewählt und bewährte sich über dreißig Jahre bis zu seiner krankheitsbedingten Resignation 1273 als ungemein rühriger, politisch wie wirtschaftlich erfolgreicher Klostervorsteher. Daneben wurde er von der Kurie mit kirchenorganisatorischen Aufgaben wie der Visitation der Benediktinerklöster der Salzburger Kirchenprovinz betraut. Mehrfach zogen ihn auch weltliche Machthaber als Schlichter von Streitfällen und Friedensstifter heran. Für seine Tätigkeit als Abt sammelte er Briefe und Urkunden, die die Rechte des Klosters belegen konnten; voran stellte er eine kurze von ihm selbst aus Urkunden, Chroniken und Viten kompilierte Geschichte des Klosters seit der Gründung *(De institutione monasterii Altahensis)*. Auch die eigenen Maßnahmen, Bauten und dergleichen, ließ er schriftlich registrieren. Der für das Kloster lebenswichtigen Rolle der weltlichen Vögte trug er Rechnung mit einer kleinen Schrift *De advocatis Altahensibus,* in der die Vögte von Bogen bis zum letzten des Hauses, Graf Albert IV. (gest. 1242), und zur Übernahme der Vogtei durch die Wittelsbacher Landesfürsten aufgezählt werden, und mit einer Genealogie des neuen Vogtes, Herzog Ottos II. von Baiern. Selbst sein Hauptwerk, die *Annales Altahenses (Niederalteicher Annalen),* begonnen wohl 1250/60 und fortgeführt bis 1273, Hermanns einzige im engeren Sinne literarische Schrift, steht nach Ansicht F.-J. Schmales in direktem Zusammenhang mit seinem Amt: „Die Beschäftigung mit der Geschichte des Klosters war nicht gelehrtes Hobby; hier erwarb sich Hermann das

Wissen um sein Kloster und dessen vielfältige Beziehungen und Bedingungen, das er für seine praktische Arbeit unerläßlich erachtete: Geschichtliches Bewußtsein gab den Rahmen für seine Arbeit als Abt." Dem steht die Annahme entgegen, Hermann habe seine Annalen als „Gelehrte Muße und Traditionspflege" angesehen (H. Glaser). Man wird wohl gut daran tun, den Praxisbezug des Werkes weder zu sehr zu betonen noch ihn zu leugnen. Auch Otto von Freising versuchte, aus seiner Weltchronik Einsichten in die gegenwärtige historische Situation zu gewinnen und damit auch die eigene Stellung in der Kirchen- und Reichsgeschichte zu bestimmen. Nichtsdestoweniger ging sein Anliegen darüber weit hinaus. Eine geschichtstheologische Erklärung des gesamten Weltgeschehens strebte Hermann zwar nicht an, aber er teilte mit dem Freisinger Bischof das Interesse für historische Abläufe und Zusammenhänge an sich und nicht zuletzt für die Bewahrung schlichter Einzelfakten, wie sie auch die primitivsten Annalen boten. Die bloße chronologische Ordnung der Geschehnisse galt ja als gottgefälliges Werk, zeichnete sie doch den vom Schöpfer so gewollten, wenngleich vom Menschen nur ganz mangelhaft einsehbaren Weg des Menschengeschlechts vom irdischen zum ewigen Paradies (oder zur Hölle) nach.

Hermann folgt im ersten Teil seiner Annalen bis 1106 der Weltchronik Frutolfs von Michelsberg († 1103) und Ekkehards von Aura († nach 1125), dann der Ottos von Freising bis 1146 und weist diese Partien auch als Werk anderer aus, obwohl er Kürzungen und auch Erweiterungen vor allem nach diversen Stiftsannalen (auch den älteren *Niederalteicher Annalen* – zu diesen s. o. S. 41f.) vornimmt. Auch im folgenden Teil bis 1235/36 beschränkt er sich jeweils auf die geringfügig redigierte Wiedergabe je einer einzigen Quelle (v. a. der *Salzburger Annalen*). Von da an schreibt er selbständig Reichsgeschichte mit besonderer Berücksichtigung des bairisch-österreichisch-böhmischen Raumes. Besonders genau werden die Taten der herzöglichen Klostervögte registriert, aber keineswegs einheitlich, etwa gar aus patriotischer Sicht, beurteilt. Von Herzog Otto II. (1231–1253) etwa heißt es, er sei am Anfang seiner Regierung ein strenger Richter und milder Fürst gewesen *(in principio sui regiminis severus iudex et princeps mansuetus)*, nach seiner Bannung durch den Papst wegen seiner stauferfreundlichen Haltung habe er aber den Klerus zu verfolgen begonnen und eine böse Tat auf die andere gehäuft, bis er während einer fröhlichen Abendunterhaltung von einem plötzlichen Tod hinweggerafft worden sei. Hier sieht Hermann ganz deutlich einen direkten Eingriff Gottes:

Um dieselbe Zeit, im Monat November nämlich, übte jener berühmte Prediger, Bruder Berhtold, zu Landshut das Predigeramt aus und verweilte auf dem Schlosse bei dem genannten Herzoge, indem er ihn zum Gehorsam gegen die Kirche zu bringen und sein Gemüth gegenüber den Kirchen und der Geistlichkeit zu besänftigen suchte. Da erschien ein armes Bäuerlein und versicherte, er sei in der dem Feste des heiligen Michael vorangegangenen Nacht ergriffen und vor den Richterstuhl eines Gerichtes geführt worden, wo er gehört und gesehen habe, wie auf Klage der Heiligen über den Herzog Otto und die übrigen Fürsten, welche den Frieden störten und Kirchen und Arme beraubten, das Todesurtheil gesprochen worden sei. Er versicherte auch, daß ihm bei Todesstrafe von den Heiligen auf Befehl Gottes aufgetragen sei, dies dem Herzoge und den anderen Fürsten zu melden; wenn er nicht zugelassen würde, solle er es anderen verkünden. Da dieser arme Mensch also vor das Angesicht des Herzogs nicht zugelassen wurde, verkündete er solches dem vorgenannten Bruder Berhtold und einigen anderen. Aber am sechsten Tage vor dem Tode des Herzogs kam derselbe Mensch auch ins Kloster Altaich und sagte dem Abte Hermann und dem Abte Albert von Metten im Auftrage jenes Gerichtes: weil er nicht zugelassen worden sei, um solches kund zu geben, so sollten die genannten Äbte mit dem Abte Heinrich von Ebersberg dem vorerwähnten Herzoge eröffnen, wenn er nicht schleunigst die neue Münze vernichte und die Bedrückungen der Armen und Kirchen einstelle, so würde er in kurzem dem Todesurtheil verfallen. Die Wahrheit dieses Gesichtes bewiesen der oftgenannte Herzog, der Papst Innocenz, der König Chunrad und andere Fürsten damals (o Schmerz!) durch ihren unerwarteten Tod; auch der König Wenzeslaus von Böhmen starb im Monat September (Übers. v. L. Weiland/O. Holder-Egger).

Wie Magnus von Reichersberg macht sich Hermann zum Anwalt derer, die keine Waffen tragen und daher nichts mehr ersehnen, als in Frieden ihrem Tagwerk nachgehen zu können. Wir würden das bei einem Mann der Kirche eigentlich als selbstverständlich voraussetzen. Aber es gab auch Amtsträger wie den Bamberger Bischof Ekbert (1203–1237), den Hermann als *magnanimus et bellicosus* qualifiziert, also ganz ähnlich wie Friedrich den Streitbaren (s. u.). Wie Hermann solche kriegerischen Vorzüge bei einem Bischof einschätzt, geht aus dem Urteil über Otto von Lonsdorf hervor:

Bischof Otto von Passau starb am vierten Tag vor den Iden des April (10. Apr. 1265), ein überaus frommer Mann und Vater des Klerus, der nicht als Krieger, sondern friedliebend die ihm anvertraute Kirche an Rechten und Besitztümern in Fülle bereicherte.

Bischof Ekbert spielt dagegen gemäß seinen Fähigkeiten eine gewichtige Rolle bei der kaiserlichen Strafexpedition gegen den Herzog von Österreich 1237. Ein moralisches Urteil über diese Aktion gibt Hermann nicht ab, für Friedrich hat er aber schon gar nicht viel übrig:

Da dieser Friedrich ein harter Mann war, von großem Muthe in der Schlacht, im Gerichte streng und grausam, gierig in der Aufhäufung von Schätzen, so verbreitete er den Schrecken vor sich über seine Unterthanen und Nachbaren derart, daß er nicht nur nicht geliebt, sondern von allen gefürchtet wurde (Übers. v. L. Weiland/O. Holder-Egger).

Daß Friedrich II. von Österreich, dem schon eine Fortsetzung der Chronik Ottos von Freising den später üblichen Beinamen *bellicosus,* „der Streitbare", gibt, überaus kühn *(magnanimus)* und erfolgreich im Krieg gewesen ist, räumt unser Geschichtsschreiber durchaus ein, schreibt aber eben dieser Kampfeslust auch den Tod des Herzogs in der Leithaschlacht zu, die er übrigens kürzer, aber nicht weniger informativ als die *Garstener Annalen* beschreibt. Hierauf schildert er im zweiten Teil des Österreich-Exkurses, der zwar als ganzer nachträglich hinzugefügt wurde, aber dennoch von Hermann stammen dürfte, die Wirren des österreichisch-steirischen Interregnums:

Welch' große Leiden beide Länder, nachdem der sehr mächtige und ruhelose Herzog Friedrich von Österreich und Steier also erschlagen war, sechs Jahre hindurch ausgestanden haben, das vermag Niemand zu schreiben und zu erzählen. Denn ein jeder der Adligen, ja sogar der Unedlen that ohne Scheu vor Gott und den Menschen alles, was ihm beliebte, indem er die Leute, welche sich durch die Flucht in befestigte Orte oder in Erdhöhlen nicht retten konnten, fing, verwundete, tödtete und mit ausgesuchten und bislang unerhörten Martern aufs elendste peinigte. Auch Bela, der König von Ungarn, welcher die der Erbherren beraubten Länder sich anzueignen trachtete, ließ viele Tausend Menschen durch Heiden, die Cumanen nämlich, in die Gefangenschaft schleppen, viele ließ er tödten und machte die Grenzmarken beider Länder fast unbewohnbar. Da nahm der Markgraf Hermann von Baden, der Sohn der Irmingard, der Schwester der Frau Herzogin Agnes von Baiern, nach dem Rathe des Herzogs Otto von Baiern, Gerdrud, die Tochter des Herzogs Heinrich (welcher ein Bruder des vorgenannten Herzogs Friedrich von Österreich gewesen war), zur Gemahlin und beanspruchte aus Anlaß dieser Verbindung die Herzogthümer Österreich und Steier. Er zeugte einen Sohn mit Namen Friedrich und eine Tochter mit Namen Agnes, welche nachher dem Herzog Ulrich von Kärnthen angetraut wird. Da besagter Hermann ohne Macht war, so vermochte er nicht der großen Bosheit der Menschen, welche schon übermächtig geworden war, zu steuern; auch wurde er durch den Tod daran verhindert; er starb nämlich am 4. October im Jahre des Herrn 1250. Auch Herr Otto, der Herzog von Baiern, sandte seinen Sohn Ludwig mit einem Heere in dieses Land und unterwarf sich die

Städte Linz und Enns mit einem großen Theile dieses Landes. Endlich sah Gott vom Himmel in seiner Barmherzigkeit darein, nachdem die Großen des Landes schon über die Maßen erschöpft und verarmt waren, und Herr Premisl, auch Otakar genannt, der Sohn des Königs Wenzeslaus von Böhmen, eignete sich nach dem Rathe seines Vaters und in Folge der Berufung von Seiten der Großen und Städte Österreichs und Steiers, beide Herzogthümer zu, indem er Frau Margareta, die Wittwe des weiland römischen Königs Heinrich, die Schwester des obengenannten Herzogs Friedrich, zur Frau nahm. Unter seine Hoheit wandte sich sofort ganz Österreich und Steier mit den Städten des Ober- und Unterlandes. Da jedoch der König Bela von Ungarn schon die Stadt Pettau mit einem großen Theile des Herzogthums Steier in Besitz genommen hatte, so schädigte er beide Länder ohne Aufhören, bis daß eine Übereinkunft zwischen den Königen zu Stande kam, nach welcher ihm ein Theil des Herzogthums Steier mit genau bestimmten Grenzen zugewiesen wurde, während Herr Otakar den übrigen Theil mit dem Lande Österreich in Frieden behielt. Seitdem wird unter Beistand der göttlichen Gnade und durch die Tüchtigkeit des genannten Herrn der Friede aufs beste wiederhergestellt, die verlassenen Felder werden bebaut, und die Handelsleute erlangen überall sicheren Durchzug (Übers. v. L. Weiland/O. Holder-Egger).

Wiederum sind es die Leiden der Bevölkerung, der unschuldigen Opfer dieser Fehden, die der Autor beklagt. Diese schreibt er, wie üblich, der Schlechtigkeit der Menschen *(malicia hominum)* zu, die unter Adeligen, noch mehr jedoch unter Nichtadeligen zu finden gewesen sei. Dieselbe vom üblichen hierarchischen Denken geprägte Haltung hat er auch schon zuvor zum Ausdruck gebracht, wenn er Herzog Friedrich vorwirft, er habe mit Vorliebe *nobiles* unterdrückt und *ignobiles* erhöht. Besonders schlecht kommt aber auch der ungarische König weg, da er sich heidnischer Krieger, der Kumanen, bedient. Für die verheerenden Wirren werden allerdings alle an den Fehden beteiligten Reichsfürsten, auch Otto von Baiern, verantwortlich gemacht. Und wiederum vermag nur das Erbarmen des Herrn den Frieden wiederherzustellen, so daß das Feld wieder bebaut werden und der Kaufmann wieder in Frieden Handel treiben kann.

An den in Übersetzung zitierten Abschnitten dürfte auch Hermanns Stil einigermaßen abzulesen sein. Es wird knapp und sachlich berichtet. Ausschmückungen gibt es fast nur in Form andernorts eingestreuter authentischer (v. a. königlicher und päpstlicher) Briefe. Urteile fehlen nicht gänzlich, sind aber häufig eher implizit im Bericht enthalten. Die Latinität ist, an dem damaligen Standard gemessen, gut, aber gänzlich unprätentiös. Insgesamt stellen Hermanns *Niederalteicher Annalen* wohl das reifste der in diesem Kapitel anzuzeigenden lateinischen Geschichtswerke dar. Im Jahre 1273 nahm eine schwere Krankheit dem Abt die Feder aus der Hand. 1275 ist er gestorben. –

Der nüchtern abwägende und möglichst unparteiisch berichtende Abt findet seinen – als Schriftsteller weit unbedeutenderen – Gegenpol in dem Passauer Domherrn **Albert Böheim** (Bohemus, Beheim, Beham, Behaim), der höchstwahrscheinlich aus der in Böhaming bei Niederalteich ansässigen Ministerialenfamilie Behaim stammte. Albert, geboren um 1180, Domherr ab 1212, trat als Anwalt der päpstlichen Kurie mit allen Mitteln für den kurialen Standpunkt ein und agitierte rastlos und fanatisch gegen die staufische Partei in Baiern, bis er 1244 zum Papst nach Lyon fliehen mußte. 1245 versuchte er, der Absetzung Kaiser Friedrichs II. auch in Baiern allgemeine Geltung zu verschaffen, dies insbesondere in Passau, wo er 1246 zum Domdekan aufrückte und 1250 die Absetzung Bischof Rudigers durchsetzte. Unter Otto von Lonsdorf (1254–1265) hatte er jedoch nichts mehr zu bestellen und wurde sogar kurzzeitig eingekerkert. Er hatte sich zeit seines Lebens so gut wie nur Feinde geschaffen. Einsam und verbittert verschied er 1260 in Passau.

Seine Schriften sind sämtlich von geringem Umfang. Allerdings mag daran teilweise auch die nur fragmentarische Überlieferung in späteren Überarbeitungen bzw. Sammlungen Schuld tragen. In ihrer propagandistischen Zielsetzung entsprechen sie dem kirchenpolitischen Fanatismus des Autors. Sie zielen alle auf die Erhöhung des Bistumssitzes Passau zur kirchlichen Metropole, dies im Anschluß an Pilgrims Lorcher Fälschungen (s. o. S. 43), die im zweiten Jahrzehnt des 13. Jahrhunderts erstmals in einem Passauer Bischofskatalog (der im übrigen auf einem älteren aus dem 12. Jahrhundert beruht) aufgegriffen worden waren. Albert dürfte sich selbst Hoffnungen auf den Lorcher Erzbischofsstuhl gemacht haben oder zumindest auf die Leitung eines von Passau-Lorch abhängigen Wiener Bistums.

Alberts Hauptwerk, die *Historia ecclesiae Laureacensis (Geschichte der Lorcher Kirche)*, entstanden um 1250, völlig umgearbeitet etwa 1254, bietet eine fabulöse Frühgeschichte des Erzbistums Lorch-Passau und des Herzogtums Baiern, worin sich gelehrtes Wissen, das aus geläufigen Quellen wie Cassiodors und Ottos Weltchroniken oder Eugipps *Vita Severini*, mit Vorliebe aber aus so seltenen wie der *Gotengeschichte* des Jordanes geschöpft ist, mit freien Erfindungen zu einem fast an Aethicus Ister (s. o. S. 30) gemahnenden seltsamen Gemisch verbindet. Das Erzbistum Lorch, wird hier behauptet, sei auf Betreiben des hl. Petrus gegründet, vom angeblich ersten christlichen Kaiser Philippus ausgestattet und später nach Passau übertragen worden. Obwohl die einschlägigen Urkunden verlorengegangen seien, hätten die Passauer Bischöfe ohne ihre verwerfliche Nachlässigkeit ihren Rechtstitel durchaus wahren können. Die Baiern seien aus zwei Völkern verschmolzen, den griechischen *Bayoarii* aus der süditalischen Stadt *Bajae* und den ihrerseits aus einer Verbindung der Ostgoten mit griechischen Frauen stammenden *Norici*. Eine Provinz *Noricum* kennt Albert aber nicht. Statt dessen setzt er *Pannonia superior* zwischen Lech und Enns mit *Bavaria* und *Pannonia media* östlich der Enns mit *Austria* gleich, was doch wohl den alten Anspruch Baierns auf das spätestens 1180 eindgültig verlorene Land ob der Enns (mit dem angeblichen Erzbistumssitz Lorch!) in Erinnerung rufen soll. Die *Historia* mündet in Kataloge der Passauer Oberhirten und der bairischen Herzöge. Sie reichen in der erhaltenen Fassung bis 1253/54. Auch in ihnen wimmelt es von falschen – irrtümlichen oder mutwilligen – Angaben. Am Ende des Herzogskatalogs wünscht Albert dem gegenwärtigen Landesfürsten eine gute weitere Regierungszeit. So kraus wie der Inhalt ist das Latein der *Historia*. Gegen Ende der Erstfassung kündigt der Autor zum leichteren Verständnis den Fürstenkatalog an und setzt hinzu:

So werden wir auch das Latein dieses Buches stattlich ordnen, damit jeder leicht versteht, was die Geschichte lehren wird.

Ein reichlich kühner Ausdruck für eine Reihe stereotyper Sätze mit Namensangaben! Auch die *Historia* besteht zu einem Gutteil aus Namen, in deren Wust jeglicher Ansatz epischen Atems erstickt. Die vom fabulösen Stoff gewährte erzählerische Freiheit bleibt ungenutzt. Albert will ja als seriöser Wissenschaftler erscheinen. So ist das Werk auch in literarischer Hinsicht als Machwerk zu qualifizieren. Die Wirkung der Lorcher Fabel war jedoch beträchtlich. Sie wurde von der vor 1291 in Passau entstandenen *Vita Maximiliani*, die auch eine deutsche Fassung erhielt, ebenso übernommen wie von Berchtold von Kremsmünster im 14. Jahrhundert und von dem Wiener Historiographen des 15. Jahrhunderts, Thomas Ebendorfer (s. Bd. II).

Von Alberts Hand dürften außerdem noch Bruchstücke über die Abstammung der Baiern von den Goten und über die Noriker, Kommentare zur *Gotengeschichte* des Jordanes, einige Notizen betreffend die Passauer Bischöfe 804–1091 – alles also Ergänzungsmaterial zur *Historia* – und vermutlich die *Annales Patavienses (Passauer Annalen)* der Jahre 1249–1252, worin Alberts antistaufische Agitation verzeichnet ist, stammen. Am wertvollsten sind Alberts Schriften für uns noch als Zeugnis eines sich verstärkenden bairischen Selbstbewußtseins, das freilich immer noch von kirchenpolitischen Interessen überlagert wird. Aber wir können froh sein, sie zu besitzen, denn sie verkörpern für uns nun einmal faute des mieux „das, was man euphemistisch passauische Historiographie nennen könnte" (F.-J. Schmale). –

Nach diesem Ausflug in die Publizistik kehren wir wieder zur Geschichtsschreibung im engeren Sinne zurück, wenden uns jedoch von Annalistik und Chronistik einer dritten Gattung zu, der der Gesta. Das Wort *gesta*, ein in romanischen Sprachen fortlebender femininer Singular für die klassisch lateinischen Ausdrücke *res gestae* oder *gesta* (Pl. Neutr.) „Taten, Ereignisse, Geschichte", bezeichnet in karolingischer Zeit Geschichte überhaupt, in späterer Zeit aber vornehmlich eine Darstellungsform, „die erzählerisch die Tatenberichte über Menschen, die einander in einem Amt folgten, aneinanderreiht, manchmal auch ein Einzelglied herauslöst, ohne es doch biographisch zur Vita abzurunden" (H. Grundmann). Die Gattungsgrenzen sind hier jedoch ebensowenig fest wie die Bezeichnungen.

Ein Muster der Gattung stellte im 6./7. Jahrhundert der *Liber pontificalis* bereit, eine mit Petrus beginnende Papstliste, die mit anfangs kurzen, dann breiteren Informationen über die Taten der einzelnen Päpste, die *gesta pontificalia*, versehen wurde. Neue Pontifikate trug man bis gegen Ende der Karolingerzeit, dann erst wiederum im 12. Jahrhundert nach. Unter den Neubearbeitungen dieses Jahrhunderts befindet sich auch eine, die im Zwettler Annalen-Codex enthalten, diesen Annalen auch in einigen Punkten inhaltlich verpflichtet und daher höchstwahrscheinlich auch in Zwettl etwa gleichzeitig mit den Annalen um 1190 entstanden ist. Hauptquellen sind außer dem *Liber pontificalis* diverse *Canones* (Konzilsbeschlüsse), Regino von Prüm, die *Schwäbische Weltchronik* Hermanns von Reichenau (mit ihren Fortsetzungen) und Otto von Freising. Sie werden zumeist möglichst sinngetreu, oft wortwörtlich wiedergegeben. Andererseits nimmt sich der Autor gelegentlich auch beträchtliche Freiheiten. Welche seiner Verkürzungen und teils zutreffenden, teils irreführenden Erweiterungen auf sein eigenes Konto gehen, ist jedoch keineswegs in allen Fällen geklärt. Über den Zweck seiner Schrift, die er nicht *Gesta*, sondern **Historia Romanorum pontificum** nennt, spricht sich der Zwettler Anonymus im Prolog kurz aus:

Mit Fug und Recht soll also jeder Christ von ihnen (= den Päpsten) Kenntnis haben, die als eifrige und über die Herde des Herrn wachende Hirten ihn ein Bild gebührender Frömmigkeit und Reinheit erkennen lassen... Und wenn einer, der Recht spricht, zum Nutzen seines Rechtsfalles irgendeinen Konzilsbeschluß heranziehen will, so möge er sich eher an einen Gewährsmann halten, den uns die alte Zeit empfohlen hat, die in allen Rechtsfällen am meisten Erkenntnis und Autorität besitzt.

Das Werk sollte also auch kanonistischen Zwecken dienen – ein wichtiger Hinweis auf die enge Verbindung der Historiographie nicht nur mit Grammatik, Rhetorik und Theologie, sondern auch mit der Jurisprudenz. Fakteninformation steht auch in diesem Werk im Vordergrund, nicht tiefere Einsicht in historische Vorgänge. Meist wird bloß referiert; selbst einander widersprechende Urteile über einzelne römische

Bischöfe stehen bisweilen unvermittelt nebeneinander. Nur gegen die gregorianische Reform macht der Autor durchgehend Front. Gregor VII. stuft er schlicht als jemand ein, der Unmögliches vorschreibt *(praeceptor impossibilium)*. Aus Gregors kompromißlos radikaler Ablehnung der Ehe nicht nur von Priestern, sondern selbst von Diakonen und Subdiakonen sei nur „eine verbrecherische Verwirrung beider Geschlechter" entstanden (Kap. 161). Aber eine konsequente kaiserfreundliche Haltung leitet sich daraus nicht ab. Im Schisma 1159–1177 habe, heißt es z. B., die ganze Kirche Alexander III. anerkannt, bis auf wenige, die von Furcht vor oder Liebe zum Kaiser geleitet wurden (Kap. 173). Der schließlich erreichte Ausgleich erfüllt den Verfasser offenkundig mit großer Erleichterung. Die erste Fassung des Werkes reicht noch bis zum Tod Urbans III. 1187. Eine Fortsetzung endet 1191. Ein paar zusätzliche Bemerkungen des 14. und 15. Jahrhunderts bezeugen den Gebrauch des Codex im Spätmittelalter. Über die Klostermauern Zwettls hinaus ist das Werk kaum bekannt geworden. Es stellt der literarischen Leistungsfähigkeit der erst 1138 gegründeten Zisterze ein ganz gutes Zeugnis aus. Wer nicht etwas Außergewöhnliches sucht, wird dem Bemühen um korrekte Information und Sprache die Anerkennung nicht versagen.

Nicht durch ihr Amt, sondern durch ihr gemeinsames Ziel bildeten die Kreuzfahrer eine zusammengehörige Gruppe von Menschen, deren Taten in eigenen Werken berichtenswert waren. So nannte ein unbekannter italienischer Teilnehmer des ersten Kreuzzugs seinen Bericht *Gesta Francorum et aliorum Hierosolymitanorum* und Guibert von Nogent (1053–1124) seine den übernatürlichen Aspekt stärker betonende Bearbeitung jenes Berichtes dann *Historia quae dicitur Gesta Dei per Francos (Geschichte, die genannt wird: Taten Gottes, ausgeführt durch die Franzosen).* War dieser erste Kreuzzug im wesentlichen ein Unternehmen der Westeuropäer gewesen, so standen die beiden nächsten unter der – freilich wenig glücklichen – Führung deutscher Kaiser. Nur der Kreuzzug Barbarossas fand jedoch breiten literarischen Niederschlag in der lateinischen Historiographie des Reiches. Unser Raum hat daran wichtigen Anteil.

Als Bischof Diepold (Dietpald) von Passau 1189 zum Kreuzzug aufbrach, befand sich sein Notar und Kaplan **Tageno**, seit demselben Jahr Passauer Domdekan, zuvor (1188) Augustiner-Chorherr in St. Andrä an der Traisen (in Niederösterreich), in Begleitung seines Oberhirten und führte ein fortlaufendes Tagebuch über den Verlauf des kriegerischen Pilgerzuges. Es ist leider verloren, aber teilweise (mit stilistischen Anpassungen) von Magnus von Reichersberg in seine Annalen übernommen worden; aus ihnen wissen wir, daß Tageno seine Aufzeichnungen bis zum 21. Juni 1190 führte und bald darauf in Tripolis noch vor Bischof Diepold (3. Nov. 1190) starb. Aus einer älteren, jetzt verlorenen Fassung der Annalen hat weit später der bairische Humanist Johannes Aventinus (1477–1534) seine Redaktion des Tagebuchs hergestellt.

Einen anderen authentischen Kreuzzugsbericht hat ein Unbekannter, der möglicherweise der kaiserlichen Kanzlei angehörte, hergestellt und vielleicht nach dem Tod Friedrich Barbarossas am 10. Juni 1190 ins Reich gebracht. Der Bericht ist wie der Tagenos nicht erhalten, aber in Österreich mehrfach bearbeitet worden. Eine Redaktion, die zusätzliche Quellen, darunter Tageno, benutzt hat, liegt noch (fragmentarisch) in einer Grazer Handschrift (um 1200) vor, eine weitere, stärker interpolierende und mit annalistischen Ergänzungen 1190–1197 versehen in einem wenig jüngeren Stráhover Codex. Eine Randglosse dieser Handschrift schreibt das Werk mit dem Titel ***Historia de expeditione Friderici imperatoris*** einem „gewissen österreichischen Kleriker, der dabei war", zu, und eine jüngere Hand fügt sogar den

Namen Ansbert bei. Da sich der für den erhaltenen Text Verantwortliche nicht als Kreuzzugsteilnehmer ausgibt, kann sich die Angabe im Grunde nur auf die erste Fassung beziehen. Die Forschung hat sie jedoch mit der letzten verbunden, da sich in ihr ein auffälliges Naheverhältnis zu Leopold V. von Österreich manifestiert. So schildert die *Historia* die Gefangennahme des Kreuzfahrers Richard Löwenherz, die als Verletzung päpstlichen Gebotes damals europaweite Empörung auslöste, so:

> Der König von England, Richard, der alle an Ruhm übertreffen wollte und den Unwillen aller verdiente, verweilte bei der Belagerung des Landes und Erbes des Herrn länger als die anderen und nach ihnen, machte aber im selben Jahr seit der Menschwerdung des Herrn, also 1192, ich weiß nicht, ob aus Angst vor dem König von Frankreich, der ehedem vor ihm abgereist war, oder aus Überdruß an der Pilgerfahrt, für fünf Jahre mit Saladin und den Türken verbrieften Frieden und trat mit seiner Gattin zu Schiffe im Anschluß an andere die Heimreise an, wurde vom Ansturm der Winde auf dem Meer vielfach gefährdet und umhergeworfen, schließlich bei Pola, einer Stadt in Istrien, an Land getragen und anzulegen gezwungen. Dort überließ er seine Frau und gesamte Familie den unsicheren Wogen des Meeres, ging aus den Gefahren des Meeres mit wenigen an Land, nahm den Landweg durch Friaul, wurde trotz seiner Absicht, unerkannt zu bleiben, doch von vielen erkannt und gelangte, nachdem etliche seiner Gefährten auf dem Wege gefangen oder erschlagen worden und seine Habe verlorengegangen waren, nach Österreich, das Land Herzog Leopolds. Dort wollte er heimlich hindurchgelangen und unerkannt aus dem Land des Fürsten, den er zuvor schwer und am meisten beleidigt hatte, herauskommen, fiel jedoch, von Gottes Gericht getroffen, in die Schlinge dessen, den er zuvor fangen wollte. Da nun also die göttliche Gerechtigkeit seinen Hochmut nicht lange ungerächt hingehen lassen wollte, lieferte sie ihn den Händen und der Gewalt derjenigen aus, die er zuvor als verächtlich zurückgewiesen und schändlich verschmäht hatte, durch ein gerechtes Gericht Gottes also, damit er, da er bei seinen glücklichen Erfolgen jene nicht ehren wollte, deren Ehrwürdigkeit er hatte kennen können, von denselben als schmachwürdig verurteilt würde. Als er nämlich bei Wien heimlich seinen Schritt hemmte, begleitet nur von zwei Gefährten, wurde er von Spähern in einer schäbigen Herberge entdeckt und von Männern des Herzogs von Österreich gefangengenommen.

Die berüchtigte Schmach, die der englische König Leopold vor Akkon angetan hatte, deutet der Verfasser hier wie zuvor nur verschämt an und nennt dann nur andere offene Rechnungen, die zwischen den beiden Fürsten zu begleichen waren. Die Exkommunikation, die sich Leopold durch sein Vorgehen gegen einen sakrosankten Kreuzfahrer zugezogen hatte, konnte er zwar nicht gut unterdrücken, die Beisetzung des Herzogs stellt er dann aber einfach als logische Folge seiner Absolution auf dem Sterbebett dar, was nur halb der Wahrheit entspricht. Ausdrücklich vermerkt er, der Herzog habe gewünscht, „im Kloster der grauen Mönche, das von seinem Ahn zur Ehre des Heiligen Kreuzes gegründet worden war und wo er auch Mönch zu werden beabsichtigt hatte, begraben zu werden", wie es denn auch geschehen sei. Da in spätmittelalterlichen Katalogen von Heiligenkreuz ein Titel unter den Werken Ruperts von Deutz aufscheint, der unsere Kreuzzugsgeschichte meinen könnte, hat man an diese Zisterze als Entstehungsort gedacht. Das muß ohne Gewähr bleiben, obwohl es noch besser begründet erscheint als der Autorname Ansbert (gar entstellt aus Rudbert?). Da wir jedoch vor allem die Erstfassung der *Historia* nicht für unseren Raum sichern können, wollen wir es mit dem Gesagten genug sein lassen.

Briefsammlungen

Der Brief als Mitteilung an einen einzelnen Empfänger wird erst zur Literatur (im weitesten Sinne), wenn er vom Absender, Adressaten oder einem dritten im Original oder in Abschrift einem breiteren Leserkreis zugänglich gemacht wird. Sofern er dabei jedoch nur eine rechtliche oder geschäftliche Funktion erfüllt, so wie Urkunden oder Akten, fällt er immer noch nicht unter die Literaturdefinition, die zu Anfang dieses Buches gegeben wurde. Die Grenzen sind hier natürlich fließend. Zumindest bildungsgeschichtliche Bedeutung gewinnen Briefe, wenn sie als Stilmuster im Rahmen des Triviums Verwendung finden (s. o. S. 162), und kultur- und geistesgeschichtlich interessante Elemente verbergen sich noch in dem trockensten amtlichen Schriftstück. Dennoch können wir hier auf die in den Klöstern, Stiften und Kanzleien (später auch in Handelskontoren etc.) archivierten und nicht selten in Buchform gebundenen Sammlungen von Briefen, Urkunden und Akten nur ganz am Rande hinweisen, mögen sich darunter auch so bemerkenswerte Exemplare wie der Münchener Codex Clm 2574b, die älteste Papierhandschrift Deutschlands, befinden, in dem das Brief- und Notizbuch Albert Böheims von 1246 (?), offenbar dessen geistige Rüstkammer für die antistaufische Agitation, in Abschrift (?) erhalten ist.

Anderen Charakters sind hingegen solche Briefsammlungen, deren Einzelstücke zur Gänze oder ganz überwiegend fingiert und zu sinnvollen Gruppen geordnet sind, so daß dahinter psychische und handlungsmäßige Vorgänge sichtbar werden. Dieser Form bedienen sich mit Vorliebe Lehrer der *Ars dictaminis*, um die Lernenden auch durch den Inhalt bei der Stange zu halten; doch können solche Briefbücher auch außerhalb des Schulbetriebes als Unterhaltungs- und Erbauungslektüre Verwendung finden.

Den größten Einfluß auf dem Gebiet der *Ars dictaminis* übte auf Mit- und Nachwelt Bernhard von Meung aus. Sein Briefsteller *(Flores dictaminum)*, bestehend aus einer theoretischen Anweisung und einem Anhang von Proverbien, Exordien (Briefanfängen) und Musterbriefen, zusammengestellt im letzten Viertel des 12. Jahrhunderts in Frankreich (Meung-sur-Loire bei Orléans), fand rasch den Weg ins Reich, wurde dort zuerst am Mittelrhein, dann auch anderswo, redigiert und um zusätzliche Musterbriefe erweitert. Eine solche in Meung entstandene, erstmals in Speyer, dann in Salzburg bearbeitete, schließlich in Passau in der Mitte des 13. Jahrhunderts aufgezeichnete Fassung stellt höchstwahrscheinlich der sogenannte *Donaueschinger Briefsteller* dar. Eine andere Fassung ist im Codex Vindobonensis 2239 (13. Jahrhundert) enthalten, gefolgt von einer weiteren, vermutlich italienischen Briefstillehre und einer österreichischen Briefsammlung. Diese umfaßt 87 kurze Briefe auf 15 Seiten der Handschrift. Sie haben im wesentlichen konkret-historischen Inhalt, der eine Datierung der Sammlung auf kurz nach 1235/36, dem Zeitraum der behandelten Ereignisse, erlaubt. Entsprechend dem Bild, das der erste Teil der Handschrift bietet, fehlen jedoch auch hier Stücke anderer Art nicht. Es findet sich ein Briefwechsel zweier notleidender Bauern (Nr. 41/42), ein Streit von Mücke und Ameise über die rechte und überlegene Lebensart (Nr. 65/66) gemäß der bekannten äsopischen Fabel, ein Wortgefecht zwischen Acestes und Pentheus über die Verehrung des Gottes Bacchus (Nr. 72/73) in der Tradition ovidianischer Streitgespräche und eine kleine Ehebruchsgeschichte (Nr. 67–71).

Um einen Eindruck von den Stücken historischen Inhalts zu geben, sei hier einer der wenigen bisher zum Druck gelangten Briefe in Übersetzung zitiert. Ein ungarischer Burggraf wird von König Béla IV. der Untreue beschuldigt. Er wendet sich darauf an einen Freund (Nr. 10 = Urkundenbuch des Burgenlandes I, Nr. 226 c):

Ein Burggraf an seinen in Österreich weilenden Freund, daß er ihn aufnehmen möge, bis er die Huld seines Herrn wiedererlangt.

Wir sind bei unserem Herrn, dem König von Ungarn, heftig in Ungnade gefallen, da in unserer Abwesenheit H. (Heimo von Bruck?), ein Ritter des Herzogs von Österreich, eine Burg, die uns der König anbefohlen hatte, eingenommen hat, wir wissen nicht, ob durch Unachtsamkeit oder Bestechung der Wachmannschaft. Daher bitten wir euch inständig, daß wir durch eure Vermittlung in den Schutz des Herrn Herzogs aufgenommen werden und bei euch bleiben können, bis der Unwille des Königs sich abgekühlt hat.

Der Brief ist Teil einer Korrespondenz, an der außer dem Burggrafen und seinem Freund, der jenen nicht aufzunehmen wagt (Nr. 11), noch ein weiterer, gräflicher Freund des Burggrafen und der König beteiligt sind. Die Briefe sind also nicht nur in Paaren, sondern auch in komplizierterer Konstellation, bisweilen sogar in Ringform angeordnet. Daraus ergibt sich schon von selbst, daß es sich hier nicht um eine Sammlung echter Briefe handeln kann. Dafür ist der Kreis von Ausstellern und Empfängern viel zu groß. Eine einzige geschlossene Ereigniskette ergibt sich jedoch aus den Briefen historischen Inhalts keineswegs. Aber sie beziehen sich alle auf die österreichisch-ungarisch-böhmische Geschichte von Oktober 1235 bis Juli 1236 und bilden somit eine Art Briefchronik. Die Form der Briefe ist, wie bereits aus dem einen Beispiel ersichtlich, denkbar einfach. Auf eine Erzählung *(narratio)* des Sachverhalts folgt eine meist mit einer Bitte *(petitio)* eingeleitete Schlußfolgerung *(conclusio)*. Das ist ganz schulmäßig, nur daß die (nach der Lehre Bernhards und anderer) vorauszuschickenden Einleitungsteile, Gruß *(salutatio)* und sentenzartige Einstimmung *(arenga* „Ansprache", *captatio benevolentiae* „Werben um Wohlwollen") fehlen. Dafür wird eine Überschrift vorangestellt. Die Sprache klingt in aller Regel steif und förmlich; Einflüsse der Kanzleisprache machen sich bemerkbar. Ein eigenes Kapitel jeder Briefstillehre bildet die Anwendung rhythmischer Satz- und Satzteilschlüsse, der *cursus*. Die beliebteste Form seit dem 12. Jahrhundert ist der sogenannte *cursus velox*: /…x́xx/xxx́x/. Er herrscht auch in dieser Sammlung bei weitem vor. Man vergleiche etwa den Schluß des zitierten Briefes: *indignácio deferuéscat*. Zum Wortkunstwerk können auch solche Formalien eine Briefsammlung dieser Art nicht erheben. Sie hat mit Recht die Forschung weit eher als Geschichtsquelle interessiert. Obwohl der (eine?) Verfasser die Briefe erfunden hat, war er offenbar über die Zeitereignisse sehr gut informiert und wollte nichts mitteilen, was in der gegebenen Situation nicht zumindest möglich gewesen wäre. Er hatte offenbar Beziehungen zum Wiener Herzogshof und zum Stift Klosterneuburg, dem er durchaus angehört haben könnte. Der Name **Klosterneuburger Briefsammlung** mag also eine gewisse Berechtigung haben.

Während diese Sammlung vermutlich in erster Linie nicht zum Unterricht in der Ars dictaminis, sondern bloß zur Lektüre bestimmt war, dürfte eine um rund dreißig Jahre jüngere eher einen Platz in der Schule innegehabt haben, die **Laaer Briefsammlung**. Als ihr Verfasser kommt nämlich nur Siegfried (Sifridus), *scholasticus* in der nordniederösterreichischen Grenzstadt Laa im Dienste des Stadthauptmannes Kadolt von Wehing und wohl auch dessen Notar, in Frage. Überdies gibt es in der Sammlung auch einen (wohl ebenfalls fingierten) Briefwechsel von Siegfried mit zweien seiner Schüler. Der erste dieser Briefe lautet in Übertragung (Nr. 2):

Dem Herrn S., ihrem teuersten Lehrer *(magister)* und verehrungswürdigen Scholaster *(scholasticus)* in Laa, senden C. und G., seine ergebenen Schüler, mit der gebührenden Unterwürfigkeit ihren Gruß. Wenn durch zügellose Übertretungen der Untergebenen die Vorgesetzten einmal in Zorn versetzt werden, so verlangen es Vernunft und Recht, daß die wieder zu Verstand Gekommenen demütig um Gnade bittend erkennen, daß sie gefehlt haben. Daher haben wir, verehrungswürdiger Lehrer, geglaubt, eure Milde unter Tränen anflehen zu sollen, damit ihr, eingedenk der Güte, mit welcher ihr uns von den ersten Anfängen erzogen habt, unsere Übertretung barmherzig vergessen wollt und uns wiederum unter die Fittiche eures Unterrichts nehmt.

Auch hier das geschraubte Kanzleilatein, die Anwendung des *cursus trispondiacus* (z. B. am Briefende *recipiéntes iteráto)*, der oben dargestellte Briefaufbau, hier allerdings, wie zumeist in der Sammlung, mit einleitender *salutatio*. Auch eine Arenga begegnet in einzelnen Briefen. Der Grad der Formelhaftigkeit ist in diesem wie den meisten Briefen außerordentlich hoch. Die Wiederholungsdichte derselben Wendungen weist ebenso auf die Verfassereinheit wie die paarweise Anordnung der Briefe. Siegfried dürfte sie etwa in den mittleren Monaten des Jahres 1264 verfaßt haben. Weit vor Ende des Jahres 1261 reichen die zugrundeliegenden Ereignisse wohl nicht zurück. Es sind insgesamt 75 Stücke, die ein Kopist gegen Ende des 13. Jahrhunderts in ein kleinformatiges Heftchen von 22 Blättern eingetragen hat (jetzt ein Teil des Cod. Vind. 901). Der Gesichtskreis ist wesentlich enger als der der *Klosterneuburger Briefsammlung,* desgleichen aber auch der Realitätsbezug. Im Mittelpunkt steht – außer dem Autor – dessen Herr, Kadolt von Wehing, der vom kleinen Ritter zum mächtigen Ministerialen des Landesherrn, d. h. in jener Zeit des Böhmenkönigs Ottokar II. Přemysl, aufsteigt. Den Anfang dieser Karriere will Siegfried offenbar dokumentieren. Dazu breitet er eine Menge rechtshistorisch interessanten Materials aus, das seine juristische Schulung (in der Passauer Domschule?) erweist. Die *Laaer Briefsammlung* ist daher mit Recht von der Forschung als einmaliges Dokument einerseits der österreichischen Verfassungs- und Verwaltungsgeschichte und andererseits des Anfangsunterrichtes im gelehrten Prozeßrecht anhand praktischer Beispiele gewürdigt worden.

Wenn wir aber in dieser Sammlung wirklich so etwas wie ein Schulbuch vor uns und – wofür kein Anlaß besteht – daneben an derselben Schule nicht weitere verlorene anzunehmen haben, so werden wir gerade der Einseitigkeit eines derartigen Unterrichts gewahr. Siegfried von Laa, der nicht im Dienst der Kirche, sondern eines weltlichen Herrn steht, muß auf die praktischen Bedürfnisse der Laien Bedacht nehmen, obwohl er sich selbst ganz allgemein als *provisor puerorum in arte litterali*, „Ausbilder der Knaben in der Schreibkunst", bezeichnet. Aus welchem Stande seine Schüler selbst auch sein mögen, sie werden jedenfalls einmal die Geschäfte für adelige Laien zu erledigen haben. Dazu bedarf es eben weder der Theologie noch der „schöngeistigen" Literatur. Die zunehmende Schriftlichkeit auch außerhalb der geistigen Zentren im 13. Jahrhundert bedeutet also keineswegs, daß damit notgedrungen auch die Aufgeschlossenheit gegenüber „zweckfreier" lateinischer Literatur weitere Kreise als zuvor erfaßt haben müßte.

Gelehrtes Recht

Die eben besprochene *Laaer Briefsammlung,* deren Einzelstücke sich zum Großteil um Rechtsstreitigkeiten drehen und als Exempelsammlung für einen Rechtsunterricht dienen konnten, hat uns bereits in den nun – mit aller gebotenen Kürze – zu behandelnden Themenkreis eingeführt.

Im 6. Jahrhundert hatte der oströmische Kaiser Justinian I. das römische Recht im *Corpus iuris* kodifizieren lassen, das seit dem 13. Jahrhundert auch *Corpus iuris civilis* genannt wurde. Es bestand aus den *Digesta,* Auszügen aus klassischen Juristenschriften (von Domitius Ulpianus, Iulius Paulus u. a.), dem *Codex Iustinianus,* der eine

Sammlung der *Constitutiones* (Gesetze) der römischen Kaiser des 2. bis 6. Jahrhunderts enthielt, den *Institutiones* (Unterweisungen), d. h. einem amtlichen Anfängerlehrbuch, und den Novellen, den *novellae (constitutiones)*, den „neuen Gesetzen", die von Justinian selbst erlassen wurden. Im Frühmittelalter fanden alle diese Texte nur geringe Beachtung, gar keine der wichtigste Teil, die Digesten. Von ihnen blieb jedoch eine antike Handschrift (bis heute) erhalten, die in Süditalien um 1070 kopiert wurde. Darauf konnten sich die Rechtsgelehrten in Bologna zu Anfang des 12. Jahrhunderts stützen, nachdem man sich seit den Kämpfen des Investiturstreits im 11. Jahrhundert wieder auf die Quellen des römischen Rechtes besonnen hatte. Nun begann man die Digesten zu redigieren und zu kommentieren. Einzelne Gesetze römisch-deutscher Kaiser und (in der Mitte des 13. Jahrhunderts) das Lehensrechtsbuch wurden dem *Corpus iuris civilis* hinzugefügt.

Infolge und in Parallele zu der neu aufblühenden weltlichen Jurisprudenz schuf wohl um 1140 der Kamaldulensermönch Gratianus in Bologna ein kirchenrechtliches Kompendium, die *Concordia discordantium canonum* (*Übereinstimmung einander widersprechender Konzilsbeschlüsse*), später bekannt unter dem Namen *Decretum*. Er suchte darin in scholastischer Manier die kirchenrechtlichen Bestimmungen der Konzilien und Synoden, aber auch der Kirchenväter und Päpste systematisch zusammenzustellen und zu harmonisieren. Zu diesem Grundbestand des *Decretum* kamen im Laufe des Mittelalters weitere päpstliche Erlässe, *decretalia* oder *decretales*, hinzu, die immer aufs neue gesammelt wurden. In diese stets wachsende Fülle mußte von Zeit zu Zeit immer wieder autoritativ Ordnung gebracht werden. Das geschah etwa 1230/34 durch die fünf Bücher der Dekretalen Papst Gregors IX., die später als *Liber extra* bekannt wurden, da das Buch die „außerhalb" des *Decretum* befindlichen Dekretalen enthielt. Als gemeinsame Bezeichnung für Dekret und Dekretalen setzte sich zwar erst im 16. Jahrhundert *Corpus iuris canonici* durch, doch existierte dieser Begriff in einem allgemeineren Sinn schon weit früher.

Auf die Kirchenprovinz Salzburg strahlten die juristischen Neuerungen im 12. Jahrhundert offenbar in erster Linie nicht direkt von Italien, sondern über Frankreich aus, woher unser Raum ja auch die modernen scholastischen Schriften bezog. In der Praxis der Rechtssprechung schlug sich die neue Strömung bereits um 1200 in Passau nieder, wo Bischof Wolfger von Erla (1191–1204) die kirchliche Gerichtsverfassung umbildete und dabei den Einfluß der Laien sowie des Domkapitels und der Synode bei den geistlichen Prozessen ausschaltete.

Zu dieser Zeit begegnen auch die ersten namentlich bekannten Juristen im Umkreis des Bischofs. Der bedeutendste von ihnen ist zweifellos **Altmann von St. Florian.** Vermutlich um 1150 geboren, war er an der Domschule zu Freising Schüler Rahewins († um 1175), des berühmten Mitarbeiters des Freisinger Bischofs Otto. Vor und um 1200 könnte er sich am Hofe Wolfgers aufgehalten haben, denn eine frühe Fassung seines versifizierten Ehetraktats *Medulla matrimonii* (*Das Wesentlichste der Ehe*) in 700 Hexametern nach den Causae 27–36 des *Decretum Gratiani* findet sich im Codex Vindobonensis 2221, aus der Zeit um 1200, einer Sammelhandschrift kanonistischer Texte, die vermutlich der Passauer Bischof dem Augustiner-Chorherrenstift St. Pölten unter Propst Sigehard, seinem Bruder, als Ausstattungsstück für die Schulbibliothek übergeben hat. In der Sammlung schließen an die *Medulla* die wohl nicht von Altmann verfaßten *Versus decretales*, eine Inhaltsangabe der Causae 1–26 des *Decretum* in Hexametern, an. Außerdem finden sich darin noch u. a. eine Kurzfassung des

Decretum und Schriften zum Prozeßrecht, darunter der *Ordo iudiciarius* (das *Prozeßverfahren*) **Eilberts von Bremen,** eine 1192/95 verfaßte, Bischof Wolfger gewidmete Versbearbeitung der vor 1179 vermutlich in der Diözese Reims entstandenen *Rhetorica ecclesiastica.* Ebenso wie hier werden die Prozeßteile nicht systematisch, sondern praxisnah in Ausrichtung auf die handelnden Personen, jedoch auch im Rückgriff auf die Digesten von Altmann im *Ordo iudiciarius* von 1204/5 (an die 800 Hexameter) abgehandelt. Bald darauf begann Altmann an seinem kanonistischen Hauptwerk, der *Ysagoge iuris (Einführung ins Recht),* zu arbeiten. In mehr als 5000 Hexametern bearbeitete er darin das kanonische Recht nach dem Dekret und den Dekretalen, nahm darin auch seine eigenen beiden früheren Werke auf und berücksichtigte die jeweils neu publizierten Kirchenrechtsquellen, dies durchaus auch noch, nachdem er 1212 Propst des Augustiner-Chorherrenstifts St. Florian geworden war, und weiter bis zu seinem Tode 1221/23. Selbstverständlich wandte Altmann sein juristisches Wissen auch in der Rechtspraxis und in der Lehre an. Die Ausrichtung auf den Unterricht zeigen die Werke ja bereits durch ihre zum Auswendiglernen bestimmte Versform an. Wo Altmann vor allem lehrte, wissen wir nicht. Am ehesten kommt eine Domschule in Frage. Schriften des gelehrten Rechts sind aber seit dem frühen 13. Jahrhundert in nicht wenigen Klöstern und Stiften der Diözese Passau nachzuweisen, z. B. in Göttweig, Klosterneuburg, Lilienfeld, selbstverständlich in St. Florian selbst. Nochmals sei hier zudem an die Sammelhandschrift aus St. Pölten erinnert.

Einen köstlichen Seitentrieb der schulmäßigen Ausbildung in gelehrtem Recht und Ars dictaminis hat uns eben dasselbe Augustiner-Chorherrenstift vermacht. Im Jahre 1209, meldet eine Urkunde, hat ein gewisser Surianus (d. h. vermutlich der Mann aus Suris = Tyrus, will sagen: der Heide), Bischof und Archiprimas der fahrenden Scholaren in Österreich, Steiermark, Baiern und Mähren, die Bitte des Propstes Sigehard erfüllt und seine Kirche von jeder Besteuerung und Bedrückung durch die Vaganten ausgenommen. *In nomine summe et individue vanitatis*, „im Namen der höchsten und unteilbaren Nichtigkeit" hebt die Urkunde an statt mit dem zu erwartenden Exordium *in nomine sancte et individue trinitatis,* „im Namen der heiligen und unteilbaren Dreifaltigkeit"; die Autorität besitzt Surianus nicht *divina favente clementia* „vermittels göttlicher Gnade", sondern *diutina fatuorum favente dementia* „vermittels der andauernden Idiotie der Narren"; die Salutatio wünscht allen Anhängern der Goliardensekte, den Genossen und Nachfolgern, ewig unbehaust und ohne Verpflegung herumziehen zu müssen; die Arenga breitet die Lebensumstände der Vaganten noch aus:

Da wir uns, getrieben von ungehobelter Einfalt und unbedarfter Blödheit, „unseres Vorsatzes noch immer nicht schämen, sondern vielmehr dieselbe Gesinnung hegen, daß wir es für die höchsten Güter halten, von fremdem Brote zu leben" (Juvenal, *Satire* 5,1–2), beweglich und unstet wie die Schwalben, die ihre Nahrung in der Luft suchen, einmal hier, einmal dort, wohin die Leichtigkeit unseres unbeständigen, wandelbaren und wunderbaren Sinnes uns getrieben hat, gleich einem Blatt, das vom Wind fortgerissen wird (vgl. Archipoeta, *Carmen* 10 = *Carmen Buranum* 191), und da wir uns wie ein Funke im Röhricht unermüdlich ermüdet ausgebreitet und bisweilen neben der Härte unseres unordentlichen Ordens Spott und Schläge erfahren haben, „welche Sarmentus oder der verächtliche Gabba an den ungnädigen Tischen des Kaisers nicht ertragen hätte" (Juvenal, *Satire* 5,3–4), darbend, in Not, bedrängt, verschwenderisch mit Ruhm, dahinschwindend vor Hunger und Durst, zitternd vor Kälte, starr vor Frost, schwellend vom Rülpsen, von armseligem Aussehen, bekleidet mit einem Fetzchen auf nackter Haut, immer mit einem nackten Fuß, aus den Häusern der Laien vertrieben, von den Toren der Kleriker stets verjagt, wie die Fledermäuse, denen man weder unter den Vierfüßlern noch unter den Vögeln einen Platz zugesteht, hingegen gezwungen, immer die Gabe anderer zu erbitten, als seien wir an den Bittagen geboren, so ist es billig, daß auch wir bisweilen huldreich den gerechten Anliegen von Bittstellern ein geneigtes Ohr leihen.

Als Ausstellungsort wird *sub divo*, „unter freiem Himmel" angegeben, als Datum das Jahr 1209, das letzte Jahr des Pontifikats des Surianus.

Diese Urkundenparodie, das einzige sichere Zeugnis des Schrifttums der sogenannten Vaganten in der Diözese Passau, lebt selbstverständlich von der beim Publikum vorausgesetzten Kenntnis des gängigen Urkundenformulars und lateinischer Texte wie der berühmten fünften Satire Juvenals und wohl auch der Vagantenbeichte des Archipoeta und schließlich von dem alten Topos der verkehrten Welt, wobei in diesem Falle die mehr oder minder recht- und heimatlosen Vaganten an die Stelle des wohlversorgten und mächtigen Amtsklerus gesetzt werden. Ob dieser Scherz, dessen Vorbild in den Evangelien- und Meßparodien zu sehen ist (s. u. S. 410), von den ordentlichen Stiftsschülern oder „echten" Vaganten veranstaltet wurde, wissen wir natürlich nicht. Er bezeugt uns aber ein gewisses studentisches Leben und Interesse an literarischen Ausdrucksformen, die wir sonst nur in den *Carmina Burana* vorfinden.

Metrische Versdichtung

Nach formalen Gesichtspunkten hätten wir bereits die kanonistischen Werke Altmanns von St. Florian in diesen Abschnitt eingliedern können, sind sie doch in Hexametern abgefaßt. Angesichts so ehrwürdiger Vertreter des hexametrischen Lehrgedichtes aus der klassisch-römischen Antike wie *De natura rerum* von Lukrez, der *Georgica* von Vergil oder der *Ars poetica* von Horaz wäre eine Einschränkung des Begriffs Versdichtung auf Epik, Lyrik und Dramatik literarhistorisch auch nicht zu rechtfertigen. Da die Fachliteratur im engeren Sinne jedoch in der Regel aus unserer Darstellung ausgeklammert bleibt und nur dem gelehrten Recht seiner exzeptionellen Bedeutung wegen in dieser Epoche eine Sonderstellung eingeräumt wird, mögen die allein zum Zwecke des Memorierens in Verse gesetzten kanonistischen Traktate mit Recht dort ihren gesonderten Platz haben.

Altmann hat sich jedoch beim Verseschmieden keineswegs auf juristische Themen beschränkt. Offenbar am Beginn seiner dichterischen Laufbahn steht eine Verslegende von der Bekehrung und dem Leiden der hl. Afra *(Conversio et Passio Sancte Afre)*. Sie liegt in einer modernen Ausgabe vor und bietet sich daher als Demonstrationsobjekt an. Vorausgeschickt hat der Dichter acht elegische Distichen, in denen er seinen Lehrer *(magister suus)* Rahewin (Regewinus) in enger Anlehnung an *Ars poetica*, V. 25f. und 133f., bittet, sein unvollkommenes Werk zu korrigieren (V. 7–12):

> *Dicet: Mutetur hoc, hoc nimis est puerile,*
> *Hic minus abradas, hic minus adicias!*
> *Interpres fidus plus equo nota notavisti;*
> *Hic obscurus fis, dum brevis esse cupis!*
> *Hic antiqui tui novus extas doctor alumpni,*
> *Me Regewine, novis instituens studiis.*

Er wird sagen: Dies soll geändert werden, dies ist allzu kindisch; hier sollst du ein wenig tilgen, hier ein wenig hinzufügen! Du hast als getreuer Bearbeiter Bekanntes mehr als billig dargestellt; hier bist du dunkel, weil du kurz sein willst! Hier wirst du in alter Weise ein neuer Lehrer deines Zöglings, indem du, R., mich in neuen Studien unterrichtest.

Es folgen 18 Hexameter mit Rahewins anerkennender und aufmunternder Antwort, drei mit einer prologartigen zusammenfassenden Moral der ganzen Legende (Gottes Gnade als Heilmittel gegen jede Wunde schlechten Lebenswandels), hierauf der erste Teil der Erzählung, die Bekehrung der Dirne Afra in Augsburg durch den vor der diokletianischen Christenverfolgung geflohenen Bischof Narzissus (V. 38–243), dann der zweite Teil, der Feuertod der am Ufer des Lech an einen Baumstamm gebundenen Bekehrten (V. 244–339), schließlich ein Epilog (V. 340–346) mit der üblichen Bitte um die gnadenvermittelnde Hilfe der Heiligen.

Altmanns Vorlage war die Langfassung der Afralegende aus dem 8. Jahrhundert. Wie ein Vergleich mit der Quelle und mit Rahewins Dichtungen (insbesondere der *Theophilus-Vita*) ergeben hat, begnügt sich der Schüler im Gegensatz zu seinem Lehrer mit einer bloßen, oft sklavisch genauen Versifikation – abgesehen natürlich von Prolog und Epilog – und baut größtenteils ebenso korrekte wie einförmige leoninische, d. h. binnengereimte Hexameter (mit reinen Reimen), ganz selten einmal zwei Verse mit gleichen Reimen *(versus unisoni)* oder endgereimte Hexameter ohne Binnenreim *(versus caudati)*. Aber die Geschichte liest sich insgesamt recht angenehm und flüssig. Auch die sonst üblichen Ausschmückungen der Folterqualen wird man dankbar vermissen. Die schulmäßige Arbeit ist vor dem Tode Rahewins (spätestens 1177), wohl nicht mehr in Freising, eventuell in Klosterneuburg, einer wichtigen Stätte der Afraverehrung in Österreich, vollendet worden.

Auf dem eingeschlagenen Weg schreitet Altmann im folgenden weiter voran. Seine späteren Verslegenden fallen schon länger aus, die *Passio sancti Floriani* in 479 Hexametern und einem Anhang in rhythmischen Versen (von Altmann?), die *Passio sancti Blasii* gar in 845 Hexametern. Die letztgenannte ist überhaupt noch nicht, die erstgenannte immerhin einmal in der Barockzeit zum Druck gelangt, jedoch ebenfalls von der Forschung so gut wie unbeachtet geblieben. Nur ein genauer Vergleich mit den alten Märtyrerakten des hl. Florian aus der karolingischen (oder einer noch früheren) Zeit und mit den beiden Florian-Sequenzen, die in dem diesem Heiligen geweihten Stift im 12. und 13. Jahrhundert verfaßt wurden, ließe eine Beurteilung der literarischen Qualität von Altmanns Florianlegende zu. In jedem Fall hat die Tendenz zur rhetorisch-poetischen Ausschmückung der Erzählung gegenüber der Afravita zugenommen, wofür offenbar die ältere Sequenz AH 9, Nr. 209 *In agone spe coronae* einige Anregungen geliefert hat (s. u. S. 213). An der – teilweise historischen – Geschichte von dem römischen Heeresbeamten in Cetium (St. Pölten), der zur Zeit der diokletianischen Verfolgung den in Lauriacum (Lorch) eingekerkerten Christen zu Hilfe eilt, selbst gefangen, gefoltert und schließlich in der Enns ertränkt wird, hat Altmann aber natürlich nichts verändert.

Neben kanonistischen und hagiographischen hat Altmann auch theologische Gedichte in Hexametern verfaßt, ein paar Dutzend *Versus de beata virgine* (unediert), in denen ein scholastischer Beweis für die leibliche Aufnahme Mariens in den Himmel geliefert wird, des weiteren ein 217 Verse umfassendes *Carmen de consecratione ecclesiae (Gedicht von der Kirchweihe)*, das die Teile des Gotteshauses nach bewährten Mustern wie Hrabanus Maurus, Amalarius von Metz (9. Jahrhundert), Honorius Augustodunensis (12. Jahrhundert), Sicardus von Cremona (um 1155–1215) spirituell auslegt (z. B. die beiden Türme als das Alte und Neue Testament, die Fenster als die Kirchenlehrer, den Kirchenboden als das Volk), und vor allem den *Kommentar zum Hohenlied*. Altmann gibt im Prolog dazu an, er stehe hier in der Nachfolge eines

Petrus, wolle aber die Auslegung breiter gestalten. Tatsächlich braucht er über 3000 Hexameter, wo der andere Autor, gemeint ist Petrus Riga, mit 1254 ausgekommen war. Das allein scheint die ganz wenigen Forscher, die das nur handschriftlich vorliegende Werk kennen, bereits bewogen zu haben, Altmann die größere Fülle und Tiefe der Gedanken zuzusprechen. Selbst H. Riedlinger, der im Inhalt eine völlige Anlehnung an Beda Venerabilis, die sogenannte *Glossa ordinaria* (s. o S. 114) und vermutlich noch einen Kommentar aus der Schule von Laon feststellt, hebt die stilistische Originalität und Bedeutung des Werks hervor. Nach seinen Worten ist Altmann „viel intensiver seiner Aufgabe hingegeben als Petrus Riga" und bietet so „überhaupt die literarisch glänzendste Darstellung der ekklesiologisch-moralischen Hohenliedinterpretationen des Mittelalters". Die bisher bescheidenen im Druck erschienenen Auszüge reichen für eine Überprüfung dieses Urteils zwar nicht aus, lassen es aber zumindest übertrieben erscheinen. Im Hohenlied 3,1–4 heißt es (nach dem lateinischen Text der Vulgata):

Auf meinem Bett, bei Nacht suchte ich, den meine Seele liebt; ich suchte ihn und fand ihn nicht. Ich werde aufstehen und in der Stadt umhergehen; in den Wohnvierteln und auf den Straßen werde ich suchen, den meine Seele liebt. Ich suchte ihn, doch ich fand ihn nicht. Die Wächter fanden mich, die die Stadt bewachen. „Habt ihr nicht, den meine Seele liebt, gesehen?" Kaum daß ich zwischen ihnen hindurchgegangen war, da fand ich, den meine Seele liebt. Ich hielt ihn fest und will ihn nicht lassen, bis ich ihn ins Haus meiner Mutter, ins Schlafgemach meiner Erzeugerin geführt habe.

Altmanns Kommentar dazu könnte in Übersetzung etwa folgendermaßen lauten:

Das Bett ist der Mutterleib, die Krippe, das Grab, ein jedes (davon), dieses meines, (d. h.) für mich, weil jener (= Christus) kraftlos auf jedem (davon) lag; aber sobald er wieder neben dem Vater Platz genommen hatte, war er, auch wenn man ihn dort suchte, nicht zu finden. Daher suchten ihn Maria, Petrus zusammen mit seinem Gefährten Johannes und sahen das leere Grab. Nachdem die erste Übertretung den Menschen niedergeworfen hatte, bereitete sich die fleischliche Ergötzung ein Bett, worauf sie nachlässig lange Zeit ruhte; jedoch die begrabene Natur verschmähte es, auf diesem Bett liegenzubleiben und suchte, da sie die Schönheit der Dinge allmählich erspähte, nach dem Urheber der Welt, hatte aber, umhüllt von einer Wolke der Finsternis, das Licht nicht erfassen können; und die leere Nacht selbst sucht jenen in den Nächten. Aber zähle so viele Nächte, wie viele Sekten der Irrtümer die Unterteilung der Welt hat, aber in ihnen findet sie jenen nicht. Daher erhebt sie sich und sucht in den Vierteln der Philosophen und auf den Straßen, welche die verbreiteten Lehren der Geringeren bezeichnen; dort verläßt sie das Bett, worauf sie nachlässig und untätig verharrt hatte, da sie, mag sie auch irren, suchend zur Höhe strebt und, so (selbst) gefunden, die Unterredung mit den Wächtern verdient. So rief der Hirte das gefundene Schaf zurück; Petrus fand den Zenturio, Ananias den Paulus, der Arbeiter die schimmernde Ernte (vgl. Matth. 9,37par.). Das Bett ist das Geheimnis des Geistes, worin Daniel ruht, während er Gott aus der Wirrnis der Welt schaut. Da hier niemand die Finsternis völlig vertreiben kann, und Gott, sooft der Geist in die Höhe strebt, ihm noch höher entflieht, findet die Braut, mag sie auch eifrig den Geliebten suchen, ihn in diesem Jammertal doch nicht. Unter den Vierteln verstehe die geistlichen Lehrer; und Straßen bezeichnet (= nennt man) die weitläufige weltliche Wissenschaft, von der die Braut einiges in Gebrauch nahm. Sie geht in Vierteln und auf Straßen umher, sucht den Geliebten; die Wächter finden sie; sie geht zwischen ihnen hindurch, findet durch Glauben, erfaßt durch Erkenntnis den Wächter über allen Wächtern, obschon wie in einem Spiegel, hält den Gefundenen und kann ihn nicht mehr gehen lassen, bis die vollständig gesammelte Summe der Heidenschar am Ende der Welt ihn ins Haus oder Schlafgemach der Synagoge hineinführt, die Erneuerin, die Tochter der Mutter. Denn die Aufseher werden die Mutter der Braut, die Synagoge, bekehren, und dann wird ganz Israel gerettet sein.

Altmann braucht für den Abschnitt beinahe exakt ebenso viele Hexameter wie Petrus Riga, legt aber nicht wie dieser Vers für Vers der Bibel aus, sondern läßt die Einzelerklärungen ineinander übergehen. Er bringt fast alle exegetischen Entsprechungen, die Petrus nennt, fügt aber noch welche hinzu, um so ein möglichst dichtes Geflecht von Allegorien und Allegoresen zu erzeugen, das bisweilen unentwirrbar erscheinen soll. Das geht nicht ohne Wiederholungen und auch nicht ohne Gewaltsamkeiten ab (so z. B. wenn er *signat* für „wird bezeichnet durch..." sagt), hat aber mitunter auch seine Reize. Jedenfalls steht dahinter ein bestimmter Stilwille, der dem des Petrus Riga genau entgegengesetzt ist. Dieser bevorzugt den sogenannten leichten Schmuck *(ornatus facilis)* mit kurzen Sätzen oder Kola, Klangfiguren und Wortspielen, Altmann dagegen den schweren Schmuck *(ornatus difficilis)*, der durch uneigentliche Ausdrücke Dunkelheit erzeugt. Kein Wunder also, wenn man Altmanns Versen die Mühe ihrer Herstellung viel stärker anmerkt. Aber Petrus war wohl überhaupt einer der gewandtesten Versifikatoren des gesamten Mittelalters. In seiner *Aurora* (*Morgenröte* – weil sie den Sinn der Schrift erhellt) brachte er den Großteil der Bibel in Verse. Geboren um 1140, in seiner Jugend gefördert vom Erzbischof von Reims, studierte Petrus Riga um 1165 in Paris und schuf sein Bibelepos zwischen 1170 und 1200 in mehreren Etappen. Das in der längsten originalen Fassung etwa 15.000 Verse (überwiegend Distichen, in den letzten Teilen, wie im Hohelied-Kommentar, endgereimte Hexameter) umfassende Bibelepos wurde zu einem der beliebtesten Bücher des Mittelalters (mehr als 250 erhaltene Handschriften!) und zur Schullektüre. Wenn M. Manitius in seiner großen Literaturgeschichte findet, das Werk sei vor allem „wegen der ausgesucht antithetischen und abgehackten distichischen Form unleidlich zu lesen", so steht er mit seinem klassischen Geschmack im krassen Gegensatz zu dem des Mittelalters. Die reimlosen Hexameter Altmanns von St. Florian hätten wohl eher Gnade vor seinen Augen gefunden (obwohl sie von der Möglichkeit, eine kurze Silbe vor der Zäsur zu längen, ziemlich extensiv Gebrauch machen). Zur Zeit ihrer Entstehung blieben sie so gut wie unbeachtet. Zwei Handschriften sind davon erhalten (Codices Vindobonenses 1133 und 2228), viel mehr gab es wohl nicht. Ein Vergleich mit dem *Ligurinus* (s. u. S. 579), dem berühmten Barbarossa-Epos, dessen einzige bis ins 16. Jahrhundert erhaltene, dann für einen Druck benützte Handschrift seither verschollen ist und das infolgedessen und aufgrund seiner klassischen Verse den Verdacht, eine humanistische Fälschung zu sein, aufkommen ließ, wäre jedoch kaum angebracht, da das durch und durch mittelalterliche Sujet Altmanns eine solche Annäherung an den Stil Vergils und Lucans wie im *Ligurinus* gar nicht zugelassen hätte. Die geringe Verbreitung beider Werke könnte freilich mit der bloß regionalen Bedeutung des jeweiligen Entstehungsortes zu tun haben. Reims, wo Petrus Riga seine *Aurora* schuf, besaß da eine kulturelle Strahlkraft ganz anderer Art. Daß dieses Bibelepos allerdings so rasch nach seinem Entstehen schon in St. Florian verfügbar war, verweist uns wohl einmal mehr auf die engen Kontakte der Augustiner-Chorherrenstifte untereinander. Petrus Riga war Regularkanoniker des St. Dionysius-Stifts in Reims.

Trotz aller vorgebrachten Einschränkungen kann Altmanns *Hoheliedkommentar* als das bedeutsamste Werk der metrischen lateinischen Dichtung dieser Epoche in der Diözese Passau gelten. Der Anschluß an Petrus Riga zeigt die Aufgeschlossenheit für die moderne Literaturproduktion des führenden Westens. Die sprachliche Leistung erreicht ein beachtliches Niveau, desgleichen das verarbeitete theologische Wissen. Aus der Verherrlichung der Kirche spricht echte Begeisterung. Zwar gebe es in ihr schwere Sünden, aber in ihren nicht von Fäulnis befallenen Gliedern sei nicht nur die Urkirche, sondern auch die jetzige eine *sancta ecclesia*. Mit Recht bezeichne das Hohelied die Braut als verschlossenen Garten, denn sie schließe den grimmigen Feind aus und bleibe für immer siegreich. Sie könne also sagen:

Ecce super firmam fundata petram per amoris
Gluten connexa, sum murus, et hostis iniqui,
Inconcussa manens, insultus respuo vanos.

Siehe, gegründet auf festem Felsen, zusammengehalten durch das Band der Liebe, bin ich eine Mauer, und unerschüttert bestehend weise ich des bösen Feindes eitle Angriffe zurück. –

Angesichts der über 3000 Hexameter dieses Werkes und der weit mehr als 11.000 des gesamten Œuvres von dem St. Florianer Propst sind alle weiteren hier zu registrierenden metrischen Dichtungen nur Quisquilien. Dennoch kommt einer von ihnen wahrhaft europäische Bedeutung zu, jedoch nicht etwa wegen ihres Umfanges, ihrer poetischen Qualität oder ihres originellen Inhalts, sondern durch Ort und Funktion ihrer Aufzeichnung. Im Jahre 1181 beendete der bedeutendste Goldschmied des Hochmittelalters, Nikolaus von Verdun, nach mehrjähriger Arbeit „das kostbarste Emailwerk der westlichen Kunst aus dem Mittelalter" (H. Buschhausen), die Bildtafeln an den Schauseiten der Kanzel in der Mitte der Lettnerwand, die den Chor der romanischen Kirche des Augustiner-Chorherrenstifts Klosterneuburg vom Hauptschiff, dem Versammlungsort der Gemeinde, trennte. Im 14. Jahrhundert wurden die Emailtafeln, erweitert um sechs Imitationen, zur Innenseite des noch heute so erhaltenen **Verduner Altars** verwendet. Die originalen 45 szenischen Bildtafeln und die zusätzlichen wurden in drei Reihen übereinander angeordnet. Jede der biblischen Szenen wird in einen fensterförmigen, oben kleeblattartig abgeschlossenen Bildrahmen eingefügt, der eine Inschrift trägt, unten auf dem Querbalken den *titulus*, die Kurzbezeichnung der Szene, rundum dann die Bildlegende jeweils in einem Hexameter, alles in schwarzen Majuskeln auf goldenem Grund. Selbstverständlich haben diese Verse nur dienende Funktion und können sich in ihrem künstlerischen Wert nicht entfernt mit der bildnerischen Gestaltung messen. Aber immerhin sind sie sprachlicher Ausdruck jenes theologischen Bildprogramms, das dem berühmten Goldschmied aus Lothringen vorgegeben war.

Dieses Programm ist geprägt von dem oben bereits ausführlich vorgestellten typologischen Denken (s. S. 70) in seiner speziellen dreistufigen Ausformung durch Hugo von St. Victor:

Drei Epochen sind es, durch welche die Wegstrecke dieser gegenwärtigen Welt läuft. Die erste ist die Zeit des Naturgesetzes, die zweite die Zeit des geschriebenen Gesetzes, die dritte die Zeit der Gnade, die erste von Adam bis Moses, die zweite von Moses bis Christus, die dritte von Christus bis zum Ende dieser Welt.

So heißt es im Prolog zu *De sacramentis christianae fidei,* Hugos frühscholastischer Summa, die auch für Traditionalisten annehmbar war und so besonders große Verbreitung auch und gerade im Südosten des Reiches fand. Ein Klosterneuburger Codex (Nr. 311) aus dem 12. Jahrhundert von diesem Werk, das jene heilsgeschichtliche Konzeption systematisch ausführt, bildet denn auch die Hauptquelle für das Programm des Verduner Altars. Wiederum tritt die enge Verbindung mit einem Augustiner-Chorherrenstift Frankreichs, hier St. Victor, hervor. Daneben haben natürlich die Kirchenväter, vor allem Augustinus, Messe und Offizium mit ihren Sequenzen (insbesondere solchen aus dem Repertoire von Saint-Victor!) wichtiges Material geliefert.

So werden in der ersten Kolumne nach alter patristischer Exegese der in der mittleren Reihe stehenden Verkündigung des Herrn oben die Verkündigung Isaaks und unten die Verkündigung Samsons beigeordnet. Die drei Bildlegenden lauten:

Huic sobolis munus promittit trinus et unus.

Diesem verheißt die Gabe der Nachkommenschaft der Dreifaltige und Eine.

Ex te nascetur quo lapsus homo redimetur.

Aus dir wird geboren werden, durch den der gefallene Mensch losgekauft wird.

Hostibus in molem generabis femina prolem.

Den Feinden zur Last wirst du, Frau, einen Sproß hervorbringen.

Es sind ordentliche leoninische Hexameter mit den damals üblichen prosodischen Lizenzen, ohne besondere Raffinesse oder Tiefe. Ohne Kenntnis der zugrundeliegenden Bibelstellen Genesis 18,1–16, Lukas 1,26–38, Richter 13,2–5 und ihrer Exegese wird der typologische Bezug – Sara ist schon alt, die Frau des Manoak unfruchtbar, die Ankündigung erfolgt jeweils durch Engel, Isaak ist nach Galaterbrief 4,28 der Erbe der Verheißung, Samson ein Gott Geweihter (*nasir*, in der Vulgata *nazaraeus*), der die Feinde des Gottesvolkes besiegt – nicht deutlich. Nur die Auslegung der drei Engel bei Abraham als Typus der Dreifaltigkeit wird angedeutet, vollends ausgesprochen jedoch erst im Spruchband, das der erste Engel trägt: *Tres vidit et unum adoravit* („Drei sah er und einen betete er an"), ein angebliches Bibelzitat, das im Offizium gebetet wird.

Auf vergleichbare Weise werden die weiteren Stationen des Lebens Jesu Christi mit den alttestamentarischen Typen zusammengestellt: Geburt, Beschneidung (jeweils mit Isaak und Samson), Epiphanie (mit Melchisedech und der Königin von Saba), Taufe (mit dem Durchzug durchs Rote Meer und dem großen ehernen Wasserbehälter in Salomos Palast nach 1. Buch der Könige 7, 23–26), Einzug in Jerusalem (mit Moses in Ägypten und dem Paschalamm), Abendmahl (mit Melchisedech und dem Manna in der Wüste), Kreuzigung (mit der Opferung Isaaks und der Traube auf der Stange nach Numeri 13,23), Grablegung (mit Joseph im Brunnen und Jonas im Bauch des Wals), Höllenfahrt (mit der zehnten Plage Ägyptens und Samsons Löwenkampf), Auferstehung (mit den Segnungen Jakobs und Samson, der die Stadttore von Gaza aus den Angeln hebt), Himmelfahrt (mit der Entrückung Enochs und Elias), Herabkunft des Heiligen Geistes (mit der Arche Noe und der Gesetzgebung auf dem Sinai). Die letzten beiden Kolumnen fallen aus diesem Schema heraus und schildern die letzten Dinge: Parusie, Posaunen der Engel, Auferstehung der Toten, himmlisches Jerusalem, Jüngstes Gericht, Hölle. Die Legenden beschreiben meist, wie in den zitierten Beispielen, bloß den Bildinhalt, drücken aber bisweilen auch den spirituellen Zusammenhang aus, so im dritten Bild der siebenten Kolumne:

Man notat obscura clausum te Christe figura.

Das Manna bezeichnet dich, Christus, eingeschlossen im dunklen Vorbild.

Gemeint ist der Krug mit Manna in der Bundeslade (nach Exodus 16,32ff.).

Das hier vorgeführte theologische Programm bringt einerseits das traditionalistische typologische Geschichtsbild und Denkmuster, wie es die Augustiner-Chorherren in der Salzburger Kirchenprovinz, allen voran Gerhoch und Arno von Reichersberg, pflegten, massiv und unübersehbar zum Ausdruck, andererseits aber auch den Anspruch Klosterneuburgs, als Gründung und Residenz Leopolds III. auch nach der Verlegung des Babenbergerhofes nach Wien das religiös-geistige Zentrum des Herzogtums zu bleiben. Gewiß nicht zufällig entsteht zugleich mit dem Verduner „Altar" das *Chronicon pii marchionis* (s. o. S. 180).

Der Verfasser der Bildlegenden und somit der Schöpfer des Bildprogramms ist nicht bezeugt. Aber man hat mit Recht eine Identifikation mit Propst Rüdiger (Rudiger) erwogen (H. Buschhausen). Rüdiger, einer der fünf Brüder Gerhochs von Reichersberg, war 1124 in das Augsburger Domkapitel aufgenommen worden und dort als bischöflicher Notar tätig gewesen, hatte aber seine Reformideen auch als Domdekan (ab 1156) gegen den Augsburger Bischof nicht durchsetzen können und war (zusammen mit seinem Bruder Friedrich) 1160/61 aus Augsburg vertrieben worden, als Augustiner-Chorherr in Reichersberg eingetreten, jedoch bald von seinem Bruder Marquard, Propst von Klosterneuburg 1141–1167, in dessen Stift berufen worden (spätestens 1163), wo er seinem Bruder als Propst nachfolgte, aber bereits im Jahr darauf 1168 starb. Im christologischen Streit (s. o. S. 167f.) stand Rüdiger auf der Seite seines Bruders Gerhoch und antwortete, als ein Brief des Magister Petrus statt an Gerhoch irrtümlich an ihn nach Augsburg gelangte, dem Wiener Scholaster an Gerhochs Stelle. Seinem Brief fügte er eine wohl selbst gedichtete Zusammenfassung in 74 gereimten Hexametern bei. Ein ganz kurzes zehnzeiliges Resümee *(Summa brevis)* stellte er auch für die Klosterneuburger Abschrift der *Himmlischen Hierarchie* des Pseudo-Dionysius Areopagita, einer zentralen Schrift der neuplatonischen Theologie, her. Der letzte der zehn leoninischen Hexameter lautet:

Hoc laudis munus decet hunc, qui trinus et unus.
Diese Lobesgabe ziemt ihm, der dreifaltig und einer ist.

Dieser Vers ist halb identisch mit der ersten oben zitierten Bildlegende. Das läßt doch wohl an Verfassereinheit denken. Rüdiger hätte dann der Theologie Gerhochs in dem Bildprogramm ein Denkmal setzen wollen, so darf man vermuten. Jedenfalls ist er als Schriftsteller gut bezeugt, im Gegensatz zu Propst Wernher, der schließlich den Auftrag an Nikolaus von Verdun vergab und sich in der Stifterinschrift verewigen ließ. Von Rüdiger könnten auch zwei Heiligensequenzen stammen (s. u. S. 209), schwerlich jedoch auch das u. a. in einer Vorauer Handschrift überlieferte Gedicht *De vanitate mundi* (s. S. 400). Mehr als ein Gelegenheitsdichter ist Rüdiger also nicht gewesen.

Gelegenheitsgedichte über historische Gegenstände der Vergangenheit und Gegenwart sind in unserer Region ebenfalls produziert worden, jedoch erst im folgenden Jahrhundert. Ein älteres Denkmal, das in der Forschung bisweilen noch immer fälschlich unter dem irreführenden Titel einer Gründungsgeschichte des Stiftes Göttweig figuriert, dürfte nämlich nach Prüfening gehören und von einem dortigen Mönch Heinrich stammen. Das ursprünglich 6 Bücher umfassende, 1150/54 entstandene Werk (Walther 17421) trägt den Titel *Relationes seniorum*, also *Berichte der Älteren (Vorfahren? Führer?)* und enthält, soweit sich die fragmentarisch überlieferten und an dunklen Anspielungen reichen leoninischen Hexameter enträtseln lassen, erbauliche Geschichten von heiligen Männern älterer und neuerer Zeit.

Nach Österreich gehören hingegen die **Versus de primis fundatoribus Zwetlensis monasterii** *(Verse über die ersten Gründer des Klosters Zwettl)*, an die 200 leoninische Hexameter, gewiß von einem Zwettler Zisterzienser vielleicht bald nach 1217 verfaßt und aufgezeichnet, im 14. Jahrhundert dann in das berühmte *Zwettler Stiftungsbuch* (s. Bd. II) übernommen und mit einer Prosaparaphrase und einer deutschen Reimfassung versehen. Literarhistorisch interessant an dieser poetisch unbedeutenden Darstellung der Geschichte der Kuenringer vom Ahnherrn Azzo bis zu Hadmar II., dem Wohltäter des Klosters, der 1217 starb, ist nur die Sage von dem Traum, der Azzo warnt, dem Rufe des Markgrafen Leopold nach Österreich zu folgen. In diesem Traum verwüsten Bären und Eber das Land und töten alles, was lebt. Als der Held über den Traum nachsinnt, ertönt eine Stimme vom Himmel und ruft ihn auf, mit dem Schwert die Bestien zu vertreiben. Azzo folgt ihr und erficht tatsächlich glänzende Siege über die in die Mark eingefallenen Nachbarn. Hier handelt es sich um ein überaus verbreitetes Sagenmotiv. Aus der mittellateinischen Literatur wäre etwa der Traum der Mutter im *Ruodlieb* (Tegernsee, letztes Drittel des 11. Jahrhunderts), worin der Held zwei Eber und eine Schar von Wildsäuen tötet (XVII 88–93), zu vergleichen. Nach der Erzählung von den Heldentaten des Ahnherrn Azzo werden dessen Nachkommen, selbst der Gründer des Klosters Zwettl, Hadmar I., nur noch mit wenigen Versen bedacht.

Während sich unser Anonymus wie Rüdiger und Altmann in der *Passio Afrae* (von wenigen Ausnahmen abgesehen) mit dem leoninischen Hexameter begnügt, nimmt im folgenden auch in unserem Raum die Tendenz zur Reimvielfalt zu, wie sie bereits Rahewin in seiner *Vita Theophili* (s. o. S. 198) vorexerziert hatte.

Ein Melker Benediktiner schildert die Eroberung Ungarns und Polens durch die Mongolen *(Tatari* oder *Tartari)* im Jahre 1241 und beginnt so:

> *Det scripto Clerus, praesens memorare Juventus,*
> *Dirus, quamque ferus hostis fuit iste cruentus.*

Es möge der Klerus der Schrift überantworten und die heutige Jugend daran denken, wie grausam und wild dieser blutrünstige Feind war.

Das ist schlechtes Latein, aber in Hexameter gebracht, die sich in der Zäsur und am Ende gleicherweise reimen (sogenannte *Leonini caudati* oder *duplices*). In den folgenden 16 Versen begnügt sich der Autor damit, einerseits die Zäsuren und andererseits die Versenden der aufeinanderfolgenden Verse miteinander durch Reim zu verbinden (*Hexametri ventrini, concatenati* oder *collaterales*). Inhalt sind die Kampfeswut, der unersättliche Blutrausch der Tartaren, die wie ein angeschwollener Sturzbach alles mit sich gerissen, alles verwüstet und niedergebrannt, Schwangere aufgeschlitzt, Witwen und Waisen vertrieben hätten. Dieses Volk habe der Tartarus, die Unterwelt, ausgespien. Alle, welche diese Wut noch nicht hinweggerafft, mögen jubeln und schlaflos *(insomnes)* von Herzen Christus rühmen. Konkrete historische Angaben enthält das Werkchen keine.

Noch größere Kunstfertigkeit verwendet ein aus Niedersachsen stammender Zisterzienser mit Namen **Konrad** (Chunradus) auf seine Grabinschrift für den 1246 gefallenen Herzog **(*Epitaphium ducis Friderici Austrie et Stirie*)**. Die Anfangsbuchstaben der 13 Verse bilden den Namen *Fridericus dux*, also ein Akrostichon. Bis auf einen Hexameter sind alle durch Endreim aneinander gebunden, alle bis auf die ersten beiden aber noch durch weitere Reime verziert, meist in der Weise, daß der Hexameter dreigeteilt erscheint, wie etwa Vers 5–6:

> *Ecclesie fax,   pax patrie,   decus orbis, abegit*
> *Rure, foro   scelus, urbe, choro   famosa peregit.*

Als Fackel der Kirche, als Friede des Vaterlandes, als Zierde des Erdkreises vertrieb er vom Lande, vom Marktplatz das Verbrechen, in der Stadt, beim Reigentanz erwarb er sich Ruhm.

In Vers 6 liegt Zäsurreim auf der zweiten und vierten Hebung vor (sogenannter *trininus saliens*), in V. 5 ein Schlagreim *fax – pax*. Für die inhaltliche Füllung bleibt da wenig Spielraum. Nur ein Genie hätte ihn nützen können. Konrad begnügt sich mit der in der Panegyrik üblichen Lobhudelei, versäumt es dabei aber nicht, seine Bildung auszubreiten:

Die Gestalt des Paris liegt tot, das Aufbrausen Hektors, die Kraft Achills, die Fortune Alexanders, unterworfen den Flammen, ja sogar die Stärke Samsons, das Herz Davids, der Mund Salomons, die Gabe Mordechais (des Ziehvaters der Königin Esther und Wohltäters seines Volkes), das (ruhmvolle) Geschick Judiths, der (Helden-)Tod des (Judas) Makkabäus.

Von den teils durch Exempla, teils anders ausgedrückten Gemeinplätzen verdient im Grunde nur die Angabe über Friedrichs Auftreten beim Reigentanz Beachtung, da auch volkssprachliche Dichter wie Neidhart und der Tannhäuser den Herzog als Vorsänger bei solchen Gelegenheiten preisen (s. u. S. 285 und 297) und dies nicht zu den üblichen Herrschertugenden zählt. Am Schluß fordert Konrad, inmitten der üblichen Fürbitten für die Seele des Toten, Österreich und Steier gemeinsam zur Trauer auf. Über die ursprüngliche Bestimmung des Epitaphs wissen wir nichts. Man könnte an eine Entstehung in der Zisterze Heiligenkreuz, der Begräbnisstätte des Herzogs denken. Überliefert ist das Gedicht (Walther 6762a) im Wiener Codex 398.

In einer Linzer Handschrift aus Suben steht ein weiteres ***Klagegedicht auf den Tod Friedrichs*** (Incipit: *Accipe fortuna quicquid mortale dedisti*, Walther 241a), 23 Verse, die der Reihe nach mit allen Buchstaben des ABC beginnen (I = J, U = V), also ein sogenanntes Abecedarium bilden und überdies alle auf denselben Reim *-isti* enden, manche sogar noch mit Reimen im Innern (z. B. V. 16 *dux – trux – crux*) versehen. Der ungenannte Autor klagt in traditioneller Manier die wankelmütige Fortuna an, weist dann jedoch auf die Abhängigkeit des Kriegsglücks von der Gnade Gottes hin, die dem Herzog hier entzogen worden sei. Obwohl er sagt, Friedrich habe „sich zu sehr auf das Urteil Christi eingelassen", sieht er darin offenbar keine Schuld, sondern eine Folge übergroßen Einsatzes für Vaterland und Frieden. Über das Verhältnis von Form und Inhalt gilt das zum vorherigen Gedicht Gesagte.

Ganz ähnlich verhält es sich mit dem ebenfalls in einer Linzer Handschrift überlieferten ***Lobgedicht auf*** den neuen Landesfürsten ***Ottokar*** (Otakar, hier Otaherus) (Walther 6452), das beginnt: *Fertilis Austria, regna geris tria, marchio, dux, rex* (Fruchtbares Österreich! Drei Reiche verwaltest du, Markgraf, Herzog, König.) Österreich wird als das Hauptland des Königs von Böhmen, Markgrafen von Mähren, Herzogs von Österreich und Steier (ab 1269 auch von Kärnten und Krain) bezeichnet. Nur ein Österreicher kann die 17 endgereimten und mit zahlreichen weiteren Reimen versehenen Hexameter verfaßt haben – was sich, trotz fehlender Nennung Österreichs und trotz Herkunft der Handschrift aus Suben, beim zuvor genannten Gedicht von selbst versteht. Adressaten sind hier ausdrücklich die Kleriker, genauer die Priester, die stets dieses Fürsten bei der Meßfeier gedenken sollen, denn er sei ein „Vater des gesamten Klerus" (V. 12). Der Hinweis auf den wiederhergestellten Frieden (V. 5 u. 14) deutet wohl auf die Zeit zwischen der Vertreibung der Ungarn 1260 und dem Ausbruch der Auseinandersetzungen mit Rudolf von Habsburg 1273. Vielleicht steckt hinter dem *vultus suus imperialis* („seinem herrscherlichen Antlitz") in V. 13 sogar eine Anspielung auf Ottokars Ansprüche auf die Reichskrone.

Wären die drei panegyrischen Gelegenheitsgedichte nicht zufällig in je einer Handschrift erhalten geblieben, so wäre der Verlust leicht zu verschmerzen. Daß diese Reimmode auch hierzulande gelegentlich gepflegt worden ist, kann ohnehin fast als Selbstverständlichkeit gelten.

Weltliche Dichtung in Rhythmen

Die steigende Vorliebe für den Reim im Hexameter (und Pentameter) geht nicht zuletzt auf das zunehmende Prestige der sogenannten Vagantendichtung in gereimten rhythmischen Versen *(rhythmi)* zurück. Im geistlichen Hymnus haben sich Reim und Rhythmus ohnehin früh durchgesetzt. Im 12. Jahrhundert gerät auch die Sequenz zunehmend in den Sog dieser Form (s. o. S. 96f.). Selbstverständlich begegnen wir ihr dann auch im geistlichen Spiel (s. u. S. 218). Während auf all diesen Gebieten die Diözese Passau durchaus Gewichtiges beizutragen hat, fällt der Ertrag auf dem Felde der weltlichen Dichtung dürftig aus.

Erst am Ende der hier darzustellenden Periode entscheidet sich ein anonymer Kleriker ausdrücklich für den Rhythmus und gegen das Metrum, um die Geschichte der vergangenen rund hundert Jahre darzustellen:

Etas nostri temporis   brevis non senescit,
Veterata temporum   reminisci nescit.
Ob hoc stupet sapiens   stultusque timescit,
Dies mali subeunt,   malumque crebrescit.

Crede consequencia   stilum redolere
Cursilem, non metricum: metra viluere.
„Que caritatem vulnerant,   verba non valuere"
Quisque dicat sapiens,   et hec abolere
Studeat et moribus   cuique complacere.

Das kurze Leben unserer Zeit wird nicht alt, das alt gewordene kann sich der Zeiten nicht erinnern. Deshalb staunt der Weise, und der Tor gerät in Furcht; böse Tage nahen und das Böse verbreitet sich mehr und mehr. Glaube, daß das Folgende nach rhythmischem Stil riecht, nicht nach metrischem, denn die Metren sind wertlos geworden. „Worte, die die Nächstenliebe verletzen, sind nichts wert gewesen", möge jeder Weise sagen und sie gänzlich aus der Welt zu schaffen und durch seine Lebensweise allen zu gefallen bestrebt sein.

Das sind sogenannte Vagantenzeilen, bestehend aus einem siebensilbigen Anvers mit männlicher und einem sechssilbigen Abvers mit weiblicher Kadenz, der vermutlich dank dem berühmten Vorbild des Archipoeta wohl verbreitetste rhythmische Vers. Ein zweiter Archipoeta ist hier freilich nicht am Werk, nicht etwa weil er keine vierzeiligen durchgereimten Strophen (Vagantenstrophen) bildet, vielmehr denselben Reim immer so lange gebraucht, wie es ihm gerade gefällt (hier zu Anfang zufällig viermal), sondern weil es ihm, wie bereits aus den wenigen Zeilen ersichtlich, an echtem Stilgefühl durchaus mangelt. Schon die Abwandlung des alten Gemeinplatzes vom kurzen Leben wirkt äußerst gezwungen und widersprüchlich. Sprunghaft setzt sich der Gedankengang des Prologs von 21 Versen fort. Der Sinn ist bisweilen schwer zu erraten. Wird hier ein Zusammenhang von Verfall der Zeiten und der Metren behauptet (*consequens* „folgerichtig")? Vers 10ff. wollen vermutlich besagen, daß man die bedenklichen Taten der Geschichte zwar im eigenen Handeln meiden, aber nichtsdestoweniger der Nachwelt getreulich überliefern solle. Er, der Autor, wolle nun aufzeichnen, was ihm selbst zu Lebzeiten in den letzten 25 Jahren bekannt geworden sei, und zwar solange sein Leben noch währe. Das unmittelbar Folgende sei allerdings schon länger, nämlich (weniger als?) hundert Jahre her.

Die historischen Notizen dieses sogenannten *Chronicon rhythmicum Austriacum* (Walther 641) beginnen im überlieferten Text mit dem Todesjahr von Thomas Becket 1170 und enden nach 877 Versen im Jahr 1268. Das ergäbe in der Tat fast 100 Jahre, doch sind acht Verse nach V. 21 wegen der völlig abweichenden Versform und der aus dem Rahmen fallenden Berichtsinhalte schon vom Herausgeber als unecht qualifiziert (und nicht mitgezählt) worden. Den Rahmen bildet sonst die Geschichte der Staufer von der Wahl Friedrichs I. (die von 1152 auf 1190 verlegt wird) bis zur Hinrichtung Konradins, also von der Blüte bis zum Untergang. Der Autor nimmt grundsätzlich die Position der Kurie ein, beurteilt aber keineswegs alle Aktionen der Staufer negativ. Insbesondere dem unglücklichen Konradin kann er sein Mitgefühl nicht versagen. Karl von Anjou kommt schlecht weg. *Tumet Francus solito* („der Franzose bläst sich gewöhnlich auf"), schreibt der Autor V. 799; vielleicht hat er solche Erfahrungen selbst bei einem Studienaufenthalt gemacht. Im Thronstreit nach Herzog Friedrichs II. Tod tritt er selbstverständlich für die vom Papst unterstützten Rechte Gertruds, der Nichte Friedrichs, ein und nennt den Sohn Gertruds, Friedrich, der dann zusammen mit Konradin hingerichtet wird, den „legitimen Erben Österreichs" (V. 821). Das hat ihn jedoch nicht gehindert, an früherer Stelle die Verbindung des Böhmenkönigs mit Friedrichs Schwester als friedenbringendes und ruhmreiches Ereignis zu würdigen (V. 598ff.). Die gegen Friedrich wie gegen Ottokar kämpfenden Ungarn (und Kumanen) sieht er jedoch nur als Usurpatoren, Übeltäter und Kirchenschänder (V. 601ff.). In seinem Nachruf auf den ermordeten Erzbischof Smaragdus von Kalocsa bedauert er diesen Metropolitansitz, der einst vom Apostel Paulus errichtet worden (*Colocenses*, „Kalocsaer", gleichgesetzt mit den *Colossenses*, „Kolossern"?), nun aber den Hunnen (= Ungarn) überantwortet, herabgestürzt und ohne festen Halt sei (V. 754ff.).

Die Beurteilung dieser ungarnfeindlichen Partien hängt von dem Verhältnis des *Chronicon* zu den *Versus de Innocentio IV. et Friderico II.* (Walther 6703) in einer Basler Handschrift des ausgehenden 13. Jahrhunderts ab, die eine Menge wörtliche, bis zu ganzen Zeilengleichungen reichende Entsprechungen zum *Chronicon* aufweisen. Der Autor dieser satirischen *Versus* zählt sich eindeutig zu den Ungarn (V. 223) und beklagt seine dreimonatige mongolische Gefangenschaft. Da im *Chronicon* ebenfalls der Mongolensturm mit bewegten Worten geschildert wird, auch sonst spezielle Kenntnisse ungarischer Zeitgeschichte durchscheinen und die grundsätzlich gleiche, freilich weit milder formulierte kuriale Parteinahme gegen Kaiser Friedrich zum Ausdruck kommt, hat man die vom Herausgeber der *Versus* postulierte Verfassereinheit in der weiteren (spärlichen) Forschung akzeptiert. Der Dichter soll sein erstes, 311 Verse umfassendes Gedicht 1247/50 noch in Ungarn verfaßt haben, dann aber vor den Mongolen – die allerdings längst aus Ungarn abgezogen waren – nach Österreich geflüchtet sein und dann hier, am ehesten in Klosterneuburg (worauf die Überlieferung weist) sein Alterswerk, das *Chronicon* geschrieben haben. Nun hatte der Herausgeber der *Versus* allerdings bemerkt, daß die hier noch weitgehend beachtete Meidung des Hiats und des Auftakts im *Chronicon* nicht mehr gilt, hatte diesen verstechnischen Rückschritt aber auf neue – ungenannte – Vorbilder zurückgeführt, um die Verfassereinheit aufrechterhalten zu können. Die andere Alternative, daß der

Chronist, der ohne Zweifel über Beziehungen zu Ungarn (Kalocsa?) verfügte, die Satire teilweise schlicht abgeschrieben habe, scheint mir dennoch den Vorzug zu verdienen. Das *Chronicon* steht auch an Gelehrsamkeit, z. B. Klassikeranleihen deutlich unter dem Niveau der satirischen *Versus*, die allerdings ebenso sprunghaft assoziativ und teilweise noch unverständlicher abgefaßt sind. Der Chronist begnügt sich im allgemeinen mit Anleihen bei Bibel und Liturgie. Beide Autoren suchen selbstverständlich gemäß damaligem Usus, ihre Verse mit Klangfiguren, Wortspielen und seltenen, ja sogar neu gebildeten Wörtern aufzuputzen, ohne ihre Unbeholfenheit damit aber hinreichend übertünchen zu können. Über die Hauptquellen des *Chronicon rhythmicum* besteht unter Historikern keine Einigkeit. Es kommen einerseits Klosterneuburger, andererseits Heiligenkreuzer und Wiener Schotten-Annalen in Frage. Der Quellenwert des Werkes selbst gilt als gering. Zwar ist der Gesichtskreis des Autors beträchtlich – er reicht von Frankreich über Österreich bis Ungarn und Italien. Aber die Auswahl der Nachrichten erfolgt unsystematisch und unkritisch. Gerade die Subjektivität der Darstellung sollte aber nicht nur Anlaß zur Kritik, sondern auch zu mentalitätsgeschichtlichen Untersuchungen geben. Ein unmittelbarer Vergleich mit den bald darauf entstandenen deutschen Chroniken von Jans Jansen Enikel (s. Bd. II) bietet sich hier an.

Geistliche Lyrik

Am Ende des entsprechenden Abschnitts im vorangehenden zweiten Kapitel stand der **Codex Vindobonensis 13314**. Von diesem haben wir auch hier den Ausgang zu nehmen, wobei auf die dort angebrachten prinzipiellen Bemerkungen zur Entwicklung der Hymnen und Sequenzen verwiesen sei (S. 95ff.).

Das Sequentiar dieses vermutlich in Klosterneuburg ab der Mitte des 12. Jahrhunderts angelegten Missales besteht aus vier Teilen. Einem ältesten Bestand wurden bald nach der Jahrhundertmitte ein größerer Nachtrag und zwei kleinere im frühen 13. Jahrhundert hinzugefügt. In allen drei Nachträgen machen Sequenzen Gottschalks von Aachen, echte und vielleicht unechte, einen mehr oder minder großen Anteil aus. Bei denjenigen Stücken, die nur im Cod. Vind. 13314 überliefert sind, leuchtet die Annahme, sie könnten von einem Klosterneuburger Gottschalk-Nachahmer stammen (R. W. Schmidt), besonders ein. Daß der große Hymnologe G. M. Dreves sie durch Stilvergleich dem ruhmreichen Sequenzenmeister des 11. Jahrhunderts zuweisen konnte, bürgt jedoch für ihre hohe Qualität. Sollte hier ein „Epigone" am Werk gewesen sein, so zeichnete er sich jedenfalls durch guten, wenngleich konservativen Geschmack und außerordentliches handwerkliches Können aus. Die als sein Werk vor allem in Frage kommenden Sequenzen sind in dem von Dreves herausgegebenen Band 50 der Analecta Hymnica die Nummern 272 *Verbum aeternaliter*, 276 *Magnificate Dominum*, 279 *Summae trinitatis*, 280 *Michael, Gabriel* und 284 *Audite caeli*.

Daß man in Klosterneuburg weiterhin an Sequenzen älteren Stils interessiert blieb, zeigen neben Stücken von Gottschalk (bzw. Pseudo-Gottschalk) auch zwei französische Gesänge aus dem 10. Jahrhundert, AH 53, Nr. 98 *Alleluia hac clara die turma* (allerdings mit fast durchgehender a-Assonanz) und AH 53, Nr. 108 *Salve porta* (ebenfalls mit häufigen a-Assonanzen), im ersten Nachtrag. Daneben wirkt sich aber auch die im Westen vollzogene Umformung der Sequenz zum gereimten und rhythmischen Strophengebilde kräftig aus. Für den hierzulande aufgefangenen, aus Frankreich kommenden Traditionsstrom legt zwar nur ein einziges Stück in unserem Codex sicheres Zeugnis ab, die als letzte in den ursprünglichen Teil des Sequentiars eingetragene Sequenz AH 54, Nr. 120 *Laudes crucis attolamus* von Adam von St. Victor (oder einem seiner Schüler), doch gehen dieser bereits zwei einheimische mustergültige Beispiele des neuen Stils voraus (s. o. S. 97f.), und es folgen weitere in den Nachträgen, so daß wir mit breiter Kenntnis derartiger westlicher Produkte rechnen dürfen, auch wenn sie in unseren Codex nicht Eingang gefunden haben. In Seckau sind mehr davon tradiert worden (s. u. S. 402).

Gänzlich unklar ist die Rolle, die Propst **Rüdiger von Klosterneuburg,** der von Augsburg über Reichersberg hierher kam (s. o. S. 203), bei der Vermittlung westlicher Sequenzen gespielt haben könnte. Jedenfalls wird ihm in einer nur im Augustiner-Chorherrenstift Neustift bei Brixen überlieferten Notiz die Nikolaus-Sequenz *Laude Christo debita* (AH 55, Nr. 265) zugewiesen. Die Zuschreibung gewinnt an Wahrscheinlichkeit angesichts ihrer Überlieferung im Klosterneuburger Sequentiar (1. Nachtrag) und ihrer metrischen Identität mit der Afra-Sequenz *Verbum sapientiae* (AH 55, Nr. 46), die einer Augsburger, aber auch in österreichischen Augustiner-Chorherrenstiften eifrig verehrten Heiligen gilt. Die beiden Fassungen der Afra-Sequenz dürften ziemlich sicher in der Diözese Augsburg geschaffen worden sein. Ob Rüdiger sie gedichtet, bearbeitet oder nur in der Nikolaus-Sequenz formal nachgeahmt hat, muß offenbleiben. Bei dieser hat sich Rüdiger auch inhaltlich an ein älteres Vorbild, die französische Nikolaus-Sequenz *Congaudentes exsultemus* (AH 54, Nr. 66), gehalten. Trotz gewisser Motivzusätze – es werden nun alle wichtigen Züge der Legende des Bischofs von Myra aufgezählt – liegt der Wert vor allem in der neuen Gestalt. Der regelmäßige Rhythmus ist bis auf vereinzelte Tonbeugungen durchgeführt, desgleichen der zweisilbige Reim. Die Strophenlänge schwankt allerdings noch zwischen zwei und sechs Zeilen, was sich Adam von St. Victor nur noch gelegentlich gestattet. Auf der Stilebene hat Rüdiger gegenüber seiner Vorlage auch Neues zu geben, wenn er etwa die auf die bekannteste Nikolaus-Legende bezogene Strophe 10 der französischen Sequenz in seiner Strophe 12 mittels Alliteration und Paronomasie neu formt:

> 10. *Auro per eum virginum*
> *tollitur infamia*
> *Atque patris earundem*
> *levatur inopia.*

Durch ihn wird mit Gold die Schande der Jungfrauen beseitigt und die Not ihres Vaters gelindert.

> 12. *Auri dato pondere*
> *Festinavit tollere*
> *Malam et nefariam*
> *Famem et infamiam.*

Er beeilte sich, durch die Gabe einer Menge Goldes den bösen Hunger und die ruchlose Schande zu beseitigen.

Doch es finden sich noch beachtlichere „bodenständige" Produkte des neuen Typus in unserem Sequentiar. Die **Weihnachtssequenz AH 54, Nr. 96** beginnt mit folgender Strophe:

> 1. *Potestate, non natura*
> *Fit creator creatura,*
> *Reportetur ut factura*
> *Factoris in gloria.*

Durch die Allmacht, nicht von Natur wird der Schöpfer Geschöpf, damit das Verfertigte zum Ruhme des Verfertigers heimgebracht werde.

Wortspiele dieser Art (Polyptota) prägen den überaus kunstvollen Stil dieses Gesanges, der sowohl im Imperium wie in Frankreich, Spanien, Italien und England verbreitet war, aber doch am ehesten von einem Augustiner-Chorherrn in Klosterneuburg (oder Seckau?) geschaffen wurde. Die – bis auf die sechszeilige 13. Strophe – gleich gebauten sechs Doppelversikel reimen jeweils in der letzten Zeile aufeinander, nicht freilich in 9–10, wo mitten im Doppelversikel der bisher durchgehende -*ia*-Reim durch den -*erum*-Reim ersetzt wird. Sie bestehen jeweils aus drei zweigeteilten Achtsilbern mit weiblicher Kadenz und einem Siebensilber mit männlichem Ausgang: 3x (4p + 4p) a, 7ppb – eine auch von Adam von St. Victor verwendete Strophenform.

In der von D. Norberg vorgeschlagenen praktikablen symbolischen Schreibweise bedeuten p (= *paroxytonon*) ein Wort mit Betonung auf der vorletzten Silbe, pp (= *proparoxytonon*) eines mit Betonung auf der vorvorletzten Silbe und a, b c etc. die Reime.

Die weiteren Strophen stellen vor allem das Übernatürliche der Inkarnation heraus, den Eintritt des Zeit- und Raumlosen in menschliche Schranken, die Geburt des Geliebten aus der Jungfrau, die Säugung des Vaters durch die Tochter, die Neigung des Himmels zur Erde. Als Grund der Erlösung nennt der Dichter alle Schuldigen, als ihren *modus* das gerechte, aber auf Gnade gegründete Wollen Gottes (Str. 7). Seine Bildkraft stellt der Autor in Strophe 8 unter Beweis.

> 8. *O quam dulce condimentum*
> *Nobis mutans in pigmentum*
> *Cum aceto fel cruentum*
> *Degustante Messia!*

O, welch süßes Gewürz, das uns die blutige Galle mit dem Essig in Honigwein verwandelt, da der Messias davon kostet!

Sprachlich kühn wird hier das vom Erlöser am Kreuz vergossene Blut in die ihm gereichte scheußliche Labung gemischt. Dann erscheint Jesus als barmherziger Samariter, als zweiter Elisäus (Elischa), als guter Hirte. Strophe 12 verschränkt aufs engste Sündenfall und Erlösung:

> 12. *Vicit, regnat Deus-homo*
> *Trahens orco lapsum pomo.*
> *Caelo tractus gaudet homo*
> *Denum complens numerum.*

Es hat gesiegt, es regiert der Gottmensch, der den durch den Apfel Gefallenen aus der Hölle zieht. Es freut sich der zum Himmel gezogene Mensch, der die Zehnzahl – den zehnten Himmelschor – auffüllt.

Die Schlußstrophe ruft die „Mutter des Vaters, den Zielpunkt des Propheten" (*patris mater, meta vatum*: chiastisches Wortspiel) an, bei ihrem Sohn die ewige Seligkeit der Bittenden durch Bitte und Befehl zu erwirken.

Etwas im Schatten dieses Meisterwerks steht die unmittelbar im Anschluß daran in dieselbe Handschrift eingetragene **Weihnachtssequenz AH 8, Nr. 7** *Candor surgens ut aurora*, die sonst nur noch in zwei aus Seckau stammenden Codices zu finden ist, also auch dort entstanden sein könnte. Die Sequenz, die Szövérffy immerhin zu den bedeutenden anonymen Werken der zweiten Stilperiode rechnet, umfaßt außer dem alleinstehenden Einleitungsversikel acht Doppelversikel von raffinierter Bauart: 2ab, 4ab und 6ab sind Dreizeiler mit Binnenreimen in den ersten beiden Zeilen und Endreimen der entsprechenden Versikel, z. B.

> 6a. *Quam amoenus ager plenus*
> *Madet rore, quem ab ore*
> *Gabrielis suscipit;*
> 6b. *Cuius fructus fit conductus*
> *Per quem fretus exsul vetus*
> *Stolam primam recipit.*

Wie lieblich ist das Feld gesättigt und naß vom Tau, den es vom Munde Gabriels empfängt; dessen Frucht wird zum Geleit, durch welches der alte Heimatlose voll Vertrauen das beste Gewand wiedererlangt.

3ab, 5ab und 8ab sind Vierzeiler mit Endreim der ersten beiden Zeilen, Binnenreim in der dritten Zeile und Versikelreim in der letzten. Nur 7ab, zwei aufeinander gereimte Zweizeiler, fallen heraus. Die Reime sind durchweg zweisilbig rein, der Rhythmus streng durchgehalten. Der Inhalt wird großteils von biblischen Typologien beherrscht. Nach dem Eingangsbild von dem das Chaos der Finsternis auflösenden Glanz des ankommenden Erlösers – einem geläufigen Zug der Weihnachtsliturgie – konzentriert sich der Gesang auf jungfräuliche Geburt und Gebärerin: Die von David besungene, das Manna enthaltende Bundeslade, die Moabiterin Ruth (die Stammesmutter Davids), das Bett Salomons, das Vlies Gideons präfigurieren im Alten Bund Maria. Neutestamentliche Bilder treten hinzu, so in den zitierten Strophen die Gleichsetzung der Botschaft des Engels mit dem Tau auf dem Acker (dies eine – eigenständige? – Kombination von Genesis 27,27 und dem Tau auf dem Vlies Gideons) und die Einkleidung des zurückgekehrten Verlorenen Sohnes durch seinen Vater (Lukas 15,22). Die Schlußversikel beschwören die enge Verbindung der säugenden Mutter zu dem in ihrem Schoß weinenden Kind, das nun auf dem Himmelsthron sitzt. Hier kündigt sich das Jesus- und Marienbild kommender Jahrhunderte an.

Die Weihnachtssequenz als der legitime Ort, wo sich Herren- und Marienverehrung verbinden, leitet zu den **Mariensequenzen** unseres Raumes über, die wir nun dank einer Zusammenstellung von J. Szövérffy recht gut überschauen. Ein herausragendes Beispiel aus dem Codex Vind. 13314 sei hier vollständig zitiert und übersetzt **(AH 54, Nr. 224)**:

> 1. *Salve, proles Davidis,*
> *Salve, virgo nobilis,*
> *Cuius partus admirabilis.*

2. *Salve*	3. *Salve,*
mundi spes et domina,	*gemma pudicitiae,*
Salve virtutum cellula,	*Salve, norma iustitiae,*
Salve,	*Salve,*
paradisi ianua,	*mater misericordiae.*

211

4. *Tu castitatis lilium,*
   Genuisti filium,
   Miseris auxilium;

5. *Tu, filia Ierusalem,*
   Protulisti in Bethlehem
   Gloriosam propaginem.

6. *Tu firmata in Sion.*
   Virga florens Aaron,
   Madidum vellus Gedeon,

7. *Tu satis expresse*
   Stirps es illa Iesse
   Digna Dei mater esse.

8. *Tua sunt ubera*
       vino redolentia,
   Candor superat
       lac et lilia,
   Odor flores
       vincit et balsama.

9. *Tu porta, quae soli*
       Domino patuit,
   Hortus, in quo
       deitas latuit,
   Stella, quae solem
       saeclis attulit.

10. *Ille tuus unicus,*
    Ille tibi
        dilectissimus,
    Cypri botrus,
        myrrhae fasciculus.

11. *Te exspectant deliciae,*
    Te laudant
        adulescentulae,
    Te sponsus
        vocat in meridie:

12. *Veni, veni, filia,*
    Intra nostra cubilia;
    Surge, surge, propera,
    Fugit hiems, floret vinea.

13. *Vox tua vox turturis,*
    Forma desiderabilis,
    Virtus ineffabilis,
    Suavitas inaestimabilis.

14. *Nunc, o mater Dei et hominis,*
    Confer opem miseris,
    Consolare flebiles
    Sublevando debiles
    Nostraque tibi praeconia
    Sint laus et perennis gloria.

1. Gegrüßet seist du, Sproß Davids, gegrüßet, edle Jungfrau, deren Gebären zu bestaunen ist. 2. Gegrüßet seist du, Hoffnung und Herrin der Welt, gegrüßet, Kammer der Tugenden, gegrüßet, Pforte des Paradieses, 3. Gegrüßet seist du, Edelstein der Schamhaftigkeit, gegrüßet, Richtschnur der Gerechtigkeit, gegrüßet, Mutter der Barmherzigkeit. 4. Du, der Keuschheit Lilie, gebarst den Sohn, für die Armseligen als Hilfe; 5. Du, Tochter Jerusalem, brachtest in Bethlehem den glorreichen Nachkommen hervor. 6. Du, gefestigt in Zion, blühender Zweig Aarons, feuchtes Vlies Gideons, 7. Du bist, ganz ausdrücklich, jener Sproß Jesses, der würdig ist, Mutter Gottes zu sein. 8. Deine Brüste duften nach Wein, das Weiß übertrifft Milch und Lilien, der Duft besiegt Blumen und Balsam. 9. Du, die Pforte, die allein dem Herrn offensteht, der Garten, in dem die Gottheit verborgen lag, der Stern, der die Sonne den Menschengeschlechtern brachte. 10. Jener ist dein Einziger, jener dir der Liebste, die Weintraube Zyperns, das Büschel Myrrhe. 11. Dich erwarten die Genüsse, dich loben die Mädchen, dich ruft der Bräutigam zu Mittag: 12. Komm, komm, Tochter, in unsere Gemächer, steht auf, steh auf, spute dich, es flieht der Winter, es blüht der Weinstock. 13. Deine Stimme ist die Stimme der Taube, die Gestalt begehrenswert, die Tugend unaussprechlich, die Süße unvergleichlich. 14. Jetzt, o Mutter Gottes und des Menschen, bringe Hilfe den Armseligen, tröste die Weinenden durch Aufrichtung der Schwachen, und dir sei unsere Verkündigung Lob und ewiger Ruhm.

Die Sequenz, gefolgt von AH 53, Nr. 105 *Ave, Dei genetrix summi*, einer weiteren vielleicht hier entstandenen Mariensequenz, eröffnet den ersten Nachtragsteil unseres Sequentiars. Sie könnte daher nach den beiden im vorigen Kapitel (s. S. 97f.) vorgestellten Mariengedichten AH 54, Nr. 222 *Ave plena singulari* und AH 54, Nr. 228 *Ave candens lilium* entstanden sein, obwohl der formale Typus ein älterer ist, wie etliche Züge zeigen, die noch dem Übergangsstil angehören: der oft unreine zweisilbige, bisweilen sogar nur einsilbige Reim, der keineswegs allenthalben regelmäßige Rhythmus, kein Ansatz zur Gleichstrophigkeit. Es entsprechen einander jeweils nur die Versikel 2 und 3, 4 und 5 und so fort. Eingangs- und Schlußstrophe stehen, wie häufig, allein. Das entspricht im wesentlichen der im vorigen Kapitel besprochenen Sequenz AH 54, Nr. 223 *Ave, plena gratiae*. Der Motivschatz ist uns auch größtenteils aus jenen Beispielen vertraut. Die ersten drei Strophen sind durch die Grußformel – hier *salve* statt *ave* – geprägt, die letztlich auf ein altes byzantinisches Vorbild zurückgeht. Es werden die Vorzüge Mariens, darunter ihre edle Abkunft, gepriesen. Bisher noch nicht sind wir der Gleichsetzung Marias mit der Tochter Jerusalem, die der Prophet Zacharias (Sacharja) aufruft, jauchzend den Messias zu begrüßen (9,9), und mit der göttlichen Weisheit, die, nach Jesus Sirach, in Zion gefestigt ist (Eccli. 24,15), begegnet. Bemerkenswert die überreiche Bildfülle aus dem Hohenlied in den folgenden Strophen. Abgesehen vom Bild der Pforte (Ezechiel 44,2) und des Sternes (Numeri 24,17; Eccli. 50,6) können Strophe 8–13 als rhythmische Version von Zeilen jenes alten hebräischen Hochzeitsgesanges gelten; nur am Schluß (13) gleitet sie aus der Anschaulichkeit des Vorbilds ins Abstrakte ab. Zuvor liegt der Akzent dagegen nicht auf dem bloßen Lobpreis, sondern auf dem innigen Verhältnis von Braut und Bräutigam, das in den sehnsüchtigen Rufen nach der Geliebten und in der Beschwörung der blühenden Landschaft nach dem Winter gipfelt. Die entsprechende Stelle des Hohenliedes 2,11ff. hat schon weit früher die weltliche lateinische Liebeslyrik im Mittelalter angeregt, so das berühmte Lied *Iam dulcis amica venito* in den *Carmina Cantabrigiensia* (Nr. 27, 11. Jahrhundert), dann aber auch die im 12. Jahrhundert erwachende volkssprachliche Liedkunst der Trobadors, Trouvères und Minnesänger. Es ist wohl schwerlich Zufall, daß in räumlicher und zeitlicher Nähe zum donauländischen Minnesang derartige Töne in der Mariensequenz angeschlagen werden. An formalen Mitteln ist unsere Sequenz nicht besonders reich. Prägend wirken die Anapher (achtmal *salve*, sechsmal *tu(a)*, zweimal *ille*, dreimal *te*) und die Alliteration *(veni – vox* etc.).

Weitere Mariensequenzen in unserer Sammlung von (zu vermutender) gleicher Herkunft wären – abgesehen von den Gottschalk zugeschriebenen – AH 53, Nr. 105 *Ave, Dei genetrix summi,* AH 10, Nr. 83 *Sancta virgo* (nur hier überliefert), beide dem alten Typus angehörend, oder AH 10, Nr. 119 *Castae matris ante thorum,* AH 54, Nr. 217 *Ave, spes mundi, Maria,* beide vom neuen Typus. Sie weisen ungleiche künstlerische Qualität und ganz unterschiedliche Verbreitung auf, zeugen aber alle von reger Produktivität auf diesem Gebiet.

Auch andere Orte in der Passauer Diözese sind daran beteiligt, jedoch offenkundig in bescheidenerem Maße. Das Augustiner-Chorherrenstift St. Florian scheint nur eine ziemlich konventionelle und eher inhaltsleere Mariensequenz (AH 9, Nr. 69 *Sacra mundo fulget dies* – Mariä Himmelfahrt; 12. Jahrhundert; vom neuen Typus) hervorgebracht zu haben, dafür jedoch hochinteressante Heiligensequenzen. Da ist einmal **AH 9, Nr. 209** *In agone spe coronae*, eine **Floriansequenz,** die wir als eine Quelle von Altmanns Floriansvita in Erwägung gezogen haben (s. o. S. 198). Sie weist einen Mischstil aus nicht durchgehend regelmäßigem Rhythmus und großem Reichtum an zweisilbig reinen Reimen auf, die deutlich westlichen Einfluß des neuen Stils verraten. Die meisten Reime binden die stets paarweise angeordneten Versikel aneinander. Binnenreime bleiben auf die beiden Eröffnungsversikel beschränkt. Strophen- und Zeilenlängen variieren ziemlich stark. Die Sprachkraft des Autors ist nicht überragend. Am schönsten ist das Bild ausgestaltet, das aus der Etymologie des Namens Florianus gewonnen wird: Die darin enthaltene Blüte *(flos)* habe Gott, dem Herrn, eine Frucht gebracht. Durch die guten Werke und vielfältigen Tugenden des Heiligen sei daraus eine Zeder mit weitreichenden Ästen und Wurzeln *(ramis et radicibus)* geworden (vgl. Psalm 91,13). Auf dem Felsen des Gottvertrauens verwurzelt (vgl. 1. Korintherbrief 3,12), habe er sicher Wind, Blitze und Fluten *(fulmina et flumina)* ertragen.

Die Namensetymologie wird auch in der jüngeren **Floriansequenz AH 9, Nr. 208** *Salve, martyr gloriose* aufgegriffen und zu einem Wortspiel (Polyptoton) benützt:

> 7b *Floriane, flos qui flores*
> *Inter veros Eden flores*
> *Correspondens nomini* [...]

Florian, Blüte, die du blühst unter den wahren Blüten Edens, entsprechend deinem Namen...

Damit ist der Einfallsreichtum des Autors aber auch schon beinahe erschöpft. Der Inhalt der neun Doppelversikel, die alle so wie der zitierte gebaut sind, folgt dem üblichen Schema: Martyrium – Lobpreis – Anrufung um Fürbitte. Sollte die vermutete Autorschaft Altmanns von St. Florian zutreffen, würde dessen Ruhm dadurch nicht wesentlich steigen.

Weit reizvoller ist die **Evangelistensequenz** *Plausu chorus laetabundo* **(AH 55, Nr. 6).** Der Herausgeber C. Blume, der sie als „ein wahres Prachtstück" bezeichnet, hat sie als gewichtiges Argument für eine alte österreichische Tradition der regulären Sequenz verwendet. Das ist aus den oben (S. 97) dargelegten Gründen nicht haltbar. Vor der Mitte des 12. Jahrhunderts ist die Sequenz gewiß nicht entstanden, eher zehn, zwanzig Jahre danach, vermutlich in St. Florian (oder in Seckau). Die Strophenform ist dieselbe wie bei der eben besprochenen Floriansequenz, nämlich 2x (4p + 4p) a, 7 ppb, was bei der Verbreitung des Schemas natürlich nichts über die Lokalisierung aussagt. Der tiefe symbolische Gehalt der neun Doppelversikel kann hier nur angedeutet werden. Die vier Evangelien sieht der Dichter als Quelle des Heils, als Sonne, welche die Nacht vertreibt, als Heilmittel für die „viereckige", d. h. die nach den vier Himmelsrichtungen ausgedehnte Welt. Sie haben alle vier einen gemeinsamen Gegenstand, aber jedes auch seine Eigenart, die durch das vom Propheten (Ezechiel 1,5ff.) vorgezeichnete Evangelistensymbol charakterisiert wird. Im Zeichen des Adlers erschaut Johannes die Sonne des Erlösers, seinen Aufstieg in den Himmel, seine Existenz im Schoß des Vaters vor allen Zeiten. Die Menschengestalt für Matthäus weist auf die Inkarnation und die irdische Abstammung Jesu von David. Das Lukas-Rind steht für das neue Opfertier Christus, wodurch die Opfer des Alten Bundes überboten und überwunden sind. Im brüllenden Markus-Löwen wird der von der Stimme des Vaters erweckte Christus sichtbar. Die Deutungen schließen eng an die der Kirchenväter an, werden aber eindrucksvoll poetisch formuliert und nun durch weitere Bilder ergänzt:

> 15. *His quadrigis deportatur*
> *Mundo Deus, sublimatur*
> *Istis arca vectibus;*
>
> 16. *Paradisi haec fluenta*
> *Nova fluunt sacramenta*
> *Quae irrorant gentibus.*

15. Auf diesem Viergespann wird Gott der Welt gebracht, von diesen Hebeln wird die Bundeslade emporgehoben; 16. Diese neuen Paradiesesflüsse fließen, welche als Sakramente die Völker betauen.

> 17. *Non est domus ruitura*
> *Hac subnixa quadratura,*
> *Haec est domus Domini;*

> 18. *Glorietur in hac domo,*
> *Qua beatus vivit, homo*
> *Deo iunctus homini.*

17. Nicht wird das Haus einstürzen, das von diesem Quadrat gestützt wird; dies ist das Haus des Herrn;
18. In dieses Haus möge der Mensch, wo er als seliger lebt, mit dem Gott-Menschen verbunden, seinen Ruhm setzen.

Es würde sich hier wahrhaft lohnen, den diversen Quellen in Bibelexegese, Buchmalerei, Symbolik der Kirchenarchitektur usw. nachzugehen – Quadrat und Vierzahl spielen hier jeweils eine entscheidende Rolle –, aber selbst wenn sich alle wichtigen Züge als traditionell herausstellen sollten, blieben ihre Verbindung und die Sprachkraft des Dichters zu bewundern. Allein die auf den Wörtern *domus – homo – Dominus – Deus* aufgebauten Schlußversikel lassen eine seltene Virtuosität verspüren, die auch Sinnambivalenzen zu erzeugen weiß. Da liegt dann auch der Gedanke an einen strengen zahlensymbolischen Aufbau nahe: 2 Eröffnungsversikel (1–2), in der Mitte die Erklärung der Evangelistensymbole in 4x2 Versikeln, vor und nach diesen je 4 Versikel, die allen vier Evangelien gemeinsam gelten.

Den im Vergleich zu den Augustiner-Chorherrenstiften geringeren Beitrag der Benediktinerklöster können wir hier nur im Vorübergehen streifen. Als Beispiele seien genannt: aus Seitenstetten die beiden Mariensequenzen AH 9, Nr. 77 *Ave, Dei genetrix* (im Übergangsstil) und AH 10, Nr. 124 *Mater sancta, mater Dei* (im neuen Stil); aus Melk (?) die Kolomansequenz AH 54, Nr. 37 *Caelestis te laudat chorea* (im Übergangsstil mit Annäherung an den neuen Stil); aus Kremsmünster zwei Mariensequenzen, AH 54, Nr. 229 *Resurgenti tuo nato* (reguläre Sequenz) und eine, die vielleicht noch der Mitte des Jahrhunderts angehört (s. o. S. 96); aus Garsten, das auch als Entstehungsort des letztgenannten Stücks in Frage kommt, eine weitere Mariensequenz, AH 54, Nr. 235 *Virgo parit labe carens,* im neuen Stil, entstanden wohl erst im 13. Jahrhundert.

Nicht zu beantworten ist die Frage nach einer Produktion am Bischofshof von Passau. Am ehesten käme die Sequenz AH 54, Nr. 89 *Gloriosa fulget dies* in Frage, wenn sich der darin vorkommene Heiligenname Valentinus als ursprünglich sichern ließe. Das Werk im Übergangsstil ist aber ebenso mit anderen viersilbigen Namen wie Augustinus oder dergleichen überliefert und über ganz Süddeutschland verbreitet.

Angesichts des Wirkens der berühmten Brüder Gerhoch und Arno im Stift Reichersberg muß auch das Fehlen von dort entstandenen Sequenzen wundernehmen. Es lassen sich jedoch bis auf ein paar Fragmente überhaupt keine mittelalterlichen liturgischen Handschriften von Reichersberger Provenienz nachweisen – es sei denn, der Cod. Vind. 13314 wäre nicht in Klosterneuburg, sondern hier zusammengestellt worden, was wenig wahrscheinlich, aber nicht völlig auszuschließen ist. Immerhin finden sich im Klosterneuburger Codex 336 acht kurze Hymnen, die eindeutig nach Reichersberg gehören (AH 51, Nr. 97 *Mundi creator optime*). Sie stehen am Ende des Hexaemeron-Kommentars **Arnos von Reichersberg,** fassen das Schöpfungswerk nochmals dichterisch zusammen und sind also zweifelsfrei demselben Autor zuzuweisen, obwohl J. Szövérffy ein weit höheres Alter vermutet. Die verwendete Hymnenstrophe ist die gängigste von allen, die ambrosianische in rhythmisierter Form (4x 8pp), jedoch, abgesehen von der Schlußstrophe, mit archaischer Reimlosigkeit:

> 4. *Sit trinitati gloria,*
> *Virtus, honor, victoria,*
> *Quam sua laudant opera*
> *In saeculorum saecula.*

Der Dreifaltigkeit sei Ruhm, Kraft, Ehre, Sieg, den ihre Werke in alle Ewigkeit verkünden.

Mit dieser assonierenden Schlußstrophe schließen alle acht Hymnen, die also alle den Zentralgedanken der Trinität umkreisen. Ganz im Sinne Gerhochs verbindet sich die heilige Dreizahl mit der heiligen Siebenzahl des Schöpfungswerkes. Jedem Tag der Schöpfung, der zugleich ein Weltzeitalter *(aetas saeculi)* und eine Gabe des Hl. Geistes (s. o. S. 71) repräsentiert, ist eine der Hymnen I–VII gewidmet, alle – seltsamerweise bis auf den fünfstrophigen Hymnus VI – vier Strophen umfassend: I. Licht – erste Menschen – Furcht; II. Festigkeit (der Erde) – Arche Noe – Frömmigkeit; III. Lebensquell (des Paradieses) – Entstehung des Volkes Israel – Erkenntnis; IV. Sonne (und Gestirne) – Königtum Davids – Stärke; V. Tierwelt – Babylonisches Exil – Rat; VI. Mensch – Christus – Einsicht; VII. Sabbatruhe – Ruhe der Seelen – Weisheit. Wie Gerhoch setzt Arno das letzte, achte Zeitalter (Hymnus VIII mit 6 Strophen) mit dem Jüngsten Tag, der Auferstehung und dem ewigen Leben gleich. Am Ende erfleht der Dichter für die Betenden die Vollendung durch das siebenfältige Chrisma und das selige Leben mit dem auferstandenen Christus. Die gedanklich-sprachliche Bewältigung des vorgegebenen zahlensymbolischen Schemas stößt auf die zu erwartenden Schwierigkeiten, zeigt jedoch ein gewisses Geschick des Autors. Sehr bedauern wird man es dennoch nicht, daß uns Arno nicht mehr poetische Zeugnisse hinterlassen hat.

Selbstverständlich sind in unserer Periode hierzulande noch weitere Hymnen entstanden. Die Produktion reicht aber quantitativ wie qualitativ bei weitem nicht an die der Sequenzen heran. Bei den Hymnen greift man für den liturgischen Gebrauch doch eher zu Stücken ehrwürdigen Alters. Neben Hymnen und Sequenzen erfreuen sich aber auch allmählich gewisse Schmuckformen, die keinen integrierenden Bestandteil der Liturgie bilden, jedoch in diese eingefügt werden können, steigender Beliebtheit. Sie sind im Grunde nur musikalisch einigermaßen klar von den liturgischen Gesängen abgrenzbar. Befriedigende Definitionen fehlen. Eine dieser Formen ist die sogenannte *cantio*, ein Strophenlied, zumeist, aber nicht immer mit Kehrreim. Ein hübsches Beispiel des 12. Jahrhunderts aus St. Florian ist **AH 20, Nr. 294,** dessen erste Strophe lautet:

> 1. *De supernis obumbratur*
> *Virgo, verbo fecundatur,*
> *Verbum patris incarnatur,*
> *Sponso sponsa copulatur,*
> *Terris pax annunciatur,*
> *Vetus error terminatur,*
>   *Nova genitura*
> *Parit creatura*
>   *Creatorum omnium.*

Von oben wird die Jungfrau überschattet, vom Wort fruchtbar; das Wort des Vaters wird Fleisch, die Braut dem Bräutigam verbunden, den Ländern der Friede verkündet, der alte Irrtum beendet. In neuartigem Gebären bringt das Geschöpf den Allschöpfer hervor.

„Dieses Lied hat schon all die anziehenden Eigenschaften des Typs. Der lyrische Charakter des Liedes besteht gerade in der Nebeneinanderreihung von kurzen, präzisen, schlagwortartigen Aussagen, welche einander ergänzen" (J. Szövérffy). Blütezeit des Typs ist das Spätmittelalter. Noch in unsere Periode dürfte aber eine weitere Cantio aus St. Florian gehören, AH 45b Nr. 70 *Rector potens caeli, terrae, maris.*

Zu den charakteristischen lyrischen Erzeugnissen des Spätmittelalters gehören auch die nicht für die Liturgie bestimmten Reimgebete und Leselieder (Pia Dictamina). Vereinzelt finden wir solche aber auch schon früher, so etwa ein bereits im 12. Jahrhundert vermutlich in einem Benediktinerkloster der Diözese Passau entstandenes zwölfstrophiges **Marienlied, AH 46, Nr. 130,** das so beginnt:

1. *Mole gravati criminum*
Ad te, regina virginum,
Confugientes poscimus,
Adesto nostris precibus.

Bedrückt von der Last der Verfehlungen fliehen wir zu dir, Königin der Jungfrauen, und flehen: Nimm dich unserer Bitten an.

Das Lied ist vom Bußgedanken geprägt. Ein Vorbild dürfte die berühmte Marien-Antiphon *Salve, regina misericordiae* von Hermann dem Lahmen (?) aus dem 11. Jahrhundert gewesen sein. Weitere an Maria gerichtete Pia Dictamina sind in Handschriften aus Zwettl und St. Florian überliefert, letzteres ein jüngeres hexametrisches Gebilde, das auf scholastische Weise Mariens leibliche Aufnahme in den Himmel diskutiert. Die Reimgebete und Leselieder können also einerseits durchaus lyrisch-hymnische Färbung annehmen, stehen aber andererseits auch fremden Formen und Inhalten offen. Die späteren Wege sind damit vorgezeichnet.

Geistliches Spiel

Die liturgische Osterfeier des Typs II, bestehend aus dem Grabbesuch der Frauen und der beiden Apostel, wird im Hochmittelalter in der Diözese Passau weitergepflegt, und zwar offenkundig in allererster Linie von den Augustiner-Chorherren. Aus deren Stiften Herzogenburg, Suben (?) und Klosterneuburg stammen vermutlich die in W. Lipphardts Ausgabe (Bd. III) mit den Nummern 587, 605a, 593 und 589 versehenen Osterfeiern des 13. Jahrhunderts.

Was liegt daher näher, als das einzige mit hoher Wahrscheinlichkeit in demselben Bistum entstandene lateinische Osterspiel ebenfalls den Augustiner-Chorherren zuzuschreiben? Nach der Überlieferung im Codex 574 der Bibliothek des Stifts nördlich von Wien trägt es den Namen *Klosterneuburger Osterspiel* (Lipphardt, Bd. V., Nr. 829). Ob die von den Klosterneuburger Osterfeiern abweichende Neumenschrift und die eher zu Melker und St. Florianer Feiern stimmende Textversion der *Visitatio sepulchri* genügen, um Klosterneuburg das Osterspiel abzusprechen, ist zweifelhaft. Eine an sich denkbare Verbindung mit dem damals von Leopold VI. für einige Zeit nach Klosterneuburg zurückverlegten Herzogshof läßt sich allerdings nicht erweisen.

In der Entwicklung der Gattung nimmt das *Klosterneuburger Osterspiel* einen hervorragenden Platz ein. Zwar geht das *Maastrichter Osterspiel* zeitlich um ein paar Jahre voran, begnügt sich jedoch mit der Hinzufügung eines selbständig gestalteten

Emmaus-Spieles (s. u. S. 426) zum Feiertypus III (s. o. S. 94), dem die wenig jüngeren Spiele von Chiemsee (s. u. S. 425) und Marienberg noch ganz nahestehen. Das *Klosterneuburger Osterspiel* tritt jedoch entgegen seiner traditionellen Überschrift im Codex, *Ordo Paschalis,* in beträchtlichem Umfang aus dem Rahmen der gewohnten liturgischen Feier heraus und fügt ganze Szenen hinzu, die nicht auf Bibeltexten beruhen.

Im ersten Teil eines Wächterspiels (Zeile 1–55 nach der Ausg. v. W. Lipphardt) bitten die jüdischen Hohenpriester Pilatus um eine Grabwache, damit die Jünger Jesu nicht den Leichnam stehlen und dann behaupten können, Christus sei auferstanden. Das beruht auf Matthäus 27,62–66; im Spiel erkennt jedoch Pilatus an den Mienen der Priester deren böse Absicht (11ff.) – ein wichtiger Hinweis auf den ganz neuen Einsatz mimetischer Theatralik –, und die von den Priestern bezahlten Soldaten bekunden in einem eigenen Gesang beim Umschreiten des Grabes ihre feste Absicht, wachsam zu bleiben, um jeden Betrug zu verhindern. Sie können an die Auferstehung nicht glauben:

> 52. *Si mortuus   posset resurgere,*
> *potuisset   profecto vivere,*
> *quare tulit   mortis angustias?*
> *Schowa propter insidias!*

Wenn der Tote auferstehen könnte, hätte er überhaupt am Leben bleiben können; warum trug er die Qualen des Todes! Habe acht auf listige Anschläge!

Das Textbeispiel (eine Strophe von fünf gleichgebauten) zeigt die Verwendung des – vor allem in Frankreich beliebten – endgereimten Zehnsilbers mit männlicher Kadenz (4p + 6pp). Zumeist werden vier solche Zeilen zu einer Strophe gebündelt (Reime aabb). Hier ist die vierte ein achtsilbiger Refrain mit einem deutschen ersten Teil, einem ersten Ansatzpunkt zum Übergang der Spiele in den volkssprachlichen Bereich. Der Rhythmus der Zeilen ist hier wie andernorts häufig unregelmäßig, weist also auf die ältere Hymnentradition. Besondere Aufmerksamkeit verdient die folgende Auferstehungsszene (56–76). Der Engel kündet hier das Heilsgeschehen ebenfalls in Zehnsilbern, die sich jedoch als direkt abhängig von einer Auferstehungssequenz aus dem Augustiner-Chorherrenstift St. Victor, wohl von Adam von St. Victor (s. o. S. 97) selbst, erweisen (AH 54, Nr. 146 *Salve dies, dierum gloria*). Deren Strophe 9 lautet:

> 9. *Resurrexit   liber ab inferis*
> *Restaurator   humani generis*
> *Ovem suam   reportans umeris*
> *Ad superna.*

Er erstand auf, frei aus der Hölle, der Erneuerer des Menschengeschlechts und trug sein Schaf auf den Schultern zur Höhe.

Daraus ist in unserem Spiel folgendes geworden (58–64):

> *Resurrexit   victor ab inferis*
> *Pastor ovem   reportans humeris.*
> *Alleluia!*
> *Reformator   ruine veteris*
> *causam egit   humani generis.*
> *Alleluia!*

Er erstand auf als Sieger aus der Hölle, als Hirte trug er das Schaf auf seinen Schultern. Halleluja! Er machte den alten Fall wieder gut und führte die Rechtssache des Menschengeschlechts. Halleluja!

Damit ist Adams Strophe zu zwei Zehnsilberreimpaaren umgeformt, denen dann vier weitere mit jeweils angehängtem *Alleluia* beigesellt werden. Sie enthalten christologische Aussagen, die sich eng mit den Thesen Gerhochs von Reichersberg und seiner Brüder Arno und Rüdiger, des Propstes von Klosterneuburg, berühren – ein wichtiger Anhaltspunkt für die Lokalisierung des Spieles. Die Darstellung des Engels, wie sie von den Rubriken (Regieanweisungen) gefordert wird, beruht auf Matthäus 28,2–4:

Und siehe, es geschah ein großes Erdbeben. Denn ein Engel stieg vom Himmel herab, trat hinzu, wälzte den Stein hinweg und setzte sich darauf. Sein Anblick aber war wie der Blitz und sein Gewand wie Schnee. Aus Furcht vor ihm erschraken aber die Wächter und wurden, als wären sie tot.

Im Spiel zückt der Engel sein Schwert und schlägt damit auf einen Wächter ein, so daß alle kopfüber niederstürzen und wie tot liegenbleiben, bis sie nach der folgenden *Visitatio* zu den Priestern zurückkehren. Dieser Grabbesuch (88–102) ist überraschenderweise in archaischer Prosa in enger Anlehnung an die drei synoptischen Evangelien gestaltet. Sogar die alte Schmuckformel *christicolae – caelicolae* (s. o. S. 91) fehlt. Voraus geht jedoch eine kleine Szene (77–87), die aus dem einen Satz der Bibel „Und als der Sabbat vergangen war, kauften Maria Magdalena, Maria, die Mutter des Jakobus und (Maria) Salome wohlriechende Öle, um hinzugehen und ihn zu salben" (Markus 16,1), herausgesponnen wird: ein Wechselgesang zwischen den drei Marien und dem Krämer (hier *specionarius,* in anderen Spielen meist *mercator*). Die Bedeutung der beiden hier noch umfangmäßig bescheidenen aufeinanderfolgenden Szenen hebt H. Linke mit Recht hervor:

Die Einführung dieser ganzen Szene (der Auferstehung) in das Osterdrama ist wahrhaft unerhört. Ein Vorgang, den die Bibel selbst nicht zu beschreiben wagt, der in der Liturgie der *elevatio crucis* (Kreuzerhebung) dem Klerus unter Ausschluß der Laiengemeinde vorbehalten und dort symbolisch verstanden war, wird hier geradezu realistisch vor jedermanns Augen gestellt! Für die Weiterentwicklung des Osterdramas und seine Herauslösung aus Kult und Kirche ist das von ähnlichem Gewicht wie die Hereinnahme des Krämerspiels. Denn wenn diese Freiheit im Verhalten gegenüber dem Bericht der Evangelien in der zentralen Szene der Auferstehung und gegenüber der Gestalt des Auferstandenen selbst geduldet wurde, dann war sie erst recht gegenüber Randszenen und Randgestalten des Heilsgeschehens legitimiert.

Der zweite Teil des Wächterspiels (103–129), in dem die Soldaten zu den Hohenpriestern zurückkehren, von diesen bestochen werden und dem Volk vorlügen, Jesu Leichnam sei gestohlen worden, stellt nur die Versifikation einer Bibelstelle (Matthäus 28,11–15) dar, so wie der folgende Bericht der Frauen bei den Jüngern Lukas 24,9–11 folgt. Das Mißtrauen der Apostel ist in zwei Vagantenzeilen gekleidet (136–139). Der Apostellauf (140–151) hat Johannes 20, 3–10 zum unmittelbaren Vorbild; doch vermögen Petrus und Johannes auch nach Auffinden der Leichentücher noch nicht an die Auferstehung zu glauben. Das steht zum biblischen Bericht und zur gängigen Aufführungspraxis im Widerspruch, während der ungewöhnliche Anschluß der Hortulanus-Szene (s. o. S. 94) an den Apostellauf sich zumindest auf Lukas 20, 11–17 stützen kann. Nach drei einleitenden Klagestrophen Maria Magdalenas (154–165) wird die Begegnung mit dem Auferstandenen wie im Feiertypus III in Prosa geboten (166–187). Es folgt überraschenderweise die sonst meist an die Auferstehungsszene angebundene Höllenfahrt Christi (188–201). Ob dies vom „Regisseur" beabsichtigt oder nur Folge der auch sonst verwirrten Überlieferung ist, muß offenbleiben. Als Quelle der Höllenfahrt dient das Nikodemus-Evangelium

(s. o. S. 121). Nun verkünden die drei Marien die Auferstehung nochmals den Aposteln (202–212), die hierauf den (hier nur mit dem Incipit *Jesu, nostra redemptio* angezeigten) berühmten alten Himmelfahrtshymnus AH 51, Nr. 89 anstimmen (214). Der liturgische Rahmen wird nun nicht mehr verlassen. Der Wechselgesang Apostel – Marien (215–230) stammt aus Wipos Ostersequenz *Victimae paschali laudes* (s. o. S. 48). Unvermittelt weisen nun Apostel und Frauen die Leichentücher Christi vor (231–234). Der Chor stimmt zwei Antiphonen an (235–239), wovon die zweite wiederum den Apostellauf zum Inhalt hat. Der Volksgesang *Christ (der) ist erstanden* (241) beschließt das Spiel.

Falls wir der Überlieferung trauen dürfen, stellt die Schlußpartie den eher mißglückten Versuch dar, das Spiel wiederum in die traditionelle Feier des Typs II münden zu lassen. Die musikalische Bandbreite der Gesänge erweitert sich damit aber nochmals. Insgesamt werden deren 40 auf ca. 20 Melodien gesungen, von denen 14 mit Neumen versehen sind. Neben der Musik werden als weitere theatralische Mittel Mimik (s. o. S. 218) und Gestik, Kostüme (wie das des Gärtners, als der Jesus erscheint) und Requisiten (wie das Schwert des Engels) aufgeboten, jedoch offenkundig, abgesehen vom Heiligen Grab, keinerlei Bühnenaufbauten. Eine Tür zu einem Nebenraum muß die Höllenpforte dargestellt haben. Die restlichen fünf von den sieben Standorten *(loca)* der Personen werden nur durch diese selbst angedeutet. Deren Zahl hat sich gegenüber den Feiern beträchtlich erhöht. Waren es dort vier bis acht Kleriker gewesen, die im Anschluß an liturgische Prozession und Handlung das Osterspiel gestalteten, so sind – nach Ausweis des *Benediktbeurer Osterspiels* (s. u. S. 425) – die nunmehr mindestens 25 Darsteller von vornherein von der Gemeinde getrennt an einem gesonderten Ort versammelt und treten von dort auf. Sie verlassen auch die abgegrenzte Spielfläche rund um das Grab Christi nicht mehr, schreiten also nicht die ganze Kirche wie bei den Prozessionen aus, sondern umkreisen, um einen längeren Weg zu symbolisieren, mehrfach ihr Ziel (so etwa die Soldaten das Grab) – eine bis in die Moderne übliche Bühnenkonvention.

Das *Klosterneuburger Osterspiel* bleibt also noch in die Liturgie eingebunden; doch dieses Band beginnt sich zu lösen. Der erste wichtige Schritt zur Verselbständigung des Dramas ist getan. Darin liegt die epochale Bedeutung dieses Spiels, nicht im Gesamtaufbau und in der sprachlichen Gestaltung, die wie bei den meisten mittelalterlichen Spielen so manches zu wünschen übriglassen. Die unmittelbare Wirkung kann man am *Benediktbeurer Osterspiel* ablesen.

Doch auch mit einer ganzen Reihe von Osterfeiern (bzw. -spielen) des Typs III sind wörtliche Übereinstimmungen festzustellen, so mit denen von Braunschweig (Lipphardt Nr. 780, 14. Jahrhundert), Cividale (Nr. 781, 14. Jahrhundert), Chiemsee (Nr. 782, 13. Jahrhundert, s. u. S. 425), Einsiedeln (Nr. 783, 13. Jahrhundert), Engelberg (Nr. 784, 13. Jahrhundert), Ossiach-Klagenfurt (Nr. 790, 13. Jahrhundert, s. o. S. 426), Medingen bei Lüneburg (Nr. 792, 14. Jahrhundert), Rheinau (Nr. 797, 13. Jahrhundert), Prag (Nr. 799 u. a., 13.–14. Jahrhundert) und Kremsmünster (Nr. 790a, 2. Drittel des 13. Jahrhunderts, Fragment). Die konkreten Abhängigkeiten wären hier aber erst zu klären.

In jedem Fall kann das *Klosterneuburger Osterspiel* einen der vordersten Plätze unter den geistlichen Spielen des lateinischen Mittelalters für sich in Anspruch nehmen.

2. Deutsche Literatur

Obschon jedes Kapitel dieses Buches im Bereich der deutschen Literatur mit erstaunlichen und überraschenden Neuerungen im Vergleich zum vorangehenden Kapitel aufzuwarten hat, sind die Umwälzungen, die sich in der zweiten Hälfte des 12. Jahrhunderts vollziehen, wohl die herausragendsten und folgenreichsten im gesamten Mittelalter gewesen.

Zwar bricht die Tradition der geistlichen Versdichtungen, die das Bild der vorausgehenden Periode völlig beherrscht hat, nicht ab, sie wird aber von der neuen weltlichen Dichtung quantitativ und qualitativ gänzlich in den Hintergrund gedrängt. Zugleich tritt uns zum ersten Mal auch auf dem Feld der Volkssprache das Phänomen des individuellen Autornamens, das zuvor nur ganz ausnahmsweise begegnet war (Ava), massiv entgegen. Die Suche nach Ort und Zeit der Entstehung der literarischen Erzeugnisse erhält damit eine neue Dimension. Nicht selten bleibt die Persönlichkeit des Dichters für uns aber doch nur ein leerer Name. Erst im 13. Jahrhundert werden die Zusatzinformationen allmählich häufiger.

Die Überlieferung der Literatur zeigt dagegen ein nur wenig gewandeltes Bild. Während andernorts sich zur altbekannten Form der Sammelhandschrift nun auch die Einzelhandschrift eines großepischen Produktes gesellt, läßt sich dergleichen vorläufig für die Diözese Passau kaum nachweisen, da hier gerade die Gattungen des (pseudo-)historischen und des höfischen Epos (s. u. S. 330ff.), die nicht selten so überliefert sind, nahezu fehlen. Im gesamten deutschen Sprachraum sind zudem die volkssprachlichen Codices aus der Zeit vor der zweiten Hälfte des 13. Jahrhunderts rar. Man hat geschätzt, daß sich die Handschriftenproduktion am Ende des 13. Jahrhunderts gegenüber dem Anfang verzehnfacht. So stammen denn alle großen Sammelhandschriften österreichischer Provenienz (will sagen: aus dem Herzogtum Österreich) frühestens aus dem beginnenden Spätmittelalter: der Codex Vindobonensis 2696 (mit geistlichen Gedichten) von ca. 1300, der Cod. Vind. 2705 (mit Werken des Strickers und seiner Schule) von ca. 1260/70, die sogenannte Riedegger Hs., Berlin, Ms. germ. fol. 1062 der Staatsbibliothek Preußischer Kulturbesitz (mit Hartmanns *Iwein*, Liedern Neidharts, dem *Pfaffen Amis* des Strickers und dem Doppelepos *Dietrichs Flucht/Die Rabenschlacht*) vom Ende des 13. Jahrhunderts und die Windhagensche Handschrift, Cod. Vind. 2779 (mit dem eben genannten Doppelepos, dem *Iwein*, der *Kaiserchronik*, der *Heidin*, dem *Ortnit*, der *Krone* Heinrichs von dem Türlin und kleinen Reimpaardichtungen) vom Anfang des 14. Jahrhunderts. Etwas schmäleren Umfangs ist die ca. 100 Blätter umfassende, vielleicht in Wien geschriebene Handschrift, die außer kleinen Beigaben nur Priester Wernhers *Marienleben* (vom Jahr 1172; aus Augsburg?) und die *Kindheit Jesu* Konrads von Fußesbrunnen (s. u. S. 242) enthält (Cod. Vind. 2742*), aus dem 3. Viertel des 13. Jahrhunderts.

Ist bei einigen der genannten Codices eine Entstehung etwas weiter südlich, in der Erzdiözese Salzburg schon nicht auszuschließen, so noch weniger bei einer der wenigen Einzelhandschriften, die man eventuell dem Bistum Passau zuweisen könnte, dem Heidelberger Codex Palatinus Germanicus 389 (mit Thomasins von Zerklaere *Welschem Gast*) aus der Zeit bald nach 1250. Rätsel von der Sprache her gibt der Münchener Cgm 6406 (mit der *Weltchronik* Rudolfs von Ems) von ca. 1300 auf, während sich die Illuminationen halbwegs sicher einer Malerschule zuschreiben lassen, die v. a. im niederösterreichischen Raum gewirkt, aber auch künstlerische Beziehungen zu Regensburg unterhalten haben dürfte. Da der Illuminator der Budapester Fragmente (s. u.) wohl derselben Schule angehörte, hängt die Lokalisierung dieser Minnesangbruchstücke ebenfalls an der des Cgm 6406.

Nach Zeit, Umfang und Inhalt völlig allein steht das kleine zweisprachige *Lilienfelder Andachtsbuch,* Cod. Vind. 2739*, aus der Zeit um und nach 1200 (s. u. S. 232).

Die oben genannten Sammelhandschriften zeigen eine mehr oder minder deutliche Vorliebe für Werke aus der eigenen Diözese und in zweiter Linie für solche aus der Kirchenprovinz Salzburg, ohne auswärtige „Bestseller" wie Hartmanns *Iwein* ganz zu verschmähen. Um so mehr muß es überraschen, daß keine alte Niederschrift des epischen Hauptwerkes aus unserem Raum, des *Nibelungenliedes*, sicher im Passauer Bistum zu lokalisieren ist. Nur wenig besser ist es um die einheimische Lyriküberlieferung bestellt. Die drei großen deutschen Liederhandschriften A, B, C vom Ende des 13. Jahrhunderts bzw. aus dem frühen 14. Jahrhundert, Sammelbecken fast des gesamten vorhandenen lyrischen Gutes aus dem Hochmittelalter, stammen alle aus dem alemannischen Sprachgebiet. Fragmentarische Reste von Autorensammlungen mit Werken Walthers von der Vogelweide weisen nach Mitteldeutschland. Walther, der nach seinem Abschied vom Wiener Hof zeitlebens um dessen verlorene Gunst gebuhlt hat, scheint auch nach seinem Tod hier keinen Mäzen gefunden zu haben, der für die Niederschrift seines reichen poetisch-musikalischen Nachlasses Sorge getragen hätte – es sei denn, die bis vor kurzem unbekannte bebilderte Liederhandschrift in der Széchényi-Nationalbibliothek in Budapest (Cod. germ. 92) wäre in Wien angefertigt worden und hätte auch Walthersches Gut enthalten. Erhalten sind freilich nur drei Blätter mit Strophen bzw. Versen vom Kürenberger, von dem Burggrafen von Rietenburg, von Heinrich von Rugge, Reinmar dem Alten und Rudolf von Rotenburg. Was die Lokalisierung betrifft, schwanken die Kunsthistoriker zwischen Wien und Regensburg. Sensationell ist dieser Fund jedoch in jedem Falle zu nennen, da er nicht nur eine auf ca. 1300 zu datierende Vorstufe der beiden großen bebilderten Liederhandschriften des 14. Jahrhunderts repräsentiert, sondern endlich mit dem bairisch-österreichischen Lautstand seiner Sprache auch die Lücke zwischen der Produktionsstätte des donauländischen Minnesangs und dessen alemannischer Überlieferung schließt.

Ziemlich zweifelsfrei (nieder-)österreichischer Herkunft ist die oben genannte Riedegger Handschrift, die u. a. eine Sammlung von knapp 400 Strophen des Liederdichters Neidhart enthält. Wenn auch dieser Codex erst um 1300 geschrieben wurde – ebenso wie der bairisch-österreichische Codex Germanicus Monacensis (Cgm) 44 der Bayerischen Staatsbibliothek mit Ulrichs *Frauendienst* (s. u. S. 483) –, so leuchtet der große zeitliche Abstand zur Entstehungszeit bei lyrischen Produkten, die ursprünglich zum ganz überwiegenden Teil für den sanglichen Vortrag im geselligen Kreis und nicht für die Aufzeichnung bestimmt waren, eher ein als bei epischen. Gegen eine solche Aufführungspraxis und die vorerst mündliche Weitergabe der Lieder und Sangsprüche spricht auch keineswegs die Eintragung etlicher deutscher Strophen in die berühmte lateinische Sammelhandschrift der *Carmina Burana* von ca. 1230, die in Abteilung B dieses Kapitels (S. 407ff.) ausführlich zu besprechen sein wird. Es liegt hier der Sonderfall einer frühen Literarisierung im lateinisch-klerikalen

Kontext vor. Als Auftraggeber kann man einen Brixener Bischof in Erwägung ziehen. Daß ein Bischof von Passau etwas auch nur entfernt Vergleichbares je anlegen ließ, ist durch nichts wahrscheinlich zu machen. –

Die folgende Darstellung kann selbstverständlich nicht von überlieferungsgeschichtlichen Gesichtspunkten ausgehen, sondern gliedert in gewohnter Weise nach literarischen Gattungen, die sich freilich vielfach erst in dieser Epoche konstituieren. Als feste, bereits den damaligen Autoren und Rezipienten bewußte Größen sind sie nur zum kleineren Teil zu erweisen, bleiben aber für den modernen Betrachter in jedem Falle als Einteilungsprinzip unverzichtbar. Bei Autoren, die Beiträge zu mehreren Gattungen geleistet haben, wird man allerdings trachten, soweit wie möglich, die Einheit des Œuvre in der Darstellung zu wahren.

Daß die Fülle der Texte in diesem Teilkapitel zur bescheidenen Auswahl zwingt, versteht sich von selbst. Dabei soll auch mit einer guten Tradition der Literaturgeschichtsschreibung nicht gebrochen werden, gerade für die berühmtesten Werke beim Leser mehr Vorkenntnisse vorauszusetzen, so daß der Umfang der ihnen gewidmeten Abschnitte nicht proportional zu der Bedeutung des Gegenstandes zu steigen braucht.

Prosa

Deutsche Prosa bildet in der Diözese Passau wie auch anderweit eine Randerscheinung. Am ehesten war man offenbar noch bereit, deutsche Interlinearversionen lateinischer Gebete (zu diesem Übersetzungstypus vgl. o. S. 38) und deutsche Predigten aufs Pergament zu bringen. Wörtliche und freiere Übersetzungen von Gebeten sind in größerer Anzahl aus dem Bistum Salzburg erhalten (s. u. S. 34ff.), nicht aber aus der Diözese Passau. Dabei ist allerdings die große Unsicherheit der Lokalisierung der Denkmäler einmal mehr in Rechnung zu stellen. Ähnliches gilt für die Predigt. Keine der erhaltenen Predigtsammlungen läßt sich mit wirklich hinreichender Wahrscheinlichkeit als „passauisch" erweisen. Eine Ausnahme bildet die *Predigtliturgie aus Kremsmünster*, die bereits oben in der Einleitung (S. 164) vorgestellt worden ist, doch sind die darin enthaltenen zehn Predigten (weitere sind verlorengegangen) lateinisch aufgezeichnet. Dasselbe gilt für ihre Parallelüberlieferung in der Münchener Handschrift Clm 19112 (12. Jahrhundert, aus Tegernsee).

Wie V. Honemann gezeigt hat, war die ganze Predigtliturgie gleichwohl für eine *missa publica*, einen Volksgottesdienst, bestimmt. In einem Einleitungsgebet bittet der Priester Gott, ihm die Fähigkeit zu einer guten Predigt zu verleihen. Es folgen die Initien von sieben Strophen eines bekannten alten lateinischen Hymnus und einer ebenfalls verbreiteten Antiphon. Ein zweites Gebet bekräftigt die Bitte des ersten mit Hinweis auf die Inspiration der Apostel durch das Pfingstwunder. Die Gebete dürfte der Prediger leise gesprochen, die Gesänge selbst vorgetragen oder einer Schola überlassen haben, alles auf Latein, versteht sich. Daß dies für die Predigten nicht gilt, geht schon aus der vorangestellten Erläuterung hervor: Der Prediger solle nicht, um sich selbst herauszustellen, sondern um das Volk zu erbauen *(ad populi edificationem)*, predigen, dabei den Sinn der Worte der Hl. Schrift zwar bewahren, aber in der Volkssprache *(vulgaris sermo)* dem Verständnis des Volkes anpassen und sich kurz halten, da es besser sei, weniges aufmerksam zu hören als sich beim vielen Reden zu langweilen. So kurz wie die hier aufgezeichneten können die tatsächlich gehaltenen Predigten aber auch wieder nicht gewesen sein. Es handelt sich also nur um lateinische Entwürfe, aus denen auf den deutschen Wortlaut nicht unmittelbar geschlossen werden kann. Es läßt sich daher verschmerzen, daß V. Honemann auf einen Abdruck verzichtet hat. In seiner Edition enthalten ist dagegen selbstverständlich der gleichbleibende Teil des *Ordo sermonarius*, der dem Priester nach der Predigt von den Gläubigen nachgesprochen wurde, eine deutsche *Beichte*, d. h. ein allgemeines, öffentliches Schuldbekenntnis, und ein deutsches *Glaubensbekenntnis*. Die Beichte beginnt folgendermaßen:

Ich gihe dem almahtigen gote vnte miner frowen sancte MARIEN. Unde minem herren sancte PETRE. Vnde allen gotes heiligen. Unde dir briestere. aller miner sunden. die ih ie getete oder gefrumete. swie ih si gefrumete. wizente oder unwizente slafende oder wachende danches oder undanches oder swie ih si ie gefrumete so ergibe ih mih hiute schuldich aller miner sunden die mensche gefrumen mac mit gedanchen. mit worten. mit werchen.

Ich bekenne dem allmächtigen Gott und meiner Herrin, der hl. Maria, und meinem Herrn, dem hl. Petrus, und allen Heiligen Gottes und dir, Priester, alle meine Sünden, die ich jemals tat oder vollbrachte, wie auch immer ich sie vollbrachte, wissend oder unwissend, schlafend oder wachend, absichtlich oder unabsichtlich oder, wie immer ich sie jemals vollbrachte; so gestehe ich heute die Schuld an allen meinen Sünden ein, welche ein Mensch vollbringen kann mit Gedanken, Worten, Werken.

Dieser Beginn wie die ganzen beiden Bekenntnisse stimmen im Wortlaut weitestgehend mit dem *Benediktbeurer Glauben und Beichte* im Münchener Codex Clm 4636 überein, entsprechen also einem älteren verbreiteten Gebetsformular, das mit leichten Variationen vielerorts und mit wechselnder Funktion Verwendung fand. Wer zurückblättert und den im ersten Kapitel (S. 35) zitierten Anfang der sogenannten *Altbairischen Beichte* aus dem Anfang des 9. Jahrhunderts durchliest, wird auch noch viele Gemeinsamkeiten mit jener frühmittelalterlichen Fassung entdecken, obwohl diese nicht zum öffentlichen Bekenntnis der Gemeindemitglieder bestimmt gewesen sein dürfte. Bei einem so zentralen Text des religiösen Lebens trachtete die Kirche selbstverständlich, den Gläubigen über die Grenzen von Zeit, Raum und Gebrauchssituation hinweg einen möglichst gleichbleibenden Wortlaut einzuprägen.

In unserem Falle fanden *Glaube* und *Beichte* Verwendung als Abschluß eines vermutlich getrennt von der Messe gefeierten Predigtgottesdienstes – was damals ganz und gar nicht ungewöhnlich war und durch die Überlieferung des *Ordo sermonarius* nahegelegt wird. Dessen Kompilator ist unbekannt. Er könnte ein Mitglied des Kremsmünsterer Konvents gewesen sein, doch spricht das geringe Engagement der Benediktiner in der Volksseelsorge eher dagegen. Auch die Abtei Kremsmünster übertrug diese Aufgabe in ihren Pfarren in der Regel Weltgeistlichen. Nach dem in der Einleitung zu diesem Kapitel Gesagten ist daneben aber natürlich an einen Regularkanoniker zu denken.

Daß in unserem Raum schon deutsche Predigten des frühen 12. Jahrhunderts aufgezeichnet wurden, galt der älteren Forschung als ziemlich gewiß, ist jedoch fraglich geworden, nachdem N. Palmer die *Klosterneuburger Bußpredigten* (früher *Predigtentwürfe* genannt) näher untersucht hat. Die Klosterneuburger Handschrift 1118 könnte zwar im Wiener Raum geschrieben worden sein, wenngleich erst Ende des 12. oder Anfang des 13. Jahrhunderts (entgegen der älteren Datierung), stellt aber wohl nur eine auszugsweise Abschrift einer alemannischen Predigtübersetzung lateinischer Vorbilder dar. Eine entsprechende Untersuchung der *Wiener Predigtbruchstücke* (Cod. Vind. series nova 333) steht noch aus.

Predigt 1 der Wiener Sammlung über das Evangelium der Weihnachtsvigil (Matth. 1, 18ff.) ist in lateinisch-deutscher Mischprosa abgefaßt. Es handelt sich ohne Zweifel um eine Klosterpredigt, da nur so ein Satz wie *also wir lesen unde singen,* der das gemeinsame Chorgebet meint, wirklich sinnvoll ist. Dem Bildungsniveau einer geistlichen Gemeinschaft entspricht auch der theologische Anspruch der Predigt, die mittels der Methode der typologischen Bibelexegese (s. o. S. 70) einen knappen Abriß der Heilsgeschichte bis zur Inkarnation und Passion Christi entwirft. Wir werden vielen der alttestamentarischen Präfigurationen im Laufe dieses Kapitels wiederbegegnen: Adams Fall, Noes Arche, dem Leviathan an der Angel (Iob 40, 20f.), Isaaks Opferung, Joseph in Ägypten, Jakobs Segen und so fort. Besonders akzentuiert ist der Gedanke der *felix culpa,* der glücklichen Schuld des Sündenfalls, der erst die Menschwerdung Gottes ausgelöst hat. Predigt 2 zum Fest Epiphanie (6. Januar) legt dagegen die biblischen Festgeheimnisse der Anbetung der drei Magier, der Hochzeit zu Kana und der Taufe Jesu vor allem tropologisch-moralisch als Anweisungen zu rechtem christlichen Verhalten aus. Lateinische Einsprengsel sind selten. Die Predigt könnte sich an Laien richten. Notwendig ist das gleichwohl nicht, wie das Beispiel der Homilien aus Admont zeigt, die überwiegend demselben inhaltlichen Schema folgen (s. o. S. 76ff.). Predigt 3 für Mariä Lichtmeß ist zu sehr verstümmelt, um eine Beurteilung zuzulassen.

Solange wir nichts über Vorlage und Herkunft der Predigten wissen, befinden wir uns ohnehin auf ganz schwankendem Boden. Die alte Datierung der Pergamentblätter ins frühe 12. Jahrhundert ist gewiß nicht zu halten. Ab dem Ende des Jahrhunderts entstand dagegen eine ganze Reihe von deutschen Predigthandschriften, so daß es verwunderlich wäre, wenn sich darunter nichts aus unserem Raum befinden sollte. Dieser kommt aber als Zentrum der frühen Predigtaufzeichnungen keinesfalls in Frage. Es spricht manches dafür, daß die weitverbreitete lat. Kompilation des Honorius, das *Speculum ecclesiae* (s. o. S. 163), auch für die deutschen Sammlungen einen gewissen Anstoß gab. Das zumindest teilweise an dieser Vorlage orientierte *Speculum ecclesiae deutsch* könnte im Kloster Benediktbeuern (Diözese Augsburg) vielleicht noch in der Mitte des 12. Jahrhunderts entstanden sein. Es bietet eine gesamte deutsche Predigtliturgie mit Credo, Confessio, Indulgenz, Predigten und Paternoster. Die *Oberalteicher Predigtsammlung* trägt ihren Herkunftsnamen wohl zu Recht von dem bei Straubing gelegenen Benediktinerkloster (Diözese Regensburg), wo die betreffende Handschrift im späten 13. Jahrhundert entstanden sein wird. Ob die der Abschrift zugrundeliegende weit ältere Sammlung aus demselben Bistum stammte, wissen wir freilich nicht. Bei der sogenannten *Hoffmannschen Predigtsammlung* (Cod. Vind. 2718, um 1200?) dürfte durch die darin genannten Heiligennamen eine Zuweisung an das bairische „Kerngebiet" (trotz der alemannischen Mundart der Handschrift) ziemlich gesichert sein. Die Provenienz der sogenannten *Rothschen Predigtsammlung* (Handschrift München, Cgm 5256, bairisch, erstes Viertel des 13. Jahrhunderts) aus Regensburg muß dagegen ganz hypothetisch bleiben. Nur ungefähr als bairisch-österreichisch lassen sich einige erschließbare prädikatorische Kollektionen des späteren 12. und früheren 13. Jahrhunderts bestimmen, die in räumlich weit gestreuten Abschriften auf uns gekommen sind, am vollständigsten in den sieben Teilen der mitteldeutschen *Leipziger Predigten* (Universitätsbibliothek Leipzig, Codex 760, vom Anfang des 14. Jahrhunderts). Etwas sichereren Boden betreten wir mit dem Predigtbuch des Priesters Konrad. Für die Diözese Passau gewinnen wir damit aber wiederum nichts, da Konrad wohl in Tirol tätig gewesen ist (s. u. S. 445ff.).

Eine Predigtsammlung hat man in der jüngeren Forschung aber doch für unseren Raum in Anspruch genommen: die **Sankt Pauler Predigten**. Der Herausgeber N. E. Whisnant bestimmt den Dialekt der St. Pauler Handschrift (Stiftsbibliothek Cod. 27. 5. 26, vor 1230) als oberbairisch-österreichisch (mit Einflüssen mitteldeutscher oder oberfränkischer Vorlagen) und stellt Affinitäten der Schrift zur Vorauer *Kaiserchronik* (s. u. S. 455) fest. Da die Benediktinermönche des 1807 aufgehobenen Klosters St. Blasien im Schwarzwald über das ebenfalls aufgelassene Spital am Pyhrn in das Kärntner Kloster St. Paul im Lavanttal zogen, und nicht nur aus ihrem Heimatkloster, sondern auch aus dem oberösterreichischen Pilgerspital an der Grenze zur Diözese Salzburg Bücher in den Kärntner Konvent mitbrachten, könnte auch das Predigtbuch aus dem kleinen Hospital stammen. Dieses wurde 1190 von Bischof Otto II. von Bamberg gegründet, so daß die achtmalige Nennung des hl. Michael in der Sammlung vielleicht auf Vorlagen aus dem Kloster Michelsberg in Bamberg weist. Das Marienpatrozinium von Spital am Pyhrn (als Sancta Maria in Alpibus) gäbe aber wohl nur dann ein gewichtiges Argument für die Lokalisierung ab, wenn sich wirklich in dem Predigtbuch ein besonderes Maß der Marienverehrung nachweisen ließe. Das dürfte schwer fallen, wenn man andere Sammlungen, wie die Priester Konrads, zum Vergleich heranzieht. Allein schon das Fehlen von Predigten für die Feste Geburt Mariä und Tod Mariä in der St. Pauler Handschrift sollte zur Vorsicht mahnen.

Notwendige Grundlage für die Lokalisierung wären eine vollständige Auflistung aller Hinweise auf das intendierte Publikum und – als deren Voraussetzung – eine einläßliche Quellenanalyse. Beides ist bisher nicht geleistet. Der ganz vorläufige Befund scheint aber nicht schlecht zur Situation eines kleinen Hospizes für Jerusalempilger, Reisende, Arme und Kranke, welche von Laienbrüdern unter Leitung eines geweihten Spitalmeisters betreut wurden, zu passen. Die zitierten und meist ausgelegten lateinischen Sätze in den Predigten entstammen nämlich, wie ein Blick in die – freilich für das Mittelalter nur beschränkt aussagekräftigen – posttridentinische Liturgie lehrt, sowohl dem Meßgottesdienst wie den Stundengebeten. So fehlt z. B. das Eingangszitat zu der Bittagspredigt Nr. 35 aus dem Jakobusbrief (5, 17) im Brevier, während nur dieses die lateinischen Verse zu Beginn der Predigten über Johannes Evangelist (Nr. 14 u. Nr. 41), Lichtmeß (Nr. 20), Philipp und Jakobus (Nr. 34), Kreuzesauffindung (Nr. 42) und Peter und Paul (Nr. 47) enthält. Auch wenn all dies aus der verlorenen Vorlage herübergenommen sein kann, so spricht es doch für eine „halbgeistliche" Sphäre der Rezeption.

Eingeleitet wird die St. Pauler Sammlung mit deutschen Gebeten der Predigtliturgie: Paternoster, Credo, Confessio, Ave Maria. Selbstverständlich fehlt es nicht an Berührungen mit anderen einschlägigen Texten des 12. und frühen 13. Jahrhunderts. Die St. Pauler Fassungen sind aber fast durchgehend wesentlich kürzer. Die nun anschließenden 54 Predigten folgen grundsätzlich den gängigen Perikopenordnungen. Die herrschende Ordnung begann damals mit Weihnachten (danach etwa Honorius oder die *Oberalteicher Predigtsammlung*), eine jüngere, heute übliche mit dem ersten Adventssonntag (so etwa Priester Konrad). Die St. Pauler Sammlung kombiniert beide, sie fängt zuerst mit Predigt 1 *In nativitate domini* an, setzt aber dann mit Predigt 5 *In adventu domini* nochmals ein. Dann geht es entsprechend dem Kirchenjahr, wenngleich mit größeren Lücken, weiter. Falsch eingeordnet sind nur die Bittage, der erste Quadragesima-Sonntag und die Kreuzesauffindung (die vor dem Fest Johannis ante portam latinam, nicht danach gefeiert wird). *Sermones de tempore* und *de sanctis* bilden eine einzige Reihe. Am Ende stehen, wie üblich, die Predigten des *Commune Sanctorum*, hier nur drei Stück, wie auch die speziellen Heiligenfeste eher spärlich bedacht sind (elf Stück). Ohne erkennbaren Grund wird ausgerechnet zwischen die Fastensonntage eine Leichenpredigt eingeschoben.

Die Heiligenpredigten geben die Legendeninhalte mit einigen Auslegungen wieder, die Sonntags- und Herrenfestpredigten sind zumeist regelrechte Homilien über Evangelium oder (selten) Epistel. Schon das erste der Herrenfeste erhält aber z. B. keine *homilia*, sondern einen *sermo* zugeteilt, der einen Abriß der Heilsgeschichte bietet. Da heißt es zu Anfang:

Pver natus est nobis (= Isaias 9,6). *Min vil lieb, hevt ist vns erschinen ein tach, da wir alle geding* (Hoffnung) *zv svln haben, wand iz ein staetiv* (beständige) *veintschaft was enzwischen vns vnd vnserm herren vmb daz gebot, daz vnser alter vater, der herre adam, im pardeis vbergie* (im Paradies übertrat), *wand alle di sele, die von adams ziten vntz* (bis) *an die gebvrt vnsers herren iesu christi chomen warn, di mvsen* (mußten) *alle zehelle varn.*

Dann erzählt der Prediger von Gottes Erbarmen und Erlösungsplan, von der Geburt Jesu aus Maria der Jungfrau, die uns mit ihrem Sohn versöhnt hat, von der Auffüllung des durch den Sturz Luzifers freigewordenen zehnten Engelschores mit den erlösten Menschen und von dem durch Christi Geburt neu gestifteten Frieden zwischen Gott und Menschen. Dabei verweist er wie zu Anfang auf den Text der Festmesse, zitiert daraus, übersetzt und kommentiert die Zitate, wodurch er sich doch wieder der Homilie nähert. Die Predigt mündet, wie häufig, in eine Aufforderung an die Gläubigen, Gott zu ehren und um seinen Beistand anzuflehen.

Das ganze Stück umfaßt nur 36 Zeilen in der Handschrift. Für eine Predigt der gleichen Thematik braucht Priester Konrad etwa drei- bis viermal so lange (Predigt Nr. 4). Aber auch in der St. Pauler Handschrift ist dies das kürzeste Stück. Sonst beträgt der Umfang durchschnittlich ca. 100 Zeilen, einmal sogar 161 (Nr. 41).

Dem Stil nach lassen sich diese Predigten den oben genannten gut vergleichen. Am nächsten stehen wohl das *Speculum ecclesiae deutsch* und das Predigtbuch Priester Konrads. Besonders liebt unser Prediger die syndetische und asyndetische Reihung von Synonymen, bisweilen noch verstärkt durch Alliteration, die auch sonst begegnet, am massivsten an einer Stelle jener Predigt Nr. 41 über Johannes vor der Porta Latina (wo der Evangelist nach der Legende in siedendes Öl geworfen, aber von Gott gerettet wurde). Da fallen die s-, h-, w- und v-Gleichklänge sogleich ins Ohr:

Div erste stimme, di sant Iohannes horte, div was als ein herhorn so hel vnd so lvte vnd sprach: „steig her vf zemir!" da bi merckt, daz wir mvzzen alle stigen mit gvten wercken, wellen wir dar chomen (wenn wir dorthin kommen wollen), *vnd sinchen wir von* (aufgrund) *vnsern svnden, so vrewt sich der leidige valant* (widerwärtige Teufel) *vnd wartet vns* (lauert auf uns) *in der helle; der si hivte vnd immer verwazzen* (sei verflucht) *von allen vnsern sinnen!*

Dem Inhalt nach gibt die Stelle auch einen guten Eindruck von der Art der hier geübten moralischen Auslegung der legendarischen und v. a. biblischen Texte (hier der Geheimen Offenbarung 4,1). Über eine Feststellung des Tatbestandes könnten wir aber nur aufgrund einer gründlichen Quellenuntersuchung hinausgelangen.

Solange sie aussteht, müssen wir uns damit begnügen, unserem Prediger einen lebendigen, teilweise durchaus „volksnahen" deutschen Ausdruck, der da und dort sogar an geistliche Poesie gemahnt, zuzubilligen.

Daß es bisher offenbar nicht gelungen ist, in das Netz der mehr oder minder engen Abhängigkeiten der bairischen Predigtsammlungen auch die *St. Pauler Predigten* einzuordnen, könnte für deren relative Eigenständigkeit sprechen. Es wäre jedoch äußerst verwunderlich, wenn man sich gerade für ein so relativ unbedeutendes geistliches Institut besonders viel Neues hätte einfallen lassen. Bis zum Beweis des Gegenteils wird man daher auch hierin einen bloßen Ableger der reichen lateinischen Predigttradition sehen müssen. Gedacht sind die *St. Pauler Predigten*, wie die anderen genannten auch, vermutlich zur wörtlichen Wiedergabe im mündlichen Vortrag gewesen. Es handelt sich also um Musterpredigten, nicht um Niederschriften tatsächlich gehaltener Predigten. Immerhin werden sie deutsch aufgezeichnet, nicht, wie die überwiegende Mehrheit, lateinisch, um erst in der prädikatorischen Praxis umgeformt zu werden.

Die gewaltige Umwälzung in der Geschichte der deutschen Predigt durch das Auftreten der Bettelorden im 13. Jahrhundert (s. o. S. 166) bringt in diesem Punkt noch keine entscheidende Veränderung. Franziskaner und Dominikaner denken nicht daran, die von ihnen gehaltenen Predigten im originalen Wortlaut niederzuschreiben. Überlieferte deutsche Predigten sind durchweg das Ergebnis sekundärer Redaktion zu Lesezwecken, also literarische Werke. Häufig stammen sie auch gar nicht von den Predigern selbst. So hat der berühmteste Volksprediger des 13. Jahrhunderts, Berthold von Regensburg, selbst nur lateinische Niederschriften hinterlassen, die als Muster zur Predigtvorbereitung dienen, nicht das lebendige Wort festhalten sollen. Dennoch sind sie in hunderten Handschriften überliefert, die deutschen Redaktionen, die höchstwahrscheinlich von Mitgliedern des Augsburger (und Regensburger) Franziskanerkonvents angefertigt wurden, hingegen nicht einmal in zwei Dutzend Codices.

Von Bettelordensbrüdern aus Klöstern der Diözesen Passau, Salzburg oder Brixen ist auch in Überarbeitung keine deutsche Predigt erhalten. Bei den in J. B. Schneyers Repertorium aufgelisteten lateinischen Franziskanerpredigten in Bibliotheken von Graz, Innsbruck, Klosterneuburg und Wien wäre erst einmal Datum und Herkunft zu klären, um sie zuordnen zu können. Immerhin wissen wir, daß Berthold von Regensburg (um 1210–1272) auch in unserem Raum die Massen angezogen hat. 1240 ist er in Augsburg als Prediger bezeugt, 1253 in Landshut, 1254 in Speyer, dann am Oberrhein und in der Schweiz, 1257/58 in Schlesien, 1259 am Rhein, seit 1260 aber auch in Österreich, Böhmen, Mähren und 1262 in Ungarn (?). Der Andrang war ungeheuer. Chroniken versteigen sich zu phantastischen Zahlenangaben. Bis 200.000 Zuhörer soll manche Predigt angelockt haben. Schon ein wenig realistischer klingt die Angabe Hermanns von Niederalteich, oft seien es 40.000 Menschen gewesen. Jedenfalls reichte der Platz in Kirchen und auf Marktplätzen vielfach nicht aus. Berthold mußte dann auf freiem Feld vor der Stadt predigen und den Zuhörern die Plätze nach der Windrichtung anweisen. Die bekehrende Wirkung der Predigten muß überall enorm gewesen sein, wenn nur ein Teil der Anekdoten in den Chroniken auf Wahrheit beruhen soll. –

Daß Predigten überhaupt auf deutsch aufgezeichnet werden, hat zwar eine längere Tradition, wird im 13. Jahrhundert jedoch durch die vielerorts erwachende Tendenz, der bisher weithin allein herrschenden lateinischen Prosa nun auch eine deutsche an die Seite zu stellen, kräftig befördert. Der erste große Schub erfolgt hier auf dem Gebiet des Rechts. Bis dato war das Rechtswesen im weltlichen Bereich bis auf gelegentliche, fast ausschließlich lateinische Kodifizierung ohne die Schrift ausgekommen. Mit der wachsenden Bedeutung des gelehrten Rechts im lateinischen Bereich (s. S. 194ff.) begann aber auch für die Volkssprache der Ruf nach schriftlicher Beweissicherung lauter zu werden. Stadtrecht und Landfrieden waren stets von den Betroffenen zu beschwören gewesen. Was sie hier beschworen, mußte ihnen stets in einer ihnen verständlichen Sprache vorgelegt werden, auch wenn die Satzung dann auf Latein schriftlich niedergelegt wurde. Es erhöhte die Rechtssicherheit, wenn der Text auch gleich in der Volkssprache aufgezeichnet wurde, sei es allein oder – wie im 13. Jahrhundert noch häufig – neben der lateinischen Fassung.

Signalfunktion erfüllte hier der kaiserliche *Mainzer Reichslandfriede* von 1235. Er ist zuerst auf Latein von Kanzleijuristen formuliert und dann ins Deutsche übersetzt worden. In dieser Form wurde er später von Rudolf I. (1281) bis Ludwig dem Bayern (1316) bestätigt.

Der Form und teilweise dem Inhalt nach hat ihn auch 1254 (?) Ottokar II. Přemysl in seinen *Österreichischen Landfrieden (Pax Austriaca)* übernommen. Noch in den neu hinzugefügten Paragraphen finden wir häufig die kaiserliche Formel: *Wir setzen und gebieten*. Das Hauptgewicht legt Ottokar auf Einsetzung und Befugnisse der landesfürstlichen Richter. So heißt der § 17:

Wir wellen auch und setzen vier lantrihtaer, zwen enhalb Tunowe (jenseits der Donau), *zwen dishalp; di suln rihten alle chlag di fur sie choment, an uber dienstman leib und aeigen und lehen* (außer über Leben, Eigen und Lehen der Ministerialen). *Wirt aber aein dinstman umb grozze schulde bechleit* (angeklagt), *den sol der lantrihter bringen in den furban* (Schutz des Gerichts); *di aeht* (Acht) *sol man uns behalten* (vorbehalten). *Uber rittaer und uber chneht* (Edelknechte), *di unser sint od* (oder) *unser dinstman aeigen sint, od swes si sint* (wem auch immer sie gehören), *da sol der lantrihter uber rihten, uber leip und uber guot, als reht ist*.

Dabei wird den Landrichtern eingeschärft, stets, wenn nichts anderes bestimmt wird, so Recht zu sprechen als *gwonlich ist, und als daz reht herbraht hat* (wie es Gewohnheit und hergebrachtes Recht ist: § 27) und ja nicht für Geld das Recht zu beugen (§ 31).

Eine lateinische Fassung dieses Landfriedens ist nicht bekannt. Anders beim *Bairischen Landfrieden*, der 1256 zu Straubing von Herzog Heinrich XIII. von Niederbaiern, Bischof Otto von Passau und Bischof Konrad von Freising beschworen wurde; hier liegt im wesentlichen die lateinische *Pax Bavarica* vom Jahre 1244, die noch für das ungeteilte Herzogtum Baiern gegolten hatte, zugrunde. Gegenüber dem *Mainzer Reichslandfrieden* zeigen beide Texte eine weit größere Selbständigkeit als der *Österreichische Landfriede*.

Glaubenslehre in Versen

Domine, labia mea aperies (Herr, du wirst meine Lippen öffnen), dieses Psalmwort (Ps. 50,17), das als stehende Wendung in der Tageszeitenliturgie der geistlichen Gemeinschaften begegnet und in der *Benediktinerregel* überdies für den Beginn der Tischlesung vorgeschrieben ist, eröffnet auch ein in der einzigen Handschrift das

Anegenge (Anfang) überschriebene Gedicht in 3242 paarweise gereimten, meist vierhebigen Versen. Gott solle, bittet der anonyme Autor, seine Rede so lenken wie einst die der Eselin des heidnischen Propheten Bileam (s. o. S. 116) – ein auch sonst in der geistlichen frühmittelhochdeutschen Dichtung nicht seltener Vergleich –, will er doch nichts Geringeres als das Wesen Gottes und der Erlösung auseinanderlegen. Vorbeugend lehnt er jede Verantwortung dafür ab, wenn törichte Leute sich zu tief in den Brunnen göttlicher Geheimnisse versenken und dann darin ertrinken, was angesichts solcher Fragen wenig verwundert, die V. 61–85 angekündigt werden: Wo existierte Gott, ehe er Himmel und Erde erschuf? Wie sind die drei Namen in der Dreifaltigkeit zu verstehen? Warum gestattete Gott, obwohl er alles vorauswußte, den Sündenfall Luzifers und der ersten Menschen? Wozu wollte Gott die Geburt des zur Verdammnis Bestimmten? Womit haben die ungetauften Kinder bereits die Verdammnis verdient?

Wir haben es hier also mit einer völlig neuen Spezies von Glaubenslehre in der Volkssprache zu tun. Sind wir bisher nur allegoretischen Auslegungen von Natur und Heiliger Schrift begegnet, woraus der Gläubige die symbolische (auch zahlensymbolische) Ordnung alles Geschaffenen und Geschehenen auf den Schöpfer hin begreifen sollte – im *Physiologus*, im *Himmlischen Jerusalem*, in der *Auslegung des Vaterunsers* und in den anderen Siebenzahl-Gedichten –, so liegt hier der Versuch vor, sich logisch-argumentativ mit Glaubensinhalten, und zwar auch den rational besonders schwer erfaßbaren, auseinanderzusetzen. Mit Recht rückt H. Freytag das *Anegenge* weg von der übrigen „zeitgenössischen frühmhd. Lehr- und Erbauungsdichtung, die theologisches Wissen vor allem in seinem moralisch-tropologischen Fazit in der Regel verkürzt und auf Erbauung und Paränese zielend vorträgt", und stellt es lateinischen theologischen Traktaten wie dem *Elucidarium* des Honorius Augustodunensis (s. o. S. 161) zur Seite. Ob sich daraus ein grundsätzlich positives Werturteil über das deutsche Gedicht ableiten läßt, ist allerdings fraglich. Es scheint doch eher, als habe sich der Autor einigermaßen übernommen. Honorius hat in seinem Handbuch der Glaubenslehre diese in Form eines Lehrer-Schüler-Dialogs und einer möglichst schlichten Prosa bewußt vereinfachend zusammengefaßt. Unser Dichter stürzt sich geradezu auf Probleme, in denen der Theologe wahrhaft „ertrinken" kann. Dazu greift er nicht nur auf das *Elucidarium* zurück, sondern auch noch auf weitere lateinische Quellen, die längst nicht hinreichend erforscht sind. Er selbst beruft sich außer auf Augustinus und Gregorius Magnus auf ungenannte Autoritäten, darunter auch den Vortrag seines *meisters* (V. 1258). Bei der Verarbeitung dieses gewiß nicht besonders systematischen Schulwissens muß er sich dann noch mit dem in der Volkssprache damals eben üblichen Reimvers abquälen, was notgedrungen zu Füllseln, Wiederholungen und Unklarheiten führen muß. Zudem ist der Entwicklungsstand der deutschen Sprache einem solchen Unternehmen noch gar nicht günstig.

Das soll nicht bedeuten, daß das *Anegenge* durchgehend die Form einer scholastischen *disputatio* hätte. Zwar tritt das Schema von Frage und Antwort, Argument und Gegenargument immer wieder hervor, doch dominiert über weite Strecken doch das aus der Bibelepik vertraute Verfahren, die Nacherzählung der Hl. Schrift mit erklärenden Einschüben, die gleichwohl weit stärker jenem Schema gehorchen als in anderen frühmittelhochdeutschen geistlichen Gedichten.

Auf den Prolog (V. 1–88) folgen (1.) ein Abschnitt über die Schöpfung und den Fall der Engel (V. 89–276), (2.) über die Trinität (V. 277–832), (3.) über Erschaffung,

Sündenfall und Geschichte des Menschengeschlechts bis zur Sintflut (V. 833–2043), hierauf ein Exkurs über die Gottesschau (V. 2044–2229) und schließlich der letzte Abschnitt (4.) über die Erlösung (V. 2230–3233). Ein kurzer Epilog in Form einer Mahnung an die Hörer beschließt das Werk (V. 3234–3242). Das sieht nach überlegter Gliederung aus, die jedoch im Detail durch völlig ungleichmäßige Auffüllung verlorengeht. Teil 1 und 2 sind im wesentlichen diskursiv gestaltet. Die in der Patristik vorbereitete und in der Frühscholastik (v. a. von Abälard) systematisierte Appropriationen-Lehre von den drei göttlichen Personen als *potentia (gewalt), sapientia (wîstuom)* und *caritas/amor/bonitas (güete)* wird aber nicht nur erklärend dargelegt (V. 303–338), sondern zuvor und danach in allegorischen Beratungsgesprächen, die die Schöpfung begründen, vorgeführt (V. 139ff.; 435ff.). Am Beginn von Teil 3 steht das theologische Paradoxon vom freien, schulderzeugenden Willen des Menschen angesichts der Allmacht und Allwissenheit Gottes zur Debatte (V. 833–1058). Zur biblischen Erläuterung hätte aber ein Resümee des Sündenfalls Adams und Evas genügt. Statt dessen reicht die ziemlich erklärungsarme Schilderung (von ca. 1000 Versen) bis zur Verfluchung Chams. Der Dichter bekennt, er hätte gerne noch mehr vom Anfang des Heils, also dem Heilsgeschehen des Alten Testaments, dem *anegenge,* berichtet – daraus hat der Schreiber den Titel gewonnen –, aber er fürchtet, das könnte die Zuhörer langweilen (V. 2235ff.). Hier hat der geläufige Topos von der gebotenen Kürze des Redners seine volle Berechtigung. Teil 4 beginnt wiederum mit einer allegorischen Beratungsszene: Gottes *erbermde (misericordia),* hier offenbar mit *güete* gleichgesetzt, verlangt von *gewalt* und *wîstuom* (s. o.) die Erlösung des gefallenen Menschen, *wârheit* spricht im Namen der Gerechtigkeit dagegen, kann aber nicht verhindern, daß *reht (iustitia)* und *vride (pax)* durch einen Kuß die Versöhnung Gottes mit dem Menschen besiegeln. Das von einer Stelle in Psalm 84 angeregte, im 12. Jahrhundert vor allem durch eine Predigt Bernhards von Clairvaux populär gemachte allegorische Motiv vom Streit der „Töchter Gottes" wird hier auf undurchsichtige und abstrakte Weise mit den drei Appropriationen verquickt. Es entstehen keine irgendwie plastischen Gestalten (Schwestern, Töchter oder dergleichen). Dafür schließt wieder biblisches Erzählgut an und zwar nicht nur von Verkündigung und Geburt Jesu, sondern auch – wozu? – von den Heiligen Drei Königen und Herodes (V. 2423–2656). Mittendrin bricht der Autor ab und läßt sich über das Verhältnis von Adam und Eva zu Christus und Maria im Heilsplan aus. Im Abwägen von Fluch und Segen, Schuld und Sühne findet hier Christi demütiges Erlösungswerk vom armseligen Kindlein in der Krippe bis zum Martertod am Kreuz seinen Platz. Kurz erwähnt werden noch Höllenfahrt, Auferstehung, Himmelfahrt, nicht jedoch die Vollendung der Heilsgeschichte in den Letzten Dingen, die sonst den Abschluß aller einschlägigen Glaubenslehrbücher bilden.

Der Autor beschränkt sich also bewußt auf die Ableitung der Erlösung aus dem Wesen Gottes und seiner Schöpfung. Eine Summa der Heilsgeschichte ist nicht beabsichtigt. Die Hörer (V. 298 *hoeraere*) sollen begreifen, wie sich alles aus Gnade u n d Gerechtigkeit Gottes zwangsläufig ergibt. Dieses Vorrechnen logischer Notwendigkeiten (man vergleiche als Paradebeispiel die juristische Satisfaktionslehre V. 3125–3156) verleiht dem Werk einen scholastischen Anstrich. Befremdet dieser Zug uns Heutige schon in den theologischen Spitzenwerken der Zeit, so um so mehr in einem deutschen Gedicht, das sich nicht an Fachleute wendet und so auf Kosten der Systematik immer wieder Allegorie und Erzählung zu Hilfe nehmen muß.

Schöpft der Autor wohl selbst großteils theologisches Gemeingut aus zweiter und dritter Hand, so wechselt er es in noch kleinere Münze um. Dabei ist immer noch eine durchaus abstrakte und objektiv-distanzierte Darstellung des Heilsgeschehens herausgekommen. Was ein adeliges weltliches Laienpublikum, das H. Rupp für das Werk annimmt, damit hätte anfangen sollen, ist gänzlich unerfindlich. Auch Gleichnisse aus der alltäglichen Erfahrung geben kein Argument dafür ab. Das Sonnengleichnis für die Trinität (V. 833ff.) etwa gebraucht auf ähnliche Weise schon Honorius Augustodunensis (*Elucidarium* I, 1). Die geeigneten Zuhörer waren nur in einer geistlichen Gemeinschaft zu finden. Wir haben sie wohl im Bistum Passau zu suchen. Die relativ zahlreichen unreinen Reime des Gedichts passen in den mittelbairischen Dialektraum. Die einzige Handschrift, Cod. Vind. 2696, stammt aus Niederösterreich (Wien?), allerdings erst aus der Zeit um oder nach 1300. Sprache und Metrik (die noch gelegentlich bis zu acht Hebungen im Vers zuläßt) weisen auf die ausgehende frühmhd. Periode von ca. 1170/80. Eine mögliche Benutzung der *Historia scholastica* (s. o. S. 114) ließe sich damit gut vereinbaren. –

Sucht hier ein klerikaler Literat möglichst viel an wissenschaftlichem Anspruch der Theologen in die volkssprachliche Lehrdichtung für Mitbrüder, die des Lateins nicht oder nicht ausreichend mächtig sind, hinüberzuretten, so bietet ein kleinformatiger Codex aus dem 1202 gegründeten Zisterzienserkloster Lilienfeld, jetzt Cod. Vind. 2739*, geschrieben zwischen dem späten 12. und dem frühen 13. Jahrhundert vermutlich in der Diözese Passau, religiöse Texte ganz anderen Zuschnitts. Auf den 76 Blättern der unvollständig überlieferten, aber schon bei der Anlage durch Schreiber und Illuminator nachlässig geordneten Handschrift finden sich fast regelmäßig jeweils auf der Vorderseite ein lateinischer gebethafter Text, auf der Rückseite eine lavierte Federzeichnung, darüber ein lateinischer Titel und darunter ein kurzes deutsches Gedicht in 4–16, meist 6–10 Reimpaarversen. Die Schrift der lateinischen Texte ist durchaus anderen und auch etwas älteren Charakters als die der deutschen Verse (2. Viertel des 13. Jahrhunderts?). Alle an dem Codex beteiligten Schreiber wie auch der nicht eben begnadete Zeichner haben einigermaßen flüchtig gearbeitet.

Die deutschen insgesamt 578 Verse – ca. 70 sollen verloren sein – hat H. Menhardt 1941 herausgegeben, von den lateinischen Gebeten, die er sonst nirgends nachweisen konnte, nur das erste. Es sind aber gerade die lat. Texte, die einen ersten Hinweis auf den Gebrauch geben. Die Gebete sind einer *misera peccatrix,* einer armen Sünderin, in den Mund gelegt, also für eine Frau, die wohl einer geistlichen Gemeinschaft angehört, bestimmt. Als Ausgangspunkt habe ihr – nach A. Masser – jeweils das zur Betrachtung einladende Bild gedient; dieses illustriere nicht den deutschen Text – wie sonst meist üblich –, sondern werde umgekehrt durch diesen erläutert. Den fremdsprachigen Text habe die Benützerin vielleicht gar nicht oder schlecht verstanden.

Tatsächlich könnten die Zeichnungen als erstes angefertigt worden sein. Aber die lateinischen Gebete beziehen sich doch zumeist mehr oder minder deutlich auf die jeweils gleichzeitig aufgeschlagenen Bilder. Die im Bild gezeigte Heilstat wird in bewährter Manier Gott vorgetragen und mit einem Schuldbekenntnis und einer Bitte um Vergebung verbunden: zu Anfang Sündenfall, Vertreibung aus dem Paradies, Abrahams Schau der Trinität und Opferung Isaaks, Moses und der Dornbusch, der Empfang der Gesetze auf Sinai, dann Hauptstationen des Lebens Jesu von Mariä Verkündigung bis zur Himmelfahrt und Geistausgießung zu Pfingsten. Die Möglichkeit, daß die lateinischen Gebete als ganze wie die deutschen Erklärungen einfach aus dem Bildinhalt frei herausgesponnen wurden, scheidet wohl aus, da hier nicht nur geläufige liturgische Formeln *(omnipotens sempiterne deus* u. a.) Verwendung finden, sondern auch zeitspezifische Gebetsteile des Officium divinum, so gleich zu Anfang auf den Blättern 2r, 3r, 5r und 6r die Anfänge der größeren Antiphonen für die letzten Tage vor Weihnachten, was bisher übersehen wurde.

Die knapp 70 deutschen Bilderläuterungen sind von ihrer literarischen Qualität her kaum der Rede wert. Reim und Rhythmus sind für die Zeit nach der Jahrhundertwende erheblich rückständig. Immer wieder überschreiten die Verse die Vierhebigkeit und dies keinesfalls bloß am Ende der einzelnen Gedichte, wo man noch eine künstlerische Absicht dahinter vermuten könnte. Ebenso roh gezimmert sind Satzbau und Gedankenfolge. Fast alleinige Quelle ist die Bibel, die natürlich im Lichte gängiger Auslegung verstanden wird (etwa Genesis 18, 1–3 als Vorahnung der Trinität oder Matth. 1,23 unter Ergänzung der Herkunft Mariens). Nur höchst selten weicht der Verfasser (oder die Verfasserin) gemäß einer volksläufigen Vorstellung oder aus schlichter Ungeschicklichkeit (wie beim Ersatz Gottvaters auf Sinai durch Christus, V. 39) davon ab.

Bemerkenswert erscheint dieses von A. Masser so genannte **Lilienfelder Andachtsbuch** nur seines Typus wegen, sind doch derartige moniale Erbauungsbücher im ganzen und besonders im hohen Mittelalter rar. Als ältestes Nonnengebetbuch aus dem gesamten süddeutsch-österreichischen Raum nennt F. X. Haimerl eine vermutlich aus dem Kloster Nonnberg (Salzburg) stammende Münchener Handschrift (Clm 14848) des 12. Jahrhunderts mit rein lateinischem Text. Ein zweisprachiges, bebildertes Chorfrauenbrevier aus Seckau werden wir in Abteilung B dieses Kapitels kennenlernen (s. S. 448). Etwas ganz ähnliches liegt in unserem Fall vor. Im *Lilienfelder Andachtsbuch* werden lateinische Gebete zum Beten und Singen geboten und Bilder aus der biblischen Geschichte dem Inhalt nach auf deutsch erklärt, so daß sich die Heilsgeschichte in ganz groben Zügen wie bei der Betrachtung des Skulpturenprogramms eines Kirchenportals nachvollziehen läßt. Erst eine genauere Untersuchung der lat. Texte könnte aber das Verhältnis zur Liturgie wie das Zusammenspiel der beiden Sprachen und der beiden Medien klären.

Geistliche Lebenslehre in Versen

In der Wiener Sammelhandschrift Cod. Vind. 2696 vom Anfang des 14. Jahrhunderts finden sich zwei sonst nicht überlieferte Reimpaargedichte, die der Forschung bis heute schweres Kopfzerbrechen bereiten. Sie folgten in der Handschrift ursprünglich unmittelbar aufeinander, wurden durch Umbinden aber auseinandergerissen. Das vorangehende Gedicht beginnt im Codex mitten im Satz. Man hat einen Verlust von über 1900 Versen errechnet; 746 sind erhalten. Am Ende hat die Handschrift zwar keine Lücke, der Schreiber dürfte aber etliche Schlußverse weggelassen oder in seiner Vorlage schon nicht mehr vorgefunden haben. Auf diese Weise sind vermutlich Titel und Autornennung verlorengegangen. In der Forschung läuft das Werk unter dem Titel **Vom Priesterleben.** Zu Beginn des folgenden – wohl weitgehend vollständig erhaltenen – Werkes kündigt der Autor eine *rede* an *von des tôdes gehugde* (**Von der**

Erinnerung an den Tod: V. 2), schiebt aber nach einem Prolog von 34 Versen noch einen langen „Vorspann" ein, ein *liet* (V. 447), dem er einen eigenen Titel *von dem gemeinem lebene* (*Von dem allgemeinen Leben:* V. 450) gibt, ehe er mit dem Hauptteil (V. 455–1000), eben dem *memento mori*, einsetzt. In einem Epilog von 42 Versen betet er zuletzt zu Gott für sich selbst, nämlich *Häinrichen,* Gottes *armen chnecht,* für *den abt Erchennenfride* (V. 1029ff.) und alle, die auf Gott vertrauen.

Für Heinrich als Autor beider Gedichte spricht neben der – nicht wirklich beweiskräftigen – Verbindung in der Überlieferung ein Selbstzitat im *Priesterleben* V. 395ff.: „Wenn ihr euch an die Worte erinnern wollt, wie ich euch früher gesagt habe…". Die folgenden fünf Zeilen finden sich mit minimalen Abweichungen in der *Erinnerung* V. 181ff.

In der älteren Forschung hat man im allgemeinen die Autoreinheit für gegeben erachtet, desgleichen die Identifikation jenes Abtes mit Erkenfried (Erchinfrid) von Melk, der sein Amt 1121 bis 1163 ausübte (s. o. S. 83). Nachdem dann eine radikale Skepsis diesen Annahmen jegliche Grundlage zu entziehen trachtete, scheint man neuerdings wieder bereit, Heinrich als Verfasser beider Werke und Österreich als seine sprachliche Heimat ernsthaft zu erwägen. Nur die Datierung in die 60er Jahre stößt weiterhin auf Ablehnung. Der Anteil unreiner Reime ist im *Priesterleben* (dem zweiten Werk) aber kaum geringer als etwa in der *Litanei*, die gemeinhin auf 1160/70 datiert wird (s. u. S. 461ff.), in der *Erinnerung* weit höher. Die bisher vorgetragenen Argumente für formale und inhaltliche Einflüsse des Höfischen Versromans (s. u. S. 329) auf Heinrich dürften sich insgesamt schwerlich als zwingend erweisen. Dazu kommt, daß der als Alternative angebotene Abt Erkenfried von Altenburg (bei Horn) zwar in alten Nekrologen auftaucht, sein angebliches Todesdatum 1196 aber nicht nachgewiesen werden kann. Mehr als sein Name ist de facto nicht bekannt, während wir den Melker Abt mit der ersten kulturellen Blüte seines Klosters in unmittelbaren Zusammenhang bringen dürfen. Vor 1163 müßte aber auch dann Heinrich sein früheres Werk nicht gedichtet haben, denn erstens ist 1163 nur als das Jahr der Resignation Erkenfrieds und seiner Reise nach Jerusalem, nicht als tatsächliches Todesjahr belegt und zweitens betet Heinrich am Ende der *Erinnerung* eher für den Toten als den Lebenden: *den habe dû, hêrre, in dînem fride* („den behalte du, Herr, in deinem Frieden"). Über bloße Vermutungen kommen wir aber so oder so nicht hinaus.

Man könnte diesen Streit der Meinungen getrost auf sich beruhen lassen, käme unserem Dichter nicht eine derart wichtige literarhistorische Stellung zu. Zum ersten Mal in unserem Gebiet begegnet uns nämlich in der Gestalt **Heinrichs (von Melk?)** ein Laie, der mit dem Anspruch eines geistlichen Lehrers für alle Stände auftritt. In der *Erinnerung* sagt er ausdrücklich *wir läien* (V. 225), kündet aber gleich zu Anfang an, den *werltlîchen liuten,* also den Weltleuten, die außerhalb der geistlichen Gemeinschaften leben, die ihnen nach dem Tod bevorstehenden Höllenstrafen klarmachen zu wollen (V. 4ff.). Am Beginn des Teiles *Vom allgemeinen Leben* redet er wiederum die *pfaffhäite*, den Klerus, an (V. 35ff.). Adressat des *Priesterlebens* ist natürlich ebenfalls der Klerus, genauer die geweihte Priesterschaft. Die Berechtigung, so zu ihr zu sprechen, leitet er aus dem bekannten Vergleich mit Bileams Eselin (s. o. S. 116), aber auch mit dem jungen Daniel, der die lüsternen alten Priester überführte (Daniel 13), ab (V. 437ff.). Den Laien will er jedoch zugleich Ehrfurcht vor jedem Priester, der die Pflichten seines Standes erfüllt, einflößen (V. 525ff.). Nur drei Gruppen von Menschen nennt er (ähnlich wie Gregor der Große, Beda, Honorius etc.), die ins Himmelreich gelangen werden: die (rechten) Lehrer der Christenheit, die jungfräulich Enthaltsamen und die treuen Eheleute, wie sie im Alten Testament durch Noe, Daniel und Job vorgeprägt seien (V. 487ff.). Es wäre jedoch vermutlich voreilig, die beiden Daniel-Exempel in unmittelbare Verbindung miteinander bringen zu wollen. Heinrich hebt sich von Daniel doch deutlich als Sünder (V. 466) ab. Das wird wohl kein bloßer Demuts-Topos sein. Heinrichs intime Kenntnis des nunmehr von ihm verabscheuten höfischen Weltlebens spricht am ehesten für einen aus und von der Welt Bekehrten, einen *conversus*, wie er ihn in der *Erinnerung* vorstellt (V. 236ff.): „Wenn einer, der sich in der Welt keck dünkt, ein geistliches Leben beginnt, wo er mit dem Teufel ringen muß, so ist es füglich am Platze, daß er zuerst einmal anderen seinesgleichen seine moralischen Maximen *(tugentlîche dinge)* deutlich macht".

In der Einleitung zum *memento mori*, dem Abschnitt *Vom allgemeinen Leben*, tadelt Heinrich die Laster aller Stände nach dem Muster des *Sermo generalis* (allgemeine Predigt, Ständepredigt, vgl. z. B. Honorius, *Speculum ecclesiae*, Nr. IX), zuerst Simonie, Habsucht und Unzucht der Kleriker aller Gruppierungen, dann Hochmut, Eitelkeit, Untreue, Ungerechtigkeit, Haß, Mordgier und Hurerei der Laien. Bei diesen wendet er sich zuerst an die Adeligen, legt als Wurzel aller ihrer Sünden gemäß der patristischen Tradition die *superbia (hôchvart, übermuot)* bloß, blendet aber dann unerwartet die adeligen Damen aus *(von den frowen sul wir nicht ubel sagen:* V. 341), um statt dessen von der überheblichen Eitelkeit der armen Tagelöhnerinnen, die in langen Kleidern daherkommen, und der Bäuerinnen, die sich mit Schminke und Putz den Edelfrauen gleichstellen wollen, zu reden (V. 319ff.). Mit den Rittern geht Heinrich hingegen hart ins Gericht:

> *swâ sich diu rîterschaft gesamnet,*
> *dâ hebet sich ir wechselsage,*
> *wie manige der unt der behûret habe;*
> *ir laster mugen si nicht verswîgen,*
> *ir ruom ist niwan von den wîben.*

V. 354–58: Wo immer sich Ritter versammeln, da geht die Unterhaltung darüber los, mit wievielen der oder der geschlafen habe. Ihre Schande können sie gar nicht verschweigen, denn ihren Ruhm erlangen sie nur durch die Frauen.

Das ist höfischer Minnedienst aus geistlicher Perspektive, die auch die Kampfeskraft der Ritter nur als Mordgier erscheinen läßt. Nur wer möglichst viele erschlagen hat, gilt hier als *guoter chnecht,* ätzt der Dichter (V. 370ff.). Eine Klage über den allgemeinen Sittenverfall schließt sich an – ein seit der Antike beliebter Gemeinplatz. Die Welt hat sich verkehrt, angefangen von Rom, der Hauptstadt der Welt, wo nur noch das Geld regiert. Allenthalben gilt nun der Reiche für adelig, der Arme für niedrig. Die geistlichen Fürsten fühlen sich nur in Waffen wohl. Die Kleriker sind habgierig, die Bauern neidisch, die Kaufleute betrügerisch, die Frauen ausschweifend.

All dieses weltliche Streben nach Besitz, Ansehen und Genuß erscheint nun unter dem Aspekt der Vergänglichkeit alles Irdischen doppelt verwerflich und vor allem töricht. Was die zahllosen *contemptus-mundi-* und *memento-mori*-Schriften der Spätantike und des Frühmittelalters immer aufs neue den Menschen eingehämmert haben, ruft ihnen auch Heinrich im Hauptteil der *Erinnerung* (V. 455ff.) mit Emphase zu, ausgehend von entsprechenden Mahnungen der alttestamentarischen Weisheitsbücher. Aber er sucht dabei bewußt die Anschaulichkeit des konkreten Beispiels, das er mit der Souveränität des frei disponierenden Autors vorführt. Die Hörer werden aufgefordert, sich zum ersten einmal einen Königssohn vorzustellen (V. 511ff.), ob man den mit Recht glücklich schätzen dürfe, wenn er nur heil und gesund den Tag seiner Schwertleite erlebt. Denn nun sei die Zeit seiner Mühsal ja erst gekommen. Stets müsse er rastlos um sein Ansehen besorgt sein, ohne durch eigene Untreue sein Seelenheil aufs Spiel setzen zu dürfen, die er jedoch ständig von anderen, insbesondere den engsten Verwandten zu gewärtigen habe – eine harsche Kritik an der Feudalwirklichkeit innerdynastischer Rivalität. Doch räumen wir einmal ein (*doch verhenge wir:* V. 559), sagt Heinrich, daß ein solcher Fürst nicht nur von allen Krankheiten, wie sie Arm und Reich gleichermaßen befallen, sondern überhaupt von allen Heimsuchungen bis zu seinem Lebensende verschont bleibt, so reicht für den Toten, und mag er zu Lebzeiten auch drei Länder beherrscht haben, dann doch soviel Erde aus wie für einen Bedürftigen. Was nützt der größte Bestattungsaufwand, wenn der Teufel von der Seele Besitz ergriffen hat? Dann wird der Dichter noch konkreter. Das folgende Bild ist zu Recht in literatur-, kultur- und sozialgeschichtlichen Darstellungen immer wieder zitiert worden:

> 597 *Nû ginc dar, wîp wolgetân,*
> *unt schowe dînen lieben man*
> *unt nim vil vlîzlichen war*
> *wie sîn antlutze sî gevar,*
> *wie sîn schäitel sî gerichtet,*
> *wie sîn hâr sî geslichtet;*
> *schowe vil ernstlîche,*
> *ob er gebâr icht vroelîchen,*
> *als er offenlîchen unt tougen*
> *gegen dir spilte mit den ougen;*
> *nû sich, wâ sint sîniu mûzigen wart*
> *dâ mit er der frowen hôhvart*
> *lobet unt säite;*
> *nû sich in wie getâner häite*
> *diu zunge lige in sînem munde*
> *dâ mit er diu troutliet chunde*
> *behagenlîchen singen*
> *– nûne mac si nicht fur bringen*
> *daz wort noch die stimme –* [...]

Jetzt geh' hin, hübsche Frau, und schaue dir deinen lieben Ehemann an und achte mit großem Fleiß darauf, wie sein Gesicht aussieht, wie sein Scheitel gezogen, wie sein Haar gestriegelt ist; schaue mit vollem Ernst, ob er sich (noch) so fröhlich aufführt, wie er dir offen und geheim mit den Augen [einst] zugezwinkert hat; jetzt sieh, wo seine müßigen Worte sind, womit er den Hochmut der Damen pries und besang; jetzt sieh, in welcher Weise die Zunge in seinem Mund liegt, mit der er zum Wohlgefallen die Liebeslieder singen konnte – jetzt kann sie weder Wort noch Stimme hervorbringen [...].

In gleicher Weise wird die Frau aufgerufen – das rhetorische Mittel der Apostrophe steigert die Lebendigkeit, die stereotype Wiederholung die Eindringlichkeit – den Unterschied im Detail zwischen dem lebendigen Stutzer von einst und dem jetzigen Leichnam ins Auge zu fassen, die Barthaare, die Arme und Hände, mit welchen er sie liebkoste und umfing, die Füße, auf denen er an der Seite der Damen höfisch stolzierte, die Hosen, die die wohlgeformten Beine zur Schau stellten, das mit Seidenbändern verzierte Hemd – und nun den wie ein Segel aufgeblähten Bauch (V. 630f.) und den unerträglichen aus dem Bahrtuch aufsteigenden Geruch, der eine Entfernung der Leiche erzwingt.

Das sind unerhörte Töne. Die Scheußlichkeit des Todes und der Leiche hat man stets intensiv ausgemalt, die Angst vor der unvorbereiteten Abberufung stets verbreitet; aber nun werden die neue höfische Gesittung, Konversation und Kleidung aufs Korn genommen. Minnedienst und Minnesang – *trûtliet* (hier in der einheimischen diphthongierten Form *troutliet*) ist der alte volkstümliche Ausdruck dafür – erscheinen bei Heinrich zum ersten Mal im Spiegel der Kritik. Dabei erhebt der Autor nicht etwa einfach vom Standpunkt kirchlicher Sexualmoral dagegen Einspruch, sondern brandmarkt die gesamte zivilisatorische Entwicklung, die bei aller aristokratischen Überheblichkeit auch unleugbare Fortschritte im Bild der Frau und in der Triebregulierung gebracht hat, als Auswuchs des Hochmuts und schlechthin sinnlos angesichts der Vergänglichkeit. Aber vom adeligen Standesbewußtsein vermag er sich selbst offenbar doch nicht zu befreien, wenn er die Edelfrauen ausdrücklich schont und ausgerechnet die Putzsucht armer Frauen als Überhebung diffamiert.

Auch das letzte konkrete Beispiel ist der hohen sozialen Sphäre entnommen. Es verbindet Leichenschau mit der alten Gattung der Jenseitsvision, wie sie etwa in der *Visio Tnugdali (Tundali)* vorliegt, die auf Latein im benachbarten Baiern von einem irischen Mönch, der 1148/49 ins Regensburger Schottenkloster St. Jakob gekommen war, verfaßt und um 1190 im niederbairischen Windberg von dem Prämonstratenser Alber ins Deutsche übersetzt wurde. Heinrich baut jedoch nicht die ganze legendenhafte Szenerie der Gattung auf, sondern nimmt einfach selbst für den toten Edelmann das an den Sohn gerichtete Wort (V. 687ff.) – und schildert die nach dem *ius talionis* (Recht der Vergeltung) auferlegten Höllenstrafen: Hunger und Durst für Fraß und Völlerei, Feuer für den Brand sexueller Begierde, schwarzes Pech für Habgier und Hochmut usw. Wiederum eröffnet sich uns auch der Blick auf die feudale Realität. Der Vater bedauert, nur für seinen Erben, der nun großtut, Lehen und Eigen, Burgen, Meierhöfe und Grundbesitz rücksichtslos zusammengerafft zu haben, und warnt den Sohn, wiederum für die eigenen Kinder oder für die Gattin, die es ja doch nicht verdienen, durch Habgier das Seelenheil aufs Spiel zu setzen.

Der Dichter läßt zum Abschluß noch Jesus selbst zu Wort kommen, stellt dann nochmals die Höllenstrafen und Gottesferne der Verdammten, d. h. der Prahlhänse, Hurer, Arglistigen, Rechtsverdreher, Lästerer, Mörder, Diebe und Räuber sowie die himmlischen Freuden der Seligen vor Augen, ehe er mit dem oben genannten Gebet zum Ende kommt.

Heinrich biegt, wie man sieht, immer wieder in die ausgefahrenen Bahnen geistlicher Ermahnungen zu Buße und Umkehr ein, nachdem er bemerkenswerte Ausflüge in neues Gelände unternommen hat. Im *Priesterleben* ist die Materie insgesamt konventioneller, die Argumentation theologischer. Die entscheidende Neuerung besteht in der Übertragung der Priestersatire aus dem lateinischen, klerikalen Bereich in die Volkssprache der Laien. Wir entsinnen uns der heftigen, nicht enden wollenden Angriffe Gerhochs von Reichersberg gegen Simonisten und Nikolaiten unter dem Säkularklerus (s. o. S. 68). Die Priesterehe als Hauptangriffspunkt bringen ausführlich schon Anselm von Canterbury und Honorius Augustodunensis (in sogenannten *Offendiculum* „Anstoß, Ärgernis") zur Sprache. Ganz ähnlich verfährt unser Autor. Aber nun sind die Verfehlungen der Priester, der Verlust ihrer moralischen Integrität und damit ihrer Autorität, keine innerkirchliche Angelegenheit mehr, sondern eine, die *nû besiuften unt biträhenen / solden alle die die christen sint* (V. 10f.: „jetzt beseufzen und beweinen sollten alle diejenigen, welche Christen sind"). „Das *Prie-*

sterleben stellt sich dar als Teil einer allgemeineren Entwicklung, als Reflex nicht nur laikalen Interesses, sondern auch laikaler Emanzipation im Bereich des Glaubens und der Religion" (G. Vollmann-Profe). Ob sich deshalb der Autor des *Priesterlebens* den *pauperes Christi* (s. o. S. 65ff.) zugezählt hat, ist bei den spärlichen Selbstzeugnissen schwer zu sagen. Die Verweltlichung der Priester lehnt er als Außenstehender jedenfalls ebenso kompromißlos ab wie die kirchlichen Reformer vom Schlage Gerhochs. Sie dürfte durch den von Westen vordringenden Bildungsschub in den „weltlichen" Wissenschaften tatsächlich zugenommen haben. In dem aus Frankreich stammenden berühmten lateinischen Streitgespräch zwischen Phyllis und Flora wird über die Frage diskutiert, wer denn der bessere Liebhaber sei, der Kleriker oder der Ritter (*Carmina Burana* Nr. 92). Hier heißt es nun, die Geistlichen unterhielten sich beim üppigen Gelage gerne über die Minne, denn davon hörten sie so viel schreiben (V. 102f.), und ihr Wahlspruch sei:

> 104 *mit wol getânen wîben*
> *sol niemen spilen wan phaffen!*
> *wir wellen unser dinc schaffen,*
> *ir läien, ir sult ûz gân.*

Mit hübschen Frauen sollen sich nur Kleriker vergnügen! Wir wollen uns selbst um unsere Sachen kümmern; ihr Laien, ihr sollt von hier verschwinden.

Dabei sind es teilweise dieselben sprachlichen Mittel der Rhetorik, mit denen die weltlicher orientierten Kleriker und ihre Gegner, so auch unser Dichter, operieren. Die im *Priesterleben* und in der *Erinnerung an den Tod* festgestellten Wortspiele verschiedenster Art, Antithesen, Anakoluthe, Paradoxa, Ironien und dergleichen gehören seit je zum Rüstzeug des Satirikers. Unser Dichter wird es sich ebenso wie sein theologisches Wissen in erster Linie aus lateinischen Schriften angeeignet haben. Man hat Heinrich sogar mit gewissem Recht als „Juvenal der Ritterzeit" (O. Lorenz) bezeichnet, obwohl er der Predigt und deren satirischen Elementen gewiß noch mehr verdankt als der lateinischen Dichtung. Weist dies alles nicht auf den Zögling einer geistlichen Bildungsanstalt, der später mangels einer geeigneten kirchlichen Pfründe die Literatenexistenz eines *clericus vagus* geführt hat? Dieser Schluß kann, muß jedoch nicht gezogen werden. Auch Frau Ava lernte in späteren Lebensjahren noch Latein lesen und verstehen. Aus der westeuropäischen Kulturregion, die freilich damals einen deutlichen Vorsprung auf dem Gebiet der schriftlichen Bildung der Laien aufweist, drängt sich selbstverständlich das Gegenbeispiel Helinand von Froidmont auf, der, aus einer flämischen Adelsfamilie stammend, als Jüngling ein sehr flottes Weltleben führt, dann aber in den Zisterzienserorden eintritt und neben lateinischen Schriften auch die mit Heinrichs *Erinnerung* unmittelbar gattungsverwandten *Vers de la mort* (vor 1208) verfaßt.

Heinrich steht ohne Zweifel zwischen den Ständen, aber, aufs Ganze gesehen, den Klerikern, *die uns da lêrent* (Pr. V. 12), doch noch um einiges ferner als den Laien. Wenn hier – im Sinne der oben (S. 234) angestellten Überlegungen – nicht einer spricht, der sich demütig seiner Lehrautorität als Gebildeter begeben und ins Lager der Laien gewechselt hat, dann einer, der vor Ekel der Welt und seinem adeligen Laienstand den Rücken gekehrt und die enorme Mühe späten Studiums auf sich genommen hat, um in der Sprache der Laien und als einer von ihnen seinem alten wie seinem neuen Stand gründlich die Leviten zu lesen. Und darauf versteht er sich wahrlich, auch wenn er nicht selten statt mit dem Florett mit der Stachelkeule ficht und blindwütig um sich haut. Bei seiner Schlagkraft und seinen Kraftausdrücken hat man sich sogar an die neuzeitlichen Kapuzinerpredigten erinnert fühlen können. Diese radikale Einseitigkeit im Menschen- wie im Gottesbild ist natürlich kein Rückschritt ins „finsterste" Frühmittelalter, sondern bitterer Reflex einer traditionellen Religiosität auf das damals brandneue Phänomen einer Säkularisierung der Gesellschaft und einer kulturellen Emanzipation der Laienschaft. Die einmalige Bedeutung dieses kulturhistorischen Wendepunkts verleiht auch Heinrichs Dichtungen den Charakter des Außergewöhnlichen. –

So wie Heinrichs *Memento mori*-Mahnung – vermutlich – am Eingang der hochmittelalterlichen deutschen Dichtung unseres Raumes steht, so – wahrscheinlich – an ihrem Ausgange ein Werk desselben oder eines ganz ähnlichen Typs, das in derselben Handschrift, dem Cod. Vind. 2696, unter dem Titel **Die Warnung** *(dev warnunge)* überliefert ist. Ob der Autor sein Werk schon so genannt und wie er selbst geheißen hat, wissen wir nicht. Reime und Versbau paßt er der klassischen mittelhochdeutschen Norm an, ohne sie mit Leben erfüllen zu können. Obwohl in der erhaltenen, am Schluß (der ursprünglich auch der des Codex war) nicht ganz vollständigen Gestalt 3932 Verse, also fast viermal so lang wie Heinrichs *Erinnerung*, bietet die *Warnung* keineswegs mehr Substanz als jene, sondern reiht wenige Grundgedanken ohne erkennbare sinnvolle Gliederung in immer neuer, gering variierender Wiederholung aneinander. Hatte Heinrich seinerzeit literarisches Neuland betreten, so brauchte dieser Autor nur auf einem wohlbebauten Feld zu ernten. Vieles von dem, was wir in diesem Teilkapitel an Literatur besprechen werden, mag ihm bekannt gewesen sein. Es hätte aus diesem Grunde auch nahegelegen, das Werk zusammen mit der Lehrdichtung des Strickers (s. u. S. 327ff.) und seiner Nachfolger zu behandeln, damit wäre aber die enge geistige Verwandtschaft mit Heinrichs *Erinnerung* zu sehr verschleiert worden.

Uns ist die künstlerisch höchst bescheidene Dichtung vor allem wichtig als persönliches, wenngleich natürlich stilisiertes Zeugnis eines adeligen Ritters, der die Hochblüte höfischer Kultur selbst als Beteiligter erlebt und genossen, im fortgeschrittenen Alter aber angesichts der Vergänglichkeit des Menschen und aller seiner irdischen Freuden sich zu einem Leben gemäß den Geboten des Evangeliums und der Kirche bekehrt hat. Daß er die Welt verlassen und sich hinter Klostermauern oder in eine Einsiedelei zurückgezogen hätte, deutet er nirgends an. Vielmehr preist er seinem weltlichen Publikum die innerweltliche Askese als ein heilbringendes Unterfangen an, das an Schwierigkeit sogar der Weltflucht überlegen sei. Wem alle irdischen Genüsse in seinem Hause jederzeit zu Gebote stehen, dessen Enthaltsamkeit ist um so lobenswerter (V. 1527ff.). Das Maßhalten, die höfische Norm der *mâze*, wird hier in einem durchaus leibfeindlichen, asketischen Sinn gedeutet. Neben Fraß und Völlerei ist natürlich besonders die sexuelle Lust ein Stein des Anstoßes. Gemäß gängiger kirchlicher Ständelehre gilt die Einehe als die einzige zugleich gottgefällige und praktikable Kanalisierung der Sexualität der Weltleute. In diesem Sinn haben alle Didaktiker, Thomasin (s. u. S. 341), der Stricker und andere, die höfische Minnedoktrin umgebogen. Wie der Stricker legt auch unser Autor Wert auf die Erzieherrolle des Ehemannes (V. 1135ff.), aber darüber hinaus billigt er dem demütigen Ertragen eines bösen Weibes geradezu die Qualität eines heiligmäßigen Martyriums zu

(V. 1147ff.) – ein seriöses Pendant zu dem komisch-parodistischen Gedicht von der *Bösen Frau*, das etwa zur selben Zeit in Tirol entstanden ist (s. u. S. 533ff.). Duldertum und Feindesliebe werden auch sonst als Antwort auf Macht- und Habgier, Haß und Neid empfohlen. Der Dichter räumt durchaus ein, daß seine Standesgenossen durchweg nicht nach jenen Maximen des Evangeliums handeln. Wer angetanes Unrecht nicht rächt, hält sich für einen ehrlosen Schwächling, der bald auch seines Besitzes beraubt zu werden fürchtet (V. 829ff.). Daraus entstünden ja die ständigen Fehden mit Raub und Brand, Massaker und Verwüstung (V. 889ff.). Aber das sei der beste Weg zur Hölle. Nicht gerade argumentativ geschickt versucht es der Autor aber auch noch mit einem rationalen Argument: Ist denn schon je ein Mann seiner Güte und Nachgiebigkeit wegen geächtet oder von seinen bäuerlichen Hintersassen erschlagen worden (V. 849ff.)?

Solche realistische Einschläge geraten immer wieder in das lockere Gewebe hinein, machen es noch widersprüchlicher und unzusammenhängender, zeugen aber von der letztlich immer noch starken Bindung unseres Anonymus an die Welt seines Standes. Als Anlässe der eigenen Weltabkehr nennt der Autor das Erlebnis von Begräbnissen reicher Adeliger, denen nun von all ihrem Gut und Gefolge rein gar nichts mehr geblieben ist, und den jämmerlichen Anblick eines alten guten Freundes, eines edlen Ritters, den völliger Altersschwachsinn daran gehindert hat, seine Sünden zu beichten und zu büßen. Dem Bild allgemeiner Hinfälligkeit von Natur und Mensch fügt er aber auch noch eine große Zeitklage, vergleichbar der *Klage* des Strickers (s. u. S. 339ff.), hinzu (V. 1672ff.). Wie schon H. de Boor gesehen hat, wiederholt sich in der *Warnung* das Alterserlebnis Walthers von der Vogelweide (s. u. S. 278ff.), der ebenfalls um sich herum allenthalben den Umschlag von Freude in Trauer, von Freigebigkeit in Geiz, von Edelmut in Bosheit, den Verfall der Höfe, der Geselligkeit und feinen Gesittung zu spüren vermeint hatte. Nach vierzig Jahren Minnesang und Spruchdichtung an den Höfen waren dem Sänger, der stets um eine Harmonisierung weltlich-höfischer und religiös-christlicher Werte gerungen hatte, Zweifel gekommen, ob er sich nicht zu lange und zu intensiv auf diese Welt des schönen Scheins eingelassen haben könnte. Dennoch vermag er sie auch an seinem Lebensende nicht wirklich zu verneinen und zu verurteilen. In der *Warnung* heißt jene Verherrlichung der Frauen und der Natur klipp und klar Götzendienst. Zwar ist die Welt an sich schön und gut, da von Gott. Das sollte aber – im Sinne der christlich-neuplatonischen Ästhetik – nur Anlaß für das Lob des Schöpfers sein, nicht für die Anbetung vergänglicher Geschöpfe (V. 2007ff.; 2375ff.). Wer nicht Gott, sondern der Welt dient, verliert sein Heil (2309f. u. ö.). Ein Ausgleich ist hier im Grunde gar nicht mehr denkbar. Auch der von Walther aufgezeigte konkrete Weg für den Adeligen, zugleich seine ritterliche wie religiöse Pflicht auf einem Kreuzzug zu erfüllen, ist nunmehr versperrt: Gott hat das Heilige Land den Ungetauften überantwortet (V. 1715ff.), er kümmert sich gar nicht mehr um die Christenheit, da er deren Verworfenheit erkennt (V. 1733f.). Darin spiegelt sich wohl der Wechsel vom Vorabend des 5. Kreuzzuges 1228/29, da Walther seine *Elegie* verfaßte, zur Zeit unseres Autors nach dem endgültigen Verlust Jerusalems 1244.

Im elegischen Rückblick auf die Zeit vor 24 Jahren (V. 1684) verrät der Autor seine geistige wie soziale Herkunft, aber über weiteste Strecken des Gedichts richtet er seinen und den Blick der Leser und Hörer nur in die Zukunft, auf Alter und Tod, Hölle und Himmel. Unermüdlich schildert er in altbekannter Weise die zu erwartenden Leiden oder Freuden und zählt Laster und Tugenden auf. Das wirkt wie ein schwacher Abklatsch der *Erinnerung* Heinrichs und anderer vergleichbarer älterer Bußgedichte. Daß deren ganz konsequente Weltverneinung nun letztlich doch nicht mehr völlig durchgehalten werden kann, ist freilich nicht nur auf mangelnde dichterische Potenz zurückzuführen. Die inzwischen verstrichenen 70 bis 90 Jahre mußten hier doch ihre Spuren hinterlassen. So erscheint auch die geradezu alttestamentarische Härte Heinrichs gemildert. Am Ende steht hier nun ein kurzes Resümee der Passion Christi, woran der reuige Sünder den barmherzigen Gott in seiner Angst und Not erinnern solle (3871f.). Und als Krone und Urgrund aller christlichen Tugenden erscheint ganz im Sinne des paulinischen ersten Korintherbriefs, Kapitel 13, die Liebe (V. 767ff.). Dies und anderes in dem Gedicht gemahnen an die gleichzeitige franziskanische Predigt, ohne daß sich eine direkte Abhängigkeit von ihr erweisen ließe.

Legendenepik aus biblischer Wurzel

Diesen etwas umständlichen Titel wählen wir für diesen Abschnitt im freien Anschluß an A. Masser, um zwei ganz unterschiedliche Denkmäler zu charakterisieren, eine nach dem Text der synoptischen Evangelien geformte Märtyrerlegende und eine höfische Umformung des apokryphen Pseudo-Matthäusevangeliums.

Von der Legende *Johannes des Täufers* sind nur zwei Doppelblätter erhalten, die vermutlich aus Niederbaiern über Maria Saal nach St. Paul in Kärnten gelangt sind. Die Schrift weist auf die Zeit von 1170/90. Kurz vorher, also noch in der frühmittelhochdeutschen Sprachperiode, wird das zu Anfang und in der Mitte verstümmelte, jetzt nur noch 267 Verse umfassende Gedicht entstanden sein, da um 1170 der Kleriker Konrad einige Wendungen daraus in sein *Rolandslied* übernommen hat. Die Verbindung des *Rolandsliedes* mit der herzoglichen Residenz Regensburg hat – neben anderen Indizien – auch zur Lokalisierung des *Johannes* in dieser Gegend Anlaß gegeben. Dem steht jedoch die Abhängigkeit unserer Legende vom *Johannes* der Frau Ava entgegen, was eine Entstehung in der Diözese Passau zumindest möglich erscheinen läßt. Als Dichter zeichnet am Ende ein *scalch unde chneht sancti Johannes* mit Namen Priester **Adelbrecht** (V. 251ff.), vermutlich ein Seelsorger an einer Johanneskirche. Er spricht zu *guoten liuten* (V. 225), also wohl nicht zu geistlichen Standesgenossen oder gar Amtsbrüdern, und stellt ihnen am Ende des Täufers Bußaufruf und Fürsprecheramt für die reuigen Sünder beim Jüngsten Gericht vor Augen.

Gemäß einem alten, nicht erst von Frau Ava erfundenen Erzählgerüst folgen auf die Worte des Engels an Zacharias (Lukas 1,20) Mariä Verkündigung und Heimsuchung, Geburt und Beschneidung des Johannes sowie der Lobgesang des Zacharias und die Weltabkehr des heranwachsenden Heiligen. Mitten in der Beschreibung seines härenen Gewandes bricht der Text ab und setzt erst wieder in der Szene bei Herodes (Matthäus 14) ein. Beim Tod des Heiligen geht Adelbrecht über die biblische Vorlage hinaus. Mit erhobenen Händen betet Johannes, empfiehlt dem ewigen Vater seinen Geist und bekennt sich im Vertrauen auf Gottes Erbarmen als Sünder. Dann neigt er sich dem Schwert des Schergen entgegen. „Das ist der Märtyrertod, wie ihn der christliche Heilige stirbt in ebenso beispielgebender wie literarisch klischeehafter Haltung" (A. Masser). Und gerade hier ist die Berührung mit Avas Darstellung am engsten. Adelbrecht fügt noch die Versenkung des Hauptes in einen Brunnen (nach anderen Martyrien) und die Totenklage der Jünger hinzu und rundet die Legende gattungsgemäß in der oben geschilderten Art ab. Gleichwohl bleibt das Werk der biblischen Vorlage weitestgehend verpflichtet und fügt sich dem gängigen Legendenschema (s. u. S. 380ff.) nicht. Andererseits läßt es aber auch keine Ansätze theologischer Bibelexegese erkennen, wie sie sich im *Baumgartenberger Johannes* (s. o. S. 122) gezeigt hatten. –

Etwa eine Generation später, am Ende des 12. oder zu Anfang des 13. Jahrhunderts ist die 3027 Verse umfassende geistliche Erzählung von der *Kindheit Jesu* entstanden. Wenn wir auf die Gesamtentwicklung der deutschen Literatur blicken, befinden wir uns nun in der sogenannten Blütezeit, der klassischen Periode der mittelhochdeutschen Dichtung. Auf dem Gebiet der Epik hatte der Alemanne Hartmann von Aue wohl nach 1180 den ersten Artusroman, den *Erec*, vorgelegt, der den klassischen Erzählstil entscheidend prägte. Vermutlich lagen auch Hartmanns höfische Legenden von *Gregorius* und dem *Armen Heinrich* bereits vor, als die *Kindheit Jesu* entstand. Daß man in unserem Raum auch um 1200 für den „Hausgebrauch" noch ganz holprige Verse in der alten Manier schmieden konnte, beweist das *Lilienfelder Andachtsbuch* (s. o. S. 222f.). Aber das ist die Ausnahme. Im übrigen sucht man auch hier den Anschluß an den fortgeschrittenen Westen. An den Versroman mit arthurischen oder sonstigen aventürenhaften Themen wagt man sich aber bezeichnenderweise noch nicht heran, sondern setzt mit neuen Mitteln die einheimische Tradition der Bibelepik fort. Was in der Gesamtlandschaft deutscher Dichtung als Ausnahme erscheinen muß, ordnet sich also durchaus dem regionalen Rahmen ein. Selbst in der gemäßigten südöstlichen Färbung der Sprache hält das Werk trotz aller Annäherung noch einen gewissen „Abstand von der vollen literatursprachlichen Norm der klassischen höfischen Generation" (Fromm/Grubmüller).

Als Autor des Gedichts nennt sich ein **Konrad** *(Chuonrat)* **von Fußesbrunnen** *(von Fuozesbrunnen)*. Er ist vermutlich gleichzusetzen mit einem Angehörigen des edelfreien Geschlechts von Fu(e)zprun(nen), d. i. Feuersbrunn am Wagram in Niederösterreich, der um 1182 (als mindestens 21jähriger) in einer Klosterneuburger Urkunde als Zeuge auftaucht. Der Herkunftsort des nur von ca. 1160 bis 1200 urkundlich nachweisbaren Geschlechts findet sich im 12. und 13. Jahrhundert mehrfach in Passauer Güterlisten. Welche Art von Beziehung unser Ritter Konrad eventuell zum Domstift oder zum Stift Klosterneuburg unterhalten haben könnte, wissen wir nicht.

Als Quelle wählt Konrad, anders als die frühmittelhochdeutschen Autoren, die sich in der Regel an die kanonischen Schriften der Bibel (und ihre Exegese) halten, einen apokryphen biblischen Text, eine – so nicht erhaltene, aber erschließbare – Version des sogenannten *Evangelium des Pseudo-Matthäus*, eine der aus der Masse der umlaufenden Kindheitserzählungen zusammengestellten Kompilationen, deren Hauptquelle das griechische *Proto-Evangelium des Jakobus* aus dem 2. Jahrhundert bildet. Die apokryphen Schriften der Bibel, namentlich die neutestamentlichen, galten im Mittelalter zwar nicht als fraglos authentisch (d. h. zur Gänze vom Hl. Geist inspiriert), auch nicht als heilsnotwendig für den gläubigen Leser, aber doch als interessant, erbaulich und zumindest teilweise historisch wahr, so daß es durchaus erlaubt und üblich wurde, mit ihnen die zahlreichen Lücken im biblischen Bericht auszufüllen. Zu diesen Lücken gehörten eben vor allem Kindheit und Jugend Christi sowie die Geschichte seiner Eltern und Großeltern.

Konrad eröffnet sein Werk mit einem Gebet zum Herrgott und bittet ihn im Namen der von den Propheten vorausgesagten Inkarnation um ein gnädiges Urteil beim Jüngsten Gericht. Reuig bekennt er, sich nicht rechtzeitig für das himmlische Hochzeitsmahl (Matth. 22,1–14) gekleidet, d. h. nach der Welt Lohn verlangt und gesündigt zu haben. Nun möge Gott sein Herz und seine Zunge zu einer Rede von Jesu Kindheit antreiben, „damit, wofern mich der Anreiz der Welt zu einer anderen Rede verleitet hat, mit dieser jene wiedergutgemacht werde" (V. 88–90). Das erinnert deutlich an den Prolog zu Hartmanns Verslegende *Gregorius,* wo der Dichter mit ähnlichen Worten den Übergang von seiner weltlichen Dichtung, also dem *Erec,* zur religiösen Gattung begründet. Daß Konrad den *Gregorius* hier als Vorbild vor Augen (oder Ohren) gehabt hat, läßt sich vermuten, aber bei der Verbreitung dieses Gemeinplatzes nicht erweisen. In jedem Falle mindert der traditionelle Charakter den biographischen Wert der Aussage.

Von der Erzählung der Abstammung und Kindheit Marias dispensiert sich Konrad mit dem Verweis auf ein Gedicht, ein *liet,* von einem *meister Heinrich,* das uns nicht erhalten ist, aber inhaltlich weitgehend dem Gedicht I des *Grazer Marienlebens* vom Ende des 13. Jahrhunderts (s. Bd. II) entsprochen haben dürfte, und setzt V. 139 ein mit der keuschen Ehe des alten Joseph und der zuvor im Tempel zusammen mit Töchtern von Königen, Herzögen und Edelfreien erzogenen Maria. Beide stammen gemäß frühchristlicher Exegese aus dem königlichen Stamme Davids. Im deutschen Text heißen sie beide *edel,* adelig. Es folgen nun Verkündigung, Schwangerschaft und Heimsuchung während der Abwesenheit Josephs, dessen Zweifel und Erleuchtung, Reinigung beider von dem Verdacht unerlaubter Beziehung durch eine Wasserprobe, hierauf V. 693 Reise nach Bethlehem, Niederkunft Marias in einer Höhle, Überprüfung ihrer unversehrten Jungfräulichkeit, Bestrafung und Heilung der ungläubigen Hebamme, *Gloria in excelsis,* Anbetung Jesu durch die Hirten und das Volk, Esel und Rind an der Krippe, Beschneidung Jesu, Darstellung im Tempel, die Heiligen Drei Könige, bethlehemitischer Kindermord und Warnung Josephs, ab V.1325 die Flucht der Hl. Familie nach Ägypten mit den von dem Jesuskind an Tieren und Pflanzen gewirkten Wundern und der ersten Schächerepisode (s. u.), hierauf (V. 1957) Vernichtung der ägyptischen Götzenbilder und Bekehrung der Heiden durch das Jesuskind, Heimkehr der Hl. Familie mit der zweiten Schächerszene, schließlich (V. 2531) Jesu Kindheit in Nazareth, wiederum angefüllt mit Wundern: der Knabe macht Zerbrochenes ganz, erweckt Tote, spielt mit Löwen, bringt den Schulmeister durch seine tiefsinnigen Reden zum Verzweifeln etc.

Die Erzählung endet abrupt. Konrad sagt, er hätte gerne weitererzählt, aber in keinem Buch weiteres finden können. Er verwahrt sich dagegen, wenn jemand anders eigene Fabeleien *(sîniu spel)* anfügen wollte, zeigt sich aber wohlmeinender Kritik gegenüber aufgeschlossen – alles verbreitete Schlußtopoi. Dieser Autor hält sich allenthalben an Vorgeformtes, sowohl im Erzählinhalt als auch in dessen darstellerischer Ausgestaltung (Beschreibungen usw.) und im Stil, nur daß er sich dabei zweier ganz unterschiedlicher Quellen, einerseits der alten, frommen, schlicht-einfältigen Bibellegende, andererseits des höfischen Versromans bedient. Damit schlüpfen die biblischen Figuren nicht nur, wie allgemein üblich, in ein zeitgenössisches, mittelalterliches Gewand, sondern sie reden und handeln in der Regel nach den gesellschaftlichen Normen des „modernen" weltlichen Adels. Das wirkt – weit mehr als die munter und angenehm dahinplätschernde höfische Verssprache – seltsam aufgesetzt, es bleibt dem Gegenstand äußerlich, verrät aber den Erwartungshorizont des Publikums. Paradebeispiele dafür sind zwei Szenen aus der Flucht nach Ägypten (bzw. der Rückkehr). Hier wird erzählt, wie Räuber die Heilige Familie gefangennehmen. Der Schächer, dem sie durch Los als Beute zugefallen ist, erbarmt sich jedoch ihrer und behandelt sie äußerst zuvorkommend. Dafür schenkt Gott dem Badeschaum, in welchem die Frau des guten Schächers das Jesuskind gebadet hat, wunderbare Heilkraft, die dem Räuberehepaar hohes Ansehen und Reichtum verschafft. Das alles fand sich gewiß schon in der Quelle, die einer von M. R. James 1927 veröffentlichten, in der Arundel-Handschrift 404 überlieferten erweiterten Fassung der Pseudo-Matthäus-Version ganz nahe gestanden haben muß. Neu hinzugefügt aber hat Konrad die Beschreibung der Bewirtung. Er baut einen regelrechten „Lustort", einen *locus amoenus,* auf (V. 1819ff.): Hausherr und Hausfrau schaffen Stühle auf den Hof, wo Kräuter und Blumen duften, Vögel singen und Bäume reichen Schatten spenden, so daß vor Ergötzen jedermann dort seine schlechte Laune verloren hätte. Sogar der obligate Quell fehlt nicht:

> 1844 *ein brunne durch den garten ran*
> *lûter unde reine.*
> *chislinge unt griezsteine*
> *lâgen sô vil in der furch*
> *daz der brunne dar durch*
> *etwâ mit noeten dranc*
> *unt reht in schellen wîse chlanc.*

Eine Quelle floß lauter und rein durch den Garten. Kiesel und Steinchen lagen so viele in der Rinne, daß die Quelle da und dort nur mit Mühe durchdrang und geradezu wie ein Glöckchen ertönte.

Am folgenden Morgen werden vor dem Aufbruch Joseph, Maria und das Jesuskind noch mit einem Frühstück aus Obst, Braten und anderen Leckereien traktiert. Der Räuber-Hausherr selbst nennt es mit dem französischen höfischen Fremdwort *petit-mangir* (V. 1874). Noch aufwendiger ist die Bewirtung bei der Einkehr der Hl. Familie auf der Rückreise, nachdem die Gastgeber wohlhabend geworden sind (V. 2348ff.). Man sitzt nun auf Samt und Seide, wird von zahlreichem livriertem und geschultem Gesinde bedient, trinkt aus Gold- und Silberbechern *môraz* (Maulbeerwein), *wîn unde met* (V. 2391). Die Tische biegen sich von den köstlichen Speisen, Fisch, Wild, Geflügel und anderem Fleisch. Die einläßliche Darstellung liest sich wie eine Anleitung zur Abhaltung eines höfischen Gastmahls nach der Mode der Franzosen – *nâch franzeiser sit,* wie es V. 2410 bei der Beschreibung der Sitzgelegenheiten heißt – mit allen Details vom Kühlen des Weins bis zum Schlaftrunk.

Dem umfangmäßigen Gewicht der zusammen etwa 250 Verse langen Passagen entspricht nun aber durchaus auch das moralische, das der Autor der Gastfreundschaft beimißt. In der lateinischen Quelle befleißigt sich das so von Gott beschenkte Räuberehepaar nur noch guter Taten. Ihnen hat es der gute Schächer zu verdanken, wie es hier heißt, „daß er später, neben dem Herrn ans Kreuz gehängt, Gnade für seine Sünden erlangen konnte". Aus der Stelle bei Lukas 23,40ff. ist offenbar die ganze Räuberhandlung entwickelt. Konrad übernimmt getreulich diese Identifikation, sagt aber kein Wort von dem radikal veränderten Lebenswandel des Schächers. Vielmehr stellt er nicht nur dessen irdischen Reichtum als Gottes Lohn für die vorbildliche

Beherbergung der Hl. Familie hin (V. 2304f.), sondern auch seine unmittelbare Aufnahme ins Himmelreich, worauf Patriarchen und Propheten, obwohl sie viel länger im Weinberg des Herrn gearbeitet hatten, noch ein wenig warten mußten: *die nû wirte sîn, die merchen daz!* („Die jetzt Gastgeber sein sollen, die mögen sich das merken!": V. 2530).

In diesem Satz erschöpft sich aber auch schon des Autors eigene Stellungnahme, und sie mutet auch nicht gerade tiefgründig an, selbst wenn man bedenkt, welche gesellschaftliche Bedeutung damals angesichts des fast völligen Fehlens geeigneter gewerblicher Herbergsbetriebe der Gastfreundschaft unter den Angehörigen der weltlichen Oberschicht zukam. Im übrigen gilt A. Massers Behauptung: „Konrads fromme Gesinnung, die ihn zu seiner Arbeit treibt, erschöpft sich in der Wahl eines angemessenen Themas, und wir fragen vergeblich nach Spuren einer inneren Auseinandersetzung mit dem religiösen Stoff. Er hat sie nicht gesucht, und wir bezweifeln, daß er dazu überhaupt fähig war." Die aufgezeigte Ausnahme bestätigt in ihrer moralischen Kurzschlüssigkeit nur die Regel.

Konrads Werk erweist die Unmöglichkeit einer echten Synthese des bibellegendarischen Stoffes mit der Gattung des höfischen Versromans. Das in den so erzeugten Diskrepanzen zwischen biblischer Einfachheit und adeliger Formkultur steckende humoristische Potential ist vom Autor weder absichtlich geschaffen noch genutzt worden und dem mittelalterlichen Publikum wohl verborgen geblieben. Es hat die erbauliche heilige Geschichte in der weltlich-ritterlichen Drapierung offenbar ernstgenommen und gutgeheißen. Rudolf von Ems lobt das Werk ausdrücklich in seinem *Willehalm von Orlens* (V. 2215ff.) von ca. 1235/40. Schon etwas früher beginnt der ostschwäbische Kleriker Konrad von Heimesfurt ihm in seiner Bibelepik nachzueifern. Wohl noch im ersten Viertel des 13. Jahrhunderts setzt auch die erhaltene Überlieferung ein. Sie reicht – mit ihren drei vollständigen und sieben fragmentarischen Handschriften – bis ca. 1350 und weit über Österreich hinaus bis ins Westschwäbische und Ostmitteldeutsche. Zu diesem Dialektgebiet gehörte auch das preußische Ordensland, wo der Dichter des *Passionals* am Ende des 13. Jahrhunderts Teile des Konradschen Textes in sein Legendenwerk einarbeitete. Das Schwergewicht der Rezeption lag aber dennoch in Österreich. Von hier (aus Wien?) stammen die älteste vollständige (allerdings den Text stark kürzende) Handschrift (Cod. Vind. 2742*, aus der Mitte des 13. Jahrhunderts) und die beste Überlieferung in der uns bereits vertrauten Sammelhandschrift Cod. Vind. 2696 (s. o. S. 221) sowie drei Fragmente. Wie ins *Passional* wurden Teile der *Kindheit Jesu* in eine Klosterneuburger Handschrift des *Marienlebens* Philipps von Seitz von einem südbairischen Schreiber 1338 interpoliert. Eine weitere Klosterneuburger Handschrift (Nr. 840) enthält eine noch dem 13. Jahrhundert angehörende lateinische Prosabearbeitung mit dem Titel *Infantia domini nostri Jesu Christi*. In niederösterreichischer Mundart ist eine deutsche Prosaauflösung von 1330 abgefaßt. Mit diesen drei interessanten Zeugen der Wirkungsgeschichte wird sich der Band II befassen. Hatte Konrad einst um 1200 mit Erfolg „ein höfisches Publikum einer noch wenig vom Westen beeinflußten beharrsameren Literaturprovinz geistlich angesprochen" (H. Fromm), so vermochte das Werk in diesem Raum auch unter veränderten Umständen seine Beliebtheit zu erhalten.

Ein Marienmirakel

Wie Konrad von Heimesfurt dürfte auch dessen anonymer Zeitgenosse und Landsmann, der im ersten Viertel des 13. Jahrhunderts in bairisch-ostschwäbischer Sprache das *Jüdel*, eine wunderbare Geschichte von dem durch die Gottesmutter geretteten Judenknaben, verfaßt hat, unter dem Einfluß von Konrads *Kindheit Jesu* gestanden haben. Es handelt sich hier um einen frühen Vorläufer der im Spätmittelalter beliebten Gattung des deutschen gereimten Marienmirakels, aber nicht um den ältesten, den wir kennen. Dieser liegt vielmehr in dem **Marienmirakel vom Bischof Bonus** vor, das im letzten Viertel (Ende?) des 12. Jahrhunderts wahrscheinlich in Österreich entstanden und in zwei eng verwandten Codices, einem Melker und einem vatikanischen, aus der Mitte des 14. Jahrhunderts überliefert ist. Eine Stelle darin (V. 85–88) klingt wörtlich an das *Himmlische Jerusalem* (s. o. S. 125), V. 123–126, an. Die abschnittsgliedernden Dreireime erinnern an Heinrichs *Priesterleben* (s. o. S. 233).

Das Mirakel erzählt von einem Bischof, der sich in der Verehrung der Himmelskönigin besonders hervortut und am Fest Mariä Himmelfahrt die ganze Nacht im Gebet zu verbringen pflegt. Bei einer dieser Nachtwachen öffnet sich dem Beter in einer Vision der Himmel. Maria steigt mit ihrem Gefolge in die Kirche herab. Die schützende Säule, hinter der sich der erschrockene Bischof versteckt, bewegt sich. Auf Befehl Marias bringen ihn die Heiligen und Engel herbei, legen ihm ein Meßgewand an und ministrieren ihm bei der Messe, die er nun feiern muß. Zur Belohnung erhält er ein Meßgewand, weiß wie Schnee, ohne Naht, duftend wie Balsam, das Zeugnis von dem geschehenen Wunder ablegt. Der Nachfolger des Bischofs hofft, obschon diesem an Frömmigkeit keineswegs ebenbürtig, derselben Vision teilhaftig zu werden, schläft aber im Beten ein und findet sich morgens in seinem Bett wieder.

Die 241 größtenteils rein gereimten, aber metrisch noch recht freien deutschen Verse geben getreulich eine lateinische Vorlage wieder, nämlich einen *Rhythmus de casula Sancti Boni,* den ein (1119 verstorbener) Bischof von Norwich nach Besichtigung eines in Clermont-Ferrand als Reliquie gezeigten Meßgewandes in Auftrag gegeben hat. Schon diese lateinische rhythmische Dichtung hat dem Bischof den sprechenden Namen Bonus „der Gute" gegeben. Tatsächlich hieß der um 690 regierende Oberhirte von Clermont-Ferrand, den man – wie andere Bischöfe auch – zum Helden eines solchen Marienmirakels gemacht hat, Bonitus.

Hinzugefügt hat der deutsche Übersetzer recht wenig, so vor allem den 15zeiligen Prolog, in dem er Maria um Inspiration bittet, um sie geziemend loben zu können. Der Text fügt sich somit sehr gut in die Reihe der seit dem frühen 12. Jahrhundert in unserem Raum verfaßten literarischen Zeugnisse wachsender Marienverehrung.

Früher donauländischer Minnesang

Nachdem wir mannigfaltigen, mehr oder minder gebrochenen und verzerrten Spiegelungen weltlicher Dichtung in Heinrichs *Erinnerung an den Tod,* in der *Warnung* und in Konrads *Kindheit Jesu* begegnet sind, wenden wir uns eben jener Dichtung nun erstmals zu – erstmals im Rahmen dieser Literaturgeschichte überhaupt!

Der etwa seit der Mitte des 12. Jahrhunderts im bairisch-österreichischen Donauraum einigermaßen sicher belegbare Minnesang gehört nach wie vor zu den erstaunlichsten und unbegreiflichsten Phänomenen der europäischen Geistesgeschichte. Etwa ein halbes Jahrhundert nach dem Minnesang der provenzalischen Trobadors, von diesen jedoch wahrscheinlich ganz oder größtenteils unbeeinflußt, tritt er, wie sein südfranzösisches Pendant, scheinbar ohne Kindheit und Zeit der Reifung fertig uns vor Augen, vergleichbar dem Zauberer Merlin, der schon als 18 Monate altes Knäblein seine Weisheiten verkündet. Trotz mangelnder sicherer Zeugnisse aus früherer Zeit scheint es gänzlich undenkbar, daß die ersten uns in (späterer) Aufzeichnung überlieferten Strophen mit ihrer teilweise hohen poetischen Qualität den Anfang einer Tradition markieren. Vielmehr muß hier eine längere rein mündliche Phase vorangegangen sein. Wann die ersten dieser Minnelieder aufgeschrieben wurden, wissen wir gar nicht. Der Annahme, daß bereits seit etwa 1150 Aufzeichnungen auf Pergamentrollen und -blättern gemacht wurden, die eben verloren seien, steht die andere entgegen, daß die erst im folgenden Jahrhundert zögernd einsetzende Verschriftlichung gerade noch die seit etwa 1150 mündlich konzipierten und tradierten Lieder erfassen konnte. Für die Melodien scheint es gesichert, daß sie bis weit ins 13. Jahrhundert hinein nicht schriftlich festgehalten wurden.

Liebeslieder gehören wohl zu den ästhetischen Grundbedürfnissen jeder, auch schon einer archaischen Gesellschaft. Manche Themen und Motive finden sich denn auch beinahe weltweit und zu allen Zeiten wieder. Nichtsdestoweniger vermag eine Rückführung auf die Folklore die entscheidenden inhaltlichen wie formalen Züge des frühen deutschen Minnesangs nicht zu erklären. Andererseits lassen sich darin auch kaum Spuren gelehrten Einflusses feststellen. Die klerikale mittellateinische Liebesdichtung und deren klassisch-lateinisches Vorbild (insbesondere Ovid) haben offenbar erst zusammen mit den Liedern der Trobadors und Trouvères und auch durch diese hindurch auf den deutschen Minnesang eingewirkt.

Der frühe donauländische Minnesang gibt sich ganz prononciert als ritterliche Standesdichtung. Das verleiht ihm von Anfang an seinen unverwechselbaren zeittypischen Charakter. Da diese so wie grundsätzlich die gesamte mittelalterliche Lyrik primär für den gesungenen (wohl zumeist noch instrumental begleiteten) Vortrag im geselligen Kreis und erst sekundär, vielfach weit später zur Aufzeichnung und zur Lektüre bestimmt gewesen ist, haben wir die Frage zu stellen, wo sich geeignete Gelegenheiten zur Aufführung innerhalb der Gesellschaftsschicht des Kriegeradels ergeben haben können. Da kommen in erster Linie Festlichkeiten aller Art, Inthronisierungen, Hochzeiten, Schwertleiten, Hoftage usw. in Frage. Ein Bedürfnis nach Unterhaltung bestand an den vielen Adelssitzen zwar grundsätzlich immer, Zentren müssen aber dennoch die Höfe bedeutender Machthaber, insbesondere der Fürsten gewesen sein, erhöhte doch die Anwesenheit eines solchen Minnesängers den Glanz einer Hofhaltung ganz ungemein, verlieh ihr eine besondere Anziehungs- und Ausstrahlungskraft, bestärkte die dort anwesende Hofgesellschaft in ihrem Selbstwertgefühl und warf hellstes Licht auf den im Mittelpunkt stehenden Hausherrn und seine Gemahlin. Später rückte diese sogar häufig mehr oder minder deutlich in die Position der besungenen Minneherrin (s. u. S. 275); doch auch der frühe Minnesang kann von seiner ganzen Anlage her schon bis zu einem gewissen Grade in dem genannten Sinne als „höfisches Zeremonialhandeln" (E. Kleinschmidt) bezeichnet werden.

Der bedeutendste Hof eines weltlichen Fürsten in unserem Raum war zu jener Zeit ohne Zweifel der des Babenbergers Heinrichs II. Jasomirgott, der nach dem bairischen Intermezzo 1143–1156 und der Erhebung Österreichs zum Herzogtum seine Residenz nach Wien verlegte, hier innerhalb der Stadtmauern den Bau einer neuen Pfalz begann und bis zu seinem Tode 1177 der ganzen Stadt entscheidende ökonomische, religiöse und kulturelle Impulse gab. Die Bande zu Baiern waren damit aber keineswegs alle abgerissen, sie bestanden vielmehr in etlichen Bereichen weiter, im geistlichen vor allem durch das Benediktinerkloster der „Schotten", das Heinrich schon 1155 nahe seiner künftigen Residenz „Am Hof" für irische Mönche aus dem St. Jakob-Kloster in Regensburg eingerichtet hatte, im dynastischen durch die Verschwägerung des Herzogs mit den Burggrafen von Regensburg. Heinrich III. († 1174), Burggraf von Regensburg, Gatte Berthas, einer Schwester Heinrich Jasomirgotts, gehörte dem in Niederbaiern reich begüterten Grafengeschlecht von Riedenburg (Rietenburg) an. Seine drei Söhne, Friedrich III. († 1181), Heinrich IV. († 1184) und Otto († 1183), führten alle den Titel eines *purchgravius de Rietenpurch vel Ratispona* (= Regensburg). Die der Ehe mit Bertha entsprossenen Söhne Friedrich und Heinrich urkunden des öfteren gemeinsam mit ihrem herzoglichen Onkel.

Wenn nun in der Großen Heidelberger Liederhandschrift C Strophen unter den Namen der Burggrafen von Regensburg und von Rietenburg eingetragen sind, dürfen wir sie getrost einem oder zweien der genannten Herren zuschreiben. Die enge Verbindung der beiden Titel erhellt neuerdings aus der Tatsache, daß die jüngst aufgefundenen Budapester Fragmente (s. o. S. 222) den Namen Regensburg statt Rietenburg in C bieten. Ähnliche regionale Anhaltspunkte ergeben sich bei einem anderen aus der Geschichte des Minnesangs bekannten Namen: Ein Dietmar von Aist (Agist etc.) begegnet u. a. in Urkunden des steirischen Markgrafen, des Passauer Bischofs und des österreichischen Herzogs sowie in Güterverzeichnissen des niederbairischen Klosters Aldersbach und der gefürsteten Propstei Berchtesgaden. Gleichgültig, ob dieser offenkundig bedeutende, vor 1171 verstorbene Edelfreie der berühmte Minnesänger Dietmar von Aist gewesen sein kann oder ob die überlieferten Lieder von einem jüngeren Angehörigen (oder gar Hintersassen) des Geschlechts stammen, liegt es doch äußerst nahe, die Minnesänger von Regensburg/Rietenburg und von Aist demselben Wirkungskreis zuzuordnen. Obwohl also wirkliche Beweise fehlen, „spricht manches dafür, daß der Hof Heinrich Jasomirgotts in Wien der erste Sammelpunkt höfischer Lyrik in Deutschland war" (J. Bumke). Aus innerliterarischen Gründen (s. u.) darf man demselben Kreis auch den wohl ältesten und bedeutendsten der frühen Lyriker, den Herrn von Kürenberg, zurechnen, dessen Lieder in C unmittelbar vor denen Dietmars und überdies etwa zur Hälfte auch in den Budapester Fragmenten überliefert sind. Der fehlende Vorname in den Liederhandschriften und die Häufigkeit des Herkunftsnamens (Kürnberg = Mühlberg) verhindern allerdings die historische Identifikation.

Keine ausreichenden Anhaltspunkte, weder außer- noch innerliterarische, besitzen wir, um Meinloh von Sevelingen und Hartwig von Raute hier einzureihen. Die urkundlichen Belege wollen zur literarhistorischen Chronologie so gar nicht passen, weisen aber jedenfalls bei Meinloh auf den ostschwäbischen, bei Hartwig auf den oberbairischen Raum. Auf ihre Besprechung soll hier verzichtet werden.

An der Spitze unserer „Wiener" Gruppe, nicht nur zeitlich, steht **der Kürenberger.** In den Budapester Fragmenten, die die ersten 9 Strophen der insgesamt 15 in C überlieferten in derselben Reihenfolge enthalten, ist das Autorbild mit *Der herre von Churenberch*, in C mit *Der von Kürenberg* überschrieben. Vielleicht haben die Schreiber den Namen gar nur aus Strophe 4 herausgelesen, wo ein Ritter *in Kürenberges wîse* singt. Diese *wîse* (Weise, Melodie) ist nicht erhalten, da beide Handschriften reine Textsammlungen sind. Es kann sich aber nur um die Melodie der überlieferten Strophen handeln, die alle bis auf die ersten zwei grundsätzlich dasselbe metrische Grundschema aufweisen: vier paarweise gereimte Langzeilen, jeweils bestehend aus vierhebigen Anversen mit klingender Kadenz und dreihebigen Abversen (bzw. in Zeile 4 einem vierhebigen Abvers) mit männlicher Kadenz, also in Symbolen: 3x (4k + 3m), 1x (4k + 4m). Das ist nichts anderes als die Strophenform des *Nibelungenliedes*. Allerdings ist beim Kürenberger Kadenzwechsel (männliche Kadenz mit Haupthebung auf der letzten realisierten Silbe des Verses statt klingender Kadenz vom Typus *minnè* mit Haupthebung auf der vorletzten und Nebenhebung auf der letzten Silbe) nicht selten. In den Strophen 1 und 2 ist in der Mitte zwischen die beiden gereimten Langverse noch jeweils ein vierhebiger Kurzvers, der sogenannte Steg, eingeschoben. Von den 30 Reimpaaren sind 17 unrein. Alle diese formalen Eigenheiten weisen einerseits auf den Anfang der überlieferten Lyrik (etwa 1150/60) und andererseits auf räumliche Nähe zum *Nibelungenlied*, dessen erste Aufzeichnung mit hoher Wahrscheinlichkeit in der Diözese Passau erfolgt ist (s. u. S. 306). Unter diesem regionalen Aspekt kommen mindestens drei urkundlich bezeugte Träger des Namens als unser Dichter in Frage.

Vor der Fülle der Bilder und Szenen, menschlichen Gefühle und Haltungen, die dieser Dichter in den nur 15 Strophen ausbreitet, wäre an sich nur stummes Staunen angebracht. Doch eine solche Attitüde ist der Literaturwissenschaft nun einmal nicht angemessen. Wie bei vielen anderen kleinen lyrischen Kostbarkeiten der Weltliteratur hat die Forschung einen gewaltigen Berg von Untersuchungen aufgehäuft, der den untersuchten Gegenstand gänzlich zu erdrücken droht. Kaum irgendeine noch so selbstverständlich erscheinende Beobachtung am Text ist unwidersprochen geblieben, so daß jeder Interpret im Grunde nur sagen kann, wie er persönlich den Text zu verstehen glaubt.

Wir haben jedenfalls hier Rollenlyrik vor uns, d. h. der Sänger tritt in verschiedenen Gestalten, männlichen und weiblichen, auf. Aber eine Zuordnung zu einem männlichen oder weiblichen Sprecher fällt häufig schwer, unter anderem deshalb, weil die fast durchweg gleiche Strophenform auch die Gruppenbildung zu einzelnen zwei- oder mehrstrophigen Liedern offen läßt. Vermutlich ein Lied bilden die ersten beiden Strophen mit der metrischen Besonderheit des Stegs (s. o.). Es dürfte ein sogenannter Wechsel vorliegen, eine beliebte Form lyrischer Rede im frühen Minnesang, wo Mann und Frau abwechselnd das Wort ergreifen, ohne sich direkt an den Partner zu wenden. Hier artikuliert eine Frau ihre Furcht vor zukünftiger Trennung und läßt durch einen Vermittler, einen Boten, den Geliebten an seine Treue gemahnen. Darauf antwortet – wahrscheinlich – der Mann mit der Versicherung, auch für ihn würde der Verlust ihrer Liebe nur Leid bedeuten. Werden hier die Liebenden in der Anrede ständisch nicht spezifiziert, so klagt in Strophe 3 eine Frau ausdrücklich darüber, daß mißgünstige Aufpasser (*merker*) ihr die Liebe *eines hübschen ritters* (eines höfischen Ritters) geraubt hätten. In Strophe 4 erinnert sich dann eine Frau, zu später nächtlicher Stunde auf einer Burgzinne stehend einen Ritter *in Kürenberges wîse* mitten aus der Menge (einer Männerrunde?) vortrefflich singen gehört zu haben. Ohne jede Überleitung fügt sie ihren daraus gezogenen Schluß an:

er muoz mir diu lant rûmen,/ alder ich geniete mich sîn.
Er muß mir die Lande räumen, oder ich will ihn mir nehmen.

Vielleicht bildet Strophe 12 mit 4 einen Wechsel, denn dort ruft ein Ritter seine Knappen, ihm Roß und Rüstung zu bringen; er müsse einer Dame *(frouwe)* die Lande räumen, da sie ihn gegen seinen Willen zur Liebe zwingen wolle. Hier wie sonst kommt gewiß nicht ursprüngliches weibliches Fühlen und Wollen zum Ausdruck, sondern der überlegene Mann läßt aus dem Munde der Frau seine eigenen Wünsche und Ängste sprechen. Immerhin wird der *frouwe,* der adeligen Herrin, die Macht zugetraut, den Ritter außer Landes zu verweisen, was ohne gewissen Rückhalt in der Realität der echten Pointe entbehren würde. Das bedeutet selbstverständlich nicht, daß hier ein biographischer Zug sichtbar würde. Erlebnislyrik im neuzeitlichen Sinne ist dem Mittelalter gänzlich fremd. Aber die Sprecher dieser Lieder präsentieren sich dem Publikum in einem prinzipiell möglichen Stück Welt, anders als bei späteren Sängern, die auch imaginäre Räume und Situationen beschwören.

Real vorstellbar sollen offenkundig auch der Ritter vor dem Bett der Dame, der sie nicht zu wecken gewagt hat und dafür ihren Spott einheimst (Str. 5), oder die Frau, die nächtens allein im Hemd in ihrer Kemenate stehend zugleich schamvoll und sehnsüchtig ihres ritterlichen Geliebten gedenkt (Str. 6), sein. Immer wieder stellt der Dichter eine Sprecherin auf die Bühne, die ihre Zuneigung ebenso offen eingesteht wie ihr Herzeleid, wenn sie ihr Ziel nicht erreicht (Str. 7) oder wenn Verleumder *(lugenaere)* ihr den Geliebten entfremdet haben (Str. 10). Einmalige Gestalt findet solche Gefühlsdarstellung in dem berühmten, vielzitierten und vielumrätselten *Falkenlied* (Str. 8 und 9):

> *Ich zôch mir einen valken / mêre danne ein jâr.*
> *dô ich in gezamete / als ich in wolte hân*
> *und ich im sîn gevidere / mit golde wol bewant,*
> *er huob sich ûf vil hôhe / und flouc in anderiu lant.*
> *Sît sach ich den valken / schône fliegen.*
> *er fuorte an sînem fuoze / sîdîne riemen,*
> *und was im sîn gevidere / alrôt guldîn.*
> *got sende si zesamene / die gelieb wellen gerne sîn.*

Ich erzog mir einen Falken länger als ein Jahr. Als ich ihn gezähmt hatte, wie ich ihn haben wollte, und ich ihm sein Gefieder mit Gold wohl geziert hatte, schwang er sich hoch auf und flog in andere Lande. – Danach sah ich den Falken herrlich fliegen. Er trug an seinem Fuß seidene Bänder, und sein Gefieder war ihm ganz rotgolden. Gott führe die zusammen, die gerne einander lieben wollen. (Text und Übers. von G. Schweikle. Die letzte Zeile bietet in den Budapester Fragmenten einen anderen Text, der jedoch dem Sinn nach kaum abweicht.)

Keine der zahllosen Deutungen des Liedes befriedigt völlig, auch nicht die von P. Wapnewski vorgelegte, obschon sie im Ansatz am meisten überzeugt: Der Dichter verwende bewußt das Fachvokabular der ritterlich-höfischen Falkenbeizjagd, lasse aber darin eine Frau bildlich den Verlust ihres Geliebten beklagen. Obwohl der Jagdvogel auch metaphorisch für eine Frau stehen kann, wie schon Strophe 15 zeigt (s. u.), ist er als Bild für den Helden oder Geliebten doch weit verbreiteter, und zwar durchaus auch über das Mittelalter und den deutschen Sprachraum hinaus. Strophe 8 könnte somit verhüllend von der Erziehung eines jüngeren Mannes, etwa eines Edelknappen, durch die Herrin eines Hofes und von seiner Flucht in die Freiheit erzählen. Offen bleibt dagegen die Identität des Schmuckes in den beiden Strophen. Dient er nur der Wiedererkennung des Vogels oder stammt er von einem neuen Besitzer, d. h. einer anderen Frau? Was bedeuten die für die Jagd unbrauchbaren seidenen Bänder? Etwa eine unzulässige Bindung des zum Rittertum bestimmten Mannes an die weibliche Lebenssphäre? Fragen über Fragen, die es nahelegen, dem Lied eine vom Dichter bewußt intendierte Mehrdeutigkeit zu unterstellen. Am Schluß erscheint das persönliche schmerzvolle Erleben der Frau ins Objektive gewendet. Was ihr diesmal versagt geblieben ist, dieses Glück stellt sie für alle Liebenden Gottes Walten anheim.

Die Neigung zur knappen, in sich geschlossenen, bisweilen ins Allgemeine ausgeweiteten Aussage kennzeichnet auch sonst den Stil des Kürenbergers. Ihr entspricht das Vorherrschen der Parataxe und der syntaktischen Isolierung der Verszeilen. Über drei Verszeilen oder gar über eine Strophengrenze greift ein Satz überhaupt nie hinaus.

Die letzten fünf Strophen werden jeweils von einem Mann gesprochen. In Strophe 11 beteuert er seine Treue, in 12 dagegen seinen Trotz gegenüber der Werbenden (s. o.); in 13 fordert er seine Dame auf, ihre liebenden Blicke vor der Gesellschaft zu verbergen; in 14 erklärt er, nur aus Rücksicht auf die Geliebte nicht persönlich, sondern durch einen Boten um sie zu werben; in Strophe 15 schließlich bricht sich das gängige Überlegenheitsgefühl des Mannes Bahn:

> *Wîp unde vederspil, / die werdent lîhte zam.*
> *swer si ze rehte lucket, / sô suochent si den man.*
> *als warp ein schoene ritter / umbe eine frouwen guot.*
> *als ich dar an gedenke, / sô stêt wol hôhe mîn muot.*

Frauen und Jagdvögel, die werden leicht zahm. Wenn sie einer auf die rechte Art anlockt, dann fliegen sie auf den Mann. So warb ein schöner Ritter um eine edle Dame. Wenn ich daran denke, so fühle ich mich hochgemut (Text u. Übers. v. G. Schweikle).

Der Sänger hat den Vergleich mit dem von ihm hochgeschätzten Jagdvogel vermutlich für äußerst ehrenvoll gehalten. Er liefert hier so etwas wie eine allgemeine Minnetheorie. Das Liebeswerben des Mannes gilt als prinzipiell erfolgverheißend. So stellt sich das für die höfische Geselligkeit so nötige freudige Selbstwertgefühl *(hôher muot)* ein. Für die Frau kann eine Liebesbeziehung aber durchaus rufschädigend wirken. Alles muß daher in Heimlichkeit geschehen. Der genaue soziale Status der Frau läßt sich hier aber nur ahnen. Die machtvolle Herrin in Strophe 4 kann allerdings kein bevormundetes Mädchen sein, wie es von der Umworbenen in Strophe 14 zu vermuten ist *(diu gêt noch megetîn,* „als ein unverheiratetes Mädchen"). Ein solches wurde damals in aller Regel von Vater und Brüdern ängstlich behütet, um unberührt dem künftigen legitimen Gemahl in die aus Standesinteressen geschlossene Ehe gegeben zu werden. Mädchen hatten also ebenso wie verheiratete Frauen diverse Aufpasser zu fürchten. Voreheliche Beziehungen standen ebenso wie außereheliche unter Strafe, die vom jeweils betroffenen Vormund exekutiert werden konnte. Daß der Liebhaber ebenfalls zur Verantwortung gezogen wurde, ist weit seltener belegt. Dennoch verpflichtet auch ihn die Norm der höfischen Minne von Anfang an, wie sich hier zeigt, zur strengen Geheimhaltung, um die Ehre der Geliebten zu wahren. Das Publikum der Minnelyrik erscheint geradezu als Komplize dieser Heimlichkeit, dasselbe adelige Publikum, in dem auch die eifersüchtigen Gatten, Väter und Brüder saßen. Offenbart sich darin eine doppelte Moral oder ein Auseinanderklaffen von Wirklichkeit und literarischem Spiel? Oder geht diese Alternative überhaupt an der

Sache vorbei? Trotz heftigster Fehden in der mehr als hundertjährigen Forschung zeichnet sich hierin bis heute kein Konsens ab.

Das Œuvre des Kürenbergers gibt dafür auch eine zu schmale Textbasis ab. Was sich an ihr ablesen läßt, ist einmal ein Überlegenheitsgefühl des Mannes, dem die Gesellschaft offenbar erotische Erfolge bei Frauen nur positiv anzurechnen geneigt ist, während die Frau das doppelte Risiko des Verlusts ihrer Ehre und des stets wieder nach Freiheit strebenden Geliebten trägt. Auch die Mühe des Werbens wird dem Mann nicht selten von der Frau abgenommen, die ihr liebendes Begehren nicht weniger offen bekennt als er. Zum andern besteht an dem sinnlich-erotischen Charakter dieser Liebe kein Zweifel. Nur auch sexuell erfüllte Liebe spendet *fröide* (Str. 2) und *wünne* (Str. 3). Der Liebhaber, der die sich ihm bietende Gelegenheit nicht ergriffen hat, erntet dafür von der Frau nur blanken Hohn (Str. 5).

Hier und wohl auch in einer vordergründig so selbstbewußten Strophe wie Nr. 15 (s. o.) erscheint die Renommiergeste des Mannes durch Selbstironie und Selbstpersiflage etwas gemildert. All das erinnert an den ersten bekannten romanischen Trobador, Herzog Wilhelm IX. von Poitou und Aquitanien († 1127), auch wenn bei dem mächtigen, berühmt-berüchtigten Grandseigneur das feudale und männliche Selbstbewußtsein noch weit stärker durchschlägt. Auch andere Unterschiede wie Wilhelms derberer Witz und persönlichere Anspielungen sollen nicht geleugnet werden. Aber die – kaum auf Abhängigkeit beruhenden – Gemeinsamkeiten weisen auf eine gesamtabendländische mündliche Adelskultur, die in Wilhelm und im Kürenberger für uns zum ersten Mal so recht faßbar wird. –

Die vier in C dem **Burggrafen von Regensburg** zugeschriebenen Strophen – in A stehen davon zwei wohl irrtümlich unter einem anderen Namen – halten sich formal grundsätzlich an das Strophenschema des Kürenbergers, weisen im Detail aber stärkere Unregelmäßigkeiten auf (zusätzliche Hebungen; Kadenzwechsel; Aussparung des dritten Abverses in Str. 1 und 2). Auch inhaltlich bieten sie kaum Neues. In der ersten der drei Frauenstrophen bekennt die Sprecherin, einem Ritter beständig *untertân* zu sein, den alle Welt wegen seiner vielen Vorzüge *(tugenden)* und seines *hôhen muotes* hochschätze; in der zweiten, einer sogenannten Trutzstrophe, beteuert sie, keiner könne ihr den Geliebten rauben; in der dritten (Str. 4 des Korpus) klagt sie neuerlich irgendwelche Leute („sie") an, ihr den Umgang mit einem Ritter verbieten zu wollen; doch sie könne ihn nicht meiden. Vielleicht ist diese Strophe eine Art Antwort auf die Männerstrophe (Nr. 3 des Korpus), in der der Sprecher seinen Schmerz über die Trennung von einer *frouwe* und seine Hoffnung bekundet, daß trotz des Neides der *merkaere* sein wundes Herz durch Liebe geheilt werden könne. Das Bemerkenswerteste an den nicht sehr einprägsamen Strophen sind die häufigen Hinweise auf den konkreten Liebesvollzug *(daz ich sô guotlîchen lac verholn an sînem arme*, „daß ich so wohlig lag heimlich in seinem Arm" 4,2–3; vgl. 1,2; 3,1).

Die fünf unter dem Namen des **Burggrafen von Rietenburg** (s. o. S. 248) in Handschrift B (der Weingartner Liederhandschrift) eingetragenen Einzelstrophen, die in C ebenfalls erscheinen, aber in modernerer Überarbeitung und mit zweimaliger Erweiterung zu mehrstrophigen Liedern, stechen schon äußerlich durch ihre Kurzzeiligkeit von denen des Regensburgers ab. Grundvers ist der Vierheber. In C ist nur noch Lied II (Zählung nach der Ausg. v. G. Schweikle) aus vier Reimpaarversen gebildet, sonst liegt bereits die jüngere, aus dem romanischen Bereich stammende sogenannte

Kanzonenform vor: Das zweiteilige Lied gliedert sich in Aufgesang und Abgesang. Den Abgesang bilden beim Rietenburger noch durchgehend (zwei bis drei) Reimpaare, den Aufgesang jeweils zwei Kreuzreimpaare (Reime abab). In der (nicht erhaltenen) Melodie sollten diesem metrischen Schema ein aus zwei völlig gleichen Teilen, den – von den Meistersingern so benannten – Stollen, aufgebauter Aufgesang und ein durchkomponierter Abgesang entsprochen haben.

Der Anschluß an den Westen zeigt sich auch in der Thematik. Strophe 1 drückt noch genau dasselbe aus wie Strophe 4 des Regensburgers. Die in C damit gekoppelte Strophe 2 legt einem Mann aber bereits den Gedanken an den Erwerb der Huld durch *dienen* in den Mund. In Strophe 3 (Lied II) verwendet der Sprecher zwar den von Dietmar geliebten Natureingang (s. u. S. 254), bietet der *frouwe* dann jedoch seinen *staeten dienest* an. In den restlichen Strophen (Lied III und IV mit 3 Strophen in C) kreist die Minneklage des Mannes um das Hauptthema des „Hohen Minnesangs", das beständige, zwischen Trauer und Hoffnung schwankende Werben des Minnedieners um die abweisende Dame. Diese erscheint in Lied IV schon ganz in der Position der idealisierten Herrin, die den Mann wie das Gold in der Glut erproben will und dadurch läutert (IV, 2).

Können da der Regensburger und der Rietenburger zur selben Zeit und am selben Ort gedichtet haben oder gar ein und dieselbe Person gewesen sein (s. o. S. 248)? Daß man zwei verschiedenen „Moden" zugleich gehuldigt hat, wäre denkbar; wahrscheinlicher dünkt ein allmählicher Geschmackswandel von den sechziger zu den achtziger Jahren. Er wäre unter Umständen auch einem einzelnen Sänger zuzumuten, der, wenn er schon nicht viel Eigenes zu geben hatte, doch wenigstens sein Instrument jeweils auf den neuen Ton stimmen wollte.

Spricht hier immerhin die Aufteilung auf zwei Dichternamen in den Handschriften gegen eine Einheit des Œuvre, so hat bei dem ungleich interessanteren Werk **Dietmars von Aist** die Forschung eine Aufteilung auf mehrere Autoren im wesentlichen aus inneren Gründen versucht. Die Große Heidelberger Liederhandschrift C bietet unter Dietmars Namen 42 Strophen, die Weingartner Handschrift B nur die ersten 16 davon, überdies noch 4 unter Reinmars Namen, die in C Dietmar gehören. In der Kleinen Heidelberger Handschrift A finden sich 10 Strophen aus dem Dietmar-Korpus von C, aber unter anderen Namen. Zwei dieser Strophen, die in A einem Spruchdichter zugewiesen werden, spricht selbst G. Schweikle unserem Dichter ab, beläßt ihm jedoch entgegen der herrschenden Forschungsmeinung die restlichen vierzig. Er sieht in ihm – dessen Beziehung zum historischen Dietmar (s. o. S. 248) er völlig offen läßt – einen Dichter des Übergangs, der sich teils älteren, teils neueren Form- und Inhaltsmustern angeschlossen hat. Eine radikale Kritik hat dagegen dem Dichter nur 10 ganz oder teilweise aus Langzeilen bestehende Strophen, das sind die Lieder I, II und III (ohne Str. 3) in der Ausg. v. G. Schweikle, zugesprochen und mit mehreren anonymen Pseudo-Dietmaren gerechnet, die für die beiden angeblich noch in die Zeit vor den Kürenberger zurückreichenden Lieder VI und VII wie für die jüngeren verantwortlich sein sollen. Diese gemahnen tatsächlich teilweise stark an die Lyrik Reinmars (Lied IV und V, die auch in B unter Dietmar stehen; VIII und IX, die in B Reinmar zugeteilt sind) bzw. Walthers von der Vogelweide (XIV). Zwischen den beiden Extrempositionen gibt es noch Vermittlungsversuche. So hat man etwa die Lieder VI und VII sowie XI und XIII noch für den „echten" Dietmar retten wollen (H. Tervooren). In diesem Falle hätte Dietmar schon über ein relativ breites Repertoire verfügt. Das Schwergewicht hätte er auf die Entfaltung und Erweiterung des Wechsels (s. o. S. 249) gelegt, etwa durch Einführung des beim Kürenberger völlig fehlenden, beim Regensburger bestenfalls angedeuteten Natureingangs (Begrüßung der schönen Jahreszeit und ihrer Freuden in III oder Klage über den Herbst in XI) oder durch Ausbau der Mittlerrolle des Boten zwischen Sänger und Dame (II und XI). Dem Gedanken der *huote*, der Bewachung der Dame, in dem gewiß echten Lied I zu begegnen überrascht nicht. Doch das in archaischen Langzeilen abgefaßte Lied III bietet so moderne Züge wie die veredelnde Kraft der Minne (III, 2) und die – verurteilte – Verletzung der *mâze*, des höfisch-maßvollen Betragens, durch das Prahlen mit Erfolgen bei Frauen (III, 3).

Ihren besonderen Reiz beziehen die beiden Frauenmonologe, Lied VI und VII, aus ihrer inhaltlichen Schlichtheit, die zusammen mit ihrer Form (der Einstrophigkeit und der Unreinheit der Reime) Anlaß zu einer Datierung vor Dietmars Liedern gegeben hat. In VI deutet eine kurze „epische" Einleitung die Situation an: Eine *frouwe* späht einsam und sehnsüchtig über die Heide nach ihrem Geliebten aus und erblickt einen Falken. In ihrem Selbstgespräch vergleicht sie den frei fliegenden Vogel, der einen Baum aussucht, wie es ihm gefällt, ihrer freien Wahl des Geliebten. Andere schöne Damen aber seien darob neidisch, obwohl sie selbst ihnen gegenüber nie Eifersucht gezeigt habe. Man fühlt sich unmittelbar an das *Falkenlied* des Kürenbergers erinnert. Der Vergleich mit dem Jagdvogel wird hier aber expressis verbis formuliert und versinnbildlicht nicht den Geliebten, sondern die Liebeswahl der Sprecherin. Übereinstimmend kommt hier wie dort die Resignation der Verlassenen zum Ausdruck. Die Untreue des Mannes wird in VI nur verhüllt angedeutet, in VII direkt thematisiert. Die Sprecherin hebt ihre ganzjährige Klage gegen die Freude der schönen Jahreszeit ab (falls der Text in C richtig überliefert ist) und mahnt den Mann, (*lieber man* VII,12; *helt* VII,8), sich von anderen Frauen fernzuhalten. Die um ein vierhebiges Reimpaar kürzere Strophe weist nur Halbreime auf. In beiden Liedern wird mit wenigen Strichen eine Naturkulisse gemalt, wie wir sie deutlicher abgebildet schon aus Lied III kennen. Das darin mehrfach beschworene Vögelein auf der Linde spielt dann eine geradezu aktive Rolle in Lied XIII:

C 32	1.	‚Slâfest du friedel ziere?
MF 39,18		wan wecket uns leider schiere.
	3	ein vogellîn sô wol getân,
		daz ist der linden an daz zwî gegân.'
C 33	2.	Ich was vil sanfte entslâfen
MF 39,22		nû rüefestu, kint, wâfen.
	3	liep âne leit mac niht sîn.
		swaz du gebiutest, daz leiste ich, mîn friundîn.
C 34	3.	Diu frouwe begunde weinen.
MF 39,26		‚du rîtest hinnen und lâst mich einen.
	3	wenne wilt du wider her zuo mir?
		owê du vüerest mîne fröide sant dir.'

1. ‚Schläfst du, lieber Freund? Man weckt uns leider bald. Ein Vöglein so schön, das ist auf der Linde Zweig geflogen.' 2. Ich war so sanft eingeschlafen, nun rufst du, Kind, ‚wach auf!' Lieb ohne Leid kann nicht sein. Was du gebietest, das tue ich, meine Freundin. 3. Die Dame begann zu weinen. ‚Du reitest von hinnen und läßt mich allein. Wann wirst du wieder zu mir kommen? O weh! Du führst meine Freude mit dir' (Text u. Übers. nach der Ausg. v. G. Schweikle).

Wir haben hier ein Beispiel der Gattung des Tageliedes vor uns, und zwar das älteste der deutschen Sprache, das uns erhalten ist. Die Gattung stellt zwar umfangmäßig nur ein Randphänomen der mittelalterlichen Liebeslyrik dar, begleitet diese aber seit ihren Anfängen ununterbrochen bis zu ihrem Ausklang. Die konstitutive Grundsituation bildet der Moment der Trennung zweier Liebender, die heimlich eine Nacht miteinander verbracht haben, bei Tageslicht aber die Entdeckung fürchten müssen. Sie kann mehr oder minder konkret und erzählerisch ausgestaltet sein. Hier sind nur die Szenerie im Freien und die soziale Stellung der adeligen *frouwe* greifbar. Der Geliebte wird demselben Stand angehört haben. Er hat – wie allgemein im archaischen Minnesang – den besseren Teil erwählt. Zwar fügt er sich gehorsam dem Gebot der Dame, d. h. er wird sich sogleich entfernen, um sie nicht zu kompromittieren. Aber sie ist es, die ihn wecken muß, da sie um ihren guten Ruf bangt, und die Anlaß hat, an seiner Rückkehr zu zweifeln. Ihre Tränen haben etwas ergreifend Glaubwürdiges. Der berühmte Satz *liep âne leit mac niht sîn*, der immer wieder als Motto für den gesamten Minnesang oder gar aller Liebeslyrik in Anspruch genommen wurde, trifft hier doch in besonderem Maße das Schicksal der Frau. Nicht zu Unrecht hat man angenommen, daß das einfache Lied, bestehend aus drei Strophen zu je vier paargereimten Kurzzeilen (4ka, 4ka, 4mb, 5mb), aus einer Frauenklage durch Einschub der Worte des Mannes umgeformt sei. Von den beiden archaischen Frauenklagen, Lied VI und VII, heben sich aber die reinen Reime deutlich ab. Der Wortschatz weist dagegen überwiegend traditionell-volkstümliche Züge auf.

Auf eine derartige Januskönigkeit auch anderer, als unecht geltender Lieder Dietmars hat G. Schweikle hingewiesen. So paaren sich Kanzonenform mit Einstrophigkeit (IX, X), „antiquierte" Inhalte mit „modernen" Formen und vice versa. Die Echtheitsfrage bleibt also wohl unlösbar.

Sie ist verbunden, aber keineswegs identisch mit der Frage nach dem romanischen Einfluß, die von der Forschung ebenfalls nicht einheitlich beantwortet wird. Keinen Zweifel kann es an der westeuropäischen Herkunft so prägnanter Charakteristika wie der Kanzonenform und des Ideals der Hohen Minne, die wir im nächsten Abschnitt zu besprechen haben werden, geben. Wir sind der eklatanten Rollenumkehr zwischen Frau und Mann schon beim Rietenburger begegnet. Sie tritt etwa auch in dem von C Dietmar von Aist, von B Reinmar zugeschriebenen Lied *Gedanke die sint ledic frî* (Lied IV von Dietmar bei G. Schweikle) zutage. Doch wie steht es mit dem sogenannten Natureingang, den der Aister in die deutsche Lyrik eingeführt haben könnte? Hat Dietmar das Motiv von den Trobadors, die es ungemein lieben, oder aus volkstümlicher Tradition bezogen? Die Vorstellung einer Harmonie oder Disharmonie von Natur und Mensch, von Frühling und Liebesfreude, von Herbst und Liebesleid scheint so naheliegend, daß unabhängige Ausformung in verschiedenen Kulturen nicht ausgeschlossen werden kann. Aber die Beschränkung auf bestimmte Versatzstücke der Naturszene läßt schon an Entlehnung denken, wobei die deutschen Minnesänger bewußt aus der größeren Menge in den Liedern der Trobadors ausgewählt und auch den typisch südlichen Weißdorn durch die Linde ersetzt haben könnten. Vöglein und Linde in Dietmars Tagelied machen dann auch diese ganze Gattung romanischer Herkunft verdächtig. Aber die Unterschiede zu den ältesten okzitanischen Tageliedern lassen wieder Zweifel aufkommen: Bei Dietmar fehlen jede Andeutung der ehebrecherischen Situation, der Wächter, der den Schlaf der Liebenden behütet, und der typische Refrain mit dem *alba* (Morgenröte)-Ruf. Wenn hier kein Eifersüchtiger *(gilos)* begegnet, so erwähnt Dietmar immerhin in Lied I,5 die den Liebenden feindliche *huote* (s. o.), die der Kürenberger schon konkreter als *merkaere*

255

und *lugenaere* in sein Œuvre aufgenommen hat. Verbergen sich darin nicht die *lauzengiers,* die Verleumder, der Trobadors? Ist die verbotene Liebesbeziehung ohne solche Störenfriede jedoch überhaupt konkret vorstellbar? Vielleicht ist diese ganze Frage nach dem romanischen Einfluß auf den frühen donauländischen Minnesang überhaupt falsch gestellt, sofern sich hier wie dort nur ältere in europäischer Kultursymbiose ausgebildete gemeinsame Motive entfalten. Zu dieser Symbiose hat selbstverständlich auch der Klerus beigetragen, der über das Bildungsmonopol der Schrift und damit über die Kenntnisse der lateinischen antiken und biblischen Texte verfügte, sie teilweise den Laien zu vermitteln suchte und seinerseits von diesen Elemente der illiteraten Kultur übernahm. Die okzitanischen Trobadors verwenden dann, auch wenn und gerade wenn sie sich von den klerikalen Literaten abheben wollen, eine Menge umgeformter gelehrter Züge aus Ovid, dem Hohenlied usw. Im deutschen Bereich, wo im 12. Jahrhundert der weltliche Adel sich weiterhin ganz überwiegend von der Schriftlichkeit fernhält, läßt sich ähnliches kaum beobachten. Wenn dennoch in einem Gedicht der Cambridger Handschrift aus dem 11. Jahrhundert eine Sprecherin, wohl eine Nonne, ihre Situation und ihre Gefühle auf Latein nicht viel anders formuliert als in des Kürenbergers Strophe 6 (*Cum mihi sola sedeo et haec revolvens palleo... nam mea languet anima,* „Wenn ich einsam sitze und, dies überlegend, erbleiche... denn mein Herz ist krank vor Sehnsucht": *Carmina Cantabrigiensia* 40,5–6), so hat der Kürenberger nicht etwa dieses Gedicht nachgeahmt, sondern Motive weitergetragen, die schon weit früher in weltlichen wie geistlichen Kreisen zirkulierten, ohne daß sich der Ursprungsherd hier oder dort eindeutig feststellen ließe. Was aber naturgemäß in geistlichen Gemeinschaften nur vereinzelt und versteckt zum Ausdruck gebracht werden konnte, bricht sich nun mit Macht in der voll gesellschaftsfähig gewordenen weltlichen volkssprachlichen Dichtung Bahn.

Liedkunst der Hohen Minne

Die Internationalität sowohl der katholischen Kirche und ihrer Institutionen als auch der weltlichen Aristokratie schuf an sich seit dem Frühmittelalter günstige Voraussetzungen für einen kulturellen Austausch über territoriale und sprachliche Grenzen hinweg. An die heimatliche Scholle blieben in der Regel nur die Bauern gebunden, und selbst von ihnen nahmen nicht wenige als Pilger die großen Mühen der damals äußerst beschwerlichen Reisen nach Rom, Santiago de Compostela oder Jerusalem auf sich, um so eher Kleriker und Ritter, die zumeist bessere Reisebedingungen vorfanden. Einen Höhepunkt dieser Mobilität brachten dann die Kreuzzüge mit sich, die ganze Ritterheere durch Europa in den Nahen Osten in Bewegung setzten. Aber schon zuvor und daneben verlangten Organisation und Verwaltung in Staat und Kirche persönliche Kontakte zwischen Höfen, Städten, Schulen, Stiften, Klöstern usw. Die Fernkaufleute hatten ja seit je ihrem Erwerb nur ambulant nachgehen können und erhielten nun durch die Kreuzzüge neuen Bewegungsraum und neue Aufträge. Unter all diesen Voraussetzungen sind Einflüsse in Sitte und Brauch, Mode und Sprache, Standesideologie und Frömmigkeit, Wissenschaft und Kunst über weite Distanzen keineswegs so erstaunlich, wie wir es aufgrund eines Vergleichs mit den heute um so viel besseren Verkehrsbedingungen vermuten würden.

Dennoch sollte die Annahme keiner besonderen Begründung bedürfen, daß kulturelle Strömungen sich fürs erste doch kleinräumig und wellenförmig auszubreiten pflegten. Nachbarn standen gewiß damals wie heute in der Regel – die freilich auch ihre Ausnahmen kennt – einander näher als weit voneinander entfernte Menschen fremder Sprache und Kultur. So griffen denn zuerst einmal Dichter der an Frankreich grenzenden deutschen Länder ab den siebziger Jahren des 12. Jahrhunderts den neuen romanischen Minnesang unmittelbar und massiv auf, der Limburger Heinrich von Veldeke, die Rheinländer Friedrich von Hausen, Bernger von Horheim und Bligger von Steinach, der Elsässer Ulrich von Gutenburg, der Westschweizer Rudolf von Fenis. Erst mit einiger zeitlichen Verzögerung und etwas weniger eng schlossen sich Minnesänger aus anderen deutschen Ländern an, so aus dem Bereich der Diözese Passau Albrecht von Johannsdorf und Reinmar der Alte.

Der Name **Albrecht von Johannsdorf** begegnet mit wechselnden Schreibungen (Albrecht = Albertus = Adalbertus; Johanns = Johannes = Jahens = Jans etc.) von 1172 bis 1255 in Zeugenlisten von dreizehn Urkunden. Vermutlich verteilen sich die Belege auf drei Generationen derselben Familie. Unser Dichter dürfte erstmals 1180 im Traditionsbuch des Augustiner-Chorherrenstifts St. Nikola bei Passau bezeugt sein, 1201 und 1204 dann als Ministeriale in bischöflichen Urkunden Wolfgers und 1209 Manegolds von Passau. Ob er selbst oder nur sein Vater Ministeriale des Bischofs von Bamberg war, muß offen bleiben. Mehrfache Lehensbindungen waren ja nichts Außergewöhnliches. Der Stammsitz der Johannsdorfer ist nicht sicher zu bestimmen, der niederbairische Weiler Jahrsdorf an der Vils im Kreis Landau aber in Erwägung zu ziehen. Seine Lieder dichtete (und komponierte) Albrecht vermutlich als ritterlicher Dilettant im „Nebenberuf" am ehesten für den Hof des Passauer Bischofs, wo auch Walther (s. u. S. 273) für eine höfische Gesellschaft aus Klerikern und Laien sang. Passau selbst war allerdings zwar die wichtigste, aber keineswegs die einzige bischöfliche Residenz der Diözese, und auch an benachbarten Höfen anderer Fürsten mag Albrecht seine Kunst zum besten gegeben haben.

Es sind insgesamt 41 oder 42 Strophen unter Albrechts Namen überliefert, davon *Abb. 5* 15 nur in C, zwei oder drei nur in A. In der Ausgabe von G. Schweikle sind Albrechts Strophen zu 16 Liedern, in der Neuausgabe von „Des Minnesangs Frühling" zu 13 zusammengefaßt. Die Entscheidung hängt davon ab, ob man dem Dichter bereits den „klassischen" Usus unterstellen soll, für jedes Lied einen eigenen Ton (mhd. *dôn*), also eine eigene metrisch-rhythmische und musikalische Struktur, zu erfinden oder zumindest aus einem fremdsprachigen Lied zu übernehmen. Ob dieser Anforderung überhaupt irgendein Lyriker zur Gänze nachgekommen ist, muß zudem offenbleiben. Die Schaffung einstrophiger Lieder mit dem persönlichen „Markenzeichen" ein und desselben Tones wie beim Kürenberger dürfte zwar bald unmodern geworden und der Spruchdichtung (s. u. S. 271) überlassen worden sein; doch machen auf uns auch viele Lieder des klassischen Minnesangs durchaus den Eindruck von nachträglich unter einem Ton zusammengestellten Einzelstrophen oder Strophengruppen. Dementsprechend frei verfahren Sammler und Schreiber der Handschriften. Daß in A, B und C dasselbe Lied mit identischer Zahl, Anordnung und Autorzuweisung der Strophen überliefert ist, kann keineswegs als die Regel gelten.

Ein einstrophiges Lied bleibt für Albrecht allemal zu registrieren (Nr. VIII – Zählung wie im folgenden nach der Ausg. v. G. Schweikle, der auch XV und XVI als Einzelstrophen auffaßt). Andere formale Eigenheiten der donauländischen Tradition treten hinzu: gelegentlich unreine Reime, häufig lange Verszeilen. Daneben macht sich westlicher Einfluß deutlich bemerkbar (Sechstakter, steigende Strophenzahl u. a.). Dem entspricht die Übergangsstellung in der Thematik und Gattungswahl.

Schon im ersten Lied der Sammlung vernehmen wir Wehklagen des treu und beständig Minnenden über sein erfolgloses Werben, wie sie von den Trobadors den Trouvères und Minnesängern vermacht und von Reinmar aufs höchste kultiviert worden sind (s. u. S. 263ff.). Ständiges *flêhen* ist die angemessene Haltung der erhabenen Dame gegenüber (I, 3,5), auch wenn sie kein *heil* gewährt (I, 3,8). *Der ich diene und iemer dienen wil,* sagt der Sänger ein andermal (VII,2,1), jenen Dienstgedanken aufgreifend, den eine Forschungsrichtung zum Angelpunkt ihrer sozialhistorischen Interpretation des neuen deutschen Minnesangs nach der „Wiener Schule" gemacht hat: Dessen hauptsächliche Träger seien rechtlich unfreie Ministeriale (mhd. *dienestman*) gewesen, die ihren sozialen Aufstieg zur Zeit der Stauferherrschaft durch Idealisierung ihrer Verpflichtung zum Dienst *(servitium)* bei Hofe und im Krieg legitimieren hätten wollen. „Dieser Dienst wird im klassischen Minnesang in einem allmählichen Prozeß gereinigt von den Schlacken des konkreten sozialen Bezugs, der materiellen Dienstsphäre, in der es um *lôn* und Gegenleistung geht. Indem auf *lôn* verzichtet beziehungsweise dieser im *gruoz*, in einer Geste minimalisiert oder in der Selbstwertsteigerung des Dienenden spiritualisiert wird, erweist sich diese neue *militia* als ‚reiner' Dienst, als eine Überhöhung des gesellschaftlich Praktizierten in der kulturell-spielerischen Variante" (W. Haubrichs). Albrecht von Johannsdorf, einer der wenigen halbwegs sicher als Ministerialen identifizierbaren Minnesänger (ein anderer wäre Friedrich von Hausen), ist stets als Kronzeuge für diese These angerufen worden.

Die einschlägige Minnetheorie liefert vor allem Lied XIII, ein Dialoglied in einfacher Kanzonenform mit 6 Zeilen von divergierender Länge, also mit sogenannter heterometrischer Struktur (3wa, 5mb/3wa, 5mb//4mc, 7mc). Bei einem heimlichen Stelldichein – die *liebe frouwe* ist einmal ohne *huote* – klagt der Verliebte seiner Dame seinen sehnsuchtsvollen Kummer, seinen vergeblichen Dienst. Sie fragt ihn, wer ihn denn dazu gezwungen hätte.

> XIII, 4 *Daz hât iuwer schoene,*
> *die ir hânt, vil minneclîchez wîp.*
> „*iuwer süezen doene*
> *wolten krenken mînen staeten lîp!"*
> *frouwe, niene welle got!*
> „*wert ich iuch, des hetet ir êre, so waer mîn der spot."*

Das tat eure Schönheit, die ihr besitzt, teuerste Frau. „Eure süßen Töne wollten meine Standhaftigkeit erschüttern." Herrin, das kann Gott nicht wollen! „Erhörte ich euch, – das brächte euch Ehre, mein aber wäre der Spott."

Der Mann beteuert seine *staete* (Beständigkeit) in der Liebe, die Dame ihre *staete* in der Verweigerung. Der Streit mündet in einen berühmten Kernsatz der „Hohen Minne":

> XIII, 7 *Sol mich dan mîn singen*
> *und mîn dienest gegen iu niht vervân?*
> „*iu sol wol gelingen,*
> *âne lôn sô sult ir niht bestân."*
> *wie meinet ir daz, frouwe guot?*
> „*daz ir deste werder sint und da bî hôchgemuot."*

Soll mir also mein Singen und mein Dienst für euch nichts einbringen? „Euch soll wohl Erfolg werden, ohne Lohn sollt ihr nicht bleiben." Wie meint ihr das, edle Herrin? „Daß ihr desto edler seid und dabei hochgemut."

Diese Wertsteigerung des Ritters, so lautet weiter der genannte sozialhistorische Erklärungsversuch, sei nun als ethisches Ziel durchaus auch für die Edelfreien bis hinauf zu Fürsten und Königen akzeptabel gewesen und von ihnen zur Rechtfertigung ihrer herrschaftlichen Stellung von den Ministerialen übernommen worden. Es trifft ohne Zweifel zu, daß sowohl der höfische Minnesang als auch der Höfische Roman (s. u. S. 545ff.) eine Standesideologie – ich gebrauche den Begriff im neutralen, nicht im marxistisch abwertenden Sinn – transportieren, die auf eine Legitimation der Spitzenposition des Kriegeradels in der gesellschaftlichen Hierarchie durch Leistung hinausläuft. In der *âventiure* des Romans (s. u. S. 329ff.) bewährt sich der kämpfende Ritter in Not und Gefahr zum Schutz der Wehrlosen und zur Wahrung der Ordnung und Werte. Ein Hauptantrieb dazu ist die Minne, die im Minnesang – ohne kriegerische *âventiure* – als Erzieherin des Ritters zu edlem, zuchtvollem, demütig-entsagungsbereitem Verhalten vorgeführt wird. Daß darin ursprünglich eine Sublimierung des Unterlegenheitsgefühls der unfreien Ministerialen zum Ausdruck komme, ist jedoch schon deshalb ziemlich unwahrscheinlich, weil diese Minnedoktrin einschließlich des Dienstes aus dem romanischen Bereich herübergenommen wurde, wo es zwar arme, aber keine unfreien Ritter gab und solche kleinen Adeligen auch keineswegs das Gros der Trobadors und Trouvères bildeten. In dieser Standesideologie ist wohl weit eher der Abschluß einer jahrhundertelangen, seit dem 11. Jahrhundert dann beschleunigten Entwicklung zu sehen, die als Antwort auf ethische Forderungen der Kirche an den Kriegeradel das Selbstbewußtsein der Auserwähltheit des Ritters hervorgebracht hat. Das wird zum Abschluß dieses 3. Kapitels noch etwas näher auszuführen sein.

Ausgerechnet bei dem Ministerialen Albrecht von Johannsdorf werden zudem noch ganz andere Saiten angeschlagen. Klingt schon in der oben zitierten Strophe XIII, 4 die vom Kürenberger her bekannte schwächere Position der Frau an, so wird sie noch deutlicher in den beiden formgleichen Liedern VII und IX, die der altertümlichen Gattung des Wechsels angehören, artikuliert. In VII gibt die Sprecherin als Grund ihrer Sprödigkeit ihre Angst vor dem schmerzlichen Ende der Affäre und ihren Zweifel an der Treue der Männer an, worauf der Werbende sein oben wiedergegebenes Dienstbekenntnis ablegt. In IX antwortet er auf dieselben Befürchtungen der Dame, *zwei herzeliep,* also zwei, die sich von Herzen lieb haben, deren *minne* zur *triuwe,* zur treuen Verbindung, werde, solle niemand mehr auseinanderbringen, solange sie der Tod verschone. Solche „Aufhebung des Dienstgedankens in einer erstaunlichen Innigkeit und Schlichtheit" (M. Wehrli) weist auf die donauländische Tradition zurück wie auf Walther von der Vogelweide voraus. Oder sollten gar umgekehrt Lieder des wohl etwas jüngeren Dichterkollegen, der auch für Wolfgers Hof gesungen hat, auf Albrecht eingewirkt haben?

Eine ähnliche Liebesauffassung begegnet auch in denjenigen Minneliedern Albrechts, welche zugleich oder vorwiegend das am Ende des 12. Jahrhunderts so virulente Thema des Kreuzzuges behandeln. Als Kreuzzugslieder – eine in romanischer wie lateinischer, seit Friedrich von Hausen auch in deutscher Lyrik beliebte Gattung – sind auf jeden Fall Lied I, II, IV, X, XIV und XVI anzusprechen, doch dürfte der Kreuzzug auch noch in dem einen oder anderen „reinen" Minnelied als

Hintergrund mitzudenken sein. Daß Albrecht selbst an einem Kreuzzug (an dem von 1189/90 oder von 1197) teilgenommen hat, darf man annehmen. Im Gegensatz zu Friedrich von Hausen, für den die Verpflichtung zur Kreuznahme zu einer schweren Bedrohung der Minne wird, und zu Hartmann von Aue, den sie gar zur Absage an die Minne veranlaßt, hält Albrecht die beiden Werte für durchaus vereinbar. In Lied IV führt er zuerst die aus der zeitgenössischen kirchlichen Propaganda (Enzyklika Gregors VIII., Predigten Heinrichs von Straßburg, Brief des päpstlichen Legaten Heinrich von Albano) bekannten Argumente für und wider den Kreuzzug an, um dann sein eigenes Zögern einzugestehen. Aber es wäre vor Gott nicht zu verantworten, daheim zu bleiben. Von einer *sünde* könne er dennoch nicht lassen:

> *ich minne ein wîp vor al der werlte in mînem muote.*
> *got herre, daz vervâch ze guote.*

Ich liebe eine Frau über alle Welt in meinem Herzen. Herrgott, das nimm in gutem auf [besser: wende zum Guten] (IV, 3,10f.).

In Lied II bekennt der Kreuzritter gleich in Strophe 1 gegenüber den Befürchtungen der Frau, diese werde ihm niemals auch nur einen Tag während seiner Fahrt in der Fremde aus dem Herzen kommen. Wenn er die Absicht hätte, wegen des Kreuzzuges sie aufzugeben, so möge ihn Gott nicht vor der Hölle bewahren. Die Vorstellung von der Liebe als Sünde, die wir aus Heinrich (von Melk?) und der *Warnung* hinlänglich kennen und die auch bei Friedrich von Hausen, stärker noch bei Hartmann anklingt, wird hier nahezu ins Gegenteil verkehrt:

> *Swer minne minneclîche treit*
> *gar âne valschen muot,*
> *des sünde wirt vor gote niht geseit.*
> *si tiuret und ist guot.*

Wer Liebe liebevoll pflegt, ganz ohne falschen Sinn, dessen Sünde wird vor Gott nicht vorgebracht. Sie erhöht und ist gut (I, 2,1–4).

Wenn Albrecht die irdische Minne in ihrem Wert so erstaunlich nahe an die religiöse Gottesliebe heranrückt, so verschließt er deshalb keineswegs die Augen vor jenem „falschen Sinn", der Mann und Frau in der Liebe schuldig werden läßt. Er betet zu Gott, die geliebte Frau bei seiner Rückkehr vom Kreuzzug *mit ir êren* (I, 4,5) vorzufinden, jedoch für den Fall, daß sie ihr Leben *verkêren* sollte, lieber gar nicht mehr heimzukommen (I, 4, 7–8). Auf der anderen Seite klagt er, wie viele Männer doch mehr als eine Frau liebten, was nichts anderes heiße, als daß sie gar keine liebten (I, 1). In Lied III stellt er dem in Strophe 1 geschilderten vergeblichen Minnedienst in Strophe 2 die Frage gegenüber, ob es mit Anstand und Treue vereinbar wäre, sich zwei Frauen zu eigen zu geben. Die Antwort auf die Frage wird offenbar (entgegen der Ansicht mancher Forscher) nicht vom Sänger, sondern von einem anderen Mann gegeben: *wan sol ez den man erlouben unde den frouwen niht* (Man soll es den Männern erlauben und den Damen nicht: III, 2,6). Das war gewiß die gängige Auffassung in der damaligen patriarchalischen Gesellschaft. Albrecht bringt sie hier in Form eines Minnekasus, eines im romanischen Bereich beliebten „geteilten Spieles" (okzitanisch *joc partit*, franz. *jeu parti*) vor. Daß er sie so ohne Korrektur stehen läßt, nimmt wunder und hat zur Vermutung geführt, eine dritte Strophe fehle (D. P. Sudermann).

Das Lied zeigt jedenfalls des Autors Vertrautheit mit westlichen Formen. Sie würde sich aufs beste bestätigen, wenn Lied XIII und XV sich als Kontrafakturen sichern ließen. XIII könnte die metrisch-musikalische Struktur von dem Provenzalen Albert Marque de Malaspina (urkundet 1188–1210), XV die seine von dem Franzosen Conon de Béthune (*Ahi! Amors, cum dure departie*, entstanden 1188) bezogen haben.

Ob man den Johannsdorfer zu den ganz Großen des klassischen Minnesangs zählen soll, bleibt Ermessenssache. Ein gewaltiger Sprachmeister ist er sicherlich nicht gewesen, aber seine schlichte Frömmigkeit und Humanität, die sich von Frivolität ebenso fernhält wie von Verstiegenheit, machen ihn für den modernen Betrachter zu einem der sympathischsten Vertreter der mittelalterlichen Minnelyrik. –

Schwer vermögen wir dagegen zu Albrechts Zeitgenossen **Reinmar** Zugang zu finden, der im Mittelalter eine unvergleichlich höhere Reputation besaß, ja neben Walther von der Vogelweide als der klassische Minnesänger schlechthin galt. Dieses mittelalterliche Urteil und damit Reinmars hohen künstlerischen Rang einsichtig zu machen hat die moderne Forschung sich redlich bemüht, dabei jedoch selten ihr Befremden über die von Reinmar so souverän eingelösten ästhetischen Postulate jenes Minnesangs verbergen können.

Unsere Distanz zu diesem Sänger beginnt mit der fast völligen Ungreifbarkeit der realen Person. Handschrift A nennt ihn *Reimar*, Handschrift B *Herre Reinmar*, Handschrift C *Her Reinmar der Alte* (zur Unterscheidung von einem Reinmar dem Jungen). Keiner der Sammler oder Schreiber dieser alemannischen Codices hat also etwas von der Herkunft Reinmars gewußt, ebensowenig der Würzburger Protonotar Michael de Leone, der um 1350 in seinem *Hausbuch* (Handschrift E) aus lokalpatriotischen Gründen (s. u. S. 267) Lieder Walthers von der Vogelweide aufzeichnet und ihnen dann noch eine Menge Reinmarstrophen hinzugefügt hat. Immerhin läßt sich daran eine enge Verbindung der beiden Sänger ablesen. Sie wird durch zahlreiche gegenseitige Anspielungen in den Liedern bestätigt. Walther bedenkt Reinmar auch noch mit zwei Nachrufstrophen im Leopoldston (Str. 1 u. 2), die zwar hohe Achtung vor der Kunst, aber weit geringere Sympathie für die Person des Verstorbenen zeigen. Der elsässische Romancier Gottfried von Straßburg nennt und preist in der berühmten Literaturschau seines *Tristan* (von ca. 1210) nur zwei von den „Nachtigallen" (V. 4751ff.), wie er metaphorisch die Minnesänger nennt, nämlich ihre bereits verstorbene Anführerin *(leitevrouwe) von Hagenouwe* und deren Nachfolgerin *von der Vogelweide*. Obwohl hier keine Rufnamen aufscheinen und die „Aue" als bildliche Entsprechung zur „Weide" verdächtig ist, hat man seit jeher mit gutem Grund auch hier das „Zweigespann" Reinmar und Walther dahinter vermutet. Es als ein Lehrer-Schüler-Verhältnis zu interpretieren liegt trotz fehlender Beweise am nächsten. Da Walther aber bekanntlich sagt, *ze Ôsterrîche lernt ich singen unde sagen* (Unmutston 2,8), kann diese Lehrzeit nicht im Elsaß stattgefunden haben, auch wenn Gottfried am ehesten an das nur ca. 40 km nördlich von Straßburg gelegene Hagenau mit der berühmten Kaiserpfalz gedacht haben könnte. Vielleicht hat Gottfried, falls er hier überhaupt Reinmars Familienzugehörigkeit bezeichnen wollte, uns diese deshalb bewahrt, weil er ein ganz anderswo gelegenes Hagenau mit dem ihm wohlvertrauten Ort gleichsetzte. Da käme vor allem der Stammsitz der Hochfreien von Hagenau (bei Braunau am Inn) in Frage. Dieser Familie gehörte der Passauer Bischof Reginbert (1138–47) an und später ein Wernhard von Hagenau, der 1192 in einer Urkunde Leopolds VI. und 1204 in einer weiteren Bischof Wolfgers von Passau aufscheint. Sollte unser Dichter auch ein solcher Hagenauer gewesen sein, würden sich die Beziehungen zum Wiener Hof leichter erklären. Sie sind zweifelsfrei gegeben. In Reinmars Lied XVI (in der Ausg. v. G. Schweikle) beklagt eine Frau den Tod ihres *lieben herren Liutpolt*. Es kann sich nur um Herzog Leopold V. von Österreich und Steier handeln, der am 31. Dezember 1194 starb. Wenn der Sänger der Herzogswitwe hier die nur wenig abgewandelten Worte einer verlassenen Geliebten, die ihre Trauer mit dem Kommen der schönen Jahreszeit kontrastiert, in den Mund legt, so weist dies wohl auf einen recht vertraulichen Umgang mit dem Herrscherhaus und der Hofgesellschaft hin. Von einem lohnabhängigen Fahrenden hätte man eher eine hochoffizielle Totenklage anläßlich des Begräbnisses im Januar 1195 erwartet. Ein fahrender Berufsdichter Reinmar paßt auch schlecht zu den allgemeinen soziologischen Bedingungen, die man für den klassischen Minnesang ermittelt hat: „Der Minnesang als höfisches Zeremonialhandeln beruht auf dem Selbstverständnis der ihn tragenden Hofgemeinschaft, die aristokratischen Lebensformen verpflichtet ist. Zu ihr gehören Autoren wie Rezipienten, wobei zwischen beiden Gruppen keine feste Grenze zu ziehen ist" (E. Kleinschmidt). Ist bei einem Sänger diese Zugehörigkeit nicht selbstverständlich, d. h. wird sie von anderen Mitgliedern der Hofgesellschaft in Frage gestellt, so haben wir im Werk einen Reflex davon zu erwarten. Nichts dergleichen findet sich bei Reinmar, um so mehr dagegen bei Walther, der dementsprechend auch die Spruchdichtung der Fahrenden pflegt. Vielleicht nicht zufällig wählt der jüngere Sänger denselben Ton, den er für die Nachrufe auf den älteren verwendet, auch für eine Preisstrophe auf die Freigebigkeit Herzog Leopolds VI. von Österreich und Steier und den *wünneclichen hof ze Wiene* (Leopoldston 4,10). Da auch spätere Dichterkataloge Reinmar in aller Regel zusammen mit Walther und anderen „österreichischen" Sängern wie Neidhart auflisten, dürfen wir ihn also doch mit einiger Wahrscheinlichkeit als Hofdichter zu Wien in Anspruch nehmen, ohne ihn deshalb allein an diesen Hof, etwa gar in dienender Stellung, zu binden.

Unter Reinmars Namen werden in A 70 Strophen (= 19 Lieder), in B 115 Strophen (= 31 Lieder), in E 141 Strophen (= 30 Lieder) und in C 262 Strophen (= 64 Lieder) überliefert. Dementsprechend schwierig ist die Echtheitsfrage zu lösen. Je mehr Lieder man für echt ansieht, um so weniger einheitlich stellt sich das Bild von Reinmars Lyrik dar. C. von Kraus hat in der 33. Auflage von „Des Minnesangs Frühling" von 1950 mit meist sehr subjektiven Argumenten dem Dichter nur 34 Lieder zugesprochen; H. Moser und H. Tervooren dagegen haben in der 36., völlig neugestalteten Auflage von 1977 ihm dann 60 belassen. Eine authentische mittelalterliche, wenngleich erst aus der Zeit um 1300 stammende Auswahl, nämlich die der Weingartner Liederhandschrift B liegt der zweisprachigen Edition von G. Schweikle (1986) zugrunde. Sie repräsentiert, abgesehen von Ausnahmen wie dem Lied XXXI, das doch wohl Walther gehört, so etwas wie einen Kernbestand mehrfach überlieferter Lieder Reinmars und eignet sich daher gut für unsere notwendig begrenzte Darstellung. Es soll aber nicht verschwiegen werden, daß ausgerechnet unter den nur in C, in E oder in diesen beiden Handschriften überlieferten Liedern sich Frauenlieder befinden, die in bester Tradition früher donauländischer Lyrik der Sprecherin Worte der Werbung, des sinnlichen Liebesverlangens, des Lohnversprechens, ja der genossenen Hingabe, untermischt freilich mit Beschwörungen der Angst vor Ehrverlust, in den Mund legen.

Derartiges fehlt in der B-Sammlung, obgleich deren erste drei Lieder in ihrem optimistischen Grundton auch noch den Geist der älteren „Wiener Schule" atmen. Erst in Lied IV stellt sich der für Reinmar so typische Klageton ein. Er sei hier exemplarisch an Lied X, dessen Strophe 3 auch Walther in seinem Nachruf preist, demonstriert:

I *Swaz ich nu niuwer maere sage,*
des sol mich nieman frâgen: ích enbin niht frô.
Die friunde verdriuzet mîner klage,
swes man ze vil gehoeret, dem ist allem alsô.
5 *Nû hân ich sîn beidiu, schaden unde spot.*
waz mir doch leides unverdienet, daz erkenne got,
und âne schulde geschiht!
íchn gelige herzeliebe bî,
ez hât an mînen fröiden nieman niht.

II *Die hôchgemuoten zîhent mich,*
ich minne niht sô sêre, als ich gebâre, ein wîp.
Siu liegent und unêrent sich:
si was mir ie gelîcher mâze sô der lîp.
5 *Nû getrôste si darúnder mir nie den muot.*
der ungenâden muoz ich und des si mir noch getuot
erbeiten als ich mac.
mír ist eteswenne wol geschehen –
gewinne aber ích nû niemer guoten tac?

III *Sô wol dir, wîp, wie reine ein name!*
wie senfte du ze nennen und zerkennen bist.
Ez wart nie niht sô rêhte lobesame,
dâ dú ez an rêhte güete kêrest, sô du bist.
5 *Dîn lop mit rede nieman wol vol enden kan.*
swes du mit triuwen pfligest, wol íme, der ist ein saelic man
und mac vil gerne leben.
dú gîst al der werlte hôhen muot,
mâht ouch mir ein wênig fröide geben?

IV *Ich hân ein dinc mir fürgeleit,*
daz strîtet mit gedanken in dem herzen mîn:
Obe ich ir hôhe werdekeit
mit mînem willen wolte lâzen minre sîn,
5 *Alde ob ich wolte, daz si groezer sî*
und si vil reine saelic wîp stê mîn und aller manne frî.
siu tuont mir beidiu wê,
ich enwírde ir lasters niemer frô,
vergêt si aber mich, daz klage ich iemer mê.

1. Was immer ich jetzt an Neuem verkünde, danach braucht mich niemand zu fragen: Ich bin nicht froh! Die Freunde verdrießt meine Klage – wovon man zu viel hört, damit ist es immer so. Nun habe ich deswegen beides, Schaden und Spott. Was mir doch unverdient – das möge Gott erkennen – und ohne Schuld widerfährt! Liege ich nicht bei der Herzenslieben, so hat niemand Freuden von mir.
2. Die Hochmütigen bezichtigen mich, ich liebe eine Frau nicht so sehr, wie ich mich gebärde. Sie lügen und entehren sich: sie war mir immer genau so (lieb) wie das Leben. Nur tröstete sie mir bisher nie den Sinn; diese Ungnade und auch das, was sie mir noch antut, muß ich erdulden, so gut ich kann. Mir ist vormals Gutes widerfahren – erlebe ich dagegen jetzt nie mehr einen guten Tag?
3. Heil dir, Frau – welch reines Wort! Wie wohltuend du auszusprechen und zu erkennen bist! Es gab niemals etwas so zu Recht Lobenswertes, wenn du dich mit wahrer Güte verbindest, wie es deine Natur ist. Dein Lob kann niemand mit Worten voll erfassen. Wessen du dich in Treue annimmst, wohl ihm, der ist ein glücklicher Mann und kann sehr freudvoll leben. Du gibst der ganzen Welt hohen Sinn – kannst du auch mir ein wenig Freude geben?
4. Ich habe mir einen Fall vorgelegt, der streitet mit Gedanken in meinem Herzen: Ob ich ihren hohen Wert willentlich wollte geringer erscheinen lassen, oder ob ich wollte, daß er (noch) größer sei und sie, die reine, selig zu preisende Frau, von mir und allen Männern unbehelligt sei. Sie tun mir beide weh: Ich würde über ihre Ehrenkränkung nie mehr froh, übergeht sie mich aber – das beklagte ich immerzu.

Dieser Sänger bringt der Hofgesellschaft keine der sonst so begehrten Neuigkeiten, sondern nur das alte Lied von seiner steten Trauer, die er unabänderlich tragen muß, solange ihm die Geliebte die ersehnte Liebesnacht nicht gewährt. Verdruß selbst bei Freunden, Schaden und Spott, ja den Vorwurf der *hôchgemuoten* (eher der Fröhlichen als der Hochmütigen), er meine es gar nicht so ernst, habe ihm sein Klagesang schon eingetragen. Gegen diese Lüge beteuert er seine Liebe und seine vage Hoffnung auf Erhörung. Die bisher nur in der dritten Person präsente Minnedame wird in Strophe 3 endlich mit *du* angesprochen, doch ausgerechnet da gilt der höchste Preis dem „Namen" Frau *(wîp)*, d. h. – nach der hochmittelalterlichen Weltanschauung – dem Wesensbegriff, dem eine höhere Realität zukommt als dem Individuum. Freilich bleibt es jeweils diesem vorbehalten, das in ihm angelegte Wesen zur Vollendung zu bringen, hier durch die Verwirklichung der naturhaft angelegten *güete*. Damit ist die Verbindung zur konkreten Person gegeben. Aber der Bezug bleibt mehrdeutig. Die Frau macht den Mann selig, sie gewährt aller Welt Freude – die Frau schlechthin und diese eine Frau, von der auch der Sänger zumindest ein wenig Freude erhofft. Wie aber soll dieses unvergleichlich lobenswerte Wesen vom Liebenden erreicht werden? Die Strophe 4 (der nur in Handschrift E noch eine fünfte folgt) führt das Dilemma in Form einer scholastischen *disputatio* vor (der die Gattung des *partimen* bei den Trobadors entspricht). Beide Denkmöglichkeiten sind für den Sänger gleich schmerzlich: Erhörung eines Mannes wäre unweigerlich mit einer Minderung jener *hôhen werdekeit* der Frau verbunden. Dennoch provoziert gerade ihre abweisende Haltung die fortdauernde Klage des Minnesängers.

Reinmar treibt die paradoxale Grundidee der Hohen Minne bis zum Äußersten. So weit gehen die wenigsten Vertreter der Gattung im romanischen oder deutschen Sprachraum. Wie die Forschung der letzten Jahre festgestellt hat, deckt die Vorstellung von der absoluten Unerfüllbarkeit männlicher erotischer Sehnsucht nur einen kleinen Ausschnitt dessen ab, was als „höfische Liebe" in hochmittelalterlicher Dichtung zur Darstellung kommt, und sie erklärt sich zum Teil daraus, daß die Liebeslyrik überwiegend die unabgeschlossene Werbungssituation zu ihrem Gegenstand macht. Nimmt man das ganze breite Spektrum in den Blick, so läßt sich vielleicht ein Kern der höfischen Liebesauffassung herausschälen: „Gefordert werden Aufrichtigkeit, Treue, Beständigkeit in der Liebe, Warten auf die Liebesgunst der begehrten Person, Freiwilligkeit der sexuellen Hingabe; Liebe erscheint als Wert und beglückende Erfahrung" (R. Schnell). Zu diesem Kern, den die „höfische Liebe" wohl mit einer großen Anzahl von Liebesdichtungen aus anderen Zeiten und Regionen teilt, treten nun in den Œuvres der diversen Minnesänger mehr oder minder durchgängig weitere Wesensmerkmale hinzu, so etwa bei Albrecht von Johannsdorf der Dienstgedanke und die erzieherische Funktion der Minne. In dem zitierten Lied Reinmars entpuppt sich die Hoffnung des Liebenden auf Erhörung nun gar als eitler Wahn, der das unablässige liebende Sehnen und den werbenden Gesang zugleich hervorbringt und desavouiert. Die Widersprüche sind unaufhebbar geworden. Die wahre Minne trägt die Bedingung ihrer Selbstaufhebung in sich. Ohne den sexuellen Anreiz ist sie ebenso undenkbar wie durch dessen Befriedigung entwertet. Nur die Dame aus Fleisch und Blut erweckt Begehren und treue Hingabe, aber nur das blasse Idealbild genügt den höchsten sittlichen Ansprüchen. Die Gewißheit, als beständig Werbender dabei zumindest vor den Augen der Welt an Wert zu gewinnen (Lied VII, 3), ist da nur noch ein schwacher Trost. Selbstqual, gepaart mit Selbstmitleid, bleibt allein übrig. Die Minnedame läßt den Sänger nichts als „ihren Toren sein" (VII, 3,10), der „heuer um nichts klüger als das letzte Jahr" ist (VII, 1,2). In Umkehrung der Tageliedsituation (s. o. S. 254f.) getraut er sich in seiner hoffnungslosen Lage gar nicht mehr zu fragen, ob schon ein neuer Tag angebrochen sei (V, 1,2). Er kennt seit langem den Weg, „der von der Freude bis zum Leid führt" (XIII, 1,2), nicht jedoch den in der umgekehrten Richtung. Deshalb strebt er nur noch nach der Anerkennung der einen Kunst: *Daz nieman sîn leit sô schône kan getragen* (daß niemand sein Leid so mit Würde tragen kann: XIII, 5,5). Dämpfung der Affekte, rationale Lenkung der Emotionen, ein Leiden, „mit einsichtiger Klage und ganz ohne übles Gebaren" (XIII, 6,5) machen den Gesang den Zuhörern gerade noch erträglich. „Handelte ich dem Leid gemäß, wie ich es erfahre – sie verließen mich sehr wahrscheinlich, die mich zuweilen hier gerne sahen und mich so freundlich umgaben. Nun muß ich mich zur Freude zwingen, damit ich bei der Welt sein kann" (XIV, 3,5–8). Der Minnesänger versieht ja ein öffentliches, gesellschaftlich bedeutsames Amt. Walther bezeugt in seiner zweiten Nachrufstrophe auf Reinmar (V. 7): *Du kundest al der werlte fröide mêren*. Nach der Meinung des Schülers und Konkurrenten vermochte Reinmar also die Forderung zu erfüllen, die Gottfried von Straßburg an die Minnesänger richtete, *daz sî ze vröuden bringen ir trûren unde ir senedez clagen* („daß sie ihr Trauern und ihre Liebesklage in Freude verwandeln": *Tristan*, V. 4818f.). Der Inhalt der meisten Lieder läßt da beim modernen Betrachter Zweifel aufkommen. Der Sänger selbst scheint gelegentlich die Erwartung zu hegen, daß man ihm erst zu spät Gerechtigkeit widerfahren lassen werde: „Es erbarmt mich, daß sie alle behaupten, daß ich nichts anderes könne als klagen" (XXV, 2,1–2). „Man soll mir wohlgesonnen sein. Mich wird nach meinem Tode mancher zu beklagen anheben, der jetzt leichthin meiner entbehrte" (XXV, 4,5–7).

Aber die Ungnade der Dame stimmt nicht nur die Saiten des Sängers auf Moll, sondern stellt den Gesang angeblich überhaupt in Frage: „Wenn die glückverheißende Frau *(saelic wîp)* nicht spricht: ,singe' – singe ich nie mehr ein Lied" (XIV, 4,8). Aus der Sicht der Dame wird das Problem in einem Dialog mit dem Boten abgehandelt (Lied XXVII). Die Minnedame zögert, dem Sänger die erbetene Aufforderung zum Gesang zu senden, denn dies hieße, ihn zugleich zu weiterer Werbung zu ermuntern. Andererseits wagt sie nicht, sich zu weigern; die Leute würden sie verfluchen, weil sie der Welt die Freude raube. Das mündet in den Stoßseufzer (XXVII, 5,1–3):

> *daz wir wîp niht mugen gewinnen*
> *friunt mit rede, siu enwellent dannoch mê,*
> *Daz müet mich, ich enwil niht minnen!*

Daß wir Frauen nicht gewinnen können einen Freund durch freundliche Worte, ohne daß sie mehr wollen, das bekümmert mich; ich will nicht minnen!

In dem Botenauftragslied XXVIII versteigt sich die Sprecherin sogar bis zum Eingeständnis ihrer Zuneigung. Es dürfe den Geliebten aber nur ganz verhüllt erreichen, soweit ihre Ehre es erlaube. Was jener begehre, sei geradezu todbringend. Die Männer nennen es zwar Minne, aber es verdiene eher den Namen „Unminne". Die dahinter stehende gesellschaftliche Rollenverteilung von Mann und Frau hat sich also seit dem frühen donauländischen Minnesang nicht wesentlich geändert. Der männliche Dichter gibt sich aber nicht mehr der Vorstellung von der liebessehnsüchtigen, ihr Leid akzeptierenden Frau hin, sondern stilisiert sie zur unnahbaren und entsagungsvollen um, der gerade deshalb besondere Verehrung gilt. Mag sich darin auch ein überzeitliches Verhalten von Männern spiegeln, die eine Frau nur so lange für begehrenswert halten, als sie sie nicht besessen haben, so erscheint es hier doch beträchtlich sublimiert und mit einer guten Portion von Schuldgefühlen gegenüber der Frau angereichert. Wenn die patriarchalische Gesellschaftsstruktur schon nicht angetastet wird, so sucht die Frauenverehrung der Minnesänger sie zumindest in der Kunst zu kompensieren.

Reinmars Kunst trägt den krassen Gegensatz zur Realität besonders deutlich zur Schau. Sie wirkt, von wenigen Ausnahmen abgesehen, völlig abstrakt und vergeistigt, ja bisweilen – um mit Hamlet zu sprechen – „von des Gedankens Blässe angekränkelt". Während manche Lieder, die noch keine Erwähnung fanden, zumindest einige neue inhaltliche Farbtupfer, darunter Heiterkeit, ja Witz beisteuern, bleiben Gedankenführung und Stil zumindest in den Strophen der B-Sammlung weitgehend gleich. Konkrete visuelle oder akustische Eindrücke fehlen bis auf konventionelle Versatzstücke des donauländischen Minnesangs (Falke, Vogelsang). Der Natureingang wird bestenfalls angedeutet. Bilder jeglicher Art werden streng gemieden. Nach den hochmittelalterlichen Handbüchern der Poetik wäre Reinmars Stil von dem sogenannten leichten Schmuck (*ornatus facilis*) geprägt, der, bestehend vor allem aus Klangfiguren, aber ebenfalls spärlich eingesetzt wird. Nur alle Formen antithetischer und hypothetischer Denkfiguren wuchern hemmungslos. Ständig werden Aussagen im Konditional getroffen, eingeschränkt, widerrufen, ihrem Gegenteil schroff gegenübergestellt, zur Paradoxie zugespitzt. Dabei ist der Kreis der Vorstellungsmuster eng begrenzt. Der ganze Ehrgeiz des Künstlers scheint darin zu bestehen, sie immer auf neue Weise zu variieren, zu mischen, zu konfrontieren. Man erhält den Eindruck, ständig Bekanntes zu vernehmen, ohne daß sich auch nur ein Satz wirklich wörtlich wiederholt. Diese streng logisch-intellektualistische Gedankenarbeit entspricht haargenau der Vergeistigung der Minneidee und der Entrückung der Minnedame, von der wir nie eine sinnlich faßbare Beschreibung erhalten.

Strenge Selbstbeschränkung kennzeichnet auch die metrisch-rhythmische Form der Lieder Reinmars. Das oben zitierte Lied X zeigt die Struktur 4ma, 6mb/4ma, 6mb//6mc, 7mc, 3md, 5mx, 5md. Auf die beiden zweizeiligen untereinander kreuzgereimten Stollen folgt der aus einer Paarreimperiode und einer Waisenterzine (mit einem reimlosen Vers, der Waise, in der Mitte) bestehende Abgesang. Was demgegenüber in anderen Liedern abweichen kann, sind vor allem die Zeilenlänge und die Kadenzen, seltener schon die Zeilenzahl der Abgesänge, nur vereinzelt die Zeilenzahl der Aufgesänge. Als struktureller Rahmen steht die Kanzonenform (s. o. S. 253) fest. Von den Liedern I–XXX der Handschrift B zeigt nur eines sicher keinen stolligen Aufbau (Lied VI, eine archaisch wirkende Einzelstrophe). Alle aufdringlichen Reimkünste sowie typische Eigenheiten des romanisch geprägten rheinischen Minnesangs sind jedoch in den Kanzonen ausgespart. Klassische Einfachheit ist offenbar das Ziel. Voll würdigen könnten wir diese Kunst freilich erst, wenn wir die Melodien besäßen. (Die einzige erhaltene Überlieferung zu XXVII, 1 in den *Carmina Burana* ist in nicht entzifferbaren Neumen aufgezeichnet.) Die elegische Stimmung vieler Lieder Reinmars mochte in der Musik noch eindringlicher gewirkt haben als in der Sprache. Etwas von der Faszination, die von der Einheit von Wort und Weise ausgingen, vermeinen wir in Gottfrieds Preis auf Reinmars unendliche Variationskunst zu spüren, die den strengen Kunstrichter sogar zum Vergleich mit Orpheus, dem Schöpfer der Musik, gereizt hat (*Tristan*, V. 4790ff.).

Walther von der Vogelweide

Erscheint die Einbeziehung Reinmars in diese Literaturgeschichte mangels sicherer biographischer Daten problematisch, so sind es bei Walther gerade die von ihm gelieferten poetischen Selbstzeugnisse, die seine unstete Existenz als Wanderer im ganzen Reich und (geringfügig) darüber hinaus, „von der Seine bis zur Mur, vom Po bis zur Trave" (Unmutston Str. 3 = Ausg. v. F. Maurer, Nr. 15,3 = Ausg. v. K. Lachmann/C. v. Kraus 31,13ff.), „von der Elbe bis zum Rhein und hierher zurück bis ans Ungarland" (M 49,4,1ff. = L 56,38ff.) erweisen und seine Festlegung auf eine Ecke des Reiches verbieten. Walthers Œuvre, so weitgespannt und vielgestaltig wie des Autors Lebensraum, läßt den Literaturgeschichtsschreiber ohnehin verzagen, so daß ihm jede Ausrede recht sein müßte, um das überdimensionale Phänomen aussparen zu können. Sagt aber nicht gerade dieser Walther: *ze Ôsterrîche lernt ich singen unde sagen* (M 15, 2,8 = L 32,14), betrauert er nicht den Tod Friedrichs I. von Österreich 1198 als schweren Schicksalsschlag für sich selbst, den Sänger (Erster Philippston Str. 1 = M 8,1 = L 19,29ff.), wirbt er nicht ein Leben lang um die Gunst Leopolds VI. von Österreich und Steier (1198–1230) und um den *wünneclîchen hof ze Wiene* (Leopoldston Str. 4 = M 12,4,10 = L 84,10)? Es ist doch wohl mehr als ein lokalpatriotisches Vorurteil, wenn man sich dem Eindruck nicht entziehen kann, Walther habe trotz aller Anerkennung im ganzen Reich, trotz aller unüberhörbaren Mißtöne in der Beziehung zum babenbergischen Hof und Land sich letztendlich hierher gehörig gefühlt. Daß nur das Reich, nicht eine abseitige Provinz als Wirkungsfeld der Größe des Olympiers angemessen gewesen sei, ist vermutlich eine zu romantische Vorstellung, vergleichbar dem Mythos des 19. Jahrhunderts vom vaterländischen Sänger aller Deutschen. Für die imperiale Macht des Königs bzw. Kaisers hat Walther freilich leidenschaftlich Partei ergriffen, ohne jedoch je die partikulare Struktur des Reichs in Frage zu stellen. So soll denn hier der Versuch unternommen werden, den Spielmann des Reiches wie auch den zumeist ortsmäßig überhaupt nicht festlegbaren Minnesänger nicht nur auf wenigen Seiten, sondern auch in erster Linie aus beschränkter geographischer Perspektive vorzustellen.

Wo Walthers Leben ein Ende gefunden hat, glauben wir zu wissen, meldet doch der Würzburger Protonotar Michael de Leone in seinem *Hausbuch* (Handschrift E) um 1350, der Ritter Walther, zubenannt von der Vogelweide *(miles Waltherus dictus von der Vogelweide)*, sei im Kreuzgang des Neumünsters in Würzburg begraben gewesen. Diese Nachricht wie auch die ebenda wiedergegebene Grabinschrift, am deutlichsten aber die 212 unter Walthers Namen in das *Hausbuch* aufgenommenen (teilweise unechten) Strophen bezeugen auf jeden Fall eine im 14. Jahrhundert lebendige Lokaltradition. Darauf aufbauend hat man das Lehen, das Walther lange vom König erbeten und schließlich (um 1220?) auch erhalten hat (vgl. M 16,11 = L 28,31ff.) als Alterssitz in oder bei Würzburg zu orten versucht. An Vogelweidhöfen, auch schon mittelalterlich beurkundeten, mangelt es hier in der engeren und weiteren Umgebung (z. B. bei Feuchtwangen) auch nicht. Ist Walther also vielleicht auch hier geboren? Rund drei Dutzend andere Vogelweid-Sitze von Südtirol bis zum Waldviertel in NÖ reklamieren den Sänger dagegen jedoch für sich. Falls der verbreitete Name Vogelweide (lateinisch *aviarium*, ein Nist- und Fangplatz für Vögel) gar nur ein Künstlername (Walther als „Singvogel im höfischen Gehege" nach H. Wenzel) sein sollte, entfiele dieser Lokalisierungshinweis ganz. Damit wären wir wieder allein auf des

Sängers eigene Angabe über seine „Bildungsheimat" Österreich verwiesen, die ja in jedem Falle weit prägendere Wirkung als eine allenfalls davon zu unterscheidende Geburtsheimat ausgeübt haben wird. Vielleicht hat Walther sein Publikum bewußt über seine geographische genauso wie über seine ständische Herkunft im unklaren gelassen, um seine nicht durch Geburt, sondern nur durch seine Kunst begründete Zugehörigkeit zur Hofgesellschaft in Wien (und notfalls auch anderweit) um so nachdrücklicher behaupten zu können. Alle Versuche, Walther sprachlich einem Dialektraum zuzuordnen, sind ebenso gescheitert, wie seinen (nieder)adeligen Stand aus Selbst- und Fremdzeugnissen einwandfrei herauszulesen. Wenn der Sänger sich selbst zweimal und sein Dichterkollege Wolfram von Eschenbach ihm einmal den Adelstitel „Herr" *(her)* zulegt, so kann das um des kabarettistischen Effekts willen geschehen sein. Für die Nachfahren ist der unnachahmliche Meister dann ohne einen solchen Adelstitel gar nicht mehr vorstellbar. Dementsprechend sind denn auch die Namensnennungen mit *her* in den Handschriften A, B, C und E einzuschätzen.

Wenn Walther bekennt, *singen unde sagen* im Herzogtum Österreich gelernt zu haben (s. o.), so darf man das unmittelbar nur auf seine Fähigkeit, deutsche Strophen zu dichten und zu komponieren, beziehen. Donauländischer und rheinischer Minnesang, beide vermutlich vor allem durch Reinmar (s. o.), aber gewiß nicht allein durch ihn vermittelt, haben in Walthers Liedkunst ihre unverkennbaren Spuren hinterlassen. Aber dies schließt einen direkten Kontakt mit westlichen, deutschen wie romanischen Sängern ebensowenig aus wie eine klerikale Ausbildung in einer geistlichen Schule in oder bei Wien (Klosterneuburg?). Vielmehr lassen Walthers theologische und musikalische Kenntnisse eine solche Ausbildung nahezu unabdingbar erscheinen. Das gewichtigste Zeugnis dafür ist der religiöse, an die Trinität und Maria gerichtete Leich, *Got, dîner Trinitâte* (M 1 = L 3,1ff.), eine hochgelehrte geistliche Dichtung, komponiert in einer hochkomplizierten Sequenzenform, deren unmittelbares Vorbild offenkundig eine lateinische weltliche, unter den *Carmina Burana* als Nr. 60 *(Captus amore gravi)* überlieferte Sequenz abgegeben hat. Wann und wo dieses große, 45 Versikel umfassende Werk, mit dem die Walthersammlung in C eröffnet wird, entstanden ist, wissen wir nicht, doch erweist die in den beiden berühmten Reichstonsprüchen von 1198 vorgezeigte Gelehrsamkeit, daß Walther diese nicht erst nach seinem unmittelbar zuvor im selben Jahr erfolgten Abschied von Wien erworben haben kann. Wenn der vielleicht um 1170 geborene Sänger eine klerikale Bildung erhalten hat, so hat er aber jedenfalls die damit vorgezeichnete Laufbahn nicht eingeschlagen, sondern seine Kenntnisse für eine weltliche Vortragskunst in der Sprache der Laien zu verwerten gesucht. Ja, er tritt als Sprachrohr der Laien gegen die politischen Ansprüche der Amtskirche auf (spätestens seit 1201 mit dem 3. Reichstonspruch), wobei er sich ausgerechnet Argumente der lateinischen Rom-Satiren zunutze macht.

Was Walther zu dem ganz großen Neuerer in der deutschen Literatur macht, ist sein schöpferischer Beitrag zu allen wesentlichen lyrischen Gattungen, d. h. dem Minnelied auf der einen Seite, dem Sangspruch, dem er zudem die neue politische Dimension eröffnet, auf der anderen und schließlich dem die Grenzen beider überschreitenden religiösen Lied (und Leich). Hierin folgt der deutsche Sänger aber im Grunde nur dem Beispiel berühmter okzitanischer Trobadors, wie Marcabru (1. Hälfte des 12. Jahrhunderts) oder Bertran de Born (2. Hälfte des 12. Jahrhunderts), bzw. lateinischer Literaten, wie Petrus von Blois (um 1135 – um 1204), was seiner eigenen Leistung natürlich keinen Abbruch tut. Daß ein dergestalt disponierter Lyriker die vorgezeichneten Wege des Minneliedes, auf denen er ohne Zweifel seine Laufbahn begann, bald verlassen mußte, versteht sich fast von selbst. Die ältere Forschung hat Walthers Minnesang hauptsächlich aus der Auseinandersetzung mit Reinmar zu verstehen und möglichst viele Lieder der beiden einer jahrelangen literarischen Fehde zuzuordnen gesucht, die, aus Konkurrenzneid von Lehrer und Schüler entstanden, zu einem veritablen Existenzkampf ausgeartet sei. Reinmar habe das Feld in Wien erfolgreich behaupten und Walther 1198 vertreiben können, was der Grund für dessen zwiespältigen Nachruf auf den etwa 1208/09 verstorbenen Lehrer gewesen sei. Diese Theorie hat solche Blüten getrieben, daß man heute vielfach die ganze Fehde als reines Gelehrtenkonstrukt abzutun geneigt ist. Dafür sind jedoch die gegenseitigen Anspielungen in den Œuvres der beiden Autoren zu zahlreich. An einer Stelle hat Walther seinen direkten Bezug auf Reinmar sogar ganz explizit gemacht. Er verwendet den von Reinmar für das Lied *Ich wirbe umb allez, daz ein man* (Lied XI) geschaffenen Ton für sein eigenes Lied *Ein man verbiutet âne pfliht* (M 38 = L 111,22ff.), nicht etwa als heimlicher „Tönedieb", was nur rufschädigend für diesen selbst gewesen wäre, sondern in offener parodistischer Absicht, die noch der Codex Manesse (Handschrift C) festhält, wo – ein gänzlich singulärer Fall – Walthers Lied die Überschrift *in dem dône Ich wirbe umb allez daz ein man* trägt. Reinmar hatte in der so beginnenden ersten Strophe seine *frouwe* als Inbegriff aller *wîplichen tugenden* über alle anderen erhoben und diese (und ihre Sänger) damit, so wörtlich, schachmatt zu setzen versucht. Walther wirft ihm dafür Verletzung der Spielregeln des Minnepreises vor, der ja im Hervorheben der einen stets allen *frouwen* gelten soll. In der zweiten Strophe spießt Walther einen der seltenen Scherze in Reinmars Schaffen auf. Der ältere Sänger hatte in Strophe 3 (nach Schweikles Ausg.) von dem Glück geträumt, seiner Minnedame einen Kuß stehlen und ihn heimlich behalten zu können. Sollte sie es ihm aber übelnehmen, so wolle er ihn wiederum dorthin zurücktragen, wo er ihn weggenommen habe. Walther läßt die Dame selbst den Sänger zurechtweisen: Wer von ihr einen Kuß zu erlangen suche, der möge seine Werbung vorbringen, wie es sich gehört und gemäß anderen Spielregeln *(mit fuoge und anderm spil)*. Die genaue Stoßrichtung des Angriffes ist – wie das ganze (schlecht überlieferte) Lied des jüngeren Sängers – nicht leicht zu enträtseln. Spielt sich dieser hier geradezu als Super-Reinmar, als Hüter der reinen Hohen Minne auf? Auf alle Fälle geht es in diesen wie in anderen Liedern, die den Schlagabtausch fortsetzen, um Subtilitäten eines *ludus amoris*, der sich zwar in der höfischen Öffentlichkeit abspielt und insofern auch seine reale gesellschaftliche Bedeutung besitzt, persönliche Hinter- und Beweggründe jedoch nicht erkennen läßt. Daß sich die beiden Sänger als Menschen nicht grün waren, entnehmen wir einzig und allein der zweiten Nachrufstrophe im Leopoldston *Dêswâr, Reimâr, dû riuwes mich* (L 83,1ff. = M 12,2), wo Walther dem Verstorbenen unterstellt, dieser würde im umgekehrten Fall um Walther weit weniger trauern, und offen bekennt:

> 83,5 *dich selben wolt ich lützel klagen:*
> *ich klage dîn edelen kunst, daz sist verdorben.*
> *dû kundest al der werlte fröide mêren,*
> *sô duz ze guoten dingen woltes kêren.*

Dich selbst wollte ich wenig beklagen: Ich beklage deine edle Kunst, daß sie zugrunde gegangen ist. Du vermochtest aller Welt Freude zu mehren, sofern du deine Absicht auf Gutes richten wolltest.

Damit will Walther doch wohl sagen, daß Reinmar die gesellschaftliche Wirkung seiner an sich freudenspendenden hohen Sangeskunst (s. o. S. 265) mitunter durch persönliche moralische Unzulänglichkeit ins Negative verkehrt hat. Daß Walther selbst in irgendeiner Form darunter zu leiden hatte, liegt nahe. Auf Reinmars Minnesang fällt davon jedoch kein Schatten. Die Minneidee der beiden Autoren in einen durchgehenden diametralen Gegensatz zu bringen ist daher auch nur möglich, wenn man einerseits bei dem Älteren nur diejenigen Züge gelten lassen will, die oben (S. 262ff.) zum Zwecke einer deutlicheren Profilierung hervorgehoben wurden, und andererseits für die Minnelieder des Jüngeren eine chronologische Abfolge postuliert, die eine klare Entwicklung von Reinmargefolgschaft zu Reinmarfehde, revolutionärer Neuerung und neuer Synthese auf höherer Ebene in der Reifezeit zeichnet. Eine solche Abfolge kann nur rein spekulativ erstellt werden, denn der an sich selbstverständlichen Annahme einer künstlerischen Entwicklung einer so eigenständigen Persönlichkeit wie Walther stehen im Mittelalter die strengen Gattungsnormen und die gebieterischen Anforderungen des Publikums entgegen. Mochte das sehnsuchtsvolle Klagen auch Reinmars besonderes Markenzeichen sein (s. o. S. 264ff.), so mußte und konnte der Sänger doch auch auf Wunsch eine andere Saite anschlagen. Umgekehrt trat Walther gewiß nicht nur in der Wiener Frühzeit seines Schaffens (ab 1192?) auch in der Rolle des vergeblich Werbenden auf (vgl. z. B. M 37 = L 85,34ff.; M 51 = L 70,22ff.; M 76 = L 112,17ff.). Zu keiner Zeit seines öffentlichen Auftretens waren ihm wohl auch der Dienstgedanke (z. B. M 56,1,4 = L 52,26) oder die Hoffnung auf sittliche Besserung infolge eines erfolglosen Werbens *umb ein reine wîp* (M 74,4 = L 93,7ff.) – Gedanken, die wir zuerst bei Albrecht von Johannsdorf kennengelernt haben (s. o. S. 258ff.) – fremd. Aber „das ist etwas anderes als der Leidens- und Trotzdem-Dienst an der unnahbaren *überhêren* Dame" (G. Hahn), wie ihn Reinmar mit letzter Folgerichtigkeit propagiert hatte. Gegen die paradoxale Grundidee der sich letztlich selbst aufhebenden, zugleich sinnlichen und unerfüllbaren Hohen Minne (s. o. S. 264) scheint sich Walther von allem Anfang an heftig gesträubt zu haben. Ob sich darin eine tiefere Humanität und ein natürlicheres Empfinden äußern, wie man dies aus moderner Sicht immer wieder behauptet hat, bleibe dahingestellt. Zweifelsfrei korrespondiert aber mit Walthers Forderung nach Gegenseitigkeit der Minne, die nur, wenn sie beide Liebenden beglückt, ihren Namen verdient (*minne ist zweier herzen wünne: / teilent si gelîche, sost diu minne dâ... minne ist minne, tuot si wol: / tuot si wê, so enheizet si niht rehte minne:* L 69,10f. bzw. 5f. = M 54,2,3f. bzw. 1,5f.), die unentwegt neu formulierte Vorstellung vom Tugendadel. Diese hat in der lateinischen Literatur eine lange, in die heidnische Antike zurückreichende, von christlichen Autoren aufgegriffene und umgestaltete Tradition. Im klerikalen Bereich wird Walther sie denn auch kennengelernt haben. Er geht aus von der Unterscheidung zwischen guten und schlechten Frauen – bei Reinmar gab es nur das Idealbild d e r Frau schlechthin –, wirft den schlechten zugleich vor, sie würden auf den Wert der um sie werbenden Männer auch nicht achten, und steigert seine Kritik an der Hofgesellschaft bis zur prononcierten Abwertung des Adelsprädikates *frouwe* „Herrin, Dame". Nicht mehr der durch angeborene Schönheit, Rang, Reichtum, höfischen Glanz und Putz herausgehobenen *frouwe* gebührt von vornherein der Minnepreis, sondern dem *wîp*, der Frau an und für sich, die diese Bezeichnung durch Verwirklichung typisch weiblicher Vorzüge verdient: *Wîp muoz iemer sîn der wîbe hôhste name, / und tiuret baz dan frowe...* („Frau" muß für immer der höchste Titel der

Frauen sein und ist ehrenvoller als „Dame"...: L 48,38f. = M 72,5,1f.). Die von Reinmar der Frau zugesprochene ideale Position (s. o. S. 264ff.) gründet für Walther nicht mehr einfach in ihrem Sein, sondern auch und vor allem in ihrem Tun, d. h. namentlich in ihrer Bereitschaft, dem nach seinem Wert ausgewählten Minnepartner den verdienten Liebeslohn auch zu gewähren. Sittliche Vervollkommnung ist damit von allen, männlichen und weiblichen Mitgliedern der adeligen Hofgesellschaft verlangt. Gerade weil deren Wertvorstellungen wie *zuht* (Anstand, Wohlerzogenheit), *mâze* (Mäßigung), *staete* (Beständigkeit), *milte* (Freigebigkeit) oder *hoher muot* (freudige Hochstimmung) nicht in Frage gestellt werden, gilt es zuzusehen, wo sie in der Wirklichkeit anzutreffen sind. Daß Walther es zwar prinzipiell der adeligen *frouwe* zutraut, das neue Weiblichkeitsideal in sich zu realisieren, erweisen Lieder wie *Die verzagten aller guoten dinge* (M 77 = L 63,8ff.) oder *Ob ich mich selben rüemen sol* (M 84 = L 62,6ff.). Daß dieses Ideal aber nicht an adelige Herkunft gebunden ist, demonstrieren aufs wirksamste solche Lieder, die sich an unverheiratete Mädchen unbestimmten oder ausdrücklich niederen Standes richten, d. h. vor allem *Under der linden* (M 68 = L 39,11ff.), *Nemt, frouwe, disen kranz* (M 65 = L 74,20ff.) und *Herzeliebez frouwelîn* (M 62 = L 49,25ff.). Diese sogenannten Mädchenlieder, vielgepriesene und oft mißverstandene Höhepunkte des gesamten mittelalterlichen Minnesanges, die mit wenigen Worten übergehen zu müssen besonders schmerzt, machen erkennbare Anleihen bei der lateinischen Vagantenlyrik, die das erotische Sinnenglück als natürlichste Sache von der Welt, unbeeinträchtigt von moralischen und sozialen Schranken erscheinen lassen will, wirken aber weit utopischer, unwirklicher und damit den höfischen Normen angepaßter, ohne ihren provokativen Charakter vor einem Hofpublikum zu verlieren. Was mochten sich adelige Damen denken, wenn ihnen hier Liebreiz und Hingabebereitschaft eines einfachen Mädchens, das nichts als ein „gläsernes Ringlein statt einer Königin Gold" zu verschenken hat (L 50,12), dafür aber mit *frouwelîn* „edles Fräulein" angesprochen wird (L 49,25; *frouwe* 74,20), als Vorbild vor Augen gestellt wird?

Wenn Walther in immer neuen Anläufen seinem Publikum klarzumachen sucht, daß, wie es sein Zeitgenosse Thomasin von Zerklaere (s. u. S. 334ff.) explizit formuliert, „niemand edel (adelig) genannt werden soll außer demjenigen, der recht handelt" (*daz niemen edel heizen sol / niwan der der rehte tuot*: Welscher Gast, V. 3992f.), so spricht er gewiß auch pro domo. Der Sänger, der sich vielleicht am Hofe Friedrichs I. von Österreich (1195–98) als Minnesänger einen bescheidenen, aber anerkannten Platz gesichert hatte, war nach dem Tod des Gönners gezwungen, als Fahrender und Unbehauster, d. h. als Außenseiter der Gesellschaft, umherzuziehen und an den diversen Höfen des Reiches, des Königs wie der Reichsfürsten (des Landgrafen von Thüringen, des Markgrafen von Meißen und anderer) seine Kunst feilzubieten. Er hatte dabei in Wettstreit mit Berufssängern vom Schlage eines Herger und eines Spervogel zu treten, die jeweils in einem einzigen Ton, ihrem Markenzeichen, Einzelstrophen mit moralischer, religiöser und persönlicher Thematik vortrugen. Walther griff diese – mit einem modernen Terminus Sangspruch genannte – Gattung auf, gab ihr jedoch erstmals ästhetische Würde, schuf etwa 16 verschiedene Spruchtöne von meist reicher innerer Struktur (überwiegend Kanzonenform) und stellte die von ihm neu eingeführte politische Thematik (s. o. S. 268) ganz in den Mittelpunkt. Die Einzelstrophen eines Spruchtones bilden zwar (entgegen der Ansicht F. Maurers) kaum je ein einheitliches Lied, lassen jedoch nicht selten gemeinsame Bezugspunkte und

Grundgedanken erkennen, die schon K. Simrock im 19. Jahrhundert zu seiner Namengebung für die Töne angeregt haben. Ihm wie vielen seiner Zeitgenossen hatte es vor allem Walthers wort- und kunstreiches Engagement für Krone und Reich angetan. Die Vorstellung vom einflußreichen Berater der Könige und Fürsten, vom kämpferischen Nationalisten und Protestanten avant la lettre hat sich freilich nicht halten lassen. Aber der Stimmung so mancher Hofkreise geben Walthers politische Sangsprüche gewiß weit beredter und eindringlicher Ausdruck als die allermeisten historiographischen Zeugnisse. Und wirkungslos haben wir uns seine Propaganda auch nicht vorzustellen. Thomasin von Zerklaere bezeugt, Walther habe mit seiner Verunglimpfung des päpstlichen Spendenaufrufs für den Kreuzzug in den Sprüchen *Ahî wie kristenlîche nû der bâbest lachet* (M 15,11 = L 34,3ff.) und *Sagt an, hêr Stoc, hât iuch der bâbest her gesendet* (M 15,12 = L 34,14ff.) „tausend Männer betört, so daß sie Gottes und des Papstes Gebot mißachtet haben" (*Welscher Gast*, V. 11223ff.). So jemanden konnte man in der politischen Auseinandersetzung jener bewegten Zeiten der Reichswirren und Doppelwahlen schon gebrauchen. In neuerer Zeit hat die Meinung sehr an Boden gewonnen, Walther habe als lohnabhängiger Fahrender sein Mäntelchen stets nach dem Wind gehängt, da er sich eine eigene politische Meinung gar nicht leisten konnte. In gewisser Weise mag dies zutreffen. Doch ist die Freigebigkeit *(milte)*, die Walther als Grund seiner Zu- und Abwendung angibt, eben, wie G. Hahn mit Recht feststellt, „eine Herrschertugend, die Herrschaft legitimiert und als solche eingefordert werden kann. Wird sie versagt, kann die Herrschaftsberechtigung und -fähigkeit, zumindest herrscherliche Idealität in Zweifel gezogen werden." Sie gehört zu jenen Kategorien politischer Ethik wie *êre, triuwe, fride* und *reht*, an denen Walther in Übereinstimmung mit der öffentlichen Meinung seiner Zeit überhaupt politisches Handeln mißt. Uns mag da vieles naiv oder heuchlerisch erscheinen angesichts der skrupellosen Machtpolitik, die von den meisten Herrschenden betrieben wurde. Wieweit Walther und seinen Zeitgenossen diese Diskrepanz bewußt war, können wir aber bestenfalls ahnen. Was sich hinter der Bühne an Geheimdiplomatie abspielte, blieb der Öffentlichkeit und so auch unserem Sänger ohnehin zumeist verborgen. Es geht ihm in seinen politischen Sprüchen trotz punktueller Bezüge aufs Zeitgeschehen doch in der Regel um Grundsätzliches. Um sich dies abmarkten zu lassen, dafür zeigt Walther viel zu viel Selbstbewußtsein, das wir ja aus seiner Minnelyrik auch schon zur Genüge herauslesen konnten. So hält er sein ganzes Leben lang an seiner Ablehnung der weltlichen Macht des Papstes, der Kurie und der Amtskirche überhaupt unerschütterlich fest, auch wenn seine Gönner diese Grundeinstellung aus taktischen oder anderen Überlegungen zeitweise preisgeben. So schweigt er zum jahrelangen Einverständnis des Papstes mit Friedrich II. von Hohenstaufen (zu dem Walther 1213/14 von dem Welfenkaiser Otto übergewechselt war), um dann anläßlich der Bannung Friedrichs 1227 wiederum laut die Stimme wider den Papst zu erheben. Wie der alte Cato immer wieder sein *Ceterum censeo* ertönen ließ, so holt Walther wieder seinen alten Klausner hervor *(Mîn alter klôsenaere, von dem ich dô sanc*: M 18,9 = L 10,33ff.), den er schon bei der Bannung Philipps von Schwaben 1201 im 3. Reichstonspruch *Ich sach mit mînen ougen* (M 7,3 = L 9,16ff.) als Vertreter der reinen, weltentsagenden Kirche zum Zeugen gegen die machthungrige Amtskirche aufgerufen hatte.

Hohe Politik hat Walther aus seinen an Leopold VI. von Österreich und Steier und an den Wiener Hof gerichteten Strophen offenbar völlig herausgehalten. Trotz oder gerade wegen ihrer ganz persönlichen Anspielungen sind sie voller Rätsel, die in der Forschung die verschiedensten Auflösungen gefunden haben. Besonders gerne wüßten wir, was der Sänger mit dem Spruch im Unmutston *Liupolt ûz Ôsterrîche, lâ mich bî den liuten* (M 15,17 = L 35,17ff.) gemeint hat. Man hat als Hintergrund die zeitweilige Verlegung der herzoglichen Residenz von Wien nach Klosterneuburg vermutet. Walther habe – auch im Namen anderer Hofmitglieder – die Übersiedlung verweigert und sei daraufhin aus der herzoglichen *familia*, dem *ingesinde*, entlassen worden. Bei dieser wie bei anderen Deutungen bleiben Widersprüche. Eine gänzliche Aufgabe von Wien als Residenz läßt sich für die Jahre 1198 bis 1217, in denen Leopold vorwiegend in Klosterneuburg urkundet, gar nicht erweisen. Auch Spruch 8 im Wiener Hofton *Der hof ze Wiene sprach ze mir* (M 9,8 = L 24,33ff.), in dem der personifizierte Wiener Hof seinen (auch baulichen) Verfall beklagt, braucht nicht wörtlich genommen zu werden. Er besagt in bildlicher Weise nur, daß diesem Hof die alte Freigebigkeit, die alte Festesfreude mit prächtigen Rittern, schönen Damen, Glanz und Tanz, die ihn einst mit dem Hof des Königs Artus konkurrieren ließ, verlorengegangen ist. *Silber, golt, ros unde kleider* (M 9,8,2 nach Handschrift D), die der Hof einst verschenkt hat, wie er erklärt, sind die üblichen Gaben an Fahrende, eben dieselben Gaben, die laut Walthers Spruch 6 im selben Ton *Ob ieman spreche, der nu lebe* (M 9,6 = L 25,26ff.) ihm und den anderen *gernden* (Begehrenden, d. h. den auf Lohn angewiesenen Berufssängern) *ze Wiene* einmal durch den *jungen fürsten* im Übermaß zuteil geworden waren. Dies ist der einzige Spruch Walthers, in dem Leopolds Freigebigkeit uneingeschränkt gepriesen wird. Man darf ihn auf eines der großen Wiener Hoffeste beziehen, und zwar auf die feierliche Schwertleite Leopolds zu Pfingsten 1200, obwohl der „junge Fürst" da auch schon über 23 Jahre alt war, noch eher als auf die Hochzeit des Herzogs mit der byzantinischen Prinzessin Theodora im Sommer 1203.

Daß Walther im November des Jahres 1203 in Österreich weilte, wissen wir allerdings ausnahmsweise ganz genau, denn in der Reinschrift der Reiserechnungen, die Wolfger von Passau für sich erstellen ließ, findet sich die Eintragung: *sequenti die apud Zei[zemurum] Walthero cantori de Vogelweide pro pellicio .V. sol[idos] longos* (Am folgenden Tag bei Zeiselmauer an den Sänger Walther von der Vogelweide 5 lange Schillinge für einen Pelzrock). Gemeint ist der Tag nach St. Martin, also der 12.11.1203. Walther ist nicht der einzige der Sänger oder Spielleute, die laut Rechnungen von dem Bischof beteilt wurden. Aber sonst bekamen ganze Gruppen solcher Unterhaltungskünstler von Wolfger höchstens an die zwei Drittel der Summe, die hier für ihn allein bestimmt war. Ein internationaler Vergleich zeigt allerdings, daß im Einzelfall am französischen und englischen Königshof noch ein Vielfaches zu verdienen war. Für unseren Raum kann Walther aber wohl als „Spitzenverdiener" in seinem Beruf gelten. Eine „Dauerstellung" beim Passauer Bischof scheint er jedoch nicht innegehabt zu haben. Immerhin liegt es nahe, aus dem einzigartigen außerliterarischen Zeugnis auf einen längeren Aufenthalt in Österreich zu schließen. In der bischöflichen Residenz zu Zeiselmauer stieg der Passauer Oberhirte mit seinem Gefolge meist ab, wenn er am Babenbergerhof zu tun hatte. Welche Lieder und Sprüche könnte Walther in dieser Zeit in Österreich vorgetragen haben? Unter den vielen Vorschlägen der Forschung findet sich ziemlich konstant das sogenannte *Preislied* (M 49 = L 56,14ff.), das in der bereits oben (S. 267) zitierten Zeile einen eindeutigen Hinweis auf einen Vortragsort vor der ungarischen Grenze enthält. Es sei hier zur Gänze zitiert:

Abb. 11

I *Ir sult sprechen willekomen:*
der iu maere bringet, daz bin ich.
allez daz ir habt vernomen,
daz ist gar ein wint: nû frâget mich.
ich wil aber miete:
wirt mîn lôn iht guot,
ich gesage iu lîhte daz iu sanfte tuot.
seht waz man mir êren biete.

II *Ich wil tiuschen frowen sagen*
solhiu maere daz si deste baz
al der werlte suln behagen:
âne grôze miete tuon ich daz.
waz wold ich ze lône?
si sint mir ze hêr:
sô bin ich gefüege, und bite si nihtes mêr
wan daz si mich grüezen schône.

III *Ich hân lande vil gesehen*
unde nam der besten gerne war:
übel müeze mir geschehen,
kunde ich ie mîn herze bringen dar
daz im wol gevallen
wolde fremeder site.
nû waz hulfe mich, ob ich unrehte strite?
tiuschiu zuht gât vor in allen.

IV *Von der Elbe unz an den Rîn*
und her wider unz an Ungerlant
mugen wol die besten sîn,
die ich in der werlte hân erkant.
kan ich rehte schouwen
guot gelâz unt lîp,
sem mir got, sô swüere ich wol daz hie diu wîp
bezzer sint danne ander frouwen.

V *Tiusche man sint wol gezogen,*
rehte als engel sint diu wîp getân.
swer si schildet, derst betrogen:
ich enkan sîn anders niht verstân.
tugent und reine minne,
swer die suochen wil,
der sol komen in unser lant: da ist wünne vil:
lange müeze ich leben dar inne!

VI *Der ich vil gedienet hân*
und iemer mêre gerne dienen wil,
diust von mir vil unerlân:
iedoch sô tuot si leides mir sô vil.
si kan mir versêren
herze und den muot.
nû vergebez ir got dazs an mir missetuot.
her nâch mac si sichs bekêren.

I Ihr solltet mich willkommen heißen! Wenn einer etwas Neues zu verkünden hat, bin ich es. Alles was ihr bisher vernommen habt, ist nichts dagegen. Wendet euch an mich jetzt! Freilich verlange ich Lohn. Fällt er einigermaßen gut aus, sage ich euch wohl etwas, was euch freut. Seht zu, daß man mir etwas Ansehnliches bietet! – II Ich will den deutschen Frauen ein solches Lob singen, daß sie mehr denn je in der ganzen Welt Anerkennung finden sollen. Und natürlich tue ich das ohne große Entlohnung. Was könnte ich auch verlangen? Sie stehen mir zu hoch darüber. Darum, wie es sich gehört, bitte ich um nichts weiter als um ihren freundlichen Gruß. – III Ich habe viele Länder bereist und war wirklich bemüht, die Besten darin kennenzulernen. Gestraft will ich sein, könnte ich je mein Herz dazu bringen, daß es an fremder Lebensweise Gefallen fände! Was nützte es mir, für eine falsche Behauptung einzutreten? Die Lebensart, die bei den Deutschen ausgebildet ist, übertrifft alles. – IV Von der Elbe bis zum Rhein und wieder hierher bis an die

Grenze Ungarns leben gewiß die Besten, die ich in der Welt kennengelernt habe. Wenn ich Haltung und Schönheit recht beurteilen kann, bei Gott, ich möchte schwören, daß die Frauen hier besser sind als die Damen andernorts. – V Deutsche Männer schon haben Lebensart, wie Engel aber sind die Frauen. Wer sie herabsetzt, kann nicht bei Verstand sein: Ich habe keine andere Erklärung dafür. Vorbildliches Verhalten und wahre Minne, wer die finden will, muß in unser Land kommen: da ist alle Herrlichkeit! Könnte ich lange, lange darin leben! – VI Die Dame, der ich lange gedient habe und auch künftig gerne dienen will, gebe ich keineswegs frei. Sie aber bereitet mir nur Schmerzen. Sie weiß mir Herz und Sinn zu verletzen. Gott vergebe ihr, was sie an mir sündigt. Sie kann sich ja noch bekehren.

G. Hahn, von dem die zitierte Übersetzung stammt, hat einleuchtend dargelegt, wie hier ein fahrender Spruchsänger zuerst in der ihm vom Publikum zugestandenen Rolle auftritt, dann aber statt des ihm dafür zustehenden Lohnes *êre* und *gruoz* verlangt, d. h., bildlich verhüllt, die Wiederaufnahme bei Hof, die Reintegration in die Hofgesellschaft als Minnesänger. (Man beachte das virtuose Spiel mit den Personalpronomina *ich – ir* und mit den Ausdrücken *miete – lôn*.) Er kündet in pointierter Wendung gegen Reinmar, der sich in dem oben (S. 263) zitierten Lied für unfähig erklärt hatte, *niuwe maere* statt seiner alten Klage vorzubringen, *maere* (Neuigkeiten) an, die alles Dagewesene überbieten. Das tun sie in der Tat. Walther weitet den traditionellen Frauenpreis des Minnesangs zu einem Preis der *tiuschen frouwen* und auch noch der deutschen Männer aus, da sie alle an der nach seiner Ansicht unvergleichlichen *tiuschen zuht* Anteil haben. Damit pariert er zugleich die Beschimpfungen von seiten des okzitanischen Trobadors Peire Vidal, der die Deutschen nicht lange davor als ungebildet, grob, unhöfisch und bellend wie die Hunde bezeichnet hatte. Aber „deutsch" ist hier wie dort nur ein sprachlich-kultureller Begriff, kein nationaler. Obwohl das Lied im 19. Jahrhundert für eine Art frühe Nationalhymne gehalten wurde und Hoffmann von Fallersleben zu seinem Deutschlandlied angeregt hat, liefert es nicht einmal einen sicheren Beleg für den Gebrauch des Begriffes *tiusch lant* in der Einzahl. Walther, der sonst, wie damals allgemein üblich, von *tiuschen landen* in der Mehrzahl spricht (M 21,1 = L 13,5), meint vermutlich mit *unser lant* entweder auch hier den Plural *(= unseriu lant)* oder ein bestimmtes, das *Ôsterlant, Ôsterrîche*, auf das es ihm ja wirklich ankommt: *lange müeze ich leben darinne!* Das Lied in einfacher Kanzonenform (4ma, 5mb/4ma, 5mb//4kc, 3md, 6md, 5kc) steht thematisch zwischen Spruch und Minnelied. Mit diesem verbindet es das Begriffsspiel mit *wîp* und *frouwe* (L 57,5f.) und insbesondere die konventionelle Minneklage der Strophe VI, die nur in C überliefert, also wohl nur gelegentlich vorgetragen worden ist. Soll sie eine Probe von Walthers alter Minnesängerqualität geben oder soll mit der Minnedame der Hof selbst angesprochen werden?

Genutzt hat es offenbar nicht eben viel. Noch viele Jahre später klagt der Sänger König Friedrich II. sein Leid, man lasse ihn bei so reicher Kunst dermaßen in Armut leben. Könnte er sich am eigenen Herdfeuer wärmen, so wollte er gerne den Frühling und die Frauen preisen (König-Friedrichston M 16,5 = L 28,1ff.). Da bestimmte die Vagantenexistenz, die an sich traditionell Minnesang ausschloß, also immer noch Walthers Leben. Dabei hatte er in Österreich wirklich nichts unversucht gelassen. Im Unmutston beklagt er sich, daß unhöfische Sänger nun ihn, den höfischen, verdrängt hätten und nur ein Wort des Herzogs ihn von bösen Sprüchen abhalten könnte (M 15,1 = L 31,33ff. *In nomine dumme ich wil beginnen;* noch deutlicher M 15,2 = L 32,7ff. *Nû wil ich mich des scharpfen sanges ouch genieten).* Im Wiener Hofton stellt er sich als Opfer eines an Gideons Vlies (s. S. 135) gemahnenden Wunders dar: Mitten im Gabenregen des freigebigen Herzogs von Österreich bleibe er allein trocken

(M 9,7 = L 20,31ff. *Mir ist verspart der saelden tor*). Leopolds Freigebigkeit rühmt auch der Spruch *Drî sorge habe ich mir genomen* (M 12,4 = L 84,1ff.) im Leopoldston. Doch steht dieses Lob am Schluß der Strophe nur in um so schrofferem Gegensatz zu der lange und noch immer verwehrten Gunst des *wünneclîchen hoves ze Wiene*, um die der Sänger sich aber weiterhin unabhängig zu bemühen vornimmt.

Zufriedener klingt die Strophe *Die wîle ich weiz drî hove sô lobelîcher manne* im Unmutston (M 15,14 = L 34,34ff.). Er habe es nicht nötig, so der Sänger, wegen gastlicher Aufnahme irgendwo in die Ferne zu ziehen (*mirst vil unnôt daz ich durch handelunge iht verre strîche*: L 35,6), solange es so freigebige Männer gebe wie den Patriarchen, den Fürsten Leopold von Österreich und Steier und dessen Onkel. Das paßt wohl nur auf die Zeit vor 1217, da Wolfger, Walthers alter Gönner, noch Patriarch von Aquileia war († 1218) und Leopold VI. sich noch nicht unmittelbar auf den Kreuzzug vorbereitete. Mit Leopolds Oheim ist Heinrich der Ältere († 1223), Titularherzog von Mödling, gemeint. Daß es aber gleich drei Höfe sind, wo für Walther der „Wein gelesen ist" und die „Pfanne brutzelt" (L 34,35), spricht gerade gegen seine Seßhaftigkeit in Wien. Auf die Zeit vor Leopolds Aufbruch in den Orient (Ende Juni 1217) blendet der Spruch 18 desselben Tones (*Dô Liupolt spart ûf gotes vart, ûf künftige êre*: M 15,18 = L 36,1ff.) aus späterer Sicht zurück. Ironisch lobt Walther die österreichischen Adeligen dafür, daß sie, als der Herzog für den Kreuzzug sparte, um seines Ansehens willen ihn auch nicht an Freigebigkeit übertreffen wollten. Nun aber sollten sie wieder Gaben verteilen, wie er es tue. Den im Jahre 1219 nach Österreich heimkehrenden Herzog spricht der Sänger in der Strophe *Herzoge ûz Ôsterrîche, ez ist iu wol ergangen* (M 16,10 = L 28,11ff.) im König-Friedrichston direkt, aber seltsam zweideutig an. Dem Kreuzfahrer gezieme zwar, sagt er, ein freudiger und ehrenvoller Empfang. Nun solle er aber zu Hause seinen Ruhm vollenden, damit keiner wünschen möge, er wäre besser in Ehren dortgeblieben.

Das dürften die letzten beiden Leopold-Sprüche Walthers gewesen sein. Dafür erklingt im selben Ton sein Dank an König Friedrich *Ich hân mîn lêhen, al die werlt, ich hân mîn lêhen* (M 16,11 = L 28, 31ff.). Vielleicht hat er sich etwa 1220 in Franken niedergelassen. Im Alter aber ist er zumindest kurzzeitig wieder ins Land, wo er aufgewachsen ist, zurückgekehrt, wie wir aus seinen wohl berühmtesten Zeilen, die nicht zufällig deutlich an das Metrum des donauländischen *Nibelungenliedes* (s. u. S. 312) angelehnt sind, entnehmen können (M 20,1 = L 124,1ff.):

Owê war sint verswunden   *alliu mîniu jâr!*
ist mir mîn leben getroumet,   *oder ist ez wâr?*
daz ich ie wânde ez waere,   *was daz allez iht?*
dar nâch hân ich geslâfen   *und enweiz ez niht.*
nû bin ich erwachet,   *und ist mir unbekant*
daz mir hie vor was kündic   *als mîn ander hant.*
liut und lant, dar inn ich   *von kinde bin erzogen,*
die sint mir worden frömde   *reht als ez sî gelogen.*
die mîne gespilen wâren,   *die sint traege unt alt.*
bereitet ist daz velt,   *verhouwen ist der walt:*
wan daz daz wazzer fliuzet   *als ez wîlent flôz,*
für wâr mîn ungelücke   *wânde ich wurde grôz.*
mich grüezet maneger trâge,   *der mich bekande ê wol.*
diu welt ist allenthalben   *ungenâden vol.*
als ich gedenke an manegen   *wünneclîchen tac,*
die mir sint enpfallen   *als in daz mer ein slac,*
iemer mêre ouwê.

Wehe, wohin sind alle meine Jahre entschwunden! Habe ich mein Leben geträumt, oder ist es wirklich? Von dem ich stets glaubte, es gebe es, gab es das alles überhaupt? Demnach habe ich geschlafen und weiß es nicht. Jetzt bin ich aufgewacht und kenne das nicht mehr, was mir früher vertraut war wie meine Hand. Die Leute und das Land, wo ich von Kind auf erzogen worden bin [*erzogen* ist vom Reim geforderte Besserung für überliefertes *geborn*], sind mir fremd geworden, als sei alles nur ein Trugbild. Die meine Spielgefährten waren, die sind müde und alt. Das Feld ist bebaut, umgehauen ist der Wald. Flösse nicht das Wasser, wie es einst floß, so glaubte ich, daß mein Unglück wahrhaftig groß wurde. Mich grüßen viele kaum noch, die mich früher gut kannten. Die Welt ist überall voller Undank. Sowie ich an die vielen herrlichen Tage denke, die mir verlorengegangen sind wie ins Meer ein Schlag – immerdar wehe!

Der Text dieser sogenannten *Elegie* ist schlecht überliefert und um so eifriger verbessert und kommentiert worden. Ich folge der (keineswegs unproblematischen) Herstellung durch C. von Kraus. Die zitierte erste von drei Strophen beschwört die überzeitliche allgemeine Erfahrung der Vergänglichkeit alles Irdischen und die besondere, die derjenige macht, der nach langer Zeit an den Ort seiner Jugend zurückkehrt. Man hat viel darüber gegrübelt, ob ein bloß erträumtes, also gar nicht wirklich abgelaufenes Leben als Denkalternative einem zwar wirklichen, aber im Schlaf versäumten Leben gegenübergestellt wird oder ob Schlaf und Traum als zusammengehörig gemeint sind. Nur die erstgenannte Lesung würde zwar eine Assoziation mit Bibel und Legende zulassen (vgl. Römerbrief 13,11: „die Stunde ist da, aufzustehen vom Schlaf, denn unser Heil ist näher..."; die Legende von den Siebenschläfern, die die Jahrhunderte der Christenverfolgung verschlafen), doch die zweite liegt einem spontanen Verständnis näher. Diesem entspricht auch kaum eine Ausdeutung der landschaftlichen Veränderungen als Vorzeichen des Jüngsten Gerichts – schon K. Lachmann las *vereitet* „verbrannt" statt des überlieferten *bereitet*, um Eschatologisches hineinzubringen –, vielmehr genügen die realen Bilder des Wandels, die man deshalb aber noch nicht mit B. Thum streng ökonomisch verstehen muß (Umwandlung des alten Rodungsgebietes in ausgebautes, an Besitzer völlig verteiltes Land). Der Sänger findet sich in dieser ganz anders gewordenen Umwelt nicht mehr zurecht. Nur der Lauf des Wassers – sonst ein Symbol des Wandels! – gibt seiner Erinnerung noch Halt. Aber von den schönen Tagen der Jugend ist jetzt nicht mehr übrig als von einem Schlag ins Wasser.

Die negative Charakteristik der menschlichen Umwelt des Heimkehrers – sie ist *ungenâden vol*, voll von Ungunst, Erbarmungslosigkeit, Trostlosigkeit, Unheil – weist schon auf die Gesellschaftskritik der zweiten Strophe voraus. *Sorge*, Existenzangst, hat die höfische Jugend erfaßt, höfische Festesfreude *(tanzen, lachen, singen)* zerstört, was sich nicht zuletzt in unhöfischer, bäurischer Kleidung zeigt. Anlaß zur Sorge können freilich die *unsenften brieve her von Rôme* (L 124,26) geben, d. h. die Bannung Kaiser Friedrichs II. im Jahre 1227. Der Sänger ist nahe daran, sich ganz der Betrübnis und Verzweiflung hinzugeben. Da ruft er sich selbst vom Abgrund zurück. *Boeser zorn* hat ihn verführt. Denn, *swer dirre wünne volget, hât jene dort verlorn, / iemer mêr ouwê!* (Jeder, der dieser Glückseligkeit folgt, hat jene dort verloren – immerdar: Wehe!). Sub specie aeternitatis erweisen sich die Hingabe an irdische Freuden wie die Verzweiflung über ihren Verlust als nichtig, ja als sündig und wahrhaft beklagenswert. Strophe III schildert zu Anfang die personifizierte Frau Welt als Verführerin, die hier aber nicht wie in Walthers Lied *Frô Welt, ir sult dem wirte sagen* (M 4 = L 100,24ff.) und in der bildenden Kunst den Gegensatz von schön und häßlich vorne und hinten an sich trägt, sondern außen und innen. Dann aber folgt die Lösung, die Erlösung: Sie steht den von der Welt verleiteten Rittern *mit swacher buoze* (mit geringer Wiedergutmachung, Bußleistung: L 124, 40) offen. Ausdrücklich und ausschließlich die Ritter sind angesprochen, die Helme, Harnische, Schilde und geweihte Schwerter tragen. Eine eigene Beteiligung an der *lieben reise über sê* (L 125,9), dem Kreuzzug ins Heilige Land, kleidet der Sänger nur in Wunschform. Wollte Gott es, so wollte er, der *nôtic man*, auf solche Weise reichen Sold, nicht weltliche Güter, sondern die *saelden krône,* die Krone der (ewigen) Seligkeit (den unvergänglichen Siegeskranz nach dem 1. Korintherbrief 9,24) gewinnen. Soll der *nôtic man* (*nôtic armman* nach C. von Kraus) hier den bedürftigen Nicht-Ritter oder den armen, vom Papst von der Kreuzzugsteilnahme dispensierten Ritter konkret bezeichnen? Man wüßte es gerne, um Walthers Stand und seine wirtschaftliche Lage Jahre nach Erhalt des kaiserlichen Lehens einschätzen und die Frage nach seiner tatsächlichen Kreuzzugsteilnahme beantworten zu können. Der Wortlaut verweigert die eindeutige Antwort. Daß Walther nie *wir ritter* sagt, fällt freilich auf. Auch wäre er zum aktiven Kampf, zu dem er ja aufruft, damals auch schon reichlich alt gewesen. Aber expressis verbis gibt er nur an, was er an Stelle der Ritter täte. Wenn er übers Meer fahren könnte, dann hätte er nie mehr Anlaß zu klagen: *sô wolte ich denne singen wol, und niemer mêr ouwê,/ niemer mêr ouwê* (L 125,10f.).

Überführt Walther hier die persönliche Altersklage in den Kreuzzugsaufruf und damit in das von ihm auch sonst gepflegte Kreuzzugslied (vgl. M 3 = L 76,22ff. *Vil süeze waere minne;* das sogenannte *Palästinalied* M 2 = L 14,38ff. *Nû alrêst lebe ich mir werde;* M 21 = L 13,5ff. *Owê waz êren sich ellendet von tiuschen landen),* so spricht er in den mit der Elegie wohl etwa zeitgleichen fünf Strophen des sogenannten Alterstones (M 5 = L 66,21ff.) nur von sich:

I   *Ir reinen wîp, ir werden man,*
    ez stêt alsô daz man mir muoz
    êr unde minneclîchen gruoz
    noch vollecîcher bieten an.
5   *Des   habet ir von schulden groezer reht dan ê;*
    welt ir vernemen, ich sage iu wes.
    wol   vierzec jâr hab ich gesungen oder mê
    von minnen und als iemen sol.
    Dô was ichs mit den andern geil,
10 *nu enwirt mirs niht, ez wirt iu gar.*
    mîn minnesanc der diene iu dar,
    und iuwer hulde sî mîn teil.

II *Lât mich an eime stabe gân*
    und werben umbe werdekeit
    mit unverzageter arebeit,
    als ich von kinde habe getân,
5   *Sô   bin ich doch, swie nider ich sî, der werden ein,*
    genuoc in mîner mâze hô.
    daz   müet die nideren. ob mich daz iht swache? nein.
    die werden hânt mich deste baz.
    Diu wernde wirde diust sô guot,
10 *daz man irz hoehste lop sol geben.*
    ezn wart nie lobelîcher leben,
    swer sô dem ende rehte tuot.

III *Welt, ich hân dînen lôn ersehen,*
    swaz dû mir gîst, daz nimest dû mir.
    wir scheiden alle blôz von dir.
    scham dich, sol mir alsô geschehen.
5   *Ich   hân lîp unde sêle (des was gar ze vil)*

I   Ihr reinen Frauen, ihr edlen Männer, jetzt kommt die Zeit, da man mich freundlicher grüßen und reicher ehren muß, heute mehr als einst, mit gutem Grund. Wollt ihr's hören, ich sag' euch, warum. Vierzig Jahre und mehr sang ich von Liebe und lehrte, wie man leben soll; einst fand ich wie die andern in meinen Liedern Glück, heute nicht mehr, da gehört es euch ganz allein. Meine Liebeslieder sollen euch immer helfen; dankt mir mit Freundlichkeit.

II Ginge ich auch am Bettelstab – suche ich dabei mit unverdrossener Mühe Ehre und Wert, wie ich's von Kind auf tat, dann bin ich edel in aller Niedrigkeit, hoch genug nach meinem eigenen Maß. Das ärgert die niedrigen Herzen. Ob sie auch mich erniedrigen? Nein, denn für die edlen stehe ich um so höher. Unvergänglicher Wert ist so schön, er verdient den höchsten Preis. Ein Leben ist vollendet gut, wenn es in diesem ewigen Wert das Ende erfüllt.

III Welt, ich weiß deinen Lohn; bald nimmst du wieder, was du gabst; wir gehen von dir mit leeren Händen. Schäm dich, wenn auch ich so von dir gehen muß. Ich wagte Leib und Seele tausend-

    gewâget tûsentstunt dur dich.
    nû   bin ich alt und hâst mit mir dîn gampelspil,
    und zürn ich daz, sô lachest dû.
    Nû lache uns eine wîle noch;
  10 *dîn jâmertac wil schiere komen*
    und nimet dir swaz uns hâst benomen
    und brennet dich dar umbe iedoch.

IV *Ich hât ein schoenez bilde erkorn,*
    owê daz ich ez ie gesach
    ald ie sô vil zuoz ime gesprach!
    ez hât schoen unde rede verlorn.
  5 *Dâ   wonte ein wunder inne: daz fuor ine weiz war,*
    dâ von gesweic daz bilde iesâ.
    sîn   liljerôsevarwe wart sô karkelvar,
    daz ez verlôs smac unde schîn.
    Mîn bilde, ob ich bekerkelt bin
  10 *in dir, sô lâ mich ûz also*
    daz wir ein ander vinden frô,
    wan ich muoz aber wider in.

V *Mîn sêle müeze wol gevarn!*
    ich hân zer welte manegen lîp
    gemachet frô, man unde wîp;
    künd ich dar under mich bewarn!
  5 *Lobe   ich des lîbes minne, deis der sêle leit,*
    si giht, ez sî ein lüge, ich tobe.
    der   wâren minne giht si ganzer staetekeit,
    wie guot si sî, wies iemer wer.
    Lîp, lâ die minne diu dich lât,
  10 *und habe die staeten minne wert!*
    mich dunket, der dû hâst gegert,
    diu sî niht visch unz an den grât.

mal für dich, das war zu viel. Jetzt bin ich alt, du spielst mit mir deine Spiele und lachst über meinen Zorn. Lach noch eine Weile, bald kommt der Tag, da weinst auch du und klagst – er nimmt dir, was du uns nahmst, und verbrennt dich um unseres Jammers willen.

IV Ich sah eine schöne Gestalt – ach, daß ich sie je erblickte und so viel mit ihr sprach; ihre Schönheit und ihre Worte sind nun vergangen. Etwas seltsam Wunderbares war in der Gestalt, das ging fort, ich weiß nicht wohin, und die Gestalt war still. Ihre Lilienrosenfarbe wurde wie ein Kerker grau, sie verlor ihren Duft und Glanz. Mein Körper, wenn du mein Gefängnis bist, so laß mich frei, wir werden uns einmal glücklich wiederfinden, denn ich muß zurück zu dir.

V Meine Seele, fahr wohl! In dieser Welt hab' ich viele froh gemacht – hätt' ich mich doch selbst dabei bewahren können! Preise ich die Liebe der Welt, dann leidet die Seele Schmerzen und sagt, ich sei ein Lügner und ein Narr. Nur die wahre Liebe sei ganz treu und gut und ohne Ende. Leib, laß die Liebe fallen, die dich fallen läßt, und liebe die ewige Liebe. Ich glaube, die du suchtest, war nicht bis in die Tiefe wahr und ganz
(Übers. v. J. Schaefer).

Diese vielleicht berührendsten, bestimmt aber persönlichsten Strophen Walthers lassen durch die so oft durchgespielte Sängerrolle, den allgemeinen Typus, hindurch in einer für das Mittelalter äußerst ungewöhnlichen Weise ein individuelles Ich durchscheinen. Dieses Ich vermacht, zurückblickend vom Alter, dem Minnesang gar nicht mehr geziemt, 40 Jahre geübten Sang von Liebe und rechter Lebensführung dem Publikum, dem er gebührt: den makellosen Frauen, den edlen Männern. Statt mit ihnen noch fröhlich zu sein, kann der Alte nur noch ihre Gewogenheit erhoffen. Strophe II proklamiert Walthers lebenslanges Bemühen um gesellschaftliches Ansehen *(wirde, werdekeit)* trotz seiner Existenzform als Fahrender mit dem Wanderstab (der durchaus zum Bettelstab werden konnte). Die verschlüsselte, gewundene Ausdrucksweise verrät am besten des Sängers reale Außenseiterrolle zwischen den Ständen. Die so nicht überlieferte Lesung *wernde wirde* stellt die unvergängliche Ehre der irdischen gegenüber und damit den unmittelbaren Zusammenhang mit dem Schluß dieser Strophe und den folgenden Strophen her. Vielleicht ist aber mit W. Mohr an der Lesung *werde wirde* der Handschriften B und C festzuhalten und an den Tugendadel, den „edlen Adel" zu denken. (In jedem Fall ist die Verbindung ein Beispiel für die im ganzen Gedicht überaus reich verwendete Alliteration – vgl. z. B. Str. 1,1; 2,2; 2,11; 3,5; 5,5 u. ö.). Strophe III klagt die personifizierte Welt des Betruges an den Menschen an. Die Weisheitsbücher des Alten Testaments haben hier eingewirkt (v. a. Iob 1,21). Der Sänger bekennt, gar zu oft Leib und Seele um der Welt willen riskiert zu haben, äußert aber unmittelbar keine Angst vor Tod, Gericht und Hölle. Vielmehr droht er der Welt mit ihrem sicheren Untergang – ein eigentümlicher Gedanke. Zu Strophe IV existiert bereits eine kleine Kommentarbibliothek. Man hat in dem „schönen Bild" die Gestalt, das Erscheinungsbild der Welt, der Minnedame, der eigenen Person, Gottes Ebenbild (was auf alle Menschen und so auch auf Dame und Sänger zuträfe) oder das vom Dichter geschaffene Bild der Realität vermutet. All dies könnte hier in seltener Vieldeutigkeit vereinigt sein, wobei auch der mehrfache Sinn von *erkiesen* als „erblicken, erwählen, erfinden" ausgenützt wäre. Aber überdies muß dem Begriff noch ein weiterer, betont negativer Nebensinn eigen sein, wohl der des Götzenbildes (vgl. Buch Weisheit 15,4–5). Der Sänger hat jenes irdische schöne Bild vergöttert, bis es sich doch als vergängliches, todgeweihtes ohne Schönheit, Rede, Farbe, Geruch und Glanz herausgestellt hat, sei es in der Realität oder in deren Vorwegnahme durch die späte Erkenntnis des Sängers. Doch ihm bleibt die christliche Hoffnung auf die Auferstehung, in der er seine – jetzt noch als Gefängnis erfahrene, dann aber verklärte – leibliche Gestalt wiederfinden und wieder, diesmal aber in Ewigkeit, anlegen wird. Strophe V ist ganz auf das eigene Seelenheil ausgerichtet. Noch immer rechnet der Vortragende es sich zum Verdienst an, mit seinem Minnesang Freude bereitet zu haben. Aber es war eben doch nur *lîbes minne*, Liebe des Leibes, d. h. der irdischen Existenz des Menschen, welche er besungen hat. Auch wenn er in ihr stets Beständigkeit gefordert hat, so konnte diese doch nur von begrenztem Ausmaß sein. Angesichts des Todes erweist sich nur e i n e Minne als *wâr* und *staete*, als Minne durch und durch. Aber sie ist eben letzte Steigerung irdischer Minne, nicht deren Negation. Auch im Abschied von der Welt verdammt der Sänger nicht sein lebenslanges Bemühen, ihr und Gott zugleich zu gefallen. Das Zusammenspiel von wehmütiger Rückschau und frommer Vorausschau verleiht den Strophen ihren unnachahmlichen Reiz. Erst im nachhinein hat man Walthers Aussage ins Weltfeindliche radikalisiert, wie wir bei der Analyse der *Warnung* gesehen haben (s. S. 240).

Mit diesen auch formal überaus anspruchsvollen Strophen (4ma, 4mb, 4mb, 4ma// c 6md, 4mc, e 6md, 4me//4mf, 4mg, 4mg, 4mf) mit sogenannter gespaltener Weise (Abgesang zwischen den Stollen des Aufgesangs) und Pausenreim in Zeile 5 und 7 könnte Walther nicht lange vor seinem Tode (um 1230) seinem Publikum Lebewohl gesagt haben. Was er ihm vermachte, konnte sich wahrlich, und dies schon umfangmäßig, sehen lassen. Die Handschrift A enthält 151 Strophen unter Walthers Namen, B 112, E 212 (s. o. S. 267), C gar 447 (und den Leich). Dazu kommen kleinere Sammlungen. Die Forschung hat – teilweise ohne zureichende Gründe – dem Autor etliches davon abgesprochen. Es bleiben aber auch so über 70 mehrstrophige Lieder und an die 120 einzelne Sangspruchstrophen sowie der Leich übrig. Unsere Darstellung konnte die Vielfalt der Gattungen und Themen kaum andeuten.

Namentlich die reiche formale Seite ist ganz zu kurz gekommen. Die zitierten Beispiele mögen die Wortgewalt des Sängers, seinen sich dem Inhalt des Vorzutragenden geschmeidig anpassenden Stil, der sich feierlich preisend und lustig auftrumpfend, tänzerisch und innig, ironisch und treuherzig, devot und fordernd, geschliffen und derb gebärden kann, gerade noch erahnen lassen. Dazu kommt die bisher unerreichte Fülle an metrisch-rhythmischer Gestaltung. Zu ihrer vollen Erfassung müßten freilich auch die Melodien herangezogen werden. Mehr als Andeutungen sind hier aber nicht möglich, nicht nur weil sonst der Rahmen einer Literaturgeschichte völlig gesprengt würde, sondern weil die Überlieferung der Waltherschen Melodien mehr als dürftig ist. Authentische Melodien mit lesbarer Notation sind nur im sogenannten Münsterschen Fragment (Mitte des 14. Jahrhunderts) für das

Palästinalied (vollständig), den Zweiten Philippston und den König-Friedrichston (bruchstückhaft) erhalten. Aus Meistersingertönen lassen sich der Wiener Hofton (Hof- oder Wendelweise in der Kolmarer Liederhandschrift vom Ende des 15. Jahrhunderts) und der Ottenton (Feiner Ton in Adam Puschmanns Singebuch von 1584/88) einigermaßen rekonstruieren. Umstritten ist die Frage, wieweit Walther Melodien romanischer und lateinischer Lieder für sogenannte Kontrafakturen verwendet hat. Am ehesten könnte dies bei M 68 = L 39,11ff. *Under der linden* (nach dem anonymen franz. Frühlingslied *En mai au dous tens novel*) und bei M 61 = L 110, 13 *Wol mich der stunde, dâ ich sie erkande* (nach *Quan vei la flor e l'erba vert e la foilla* von Bernart de Ventadorn) der Fall sein. Auch zwei Lieder des Franzosen Gautier d'Espinau sind als Vorbilder für Walther geltend gemacht worden. Doch Gautier ist erst nach Walther bezeugt. Die übrigen vermuteten Kontrafakturen sind noch schlechter abgestützt. Der Komponist Walther von der Vogelweide bleibt für uns also eine schattenhafte Größe. Soweit wir sehen, ist seine Melodienführung prägnant syllabisch bis auf kleine Melismen an einigen Zeilenschlüssen. Daß die Musik einiger Strophen, insbesondere des Palästinaliedes, auch heute noch zu wirken vermag, haben moderne Aufführungen gezeigt. Neben der lebendigen Tradition des sanglichen Vortrags haben Walthers Gedichte aber schon seit dem Spätmittelalter, wie die melodienlosen Handschriften erweisen, als Leseliteratur das Publikum fasziniert und vermögen dies wie ganz wenige mittelalterliche Texte bis heute.

Minnesangs Wende

Walther von der Vogelweide bricht in einem seiner zeitlich nicht festlegbaren, vielleicht späten Lieder in den Klageruf aus (M 93 – L 64, 31ff.):

> *Owê, hovelîchez singen,*
> *daz dich ungefüege doene*
> *solten ie ze hove verdringen!*

Ach, höfischer Gesang, daß dich unpassende Lieder je bei Hofe verdrängen durften!

Die da in bereits überwältigender Zahl das rechte Singen stören (Str. 3), gleichen den Fröschen im See, die durch ihr Gequake die Nachtigall zum Verstummen bringen (Str. 4). Nur wenn man die *Unfuoge* zum Schweigen brächte, indem man sie von den Burgen stieße, könnte Gesang wieder *fröide* verbreiten. Bei den Bauern dürfte sie, meint der Sänger, bleiben, von dort ist sie ja auch hergekommen: *bî den gebûren liez ich si wol sîn: / dannen ists och her bekomen* (M 93, 5, 7f. = L 65,31f.).

Auch in Strophen des Unmutstons hat Walther ähnliche Vorwürfe erhoben (s. o. S. 275). Nur hier lokalisiert er jedoch die Herkunft der personifizierten *Unfuoge*, der fehlenden Übereinstimmung mit der ethisch-ästhetischen Norm der höfischen Gesellschaft, ausdrücklich im sozialen Raum der Bauern. Bauern, in erzählenden Werken der Zeit bestenfalls als gesichtslose Staffage oder negative (bisweilen komische) Kontrastfiguren zugelassen, in der höfischen Lyrik bisher ganz ausgespart, treten nun, vielfach gleich rudelweise in den Liedern von Walthers jüngerem Zeitgenossen **Neidhart** auf. Zielt also auf ihn Walthers Polemik? Eine Antwort auf diese Frage ist so schwierig wie auf nahezu alle, die im Zusammenhang mit diesem rätselhaften Sänger zu stellen sind.

Lassen wir ihn gleich selbst zu Wort kommen:

I *Owê, lieber sumer, dîner süeze bernden wünne,*
die uns dirre winder mit gewalte hât benomen!
lebt ab iemen, der ez zwischen iu versüenen künne?
ez ist manic herze gar von sînen vreuden komen,
diu sich vröuten dîner zît
immer gein dem meien.
winder niemen vröude gît
wan den stubenheien.

II *Vrômuot vert in trûren nû von lande hin ze lande,*
ob si iemen vinde, der in ganzen vröuden sî.
wer ist nû sô sicher, der ir irren boten sande,
dem sî künde, sî sî alles ungemaches vrî?
wer ist nû sô vreuden rîch,
dâ si sî gesinde,
wan der vürste Vriderîch?
kom, dâ sî den vinde!

III *[Sî hât mit versuochen elliu tiutschiu lant durchwallen,*
dazs eht leider niemen gar in ganzen vröuden vant;
swar si ie kam, dâ vant si niht wan trûren bî in allen.
nû hât sî ir spehe ûz in daz Ôsterlant gesant:
diu vert wider unde vür
allez tougenlîchen,
ob si in vröuderîcher kür
vinde Vriderîchen.]

IV *Wil er sî behalten, sî wil gerne dâ belîben:*
sî was in dem willen, dô der bote von im schiet;
sî und ir gespilen wellen dâ die zît vertrîben.
wê, wer singet uns den sumer niuwiu minneliet?
daz tuot mîn her Troestelîn
und mîn hoveherre;
der gehelfe solte ich sîn:
nu ist der wille verre.

V *Weiz ab iemen, war die sprenzelaere sîn verswunden?*
der waen ninder einer in dem lande sî belîben.
wê, waz man ir hiete ûf Tulnaere velde vunden!
ez ist wol nâch mînem willen, sint si dâ vertriben.
alle dûhten sî sich wert
mit ir langem hâre,
hiuwer tumber danne vert.
seht an Hildemâren!

VI *Der treit eine hûben, diu ist innerthalp gesnüeret*
und sint ûzen vogelîn mit sîden ûf genât.
dâ hât manic hendel sîne vinger zuo gerüeret,
ê si sî gezierten: daz mich niemen liegen lât.
er muoz dulden mînen vluoch,
der ir ie gedâhte,
der die sîden und daz tuoch
her von Walhen brâhte.

VII *Habt ir niht geschouwet sîne gewunden locke lange,*
die dâ hangent verre vür daz kinne hin ze tal?
in der hûben ligent sî des nahtes mit getwange
und sint in der mâze sam die krâmesîden val.
von den snüeren ist ez reit
innerthalp der hûben,
volleclîche hände breit,
so ez beginnet strûben.

VIII *Er wil ebenhiuzen sich ze werdem ingesinde,*
daz bî hoveliuten ist gewahsen unde gezogen.
begrifents in, si zerrent im die hûben alsô swinde:
ê er waene, sô sint im diu vogelîn enpflogen.
solhen kouf an solhem gelt
niemen sol versprechen.
jâ hât vil daz Marichvelt
solher zügelbrechen.

I O weh, lieber Sommer, deine Süße bringende Wonne hat uns dieser Winter mit Gewalt genommen! Lebt denn niemand, der euch versöhnen könnte? Viele Herzen sind um ihr ganzes Glück gekommen, die sich auf dich stets freuten, wenn der Mai nahte. Der Winter schenkt niemand Freude außer den Stubenhockern.
II Frau Frohsinn zieht nun trauernd von Land zu Land auf der Suche nach jemand, der in ungetrübter Freude lebt. Wer ist jetzt so sorgenfrei, daß er der Obdachlosen einen Boten senden könnte mit der Nachricht, all ihr Ungemach habe ein Ende? Wer ist jetzt so freudenreich, daß sie sich seinem Gefolge anschließen könnte? Nur der Fürst Friedrich! Zu ihm möge sie kommen!
III [Sie hat suchend alle deutschen Lande durchpilgert, doch leider ohne jemand in ungetrübter Freude zu finden. Wohin sie auch kam, überall fand sie nur Trauer. Jetzt hat sie ihre Späher nach Österreich ausgesandt. Die ziehen hin und her ganz im Verborgnen, ob sie wohl in freudenreicher Stimmung Friedrich finden können.]
IV Bietet er ihr Herberge, will sie sich gern bei ihm niederlassen. Dazu war sie bereit, als ihn der Bote verließ. Sie und ihre Gespielinnen wollen an seinem Hof leben. Ach, wer singt uns dann im Sommer neue Minnelieder? Das tut mein Herr Tröstelein und mein Hofherr. Meine Sache wäre es, ihr Helfer zu sein, doch fehlt mir jetzt noch die Lust dazu.
V Weiß aber jemand, wohin die Gecken verschwunden sind? Mir scheint, kein einziger ist von denen im Lande geblieben. Ach, wie viele von ihnen hätte man sonst auf dem Tullner Feld gesehen! Es ist ganz nach meinem Wunsch, daß sie von da vertrieben sind. Alle kamen sie sich vornehm vor mit ihrem langen Haar, und doch werden sie dümmer von Jahr zu Jahr. Seht euch nur Hildemar an.
VI Der trägt eine Mütze, die hat innen Schnüre und außen sind kleine Vögel aus Seide draufgestickt. Dafür hat manches Frauenhändchen seine Finger gerührt, ehe sie ausstaffiert war. Das wird jeder zugeben. Der aber muß sich meinen Fluch gefallen lassen, der sie ausgedacht hat und der die Seide und den Stoff aus dem Welschland einführte.
VII Habt ihr seine langen Ringellocken nicht gesehen, die da bis ans Kinn weit herunterhängen? Nachts sind sie in der Haube eingezwängt und sind ebenso blond wie Krämerseide. Durch das Schnüren in der Haube ist das Haar lockig. Eine ganze Hand breit aber steht es ab, sobald es nicht mehr gepflegt wird.
VIII Er will sich mit vornehmen Hausgenossen auf eine Stufe stellen, die bei Hofleuten aufgewachsen und erzogen worden sind. Erwischen die ihn, zerreißen sie ihm die Mütze so schnell, daß ihm, ehe er's denkt, die Vöglein davongeflogen sind. Wer so zahlt, handelt solche Ware ein, da ist kein Widerspruch erlaubt. Ja, auf dem Marchfeld gibt es noch viele solcher zügellosen Burschen.

Text und Übersetzung sind der Auswahlausgabe von H. Lomnitzer entnommen, die sich auf die Edition von E. Wießner (2. Auflage 1963) stützt. Darin scheinen – bis auf die eingeklammerte Strophe III – nur jene sieben Strophen auf, die in der vermutlich „originalnächsten" Handschrift Ms. germ. fol. 1062 der Staatsbibliothek Preußischer Kulturbesitz Berlin (vom Ende des 13. Jahrhunderts aus Niederösterreich – s. o. S. 221) überliefert sind. In dieser Fassung zeichnet sich etwa der folgende Gedankengang ab: Den Anfang macht gemäß dem bei Neidhart gängigen Typus (s. u. S. 285ff.) die Klage über die verlorene Freude des Sommers, den der Winter im Kampf überwunden und vertrieben hat. Mit dem personifizierten Sommer hat eine andere „Person" die Heimat verloren: Madame *Vrômuot*. Nur beim Fürsten Friedrich könnte sie passende Unterkunft finden. Sie hat auch schon ihr Kommen zugesagt. Für die dazu nötige Festesfreude werden Herr Tröstelein und der Herr des Hofes mit Gesang schon sorgen, meint der Sänger, der jedoch seinerseits eine Beteiligung daran ablehnt. Ist hier ziemlich abrupt und im Vergleich mit anderen Liedern dieses Typs auch reichlich spät die Person des Sängers eingeführt worden, so folgen nun, ebenso unvermittelt, dessen Gegner, die bäuerlichen Gecken, dumme Kerle, die sich viel auf ihr langes Haar einbilden. Vom Tullner Feld sind sie gottlob verschwunden; dennoch stellt der Sänger eines ihrer Prachtexemplare ausführlich vor. Zwei Strophen sind seiner aus feinstem Stoff gemachten, mit aufgenähten Vögeln verzierten, nachts als Haarnetz dienenden Haube gewidmet. Wernher der Gärtner wird sie sich für seinen *Helmbrecht* zum Vorbild nehmen (s. u. S. 353), so wie auch ihr hier angedrohtes Schicksal: Die Hofleute werden sie, wenn sie sie zu fassen kriegen, zerreißen. Das ist eben der gebührende Lohn für Parvenüs, die sich bei Hofe, wo sie nach Abkunft und Erziehung nicht hingehören, breitmachen. Doch auf dem Marchfeld – neben dem Tullner Feld einem weiteren reichen Agrargebiet Österreichs – gibt es genug solcher unbändiger Burschen.

Alle sieben Strophen dieser, der sogenannten Riedegger Handschrift (Sigle R) finden sich auch in der Großen Heidelberger Liederhandschrift C und in der bei weitem umfangreichsten Neidhart-Handschrift, dem Ms. germ. fol. 779 der Staatsbibliothek Preußischer Kulturbesitz von ca. 1461/66 vermutlich aus Nürnberg (Sigle c). C und c bieten über R hinaus aber noch gemeinsam vier weitere Strophen, C allein noch eine und c allein noch zwei – ein für die gesamte Neidhart-Überlieferung nicht untypischer Befund. Die Zusatzstrophen gestalten die Thematik der R-Strophen zum Teil so aus, wie es die hier in Klammern abgedruckte Strophe III tut, andere bringen neue Züge, die aber nicht völlig aus dem inhaltlichen Rahmen fallen. Wieweit R hier verkürzt, wieweit C und c erweitert haben, läßt sich kaum entscheiden. Ein besonderes Problem bieten die beiden Schlußstrophen in c, sogenannte Trutzstrophen. In ihnen ergreift der vom Sänger aufs Korn genommene Bauer selbst das Wort, weist die Anschuldigungen zurück und droht jenem Prügel an, wenn er *in die zelle here zu der persenichen* (Str. XIII, 5f. in c) kommen sollte. Die Nennung des Dorfes Zell an einem Nebenflüßchen des Perschlingbaches im westlichen Wienerwald setzt beste Ortskenntnis bei Autor und Publikum voraus. Sowohl Neidhart selbst wie einer aus seinem Publikum könnte sie geschaffen haben. Am meisten scheint für den Autor selbst zu sprechen, der auch sonst gerne die Rolle um des dramatischen Effektes willen wechselt. Literarische Muster wie die mittellateinischen Streitgedichte und die okzitanischen Tenzonen lagen dafür bereit. Nicht alle Trutzstrophen zu anderen Liedern dürften aber von Neidhart stammen, manche sogar von späteren Nachdichtern, den sogenannten Neidhartianern, die vermutlich v. a. im Raum zwischen Augsburg, Regensburg und Nürnberg tätig gewesen sind.

Neidhartianer sind ohne Zweifel auch verantwortlich für eine ganze Reihe anderer Zusatzstrophen, ja ganzer neuer Lieder, die unter Neidharts Namen firmieren. Es ist von vornherein wenig wahrscheinlich, daß alle rund 130 Lieder (Töne) in c gegenüber 56 in R (davon 52 in R und c, hier allerdings mit wesentlich mehr Strophen) authentisch sind. Aber nicht nur bei dem enorm großen Bestand von 1098 Strophen dieser so späten Handschrift, sondern auch schon bei so manchem der 29 Lieder in C, die (im Gegensatz zu weiteren 25 Liedern) nicht auch in R stehen, scheinen Zweifel an der Echtheit angebracht, obwohl C nur geographisch, nicht zeitlich (s. o. S. 222) weit von R absteht. Ein positiver Nachweis einer fremden Verfasserschaft ist freilich in den seltensten Fällen (z. B. bei widersprüchlicher Zuweisung in der Überlieferung) zu erbringen. Deshalb jedoch fürs erste einmal sämtliche in den 27 Handschriften bzw. Handschriftenfragmenten überlieferten Strophen für Neidhart selbst in Anspruch zu nehmen, ja sie nur noch buchstabengetreu abzudrucken, ohne eine kritische Rekonstruktion des „Originals" auch nur zu versuchen, weil dieses selbst mehrgestaltig gewesen sein könnte, mag zwar philologisch unangreifbar sein, schränkt aber den ohnehin kleinen Kreis von Neidhart-Lesern auf eine Handvoll Spezialisten ein. Unserer Betrachtung liegt dagegen die ursprünglich von M. Haupt veranstaltete, dann von E. Wießner neu bearbeitete, zuletzt von P. Sappler herausgegebene kritische Edition (von 1984) zugrunde, die sich grundsätzlich an R orientiert, Zusatzstrophen und wichtige Abweichungen anderer Handschriften jedoch aufnimmt. Daß der Sammler von R viele Strophen absichtlich unterdrückt hat, namentlich wenn sie ein positives Verhältnis Neidharts zum Herzog von Österreich anzeigten, dürfte als erwiesen gelten.

Kehren wir nun zu unserem Lied, Winterlied (WL) 29 in der eben genannten Ausgabe, Lied Nr. 53 bei S. Beyschlag (= B 53), zurück. Läuft die Aussage nicht der des zitierten Walther-Liedes teilweise parallel? Klage über den Verlust der höfischen Festesfreude durch Eindringen bäuerlicher Elemente dort wie hier! Aber bei Neidhart sind es die Bauern selbst, die leibhaftig bei Hofe auftreten. Gemäß WL 28 (B 55), VIII–IX haben sie das Tullnerfeld, wo sie den Tanz anführten und Feiertagsprügeleien anfingen, verlassen, um sich für eine Heerfahrt des Herzogs in Wien in Leder und Eisen zu kleiden. Neidhart greift Herzog Friedrich II. ebensowenig direkt an wie Walther Leopold VI. im Unmutston, Str. 1 und 2 (s. o. S. 275). Aber in beiden Fällen ist die Mitschuld des Landesfürsten an dem Verfall des Hofes den Zuhörern keineswegs zweifelhaft. Dem Herrn des Hofes, also Friedrich II., und Herrn Meinhard Tröstel von Zierberg, einem seit 1239 urkundlich bezeugten, sowohl unter dem letzten Babenberger wie noch unter Ottokar II. Přemysl überaus einflußreichen Ministerialen, überläßt es denn auch Neidhart, Minnelieder vorzutragen. Scheint auch hierin das erst nach Walthers Abgang von der Bühne (wohl auch der Bühne des Lebens) geschaffene Lied die hofkritische Linie des älteren Sängers, der keinen Platz mehr für sich bei Hofe gesehen hatte (M 15, 6), getreulich fortzusetzen, so drängt sich doch das negative Gegenbild nunmehr in den Vordergrund, in der Fassung von Cc sowie in den meisten anderen Liedern Neidharts in noch weit höherem Maße, so daß das Publikum ohne weiteres den Eindruck erhalten konnte, es sei doch das Wesentliche. Da es schon die mutmaßlich ältesten Produkte Neidharts beherrscht, könnte auch Walther so empfunden und dagegen protestiert haben.

Neidharts Lieder folgen bis auf wenige Ausnahmen zwei grundsätzlich gleichbleibenden, nur im einzelnen variierten inhaltlichen Mustern, die gemäß den Arten des Natureingangs in der Forschung Sommerlieder und Winterlieder heißen. In den Sommerliedern begrüßt der Sänger (oder ein Mädchen) die warme Jahreszeit (Frühling und Sommer) und die in ihr neu erwachende Natur, den belaubten Wald voll Vogelgesang, die Heide mit ihrem Blumenschmuck. Die Naturphänomene treten oft als Personen auf, als Krieger, Herrscher, Tributforderer, Krämer etc. Im Gleichklang mit der Natur erwachen die freudigen Gefühle der Menschen. Die Mädchen des Dorfes wollen zum Tanz auf der Wiese mit ihrem Liebsten, fordern sich selbst und einander auf, die Stuben zu verlassen, Feiertagskleider anzulegen, geraten aber auch des öfteren in heftigen Streit mit ihren Müttern, die sie vor dem stolzen, unbeständigen Liebhaber warnen. Die Mutter vertritt hier also die Stelle der *huote* im traditionellen Minnesang, kann aber gelegentlich auch mit der Tochter den Platz tauschen, wenn sie selbst von frühlingshaften Gefühlen erfaßt wird: *Ein altiu diu begunde springen / hôhe alsam ein kitze enbor: si wolde bluomen bringen* (SL 1 I – B 70: nur in C). Die Minne hat eindeutig erotisch-sinnlichen Charakter – die Mutter malt die sichtbaren Folgen einer solchen Beziehung deutlich aus (z. B. SL 18/B 12 II) – und richtet sich allemal auf einen *ritter von Riuwental.* Man könnte in ihm einen späteren Standesgenossen des in ähnlicher Weise umworbenen Kürenbergers sehen. Während jedoch im frühen Minnesang der adelige Stand der Frau keinem Zweifel unterliegt, enthält Neidhart den Mädchen (und ihren Müttern) seiner Lieder entweder – im Gegensatz zum Ritter – jedes Standeskennzeichen vor oder setzt ein bäuerliches ein. So erinnert in einem der bekanntesten Lieder (SL 23 – B 10: *Blôzen wir den anger ligen sâhen*) die Mutter ihre Tochter an die Werbung des jungen Meiers, die sie annehmen solle, statt sich mit Rittern abzugeben, die ihr ja doch nicht *ze mâze* (angemessen) seien (Str. VI). Der niedere Stand des Mädchens gemahnt uns deutlich an Walthers Mädchenlieder, wo er jedoch gerade nicht die soziale Schranke gegenüber dem Geliebten, sondern deren Aufhebung markieren soll. Der Liedtypus bei Walther, der auch das ländlich-frühlingshafte Ambiente mitliefert, erscheint also eigentümlich kombiniert mit der selbstbewußten ritterlichen Sängerrolle à la Kürenberger, die gegenüber der Rolle des ritterlichen Liebhabers weit stärker betont, ja von dieser sogar positiv abgehoben wird: Der Liebhaber tritt selten aktiv auf, seine wahre Minne ist nicht über jeden Zweifel erhaben. Der Sänger spendet – gemäß der Tradition des Minnesanges – allen Freude, an seinem Gesang erkennt man ihn überall (SL 14/B 5 VII), ja vor allem damit betört er die Mädchen und Frauen. Dabei wird der Gesang als ganz wesentliches, unabdingbares Element in die fast durchgehend vorgeführte oder von den Mädchen beschworene Tanzsituation eingebettet. Neidhart fand diese schon in einigen Strophen Walthers vor, wählte sie jedoch gleichsam als Dauerkulisse seiner Lieder – gewiß ein Hinweis auf ihren realen Sitz im Leben – und stellte das lyrische Ich als singenden Vortänzer in sie hinein.

Auf diese Rolle und diese Kulisse verzichten auch die sogenannten Winterlieder nicht, verkehren sie jedoch weitgehend ins Negative. Die Witterung schlägt im wörtlichen und übertragenen Sinne um. Der Natureingang des oben vollständig zitierten Liedes kann als typisch gelten. Meist werden die fehlenden Zeichen der warmen Jahreszeit, nicht selten aber auch Kälte, Wind, Reif und Schnee des Winters selbst beklagt. Das übliche Tanzvergnügen muß von draußen nach drinnen verlegt werden, in die Stube, die dazu ausgeräumt wird (WL 4 III – B 25 III), in den Hausflur (*vletze* WL 7 III – B 28 III), in den Meierhof (WL 5 IV – B 31 IV), in einen eigenen Holzbau (*berevrit*? WL 18 II – B 35 II). In den Winterliedern 1–10, die der älteren Forschung als die frühesten galten, vermag der Sänger und Vortänzer noch einigermaßen zu verhindern, daß die winterliche Enge die festliche Stimmung beeinträchtigt; wenn er sich als Liebhaber versucht, bleibt der Erfolg nicht aus. Dafür muß er, der sich bereits durch die Wahl der unstandesgemäßen Geliebten einigermaßen disqualifiziert hat, sich auch mit den bäuerlichen Nebenbuhlern gemeinmachen und sich teilweise sogar ihrer handgreiflichen Werbungsmethoden bedienen. In den anderen Liedern dieses Typs kehrt sich das Verhältnis der Sommerlieder um. Die Minnedame *(frouwe)* verhält sich wie im Hohen Minnesang gegenüber dem beständig werbenden Sänger gleichgültig oder abweisend. Ihre soziale Stellung erweist sich jedoch – trotz der ehrenden Anrede (vgl. Walthers Mädchenlieder!) und preisenden Worte des Anbeters – noch deutlicher als in den Sommerliedern in die ländlich-bäuerliche Sphäre eingebunden. Den Hauptgrund für die Erfolglosigkeit des werbenden Ritters stellt dementsprechend die Rivalität der *dörper* (ursprünglich Dorfbewohner, dann abschätzig: Bauernlümmel), *gebûren* (Bauern), *getelinge* (Bauernburschen) oder *sprenzelaere*

(Stutzer, Gecken) dar. Diese putzen sich höfisch heraus und protzen mit ihrer ritterlichen Ausrüstung, benehmen sich dabei ungehobelt, wild und tumultuarisch, richten aber gerade mit ihrer unverfroren zudringlichen Art mehr bei den Mädchen aus als der Sänger. Allerdings nicht nur ihn verdrängen und vertreiben sie, sondern fallen auch übereinander her. Gewaltige Raufereien in der bäuerlichen Enge sind die Folge, da die *dörper* nur im Rudel auftreten. Endlose Namenreihen verleihen ihnen keine Individualität, sondern kennzeichnen sie nur als bedrohliche Masse. Frauennamen sind seltener, obwohl für die Tänze natürlich auch eine Menge Partnerinnen erforderlich sind. Die Angebetete des ritterlichen Sängers wird nur ganz vereinzelt durch einen Namen der traditionellen Anonymität beraubt. So oder so bröckelt allenthalben in Neidharts Liedern der ohnehin dünne Firnis der idealisierenden Frauenverehrung ab und läßt die im Mittelalter stets latente Verachtung der angeblich prinzipiell moralisch unbeständigen, weil sexuell zu leicht reizbaren Frau zum Vorschein kommen.

Mädchen und Burschen mangelt es für das festliche Treiben offenbar nicht an materiellen Ressourcen. Hin und wieder fällt jedoch ein Schlaglicht auf die dahinterstehende Plackerei des bäuerlichen Alltags (z. B. Rübengraben WL 5/ B 31 II; WL 6/ B 32 I; Flachsschwingen WL 8/ B 29 II; Säcketragen WL 22/ B 43 VI). Einem mit Namen Berewolf, heißt es, folgt die Sorge bis ins Grab (ebenda, VI 8); andere, die dem Ritter über den Anger gestapft waren, tun jetzt so, als hätten sie nie einen guten Tag erlebt (WL 18/ B 36 VI 3). Aber mit dem Ansitz, dem der Ritter seinen in den Sommerliedern sehr häufig, in den Winterliedern vereinzelt genannten Namen *von Riuwental* verdankt, ist auch kein Staat zu machen. Das Gut, das er verwalten soll, bringt kaum etwas ein. Es fehlt an allen Vorräten (WL 3/ B 24 VII); vom Erdgeschoß bis an die Dachrinne herrscht Mangel. In Reuental könnte des „stolzen Ritters" Dame nur *armer liute hûsgenôz*, armer Leute Hausgenossin (Standesgenossin), werden (WL 5/ B 31 VI).

Die Literaturwissenschaft tut sich viel darauf zugute, den fundamentalen Unterschied von Autor und lyrischem (auch epischem) Ich auch für das Mittelalter entdeckt zu haben. Daß der Autor die eine oder andere Rolle, die nichts mit seiner eigenen Person zu tun hat, annehmen kann, ergibt sich im Minnesang schon aus der Existenz der Frauenstrophen und Frauenlieder. Aber auch andere Personen wie Bote und Wächter treten bekanntlich auf, bei Neidhart Mutter und Tochter sowie einzelne Bauernburschen. Aber was ist von seinem Namen, Stand und Besitz zu halten, die er sich in den Liedern zulegt? *Her Nîthart* wird der Sänger innerhalb der in R überlieferten Strophen nur von Bauern in Trutzstrophen genannt, und *Nîthart* kann im Mittelhochdeutschen auch als Appellativum für den Teufel oder einen bösen Menschen gebraucht werden. In einer Zusatzstrophe der Handschrift c zu einem in R enthaltenen Lied (WL 35/ B 50) nennt sich der Sänger allerdings selbst *her Nîthart von Riuwental* (Str. VIe). Vor allem heißt aber der Autor bei anderen Dichtern seiner und späterer Zeit eben Nîthart bzw. Neidhart, so schon bei Wolfram von Eschenbach, der anläßlich eines riesigen Schwertes sagt: *het ez hêr Nîthart gesehen / über sînen geubühel* (Gauhügel) *tragen, / er begundez sînen friunden klagen* (Willehalm 312, 12–14). Daß Wolfram hier nicht etwa eine „Rolle", etwa gar schon den Helden der späteren Neidhartschwänke meint, zeigen vergleichbare „Zitate" aus Walthers Liedern, wie *hêr Vogelweid von brâten sanc* (Willehalm 286,19 mit Bezug auf L 17, 11ff. – M 11, 4). Wolframs Nonchalance in der Gleichsetzung von Sängerrolle und Walther als Person (ähnlich *Parzival* 297, 24) läßt die diesbezügliche Ängstlichkeit moderner Interpreten mittelalterlicher Lyrik etwas übertrieben erscheinen. Bei Walther wie bei Neidhart (und anderen) brauchen gewiß nicht alle Ich-Aussagen gleich der Fiktionalität verdächtigt zu werden, nur weil man ihre Lieder früher einmal zur Gänze als Erlebnislyrik mißverstanden hat. Eine außerliterarische Gewähr für den Eigennamen Neidhart haben wir allerdings nicht. Die Verbindung mit dem Beinamen *Riuwental* ist im 13. Jahrhundert überhaupt nicht belegt. Daß dessen Bedeutung „Jammertal, Schmerzenstal" so gut mit der Beschreibung des ärmlichen Wohnsitzes korrespondiert, macht den Namen weiter verdächtig, obwohl reale Orts- und Hofnamen Reuental, Reintal (und ähnliches) keine Seltenheit sind. Daß die Pointe wesentlich besser saß, wenn Neidhart nicht bloß in der Maske eines armen Ritters auftrat, sondern wirklich einer war, scheint dagegen evident. Über die mögliche Lage seines armseligen Rittersitzes, mag er nun in Wirklichkeit geheißen haben wie immer, könnte das Winterlied 24 (B 41) Auskunft geben. Hier fragt der Sänger in Strophe VII: „Woran soll man mein Gesinge hinfort erkennen? Bis jetzt kannte man es gut an ‚Reuental'. Danach sollte man mich noch mit vollem Recht benennen. Aber jetzt ist mein Eigen und Lehen dort schmal bemessen. Mädchen, laßt den für euch singen, der jetzt darüber verfügt! Ich bin davon ohne Schuld verdrängt: meine Freunde, nun laßt mich von dem Namen frei!" In Handschrift R folgt unmittelbar Strophe IX darauf: „Meiner Feinde Absicht mit mir ist nicht völlig ans Ziel gekommen: Wollte es Gott, so könnte vielleicht noch alles gut werden. In dem Land Österreich wurde ich trefflich aufgenommen von dem edlen Fürsten, der mir jetzt eine Unterkunft (ein Haus?) gegeben hat. Hier in (bei) Melk (Mödling?) bin ich fürderhin gegen ihrer aller Absicht. Es tut mir leid, von Eppe und von Gumpe je in (bei) Reuental so viel gesungen zu haben." In Handschrift c steht noch eine Strophe (VIII) dazwischen, in der der Sänger ausdrücklich vom schuldlosen Verlust der Huld seines Herrn und all seines Besitzes in Baiern *(ze Beiern)* sowie von seiner Übersiedlung nach Österreich in Hoffnung auf den *werden Ôsterman* spricht. So viel Lob auf den Landesfürsten könnte der Sammler von R wieder unterdrückt haben. Sofern man doch an der Echtheit der Strophe zweifeln will, kann man noch das Sommerlied 12 (B 18) heranziehen, das nach Strophe IV aus dem gewöhnlichen Schema ausbricht und sich als Lied eines im Orient befindlichen Kreuzfahrers gibt. Dieser kündet seine baldige Rückkunft in deutschen Landen an und trägt einem Boten auf, in Landshut zu sagen, sie seien alle guten Mutes (Str. VII). Auswertbare Anspielungen, die eine Datierung erlauben würden, enthält das Lied nicht, wohl aber SL 11 (B 17) *Ez gruonet wol diu heide,* das deutlich auf den Ägyptischen Kreuzzug von 1217/19 weist. Es besteht auch kein zwingender Grund, die beiden ähnlich aufgebauten Lieder zeitlich weit auseinanderzurücken. In SL 11 bekommt der Bote allerdings keine so guten Nachrichten mit auf den Weg. Eine baldige Rückkehr steht nicht in Aussicht, obwohl der Sänger es angesichts der ständigen Auseinandersetzungen mit den romanischen Kreuzfahrern und der hohen Verluste (mehr als des halben Heeres!) für eine Torheit hält, noch den August jenseits des Meeres zu verbringen – eine ganz nüchterne, illusionslose Absage an die ehemals von den Lyrikern so hoch gehaltene Kreuzzugsidee (s. o. S. 260). „Nirgends wäre ein Mann besser als daheim in seiner Pfarre" (XI 7). „Ehe wir nach Hause tänzeln…, sollten wir in Österreich sein. Vor dem Schnitt setzt man die Pflanzen ein" (X 4ff.). Das läßt sich ohne weiteres mit Neidharts damaligem Wohnsitz in Baiern vereinbaren, wohin der Sänger auf dem Umweg über Österreich zu gelangen hofft.

Ob er dann mit dem österreichischen Herzog schon 1218/19 oder erst mit dem bairischen Herzog 1221 in Richtung Landshut heimkehren konnte, bleibt offen. Namentlich genannt wird in Neidharts Œuvre auf jeden Fall keiner der beiden Herzöge, sondern erst Herzog Friedrich II. von Österreich und Steier, so daß jene „Übersiedlung" wohl erst nach 1230 anzusetzen ist. Daß alle vorher entstandenen Lieder, für die im nachhinein das Markenzeichen *Riuwental* geltend gemacht wird, in Baiern verfaßt und vorgetragen worden sind, ist weder zu belegen noch wahrscheinlich. Eine ganze Reihe von Liedern ohne jene Kennmarke kann dagegen aufgrund von konkreten Hinweisen auf Zeit und Ort in Österreich lokalisiert werden: die Sommerlieder 27–29 (B 19–21) und die Winterlieder 23 (B 52), 24 (B 41), 25 (B 47), 26 (B 48), 27 (B 45), 28 (B 55), 29 (B 53), 30 (B 56), 31 (B 42), 32 (B 49), 33 (B 44), 34 (B 54), 35 (B 50), 36 (B 51). (Bei anderen ist die Zuweisung nicht so eindeutig.)

Logischerweise hat man in erster Linie die österreichischen Lieder herangezogen, um Neidharts Stellung in den politischen und gesellschaftlichen Auseinandersetzungen der Zeit zu eruieren, ist dabei jedoch zu völlig verschiedenen Ergebnissen gekommen. Anlaß zu teils abenteuerlichen Vermutungen gab vor allem der irritierende Widerspruch zwischen Neidharts Kritik an Zuständen im Herzogtum Österreich und seinem gleichzeitigen Buhlen um die Gunst des Herzogs. Nun bietet die Regierungszeit Friedrichs des Streitbaren auch dem heutigen Beobachter ein verwirrendes Bild mit ihrem rasch wechselnden Mit- und Gegeneinander von Kaiser und Herzog, Landesadel und Landesfürsten. Dabei durchschauen wir heute manche größere Zusammenhänge wohl sogar besser als ein letztlich so wenig bedeutsames Mitglied der damaligen Gesellschaft, wie es ein Sänger vom Schlage Neidharts war. Dafür sah sich dieser aber den verschiedenen und sich verschiebenden Gruppierungen bei Hofe und im Lande unmittelbar gegenüber, über die wir nur Vermutungen anstellen können. Hier mochte er auf Zwiste und Koalitionen des Augenblicks sowie auf Tagesereignisse unmittelbar durch Anspielungen in seinen Liedern reagieren, ohne diese je zu politischen Sprüchen nach Walthers Vorbild umzugestalten. Diesem bleibt er jedoch insofern verbunden, als er durch alle Wechselfälle hindurch an einer Grundidee, der Unantastbarkeit der alten Ordnung, festhält und ihre Verletzung selbst dem Herzog, wenngleich nur indirekt, vorwirft. Symptome der beginnenden Zerstörung dieser Ordnung sind ihm Verhalten und Stellung der *dörper* in der Gesellschaft.

Wie wörtlich hat man dies aber zu verstehen? Sind hier tatsächlich reiche Bauern, die sich den Adeligen gleichzustellen suchen und dabei arme Niederadelige mitunter auszustechen vermögen, Ziel des literarischen Angriffs oder kleine Adelige, die sich bei Hof in die sonst den Landherren vorbehaltenen Stellungen drängen, oder gar Angehörige des gesamten Adels, die sich durch Mangel an Sitte und Anstand ihres angestammten Adels unwürdig erweisen? Alle genannten Interpretationen wurden vorgeschlagen und mit einigen guten Gründen verteidigt. Was gegen eine rein allegorisch-moralische Deutung spricht, sind die detaillierte Zeichnung bäuerlichen Milieus (s. o. S. 287) mit handfesten Hinweisen auf die angeblich von Karl dem Großen erlassenen, nun aber verletzten standesspezifischen Waffen-, Frisur- und Kleidervorschriften (vgl. u. a. WL 24/B 41 IV–V; WL 31 VIII/B 42 VI; WL 36 IV–V/B 51 V–VI; dazu Regensburger *Kaiserchronik*, V. 14791ff.; *Bayerischer Landfriede* von 1244, § 71) und die Nennung einzelner Herkunftsorte der Bauern namentlich im Tullnerfeld, im westlichen Wienerwald und an der Melk. In diesen Gebieten lagen reiche Besitzungen der Edelfreien von Lengenbach, die um 1235 ausstarben, sowie der

Grafen von Schala und Peilstein, bei denen der Erbfall etwa ein Vierteljahrhundert früher eintrat. Entgegen älteren Annahmen hat die neuere landeshistorische Forschung (M. Weltin u. a.) gezeigt, daß keineswegs der Landesfürst der Alleinerbe jener Herren gewesen ist. Vielmehr haben deren Ministerialen einen beträchtlichen Teil jenes Erbes einbehalten, einzelne von ihnen offenbar so viel, daß sie nach 1246 selbst zum Kreis der Landherren zählen konnten. Das dazu unabdingbare ritterliche Gefolge müssen jene ehemaligen kleinen, von den einfachen Rittern kaum zu unterscheidenden Ministerialen vor allem aus der nächstunteren Schicht rekrutiert haben. Sollte es Zufall sein, daß sich Neidhart ausgerechnet auf jene Gebiete mit der relativ höchsten „sozialen Mobilität" bezieht?

Überschätzen sollte man diese dennoch nicht. Derartige Fälle hat es da und dort immer wieder gegeben, ohne daß sie von der Adelsgesellschaft als Anzeichen einer allgemeinen Umwälzung empfunden worden wären. Das mittlere und spätere 13. Jahrhundert erscheint jedoch als das Zeitalter der beginnenden Verrechtlichung im allgemeinen und der formal-rechtlichen Standesabgrenzung im besonderen. Wenn Walther um und nach 1200 das exklusive Selbstwertgefühl der höfischen Gesellschaft noch allein auf die reale Erfüllung des Tugendadelsideals gründen will, so befestigt es Neidhart vor allem durch reiche Entfaltung eines antihöfisch-bäuerlichen Gegenbildes. Wenn dieses, wie es scheint, eine Verankerung in der realen Gegenwart des Sängers hat, so sind es doch speziell literarische Bedingungen, unter denen es ins Lied eintritt und sich dort entfaltet. Neben den oben (S. 286) genannten Modellen des Minnesangs wirken bei Neidhart einzelne Typen und Motive romanischer und mittellateinischer Lyrik, insbesondere der sogenannten Pastourelle mit Natureingang und Begegnung von Ritter (oder Kleriker) und Hirtin nach, werden aber charakteristisch umgeformt. So erscheint das vielfach mehr als stürmische Begehren des Ritters oder Klerikers in der Pastourelle einerseits auf das Bauernmädchen, andererseits aber vor allem auf die Bauerngecken übertragen. Die in der lateinischen und volkssprachlichen höfischen Literatur längst beliebte Spottfigur des derben, zur höfischen Liebe (dank seiner ungezügelten Sexualität und mangels Umgangsformen) gänzlich ungeeigneten Bauern nimmt nun bei Neidhart alle in den zeitgenössischen höfischen Anstandslehren gerügten Normverstöße in sich auf, gleich dem berühmten Grobianus des 16. Jahrhunderts. Der Sänger bietet seinem Publikum auf diese Weise Gelegenheit, seine sexuellen und aggressiven Phantasien ungehemmt auszuleben und zugleich in der satirischen Ablehnung der negativen Figur sich in der eigenen sittlichen Überlegenheit bestätigt zu fühlen. „Die ‚andere Welt' ist abstoßend und faszinierend in eins" (J.-D. Müller). Das demonstriert schon die Figur des ritterlichen Sängers selbst, der sich ja in das ungezügelte Treiben im Dorf mengt. Dieser doppelte Anreiz blieb auch im Laufe des Spätmittelalters unter verschiedenen soziokulturellen Bedingungen unvermindert erhalten. Schon die Neidhart-Lieder, die C gegenüber R zusätzlich enthält, zeigen eine gesteigerte Vorliebe für Keilereien und Obszönitäten (B 75–77). Großen Anklang fand auch von Anfang an und weiterhin das damit verbundene, dem traditionellen Stil des Minnesangs immer wieder unvermittelt bei- und gegenübergestellte unhöfische Wortgut aus der oberdeutschen Umgangssprache (vermehrt durch Neuschöpfungen des Autors).

Neidhart hat hier offenbar eine „Marktlücke" gefüllt. Dem Pathos der Hohen Minne trat das Satyrspiel zur Seite, von dem trotz des ernsten satirischen Untertons die voll ausgespielten kabarettistischen Effekte als erste ins Auge oder besser: ins Ohr sprangen. Gestalten wie die mit dem Tode ringende sieche Alte, die bei Ankunft des Frühlings aufspringt und alle jungen Mädchen zu Boden rempelt (SL 5/B 58) oder der Bauernlümmel Ruprecht, der Eppe ein rohes Ei an die Glatze wirft (WL 3 V/B 24 VI), blieben eben leicht im Gedächtnis. Der Erfolg erhöhte wohl sogleich die Nachfrage. So mochte sich Neidhart veranlaßt sehen, die einmal geschaffenen beiden Liedtypen als Rahmen sein ganzes Schaffen hindurch beizubehalten. Bei aller Variation im einzelnen, bei allen neu hinzukommenden, namentlich komischen Effekten entsteht so der Eindruck einer gewissen Starrheit, die jedoch einem von Anfang an vorherrschenden „Lebensgefühl der Bedrohung und Unsicherheit" (J. Heinzle) entspricht. Symbol dafür ist der Spiegel, den einst der *dörper* Engelmar, *ein toerscher Beier*, Friederun geraubt (SL 22/B 3) und nicht mehr herausgegeben hat (WL 32 V/B 49 VI). Nicht zufällig kann man darunter zwar in erster Linie höfischen Glanz, höfische Lebensfreude und Lebensart, zugleich aber auch die weibliche Unschuld verstehen. Weit drastischer drückt der Sänger diesen Gedanken andernorts, etwa besonders deutlich dann in dem Alterslied WL 34 (B 54) unter Benutzung der obszönen Metaphern „Haarring" und „Finger" aus. An Frau Minne ergeht der Vorwurf: *in dîn haerîn vingerlîn ein kneht den vinger dranc* (VIII 8). Das Verwerfliche liegt dabei allein in der Hingabe an den *kneht*: „Daß sie ihn (den Ring) nicht dem Ritter an den Finger steckte, als er noch neu und kostbar war! Dann hätte sie ihn dem Knecht immer noch für vollwertig schenken können" (IX 1–3). Nicht nur hier zeigt der Begriff Minne eine deutliche Tendenz, sich auf das Sexuelle einzuschränken, während das Wort *liebe* (bzw. *herzenliebe*) die Stelle von *minne* einzunehmen beginnt (was im 15. Jahrhundert zum völligen Verschwinden dieses obszönen Wortes aus dem literarischen Wortschatz geführt hat). Im Weiterschreiten von der einseitigen Sehnsuchtsminne zur Gegenseitigkeit bei Walther beschreibt Neidhart Hohe Minne geradezu als selbstverständliche Erfüllung der Liebessehnsucht in körperlicher Vereinigung (vgl. SL 28/B 20; WL 23/B 52). Die Klage des Sängers, daß die Angebetete gerade ihm diese Gunst verwehrt habe, steigert sich in den Alterslieder dann nicht nur zu dem genannten Vorwurf an Frau Minne, sondern zur Identifikation der *frouwe* mit Walthers Frau Welt. Sie wird, obgleich namenlos – nur in einer Zusatzstrophe in C heißt sie *Werltsüeze* –, eindeutig gekennzeichnet: In ihrem Dienst fährt man zur Hölle (WL 34/B 54 III), Gesang für sie entfernt von Gott (WL 30/B 56 III), sie ist älter als 1000 Jahre und doch törichter als ein Kleinkind (WL 30/B 56 IV – nicht in R), sie ist die Hure des Hofes *(hoverîbe)*, die all ihre Ehre verloren hat (WL 28/B 55 II) etc. Wie in Walthers Alterswerk verbindet sich Hofkritik und Verfallsklage mit religiöser Absage an das Diesseits. Innige Frömmigkeit spricht schwerlich aus ihr. Walthers wehmütige Resignation klingt aber auch nicht mehr an. Das zwiespältige Verhältnis Neidharts zur Welt, das dem seines Publikums entsprochen hat, nichtsdestoweniger doch einmal aus persönlichem Erleben entsprungen sein könnte, scheint sich zuletzt in Ekel zu verwandeln. Aber selbst aus dem gebetshaften Ton des Winterliedes 30 läßt er sich nochmals durch einen Wunsch des Publikums herauslocken, um wieder über die *dörper* zu singen (Str. VII ff.). So will man den Sänger haben, nur so bleibt er der Nachwelt im Gedächtnis.

Selbst seine derb-groteske Bauernwelt hätte Neidhart nicht zu dem im Spätmittelalter beliebtesten lyrischen „Klassiker" machen können, würde sie sich nicht im Gewand brillanter Formkunst, namentlich eingängiger, teils geradezu gassenhauerischer Melodik präsentieren. Diese ist uns – anders als bei Walther – auch einigermaßen bekannt. 5 Handschriften, die allerdings alle bis auf eine (O, 14. Jahrhundert, Fragment) dem 15. Jahrhundert entstammen, überliefern unter Neidharts Namen 55 Melodien, davon 13 zweifach. Hauptzeuge ist auch hier Handschrift c mit 45 Melodien. Die Winterlieder folgen nahezu durchgehend, die Sommerlieder dagegen nur vereinzelt dem bekannten Kanzonenschema, wobei die Abgesänge meist Durchkomposition mit variierter Zeilenstruktur oder Wiederholung von Melodiezeilen aufweisen. Die ganz überwiegende Mehrzahl der Sommerlieder hat dagegen nichtstolligen „freien" Strophenbau, z. B. SL 23/B 10: 6ka, 6ka, 5mb, 3mb, 6kx, 4mb (mit Melodie in c, die zweiteilig gestaltet ist). Die Melodienführung wird ganz überwiegend der Verssprache in syllabischer Manier angepaßt. Zeilenenden erhalten aber auch nicht selten Melismen, insbesondere am Stollen- oder Liedende. Trotz fehlender rhythmischer Angaben in der Melodienüberlieferung steht der Tanzliedcharakter der allermeisten Lieder außer Zweifel, so daß sich ein Vortrag im Dreierrhythmus anbietet. Er verfehlt auch bei modernen Aufführungen nicht seine mitreißende Wirkung. Vermögen Neidharts Melodien sogar noch heutige Hörer ohne Kenntnis der alten Sprache zu begeistern, so braucht man sich nicht zu wundern, daß sich das halbe Mittelalter von Neidhart und seinen Nachfolgern aufspielen ließ.

Daß Neidharts Manier bald auch von anderen Sängern nachgeahmt wurde, läßt sich unschwer nachweisen. So weist C vier Lieder, die in anderen Handschriften (darunter c) Neidhart zugeschrieben werden, einem gewissen Herrn Goeli zu, der wohl in Basel beheimatet war (urkundlich bezeugt 1254–76). Neidharts Ruhm hat sich also rasch über weite Räume verbreitet. Dennoch ist es nicht abwegig, die ersten seiner Epigonen einmal im bairisch-österreichischen Raum zu suchen. Zu ihnen werden vermutlich schon Herzog Friedrich der Streitbare und Meinhart Tröstel gehört haben, doch ist nichts unter ihrem Namen überliefert. Ihre Lieder haben wohl etwa jenen zweien geglichen, welche Handschrift C einem **von Scharpfenberg** zuschreibt, ein Streitgespräch zwischen Mutter und Tochter mit deutlicher Reminiszenz an Neidharts SL 18 (B 12) und ein Gespräch der Gespielinnen, zwar ohne Frühlingseingang, aber dafür mit teilweise wörtlicher Übernahme der Strophe I aus Neidharts SL 26/B 8 III. Da die beiden Lieder in C nach denen des Wildoniers (s. u. S. 492) stehen, könnte es sich bei dem Autor um einen Angehörigen der mächtigen, in Krain, Kärnten und Steier begüterten Familie von Scharfenberg (Stammburg in Unterkrain) handeln.

Ein weiterer hoher Herr unter den Jüngern des großen „Meisters" läßt sich in dem Verfasser von fünf Strophen vermuten, die C unter dem (verschieden geschriebenen) Namen Kol von Nvnzen (= Niunzen) oder **Kol von Nv̀ssen** (= Niussen) verzeichnet. Vielfach in der Umgebung des Herzogs Friedrichs II. ist ein Ministeriale Kol von Frauenhofen bezeugt. Unmittelbar neben diesem Ort im Tullnerfeld liegt Nitzing (ehemals Nutzing[en]); und dieser Kol gehörte vor dem Aussterben der Edlen von Lengenbach 1235 (s. o. S. 289) deren Klientel an, ebenso wie der von Ulrich von Liechtenstein (s. u. S. 482ff.) als Minnesänger genannte Gottfried von Totzenbach. All dies weist auf unseren Dichter (M. Weltin), der sich allerdings an Neidhart fast nur in der Betonung des sexuellen Aspekts anschließt. Dabei wahrt er aber sprachlich durchaus das höfische Dekor und sucht originelle Metaphern statt eindeutiger Ausdrücke. Seine ersten zwei Strophen bilden zwar eine Pastourelle mit eindeutiger Deflorationsthematik (Lied I). Doch im Gegensatz zu dem deftigen Liebeskampf mit der an Kräften überlegenen Flachsschwingerin in Neidharts „Pastourelle" WL 8 (B 29) und auch zu der sprachlich etwas dezenteren, inhaltlich aber männlich-brutalen lateinisch-deutschen Pastourelle in den *Carmina Burana* (Nr. 185) befleißigt sich Kol eher des Tones von Walthers Mädchenliedern, begnügt sich freilich nach dem Werbungsgespräch zwischen dem Knappen und seiner *vrou magt* nicht mehr mit Andeutungen. Auch wenn Kol vorgibt, nicht zu wissen, „was für einen Brief er ihr vorlas" (I 2, 6), so ist jedem klar, was das für ein *dorn* ist, der sie im Wald sticht (I 1, 6; 2, 7). Dasselbe gilt für das kaum eine Hand breite Lehen, das „sie" dem Sänger oft versagt hat und das er nun gegen alle andern Männer verteidigt (Lied II), sowie für „ihren" Stickrahmen, wo er seine Sticknadel erklingen lassen will (Lied IV). In Lied III stellt der Sänger eine mögliche sexuelle Verbalmetapher zweimal in den Reim, um sie jedoch hernach entgegen der Hörererwartung in harmlose höfische Minnepsychologie aufzulösen. Diese wird somit durchaus geistreich parodiert. Wie bei Neidhart liegt das vor, was die Forschung Gegensang nennt. Aber er fällt formal viel anspruchsloser aus und greift die Liedkunst der Hohen Minne wohl auch ohne spezielle satirische Absicht nur zum Zwecke spielerischen zweideutigen Witzes auf.

Ein Neidhartschüler aus dem Kreis der Fahrenden ist offenbar ein Sänger namens **Geltar** gewesen. Handschrift C teilt ihm neun Strophen (= vier Lieder) zu, die in A unter dem Namen Gedrut (= Gertrud), vermutlich der Besitzerin eines Liederheftes (daraus 30 Strophen in A), erscheinen. Lied I und II drücken eine eindeutige Ablehnung des Minnesanges aus, I aus moralisch-gesellschaftlichen, II aus ökonomischen Gründen. „Hätte ich einen Knecht, der etwa von seiner Dame sänge, der müßte sie mir deutlich nennen, damit nicht jemand meinte, es sei meine Ehefrau", empfiehlt der Sänger in I und beschuldigt *Alram Ruopreht Friderîch*, auf diese Weise ihre Herren von *Mergersdorf* zum Narren zu halten (oder nachzuäffen?), wofür ihnen bei Gericht die Todesstrafe gebühren würde. Ebenso ruft er in II dazu auf, die Minnesänger, die den Damen ins Ohr raunen, zu prügeln. Er selbst wolle darauf verzichten, wie ein feiner Flame vor und von Damen zu singen, sondern versuchen, durch Herrenpreis alte Kleider und ein Pferd zu erlangen. Die Heischegeste definiert die soziale Stellung (falls man nicht wieder einmal Rollenspiel annehmen möchte); die Nachahmung fremder Mode (vgl. *vlaemen* WL 27/B 45 VII 12), das Raunen (Flirten), die Knechtsnamen, der Ortsname aus dem Weinviertel (Merkersdorf bei Ernstbrunn) sind dagegen Merkmale der Welt Neidharts. Lied IV liefert dann noch ein typisches Tochter-Mutter-Gespräch, das allerdings unerwartet endet: Die Mutter billigt die Wahl eines Walisers (wie Parzival einer ist!) zum Geliebten, erliegt also auch schon der Bewunderung des Fremdländischen. Wenn wir also Geltar für Österreich und vielleicht auch für den Hof Friedrichs des Streitbaren in Anspruch nehmen dürfen, so vernehmen wir hier wohl erstmals in der Minnelyrik unseres Raumes die Stimme eines wahrhaft Außenstehenden, der nicht mehr höfisch-idealistische Maßstäbe anlegt, sondern den potentiell ehebrecherischen Charakter der Hohen Minne offenlegt. Die Minnesänger hatten es bisher geradezu peinlich vermieden, den Ehemann ins Spiel zu bringen, so daß ein solcher gar nicht zu existieren, die umworbene *frouwe* somit als unverheiratet erscheinen mußte. Nun kann *frouwe* im Mittelhochdeutschen tatsächlich jede adelige Dame und *wîp* jede Frau, ob verheiratet oder nicht, bezeichnen, so daß dadurch keine Festlegung erfolgt. Es sollte aber doch stutzig machen, daß eindeutige Bezeichnungen für Unverheiratete, nämlich *juncvrouwe*, *frouwelîn* und *maget* in der Sprache jener

Zeit durchaus bereitstanden, in der klassischen Minnelyrik bis auf geringfügige Ausnahmen, insbesondere Walthers Mädchenlieder, aber nie gebraucht werden – ganz anders als in der erzählenden Dichtung (in Wolframs *Parzival* z. B. insgesamt über 300mal, in Wolframs Liedern dagegen nie!). Es lag also keineswegs so ferne, die Hohe Minne als ehebrecherisch zu verdächtigen. Das tut auch der Stricker, wo das Problem weiter zu erörtern sein wird (s. u. S. 340ff.). –

Möglicherweise haben uns die Handschriften A und C (A allerdings unter jeweils anderem Namen) etliche Strophen zweier Sänger bewahrt, die von Geltar so heftig angegriffen werden. Ein Dichterbild in C trägt die Überschrift *Her Alram von Gresten* (in der Vorschrift *Waltram von Gresten*), ein anderes die Überschrift *Her Friderich der knecht.* Die unter **Alram** stehenden drei überaus konventionellen Minneklagen passen recht gut zu Geltars Spott über die genannten Minnesänger: „Ihr seid zu feist in der Not eurer Klage. Wäre es jemand ernst, der sich so nach Liebe sehnt, der wäre in Jahresfrist tot" (I, 7–9). Zudem weist die Herkunftsbezeichnung **von Gresten** (bei Scheibbs) den Dichter als Niederösterreicher aus. Komplizierter liegt der Fall bei **Friedrich dem Knecht**. *Ich fröidelôser kneht* (I 5,10; 6,1) bzw. *der kneht* (IV 5,10) nennt sich der Sänger selbst, woraus nicht nur der Sammler von C den Beinamen, sondern auch Geltar seine spöttische Assoziation des ehebrecherischen Minnesangs mit einem *kneht* (s. o.) bezogen haben könnte. Geltar müßte dann freilich die parodistischen Untertöne der Lieder Friedrichs absichtlich oder unabsichtlich überhört haben. In Lied I, einer Klage über den Winter und die unnahbare Geliebte, die den Sänger beschuldigt, ihrer Ehre nachzustellen, klingen sie nur schwach an, ebenso in dem wenig profilierten Lied Ia, das in C an anderer Stelle unter Neidharts Namen nochmals erscheint. Lied II, das wie I, Ia und IV mit einem Wintereingang beginnt, lenkt auch im folgenden stärker in Neidharts Bahnen ein. In kraß realistischer Sicht erscheinen hier nun unter den Folgen des Winters auch die roten Füße der *frouwe*. Sie sind der Kälte schutzlos ausgeliefert, da der Bruder der *frouwe* ihr die Kleider weggeschlossen hat. Bei Neidhart war das ein Mittel der Mutter gewesen, die Tochter von dem Stelldichein zurückzuhalten. Dasselbe tut hier der Bruder, obwohl die vom Sänger überschwenglich gepriesene Angebetete diesem noch gar keine Hoffnungen gemacht hat. In einer Trutzstrophe verspricht ein glücklicher Rivale spöttisch dem Sänger, ihm bei der *frouwe* beizustehen: „Da ihr die Füße so weh tun, will ich sie – nun sei froh darüber – gerne unter meinen beiden Füßen erwärmen" (II 6, 8–10). In Lied III gipfelt die Liebesklage des Sängers in Schwüren, die sich als völlig banale Tautologien entpuppen (z. B. Er werde nie froh – außer wenn er von Herzen lache). Lied IV gibt einen Hinweis auf die Fahrendenexistenz des Sängers. Zu der Klage über die verlorenen Sommerfreuden und die jahrelange vergebliche Werbung tritt die über zu geringe Freigebigkeit der Herren. Dabei fallen sowohl die demonstrierte Austauschbarkeit der sprachlichen Formulierungen, welche die (mangelnde) Huld der *frouwe* wie der Herren bezeichnen, als auch die ursächliche Verknüpfung der beiden auf: Für einen Pelzrock würde, sagt der Sänger, ihn die *frouwe* schon erhören, nur reichen seine Einkünfte eben dazu nicht. In Strophe 5 beteuert er allerdings, weiter mit seinem Werbegesang Freude bringen zu wollen. Lied V bleibt dunkel, enthält aber vermutlich eine grobe Absage der Dame. Auch formal fällt es mit seinem wohl unstolligen Bau aus der Reihe der übrigen Kanzonen heraus. –

Als „Gegensang", wenngleich von durchaus anderer Art, ließe sich auch das Œuvre eines anderen Fahrenden bezeichnen, der Neidharts „Nachfolge" am Wiener Hof angetreten haben könnte. Er nennt sich Tannhäuser *(Tanhûsaere)*. Adelige Familien von Tannhausen gab es im 12./13. Jahrhundert mehrere, darunter welche in der Gegend von Nürnberg und in Kärnten. Unser Dichter könnte aber dann nur ein enterbtes, mittelloses Mitglied einer solchen Familie gewesen sein, das die Sangeskunst zu seinem Brotberuf machen mußte. Ebensogut könnte der Sänger sich aber einen sprechenden Berufsnamen zugelegt haben, etwa mit der Bedeutung „Hinterwäldler" – „ein ironisches Etikett für einen Dichter, der seine umfangreiche Bildung zur Schau zu stellen pflegte" (J. W. Thomas). Am besten verständlich würde der Name vielleicht im Rückbezug auf Walthers Spruch im Unmutston M 17 (s. o. S. 273). **Der Tannhäuser** hätte sich dann als den vom Hof in den Wald verwiesenen Sänger bezeichnet – ein krasser Ausdruck seiner Unbehaustheit. Diese dürfte allerdings für einige wenige Jahre eine angenehme Unterbrechung erfahren haben, sofern wir den autobiographischen Aussagen in Ton XIV Glauben schenken dürfen. Hier trauert der Tannhäuser über den Verlust seines großen Gönners. Er nennt ihn *den helt uz Oesterriche, der mich so wol behuset hat* (XIV 28f.), und zählt seine Besitzungen auf: einen Hof in Wien, ein Gut in Himberg (bei Wien) und ein ganzes kleines Dorf im Marchfeld (Leopoldsdorf). Nun aber müsse er sich – wie einst Walther – von den Hausherren allenthalben als Gast verspotten lassen. Daran sei er aber zu einem Gutteil selber schuld: „Die schönen Frauen, der gute Wein, die Leckerbissen am Morgen und zweimal in der Woche baden, das trennt mich vom Besitz" (XIV 19f.). Ab wann er sich Herzog Friedrichs Gunst erfreuen durfte, wissen wir nicht. Sein großer Preis dieses Fürsten läßt sich jedenfalls erst auf 1244/45 datieren, da darin auf die damals erwartete, dann aber nicht realisierte Erhebung Österreichs zum Königreich angespielt wird (I 55ff.). Es könnte sich hier sogar um den ältesten erhaltenen Text des Tannhäusers handeln. In Ton V wird des Herzogs schon als eines Toten gedacht (V 67) und unmittelbar darauf *der uz Peierlant* als mächtiger, königsgleicher und freigebiger Fürst gepriesen, bei dem der Sänger inskünftig zu finden sein solle (V 70ff.). Das könnte Herzog Otto II. gewesen sein, der nach Friedrichs Tod zum Reichsverweser für Österreich eingesetzt wurde. Unter den zahlreichen freigebigen Herren, die der Tannhäuser dann in seinem letzten datierbaren, vor 1266 entstandenen Ton VI aufzählt, taucht auch *uz Peierlant ein fürste wert* auf (VI 126); doch damit kann nur Heinrich XIII. von Niederbaiern (1253–1290) gemeint sein, da ihm *sin bruoder Ludewic*, d. i. Ludwig II. von Oberbaiern und der Pfalz (1253–1294), zur Seite gestellt wird (VI 130). Wer aus dieser langen Liste an seinem Hof den Tannhäuser tatsächlich für kurze Zeit aufgenommen hat, läßt sich nicht sagen. Als Überblick über die möglichen Gönner vom späten 12. Jahrhundert bis zur Mitte des 13. Jahrhunderts hat der Text aber einen hohen literarhistorischen Quellenwert. Er enthält ausschließlich Könige und Reichsfürsten (neben lauter weltlichen nur einen geistlichen, Bischof Ekbert von Bamberg, dessen wenig geistliche Gesinnung wir aus Hermanns *Niederalteicher Annalen* [s. o. S. 184f.] kennen), insgesamt 28 Namen, von breiter geographischer Streuung, unter denen sich aber aus unserem Raum nur die Herzöge von Baiern und Österreich, nicht aber der Herzog von Kärnten, der Graf von Tirol, der Bischof von Passau oder der Erzbischof von Salzburg befinden. Unter den Gönnern aus des Sängers Gegenwart dominieren solche aus dem Norden von Thüringen bis Dänemark, so daß sich vermuten läßt, der Tannhäuser habe in seiner späteren Zeit mit Vorliebe dort angeklopft.

Von den 16 in Handschrift C überlieferten Tönen lassen sich somit nur einer (I in der Ausgabe v. J. Siebert) mit Sicherheit der österreichischen, der nachösterreichischen Zeit aber sicher drei (V, VI, XIV) und mit Wahrscheinlichkeit noch zwei weitere (XII, XIII) zuweisen. Nr. XII, eine Klage über die verlorene Behaust- und Wohlhabenheit, beschwört die frühere schöne Zeit in Nürnberg. Von derselben Gegend, dem Sand bei Nürnberg, scheint jene Pilgerreise ins Heilige Land ausgegangen zu sein (vgl. XIII 77), die der Ton XIII, ein nüchterner Bericht von einem glücklich überstandenen Seesturm vor Kreta und anderen Unannehmlichkeiten der Seefahrt, zum Gegenstand hat. Trotz allem ist die Annahme angesichts der so sehr herausgestellten Gönnerrolle Friedrichs des Streitbaren nicht abwegig, der Wiener Hof habe eine zwar kurze, aber besonders intensive Blüte des Schaffens unseres Sängers erlebt.

Der Form nach haben wir beim Tannhäuser Töne mit ungleichförmigen Strophen (I–VI) von solchen mit gleichförmigen (VII–XVI) zu unterscheiden. Die letztgenannten Strophen, quantitativ und qualitativ als Ganzes von geringerem Gewicht, fallen überwiegend in den Bereich des Minnesanges, aber nicht alle: Nr. XII–XIV und XVI bestehen aus Spruchstrophen, die sich jedoch – bis auf die letzte, eine alleinstehende Rätselstrophe (Ton XVI) – der Gattung des Liedes durch Kohärenz des Gedankenganges innerhalb des Tones (mit 5–6 Strophen) annähern. Setzt sich hier eine schon bei Walther, insbesondere in dessen Alterswerk, ausgeprägte Tendenz verstärkt fort, so tritt sonst in den Liedern (im engeren Sinne) der Einfluß Walthers hinter dem Neidharts zurück. Dafür sprechen nicht einmal so sehr das Motiv des Tanzes und die Rolle des Vorsängers beim Tanz (VII, XI bzw. XV) oder die Sommer- und Wintereingänge (VII, XV bzw. VIII, s. auch u.), obwohl hier Wortwahl und Reime stark an Neidhart erinnern, als die Neigung zur krassen Übersteigerung in der Minneklage. In durchaus origineller Weise läßt der Tannhäuser sie aber in einer langen Reihe unmöglicher Forderungen (Adynata) der Dame gipfeln: Er solle ein Haus aus Elfenbein auf einem Meer erbauen, den Gral, den Parisapfel, die Arche Noe, den Salamander aus dem Feuer herbeischaffen, Flüsse umleiten, fliegen wie ein Star etc., dann wolle sie ihn erhören (IX, X). Völlig in seinem Element ist der Sänger jedoch bei der einläßlichen Beschreibung seiner *frouwe* beim Tanz in Nr. XI. Ausgangspunkt ist die übliche Beschreibungstechnik vom Kopf bis zu den Zehen, wie sie im Lateinischen vielfach, im Deutschen v. a. in Walthers Lied *Sî wunderwol gemachet wîp* (L 53, 25ff. – M 66) angewendet worden war. Während Walther die an sich im Deutschen damals noch unerhörte Schilderung einer nackten (aus dem Bad steigenden) Frau mit äußerster Delikatesse vornimmt, spart der Tannhäuser nun die intimen Körperteile gerade nicht mehr aus, sondern steuert geradewegs auf sie zu. Dazu benutzt er geschickt die sich drehende Bewegung des Tanzes, die so manches enthüllt *(la din sitzel blecken,* „laß dein Gesäßchen sehen": XI, 23), begnügt sich aber auch damit nicht, sondern zieht die Beschreibung ganz durch. Wie der *siz* erscheinen aber auch die Beine und die *diech*, die Oberschenkel, in der niedlichen Verkleinerungsform und das weibliche Genitale unter einem ungeläufigen euphemistischen Decknamen: *Wiz sint ir beinel,/ lint* (weich) *diu diehel, reitbrun* (braungelockt) *ist ir meinel,/ ir sitzel gedrollen* (rund) (XI, 33–35). Neidhart hatte sich auch hier vor direkter Ausdrucksweise nicht gescheut, sie allerdings zumeist den Bauernlümmeln in den Mund gelegt. Der Tannhäuser geht offenbar auf denselben erotischen Effekt aus, jedoch unter Ausschaltung alles Derben. Alle Attribute eines niederen Standes werden von der *frouwe* strikt ferngehalten. Zumindest in ihrem Aussehen und edlen Gehaben (vgl. u. a. IV, 83–84) gleicht sie einer Kaiserin (XI, 56). Kein Merkmal von den Locken über die langen Finger bis zum schön gewölbten, schmalen Fuß fehlt ihr zum vollkommenen höfischen Schönheitsideal.

Alle Lieder und Sprüche haben Kanzonenform mit Stollen von zwei bis fünf Zeilen und Abgesängen von vier bis acht Zeilen. Gemäß dem allgemeinen Usus in der 2. Hälfte des 13. Jahrhunderts sind die Minnelieder fast ausschließlich dreistrophig. Was das Œuvre des Tannhäusers aus der Lyrik des 13. Jahrhunderts heraushebt, ist die große Zahl seiner ungleichstrophigen Töne. Die Gattung wird in der Forschung mit dem im Mittelhochdeutschen gebräuchlichen, dort aber keineswegs eindeutigen Wort *leich* (vgl. mhd. *leichen* „hüpfen") bezeichnet. Verwandte Formen in anderen Sprachen sind die lateinische Sequenz, die okzitanischen Gattungen *descort* und *estampida* und die altfranzösischen Gattungen *lai, descort* und *estampie.* Von all diesen stehen dem Leich die Sequenz und der Lai (der nicht mit der gleichnamigen Erzählgattung zu verwechseln ist) am nächsten, da nur die drei nicht auf weltliche Themen eingeschränkt sind. Die Sequenz kommt ja überhaupt aus dem liturgischen Bereich (s. o. S. 95ff.), bemächtigt sich aber früh auch anderer Sujets (s. u. S. 408ff.). Die ältesten deutschen Leiche (von Heinrich von Rugge und Walther von der Vogelweide) sind ebenfalls religiöser Natur, doch die Zahl der weltlichen Leiche liegt insgesamt weit höher. Sie waren offenbar zumeist zum Tanz bestimmt. Der Tannhäuser könnte diese Tradition eröffnet haben. Er spricht in fünf seiner sechs Leiche die Tanzsituation direkt an, was ihn nicht hindert, gemäß dem Usus mancher lateinischen Sequenzendichter darin zuerst auch einmal ganz andere Themen aufzugreifen. Leich I ist vorwiegend dem Lob Herzog Friedrichs gewidmet. Den zu Anfang beschworenen Maifreuden entspricht, sagt der Sänger, die Lebensführung des Fürsten. Er strebt nur nach *êre* und *werdekeit;* seine Gegner lehrt er das Fürchten. Ihm folgen Juden, Christen, Heiden, Griechen, Kumanen (?), Ungarn, Polen, Böhmen. Er übt Freigebigkeit und wahrt gemäß seinem Taufnamen den Frieden des Landes – eine besonders krasse Geschichtsfälschung des Hofsängers. Alle *wolgetânen wîp* fragen vom Rhein bis zu den Alpen nach dem edlen Fürsten. Er weiß ja gar wohl die Freude zu mehren, denn *er singet den frouwen den reien* (I, 70). Dasselbe haben wir bei Neidhart gehört. Anders als dieser erklärt sich aber der Tannhäuser sofort bereit, dem Fürsten als Sänger zur Seite zu stehen. Das bildet den Übergang zu der ab Versikel 30 (bis 39) ausgesprochenen Aufforderung zum Tanz auf dem Anger. Unter der Linde soll zum Spiel der Flöten und Geigen ein Singen und Springen mit den Mädchen, den *sumertocken,* Sommerpuppen (I, 110; vgl. das in Nr. XI beschriebene *sumertöckel*), beginnen. Ganz ähnlich ist Leich V aufgebaut, der auf einen langen Katalog von Ländern und Helden (Versikel 1–23) wiederum die Tanzszene (24–34) folgen läßt. Die Klammer stellen hier die Trauer um den verlorenen und die Hoffnung auf den neuen Gönner (s. o.) her, bei dem der Sänger aufzuspielen hofft.

Leich II, III und IV verbinden dagegen nur die naturgemäß zusammenhängenden Sujets Tanz und Minne. Als Beispiel sei der besonders hübsche Leich III herausgegriffen, obwohl sich mangels überlieferter Melodie die Form nur unzureichend eruieren läßt. Wenn man den metrisch annähernd gleichgebauten Versikeln denselben Buchstaben, den nur im Reimschema abweichenden denselben Buchstaben mit einem Index zuteilt, so ergibt sich folgende Reihe der 27 Versikel: $ABBACCBDAEFAGAABHDG_1A_1AIG_2IG_3JJ_2$.

Dabei lassen sich aber so gut wie alle Versikelformen als Erweiterungen, Doppelungen oder Halbierungen der Grundform A des ersten Versikels (mit vier Vierhebern) begreifen, so B etwa als eine Variante von A, bei welcher Vers 3 zu einer achthebigen Langzeile ausgedehnt und diese Langzeile verdoppelt wird (3x4+2x8, Reime aabbb), oder F, der längste Versikel, als eine Erweiterung von B durch Voranstellung von 3 und Anfügung von 2 Versen (2x2a+2b+B+4d+8d). Die verlorene Melodie hatte, wie sich in Analogie zur erhaltenen von Leich IV (s. u.) schließen läßt, wahrscheinlich noch mehr identische Glieder aufzuweisen.

Der Leich hebt an mit einem Frühlingseingang. Der Sänger pflückt auf der schönen Wiese einen Blumenkranz und trägt ihn zu den tanzenden *frouwen* (1–2). Eine Aufzählung von Blumennamen gibt den ersehnten Rahmen für die Begegnung mit der einen *frouwe*, die den Sänger als ihren *dulz amis* (afrz. „süßer Freund") angenommen hat (3–4). Er eilt in einen Wald *(fores),* wo er die Geliebte an einem typischen „Lustort" *(locus amoenus)* antrifft:

> 6. *Ich hort da wol tschantieren,*
> *die nahtegal toubieren.*
> *alda muost ich parlieren*
> *zu rehte, wie mir waere:*
> *ich was an alle swaere.*
> 7. *Ein riviere ich da gesach:*
> *durch den fores gienc ein bach*
> *ze tal über ein planiure.*
> *ich sleich ir nach, unz ich si vant, die schoenen creatiure:*
> *bi dem fontane saz diu klare, süeze von faiture.*

6. Ich hörte dort die Nachtigall schön singen und flöten. Da mußte ich reden so recht, wie mir zumute wäre: Ich war völlig unbeschwert. 7. Einen Fluß sah ich da: Durch den Wald floß ein Bach zu Tal über eine Lichtung. Ich ging ihr leise nach, bis ich sie fand, das schöne Geschöpf: An der Quelle saß die von Gestalt Strahlende, Liebliche.

Im Einklang mit der Anschauung der lieblichen Natur steht die der schönen Geliebten. Sie wird ausführlich beschrieben (8–10), ähnlich wie in Lied XI, nur ohne *meinel,* dafür wieder mit einer Reihe spielerisch-ironisch eingesetzter französischer Lehnwörter *(persone, grande* etc.). Der Liebesdialog mit des Sängers Worten in direkter und der *frouwe* in indirekter Rede behält die Stillage ebenso bei wie die Schilderung der Liebesvereinigung. Sie bittet ihn (13), für sie zu *tschantieren/ von der linden esten/ und von des meien glesten* (Glanz). Ihre *tavelrunde,* also der Ort höfischer Geselligkeit nach dem Vorbild des Königs Artus, besteht nur aus Laub und Gras (14), das dort anwesende Hofgesinde *(massenie)* nur aus ihnen zweien. Es ist aber nicht nur der physisch überlegene Mann, der, wie in den allermeisten Pastourellen, die günstige Gelegenheit ausnützt. Vielmehr betont der Sänger mehrfach die Beidseitigkeit des Begehrens und Empfindens (15–16). Dabei wahrt er die volle sprachliche Dezenz gegenüber dem durchaus eindeutigen Vorgang:

> 17. *Von amure seit ich ir,*
> *daz vergalt si dulze mir.*
> *si jach, si lite ez gerne,*
> *daz ich ir taete, als man den frouwen tuot dort in Palerne.*

17. Von Liebe sprach ich zu ihr, das vergalt sie mir auf süße Weise. Sie sagte, sie leide es gerne, daß ich mit ihr das tue, was man mit den Damen dort in Palermo tut.

Es handelt sich auch nicht einfach um eine flüchtige, einmalige, zufällige Bekanntschaft wie in der Pastourelle, sondern um eine dem Erinnern eingeprägte Verbindung: (18) *Daz da geschach, da denke ich an:/ si wart min trut* (Geliebte) *und ich ir man./ wol mich der aventiure!* [...] Nicht nur wegen dieses Ausdruckes *aventiure,* der ein besonderes Erlebnis meint, wird man dem allgemeineren französischen Gattungsbegriff *chanson d'aventure* gegenüber der Pastourelle hier wohl den Vorzug geben. Wichtigstes Vorbild dürfte das Lied *Volez oir muse Muset* von Colin Muset, einem lothringischen Zeitgenossen des Tannhäusers, gewesen sein. Dieser fügt das Stelldichein aber in die Szenerie des geselligen Tanzes ein. Was er zu Anfang aufgebaut hat, läßt er am Ende (21–27) in den üblichen Aufruf zu Springen, Singen und Küssen münden. Das Tanzvergnügen, zu dem die Musikanten aufspielen, bis des Fiedlers Saite reißt (26–27), bleibt als reale Rahmensituation für den Ausflug ins Liebesparadies erhalten, das man zu Recht mit dem antiken Arkadien einerseits und der Feenwelt der französisch-bretonischen Erzählungen andererseits assoziiert hat. Die antike Welt kann der Tannhäuser aber durchaus ebenfalls durch romanische Vermittlung und nicht zuletzt durch die deutsche klassische, lyrische wie epische Literatur kennengelernt haben. Daß er mit den großen Versromanen, namentlich denen Wolframs von Eschenbach, bestens vertraut ist, beweisen die in andere seiner Texte als Prunkstücke eingestreuten zahlreichen Namen, die eine ganz ähnliche Funktion erfüllen wie die französischen Lehnwörter in Leich III. Es ist jedenfalls eine prononciert höfischweltliche Bildung, die der Tannhäuser allenthalben zur Schau stellt und bei seinem Publikum offenbar ebenfalls voraussetzt. Eine durch manche Berührungspunkte nahegelegte Kenntnis lateinischer Sequenzen erscheint deshalb nicht ausgeschlossen, aber auch nicht zwingend erforderlich. Typisch schulmäßig-klerikale Elemente, wie wir sie bei Walther mehrfach feststellen können, fehlen der Liedkunst Neidharts ebenso wie der des Tannhäusers, wenn wir von dem einen Spruch mit theologischen Rätseln (Ton XVI) absehen, die der Sänger aber leicht auf der Wanderschaft von Kollegen gehört haben kann. Auch die Verhaltensmaßregeln in Spruch XII, 5 fallen nicht unter die religiöse, sondern die rein höfische Didaxe. Dasselbe gilt für eine dem Tannhäuser in der Überlieferung zugeschriebene Anstandslehre, die *Hofzucht* (s. u. S. 348ff.). Das Bild würde sich freilich einigermaßen ändern, wenn das in der sächsischen Jenaer Liederhandschrift (aus der Mitte des 14. Jahrhunderts, Sigle J) mit Melodie unter der Überschrift *Der tanhvser* eingetragene Bußlied echt wäre, was nach Sprache und Stil wenig für sich hat. Aber selbst dieses religiöse Lied enthält nur geläufige Glaubensinhalte, nichts von anspruchsvoller Theologie. Es ist zudem ganz unpersönlich gehalten.

Zur Ausbildung der berühmten Tannhäusersage kann dieses Bußlied also auch nicht sehr viel beigetragen haben. Es gibt nur die Gestalt des Büßers vor, so wie das Pilgerlied Nr. XIII vermutlich die bildliche Darstellung des Sängers als Deutschordensritter in der Großen Heidelberger Liederhandschrift C angeregt hat. Da nun der speziell erotische Charakter so mancher seiner Lieder eine Verbindung des Tannhäusers mit Frau Venus nahelegen mochte – sie wird bei ihm wie bei anderen Minnesängern auch direkt genannt –, könnten kirchliche Kreise ihn zum Büßer für ein (von ihm selbst angedeutetes: XIV, 3) allzu lockeres Leben gemacht haben. Aufenthalt im Venusberg, Stabwunder und ewige Verdammnis sind aber wohl erst Zutaten des ausgehenden Mittelalters, die dann die Romantiker des 19. Jahrhunderts fasziniert haben.

Die Nachwelt hat also sowohl den Tannhäuser als auch Neidhart sozusagen beim Wort genommen und sie als Helden einer sagenhaften Lebensgeschichte fortleben lassen, an den Werken der Sänger selbst aber ein ganz unterschiedliches Interesse gezeigt. Originale Texte des Tannhäusers kennen wir nur aus C, originale Melodien gar keine. Die Melodie des Leichs IV können wir allerdings zum Großteil aus einer lateinischen Kontrafaktur vom Anfang des 15. Jahrhunderts wiedergewinnen. Auch in Meistersingerhandschriften ist der Tannhäuser vertreten, darunter aber nur mit einem einzigen Text, der (teilweise) mit einem in C übereinstimmt (Ton IX), so daß auch in der Meistersingermelodie einiges echtes Tannhäusergut stecken könnte. Etwa zur gleichen Zeit, als dieses Lied zusammen mit drei unechten in die Kolmarer Liederhandschrift (um 1460) aufgenommen wurde (die auch einen, vermutlich unechten Ton Neidharts enthält), wurde die große Neidhart-Sammlung c mit über 1000 Strophen angelegt. Der Abstand könnte nicht deutlicher markiert sein! –

Solche Popularität hatte der Erfinder der Dörperpoesie im 13. Jahrhundert freilich noch keineswegs zu erlangen vermocht, schon gar nicht in den babenbergischen Ländern, auch wenn wir alle oben (S. 292–294) genannten Sänger einschließlich des Tannhäusers als Neidhartnachfolger gelten lassen wollen. Insgesamt ist die Schar der Reinmar- und Waltherepigonen hier doch größer. Eine unmittelbare Beziehung zum Wiener Hof ist bei diesen freilich nicht dingfest zu machen. Sofern ihre Herkunftsbezeichnungen auf andere Länder weisen, sollen sie hier auch nicht für Österreich vereinnahmt werden, obwohl dadurch möglicherweise reale literarhistorische Zusammenhänge verlorengehen.

Der von Sachsendorf, wie ihn Handschrift C nennt, dürfte seinen Namen nach dem Dorf im nordwestlichen Tullnerfeld tragen und könnte mit Ulrich von Sachsendorf, einem 1249 urkundlich bezeugten und auch in Ulrichs *Frauendienst* (s. u. S. 486ff.) erwähnten Ministerialen der Kuenringer, identisch sein. Er beherrscht das thematische, metrische und stilistische Repertoire des klassischen Minnesanges, bereichert es selbst aber nur um Nuancen. Wenn er (nach C. von Kraus) „inniger, persönlicher und dabei männlicher als viele seiner Genossen" ist, so spricht das wohl nur gegen diese. Wie Reinmar preist er in seinen 7 Liedern beständig die *frouwe*, wirbt um ihre Gunst, schwankt zwischen Hoffen und Enttäuschung. Eher in Walthers Manier stellt er die Freuden des Mais seiner Klage entgegen, wagt er auch einmal einen Vorwurf an die Adresse der Dame, und verfällt er in einer Strophe (IV, 1) in den Ton der Minnedidaxe. Selbst die Darstellung der ihren runden Körper *(lîp sinewel)* im Reigen wie eine Weidengerte biegenden Frau (VI, 1) steht Walther noch näher als Neidhart oder dem Tannhäuser.

Nicht nur in C, wie der von Sachsendorf, sondern in A, B und C (wenngleich mit ganz unterschiedlicher Anzahl und Reihung der Strophen) sind insgesamt 22 Töne eines Autors überliefert, den die Handschriften *(Her) Rubin* nennen. Man hat in ihm einen Angehörigen des Tiroler Ministerialengeschlechts von Rubin/Rubein (bei Brixen) sehen wollen. Dichterkollegen verwenden Rubin (Robin) allerdings stets als Personennamen, und anders ist er wohl auch in A, B, C nicht gemeint. Bei Hermann Damen (um 1280/1300) erscheinen *Reimar, Walter, Robin, Nithart* in einer Zeile, und auch beim Marner wird Rubin unmittelbar vor Neidhart und in geringem Abstand zu Walther und Reinmar genannt. Die Berührungen mit diesen beiden sind in **Rubins** Liedern auch unübersehbar. Das hat sogar zu der wenig überzeugenden These geführt, Rubin habe unmittelbar an der Reinmar-Walther-Fehde, und zwar an der Seite

Reinmars, teilgenommen. Immerhin könnte er in späterer Zeit am ehesten am Wiener Hof ein eingeweihtes Publikum für seine Liedkunst gefunden haben. In ihr dominieren wie beim Sachsendorfer die Reinmarschen Züge des Lobpreises und der trotz Mißerfolges durchgehaltenen Werbung. Es erstaunt immer wieder, wie dieselben Gedanken stets auf etwas andere Weise sprachliche Gestalt gewinnen. Wort und Vers gehen diesem Sänger offenbar ganz leicht von der Hand. Dennoch stellt sich beim heutigen Leser (der sich auch an keine Melodie halten kann) bald Ermüdung ein. Ein bißchen Abwechslung bringen die von Walther abgeschaute Anrede an die personifizierte Minne (II A, XV B, XIX) und der beschwingtere Ton von Lied XIV, das das Lob der freudenspendenden schönen Dame immer höher treibt, ihm aber dann die Spitze abbricht: „Ob sie fürwahr die Beste sei? Nein, Herr, davon ist sie ferne, sofern sie mich nicht von Kummer befreit" (3, 8f.). Prompt erscheint das Lied denn auch in Handschrift A und in der Weimarer Liederhandschrift des 15. Jahrhunderts unter Walthers Namen. Auch in anderen Gattungen hat sich Rubin versucht. Dem Tagelied (Nr. XX) fehlt aber jeglicher erotische Reiz. Die geläufige Metapher vom Tausch der Herzen bei der körperlichen Trennung und die seit Dietmar von Aist (s. o. S. 255) in der Lyrik gebräuchliche Klage über die notwendige Verbindung von Freude und Leid in der Liebe müssen genügen, um Innerlichkeit zu simulieren. Etwas origineller verwendet Rubin den Herzenstausch in dem Kreuzzugslied, Nr. XXII. Zwar schließt er dabei eng an das Lied XIV Albrechts von Johannsdorf an, wo der Sänger die Geliebte im Herzen ins Heilige Land mitnehmen will und für die Daheimgebliebene den halben Gotteslohn erbittet (Str. 2, 7–10, vgl. Rubin XXII, 5, 1–6), legt aber dann der Frau den Wunsch in den Mund, der Geliebte möge sie, wenn seine Augen sie nicht mehr sehen können, mit dem Herzen sehen (5, 7f.). Eine Zusatzstrophe (VII B) zu einem anderen Kreuzzugslied (VII A) erinnert ebenfalls an Albrecht (III, 2 – s. o. S. 260); das Kreuzzugslied selbst aber verschärft den Gegensatz von Frauenminne und Gottesminne fast bis zur Konsequenz Hartmanns von Aue. Die einander widersprechenden Muster lagen also zur freien Wahl bereit. Ob da noch persönliche Religiosität dahintersteht, läßt sich nicht sagen, ebensowenig, auf welche konkrete historische Situation sich die Kreuzzugslieder beziehen.

Wichtigstes Anliegen ist diesem Sänger jedenfalls die neuerliche Erfüllung von Reinmars Programm. Daß dieses Programm inzwischen an Friedrichs „lärmvollerem und haltungsloserem Hof" völlig aus der Mode gekommen sei und nur „in der Provinz noch Wert" gehabt habe, wie H. de Boor meint (was einen Tiroler Wirkungskreis Rubins erklären würde), ist nicht wahrscheinlicher als eine Koexistenz der fortlebenden Tradition und des „Gegensanges" in der Gunst desselben unterhaltungsfreudigen und daher auf Abwechslung bedachten Publikums. Des Minnesangs Wende lief wohl eher, wie die meisten historischen Neuerungen, nicht als abrupter Wechsel, sondern als stufenweiser Prozeß ab.

Den Titel „Minnesangs Wende" hatte seinerzeit (1952) H. Kuhn seinem Buch in Anlehnung an die klassische Ausgabe der Lieder aus „Des Minnesangs Frühling" von K. Lachmann und M. Haupt gegeben, um damit die Lyrik des spätstaufischen Dichterkreises um Gottfried von Neifen zu charakterisieren. Eine gewisse Wechselwirkung zwischen dieser schwäbischen und der eben beschriebenen österreichischen Liedkunst nach Walther ist hier und da zu spüren, aber selten exakt nachzuweisen. Eine seltsame Zwischenstellung zwischen beiden nimmt jedenfalls ein mit unzureichenden Gründen als Schweizer in Anspruch genommener Sänger namens **Pfeffel** ein, dem die Handschrift C drei Strophen ganz verschiedenen Inhalts, aber gleichen Tons (vielleicht einer durch ein kompliziertes Reimschema verschleierten Kanzone) zuschreibt. Nr. 3, eine Minnestrophe, bringt die drei für Gottfried von Neifen typischen Schönheitsmerkmale, das *lieplîche lachen, ein rôtez mündelîn* und die leuchtenden Augen, die zusammen das Herz des Sängers verwundet und den in Minnebanden Gefangenen zum Diener gemacht haben. Nr. 2 enthält, wie des Tannhäusers Spruch XII, 5, eine höfische, an einen jungen Mann gerichtete Tugendlehre. Nr. 1 schließlich scheint auf engstem Raum gleich zwei Themen des Tannhäusers zu vereinigen, den Preis Friedrichs von Österreich und die Klage um verlorenen Besitz. Pfeffel hat aber selbst offenbar von Friedrichs gepriesener Freigebigkeit noch nicht profitiert. Die Zugehörigkeit dieses rätselhaften Fahrenden zum Wiener Literaturkreis des letzten Babenbergers muß also ebenso fraglich bleiben wie die etlicher anderer Sänger, die wir im vorangehenden Abschnitt mit Vorbehalten hier eingereiht haben.

Sangspruchdichtung neben und nach Walther

Gibt Walther von der Vogelweide uns zumindest einen Hinweis auf seine geistige Heimat mit den Worten *ze Ôsterrîche lernt ich singen unde sagen* (s. o. S. 267), so scheint uns einer seiner Bewunderer und Nachahmer eine ganze Biographie zu liefern: *Von Rîne sô bin ich geborn, in Ôsterrîche erwachsen, Beheim hân ich mir erkorn* sagt **Reinmar von Zweter** in einer seiner über 250 Spruchstrophen (Nr. 150). Der Herausgeber G. Roethe hat daraus in Kombination mit anderen spärlichen Indizien einen ganzen Lebensroman herausgesponnen, dessen Suggestivkraft bis in neueste Zeit selbst Skeptiker nicht ganz unbeeindruckt gelassen hat. Einigermaßen zu sichern ist davon aber herzlich wenig, vor allem nicht – was hier allein zählt – eine literarische Tätigkeit Reinmars in Österreich.

Der Form des Beinamens *von Zweter* in Handschrift C (sowohl in der Bildüberschrift als auch in einem Scheltspruch des Marners – zu diesem s. u. S. 473) steht die erst später bezeugte Schreibung *von Zwetel* gegenüber, die wohl keinerlei Glaubwürdigkeit verdienen würde, hätte sich ein Ort Zweter irgendwo auffinden lassen. Die Gleichsetzung mit dem rheinpfälzischen *Zeutern* (mhd. *Ziutern*), dem Stammsitz eines seit dem 14. Jahrhundert nachgewiesenen Adelsgeschlechtes, vermag jedoch nicht recht zu überzeugen. Auch eine (ebenso unbeweisbare) Benennung nach dem niederösterreichischen Zwettl würde aber noch keine Verknüpfung von Reinmars Schaffen mit dem Herzogtum Österreich gewährleisten, da dessen Landesfürst in keiner Strophe genannt, geschweige denn gepriesen wird, im Gegensatz zum König von Böhmen, zum König von Dänemark, zum Erzbischof von Mainz, zum Markgrafen von Meißen und zum Grafen von Sayn. Daß Reinmar sich der Gönnerschaft des böhmischen Königs (und zwar höchstwahrscheinlich Wenzels I. [† 1253]) erfreuen durfte, beweisen die Strophen 149 und 150 zweifelsfrei. Doch bekennt er zugleich, außer beim König im Land wenig Ehre erfahren zu haben, so daß ein längerer Aufenthalt in Frage zu stellen ist. Die einigermaßen deut- und datierbaren politischen Sprüche beziehen sich jedenfalls alle auf die Auseinandersetzung zwischen Kaiser und Papst und das Verhältnis von weltlicher und geistlicher Gewalt im allgemeinen. Dabei ficht der fahrende Dichter bis etwa 1239 (oder 1245?) auf seiten

Kaiser Friedrichs, um ihn hernach (schwerlich schon früher, also mehrfach die Seiten wechselnd) ebenso erbittert zu bekämpfen. Einer dieser Sprüche, Nr. 141, der den Kaiser vor der Heuchelei geistlicher Fürsten warnt, die auch in Rom kraft jüdischen und fürstlichen Goldes Unterstützung finden, enthält zumindest in einer der beiden Handschriften, dem Heidelberger Codex Palatinus Germanicus 350 (von ca. 1300), eine Erwähnung Österreichs und bezieht sich somit vermutlich auf geheime Verhandlungen geistlicher Reichsfürsten mit dem geächteten Friedrich dem Streitbaren 1236/37 (U. Müller). Vielleicht kam Reinmar damals mit dem Kaiser nach Wien und verließ es wieder im Gefolge König Wenzels in Richtung Böhmen. Da auch dies Spekulation bleiben muß, wollen wir auf eine weitere Behandlung dieses hochgeschätzten und fruchtbaren Spruchdichters verzichten, obwohl sein reiches, inhaltlich äußerst vielfältiges, Minne, Religion, Moral, Politik etc. umgreifendes, metrisch-musikalisch aber ebenso „eintöniges" (weil fast auf einen als echt gesicherten Ton beschränktes) Œuvre durchaus Interesse beanspruchen darf.

Reinmar von Zweter hat möglicherweise seine ersten politischen Sprüche gegen die Bannung des Kaisers 1227 gerichtet, die auch der alte Walther von der Vogelweide in der *Elegie* beklagt (s. S. 277). Ein noch früheres Ereignis, die Teilnahme Leopolds VI. von Österreich und Steier am Ägyptischen Kreuzzug 1217/19, haben Sprüche Walthers (s. o. S. 276) und Bruder Wernhers als Bezugspunkt gemeinsam. Dieser Spruchdichter gibt mindestens ebenso viele Rätsel auf wie Reinmar von Zweter. Der eben erwähnte Spruch (Nr. 32 in der Ausg. v. A. Schönbach) steht Walther offenbar an Ambivalenz der Aussage kaum nach. Ein Gönner ist hier jedenfalls ebensowenig angesprochen wie in den Strophen auf Friedrich den Streitbaren (Nr. 34) und Wenzel von Böhmen (Nr. 48). Obwohl in allen dreien Österreich ausdrücklich genannt wird, empfiehlt es sich somit, Wernher für die Abteilung B des 3. Kapitels aufzusparen, da aus dem Bereich der alpenländischen Diözesen zwei oder drei adelige Herren veritable Preisstrophen von ihm zugeteilt erhalten (s. S. 465ff.).

Ebendort sollen auch die fahrenden Spruchdichter Friedrich von Sonnenburg und der Marner ihren Platz finden, obwohl sie ziemlich sicher auch in der Diözese Passau ihre Kunst ausgeübt haben. Am Hof Friedrichs des Streitbaren hat wohl keiner von beiden gesungen, der Sonnenburger schon aus chronologischen Gründen nicht (s. S. 477ff.). Es hat ganz den Anschein, als hätte der letzte Babenberger zwar alle möglichen Minnesänger willkommen geheißen und gefördert, nicht aber die Spruchdichter, die weit ernstere, zumeist durchaus lehrhafte, häufig sogar religiöse Töne anschlugen und klerikale Gelehrsamkeit zur Schau trugen. König Wenzel I. von Böhmen zeigte da einen anderen Geschmack, als er Reinmar von Zweter aufnahm, ebenso aber auch Wenzels Sohn und Nachfolger Ottokar II. Přemysl (1253–1278), in dessen Umgebung sich mindestens zwei Fahrende, der eben genannte Friedrich von Sonnenburg und Sigeher, längere Zeit aufgehalten haben dürften. Meister **Sigeher** hat sich schon der Gunst Wenzels erfreut, den er ebenso überschwenglich wie Ottokar lobt. Vermutlich hat er diesen auf seiner Heerfahrt gegen die heidnischen Preußen begleitet. Aber auch in Österreich, das dem Přemysliden 1251 huldigte, sang Sigeher, wie eine Ruhmesstrophe auf Wernhard und Heinrich Preußel beweist. In dieser Strophe (Nr. 9 in der Ausg. v. H. P. Brodt) spricht er König Artus an. Wäre dieser noch am Leben, so wollte er ihm zwei angesehene Ritter in Österreich, eben jenes Brüderpaar, empfehlen. Die beiden österreichischen Ministerialen werden auch als Teilnehmer der Artusfahrt im *Frauendienst* Ulrichs von Liechtenstein (s. S. 486ff.) erwähnt, später dann noch im *Fürstenbuch* von Jans Enikel, im *Seifried Helbling* und in Ottokars *Steirischer Reimchronik* (s. Bd. II). Sie gehörten zu den treuesten und einflußreichsten Anhängern Friedrichs des Streitbaren. Wer nach dessen Tod Herzog von Österreich werden wollte, tat gut daran, sie für sich einzunehmen. Sigeher könnte das im Auftrag Ottokars mit jener Strophe versucht haben, allerdings mit hoher Wahrscheinlichkeit vorläufig ohne Erfolg. Seit 1260 stand dann Wernhard Preußel allerdings auf seiten Ottokars. Die Auseinandersetzungen mit den Ungarn, in denen auch die Preußel eine Rolle spielten, hielten nach deren Tod (vermutlich 1267) an. 1271 unternahm Ottokar einen weiteren Feldzug, auf dem ihn Friedrich von Sonnenburg nach Ungarn begleitet haben dürfte. Er berichtet von Ottokars Siegen jedenfalls als Augenzeuge in einem Spruch (Nr. 52 in der Ausg. v. A. Masser). Der Böhmenkönig unternahm den Kriegszug von Österreich aus, wo diese Strophe ebenso vorgetragen worden sein könnte wie andere, die vom Sonnenburger und seinen deutschen Sangeskollegen bei Hofe auf Ottokar gedichtet wurden. Als Landesfürst hielt dieser sich natürlich regelmäßig in Österreich auf. So urkundet er etwa bis auf vier Ausnahmen jedes Jahr seiner Herrschaft in Wien, in manchen Jahren sogar mehrmals. Aber seine große (sich bis 1272 ständig verbreiternde) Machtbasis machte die Anwesenheit des Regenten auch in den anderen ihm zugefallenen Ländern nötig. Und die Hauptresidenz blieb allemal Prag, so daß wir dort auch die Mitte der von Ottokar geförderten kulturellen Aktivitäten ansetzen müssen. Die Sangeskunst am österreichischen Herzogshof, die wir bis 1246 recht gut zu kennen glauben, entzieht sich somit, was die Regierungszeit des Přemysliden betrifft, größtenteils unserer Kenntnis.

Heldenepik

Kein mittelalterlicher Text hat seit seiner Wiederentdeckung im 18. Jahrhundert sich im deutschen Sprachraum eines derart anhaltenden und breiten Interesses bis in die Gegenwart erfreut wie das **Nibelungenlied:** einst begrüßt als „deutsche Ilias", zum Nationalepos aller Deutschen hochgejubelt, in der – fast logischen – Folge dann ideologisch vereinnahmt und mißbraucht; nach dem 2. Weltkrieg dementsprechend verpönt, in den letzten Jahrzehnten aber wiederum auf jede erdenkliche Weise vermarktet, im Original aber nur noch ganz wenigen vertraut, im Bewußtsein selbst der Gebildeten weitgehend durch Wagners „Ring des Nibelungen" verdrängt, dessen Inhalt vielfach fälschlich auch für den des *Nibelungenliedes* gehalten wird. Ob daran die gerade in den 80er Jahren so zahlreich wie nie zuvor erschienenen zusammenfassenden Einführungen zu dem Text etwas ändern können, bleibt abzuwarten. Sie demonstrieren aber jedenfalls das anhaltende Bemühen der Forschung um den heiß umkämpften Gegenstand, einer Forschung allerdings, die von einer Einigung in wichtigen, wenn nicht den wichtigsten Grundfragen weiter denn je entfernt erscheint.

Das beginnt schon mit der Überlieferung. Die bisher bekannten 11 mehr oder weniger vollständigen und 23 fragmentarischen Handschriften bieten zwar – anders als die spätere Heldenepik – bis auf wenige Bearbeitungen des 15. Jahrhunderts einen in Umfang und Handlungsführung feststehenden, aber in Wortwahl, Phraseologie, ja sogar im Strophenbestand stark – viel stärker als beim Höfischen Roman – divergierenden Text. Die drei Haupthandschriften A, B, C (s. u.) weisen einen ganz unterschiedlichen Strophenbestand auf: A 2316, B 2376, C 2439. Dabei kommen in B und C nicht einfach nur neue Strophen hinzu, es fehlen auch wiederum welche der anderen Codices (in C z. B. gegenüber A und B 45, gegenüber A allein eine, gegenüber B allein 3 Strophen). Wie ist dieser Befund zu beurteilen? Haben wir es hier mit Abschriften von Abschriften, die, wie beim Versroman, letztlich auf ein verlorenes Original zurückgehen und nur etwas willkürlicher von den Schreibern gestaltet worden sind, zu tun? Die Vertreter dieser Auffassung bestreiten zwar die Existenz einer mündlichen Nibelungentradition vor, neben und nach der Erstaufzeichnung des *Nibelungenliedes* nicht, wollen aber nur die erwähnten Bearbeitungen des 15. Jahrhunderts als Zeugnisse des Einflusses jener (im übrigen ziemlich abgelegenen) mündlichen Nebenüberlieferung auf das *Nibelungenlied* gelten lassen. Andere sehen dagegen in dem verlorenen Original zwar auch einen schriftlichen Grundtext, zugleich aber so etwas wie einen Kahn, der im Strome ungebrochener Mündlichkeit mitschwimmt und von deren Wogen immer wieder überspült, wenngleich nie umgekippt oder gar versenkt wird. Eine ähnliche Vorstellung sollte dann auf die erhaltenen Textzeugen zutreffen, die zwar in erster Linie aus schriftlicher, da und dort aber auch aus mündlicher Überlieferung geschöpft hätten. Voraussetzung dafür wäre freilich, daß sich beide Überlieferungen einer gemeinsamen Metrik, Sprache und Formulierungstechnik bedienten. M. Curschmann, ein Hauptrepräsentant dieser Richtung, nennt diesen gemeinsamen Rahmen das „Nibelungische" und schreibt es einem Dichter zu, der den traditionellen formelhaften Stil mündlicher Erzähler – wie er in vergleichbarer Weise in allen schriftlosen Kulturen der Welt existiert bzw. existiert hat – aufgegriffen und im Medium der Nibelungen-Strophe (s. u. S. 312) umgebildet habe. Dabei sei zwar eine schriftliche Erstfassung, vielleicht nur als Konzept, entstanden, die aber erst im Rahmen einer – vielleicht auch schon für das Konzept anzunehmenden – Auftrags- oder Werkstattsituation zusammen mit der *Nibelungenklage* (s. u. S. 314ff.) in neuerlicher Bearbeitung zu Buchehren gekommen sei (Fassung *AB). Die *Klage* ist freilich ein rein schriftliches „Originalwerk", während das *Nibelungenlied* eben auf einer breiten und verschiedengestaltigen, überwiegend noch mündlichen Stofftradition aufruht, die einerseits durchaus auch ältere verlorene schriftliche Elemente wie die sogenannte *Ältere Not* aus der Mitte des 12. Jahrhunderts (?) enthalten haben könnte und andererseits auch nach der Publikation der Fassung *AB nicht versiegte.

Wenn in einer weiteren Fassung *C, die auf eine Harmonisierung von *Nibelungenlied* und *Klage* ausgeht, nichtsdestoweniger hier und da älteres Gut als in *AB zum Vorschein kommt, so ließe sich das durch Rückgriffe sowohl auf die Erstfassung als auch auf die mündliche Tradition zurückführen.

Vielleicht im Anschluß an die *Klage*, V. 4322 *ditze liet heizet diu klage*, endet *C mit dem Vers: *hie hât daz maere ein ende:/ daz ist der Nibelunge liet* (C 2439,4), während der Abvers in *AB lautet: *daz ist der Nibelunge nôt* (B 2376,4).

Die Haupthandschriften, A und B auf der einen, C (und J) auf der anderen Seite, dürften alle aus dem Ostalpenraum stammen. Der Codex 857 der Stiftsbibliothek von St. Gallen (Handschrift B), der auch Wolframs *Parzival* und *Willehalm*, des Strickers *Karl den Großen* (s. u. S. 332) sowie Spruchstrophen Friedrichs von Sonnenburg (s. u. S. 477) enthält, könnte im 2. Viertel des 13. Jahrhunderts in Südtirol entstanden sein, desgleichen Handschrift C, der Codex 63 der Fürstlich Fürstenbergischen Hofbibliothek von Donaueschingen. Vielleicht ebenfalls hierher gehört die Handschrift A, der Münchener Codex Germanicus (Cgm) 34 aus dem letzten Viertel des 13. Jahrhunderts. Alle drei Handschriften weisen auch alemannische Sprachelemente auf, die an den westlichen Grenzsaum des (Süd-)Bairischen denken lassen. Auf der anderen Seite der Grenze könnte Handschrift J (Berlin, Staatsbibliothek Preußischer Kulturbesitz, Mgf 474) vom ausgehenden 13. Jahrhundert anzusiedeln sein.

Ob dieser Überlieferungsbefund einen Schluß auf die Entstehung der Not- und der Liedfassung zuläßt, scheint angesichts des geographischen Geschehensrahmens des *Nibelungenliedes* und der *Klage* äußerst fraglich. Wirklich vertraut zeigen sich deren Autoren bzw. Redaktoren nur mit dem Raum zwischen Passau und Wien, weshalb als ihre Wirkungsstätte doch am ehesten die Residenzen des Bischofs und des österreichischen Herzogs in Frage kommen. Die für die Handlung gänzlich entbehrliche, sozusagen ins Epos geschmuggelte Gestalt des Passauer Bischofs Pilgrim, der trotz seiner realen Regierungszeit von 971–991 zum Onkel der Burgunderkönige gemacht wird, erweist wohl eine „Passauer Redaktion", noch deutlicher aber der Hinweis in der *Klage*, Pilgrim habe seinen Schreiber, *meister Kuonrât*, beauftragt, nach Augenzeugenberichten auf Latein den Untergang der Helden festzuhalten. Man hat vermutet, hinter Pilgrim verberge sich in Wirklichkeit dessen hochmittelalterlicher Nachfolger Wolfger von Erla (1191–1204) so wie hinter Konrad der Autor von ca. 1200. Eher handelt es sich um den Versuch einer Legitimation der Sagenüberlieferung als eines historischen Stoffes, der überdies auf diese Weise eng mit der Geschichte der eigenen Diözese verknüpft wird. Vielleicht hat es eine derartige – chronikalische – Aufzeichnung aber auch wirklich gegeben. Neben der schriftlichen Überlieferung nennt der *Klage*-Autor allerdings auch noch die mündliche: *getihtet man ez (daz maere) sît hât/ dicke in tiuscher zungen* („gedichtet hat man die Geschichte seither oft in deutscher Sprache": V. 4316f.).

Wenn somit eine Verbindung sowohl der Not-Fassung als auch der *Klage* (und somit der Lied-Fassung) mit Passau äußerst naheliegt, so beweist das für die Erstfassung noch nichts, da wir ihren Wortlaut nicht kennen. Aus dem Bistum Passau hinaus wird man aber ihre Entstehung ohne positive Argumente nicht verlegen wollen. Zu diesen zählt die älteste handschriftliche Überlieferung jedoch gerade nicht, da sie ja nur Not- und Liedfassung (sowie die *Klage*) betrifft. Vielleicht hängt sie mit Wolfgers Wechsel auf den Patriarchenstuhl von Aquileia 1204 zusammen. Auch hier förderte der Kirchenfürst die deutsche Literatur, wie wir wissen (s. u. S. 334), und zu seiner Kirchenprovinz gehörte u. a. auch das Bistum Trient, das einen gewichtigen Anteil an Deutschtiroler Gemeinden besaß. Handschrift B zeigt nun ausgerechnet italienische Einflüsse in der buchmalerischen Ausstattung.

Wo immer die diversen Autoren bzw. Redaktoren auch gewirkt haben mögen, sie sind jedenfalls alle anonym geblieben. Heldenepik gilt bis ins Spätmittelalter als Vorzeitkunde der Gemeinschaft – namentlich der Mächtigen, die als Personenverband das Land repräsentieren, aber wohl bis zu einem gewissen Grade des ganzen Volkes –, nicht als „Eigentum" des Erzählers, der sich vielmehr in einen langen Traditionsstrom eingefügt weiß. Dieser hat im Falle der Nibelungensage mit der sagenmäßigen Umformung eines katastrophalen Ereignisses der Völkerwanderungszeit, der Vernichtung des Burgunderreiches am Mittelrhein durch hunnische Truppen im Jahre 436/37 zu fließen begonnen. Obwohl der große Hunnenkönig Attila († 453) an der Schlacht nicht beteiligt war, erweisen die zeitgenössischen oder immerhin noch spätantiken Belege für die Namen der Burgunderkönige Gundaharius (= Gunther im *Nibelungenlied*), Gislaharius (= Giselher), Godomarius (= Guthorm in der *Edda*, s. u.) und Gibica (= Gibeche, Vater der Burgunder in der Dietrichepik), daß kein anderer historischer Ausgangspunkt in Frage kommt. In der Sage wird freilich das ganze Völker betreffende machtpolitische, von der Überlebensstrategie des untergehenden Römischen Reiches gesteuerte Geschehen umgeformt zu einer tödlichen Auseinandersetzung herausragender Führungspersönlichkeiten, der Burgunderkönige auf der einen, des Hunnenkönigs auf der anderen Seite, gemäß einem oder auch mehreren im mittelalterlichen Europa geläufigen Erzählmodellen, die jenes historische Geschehen einsehbar machen, keineswegs jedoch ersetzen oder überwinden wollen. Die Rekonstruktion dieser Erzählmodelle hängt zuvörderst an der (kontroversen) Beurteilung des Verhältnisses der Sagenüberlieferung in den nordischen Quellen, der *Lieder-Edda*, der *Prosa-Edda* des Snorri Sturluson, der *Völsunga saga* und der *Thidreks saga* (alle etwa Mitte des 13. Jahrhunderts), zu der in deutschen Heldenliedern und -epen, dem *Nibelungenlied*, der *Klage*, den Dietrichepen (13. Jahrhundert), dem *Lied vom Hürnen Seyfried* (um 1500). Im Zentrum muß jedenfalls der heroische Tod der Burgunderkönige in der Residenz Attilas gestanden haben. Die Verschwägerung der Kontrahenten wird ebenfalls einer sehr alten, wenn nicht der ersten Sagenschicht angehören. Im nordischen *Atlilied* der *Lieder-Edda* rächt Attilas Gattin ihre Brüder an dem machtgierigen Gemahl, der die Schwäger heimtückisch eingeladen hat, um sie zu erpressen. Was davon ist skandinavische Sonderentwicklung? Im *Nibelungenlied* lockt gerade Attilas (= Etzels) Gemahlin ihre Brüder zu sich, um den Mörder ihres ersten Gatten in ihre Gewalt zu bekommen. Das setzt eine entscheidende Abschwächung der bei den alten Germanen eindeutig übergeordneten Sippenbindung zugunsten des Ehebandes voraus, zuvor aber bereits eine gewisse Prominenz jenes ersten Gatten. Dieser entstammt keiner burgundischen, sondern einer fränkischen Sage, deren ursprüngliche Konturen für uns aber noch weit mehr verschwimmen als die des Burgunderuntergangs. Vermutlich ist Siegfried (mhd. *Sîvrit*, nordisch *Sigurd*) letztlich eine mythische oder märchenhafte Gestalt, die die Sage dann mit einer historischen Person, etwa dem 575 ermordeten Merowinger Sigibert von Reims (?), Gatten der Westgotin Brunichildis (= Kriemhild?), identifiziert hat.

Am ehesten im merowingischen Nordburgund könnten die beiden Sagenkreise, der burgundische und der fränkische, schon im 7. Jahrhundert miteinander in Berührung gekommen sein, so daß eine Harmonisierung des Handlungszusammenhanges zur Folge von Mord und Rache möglich wurde. Doch dürfte Kriemhilds Rache für Siegfrieds Tod erst einer späteren Zeit, wiewohl noch dem frühen Mittelalter angehören. Irgendwann im Frühmittelalter macht sich auch der Einfluß der Dietrichsage (s. u. S. 320ff.) mit seinem positiven Attila-Bild und der Prominenz des Hunnenhofes bemerkbar. Spätestens damit wird die Nibelungentragödie geographisch auf den mittleren Donauraum festgelegt, der dem Schauplatz der Siegfriedhandlung am Mittelrhein in räumlicher Distanz gegenübersteht. Schon der lateinische *Waltharius* (s. u. S. 526) zählt ausdrücklich 40 Tagesmärsche zwischen der pannonischen Stadt und Worms, der Residenz des Königs Guntharius. Während der westlich orientierte Autor des lateinischen Epos vom Donauland aber wenig mehr zu sagen weiß, als daß dort die Hunnen herrschen, die er auch Avaren nennt, konnte für die Baiern, die sich plötzlich einem neuen asiatischen Steppenvolk gegenübersahen, die

Zeit des Ungarnsturmes und der Wiedereroberung des Landes unter der Enns der Nibelungensage ganz neue Aktualität verleihen. Vielleicht ließ Bischof Pilgrim sie damals wirklich aufzeichnen (s. o. S. 43). Wahrscheinlich bildete sich auch eine nibelungische Sproßsage um den Lokalhelden Rüdiger im 11. Jahrhundert aus, die der babenbergischen Mark an der Donau einen Platz in der Nibelungensage sicherte. Der Passauer Autor (oder Redaktor) brauchte dann hier bloß anzuschließen, um die Topographie seiner Diözese (unter besonderer Berücksichtigung bischöflichen Grundeigentums) herauszustreichen.

Das bedeutet nicht, daß anderswo die Nibelungensage verklungen wäre. Im skandinavischen Norden hat man sie seit dem 9. Jahrhundert wohl ebenso durchgehend gepflegt wie in diversen deutschen Landen. Dabei kam bis ins 13. Jahrhundert die Schrift wohl selten, im Norden vermutlich gar nicht zum Einsatz. Im Bereich der dominierenden Mündlichkeit haben wir mit wortwörtlich memorierten Liedern (der herrschenden Form in Skandinavien), mit variablen, schematisch-formelhaften Kurzepen, die bei jedem Vortrag neu gestaltet werden, und mit freien Prosaerzählungen zu rechnen. Sie alle vermochten nicht nur das Unterhaltungsbedürfnis der führenden Schicht zu befriedigen, sondern auch verschiedenen Adelssippen, die sich mit den alten Helden verwandt wähnten, das Gefühl einer großen Vergangenheit zu vermitteln.

Während die isländische *Lieder-Edda* im großen und ganzen nur eine Sammlung älteren mündlichen Gutes darstellt, lassen sich aus dem *Nibelungenlied* dessen Quellen im Wortlaut nicht wiedergewinnen. Von ihrem Inhalt dürfte uns allerdings einen ungefähren Eindruck die *Thidrekssaga* vermitteln können, eine ziemlich oberflächliche norwegische Bearbeitung niederdeutscher Lieder und Prosaerzählungen, die beide ihrerseits zumindest in den Grundzügen auf der donauländischen Sagenfassung beruhen, wie sie eventuell in der *Älteren Not* auch schon (teilweise) schriftlich vorlag. Obwohl wir uns also auf sehr unsicherem Boden bewegen, bleibt bei einem dermaßen in der Sagentradition verwurzelten Epos kaum ein anderer angemessener Zugang offen, als den Vergleich mit der Saga zu riskieren. Dabei tut natürlich Beschränkung not. (Die Namensformen der *Thidrekssaga* bleiben unerwähnt.)

Das *Nibelungenlied* führt vermutlich erstmals eigens überschriebene Kapitel, sogenannte *âventiuren*, zur Gliederung der Handlung ein, 39 an der Zahl, und dokumentiert schon damit die – gegenüber dem Höfischen Roman – höhere Eigenständigkeit einzelner Geschehnisetappen. Der deutlichste Einschnitt aber liegt gemäß der Sagengeschichte zwischen den beiden Hauptteilen von Siegfrieds Tod (Aventiure 1–19) und von Kriemhilds Rache (Av. 20–39). Im ersten Teil fehlen gleich zu Anfang der *Thidrekssaga (Ths)* im Vergleich zum Epos der prophetische Minnetraum Kriemhilds, der Schwester der Burgunderkönige Gunther, Gernot und Giselher, sowie die sorgfältige Erziehung Siegfrieds bei seinen königlichen Eltern in Xanten am Niederrhein. Im *Nibelungenlied (NL)* wird die dunkle Herkunft Siegfrieds ausgemerzt, so daß seine unstandesgemäße Werbung dann (Av. 3) wundernehmen muß: Er fordert als fahrender Recke die Könige von Worms zum Zweikampf, und zuvor hat er, wie Hagen von Tronje, ein Lehensmann und Verwandter der Burgunderkönige (nicht ihr Halbbruder wie in der *Ths*), ganz kurz berichtet, ungewöhnliche Heldentaten vollbracht: von den zwergenhaften Nibelungen einen gewaltigen Hort (mit Schwert und Tarnmantel) gewonnen, einen Drachen erschlagen und durch das Bad in dessen Blut eine unverletzbare Hornhaut erlangt. Den Hort erwähnt die *Ths* hier nicht, setzt ihn aber später voraus. Statt dessen erzählt sie, wie Siegfried ungestüm in die Burg Brünhilds eindringt, von ihr aber freundlich begrüßt wird und das beste Pferd aus ihrem Gestüt erhält.

Im *NL* geht des Recken Ansturm ganz ohne Blutvergießen ab, da die Könige geschickt höfische und rechtliche Normen ins Spiel bringen. Siegfried bleibt ein Jahr in Worms, ohne Kriemhild nur einmal zu Gesicht zu bekommen. Erst zur Belohnung für die siegreiche Hilfe im Krieg mit Sachsen und Dänen (Av. 4) darf er sie erstmals sehen (Av. 5). Das Erwachen der Liebe der beiden und Siegfrieds aufopfernder Minnedienst sind ganz entscheidende Neuerungen des *NL*s, die alles Folgende erst verständlich machen. In der *Ths* hat Siegfried sich bei seiner ersten Begegnung mit Brünhild verlobt, entschließt sich aber nun aus Gründen der Ehre und Macht zur Verbindung mit der Schwester der berühmten Burgunder. Dafür verhilft er Gunther, seinem Schwager und Blutsbruder, als Brautwerber zur Ehe mit seiner ehemaligen Verlobten, die sich trotz beträchtlicher Enttäuschung dazu überreden läßt. Im *NL* trägt Brünhild zwar noch deutlicher die älteren Züge einer kriegerischen Jungfrau; Gunthers Entschluß, um sie zu werben, kommt aber ganz unvermutet, und Siegfried bietet seine Hilfe an, wenn er dafür Kriemhilds Hand erhält. Allerdings kennt er auch hier (aber woher?) die Wege zu Brünhild. Vermutlich gemäß einem sagenfremden Märchenschema besiegt Gunther mit Hilfe des unsichtbaren Siegfried (Tarnmantel!) die wehrhafte Maid in einem Kampfspiel (Av. 7). Als ihr Gegner kommt jener jedoch überhaupt erst in Frage, nachdem sich Siegfried vor ihr zu Gunthers Vasall erniedrigt hat – eine erlogene Selbstdemütigung, die ihre quellenmäßige Erklärung in der ehemals dubiosen Abkunft Siegfrieds finden mag, im *NL* aber nur als Konsequenz seiner Minne verständlich wird. Nach einem in der *Ths* fehlenden, handlungsmäßig entbehrlichen, heiteren Zwischenspiel (Av. 8–9) schildert das *NL* den Empfang Brünhilds in Worms und die Verlobung Kriemhilds mit Siegfried. Brünhild muß das für eine krasse Mesalliance halten und bricht in Tränen aus. Sie verweigert Gunther ihr Lager, um den wahren Grund für diese scheinbare Erniedrigung Kriemhilds zu erfahren, und hängt den Gatten an einen Nagel in der Wand. Diese Kraftprobe ist vermutlich älteres Sagengut als die vorangehende, da sie auch in der *Ths* vorkommt. Hier wie im *NL* muß Siegfried seinem Schwager zu Hilfe kommen und – in der *Ths* in Gunthers Kleidern, im *NL* unsichtbar mittels des Tarnmantels – Brünhild niederringen. Hier wie dort hängt deren übermenschliche Stärke an ihrer unverletzten Virginität, hier wie dort raubt Siegfried der Besiegten ohne Not einen Ring (im *NL* auch den Gürtel). Während aber in der Saga der Stellvertreter im Auftrag seines Schwagers auch die Defloration vornimmt, überläßt er dies im Epos dem rechtmäßigen Gatten – eine neuerliche Sublimierung des derben Geschehens (Av. 10). Siegfrieds Herrschaft in Xanten und die Geburt von je einem Prinzen in Worms wie am Niederrhein (Av. 11) beschließen im *NL* die erste Hälfte des ersten Hauptteils.

Anders als in der *Ths* muß somit im *NL* die Handlung durch eine neuerliche Einladung Siegfrieds und seiner Gattin nach Worms wieder in Gang gebracht werden (Av. 12–13). Höhepunkt ist der Streit der Königinnen um den Vorrang, d. h. um die feudalrechtliche Stellung ihrer Männer (Av. 14). Als entscheidenden Trumpf spielt Kriemhild in Epos und Saga den in aller Öffentlichkeit erhobenen und mit Beweisstücken bekräftigten Vorwurf aus, Siegfried habe als erster die ehelichen Rechte an Gunthers Stelle wahrgenommen. In der *Ths* entspricht das der Wahrheit, und Siegfried ist in der Tat insofern an Brünhilds Schande schuld, als er das Geheimnis entgegen seinem Eid seiner Gattin anvertraut hat. Im *NL* geht der Vorwurf jedoch ins Leere, so daß Siegfried sich zum Eid anbieten kann, er habe seiner Frau nichts dergleichen gesagt. Das Geheimnis des doppelten Betruges bleibt aber unaufgeklärt. Der (deshalb?) unstillbare Schmerz Brünhilds genügt Hagen jedenfalls als Rechtfertigung der Ermordung Siegfrieds, die in Saga und Epos etwa in gleicher Weise ins Werk gesetzt wird. Der *NL*-Dichter arbeitet jedoch Siegfrieds und v. a. Kriemhilds tragischen Leichtsinn heraus und rückt Gunther als passiven Teil von der Mordtat ab, die damit fast allein dem v. a. vom Machtkalkül geleiteten treuen Lehensmann Hagen zufällt. Darauf gründen sich auch die in der *Ths* fehlenden Vorgänge in Kriemhilds Witwenzeit: offizielle Versöhnung der Witwe mit ihrem Bruder Gunther, Herbeiholen des Nibelungenhortes, Kriemhilds Freigebigkeit damit bei Hofe, Raub des Hortes und Versenken im Rhein durch Hagen (Av. 18–19).

Die dreizehn Jahre Witwenschaft – Handlungsscharnier zum zweiten Hauptteil – entsprechen wiederum dreizehn Jahren, die Kriemhild nach König Etzels Werbung als Gattin an der Seite des Hunnenherrschers ausharrt, ehe sie zur Rache schreitet. Zeitablauf, Geschehensraum, Art der Werbung und Heimführung, Kriemhilds Überredung ihres Gatten zur Einladung ihrer Verwandten ins Hunnenland (Av. 20–24) differieren zwischen *NL* und *Ths* erheblich. Namentlich Markgraf Rüdigers Einsatz als Werber im *NL* und sein Eid, jede der neuen Hunnenkönigin angetane Unbill zu rächen, setzen ganz andere Akzente. Der Ablauf der Fahrt der Nibelungen (wie nun plötzlich die Burgunder auch im *NL* heißen) zu König Etzel (Av. 25–27) weist ebensoviele Gemeinsamkeiten wie Unterschiede auf. Das finstere Bild des dem prophezeiten Untergang trotzig ins Auge blickenden Hagen tritt uns nur aus dem *NL* entgegen. Gegenbild ist hier wie dort die helle Gestalt des gastfreien Markgrafen in Pöchlarn, der seine Tochter dem jungen Giselher verlobt und reiche Abschiedsgeschenke verteilt.

Im letzten, handlungsmäßig nur zweieinhalb Tage umfassenden Abschnitt von höchster Dramatik (Av. 28–39) stimmen Epos und Saga nur in den Grundzügen und in einigen bemerkenswerten Details überein. Das *NL* erzählt, wie Kriemhild gleich bei der Begrüßung mit Hagen scharfe Worte wechselt (erste Hortforderung), wie sie vergeblich die Hunnen auf Volker und Hagen hetzt, der sich nun herausfordernd als Siegfrieds Mörder bekennt, wie die beiden Kampfgefährten als Wache vor dem Schlafsaal der Burgunder einen nächtlichen Überfall abwehren – beide Szenen wohl Neuerungen des Epos mit Betonung der sentimentalen Kriegerfreundschaft –, wie Etzels Bruder Blödelin, angestiftet von seiner Schwägerin, die Knappen der Nibelungen niedermacht und Hagen als Rache dafür Etzels und Kriemhilds kleinen Sohn tötet – in der Quelle schlug dieser vermutlich, aufgereizt von der Mutter, Hagen ins Gesicht. Damit ist der Kampf endlich in Gang gesetzt und auch von Etzel, der – im *NL* – bisher ohne jeden feindseligen Hintergedanken agiert hat, nicht mehr abwendbar. Er läuft in sieben Etappen ab: Tötung aller Hunnen in der Königshalle bis auf Etzel, für den Dietrich von Bern, der sowohl dem Hunnenkönig als auch den Nibelungen verbunden ist, ebenso freien Abzug zu erreichen vermag wie für sich selbst, seine Mannen und Kriemhild (Av. 33); Beseitigung der Leichen und Zurückweichen der anderen Hunnenkrieger (Av. 34); Fall Irings von Dänemark, eines tapferen Vasallen des Hunnenkönigs (Av. 35; ähnlich in der *Ths*); Inbrandsetzung der Königshalle (auch in der *Ths*); Überleben der Nibelungen dank Hagens Ratschlägen (Av. 36); Fall Rüdigers, des kühnsten der Lehensleute Etzels (Av. 37); Ausbruch einer blutigen

Auseinandersetzung zwischen den Mannen Dietrichs und den überlebenden Burgundern an der Leiche Rüdigers (Av. 38); Kampf der beiden letzten überlebenden Nibelungen, Gunther und Hagen, mit Dietrich, der seine Mannen rächen muß (in der *Ths* tritt er bereits zur Rache Rüdigers auf den Plan).

In der *Ths* liefert Dietrich den besiegten, todwunden Hagen nicht an Kriemhild aus. Die haßverzerrte Rächerin stößt Gernot und Giselher einen Feuerbrand in den Mund, um zu sehen, ob sie tot seien, wovon ihr jüngerer Bruder erst stirbt. Dietrich tötet auf Wunsch Etzels die „Teufelin". Als solche bezeichnet sie auch Hagen im *NL*. Er ist hier in ihrer Gewalt, verweigert jedoch auch nach Hinrichtung Gunthers die Preisgabe des Hortgeheimnisses. Da bleibt ihr als Rache nur noch, ihn eigenhändig mit Siegfrieds Schwert zu enthaupten, wofür Hildebrand, Dietrichs Waffenmeister, sie in Stücke haut (Av. 39). Ob Dietrich, der im *NL* sonst gegenüber der typischen ambivalenten Sagengestalt wenig Änderung erfährt, damit entlastet werden soll, bleibt fraglich. Die eindrucksvolle Horterfragung erweist sich im Vergleich mit dem nordischen *Atlilied* als ein typischer Rest nibelungischen „Urgesteins", der in der *Ths* fehlt und auch in das *NL* nach der Logik der Ereignisse und Motivationen nicht mehr recht paßt, aber kaum etwas von seiner pathetischen Wirkung verloren hat.

Die Eigenleistung des *NL*-Dichters liegt in der Gesamtkomposition einer großepischen Anlage, in der dramatischen Aufgipfelung einzelner Szenen, in der sprachlich-stilistischen und musikalischen Gestalt und in einer neuen Sinngebung. In allen genannten Bereichen ist keineswegs nur volles Gelingen zu verzeichnen. Daß die beiden Hauptteile nun etwa gleich lang sind, hat etliches entbehrliches Füllmaterial erforderlich gemacht, durch welches allerdings der Publikumswunsch nach Entfaltung höfischer Repräsentation in Kleidung, Empfang, Abschied, Festgelage, Turnier usw. leicht zu befriedigen war. Die Verklammerung der beiden Teile geschieht durch leicht akzentuierende Umformung gegebener Erzählschemata: der Brautwerbung (zweimal in Teil 1, einmal in Teil 2), der hinterlistigen Einladung und der Tötung des Gastes bzw. der Gäste. Die Hauptphasen der Handlung sind durch symbolische Zeitspannen ruhenden oder kaum bewegten Geschehens (Siegfried und Kriemhild in Xanten: 10 Jahre; Kriemhilds Witwenzeit: 13 Jahre; Kriemhilds Ehezeit bei Etzel: 13 Jahre) getrennt. Als retardierende Elemente stehen sie den uneingelösten Handlungsimpulsen gegenüber, aber auch den über 100 epischen Vorausdeutungen, die von Anfang an auf die unausweichliche Endkatastrophe, vielfach aber auch auf näherliegende Ereignisse hindeuten. Die Spannung des Publikums konnte sich bei einem so allgemein bekannten Stoff ohnehin nur auf das Wie, nicht auf das Was der Erzählung richten.

Zu diesem Wie gehören nicht zuletzt die großartigen, gleichsam theatralisch mit Kulissen, Requisiten und Statisten ausstaffierten und mit durchdachter Personenregie gestalteten Einzelszenen, so etwa der Streit der Königinnen vor dem Münster (Av. 14), Siegfrieds Tod an der pittoresken Quelle (Av. 16), Hagens Auseinandersetzung mit Kriemhild am Hunnenhof – die Königin mit einer großen Schar von Hunnenkriegern, vor ihr der finstere, trotzige Held nur in Volkers Begleitung auf einer Bank sitzend, Siegfrieds Schwert demonstrativ über die Knie gelegt – (Av. 29), Rüdigers Schildgabe auf den Stufen zu der ausgebrannten Königshalle (Av. 37). Man hat für einige dieser wie für andere Szenen den Einfluß der französischen Heldenepik (Chanson de geste) geltend gemacht. Das hat durchaus etwas für sich. Doch wird man wohl nur mit mündlicher Vermittlung des westlichen Gutes (wie schon bei frühmittelalterlichen Querverbindungen zwischen deutscher und französischer Heldensage) rechnen dürfen, da sich Bearbeitungen ganzer Chansons de geste in unserem Raum sonst nicht nachweisen lassen. Solche kommen daher als Anregung für die großepische Gestalt auch weit weniger in Betracht als der deutsche (und französische?) Versroman oder das lateinische Epos. Vergils *Aeneis,* dessen französische mittelalterliche Bearbeitung, der *Roman d'Eneas,* in der deutschen freien Übersetzung durch Heinrich von Veldeke, sowie Hartmanns von Aue Artusroman *Iwein* könnten dem Nibelungendichter auch Einzelmotive vermittelt haben.

In der äußeren Form freilich ähnelt das *Nibelungenlied* viel eher der Chanson de geste, was aber nicht auf Entlehnung, sondern auf der Herkunft aus der Mündlichkeit hier wie dort beruht. In beiden Fällen ist der mündliche Vortrags-, Erzähl- und Sprachstil allerdings ins Literarische verlängert und dabei natürlich verändert worden. Das *NL* war ursprünglich gewiß wie seine Vorstufen (soweit in Versen) zum rezitativischen Gesang bestimmt. Die Ausformung der Nibelungenstrophe war aber wohl mit der Verschriftlichung eng verbunden, obwohl dies für die nur ganz geringfügig abweichende Kürenbergerstrophe (s. o. S. 249) aus der Zeit von 1150/60 vermutlich nicht gilt. Ob der Kürenberger ihr Schöpfer ist, wird vielfach bezweifelt. Immerhin deutet die formale Nähe vermutlich auch auf eine räumliche der beiden Dichtungen. Die Nibelungenstrophe ist trotz verbleibender Variabilität etwas strenger geregelt. Meist folgt sie dem Schema der Strophe 2 (= Str. 1 in B):

> *Ez wuohs in Burgonden/ ein vil edel magedîn,*
> *daz in allen landen/ niht schoeners mohte sîn,*
> *Kriemhilt geheizen:/ si wart ein scoene wîp.*
> *dar umbe muosen degene/ vil verliesen den lîp.*

Das sind 4 Langzeilen, gereimt a a b b, bestehend aus jeweils vierhebigen Anversen mit klingender zwei- oder dreisilbiger Kadenz *(lándèn; dégenè)* und männlichen Abversen, die drei (Zeile 1–3) oder vier (Zeile 4) Hebungen aufweisen. Der Schluß ist damit auf jeden Fall hervorgehoben, häufig aber auch noch durch den „Stau" zweier unmittelbar aufeinandertreffender Hebungen *(verlíesèn).* Diese Abgeschlossenheit der einzelnen Strophe in sich selbst steht in schroffem Gegensatz zum gefällig dahinfließenden Strom der vierhebigen Reimpaarverse des Höfischen Romans. Die Erzählung kommt im *NL* nur in schweren Schritten voran und tritt bisweilen ganz auf der Stelle, wenn verschiedene Strophen (fast) dasselbe nur aus anderer Perspektive nochmals sagen. Dies kann im Einzelfall bewußtes Stilmittel, aber auch bloß Folge der besonderen Überlieferung (s. o. S. 305) sein. Dem holzschnittartigen Eindruck, den das blockhafte Reihen der Strophen hervorruft, entsprechen die Wiederholungen und Variationen stehender Sprachformeln (v. a. bei den schmückenden Beiwörtern oder Appositionen wie *Giselher der junge, Sîvrit der vil starke, daz schoene magedîn)* sowie die starke Dominanz der Parataxe, der Nebenordnung von Hauptsätzen – all dies weitere Merkmale mündlicher Dichtung, die hier übernommen, aber zugleich schon mit Bedacht eingesetzt werden.

Bewahrung des Überkommenen und aktualisierende Um- und Ausgestaltung kennzeichnen auch die Sinngebung des Textes. Ein völlig einheitliches Ganzes konnte auf diese Weise nicht entstehen – was die meisten tiefschürfenden Interpretationen der Forschung mißachtet haben. Schichten und Brüche bleiben erkennbar, wie der Vergleich mit der *Thidrekssaga* gezeigt hat. Auch von der Möglichkeit eines souveränen Romanautors, das Geschehen im Erzählerkommentar zu erhellen, wird nur andeutungsweise Gebrauch gemacht. Im ganzen scheint sich der Dichter an das zu halten, was Goethe und Schiller mit Blick auf Homer vom Epos verlangen: „Der Rhapsode sollte als ein höheres Wesen in seinem Gedicht nicht selbst erscheinen, er läse hinter einem Vorhange am allerbesten [...]" Man gewinnt so den Eindruck, als ob jenes Geschehen einer Auslegung weder bedürfte noch zugänglich sei. Daß dabei das Archaisch-Heroische in eine absichtliche Spannung zum Höfisch-Ritterlichen gerät, ist nicht sehr wahrscheinlich. Dichter und Publikum wissen zwar um die Herkunft der Geschichte aus der Vorzeit, wo Helden und Heldinnen noch größeres Format besaßen, aber das blutige Geschäft des Tötens ist in der Gegenwart dasselbe, und auch die vorgeprägten Grundkonflikte werden bewußt oder unbewußt nur als solche der Gegenwart gestaltet: In eine stabile Machtkonstellation der Feudalgesellschaft bricht mit der Verehelichung des Königs und seiner Schwester ein Unsicherheitsfaktor ein, der sich zur tatsächlichen oder vermeintlichen Gefährdung ausweitet. Der Versuch, ihn mit Gewalt zu beseitigen, bringt nur vorübergehend eine Stabilisierung, langfristig aber die totale Katastrophe. Was auf der abstrakten Ebene fast zwangsläufig abrollt, erscheint konkret angetrieben von den Emotionen der handelnden Personen, der Minne (Kriemhild, Siegfried), der Rachsucht aus verletztem Stolz und/oder Liebe (Brünhild, Kriemhild), der Machtgier (Gunther), der Lehens- und Freundestreue (Hagen, Rüdiger, Gunther), der heroischen – leichtfertigen oder trotzigen – Selbstbestätigung (Siegfried, Hagen) und so fort. Dabei überlagern sich die Motivationen bei den Akteuren mehrfach, d. h. sie handeln zwar aus einer bestimmten persönlichen Seinsweise heraus, aber doch in den einzelnen Szenen spontan und somit inkonsequent, so daß keine stimmigen Charaktere im modernen Sinne entstehen. Kriemhild etwa wehrt sich zu Anfang gegen die Minne, verfällt ihr dann aber ganz, ohne dabei ein „gesundes" Verhältnis zur Macht aufzugeben. Der Mord an Siegfried beraubt sie somit eben nicht nur des innig geliebten Mannes, sondern auch ihrer herausragenden feudalrechtlichen Stellung. Gerade dadurch wirkt sie so realistisch – ganz anders als die Gestalten des Höfischen Romans.

Das Handeln in festen Personenverbänden (Verwandtschaft, Lehensverhältnis) setzt der Freiheit des einzelnen auch enge Grenzen. Wer die eisernen Normen dieser Verbände verletzt, und sei es in bester Absicht, wird von ihnen bald eingeholt. An ihrer Realität zerbrechen auch die „modernen" Ideale der Liebe und Freundschaft. Siegfried verleugnet seinen wahren gesellschaftlichen Status, um dem Freund zu helfen und damit die Geliebte zu erringen, zerstört aber damit die Existenzgrundlage seiner selbst und anderer. Rüdiger geht an dem unlösbaren Konflikt zwischen Lehens- und Freundestreue seelisch fast zugrunde, erhält aber im Tode die Gewißheit, recht zu handeln, da Hagen von ihm noch eine letzte Freundesgabe annimmt und gegen ihn die Waffe nicht mehr erhebt, ausgerechnet derselbe erbarmungslose Held, der bisher aus Lehenstreue so viel Blut vergossen hat. Den tödlichen Streich erhält Rüdiger aber doch und zwar durch das Schwert, das er Gernot einst geschenkt hat. In der Quelle stand an dessen Stelle vermutlich sein (künftiger) Schwiegersohn Giselher.

Obwohl hier einmal die Unerbittlichkeit des Schicksals ein wenig gemildert erscheint, bleibt sie doch für den Gesamtverlauf bestimmend. Im Verhältnis der Festesfreude in Pöchlarn zur Todesstunde Rüdigers in der Etzelburg läßt sich zeichenhaft der notwendige Umschlag aller Freude in Leid ablesen, wie ihn eine der wenigen programmatischen Strophen des Epos, die vorletzte (B 2376), formuliert:

> *Diu vil michel êre/ was dâ gelegen tôt.*
> *die liute heten alle/ jâmer unde nôt.*
> *mit leide was verendet/ des küniges hôhgezît,*
> *als ie diu liebe leide/ z'aller jungeste gît.*

Das gar große Ansehen [d. h. seine Stütze, die Gefolgschaft] war da erschlagen worden. Die Leute empfanden alle Jammer und Not. Mit Leid war des Königs Fest zum Abschluß gekommen, so wie stets die Freude zuallerletzt Leid verursacht.

Diese tragische Weltsicht wird nun, und dies ist am erstaunlichsten, durch keinen Aufblick nach oben, durch kein Vertrauen in einen lenkenden und gnädig richtenden Gott gemildert. Hier scheint das Verhängnis nahezu wie in der antiken Tragödie zu walten. Dieser – notgedrungen etwas schiefe – Vergleich soll klarmachen, daß eine solche Weltsicht nicht etwa dem germanischen Altertum allein eigen gewesen ist, sondern in der europäischen Geistesgeschichte immer wieder zum Vorschein kommen kann – ebenso wie die (etwa Homer mit dem *NL*-Dichter verbindende) unverhohlene Bewunderung für die düstere Größe der heroischen Bewährung im wilden Gemetzel der Schlacht. Nun war aber der Dichter des *NL*s natürlich ebenso Christ wie die diversen Redaktoren und Schreiber, wie der Auftraggeber und das Publikum. Mit der christlichen Weltanschauung konnten sie den „Sinn" des Epos vereinbaren, wenn sie es im Lichte der Philosophie des Boethius (s. o. S. 28) von der bloß scheinbaren Ungerechtigkeit der irdischen Geschicke verstanden (so wie es die Schulleute bei den tragischen Werken der heidnischen Antike taten). Ob schon der Dichter vom frommen Vertrauen in Gottes gerechte, wenngleich undurchschaubare Weltordnung durchdrungen war, wird man bezweifeln. Aber er konnte darauf bauen, daß das Epos unter dem genannten Blickwinkel für seine gläubigen Zeitgenossen erträglich war. Man wird ihn sich wohl am besten als weltläufigen, geistig emanzipierten Hofkleriker wie Chrétien de Troyes, den Schöpfer des französischen Artusromans, oder Gottfried von Straßburg, den Verfasser des *Tristan,* vorzustellen haben. Die überwiegende Zahl der klerikalen wie laikalen Rezipienten hat sich aber offenbar mit einer solchen Deutung doch nicht zufriedengegeben. So hat schon der Redaktor von *C das Geschehen da und dort einer moralisierenden Deutung unterworfen.

Da dies angesichts der widerspenstigen Materie in Ansätzen steckenbleiben mußte, fügte dann ein anderer Kleriker dem Text eine Art Anhang hinzu, der den ersten Aufzeichnungen beigegeben wurde: die **Klage.** Im Rahmen der volkssprachlichen Gattungen stellt sie etwas durchaus Neues, Experimentelles dar, eine Mischung von kommentierendem Resümee des *NL*s (V. 17–586) und handlungsarmer Fortsetzung, bestehend aus endlosen Klagen an den zu begrabenden Leichen der Gefallenen (V. 587–2538) und Verbreitung der Unglücksnachricht in Pöchlarn, Passau, Baiern und am Rhein (V. 2539–4294). Von den wenigen einigermaßen substantiellen Ereignissen, die in der *Klage* über das *NL* hinaus erzählt werden, stammen einige aus der Dietrichsage (Heimkehr Dietrichs mit seiner Gattin und Hildebrand über Pöchlarn nach Bern), andere sind mehr schlecht als recht aus Elementen der Nibelungensage entwickelt (Bericht des Spielmannes Schwämmel an den genannten Orten mit Schwerpunkt in Worms, wo nochmals eine Kurzfassung des 2. Teiles des *NL*s geliefert wird, gleichsam als Auftakt zur Krönung des kleinen Gunthersohnes zum neuen König, aber auch als Begründung des Todes der alten Mutter der Burgunderkönige, die in Lorsch begraben wird). Eigenen epischen Atem spürt man in den 4360 Versen (der auf B beruhenden Ausg. von K. Bartsch) kaum irgendwo. Es soll vielmehr nur das geleistet werden, was das *NL* nicht bietet: formal eine Anpassung an die normgerechte (pseudo)historische Buchepik vom Schlage des bairischen *Rolandsliedes* oder der Regensburger *Kaiserchronik* – dazu dienen die vierhebigen Reimpaarverse, die Sprachform, Prolog (V. 1–16) und Epilog (V. 4295–4360) usw. –, inhaltlich eine Einbettung in die allgemeine Weltgeschichte, Abrundung und seelische Bewältigung eines schrecklichen, grausamen Geschehens, trauernde Rekapitulation und christlich-moralische Interpretation. Angeregt dürfte der Passauer Kleriker durch die lateinische Schuldichtung worden sein. Es gehörte zu den Schulaufgaben, poetische Kurzfassungen größerer Vers- und Prosawerke anzufertigen, so etwa zum antiken *Trojaroman*. Gemeinsam ist vor allem die Gattungsbezeichnung: mittelhochdeutsch *klage*, lateinisch *lamentatio, planctus* oder *threnus*. Während für den Fall Trojas aber stets Helena nahezu allein verantwortlich gemacht wird, bemüht sich der Autor der *Klage*, Kriemhild gerade einem solchen Verdacht, wie ihn einzelne Stellen des *NL*s, beginnend vielleicht schon mit der oben zitierten Strophe 2, nahelegen konnten, nicht auszuliefern. Hagen erscheint als der Hauptschuldige, er wird kräftig eingeschwärzt, um die Gegenspielerin in möglichst gutes Licht zu stellen. Sie handelt in ihrer Rache nur aus treuer Bindung an ihren ermordeten Gatten, aus *triuwe* erleidet sie den Tod, und dafür soll sie von Gottes Gnaden in das Himmelreich eingehen (V. 569ff.). Hätte sie Hagen von den anderen trennen können, wäre die Katastrophe zu vermeiden gewesen. Dafür tragen die Burgunderkönige die Verantwortung. Am schärfsten spricht im Text Hildebrand ihre Verurteilung aus – *daz die helde ûz erkorn/ den vreislîchen* (schrecklichen) *gotes zorn/ nu lange her verdienet hân* (V. 1271ff.). Sie haben sich der Ursünde des Hochmuts schuldig gemacht (V. 1277). Die moralische Schwarz-Weiß-Zeichnung, die in Fassung *C des Epos punktuell versucht wird, kommt in Fassung *C der *Klage* zum Abschluß. Das ist nicht mehr die Sicht des Boethius, das ist jene der von Augustinus geprägten christlichen Weltchronistik. Diese würzt ihre Geschichtsdarstellung immer wieder mit einer exakten Aufrechnung von Schuld und Sühne, die entweder durch Gottes Eingreifen in irdisches Geschehen vollzogen oder im Jenseits mit Sicherheit erwartet wird. Mit solcher Würze war auch schwere Kost wie das *NL* am leichtesten verdaulich.

Ob sich die *Klage* bereits direkt auf das „fertige" schriftliche *NL* bezieht, ist nicht sicher auszumachen. Sie könnte auch den erst teilweise literarisierten Sagenstoff im Blick haben. Daß sie bei der Wiedergabe von Motiven der Dietrichsage bereits auf schriftliche Epen zurückgegriffen hat, ist äußerst unwahrscheinlich. Mit dem Ausblick auf diesen Stoffbereich, zu dem auch der mit besonderem Nachdruck beklagte Rüdiger (besonders V. 1967–2037) gehört, erfüllt die *Klage* aber auch noch ihre bereits aus den Pilgrim-Partien bekannte Aufgabe: die Einbindung des *Nibelungenliedes* in den mittleren Donauraum.

Am qualitativen Gefälle zur *Klage* kann man die hervorragende Stellung des *Nibelungenliedes* erst ermessen. Wir haben zwar für eine nüchterne Sicht der Dinge plädiert. Gerade weil wir den *NL*-Dichter für „naiv" im Schillerschen Sinne halten, glauben wir nicht, daß ihm, wie vielfach versucht, Antworten auf die Grundfragen des Verhältnisses von Gott und Welt, des menschlichen Seins, der Geschichte oder auch „nur" der sozialen Existenz des Adels um 1200 entlockt werden können. Aber auch wenn es solche Erwartungen nicht erfüllt, bleibt das *Nibelungenlied* ein einmaliger Glücksfall. Die alten Sagen mit ihrer dramatisch-pathetischen Wucht finden ein passendes neues Gewand, das der Vorzeit und der Gegenwart gleichermaßen gerecht wird. Eine solche geniale Maßarbeit gefiel damals außerordentlich, reizte auch sogleich zur Nachahmung, zuerst wohl in der näheren Umgebung, dann allenthalben in deutschen Landen. Aber ein zweites Mal gelang sie offenkundig nicht mehr.

Im 19. Jahrhundert stellte man vielfach dem *Nibelungenlied* ein Epos als gleichwertig, wenn nicht sogar überlegen, zur Seite: die **Kudrun.** Davon ist man inzwischen abgekommen. Der Abstand ist vielmehr enorm, und das dürfte keinesfalls nur an der schlechten Überlieferung in einer einzigen, späten Handschrift liegen. Freilich muß die Sprachform des 13. Jahrhunderts erst mühsam aus dem Codex des 16. Jahrhunderts, dem berühmten, von Kaiser Maximilian in Auftrag gegebenen, vom Südtiroler Zöllner Hans Ried 1504–16 geschriebenen *Ambraser Heldenbuch,* Codex Vindobonensis, Series nova 2663 (zum Inhalt s. u. S. 501f.), zurückgewonnen werden. Daß der alte Text im Laufe der Überlieferung aber eine durchgreifende Bearbeitung erfahren habe, ist kaum anzunehmen. Die mitunter mehr als sorglose Fügung der Verse, Strophen, Szenen, Episoden, ja des gesamten Handlungsablaufes dürfte schon auf die erste schriftliche Fassung zurückgehen. Der formale Anschluß an das *Nibelungenlied* liegt klar zutage. Die *Kudrun* strebt einen vergleichbaren Umfang an (1705 Strophen) und ist in *âventiuren* (32 an der Zahl) gegliedert. Die metrische Form ist die der Langzeilenstrophe, die in rund 100 Fällen der normalen Nibelungenstrophe gleicht, sonst diese leicht abwandelt: Der dritte und vierte Abvers enden klingend statt männlich, der vierte Abvers hat 6 statt 4 Hebungen. Die „Rückfälle" in die Nibelungenstrophe sind vermutlich auf bloße Unachtsamkeit zurückzuführen. Dem großen Vorbild ist auch die formelhafte Sprache stark verpflichtet, die aber nur ganz selten dieselbe Einprägsamkeit erreicht. Vieles wirkt wie Flickwerk.

Diese formalen Gemeinsamkeiten der beiden Epen sind auch faktisch der einzige brauchbare, aber gleichwohl überaus vage Anhaltspunkt für die Lokalisierung der *Kudrun* im mittleren Donauraum. Da sich eine gewisse Kenntnis des zeitgenössischen Kaufmannswesens und Stadtlebens in dem Epos bemerkbar macht, hat man an Regensburg, aber auch an Wien und Passau als Entstehungsort gedacht. Direkte Anspielungen auf diese oder andere süd- bzw. südostdeutsche Orte fehlen dem Text aber durchaus. Anders als im *Nibelungenlied* spielt das erzählte Geschehen durchweg in weiten Fernen. Soweit sich die geographischen Namen der Handschrift, die natürlich besonders leicht verhört oder verlesen werden konnten, überhaupt halbwegs sicher deuten und einen Bezug zur Realität erkennen lassen, gruppieren sie sich mit wenigen Ausnahmen um die Nordsee von den Britischen Inseln über die Normandie, Flandern, Holland bis hinauf nach Dänemark. Trotz merklicher Überlagerung durch spätere Schichten atmet die ganze Erzählung noch deutlich die Luft der Wikingerzeit des 9. und 10. Jahrhunderts. Die für die Heldenepik konstitutive Verankerung in der (stilisierten) Geschichte wird hier also durch die mangelnde historische Kontinuität zwischen Raum und Zeit der – natürlich undatierten – Ereignisse der Erzählung und dem historischen Ort des vorliegenden Werkes stark reduziert. Für Autor und Publikum dürfte sich jene Welt der Wikinger recht wenig von der märchenhaften Welt des Königs Artus unterschieden haben. Andererseits fehlen jedoch alle übrigen Merkmale des Höfischen Romans (s. u. S. 545ff.) durchaus.

Stoffmäßig gehört die *Kudrun* zu den sogenannten Brautwerbungsepen. Als wichtiges Erzählschema haben wir die Brautwerbung schon im *Nibelungenlied* kennengelernt. Völlig dominant tritt es jedoch in einigen im 12. Jahrhundert entstandenen, mit dem falschen Etikett „Spielmannsepen" versehenen Erzählgedichten hervor, in *Salman und Morolf,* im *Orendel,* (Münchner) *Oswald* und *König Rother,* von denen die beiden letztgenannten von Adeligen Baierns in Auftrag gegeben worden sein dürften. Man hat alle vier Werke daher zusammen mit zwei weiteren, gewöhnlich den Heldenepen zugerechneten, dem *Ortnit* (s. u. S. 503ff.) und eben unserer *Kudrun,* sogar als eine eigene Erzählgattung ausgrenzen wollen (C. Schmid-Cadalbert). In der *Kudrun* wird das Modell durch mehrfache Variation geradezu extensiv genützt.

Teil I (Hauptheld Hagen) setzt ein mit einer „gewöhnlichen" Werbung des Königs von Irland um die Tochter des Königs von Norwegen. Ihrer beider Sohn Hagen wird als siebenjähriger Knabe von einem Greifen auf eine Insel entführt. Es gelingt ihm mit Glück, Mut und Kraft, die Greifen zu töten, dadurch drei ebenfalls dorthin entführte Prinzessinnen und sich selbst zu befreien, mit einem vorbeisegelnden Pilgerschiff die Insel zu verlassen und den Kurs nach Irland zu erzwingen. Nach seiner Schwertleite heiratet er eine der Prinzessinnen, Hilde, und zeugt mit ihr eine Tochter gleichen Namens, die zur vielumworbenen Schönheit heranwächst, vom Vater aber nicht freigegeben wird (Aventiure 1–4, Strophe 1–203). – Teil II (Hauptgestalt Hilde) enthält die gefährliche, letztlich aber erfolgreiche Werbung um Hilde im Auftrage König Hetels von Hegelingen. Die Werber, Horand, Frute und Wate, drei Verwandte des Königs, geben sich als Kaufleute, dann als Vertriebene aus. Horands wunderschöner Gesang – geradezu sprichwörtlich im Mittelalter, aber wohl nicht aufgrund der kaum bekannten *Kudrun* – verschafft ihm eine geheime Unterredung mit Hilde, die in die Entführung einwilligt. Hagen, der bisher alle Werber hat umbringen lassen, erreicht die Entführer erst in Waleis (wohl Wales), wohin ihnen Hetel entgegengefahren ist. In der folgenden Schlacht kann Hagen vor dem Todesstreich Wates nur durch Hildes Bitte bewahrt werden und fügt sich in die Ehe seiner Tochter mit dem Hegelingenkönig (Av. 5–8, Str. 204–562). – Der dritte, letzte Teil (Hauptgestalt Kudrun) ist etwa doppelt so lang wie Teil I und II zusammen (Av. 9–32, Str. 563–1705). Hetel verhält sich gegenüber den Werbungen um seine Tochter Kudrun ebenso wie zuvor sein Schwiegervater. Alle drei potenten Freier, Siegfried von Morland, Hartmut von Normandie und Herwig von Seeland, werden abgewiesen. Hartmut versucht es nach dem Mißerfolg seiner Boten ein zweites Mal heimlich, aber ebenfalls vergeblich. Herwig wendet beim zweiten Mal Gewalt an und erzwingt durch Eroberung von Hetels Burg die Ehe, die aber erst nach einem Jahr vollzogen werden soll. Das gibt Siegfried Gelegenheit, inzwischen in Herwigs Land einzufallen. Während Hetel dem Schwiegersohn zu Hilfe eilt, entführt Hartmut Kudrun gegen ihren Willen. Er liefert mit seiner Streitmacht den vereinigten Heeren Herwigs, Hetels und Siegfrieds eine blutige Schlacht auf dem Wülpensand und entkommt, nachdem Hetel von Ludwig, Hartmuts Vater, erschlagen worden ist. Die Rache wird aufgeschoben, bis eine neue Kampfmannschaft herangewachsen ist (Av. 9–19, Str. 563–950). Erst in dreizehn Jahren (vgl. *Nibelungenlied!*) wird es so weit sein. Inzwischen muß Kudrun unzählige Drohungen und Demütigungen erdulden, da sie ihrem Gatten treu bleibt. Hartmut scheut sich zwar doch, das Beilager zu erzwingen; Hartmuts Mutter Gerlind versucht aber, Kudruns Widerstand zu brechen, indem sie sie Magddienste verrichten läßt. Beim Wäschewaschen am Meeresstrand werden Kudrun und ihre treue Begleiterin Hildeburg von Herwig und Ortwin, Kudruns Bruder, die als Kundschafter des endlich in der Normandie angekommenen Heeres der Befreier ausgefahren sind, denn auch angetroffen. Nach der Erkennungsszene reizt Kudrun den Zorn ihrer Peinigerin aufs äußerste, da sie die Wäsche ins Meer wirft, besänftigt sie aber durch eine (zweideutige) Einwilligung in die Ehe mit Hartmut. Am nächsten Tag greifen die Hegelinge und ihre Verbündeten an. Ludwig fällt von Herwigs Hand, Wate wütet furchtbar, selbst unter Frauen und Kindern. Er schlägt auch Gerlind den Kopf ab. Hartmut und seine Schwester Ortrun vermag Kudrun aber durch ihre Fürbitte zu retten. Nach der Heimkehr stiftet sie als Königin an Herwigs Seite zur Besiegelung allseitigen Friedens Ehen zwischen Ortwin und Ortrun, Hartmut und Hildeburg sowie zwischen Siegfried von Morland und Herwigs Schwester.

Neben der eingangs kurz geschilderten „normalen" Werbung finden sich also in der Erzählung eine übernatürliche Form des Frauenraubs (wie im *Lied vom Hürnen Seyfried* und andernorts), eine listige Entführung der Braut bzw. die am Ort durch Krieg erzwungene Ehe mit ihr, jeweils mit ihrer zuvor gegebenen Einwilligung, die erfolglose Werbung in mehreren Varianten, schließlich der als rechtswidrig eingestufte Raub einer bereits einem anderen angetrauten und treuen Frau und ihre Rückholung. Dahinter steht die Realität der germanischen Raubehe, die auch von den Wikingern des 10. Jahrhunderts noch praktiziert, später aber die immer seltenere Ausnahme wurde. Die Einwilligung der Frau war dabei in der Regel keine notwendige Bedingung, und selbst bestehende Eheverträge wurden bisweilen durch die Entführung als hinfällig erachtet. In der *Kudrun* liegt also eine „idealisierende Überformung des Raubmotivs" vor, die auf „die Emotionen des einzelnen Individuums, des Liebespaars und damit auch der Frau selbst" Rücksicht nimmt (Th. Nolte).

Nur für den Hildeteil lassen sich aber einwandfrei ältere germanische Sagenstufen feststellen. Sie enthalten bereits das Einvernehmen zwischen Braut und Entführer. Nordische Quellen erzählen von der Flucht Hedins und Hilds vor deren Vater Högni. Im Verlauf der Verfolgung kommt es zur Schlacht, in der sich der Entführer und der Vater des Mädchens gegenseitig töten. Die Wikingersage erhält eine mythische Dimension: Die Schlacht wird allnächtlich erneuert, da Hild die am Tag Gefallenen immer wieder zum Leben erweckt und zum Kampf reizt. Dieser findet auf einer Insel in der nördlichen Nordsee statt, nach Saxo Grammaticus (Anfang des 13. Jahrhunderts) jedoch auf Hiddensee in der Nähe von Rügen. Auch altenglische Quellen weisen auf die Ostsee, von der das Geschehen aufgrund des Gleichklangs der Namen auf die Insel Wülpen an der Hedinezee in der Scheldemündung in Flandern verlegt worden sein könnte. Der weitere Weg der Sage liegt ganz im dunkeln. Aus der Hildeerzählung könnte unter Verwendung der weit verbreiteten Varianten des Brautwerbungsschemas die Kudrungeschichte frei herausgesponnen worden sein, dies schon im niederländisch-flämischen Gebiet selbst oder anderswo. Ebenso könnten andere Quellen hereingewirkt haben (etwa die lateinische Normannengeschichte Dudos von St. Quentin aus der Zeit 1000–1017). Für eine nordseegermanische Herkunft spricht der Name der Titelheldin. Die von Hans Ried verwendete tirolische Form Chautrun (für ein älteres oberdeutsches Chudrun/Kudrun) geht auf Gudrun mit typischem Nasalschwund zurück (vgl. dagegen die deutschen *gund*-Namen wie Gunther, Hildegund). Einem Küstenbewohner ist allerdings das irreale Motiv vom Waschen im Meerwasser nicht so ohne weiteres zuzutrauen. Dasselbe müßte dann auch für themenverwandte neuzeitliche Balladen gelten, deren genetisches Verhältnis gegenüber der *Kudrun* (bzw. der Gudrunsage) allerdings völlig kontrovers ist. Ob man hier wie dort den Maßstab des korrekten Realitätsbezugs anlegen darf, scheint fraglich. Es könnte etwa auch die Kombination zweier literarischer Motive, des erniedrigenden Wäschewaschens und des sehnsüchtigen Blickes aufs Meer, vorliegen. Daß erst der Dichter der *Kudrun* in der Mitte des 13. Jahrhunderts (?) den ganzen Hauptteil mit Kudruns Leiden erfunden haben sollte, dünkt jedenfalls bei seiner sonstigen Erzählkunst nicht eben sehr wahrscheinlich.

Beim Spannen der großen Handlungsbögen verläßt er sich ganz auf die Variation, bisweilen den überraschenden Wechsel der vorgegebenen Erzählmuster. Nicht selten gleitet er dabei ins Belanglose und Flache ab. Unstimmigkeiten sind nicht, wie im *Nibelungenlied*, vereinzelt zu beobachten, sondern an der Tagesordnung. Sie beschränken sich auch keineswegs auf die übliche „Alterslosigkeit" der Personen im Heldenepos (z. B. der bereits von Hagen befreiten, am Ende Hartmut angetrauten Hildeburg; vgl. den stets jungen Giselher im *NL*) oder die Zahlenangaben, sondern betreffen auch die Motivationen. So wird etwa Herwig, dem man Kudrun eben *ze wîbe* gegeben hat, mit fadenscheinigen Argumenten dazu bewogen, seine Frau noch ein Jahr bei ihrer Mutter zu lassen. Ohne diesen Aufschub wäre die Handlung aber faktisch zu Ende gewesen. Noch weit stärker als der *NL*-Dichter verläßt sich dessen Nachahmer auf die Gestaltung einzelner Szenen. Einige davon bleiben dem Leser tatsächlich unauslöschlich im Gedächtnis, so die Wäscherinnen am Strand, Kudrun vor der zornerfüllten Gerlind (Av. 25) oder die Entdeckung und Tötung Gerlinds (Av. 29 – vgl. Kriemhild!). Am eindrucksvollsten fällt das Bild der Dulderin aus, die vom Strand aus die – ihr von einem Engel Gottes in Gestalt eines Seevogels zuvor angekündigten – Boten der Befreier im Boot herannahen sieht. Das Wetter hat plötzlich umgeschlagen und im März nochmals Eis und Schnee gebracht. Dennoch müssen Kudrun und die getreue Hildeburg barfuß ihre Arbeit tun, bebend vor Kälte in ihren nassen Hemden, die schönen Haare arg vom Wind zerzaust. Sie fliehen vor den ans Land kommenden Männern, da Kudrun sich ihres jämmerlichen Aufzugs schämt. Auch das ist nach der überirdischen Botschaft recht unwahrscheinlich, aber gut verständlich als Folge eines typischen sozialen Empfindens, das damals in der Regel äußere Erscheinung mit tatsächlichem Wert gleichzusetzen pflegte.

Die leidende, am Ende versöhnende Kudrun – ist sie nicht das vollkommene Gegenbild zur unerbittlichen Rächerin Kriemhild? Als solche ist sie in der Forschung ganz überwiegend gesehen worden und wohl mit Recht. Daß eine bestätigende Autorreflexion fehlt, kann kaum dagegen ins Treffen geführt werden, da das Gesetz der Gattung (s. o. S. 313) sie nicht zuließ. Die Frage ist nur, ob ein christliches Ethos hinter Kudruns Handeln steht. Die Rache als solche wird nirgends in dem Werk verurteilt. Gerlind und Ludwig müssen sterben, das fordert die ausgleichende Gerechtigkeit. Wo die Rache aber in Ausrottung der Gegner ausartet (wie im *Nibelungenlied*), da greift Kudrun ein. Ihre zu guter Letzt durchgeführte Heirats- und Bündnispolitik mutet eher wie nüchternes, pragmatisches Kalkül an. Daß eine Frau es anwendet, könnte der ihr von der patriarchalischen Gesellschaft zugestandenen friedensstiftenden Funktion, aber auch dem Bedürfnis der Wehrlosen nach Frieden zugeschrieben werden. Jedenfalls hat sie – anders etwa als Dietrich, der im *Nibelungenlied* zu einer ähnlich pragmatischen Haltung tendiert – Erfolg, und zwar als Frau mit Hilfe des friedlichen Austausches von Frauen zwischen verfeindeten Machthabern. Insofern könnte man das Epos als „Frauenroman" (H. Kuhn, Th. Nolte) bezeichnen.

Aber wiederum stellt sich die Frage, wie es in einer durchaus christlichen Umwelt wirken konnte, sollte oder mußte. Da lag der Gedanke an Nächstenliebe und Erbarmen ganz nahe. Daß ihn die handelnden Personen nirgends aussprechen, mag der für die ältere deutsche Heldenepik typischen „Innerweltlichkeit" des Werkes (J. Heinzle) zu verdanken sein. Doch diese zeigt auch schon Spuren der Aufweichung, nicht nur in dem ziemlich aufgesetzten Legendenmotiv von dem Engel Gottes, sondern vor allem in der 16. Aventiure, etwa in der Mitte des Werkes. Um die Entführer einzuholen, rauben die Hegelinge auf Anraten Wates 3000 Pilgern 70 Schiffe, zwingen überdies 500 Pilger, mit ihnen zu fahren und zu kämpfen, schaden sich damit aber letztlich nur selbst, denn, sagt der Autor, *ich waene got von himele/ raeche dâ selbe sînen anden* (845, 4: Ich glaube, Gott vom Himmel rächte da selbst sein [d. h. das seinen Pilgern angetane] Leid). Nach dem Tode Hetels lassen sie zur Buße für ihre große Schuld (914, 4) ein Kloster auf dem Wülpensand errichten.

Das bleibt freilich Episode und läßt eine Interpretation des Werkganzen von daher nicht zu. Hier wie allenthalben in dem Werk bleibt alles im Ansatz stecken. Ob die *Kudrun* den Kennern des *Nibelungenliedes* zu weich und märchenhaft, den Romanliebhabern zu rauh und unproblematisch, den Legendenkonsumenten zu „heidnisch" erschienen ist, wissen wir nicht. Auf alle Fälle gibt es bis zum *Ambraser Heldenbuch* kein sicheres Zeugnis der Rezeption des Werkes. Auch ein thematisch verwandtes Erzählgedicht, der *Dukus Horant,* kann als solches nicht gelten, da es auf der mündlichen Tradition der Hildesage (mit Einwirkung des *König Rother*) beruhen könnte. Immerhin erweist das Werk, das in hebräischer Schrift in eine in Kairo gefundene, jetzt in Cambridge befindliche Handschrift von 1382/83 eingetragen wurde, die Kenntnis deutscher Heldensage bei den deutschsprachigen Juden des 14. Jahrhunderts. Vielleicht ist es schon gegen Ende des 13. Jahrhunderts von der Mündlichkeit auf die schriftliche Ebene gehoben worden. Wäre es da nicht denkbar, daß Juden, die ja vornehmlich in größeren Städten lebten und Handel trieben, auch schon zuvor Anteil an der Verbreitung des Hilde-Kudrun-Stoffes gehabt haben könnten? Sowohl Regensburg wie Wien besaßen im 13. Jahrhundert bedeutende Judengemeinden (s. u. S. 358). Bei unserem gegenwärtigen Wissensstand muß es freilich bei der bloßen Frage bleiben.

Während die Sage von Hilde und vielleicht auch die von Gudrun als Import aus dem Nordwesten den Rhein aufwärts und dann die Donau abwärts transportiert worden sein dürfte, ist die **Dietrichsage** von Anfang an im Ostalpenraum verankert. Nach einem historischen Vorbild des Sagenhaupthelden braucht man auch nicht lange zu suchen. Es ist der berühmte Ostgotenkönig Theoderich der Große, Sohn Theodemers, eines Bruders und Nachfolgers des Ostgotenkönigs Walamer. Er wurde um 456 geboren und lebte als Geisel, welche Walamer für einen Konföderatenvertrag stellte, vom achten bis zum achtzehnten Lebensjahr in Byzanz, folgte 471 seinem Vater als König nach, besiegte 488 den Skirenfürsten Odoakar bei Verona, belagerte ihn in Ravenna, benutzte einen Vertragsabschluß, den Rivalen zu ermorden (493), errichtete mit Billigung Ostroms ein mächtiges und befriedetes Königreich in ganz Italien sowie in Dalmatien, Rätien, Norikum und Pannonien und starb 526. Etwa dreißig Jahre danach wurde das Ostgotenreich vernichtet (553) und wieder dem (Ost-)Römischen Reich eingegliedert, ehe es 568 die Langobarden eroberten. In der Dietrichsage sind sowohl der Volksname der Goten wie – großteils – die Vorstellung vom sieg- und erfolgreichen Friedensherrscher verlorengegangen. Die Sage wird wohl erst unter dem Eindruck des Untergangs der Ostgoten bei den Langobarden und Baiern entstanden sein. Im Mittelpunkt der Sage steht der arme Dietrich, der trotz großartiger Siege Jahrzehnte lang fern seines angestammten Reiches im Exil beim Hunnenkönig verweilen muß. Konkrete Anregungen dazu könnten einerseits Theoderichs tatsächliches Exil in Byzanz und andererseits das Abhängigkeitsverhältnis der Ostgoten unter Theoderichs Onkel zu König Attila gegeben haben. König Walamer und seine Brüder fochten bei Attilas Niederlage auf den katalaunischen Feldern als dessen Verbündete. Danach und nach Attilas Tod 453 verweigerten die meisten germanischen Hilfsvölker die Gefolgschaft, und die Hunnen (und Ostgoten?) wurden 454 am Fluß Nedao in Pannonien vernichtend geschlagen, wobei Attilas Söhne Ernac und Ellac fielen. Dies alles geschah noch vor Theoderichs Geburt, der in der Sage somit mit seinem Vater gleichgesetzt worden sein müßte. Andererseits könnten Theoderichs letztlich vergeblichen Versuche, in hoher Stellung am Kaiserhof für die Ostgoten als Föderaten Ostroms dauernde Wohnsitze auf dem Balkan zu schaffen, auf einen sagenhaften Vorfahren, Dietrichs Großvater oder Ururgroßvater Wolfdietrich, projiziert worden sein (s. u. S. 507ff.). Das alles muß Spekulation bleiben, ebenso wie die Verbindung diverser Siege des jungen Dietrich über Drachen, Riesen und Zwerge, wovon etliche Dichtungen berichten, mit den historischen Erfolgen des großen Gotenkönigs.

Das Fortleben der Dietrichsage spiegelt sich in allerlei lateinischen historiographischen Schriften des gesamten Mittelalters. Die alte volkssprachige Dietrichdichtung ist dagegen – abgesehen von dem einmaligen Glücksfall des *Hildebrandsliedes* (s. o. S. 45) – in ihrem Wortlaut für uns verklungen, da die Verschriftlichung erst im 13. Jahrhundert einsetzt. Dabei dürfte die Literarisierung mit einer weit stärkeren Umformung als beim *Nibelungenlied* verbunden gewesen sein. Die Konkurrenz zu anderen Gattungen führt sowohl zur Anbiederung als auch zur manieristischen Übertreibung traditioneller eigener Gattungsmerkmale. Der ästhetische Wert der zwölf erhaltenen (teilweise aber bruchstückhaften) Dietrichepen ist, aufs Ganze gesehen, denkbar gering. Über Geschmack und Mentalität ihres Publikums können sie freilich eine Menge aussagen, sofern wir es zu bestimmen vermögen. Gerade hier tappen wir jedoch, was das 13. Jahrhundert (im Gegensatz zur Rezeption im 15./16. Jahrhundert) betrifft, weitgehend im dunkeln, da sich die Entstehung der Werke nach Ort und Zeit nur sehr ungenau festlegen läßt. Aus unserer Darstellung gänzlich ausgeschlossen soll alles bleiben, dessen ursprünglich alemannische Textgestalt einigermaßen festzustehen scheint: *Alpharts Tod*, *Sigenot* und *Virginal*. Von dem vielleicht ebenfalls alemannischen *Goldemar*-Fragment wird unten kurz die Rede sein (S. 500). Die Mehrheit der (vermutlich) bairischen Texte werden wir im Alpengebiet zu lokalisieren haben. Kaum ein Zweifel besteht an der steirischen Herkunft des *Biterolf*, nur ein klein wenig mehr an der Tiroler Heimat des *Ecke* und *Laurin*. Im übrigen muß man ziemlich freihändig verfahren. Eine Zuweisung an den Donauraum scheint am ehesten bei dem Doppelepos **Dietrichs Flucht** und **Rabenschlacht** sowie dem Fragment *Dietrich und Wenezlan* möglich, obwohl schlagkräftige Argumente durchaus fehlen.

Bei dem genannten Doppelepos fällt die Überlieferung einigermaßen ins Gewicht. Die beiden ältesten Textzeugnisse, die Riedegger Handschrift R vom Ende des 13. Jahrhunderts und die Windhagensche Handschrift W vom Anfang des 14. Jahrhunderts (s. o. S. 221) stammen aus Niederösterreich, vermutlich aus dem Kreis der mächtigen Landherren. (Nicht so eindeutig läßt sich dagegen die Herkunft der beiden

Fragmente, des vielleicht ebenfalls auf den Anfang des 14. Jahrhunderts zu datierenden Bruchstückes von *Dietrichs Flucht*, das früher auf Schloß Kasten im Vintschgau aufbewahrt wurde, jetzt aber verschollen ist, und des Grazer, aus Seckau stammenden Bruchstücks der *Rabenschlacht* aus der Mitte des 14. Jahrhunderts, festlegen.) Ebenfalls gemeinsam sind die beiden Epen in einem Heidelberger Codex (Cpg 314) von 1447 und im *Ambraser Heldenbuch* überliefert. In diesen beiden späten Handschriften finden sich auch die 2328 in R und W fehlenden Anfangsverse von *Dietrichs Flucht*. Der Redaktion *RW, die bewußt gekürzt hat, muß also noch eine ältere Niederschrift beider Epen einschließlich der Anfangsverse vorausgegangen sein. Sogar wenn sie das „Original" gewesen sein sollte, verbietet sich somit wohl die vom Herausgeber vorgenommene und von den meisten akzeptierte Datierung von *Dietrichs Flucht* in die neunziger Jahre des 13. Jahrhunderts, da ja zu dieser Zeit bereits Handschrift R geschrieben wurde. Jene Datierung stützt sich auf den Exkurs des Erzählers V. 7949–8018. Dieser spricht direkt zu den *grâven, vrîen, dienestman* („Grafen, Edelfreien, Ministerialen") und klagt in ihrem Namen die *hôhen vürsten* an, die den Gefolgschaftsdienst ihrer Lehensleute nicht entsprechend belohnen, sondern ihn erzwingen. Dieser unbedankte *betwungen dienst* besteht in Hoffahrt und in Heerfahrt, die beide mit beträchtlichem materiellen Aufwand verbunden sind und in Armut führen können. Aber auch direkte Übergriffe leisten sich die Fürsten. Sie übergeben die Erbburgen ihrer Vasallen an Fremde. Wer sich wehrt, wird erschlagen. Diese Fürsten verflucht der Erzähler, den *grâven, vrîen, dienestman* wünscht er dagegen Gottes Segen zur Linderung ihres Leides. Mitten in dem Exkurs sagt er: *Dise wernde swaere/ hât Heinrich der Vogelaere/ gesprochen und getihtet* (V. 7999–8001). Ist das Fremdzitat oder Autornennung? Bezieht es sich nur auf den Exkurs oder auf das gesamte Gedicht? Wir wissen es nicht. Was die konkreten Vorwürfe des Exkurses angeht, so treffen sie in der Tat aus der Sicht der österreichischen und steirischen Landherren auf Albrecht I. zu, kaum weniger aber auf Ottokar oder schon Friedrich den Streitbaren zu bestimmten Zeiten ihrer Regierung. Den *betwungen dienst* beklagt auf ganz ähnliche Weise bereits Bruder Wernher zur Zeit des letzten Babenbergers (Spruch 5), um dann hingegen nach dessen Tod zu behaupten, *grâven, vrîen, dienestman, ritter* und *knehte* seien für ihre Hilfe stets entsprechend belohnt worden, was nun der König von Böhmen ebenso halten solle (Spruch 48). Selbst die Übergabe von Erbfesten an Fremde hat es schon vor 1246, ja wohl schon immer gegeben, wenn man unter den genannten *gesten* nicht nur Landfremde verstehen will, wie es die alemannischen Gefolgsleute der Habsburger, aber auch bereits die böhmischen Vasallen Ottokars waren. Nicht zur Zeit Albrechts paßt übrigens der Vorwurf der erzwungenen Hoffahrt, da die Landherren im ausgehenden 13. Jahrhundert „freiwillig und im eigenen Interesse eine Art Hofadel gebildet haben" (M. Weltin). Die vielzitierte Stelle, die immerhin den konkreten Publikumsbezug in nicht alltäglicher Weise offenlegt, zielt also kaum auf einmalige politische Ereignisse. *Dietrichs Flucht* kann also durchaus vor der Regierungszeit Albrechts I. entstanden sein; die *Rabenschlacht* ohnehin, da sie vom Verfasser ihrer Vorgeschichte bereits als Quelle benutzt wurde. Trotz dieser Abhängigkeit sind die Unterschiede zwischen den beiden Bestandteilen des Doppelepos groß. Das beginnt damit, daß nur der ältere Teil einige Helden ausdrücklich in Österreich lokalisiert: Astolt von Mautern, Rudwin von Traismauer, Dietmar von Wien. Sogar der berühmte Markgraf Rüdiger hat in *Dietrichs Flucht* seinen Beinamen *von Bechelâren* eingebüßt.

Die *Rabenschlacht* ist gattungsgemäß in Strophen, 1140 an der Zahl, abgefaßt, die ein recht kompliziertes Schema aufweisen: 4ka, 3mb, 4ka, 4mb, 4kc, 6kc. Wenn man a als Zäsurreim (der bereits gelegentlich im *NL* begegnet) und c als Binnenreim auffaßt, so entsprechen die ersten vier Verse zusammen den letzten beiden Langzeilen der Nibelungenstrophe und die Verse 5–6 der letzten Langzeile der Kudrunstrophe. Nicht erst die Schreiber haben mit dieser neuen Strophenform ihre liebe Not gehabt, sondern schon der Dichter. Der Inhalt des Epos ist kurz folgender:

Dietrich trauert, aus seinem Reich vertrieben, am Hofe des Hunnenkönigs um den Verlust seiner Mannen. König Etzel bietet ihm Herrat, eine Verwandte seiner eigenen Frau, als Gemahlin an und verheißt ihm Hilfe bei der Wiedereroberung von *Roemisch lant*. Dietrich feiert Hochzeit und rüstet zur Heerfahrt. Etzels noch nicht erwachsene Söhne Orte und Scharpfe wollen mitziehen. Etzel und seine Gattin Helche geben trotz eines Warntraumes die Zustimmung, da Dietrich die Kinder zu behüten verspricht (Str. 1–201). Dietrich zieht in sein von seinem Onkel Ermrich (dem historischen Ostgotenkönig Ermanarich, gest. um 375) usurpiertes Land. In seiner Hauptstadt Bern (= Verona) angekommen, läßt er vor der großen Schlacht die beiden Knaben und seinen eigenen, ebenfalls noch ganz jungen Bruder Diether unter der Aufsicht Elsans zurück. Gegen Dietrichs Verbot überreden die Kinder ihren Meister, mit ihnen auszureiten, entweichen ihm, verschwinden vor ihm im Nebel und gelangen noch am selben Tag (!) in die Nähe von Raben (= Ravenna). Am nächsten Morgen treffen sie auf Witege, Dietrichs ehemaligen Kampfgesellen (vgl. den ostgotischen Heerführer Vidigoja, 4. Jahrhundert, und den Ostgotenkönig Vitigis, 6. Jahrhundert), werfen ihm den Verrat an dem Berner vor, zwingen ihn gegen seinen Willen zum Kampf und fallen von seiner Hand (202–464). Währenddessen hat Dietrichs Heer vor Raben seine Zelte aufgeschlagen, die Feldzeichen der feindlichen Abteilungen gemustert, die Beichte abgelegt und Aufstellung zur Schlacht genommen. Diese dauert elf Tage (ca. 270 Strophen). Auf seiten Ermrichs kämpfen ebenfalls berühmte Helden, darunter die abtrünnigen Gesellen des Berners, Heime und Witege, aber auch Siegfried von Niederland und Frute von Dänemark. Dennoch siegen Dietrich und die Seinen. Ermrich entkommt (465–869).

Nun erfährt Dietrich vom Tod der drei Königssöhne und gerät vor Schmerz ganz außer sich. An den Wunden erkennt er, daß Witeges berühmtes Schwert sie geschlagen hat, erspäht dessen Besitzer, reitet ihm nach und fordert ihn zum Zweikampf. Der sonst so kühne Witege wagt nicht, sich zu stellen, sondern reitet ins Meer, wo ihn eine Meerfrau aufnimmt (870–974). Dietrich nimmt Raben ein, kann aber Ermrichs wieder nicht habhaft werden. Er denkt auch nur daran, wie er Etzels und Helches Huld wiedererwerben könne, und bittet seinen Freund Rüdiger von Bechelaren um Fürsprache. Als Helche die Nachricht erhält, verflucht sie Dietrich, ist aber, da Rüdiger des Berners Unschuld beteuert, bereit, ihn wieder in Gnaden aufzunehmen. Auch Etzel läßt sich dazu bewegen. Von Rüdiger geholt, kehrt Dietrich in die Etzelburg zurück (975–1140).

Hinter dem spätzeitlichen Epos wird der alte Sagenstoff nur schwach sichtbar. Als historische Ausgangspunkte kommen die Schlachten in Oberitalien zwischen Theoderich und Odoakar und die Schlacht am Nedao in Frage (s. o.). Sie könnten nach dem alten Erzählmodell vom tragischen Völkerkampf zweier ungleich berechtigter Herrschaftserben gestaltet worden sein. Aber auch daraus erklärt sich nur mangelhaft die Gestalt des armen Dietrich, der am Ende in die traurige Situation des Anfangs zurückkehrt, trotz seines großen Sieges im Grunde nur um etliche schmerzliche Erfahrungen reicher. Von Tragik zu sprechen zögert man, obwohl dergleichen hinter der Schilderung einer Schlacht verspürt werden könnte, die in ihrem positiven Verlauf für den Helden durch das vorweggenommene gleichzeitige Geschehen bereits ihres Sinnes beraubt erscheint. Doch die Tragik versinkt in einem Meer von Tränen. Zwar ist das Vorurteil gegen weinende Männer ein modernes – in den französischen Heldenepen tun sich die gewaltigsten Recken diesbezüglich ebensowenig Zwang an wie in der *Rabenschlacht* –, hier aber dominiert die sentimentale Klagegeste in exorbitanter Weise vom Anfang bis zum Ende. An Übertreibungen ist das Epos auch sonst nicht arm. Ermrichs Heer erreicht Millionenstärke. Da es fast völlig aufgerieben wird, türmen sich gewaltige Leichenberge, es fließen Ströme von Blut – auch dies wieder in Motivgemeinschaft mit der französischen Chanson de geste, die schon im Stadium der Mündlichkeit mit der Dietrichepik im Austausch gestanden haben dürfte. Vermutlich noch auf eine mündliche Version bezieht sich auch Wolfram von Eschenbach mit seinem Spott auf eine Schlachtschilderung, die Witege die Tötung von 18000 Gegnern in einem Tage zuschreibt (*Willehalm* 384, 22ff.). Zum größten Exzeß gestaltet der Autor der *Rabenschlacht* aber Dietrichs Klage um die drei Königssöhne, so als wollte er die *Nibelungenklage* noch überbieten. Dietrich küßt unzählige Male ihre Wunden, schlägt sich auf Augen, Mund und Herz, verflucht seine Geburt, beißt sich in Arme und Hände, reißt sich das Haar aus, bittet Gott um Unheil und Tod, da der Teufel mit ihm seinen Spott getrieben habe (Str. 882–900). Das steht in merklichem Kontrast zu der ziemlich gefaßten Haltung Dietrichs im *Nibelungenlied*. Aber in unserem Text sind es ja auch unreife Knaben, um die Dietrich trauert. Ob der Autor dem Berner eine persönliche Schuld an ihrem Tod zumißt, läßt sich bei seinem – gattungskonformen – Schweigen kaum sagen. Helche und Etzel lassen sich ziemlich leicht von Dietrichs Unschuld überzeugen, aber das könnte an ihrem eigenen schlechten Gewissen liegen. Alle drei Erwachsenen hätten ebenso wie Elsan, dem Dietrich die Verantwortung feierlich überträgt (Str. 286–287) und der auch mit dem Tode dafür büßt, die Kriegssituation einerseits und den unverantwortlichen Leichtsinn der Knaben in Rechnung stellen müssen. Aber das könnte eine viel zu rationale Überlegung moderner Betrachter sein. Daß man zumindest das Verhalten der Knaben als negatives moralisches Exempel auffassen konnte, zeigt die Darstellung der Helchensöhne auf der prachtvoll-symbolischen Haube des unbotmäßigen jungen Bauern Helmbrecht in Wernhers gleichnamiger Versnovelle (s. u. S. 353). Das kann sich wohl nur auf unsere Fassung der *Rabenschlacht* beziehen, da in der *Thidrekssaga* (s. o. S. 308) die drei Königssöhne als waffenfähige Krieger im Rahmen der Schlacht von Widgas Hand fallen.

Zu den jüngsten Zutaten in der Sagenentwicklung dürften auch die allenthalben vorgezeigten religiösen Versatzstücke wie Gebete, Sakramente und Reliquien gehören (s. u. S. 326). Fraglich bleibt es dagegen, ob einzelne ausdrucksvolle Szenen wie die mit leeren, blutüberströmten Sätteln in die Etzelburg laufenden Rosse der Etzelsöhne altes Gut oder erst vom letzten Dichter traditionellen Gestaltungsformen nachempfunden worden sind. Jedenfalls verleihen sie und die relative Geschlossenheit des Aufbaus dem Epos doch noch so etwas wie heldenepisches Format.

Der Autor von ***Dietrichs Flucht*** „zerformte seinen Stoff" hingegen „durch Stilwidrigkeit" (K. Ruh). Daran ändert auch die offenbar überlegt erstellte Komposition wenig. Der dritte und letzte Teil seines Werkes bietet nicht viel mehr als eine, wenngleich nicht ungeschickte doppelte Variation des Schemas von Dietrichs Exil und Rückkehrversuch, wie es auch in der *Rabenschlacht* vorliegt, aus der auch einzelne Geschehnisse, wie die Ehe mit Herrat, vorweggenommen werden. Der zweite, der mittlere Teil schildert Dietrichs Vertreibung; voraus geht eine Vorgeschichte von Dietrichs Ahnen. Sie wird als urzeitlicher goldener Äon gestaltet, der der gar nicht mehr idealen Epoche Dietrichs entgegensteht. In jenem werden die Könige des Römischen Reiches, angefangen von Dietwart über Sigeher, Otnit, Wolfdietrich, Hugdietrich und Amelung bis zu Dietrichs Vater Dietmar, meist einige hundert Jahre alt, gehen nach – oft gefährlicher – Werbung eine ehrenhafte Eheverbindung ein, zeugen in der Regel Dutzende von Kindern, von denen jedoch glücklicherweise immer nur ein männlicher Erbe überlebt. Erst in Dietrichs Vatergeneration funktioniert der Mechanismus nicht mehr. Das Land muß unter Amelungs drei Söhnen geteilt werden, von denen sich einer, Ermrich, als bösartiger Tyrann erweist (Teil I: V. 1–2518). Zusammen mit seinen üblen Ratgebern Sibeche und Ribstein heckt er einen Plan zur Ermordung Dietrichs aus. Der Plan wird aufgedeckt, und es kommt zur offenen Feldschlacht bei Mailand. Dietrich siegt, weiß aber nicht, woher er das Gold zur Belohnung seiner getreuen Recken nehmen soll, weil seine Schatzkammer leer ist. Da bieten ihm seine reichen Vasallen ihr Gut an. Beim Versuch, es herbeizuholen, geraten sieben Getreue des Berners, darunter Hildebrand, Dietrichs Waffenmeister, und Wolfhart, in einen Hinterhalt der von Witege angeführten Leute Ermrichs, der die Geiseln nur gegen Abtretung der Herrschaft über Dietrichs gesamtes Land (d. i. Mittel- und Oberitalien einschließlich Istrien und Tirol) wieder freigibt (Teil II: V. 2519–4524). Dietrich geht mit wenigen Gesellen ins Exil nach Gran an den Hof König Etzels, dessen Huld ihm Markgraf Rüdiger und die besonders gastfreie und freigebige Königin Helche durch ihre Fürsprache erwirken. Mit einem vom Hunnenherrscher und seiner Frau aufgebotenen Heer kehrt Dietrich nach Italien zurück, besiegt Ermrich neuerlich bei Mailand, nimmt den reuigen Gesellen Witege wieder in seine Dienste auf und übergibt ihm die Markgrafschaft von Raben. Zur Siegesfeier kehrt er zu Etzel zurück und vermählt sich am Hunnenhof mit Herrat. Da erhält er die Nachricht, Witege sei erneut zum Verräter geworden. Dietrich kann zwar Raben zurückgewinnen und Ermrich in einer weiteren großen Schlacht bei Bologna besiegen, muß aber den Tod vieler Getreuen beklagen und geht abermals wie ein Geschlagener ins Exil zu Etzel (Teil III: V. 4525–10152).

Gegenüber entsprechenden Partien der *Thidrekssaga* fällt in *Dietrichs Flucht* die Geschichte von Dietrichs Ahnen viel breiter und inhaltlich völlig anders aus. Dafür fehlt jegliche handlungsmäßige Motivation für Ermrichs Bösartigkeit, die einfach in Schwarz-Weiß-Manier festgestellt und seinen Taten zugrundegelegt wird. In der *Ths* weicht Dietrich bloß der Übermacht. Die drei offenen Feldschlachten finden ebensowenig statt wie der Überfall auf die Getreuen Dietrichs. Die Dehnung der Handlung im deutschen Epos, die dennoch in Kreisbewegungen immer wieder in dasselbe Stadium mündet, gibt zwar Gelegenheit, eine gewisse Reifung des anfangs noch sehr jungen Dietrich zum selbständig handelnden Fürsten, der im letzten Teil auch der mütterlichen Fürsorge Helches nicht mehr bedarf, aufzuzeigen, ermüdet aber Leser und Hörer beträchtlich und überstrapaziert das Schema, wenn es gegen Schluß ebenso apodiktisch wie unlogisch heißt: *Berne unde Meilân/ besatzt her Dietrich zehant/ und rûmte dâ mit Roemisch lant* (V. 10112ff.).

Auf andere Weise wußte der Autor den Anschluß zur folgenden *Rabenschlacht* nicht herzustellen. Er ist ein typischer Fortsetzer, wie es im 13. Jahrhundert in den meisten epischen Gattungen welche gibt. Er steht offenkundig ganz unter dem Eindruck der *Klage*. Wie der Autor der *Klage* nennt auch er sein Werk ausdrücklich ein Buch, das *buoch von Berne* (V. 10103; 10129) – wie man das Werk denn auch besser statt mit dem heute immer noch geläufigen, aber so nicht bezeugten Titel *Dietrichs Flucht* benennen sollte. Mit dem *Klage*-Dichter teilt er auch die Form der höfischen Reimpaare, den flachen Erzählduktus ohne dramatische Höhepunkte und die Neigung, als Erzähler selbst räsonnierend hervorzutreten. Die oben referierte Zeitklage, der weitere ähnliche Aussagen zur Seite stehen, formuliert nur explizit, was Anliegen der ganzen Erzählung ist: das harmonische, geradezu innig-freundschaftliche Verhältnis des regierenden Fürsten zu seinen obersten Thronvasallen. Ermrich und Dietrich stehen sich als die Repräsentanten grundsätzlich schlechter und (allmählich ausgereifter) guter Herrschaft gegenüber so wie Witege und Amelolt, der für Dietrich große Kampferfolge ericht und schließlich auch im Heer seines Herrn sein Leben läßt, als Repräsentanten des ungetreuen und getreuen Gefolgsmannes. Dabei trägt das Böse letztlich immer den Sieg davon, anders als in der fast paradiesischen Vorzeit, deren Voranstellung Dietrich quasi als Zeitgenossen des Autors und seines Publikums in einer traurigen Epoche des Verfalls erscheinen läßt. Die Sicht der Dinge allein aus dem Blickwinkel der Landherren führt dabei, wie J.-D. Müller gezeigt hat, zu unauflösbaren Widersprüchen. Einerseits wird an dem traditionellen Handlungsrahmen der Heldenepik, dem nur auf der persönlichen Lehenstreue aufgebauten Gefolgschaftsverband, festgehalten, andererseits die Notwendigkeit materieller Entlohnung im Krieg nüchtern registriert, wenngleich auf die „kleinen" Ritter beschränkt. Die großen Vasallen wollen vielmehr mit eigenem Vermögen dem insolventen Herrscher beispringen, was aber indirekt dessen Herrschaftsverzicht zur Folge hat, da Dietrich gegen den Rat seiner übrigen Mannen für die Freilassung der sieben Gefolgsleute sein Land und seine Bewohner dem Feind preisgibt, d. h. seine Verpflichtung zum Schutz der Schwachen gegen innere und äußere Feinde gröblich verletzt. Das wird nicht etwa getadelt, sondern als notwendige Konsequenz echter Fürstentreue hingestellt. Dietrich hat diese alte Tugend in neuen üblen Zeiten bewahrt, wie sie schon zu Anfang der Erzähler beklagt. Bereits hier spricht er nur die *grâven, vrîen, dienestman* an und ihnen aus der Seele: *sô stênt die vürsten iu niht bî* (V. 242).

Ein Blick in die lateinische Historiographie (s. o. S. 182, 186) oder in die Lehrdichtung des Strickers (s. u. S. 331ff.) läßt den Kontrast zum kirchlich geprägten Herrschaftsideal des Hochmittelalters erkennen. Auch die Frömmigkeit, die die Helden in *Dietrichs Flucht* und *Rabenschlacht* zur Schau tragen, kann diesen Kontrast nicht verdunkeln, ist es doch eine einseitige, geradezu noch frühmittelalterliche Frömmigkeit, wie wir sie auch aus der französischen Heldenepik kennen. Die Helden beten oft und lang, aber sie beten besonders inbrünstig um Erfüllung ihrer Rache; sie glauben an die Sakramente und Reliquien, aber vor allem deshalb, da sie den Schutz in der Schlacht gewährleisten, so wie das Hemd mit den vier Reliquien Dietrich vor dem tödlichen Lanzenstoß Siegfrieds bewahrt (Str. 651f.). Solche Formen der Religiosität passen ebenso zur Heldenepik wie das überkommene feudalaristokratische Gesellschaftsbild. Heldenepik hält hier noch unbedingt an ihren unmittelbaren Bezügen zur adeligen Lebenspraxis fest, opfert ihr sogar ästhetische Ansprüche. Wieweit diesen überhaupt der redselige Erzähler von *Dietrichs Flucht* auch bei besserem Willen hätte genügen können, bleibe allerdings dahingestellt.

Wenig über die künstlerische Qualität läßt sich bei dem nur zu einem ganz geringen Teil erhaltenen Reimpaarepos von **Dietrich und Wenezlan** sagen, auf das hier zum Abschluß noch kurz hingewiesen sei. Die jetzt in Basel aufbewahrten zwei Doppelblattfragmente (mit ca. 500 Versen) könnten in Niederbaiern bald nach der Mitte des 13. Jahrhunderts beschrieben worden sein. Der Inhalt setzt sich aus Stereotypen der Gattung zusammen, ohne daß sich unmittelbare Übereinstimmungen mit anderen Werken ergäben: Dietrich muß seine Waffengefährten Wolfhart und Hildebrand durch einen Zweikampf aus der Hand König Wenezlans (= Wenzels?), des *vürsten von Bôlan* (Polen), befreien. Dietrich erscheint in seiner bekannten Rolle des Zauderers bei der Herausforderung und des anfänglich Unterlegenen im Kampf (s. u. S. 513, 521). Beide Male muß ihn Wolfhart an seine Ehre gemahnen. Das Kräftemessen erfolgt zwischen den Heeren der Hunnen und der *Riuzen* (Russen) nach turniermäßigen Regeln und in Anwesenheit auch der Damen. Ob Wenezlan unterliegt oder der Kampf unentschieden ausgeht, verrät das Bruchstück nicht mehr. Vielleicht haben wir hier das Gedicht von *der Riuzen sturm* vor uns, das der Marner (s. u. S. 474) erwähnt. Jedenfalls bewegen wir uns offenkundig in der Welt der Slawenkämpfe Dietrichs, welche uns vor allem aus der *Thidrekssaga* vertraut ist. Die vorliegende Geschichte findet sich dort aber nicht. Der Text ist in der Übergangszone von der „historischen" zur „aventürehaften" Dietrichepik angesiedelt. Auf die letztgenannte weisen der ritterliche Zweikampf und das Zaudern des Helden, auf die erstgenannte die Exilsituation, das Motiv der Gefangenenauslösung und Wolfharts Argument, Dietrich möge daran denken, daß im Falle seines Todes das Römische Reich ohne Erben sein werde. –

Dietrichs Verlust seiner letzten Getreuen (mit Ausnahme Hildebrands) am Etzelhof im Kampf mit den Burgundern und seine endgültige Heimkehr nach Italien haben zwar Aufnahme in die *Thidrekssaga* gefunden, aber nicht zur Gestaltung eines eigenen deutschen Epos geführt. Dietrichs wichtige Rolle im Rahmen der großen Katastrophe am Hunnenhof war ja bereits in die gültige Darstellung des *Nibelungenliedes* eingegangen, die zu übertreffen niemand wagen konnte. Den Aufbruch zur Heimkehr und den Rückweg bis Pöchlarn hatte die *Klage* bereits geschildert. Obwohl dies in der für dieses Werk typischen substanzlosen Erzählweise geschehen war, versuchte offenbar kein anderer Epiker, hier nochmals anzusetzen. Vielleicht war inzwischen im süddeutschen Raum im Gegensatz zum niederdeutschen, woher die *Thidrekssaga* ihren Stoff bezog, die Vorstellung vom vertriebenen, heimatlosen Dietrich schon die alleinherrschende geworden. Wie dem auch sei, die epische Ausformung der Biographie der beliebtesten Gestalt der deutschen Heldensage verläuft jedenfalls in unserem Gebiet wie die Handlung der *Klage* gleichsam im Sande.

Der Stricker und seine „Schule"

Am Beispiel des Strickers läßt sich eindrucksvoll zeigen, wie die einstige Prominenz eines mittelalterlichen Autors im Laufe der Jahrhunderte in Vergessenheit geraten und in Unbekanntheit umschlagen kann. Gemessen an der Wirkung auf Rezipienten und Produzenten von Literatur im deutschsprachigen Südosten des mittelalterlichen Reiches (und darüber hinaus) steht der Stricker in der vordersten Reihe zusammen mit solchen Zelebritäten wie Walther von der Vogelweide, Neidhart und dem Dichter des *Nibelungenliedes*. Doch wer kennt ihn heute noch? Selbst in den Literaturgeschichten, die an sich die Aufgabe hätten, „historische Gerechtigkeit" walten zu lassen, fristet er ein eher kümmerliches Dasein. Schuld daran trägt nicht zuletzt ausgerechnet die Vielseitigkeit des Autors, die durchaus als Vorzug gelten könnte, aber in einer ausschließlich nach Gattungen eingeteilten Darstellung die Zerstückelung des Gesamtwerkes zur Folge haben muß. Allerdings zwingt auch die Einsicht in die historische Bedeutung des buchstäblich epochemachenden Œuvre selbstverständlich nicht dazu, den Stricker in den Dichterolymp zu erheben. Dazu sind die poetischen Mittel, die er einsetzt, denn doch zu simpel. Gerade ihnen scheint sich aber ein Teil seiner damaligen Wirkung zu verdanken. Diese enorme Wirkung, der große Umfang und der geringe Bekanntheitsgrad der Werke des Strickers lassen es gerechtfertigt erscheinen, den folgenden Abschnitt zu einem der längsten des ganzen Bandes auszudehnen.

Über die persönlichen Lebensverhältnisse des Strickers wissen wir herzlich wenig. Den Namen hat man als Rufnamen gedeutet, was mit dem stets damit verbundenen Artikel unvereinbar ist, meist jedoch als Handwerkerbezeichnung oder (davon abgeleiteten) bürgerlichen Familiennamen. Das mittelhochdeutsche Verb *stricken* meint eine manuelle Tätigkeit (stricken, flechten, knüpfen, zusammenfügen, verbinden, speziell: herstellen von Seilen), die aber auch bildlich gemeint sein kann (so schon K. Bartsch 1857!). In diesem Sinne hat man bereits in der Antike Ausdrücke dieses Inhalts für die Arbeit des Literaten verwendet *(texere, nectere, componere)*. Wir sprechen ja noch heute vom Text, ohne daran zu denken, daß lateinisch *textus* ursprünglich „Gewebe, Geflecht" bedeutet. Was liegt näher, als daß der Stricker, der erste nachweisbare Berufsdichter außerhalb der Gilde der Spruchdichter, seinen Beruf schon im Namen tragen und damit zugleich seine lateinische Bildung demonstrieren wollte? Mehr als dieses Pseudonym wäre dann freilich nicht auf uns gekommen. Nach Ausweis seines Reimgebrauchs könnte der Stricker ein Rheinfranke gewesen sein. Die spärlichen lokalen Anspielungen in seinen Werken weisen aber ausschließlich auf das Herzogtum Österreich. Dieses wird mehrfach ausdrücklich genannt, überdies dann noch die kleinen Orte Kierling bei Klosterneuburg und Rastenfeld bei Zwettl. Nördlich von Rastenfeld lag die Burg Lichtenfels am Kamp als Mittelpunkt eines kleinen Herrschaftsbereiches, der vom 12. bis 14. Jahrhundert den Herren von Rauheneck (bei Baden) gehörte. Dieses weitverzweigte Ministerialengeschlecht, mit dem auch die Herren von Rastenberg (südlich von Rastenfeld) verwandt gewesen sein dürften, nahmen ab 1200 den Beinamen die Tursen, d. h. die Riesen, an. Ausgerechnet eine Geschichte vom *Tursen* (Nr. 159) dient nun dem Stricker als Sinnbild für schändliche Herrschaftsausweitung. Ein Mitglied dieser Familie fällt somit als Mäzen des Strickers aus; dessen Publikum muß aber mit den lokalen Verhältnissen vertraut gewesen sein.

Daß der Stricker nur seine kleineren Reimpaargedichte in Österreich, die beiden größeren epischen Werke, den *Daniel* und den *Karl*, aber schon früher anderswo (noch in der rheinfränkischen Heimat oder in Baiern?) verfaßt habe, ist immer wieder vermutet worden. Da überzeugende Argumente bisher fehlen und der Stricker überdies diese Gedichte zumindest nach Österreich mitgebracht und hier vorgetragen haben könnte, dürfen sie nicht ausgeklammert bleiben.

Der Artusroman *Daniel von dem Blühenden Tal* ist nur in fünf Handschriften erhalten, die erst aus dem 15. Jahrhundert und aus dem (süd)westdeutschen Raum stammen. Daß er dort schon um 1240 bekannt war, bezeugt Rudolf von Ems im Dichterkatalog seines Romans *Willehalm von Orlens* (V. 2230ff.). Da eine der Quellen des *Daniel* der *Wigalois* Wirnts von Grafenberg (s. u. S. 544) gewesen sein dürfte, schränkt sich die Entstehungszeit auf ca. 1210–40 ein. Man tippt meist auf ca. 1220. Der nicht nur für heutige Leser, sondern wohl schon für den zeitgenössischen Kenner der vorangehenden Artusromane befremdliche Handlungsablauf des Werkes ist kurz folgender:

Nach einem Prolog (V. 1–47) folgt eine breite Exposition: die ausführliche Beschreibung der Ideale des Artushofes und des Artuskönigtums, die Aufnahme des neuen Ritters Daniel, eines Königssohnes, in die Tafelrunde nach dem Beweis seiner Kampfeskraft, die große Herausforderung durch König Matur von Cluse, der ein von einem Berg umschlossenes wunderbares Land beherrscht und nun auch Artus zur Unterwerfung zwingen will, die Einleitung militärischer Gegenmaßnahmen und Daniels heimlicher Ausritt (V. 47–1114). Dieser hat nun eine Reihe von *âventiuren* zu bestehen, zuerst einen Kampf gegen einen Zwerg, der ein Zauberschwert besitzt, es jedoch, da Daniel ihn bei seiner Ehre als Minneritter packt, nicht einsetzt und so erschlagen wird (V. 1115–1786), dann die Befreiung des Grafen vom Lichten Brunnen von einem bauchlosen Ungeheuer, das die Menschen mit einer Art Medusenhaupt tötet, von Daniel aber mit seiner eigenen Waffe besiegt wird, schließlich die Tötung des riesenhaften Wächters vor dem Lande Maturs mit dem Zauberschwert, das Daniel dem Zwerg abgenommen hat (V. 1787–2890). Den zweiten Hauptteil (V. 2891–5812) des Werkes bilden zwei Massenschlachten der Heere der Könige Artus und Matur, wobei jeweils nicht die selbstverständlich bewiesene Kampfeskraft der Kontrahenten, sondern Zauber und List den Ausschlag geben. Matur wird schon zu Anfang der ersten Schlacht von Artus persönlich erschlagen, seine zahlreichen Scharen kämpfen aber weiter. Eingeschoben ist die Episode (V. 3859–4968) von einem siechen Unhold, der sich durch Menschenblut am Leben hält. Seine Opfer kann er sich leicht verschaffen, da er mit seinem bloßen Wort jedem Menschen seinen Willen aufzwingt. Daniel schützt sich jedoch durch Verstopfen der Ohren und bringt ihn um. Zu derselben List rät er dann auch den Mannen des Königs Artus, so daß das gewaltige Gebrüll von Maturs künstlichem Tier nur die feindlichen Scharen zu Boden wirft. Der letzte große Abschnitt (V. 5813–8478; danach ein vierzeiliger Epilog: V. 8479–82) bringt die große Versöhnung und Schlußfeierlichkeiten, die aber noch einmal jäh durch eine große Gefahr unterbrochen werden. Dies ist die seltsamste unter den seltsamen *âventiuren* des Werkes (V. 6885–7904). Der Vater der beiden getöteten Riesen (des Boten Maturs und des oben genannten Wächters vor dem Berg) schnappt sich König Artus wie ein Strohbündel und setzt ihn in eine steile Felswand, wo er sich nicht bewegen kann, ohne abzustürzen. Parzival geht es genauso, und dasselbe droht allen. Doch Daniel läßt den Riesenvater beim Zweikampf in ein unsichtbares Netz fallen, das ihm das Edelfräulein von der Grünen Aue, die Tochter des vormals aus der Gewalt des bluttrinkenden Unholds befreiten Grafen, leiht. Der Gefangene gibt nach, denn er wird über Maturs unrechtes Tun aufgeklärt, ebenso wie zuvor dessen Mannen und Witwe, die sich bereit erklärt, Daniel, den neuen, von Artus belehnten Herrn von Maturs Land, zu ehelichen. Die allgemeine Versöhnung wird besiegelt mit Daniels Krönung, einer Massenhochzeit zwischen Artusrittern und 400 edlen Jungfrauen und Witwen des Landes, der vom neuen Landesherrn durchgeführten Ritterweihe von 600 Knappen und einem Hoffest von unnachahmlicher Pracht, das auch die von Daniel feierlich eingeholte Königin Ginover mit ihrer Anwesenheit beehrt. Daniel wird in Ehren sein Herrscheramt bis zu seinem Tode verwalten.

Der vom alemannischen Ritter Hartmann von Aue in die deutsche Sprache eingeführte Artusroman war und blieb in der klassischen Epoche (ca. 1180 bis ca. 1220) trotz unverkennbarer schöpferischer Eigenleistung stets Bearbeitung französischer Vorbilder, insbesondere der Versromane Chrétiens de Troyes, des wohl bedeutendsten epischen Dichters des Mittelalters. Von Chrétien übernahm Hartmann Aufbau und Problemgehalt seiner beiden Artusromane *Erec* und *Iwein*. In einer doppelten Aufwärtsbewegung, die durch einen katastrophalen Absturz, eine Krise, unterbrochen ist, findet der Held über die Einsicht seines Versagens und neue Bewährung zu sich selbst wie seinen – kurzzeitig verlorenen – Platz in der Gesellschaft, zwei Ziele, die es in wahrer ehelicher Liebe und durch soziale Leistung als ritterlicher Kämpfer gegen eine bedrohliche Gegenwelt miteinander zu vermitteln gilt. Dieses über einen symbolischen Stationenweg transportierte ethische Programm wird unten bei der Behandlung Heinrichs von dem Türlin (s. S. 545ff.) noch ein wenig weiter auszuführen sein. Hier mag soviel genügen, um den Abstand zum *Daniel* deutlich zu machen.

Der Stricker ist offenbar der erste gewesen, der einen deutschen Artusroman nicht aus dem Französischen „übersetzt", sondern mittels diverser Motive aus Artusromanen und anderen Literaturwerken frei zusammengebaut hat. Benutzung französischer Vorlagen ist dabei denkbar, aber bisher in keinem Fall sicher nachgewiesen. Selbst die Unterwerfungsforderung an Artus (und deren Ablehnung), die an den französischen *Prosa-Lancelot* (s. u. S. 548) erinnert, könnte eventuell aus der lateinischen *Geschichte der Könige von Britannien* (Buch IX) Geoffreys of Monmouth († 1154) stammen. Offenbar legt der vielseitig gebildete Berufsdichter auch gar keinen großen Wert darauf, die traditionelle bretonisch-britisch-französische Atmosphäre zu bewahren. Der Hauptheld erhält einen biblischen Namen, der wohl an den jungen und doch so weisen Propheten des Alten Testaments erinnern soll; die arthurische Geographie hat sich fast verflüchtigt; Elemente der antiken Mythologie (Medusa, Polyphem) finden, wenngleich verdeckt und ohne Namen, Eingang, desgleichen welche aus der Legende (Silvester); die Massenschlachten sind aus der (pseudo)-historischen Epik wie dem deutschen *Rolandslied* (s. u.) bezogen. Einem anderen Vertreter dieser Gattung, Lambrechts *Alexander*, entnimmt der Stricker auch die – dort echte – Quellenberufung, simuliert also auch dadurch (ironisch?) zwar eine französische, aber keine ausgewiesene arthurische Provenienz. An Hartmanns *Iwein* hat er sich freilich ausgiebig orientiert, angefangen von dem an die Spitze der Exposition gestellten Artuspreis bis hin zu Daniels Landesherrschaft an der Seite der Witwe des erschlagenen Königs. Doch keine Spur von Doppelweg, Krise, Vereinzelung, Selbstfindung, Spannung zwischen Ich und Gesellschaft. Der Artushof und Artus selbst sind nicht mehr ruhende Mitte, sondern werden in das Geschehen hineingerissen. Daniel kommt zwar wie andere fahrende Ritter zu Artus, kämpft dann aber nur noch für die Gemeinschaft und als deren Teil.

Dem trägt der durchaus gekonnt gestaltete Aufbau Rechnung. An die Stelle der von der Krise strukturierten und vom Weg des nahezu ständig im Vordergrund stehenden Haupthelden bestimmten Zweiteiligkeit tritt eine Schachtelungstechnik, die die Taten der Artusgemeinschaft mit denen des Haupthelden synchronisiert. Je nach dem Hervortreten einer der beiden entstehen drei Hauptteile von jeweils ähnlicher Länge, die wiederum in drei etwa gleich lange Abschnitte zerfallen (s. o.). In Teil I dominiert Daniel in zwei Abschnitten, in Teil II nur im Mittelabschnitt. In Teil III handeln Daniel und Artus sozusagen Hand in Hand. Dabei hat, vereinfacht gesagt, Artus die Realität zu bewältigen, Daniel das Irreale. Die Ausformung des Wunderbaren ist es – neben der überdimensionalen Massenhochzeit – namentlich gewesen, die dem *Daniel* den Ruf einer witzigen Persiflage des Artusromans eingetragen hat. Liest man etwa W. Haugs köstliche Nacherzählung, so hat man tatsächlich eine „einigermaßen lachhafte Geschichte" vor sich. Wenn dies aber des Strickers Hauptanliegen gewesen sein sollte, so hätte er in der konkreten Darstellung erstaunlich viele Pointen verschenkt. Was uns heute komisch vorkommt, ist die ziemlich konsequente Reduzierung des faszinierend Märchenhaften oder beunruhigend Sagenhaften auf Zaubermechanismen, die man mit mechanischen oder psychologischen Tricks außer Kraft setzen oder umfunktionieren kann, wenn man über die Geschicklichkeit und Intelligenz eines Daniel verfügt. Ein typisches Beispiel ist das goldene Tier in Cluse, eine Maschine von der Art einer hydraulischen Orgel, die, wenn man dem Tier eine Fahne aus dem Rachen zieht, einen gewaltigen Ton erzeugt, der jedermann vom Pferd wirft. Vergleichbare Automaten kannte man ebenso wie diverse Monstren aus antiker Literatur und orientalischen Reiseberichten, und man hielt sie grundsätzlich für existent. Aber auch solchen Phänomenen ist mit klarer Vernunft und unerschrockenem Mut beizukommen, dann wandelt sich ihr Schrecken in komische Ohnmacht. Daß diese auch einer Idealgestalt wie Artus nicht erspart bleibt, wenn ihm auf der exponierten Felsenzacke der Hungertod droht, zeigt zwar geradezu symbolisch die Ausgesetztheit der menschlichen Existenz, zugleich jedoch die restitutive und heilende Kraft solidarischen Handelns. Daniel kommt abermals zu Hilfe, kann das diesmal aber nur durch ein Instrument, das ihm aus Dankbarkeit für eine frühere Rettungstat überlassen wird.

Daniel als Musterbild des guten Lehensträgers beseitigt für seinen Lehensherrn Gefahren und Hindernisse, erwirbt ihm Bundesgenossen und Hilfsmittel und stellt ihm beide wie seine eigene Kampfeskraft und Klugheit in Krieg und Frieden zur Verfügung. Der Lehensherr ist auf diese Unterstützung dringend angewiesen, verdient sie aber auch in höchstem Maße, kämpft er selbst doch mit ganzem persönlichen Einsatz, heldenhaftem Kampfesmut und im Vertrauen auf die Treue seiner Vasallen für die gerechte Sache. Im *bellum iustum* gegen den Usurpator und Aggressor gelten keine arthurischen Regeln ritterlichen Zweikampfes, sondern nur unerbittliche Härte, die sich erst nach reichlichem Gemetzel und der bedingungslosen Kapitulation des Gegners in herrscherliche Milde verwandeln darf. Ziel ist nie der eigene Machtgewinn, sondern die Sicherung allgemeinen Friedens. Dazu dient die groteske Massenhochzeit – in realistischerem Maßstab kennen wir sie etwa aus der *Kudrun* (s. o. S. 318) – ebenso wie die Wiederbelebung früherer Widersacher. Die Getreuen müssen aber vor allen belohnt werden. Daniel wird Landesherr. Hier schaltet sich am Ende der Erzähler nochmals direkt ein und hebt Artus' leichte Hand bei der Vergabe der Länder gegen die Kargheit gegenwärtiger Fürsten ab. Gerade dadurch habe Artus Daniel fest an sich gebunden: „Wo immer der König seiner bedurfte, dort war Daniel, ohne darum gebeten worden zu sein. Somit gab er (= Artus) es nicht aus seiner Hand, sondern behielt den Mann und auch das Land" (V. 8455ff.).

Mag also in diesem „Anti-Artusroman" (K. Ruh) so manches nicht ernstgenommen werden, die harmonische Gemeinschaft der Herrschaftsträger zum Wohle und Frieden aller ist hier dasselbe ernste Anliegen wie in anderen, der Komik unverdächtigen Werken des Strickers. Dem Autor liegt auch nichts ferner, als die heilige Institution der Ehe zu verulken. Für den höfischen Minnedienst hat er freilich nichts übrig; das demonstriert er an dem Zwerg, den die Minne um Verstand und Leben bringt, während Daniel den Schutz der Damen als selbstverständliche Ritterpflicht wahrnimmt und mit einer ihm zuvor persönlich unbekannten Königin sogleich im Hafen der Ehe landet. Als antiarthurischen Zug hat man auch stets die praxisbezogene Klugheit des Helden hervorgehoben. Auch dieser Zug verbindet den Versroman mit des Strickers didaktischer Kleindichtung und wird dort weiter zu besprechen sein.

Kürzer müssen und dürfen wir uns beim zweiten großepischen Werk fassen, ist der *Karl der Große* doch nichts anderes als eine formal gefällige, inhaltlich großteils getreue, in den wenigen Zusätzen nicht eben sehr geschickte Bearbeitung des älteren deutschen *Rolandsliedes*. Der Stricker gestaltet hier also nichts Neues aufgrund fremd- oder eigensprachiger Vorbilder, sondern wählt nur ein deutsches *altez maere* aus, um es *erniuwet* durch *hovelîche kunst* den *werden*, den Edlen, Würdigen, vorzulegen (V. 115ff.). Diese Auswahl allein ist literarhistorisch bedeutsam, markiert sie doch den Anschluß unseres Raumes an die hier bisher nicht heimische (pseudo)historische Epik Baierns, die allerdings bereits in der *Klage* ihren Einfluß geltend gemacht hat (s. o. S. 315). Ein Kleriker *(pfaffe)* namens Konrad, eventuell der Herkunft nach ein Rheinfranke wie der Stricker, hat vermutlich um 1170 in Regensburg sein *Rolandslied* nach einer französischen Vorlage verfaßt. Er behauptet, nichts weggelassen und nichts hinzugefügt, aber zuerst eine lateinische Fassung angefertigt und erst diese ins Deutsche übertragen zu haben. Konrads verlorene französische Vorlage stimmt weitgehend mit der ältesten erhaltenen Handschrift der *Chanson de Roland,* in vielen Einzelheiten aber auch mit späteren Fassungen überein. Trotz der fehlenden eindeutigen Vergleichsgrundlage läßt sich sagen, daß Konrad entgegen seiner Behauptung wesentliche Änderungen vorgenommen hat, weit mehr als dann der Stricker. Insbesondere hat er das französische „nationale" Element ganz zurückgedrängt und den Kreuzzugsgedanken in den Vordergrund gestellt, wie schon die – in der *Chanson de Roland* fehlende – Vorgeschichte vom göttlichen Auftrag an Kaiser Karl zum Glaubenskrieg in Spanien und von der Kreuznahme der Ritter klarmacht. Im Hauptteil erzählen französischer und deutscher Text vom Friedensangebot des Heidenkönigs, von der Beratung der christlichen Fürsten, der Entsendung Geneluns und seinem verräterischen Bündnis mit dem Feind, von dem Schlachtentod Rolands und seiner Gefährten, dem erfolgreichen Rachefeldzug Karls nach Rolands – verspätetem – Hornruf, dem Gottesurteil und der Hinrichtung des Verräters. Bei Konrad ist Roland aber ganz von der Idee des Martyriums erfüllt, während sich Genelun im Grunde bereits durch seine profane Orientierung auf die Seite der – insgesamt abqualifizierten – Heiden stellt und aus dem Kreis der christlichen Fürsten ausschließt. Reale Gegensätze zwischen verschiedenen Persönlichkeitstypen, rivalisierenden Verwandten und Fürsten werden weithin in ideelle verwandelt. Kaiser Karl rückt als Beauftragter Gottes, ja als heiligmäßiger König stark ins Blickfeld.

Der Stricker hat alle diese Tendenzen aufgenommen und zumeist noch verstärkt. Karl, der schon 1165 heiliggesprochen wurde, erhält nun erst die offizielle Bezeichnung *sant Karl* (V. 12206 – Schlußvers in der Ausg. v. K. Bartsch). Der Annäherung an den Typus der Heiligenvita dienen auch die Hinzufügung einer kurzen Eltern- und Jugendgeschichte und die Betonung des Inspirationscharakters des Berichtes vom Martyrium der Gottesstreiter, der auf Gottes Befehl von einem Engel dem hl. Ägidius diktiert und Karl übergeben worden sein soll. Groß stellt der Stricker – angeregt wohl v. a. von Wolframs *Willehalm* (s. u.) – das *Imperium Romanum*, das *roemisch rîche* (das Frankreich, Deutschland, Italien umfaßt) heraus, dessen König in Aachen zu wählen und einzusetzen Karl den *tiuschen liuten* überträgt (V. 450ff.); dies zum Dank dafür, daß sie ihm den Gewinn eben dieses Reiches, ja faktisch ganz Europas ermöglicht haben. Erstaunlicherweise tritt nämlich Karl seinen Kampf um Spanien erst an, nachdem er gemäß einer himmlischen Weisung die Herrschaft nicht nur über das Römische Reich, sondern auch Apulien, Böhmen, Polen, Ungarn, Rußland, Armenien, Serbien, die Walachei, Dänemark, Schottland, Irland, England und Burgund (Arelat) erlangt hat (V. 332ff.). Die Assoziation mit staufischen Weltherrschaftsplänen läßt sich hier schwer abweisen; vielleicht hat aber auch der Gedanke einer Überbietung des sagenhaften Artusreiches bei Geoffrey of Monmouth (England, Wales, Schottland, Irland, Island, Norwegen, Dänemark, Gotland, Frankreich) mitgespielt. Die Auseinandersetzung zwischen dem Reich Gottes und dem heidnischen Reich des Teufels erinnert ja in mancher Hinsicht auch an die zwischen Artus und Matur (s. o.) – womit über eine chronologische Reihenfolge der beiden Werke noch nichts ausgesagt wäre.

Als Paradebeispiel einer „späthöfischen" Bearbeitung eines „vorhöfischen" Textes hat der *Karl* in der Forschung durchaus Beachtung gefunden. Abgesehen von der durchgreifenden sprachlichen und metrischen Neuformung, die den damaligen Publikumsgeschmack befriedigte, sind v. a. folgende neue Züge namhaft gemacht worden: Verschiebung der Schwergewichte von Roland zu Karl, von der bloßen Reihung der Ereignisse zu ihrer Vernetzung und rationalen Begründung (Handlungsmotive, Ort- und Zeitangaben etc.), Verstärkung rhetorisch-argumentativer, kommentierender und deskriptiver Elemente. Von den inhaltlich neuen Passagen weist die Jugendgeschichte auf eine ziemlich freie Verknüpfung verschiedener Stoffe aus Legende, Chronik und Chanson de geste. Die Aufzeichnung des Ägidius (s. o.) dürfte aus einer lateinischen Legende stammen. Anderes, wie die wunderbare Trennung der Leichen der Christen und Heiden, die Herbeiholung Alites (der Gattin Rolands) oder Geneluns Flucht, stimmt ziemlich genau zu entsprechenden Abschnitten der jüngeren Fassungen der *Chanson de Roland*, so daß die Forschung an einer Benutzung französischer Texte keinen Zweifel mehr zu hegen scheint. Gänzlich auszuschließen sind aber wohl auch hier verlorene lateinische oder deutsche Zwischenstufen nicht – immerhin bezeugt uns eine lateinische Randglosse aus dem 12. Jahrhundert zu Einhards *Leben Karls des Großen* die Existenz von (deutschen) *carmina* über Roland.

An konkreten Anlässen für die Abfassung des Karlsepos hat man den 1233 einsetzenden Zürcher Karlskult und das Aachener Translationsfest Karls 1215 in Anwesenheit Friedrichs II., der zwei Tage zuvor bei seiner Krönung ein Kreuzzugsgelübde ablegte, erwogen und gegeneinander ausgespielt. Ein so konkreter Bezug auf ein bestimmtes aktuelles Ereignis ist aus dem Text allerdings schwer zu belegen. Ein gewichtiger literarischer Anstoß ist gewiß vom *Willehalm* Wolframs von Eschenbach, der bedeutendsten deutschen Bearbeitung einer Chanson de geste, ausgegangen. Wolfram gestaltet darin den Abwehrkampf gegen die Araber in Südfrankreich zur Zeit Ludwigs des Frommen gleichsam als eine "Neuauflage" von Karls "Kreuzzug" in Spanien. Der Stricker spricht diese pseudohistorische Kontinuität am Ende seines Werkes ebenfalls ausdrücklich an. Da der *Willehalm* frühestens 1217 beendet (oder besser: abgebrochen) wurde, muß der *Karl* späteren Datums sein.

Daß der *Karl* sogleich als Vorgeschichte des *Willehalm* akzeptiert wurde, erweist der Codex 857 der Stiftsbibliothek St. Gallen aus dem 2. Viertel des 13. Jahrhunderts, der nach dem *Parzival*, dem *Nibelungenlied* und der *Klage* (Handschrift B – s. o. S. 305) eben die beiden "Kreuzzugsepen" enthält. Eine etwa zeitgleiche bairisch-österreichische Handschrift (jetzt in Rom) kombiniert den *Karl* und Hartmanns *Gregorius*, also zwei "Legenden". Die Überlieferung des *Karl* setzt also sehr früh ein und reißt auch das ganze Mittelalter hindurch nicht mehr ab. Das uneigenständigste Werk des Strickers ist mit ca. 40 Handschriften sein "Bestseller" geworden und hat das ältere, zwar formal rohere, aber auch kraftvollere *Rolandslied* aus der Gunst des Publikums völlig verdrängt.

Vielleicht hat der große Erfolg des Karlsepos die an sich in nachklassischer Zeit verbreitete Neigung, klassische Werke fortzusetzen, beim *Willehalm* noch verstärkt. Um 1250 dichtet im Augsburger Raum Ulrich von Türheim seine Fortsetzung, den *Rennewart*, und zwischen 1261 und 1269 entsteht auch eine Vorgeschichte des *Willehalm*, vom letzten Herausgeber *Arabel* genannt, verfaßt für König Ottokar von Böhmen und den Prager Hof in bairisch-österreichischer Sprache (mit leichtem ostmitteldeutschen Einschlag) von Ulrich von dem Türlin. Eine Tradition deutscher Chansons de geste ist damit nicht begründet worden, schon gar nicht in der Diözese Passau. –

Geradezu eine literarische "Revolution" hat dagegen des Strickers Kleindichtung ausgelöst. Ehe wir uns nun dieser zuwenden, müssen wir aber, da sie zu einem beträchtlichen Teil ausgesprochen lehrhaften Charakter trägt, zumindest einen flüchtigen Blick auf das umfang- und einflußreichste Lehrgedicht der klassischen Zeit werfen, den *Welschen Gast* **Thomasins von Zerklaere**. Bei einer regional orientierten Literaturgeschichte fällt dieses Werk sozusagen durch den Rost, weil es auf einer literarischen "Insel", an dem Hof des Patriarchen von Aquileia, des ehemaligen Bischofs von Passau Wolfger von Erla von einem Friulaner auf deutsch (im Winter 1215/16) verfaßt worden ist. Die Beziehungen zum bairisch-österreichischen Raum sind freilich, nicht nur an der ältesten Überlieferung (zum Heidelberger Codex von 1250/60 s. o. S. 221), leicht zu erkennen – nicht zuletzt am Œuvre des Strickers, obschon die Parallelen bisher in der Forschung wenig Beachtung gefunden haben.

Der Welsche Gast, so vom Dichter benannt als romanischer Fremder, der bei den Deutschen um gastliche Aufnahme bittet, ist höfische Anstands- und Tugendlehre, allgemeine Moraltheologie und philosophisch-naturwissenschaftliche Enzyklopädie in einem. Die disparate Materie sträubt sich trotz der äußerlich strengen Gliederung (10 Bücher mit je 6–13 Kapiteln) gegen eine logisch geordnete Behandlung, so daß es zu zahlreichen Überlappungen und Wiederaufnahmen kommt. Die Schwerpunkte der zehn Bücher sind: 1) Zucht- und Minnelehre für die Jugend; 2) *staete* (*constantia*, Beständigkeit, Zuverlässigkeit) des Menschen und der ganzen Schöpfung; 3) soziale Hierarchie und Tugendadel; 4) rechter Gebrauch der äußeren Güter (des Reichtums etc.); Theodizee; 5) Skala der Tugenden und Laster; Tugend und Wissen; 6) allegorischer Kampf zwischen Tugenden und Lastern; Herr und Knecht; 7) Kräfte und Vorzüge des Leibes und der Seele; Wissenschaften und Laienbildung; 8) *mâze* als Einhaltung der Mitte zwischen Extremen; Autorität des Papstes und Kreuzzugsaufruf; 9) Recht und Gerechtigkeit; geistliches und weltliches Gericht; 10) Regeln rechter *milte* (*largitio*, Freigebigkeit).

Als Publikum hat Thomasin *frume ritter und guote vrowen und wîse pfaffen* (V. 14695f.), also Angehörige des Laienadels und des „Geistesadels", im Auge. Dieselben Kreise, aber im romanischen Bereich, hatte er wohl mit seinem früheren (verlorenen) provenzalischen oder französischen Lehrgedicht über Courtoisie und höfische Minne anzusprechen versucht. Dennoch prägt klerikales Wissensgut den in der deutschen Laiensprache abgefaßten *Welschen Gast*. Antike Moralphilosophie (v. a. Cicero und Seneca) und patristische Moraltheologie haben das Fundament gelegt; monastische, scholastische und humanistische Schriften des 12. Jahrhunderts von Honorius Augustodunensis, Wilhelm von Conches, Alanus von Lille, Johannes von Salisbury u. a. wirken ebenfalls herein; Beschlüsse des vierten Laterankonzils 1215 und Rundschreiben Papst Innozenz' III. liefern den aktuellen Anlaß für die Abfassung des Werkes und so manche Aussage in ihm, wie D. Rocher festgestellt hat.

Thomasin geht von einem gegebenen, feststehenden System der Werte und des Wissens, der Natur und der Gesellschaft aus, das es zu bewahren gilt. Wenn die Menschen sich nicht daran halten, ist dies für ihn Anlaß zu endloser Klage und Ermahnung zur Rückbesinnung. Dabei geht der Glaube an die Unveränderbarkeit der Natur eine ebenso seltsame wie traditionelle Verbindung mit dem Vertrauen in die Erlernbarkeit der Tugend ein. Noch widersprüchlicher mutet aus moderner Sicht die Kombination von Geblütsadel und Tugendadel an, doch hilft hier die Trennung von immanentem und transzendentem Standpunkt: Was nicht zu irdischer Herrschaft befähigt, kann doch einen vorderen Platz im Himmel erwirken. Beide Gegensätze verschwimmen aber im negativen Falle der „Entartung" des von der Natur (d. h. letztlich Gott) Bevorzugten. Gerade darauf zielt aber Thomasin: Der reiche, mächtige, auch mit körperlichen Vorzügen ausgestattete Adelige, der Müßiggang, Wohlleben, Wollust, Luxus, Habgier, Geiz, Ungerechtigkeit, Neid, Zorn und all die übrigen Fehler und Sünden nicht streng meidet, fällt weit tiefer als der Nichtadelige; er schändet sich und seinen Stand. Daß dies jetzt dennoch so häufig ist, sagt Thomasin, liegt an der mangelnden Bildung. Früher war das anders: *die herren waren wol gelert,/ da von warn si ouch wert* (V. 9205f.). Tugend ist Wissen – sofern nur die nötige Veranlagung den Boden bereitet hat. Daß dieses Wissen vornehmlich theologischer Art ist, rückt Thomasins Buch deutlich von der weltlichen Epik und Lyrik der klassischen Zeit ab, in die es an sich chronologisch gehört. Daß jenes Wissen als geeignet angesehen wird, um ein zugleich Gott und der Welt wohlgefälliges Leben führen zu können, weist das Werk aber doch wiederum dem Denken dieser klassischen Zeit zu. In jedem Fall markiert es nicht nur von dem Ort seiner Entstehung her einen literarischen Außenposten. –

Ein, zwei Generationen später hat sich die literarische Landschaft aber gründlich geändert, insbesondere dank dem Wirken des Strickers, das seinen Schwerpunkt eben eindeutig im Lehrhaften hat. Während aber Thomasin, was er zu sagen hat, in einem einzigen großen Werk von 14752 Versen (und einem Prosavorwort) zusammenfaßt, versucht es der Stricker mit dem kleinen Format, dies allerdings gleich weit über hundertmal, und versüßt den didaktischen Kern gern mit sinnbildlichen Erzählungen, die Thomasin nur ganz selten verwendet hatte. Die auf diese Weise entstehende zweiteilige Literaturform, die sich aus einem Erzähl- oder Berichtsteil und einem erörternden Auslegungsteil zusammensetzt, hat in der Forschung den mittelhochdeutschen Namen *bîspel* erhalten. Damit konnte man im Mittelalter jede Art von Beispiel bezeichnen – wie denn auch das Wort in dieser allgemeinen Bedeutung (mit volksetymologischer Anlehnung an das Wort Spiel) weiterlebt – daneben aber auch etwas ganz Spezielles, eben die genannte Literaturform. Wir sind ihr schon weit früher in der Gestalt der Bibel- oder Naturallegorese begegnet, ja sogar schon der frei erfundenen und hernach ausgelegten Erzählung (s. o. S. 130f.), allerdings nur im rein geistlichen Bereich und ohne den Terminus *bîspel*. Nun tritt der weltliche Bereich in seiner ganzen Breite hinzu, ohne sich freilich immer säuberlich vom geistlichen abzuheben. Da es für den mittelalterlichen Menschen keinen Sektor der erfahrbaren Wirklichkeit gibt, der in keinem Bezug zum Übernatürlichen stünde, stößt eine derartige Einteilung des Bispels auf große Schwierigkeiten. Andere Gliederungskriterien sind etwas weniger problematisch. Da bieten sich einerseits die Struktur des Auslegungsteils, andererseits der „Wahrheitsgehalt" des Bildteils an. Beides entspringt typisch christlich-mittelalterlichen Denkgewohnheiten, die den modernen Betrachter eher befremden. Daß aus einem Geschehen oder Sachverhalt ein sentenzartiges Resümee gezogen wird, leuchtet uns noch einigermaßen ein; daß statt dessen der Bildteil Punkt für Punkt einer Allegorese unterworfen wird, schon weniger. Vollends fremd ist uns jedoch die Vorstellung, alles frei Erfundene, alle Fiktion, als unwahr, ja erlogen, dem „Wahren" der Natur und Geschichte gegenüberzustellen. Genau diese letzte Gegenüberstellung entspricht aber den mittelalterlichen Kategorien *fabula* (mhd. meist *spel*) und *historia*.

Die allermeisten Typen des Bispels finden sich beim Stricker, manche hier zum ersten Mal. Der *Kater als Freier* (Gedicht Nr. 32 in der Ausg. v. W. W. Moelleken) etwa sucht eine schlaue Füchsin auf und fragt sie, was das Hervorragendste in der Welt sei, denn nur dessen Tochter tauge für ihn als Gattin. Die Füchsin nennt die Sonne, räumt aber auf eine weitere Frage des Katers ein, daß es etwas gebe, an dem auch die Kraft der Sonne scheitere, nämlich der Nebel. In derselben Weise erfährt er, daß alles in der Welt irgendwo die Grenze seiner Macht hat: Der Wind überwindet den Nebel, eine alte Steinmauer den Wind, eine kleine Maus die Mauer, die Katze schließlich die Maus, womit der Kater wiederum an seinesgleichen verwiesen wäre. An diese Erzählung von 158 Versen schließen 28 Verse Deutung an: So ergeht es jedem Toren, der nicht erkennt, was ihm angemessen ist, und aus Hoffart zu hoch hinaus will. Eine punktuelle Auslegung einzelner Erzählelemente, etwa des Nebels oder des Windes, erfolgt nicht. Anders z. B. im *Wahren Freund* (Nr. 149): Ein Mann, erzählt der Stricker, der von seinem Herrn zum Gericht auf Leben und Tod geladen wurde, suchte Beistand bei seinen Freunden. Der erste Freund gab ihm nur eine Augenbinde für die Hinrichtung, der zweite begleitete und beklagte ihn immerhin, der dritte aber, dem er bisher am wenigsten verbunden gewesen war, bat ihn frei (V. 1–82). Der Gerichtsherr ist Gott, das Gericht der Tod; ein Stück Tuch bleibt da dem Menschen von all seinem irdischen Besitz; seine Freunde und seine Familie folgen seiner Leiche klagend bis zum Grabe; aber seine guten Taten, um die er sich im Leben so wenig gekümmert hat, können ihm das Seelenheil erwirken (V. 83–126).

Diese Art von Detailallegorese kann prinzipiell überall angewandt werden. Wird im Bildteil ein Sachverhalt nur in wenigen Worten dargelegt, so bleibt allerdings auch für den Auslegungsteil nur die Möglichkeit einer globalen Aussage übrig, wie z. B. im Bispel *Der Hase* (Nr. 44):

> *Ich hore sagen furwar,*
> *swer einen hasen drizech iar*
> *an einem bande behabe* (festhielte)
> *und ziehe er im daz selbe abe,*
> 5 *er werde dannoch wilde.*
> *ditz ist ein gelichez bilde* (Vergleichsbild):
> *swie lange ein man die ere hat,*
> *swenne er si uz der hute lat* (unbewacht läßt),
> *si wirt im wilder danne* (als) *ein hase,*
> 10 *der da loufet in dem grase.*

Das ganze Gedicht umfaßt hier nur 10 Verse, und es gibt sogar noch kürzere beim Stricker. Eine solch knappe Form bot sich vor allem dort an, wo der Bildteil – wie in unserem Beispiel – ein reales oder für real gehaltenes Faktum enthält. Dieses kann aus der Geschichte oder der Natur stammen. Historische Exempel meidet der Stricker in der Regel. Bis auf ein paar flüchtige Anspielungen verwendet er, wenn überhaupt, nur Stoffe aus der Bibel, z. B. das Goldene Kalb als Vergleichsbild für einen reichen Herrn, den so mancher zu Unrecht einem guten, aber armen vorzieht (Nr. 37: *Der Juden Abgott*). Für die Naturgleichnisse wählt er entweder Stoffe aus dem außermenschlichen Bereich (vgl. den *Hasen*) oder aus dem Menschenleben: So vergleicht der Stricker etwa den simonistischen Priester mit einem blinden Führer, dem man nicht folgen soll, wenn er vom Weg abkommt (Nr. 83: *Der blinde Führer*). Dieser letztgenannte Typus ist allerdings aus naheliegenden Gründen äußerst rar. Bei der Wahl eines Bildteils aus dem Menschenleben herrscht fast ausschließlich die Erzählung eines besonderen Ereignisses im Präteritum (vgl. den *Wahren Freund*). Dieser Typus, die Parabel, steht also zusammen mit der Fabel (vgl. den *Kater als Freier*), da sie beide einen fiktiv-narrativen Bildteil enthalten, als *fabula* dem Exempel aus der Geschichte und dem Gleichnis aus der Natur *(historia)* gegenüber. Liegt eine punktuelle Auslegung vor, so könnte man von Gleichnis- oder Exempelallegorese auf der einen Seite und von Fabel- oder Parabelallegorie auf der andern sprechen.

Die von all diesen Typen zusammen gebildete Gattung des Bispels hat dort ihre Grenze, wo eine deutliche Unterscheidung der Gegenstandssphären von Bild- und Auslegungsteil nicht mehr gegeben ist. Bei der Fabel ist sie unmittelbar einsichtig, bei der Parabel dagegen nur, wenn, wie im Falle des *Wahren Freundes,* ein rein innerweltliches Geschehen einen transzendenten Heilsvorgang versinnbildlicht – Prototyp dafür sind die biblischen Parabeln wie die vom *Verlorenen Sohn* – oder wenn zumindest ein äußerer Vorgang oder Zustand für einen inneren, seelischen steht, wie im *Waldschratt* (Nr. 62): Hier wird ein Mann, der einmal seine klammen Finger durch seinen Atem zu erwärmen und ein andermal ein heißes Getränk mit ebendemselben Atem zu kühlen versuchte, mit der Doppelzüngigkeit des Menschen verglichen. Kein Bispel liegt jedoch dort vor, wo bloß ein allgemeiner moralischer Satz durch einen besonderen Fall exemplifiziert wird. Die Länge der Lehre gibt keinesfalls den Ausschlag. Bei der Fabel kann sie gelegentlich auf Null reduziert sein, da ohnehin jedermann klar ist, daß die Erzählung sich auf etwas „anderes" bezieht. Umgekehrt machen auch rund 30 Verse lehrhafter Erklärung Gedichte wie *Die drei Wünsche* (Nr. 26) oder *Der kluge Knecht* (Nr. 58) noch zu keinen Bispeln.

Es handelt sich vielmehr um Versnovellen. In der Forschung hat man ihnen die Bezeichnung Novelle meist vorenthalten, um die angeblich so ganz andersartige „neuzeitliche" Novelle, wie sie von Giovanni Boccaccio (1313–75) geschaffen worden sei, davon zu unterscheiden – wohl schwerlich zu Recht, mag auch beim Stricker die moralisierende Tendenz weit deutlicher zu spüren sein. Überdies ist die statt dessen vorgeschlagene mittelhochdeutsche Bezeichnung *maere* (Einzahl *daz maere*, Mehrzahl *diu maere*, daraus im Neuhochdeutschen „die Mär" oder „Märe" mit der Verkleinerungsform „Märchen") nur in der umfassenden Bedeutung „Kunde, Nachricht, Erzählung, Geschichte", nicht aber als Spezialterminus (wie *bîspel*) belegt. Ob nun Versnovellen oder Mären, sie kommen jedenfalls mit ihrer deutlichen Verselbständigung der Erzählung gegenüber der Lehre, die bisweilen gar nicht mehr explizit daraus gezogen wird, dem modernen Literaturverständnis weit mehr entgegen als das Bispel und sind daher auch teilweise ins Neuhochdeutsche übersetzt worden, bilden aber innerhalb der Kleindichtung des Strickers eine Minderheit. H. Fischer, dem wir die wegweisende Studie zur Märengattung verdanken, zählt nur 16 „echte" Gattungsvertreter. Schränkt man den Inhalt nicht auf den rein diesseitig-profanen Bereich ein, so kommen noch Gedichte wie *Der Richter und der Teufel* (Nr. 126) hinzu: Ein mächtiger, aber ungerechter Richter (also ein Landherr) zwingt den Teufel, vor seinen Augen alles zu nehmen, was die Leute ihm anbieten. Wen und was immer man zum Teufel wünscht, lehnt dieser jedoch ab, da der Wunsch nicht ernstgemeint sei, bis auf den Richter selbst, der einer alten, kranken Witwe ihre einzige Kuh weggenommen hat und dafür von ihr verflucht wird. Trägt diese Teufelsgeschichte legendenhafte Züge, so die Erzählung von den *Drei Wünschen* (Nr. 26) eher märchenhafte, obwohl es ein Engel Gottes ist, der die – aus vielen Parallelüberlieferungen (z. B. Grimms Märchen Nr. 87: *Der Arme und der Reiche*) bekannten – drei Wünsche freigibt, von denen zwei so unsinnig vertan werden, daß der dritte gerade den angerichteten Schaden wiedergutmachen kann.

Eine säuberliche Trennung weltlicher und geistlicher Versnovellen funktioniert genausowenig wie die von komischen und lehrhaften. Der Stricker verzichtet wohl in keinem einzigen Gedicht völlig auf sein moralisches bzw. religiöses Anliegen, setzt aber durchaus auch komische Mittel ein, um die menschliche Unzulänglichkeit bloßzustellen. Daß dabei der Wunsch, das Publikum zum Lachen zu bringen und so zu unterhalten, eine Rolle spielt, darf man bei einem Berufsdichter getrost voraussetzen. Durchweg ernste Versnovellen, wie etwa *Der junge Ratgeber* (Nr. 39), sind beim Stricker sogar die seltene Ausnahme. Wirklich lauthals lachen kann man aber bei kaum einem Beispiel dieser Gattung – was nicht am modernen Betrachter liegt, da es unter den späteren deutschen Versnovellen, insbesondere aber unter den französischen, wahre „Lachmaschinen" gibt. Wo die Komik einigermaßen durchschlägt, dort dürften meist französische Stoffe die Anregung geliefert haben, so beim *Begrabenen Ehemann* (Nr. 27; vgl. den *Vilain de Bailleul* = MR Nr. 109), dem *Klugen Knecht* (Nr. 58; vgl. den *Povre Clerc* = MR Nr. 132), vielleicht auch beim *Nackten Boten* (Nr. 84) oder bei der *Martinsnacht* (Nr. 59). Wie der Stricker an das fremdsprachige Material herangekommen ist, muß ebenso offenbleiben wie bei seinen großepischen Werken. Jedenfalls hat er es durchaus eigenwillig geformt, um der Geschichte einen möglichst folgerichtigen Aufbau und Transparenz auf die Lehre hin zu verleihen. Im *Klugen Knecht*

z. B. stellt er zuerst das Thema, die Aufdeckung eines Ehebruchs, vor, dann den Haupthelden, der die günstigste Strategie überlegt, um die Sache dem Bauern, dem betrogenen Ehemann, zu entdecken. Die Exposition schildert auch noch die tägliche Abwesenheit des Bauern und den Ablauf des Schäferstündchens seiner Frau mit einem Kleriker (V. 1–27). Im gleitenden Übergang schließt der Hauptteil an. Die Frau weckt ihren Mann und schickt ihn mit dem Knecht ins Holz. Der Knecht kehrt unter einem Vorwand, von seiner Herrin unbemerkt, zurück und wartet, bis der Bauer ihn wütend holen kommt. Die Frau versteckt den Liebhaber und die für ihn zubereiteten Leckereien und läßt ihren Mann ein (V. 28–144). Der Knecht erfindet eine Ausrede und schlägt vor, noch ordentlich zu frühstücken, dabei erzählt er eine Geschichte von einem Schwein und einem Wolf, in deren Verlauf er die Verstecke der Speisen und des Pfaffen aufdeckt (V. 145–286). Zum Abschluß gibt es das zu erwartende Donnerwetter für die Ehebrecher. Der Pfaffe kann nur mit Geld sein Leben retten (V. 287–307). Dem Hauptteil von 281 Versen (in der Fassung der Handschrift A) folgt noch die Nutzanwendung, ein Lob der *kündikeit mit rehter vuoge*, der dem konkreten Fall genau angepaßten Gewitztheit, die hier die gerechte und notwendige Anzeige der Verfehlung unmittelbar mit deren Beweis verbindet (V. 308–338). Darauf liegt auch in der Erzählung der Hauptakzent, während – hier wie überhaupt beim Stricker – mögliche Effekte erotischer Witze gänzlich gemieden werden. Vielmehr erwächst aus dem Geschick, mit listigen Erfindungen auf die Spuren des Ehebruchs zu führen, auch die Komik.

Sie ist aber kaum das Wichtigste in dieser Versnovelle. In den Bispeln begegnet sie überhaupt nur gelegentlich (v. a. in einigen Fabeln), am wenigsten dann in Gedichten, die auf narrative Elemente ganz oder weitgehend verzichten. Man bezeichnet die Gattung – wiederum mit einem vieldeutigen mittelhochdeutschen Ausdruck – als *rede*. Je mehr bildhafte Elemente in die Rede einfließen, um so schwerer fällt die Abgrenzung gegenüber den Bispeln. Der *Processus Luciferi* (Nr. 13) stellt etwa das Sündenfall- und Erlösungsgeschehen als Gerichtsallegorie dar, die allerdings von Erläuterungen ziemlich überwuchert wird. *Das weiße Tuch* (Nr. 144) hat seinen Titel in der Ausgabe vom Eingangsvergleich der unbefleckten Seele mit einem weißen Tuch (10 Verse), auf die aber noch 204 Verse folgen, die zwar Hinweise auf das Heilsgeschehen und ein weiteres Vergleichsbild (für das Höllenfeuer) enthalten, sonst aber reine Rede im oben definierten Sinne sind. Wenn wir auch Fälle dieser Art mitzählen, so kommen wir auf rund 50 Vertreter der Gattung von 167 Gedichten, die dem Stricker zugeschrieben werden. Man kann sie – wie bei der frühmittelhochdeutschen Literatur (s. o. S. 100ff.), an die der Stricker hier zweifellos anschließt – in drei Gruppen, nämlich Versgebete, Glaubens- und Lebenslehre in Versen einteilen, wobei sich vor allem die beiden letztgenannten Typen oft überschneiden. Gemäß den thematischen Schwerpunkten gehören Gedichte wie *Das weiße Tuch*, *Von der Hoffart* (Nr. 81) oder *Die gerechten Schläge Gottes* (Nr. 139) eher der Lebenslehre an, *Vom heiligen Geist* (Nr. 11; 878 Verse), *Die Messe* (Nr. 12; 1172 Verse) oder der *Processus Luciferi* hingegen der Glaubenslehre. Relativ leicht fällt die Entscheidung bei Reden über Ehe und Minne, obwohl auch hier die göttlichen Gebote mehr oder minder ausdrücklich im Hintergrund stehen (z. B. Nr. 119 *Von bösen Frauen*, Nr. 146 *Die Minnesänger*, Nr. 3 *Die Frauenehre*). Doch erscheinen solche Lehrinhalte durchaus auch gemischt mit anderen, am buntesten in der *Klage* (Nr. 158), die sich zusätzlich etwa gegen die Schwächung der zentralen Reichsgewalt, gegen Profitgier oder gegen Ketzerei richtet (s. u.).

Eine relativ geschlossene Gruppe bilden die Gebete (Gedicht Nr. 15–25 und 151) zu Gott (in seinen drei Personen), zu Maria (Nr. 15, 21, 22), zu allen Heiligen (Nr. 20) und zum Schutzengel (Nr. 25). Sprecher sind die betende Gemeinde („wir") oder der einzelne („ich"), die auch abwechseln können. Für einige Gemeindegebete hat man mit guten Gründen Nonnen als Auftraggeber vermutet. Das *Gebet für Kreuzfahrer* (Nr. 156) eines einzelnen Sprechers trägt seinen von U. Schwab vorgeschlagenen Titel dagegen schwerlich mit Recht. Es enthält bloß Elemente einer Kreuzesandacht. Insgesamt erheben die Gebete „nur bescheidene gedankliche und ästhetische Ansprüche" (S. Wailes). Es handelt sich um echtes Gebrauchsschrifttum. Wie bei den Gebeten läßt sich auch bei den geistlichen Lehrreden das Publikum in den meisten Fällen nicht näher spezifizieren. Einzelne Stücke dürften aber im besonderen für Weltpriester, Klostergeistliche, Laienbrüder oder Bußbruderschaften gedacht gewesen sein. Quellen sind außer der Bibel vor allem patristische und monastische, selten scholastische Schriften.

Die immer wieder angesprochenen thematischen Überschneidungen zwischen den verschiedenen Gattungen und Typen zeigen eine erstaunliche Geschlossenheit der Gedankenwelt der Kleindichtung des Strickers an. Dennoch können hier nur ihre wichtigsten Züge herausgegriffen werden. Als mittelalterlicher Mensch hält der Stricker unbeirrt an der Überzeugung fest, daß die Welt von Gott als vollkommene Ordnung geschaffen worden ist und gerecht gelenkt wird. Dabei ist nicht nur der Mensch als Naturwesen verkleinertes Abbild des Kosmos, sondern auch sein sozialer Ort naturgegeben. So können „edle" und „unedle" Tiere wie etwa der Jagdfalke und der Esel ohne weiteres Stände der menschlichen Gesellschaft versinnbildlichen, in die man sich trotz aller frevelhafter Widerstände letztlich doch einfügen muß. Der Verrat am angeborenen Stand, sei es als Parvenü, sei es durch Ungehorsam nach oben, sei es umgekehrt durch Bedrückung der Abhängigen oder andere Verletzungen der Standesehre, ist Folge und Zeichen der Ursünde der Menschheit, der Auflehnung gegen Gottes Weltordnung, wodurch allein das Böse existiert. Der Klerus vernachlässigt seine Pflichten als Seelsorger, Lehrer und Vorbild der Laien, ergibt sich der Unzucht und Simonie (z. B. Nr. 108 *Der Pfaffen Leben*). Die Fürsten schwächen das Königtum, um ungestraft in ihren Territorien Unrecht und Ausbeutung üben zu können. Sie verweigern ihren treuen Gefolgsleuten ihren gerechten Lohn und versäumen es, ihre Höfe zu Zentren der Festesfreude, der Geselligkeit und Kultur zu machen (z. B. Nr. 158 *Die Klage*, Nr. 8 *Die Herren zu Österreich*, Nr. 36 *Die Gäuhühner*). Der gesamte Adel tut es ihnen gleich an Geiz und Profitgier, sucht nur das bequeme, genußreiche Leben und dafür sogar den Erwerb als Bauer oder Kaufmann (z. B. Nr. 4 *Die beiden Knappen*, Nr. 56 *Der verflogene Falke*). Der Stricker verurteilt dies genauso wie die Untreue gegen einen guten, wenn auch armen Herrn, ruft aber zugleich zum solidarischen Widerstand gegen Übergriffe ungerechter Lehensherren auf (z. B. Nr. 88 *Die reiche Stadt*, Nr. 159 *Der Turse*).

Zum Ideal des adeligen Hoflebens gehört auch der rechte Minnedienst. Dem Lob der innerlich und äußerlich vollkommenen Damen, der Krone der Schöpfung, widmet der Stricker ein ganzes langes, ebenso überschwengliches wie eintöniges Gedicht (Nr. 3 *Die Frauenehre*, 1902 Verse), das den Rittern die redliche Bemühung um Minnegunst als Quelle der *zuht, êre, mâze, staete* usw. wärmstens ans Herz legt. Höfische Minne gilt als unerläßlicher Bestandteil der *hövescheit (hübscheit, hüfscheit)*, standesgemäßen höfischen Verhaltens, als deren Propagandist sich der nichtadelige Dichter allerdings erst qualifizieren muß. Er läßt sogar einen fiktiven Spötter zu Wort kommen, der ihm das Recht streitig macht, als Kenner von *vrouwen* in seinen *maeren* überhaupt zu reden:

> V. 142 *sin leben und vrowen pris,*
> *die sint ein ander unbekant.*
> *ein pfert und alt gewant,*
> *die stunden baz in sinem lobe.*

Der schon von Walther abgewehrte Vorwurf, ein Fahrender tauge nicht dazu, die Minne zu besingen, taucht hier wieder auf und bestimmt vermutlich trotz des topischen Charakters auch den Stricker als Angehörigen dieses Berufsstandes. Der Minnedidaktiker sieht sich jedoch im Gegensatz zum Sänger genötigt, das Minneideal mit der kirchlichen Ehelehre zu harmonisieren. Schon Thomasin von Zerklaere mahnt ausdrücklich zur ehelichen Treue (*Welscher Gast*, V. 1354ff.), um so mehr der Stricker, der nicht mehr ausschließlich mit Blick auf den Adel dichtet. In den *Minnesängern* (Nr. 146) unterzieht er diejenigen, die *mit rede und mit gesange* (V. 16) den Ehebruch preisen und den vorsichtigen Ehegatten als *merkaere* (s. o. S. 249) verunglimpfen (V. 13) einer sarkastischen Kritik. Minnedienst und Minnesang haben somit – sofern sie nicht ohnehin in die Ehe münden – nur als enterotisierte Verehrung der (adeligen) Frau schlechthin ihre moralische Berechtigung. Dementsprechend steht der Minnelehre eine ebenso ausführliche Ehelehre zur Seite, die sich nun vollends an der kirchlichen, von Paulus begründeten Ehemoral orientiert: Der Mann soll seine Frau lieben, jedoch niemals so sehr, daß sie ihn zum Narren und sich zum Herrn über ihn machen kann. Notfalls muß er sie hart züchtigen, um die angeblich typischen weiblichen Verfehlungen wie Herrschsucht, Putzsucht und Unkeuschheit zu bestrafen bzw. zu verhindern. Tut er es nicht, so ist er für die Sünden der Frau vor Gott mitverantwortlich, während diese mit dem eigenen gehorsamen Wohlverhalten ihre Pflicht völlig erfüllt (vgl. z. B. Nr. 27 *Der begrabene Ehemann*, Nr. 118 *Die eingemauerte Frau*, Nr. 119 *Von bösen Frauen*).

Im Gegensatz zur Minnelehre ist die Ehelehre ständisch durchaus neutral gehalten. Sie gehört zu den grundlegenden, für alle Menschen gleichermaßen geltenden Verhaltensregeln wie die Mahnung zu Wahrhaftigkeit, Beständigkeit, Zuverlässigkeit, Mildtätigkeit, Gastfreundschaft und insbesondere Mäßigung in allen Bereichen des Lebens wie Trinken (vgl. z. B. Nr. 60 *Der unbelehrbare Zecher*), Essen, Schlafen, Sexualität. Die wiederum auf Thomasin rückverweisende, vom Stricker allerdings theoretisch kaum begründete Maxime der *mâze* hält weltverneinende Tendenzen hintan. Der Stricker fordert keinen Laien auf, ins Kloster oder in die Einsiedelei zu gehen, obwohl er die echte *vita religiosa* selbstverständlich hochachtet. Jeder kann mit Gottes und der Kirche Hilfe in seinem Stand verbleiben und durch ein rechtes Leben sich die Anwartschaft auf das Himmelreich erwerben. Voraussetzung ist freilich die Einsicht in die menschliche Fehlbarkeit und eine sich daraus notwendig ergebende ständige Bußgesinnung. Zu echter Reue, Beichte und Buße aufzufordern wird der Stricker – wohl nicht unbeeinflußt von entsprechenden Empfehlungen des 4. Laterankonzils 1215 – nicht müde (z. B. Nr. 12 *Die Messe*, Nr. 76 *Des Königs alte Kleider*, Nr. 128 *Die vier Evangelisten*).

Dasselbe Konzil hatte auch zum ersten Mal die gesetzlichen Bestimmungen gegen die Ketzer zusammengefaßt und verallgemeinert. Wie Thomasin nimmt denn auch der Stricker an der kirchlichen Agitation gegen die Ketzer teil. Ja, *Die Klage* (Nr. 158) ist das einzig zuverlässige historische Zeugnis für die verbreitete Existenz der katharischen Häresie im spätbabenbergischen Österreich. Die Inquisitionsschrift des Passauer Anonymus (s. o. S. 170ff.) sagt ja strenggenommen nur etwas über die Zeit um und kurz vor 1260/66 aus und enthält zudem nur wenige Hinweise auf Katharer. Allerdings ergänzen sich die Aussagen der beiden und anderer Werke gegenseitig, so daß man mit einer historischen Kontinuität auf dem Gebiet der Sektentätigkeit während des ganzen 13. Jahrhunderts rechnen kann. In der *Klage* spießt der Stricker insbesondere die auch sonst gut bezeugte katharische Lehre von einem guten und einem bösen, ebenso ewigen Gott, dem Teufel, dem Schöpfer der Erde und alles Lebendigen, der auch dem Menschen die Seele einpflanzt, sowie die Leugnung der Auferstehung des Fleisches auf und wirft diesen Häretikern, sei es aus Kenntnis einzelner realer Vorfälle und ihrer Verallgemeinerung, sei es aus Fehlinformation, sei es als bloße Greuelpropaganda, Untaten aller Art, Mord, Raub, Meineid, Unkeuschheit usw., vor, Untaten, die ihnen von ihrem bösen Gott befohlen worden seien (V. 503–674). Er geht hier gewiß im Auftrag oder zumindest mit Einverständnis der Kirche vor, desgleichen bei seiner Verurteilung der Homosexualität, deren Bekämpfung Papst Gregor IX. 1232 den österreichischen Dominikanern ausdrücklich aufgetragen hat.

Eine direkte Abhängigkeit des Strickers von der dominikanischen *prudentia*-Lehre, wie sie in der Forschung behauptet worden ist, läßt sich dagegen nicht nachweisen. Vielmehr gründet der Didaktiker seine Morallehre auf den bereits in den alttestamentarischen Weisheitsbüchern ausgeprägten Gegensatz von *stultitia/tumpheit* und *sapientia/wîsheit*, also der gottfernen Torheit und der gottesfürchtigen Weisheit, aus denen das jeweilige böse bzw. gute Handeln unmittelbar entspringt. Die das gottgefällige Tun lenkende *wîsheit* schließt aber die praktische Lebensklugheit durchaus ein, die den Anschlägen listiger Betrüger in dieser Welt ebenso zu begegnen weiß wie denen des Betrügers schlechthin, des Teufels. Proben dieser Klugheit haben wir schon im *Daniel* erhalten. In der Kleindichtung sind sie nicht seltener (vgl. z. B. den *Klugen Knecht*).

Eine negative Beispielreihe liefert schließlich des Strickers irritierendstes, deshalb aber vielleicht heute noch anziehendstes Werk, der *Pfaffe Amis*. Kein anderes ist so verschieden ausgelegt worden, und selbst wenn man solche Interpretationen außer acht läßt, die den *Pfaffen Amis* im großen Gesamtwerk des Strickers ungerechtfertigt isolieren oder dieses gar allein von jenem Gedicht aus deuten wollen, bleiben Fragen offen.

Der Prolog beginnt mit dem vertrauten Gemeinplatz einer *laudatio temporis acti*: Früher war der Hof ein Hort der Festesfreude, Ehre, Kultur und Tugend; jetzt aber ist dort nur noch der Vortrag eines *maeres* gefragt, das die Leute ihre Sorgen und Armut vergessen läßt. All die höfischen Tugenden gab es nur so lange, ehe der Betrug erfunden wurde (V. 1–33). Nun verspricht der Stricker (V. 39), von dem Mann zu erzählen, *der liegen und triegen an vienc* (V. 41) und damit reüssierte, da er keinen Widerstand fand. Das sei der englische Kleriker *(pfaffe)* Amis gewesen: Dieser übt so große Freigebigkeit, daß sein neidischer Bischof ihn seines Amtes entsetzen will, stellt jedoch seine Amtsbefähigung durch Lösung unlösbarer Aufgaben unter Beweis. So entbietet er sich, einem Esel in dreißig Jahren das Lesen beizubringen. Er streut Hafer zwischen die Seiten eines Codex, welchen der Esel auf der Futtersuche brav durchblättert. Das Schreien des Esels gibt er als den ersten erlernten Buchstaben des Alphabets aus. Weiterer Beweise eines Lernfortschritts enthebt ihn der von Amis durchaus einkalkulierte Tod des Bischofs. Sein Bekanntheitsgrad ist aber inzwischen so gestiegen, daß seine nach wie vor unbeschränkte Gastfreiheit ihn selbst in Armut zu stürzen droht. Er will, um dies zu verhindern, *nach guote werben* (V. 335). Auf die Exposition (V. 39–336) folgen nun elf einzelne kurze Geschichten, die nur die Hauptperson, eben Amis, und das Thema des gelungenen Betruges gemeinsam haben. Amis zieht aus wie ein fahrender Ritter mit sechs Knappen. Statt Waffen führt er aber die Ausrüstung eines Predigers, eines Malers und eines Arztes mit. Er gibt sich allenthalben als Wundertäter aus und verschafft sich Glauben, indem er die Menschen bei ihrer Angst vor Schande und Tod packt. Er behauptet, Kirchenspenden ungetreuer Ehefrauen sogleich als solche erkennen und abweisen zu können, worauf alle reichlich geben, die einen berechtigten oder auch unberechtigten Verdacht von sich abwenden wollen (V. 337–490). Er malt ein nicht existierendes Gemälde, das angeblich nur Bastarde nicht sehen können, weshalb der französische König, um seine eheliche Geburt zu erweisen, es um so mehr bewundert und hoch bezahlt (V. 491–804). Eine wunderbare „Heilung" von 20 Kranken erzielt er durch die Drohung, den Kränksten von ihnen zu töten und mit seinem Blut die anderen gesund zu machen, worauf sich alle für geheilt erklären und der Herzog von Lothringen ihn reich entlohnt (V. 805–932). Des weiteren fingiert Amis als falscher Heiliger die Wiederbelebung eines toten Hahnes (V. 933–1028), die Selbstentzündung eines Tuches durch die Sünden eines Ritters (V. 1029–1164), die Erschaffung von Fischen in einem Brunnen (V. 1165–1240), die Erfüllung seiner Vorhersagen (V. 1241–88), die Heilung seiner Knechte (V. 1289–1316). Seine dafür reichlich geschröpften Opfer entstammen allen Bevölkerungsschichten vom Bauern bis zum Fürsten. Auch die Geistlichkeit wird nicht verschont. Nach dem Bischof (s. o.) kommen nun ein einfältiger Propst und dessen Mitbrüder an die Reihe, denen Amis ein gänzlich unwissendes, plötzlich aber vom Heiligen Geist erleuchtetes Bäuerlein vorspielt (V. 1317–1546). Die beiden längsten Episoden schildern des Pfaffen ertragreichste Fischzüge im reichen Byzanz. Ausgenommen werden ein Seiden- und ein Juwelenhändler. Diesen erklärt Amis zu seinem geisteskranken Vater, der in seinem Irrsinn dauernd nach Bezahlung seiner Juwelen verlange (V. 2043–2472); jenen übertölpelt er, indem er als angeblicher Käufer der teuren Seidenstoffe einen Bischof vorschiebt. Dieser ist in Wirklichkeit aber ein blöder Maurer, der nur Deutsch (V. 1691) und kein Griechisch versteht und den Amis als vorgeblicher bischöflicher Kämmerer kurzerhand zu seinem Herrn gemacht hat (V. 1547–2042). Nach diesen erfolgreichen Auszügen übt Amis wieder zu Hause seine sagenhafte *milte*. Nach dreißig Jahren *do begunde in got bekeren,/ daz er die lüge verswuor* („der Lüge abschwor": V. 2490f.). Er geht in ein Zisterzienserkloster, zeigt dort einen so vorbildlichen Lebenswandel und mehrt mit seinem Besitz und seinem Rat das Klostervermögen derart, daß er Nachfolger des Abtes wird. So verdient er es sich schließlich, *daz im daz ewige leben/ nach disem libe* (Leib, Leben) *wart gegeben* (V. 2509f.).

Es ist dieser Abschluß des Handlungsrahmens, der die meisten Schwierigkeiten bereitet. Kann der Stricker es mit der ewigen Seligkeit eines Betrügers, der sein ergaunertes Gut ins Kloster mitbringt und bis zu seinem Lebensende den Klosterbesitz zu mehren hilft, ernst gemeint haben? Wenn nicht, so steht der Ernst der Gesamtaussage des Werkes zur Debatte. So hat man es einerseits als bloß spielerische Parodie des Höfischen Romans, als Vorform des Picaro-, des Schelmenromans aufgefaßt, der, statt strenge Moralmaßstäbe anzulegen, nur die Torheit der Welt heiter entlarvt, andererseits aber auch als „ein Stück fundamentaler Gesellschaftskritik..., das, mit einer gehörigen Portion Zynismus ausgestattet, sich auf eine Strategie der Obstruktion zurückzieht" (H. Brall). Nun konnte allerdings der Stricker im Vertrauen auf die Kenntnis vieler anderer seiner Gedichte getrost darauf verzichten, auch im *Pfaffen Amis* mit dem erhobenen Zeigefinger aufzutreten. Sein Publikum mußte längst wissen, daß Neid und Profitgier bei Geistlichen besonders verwerflich waren, daß übertriebene *milte* aber ebenso ins Negative umschlagen konnte (vgl. z. B. Nr. 8 *Die Herren zu Österreich*). Wenn der Stricker an anderer Stelle nicht alle Verletzungen des kanonischen Rechts, die Amis begeht, verurteilt hat, so schien ihm das vielleicht bei seinem Laienpublikum nicht so nötig. Vor Betrügern, die die Wundersucht leichtgläubiger Zeitgenossen schamlos ausnützen, warnt er freilich mehrfach (z. B. Nr. 5 *Der durstige Einsiedel*; Nr. 59 *Die Martinsnacht*). Auch wenn die Betrogenen hier wie dort für ihre Blindheit durchaus selbst Schuld tragen, so exkulpiert das den Gauner in keiner Weise. Das für seine Betrügereien verantwortliche maßlose Besitzstreben scheint nun Amis selbst im Kloster nicht zu verlassen, dem es jedoch jetzt allein zugute kommt. Da er zuvor der Lüge abgeschworen hat, es sich also um ehrlichen Erwerb handeln müßte, könnte das nach gängiger Lehre – s. o. zu Gerhoch von Reichersberg S. 65ff. – in Ordnung gehen. Aber da bleibt noch das ergaunerte Vermögen, das vom Kloster nicht angenommen werden durfte, sondern zurückgegeben oder als Almosen verschenkt hätte werden müssen. S. Wailes, der die geschlossenste Deutung mit Blick auf den „ganzen" Stricker vorgelegt hat, nimmt an, hier werde die Sünde vom bekehrten Helden auf die Institution, das Kloster der – damals häufig der Besitzgier verdächtigten – Zisterzienser, verlagert. Die Rettung des Helden trage der Unterhaltungsintention des Werkes Rechnung. Das wäre denkbar, befriedigt aber nicht wirklich.

Wie dieser rätselhafte Schluß auch zu verstehen sein mag, so viel sollte klar sein: *Liegen unde triegen* des Pfaffen Amis ist nichts anderes als die in den *Beiden Königinnen* (Nr. 137) genannte *gar verfluchet chunst,/ die heizet werltlich wisheit* (V. 84f.), denn die weltliche, also unechte und unrechte Weisheit *leret gwinnen wider got/ unreht gut, unreht ere* (V. 88f.). Daniels für das Wohl der Gemeinschaft eingesetzte Klugheit erscheint hier also ins Negative verkehrt. Nichtsdestoweniger steht in dem locker gefügten Zyklus schwankhafter Versnovellen die Komik so deutlich im Vordergrund wie in keinem andern Werk des Strickers. Dafür verwendet der Autor eine ganze Fülle von Erzählmotiven, deren Herkunft mehrheitlich noch ungeklärt ist. Die allermeisten lassen sich zwar auch anderswo in französischen, deutschen, lateinischen etc. Texten nachweisen, doch nur ganz selten ist einer von diesen eindeutig älteren Datums als der *Pfaffe Amis*. Das trifft etwa auf den lateinischen *Narrenspiegel* des Nigellus von Canterbury von 1179/80 zu, aus dem das Motiv des lernenden Esels stammen dürfte. Fraglich ist es dagegen schon bei den beiden französischen Fabliaux *Les trois aveugles de Compiègne* (MR Nr. 4) und *Du vilain mire* (MR Nr. 74), welche die Motive des angeblichen Irren bzw. der scheinbaren Krankenheilung enthalten. Noch eher als zu den französischen Fabliaux wird man dem Stricker den direkten Zugang zu lateinischen Predigtexempelsammlungen zutrauen, die derartige Schwankmotive auch bereitwillig aufnehmen. Das chronologische Dilemma ist hier aber das gleiche. In jedem Fall wird man die Leistung des Strickers für die Literarisierung mündlichen Erzählgutes kaum hoch genug veranschlagen können. Demgegenüber tritt die eigene Erfindungskraft des Dichters, obwohl sie natürlich einzukalkulieren ist, gewiß zurück. Auch die zyklische Reihung von Schwankabenteuern dürfte der Stricker übernommen haben, und zwar von dem kleinen elsässischen Tierepos von *Reinhart Fuchs* aus dem 12. Jahrhundert.

Weit leichter als diese bitterböse Satire auf die adelige Feudalgesellschaft konnte der *Pfaffe Amis* in den folgenden Jahrhunderten als harmloser „Schelmenroman" gelesen werden. Zwölf Überlieferungsträger bezeugen seine Beliebtheit im Mittelalter, angefangen mit der Riedegger Handschrift des ausgehenden 13. Jahrhunderts (s. o. S. 221) bis zum Wiegendruck des ausgehenden 15. Jahrhunderts. Etwas früher zum Druck gelangte schon das Schwankbuch vom *Pfarrer vom Kahlenberg* (Augsburg 1473), das spätmittelalterliche Gegenstück des *Pfaffen Amis*, das nun aber kaum noch irgendeine ernste didaktische Absicht hinter den Späßen und Streichen des klerikalen Helden ahnen läßt (s. Bd. II). Ähnliches gilt wohl für den niederdeutschen weltlichen „Doppelgänger" des Kahlenbergers, Till Eulenspiegel. –

Der Stricker hat hier also ebenso gattungsbildend gewirkt wie mit seinen komischen Versnovellen, die im Deutschen zuvor nur subliterarisch existiert haben und vom Stricker erstmals zu Buchehren befördert worden sein dürften. Reden und Bispel fand er zwar schon vor, machte sie jedoch erst zu einer der beliebtesten Dichtungsgattungen (mit einem beträchtlich erweiterten inhaltlichen Spektrum). Die allermeisten Kleindichtungen des Strickers finden sich bereits in dem Cod. Vind. 2705, der wahrscheinlich etwa 1260/70 im niederösterreichischen Wirkungsraum des Autors geschrieben wurde. Nur wenig „echtes" Strickersches Gut fehlt hier, zehn Gedichte in der Ausgabe von W. W. Moelleken (Nr. 1–10), wovon eines, *Die Frauenehre* (Nr. 3), zumindest in einer Kurzfassung von 102 Versen im Wiener Codex (Sigle A) auftaucht. Dafür kommen aber zu den 157 Stücken des Strickers in A noch ca. 100 weitere, ganz überwiegend bis heute keinem namhaften Autor, sondern der sogenannten **Strickerschule** zugewiesene. Der positive Beweis der Autorschaft des Strickers ist aber auch für eine Menge jener 157 Stücke nicht wirklich zu erbringen. Die genannte Ausgabe folgt nur den alten Zuweisungen von K. Zwierzina (1926). In der Handschrift A fehlt dagegen jeder Verfassername. Unter die „echten" Strickergedichte sind zudem sechs Bispel aus *Barlaam und Josaphat*, dem Legendenroman Rudolfs von Ems, eingestreut und unter die „unechten" des Schlußteils der Handschrift noch neun „echte" (Ausg. Nr. 159–167). Gewisse Anhaltspunkte ergeben sich daraus, daß die gleiche Stricker-Sammlung in die beiden böhmischen Schwesterhandschriften vom Anfang des 14. Jahrhunderts, den Heidelberger Cpg 341 (Sigle H) und die ehemals Kalocsaer Handschrift (Sigle K, jetzt in der Bibliotheca Bodmeriana, Cologny-Genf), allerdings mit Abweichungen, aufgenommen worden ist. Aber „unechtes" Gut wird auch hier keineswegs konsequent ausgeschieden und „echtes" nur vereinzelt ausdrücklich dem Stricker zugeschrieben (wie z. B. bei den Nummern 37, 47, 50, 62, 65). Insgesamt nehmen die Handschriften H und K dieselben Gattungen und Typen auf wie A, sind aber einerseits konsequenter bei der Gruppenbildung, andererseits weniger restringent, wenn es zur Vervollständigung eines thematischen Schwerpunkts um die Einbeziehung sangbaren Gutes oder längerer Erzählstücke (wie des *Pfaffen Amis*) geht.

Die Handschrift A beschränkt sich auf kleine Reimpaargedichte, allerdings unter Einschluß von Sprechsprüchen Meister Freidanks (aus dem Herzogtum Schwaben, † 1233), die meist noch kürzer als des Strickers kleinste Stücke ausfallen, ja bisweilen nur ein einziges Reimpaar umfassen. Die Freidank-Sprüche wurden (ebenfalls ohne Autornamen) in die Pseudo-Strickeriana eingereiht, die ihrerseits bisher als ganzes zusammenhängendes Korpus weder publiziert noch untersucht worden sind. Nach Form und Inhalt unterscheiden sie sich nicht grundsätzlich von Stücken des Strickers. Eine durchgehende Tendenz zur Kürze ist freilich unverkennbar. Versnovellen konnten da nur unterkommen, wenn sie so knapp gestaltet sind wie das (gewiß nicht in Österreich entstandene, beliebte und verbreitete) *Schneekind* (Nr. 237 der Handschrift A) mit 90 Versen. Das Bispel ist dagegen die herrschende Gattung, die besonders gerne in Form der Fabel auftritt. (Jacob Grimm hat daher für die Textsammlung seines „Reinhart Fuchs" von 1834 auch auf unseren Codex zurückgegriffen.) An dem lehrhaften Charakter dieses Bispeltyps kann in kaum einem Fall ein Zweifel aufkommen – es wird richtiges schichten- und situationsbedingtes Verhalten „gepredigt", mit Vorliebe solches in der Minne (Vorzug innerer Werte!) –, doch schlägt auch die Komik mitunter kräftig durch, wie z. B. in dem Gedicht *Wolf und Geiß* (Nr. 266 in A), das deutlich von der satirisch-witzigen Tierepik und deren Persiflage auf das Mönchtum inspiriert ist: Der Wolf ruft diverse Heilige an, singt das Kyrieeleison und das Paternoster, denkt aber dennoch immer nur ans Fressen und fällt dabei von einer Falle in die andere. Man bezeichnet solche persiflierende Elemente meist mit dem nicht ganz passenden Begriff Parodie. Parodie in diesem weiteren Sinne begegnet schon vereinzelt beim Stricker selbst, so etwa als Persiflage auf den Minnesang in den *Minnesängern* (s. o.) oder in den alle höfischen Ideale verkehrenden Worten des *Unbelehrbaren Zechers* (Nr. 60). Ohne Angabe der positiven Gegenposition führt eine solche, nun ins Groteske übersteigerte Zecherrede der köstliche, anspielungsreiche *Weinschwelg* vor, ein wohl nach 1250 in Tirol entstandenes Gedicht (s. u. S. 535ff.), das noch als letztes (Nr. 271) in die Strickerhandschrift A Eingang gefunden hat. In der Präsentation einer derartigen „Verkehrten Welt" dominiert nun der komische Unterhaltungseffekt eindeutig. Dasselbe gilt für die Gattung der sogenannten Lügenrede, die lauter „unmögliche Dinge" aneinanderreiht. Das älteste bekannte Beispiel liefert wiederum unser Codex mit Nr. 181. Hierin wird im Gegensatz zu vielen späteren Lügenreden der Charakter der Aussage durch ein immer wiederkehrendes *er liuget* stets vergegenwärtigt: Der Lügner behauptet z. B., daß eine Ameise das Meer ausgetrunken, daß sein Furz einen Berg umgestoßen, daß er gesehen habe, wie ein Schlitten, gezogen von einem Esel, besetzt mit sieben gekrönten Damen, auf den Wolken fuhr, begleitet von zwölf posauneblasenden Knappen zu Fuß und tausend Rittern zu Pferd, und so fort. Nach 96 Versen bricht der Text mitten im Satz ab.

Daß sich eine solche Umkehrung auch einmal unter so viele ernstgemeinte Reden einschleicht, läßt sich leicht begreifen. Im Pseudo-Stricker-Korpus der Handschrift A finden sich allerdings auch nur acht Stücke dieser seriösen Gattung, davon nur ein einziges im engeren Sinn religiöses (Nr. 208), das allerdings dafür in seiner Weltverneinung noch über des Strickers Warnungen hinausgeht, und sieben „weltliche". Unter diesen diversen Lebenslehren fällt wiederum der hohe Anteil des Minnethemas auf (vier Stücke). Er würde sich leicht erklären, wenn der Codex, was kaum zweifelhaft sein dürfte, für ein adeliges Laienpublikum geschrieben ist. Eine adelige Dame wird in einer der Minnelehrreden (A 212: *Die beiden ungleichen Liebhaber*) auch direkt angesprochen.

Aber auch wenn die „unechten" Gedichte der Interessenlage des Publikums noch etwas mehr als die „echten" entgegengekommen sein mögen, verlassen sie die vom

Stricker eingeschlagene Bahn nie wirklich, die eben doch von der exklusiven Standesdichtung der Klassik wegführt: Rechtes Handeln aus Einsicht in Gottes gerechte Weltordnung wird jedem Menschen, wer er auch sei, abverlangt. Daß darin aus heutiger Sicht ein Denkfehler steckt, ist nicht dem Stricker anzulasten. Trotz seiner streng konservativen Gesellschaftsauffassung trägt er Züge eines „Aufklärers". Am deutlichsten springt dies aus einem Gedicht wie den *Edelsteinen* (Nr. 127) ins Auge. Gerade aus seiner Position kirchentreuer Gläubigkeit, die das dogmatisch Wesentliche von allem Beiwerk trennt, nimmt der Stricker den Aberglauben immer wieder aufs Korn (s. o.), so in der Rede *Von Edelsteinen* das weitverbreitete Vertrauen in die magischen Kräfte edler Steine (unter anderem mit dem Beispiel des berühmten blinden Dogen Enrico Dandolo, der sein Leiden vergeblich mit einem Smaragd zu heilen versucht habe). Was das damals bedeutet hat, lesen wir bei dem alemannischen Dichter Volmar, der um die Jahrhundertmitte, also ziemlich postwendend in seinem *Steinbuch* dem Stricker antwortet: Es wäre keine Sünde, sagt er da, einen solchen Verunglimpfer edler Steine zu erschlagen. Ähnlich dürfte so mancher Zeitgenosse, dem der Stricker mit seinen Lehren auf die Zehen getreten war, gedacht haben. Hier war der gewandte Vielschreiber zehntausender Verse aber offenbar zu keinem Kompromiß bereit. So fassen wir wohl in der Sachlichkeit und Nüchternheit, denen auch der schmucklose Stil entspricht, gerade das, was H. de Boor aus der Zusammenschau von des Strickers gesamtem Œuvre nicht gewinnen zu können glaubte, das „Bild einer ausgeprägten Persönlichkeit".

Anstands- und Lebenslehre in Merkversen

Lehre artikuliert sich in mittelalterlicher Dichtung auf verschiedenste Weise, indirekt etwa in Handlungsstruktur, Dialogen, Monologen (etc.) epischer Werke, Äußerungen des lyrischen Ichs und seiner Rollen im Minnelied, schon weit direkter in Anreden des auktorialen Erzählers ans Publikum, Nutzanwendungen und Auslegungen beispiel- oder bispelhafter Erzählungen oder Berichte, am unmittelbarsten in Sangspruch, Sprechspruch und Rede. Die drei zuletzt genannten Formen lassen sich nicht ganz streng trennen. Sangsprüche sind nicht nur gesungen, sondern auch gelesen und vorgelesen worden, aber von Anfang an komplizierter (seit Walther meist stollig) gebaut als die einfachen vierhebigen Reimpaare des Sprechspruchs, die zwar auch gebündelt auftreten und sich dann der (kurzen) lehrhaften Rede nähern, grundsätzlich aber als Zwei- oder Vierzeiler isolierbar bleiben und so für sich stehen können.

Den wohl schon seit Jahrhunderten für Sprichwörter und Erfahrungsweisheiten in der Mündlichkeit gebräuchlichen knappen epigrammatischen Zweizeiler hat Meister Freidank in den Rang schriftlicher Literatur erhoben, so wie dies der Stricker für das (weltliche) Bispel oder die (komische) Versnovelle ein klein wenig später getan hat (s. o.). Ein solcher Sprechspruch konnte dann später geradezu „ein Freidank" heißen. Als dahinterstehende Persönlichkeit ist ein geistlich gebildeter Berufsdichter aus dem Herzogtum Schwaben zu erschließen, der 1233 starb. Sein Name könnte – wie der des Strickers – ein sprechender sein: *Frî-danc = Frî-gedanc*, also der, der frei denkt (und spricht). Seine Sprüche aus den zwanziger Jahren des 13. Jahrhunderts sind zumeist in Form einer größeren Sammlung von ca. 4500 Versen, genannt *Bescheidenheit* (d. h.

Unterscheidungsvermögen, *discretio*), häufig aber auch in mehr oder minder umfangreicher Auswahl – so etwa im Wiener Korpus (s. o.) – überliefert. Hauptquellen Freidanks waren neben volksläufigem Gut die Bibel und antike Autoren, darunter die *Disticha Catonis* aus dem 3. Jahrhundert, das mittelalterliche lateinische Schulbuch schlechthin (neben Donats Grammatik). Freidank formuliert aber meist ganz frei, wie ein Vergleich mit der (ebenfalls ab dem 13. Jahrhundert einsetzenden) Versübersetzung der lateinischen Distichen zeigt. Und während die Grundeinheit seiner Sprüche, wie gesagt, der Zweizeiler ist – vgl. z. B. den ersten der *Bescheidenheit: Swer gote dienet âne wanc/ Deist* (das ist) *aller wîsheit anevanc* –, so benötigt die Übertragung eines Distichons zwei Reimpaare (z. B. Distichon Nr. 1: *Sol man gotes dinere wesen,/ als wirz an den buchen lesen,/ So dine im vlizecliche,/so wirstu seldenriche*).

Um die Mitte des 13. Jahrhunderts, also vor dem ältesten deutschen Cato entsteht eine kleine Spruchsammlung von 261/266 vierhebigen Vierzeilern mit Kreuzreim (oder auch nur einem Reim): *Tannhäusers Hofzucht.* Das in zwei Handschriften aus Innsbruck und Umgebung (von 1393 und ca. 1456) überlieferte Lehrgedicht gibt sich im Text selbst als Werk des Tannhäusers (s. o. S. 295ff.) aus. Ob zu Recht, bleibt ungewiß. Möglich wäre es immerhin, sind die Lehren doch durchaus höfisch geprägt und orientieren sich am adeligen Leitbegriff der *mâze* wie der Sangspruch des Tannhäusers XII 5.

Das Übermaß im Essen und Trinken wird als Gefahr für Leib und Seele dargestellt. Es dient hier als Beispiel mangelnder *zuht* überhaupt, ohne die niemand ins Himmelreich eingehen könne (V. 238ff.). Im überwiegenden Teil des Werkchens geht es freilich nicht um Leben und Tod, sondern um das richtige Betragen bei Tisch. Auch das hat in der älteren Didaktik Tradition. So taucht die Tischzucht gelegentlich schon in den *Disticha Catonis* auf, ebenso aber auch kurz im *Welschen Gast* (V. 471–526). *Tannhäusers Hofzucht* stellt aber erstmals das Thema ganz in den Mittelpunkt und begründet damit eine lange, im Grunde bis heute anhaltende Tradition. Man hat die Merkverse dieser Art vor allem als Quellen der Sitten- und Kulturgeschichte ausgewertet, allerdings die möglicherweise von Anfang an beabsichtigten komischen Effekte der negativen Hyperbolik nicht genügend berücksichtigt. Gewiß auf die Realität zielten die Gebote der Hygiene. Da man im Hochmittelalter (und vielfach noch weit später) nur mit Messer und Hand und meist noch aus einer gemeinsamen Schüssel aß, war peinliche Reinhaltung geboten. Auch bei den Regeln, deren Einhaltung bis heute in ähnlicher Form als Zeichen einer „guten Kinderstube" gilt, wie nicht mit vollem Munde zu sprechen oder sich den Mund vor dem Trinken abzuwischen, wird man am „Wahrheitsgehalt" nicht zweifeln. Aber manche essen, heißt es da, geradezu wie ein Schwein oder schnauben dabei wie ein *wazzerdahs* (V. 61: ein Seehund), schneuzen sich ins Tischtuch, legen sich auf den Tisch und stochern sich mit dem Messer in den Zähnen herum. Daß dergleichen bei Adeligen sehr verbreitet gewesen sei, ist keineswegs ausgemacht, zumal sich solche Lehren doch kaum an Kinder, sondern an Erwachsene gerichtet haben dürften.

Vielleicht ein wenig jünger als *Tannhäusers Hofzucht* ist ein wohl ebenfalls österreichisches Lehrgedicht allgemeineren Charakters, das sich gleichwohl ebenfalls nur an ein höfisch-adeliges Publikum richtet. Es heißt in den Handschriften, darunter schon der ältesten, dem Heidelberger Cpg 341 (s. o. S. 345), *Spiegel der Tugend* und *Magezoge* (Erzieher). Es gibt sich wie der deutsche *Cato* (s. u. S. 350ff.) und der – in derselben Heidelberger Handschrift überlieferte – *Winsbecke* (d. h. „der aus Windsbach" in Mittelfranken, also vermutlich ein Landsmann und Zeitgenosse Wolframs von Eschenbach) als Mahnung eines Vaters an seinen Sohn, nutzt diese am Anfang und Ende aufgestellte Fiktion aber nur dazu, um den Hörer und Leser direkt im Imperativ als einzelnen und mit der Autorität des weisen Erziehers ansprechen zu können. Die einzelnen Lehrsprüche nehmen überwiegend nur einen Zwei- oder Vierzeiler ein, während der *Winsbecke* seine Ratschläge in zehnzeiligen Strophen vorträgt. Das Vorbild der *Disticha Catonis* und Freidanks macht sich dagegen nicht nur inhaltlich, sondern auch formal bemerkbar. Die Lehrsprüche ließen sich daher in der Überlieferung auch umstellen und auswählen. Bisweilen treten sie aber auch thematisch zu längeren Reihen gebündelt auf. Eine durchgehende inhaltliche Systematik ist in keiner Handschrift auszumachen. Die Lehren scheinen im Prinzip sowie in vielen Details der höfischen Ritterlehre bei Thomasin, dem Winsbecken, dem Stricker, Freidank und anderen zu folgen. Herausgegriffen seien nur die Mahnungen zur Nachsicht gegen Hintersassen, zum Schutz für Arme und Waisen, zur Treue gegen den Herrn und Belohnung von Dienst, zur höfischen Freude, rechten Minne und *mâze*. Bei näherem Zusehen, das die Forschung bisher allerdings kaum für nötig gehalten hat, tritt aber eine seltsame Widersprüchlichkeit zutage, die über die der Ethik der klassischen Zeit innewohnende Spannung hinausgeht. Der zu Anfang beschworenen Erwartung, daß jeder, der die folgenden Lehren beherzigt, sowohl *der werlt lop* als auch *der sele heil* (V. 7) erlangen könne, und den dieser Erwartung entsprechenden harmonisierenden Maximen stehen nämlich eindeutig welt- und leibfeindliche entgegen, wie wir sie aus Heinrich (von Melk?) und der *Warnung* kennen (s. o. S. 235 u. 240):

> 403 *betraht daz des libes lust*
> *ist der armen sele vlust.*
> *vru unde spate*
> *gedenke der werlde unstate;*
> *sich wie si erblindet sint*
> *diser werlde vreuden kint.*
> *mit einem ougen sich hin fur*
> 410 *so gegen der helle tur,*
> *mit dem andern misse die maze*
> *diner vreuden straze.*

Beachte, daß die Lust des Leibes den Verlust der armen Seele bedeutet. Gedenke früh und spät der Unbeständigkeit der Welt. Sieh, wie die Kinder der Freuden dieser Welt blind geworden sind. Blicke mit einem Auge also auf die Höllenpforte und ermiß mit dem anderen das Ausmaß der Straße zu deinen Freuden.

Bisweilen stehen Aufruf zur klassischen *mâze*, der Mitte zwischen den Extremen, und radikale biblisch-monastische Forderung unvermittelt nebeneinander:

> 309 *groz richeit und groz armut*
> *die zwei werden selden gut.*
> *notdurft ist ein krone*
> *und ist nach Gotes lone.*

Nicht einfaches Almosengeben genügt zum Erwerb dieses Gotteslohns, sondern echte freiwillige Armut, die auch äußerlich sichtbar wird: *trag ringe kleit* (V. 316: Trage minderwertige Kleidung). Dergleichen fordert der Stricker vom Adeligen nicht und weist ein Angehöriger dieses Standes, Ulrich von Liechtenstein, strikt von sich

(s. u. S. 491). Die Werteordnungen mischen sich hier, weil sie offenbar weder durchschaut noch gelebt werden. –

Wie hoch die Abhängigkeit der einzelnen Lehrsprüche von den diversen Vorlagen zu veranschlagen ist, geht unter anderem daraus hervor, daß in dem auf den Laienadel gemünzten *Magezogen* die asketischen Töne aus der klerikalen Ecke deutlicher erklingen als in der deutschen Bearbeitung der seit Jahrhunderten in den Klosterschulen gelesenen **Disticha Catonis**. Diese behielten auch im deutschen mittelalterlichen Gewand im wesentlichen ihren trivial-stoizistischen Grundton bei. Mit dem Ethos der Bergpredigt hat das hier „gepredigte" wohlverstandene Eigeninteresse nichts zu tun:

> I,11 *La dir di andern so lieb sin*
> *Daz du niht vergeszest din,*
> *Tu den guten also wol,*
> *Daz du niht werdest schaden vol.*

Liebe die anderen so, daß du nicht auf dich vergißt. Tue den Guten soweit Gutes, daß du dabei nicht Schaden nimmst.

So heißt es in der ältesten erhaltenen deutschen Fassung in einer Zwettler Handschrift von ca. 1300. Diese Fassung wird meist in Österreich lokalisiert und in die zweite Hälfte des 13. Jahrhunderts datiert (von N. Henkel ins ausgehende 13. Jahrhundert). Eine Verwendung des deutschen Textes im Schulunterricht läßt sich nicht erweisen, obwohl die gemeinsame Überlieferung mit der lateinischen Vorlage in der Zwettler Handschrift (in zwei nebeneinanderstehenden Kolumnen) es nahelegen könnte. Andererseits weist auch nichts auf eine ausschließliche Bestimmung für ein laienadeliges Publikum hin.

Wo von Gott und Religion in der vorchristlichen Spruchsammlung die Rede ist, dort dringt christliche Begrifflichkeit in die deutsche Übertragung ein, ohne daß diese davon insgesamt „getauft" würde. So rät sie, um noch ein Beispiel zu nennen, wie der alte „Cato" von Todesfurcht nicht etwa mit Blick auf das Jenseits ab, sondern weil sie die Lebensfreude raube (I,22; vgl. II,3). Da oder dort nimmt man aber doch auch Korrekturen vor. Wenn etwa „Cato" empfiehlt, der Schönheit den Denar vorzuziehen, so wird daraus der Vorzug der Ehre vor dem Geld (IV,4). Man weiß aber nie so recht, wo das ungenaue Verständnis der Vorlage endet und die bewußte Umdeutung beginnt, obwohl der Bearbeiter augenscheinlich von der Philologie noch eher als von der Muse geküßt worden ist.

Alle drei genannten kleinen Lehrgedichte verdienen unser Interesse nur als kultur- und ideengeschichtliche, nicht als poetische Zeugnisse.

Helmbrecht von Wernher dem Gärtner

Zum Abschluß des Kapitels 3A verlassen wir die Niederungen der didaktischen Gebrauchsliteratur, um noch einmal den Höhenkamm „wahrer" Dichtung zu erklimmen. Nicht, daß wir damit auch den Bereich des Lehrhaften und der Stricker-Nachfolge hinter uns ließen; vielmehr ist das nun vorzustellende kleine Meisterwerk der Weltliteratur ein Sproß des vom Stricker gepflanzten und bereits großgezogenen Bäumchens der jungen Gattung Kleinepik, freilich ein durch besondere Zucht veredelter Sproß. Gerade der unmittelbare Anschluß an die klassische Sprach- und Erzählkunst scheint aber bei einem Publikum, das nun an die eher hausbackene Art des Strickers gewöhnt war, nicht eben Furore gemacht zu haben. Jedenfalls ist das Werk nur in zwei Handschriften des ausgehenden Mittelalters erhalten, im *Ambraser Heldenbuch* – hier mit 1934 Versen – und in dem im Traungau 1457 fertiggestellten Berliner Codex Mgf 470 der Staatsbibliothek Preußischer Kulturbesitz (mit 1926 Versen, d. h. mit 4 Plusversen und – am Schluß – 12 Minusversen). Nicht nur in der Verszahl unterscheiden sich die beiden Handschriften, sondern bisweilen auch im Wortlaut, so z. B. in den im Text genannten Ortsnamen, die freilich nur in Vergleichen mit der Welt des Vortragenden und des Publikums auftauchen, folglich nur als Signale an dieses gerichtet sind und keineswegs das erzählte Geschehen lokalisieren sollen. Die Ortsnamen in Handschrift B, Wels, Traunberg, Leonbach, könnten auf Wunsch des Traungauer Auftraggebers der Handschrift neu eingesetzt worden sein, während sich bei den Namen der Handschrift A, Hohenstein, Haldenberg, Wanghausen, ein vergleichbares Interesse Kaiser Maximilians, des Auftraggebers des *Ambraser Heldenbuchs*, nicht vermuten läßt. Von den also möglicherweise originalen Namen hat sich allerdings bisher nur der letzte einwandfrei auf einen bestimmten Ort beziehen lassen: Wanghausen (V. 897) liegt auf der Innviertler Seite des Inns, der Burg Burghausen, der zweiten Hauptresidenz des Herzogs von Niederbaiern, gegenüber. Für seinen Hof mag daher das Gedicht fürs erste verfaßt worden sein, darüber hinaus aber gewiß auch für den Adel der angrenzenden Länder. Nicht nur mit der Bezugnahme auf Orte, die dem Publikum vertraut sind, baut der Erzähler die Realitätsfiktion auf, sondern von Anfang an, wenn er behauptet, nur zu erzählen, was er mit eigenen Augen gesehen (V. 7f.). Das entspricht der strengen Forderung der theologisch inspirierten Poetik, höher als das Erfundene das „Wahre" zu schätzen, am höchsten aber den Augenzeugenbericht, die authentische Historie. „Denn was man sieht, trägt man ohne Lüge vor" (Isidor von Sevilla). Hier wird aber gerade historische Wirklichkeit erfunden, denn die Erzählung formt aus diversen umgestalteten Versatzstücken der literarischen Tradition ein höchst künstliches Gebilde. Es könnte sein, daß man bereits im späten Mittelalter Helmbrecht für eine historische Gestalt gehalten und nach ihm einen Bauernhof im Innviertel benannt hat. Daß die Heimatforschung seit dem 19. Jahrhundert weiter auf diesen falschen Spuren wandelt, nimmt nicht wunder, braucht uns aber nicht zu beschäftigen.

Helmbrechts Erfinder können wir als historische Person auch kaum fassen. Wir dürfen ihn aber mit guten Gründen für einen fahrenden Berufsdichter wie den Stricker halten. V. 848–50 heißt es: *swie vil ich var enwadele,/ sô bin ich an deheiner stete,/ dâ man mir tuo als man im tete* (Wie viel ich auch im Land umherziehe, so bin ich doch an keinem Ort, wo man mich so behandelt wie man ihn, Helmbrecht, behandelt hat). Hier spricht gewiß der Autor zum Publikum, an das er sich auch am Ende wendet: *Swer iu ditze maere lese,/ bitet daz im got genaedec wese/ und dem tihtaere,/ Wernher dem Gartenaere* (V. 1931–34: Wer auch immer euch diese Geschichte vorlesen mag, bittet, daß Gott ihm gnädig sei und dem Dichter, Wernher dem Gärtner). Wie im Namen „Stricker" die Vorstellung vom Flechten und Weben des Textes enthalten sein könnte (s. o. S. 328), so in „Gärtner" die der beruflichen Zuständigkeit für den aus der antiken Rhetorik bekannten Blütenschmuck der schönen

Rede *(flores rhetorici)*. Wann Wernher den *Helmbrecht* gedichtet hat, läßt sich auch nur recht ungefähr angeben. Ziemlich sicher dürfte der Dichter des *Seifried Helbling* (s. Bd. II) den *Helmbrecht* als eine Vorlage benützt haben, ob jedoch schon in dem ältesten datierbaren Teil, Gedicht XIV von 1282/83, ist umstritten. In Vers 217 des *Helmbrecht* wird Neidhart als verstorben erwähnt. Dessen Todesdatum kennen wir zwar nicht; es liegt aber sicher nach 1237 und höchstwahrscheinlich vor 1246, dem Todesjahr des letzten Babenbergerherzogs. Der in V. 728 zitierte tschechische Gutenmorgengruß war zwar sicher auch schon in der Babenbergerzeit in Österreich bekannt, erhielt seine Aktualität aber doch erst mit Beginn der Herrschaft Ottokars 1251. Für eine frühere Datierung tritt aber ohnehin niemand mehr ein. Die nunmehr herrschende Tendenz zur Spätdatierung, etwa gar in die Zeit Albrechts I. von Habsburg, scheint aber ebensowenig sachlich berechtigt. Schon die qualitative Nähe zu den klassischen Erzählern wird bei größerer zeitlicher Nähe eher verständlich.

Umfangmäßig übertrifft der *Helmbrecht* jede der Versnovellen des Strickers bei weitem und auch noch den *Armen Heinrich* Hartmanns von Aue um einiges, bleibt hingegen hinter den ca. 4000 Versen des *Gregorius* um die Hälfte zurück. Die Erzählzeit von 1934 Versen – hier wie im folgenden immer nach Hs. A gezählt – wäre aber noch wesentlich kürzer ausgefallen, hätte Wernher sich auf die pure Handlung beschränkt. Das tut ja kaum ein mittelalterlicher Erzähler; Wernher legt aber ganz besonderes Gewicht auf Beschreibungen und Dialoge im Vergleich zum erzählten Geschehen. Dabei entsteht eine offenbar bewußt herbeigeführte starke Spannung von Erzählzeit und erzählter Zeit.

Ein Prolog von 19 Versen und ein Epilog von 14 Versen rahmen die Erzählung. Eine breite Exposition (V. 20–652) legt die Ausgangsposition dar: Helmbrecht, der Sohn eines gleichnamigen Meiers, also eines begüterten Bauern, der für den adeligen Grundherrn Verwaltungstätigkeit ausübt, will nicht länger auf Acker und Weide harte Arbeit leisten und sich mit einfacher Kost und Kleidung begnügen, sondern das Ritterhandwerk erlernen, um auf einer Burg in Saus und Braus zu leben. Der Vater stattet ihn – äußerst widerwillig – mit großem Aufwand dafür aus, warnt ihn aber mehrfach, zuletzt mit einem bösen Traum vor seinem Tun. Der folgende Hauptteil gliedert sich in drei größere Erzählblöcke von stark fallender Länge (759, 351 und 90 Verse) und drei knapp erzählte Zwischenstücke. Deren erstes (V. 653–96) berichtet von dem „Raubritterleben", das ein Jahr dauert. Ein Burgherr nimmt den Bauernburschen in die Schar seiner Berittenen auf, die in unrechter Fehde – darum handelt es sich nach mittelalterlichem Rechtsempfinden – raubend und sengend durch die Lande ziehen. Der umfangreichste Erzählblock (V. 697–1455) umfaßt nur etwas mehr als eine Woche des Geschehens. Für diese kurze Zeit kehrt Helmbrecht zur Demonstration seines neu gewonnenen Status ins Vaterhaus zurück, wird überreich bewirtet, läßt sich dadurch aber keineswegs zurückhalten, überredet vielmehr seine Schwester Gotelind, mit ihm zu kommen und einen seiner Spießgesellen zu heiraten. Die Rückkehr Helmbrechts im kleinen Zwischenstück V. 1456–62 stellt die Verbindung zum nächsten Erzählblock (V. 1463–1813) her, der die drastische Peripetie des bisher äußerlich aufsteigenden Geschehens enthält. In die ausgelassene Hochzeitsfeier bricht jäh der Scherge mit seinen Gehilfen ein. Die Raubritter sind von Angst vor dem Arm des Gesetzes wie gelähmt, werden spielend überwältigt, abgeurteilt und gehenkt, alle zehn bis auf einen, Helmbrecht, der, geblendet und verstümmelt, als vogelfreier Krüppel in die Welt hinausgeschickt wird. In wiederum nur wenigen Versen (V. 1814–22) wird das eine Jahr in der Fremde, das offenkundig das Jahr des Raubrittertums negativ spiegelt *(ius talionis!)*, abgetan, ehe der letzte Erzählblock die Endkatastrophe bringt. Der Vater, bei dem Helmbrecht Unterschlupf sucht, weist ihm mit harten Worten die Tür. Bauern, die von ihm einst beraubt und geschunden worden waren, ergreifen ihn und knüpfen ihn auf (V. 1823–1912). Die zeitliche Mitte der Handlung von zwei Jahren und einigen Wochen liegt also etwa im zweiten Zwischenstück, der Rückkehr Helmbrechts zu seinen Spießgesellen, kurz vor der Peripetie. Da sind aber rund drei Viertel des Gesamtumfanges bereits verbraucht. Die Verzögerung der Peripetie, vergleichbar der tragischen Ironie, verstärkt den Eindruck der Unerbittlichkeit des auf das schreckliche Ende zusteuernden Schicksals. In die Mitte der Erzählzeit aber hat der Dichter den Kontrapost der väterlichen Lobrede auf die „alte Ritterherrlichkeit" gestellt (V. 913–983).

Genau die Hälfte des Werkes in Handschrift A markieren zwei Verse (967/68), die *triuwe* und *êre* der nun herrschenden *valscheit* gegenüberstellen. Auf bildlicher Ebene leistet dasselbe bereits eine ausführliche *descriptio* in der Exposition. Hier wird der junge Helmbrecht vorerst vorgestellt als modenärrischer Geck, der von Mutter und Schwester mit prächtiger, den Bauern an sich verbotener Kleidung ausstaffiert wird. Vor allem trägt er auf seiner Lockenpracht, die ebenfalls ein Privileg des Adels ist, eine wunderbare Haube, auf der außer einer höfischen Tanzszene positive und negative moralische Exempla aus Geschichte und Natur abgebildet sind, so u. a. Aeneas, das Muster der Pietät gegenüber dem Vater, und die Söhne Etzels, die durch ihren Ungehorsam ums Leben kommen (s. o. S. 324), oder die Turteltaube, das Sinnbild der Unschuld, Sittsamkeit und Keuschheit, und der Sperber, der sich Gleichheit mit dem stärkeren Falken anmaßt und aus Neid und Vermessenheit gleichartige und fremde Vögel verfolgt. Wernher hat sich hier wie sonst aus dem reichen Schatz der Literatur (Höfischem Roman und Heldenepos) sowie der Naturallegorese bedient, dies offenbar im Bewußtsein, die Kenntnis der „Leihgaben" bei seinem Publikum größtenteils voraussetzen zu können, läßt es also an dem literarischen Spiel teilnehmen, das die Moderne mit dem Terminus „Intertextualität" belegt hat. Das Verhältnis zur Tradition hat sich gegenüber der Klassik umgekehrt. Haben Hartmann, Wolfram und Gottfried in ihren Versromanen alte (französische) Geschichten in ein ganz neues Gewand gekleidet, so erzählt Wernher mit alten Mitteln eine neue, moderne Geschichte.

Der Möchtegernritter bäuerlichen Standes mit den angemaßten Statussymbolen Haar, Haube und Schwert stammt natürlich aus Neidharts Winterliedern (s. o. S. 283ff.) – der Gewährsmann wird ausdrücklich genannt – und beschwört so dessen ländliche Szenerie, in der ein echter Ritter um die Gunst einer bäuerlichen Schönen buhlt, dabei aber von einem solchen aufgeputzten Dorfgalan ausgestochen wird.

Helmbrechts Weg vom heimatlichen Hof in die Fremde, seine Zwischeneinkehr zu Hause und die Fortsetzung des Lebens draußen bis zum Abschluß der Handlung erinnern an Erecs und Iweins Auszug vom Artushof und ihre Bewährungsabenteuer mit der Zwischeneinkehr am selben Hof. Aber die – natürlich ins Tragische verkehrten – Parallelen gehen keineswegs so weit, wie man gelegentlich gemeint hat, und schließen andere auch durchaus nicht aus, so die zu Parzivals Ausritt im Narrengewand und seiner Einkehr beim Einsiedleroheim oder die zur biblischen Parabel vom verlorenen Sohn. Auch hier sind die Übereinstimmungen nicht durchgehend. Aber die Bibel konnte das den *Helmbrecht* prägende Verhältnis von Vater und Sohn bereitstellen. Aus dem reuigen Sünder ist jedoch ein unbußfertiger geworden, den die gerechte Strafe ereilt, was an Davids aufrührerischen Sohn Absalom im Alten Testament denken läßt, der am Ende mit seinen prachtvollen Haaren im Baumgeäst hängen bleibt und erschlagen wird. Unter dem erhenkten Helmbrecht liegen ausgerissene lange Haare und Haubenfetzen auf der Erde.

Den breitesten Raum beanspruchen die Wechselreden, insbesondere die zwischen Vater und Sohn. Dahinter stehen inhaltsschwere Unterredungen über ethische Grundfragen in der klassischen Epik, so insbesondere das Gespräch des Abtes mit seinem Zögling in der höfischen Legende *Gregorius* Hartmanns von Aue, das beim Versuch des Vaters, Helmbrecht vom Ritterleben, für welches er nicht geboren sei, abzuhalten, Pate gestanden haben wird. Aber Streit- und Lehrgespräche treten im 12. und 13. Jahrhundert auch als eigene literarische Gattung auf. Vater-Sohn-Lehren haben wir eben kennengelernt. Das Streitgespräch hat offenbar einmal mehr der Stricker im Deutschen heimisch gemacht (vgl. Nr. 4 *Die beiden Knappen*, Nr. 60 *Der unbelehrbare Zecher*, Nr. 163 *Ehescheidungsgespräch*). Es ist auch insbesondere des Strickers sozialethisches Anliegen, das Wernher aufgreift.

Was die Handlung dann konsequent als wahr demonstriert, hat der Vater seinem Sohn längst vorausgesagt: Wer als Bauer geboren ist, aus dem wird nie und nimmer ein rechter Ritter. Wer gegen seinen Geburtsstand aufbegehrt, wird ebenso ein böses Ende nehmen wie, wer seinen Eltern den Gehorsam verweigert. Genau dies tut Helmbrecht. Er verläßt das Elternhaus, wird zu einem „Ritter", der, statt die Schwachen zu schützen, sie beraubt und mißhandelt, der statt auf Ehre, Heldentaten, Minnedienst und höfischen Anstand auf Besitz, Wohlleben, Fraß und Völlerei aus ist. Kein Ritterbürtiger könnte ihn als seinesgleichen anerkennen, aber auch die ehemaligen Standesgenossen nehmen ihn am Ende nicht mehr bei sich auf. Helmbrecht hat sich selbst ins Niemandsland außerhalb der Weltordnung begeben, findet nun keinen Halt mehr und fällt ins Bodenlose. Diese – nach damaliger Anschauung, die uns inzwischen hinlänglich bekannt ist – von Gott gesetzte Weltordnung manifestiert sich in der patriarchalisch geleiteten Familie, in der hierarchisch gegliederten Gesellschaft und in dem vom Landesherrn zu wahrenden Zustand des Friedens und Rechts; und gegen alle drei verstößt Helmbrecht.

Zielt dies alles auf eine konkrete historische Situation, etwa auf Rechtsunsicherheiten und soziale Umwälzungen während des Interregnums? Das ist möglich, aber keineswegs notwendig. Für den Dichter des *Seifried Helbling* ist die späte Babenbergerzeit das „Goldene Zeitalter". Genau in diesem haben dagegen schon der alte Walther von der Vogelweide und der Stricker Verfall gewittert. Auf etwa dieselbe Zeit mag die Jugenderinnerung des Vaters Helmbrecht an ein Erlebnis am Hofe seines Herrn gemünzt sein, wo er Zeuge vollendeten höfischen Lebens in Anstand und Freude geworden war. Dem stellt der junge Helmbrecht das Bild seiner eigenen „ritterlichen" Existenz gegenüber, das Jetzt dem Einst.

> 990 *ê vant man werde liute*
> *bî den schoenen frouwen,*
> *nû muoz man sie schouwen*
> *bî dem veilen wîne.*
> *daz sint die hoehsten pîne*

995 *den âbent und den morgen,*
wie si daz besorgen,
ob des wînes zerinne,
wie der wirt gewinne
einen der sî alsô guot,
1000 *dâ von si haben hôhen muot.*
daz sint nû ir brieve von minne:
„vil süeziu lîtgebinne,
ir sult füllen uns den maser!"
ein affe und ein narre waser,
1005 *der ie gesente sînen lîp*
für guoten wîn umbe ein wîp.
swer liegen kan der ist gemeit,
triegen daz is hövescheit.
er ist gefüege, swer den man
1010 *mit guoter rede versnîden kan.*
swer schiltet schalclîche.
der is nû tugentrîche.
der alten leben, geloubet mir,
die dâ lebent alsam ir,
1015 *die sint nû in dem banne* [...]

Früher fand man edle Männer bei den schönen Damen, jetzt muß man sie dort sehen, wo Wein feilgeboten wird. Abends und morgens ist es ihre größte Sorge, wie sie es fertigbringen, daß der Wirt, wenn der Wein ausgeht, einen ebenso guten beschafft, durch den sie in festliche Hochstimmung geraten. Das sind jetzt ihre „Minnereden": „Gar liebliche Schenkwirtin, ihr sollt uns den Becher füllen!" Ein Affe und ein Narr war derjenige, welcher je Sehnsuchtsqualen um eine Frau litt statt um guten Wein. Wer lügen kann, der freut sich des Lebens; Betrug, das ist Hofkultur. Da paßt jeder hin, der den anderen mit rhetorischem Geschick übervorteilen kann. Wer schimpft wie ein Leibeigener, der taugt jetzt wirklich etwas. Die Lebensart der Alten, glaubt mir, die hier so leben wir ihr, die sind heutzutage geächtet [...]

Beide Gestalten sind hier wohl Sprachrohre des Autors. Sind also nur die bäuerlichen Emporkömmlinge an der Misere der Gegenwart schuld, an der der vom sozialen Abstieg bedrohte niedere Adel leidet? Vordergründig scheint es so. Aber Wernher hat bemerkenswerte Leerstellen in seinem epischen Gemälde gelassen, die einem aufmerksamen Publikum nicht entgehen konnten. Es wird in der Gegenwartshandlung nur ein einziger echter Adeliger genannt. Durch ihn wird aber nicht etwa das von Helmbrecht entworfene Zerrbild heutiger Ritterschaft korrigiert, sondern vielmehr indirekt bestätigt: Es ist jener anonyme Burgherr, der die Raubritter in Dienst nimmt. Ihn trifft im Grunde die Verantwortung. Aber das wird nicht gesagt. Den Sack schlägt man, und den Esel meint man.

Selbstverständlich enthält das Gedicht keinen Aufruf zu sozialen Veränderungen. Vielmehr mahnt es zur Wahrung überkommener Verhältnisse, die rückblickend zu einem harmonischen Miteinander aller gesellschaftlichen Kräfte in Liebe, Frieden und Eintracht verklärt werden. Das mag ganz im Sinne des Landesherrn, dem die Friedenswahrung obliegt, gesprochen sein. Aber so haben es schon die christlichen Soziallehren im frühen 11. Jahrhundert gesehen (z. B. bei Adalbero von Laon), die auch schon den Bauern, dem Nährstand, eine entscheidende, gesellschaftserhaltende Position zusprechen. Auch der Gedanke des Tugendadels, den sich jedermann, gleich welchen Standes, wenn er dessen Pflichten und Gottes Gebote nur getreu erfüllt, erwerben kann, ist alt. Walther von der Vogelweide, Thomasin von Zerklaere und andere haben ihn neu akzentuiert. Der alte Helmbrecht formuliert ihn besonders eindrucksvoll (V. 487–508). Aber sein Sohn hört nicht auf ihn, will nicht auf ihn hören. Er handelt wider besseres Wissen. Für diese grenzenlose Verstocktheit – er gibt dem

Vater sogar ausdrücklich recht (V. 509) – ereilt ihn in den Augen des Erzählers die gerechte Strafe Gottes.

In dieser Erbarmungslosigkeit des Schicksals, erschreckend deutlich symbolisiert in der gnadenlosen Haltung des bitter höhnenden Vaters, offenbart sich ein bewußter Gegensatz zur tröstlichen Aussage der neutestamentlichen Parabel vom verlorenen Sohn. Der Vater Helmbrecht handelt weit eher wie der Gott des Alten Bundes. Deshalb hat man auch die erstaunlichsten Parallelen zu den Reden des Vaters gerade in den Sprüchen Salomons (die teilweise als Gespräch Vater–Sohn stilisiert sind) gefunden. Nur eine Stelle aus der lateinischen Bibel sei hier in Übersetzung zitiert. Die göttliche Weisheit spricht:

Da ich gerufen habe [...] und ihr all meinen Rat und meine Zurechtweisungen geringgeachtet habt, werde auch ich lachen bei eurem Untergang und euer spotten, wenn das kommt, was ihr fürchtetet [...] (Prov. 1,24–26).

Herbeizitierte Bibelweisheit dient hier nicht etwa dazu, die höfische Kultur allzu säkularistischer Tendenzen zu überführen – wie es in der vielleicht ungefähr gleichzeitigen *Warnung* (s. o. S. 239ff.) geschieht –, sondern vielmehr Auflösungserscheinungen jener Kultur zu brandmarken. Gleichwohl hat sich, wer wie Wernher einen solchen Satz zur Grundaussage seines Werkes macht, meilenweit von der hellen und heilen, weil letztlich stets heilbaren Welt der klassischen Artusromane und Minnelieder entfernt. Aber diese düstere Weltsicht hat es im Mittelalter stets, wenngleich nie allein gegeben. Sie war auch zu Wernhers Zeit nicht die herrschende. Um ihr jedoch in einem Kunstwerk in ähnlich plastischer Gestalt wiederzubegegnen, muß man schon in Dantes Inferno hinabsteigen.

Anhang: Hebräische Literatur

Das Schrifttum der Juden in unserem Raum kann hier nur aus zweiter Hand, ausgehend von dem grundlegenden und auf Vollständigkeit bedachten, allerdings teilweise überholten und unzuverlässigen Handbuch „Germania Judaica" dargestellt werden. Es wäre aber keineswegs einzusehen, warum die Literatur in der *lingua franca* der westlichen Christen sehr wohl, die in der *lingua franca* der Juden, die sich mit älterem Recht als Anhänger einer Buchreligion bezeichnen dürfen, aber nicht erfaßt werden sollte.

Das Hebräische des Alten Testaments ist als Umgangssprache schon im 4. Jahrhundert vor Christi Geburt untergegangen und durch das nahe verwandte Aramäisch ersetzt, als Kirchen- und Literatursprache aber mit gewissen Veränderungen weitergepflegt worden. Die Bibel blieb auch in der Zeit der Diaspora nach der Zerstörung Jerusalems im Jahre 70 nach Christi Geburt Ausgangs- und Bezugspunkt des Schrifttums der Juden, aber auch deren maßgebliches religiöses und weltliches Gesetzbuch. Selbstverständlich verlangte es in den vielen Jahrhunderten seines Gebrauchs immer wieder nach neuen Auslegungen, die schriftlich und mündlich erfolgen konnten. Aus der mündlichen – früher einsetzenden und weit umfangreicheren – Schriftauslegung erwuchs eine eigene mündliche, neben der Bibel bestehende Lehre, die nach dem endgültigen Verlust der Eigenstaatlichkeit und des Tempels nun auch schriftlich bewahrt werden sollte: die Mischna, ein Korpus von Religionsgesetzen, mit einem Supplement, der Tosefta. Schon ab dem 3. Jahrhundert wurde auch die Mischna wie die Bibel selbst kommentiert. Dieser Kommentar, die Gemara, bildete dann zusammen mit der Mischna den palästinensischen und den weit umfangreicheren babylonischen Talmud, dessen in babylonischem Aramäisch geschriebener Text im Druck etwa sechstausend Folioseiten umfaßt. Dem Inhalt nach unterschied man im Talmud den religionsgesetzlichen, normativen Stoff, die Halacha, von dem predigthaften und erzählenden, der Haggada. Auch nach Abschluß des Talmuds gingen die einschlägigen Studien und Kommentierungen weiter. Teilweise erfolgten sie als schriftliche Antworten, Responsen (hebräisch Teschuwot), der Gelehrten (zuerst der Vorsteher der babylonischen Talmudschulen, später auch anderer) auf briefliche Anfragen (Scheelot) der Gemeinden zu diversen Rechtsfragen.

Den nächsten wichtigen Einschnitt in der Geschichte der Juden bildet die arabische Expansion des 7./8. Jahrhunderts im Vorderen Orient, in Nordafrika und in Spanien. Im Einflußbereich des Islam hatten die Juden weit bessere Entfaltungsmöglichkeiten als in der christlichen Welt. Dort konnten sie – trotz grundsätzlicher, v. a. steuerlicher Benachteiligung – zu höchsten Ehren und Ämtern aufsteigen. Die Übernahme der arabischen Sprache erlaubte auch eine schöpferische Auseinandersetzung mit der arabischen, vornehmlich auf dem griechischen Aristotelismus beruhenden Philosophie, und zwar schon im 8./9. Jahrhundert, weit vor der christlichen Theologie, die erst in der Hochscholastik Aristoteles voll rezipierte. Daneben gelangte aber auch das hebräische Schrifttum zu neuer Blüte, vor allem in Spanien, wo im 11./12. Jahrhundert Meisterwerke der Religionsphilosophie und der Poesie, religiöser wie weltlicher, entstanden. In der Bibel- und Talmudforschung wetteiferten freilich alle Zentren jüdischen Lebens miteinander. Solche bestanden auch außerhalb der islamischen Welt, und zwar namentlich in der Provence, in Nordfrankreich und im Rheinland.

Juden haben sich schon in der Römerzeit auf dem Boden des späteren deutschen Sprachraums niedergelassen, im Mittelalter dann neuerlich ab der Zeit Karls des Großen. Ihr Siedlungsraum breitet sich gemäß den Erfordernissen des Handels, der wichtigsten Erwerbsquelle, entlang den großen Verkehrsstraßen, zuerst an Mosel und Rhein, dann an Donau, Main und anderweit aus. In Regensburg an der Donau werden Juden urkundlich schon im 10. Jahrhundert erwähnt, in Krems 1136 (?), in Klosterneuburg ca. 1187, in Wien ca. 1194, in Passau 1210, in Tulln 1237. Sie leben im Reich nach dem Fremdenrecht und bedürfen jeweils der besonderen Aufnahme in den Königsschutz, der ihnen erst Sicherheit an Leben und Ehre sowie Freiheit in Handel, Wandel und Religionsausübung gewährt. Dafür müssen sie dem König den Zehnten ihres Handelsgewinns zahlen. Der König kann zwar im Fall einzelner Gemeinden sein Hoheitsrecht an Reichsfürsten, vorerst namentlich Bischöfe, abtreten, hält aber im Prinzip stets an ihm fest, bis dann 1236 Kaiser Friedrich II. in einem urkundlichen Privileg alle Juden des Reiches als seine Kammerknechte *(servi camerae nostrae)*, d. h. allein dem königlichen Fiskus unterworfen, bezeichnet.

In den weitgehend selbständigen Reichsfürstentümern wie dem Herzogtum Österreich war damals ein solcher Anspruch aber nicht mehr durchzusetzen, es sei denn, es trat Heimfall des Lehens ans Reich ein. Als Kaiser Friedrich II. einen solchen Heimfall nach der Ächtung des österreichischen Herzogs durchzusetzen versuchte, verlieh er zwar zuerst Wien das Privileg einer Reichsstadt, das auch Bestimmungen gegen die Juden enthielt – sie sollten von öffentlichen Ämtern ausgeschlossen bleiben –, nahm jedoch bereits ein Jahr darauf (1238) ebendieselben Juden Wiens als kaiserliche Kammerknechte in seinen Schutz. Herzog Friedrich trat freilich 1244 wieder in die Hoheitsrechte gegenüber den Juden ein, was aber deren Stellung nicht nur nicht verschlechterte, sondern sogar durch Wegfall der Beschränkungen von 1237 noch verbesserte. Einzelne Übergriffe von christlicher Seite konnten zwar weder vorher noch nachher ganz verhindert werden, doch spielten Juden in Österreich seit dem Ausgange des 12. Jahrhunderts und bis auf weiteres eine große volkswirtschaftliche Rolle, und sie konnten nach ihren eigenen Gesetzen und religiösen Gebräuchen in ihren Gemeinden leben.

Die bedeutendste Judengemeinde in der Passauer Diözese bildet sich in Wien, insbesondere gefördert durch den Babenbergerherzog Leopold VI. Doch schon 1196 muß die Ansiedlung einigen Umfang gehabt haben. Das erhellt aus dem traurigen Umstand, daß in diesem Jahre in Wien, wie aus dem berühmten Gedenkbuch Ephraims aus Bonn hervorgeht, von Christen, die das Kreuz genommen hatten, aus Rache für eine von Rechts wegen verhängte Strafe 16 Juden erschlagen wurden. Wir haben also gewiß schon ein eigenes Judenviertel mit Schule und Synagoge vorauszusetzen. In einer Urkunde von 1204 wird der Bestand einer *scola iudaeorum* erwähnt. Bald darauf lehren hier zwei Rabbiner, die zu den großen Leuchten der Talmuderklärung in jener Zeit zählen: Isaak ben Mose und Abigedor ben Elija. Beide führen wie die meisten jüdischen Gelehrten ein Wanderleben. Rabbi Isaak ben Mose ben Isaak ben Schalom stammte vielleicht aus Meißen oder Böhmen, nahm Unterricht bei Gesetzeslehrern in Böhmen, im Rheinland (hier v. a. bei Elieser ben Joel aus Speyer) und in Frankreich (hier namentlich bei Jehuda ben Isaak in Paris) und setzte auch danach seine Wanderschaft fort, die ihn durch verschiedene Länder des Reichs und so auch nach Wien führte, wo er im 2. Viertel des 13. Jahrhunderts gelebt haben dürfte. Seine gelehrte Tätigkeit wird er um 1200 mit den ersten Responsen begonnen haben. Seinen letzten Traktat schrieb er 1246 vermutlich in Wien, wo er wohl auch um 1250, etwa 70 oder 75 Jahre alt, starb.

Isaak genoß größtes Ansehen bei den Juden Europas. Von Ungarn bis Spanien reicht die geographische Spannbreite der anfragenden Gemeinden. Mit den bedeutendsten jüdischen Gelehrten seiner Zeit hat er korrespondiert, davon mit 26 namentlich bekannten. Isaaks Gutachten geben Auskunft über ehe-, erb-, besitz-, vertrags- und steuerrechtliche Fragen oder betreffen unmittelbar den jüdischen Ritus (Bad, Sabbat, Feiertage, Speisen etc.). Mehrfach beruht der Streitfall auf einem Übertritt zum christlichen Glauben. Kann etwa eine zur Taufe gezwungene, später zum Judentum zurückgekehrte Verlobte die inzwischen vollzogene Ehe ihres Verlobten mit einer anderen anfechten? Wem gehört eine ehemals heidnische Sklavin eines jüdischen Herrn, die nach Flucht und Taufe wieder zu Juden, aber anderen, geflohen ist? Der Sklavenhandel war ja, da den Juden von ihrer Religion erlaubt, überhaupt einer ihrer wichtigsten Erwerbszweige, bis er, wie der gesamte Warenhandel, seit dem 12. Jahrhundert hinter dem Geldhandel zurücktrat. Dazu trugen einerseits die schärferen Zinsverbote für Christen und andererseits die fortschrittlicheren Handelsmethoden christlicher Kaufleute in der Zeit der Kreuzzüge bei. Doch setzten deren mörderische Auswüchse, die sich auch gegen Juden richteten, dem jüdischen Warenhandel keineswegs ein Ende. Das kam erst mit den großen Pogromen des 14. Jahrhunderts.

Isaak ben Mose verfaßte aber nicht nur einzelne Responsen, sondern handelte die gesamte Halacha in einem überaus umfangreichen und dennoch offenbar unvollendeten Kommentarwerk ab, das den Titel *Or Sarua (Das ausgestreute Licht)* trägt. Darin wird der Talmud ohne Rücksicht auf die ursprüngliche Folge der Traktate der Mischna nicht fortlaufend Satz für Satz erläutert, wie dies der große französische Rabbi Salomo ben Isaak, genannt Raschi (1040–1105), getan hatte, sondern Thema nach Thema, wodurch sich das Werk einer systematischen Bearbeitung des Stoffes annähert, wie sie der bedeutendste jüdische Philosoph des Mittelalters, Rabbi Mose ben Maimon, genannt Maimonides oder (nach den Initialen) Rambam (1135–1204), vornahm. Isaak läßt ältere und neuere talmudische Autoritäten ausführlich und unter ihrem Namen zu Wort kommen, ehe er sein eigenes Urteil abgibt. Das meiste verdankt er den Gelehrten der nordfranzösischen Schulen, vieles aber auch solchen aus der Provence, Spanien, Nordafrika, Italien, Griechenland und nicht zuletzt aus den deutschen Ländern. „Wir sehen zugleich, wie sich die Talmudstudien schon bis zur östlichen Grenze Deutschlands ausgebreitet haben. Böhmen weist eine Reihe angesehener Gelehrter auf... Unser Verfasser selbst schlägt seinen Wohnsitz in Wien auf, wodurch er den Keim zu den späteren bedeutenden Lehrhäusern Österreichs legt. Der Horizont der jüdischen Wissenschaft, der sich inzwischen von Babylonien, der nordafrikanischen Küste bis nach der Seine, dem Niederrhein, der Elbe und der mittleren Donau ausgedehnt hat, öffnet uns bei Isaak aus Wien sogar einen Ausblick nach Ungarn und Polen, wo wir bereits Anfänge geistigen Lebens wahrnehmen" (H. Tykocinski).

Isaak versucht stets, die praktische Bedeutung der jeweiligen Vorschriften für das aktuelle Gemeindeleben mit aller Ausführlichkeit herauszuarbeiten, was sein Werk zu einer Fundgrube für die Kulturgeschichte des mittelalterlichen Judentums im christlichen Europa macht. Diesem Umstand verdankt Isaak seine Bekanntheit in der jüdischen Literatur natürlich erst in neuerer Zeit. Doch sie ist bereits im Spätmittelalter durchaus gegeben, wenngleich das talmudgleiche Riesenausmaß des *Or Sarua* seine handschriftliche Verbreitung beeinträchtigte und einen frühen Druck verhinderte. Eingeteilt hat Isaak sein Werk in vier Teile. Es entsprechen dabei Teil II der zweiten Mischna-Ordnung, Moed (Feste), Teil III und IV der vierten, Nesikin (Schaden, Unrecht), Teil I schließlich dem ersten Mischna-Traktat, Berachot (Segenssprüche) und den übrigen Traktaten der insgesamt sechs Mischna-Ordnungen. In der Einleitung gibt Isaak eine mystische Deutung der Buchstaben. Die einzelnen Abschnitte beschließt er hin und wieder mit gereimten Versen, wie er auch seinen Responsen gereimte Anreden voranstellt. Vielleicht stammen die vier einem Isaak ben Mose zugeschriebenen synagogalen Klagelieder (s. u.) auch von ihm.

Im Schatten des großen Isaak, den die Tradition nach seinem Werk meist Isaak Or Sarua nennt, stand sein Freund und Altersgenosse Rabbi Abigedor ben Elija ha-Kohen, den gleichwohl der angesehenste Talmudist des 13. Jahrhunderts, Rabbi Meir ben Baruch in Rothenburg ob der Tauber, in Rechtsgutachten für die Wiener Gemeinde „die Bundeslade", „den Hohenpriester Abigedor" nennt, wobei er seinem Staunen Ausdruck gibt, daß die Wiener sich an ihn, Meir, den Jüngling, wendeten, wo sie doch einen so weisen Greis bei sich hätten. Wie Isaak war Abigedor weit gereist, hatte in Frankreich und am Rhein studiert, lebte aber zumindest im Alter in Wien, wo er etwa ein Jahrzehnt nach Isaak gestorben sein könnte. Bemerkenswert sind seine regen brieflichen Kontakte mit Juden in Italien, so daß ein früherer längerer Aufenthalt Abigedors im Süden angenommen werden kann. Aber nicht nur aus Italien wird Rabbi Abigedor um Gutachten ersucht, seine zahlreichen Responsen gehen in die verschiedensten Gebiete des Reichs. Sie betreffen in etwa dieselben Fragen wie die Isaaks Or Sarua. Möglicherweise sind sie auch in einem Codex gesammelt worden. Ob auch der in einem Hamburger Codex überlieferte Pentateuch-Kommentar von unserem Abigedor stammt, ist fraglich. Besser begründet scheint seine Verfasserschaft bei dem im selben Codex enthaltenen Kommentar zu den fünf Megillot (Rollen), d. h. zum Hohenlied, zu Ruth, den Klageliedern Jeremias, dem Prediger und zu Esther.

Die eindeutige Identifizierung bestimmter Schriftsteller wird durch die Verwendung relativ weniger immer wiederkehrender Namen bei den Juden sehr erschwert. Dazu kommt das Wanderleben der Gelehrten und die Internationalität ihrer Schriftsprache. Bei anonymen Stücken ist – sofern nicht konkrete Anspielungen oder volkssprachige Glossen darin enthalten sind – sogar die ungefähre Lokalisierung kaum möglich. Einen vagen Anhaltspunkt gibt nur die Überlieferung. So stammt wohl eine Handschrift von ca. 1300 aus unserem Raum, die eine Sammlung von Pijjutim enthält. Mit Pijjut (vom griechischen Wort *poietria* „Dichtkunst") bezeichnet man ein synagogales Gedicht, das der Vorbeter zur Verschönerung der Liturgie den feststehenden Gebeten des Gottesdienstes unter gelegentlicher Beteiligung des Volkes (bei den Kehrversen) hinzufügt. Die ältesten Pijjutim stammen aus byzantinischer und arabischer Zeit. Sie werden im ganzen Mittelalter gepflegt. Daß auch unser Raum an dieser Dichtung Anteil gehabt hat, versteht sich fast von selbst.

Die enge Bindung des jüdischen Schrifttums an Theorie und Praxis eines Glaubenslebens, das die Juden grundlegend von ihrer christlichen Umwelt unterschied, schloß eine rege Wechselbeziehung mit nichtjüdischer Literatur von vornherein aus. Wo eine solche Beziehung sich wie von selbst ergeben hätte können, eben im religiösen Schrifttum, das ja nun wahrhaft auf gemeinsame Wurzeln zurückging, herrschte von beiden Seiten größtes Unverständnis. „Die Glaubenstrennung bestand in aller Schroffheit und fand auf beiden Seiten in beschimpfenden Bezeichnungen Ausdruck. Die gesellschaftlichen Beziehungen zwischen Juden und Christen aber waren zumeist gute, selbst die Kirche erwies sich als duldsam" (I. Elbogen). Noch, muß man hinzufügen. Schon mit dem ersten Kreuzzug begann sich der Horizont zu verfinstern, und im Spätmittelalter brach die Nacht der christlichen Unduldsamkeit und Gewalttaten über die Juden vollends herein.

Als ganz wichtiges Argument wurde dabei von christlicher Seite die Verwerflichkeit des Talmud verwendet. Schon der spanische Jude Petrus Alfonsi (1062–nach 1121) hatte einige Stellen aus dem Talmud in lateinischer Übersetzung zur Rechtfertigung seiner Konversion zum Christentum herangezogen. In den Blickpunkt des christlichen Interesses rückte der Talmud aber erst weit später mit der Streitschrift des bekehrten Juden Donin von La Rochelle. Donin hatte noch während seiner früheren Glaubenszugehörigkeit gegen die jüdische Traditionslehre Front gemacht, war von Rabbinern 1225 gebannt worden und 1236 zum Christentum übergetreten, wobei er den neuen Namen Nikolaus annahm. 1238 legte er seine ausführliche Polemik gegen den Talmud dem Papst vor, die zur großen Talmudverbrennung 1242 in Paris führte.

Wie wir oben (S.170) gesehen haben, bezieht sich auch die antijüdische Schrift des sogenannten Passauer Anonymus von 1260/66 ausdrücklich auf den Talmud. Als Quelle nennt der Autor die lateinische Talmudübersetzung eines Pariser Subpriors namens Theobald (von Sézanne?), die anläßlich der Talmudverurteilung in Frankreich 1240/42 angefertigt wurde. Doch auch das Pamphlet des Nikolaus Donin wird eine Rolle gespielt haben. Genauere Aussagen scheinen aber bei der derzeitigen Forschungslage noch nicht möglich zu sein. Von einer christlich-jüdischen Talmuddisputation wie 1240 in Paris oder 1263 in Barcelona ist für unseren Raum jedenfalls nichts bekannt.

Unterhalb dieser offiziellen, von Feindseligkeit geprägten Ebene kam es aber gewiß im 11./12. Jahrhundert und, wenngleich seltener, auch darüber hinaus immer wieder zum Gedankenaustausch zwischen Juden und Christen, die ja noch durchaus „Tür an Tür" in den Städten miteinander lebten. Dabei muß so manches Erzähl- und Spruchgut von einer zur anderen Seite gelangt sein. Obwohl die Spuren dieser subliterarischen Symbiose naturgemäß fast völlig verweht sind, dürfte es sich lohnen, nach den wenigen verbliebenen zu suchen.

Abteilung B

Die Literatur in den Bistümern Salzburg, Brixen und Trient

1. Die lateinische Literatur

Nicht eine einzige Diözese bildet wie in der Abteilung A des 3. Kapitels den geographischen Rahmen der folgenden Darstellung, sondern deren drei, wovon die größte, die Erzdiözese Salzburg, noch vier kleine Eigenbistümer umschließt. Vielfältiger gegliedert erscheint der Raum der Alpenbistümer auch in politischer Hinsicht. Statt dreier ausgeformter bzw. sich ausformender Länder finden wir hier fünf größere Territorien (die Grafschaften der Bischöfe von Trient und Brixen bzw. ihrer Vögte, das Erzstift Salzburg, das Herzogtum Kärnten und die Markgrafschaft bzw. das Herzogtum Steier) und einige kleinere. Die herrschaftsmäßige und kirchenorganisatorische Zerklüftung entspricht also durchaus der landschaftlichen. Dennoch sind die gemeinsamen kulturellen Bande zwischen den ostalpenländischen Bistümern noch zu eng geknüpft, um ihre isolierte Behandlung in dem zu besprechenden Zeitraum zu rechtfertigen. Sie würde auch bei der deutschsprachigen Literatur zu zahlreichen unlösbaren Zuweisungsproblemen führen. Im lateinischen Bereich manifestiert sich eine gewisse Einheitlichkeit nicht zuletzt in einer starken Ausrichtung des geistigen Potentials auf die drei geistlichen Zentren Trient, Brixen und v. a. Salzburg mit seinen Außenposten Gurk und Seckau, während in der Diözese Passau dem Gravitationszentrum des Bischofssitzes die Pole der beiden landesfürstlichen Residenzen Wien und Landshut vehement entgegenwirken.

Alte und neue Wege des Bildungswesens

Der folgende einleitende Abschnitt hat nur die Aufgabe, aus der Perspektive des Ostalpenraums das, was zu Beginn der Abteilung A dieses Kapitels dargelegt wurde, zu ergänzen. Sofern wir keine sicheren Anhaltspunkte für Abweichungen haben, dürfen wir wohl die allgemeinen Befunde vom Bistum Passau auf den Raum der Erzdiözese Salzburg (und ihrer Eigenbistümer) sowie auf die Diözesen Brixen und Trient im großen und ganzen übertragen. Allerdings sind wir vielfach auf diesen Analogieschluß aus Mangel an Quellen geradezu angewiesen. Fließen sie schon im Passauer Sprengel nicht eben reichlich, so sind sie hier noch spärlicher vorhanden und überdies schlechter erschlossen. So fehlt in der Reihe der von der Österreichischen Akademie der Wissenschaften herausgegebenen Mittelalterlichen Bibliothekskataloge Österreichs nicht nur der Band Kärnten, da es dafür faktisch kein Material gibt, sondern auch Tirol, obwohl (oder weil?) A. Dörrer 1934/39 zumindest einige spätmittelalterliche Tiroler Bücherlisten publiziert hatte (s. u.).

Für die Verbreitung der Frühscholastiker-Handschriften stehen uns die Nachweise von P. Classen zur Verfügung (s. o. S. 157ff.). Aus ihnen geht hervor, daß die Werke Abailards, Gilberts von Poitiers, Hugos von St. Victor, des Lombarden Petrus und ihrer Schüler in der Erzdiözese Salzburg ebenso eifrig abgeschrieben, gesammelt und glossiert worden sind wie im Bistum Passau. Die Tiroler Bistümer fallen aber offenbar dabei aus, und auch in der Erzdiözese selbst gibt es starke Unterschiede nach Ländern und Orden. Sofern wir der Quellenlage trauen dürfen, scheint Kärnten an dieser

Rezeptionsbewegung ebensowenig teilzunehmen wie die nicht reformierten Benediktiner. Aber auch der Anteil der Zisterzen ist geringer als in der Diözese Passau. Nur in Rein weist Classen einen Codex der Sentenzen des Petrus Lombardus nach. Etwas mehr ins Gewicht fallen schon die Augustiner-Chorherrenstifte Vorau, Seckau und insbesondere das (1121/22 in ein Regularkanonikerstift umgewandelte) Salzburger Domkapitel, am stärksten aber die reformierten Benediktinerklöster St. Peter in Salzburg, St. Lambrecht und – allen voran – Admont. Von dem reichen Admonter Bestand um 1200 – den *Sententiae Herimanni* (eines Schülers Abailards), *De sacramentis* Hugos von St. Victor, der *Summa sententiarum* aus der Schule Hugos, dem Boethiuskommentar Gilberts (mit den antigilbertischen *Capitula* von Reims), der *Zwettler Summe* (s. o. S. 168ff.), den *Sententiae* des Petrus Lombardus (Cod. 364 und 286) und den beiden großen exegetischen Werken des Lombarden, dem Paulus- und dem Psalmenkommentar (Cod. 36 und 52) – waren die letzten beiden allerdings als Geschenke Erzbischof Eberhards I. (1147–1164) aus Salzburg nach Admont gekommen.

Die ganz große Zeit Admonts war nach dem Tode des Abtes Isinrik (1178–1189) schon vorbei. Der reiche Bücherschatz wurde aber weiterhin gehegt und vermehrt. Abt Konrad II. (1231–1242) ließ dann das *Registrum Admontense,* bestehend aus der *Vita Gebehardi* und seiner Nachfolger (s. o. S. 79f.), einem Abriß der Stiftsgeschichte und Urkundenabschriften, anlegen (Cod. 475). Ein Bibliothekskatalog ist aber weder aus dem 12. noch dem 13. Jahrhundert erhalten, der uns einen bequemen Einblick in den damaligen Gesamtbestand liefern könnte. Da der große, wohlgeordnete Katalog Peters von Arbon von 1380 unter der Rubrik *libri poetarum* außer dem hochmittelalterlichen *auctor* Alanus ab Insulis nur Boethius (*De consolatione philosophiae*, viermal), Ovid (*Metamorphosen*, zweimal; *Fasti*), Horaz (*Episteln*), Lucan und Juvencus verzeichnet, kann die Lektüre antiker Dichtung in Admont auch im 12./13. Jahrhundert keine hervorragende Rolle gespielt haben.

Bücherlisten aus dieser Zeit besitzen wir für die Salzburger Dombibliothek – allerdings mit bewußter Beschränkung auf patristisch-monastische Literatur, so daß sich kein auch nur annähernd vollständiges Bild ergibt –, für St. Peter in Salzburg, St. Lambrecht und Vorau. Herausragende Bedeutung kommt der Petersbibliothek zu. Abgesehen von den am Ende extra verzeichneten und dementsprechend auch aufgestellten Schulbüchern (s. u.) umfaßte sie gemäß dem Katalog des späteren 12. Jahrhunderts rund 200 Bände. Alle Abteilungen sind gut bestückt. Es finden sich in ausreichender Zahl Liturgica, Bibelhandschriften und Bibelkommentare (darunter welche von Rupert von Deutz und Honorius), Predigten (von Gregor dem Großen, Augustinus, Caesarius von Arles, Origenes, Honorius, etliche anonyme und ein *sermonarius fratris nostri Adalmanni,* womit aber vielleicht nur der Besitzer gemeint ist), Heiligenviten, einzeln und in Sammlungen (darunter die *Vitas patrum*, die Rupertsvita und die abenteuerliche *Vita Brandani*), theologische Schriften verschiedenster Art und Entstehungszeit (mit Schwergewicht, wie üblich, bei den alten Vätern, v. a. Augustin, aber mit Einschluß neuerer Autoren, nicht nur Ruperts, Honorius' und Bernhards, sondern auch der Scholastiker Anselm von Canterbury, Hugo von St. Victor und Abailard bzw. ihrer Schulen) und kanonistische Schriften (darunter das *Decretum Gratiani*). Auch an Handbüchern für die Praxis des Klosterlebens (Mönchs- und Nonnenregeln, komputistischen und medizinischen Werken) fehlt es natürlich nicht. Nicht unter die Schulbücher, sondern hier eingereiht sind einige historiographische Werke (*Der Jüdische Krieg* von Flavius Josephus, *Gesta*

Karoli, eine Schrift über die Einrichtung der Salzburger Kirchenprovinz und der pseudohistorische Apolloniusroman), Schriften des Quadriviums (*Imago mundi* des Honorius, die Naturkunde Solins, die Musiklehre Guidos von Arezzo, eine anonyme *Cosmographia* und ein ebenfalls namenloser *Libellus de astronomia,* das berühmte allegorische Naturbuch des *Physiologus* und – wohl als Ergänzung dazu – ein Steinbuch) sowie schließlich das Rhetoriklehrbuch Quintilians.

Diesem hier zu begegnen überrascht aus mehreren Gründen. Zum einen ist das Werk im Mittelalter überhaupt rar. Im Herzogtum Österreich begegnet es z. B. in Bücherlisten erst des ausgehenden 15. Jahrhunderts. Zum anderen steht es hier zwischen einem Computus und einer liturgischen Schrift, während unter den Schulbüchern die Rhetorik mit keinem einzigen Werk vertreten ist, sieht man von den umfassenden Enzyklopädien Isidors von Sevilla und Martians ab. Besser ist die Lage bei der Dialektik: Die grundlegenden aristotelischen Schriften zur Logik mitsamt dem Kommentar des Porphyrios sind in lateinischer Übersetzung vorhanden. Die Masse der rund 60 Schulbücher aber entfällt auf das Gebiet der Grammatik und der antiken Musterautoren. Da gibt es nicht nur sechs Exemplare des Donat mitsamt Kommentaren, sondern auch das Lehrbuch Priscians für Fortgeschrittene sowie kleinere grammatische und metrische Schriften. Der Lektürekanon umfaßt Avian, einen *Fabularius* (Prosafabeln?), Homerus (latinus), Terenz, Theodul, Prosper, Sedulius, Prudenz, Boethius, Juvenal, Horaz, Persius, Lucan, Vergil, Ovid *(Metamorphosen, Heroides, Ars amatoria, Heilmittel gegen die Liebe, Amores, Epistulae ex Ponto),* Sallust, Cicero *(Laelius, Cato maior,* Reden), manche davon in mehreren Bänden und mit Kommentar. Bescheiden nimmt sich dagegen das Quadrivium mit einer *Geometria* Euklids (mit Kommentar), einem Rechenlehrbuch *(Alchorismus)* und zwei kleinen astronomischen Werken aus. Nicht mehr in den Bereich der Artes fallen zwei medizinische Bücher, die *Metaphysik* des Aristoteles, zwei mit *Plato* titulierte Bände (der lat. *Timaeus?*) und der Trinitätstraktat des Boethius mit dem Kommentar Gilberts von Poitiers (s. o. S. 167f.). Sie müssen gleichwohl zum Unterricht herangezogen worden sein. K. F. Hermann hat also im großen und ganzen recht, wenn er schreibt: „Die hervorragende Ausstattung der Petersschule zeigt, daß offenbar die gesamte Wissenschaft gelehrt wurde, wahrscheinlich besser als in der damals notleidenden Domschule". Das ging auch mit einer besonderen Leistungsfähigkeit des Petersskriptoriums im letzten Drittel des 12. Jahrhunderts Hand in Hand, wobei man sich freilich auf geistliches Schrifttum konzentrierte. In der Regierungszeit Eberhards II. (1200-1246) machte dann offenbar die Domschule ihren Rückstand gegenüber der Petersschule einigermaßen wett (s. u. S. 372), ohne daß wir freilich die Auswirkungen auf die Bibliothek näher bestimmen könnten.

Einen verhältnismäßig guten, wenngleich mit St. Peter nicht wirklich vergleichbaren Bestand weist die Kloster- und Schulbibliothek von St. Lambrecht in der Steiermark auf. Unterversorgt sind hier allerdings die Fächer des Quadriviums, der Predigt und der Kanonistik. Ein Schwerpunkt liegt auf der Historie. Der älteste Katalog aus der 2. Hälfte des 12. Jahrhunderts nennt Josephus (Flavius), *Cronica Karoli, Hystoria Romanorum, Cronica Ottonis* (von Freising), *Gesta Anglorum.* Recht ordentlich war auch für den Lateinunterricht gesorgt. Außer dem unentbehrlichen Donat (mit dem Kommentar des Remigius von Auxerre) standen an typischer Anfängerlektüre die *Disticha Catonis,* Avians Fabeln, Theoduls Ekloge, Theobalds *Physiologus,* an weiteren christlichen *auctores* Sedulius, Prosper Aquitanus, Prudentius, Boethius und an heidnischen Cicero, Ovid und Lucan zur Verfügung. Es fehlten jedoch Vergil und Horaz. Dafür war unter den Schulbüchern ein seltenes frühmittelalterliches Werk eingereiht, dem hier zu begegnen wir nicht erwarten konnten: der *Waltharius,* das lateinische Hexameterepos von Walther und Hildegund (s. u. S. 525f.). Unter den in Graz aufbewahrten, aus St. Lambrecht 1786 transferierten Handschriften findet sich diese leider nicht, während sich eine andere aus Salzburg als Codex Vindobonensis 289 (12. Jahrhundert) erhalten hat.

Die Bücher des 1782 aufgehobenen, 1140 gegründeten Augustiner-Chorherrenstiftes Seckau gelangten wie die von St. Lambrecht zum Großteil in die Grazer Universitätsbibliothek. Nur bei wenigen läßt sich aber nachweisen, daß sie schon zum Bestand der hochmittelalterlichen Seckauer Bibliothek gehörten. Man wird vermuten dürfen, daß diese Bibliothek umfangreicher als die im (ebenfalls vom Salzburger Domkapitel aus besiedelten) Nachbarstift Vorau war, da das 23 Jahre ältere Seckau im Gegensatz zu Vorau nachweislich seit dem 12. Jahrhundert über ein leistungsfähiges Skriptorium verfügte. Die rund 50 Bände, die der Vorauer Katalog von ca. 1200 verzeichnet, werden wohl zum überwiegenden Teil von auswärts gekommen sein. Demgemäß war auch nicht viel mehr als die notwendige Grundausstattung mit biblischen und exegetischen Schriften, Texten für Messe und Stundengebet, Predigten, Heiligenviten, Pönitentialien, Regeltexten und Computus vorhanden. Schon Augustins *Confessiones,* Gregors *Cura pastoralis* oder das *Elucidarium* des Honorius fallen da als etwas Besonderes auf. Für den Lateinunterricht scheinen sogar ein Werk des Priscianschülers Euticius (Eutyches) und ein *Cursarium,* vermutlich eine Cursus-Lehre, sowie – als Lektüre – Cato, Arator, Ovid (*Heroides* und „andere Verse") und Boethius *(De consolatione)* ausgereicht zu haben. Zumindest was die Schulbücher betrifft, dürfte dieser Eindruck jedoch trügen. Im 12. Jahrhundert hinterließ nämlich ein Magister Goppoldus seine Bibliothek, die fast nur aus *libri scholares* bestand: Donat (3 Bände), Cato, Avian, Theodul, Statius *(Achilleis),* Prosper, Cicero (Reden, *De amicitia, De senectute*), Ovid *(Metamorphosen* mit Glossen, *Amores*), Vergil *(Bucolica),* Persius, Lucan (unvollständig). Die ganz wenigen restlichen Bände sind dem Inhalt nach nicht genau faßbar. Jedenfalls befinden sich ein Predigtband und *libri dictaminum* (s. u. S. 396ff.) darunter. Der Magister hätte somit die Ausbildung auf ein tragfähiges Fundament gestellt. Ganz sicher ist es allerdings nicht, daß die Bücher für Vorau bestimmt gewesen sind. Auch Seckau käme in Frage.

Für das bairische Siedlungsgebiet von Tirol hat A. Dörrer nur eine einzige Bücherliste aus der Zeit vor dem Ende des 13. Jahrhunderts nachgewiesen, nämlich in einer Urkunde des um 1130 gegründeten Prämonstratenserstiftes Wilten. Die Liste stammt aus dem 12. oder 13. Jahrhundert und enthält außer Texten für Messe, Chorgebet und Benediktionen nur das *Excerptum Ivonis,* einen Auszug aus den liturgischen und kanonistischen Werken Ivos von Chartres (um 1040–1116). Für das Bistum Trient liegen gar keine entsprechenden Nachrichten vor.

Soweit sich also überhaupt von einem Gesamtbild sprechen läßt, ähnelt es durchaus dem der Diözese Passau. Die französische Renaissance des 12. Jahrhunderts hat offenbar nur partiell und ziemlich ungleichmäßig in das Ostalpengebiet hineingewirkt. Das Studium der klassischen Autoren blieb auf jeden Fall hinter dem im Westen zurück. Immerhin verband es sich in Salzburg und St. Lambrecht, wo es ein vergleichsweise ansehnliches Niveau erreichte, mit großem Interesse an der Frühscholastik, während in Admont, dem damaligen Zentrum der theologischen Studien in der Erzdiözese Salzburg, diese Studien offenbar ohne „humanistisches" Pendant getrieben wurden. Ein origineller Streiter für oder gegen die Frühscholastik wie Petrus von Wien oder Gerhoch von Reichersberg erwuchs jedoch Admont ebensowenig wie dem Gesamtraum der drei hier zu besprechenden Bistümer.

Entbehrlich war die zünftige Theologie für die Ausbildung der vor allem mit Rechtsgeschäften, der Finanzgebarung und diplomatischen Missionen betrauten Hofkapellane. Solche sind am Hof des Salzburger Erzbischofs schon seit Ende des 11. Jahrhunderts nachzuweisen, spielten dort eine wichtige kirchenpolitische Rolle und stiegen meist zu Bischofs- oder Propstwürden auf. Aber erst mit dem Kapellan und Domherrn Rupert, der 1130–1161 die allermeisten Urkunden ausstellte, tritt ein erzbischöflicher Notar in Erscheinung. Auch im weiteren erfüllten Angehörige des Domkapitels und der Hofkapelle die Funktion der Notare. Bis zur Mitte des 13. Jahrhunderts bestand die Salzburger Kanzlei meist nur aus einem ständigen Notar oder Protonotar und Gelegenheitsschreibern, da viele Urkunden ja von den Empfängern ausgefertigt wurden (s. o. S. 161). Erst in der zweiten Hälfte des 13. Jahrhunderts amtierten gleichzeitig drei oder mehr erzbischöfliche Notare, um die in dem nunmehr gefestigten Landesfürstentum des Erzstiftes anfallenden Geschäfte zu erledigen. Zu diesem Zweck nahm Erzbischof Friedrich II. (1273–1284) auch in Italien ausgebildete Juristen (s. u.) in die Hofkapelle auf.

Zur Wahrnehmung ihrer kirchlichen Aufgaben hatten die Erzbischöfe inzwischen mehrere Suffraganbischöfe in der großen und landschaftlich stark zerklüfteten Erzdiözese eingesetzt, schon 1072 in Gurk, 1215 in Chiemsee, 1218 in Seckau und schließlich 1228 in St. Andrä im Lavanttal. Es handelte sich um „Eigenbischöfe", die kirchen- und lehensrechtlich vom Salzburger Metropoliten und Lehensherrn abhängig waren und so auch nicht zu den Reichsfürsten gehörten. Ihre Sprengel waren inmitten der großen Erzdiözese gelegen und von bescheidener Ausdehnung. Besonders karg ausgestattet wurde das „Zwetschkenbistum" Lavant, das wir hinfort auch für die Bildungsgeschichte außer acht lassen dürfen. Kaum Eigenständigkeit konnte das Bistum Chiemsee erlangen, über welches die Erzbischöfe ihre Hoheitsrechte im ganzen Mittelalter uneingeschränkt aufrechterhielten. Der Bischof von Chiemsee war de facto nichts anderes als ein Weihbischof für die Erzdiözese und insbesondere die Stadt Salzburg, wo er sich auch meist aufhielt.

Gurk und Seckau erfüllten allerdings quasi die Funktion von Landesbistümern, die jedoch der Salzburger Metropolit weit enger an sich zu binden vermochte als seine übrigen Suffragane in Passau, Regensburg, Freising und Brixen. Die Gründung des Salzburger Eigenbistums Seckau in der 1192 den Babenbergern zugefallenen Steiermark führte auch zu Spannungen mit dem Landesfürsten, die aber bald abgebaut werden konnten. 1244 ernannte der Erzbischof sogar auf Bitten Herzog Friedrichs II. dessen Protonotar Ulrich zum Bischof von Seckau. Schon Ulrichs Vorgänger Heinrich I. (1231–1243), ehemals Pfarrer von Graz (?), hatte als Gesandter des Herzogs fungiert. Es bestand hier also ein Naheverhältnis, das dem zwischen Passau und Wien nicht ganz unähnlich war. An Wechselbeziehungen zwischen der bischöflichen und der landesfürstlichen Kanzlei fehlte es nicht.

Dasselbe gilt für Kärnten. Eine Kanzlei der Gurker Bischöfe ist seit dem 12. Jahrhundert nachweisbar. Das – bescheidene – Urkundenwesen der Kärntner Herzöge lag damals und über die Jahrhundertwende hinaus aber noch in den Händen der Mönche diverser Klöster des Landes, insbesondere der Zisterze Viktring (gegründet

1142), die um 1200 gleichsam die Arbeit einer herzoglichen Schreibstube leistete. Erst im Laufe der ersten Hälfte des 13. Jahrhunderts entwickelte sich eine eigene landesfürstliche Kanzlei, die in der Jahrhundertmitte unter den Kapellanen Berthold und Heinrich (Vizedom Herzog Ulrichs III.) ihre Blüte erreichte.

Noch etwas später als in Kärnten, aber immerhin noch vor 1250 läßt sich am Hof der Brixener Bischöfe eine selbständige Kanzlei nachweisen, der vornehmlich Domkapellane angehörten. Wie andernorts war ihr Aufgabenfeld begrenzt, da die diversen geistlichen Kommunitäten meist Empfängerurkunden anfertigten, die durch das Siegel des Ausstellers rechtskräftig wurden. Durchaus andere Verhältnisse herrschten in der zur Kirchenprovinz Aquileia gehörigen Diözese Trient, wo sich die Ausrichtung auf den italienischen Süden deutlich bemerkbar machte. In Italien gab es ja seit längerem den „freien" Beruf des öffentlichen Notars, den Laien mit Ausbildung in der *ars dictaminis* (s. o. S. 192 und u. S. 396) und meist auch im gelehrten Recht ausübten. Sie verliehen kraft ihrer vom Reichsoberhaupt, von einem Pfalzgrafen oder einem Reichsfürsten verliehenen amtlichen Autorität den von ihnen nach festgelegten Regeln angefertigten Urkunden öffentliche Glaubwürdigkeit. Zusätzlich hielten sie die Rechtsgeschäfte in gekürzter Form in sogenannten Notariatsimbreviaturen fest, wie sie aus dem 13. Jahrhundert aus Trient und Bozen erhalten sind. Das Notariatswesen hatte sich inzwischen im ganzen Bistum Trient und vereinzelt darüber hinaus im Vintschgau (Diözese Chur) und in der Brixener Gegend verbreitet.

Im Deutschtiroler Gebiet mußte es freilich mit anderen Formen des Urkunden- und Rechtswesens konkurrieren. Besonders augenfällig wird dies in der sich herausbildenden Kanzlei des Grafen von Tirol. Albert III. (um 1190–1253) erwarb zu seinem älteren Machtbereich (Vintschgau, Grafschaft Bozen, Vogtei über das Hochstift Trient) im 13. Jahrhundert die Vogtei über das Hochstift Brixen und die Grafschaftsrechte im Eisack-, Inn- und Pustertal hinzu (s. o. S. 150) und verklammerte so Gebiete verschiedener Kirchenprovinzen, Sprachen, Kulturen und Landschaften des Nordens und Südens miteinander. Dementsprechend zog Albert denn auch öffentliche Notare heran. Vorrangig aber war für ihn ein eigener gräflicher Kanzleibeamter (*scriba et notarius comitis de Tirol*) tätig, als erster ein Kapellan Arnold (1190/1200), vielleicht aus dem Churer Domkapitel. Auch die folgenden Kanzleinotare waren Geistliche, nicht jedoch offenkundig der 1237 bis 1256 bezeugte *Fridericus scriba de Bozano*, der Frau und Kinder besaß. Die Ausnahmestellung Friedrichs, wohl eines Bozner Bürgersohnes, der vielleicht bei einem Bozner öffentlichen Notar ausgebildet worden war, erhellt aus dem Umstand, daß in anderen deutschen Territorien Laien als Kanzleibeamte erst weit später nachweisbar sind. Dem Deutschtiroler Gebiet des Bistums Trient kam eben eine Zwischenstellung zu. Dafür gibt es noch andere Indizien. In Bozen gab es spätestens 1237 schon eine Stadtschule, die Laien offenstand. Sowohl in Bozen als auch weiter nördlich an Etsch und Eisack ergriffen nicht nur Zugereiste aus dem Süden, sondern auch Deutsche den einträglichen Beruf des öffentlichen Notars.

Das rege Interesse am gelehrten Recht beschränkte sich aber beileibe nicht auf das Bistum Trient. Schon in der zweiten Hälfte des 12. Jahrhunderts machte sich in Salzburg, Admont, St. Lambrecht, Gurk und Neustift bei Brixen der Einfluß der französischen juristischen Schulen bemerkbar (ebenso wie in der Diözese Passau, s. o. S. 195). Wichtigste Zeugnisse des neuen Rechtsstudiums sind das *Admonter Rechtsbuch* und die höchstwahrscheinlich in Neustift aufgezeichnete Dekretsumme *Impe-*

ratorie maiestati (im Clm 16084), deren Überlieferung dem Propst des Südtiroler Augustiner-Chorherrenstifts (ab 1173) Konrad von Albeck, der zuvor über Jahrzehnte Notarkapellan des Bischofs von Gurk gewesen war, zu verdanken sein dürfte. Wie im Bistum Passau, so hatten diese Studien auch in den Ostalpendiözesen bald praktische Auswirkungen auf die kirchliche Gerichtsverfassung. Seit dem Ende des 12. Jahrhunderts lassen sich dann Wechselbeziehungen dieses Raumes zu den berühmten Rechtsschulen der oberitalienischen Universitäten Bologna und Padua nachweisen. Auswärtige Studien sind zwar auch vorher belegt, so von Erzbischof Eberhard I. (1147–1164) in Paris (?) oder von Bischof Richer von Brixen (1174–1178) in Bologna (?); aber erst von Erzbischof Eberhard II. (1200–1246, zuvor 1196–1200 Bischof von Brixen) erfahren wir, er habe in den 1190er Jahren das Zivilrecht an einer Universität studiert (in Bologna?), was ihm freilich den scharfen Tadel des Papstes eintrug, da ihm nur das Theologiestudium gestattet worden war. Für das frühe 13. Jahrhundert ist dann ein Universitätsaufenthalt des Dompropstes Otto von Gurk in Bologna zu erschließen. An der 1222 von Bologna abgespaltenen Universität Padua erlangte bereits im ersten Jahrzehnt des Bestehens der aus dem süddeutsch-österreichischen Raum stammende Magister Markward von Ried (Marcoardus Teutonicus) die Position eines Professors des kanonischen Rechts, so wie dann Magister Wernhard, Passauer Domdekan und nachmaliger Bischof von Seckau (1268–1283). In Padua verfaßte Markward vermutlich auch sein *Lobgedicht auf Kaiser Friedrich II. und die Gewinnung von Jerusalem 1229* (in 57 teilweise gereimten Hexametern), das aber nur in einem österreichischen Annalen-Codex überliefert ist. 1239/40 urkundet er dann selbst in der Passauer Diözese (als Propst des Stiftes Mattsee). Eher in Bologna als in Padua dürfte Ulrich von Völkermarkt studiert haben, der in Kärnten mnemotechnische Hilfsmittel für den Rechtsunterricht herstellte (s. u. S. 398f.). Mit Ulrichs Tod 1266 fällt in etwa auch der vorläufige Abschluß der Frührezeption des gelehrten Rechts in der Erzdiözese Salzburg (und in Passau, nicht aber in Brixen und Trient) zusammen.

Erinnert sei an dieser Stelle an die Verflechtung von Jurisprudenz und Rhetorik (s. o. S. 162f.), wodurch sich aber die auffallende Seltenheit der Handbücher einer selbständigen *ars dictaminis* – die in unserem Raum nachweislich betrieben wurde – in den Bibliothekskatalogen auch nicht befriedigend erklären läßt. Diese Lücke paßt allerdings zu dem ebenfalls geringen Bestand an theoretischen Werken der Predigt, des zweiten wichtigen Anwendungsgebiets der Rhetorik im Mittelalter. Ja sogar Predigtsammlungen sind – außer in St. Peter in Salzburg – nach Ausweis der erhaltenen Kataloge äußerst selten gewesen. Vielleicht suggerieren diese hier aber doch ein unzutreffendes Bild. Wenn etwa unter den Werken der großen Kirchenväter Augustin, Ambrosius, Gregor und Hieronymus in der Salzburger Dombibliothek nur ein einziger Predigtband (Augustins) verzeichnet ist, so könnte das eventuell auf einer getrennten Aufstellung der anderen Predigtsammlungen unter den *libri scolares* beruhen, so wie sich unter den Schulbüchern Magister Goppolds von Vorau (oder Seckau, s. o.) ein *sermonarius* befand.

Für die Ausstattung der Domschule mit den nötigsten Unterrichtstexten muß nach der Plünderung der Bibliothek durch den Gegenerzbischof Berthold von Moosburg (1085–1106) spätestens Eberhard I. (1147–1164) gesorgt haben, der zuvor Scholastikus in Bamberg war und von dort zahlreiche Lehrer mitbrachte. In der Amtszeit Konrads II. 1164–1168 zog Salzburg als einziger Bischofssitz der päpstlichen Partei im Reich auch eine große Zahl von Priesteranwärtern an. Im 13. Jahrhundert wirkte sich der politische und wirtschaftliche Aufschwung der landesfürstlichen Residenz Salzburg aus. Vor dem Regierungsantritt Eberhards II. im Jahre 1200 waren allerdings noch schwere Einbußen durch Fehden und einen großen Stadtbrand zu verzeichnen. 1223 wertete der Erzbischof die bestehende Stelle des Domscholasters *(scholasticus)* zu einer den Domherren vorbehaltenen, wohlbepfründeten Stelle (mit eigenem Siegel) auf, was aber bald zur Folge hatte, daß sich der adelige Herr von einem Schulmeister *(rector, provisor, magister scholarium)* vertreten ließ. Dieser schlecht bezahlte Lehrer scheint den Erwartungen nicht ganz entsprochen zu haben, denn Eberhard II. zog dann auch einen Dominikaner (s. u. S. 375) zum Unterricht an der Domschule heran.

Nachrichten über die wesentlich bescheideneren Domschulen in Gurk und Seckau liegen wenige vor. Von Gurk kennen wir ein paar Domscholaster seit dem 12. Jahrhundert dem Namen nach. Die Söhne Herzog Ulrichs I. (1134–1144) hatten Bischof Roman I. von Gurk (1131–1167) zum Lehrer. Man hat daraus auf ein hohes Niveau der Gurker Domschule und eine starke Frequenz durch adelige Laien geschlossen, wohl etwas voreilig, da Roman wohl jene Funktion noch vor seiner Bischofsweihe wahrnahm und dies ebensogut als Privaterzieher tun konnte. Die Seckauer Domschule ging bald nach 1218 aus der *schola externa* des 1140 gegründeten Chorherrenstiftes hervor. Das wichtigste Zeugnis ist eine Verfügung Bischof Heinrichs I. von Seckau im Jahre 1242, wo es heißt: „Wir verordnen auch, daß Schüler *(scolares)* welchen Standes auch immer, die keine Klerikertonsur tragen, keine Erlaubnis erhalten, künftighin im Kloster und im Mönchschor zu wohnen, hin und her zu laufen oder sich zu zeigen. Wir verbieten überdies strikt, daß fahrende Schüler *(scolares vagi)* im Mönchschor oder nahe beim Chor im Kloster oder Speisesaal Aufnahme finden." Daraus läßt sich entnehmen, daß diese Vorschrift zuvor entweder nicht bestand oder nicht eingehalten wurde, aber auch daß das Stift – vielleicht gerade deshalb – ziemlich regen Zuspruch von seiten solcher Schüler erfuhr, die kein klerikales Amt anstrebten bzw. innehatten. Im übrigen würde das Zeugnis eine genauere vergleichende Untersuchung erfordern, um die *scolares cuiuscumque condicionis* genauer zu bestimmen. Daß Vaganten damals Unterkunft und Unterhalt in Zönobien suchten, versteht sich fast von selbst, ist hier aber einmal definitiv für unseren Raum belegt.

Der Bestand der Domschule von Brixen ist seit dem Anfang des 11. Jahrhunderts gesichert. Ihr stand um 1030 ein *magister scholarum* (Schulmeister) aus dem Kreis der Domherren vor. In der zweiten Hälfte des 12. Jahrhunderts trug Magister Richer als erster den Titel *scholasticus*. Richer, der zuvor in Bologna (?) studiert hatte (s. o. S. 371), wurde 1174 zum Bischof von Brixen ernannt. Zur Hebung des Bildungsniveaus trugen gewiß auch die Bischöfe Reginbert (1125–1139), zuvor Prior in Admont und Abt von St. Peter, Hartmann (1140–1164), ehemals Zögling in St. Nikola bei Passau, Domdekan zu Salzburg und Propst von Klosterneuburg (1133–1140), und Eberhard (1196–1200), der in Italien studiert hatte (s. o. S. 371), Wesentliches bei. Wie weit dies der Domschule selbst oder anderen Bildungseinrichtungen – wie etwa dem von Hartmann gegründeten Neustift bei Brixen – primär zugute kam, läßt sich nicht sagen. Was an spärlichen Resten Brixener Schulbücher auf uns gekommen oder bezeugt ist, läßt darauf schließen, „daß der Unterricht weder nach Inhalt noch nach Umfang bedeutend gewesen sein kann" (L. Santifaller). Dabei markiert das 12. Jahrhundert wohl ohnehin den Höhepunkt, nach dem es allmählich wieder bergab ging. Zwar versuchte man dem durch ein förmliches Statut im Jahre 1256 zu steuern, das

Wahl, Stellung und Pflichten des *scholasticus* regelte und diesem auferlegte, sich einen Gehilfen zu wählen, der seinen Aufgaben im Chor, in der Schule und im Schriftwesen (*in prosaico dictamine*) gewachsen sein sollte. Anhaltender Erfolg war den Bemühungen aber schwerlich beschieden. Jedenfalls konnte im Jahre 1370 kein einziger der 13 Kanoniker ein Schriftstück eigenhändig unterschreiben; im Jahre 1417 waren es immerhin noch zwei von elf Domherren. Noch weniger als von der Brixener Domschule wissen wir von der in Trient. Ein *scholasticus* wird erstmals 1161 unter den dortigen Domherren erwähnt. Zu dieser Zeit regierte Bischof Albert (Adelpretus) II. (1156–1172), aus dessen kürzlich wiederentdeckter Lebensbeschreibung (s. u. S. 388f.) wir erfahren, daß er, ein Angehöriger des Kaiserhauses der Staufer, *in monte pavonis enituit* (in Bamberg glänzend hervortrat: *Vita Adelpreti,* Z. 35f.), d. h. also wohl in der berühmten Domschule von Bamberg sein Wissen erwarb. Wie sich die Tridentiner Domschule nach dem von Albert gegebenen Impuls weiterentwickelt hat, läßt sich den Quellen nicht entnehmen, auch nicht dem großen *Codex Wangianus,* dem unter Bischof Friedrich von Wangen (1207–1218) angelegten Urkundenbuch des Hochstifts Trient, das ja ein Erzeugnis des weltlichen Notariatswesens darstellt. Immerhin begegnen unter den Zeugen der eingetragenen Urkunden einige Tridentiner Domherren mit dem Magistertitel und 1233–1241 auch ein *magister Odolricus (Uolricus, Oldericus) scolasticus,* ebenfalls ein Kanoniker des Domkapitels. Magister Ulrich ist in anderen Urkunden sogar 1220 bis 1286, aber eben als einziger Domscholaster des gesamten Zeitraums bezeugt.

Funktionierende Domschulen waren für die Ausbildung des Diözesanklerus um so notwendiger, als offenbar nur wenige effiziente Kloster- und Stiftsschulen hier in die Bresche springen hätten können. Ausnahmen könnten schon im 12. Jahrhundert das 1142 gegründete Augustiner-Chorherrenstift Neustift bei Brixen und das kurz vor 1140 von Bischof Otto von Freising, dem Eigenkirchenherrn, eingerichtete Kollegiatsstift Innichen im Pustertal gewesen sein. Nachgewiesen ist ein *scholasticus* für Neustift 1227–1235, zu etwa derselben Zeit wie für das Prämonstratenserstift Wilten, das von der Nähe der aufstrebenden Stadt Innsbruck profitierte. Wohl nur lokale Bedeutung kam dem kleinen Benediktinerkloster St. Georgenberg bei Schwaz in Nordtirol zu, wo 1273 ein *scholasticus Pertold* als Zeuge auftritt.

Hauptstützpunkte des Kärntner Unterrichtswesens dürften neben Gurk Millstatt, St. Paul im Lavanttal, Viktring, Völkermarkt und Friesach gewesen sein. Für Millstatt kann man allerdings nur die ansehnlichen Reste des jetzt verstreuten Bücherschatzes aus dem ehemaligen Benediktinerkloster ins Treffen führen. Im St. Pauler Kloster desselben Ordens werden dagegen seit der zweiten Hälfte des 12. Jahrhunderts Lehrer und Schüler urkundlich erwähnt. In der Zisterze Viktring übte wahrscheinlich Balduin von Viktring seine Lehrtätigkeit vor seiner Abtszeit 1194–1200 aus (s. u. S. 396). Für das Kollegiatsstift St. Ruprecht in Völkermarkt hat schon die Gründungsurkunde einen *scholasticus* vorgesehen. In den Friesacher Kollegiatsstiften St. Bartholomäus (gestiftet 1182, erneuert 1217) und Virgilienberg (1239) ließ der Erzbischof von Salzburg, der aus dieser seiner Stadt, der bedeutendsten in Kärnten bis zum Ende des Hochmittelalters, reiche Einkünfte bezog, einen Teil des Nachwuchses für die Salzburger Hofkapelle heranbilden.

Im steirischen Kloster Admont hat sich das oben im 2. Kapitel (S. 74ff.) beschriebene hohe Bildungsniveau zweifellos bis ins ausgehende 12. Jahrhundert erhalten. Über die hochmittelalterliche(n) Klosterschule(n) erfahren wir außer gelegentlichen

Erwähnungen eines Schullehrers (z. B. eines *Gotfridus scolarius* um 1150) aus den Quellen freilich nichts. Dasselbe gilt für Seckau, wo schon 1156 ein Klosterschüler urkundet. Etwas mehr Einblick erhalten wir in den Schulbetrieb des Benediktinerklosters St. Lambrecht und des Augustiner-Chorherrenstifts Vorau aufgrund der erhaltenen Bücherlisten (s. o. S. 367 und 368). Aus der zweiten Hälfte des 13. Jahrhunderts kennen wir überdies die Namen einiger Vorauer Klosterschüler und eines dortigen Scholastikus (1275). Für das 13. Jahrhundert einwandfrei bezeugt ist auch eine Schule in Rein, der ältesten Zisterze im Ostalpenraum (gegründet 1129/30), die schon im 12. Jahrhundert einen namhaften Prediger hervorbrachte (s. u. S. 375ff.).

In Admont stand, wie wir gesehen haben (s. S. 74f.), im 12. Jahrhundert der Frauenkonvent dem Männerkloster im Unterricht kaum nach. Doch war dies gewiß eine seltene Ausnahme. Höchstens für die Benediktinerinnen auf dem Salzburger Nonnberg läßt sich ein vergleichbares Niveau erschließen, ein wohl schon etwas niedrigeres für die Benediktinerinnen in Göß und die Augustiner-Chorfrauen in Seckau (s. u. S. 449). Details über den Unterricht, den die Mädchen in diesen geistlichen Gemeinschaften genossen, sind nicht überliefert. Von den Petersfrauen in Salzburg, deren Konvent sich an Bedeutung nicht mit den eben genannten messen konnte, wissen wir immerhin, aber auch erst aus einem späten Zeugnis (16. Jahrhundert), daß sie von der Novizenmeisterin in Lesen und Schreiben, Chorgesang und weiblichen Handarbeiten unterrichtet wurden. Zu den schönsten Resultaten dieser Ausbildung zählten hier wie in anderen Frauenkonventen prachtvolle liturgische Codices.

Noch bescheidener als in den Frauenkonventen fiel wohl der Unterricht in den meisten Pfarr- und Stadtschulen dieser Epoche aus (s. o. S. 164ff.). Diese beiden Schultypen sind im 13. Jahrhundert nicht streng zu trennen. Der Unterschied lag in der – mancherorts wechselnden – Oberaufsicht und Bezahlung durch Kirche, Landesfürst oder Stadtrat, weit weniger in Inhalt und Ziel des Unterrichts. Dieses bestand allgemein vornehmlich in der Ausbildung von Klerikern für diverse Aufgaben (s. o. S. 165). Die prinzipielle Öffnung für Laien blieb vorläufig offenbar auf die Stadtschule von Bozen (s. o. S. 370) beschränkt. Von den meisten Pfarr- und Stadtschulen des Hochmittelalters in unserem Raum ist ohnehin kaum mehr als die bloße Existenz bekannt. So tauchen in den Urkunden *scholastici* (und dergleichen) vor 1278 auf in Friesach (Stiftsschule?), St. Veit an der Glan, Straßburg (Kärnten), Lienz, Marburg, Graz, Leoben, Judenburg, Kirchschlag, Neunkirchen und Wiener Neustadt. Am besten unterrichtet sind wir über die Neustädter Schule. Die *Nova Civitas* (erst seit dem 17. Jahrhundert „Wiener" Neustadt) war erst gegen Ende des 12. Jahrhunderts vom Landesfürsten gegründet worden, nachdem die Babenberger die Steiermark, zu der die ehemalige Pittner Grafschaft damals ja noch durchgehend zählte, geerbt hatten, nahm aber bald einen rasanten Aufschwung, dem auch die Einrichtung einer Schule Rechnung trug. Sie unterstand vorerst dem Landesfürsten, der den Schulmeister ernannte. Der erste, ein *scolasticus Godofridus*, ist 1232 bis 1260 bezeugt. In der zweiten Jahrhunderthälfte ging die Oberaufsicht an den Stadtrat über.

Vom Aufstieg der Stadt zeugen auch das Entstehen einer bedeutenden Judengemeinde (s. u. S. 568) und die frühe Niederlassung der Bettelorden. Das Franziskanerkloster in Wiener Neustadt, das älteste in der Salzburger Diözese, ist vermutlich ein „Ableger" der wenig älteren Wiener Gründung. Auf Wiener Neustadt (um 1225) folgten dann Niederlassungen in Graz (1230/40), Wolfsberg (1242), Marburg (vor 1250), Villach (1252), Judenburg (vor 1257), Pettau (1262) und Bruck an der Mur

(1272). Fast gleichzeitig mit den Minoriten, nämlich im Jahre 1227, errichteten die Dominikaner in Wiener Neustadt ein Kloster, das – ebenso wie die Konvente in Pettau (1230) und Leoben (1263) – auf eine direkte Verbindung mit den Dominikanern in Friesach zurückgehen dürfte. Nach Friesach hatte bereits 1217 Erzbischof Eberhard II. den Predigerorden, der damals noch keine Niederlassung im deutschen Sprachraum besaß, berufen, um die Ketzerei zu bekämpfen, wie man annehmen darf. Friesach, Wien und Wiener Neustadt hatten somit einen deutlichen Zeitvorsprung vor den Dominikanerniederlassungen Trient (1235 im vormaligen Benediktinerkloster San Lorenzo) und Bozen (1272) in der (später definierten) Ordensprovinz Lombardia inferior.

Die Franziskaner sammelten sich zu ihrer zweiten Deutschlandmission 1221 in Trient und ließen hier – gemäß dem Bericht des Bruders Jordan von Giano von 1262 – gleich einige Fratres zur Gründung einer Niederlassung zurück. Für Bozen läßt sich eventuell dasselbe aus dem Bericht erschließen, der eindeutige Bestand eines Klosters aber erst für die Jahrhundertmitte sichern, ebenso wie für Brixen (1245). Die weiblichen Zweige der Bettelorden sind in Tirol schon ein wenig früher heimisch gewesen. Sie sollen jedoch in unserer Darstellung vernachlässigt werden, da sie im Rahmen der Bildungsgeschichte eine untergeordnete Rolle gespielt haben dürften. Über die diesbezügliche Bedeutung namentlich der Dominikaner ist oben (S. 166f.) gehandelt worden. Jenen allgemeinen Bemerkungen ist hier nichts hinzuzufügen, da das Quellenmaterial aus den Alpendiözesen dafür keinerlei bildungshistorische Details liefert. Es versteht sich aber fast von selbst, daß, sofern die Dominikaner in diesem Raum überhaupt eine höhere theologische Lehranstalt schon in früher Zeit unterhielten, als Standort nur Friesach in Frage kommt. Aus dem Konvent zu Friesach wird auch am ehesten Erzbischof Eberhard II. jenen Dominikaner berufen haben, der an der Salzburger Domschule Unterricht zu erteilen hatte (s. o. S. 372).

Predigt

Im zweiten Kapitel dieser Literaturgeschichte sind wir einer umfangreichen Sammlung lateinischer Predigten aus der Steiermark, den *Admonter Predigten*, begegnet (s. S. 75ff.). Nun gilt es, ein weiteres Predigtkonvolut aus einem steirischen Kloster vorzustellen, das – im Gegensatz zur Admonter Sammlung – zu Recht einem bestimmten Autor zugesprochen werden kann und das auch in einer vorzüglichen modernen Ausgabe (von E. Mikkers u. a., 1986) vorliegt.

Der Codex 94 der Zisterzienserabtei Rein (ehemals Reun, lat. Runa) enthält auf 307 Blättern 108 Predigten mit der Aufschrift *Sermones Hermanni Runensis monachi*. Sie bestehen aus vier Reihen von Predigten zu 15 Festtagen des Kirchenjahres, wobei die erste Predigt der zweiten Reihe auf den Adventsanfang des Jahres 1172 (also den 3. Dezember) datiert ist. Daraus kann man, falls die Predigten tatsächlich alle gehalten wurden, schließen, daß die 51 vorangehenden vermutlich vor diesem Datum, die anderen nachher, bis ca. 1180 verfaßt worden sind. Da für fast alle Feste mehrere Predigten aufgezeichnet sind, stammen diese wohl aus verschiedenen Jahren. Der Autor, **Hermann von Rein,** hat somit der zweiten oder dritten Generation der Reiner Mönche angehört. Es spricht nichts dagegen, ist aber gleichwohl unerweislich, daß jener *Hermannus presbyter*, den das Seckauer Verbrüderungsbuch für die Zeit von 1165 bis 1184 als einzigen Mönch aus Rein nennt, mit unserem Hermann identisch ist. Dieser war mit der Aufgabe des Klosterpredigers betraut, die sonst dem Abt zukam. Über den Grund dafür sind nur vage Vermutungen möglich.

Ob die Abschrift (nicht Erstschrift!) der Predigten von Hermann selbst stammt, wissen wir auch nicht, obwohl dieser im Reiner Skriptorium tätig gewesen sein könnte. Weitere Werke Hermanns sind nicht bekannt, denn die in einer Prager Handschrift befindlichen Predigten, die ihm J. B. Schneyer in seinem Sermones-Repertorium zuschreibt, gehören ihm offenbar nicht.

Die alten Mönchsgewohnheiten der Zisterzienser sahen vor, daß an bestimmten Festtagen am Morgen nach der Prim vor der Messe im Mönchskapitel eine Predigt gehalten werden sollte, auf Latein, versteht sich. Es sind dies die Feste Weihnachten, Epiphanie, Palmsonntag, Ostern, Christi Himmelfahrt, Pfingsten, die Marienfeste (Verkündigung, Lichtmeß, Geburt, Himmelfahrt), Johannes der Täufer, Peter und Paul, Benedikt, Allerheiligen und Advent (besonders der erste Sonntag). Auf diese Feste verteilen sich auch Hermanns Predigten, allerdings mit ungleicher Gewichtung sowohl innerhalb der vier Predigtzyklen (vermutlich kleinerer Bände, die dann zusammengefaßt wurden) wie im gesamten: Deutlich über dem Durchschnitt liegen an Zahl die Advents-, Weihnachts- und Osterpredigten, deutlich darunter die Predigten zur Verkündigung, zu Peter und Paul sowie zum Benediktsfest. Die einzelnen Marienfeste halten – bis auf die nur einmal vertretene Verkündigung – mit 7 bis 9 Predigten etwa die Mitte, stellen mit einer Gesamtzahl von 25 aber einen deutlichen Schwerpunkt dar, der der bernhardinischen Marienverehrung entspricht.

Es ist das große Verdienst der Herausgeber (insbesondere R. Demeulenaeres), den zitathaften Charakter der Predigten Hermanns nachgewiesen zu haben. Zum größten Teil sind sie aus vorgegebenen Mustern ohne nennenswerte Veränderung des Wortlautes zusammengesetzt, zum weit geringeren Teil freie Paraphrasen von Abschnitten fremder Predigten. Selten finden sich Partien, die anderswo nicht nachgewiesen sind, am häufigsten zu Anfang und Ende der Predigten. So besteht z. B. *Sermo XI in Annuntiatione Sanctae Mariae* (134 Zeilen in der Ausg.) fast ausschließlich aus verschiedenen Passagen des *Sermo in laudibus Virginis matris* Bernhards von Clairvaux (106 Zeilen). Die Zeilen 2–18 sind Honorius Augustodunensis entlehnt. Die Einleitungssätze zu Kapitel 1 und 2 der Predigt hat Hermann offenbar teilweise frei formuliert, weitere acht Zeilen in bloß inhaltlicher Anlehnung an die beiden genannten Autoren. Von den 168 Zeilen des *Sermo XLVI in Assumptione sanctae Mariae* dürfte immerhin fast die Hälfte von Hermann selbst stammen. Für *Sermo LXIX in Adventu* ist gar keine Vorlage namhaft gemacht. Aber das ist die Ausnahme. Hermann liegt auch nichts ferner, als sein Verfahren zu verschleiern. In der 21. Predigt schreibt er (Z. 37–44):

„Andere schneiden belaubte Zweige von den Bäumen und streuen sie auf den Weg" (Markus 11,8), weil sie bei der Lehre der Wahrheit Worte und Sätze der Väter aus deren Aussagen auswählen und diese auf dem Wege Gottes, der zum Herzen des Zuhörers kommt, in der schlichten Predigt unterbreiten. Dies tun nun auch wir Unwürdige. Denn wenn wir Sätze der Väter in die Predigt der Ermahnung aufnehmen, schneiden wir gleichsam Laubzweige von den Bäumen, um sie auf den Weg des allmächtigen Herrn zu streuen.

Die Liste der von Hermann ausgeschriebenen Autoren umfaßt ca. 80 Namen. Selbstverständlich liefern die alten Väter den Löwenanteil des Materials, insbesondere Ambrosius, Augustin, Beda und Gregor (kaum dagegen Griechen). Aber auch aus dem Fundus moderner exegetischer, erbaulicher und prädikatorischer Schriften bedient unser Prediger sich gerne, am liebsten aus denen des Lombarden Petrus, des Victoriners Hugo und Bernhards, des Leitsternes zisterziensischer Beredsamkeit. An dieser sucht der Kompilator sich auch in erster Linie bei den eigenen Formulierungen zu orientieren, an der Reimprosa, der rhythmischen Gliederung, dem „leichten" Redeschmuck und anderem mehr. Und es gelingt ihm bisweilen nicht schlecht, namentlich, wo er mit innerer Beteiligung den Ton bernhardinischer Mönchsschelte aufnimmt:

Es gibt da welche in der Gemeinschaft der Brüder, die sich selbst nicht kennen, denen das Kloster ein Kerker ist, die Liebe eine Kette, die Genügsamkeit eine Fußfessel, die Lesung ein Greuel, die Ruhe eine Qual, die Stille eine Bitternis, die Meditation Verzweiflung. Diese sind so bereit und eifrig, hin und her zu laufen, um (aber) im Kloster zu sitzen, krank und schwach; um Gott anzuflehen, dumm und stumm, um mit Rindern und Schafen Handel zu treiben, schlau und gewitzt. Über Verluste weltlicher Güter klagen und seufzen sie, den Zusammenbruch der Tugenden bedauern und fühlen sie nicht. Um die tränenreiche Zerknirschung zu suchen, sind sie unerfahren und ungebildet, um eitle Märchen vorzutragen, beredt und gewandt. Beim Psalmensingen schnarchen und träumen sie, in ihren Betten widerlegen und entscheiden sie. Sie kennen sich dergestalt nicht, lieben die Welt, sind noch erfüllt von fleischlichen Bedürfnissen (Sermo XLIX, Z. 99–111).

Der ständige Parallelismus der Synonyme und Antonyme läßt sich schon an der behelfsmäßigen Übersetzung erkennen. Hinzu kommen Homoioteleuton (z. B. *meditatio desperatio, bruti et muti*), Alliteration (z. B. *facundi et faceti*) oder beides zusammen *(astuti et acuti)*. Einmal reiht Hermann sogar sechs Wörter mit dem Anlaut c-.

Zumeist besteht Hermanns Leistung dagegen nur in der sinnvollen Zusammenstellung und Ausrichtung der Exzerpte auf ein gemeinsames Thema. Dies ist – ganz anders als in den *Admonter Predigten* – selten ein Schriftwort, meist vielmehr der Inhalt einer liturgischen Feier. Die monastische Lebensform gibt hier wie dort die Folie ab, hier geht es aber primär um die Liturgie als Weg zur christlichen Vollendung im Leben des Mönchs. Der gottesdienstliche Nachvollzug der Inkarnation, Passion und Auferstehung Christi, also des ganzen Mysteriums der Erlösung, ist Vorbereitung und Vorgeschmack des letzten Zieles, der ewigen Glückseligkeit. Selbstverständlich finden auch die anderen Pfeiler monastischer Existenz, Handarbeit, Schweigen, Meditation, Selbsterkenntnis, Sündenbewußtsein, angemessene Berücksichtigung. Bis in die Tiefen bernhardinischer Anthropologie dringt Hermann dabei aber kaum je vor. Urquelle aller geistlichen Rede ist die Heilige Schrift. Auf sie bezieht sich denn auch Hermann durchgehend, bedient sich dabei natürlich der Auslegung nach dem mehrfachen Schriftsinn, erlegt sich jedoch bei der typologischen Exegese eine merkliche Zurückhaltung auf.

Bescheidenheit und Selbstbeschränkung kennzeichnen allenthalben das Verfahren dieses Predigers. Gewiß gehört er nicht zu den großen Gestalten zisterziensischer Spiritualität, aber immerhin ist er deren erster namentlich bekannter Vertreter im Südosten des Reiches, und sein centoartiges Verfahren bei der Komposition seiner Predigten scheint ohne Parallele zu sein. Jedenfalls vermag der Herausgeber E. Mikkers keine solche anzugeben, obwohl er es für möglich hält, daß dies an der mangelnden Untersuchung anderer Predigten liegen könnte.

Hagiographische Prosa

Die literarische Tradition der Lebens- und Leidensbeschreibungen frommer Männer – einer im Grenzbereich zwischen Hagio- und Historiographie angesiedelten literarischen Gattung – war in der Erzdiözese Salzburg am Ende des 11. Jahrhunderts mit der *Vita Gebehardi* aus Admont begründet worden (s. o. S. 79f.), hatte hier bereits kurz darauf einen metrischen Ableger, die *Passio Thiemonis*, und in der Mitte des 12. Jahrhunderts (?) eine prosaische *Passio Thiemonis* hervorgebracht (s. o. S. 85ff.) und setzte sich in der zweiten Jahrhunderthälfte im Bistum ungebrochen fort.

So wie die ältere Thiemo-Biographie in Admont eine jüngere Bearbeitung erfahren hatte, so verfaßte nach 1181 ein Admonter Benediktiner auch eine weitere *Vita Gebehardi* und fügte ihr die Geschicke der nachfolgenden Erzbischöfe bis zum Jahre 1177 hinzu, weshalb die Schrift meist unter dem Titel **Vita Gebehardi et successorum eius** firmiert. Nach dem Urteil des Herausgebers zeichnet sich dieser Autor weder durch die Menge der benutzten Quellen – der älteren Gebhardsvita, der älteren und jüngeren *Passio Thiemonis*, der *Conversio* (s. o. S. 32f.) und der Chroniken Ottos von Freising –, die er teilweise im Wortlaut einschiebt, noch durch glückliche Begabung aus. A. Lhotsky nennt das Werk dagegen „eine sehr respektable Leistung". Tatsächlich schreibt dieser Biograph, wie die im folgenden zu nennenden auch, ein achtbares Latein. Daß er dem ziemlich trockenen, wenngleich natürlich päpstlich gesinnten Bericht eine besondere persönliche Note verliehen hätte, läßt sich freilich nicht behaupten. Er bringt aber eine Menge wertvoller Nachrichten, insbesondere zur Geschichte seines Klosters. Selbst für die Literaturgeschichte fällt dabei etwas ab, wenn Irimberts exegetische Schriften (s. o. S. 74ff.) erwähnt werden (Kap. 27).

Obwohl der Autor es nicht verabsäumt, auf das heiligmäßige Leben der papsttreuen Salzburger Metropoliten hinzuweisen – im Falle Eberhards auch auf die Wunder an dessen Grab (Kap. 23, s. u.) –, liegt hier keine hagiographische Schrift im engeren Sinne vor, ebensowenig wie bei der wenige Jahre älteren *Vita Chuonradi*. Deren Autor war mit Erzbischof Konrad I. (1106–1147) persönlich bekannt und in dessen Auftrag in Ungarn als Gesandter tätig gewesen und konnte so trotz des zeitlichen Abstandes von etwa drei Dezennien ein recht getreues Lebensbild des Salzburger Oberhirten zeichnen. Aufgrund stilistischer Ähnlichkeiten und anderer Indizien hat man vermutet, der Verfasser sei identisch mit jenem Salzburger Domherrn und Archidiakon in Unterkärnten namens **Heinrich,** der um 1170 eine Trostschrift an den vertriebenen papsttreuen Erzbischof Adalbert (1168–1177, 1183–1200) richtete. Diese in der Forschung als *Historia calamitatum ecclesiae Salzburgensis (Geschichte der Unbilden der Salzburger Kirche)* bezeichnete kleine Schrift ist teils Selbstrechtfertigung des Autors gegenüber den Vorwürfen, selbst an der Konspiration gegen Adalbert beteiligt gewesen zu sein, teils parteiischer Bericht der Wirren in der Salzburger Kirchenprovinz während des Schismas, in erster Linie aber Ermahnung und Ermunterung des Adressaten, in dem dergestalt geschilderten Unglück standhaft auszuhalten. Der appellative Charakter des Werkes prägt den Stil. In bisweilen ausschwingender, hyperbolischer und oft polemischer Rhetorik werden die Gegner gebrandmarkt, die kirchlichen Verhältnisse in düsteren Farben gemalt und Adalberts Geschick als göttliche Prüfung des Gerechten interpretiert:

Die göttliche Vorsehung sorgt väterlich für das Heil ihrer Erwählten und versteht es, die Verwerflichkeit der Männer, die unbillig wüten und sie verfolgen, zum Nutzen der Bedrückten zu wenden (Kap. 1).

Traget also, mein Gebieter, traget mit Demut und Geduld Geschirr und Zügel als solche, die nicht von einem menschlichen Verfolger, sondern vom züchtigenden und erziehenden Vater Euren Kinnbacken angelegt wurden, der auch weiß, wann es Zeit ist, sie abzunehmen und Friede, Sicherheit und Ruhe von allen Schicksalsschlägen zu gewähren Euch und der Kirche, welche mit Euch gleich einer Kreißenden täglich zum Herrn um ihre und Eure Befreiung ruft (Kap. 8).

Als Archidiakon zeigt sich der Verfasser von den Zuständen in der Diözese persönlich aufs schmerzlichste betroffen. Die Salzburger Kirche, die vormals „durch ihre Tugenden geschmückt wie das Firmament durch die gleißenden Sterne leuchtete", habe sich nun zum Hort der Unzucht gewandelt, da die Kleriker wieder mit Frauen zusammenleben (Kap. 8). Ja, während sie die Laien von Hurerei und Ehebruch mit öffentlicher Buße abhalten, führen sie selbst das schändlichste Leben, da sie keinem Laien gestatten, über sie zu urteilen. Aber auch den Archidiakon mißachten sie, so daß er, wie er sagt, sein Amt lieber aufgeben und nichts mit fremden Sünden zu tun haben will (Kap. 9).

Die – von Historikern ziemlich hochgeschätzte – **Vita Chuonradi** präsentiert sich als vergleichsweise nüchterner, objektiver Tatsachenbericht, obschon die hervorragende Leistung des großen Kirchenreformers (s. o. S. 58f.) gebührend herausgestellt wird. Vom literarhistorischen Standpunkt am interessantesten aber erscheint das ziemlich konsequent, auch unter Ausblendung widersprechender Züge ausgestaltete Bild der Persönlichkeit des Erzbischofs. Ausgehend von dem bekannten Gegensatz von *militia saecularis* und *militia Christi* stellt uns der Autor einen Mann aus hochadeliger Familie vor, der aufgrund der breiten Machtbasis seiner weitverzweigten Verwandtschaft, „wenn er seine Hoffnung auf die Waffen hätte setzen wollen, das ganze Reich beunruhigen hätte können," aber „trotz vieler erlittener Untaten und Unbilden niemals einen Krieg unternahm, niemals den Schutz militärischer Stärke suchte, da Christus das Herz dessen, in dem er wohnte, lenkte" (Kap. 2). Während er also den Umstand, daß der Erzbischof mehrfach der Gewalt der kaiserlichen Partei wich, mit dem Wunsche des frommen Mannes erklärt, „lieber zu fliehen als sich mit Gegenwehr zu schützen" (ebenda), ist er bemüht, die furchtlose Standhaftigkeit des nur mit geistlichen Waffen kämpfenden Gottesstreiters herauszustellen. Schon als Mitglied der Hofkapelle König Heinrichs IV. habe er gegen die Unmoral bei Hofe mannhaft seine Stimme erhoben:

Da er aber ebendiesen Hof jeder göttlichen und menschlichen Ehrenhaftigkeit entfremdet vorfand und sah, wie er von Schmutz und Schändlichkeiten erfüllt war, dergestalt, daß den ersten Platz der Gunst beim Kaiser edle und schöne Äbtissinnen und Nonnen sowie andere für Schönheit und Abkunft hochberühmte Frauen innehatten, welche deshalb dem Hofe folgten, da sie ihre Keuschheit und Zierde des Aussehens feilboten und durch ihre Gunst und Vermittlung Bistümer, Abteien, Propsteien und die übrigen kirchlichen Würden vergeben wurden, da begann er, uneingedenk seiner Absicht, derentwegen er gekommen war, zu verabscheuen, was er täglich sah, und anzuprangern (Kap. 3).

Nur mit knapper Not entgeht er hierauf den Anschlägen des Kaisers. Als Konrad dann, als Parteigänger des Usurpators Heinrichs V. von diesem zum Erzbischof erhoben, am Romzug 1110 teilnimmt, verbietet er, so der Biograph, „da er lieber ein Diener des Friedens als des Krieges sein wollte", seinen Leuten, an Kämpfen und Belagerungen teilzunehmen.

Daher geschah es nun, daß ein Ritter, hervorragend an Besitz und Kampfeskraft, mit Namen Meingod, sein (Konrads) Mundschenk, der in jugendlichem Feuereifer zum Kampfe ausgeritten war, eine Wunde am

Schenkel empfing, jedoch wegen der Drohung des Herrn, dessen Worte wie ein das Herz des Menschen durchbohrender und durchdringender Blitzschlag waren, sich keinen Tag seiner (Konrads) Gegenwart entzog und vom gewohnten Dienst entschuldigte (Kap. 9).

Als dagegen Heinrich V. den Papst gefangensetzen läßt, nimmt Konrad, heißt es weiter in der Vita, öffentlich gegen den König Stellung und rückt nicht von seiner Haltung ab, obschon die Mannen des Königs ihn mit dem Schwert bedrohen:

Als der Erzbischof sie erblickte und sah, daß ihm der Tod drohe und die Schwerter gezückt waren, neigte er sein Antlitz zur Erde und ergriff dagegen die Waffen des Himmels, das Glaubensbekenntnis und das Herrengebet (Kap. 9).

Der König selbst sieht sich hier – aus taktischen Überlegungen – gezwungen, Konrad zu schützen; der Zwiespalt vertieft sich aber im folgenden immer mehr. Als der Erzbischof von seinen Ministerialen beim Kaiser verklagt wird, zitiert ihn Heinrich nach Mainz. Konrad kam dorthin, sagt der Biograph, „und stellte sich in Reitkleidung vor den Kaiser, den Bischofsstab in Händen, in nobler Haltung und mit würdevoller Miene, so daß alles, was man an ihm sah, einen ehrwürdigen, hoheitsvollen Mann verriet" (Kap. 10). Trotz der bedrohlichen Lage entläßt der Erzbischof die meisten seiner Ritter und Kleriker, da er ihre Angst sieht, fällt selbst aber dem Kaiser mit kaustischen Witzen und Sticheleien so auf die Nerven, daß dieser ihm schließlich die Rückkehr nach Salzburg gestattet.

Uns berührt die Frage nach dem – von anderen Quellen teils bestätigten, teils nicht unerheblich relativierten – Realitätsgehalt dieses Charakterbildes weit weniger als die Erkenntnis, daß hier ein geläufiger hagiographischer Topos durchaus lebendig und individuell ausgestaltet wird. Daß dieser Kirchenfürst, der „zu den imposantesten Gestalten des deutschen Episkopats im Hochmittelalter" zählt (H. Dopsch), auf seine Mit- und Nachwelt Eindruck gemacht hat, ist ebensowenig zu bezweifeln wie, daß der Biograph bestrebt gewesen sein wird, diesen Eindruck einigermaßen korrekt wiederzugeben. Er stand dabei aber wie seine Zeitgenossen bereits unter dem Einfluß vorgeprägter Denkstrukturen. Diese gälte es ebenso zu beachten wie die speziellen Gegebenheiten des Darstellungsmediums, wollte man einem Werk wie dem vorliegenden einmal auch von der Warte der Literaturwissenschaft aus gerecht werden. Selbstverständlich wäre dabei auch die Komposition des Werkes näher zu betrachten. Schon dem flüchtigen Betrachter muß die Tendenz auffallen, den chronologischen Ablauf – zum Leidwesen des Historikers – häufig einer thematischen Gliederung zu opfern, was auch Formeln des Vor- und Rückgriffs erforderlich macht.

Obwohl die *Vita Chuonradi* mitten im Satz unvollendet abbricht, ist sie etwa doppelt so lang wie die *Vita Eberhardi*. Das läßt sich nur bedingt aus der weit kürzeren Regierungszeit Erzbischof Eberhards (1147–1164) erklären. Der Autor von dessen Vita, ein begeisterter und treuer Schüler Eberhards, ist offenbar an den politischen Wirren des Schismas (seit 1159), nach dessen Ende (1177) er die Schrift verfaßt zu haben scheint, weit weniger interessiert als an den geistigen und geistlichen Qualitäten des Salzburger Oberhirten. Dabei greift er von Anfang an das Schema der Legende auf. Schon die Mutter Eberhards wird mit Zügen einer Heiligen versehen. Dann heißt es:

Daher verdiente sie den Sohn, von dem nun gehandelt wird, die Würdige den Würdigen, der, geboren am Rüsttag, ganz und gar nicht saugen wollte, bis er am Ostersamstag das erste Mal die Kommunion empfing (Kap. 1).

Dann schildert der Autor die hervorragende Ausbildung in allen drei Teilen der Weisheitslehre, Physik (Naturkunde), Ethik, Logik, in welchen dem künftigen Erzbischof nicht leicht einer gleichgekommen sei, und die Entscheidung des Jünglings für das geistliche und kontemplative Leben. Dabei fällt auf, daß statt konkreter Informationen blumige Gemeinplätze geliefert werden, die sich zur Vorführung sprachlicher Kunststücke eignen. Das Stilideal scheint im ganzen Werk das der Kürze *(brevitas)* zu sein. In Kombination mit einem ausgeprägten Hang zu Wortspielereien entsteht an vielen Stellen der Eindruck eines schwer erträglichen Manierismus. Der Autor wäre offenbar gerne ein Dichter wie Horaz, Lucan oder Vergil (die er zitiert) gewesen, übernimmt sich dabei aber nicht unerheblich und begnügt sich im Verlaufe der Schrift dann auch zunehmend mit einer einfacheren Diktion.

Inhaltlich legt er es vor allem auf einen Tugendkatalog an. Etwa als Prediger, heißt es, habe Eberhard das Herz der Menschen bewegt „besser als jener Orpheus, der mit der Süße seiner Melodie Steine, Wälder und wilde Tiere anzog, auch die Götter der Unterwelt zu Tränen rührte" (Kap. 5). Seine Gastfreundlichkeit und Barmherzigkeit sei sprichwörtlich gewesen, was eine Anekdote belegen soll. Zum Erzbischof erhoben, habe Eberhard das mönchische Leben mit allen Übungen und Kasteiungen unvermindert beibehalten. Seinem heiligen Lebenswandel entsprechend sei ihm Gewalt über Dämonen und Krankheiten gegeben gewesen. Seinen Platz im Himmel habe ein Jahr vor seinem Tod eine Inkluse in Freising in einer Vision vorausgesehen.

Erzbischof Eberhard stand bei seinen Zeitgenossen ganz allgemein in höchstem Ansehen. Selbst der Kaiser, dem er sich widersetzte, zollte seiner moralischen Autorität Respekt. Die Historiographen urteilen allesamt positiv. Rahewin von Freising etwa hebt die seltene Übereinstimmung von Wort und Tat hervor. Unser Autor aber will Eberhard als echten Heiligen präsentieren und führt daher am Schluß noch das obligatorische Wunder am Grabe des verstorbenen Oberhirten an: Eine wassersüchtige Frau wird geheilt. Es folgt die Vision eines ehrwürdigen Salzburger Mönchs, der im Traume die Gottesmutter sieht, die statt des Jesuskindes den kleinen Eberhard in ihrem Schoße hält und liebkost. Mehr Wunderberichte hatte der Autor offenbar nicht zur Verfügung, obwohl er das Gegenteil behauptet und sich auf das Gebot der Kürze beruft.

Innerhalb weniger Jahre wuchs die Zahl der Wunderberichte jedoch beträchtlich an, wie aus den *Vitae et miracula sanctorum Iuvavensium Virgilii, Hartwici, Eberhardi* hervorgeht. Anlaß für deren Abfassung war die Auffindung des Grabes von Bischof Virgil im Jahre 1181, als der Neubau des Salzburger Doms von Erzbischof Konrad III. in Angriff genommen wurde. Die Lebensbeschreibungen, die aus der Sicht des Historikers „natürlich für die ältere Zeit keinen selbständigen Informationswert besitzen, wohl aber – zumal in den Wundergeschichten – ein vor allem kulturhistorisch interessantes Zeugnis für die salzburgischen Tendenzen in der zweiten Jahrhunderthälfte sind" (F.-J. Schmale), behandeln drei durch Jahrhunderte getrennte Salzburger Oberhirten, Virgil (749–784), Hartwig (991-1023) und Eberhard (1147–1164), erzählen daher kein zeitliches Kontinuum, haben aber das Ziel gemeinsam, die fortwirkende Vorbildlichkeit und Wunderkraft der drei Salzburger Heiligen der Stadt, dem Land und der Welt zu künden. Die Forschung hat hingegen diese Schrift wie die anderen genannten Viten nur als Steinbruch für Einzelinformationen benutzt, so daß eine angemessene Würdigung auch hier nicht vorgenommen werden kann.

Das Leben Virgils wird (nach einem Preis des Heiligen im Prolog) auf der Grundlage der *Conversio* (s. o. S. 32f.) mit relativ geringen Modifikationen geschildert, doch ist der Bericht bereits als *historia* für die Tageszeitenliturgie in sechs *lectiones* aufgeteilt, war also vermutlich schon vorher in geistlichen Gemeinschaften Salzburgs in derartigem Gebrauch. Es folgen Auffindung des Grabes im Jahre 1181 und die zahlreichen im Anschluß daran stattfindenden Wunder. So wird im ersten von 22 Kapiteln erzählt, wie der Glaube an den Heiligen den glücklichen Ausgang einer schweren Geburt sowie die Heilung von Leibschmerzen, Lähmung der Hände, Blindheit und Triefaugen bewirkt. Zwei lange Kapitel sind der Strafe für die frevelhafte Berührung der Gebeine des Heiligen gewidmet: Ein junger Salzburger Kanoniker wird dafür von einem Dämon besessen und nur mit knapper Not vor dem Selbstmord bewahrt. Unter die Wunderheilungen sind vereinzelt auch Mirakel anderer Art gemischt, wie etwa das von dem Bürger aus Reichenhall, der zum Geldwechsel nach Salzburg kommt und, da er vergessen hat, sein versprochenes Opfer am Grabe Virgils niederzulegen, wider Willen von seinem Pferd immer wieder in die Salzburger Herberge zurückgetragen wird, oder von dem gefaßten Verbrecher in Österreich, der während der Fahrt des Schandkarrens zum Richtplatz auf sein Gebet zum hl. Virgil hin seiner Fesseln ledig wird und entkommen kann.

Der Abschnitt über Hartwig fällt wesentlich kürzer aus, länger allein der Prolog, in dem, ausgehend von Stellen der Schrift, der Heilige allegorisch als Blume auf dem Felde, Nuß im Garten, Apfelbaum im Tale und Rebe im Weinberg vorgestellt wird. Mit Schriftworten und gängigen Versatzstücken aus diversen Heiligenviten muß der Autor auch im weiteren das Auslangen finden, da er offenbar außer den Eckdaten der Regierungszeit keine historischen Fakten in seinen Quellen vorfand. Als „konkretes" Ereignis führt er nur an, daß Hartwig einmal einen Zweig gepflückt habe, der in seiner Hand erblüht und von einigen Gläubigen *in signum sanctitatis eius* (zum Zeichen seiner Heiligkeit) lange bewahrt worden sei. Selbst an einer ausreichenden Zahl von Wundern nach dem Tode des Erzbischofs mangelt es, weil „die Alten (sie) aus Sorglosigkeit aufzuschreiben versäumt haben" (Kap. 3). Daß hier nur einige wenige Wunder angeführt werden, ruft uns ganz deutlich ins Bewußtsein, daß – entgegen heutiger Erwartung – die Hagiographen keineswegs frei in der Erfindung solcher Geschichten, sondern auf die Tradition angewiesen waren. „Literatur" wollen die Viten eben nur in ihrer sprachlichen Gestalt sein.

Wie groß in dieser Hinsicht die Unterschiede selbst unter zeitgenössischen lateinischen Schriftstellern desselben Raumes sein können, zeigt ein Vergleich des nun folgenden Eberhard-Abschnittes mit der nur wenig älteren *Vita Eberhardi* (s. o. S. 380). Die jüngere Vita weist einen klareren, flüssigeren, aber breit ausladenden, geradezu geschwätzigen Stil auf, in dem die realen Details – einige davon sind nur hier überliefert – gleichsam mitgespült werden. Wie in der älteren Vita bleibt kaum ein traditionelles Argument für die Heiligkeit des Oberhirten unbenützt. Am Ende versteigt sich der Autor zu der rhetorischen Frage:

Wer also möchte nicht glauben, daß dieser den Patriarchen gleich, mit den Propheten schicksalsverwandt, ein Mitbürger der Apostel und anderer Märtyrer, Bekenner und Jungfrauen Christi ist? Noe freilich nährt und bewahrt acht Seelen in der Arche mit den anderen Lebewesen, der selige Eberhard speist in der Arche des Bundes die Schafe des Herrn, welche die acht Seligkeiten bezeichnen, mit dem Brote des Gotteswortes und rettet sie mit dem Ruder seiner Fürbitten, damit sie nicht durch die Sünde Schiffbruch erleiden.

In der gleichen Weise wird der Vergleich mit Abraham, Moses, David, Petrus, Paulus und Johannes gezogen, ehe die Angabe des Todesdatums das 6. Kapitel schließt.

In fünf Kapiteln „folgen die unvermeidlichen, immerhin durch gute Latinität einigermaßen erträglich gemachten Wunderberichte" (A. Lhotsky). Aber auch hier lohnt es sich mitunter, näher zuzusehen. Da lesen wir z. B. von einem Dämon, der eine Frau ergriffen hat und nun aus ihr in verschiedenen Zungen spricht. Man beschwört ihn im Namen des hl. Virgilius. Darauf höhnt der Dämon, er habe seinen Lehrer Virgilius vor drei Tagen in der Hölle verlassen. Der böse Kerl meint natürlich den antiken Dichter aus Mantua. Dummerweise gibt er auch an, daß er dem hl. Eberhard nicht widerstehen könne. Beim erfolgreichen Exorzismus fährt er in Gestalt einer Fledermaus aus der Frau, verbreitet aber dabei einen solchen Gestank, daß er den dort anwesenden Erzbischof Konrad und Bischof Kuno von Regensburg von ihren Sitzen vertreibt (Kap. 8). Hier liegt doch der Verdacht eines geistlichen Jokus recht nahe. Mit Volksfrömmigkeit hat das jedenfalls nichts zu tun. Aber den prinzipiellen Anspruch auf absolute Glaubwürdigkeit der Wunderberichte stellt es keinesfalls in Frage. Für den mittelalterlichen Menschen sind ja nicht die „natürlichen", sondern die „übernatürlichen" Geschehnisse die wesentlichen Fakten der Geschichte. Im letzten Kapitel der *Vitae et miracula sanctorum Iuvavensium* heißt es:

Was immer nämlich durch die Heiligen geschieht, wirkt Gott in ihnen [...] Denn gleichsam versinkt der Pharao mit seinem Heer im Roten Meer, wenn der Teufel und seine Untaten durch das Leiden Christi und seiner Heiligen besiegt werden. Daher ist Gott ruhmvoll in seinen Heiligen, wunderbar in seiner Majestät, furchtbar und preisenswert, er, der allein die Wunder tut. Und er tut sie zum Lobe und Ruhme seines Namens, der da ist Gott, der Gebenedeite in Ewigkeit. Amen.

Was sonst an hagiographischen Denkmälern aus dem Salzburger Raum sich erhalten hat, ist ohne literarische Bedeutung: zwei Berechnungen des Todesjahres des hl. Rupert aus dem 12. Jahrhundert und eine denselben Gegenstand behandelnde *Collectio de tempore et de translatione beati Ruperti* aus dem Jahr 1165 von einem Magister **Rodulfus**. Wie die vorher genannten größeren Schriften verdanken sie ihr Entstehen lokalen kirchenpolitischen Interessen. Wenn man das enorme Bildungspotential bedenkt, das in der Bibliothek von St. Peter damals bereitlag (s. o. S. 366), so wird man nicht behaupten können, daß der Salzburger Klerus mit diesem Pfunde besonders gewuchert hätte. Und mit Ende des 12. Jahrhunderts versiegt auch diese ohnehin nicht eben großartige hagiographische Produktion.

In die Zeit der Jahrhundertwende fällt auch die Abfassung der **Vita Hartmanni**, des einzigen Gattungsvertreters, ja überhaupt des einzigen eigenständigen Erzählwerkes in lateinischer Sprache aus der Diözese Brixen. Immerhin hat die Vita größeren Umfang als jede der anderen zuvor genannten Lebensbeschreibungen. Sie stammt wahrscheinlich von einem Neustifter Chorherrn, vielleicht Hermann, Propst des Stiftes 1200–1210, ehemaligem Domherrn zu Salzburg. Direkte Abhängigkeit von einer der Salzburger Viten ist zwar nicht nachgewiesen, doch lassen sich die stilistischen Tendenzen durchaus mit denen der *Vitae et miracula sanctorum Iuvavensium* vergleichen (s. o. S. 381), nur daß die Bibelzitate und Beispiele aus der Legende in der Brixener Vita noch dichter gedrängt auftreten. Entlehnungen aus den Chroniken Ottos von Freising teilt die Hartmannsbiographie mit der *Vita Gebehardi et successorum eius*.

Als historische Quelle hat die *Vita Hartmanni* keinen sehr großen Wert, da der Autor den Brixener Bischof Hartmann (1140–1164) persönlich nicht mehr gekannt hat. Als unverächtliches mentalitäts- und literarhistorisches Zeugnis wäre sie dagegen im vollen Umfang erst noch zu erschließen. Selbstverständlich wuchern in ihr die gattungstypischen Klischees. Mit nicht alltäglicher Folgerichtigkeit stellt der Autor allerdings, ausgehend im Proömium von dem Bild des Heiligen als eines Spiegels der Unschuld und sittlichen Reife, welcher der sündigen Menschheit vorgehalten wird, Hartmann als Nachfolger sowohl Christi als auch der alten Märtyrer und Bekenner dar. Dabei beschränkt sich der Bericht erstaunlicherweise auf das Wirken des seligen Bischofs zu seinen Lebzeiten unter Aussparung der Verehrung und Wunderkraft des Toten. Vielleicht hängt das damit zusammen, daß der Verfasser die Entscheidung über die Erhebung Hartmanns zur Ehre der Altäre ausdrücklich Rom überläßt – ein interessantes Zeugnis für die Geschichte der Kanonisationskompetenz –, obwohl er nicht an den Verdiensten und Wundern Hartmanns zweifelt. Doch müsse auch der mögliche Mißbrauch erwogen werden. Kirchen könnten sich ja nur zu erwartender Spenden wegen sonst eigenmächtig Heilige schaffen. Er selbst betont in der gebräuchlichen Weise, daß er nur die Wahrheit gemäß Augenzeugenberichten schreibe und nichts übertreibe – die Sonne brauche keine Hilfe von Fackeln –, aber natürlich dem Gegenstande schriftstellerisch nicht gewachsen sei. Ihm mangle es an urbaner Beredsamkeit, so daß das Werk auch nicht zum öffentlichen Vortrag in der Kirche bestimmt sei. Gerade dies ist folglich als heimlicher Wunsch des Autors zu vermuten.

In den auf den Prolog folgenden 28 Kapiteln spannt sich der ganze Lebensbogen des „Helden". Die niedrige Abkunft Hartmanns findet ihre Entschuldigung im Hinweis auf den Stand der Apostel. Sein sanftes Gemüt wird ebenfalls in Kontrast zu seiner natürlichen Abstammung gesetzt, ist er doch in der Nähe von Passau geboren und erzogen worden, also „in einem Volke von Halsstarrigkeit und ungezähmter Wildheit" (Kap. 1). Schon ehe er in jungem Alter dem Stift St. Nikola bei Passau übergeben wurde, habe er wie dessen Schutzheiliger Nikolaus als Säugling „zweimal in der Woche in ungewöhnlicher Enthaltsamkeit die Mutterbrust verweigert" (Kap. 2). Die ziemlich rasch aufeinanderfolgenden Berufungen Hartmanns zum Dekan des regulierten Salzburger Domkapitels, zum Propst von Herrenchiemsee, dann von Klosterneuburg und schließlich zum Brixener Oberhirten führt der Biograph auf die Absicht Gottes zurück, möglichst viele Menschen des segensreichen Wirkens teilhaftig werden zu lassen. Von den Wundertaten vor der Brixener Zeit nennt er nur die Vorausahnung eines Hauseinsturzes und das erfolgreiche Gebet für Schiffer, die in den Fluten der Donau unterzugehen drohen.

Breiter Raum wird Hartmanns streng asketischer Lebensweise auch als Bischof gewidmet. Nur der Befehl des Salzburger Erzbischofs kann sein Fasten etwas mildern, und eine schwere Hautkrankheit zwingt ihn, die härene Unterhose gegen eine leinene zu vertauschen (Kap. 10). Wie er gegen sich selbst geizig ist, so gegen andere freigebig, „ein Vater den Waisen, ein Gatte den Witwen, eine Zufluchtsstätte den Unterdrückten" (Kap. 11). Nur eine Verfehlung wird berichtet: Der Bischof erlaubt gegen die Opfergabe eines Silberbechers einem Exkommunizierten das kirchliche Begräbnis, wird aber sogleich von einer schrecklichen Vision eines Besseren belehrt (Kap. 13). Die von dem Bischof gewirkten Wunder erhalten in der Vita durchgehend eine Ausrichtung auf ein biblisches oder legendenhaftes Vorbild: Eine Verwandlung von Wasser in Wein wiederholt das Geschehen bei der Hochzeit von Kana, ein Fischfangwunder jenes aus Lukas 5,5f.; die Einpassung eines Verschlußsteines für ein Mauerreliquiar erinnert an die Kraft des hl. Nikolaus (Kap. 15). Wie der hl. Blasius vermag Hartmann den Willen von Tieren zu beeinflussen (Kap. 18) und einen Knaben vor dem Ersticken an einem Hühnerbein – bei Blasius war es eine Fischgräte gewesen – zu bewahren (Kap. 20). Auf dem Berg Ritten fängt eine Frau, deren tiefer Glaube dem der Kanaaniterin bei Matthäus 15,22ff. verglichen wird, das für die Hände des Bischofs gebrauchte Waschwasser auf und heilt damit ihr bläulich geschwollenes Gesicht (Kap. 19). Dies geschieht während eines der vielen Versuche Hartmanns, Frieden zwischen den Adeligen und Ministerialen des Landes zu stiften, ebenso wie das Pferdewunder (Kap. 18 – s. o.). Wie nahezu allen heiligen Männern wird diesem Brixener Oberhirten die Macht zugeschrieben, mit rein geistlichen Waffen gegen Gewalttäter etwas ausrichten zu können. Selbst Burgmauern gewähren keinen ausreichenden Schutz, wenn Hartmann der Gerechtigkeit zum Durchbruch verhelfen will:

Er stand also wie Moses bereit, nicht mit Waffen, sondern mit Gebeten zu kämpfen, und erwartete Hilfe nicht von der Erde, sondern vom Himmel. Wie befestigt aber auch immer die Burg und wie beherzt die Burgwarte waren, so wurden sie dennoch von Gottesfurcht ergriffen, so kleinmütig und gleichsam waffenlos, daß sie ohne Vertrauen in die Stärke der Burg und die eigenen Kräfte sich zusammen mit der Burg dem heiligen Manne auslieferten (Kap. 31).

In dieselbe Rubrik gehört das Wunder in Kapitel 16, eines der drei, die sich bei der Einweihung der Kirche des Klosters St. Lambrecht durch Hartmann ereignet haben sollen. Hier lassen sich die Möglichkeiten und Grenzen der Erzählkunst unseres Autors recht gut erkennen:

Zur erwähnten Einweihung war ein Mann gekommen, der den Bruder Kols von Trixen *(frater Cholonis de Truhsen)* erschlagen hatte und den eben dieser Kol nun auf Gerichtstagen, Versammlungen, Märkten und Festen beständig suchte, um ihn, wenn er ihn gefunden hätte, nach Möglichkeit zu töten. Jener zweifelte folglich nicht, daß er ihn gleicherweise dort suchen müsse, und lagerte sich selbst, wo der Bischof saß, zu den Füßen des Bischofs, um dort gleichsam in Sicherheit zu sein. Als aber Kol erfuhr, daß er dort war, begab er sich an den Ort und befahl seinen Rittern, ihn, selbst wenn sie ihn im Schoße des Bischofs gefunden haben sollten, nicht zu schonen, sondern vielmehr zu töten. Als sie aber das Haus, in dem der Bischof saß, betreten hatten und jenen zu Füßen des Bischofs sitzen sahen, befiel Kol eine solche und so große Furcht, und es „erbebten so alle seine Gebeine" (Jeremias 23,9), daß er, von übergroßem Schrecken ergriffen, den Seinen befahl, jenem keinerlei Leid zuzufügen, und so hinausging. Als die Seinen aber staunten und fragten, warum sie jenen geschont hätten, den sie nach so langer Suche an günstigem Ort gefunden hätten, antwortete er: „Schweigt, nie war ich je in solchen Ängsten. Wir wären alle des Todes gewesen, hätten wir dem heiligen Bischof ein Leid zugefügt." Damit also die Augen des Heiligen nicht durch Blutvergießen verletzt und der Erwählte Christi nicht betrübt würde, befreite der Herr jenen Mörder aus Todesgefahr, der jedoch zu anderer Zeit und an anderem Ort von obengenanntem Kol erschlagen wurde, damit offenkundig werde, daß dieser durch die Verdienste des seligen Mannes der Todesgefahr entronnen war, der er in dessen Abwesenheit nicht entrinnen konnte (Kap. 16).

Eine Neigung zu unnötigen Wiederholungen und Weitschweifigkeiten hemmt den Erzählfluß, steht aber zu wesentlichen Teilen im Dienste der Erhöhung des „Helden", die nun noch mit einem berühmten historischen Exempel gekrönt wird. In gleicher Länge wie das geschilderte Ereignis selbst erzählt der Autor die Begegnung Attilas mit dem (ungenannten) Papst Leo dem Großen, ohne sich um die Verhältnismäßigkeit des Vergleichs eines Herrn Kol von Trixen mit dem großen Hunnenkönig zu kümmern.

Von der Geschichtswissenschaft am meisten beachtet wurden die Angaben der Vita über die Ehrerbietung, die Kaiser Friedrich Barbarossa dem Brixener Bischof – ähnlich wie dem Salzburger Erzbischof Eberhard – entgegenbrachte, selbst dann noch, als Hartmann sich eindeutig auf die Seite Alexanders III. stellte. Da andere Quellen von ebenderselben Hochachtung für „einen Mann, der damals unter allen Bischöfen Deutschlands durch den Ruf seiner einzigartigen Heiligkeit und durch die Strenge seiner Lebensführung hervorragte" (so Rahewin von Freising), berichten, hat auch die Behauptung der Vita Glauben gefunden, der Kaiser habe, um vom Bischof die Weihe eines Tragaltars zu erreichen, Hartmann sogar gestattet, die Weihe ausdrücklich als Anhänger Alexanders zu vollziehen (Kap. 25). Daß unser Autor auf Wahrheitstreue bedacht ist, demonstriert vielleicht am besten die Schilderung der Todesumstände, die ihm sichtlich peinlich sind. Hartmann entschlief nämlich in Frieden bei einem Bad im Waschzuber, berichtet der Biograph und fügt hinzu:

Wenn aber etwa einer daran Anstoß nehmen sollte, wie auch damals einer Anstoß nahm, daß er dergestalt vom Herrn gerufen wurde, gleichsam von einem plötzlichen Tode überrascht, der soll wissen, daß er selbst stets an eine schmerzvolle Trennung von Leib und Seele gedacht und Gott darum gebeten haben soll, ihm gnädig eine sanfte und stille Auflösung seines Fleisches zu gewähren (Kap. 26).

Auch diese Art des Todes ebenso wie der Zeitpunkt, die Wintersonnenwende, weisen also auf die Auserwähltheit Hartmanns, weshalb für seinen Biographen auch am Schluß der Vita kein Grund zum Zweifel an einer künftigen „gebührenden Verehrung zusammen mit den übrigen Heiligen und Gläubigen Christi" besteht (Kap. 28). Die offizielle Kanonisation des seligen Hartmann erfolgte allerdings erst Jahrhunderte später, im Jahre 1784.

Mit einer alten Handschrift noch aus dem 12. Jahrhundert (oder dem frühen 13. Jahrhundert?) und zweien aus dem 14. Jahrhundert ist die *Vita Hartmanni* vergleichsweise nicht schlecht überliefert, hat aber offenbar im Mittelalter nicht über die Diözese Brixen hinaus gewirkt. Anders verhält es sich da mit zwei wenig jüngeren lateinischen Werken aus dem (werdenden) Land Tirol, die man freilich in den gängigen Handbüchern vergeblich sucht, da eine Ausgabe bisher fehlt. Es handelt sich um zwei umfangreiche Kompendien, eines mit Marienmirakeln, ein anderes mit Heiligenlegenden, zusammengestellt, redigiert und zumindest teilweise selbständig verfaßt von dem Dominikaner **Bartholomäus von Trient** im zweiten Viertel des 13. Jahrhunderts. Geboren wohl zu Anfang des Jahrhunderts, trat Bartolomeo nach dem Tode des hl. Dominikus (1221) in dessen Orden ein und wohnte 1233 der Translation der Gebeine des Ordensgründers in Bologna bei. 1234 fungierte er als Zeuge, als die noch verbliebenen wenigen Benediktiner von San Lorenzo vor Trient sich urkundlich bereit erklärten, ihr Kloster den Dominikanern zu übergeben. 1241 begab er sich, wie er in einem erhaltenen Brief an Bischof und Domkapitel von Brixen schreibt, nach Kaiser Friedrichs Sieg über die Guelfen nach Rom. Dort und in Anagni war Fra Bartolomeo 1243–44 als Mitglied der päpstlichen Delegation an den Friedensverhandlungen beteiligt. Die ihm dafür verliehenen Sonderrechte verlor er aber mit päpstlichem Schreiben vom 6.12.1248 und mußte sich dem lombardischen Ordensprovinzial wiederum voll unterordnen. Etwa 1251 starb er. Wohl bis zu seinem Tod trug er das Material für seine Kompendien zusammen. Mit der Niederschrift der Heiligenviten begann er 1244, mit der der Marienmirakel vielleicht kurz vorher.

Ein Gesamturteil über diese Texte ist derzeit nicht möglich, da davon nur Inhaltsübersichten und einige wenige Viten bzw. Mirakel gedruckt und nicht einmal die Überlieferungsträger einigermaßen vollständig überschaubar sind. Von der Mirakelsammlung scheint bisher die erst 1946 entdeckte Überlieferung in einem Codex des 14. Jahrhunderts (Bologna, Universitätsbibliothek, Nr. 1794) die einzig bekannte zu sein; vom Legendar sind es immerhin zwanzig. In beiden Fällen ist die Liste gewiß unvollständig. Das umfangreichere und wirkungsmächtigere Werk trägt den Titel *Epilogus in gesta sanctorum*, was im damaligen Latein etwa soviel wie *Lobender Nachruf auf die Taten der Heiligen* bedeutet. Der nach den besten neun Textzeugnissen erstellte *Index* umfaßt 369 Nummern, wovon 12 nur in einer Handschrift stehen, aber dennoch von Bartholomäus stammen könnten. Diese Nummern entsprechen jeweils (abgesehen vom Prolog) einem Herren- oder Marienfest, einem oder mehreren Heiligen, aber auch Sonn- und Werktagen vom Septuagesima-Sonntag bis zum Dreifaltigkeitssonntag sowie der Kreuzfindung, der Kreuzerhöhung, dem großen und kleinen Bittgang, Allerheiligen, Allerseelen und Kirchweih. Der Prolog (abgedruckt nach der Luzerner Handschrift) könnte in Übersetzung etwa so lauten:

Es hebt an der Prolog zu den Nachrufen auf die Taten der Heiligen, herausgegeben von Bruder Bartholomäus von Trient aus dem Orden der Predigerbrüder. Von dem Ausspruch Augustins, des Gesetzgebers meines Gelübdes, habe ich gelernt, „Nächstenliebe zu besitzen und zu tun, was ich mag". Da es aber keinem offenbar ist, ob er des Hasses oder der Liebe würdig ist, habe ich in Übereinstimmung mit den liebreichen Bitten der Brüder zur Ehre des Allmächtigen, der makellos jungfräulichen Mutter und des gesamten himmlischen Hofstaates mir vorgenommen, im Rahmen der Feste des Herrn und seiner Mutter die Viten, Lebensweisen und Taten der Heiligen insbesondere des Ordens, dem ich angehöre, und des Heimatlandes, in dem ich wohne, die auf verschiedene Bände verstreut und durch gewichtige Worte kluger Männer ausgeweitet worden sind, zu einem (Band) zu verarbeiten, wobei das Nötige so ausgewählt ist, daß es ausreicht, und die Reste so belassen wurden, daß sie anziehend wirken, und der Predigerorden sowie andere, die ohne Erfindung(en) sich belehren lassen und ohne Neid dies anderen mitteilen wollen, zur Genüge und rascher zur Hand haben, was sie über die Heiligen zum Lobe Gottes und zur Erbauung der Nächsten den Zuhörern vortragen wollen. Ich beschwöre also, die da lesen und verstehen, daß sie, wenn sie irgendwo, was ferne sei, etwas Wahrheitswidriges vorfinden, es dem Unwissen, nicht böser Absicht zuschreiben und dies wie auch durch Fehler der Schreiber Beschädigtes auf den Weg der Richtigkeit in der Hoffnung auf ewigen Lohn zurückzuführen. Soweit der Lenker der Dinge es gewährt hat, werde ich also vom Weg der Wahrheit Gottes und der Tatsache nicht abweichen und lieber dabei den Spuren anderer folgen als eigenes zu erfinden und auf Abwege zu geraten. Alpha und Omega suche ich daher im Glauben, damit er eine mit Beredsamkeit überströmende Weisheit spende, zu Anfang spreche, das Mittlere folgen und die Vollendung glücken lasse, er, der da ist die hinlängliche und vollkommene Wirkursache. Und damit, was auch immer einer suchen mag, ihm leichter entgegenkommt, habe ich geglaubt, Kapitel oder Rubriken von jedem einzelnen an die Spitze des Buches stellen zu sollen, Ziegenhaare, welche ich auf dem Tabernakel meines Herrn und meines Königs darbringe (vgl. Exodus 35,6), der im Heiligtume ist, und empfehle sie so der Heiligung.

Soweit aus der verschnörkelten Rhetorik, die dem Autor sichtlich Mühe macht und von ihm im folgenden auch fallengelassen wird, zu entnehmen ist, will Bartholomäus vornehmlich für den Predigtgebrauch seiner Ordensbrüder und mit besonderer Berücksichtigung lokaler Gegebenheiten Kurzfassungen von Heiligenlegenden herstellen und in einem Handbuch vereinigen. Es ist dies das damals ziemlich neuartige, früher nur selten befolgte Programm der *legenda nova*, des *legendarium abbreviatum*, im Gegensatz zum bis dahin gängigen Typus des klassischen Legendars, das ganz überwiegend aus bereits fertig vorgeprägten Texten besteht. Nur wenig älter als der *Epilogus* ist die *Abbreviatio in gestis et miraculis sanctorum* des Franzosen Jean de Mailly, der seine *Verkürzung* um 1230 für Weltgeistliche verfaßte (und um 1243 überarbeitete). Vornehmlich darauf, aber gewiß auch auf dem *Epilogus* des Bartholomäus, baute dann das für die gesamte abendländische Legendentradition maßgeblichste Legendarium auf, die vor 1267 vollendete *Legenda aurea* des italienischen Dominikaners Jacobus a Voragine (= Varazze bei Genua). Der beispiellose Erfolg der

Legenda aurea drängte dann die beiden älteren Sammlungen stark in den Hintergrund, so daß sie nahezu in Vergessenheit geraten konnten. Nun ist Jakob freilich der ungleich bessere Erzähler, der auch jedem Kapitel seine narrative Substanz beläßt und dafür lieber die Zahl der Legenden einschränkt, während Bartholomäus mehr als doppelt so viele Kapitel aneinanderreiht, sie aber teilweise auf ein Faktenskelett reduziert. Als Beispiel mag Kapitel 65 in der Luzerner Handschrift *Über den heiligen Valentin*, einen Tiroler Lokalheiligen (s. o. S. 173f.), dienen:

Es gab auch einen dritten Valentin, einen Bischof, der in der Zeno-Kirche, die auf einem Hügel über dem Fluß Passer zwischen Burg Tirol und dem Dorf Mais liegt, mit dem hl. Korbinian, Bischof von Freising, begraben war, aber vom Volk der Langobarden ehrenvoll nach Trient überführt und schließlich von Tassilo, dem Herzog von Baiern, nach Passau gebracht und dort verehrt wurde. Sein Fest wird am Tag nach Epiphanie gefeiert.

Dabei dürfen die lokalen Heiligen ohnehin noch einen relativ breiten Raum beanspruchen, so die Nonsberger Märtyrer Sisinnius, Martyrius und Alexander an die zwei Codex-Spalten, der wichtigste Tridentiner Heilige Vigilius über drei Spalten, der hl. Albert (Adelpretus), Bischof von Trient 1156–1172 (s. o. S. 373), sogar mehr als acht Spalten in der Nürnberger Handschrift, die als einzige diese Vita überliefert.

Die *Vita et miracula sancti Adelpreti* sind wohl eines der wenigen Kapitel, die Fra Bartolomeo ohne jede schriftliche Vorlage frei nach der mündlichen Tradition gestaltet hat. Ihres historischen Wertes wegen liegt die Vita auch als einzige in einer ganz modernen Ausgabe (von 1977) vor. Sie beginnt ausnahmsweise mit einem eigenen Prolog, der fast nur aus biblisch verbrämten Bescheidenheitstopoi besteht. Zwar fehle ihm jede Rednergabe, beteuert der Autor, aber die Wahrheit müsse offenbar werden, das Talent dürfe nicht vergraben bleiben, das Licht müsse auf den Leuchter gesteckt, das Unkraut auf dem Getreideacker ausgerissen werden etc. „Nicht nämlich wegen der Worte sind die Fakten, sondern wegen der Fakten die Worte zu empfehlen" (Z. 29–30). Die Lebensbeschreibung beginnt mit der hohen Abstammung und den Artesstudien des Heiligen (s. o. S. 373), hierauf wird gleich der Grund für die laufenden Auseinandersetzungen mit den mächtigen Adeligen des Landes genannt: Diese hätten es nicht ertragen können, nach gleichem Recht wie die „Armen" von dem Bischof gerichtet zu werden, und dafür Kircheneinkünften entfremdet. In dem Zwist mit den Eppanern gerät Adelpret in Gefangenschaft, kann aber von den Trienter Bürgern durch eine Kriegslist aus der Burg Mezzocorona befreit werden. Nun wollen die Bürger aber – angeblich gegen den Willen des Bischofs – nicht ruhen, bis sie die Feinde ganz niedergeworfen haben, und brechen einige Burgen. Endlich gelingt es Adelpret, einen Ausgleich zwischen den Eppanern und den Grafen von Tirol herbeizuführen. Nachdem die Eppaner Frieden geschworen haben, rebellieren jedoch die Herren von Castelbarco. Sie beschließen, zum Schein ein Übereinkommen zu treffen, um den ahnungslosen Bischof überfallen und ermorden zu können. Sogar vor dem geheuchelten Friedenskuß – man denkt sogleich an Judas, den Bartholomäus aber nicht nennt – würde der Anführer der Rebellen, Aldrighetto von Castelbarco, nicht zurückschrecken, doch kann ihn der Bischof aus kirchenrechtlichen Gründen nicht akzeptieren.

Nun erhob sich der Bischof nach kurzer Zeit mit einer kleinen Schar der Seinen und nahm den Weg nach Riva. Da hüllten Aldrighetto und seine Spießgesellen ihre Leiber in Eisen, gürteten die Schwerter um, führten Lanzen in ihren Händen, trieben mit den Sporen ihre Renner an und verfolgten bewaffnet den Waffenlosen. Als die Abteilung des Gottesmannes zwischen Arco und Riva auf einem Felde angekommen war, erblickte Garzapan (der bischöfliche Richter), da er den Blick hob, die Abteilung der Verräter neben dem Fluß Sarca herabsteigen und sagte: Zu langsam sind wir bisher vorangekommen, jetzt laßt uns eilen; seht, Verfolger folgen uns nach. Der Bischof aber, der darauf vertraute, daß die Treue in ihnen noch lebendig sei, antwortete: Nein, sondern sie wollen vielleicht an etwas erinnern, das vergessen worden ist und sie sich jetzt mitzuteilen beeilen; bleiben wir also stehen und warten wir, was sie von uns wollen. Da sie aber stehenblieben, waren die Verbrecher bei ihnen, und der Bischof fragte Aldrighetto mit den Worten: Was willst du, Sohn? Aber jener, voll von jeglicher Bosheit, antwortete: Was ich will, kennst du. Der Bischof aber merkte, daß er auf seinen Tod sann, und antwortete: Gott möge dir dies nicht zur Sünde anrechnen (vgl. Apostelgesch. 7,60), sondern meinen freilich unwürdigen Geist aufnehmen. Als dies die Abteilung des Bischofs hörte, ergriff sie die Flucht, die Schafe zerstreuen sich, da der Hirt geschlagen wurde (vgl. Matth. 26,31). Da senkte der übelste Verräter die Lanze und durchbohrte damit die heilige Brust, und (jene) drang hinten beim Rücken hinaus, und er schlug das heilige Haupt. Und als der Heilige unter solchen Streichen fiel, wandten sie sich zur Flucht (Z. 155–180).

Nun erfahren wir noch, daß Aldrighetto später durch Gottes Gnade – wie einst Paulus aufgrund der Fürbitte des hl. Stephan – bekehrt wurde und ins Georgskloster in Verona eintrat und daß das erste Wunder an der Leiche des Bischofs sich bereits bei der Überführung vom Ort des Verbrechens nach Trient ereignete: Ein Tauber konnte wieder hören. An den Bericht von der Leichenfeier schließen sich – mit neuer Überschrift – noch zwanzig numerierte Wunder an. Außer den gewöhnlichen Heilungen Stummer, Tauber, Blinder und Gelähmter begegnen hier u. a. noch ein Kerzendieb, der in der zu Ehren des Märtyrers erbauten Kirche wie angewurzelt stehenbleiben muß, bis er sein Vergehen bekennt, eine Frau namens Mergardis, die den Tag des Herrn durch Nähen entheiligt und dafür mit Lähmung der Hand bestraft wird, oder schließlich eine (an die Hartmannsvita gemahnende) wunderbare Entfernung eines Knochens im Halse. Die *miracula* sind zu einem Gutteil mit konkreten Personennamen und Ortsangaben ausgestattet und vermitteln den Eindruck eines rasch einsetzenden, lebendigen Heiligenkultes in der Diözese Trient.

Spürt man hier die persönliche Anteilnahme des Verfassers, so ist dies beim zweiten Werk, dem *Liber miraculorum beatae Mariae virginis*, noch weit öfter der Fall. Von den etwa 200 Marienmirakeln sind ca. 50 autobiographisch oder aus erster Quelle geschöpft. Überhaupt legt Fra Bartolomeo großen Wert auf Authentizität und läßt wohl deshalb einige reizvolle Erzählungen, Perlen anderer Sammlungen, ganz beiseite. Das Werk zählt 218 Kapitel, von denen allerdings einige wenige reine Überleitungsfunktion haben (z. B. 14, 45 oder 46). Es lassen sich grob die folgenden Gruppen von Mirakeln unterscheiden: Nr. 1–24 erzählen Visionen, Nr. 25–44 Mirakel mit dem Schauplatz Rom, Nr. 45–55 solche, die mit den Ursprüngen des Dominikanerordens verbunden sind, Nr. 56–62 ganz persönlich erfahrene Marienwunder. Die Nummern 63–72 berichten vom Triumph der barmherzigen Mutter über die Mächte der Hölle zugunsten von Juden und Lästerern, Nr. 73–85 von der Fürsorge Marias für ihre ganz speziellen Verehrer, Nr. 86–93 vom Marienkult in Festen und Gesängen, Nr. 94–165 dann wiederum von Marienerscheinungen (unterbrochen von einzelnen anderen Mirakeln). Nr. 166–202 sind Wundern gewidmet, die den Heiligen zuteil wurden. Sie erscheinen zum Großteil auch im *Epilogus*. In Nr. 203 kündet der Autor den Abschluß an, fügt aber noch zwei persönliche Erlebnisse sowie kurze Hinweise auf Maria in den Evangelien hinzu und beschreibt die verschiedenen Arten der Mariendarstellung in der Malerei der Zeit. Eine Anrufung der Trinität steht am Ende von Nr. 205. Die folgenden Kapitel 206–213 sind offenbar sekundäre Ergänzungen zu dem fertigen Werk.

Abgesehen von den Episoden, die stoffgleich, aber meist noch kürzer auch im *Epilogus* vorkommen, hat Bartolomeo noch eine Menge schriftlicher Quellen benutzt, so den *Liber de miraculis* des Johannes Monachus, das *Exordium magnum ordinis Cisterciensis*, patristische und monastische Schriften von Gregor von Tours, Petrus Damiani, Gregor dem Großen, Bernhard von Clairvaux, Caesarius von Heisterbach (um 1180–1240) und anderen. Das wichtigste Vorbild aber war wohl der *Liber de miraculis sanctae Mariae* aus dem 12. Jahrhundert, den erstmals B. Pez 1731 nach einer österreichischen Handschrift herausgab und der daher in der Forschung *Sammlung Pez* genannt wird. Deren 42 Mirakel wurden zum Grundbestand weiterer größerer Sammlungen, sind aber schon ihrerseits größtenteils älteren und auswärtigen (englischen) Ursprungs. Angesichts der unübersehbaren Menge handschriftlicher Zeugnisse von anonymen Marienmirakelsammlungen sind definitive Aussagen über konkrete Abhängigkeitsverhältnisse derzeit im Grunde alle verfrüht. Fest steht allerdings, daß im 13. Jahrhundert die Dominikaner zu den Hauptträgern der nun v. a. für Predigtzwecke eingesetzten und daher meist verknappten Marienmirakeln wurden. Dem Bruder Bartholomäus kommt dabei eine Vorreiterrolle zu. Das Neue liegt außer in der Art der Redaktion überkommenen Gutes vor allem in der Hinzufügung jener bereits erwähnten Gruppe von Wundern, die der Sammler dem unmittelbaren, sei es eigenem, sei es fremdem Erleben entnommen zu haben behauptet. Bekannte Personen, von denen Fra Bartolomeo solche Wunder aus erster Hand erfahren hat, sind z. B. Wilhelm, Bischof von Modena (1222–34), Kardinalbischof von Sabina († 1251) oder Bruder Peter von Verona, vermutlich der dominikanische Märtyrer, der 1252 erschlagen wurde.

Die autobiographischen Episoden zeichnen sich durch einen besonders nüchternen, nur von Dank- und Lobformeln überhöhten Stil aus. Als Beispiel sei hier eines der wenigen gedruckten Mirakel übersetzt (Nr. 57):

Da ich (nun) begonnen habe, über Gnadenerweise zu reden, gnadenreicher Herr, werde ich reden und nicht schweigen. In der Oktav nach der Himmelfahrt der über die Chöre der Engel erhöhten Jungfrau fiel ich in der Nähe ihrer Kirche an einem Ort namens Eppia (?) bei Verona unter die Räuber. Als diese sich beeilten, mich und meinen Gefährten auszurauben, sahen sie, wie sie selbst versicherten, furchtgebietende Ritter an der Kirche vorbeireiten. Von ihnen wurden sie erschreckt, ergriffen die Flucht und ließen uns in Frieden. Niemand habe ich gesehen, gestehe ich und bekenne, befreit worden zu sein. Dank sage ich.

Nichts von erzählerischer Ausschmückung. Nur das Nötigste wird mitgeteilt. Wenn eine Episode etwas länger ausfällt, so waren eben mehr Fakten zum Beweis des Wunders erforderlich, so etwa im Falle eines am Ende der Sammlung berichteten Erlebnisses mit einem Unbußfertigen. Dessen Name wird ausdrücklich verschwiegen, „da ihn viele kennen". Ort des Geschehens ist jene Kirche in Brixen, die mit einem wunderschönen Bild der göttlichen Majestät auf dem Ziborium des Hauptaltars geschmückt ist. Als Grund für die Unbußfertigkeit wird *desperatio*, Verzweiflung aus mangelndem Vertrauen in Gottes Barmherzigkeit, genannt. Da der Betreffende aber ein großer Marienverehrer war, überkam ihn angesichts jenes schönen Bildes die Einsicht in seine Verfehlung, und er legte bei Bruder Bartholomäus die Beichte ab, der diesen Bericht dann schließt: „Und dies habe ich von ihm selbst gehört. Den Nachkommenden überliefere ich es schriftlich, damit alle zum Namen des Herrn zurücklaufen, um zu beichten" (Nr. 203). Größten Wert legt der Autor auf die Anknüpfung an eine konkrete Person und einen konkreten Schauplatz, so daß alles wie bei einem

Kriminalfall nachprüfbar erscheint. Bei dem Hostienwunder, das ihm zuteil wurde, gibt er z. B. als Ort die Kirche San Apollinare in (bei) Trient, als Zeit Ostersonntag und als Zeugen den Franziskaner Bonifaz von Verona an (Nr. 161). Besonders spektakulär sind alle diese Mirakel nicht.

Die ältere Überlieferung bot da zum Teil schon aufregendere Fälle an und auch solche, die es sich unabhängig von ihrem Frömmigkeitsgehalt zu erzählen lohnte und die dementsprechend auch weiteste Verbreitung fanden. Beispiele wären etwa der berühmte Teufelsbündler Theophilus (Nr. 156), der Ritter, der seine Seele dem Teufel verkauft (Nr. 72), der Kleriker, der am Hochzeitstag aus Liebe zu Maria in den Geistlichenstand zurückkehrt (Nr. 140) oder der Judenknabe, der in den Ofen geworfen und von Maria gerettet wird (Nr. 119). Solche Erzählungen hat sich natürlich auch Fra Jacopo bei der Sammlung seiner *Legenda Aurea* nicht entgehen lassen, sondern bei den diversen Marienfesten eingefügt. Eine der hübschesten Erzählungen dieser Art lautet in der teilweise etwas freien, den Grimmschen Märchenton nachahmenden, aber auf noch ungedruckte Handschriften zurückgreifenden Übersetzung von R. Benz:

Ein Weib war ihres Mannes beraubt und hatte nur noch einen einzigen Sohn, den liebte sie von Herzen. Es geschah, daß der Sohn von den Feinden gefangen ward und im Gefängnis gehalten. Als sie das vernahm, war sie gar untröstlich; und bat die heilige Jungfrau, der sie gar ergeben war, mit großem Fleiß, daß sie ihren Sohn möchte erledigen. Als sie sah, daß dies nicht verfing, ging sie zuletzt allein in die Kirche, darin ein Bild unsrer Frauen geschnitzt war, trat vor das Bild und sprach zu ihm „Selige Jungfrau, ich habe dich oftmals um die Befreiung meines Sohnes gebeten, und du hast dich weder des Sohnes erbarmt noch der armen Mutter. Ich hab dich um Hilfe gebeten für meinen Sohn, und es hat nichts gefruchtet. So will ich dann dir dein Kind nehmen, als mir das meine ist geraubt worden, und will es in Gewahrsam nehmen als eine Geisel für meinen Sohn". Mit diesen Worten ging sie hin und nahm dem Bilde das Kind, das es auf dem Schoße hatte, und trug es heim. Sie wickelte es in ein rein Linnen und tat es in eine Lade, die schloß sie mit einem Schlüssel sorgfältiglich zu. Und war in großer Freuden, daß sie eine Geisel für ihren Sohn hatte gefunden, und hütete des Pfandes gar sorgsam. Und siehe, in der Nacht darnach erschien die heilige Jungfrau dem Sohne, öffnete ihm des Kerkers Tür und gebot ihm herauszugehen und sprach zu ihm „Sag deiner Mutter, Sohn, daß sie mir meinen Sohn wieder gebe, gleichwie ich ihr ihren habe wieder gegeben". Also ging der Jüngling aus dem Kerker und kam zu seiner Mutter und sagte ihr, wie er von unsrer Frauen erlöset wäre. Da war die Mutter über die Maßen froh und nahm das Bild des Kindes und trug es zur Kirche, und gab es Marien wieder in ihren Schoß und sprach „Herrin, ich danke euch, daß ihr mir meinen einzigen Sohn habt wiedergegeben; sehet, hier habt ihr euer Kind wieder, da ich nun meines wieder habe gewonnen".

Eine möglichst wörtliche Übersetzung des entsprechenden Stückes bei Fra Bartolomeo (Kap. 73) könnte etwa so lauten:

Durch den Bericht Bruder Ulrichs de Asylo (?) habe ich erfahren, was ich jetzt schreibe. Eine arme Witwe, aber hingebungsvolle Mutter, hatte ihren einzigen Sohn in Gefangenschaft. Sie kam in einer Kirche vor das Bild der Jungfrau, das auf den Armen ein Bild des Sohnes hatte, das man entfernen konnte. Sie betete ganz hingebungsvoll, daß die Mutter des einen (Sohnes) ihr den einen um der Liebe zu ihrem einen zurückgeben sollte. Und als sie tagelang nicht erhört wurde, drohte sie in der Einfalt des Herzens der Jungfrau, ihr den Sohn wegzunehmen, wenn sie sie nicht erhören sollte. Dies tat sie auch, wickelte ihn in Linnen und barg ihn in einer Truhe. In der Nacht, da sie dies getan hatte, erschien die barmherzige Mutter Maria betrübt dem Sohne, führte Klage über die Entführung ihres Sohnes, löste ihn von den Fesseln, führte ihn aus dem Gefängnis und befahl, seiner Mutter Vorwürfe zu machen, daß sie den Sohn geraubt hatte, und ihn zurückzugeben. Sogleich am Morgen stimmte der Sohn die Mutter freudig, mit Wonne erfüllte sie die Befehle und veranlaßte die gesamte Nachbarschaft zum Lobe der glorreichen Jungfrau.

Ohne auf stilistische Details einzugehen, was sich nur durch einen Vergleich der Originale sinnvoll bewerkstelligen ließe – beide Dominikaner machen übrigens von den Freiheiten des mittelalterlichen Lateins Gebrauch, Bruder Jakob aber doch weniger –, lassen sich gravierende Unterschiede in der Erzählweise feststellen. Bartholomäus faßt sich kürzer, fügt dafür aber als Einleitung die Gewährsperson und am Ende die Verbreitung der Kunde in der ganzen Nachbarschaft hinzu. Als ausgesprochen realistische Einzelheit vermerkt er die Abnehmbarkeit des Jesusbildes. Die Handlungsweise der Frau wird ausdrücklich aus ihrer Herzenseinfalt erklärt. Jakobus erklärt nicht, sondern beschreibt das einfältige Vertrauen in die Macht über die Gottesmutter durch Schilderung des Tuns und der Freude der Frau. Abgesehen von der Klage Marias wirkt der ältere Text wesentlich distanzierter und nüchterner, insbesondere natürlich wegen des Gebrauchs der indirekten Rede. Da Fra Jacopo diese weitgehend durch die direkte ersetzt, erzielt er eine weit größere Lebendigkeit. Sollte Fra Bartolomeo hier seine Vorlage gewesen sein, was leicht möglich wäre, ließe sich recht gut begreifen, warum der jüngere Autor des Predigerordens dem älteren beim Publikum den Rang abgelaufen hat. Der an diesem Marienmirakel gewonnene Befund wäre durch einen Vergleich der beiden Dominikusviten mühelos zu bestätigen. Schon der Umfang besagt einiges. Obwohl Fra Bartolomeo keinem Heiligen so viel Raum widmet wie dem Gründer seines eigenen Ordens (ca. 12 Codex-Spalten), braucht Fra Jacopo doch noch etwa zweieinhalbmal soviel dafür. Wir haben allerdings gesehen, daß Bartholomäus in der *Vita Adelpreti* einen Erzählduktus entwickelt, der dem seines weit berühmteren Ordensbruders schon näherkommt. Auch die Gestaltung der verräterischen Ermordung Adelprets nach dem Muster der Gefangennahme Jesu verfehlt ihre Wirkung nicht. Aber selbst hier, wo Fra Bartolomeo seinen Einfällen ziemlich freien Lauf läßt, macht sich eine stilistische Brüchigkeit, ein unvermitteltes Nebeneinander von einfachstem Bericht und rhetorischen Künsteleien bemerkbar. Der plötzliche Wechsel des Subjekts mitten im Satz bei der Tötung der Helden (s. o.) kann schlechthin nur als Ungeschicklichkeit bewertet werden.

Im großen und ganzen scheint es dem Trienter Predigerbruder ohnehin in erster Linie auf die Bewahrung und Beglaubigung von „Fakten" angekommen zu sein. Und dabei war er zweifelsohne sehr erfolgreich, so daß die Legenden- und Mirakelforschung ihm endlich jene Aufmerksamkeit schenken sollte, die ihm gebührt. Die Literaturlandschaft des Ostalpenraums erfährt durch die beiden Sammlungen der insgesamt weit über 500 kurzen Erzählstücke jedenfalls eine ganz wesentliche Bereicherung. –

Das läßt sich von dem kleinen Kärntner Denkmal, das wir hier gleichsam als Anhang noch anschließen, gewiß nicht sagen. Eine Sonderstellung kommt ihm nicht nur aufgrund der Herkunft, sondern auch der Gattung nach zu. Zwar sind die mittelalterlichen Heiligenviten und Mirakel voll der Visionen, doch unterscheiden sich diese sehr wohl von denjenigen, welche aus der Feder oder dem Diktat der Visionäre selbst stammen, also fürs erste einmal ausschließlich um ihrer selbst willen und für sich aufgezeichnet wurden. Eine solche Vision hat uns nun auch ein Kärntner Zeitgenosse des Bartholomäus, der unten (S. 398) vorzustellende Kanonist **Ulrich von Völkermarkt**, hinterlassen. Mehr als eine äußerst flüchtige Begegnung mit dem Werk läßt sich hier aber nicht vermitteln, da es nur in Übersetzung (von H. Menhardt) gedruckt vorliegt und in der inzwischen recht umfangreichen neueren Forschung zur Visionenliteratur noch gar nicht behandelt worden ist. Da die Gattung der Vision im höchsten Maße traditionsabhängig ist, vermöchte nur ein erstklassiger Kenner dieser Gattung die wenigen originellen Züge in Ulrichs Werk herauszuheben.

Nach dem üblichen gemeinplatzartigen Prolog berichtet Ulrich von seiner Krankheit zu Silvester des Jahres 1240, in deren Verlauf er im schlafenden Zustand folgendes erlebt habe: Seine Seele wird auf einen unzugänglichen schmalen Felsen entrückt, unter dem ein vorbeifließender reißender Strom Schiffe mit Menschen heranträgt und scheitern läßt. Ein Engel erklärt dem Visionär seine klägliche ausgesetzte Lage als Strafe für seine Sünden. Sein Flehen zu Maria habe ihn aber vor Schlimmerem bewahrt. Unter Anleitung des Engels steigt die Seele hinab und durchfährt auf einem Schiff einen hohlen, schreckenerregenden Berg, um zum Paradies zu gelangen. Hier findet sie nicht nur eine herrliche Landschaft, sondern auch Erquickung in einer kristallenen Badestube, hierauf das prachtvolle Haus der Weisheit aus Gold, Kristall und Edelsteinen, worin ihr ein Blick auf die himmlischen Freuden der Seligen gewährt wird. Trauernd muß die Seele davon Abschied nehmen, durch den Berg, diesmal trockenen Fußes, zurückwandern und noch einen Blick in die Hölle werfen. Aus einer Erdöffnung dringt Feuer und stinkender Schwefel. Tief unten werden die von Dämonen gepeinigten Verdammten sichtbar. Am Ende gibt sich der Führer als der Schutzengel Ulrichs zu erkennen und befiehlt ihm, das Gesehene im Gedächtnis zu bewahren und wahrheitsgemäß zu berichten. Dies tut er nach seinem Erwachen und erlangt die Gesundheit wieder.

Nach P. Dinzelbacher liegt dann eine „echte" Vision vor, „wenn ein Mensch das Erlebnis hat, aus seiner Umwelt auf übernatürliche Weise in einen anderen Raum versetzt zu werden, er diesen Raum beziehungsweise dessen Inhalte als beschreibbares Bild schaut, diese Versetzung in Ekstase (oder im Schlaf) geschieht, und ihm dadurch bisher Verborgenes offenbar wird". Dem entspricht Ulrichs Erlebnis genau. Dem Typ nach gehört es zu den abstrakteren Visionen und zu den positiver ausgerichteten. Seit dem 13. Jahrhundert nehmen die auf Hölle und Fegefeuer konzentrierten Jenseitsvisionen zugunsten der Himmels- und Paradiesesschau an Zahl und Bedeutung deutlich ab. Bei Ulrich stehen ebenfalls der Paradiesgarten und das himmlische Jerusalem im Vordergrund. Zu dessen Darstellung hat, wie Ulrich selbst an einer Stelle andeutet, die Geheime Offenbarung des Johannes die wichtigste Anregung gegeben. Andere, sei es literarischer, sei es bildlicher Art, wären im einzelnen erst nachzuweisen. Der Aufweis einer bewußten oder unbewußten Verwendung derartiger Vorbilder berechtigt den modernen Leser gleichwohl keineswegs, daran zu zweifeln, daß Ulrichs Bericht eine persönliche Erfahrung zugrunde liegt. Das verbindet diesen Text mit den zahlreichen Augenzeugenberichten des Fra Bartolomeo (s. o.). Diese wie jener hätten in einer Literaturgeschichte, die sich auf fiktionale Dichtung beschränken wollte, kaum etwas verloren.

Historiographische Prosa

Außerhalb der Gattung der Lebens- und Leidensbeschreibung frommer Kirchenmänner schwingt sich die historiographische Prosa in unserem Raum kaum je zur epischen Darstellungsweise auf. Nichts begegnet hier, was sich mit den chronikalischen Berichten eines Magnus von Reichersberg oder Hermann von Niederalteich vergleichen ließe. Die fränkische und bairische Chronistik hat in der Erzdiözese Salzburg ebensowenig Nachahmung gefunden wie in den Bistümern Brixen und Trient. Dagegen hat die österreichische Annalistik (s. o. S. 84ff. und S. 179ff.) zumindest auf den Salzburger Metropolitansitz und die Steiermark ausgestrahlt. Nach F.-J. Schmale kam vor Mitte des 12. Jahrhunderts eine Kopie der Klosterneuburger Annalen nach Admont, wo sie zuerst bis 1197 und dann bis 1250 fortgesetzt und von wo sie 1181 an das (damals noch zum Herzogtum Steiermark gehörende) Kloster Garsten, 1186 an Salzburg und 1197 an Vorau vermittelt wurden. Des weiteren nimmt Schmale an, daß die erste gründliche Überarbeitung in Admont schon zur Zeit des Abtes Gottfried (s. o. S. 74) vorgenommen worden sei. Die Aneinanderreihung knapper Faktennotizen bleibt jedoch das Gestaltungsprinzip dieser Redaktion wie der folgenden Eintragungen bis 1250, sieht man von einer einläßlicher geschilderten Episode aus dem Leben des 1137 verstorbenen Admonter Abtes Wolfhold ab, die nicht zufällig in einem Wunder gipfelt (ad annum 1137). In Vorau hat man sich überhaupt mit einer Abschrift der Admonter Vorlage begnügt, in Salzburg dagegen stärkere, in den ersten Teilen vor allem kürzende Veränderungen vorgenommen. Die ab dem ausgehenden 12. Jahrhundert dann offenbar laufend wohl von Kanonikern des Domstifts eingetragenen Jahresberichte fallen breiter aus, nehmen aber erst etwa seit Mitte des 13. Jahrhunderts gelegentlich chronikähnliche Form an. Zum Jahr 1256 etwa melden die *Salzburger Annalen* zuerst lapidar die wittelsbachische Erbteilung in Baiern, die Hinrichtung Marias von Brabant auf Befehl ihres Gatten, Herzog Ludwigs des Strengen, den Tod König Wilhelms und Herzog Bernhards von Kärnten, um hernach eine halbe Seite (der großformatigen Druckausgabe W. Wattenbachs) dem Geschehen in der eigenen Diözese zu widmen:

Herr Philipp [von Spanheim, erwählt zum Erzbischof von Salzburg 1246/47, aber ohne Priesterweihe und daher 1255 vom Papst suspendiert] gehorchte der päpstlichen Bestimmung nicht, ließ durch nichtswürdige Männer Burgen und Städte befestigen und verübte viele Übeltaten mit Brand und Raub in der Diözese. Das Salzburger Domkapitel postulierte nach Einberufung aller, die in dieser Lage zur Wahl einberufen werden sollten, mußten und konnten, zu Hallein in Gegenwart einiger Ministerialen mit gleichwohl einstimmigem Votum Herrn Ulrich, Bischof von Seckau, für sich zum Erzbischof. Um diese Forderung genehmigen und bestätigen zu lassen, sandte man Herrn Otto, Propst derselben Kirche, an die römische Kurie. Zwei Salzburger Kanoniker, nämlich Ulrich, Sohn des Grafen Hermann von Ortenburg und ein gewisser Priester namens Gregor, die nicht darauf achteten, daß die Zahl zwei eine schändliche ist, da sie als erste von der Einheit abweicht, hingen abweichend von der Einheit des Kapitels Herrn Philipp an und machten sich, um ihre Angelegenheit vor der Bestätigung Herrn Ulrichs zu befördern, auf den Weg zur römischen Kurie. Auf diesem Weg kam Gregor jämmerlich ums Leben. Der andere kam zur Kurie, wurde vom Papst angehört, mit ziemlicher Verachtung entlassen und kehrte ratlos nach Hause zurück. Herr Philipp rief, als er von der durchgeführten Wahl erfuhr, Söldner aus Böhmen und Österreich herbei, drang mit bewaffneter Macht über die Grenzen des Erzstiftes und verwüstete mit Brand und Raub alles innerhalb und außerhalb des Gebirges. Es liefen auch Ministerialen, die das Treueversprechen vergaßen, das sie bei der Wahl gegeben hatten, teils aus Furcht, teils wegen versprochener Güter und Lehen zu ihm über. Sie beanspruchten die Güter des Kapitels, bewegliche wie unbewegliche, für sich und verließen den Dompropst und auch die Kanoniker, die mit ihm in der Angelegenheit an die Kurie gegangen waren. Der Papst schob die Amtsübertragung an den auswärtigen Bischof auf und ließ obengenannten Philipp durch Bruder Heinrich, Bischof von Chiemsee, vor die Kurie laden. Er befahl ihm gleicherweise, Burgen und Befestigungen inzwischen der Kirche von Chiemsee zur Bewahrung zu übertragen und fügte als Strafe hinzu, daß er, falls jener nicht gehorchen sollte, ihn und seine Anhänger und Ratgeber mit ihren Söldnern und die Besatzungen der Befestigungen mit der Waffe der Kirche niederwerfen und die Geistlichen von ihrem Gehorsam, die Ministerialen und Vasallen von ihrem Lehenseid entbinden werde. Da genannter Philipp den päpstlichen Geboten nicht nachkommen wollte, führte der Herr von Chiemsee all dies aus und unterwarf die Kirche und die Stadt Salzburg und das ganze Gebiet dafür, daß es noch immer dem Herrn Philipp anhing, sowohl innerhalb des Gebirges wie außerhalb dem kirchlichen Interdikt, wobei er auftragsgemäß befahl, daß dasselbe in allen Kirchen der Suffragane ebenfalls gelten solle.

Bei aller Detailliertheit bleibt der Ton ziemlich nüchtern und distanziert. Der Standpunkt ist eindeutig, gleichwohl fehlen Kommentare. Völlig aus den vorgezeichneten Bahnen der Annalistik bricht dann erst der Bericht über die Schlacht auf dem Marchfeld aus, die 1278 stattfand und also bereits jenseits des Zeitrahmens dieses Kapitels liegt.

Was sonst an historiographischer Prosa in unserem Raum zwischen 1156 und 1273 geschrieben wurde, hat in einer Literaturgeschichte noch weniger verloren. Die Klostergründungsgeschichten *(fundationes)* nehmen nach A. Lhotsky eine „Zwitterstellung zwischen ‚urkundlichen' und ‚erzählenden' Geschichtsdenkmalen" ein, neigen einmal mehr dieser, einmal mehr jener Gattung zu. Ihren Platz haben sie meist am Anfang des Traditions- oder Kopialbuches des jeweiligen Zönobiums. So ist etwa die *Fundatio monasterii sancti Pauli* in dem zu Anfang des 13. Jahrhunderts angelegten Traditionsbuch des Kärntner Benediktinerklosters St. Paul eine bloße Sammlung von Schenkungsnotizen, die aber auch Angaben über die Gründung des Klosters und den Anschluß an die hirsauische Reform enthalten. Ebenfalls in die äußere Form einer Urkunde fügen sich die *Gründungsgeschichten von Viktring* (ca. 1142/47), *von Seckau* (1197) und *von Reun* (Anfang des 13. Jahrhunderts) ein. Dagegen präsentieren sich die *Fundationes von Berchtesgaden* (Anfang des 12. Jahrhunderts!) und *von Baumburg* (Ende des 12. Jahrhunderts) in durchaus epischer Form. Insbesondere in dem ausführlichen Bericht über die Gründung des zwar zur Salzburger Erzdiözese, aber zum Herzogtum Baiern (im Spätmittelalter Niederbaiern, heute zu Oberbayern) gehörigen Augustiner-Chorherrenstifts Baumburg an der Alz durch Graf Berengar von Sulzbach (um 1105) meint man den Wunsch des unbekannten Autors zu spüren, ein wenig mit „richtiger" Geschichtsschreibung in Konkurrenz zu treten. Dabei muß er aber den ziemlich mageren Erzählinhalt mit aufwendigster Rhetorik auffetten, so daß wir unsererseits wiederum Bedenken anmelden müssen, wenn der Herausgeber von seiten des Historikers der Erzählung einen geringen Quellen-, aber einen relativ hohen literarischen Wert zubilligen will. Was hätte sich etwa aus der hier enthaltenen Brautraubgeschichte nicht alles machen lassen! Statt uns die konkrete Situation vor Augen zu stellen, ergeht sich der Verfasser hier wie anderswo in langwierigen abstrakten Erörterungen über die inneren Beweggründe der Personen. Am Ende des Berichts gibt er dann die Erzählhaltung überhaupt ganz auf, um statt dessen argumentativ den – unbegründeten – Anspruch auf Unterordnung Berchtesgadens unter Baumburg abzustützen. Kärnten freilich könnte sich glücklich schätzen, zumindest ein solches Stück lateinischer epischer Prosa in dieser Epoche hervorgebracht zu haben. Aber außer den genannten *Fundationes* finden sich hier nur dürre Faktennotizen. Ein Katalog der Bischöfe von Gurk seit 1088 mit einigen zusätzlichen kirchengeschichtlichen, genealogischen oder besitzrechtlichen Angaben wurde etwa 1183 im dortigen Domstift angelegt, das – fälschlich so genannte – **Chronicon Gurcense**. Ebenfalls in Kärnten, vielleicht in Gurk, ist aus unerfindlichen Gründen eine ganz schmale **Genealogie der Markgrafen von Österreich** angelegt worden (Ende des 12. Jahrhunderts), der sich in Vorau eine **Genealogie der Markgrafen von Steier** von ca. 1192 an die Seite stellt. Was die Tiroler von der Kärntner Situation unterscheidet, ist allein die Existenz der *Vita Hartmanni* (s. o. S. 383ff.). Sonst kennen wir aus diesem Raum ebenfalls Bischofskataloge, einen **Ordo episcoporum sanctae Tridentinae ecclesiae** im *Sacramentarium* Bischof Alberts II. (1156–1172) und einen **Katalog der Brixener Bischöfe**, dessen Alter und ursprünglicher Bestand aber aufgrund der schlechten Überlieferungslage nicht mehr sicher eruiert werden kann. Die jetzt noch erhaltene älteste Fassung stammt aus dem Spätmittelalter, hatte aber ältere Vorgänger, darunter wohl einen aus dem 12. Jahrhundert. Mindestens so lapidar wie dieser Katalog sind die *Annalen* der Jahre 880 bis 1260 in einer Handschrift des Nordtiroler Klosters *St. Georgenberg* gehalten. Ob sie auch hier entstanden sind, ist äußerst ungewiß. Ihre Erwähnung markiert aber de facto ohnehin nur eine Leerstelle im literarischen Spektrum der Diözese Brixen.

Ars dictaminis

Über die literarische Gattung des Briefes ist an entsprechender Stelle der Abteilung A dieses Kapitels das Notwendigste gesagt worden (s. S. 191f.). Dort wurde auch der Verzicht auf die Behandlung der diversen Sammlungen von „echten" Briefen begründet. Dementsprechend sei hier nur im Vorübergehen auf die beiden für die Geschichtswissenschaft höchst bedeutsamen Briefsammlungen des 12. Jahrhunderts, die Admonter und die Salzburger, hingewiesen. Die Admonter Briefsammlung besteht aus Briefen, die von Erzbischof Eberhard I. von Salzburg 1162 an Abt Gottfried von Admont (1137–1165) übergeben, in dessen Auftrag in Admont abgeschrieben und dabei um Admonter Material vermehrt wurden (Cod. Vind. 629). Weiteres Salzburger Briefmaterial, das sich ebenfalls auf die Epoche des Schismas ab 1159 bezieht, aber nicht mehr nach Admont gelangt ist, liegt nur in einer Abschrift des 16. Jahrhunderts vor.

In Admont hat man aber im 12. Jahrhundert nicht nur echte Korrespondenz archiviert, sondern auch einen *Briefsteller für Nonnen* angefertigt, dem die Forschung jedoch offenbar bisher so gut wie keine Beachtung geschenkt hat. Der erste der beiden von J. Wichner abgedruckten Musterbriefe könnte in Übersetzung so lauten:

Dem in Gott geliebtesten Freund und Herrn N. (entbieten) demütige Mägde Gottes andächtiges Gebet in ewiger Treue und Liebe. So wie sich der Durstige nach dem Wasser und so wie sich der Schmachtende nach dem Schatten sehnt, so sehnen wir uns danach, euer Antlitz zu sehen. Wir bekennen im Vertrauen und ohne Zweifel, daß *(quia)* der Vater des Erbarmens und der Gott aller Tröstung an der Stätte unserer Pilgerschaft für uns einen treuen Freund vorsah und gewährte in euch. Er selbst möge hier und in Zukunft euch an unserer Statt vergelten, daß ihr unseren Gruß kürzlich gütig aufgenommen und unseren Gesuchen fromm und barmherzig entsprochen habt. Wir grüßen durch euch Herrn N., euren Vikar, und bedanken uns, daß er in eurer Abwesenheit unseren Boten gütig aufgenommen hat und um Gottes und euretwillen alles menschliche Wohlwollen anzuwenden besorgt war. Wir senden euch zwei Binden zur Blutstillung. Der Eifer eurer Tugenden lebe und gedeihe durch viele Jahresläufe.

Von dieser Art haben sich etwa 8 bis 10 Briefe, meist allerdings bruchstückhaft, auf zwei Doppelblättern erhalten, die in Admont zum Einband eines Weinregisters von 1431 verwendet wurden. Sie bestehen aus den für die Klosterkorrespondenz notwendigen Gemeinplätzen. Der Stil ist steif und offiziös, sogar ein wenig ungelenk. Ob den Musterbriefen auch ein theoretischer Teil vorangestellt war, wissen wir nicht.

Nur den theoretisch-didaktischen Teil ohne Anhang mit Musterbriefen bietet dagegen das älteste erhaltene Handbüchlein der *ars dictaminis* aus dem deutschen Sprachgebiet, der *Liber dictaminum* des **Baldwinus Victoriensis**. Hinter diesem Namen verbirgt sich höchstwahrscheinlich der (spätere) Abt des Kärntner Zisterzienserklosters Viktring. Abt Baldwin regierte 1194–1200 und verfaßte seine Brieflehre wohl vorher, aber sicher nach 1160, vermutlich als Lehrer an diesem Kloster.

Das kleine (in der modernen Ausgabe 29 Seiten umfassende) Werk gliedert sich in 12 Abschnitte. Ein Prolog bringt den üblichen Bescheidenheitstopos und die Berufung auf die Bitte der Freunde um Abfassung der Schrift. Angesprochen sind *dilecti fratres*. Die Beschränkung auf die Prosa wird damit begründet, daß Rhythmus und Metrum weniger der *claustralis curiositas*, der mönchischen Wißbegierde, entgegenkommen. Kapitel 2 definiert Prosa und *sermo*; Kapitel 3 bestimmt den Brief *(epistola)* als „an einen Abwesenden geschickte, die Absicht des Absenders zum Ausdruck bringende Rede" und zählt die obligatorischen Teile des Briefes auf: *salutatio* (Gruß), *exordium* (Eingang), *narratio* (Erzählung, eigentlicher Briefgegenstand), *petitio* (Bitte, Gesuch, Antrag) und *conclusio* (Schluß), denen nun die weiteren Kapitel 4 bis 8 gewidmet werden. Die umfangreichsten Kapitel, welche die standardisierten Gruß- und Eingangsformeln behandeln, lassen wiederum ganz deutlich den geistlichen Standpunkt erkennen. So gibt Baldwin zwar zuerst vor allem Musterbeispiele für das Exordium aus Sallust, dann aber solche, die sich unmittelbar für die Korrespondenz von Bischöfen, Äbten und anderen Geistlichen, gleichgestellten und hierarchisch unterschiedenen, eignen. Dementsprechend muß die rhetorische Absicht, Wohlwollen und Aufmerksamkeit zu erregen, angepaßt werden:

Dies aber sind Geistliche gehalten zu wissen, daß das, was sie einander schreiben, geeignet sein muß, zur Weltverachtung zu bewegen, zu Fortschritt zu ermahnen, in Kümmernissen zu trösten, zur Gottesliebe anzustacheln, Unwissende zu unterrichten oder Missetäter zurechtzuweisen und was es dergleichen gibt (5,86).

Der in Kapitel 9 gelieferte Musterbrief trägt dann allerdings doch wieder traditionell weltlichen Charakter: Der Absender wendet sich in der Trauer über den Tod seines Sohnes an den Freund, um Trost zu erlangen. Kapitel 10 erklärt *narratio* und *petitio* als die wesentlichen, die übrigen als die fakultativen Teile des Briefes, Kapitel 11 gibt noch einige stilistische Anweisungen unter dem Stichwort *appositio* („Hinzufügung" bestimmter Ordnungsmuster der Aussagen), darunter auch solche zum Satzrhythmus. Kapitel 12 warnt schließlich noch vor gewissen Fehlern wie zu üppigem Gebrauch der Alliteration oder des Homoioteleuton.

Im Schlußkapitel greift Baldwin vor allem auf Martianus Capella zurück. Das maßgebende Vorbild für die gesamte Schrift haben aber die weit verbreiteten, auch in beiden Handschriften, die Baldwins Werk überliefern, enthaltenen, um 1145 entstandenen *Introductiones prosaici dictaminis* Bernhards von Bologna abgegeben. Bernardus Bononiensis ist ein Hauptvertreter der oberitalienischen *ars dictaminis*, die zu Anfang des 12. Jahrhunderts von Adalbertus Samaritanus begründet worden war. Adalbert lehrte Rhetorik an einer laikalen Schule Bolognas und distanzierte sich ausdrücklich von der älteren kirchlichen Rhetorik Alberichs von Montecassino (um 1030–nach 1105). Das weltliche Schulwesen (s. o. S. 370) und der Praxisbezug der neuen *ars* entsprachen den Bedürfnissen des reichen und selbstbewußten Bürgertums in den blühenden Städten Oberitaliens. Hier, namentlich in Bologna und Pavia, entstand zwischen dem zweiten und sechsten Jahrzehnt des 12. Jahrhunderts eine Menge einschlägiger Schriften, darunter die anonymen *Rationes dictandi* (1138/43), die Hauptquelle für Bernhard von Bologna. In der zweiten Jahrhunderthälfte trat neben die italienische eine französische Schule der *ars dictaminis* (s. o. S. 192), die auch in Italien Anklang fand, so daß Boncompagnus von Signa, Vertreter der jüngeren oberitalienischen Schule, sich veranlaßt sah, gegen den überladenen Stil der Franzosen zu polemisieren. Boncompagnus (um 1170–um 1240) lehrte v. a. in Bologna, fand aber auch in Wolfger von Erla, dem Patriarchen von Aquileia (s. o. S. 334), einen Förderer. Noch größeren Einfluß als auf Italien übte die Schule von Orléans aber auf Deutschland aus (s. o. S. 192). Von diesem Einfluß jedoch noch unberührt zeigt sich Baldwin von Viktring, der um 1160/70 nicht nur für unseren, sondern für den gesamten deutschsprachigen Raum einen Einzelfall darstellt.

Baldwins Abhängigkeit von Bernardus Bononiensis ist allenthalben greifbar, am deutlichsten in den Kapiteln 2–3 und 11. Aus Bernhards Appositionslehre übernimmt er u. a. auch die Anweisung, die Periode nicht mit einem zweisilbigen, sondern einem drei- oder viersilbigen Wort abzuschließen. Die auf dieser Grundlage aufbauende Cursus-Lehre (s. o. S. 193) suchen wir dann allerdings bei Baldwin vergeblich (obwohl er seinen Musterbrief mit einem *cursus planus* enden läßt) ebenso wie die gesamte von der Bologneser Schule gebotene rhetorische Ornatus-Lehre. Auch darin manifestiert sich die Rückwendung zum geistlichen Bereich, von dem sich die oberitalienische Schule ja gerade emanzipiert hatte. Deren soziokulturelle Voraussetzungen haben eben in unserer Region gefehlt.

Metrische Versdichtung

Neben der Ars dictaminis ist dem Stamm des lateinischen Schrifttums im Hochmittelalter, wie bereits mehrfach erwähnt (s. o. S. 194ff., S. 371), ein weiterer neuer kräftiger Zweig entsprossen, das gelehrte Recht. Anders als beim erstgenannten Zweig der Gelehrsamkeit haben an der Pflege des gelehrten Rechts alle Bistümer der Salzburger Kirchenprovinz ab dem späteren 12. Jahrhundert Anteil. Den Ruhm, innerhalb des Erzbistums Salzburg nicht nur einen namhaften Autor der Ars dictaminis, sondern auch einen der Jurisprudenz beheimatet zu haben, kann aber allein Kärnten für sich beanspruchen.

Ulrich von Völkermarkt, aus einem der mächtigsten Ministerialengeschlechter des Kärntner Herzogs, der Familie Karlsberg-Cubertel, stammend, vermutlich erster Propst des 1231 vom Salzburger Metropoliten errichteten Kollegiatsstifts St. Ruprecht in Völkermarkt, jedenfalls hier seit 1233 als Propst bezeugt, daneben Kärntner Archidiakon spätestens seit 1246, in beiden Ämtern bis zu seinem Lebensende (bald nach dem 27. 5. 1266) verblieben, hat sich um die Verbreitung des gelehrten Rechts im zweiten Drittel des 13. Jahrhunderts große Verdienste erworben. Studiert wird er wohl in Bologna haben. Sein erstes erhaltenes Werk sind *Excerpta decretalium Gregorii IX*, die Ulrich in den vierziger Jahren, allerdings aufgrund älterer eigener Vorarbeiten, anfertigte. Die Dekretalen Papst Gregors IX., das sogenannte *Liber extra* (s. o. S. 195), woraus die Auszüge stammen, sind in endgültiger Gestalt 1234 promulgiert worden. Während diese Exzerpte in Prosa abgefaßt sind, geht Ulrich dann zum Vers über. 1251 verfaßt er das *Breviarium pauperum*, eine Sammlung einzelner Merkverse, die jeweils eine einzelne Dekretale resümieren, und den *Cursus titulorum*, ein ebenfalls versifiziertes Repertorium von juristischen Definitionen, Regeln und Notabilien nach dem Vorbild der *Summa titulorum* des Magisters Bernardus Parmensis de Botone. Bald darauf (1251/53) bringt er das *Breviarium pauperum* nochmals auf den neuesten Stand, indem er auch noch die Novellen des Papstes Innozenz IV. versifiziert.

Ulrichs Ziel ist also nicht gewesen, selbständige Rechtskodifizierung und -kommentierung zu leisten, sondern das bereitliegende Material leichter zugänglich, verständlich und memorierbar zu machen. Im Prosaprolog zum *Breviarium pauperum*, dessen Titel wohl schon auf die materiell und geistig weniger Bemittelten anspielt, werden die folgenden Verse als zum Auswendiglernen bestimmt bezeichnet. Der *Cursus titulorum* soll zuerst einmal dem Autor selbst als Lernhilfe dienen, dann aber auch der Information der Geistlichen, die mit der Rechtspraxis zu tun haben, aber „keine Rechtskenntnis besitzen" *(iuris peritiam non habent)*, wendet sich also – und das ist damals ganz neu – an Nichtjuristen. Ulrich gehört damit zu jenen Männern, die eine praktische Anwendung des im 12. Jahrhundert ausgebildeten gelehrten Rechts auch im alltäglichen Rechtsbetrieb auf breiter Basis ermöglichten. Es verwundert selbstverständlich nicht, daß Ulrich auch selbst mehrfach zum päpstlich oder erzbischöflich delegierten Richter bestellt wurde.

Außer den kanonistischen Versen Ulrichs von Völkermarkt hat unser Raum in der fraglichen Zeit herzlich wenig an metrischer Dichtung hervorgebracht, sofern wir der Überlieferung und deren Erschließung trauen dürfen.

In einer Grazer Handschrift des 12. Jahrhunderts sind ganz oder teilweise 105 Verse eines ***Trauergedichtes auf die Grafen von Pitten*** erhalten. In den quellenkundlichen Handbüchern für Historiker werden sie kaum eines Wortes gewürdigt. Einen, wenngleich ganz bescheidenen literarhistorischen Wert gewinnen sie nur durch ihre Seltenheit. Die das Steinfeld, die Bucklige Welt und angrenzende Gebiete umfassende Grafschaft Pitten (älter Pütten), die im Mittelalter (mit Unterbrechungen) zur Steiermark zählte, gehörte spätestens seit dem Anfang des 12. Jahrhunderts den Grafen von Vornbach (älter Formbach), die 1158 im Mannesstamm ausstarben, als Graf Ekbert III. vor Mailand fiel. Ihr Erbe traten die Traungauer und dann die Babenberger an. Die Verse sind offenbar als Grabinschriften für die in oder an der Marienkirche von Neunkirchen beigesetzten letzten Grafen von Pitten und deren Familienmitglieder gedacht gewesen. Dafür zeugt die in Varianten mehrfach verwendete *hic iacet*-Formel (V. 22, 44, 69 u. ö.). Der Leser der Inschrift wird jeweils aufgefordert, für den Toten zu beten. Um die diversen Inschriften als ganze auf Grabplatten anzubringen, haben sie allerdings zu großen Umfang. Auf den Babenbergergräbern in Heiligenkreuz sind z. B. außer den Namen nur die Todesdaten eingemeißelt. Diese erscheinen zwar auch in unserem Gedicht (ebenfalls ohne Jahresangabe, da für das Totengebet nur der Jahrestag von Interesse war), aber in „poetischer" Form und im Verein mit weiteren, meist lobenden Angaben über den Toten und Betrachtungen über die Vergänglichkeit alles Irdischen, die sich reichlich aus Bibelzitaten nähren. Bei denjenigen Familienangehörigen, die weltliche Macht ausübten, darf der *sic transit gloria mundi*-Topos nicht fehlen. Erstaunlich groß ist die Zahl derer, welche den geistlichen Stand wählten, darunter auch, wie es heißt, ein reicher, macht- und kraftvoller Ritter *(miles)* namens Gottfried, „der, vom Geist Gottes geleitet, Mönch wurde" (V. 49: *Monachus effectus divino pneumate rectus*). Wir erhalten damit einen Hinweis auf eine wichtige Ursache für das baldige Erlöschen dieser wie anderer adeliger Familien, die ja im übrigen einen hohen Blutzoll in Fehden, Italien- und Kreuzzügen zu entrichten hatten. Als letzter dieser Geistlichen wird ein Pfarrer von Neunkirchen mit Namen Adelhard genannt, dessen Grabinschrift seltsamerweise zweifach auftritt, zuerst in lobender Er-Form, dann in bescheidener, selbstanklägerischer Ich-Form. Es scheint, als läge hier ein selbstverfaßter Nachruf Adelhards vor, den der spätere Panegyriker mehr schlecht als recht in sein Trauergedicht eingefügt hätte. „Der poetische und sprachliche Wert des Gedichtes sind gering", hat schon der Herausgeber zugegeben, obwohl er sich bemüßigt fühlte, eine – nicht immer zuverlässige – Versübersetzung beizugeben. Das gewählte Versmaß ist das gereimte (leoninische) elegische Distichon, also z. B. V. 1–2:

> *Gloria mundana mundique potentia vana.*
> *Testantur proceres, qui modo sunt cineres.*

Der weltliche Ruhm und die Macht der Welt sind eitel. Zeugen sind die Fürsten, welche nun Asche sind.

Die Klage über die Todesverfallenheit alles Irdischen, die hier einem konkreten historischen Anlaß entsprungen ist, durchtönt in allgemeiner Form das gesamte Mittelalter. Sie ist Grundbestandteil der nahezu unüberschaubaren *contemptus mundi*-Literatur. Ein deutsches Beispiel haben wir in Heinrichs *Erinnerung an den Tod* (s. o. S. 233ff.) kennengelernt. Aus der Menge der lateinischen Denkmäler Europas wären mit Blick auf das hohe Mittelalter etwa der dem ausgehenden 12. Jahrhundert angehörende Prosatraktat *De miseria humanae condicionis* Lothars von Segni (1160/61–1216), des späteren Papstes Innozenz III. (1198–1216), oder das ca. 3000 Verse umfassende, etwa 1140 entstandene Gedicht *De contemptu mundi* des Cluniazensermönchs Bernhard von Morlas herauszuheben.

Ob auch die lateinische Dichtung unseres Raumes zumindest einen bescheidenen Beitrag zu diesem Thema geleistet hat, ist fraglich, da sich das im Vorauer Codex 33 einem Ruodigerus zugewiesene Gedicht *De vanitate mundi* (Analecta Hymnica 46, Nr. 312) auch in anderen Handschriften findet und daher irgendwo im deutschen Sprachraum entstanden sein könnte.

Geistliche Lyrik

Um die unendlichen Schwierigkeiten, die sich einer regionalen Literaturgeschichte gerade auf dem Gebiet der Hymnik entgegenstellen, nochmals – wie schon in den entsprechenden Abschnitten der vorangehenden Kapitel (s. S. 96, 209) – vor Augen zu führen, sei der namhafte Hymnologe J. Szövérffy zitiert: „Wir wissen in der Tat gar nicht, welche Hymnen in österreichischen Handschriften vorhanden sind, welche von ihnen als einheimische Produkte gelten, welche im Laufe der Zeit ins Ausland gedrungen sind, oder welche von außen her kommend hier aufgenommen und eingebürgert sind. Es handelt sich hier nach meiner Schätzung um etwa 2000 Einzelhymnen, die unter die Lupe genommen werden müssen, um ein deutliches Bild zu gewinnen." Solange der zugleich (d. i. 1987) angekündigte österreichische Hymnenkatalog nicht fertiggestellt ist, bleiben alle Beobachtungen auf diesem Gebiet kümmerliches Stückwerk. In Abteilung A dieses 3. Kapitels konnten wir wenigstens von R. W. Schmidts sorgfältiger Studie zum Cod. Vind. 13314 ausgehen (s. S. 208ff.), in Abteilung B sind wir zu einem nicht geringen Teil auf W. Lipphardts Angaben zur Überlieferung und Provenienz der Sequenzen (und Hymnen) angewiesen, verlieren aber dabei rasch den Boden unter den Füßen. Woran soll man sich halten, wenn der ebenso kenntnisreiche wie nachlässige Hymnologe etwa 1974 behauptet, es kämen nur vier Sequenzen als Seckauer Neuschöpfungen des 12. Jahrhunderts in Frage, 1979 dagegen geneigt ist, fast alle der (angeblich) mehr als 50 neuen Sequenzen der österreichischen Handschriften des 12./13. Jahrhunderts in Seckau zu lokalisieren?

Daß Seckau das Zentrum der geistlichen Lyrik unseres Zeitraumes in den Ostalpendiözesen gewesen ist, läßt sich wohl kaum bestreiten, auch wenn die Überlieferung immer nur einen indirekten Hinweis auf den Entstehungsort geben kann. Noch am geringsten ist die Unsicherheit, wenn es nur eine einzige Handschrift gibt, wie bei den beiden Hymnen *Gaude, fidelis concio* und *Salve sancta virgo, sancta parens* (AH 4, Nr. 88 u. 89) den Grazer Codex 1247 aus Seckau. Eine Seckauer Spezialität sind solche Marienhymnen in schlichten rhythmischen Strophen (s. o. S. 216) gleichwohl nicht. Obwohl die Neuproduktion von „regulären" liturgischen Hymnen im Hochmittelalter angesichts des überwältigenden älteren und weiter im Officium divinum verwendeten Bestandes im Vergleich zu den Sequenzen bescheiden ausfällt, reißt sie doch in kaum einer Region gänzlich ab. So finden sich aus unserem Raum neben den beiden genannten Seckauer Hymnen zu Mariä Himmelfahrt z. B. Marienhymnen in zwei Kärntner Handschriften (AH 4, Nr. 47 *Summi regis mater virgo* – Mariä Empfängnis; AH 52, Nr. 50 – Mariä Lichtmeß) und in einem Stundengebetsbuch des Sankt Peter-Klosters in Salzburg (AH 52, Nr. 62 *Nate, summe rex, utero*), alle aus dem 12. Jahrhundert. Besondere Aufmerksamkeit verdienen die Strophen nicht, vielleicht mit Ausnahme zweier aus ***Gaude, fidelis concio***, welche die leibliche Aufnahme Marias in den Himmel beschreiben:

> 4. *Somno pacis dormierat*
> *Sacro eruta corpore,*
> *In spe caro quieverat*
> *Cum virginali decore.*
> 5. *Sponsus dilectam excitat,*
> *Suam unicornis virginem,*
> *Christus carnem suscitat,*
> *In qua se fecit hominem.*

4. Im Schlafe des Friedens hatte sie geschlafen, aus dem heiligen Leib gerissen; in Hoffnung hatte das Fleisch ausgeruht mit jungfräulicher Zier. 5. Der Bräutigam heißt die Geliebte aufstehen, das Einhorn seine Jungfrau, Christus auferweckt das Fleisch, in dem er sich Mensch werden ließ.

Hier wird das im Hohenlied mehrfach wiederkehrende Weckmotiv auf die Aufnahme Marias angewandt, der Bräutigam des Hohenliedes zugleich aber als das Einhorn des *Physiologus*, das nur im Schoße der Jungfrau ausruht, gedeutet. Die Strophenform – 4 Zeilen 8pp mit Kreuzreim, in Strophe 8 Paarreim – weist für das 12. Jahrhundert nichts Besonderes auf. Daß aber auch in dieser Zeit noch reimlose Hymnen entstanden, zeigt ein Blick auf AH 4, Nr. 47. Die Nähe von Hymnen- und Sequenzenform im 12. Jahrhundert erhellt aus AH 52, Nr. 50. Die sechs Strophen sind hier gleich bis auf Vers 4, der in Strophe 1–2 vier, in Strophe 3–4 fünf, in Strophe 5–6 sechs Silben zählt. Der Herausgeber hat die Strophen daher paarweise wie bei einer Sequenz angeordnet, ihnen aber dennoch ihren Platz unter den „regulären" Hymnen des 12. Jahrhunderts belassen.

Um eindeutige Sequenzen, und zwar der zweiten Stilperiode (s. o. S. 97), handelt es sich dagegen bei zwei nur in Seckauer Handschriften (Codices Graecenses 417, 456, 479, 1584) tradierten Stücken. **AH 9, Nr. 79 *Omnis ager scripturarum***, eine Mariensequenz für die Nachweihnachtszeit, besteht aus 11 Doppelversikeln in der

Form der beliebten *Stabat mater*-Strophe. Sie reiht, wie üblich, eine Menge alttestamentarischer Typen Marias (Eva, Sara, Dornbusch, Manna, Aarons Stab, Gideons Vlies, das verschlossene Tor etc.) und Prophetien aneinander, verfällt dabei aber in einen trockenen, lehrhaften Ton. Wesentlich lebendiger und auch origineller wirkt **AH 9, Nr. 62,** *Salutata coelitus*, eine Mariensequenz für das Weihnachtsfest. Ihr erster, alleinstehender Versikel besteht aus zwei paargereimten Achtsilbern mit dreisilbiger Kadenz und einem Siebensilber. Es folgen fünf ebenfalls dreizeilige Doppelversikel mit nahezu durchgehender dreisilbiger Kadenz. Nur die genau in der Mitte stehenden Versikel 6–7 weisen die *Stabat mater*-Form auf. In den übrigen Strophen tritt jeweils in den ersten beiden Zeilen eine Silbe hinzu, so daß die Form 9ppa, 9ppa, 7ppb entsteht. Der erste Teil des Gedichtes lautet:

    1. *Salutata coelitus*
       Mater fit divinitus
       Passa nil puerpera.

2a. *Stilla, dulcis mamma, filio,*   2b. *Non in aula nec in solio,*
    In quo salus nec in alio   *Hic, hic vagit in praesepio*
    Spes est ulla miseris.   *Infans terror inferis.*

3a. *Foenum iacet, strictum fascia,*   3b. *Cerne stellam, audi, filia,*
    Verbum patris, plenum gratia,   *Num tui nati sit gloria*
    Pacti memor foederis.   *Tam canora superis.*

1. Die vom Himmel Gegrüßte wird Mutter durch Gottes Willen, kein Leiden fühlt die Gebärende. 2a. Träufle, süße Mutterbrust, dem Sohne, in dem – und in keinem anderen – Heil und irgend Hoffnung ist für die Elenden. 2b. Nicht in einem Palast, nicht auf einem Thron, hier, hier wimmert in der Krippe der Säugling, der Schrecken für die Hölle. 3a. Auf Heu [lies *foeno*, s. u.] liegt eingewickelt in einer Windel das Wort des Vaters, voll der Gnade, eingedenk des geschlossenen Bundes. 3b. Sieh den Stern, höre, Tochter, ob nicht deines Sohnes Ruhm so von den Himmlischen ertönt.

Wie J. Szövérffy festgestellt hat, sind hier Anregungen aus zwei berühmten alten Hymnen aufgegriffen worden, aus dem Weihnachtslied *A solis ortus cardine*, Strophe 6 (*Feno iacere pertulit* – daher wohl auch hier *foeno* zu lesen), des Sedulius (5. Jahrhundert) und aus dem Passionslied *Pange, lingua, gloriosi*, Strophe 5, des Venantius Fortunatus (6. Jahrhundert). Aber unser Autor fügt sie geschickt in eine unmittelbare Vergegenwärtigung der heilsgeschichtlichen Paradoxa ein. Auch im weiteren spricht er die Muttergottes und die Beter direkt an, weist er auf die Präsenz des Erlösers durch die wiederkehrende *hic*-Formel hin. Die sprachlich-rhythmische Gestaltung kann sich ebenfalls sehen lassen. Die Mittelzäsur in den Acht- bzw. Neunsilbern ist stets gewahrt und oft zu Gedankenfiguren genutzt. Klangspiele wie *infans – inferis* (2b), *foeno – foederis* (3a) prägen sich dem Ohr ein.

Diese beachtliche Leistung wird nur verständlich, wenn man mit rascher Übernahme westlichen Gutes in Seckau rechnet. Die bereits mehrfach (s. o. S. 97ff., 195ff.) angesprochenen engen Verbindungen zwischen den französischen und südostdeutschen Augustiner-Chorherrenstiften schufen dafür die besten Voraussetzungen. In Seckauer Handschriften des 12. Jahrhunderts sind u. a. die folgenden Sequenzen westlicher Provenienz überliefert (alle in AH 54): Nr. 61 *Stola iucunditatis*, Nr. 66 *Congaudentes exsultemus* (beide dem Übergangstypus angehörend), Nr. 97 *Ante torum virginalem*, Nr. 116 *In sapientia Disponens omnia*, Nr. 143 *Mane prima sabbati*, Nr. 192 *Missus Gabriel de caelis*, Nr. 245 *Salve mater salvatoris* (alles reguläre Sequenzen, die letzte Adam von St. Victor zugeschrieben). Für die jüngeren der genannten Sequenzen setzt die Überlieferung in Seckau (und nicht selten auch in anderen Zönobien der südostdeutschen Diözesen) ebenso früh wie im Westen ein, so daß bei zweien, Nr. 97 und 116, insbesondere aber bei der letztgenannten *(In sapientia Disponens omnia)* sogar eine Entstehung in unserem Raum und Übermittlung in den Westen erwägenswert erscheint. Gewiß nicht aus dem Westen stammen die Apostelsequenz AH 54, Nr. 87 *Qui sunt isti* im Übergangsstil, die Kreuzsequenz AH 8, Nr. 21 *Aram crucis omnes lucis* (mit ungleichen Strophen, aber regelmäßigem Rhythmus und fast durchgehend zweisilbigen Reimen) und die folgenden regulären Sequenzen: AH 54, Nr. 213 *Gaude, Maria, templum summae maiestatis* (eine ganz kurze, schlichte, hauptsächlich aus fünf *gaude*-Rufen bestehende Antiphon), AH 54, Nr. 221 *Imperatrix gloriosa* (Maria), AH 54, Nr. 225 *Gaude, mater luminis* (Maria), AH 55, Nr. 188 *Verbum Dei, Deo natum* (Johannes Evangelist), AH 55, Nr. 202 *Hac in die mentes piae* (Katharina). Dürfen wir die Autoren im Kreis der Seckauer Chorherren vermuten? Die Überlieferung aus Seckau ist zwar die älteste oder eine der ältesten, aber keineswegs die einzige. Auch andere süddeutsche Klöster und Stifte, insbesondere solche der Diözesen Salzburg und Passau, kämen in Frage.

Alle diese „Seckauer" Lieder, insbesondere die vier zuletzt angeführten, würden eine genauere Betrachtung lohnen. Selbst ein so einfaches Gebilde wie die Muttergottessequenz *Gaude, mater luminis* mit dem Refrain *Maria* (s. o. S. 97) verdient Bewunderung. Wir konzentrieren uns jedoch auf zwei Stücke von besonderer Qualität. Das eine ist wiederum Ausfluß des damals so kräftig anschwellenden Stromes der Marienverehrung (**AH 54, Nr. 221**):

1. *Imperatrix gloriosa,*
Potens et imperiosa,
Iesu Christi generosa
Mater atque filia;

2. *Radix Iesse speciosa,*
Virga florens et frondosa
Quam rigavit copiosa
Deitatis gratia.

3. *Auster lenis te perflavit*
Et perflando fecundavit,
Aquilonem qui fugavit
Sua cum potentia;

4. *Florem ergo genuisti*
Fructum atque protulisti,
Gabrieli dum fuisti
Paranympho credula.

5. *Ioseph, iustus vir expavit,*
Ista dum consideravit,
Sciens, quod non irrigavit
Florescentem virgulam;

6. *Bene tamen conservavit*
Arcanum nec divulgavit
Sponsam, sed magnificavit
Honorans ut dominam.

7. *Caeli quondam roraverunt,*
Nubes ex quo concreverunt
Concretaeque stillaverunt
Virginis in situlam.

8. *Res miranda, res novella!*
Nam procedit sol de stella,
Regem dum parit puella
Viri tori nescia.

9. *Ergo, clemens et benigna*
Cunctorumque laude digna,
Tuo nato nos consigna
Pia per suffragia,

10. *Ut carnali, qua gravamur,*
Compede sic absolvamur,
Ut soluti transferamur
Ad caeli palatia.

1. Ruhmvolle Kaiserin, mächtig und gebietend, edle Mutter und Tochter Jesu Christi; 2. Schöne Wurzel Jesse, blühender und laubtragender Zweig, den die reiche Gnade der Gottheit benetzte. 3. Linder Südwind durchwehte dich und befruchtete dich im Durchwehen, der mit seiner Macht den Nordwind vertrieb. 4. Eine Blüte gebarst du also und brachtest eine Frucht hervor, als du dem Brautführer Gabriel dein Vertrauen schenktest. 5. Joseph, der gerechte Mann erschrak, als er dies überlegte, wußte er doch, daß er das blühende Zweiglein nicht benetzte; 6. Trefflich bewahrte er dennoch das Geheimnis und stellte die Braut nicht bloß, sondern pries und ehrte sie wie eine Herrin. 7. Die Himmel tauten einst, woraus Wolken sich zusammenballten und geballt in den Krug der Jungfrau träufelten. 8. Ein wundersames Ereignis, ein neuartiges Ereignis! Denn die Sonne geht aus einem Stern hervor, indem das Mädchen, ohne mit dem Lager eines Mannes vertraut zu sein, den König gebiert. 9. Nun so überantworte, Barmherzige und Gütige, des Lobes aller Würdige, uns deinem Sohne mit liebevoller Hilfe, 10. Damit wir von der fleischlichen Fessel, die uns beschwert, so loskommen, daß wir erlöst in den Palast des Himmels hinübergelangen.

Die dem Weihnachtsfestkreis zugehörige Sequenz baut sich aus 10, um einen Achtsilber erweiterte *Stabat mater*-Strophen auf, enthält keine alleinstehende Anfangs- oder Schlußstrophe, stellt aber gattungsgemäß je zwei Versikel einander gegenüber, die inhaltlich eng, einmal sogar syntaktisch miteinander verbunden sind. Die Mittelzäsur in den Achtsilbern ist stets eingehalten. Das Klangbild prägen Alliterationen (*gloriosa – generosa, florens – frondosa* etc.) und Paronomasien (*imperatrix – imperiosa, perflavit – perflando, concreverunt – concretae, absolvamur – soluti*), vor allem aber natürlich die in den Achtsilbern stets zweisilbrig reinen Reime. Der Motivbestand ist, wie bei aller geistlichen Lyrik, großteils traditionell. Man vergleiche nur die oben analysierten Mariensequenzen (s. S. 96ff., 211ff.). Was dieses Lied aber unverwechselbar prägt, ist die Konzentration auf die Zeugungsmetaphern aus der Begriffswelt des Regens, des Taus, des Bewässerns. Sie geht selbstverständlich aus vom Isaias-Wort „Tauet, Himmel, herab, und die Wolken sollen den Gerechten regnen; die Erde soll sich auftun und den Retter sprießen lassen" (45,8). Die Vorstellung von der durch lebensspendende Feuchtigkeit hervorgerufenen Fruchtbarkeit der Erde verbindet sich in unserer Sequenz mit den Bildern des neubelebten Aaronsstabes, des in einem Krug aufgefangenen Tropfens (vgl. *stilla situlae* Isaias 40,15; *vas Man* Exodus 16,33) und am poetischesten mit dem Frühlingsbild von dem siegreichen Südwind. Angeregt wurde unser Dichter hierbei wie sein donauländischer Kollege (s. o. S. 212) gewiß vom Hohenlied (4,16). Daß die beiden aber gleichermaßen den jahreszeitlichen Wechsel beschwören, rückt sie in die Nähe des donauländischen Minnesangs. Am Schluß kehrt aber auch die vorliegende Mariensequenz ganz in die Welt klösterlicher Frömmigkeit zurück. Das obligatorische Gebet um die Fürbitte Marias mündet in den paulinisch inspirierten Gedanken (vgl. Brief an die Philipper 1,23f.) von der Erlösung aus der fleischlichen Existenz.

Wie groß die Spannbreite dichterischen Ausdrucks innerhalb derselben Gattung, Zeit und Region selbst bei der kollektiv geprägten geistlichen Lyrik sein kann, soll nun ein Blick auf die Katharinensequenz *Hac in die mentes piae* belegen. Sie ist zu lang, um sie hier vollständig aufzunehmen: 18 paarweise angeordnete *Stabat mater*-Strophen, in der Mitte vier Vierzeiler (Strophe 9–12) und am Ende zwei Zweizeiler-Versikel. Ein Aufruf an die frommen Geister, am Festtag der Braut Christi den Jubel mit der Himmelsmusik zu vereinen, leitet die Dichtung ein. Leiden, Bekennertum und Furchtlosigkeit der Jungfrau werden vorneweg verkündet, dann der Gang der Legende dramatisch vergegenwärtigt. Der von den Argumenten der weisen Königstochter Katharina in die Enge getriebene Kaiser Maxentius ruft eine Schar von griechischen Redemeistern (*oratores*) zu Hilfe. Der Disput mit dem in den sieben *artes liberales* trefflich gebildeten Mädchen beginnt.

> 7. *Ad certamen provocatur,*
>   *Datur locus, disputatur,*
>   *Succumbit rhetorica.*
> 9. *„Virgo, decus puellare,*
>   *Virgo, proles regia,*
>   *Formae comprovinciales*
>   *Vincens elegantia,*
> 11. *Ad haec virgo:„Quid, Maxenti,*
>   *quid dixisti, bestia?*
>   *Nescit verus declinari*
>   *Deus per pluralia;*

> 8. *Gaudet virgo, rex inflatur,*
>   *Credit et martyrizatur*
>   *Turba philosophica.*
> 10. *Tua stet in dicione*
>   *Res imperatoria;*
>   *Tantum diis ne detrectes*
>   *Dare sacrificia."*
> 12. *Unde diis plura tuis*
>   *dans articularia*
>   *Miser a divinitate*
>   *transis ad daemonia.*

13. *Resipisce, resipisce,*
Protinus a diis hisce
Christo te concilia!

14. *Caecus caeca veneraris,*
Falsus falsa deprecaris,
Similis similia."

7. Man fordert zum Wettstreit, man räumt einen Platz ein, man disputiert, die Redekunst unterliegt. 8. Es freut sich die Jungfrau, der König wird zornig. Es glaubt und erleidet den Märtyrertod die Philosophenschar. 9. „Jungfrau, Mädchenzier, Jungfrau, Königssproß, die du mit der Anmut deiner Gestalt die Frauen deines Landes übertriffst, 10. In deiner Macht stehe das Kaisertum. Lehne es nur nicht ab, den Göttern zu opfern." 11. Darauf die Jungfrau: „Was, Maxentius, was hast du gesagt, Bestie? Der wahre Gott versteht es nicht, im Plural dekliniert zu werden. 12. Daher machst du Armer, wenn du deinen Göttern Mehrteiligkeit zuerkennst, den Schritt von der Gottheit zu den Dämonen. 13. Nimm, nimm wieder Vernunft an. Rasch weg von diesen Göttern, verbinde dich mit Christus! 14. Als Blinder verehrst du Blindes, als Falscher betest du Falsches an, als Gleicher Gleiches."

Mit raschen Strichen zeichnet der Dichter die furchtbare Wut des Kaisers, das berühmte Radwunder, die Einkerkerung, das Licht im Gefängnis, Besuch, Bekehrung und Martyrium der Kaiserin. Das Blutwunder bei der Enthauptung hingegen malt er in zwei Strophen (21–22) aus: Die Brüste geben Blut, das Haupt aber „schwitzt Milchtau" *(lactis sudat rorem)*. Lob und Bitte beschließen das Werk.

So sehr eine kühne Metapher wie die eben zitierte ins Auge springt, so wenig charakterisiert sie die Gestaltungsweise dieser Sequenz als ganze. Im Zentrum – im wörtlichen wie im übertragenen Sinn des Wortes – steht vielmehr entsprechend der legendenhaften Vorlage die theologische Disputation mit den Heiden. Das rhetorische und dialektische Moment mit all dem „unlyrischen" Wortmaterial wird jedoch in die lyrisch-hymnische Form eingeschmolzen. Statt einer breiten Auseinandersetzung findet nur ein kurzer, heftiger Schlagabtausch statt. Apostrophen, Aufforderungen, Fragen, Faktenfeststellungen beherrschen das Feld. Wortwiederholung und Polyptoton (z. B. Strophe 14) sind die beliebtesten rhetorischen Mittel. Heutigem Geschmack kommt der „weichere" Stil von *Imperatrix gloriosa* vermutlich mehr entgegen, aber auch die Katharinensequenz verdient Anerkennung. Der Herausgeber, C. Blume, hat sie ihr nicht versagt. Über die Heimat des Gedichtes hat er wenig Zweifel. „Der Ursprung wird wohl im Augustiner-Chorherrenstift zu Seckau zu suchen und ins Ende des 12. Jahrhunderts zu setzen sein; von dort kam die herrliche Dichtung zunächst nach Cambrai. Hier ist ein neuer Beleg, wie der Südosten Deutschlands im 12. Jahrhundert mit Frankreich um die Palme der Dichtkunst erfolgreich rang." Sofern diese Annahme zutreffen sollte, hätten wir hier zugleich eines der ganz wenigen Beispiele für eine künstlerische Ausstrahlung in den französischen Westen, während die volkssprachliche Dichtung des Hochmittelalters nur die umgekehrte Richtung kennt.

Auf Seckau allein kann, wie gesagt, die Sequenzenproduktion in unserer Region auf keinen Fall beschränkt gewesen sein, dafür sind allein die Verbindungen mit den anderen Augustiner-Chorherrenstiften (aber auch mit anderen Orden) viel zu eng gewesen. So wie ein Klosterneuburger Graduale des 12. Jahrhunderts nachweislich nach Seckau gelangt ist, und zwar vermutlich noch im selben Jahrhundert, und infolgedessen nun als Codex 807 in der Grazer Universitätsbibliothek liegt, so wird noch so mancher anderer Text von auswärts in das nordsteirische Chorherrenstift gekommen sein. Aber nachweisen lassen sich solche Textwanderungen höchst selten. Meist müssen wir allein vom jetzigen (bzw., bei Auflösung eines Klosters, dem damaligen) Aufbewahrungsort einer Handschrift ausgehen. Auf diesem Weg, der uns immerhin zur hypothetischen Lokalisierung einiger Sequenzen in Seckau geführt hat, gelangen wir jedoch kaum zu halbwegs plausiblen Zuweisungen auch an andere geistliche Gemeinschaften im Ostalpenraum. Oben war von zwei vermutlich Kärntner Hymnen und einer Salzburger die Rede. Aus Admont könnte eventuell eine Achatiussequenz stammen (AH 55, Nr. 38 *Hodiernae festum lucis*), die aber vielleicht erst dem späteren 13. Jahrhundert angehört, aus St. Lambrecht ein Pium dictamen (s. o. S. 217) zu Ehren der Muttergottes (AH 46, Nr. 106 *Virgo restauratrix mundique*), aus Neustift bei Brixen eine Mariensequenz (AH 54, Nr. 227 *Ave, cella novae legis*), aus Innichen die eigentümlich gebaute Georgssequenz AH 55, Nr. 147 *Hoc in natalitio Martyri Georgio*. Aber eine Zuschreibung ist unsicherer als die andere.

Aus Salzburg, wo es zweifelsohne eine rege Hymnen- und Sequenzenproduktion gegeben haben muß, haben wir zumindest ein sicheres Zeugnis, die Petrussequenz **AH 55, Nr. 285** *Tu es Petrus*. J. Szövérffy zählt diese Sequenz zu den „rätselhaften Fällen der Hymnengeschichte", da derselbe Grundtypus etwa gleichzeitig in Frankreich in Form einer vermutlich von Adam von St. Victor stammenden Sequenz, AH 55, Nr. 283 *Gaude, Roma caput mundi*, auftaucht. Beide könnten auf ein verlorengegangenes gemeinsames Vorbild zurückgehen. Da neuerdings aber das Petersfrauengraduale (Stiftsbibliothek Codex a IX 11), der älteste Überlieferungsträger von *Tu es Petrus*, nicht mehr in die Mitte des 12. Jahrhunderts, sondern auf etwa 1200 datiert wird, hat man sich in Salzburg vielleicht doch nur an die westliche Vorgabe angelehnt. Mehr als den biblisch-legendären Lebensrahmen des Apostelfürsten haben die beiden Sequenzen freilich kaum gemein. Adams Gedicht ist komplizierter in Form und Gedankenführung, wirkt gelehrter. Nur hier findet sich auch die Erwähnung Neros und die Anspielung auf die *Quo vadis*-Legende. Die Salzburger Sequenz stellt ein nicht rhythmisiertes Bibelzitat (Matthäus 16,18) *Tu es Petrus/et super hanc petram/aedificabo ecclesiam* (Du bist Petrus, und auf diesen Felsen werde ich die Kirche bauen) als alleinstehenden Versikel voran und läßt dann in acht Doppelversikeln ungefähr chronologisch das Leben Petri Revue passieren. Zwei Versikel formulieren am Schluß die Hoffnung der Betenden, mit Hilfe des Türhüters Petrus, der ihnen in den Himmel vorausgegangen ist, ebendort Eintritt zu erlangen. Die kurz angedeuteten Lebensstationen des Simon Petrus sind: Seligpreisung und Übergabe der Binde- und Lösegewalt (Matthäus 16,17–19); Berufung zum Menschenfischer (Lukas 5,10–11); Zahlung der Tempelsteuer für sich und Jesus (Matth. 17,23–26); Anwesenheit bei Jesu Verklärung auf dem Berg Tabor (Matth. 17,1–9 par.); Gang über den See (Matth. 14,29); Schwertstreich gegen Malchus (Johannes 18,10–11 par.); dreimalige Verleugnung Jesu (Joh. 18,15–27 par.); dreimaliges Bekenntnis und Berufung zum Menschenhirten (Joh. 21,15–17); Schau des Auferstandenen (1. Korintherbrief 15,5); Heilung eines Gelähmten (Apostelgeschichte 3,1–10 u.ö.); Tabithas Auferweckung (Apg. 9,36–42); Heidenpredigt und -taufe (Apg. 10 u.ö.); Heilung durch Petri Schatten (Apg. 5,15); wunderbare Befreiung aus dem Kerker (Apg. 12,6–11); weitere in der Apostelgeschichte erzählte Wunderheilungen; Entscheidung über das Heil der Heidenchristen in Antiochia (Apg. 15); Überwindung des Magiers Simon in Rom und Kreuzigung (nach den alten Märtyrerakten und deren legendenhafter Ausgestaltung, vgl. *Legenda Aurea*). Keines dieser vielen Ereignisse wird auch nur ansatzweise episiert, was die Form ja gesprengt hätte, nicht wenige davon aber so reduziert, daß sie ohne Vorwissen nicht zu entschlüsseln sind. Dieses Vorwissen brachte ein Chorsänger natürlich in aller Regel mit. Aber selbst vor sprachlicher Dunkelheit schreckt dieser Sequenzenmeister gelegentlich nicht zurück, so in Versikel 11 *Sic deiectum* *patientis Et erectum resurgentis Redintegrat visio.* Das bedeutet wohl soviel wie: „So hat ihn, den der Anblick des Leidenden zu Boden geworfen hatte, der Anblick (die Schau) des Auferstehenden aufgerichtet und stellt ihn wieder her." Durch die Ellipse in der ersten Zeile erreicht der Dichter den völligen Parallelismus in Rhythmus, Reim und Syntax in den Zeilen 1–2. Auf einen solchen Gleichlauf zielt auch sonst allenthalben das Bemühen. Die üblichen Klangfiguren treten hinzu. Wenn vielleicht auch nicht jeder Versikel gleich gelungen ist, legt die prächtige Sequenz doch beredtes Zeugnis ab von der hohen Kultur geistlicher Lyrik in Salzburg, die sich damit der in Seckau, Klosterneuburg und anderen Klöstern und Stiften des deutschsprachigen Südostens würdig an die Seite stellt. Daß dieser Raum mit seiner Sequenzenproduktion des 12. Jahrhunderts wahrhaft europäisches Niveau erreicht, sollte der in diesem Band versuchsweise vorgelegte Überblick deutlich vor Augen geführt haben.

Carmina Burana

Unter dem Namen *Carmina Burana*, „Benediktbeurer Lieder", laufen alle, auch die nichtliedhaften Stücke des Codex Buranus, der seine Bezeichnung von dem ehemaligen Aufbewahrungsort Benediktbeuern trägt, wo er lag, ehe er bei der Säkularisierung 1803 von dem oberbairischen Benediktinerkloster in die (heutige) Bayerische Staatsbibliothek München kam, wo er nun die Signatur Clm 4660 (folio 1–112) und Clm 4660a (fol. I–VII = Fragmenta Burana, alter, später abgetrennter Teil der Handschrift) trägt. Die ursprüngliche Sammlung von ca. 1230 wurde in der Mitte und der zweiten Hälfte des 13. Jahrhunderts (und vereinzelt noch zu Anfang des 14. Jahrhunderts) erweitert, erlitt jedoch auch schon früh Verluste, namentlich zu Anfang, und wurde beim Binden in ihrem Aufbau etwas gestört. In den modernen Ausgaben von A. Hilka/O. Schumann/B. Bischoff und von B. K. Vollmann umfaßt die Hauptsammlung die Nummern CB 1–228, der Nachtrag CB 1*–26*. In beiden Teilen waren mehrere Schreiber tätig. Die Handschrift ist überdies mehrfach korrigiert, bei vielen Stücken mit Neumen versehen und mit Bildern verschiedener Größe sowie Schmuckinitialen verziert worden. Der Ort der Entstehung ist keinesfalls in Oberbaiern, vielmehr am Südrand der oberdeutschen Sprach- und Schriftlandschaft zu suchen. Darauf weisen eindeutig italienische Schreibgewohnheiten bei den deutschen Texten der Handschrift. Man hat an Kärnten und die Steiermark, speziell Seckau, gedacht, doch schließt, wie G. Steer gezeigt hat, der überdies erkennbare Einfluß alemannischer Schreibtradition jene südostdeutschen Gebiete aus, während er zu Tirol vorzüglich paßt. Zur Anfertigung einer so prachtvoll ausgestatteten Handschrift reichten selbstverständlich nur die Mittel eines respektablen Skriptoriums aus. Die nur durch volkssprachliche Einschiebsel unterbrochene, dominierende lateinische Sprachgestalt des Codex zielt auf einen geistlich gebildeten Hörer- und Leserkreis. Wir haben ihn am ehesten in einem Augustiner-Chorherrenstift zu suchen, wo einerseits eine gewisse Weltoffenheit den Redaktor oder die Redaktoren – ich gehe im folgenden der Einfachheit halber von einem aus – nicht auf Stücke geistlichen Inhalts festlegte, andererseits der breite Einfluß der liturgischen Lyrik, wie er im vorangehenden Abschnitt beschrieben wurde, stärker als in anderen Orden wirksam war. Es kommt dann wohl nur das vor den Toren des Bischofssitzes Brixen gelegene Neustift, der vermutete

Herkunftsort der *Vita Hartmanni* (s. o. S. 383), in Frage. Die durch den Stifter begründeten engen Beziehungen zu Klosterneuburg konnten sich dann in der Übernahme diversen literarischen Gutes, darunter des *Klosterneuburger Osterspiels* (s. o. S. 217ff. und u. S. 425ff.), aus dem babenbergischen Hausstift niederschlagen. Über Klosterneuburg, aber auch Seckau, Salzburg, St. Florian und andere Chorherrenstifte der östlichen Nachbardiözesen dürfte auch ein Teil der aus dem Westen kommenden Lieder, die den Gesamteindruck der *Carmina Burana* entscheidend prägen, nach Tirol gelangt sein, ohne daß deshalb direkte Übernahme aus dem französischen Raum oder durch alemannische Vermittlung im geringsten ausgeschlossen wäre. Auf eine solche könnte etwa die Stuttgarter Handschrift HB I Ascet. 95 weisen, die im 13. Jahrhundert in der Schweiz geschrieben wurde und vermutlich zu einem Teil auf einer auch vom CB-Redaktor benutzten Sammlung beruht.

Wie in diesem Fall hat unser Redaktor auch sonst in aller Regel auf (verlorene) Liedsammlungen – nicht Einzellieder – zurückgegriffen, wie sie sich in Parallelhandschriften mit teilweise gleicher oder ähnlicher Anordnung einzelner Liedreihen spiegeln. Das trifft natürlich auch für den westlichen Import zu, der keineswegs als ein einziges Paket dem Redaktor vorlag. Dieser trug systematisch alles zusammen, dessen er habhaft werden konnte, und suchte es sinnvoll zu ordnen. Der aus westlichen Quellen stammende Teil des liedhaften Gutes umfaßt (nach B. K. Vollmann) gut hundert Nummern, wovon etwa ein Drittel zu Anfang der (erhaltenen) Handschrift steht. Nicht zu dieser Gruppe gehören die Lieder in deutsch-lateinischer Mischsprache (CB 177, 184, 185), aber auch viele lateinische Carmina, welche am Ende eine deutsche Zusatzstrophe aufweisen. Diese Lieder stehen nicht in einer geschlossenen Reihe, aber doch zumeist in Nestern zusammen: CB 48, 112–115, 135–153, 155, 161–175, 178–183, 203, 211. Einige von ihnen dürften lateinische Originale, vielleicht aus einer Art Vagantenliederbuch, sein, die man auf deutsch formal und mitunter auch inhaltlich zu imitieren versuchte. Das läßt sich v. a. dann vermuten, wenn es eine ältere lateinische Parallelüberlieferung gibt, wie bei CB 146, oder wenn die Form für die lateinische Literatur typisch, für die deutsche exzeptionell ist, wie bei CB 136, 138, 139, 142, 170 in sogenannten Vagantenstrophen (durchgereimten Strophen mit vier zweiteiligen Langversen 7pp+6p bzw. 4m+3w). Überwiegend handelt es sich aber offenbar um lateinische Nachahmungen (Kontrafakturen) deutscher Originale. Diese sind dann in der Aufzeichnung auf eine, zumeist die erste Strophe reduziert, hauptsächlich wohl um gemäß der Musizierpraxis das sangbare Formmuster, den Ton, bereitzuhalten. Autorennamen tragen die deutschen Vorlagen ebensowenig wie alle anderen Lieder des Codex, doch können wir aufgrund anderer Überlieferung manche Zuweisungen vornehmen, an Dietmar von Aist, Reinmar, Walther von der Vogelweide, Neidhart, also Minnesänger mit erkennbaren Bindungen an den südostdeutschen Raum, sowie den Ostfranken Otto von Botenlauben (um 1170 bis 1244?) und den Thüringer Heinrich von Morungen (um 1200). Lokalisierung und Datierung der auf diese Weise festlegbaren deutschen Strophen stützen die an sich naheliegende Annahme, daß die lateinischen, wohl aber auch die meisten deutschen Kontrafakturen des Codex Buranus im Umkreis des CB-Redaktors zur Zeit der Sammlung der Lieder vor und um 1230 entstanden sind und somit unmittelbar in unsere Literaturgeschichte gehören.

Hierher gehört aber durchaus auch die Sammel- und Ordnungsleistung des Redaktors selbst. Er hat zwei Textsorten aufgenommen, einerseits rhythmisch gebaute, sangbare Lieder, gleichstrophige sowie ungleichstrophige, andererseits Versus in quantitierender Metrik, die häufig jeweils eine Gruppe thematisch verwandter Carmina rhythmica beschließen. Überwiegend geschieht dies in Form spruchhafter Sentenzen von wenigen oder einzelnen Versen, seltener in längeren metrischen Gedichten, wie z. B. den beiden Trojagedichten CB 101 *Pergama flere volo* und CB 102 *Fervet amore Paris* aus dem 12. Jahrhundert (Frankreich?) in gereimten elegischen Distichen. Die Versus können die Aussage der Rhythmen bestärken oder korrigieren. Sie sind antiken und mittelalterlichen Kompilationen und Florilegien entnommen, stellen somit poetisches Gebrauchsgut der *litterati* dar.

Ihre Verwendung zur Gliederung erfolgt ebensowenig wie diese selbst mit letzter Konsequenz. Dennoch steht hinter dem Aufbau ein wohldurchdachter Gesamtplan, wie schon die ältere und nun besonders die neueste Forschung festgestellt hat. Vier Großabschnitte untergliedern sich wiederum in mehrere thematische Gruppen, die ihrerseits oft in Reihen formverwandter Texte (Strophenlieder mit und ohne Refrain, Sequenzen etc.) zerfallen. Abschnitt I (CB 1–56) umfaßt moralisch-satirische Dichtungen, die sich überwiegend entweder auf bestimmte Laster (Habgier, Neid, Hurerei etc.) und Tugenden oder auf bestimmte Rezipientenkreise (Mönche, Priester, Prälaten, römische Kurie, Kreuzritter) konzentrieren. Zwischen Laster- und Tugendlehren schieben sich Fortuna-Klagen (CB 14–18a). Sie gehören jenem (zu Anfang verstümmelten) Einleitungsblock der Handschrift an, für den sich insgesamt westliche Herkunft ansetzen läßt (CB 1–37). Für einzelne Stücke ist diese gesichert, so für CB 8 *Licet eger cum egrotis* und CB 19 *Fas et nefas ambulant* von Walther von Châtillon (um 1135–um 1179), CB 29 *In lacu miserie*, CB 30 *Dum iuventus floruit*, CB 31 *Vite perdite* von Petrus von Blois (um 1135–1212) oder CB 21 *Veritas veritatum* und CB 34 *Deduc, Sion, uberrimas* von Philipp dem Kanzler (um 1160/80–1236). Von allen drei berühmten französischen Dichtern sind auch noch weitere Lieder in die *Carmina Burana* aufgenommen worden, von Walther CB 42 *Utar contra vitia* und CB 123 *Versa est in luctum*, von Petrus CB 63 *Olim sudor Herculis*, CB 108 *Vacillantis trutine* u. a., von Philipp CB 131 *Dic, Christi veritas* u. a.

Petrus von Blois, der weitgereiste Theologe, Jurist, Diplomat und vielseitige Schriftsteller, hat vor allem zum zweiten, dem gewichtigsten Abschnitt, den Liebesliedern (CB 56–186), beigesteuert. Der Abschnitt enthält zu Anfang Lieder der Liebesfreude *(iubili)* und Liebesbegehrens (CB 56–88), dann Lieder von verkehrter Liebe (CB 89–102). Es folgen Liebesklagen (CB 103–121), denen Klagen *(planctus)* verschiedener Art (Toten- und Zeitklagen, Parodien u. a.) angefügt sind (CB 122–131). „Natur und Liebe" könnte als Überschrift über den *Carmina Burana* 132 bis 160 stehen, unter denen die Lieder mit deutschen Zusatzstrophen dominieren. Auch die folgenden Stücke CB 161–186 weisen – bis auf die eingeschobenen Versus – entweder deutsche Zusatzstrophen oder überhaupt gemischtsprachige Form (CB 177, 184, 185) oder beides (CB 180) auf (dazu u. S. 411ff.).

Abschnitt III machen typische Vagantenlieder aus, welche die moderne Vorstellung von diesem mittelalterlichen „Berufsstand" ganz wesentlich prägen (CB 187–226). CB 187 und 189 schildern die „moralischen" Anforderungen der korrupten Höfe geistlicher Fürsten. In CB 191 *Estuans intrinsecus*, dem wohl berühmtesten Carmen Buranum, „beichtet" der Archipoeta seine Verfehlungen. CB 193 bringt einen Streit zwischen Wein und Wasser. CB 196, 197, 200, 202, 204, 205 preisen das Besäufnis, CB 195 und 203 das Glücksspiel, CB 199 beides. CB 211 ist eine Rede

Epikurs über die Freuden des Schlemmerlebens, CB 216–226 wenden sich entweder rühmend und warnend an potentielle Mäzene oder an die Fahrenden selbst, um sie in ihrem Lotterleben zu bestärken. Den Gott des Spieles feiert (und verflucht) die Meßparodie CB 215. Sind schon viele dieser Stücke kraft ihres hyperbolischen und karikierenden Charakters auch als ironische Satiren lesbar, so sorgen noch einige der moralischen Versus für das korrigierende Gegengewicht.

Am Ende der um 1230 angelegten Sammlung steht als vierter Abschnitt das *Benediktbeurer Weihnachtsspiel* (CB 227–228), das zusammen mit den geistlichen Dramen des Nachtrages CB 13*, CB 15*, CB 16* und CB 26* getrennt behandelt werden soll (S. 425ff.). Diese standen dem Redaktor offenbar noch nicht zur Verfügung, da er sie sonst wohl bereits aufgenommen hätte. Ob er dies dagegen auch mit den übrigen Stücken des Nachtrags getan hätte, scheint fraglich, da sie zum Großteil in keine der vier Abschnitte passen wollen. Es handelt sich überwiegend um religiöse Lyrik (Hymnen, Sequenzen, einen Tropus, einen Conductus), in deren Mittelpunkt insbesondere Maria und Katharina stehen. Allein fünf Carmina sind dieser Heiligen gewidmet, darunter die oben (S. 404ff.) besprochene Seckauer (?) Sequenz AH 55, Nr. 202 *Hac in die laudes piae* (= CB 22*), die dann auch in mehreren Südtiroler Handschriften des 14./15. Jahrhunderts auftaucht. Die drei vorangestellten *Carmina Burana* 19*, 20* und 21* sind verkürzte Aufzeichnungen älterer, vermutlich aus dem Westen stammender, untereinander eng verwandter Katharina-Hymnen (AH 52, Nr. 245–247). Ob wenigstens der nur in unserem Codex überlieferte Refrain-Hymnus CB 12* im Umkreis der Handschrift entstand, läßt sich auch nicht sagen. Für eine rege Verehrung der Heiligen zeugt die Eintragung der fünf Texte in der 2. Hälfte des 13. Jahrhunderts allemal, doch war jene im Spätmittelalter so verbreitet, daß auch ein Hinweis auf die eben erwähnte Überlieferung von AH 55, Nr. 202 oder das bedeutende Katharinenfresko von ca. 1330 in der Brixener Johanneskirche wenig besagt. Sofern unser Codex in Neustift angelegt und später hier noch ergänzt wurde, so könnte er am ehesten zur Zeit der wittelsbachischen Herrschaft in Tirol (1342–1363) nach Benediktbeuern gewandert sein, da nun zum ersten Mal nach dem Aussterben der Andechser in der Mitte des 13. Jahrhunderts beide Zönobien wieder weltliche Vögte derselben Fürstenfamilie besaßen.

Ein weiterer Schwerpunkt des Nachtrags liegt auf dem lateinischen Œuvre des Marners (CB 3*, 6*, 9*), das wir jedoch zusammen mit seinen deutschen Liedern besprechen wollen. Die restlichen Stücke unterschiedlichster Art können wir ganz übergehen. Sie scheinen alle eher zufällig in die Handschrift gelangt zu sein. Überhaupt bei keinem Bestandteil des Nachtrags sehen wir uns hinreichend veranlaßt, einen unmittelbaren Zusammenhang zwischen Entstehung und Eintragung in den Codex anzunehmen, wie wir ihn bei den Liedern der Hauptsammlung mit deutschen Zusatzstrophen vermuten.

Dieser Gruppe wollen wir uns nun zuwenden, stichprobenweise einige Lieder herausgreifen und ein Gesamtbild zu zeichnen versuchen. Eindeutig parodistische Effekte streben die lateinischen Kontrafakturen des *Eckenliedes* und des *Palästinaliedes* an. Daß die jeweils am Ende stehenden deutschen Strophen mitgesungen wurden, ist zwar nicht eben wahrscheinlich, doch riefen die weithin bekannten Töne das deutsche Original den Hörern gewiß sofort in Erinnerung. CB 203 *Hiemali tempore* schildert die Freuden des Trinkens und Spielens in der warmen Stube des Wirtshauses *(taberna)*, während draußen Winterkälte herrscht, in die freilich dann der unglückliche Spieler nach Verlust seiner Kleider nackt und zähneklappernd zurückkehren muß. Die angefügte Strophe (203a) des kleinen Heldenepos vom Riesen *Ecke* (Strophe 69 in der Donaueschinger Handschrift) könnte die Anfangsstrophe einer verlorenen Epenfassung gewesen sein. Schon hier begegnet das zentrale Motiv des Zusammentreffens der beiden Kämpfer (Eckes und Dietrichs von Bern), das dem der Spieler entspricht (CB 203,1,4–203a,3). Die Hervorhebung der verlorenen Kleidung spielt wohl auf Eckes besonders prächtige Rüstung an, die einst Ortnit und dann Wolfdietrich gehört hatte. Die zweifellos tirolische Herkunft des *Eckenliedes* wäre ein weiteres gewichtiges Indiz für die Lokalisierung des Codex Buranus, spräche nicht dessen irrtümliche Schreibweise *Erek(k)e* statt *Ecke* für einen gewissen Abstand der Abschrift von der Entstehung des Liedes 203–203a. – CB 211 *Alte clamat Epicurus* lebt hauptsächlich vom Kontrast geistlich-weltlich, religiös-hedonistisch, christlich-heidnisch. Dem frommen Sinn des zu Ende (211a) mit der ersten Strophe zitierten berühmten Pilger- oder Kreuzzugsliedes von Walther von der Vogelweide *Nû alrêst lebe ich mir werde* (M 2 = L 14, 38ff.) steht eine Rede des – im Mittelalter fast ausschließlich so verstandenen – antiken Schlemmerphilosophen Epikur gegenüber, der den Kult des vollen Bauches predigt.

Doch diese parodistischen Spieler- und Schlemmerlieder bilden die Ausnahme. Alle übrigen Carmina dieser Gruppe sind dem Thema Liebe gewidmet. Auf relativ sicherem Boden kann sich die Interpretation bei den vier Liedern CB 151, 165, 168 und 169 bewegen, die der Herausgeber O. Schumann mit guten Gründen einem einzigen Autor zugeschrieben hat. Sie fügen sich fast zu einer kleinen Geschichte zusammen, die von der Liebe auf den ersten Blick (CB 151) über die preisende Anrede an die Geliebte (CB 168) und die Bitte an Amor um Hilfe (CB 165) bis zur Sehnsucht der Liebenden nach neuerlicher Vereinigung (CB 169) reicht. Das erste und das letzte lateinische Lied ahmen Form und Einzelmotive des wunderschönen Mailiedes Walthers von der Vogelweide *Muget ir schouwen waz dem meien* (M 42 = L 51,13ff.) nach, dessen Strophen III und IV als CB 151a und 169a zitiert werden. Der Sänger bewundert in diesem Lied die Zauberkraft des Mais, der alle, Kleriker (!) wie Laien, mit Wonne erfüllt und verjüngt (I), fordert zu Tanz, Gesang und Spaß auf, da ja alle Kreatur sich des Lebens freut (II), schildert die neue Kleidung der Natur und den Wettstreit der sprießenden Blumen und Gräser (III), fleht aber schließlich in den letzten drei Strophen seine *frouwe* an, auch ihn durch ihre Huld der allgemeinen Frühlingsfreuden teilhaftig werden zu lassen. Walthers Lied hat Kanzonenform (4wa, 3mb/4wa, 3mb//3mc, 4wd, 4wd, 3mc) mit ausgesprochen tänzerischem Rhythmus. Als Tanzlied weist sich auch **CB 151** aus, das (in der Ausg. v. O. Schumann) folgendermaßen lautet:

1. *Virent prata hiemata*
   tersa rabie,
   florum data mundo grata
   rident facie.
   solis radio
   nitent, albent, rubent, candent,
   veris ritus iura pandent
   ortu vario.

2. *Aves dulci melodia*
   sonant garrule,
   omni via voce pia

volant sedule,
et in nemore
frondes, flores et odores
sunt; ardescunt iuniores
hoc in tempore.

3. *Congregatur, augmentatur*
cetus iuvenum,
adunatur, colletatur
chorus virginum;
et sub tilia
ad choreas Venereas
salit mater, inter eas
sua filia.

4. *Restat una, quam fortuna*
dante veneror,
clarens luna oportuna,
ob quam vulneror
dans suspiria.
preelecta, simplex, recta
cordi meo est invecta
mutans tristia.

5. *Quam dum cerno, de superno*
puto vergere.
cuncta sperno, donec sterno
solam Venere.
hanc desidero
ulnis plecti et subnecti,
loco leto in secreto
si contigero.

1. Es grünen die Wiesen, da der winterliche Grimm hinweggefegt ist, sie lachen, weil ihnen das der Welt willkommene Blumenantlitz wiedergegeben ist. Unter dem Sonnenstrahl leuchten und gleißen sie rot und weiß und werden das Gewohnheitsrecht des Frühlings mit verschiedenartigem Wachstum verkünden. 2. Geschwätzig singen die Vögel mit süßer Melodie, allenthalben fliegen sie emsig mit zärtlichem Schalle umher, und im Wald finden sich Blätter, Blüten und Düfte. Die jungen Leute erglühen zu dieser Zeit. 3. Es sammelt und mehrt sich die Schar der Burschen, es vereint und freut sich mitsammen der Kreis der Mädchen, und unter der Linde tanzt im Venusreigen die Mutter und darunter auch ihre Tochter. 4. Es ragt eine hervor [lies mit B. K. Vollmann *prestat*], welche ich verehre, wenn Fortuna es gewährt, ein leuchtender, günstiger Mond, derentwegen ich verwundet bin und seufze. Die Auserwählte, Schlichte, Aufrichtige ist in mein Herz eingedrungen und hat die Trauer umgewandelt. 5. Wenn ich sie erblicke, glaube ich, sie neigt sich von der Höhe. Alles verschmähe ich, bis ich sie allein durch Venus zu Boden strecke. Sie möchte ich mit meinen Armen umwinden und umschlingen an einem Ort der Wonne, heimlich, wenn es mir gelingt.

Das Lied hat die Form 2x(4pa+4pa, 5ppb), 5ppc, 4pd+4pd, 8pd, 5ppc. Die Kanzonenform der Vorlage ist also beibehalten, ebenso das Reimschema des Abgesangs, jedoch ist die sprachliche Preziosität durch Binnenreime in Zeile 1, 3 und 6 (in Str. 5 auch noch in Zeile 7) wesentlich gesteigert. Doch kann die Ausführung mit dem Konzept nicht ganz Schritt halten. Nicht selten sind die Reime nur einsilbig, also im Sinne des 13. Jahrhunderts unrein (1, 6; 3, 4), oder nur mit Tonbeugung zu erzielen (3, 6). In 5, 2/4 ist die erforderliche Kadenz erst durch Konjektur hergestellt (für überliefertes *uigere ... donec cerno solam tenere*, woran B. K. Vollmann festhält). 2, 1 fehlt der Binnenreim auf jeden Fall. Überdies erzeugt der Reimzwang mitunter eine etwas gequälte Ausdrucksweise (z. B. in Str. 1). Leichtigkeit und Witz der Vorlage sind dahin, ebenso aber auch, und dies gewiß mit voller Absicht des „Übersetzers", die flehentliche Unterwürfigkeit des Mannes, der sich hier vielmehr die sexuellen Freuden schon konkret ausmalt. CB 169 *Hebet sidus*, das in 169a den Schmerz des waltherschen

Liedes (s. o.) direkt aufgreift, setzt an die Stelle von erfolgloser Werbung die Unterbrechung bereits genossener Liebesfreuden und beschreibt die Trennung zuletzt mit zivilrechtlichen Spezialausdrücken. Sie runden den ausgesprochen gelehrten Charakter des Liedes ab, der offenbar die bloß durchschnittliche klangliche Virtuosität (nur gelegentliche Binnenreime!) ausgleichen soll.

Unerfüllte Liebessehnsucht des Mannes drückt CB 113 *Transit nix et glacies* aus, obwohl die kontrafazierte Strophe CB 113a Dietmars von Aist (I 1 in der Ausg. v. Schweikle) gerade umgekehrt das Minneleid der Frau beklagt, die wegen der *huote* nicht mit dem Geliebten beisammen sein kann (s. o. S. 253ff.). Der Perspektivenwechsel entspringt aber nicht etwa der Frauenverehrung der Hohen Minne, sondern der Situation des Klerikers, der sich den *nova signa Veneris*, den neuerlichen Anzeichen der Liebe, als Bedrohung gegenüber sieht (5,4), wenn wieder einmal „das ausgelassene Treiben der Jahreszeit uns zur Freude auffordert", wie der Refrain sagt. Von unerwiderter Liebe singen auch zwei Lieder, die mit Strophen von Reinmar, dem Meister des Liebesleides, verbunden sind. CB 147 *Si de more cum honore* hat Reinmar XXVII,1 zur Seite, die Anfangsstrophe eines Botenliedes, das den Zwiespalt der Minnedame schildert, ob sie den Sänger durch ihre Sprödigkeit zum Schweigen und die Gesellschaft damit um einen „Kunstgenuß" bringen oder ihn zur weiteren Werbung ermuntern und so den eigenen Ehrverlust riskieren soll (s. o. S. 265). Der Lateiner beklagt, daß er kein neues Frühlingslied, sondern nur eines von untreuer Liebe anstimmen kann, und macht in dunklen mythologischen und historischen Anspielungen glückliche Rivalen für sein Pech verantwortlich. Zumindest formal näher steht CB 166 *Iam dudum Amoris militem* dem deutschen Vorbild *Sold aber ich mit sorgen iemer leben* (Tervooren Nr. XXXVIb) von Reinmar. Inhaltlich gemeinsam ist hier die ungebrochene Hoffnung auf Erfolg bei der Frau trotz ihrer bisherigen, schier endlosen Weigerung. Bei Reinmar liegt die Pointe jedoch darin, daß die Erhörung dem Sänger schlußendlich in einem zum Minnespiel bereits untauglichen Alter zuteil werden könnte. Das lateinische Carmen ist dagegen ganz auf den von Ovid stammenden Gedanken des unverdrossenen, tapferen Kriegsdienstes für Venus und Amor *(militia Veneris/Amoris)* ausgerichtet. Das deutsche Lied wirkt in jeder Hinsicht komplizierter als das lateinische, ein Verhältnis, das der *Hebet-sidus*-Autor (s. o.) tunlichst zu vermeiden sucht. Vielleicht nicht zufällig wählt dieser deshalb auch nicht Reinmar zum Vorbild, sondern eingängige Walther- und Neidhart-Lieder. Der stereotype Natureingang der Sommerlieder Neidharts (s. o. S. 285) entspricht zudem einem traditionellen Zug der lateinischen weltlichen Lyrik, wie ihn in der Benediktbeurer Sammlung u. a. die oben S. 408 angesprochenen Lieder in Vagantenstrophen CB 136, 138, 139, 142 aufweisen. Sommerlied 11 (= Beyschlag L 17, Lomnitzer Nr. 8) *Ez gruonet wol diu heide* (CB 168a *Nu grvonet auer div heide*) hat **CB 168 Anno novali mea** angeregt. Dessen erste Strophe lautet in Ausgabe und Übersetzung von B. K. Vollmann:

> *Anno nouali mea*
> *sospes sit et gaudeat*
> *ac rideat,*
> *cui se hec chorea*
> *implicat. quam replico*
> *et precino:*
> *„pulchrior et aptior*
> *in mundo non est ea."*

Ihr, die im neuen Jahresturnus die Meinige ist, soll es gutgehen, sie soll Freude haben und lächeln, wenn diese Tänzerschar sie einfängt. Ich löse sie wieder heraus und mache den Vorsänger: „Es gibt keine Schönere und Liebenswertere auf der ganzen Welt als sie."

Diese Strophe spricht die neue Jahreszeit nur ganz kurz an, wesentlich kürzer als Neidhart, inszeniert aber dafür eindringlich die Tanzsituation mit dem Vorsänger, die der deutsche Dichter in diesem Lied gar nicht, sehr wohl aber in vielen anderen vorführt. Strophe 2 spricht von *suavitas*, „Lieblichkeit, Freundlichkeit" (mhd. *süeze*), und *bonitas*, mhd. *güete*, der Erwählten, die den Sänger entzünden, erfreuen und zugleich betrüben. Parallel dazu beschreibt die dritte Strophe die Wirkung ihrer körperlichen Vorzüge. Der Liebende vergeht in Glut und braucht Venus' Hilfe. In der letzten Strophe ruft er dazu auf, mit ihm die „keusche, beglückende, liebenswerte" Geliebte zu preisen, und gesteht nochmals, nur sie erwählt zu haben und zu verehren, um derentwillen er Trauer und Wonne erfährt. P. Dronke hat beobachtet, daß für den Sänger das Mädchen fast mit Venus verschmilzt, „weil in seiner Vorstellung ihre Schönheit und der Glanz der Gottheit zusammenfließen, den diese Schönheit ihm in seiner Liebe und Sehnsucht enthüllen kann". Des weiteren hat er mit Recht auf die „ungewöhnliche Mischung von Schlichtheit und Kultiviertheit" aufmerksam gemacht. Wenn er jedoch zeigen will, daß diese Mischung nur für die volkssprachliche, nicht aber für die mittellateinische Lyrik ungewöhnlich, vielmehr für diese geradezu charakteristisch sei, so hat er zumindest das Beispiel nicht glücklich gewählt. So relativ schlicht gebärdet sich sonst nicht einmal unser *Hebet-sidus*-Autor, wie wir gesehen haben, geschweige denn andere lateinische Lyriker, die kein unmittelbares deutsches Muster vor Augen (bzw. Ohren) haben. Auch unter den *Carmina Burana* finden sich genug, in denen das intellektuelle Sprach- und Gedankenspiel alles andere überwuchert, während sich CB 168 im wesentlichen auf die eine Vorstellung von der aus der Tänzerschar herausragenden, den Sänger entflammenden Geliebten beschränkt. Noch weniger überzeugt die Annahme, jene Schlichtheit ergebe sich, weil die lateinischen Dichter allesamt „sich nicht grundsätzlich in Frage stellen, nie für einen Augenblick von sich selbst Abstand nehmen." Globale Aussagen solcher Art sind vermutlich überhaupt nicht zu begründen.

Einigermaßen dingfest läßt sich dagegen wohl ein gewichtiger Unterschied in der Liebesauffassung der lateinischen und deutschen Strophen in den *Carmina Burana* machen. Das könnte man durchaus an der *Hebet-sidus*-Gruppe demonstrieren. Hier sei aber das von B. Wachinger ausgewählte Beispiel aufgegriffen, **CB 153–153a:**

1. *Tempus transit gelidum,*	2. *Ludunt super gramina*
mundus renovatur,	*virgines decore,*
verque redit floridum,	*quarum nova carmina*
forma rebus datur.	*dulci sonant ore.*
avis modulatur,	*annuunt favore*
modulans letatur	*volucres canore,*
....	*favet et odore*
....	*tellus picta flore.*
lucidior	*cor igitur*
et lenior	*et cingitur*
aer iam serenatur;	*et tangitur amore,*
iam florea,	*virginibus*
iam frondea	*et avibus*
silva comis densatur.	*strepentibus sonore.*

<table>
<tr><td>

3. *Tendit modo retia*
   puer pharetratus;
cui deorum curia
   prebet famulatus,
   cuius dominatus
   nimium est latus,
per hunc triumphatus
   sum et sauciatus:
   pugnaveram
   et fueram
in primis reluctatus,
   sed iterum
   per puerum
sum Veneri prostratus.

</td><td>

4. *Unam, huius vulnere*
   saucius, amavi,
quam sub firmo federe
   michi copulavi.
   fidem, quam iuravi,
   numquam violavi;
   rei tam suavi
   totum me dicavi.
   quam dulcia
   sunt basia
puelle! iam gustavi:
   nec cinnamum
   et balsamum
esset tam dulce favi!

</td></tr>
</table>

Dies der Text in der Ausgabe von O. Schumann. B. K. Vollmann bietet – abgesehen von der anderen Zeilenanordnung und einem Druckversehen (4,7) – denselben bis auf 4,3f. *fidem coniuraui et non uiolaui*. Seine Übersetzung lautet:

1. Die kalte Jahreszeit geht zu Ende, die Welt erneuert sich, der blühende Frühling kehrt zurück, alles erstrahlt in Schönheit, der Vogel stimmt sein Lied an und erfreut sich an seinem Gesang. Der Himmel, heller und weicher, fängt schon an, sich zu erheitern, der Wald, schon blühend, schon belaubt, wird wieder undurchsichtig in seinem Blätterkleid. – 2. Auf den Wiesen spielen die hübschen Mädchen, neue Lieder erklingen aus ihrem süßen Mund. Die sangeskundigen Vögel fallen zustimmend ein, und auch die blumengeschmückte Erde umschmeichelt die Mädchen mit ihrem Duft. Da beschleicht die Liebe das Herz und nimmt es gefangen, wenn die Mädchen und die Vögel solche Jubeltöne erklingen lassen. – 3. Schon legt der Knabe mit dem Köcher seine Netze aus, er, dem sogar der Hofstaat der olympischen Götter dient und dessen Herrschaft unbegrenzt ist. Er hat auch mich völlig unterworfen und verwundet: Zuerst hatte ich gekämpft und Widerstand geleistet, aber ich bin wiederum von dem Knaben unter Venus' Joch gezwungen worden. – 4. Versehrt von der Wunde, die er mir zufügte, habe ich mich in eine verliebt, der ich mich durch ein festes Versprechen verbunden habe. Ich schwur ihr Treue, ich habe sie nicht gebrochen; diesem so süßen Unterfangen habe ich mich ganz geweiht. Wie süß die Küsse des Mädchens sind, habe ich schon erfahren: Kein Zimt, kein Balsam könnte so honigsüß sein!

Es folgt die deutsche Strophe 153a:

Vrowe, ih pin dir undertan;
des la mih geniezen!
ich diene dir, so ih beste chan;
des wil dih verdriezen.
nu wil du mine sinne
mit dime gewalte sliezen.
nu woldih diner minne
vil süze wunne niezen.
vil reine wip,
din schoner lip
wil mih ze sere schiezen!
uz dime gebot
ih nimmer chume,
obz alle wibe hiezen!

Herrin, ich bin dir untertan; laß mich einen Vorteil davon haben! Ich diene dir, wie ich es am besten vermag; das wird dir nur lästig. Jetzt willst du meine Sinne mit deiner Macht einschließen, da ich die gar süße Wonne deiner Liebe genießen wollte. Makellose Frau, deine schöne Gestalt will mich zu schmerzlich mit dem Pfeil treffen! Aus deiner Befehlsgewalt entferne ich mich nimmer, auch wenn es alle Frauen befählen.

Gemeinsam sind dem lateinischen und dem deutschen Text die Begriffe der Unterwerfung, des Dienstes, der Gefangennahme, der Gewalt, der Süße, des Genusses, der

Verwundung durch einen Pfeil, der unlöslichen Bindung. Aber in CB 153 sind es Amor und Venus, die auf den Mann schießen, ihn verwunden, einfangen, besiegen, unterwerfen und beherrschen. Das gesamte Frühlingsambiente des deutschen Liedes könnte freilich der Kürzung auf eine Strophe zum Opfer gefallen sein. Kein Zufall der Überlieferung kann es aber sein, wenn die Frauen, die des Mannes Treue eventuell gefährden könnten (CB 153a,14), im lateinischen Text fehlen und an ihrer Stelle nur Mädchen auftreten, die mit den Vögeln um die Wette singen (CB 153, 2, 12ff.). Dieses Lied präsentiert wie üblich (z. B. CB 113, 5, s. o.) das jährlich mit der schönen Jahreszeit wiederkehrende erotische Begehren, die neuerliche Verwundung durch Amors Pfeil (3, 13ff.). Ob das eingegangene Liebesbündnis (4, 2ff.) erst von heuer oder vom Vorjahr stammt, ist nicht von Belang. An eine wirklich langfristige Bindung ist keinesfalls gedacht, hat sich der Erfolg der Werbung ja auch schon eingestellt (4, 9ff.), während der Sänger der deutschen Strophe natürlich auf den Minnelohn – den es als solchen im lateinischen Text gar nicht gibt – noch wartet.

Der Befund ist eindeutig und ließe sich an Dutzenden anderen *Carmina Burana* weiter erhärten. Und dieser Befund trifft wohl auf die mittellateinische weltliche Lyrik insgesamt zu. In ihr gibt es das paradoxe Konzept vom absoluten Wert einer im Grunde gesellschaftlich nicht offen sanktionierbaren Liebe eben nicht. „Die hohe Minne als dienendes Werben um eine Frau, von der man nicht weiß, ob sie einen je erhören wird, als ein Werben, in dem aber dennoch geradezu der Sinn des Lebens gesucht werden kann, diese hohe Minne ist eine Vorstellung, die offenbar an die volkssprachliche Laienadelskultur gebunden war" (B. Wachinger). Im Lateinischen wird die Liebe zwar als natürlich, also von Gott gesetzt und daher an sich gut – sofern alles sich nach damaligen Begriffen im Rahmen der Gesetze der Natur abspielt – eingestuft, aber nur dem jungen studierenden Kleriker als gleichsam unausweichliche Notwendigkeit zugestanden, keinesfalls jedoch als positiver ethischer und sozialer Wert an sich anerkannt. Grundsätzliche gesellschaftliche Schranken sind ihr nicht gesetzt; sie ergibt sich sozusagen ganz selbstverständlich aus der Geselligkeit junger Menschen beim Erwachen der Natur in der wärmeren Jahreszeit. Frühling, Gesang, Tanz und Liebe bilden eine natürliche Einheit, wobei Liebe dann eben auch auf das Natürliche, d. h. im wesentlichen das Sexuelle, reduziert erscheint. Doch hier stoßen wir auch schon auf die Grenzen möglicher allgemeiner Aussagen, da die aus den *Carmina Burana* herausgehaltene Homoerotik sonst in der klerikalen Poesie kein völliges Tabu ist, wobei sich stets die Frage nach dem eventuell rein geistigen Charakter einer solchen – von der antiken Bildungswelt vorgeprägten – Liebesbeziehung stellt, einem Charakter, der auch so mancher mit erotischer Rhetorik geführter Brieffreundschaft zwischen Mönchen und Nonnen, kaum jedoch einem Carmen Buranum zu unterstellen ist.

Lieder der Knabenliebe aus dem Hochmittelalter sind uns z. B. von Hilarius von Orléans (um 1075–um 1150) erhalten. Auch das übrige ihm sicher zuzuschreibende Œuvre stützt die gelegentlich geäußerte Vermutung, Hilarius habe auch CB 153 geschaffen, nicht. Aus Frankreich könnte das Carmen aber durchaus stammen. Dafür sprechen die Tonverwandtschaft mit einem Stück aus der Pariser Handschrift B. N. Lat. 3719, das Motiv der Liebe wider Willen und v. a. die formale Meisterschaft des Liedes, die das Niveau der lateinischen Kontrafakturen deutscher Strophen überschreitet. Die Klanggestalt mit ihren zahlreichen und stets zweisilbig reinen Reimen schmiegt sich dem Inhalt und der Syntax völlig an.

Fällt dieses Lied als Demonstrationsobjekt für die Meisterschaft der im Umkreis der Handschrift wirkenden Dichter also vermutlich aus, so kann man statt dessen immerhin **CB 143** heranziehen, das in Ausg. und Übers. von B. K. Vollmann lautet:

1. *ECCE Gratum et optatum*
    uer reducit gaudia:
purpuratum floret pratum
    sol serenat omnia.
    iam iam cedant tristia!
estas redit, nunc recedit
    hyemis seuicia.
	Siehe, der liebliche, ersehnte
	Frühling bringt die Freude zurück:
	Purpurfarben blüht die Wiese,
	die Sonne erheitert, was da ist.
	Jetzt, jetzt soll alle Trauer verschwinden!
	Der Sommer kehrt wieder, nun muß
	der Grimm des Winters weichen.

2. *Iam liquescit et decrescit*
    grando, nix et cethera,
bruma fugit, et iam sugit
    uer estatis ubera.
    illi mens est misera,
qui nec uiuit nec lasciuit
    sub estatis dextera.
	Schon zergeht und verschwindet
	Hagel, Schnee und all diese Dinge;
	die Winterkälte flieht, und es trinkt
	der Frühling an den Brüsten des Sommers.
	Der ist ein trauriger Tropf,
	der nicht auflebt und sich nicht gehenläßt
	unter der Herrschaft des Frühlings.

3. *Gloriantur et letantur*
    in melle dulcedinis,
qui conantur, ut utantur
    premio Cupidinis.
    simus iussu Cypridis
gloriantes et letantes
    pares esse Paridis!
	Stolz und froh sind
	in süßester Seligkeit all die,
	die sich bemühen, in den Genuß
	von Cypris' [lies: Cupidos] Lohn zu kommen.
	Laßt uns, wie Cypris befiehlt,
	stolz und froh darüber sein,
	Paris gleichzukommen!

Als Vorlage hat ein mit der ersten Strophe (143a) zitiertes, ebenfalls kleines, sogar nur zweistrophiges Lied gedient, das in der Würzburger Liederhandschrift (s. o. S. 261) Reinmar zugeschrieben, in weiteren Minnesanghandschriften aber überhaupt nicht überliefert ist. Wenn es wirklich von Reinmar stammen sollte, so wäre es ein Beispiel für die ungebrochen fortwirkende Tradition des frühen donauländischen Minnesangs auch bei diesem Lyriker, der sonst ganz andere Töne anschlägt (s. S. 264). Es enthält das Bekenntnis einer Frau zu ihrem Geliebten, einem Ritter, dessen innige Umarmung sie schon genossen hat und dem sie gewogener als ihren Verwandten sein will – eine deutliche Anspielung auf die den Liebenden feindliche Muntgewalt. Der Form nach ist das Lied eine Kanzone mit isometrischen Versen: 4ma, 4mb/4ma 4mb//4mc, 4mc, 4mc.

Das lateinische Lied zeigt formale Abweichungen in Melodie (zumindest im Abgesang), Kadenzen und Reimen, doch bleibt die Ähnlichkeit unverkennbar: 2x(4pa + 4pa, 7ppb), 7ppb, 4pc + 4pc, 7ppb. Die metrischen Abweichungen ergeben sich direkt oder indirekt aus dem größeren Reimreichtum des Lateinischen. Auch inhaltlich scheint auf den ersten Blick das Trennende weit zu überwiegen. Es spricht ein Mann, keine Frau, und er spricht weder als Ich noch zu einem Du, sondern in der Wir-Form für die Gruppe der jungen Burschen über Venusdienst und Amors Lohn. Die ersten beiden Strophen sind überhaupt dem siegreichen und freudenspendenden Frühling vorbehalten. Dennoch verbindet ein gemeinsames Grundempfinden die lateinischen und deutschen Strophen hier auf engere Weise als bei den meisten anderen Carmina mit deutschem Zusatz. Der lateinische Autor hat das deutsche Lied wohl hauptsächlich deshalb ausgesucht, „weil darin eine Liebeskonzeption zum Ausdruck kommt, die der lateinischen Liebesdichtung nahesteht, im Minnesang jedoch die Ausnahme bildet: Liebesglück und Liebeserfüllung" (B. K. Vollmann). Nichtsdestoweniger gestaltet er ein ganz aus der lateinischen Formkultur erwachsenes Gedicht, mit Anleihen bei Walther von Châtillon und üppigem Ausbau der Naturszenerie. Strophe 1 und 2 zeigen Winter und Sommer (= Frühling) als personifizierte Kämpfer. *Hiems* und ihr Heer fliehen, das Szepter der *aestas* regiert nun. Daß auch der Mensch sich dem beugt, wird zwar als Imperativ formuliert, folgt jedoch zwangsläufig dem natürlichen Triebe, wenn man nicht gerade ein reiner Melancholiker ist (2,7 *mens misera*: Alliteration!). Strophe 3 stellt die Herrschaft der Liebesgöttin der des Sommers zur Seite. Das Lied mündet schließlich mit der schönen klangmalerischen Schlußzeile in die Aufforderung, wie einst Paris Venus den Siegespreis zuzuerkennen. „Schlichtheit und Kultiviertheit" gehen hier wirklich eine angenehme Verbindung ein, die kein großes Kunstwerk, aber ein hübsches kleines, duftig-schwereloses Gebilde entstehen ließ.

Wie vergleichsweise kunstvoll es ausgefallen ist, läßt sich leicht an einem Stück reiner Gebrauchspoesie wie CB 149–149a *Floret silva nobilis* ermessen. Die beiden Strophen, die lateinische und die deutsche, sind formal entfernt ähnlich, inhaltlich nahezu gleich. Ein Mädchen fragt, wo nun, da der Wald grünt, ihr früherer Freund *(antiquus amicus – geselle)* nach seinem Fortritt so lange bleibe und wer sie nun lieben werde. Ein zweisprachiger Refrain schließt die Strophe(n):

> *Floret silva undique,*
> *nah mime gesellen ist mir we!*

> Es grünt der Wald allenthalben. Ich sehne mich schmerzlich nach meinem Geliebten!

Sowohl in der lateinischen als auch in der deutschen Strophe sind die Reime unrein. Über Alter und Reihenfolge der Entstehung der zwei Strophen herrscht in der Forschung keine Einigkeit. Beide wirken archaisch, doch dies könnte trügen. Haben wir hier vielleicht ein mehr oder minder „zeitloses" Gelegenheitsliedchen, das junge Kleriker und Mädchen aus Dorf oder Stadt gemeinsam beim Tanz gesungen haben, vor uns? Etwas ähnliches könnte in CB 174–174a *Veni, veni, venias – Chume, chume, geselle min* vorliegen, nur daß hier die Entstehung des Ganzen aus einem deutschen Refrain von zwei Zeilen und der Tanzliedcharakter ziemlich klar zutage liegen. Die drei lateinischen Strophen sind etwas sorgfältiger gefügt. Die erste besteht allerdings zur Hälfte aus Lallwörtern, während die entsprechende deutsche den Zweizeiler einfach chiastisch repetiert.

Dagegen wird man zögern, dieselbe Gebrauchsfunktion den zweisprachigen Carmina zuzusprechen, die der Gattung der Pastourelle (s. o. S. 290) angehören. In ihnen macht sich ein Überlegenheitsgefühl, ja bisweilen eine geradezu zynische Frauenverachtung des sozial und physisch überlegenen Mannes dermaßen breit, daß die volkssprachlichen Textteile wohl nur als Spott auf die *illitteratae* aufzufassen sind. Was ein *litteratus* damals von der Liebe der Bauern im Gegensatz zur „höfischen Liebe" der Adeligen und Kleriker gehalten hat, kann man im Buch *De amore* des französischen Kaplans Andreas (Ende 12. Jahrhundert) lesen:

> Wir behaupten nämlich, daß es kaum geschehen kann, daß Bauern am Hofe Amors Kriegsdienst tuend befunden werden; sie werden vielmehr auf natürliche Weise wie Pferd und Maultier zu den Werken der Venus angeregt, wie es ihnen der natürliche Trieb anzeigt. ... Wenn dich aber auch zu jenen Frauen die Liebe zufällig erfaßt haben sollte [angesprochen ist ein junger Kleriker als Vertreter der besseren Stände], so denke daran, sie vielfach zu preisen, und säume nicht, wenn du einen günstigen Ort gefunden hast, dir zu nehmen, was du begehrtest, und dich ihrer mit gewaltsamer Umarmung zu bemächtigen. Denn schwerlich wirst du

ihren Widerstand so weit herabmindern können, daß sie dir die Gewährung stiller Umarmung zugestehen oder es dulden werden, daß du deine erwünschte Befriedigung hast, wenn nicht wenigstens ein ihrer Scham angemessenes Mittel mäßigen Zwanges vorausgeht ... (Kap. XI: *De amore rusticorum*).

Nach diesem Rezept handeln die Männer etwa in CB 158 *Vere dulci mediante*, einem rein lateinischen Lied, in dem das Mädchen dann jäh ihre Klage über die Vergewaltigung in ein Grußwort *(ave)* abwandelt und nur noch darum bittet, die Sache vor ihren Eltern und ihrem Bruder geheimzuhalten, oder in **CB 185** *Ich was ein chint so wolgetan*, einem virtuosen Beispiel jenes Sprachmischtyps, den die Humanisten später *poesia maccaronica* (oder ähnlich) nannten. Vermutlich angeregt von dem ebenso sinnenfreudigen wie schamhaften Mädchenlied *Under der linden* (M 68 = L 39, 11ff.) Walthers von der Vogelweide, wird auch hier einem Mädchen die Erzählung seines Erlebnisses unter einer Linde in den Mund gelegt. Aber statt einem aus freier Hingabe entstandenen Liebesglück gibt's hier nackte Gewalt. Ein *ungetan*, ein Rohling, habe sie, das hübsche, noch jungfräuliche Kind in der Absicht, es zu deflorieren, anfangs dezent, dann brutal in den abgelegenen Wald gezerrt und ihr dort sein Begehren eröffnet:

> 6. „*Iz stat ein linde wolgetan*
> *non procul a via,*
> *da hab ich mine herphe lan,*
> *tympanum cum lyra.*"

Es steht eine schöne Linde nicht weit vom Weg, dort habe ich meine Harfe gelassen, die Pauke mit der Fiedel.

Die Musikinstrumente sind natürlich Sexualmetaphern, denen solche aus dem Kampf- und Jagdbereich in Strophe 9 und 10 zur Seite stehen: *daz purgelin*, die kleine Burg, der aufgepflanzte Speer oder Spieß *(cuspis erecta)*, Köcher und Bogen:

> 9. *Er warf mir uf daz hemdelin,*
> *corpore detecta,*
> *er rante mir in daz purgelin*
> *cuspide erecta.*
>
> 10. *Er nam den chocher unde den bogen,*
> *bene venabatur!*
> *der selbe hete mich betrogen.*
> *„ludus compleatur!"*

Mit der Zeile 10,2 „gut jagte er" dürfte die Sprecherin ein sozusagen objektives Urteil abgeben, ohne ihre Befriedigung ausdrücken zu wollen. Die letzte lateinische Zeile könnte ein Finalsatz sein („damit das Spiel vollendet werde"), ein resignativer Ausruf des Mädchens („mag das Spiel seinen Lauf nehmen") oder ein spöttischer Abschluß des Verführers bzw. Dichters („jetzt soll der Spaß ein Ende haben"). Dies negative Gesamturteil über das Geschehen aus der Sicht der Verführten bringt auf jeden Fall der Refrain zum Ausdruck:

> *Hoy et oe!*
> *maledicantur tilie*
> *iuxta viam posite!*

Ach und weh! Verflucht seien die Linden, die am Wege stehen!

Der Form nach handelt es sich – abgesehen vom Refrain – um Strophen aus je zwei Vagantenzeilen, deren deutsche Anverse ebenso reimen wie die deutschen Abverse. Wenn das lateinische Carmen wirklich auf das Lindenlied Walthers zurückgreift, so kann der teilweise unreine deutsche Reim kein Zeichen hohen Alters, sondern nur Spott gegen die Sprechweise der *illitteratae* sein. Als Aufführungsrahmen hat man sich am ehesten eine zechende Männerrunde vorzustellen, von der einer die Worte des Mädchens im Falsett vorträgt und alle grölend den Refrain wiederholen. Hierher paßt auch das in der Handschrift vorausgehende **CB 184** *Virgo quedam nobilis*, das sich allerdings nur in bildhaften Anspielungen auf die Vergewaltigung ergeht, die von einer dritten Person berichtet und offenbar letztlich vom Mädchen freudig begrüßt wird, wie der Refrain nahelegt:

> *Heia, heia, wie si sanch!*
> *cicha, cicha, wie sie sanch!*
> *vincula, vincula, vincula rumpebat.*

Wer da „die Bande (Bänder, Fesseln) zerriß", wird nicht gesagt. Entgegen der gängigen Deutung könnte auch der Mann gemeint sein, der schöne, liebenswerte Jüngling der Strophe 2, sofern deren Schlußzeile *der zetrant ir den bris* soviel heißt wie „der zerriß ihr das Band". Da das letzte Wort der Zeile aber auch „Preis, Ehre" bedeuten kann, bleibt alles in der Schwebe. Der Mangel an brutaler Direktheit machte das witzige Carmen doch vielleicht auch zum Singen beim Tanze geeignet.

Mit welcher Zartheit man auch auf Latein eine Liebesbegegnung in wenigen Strichen auszumalen vermocht hat, zeigt **CB 177**:

1. *Stetit puella*	1. Stand ein Mädchen
rufa tunica;	im roten Hemdchen;
si quis eam tetigit,	wenn jemand es berührte,
tunica crepuit.	raschelte das Hemdchen.
eia!	Eia!
2. *Stetit puella*	2. Stand ein Mädchen
tamquam rosula:	gleich einem Röslein.
facie splenduit	Im Antlitz leuchtete es
et os eius floruit.	und sein Mund blühte.
eia!	Eia!

Der Kürenberger hatte in seiner Strophe 6 (s. o. S. 250) eine Frau vorgestellt, die in ihrem Hemd nach dem Geliebten Ausschau hält und dabei an den Wangen wie eine Rose erblüht. Hier im Lateinischen spricht kein weibliches Ich aus unerfüllter Sehnsucht. Ein Betrachter schildert, wie in der liebenden Berührung des Mädchens Augen leuchten und seine Lippen sich röten. Die verhüllende, geradezu rätselhafte Sprechweise erinnert deutlich an andere Strophen des Kürenbergers (wie das *Falkenlied*). Auch die wechselnde Hebungszahl der simplen lateinischen Zeilen mit überwiegender Proparoxytonon-Kadenz weist auf deutschen Ursprung, so daß eine Anlehnung an die Kürenbergerstrophe, allerdings mit anderem Reimschema und Refrain, erwägenswert erscheint. Beigegeben ist dem Text in der Aufzeichnung aber keine solche, sondern eine deutsch-lateinische Mischstrophe ganz abweichender formaler und gedanklicher Struktur. Sie ist wohl nur des gleichlautenden Anfanges *Stetit puella* wegen als 177b angefügt worden.

Ein Lied wie CB 177 steht einsam in der Sammlung, und die „deutsch" inspirierten Stücke machen insgesamt nur einen Bruchteil von ihr aus, können sich an Qualität auch nur recht selten mit den „originalen" Carmina, namentlich denen westlichen Ursprungs messen. Diese sind in der Regel auch älter, stammen aus der vollen Blüte weltlicher lateinischer Dichtung im 12. Jahrhundert. Erst als diese etwa ab der Jahrhundertwende in Frankreich rasch verwelkte, entstanden vermutlich die meisten der im Umkreis des Redaktors der *Carmina Burana* geschaffenen Lieder. Sie gehören somit einer durchaus epigonalen Spätphase der Gelehrtenpoesie an, die ohne die massive Anregung durch den deutschen Minnesang nicht zustande gekommen wäre, jedoch offenbar so schnell endete, wie sie begonnen hatte, während der Minnesang vorläufig noch ungebrochen weiterlebte.

Daß wir keinen „unserer" lateinischen Dichter (außer den Marner) mit Namen kennen, erschwert ihre soziologische Einordnung natürlich ungemein. In etwa wird das Bild aber wohl dem entsprechen, was wir sonst von den Dichtern der *Carmina Burana* wissen. Auch das ist wenig genug. Große Literaten wie Walther von Châtillon, Philipp der Kanzler oder Petrus von Blois (s. o. S. 409) brachten es zu Amt und Würden, bei anderen wie dem Archipoeta (um 1125/35–um 1165/70) oder Hugo Primas von Orléans (um 1093–um 1160) scheint das nicht oder nur vorübergehend der Fall gewesen zu sein. Sie alle studierten an höheren Schulen, unterrichteten später auch an einer solchen oder an Fürstenhöfen. Ihre weltlichen Lieder könnten sie teilweise noch als reguläre Studenten verfaßt haben, aber keinesfalls alle. Wer einmal das unstete Leben eines an mehreren Schulen Studierenden aufgegeben und mit der Seßhaftigkeit eines wohlbepfründeten Klerikers in Kloster, Stift, Kapelle, Kanzlei etc. vertauscht hatte, konnte deshalb gut und gerne immer noch von Unbehaustheit, Armut, geizigen Prälaten und Sinnenfreuden singen, waren die entsprechenden Genera und Themata einmal künstlerisch frei verfügbar. Aber die Pfründen waren rar, und viele „Akademiker" jener Tage gingen dabei leer aus, mußten sich mit Gelegenheitsarbeit begnügen oder tatsächlich von Almosen leben. Für sie hatten die Bettel-, Preis- und Schmählieder einen ganz anderen, sozusagen existenziellen Klang. Nur solchen Leuten sind die krassen Töne der Verachtung des „Establishments" und der materiellen eigenen Not, die wir aus vielen Vagantenliedern heraushören, wirklich zuzutrauen. Selbstverständlich waren in dieser Menschengruppe auch solche anzutreffen, die das Leben eines „Bohèmiens" freiwillig dem eines Mönchs, Priesters, Lehrers oder Beamten vorzogen, ja vielleicht dieses schon selbst kennengelernt und nicht ertragen hatten. Das mochte sie nicht hindern, zusammen mit anderen immer wieder nicht nur bei weltlichen Gönnern, sondern auch in Stiften und Klöstern Unterschlupf zu suchen, so daß sie von dort gelegentlich vertrieben wurden, wie wir gesehen haben (s. o. S. 372).

Wir müssen uns also mit dem – so manchem modernen Philologen offenbar unerträglichen – Gedanken, daß lateinische weltliche Lieder von „echten" Vaganten geschaffen wurden, vertraut machen, brauchen deshalb aber weder sogleich an ein „Lumpenproletariat" zu denken – die Dichter übertreiben oft schamlos – noch überhaupt eine globale soziologische Bestimmung daraus abzuleiten. Unser CB-Redaktor war gewiß kein Vagant, und er wollte auch kein Vortragsbuch für Vaganten schaffen, sondern eine Art Hand- und Hausbuch für die Musik- und Poesieliebhaber einer geistlichen Gemeinschaft. Es sollte einerseits ein Repertorium von kunstvoll gefügten Tönen und Texten, andererseits eine Enzyklopädie moralischer Lebenslehren enthalten. Daß dabei auch ausgesprochen „unmoralische" Stücke Aufnahme gefunden haben, verdankt sich zum einen der Überschneidung mit dem erstgenannten, ästhetischen Sammelprinzip, zum anderen dem mittelalterlichen Usus, zu Demonstrationszwecken auch Gegenbeispiele des Verwerflichen der Moraldidaxe unterzumischen. Man hat sogar die Vermutung geäußert, die Illustration der sieben Todsünden sei der Leitfaden der Sammlung gewesen. Das kann hier nicht nachgeprüft werden. Auf jeden Fall müßte man dazu viele „unmoralische" Texte als ironisch-satirisch verstehen, was dem mittelalterlichen geistlichen Leser leichter als uns zuzutrauen ist, insbesondere wo beigegebene Versus die Rezeption in diese Richtung lenken. Es mögen aber auch Literatur- und Musikkenner im Kreise des Redaktors diesem und einander mit wissendem Augurenlächeln begegnet sein. Was nicht unmittelbar gegen Gott oder Natur verstieß, war zur Not allemal zu rechtfertigen. So konnte denn ein Schatzkästlein entstehen, dessen Stücke, obschon nicht alle hochwertig, unser Bild von Kunst, Denken, Fühlen und Leben im Mittelalter in einmaliger Weise bereichern.

Weltliche rhythmische Dichtung außerhalb des Codex Buranus

Während sich die Forschung um die *Carmina Burana* heftig, wenngleich noch immer nicht ausreichend bemüht hat, sind die übrigen Rhythmen, die in gelehrten Kreisen unseres Raumes entstanden sind oder sein könnten, bisher in den quellenkundlichen Handbüchern für Historiker begraben geblieben. Wirklich unverdient ist dieses Schicksal nicht, obwohl auch unter den *Carmina Burana* nicht alles Gold ist, was glänzt.

Sicher in den (ehemals) babenbergischen Herrschaftsbereich und vermutlich in die Erzdiözese Salzburg gehören zwei in einer Admonter Handschrift (Cod. 94) überlieferte *Trauergedichte auf* den in der Leithaschlacht am 15. Juni 1246 gefallenen **Herzog Friedrich II.** Wohl unter dem ziemlich unmittelbaren Eindruck des Todes, aber auch schon seiner chaotischen Folgen für die beiden Länder verfaßt, zeichnen die beiden Rhythmen ein überaus positives Bild des Gefallenen, das sich zwar auf Gemeinplätze der Preisdichtung beschränkt, aber dennoch im Gegensatz zu den sonst in lateinischen klerikalen Quellen gegen den *dux bellicosus* vorgebrachten Schmähungen (s. o. S. 186) steht.

Organa leticie quondam resonabant (Walther 13470) lautet die erste Zeile des ersten Lessus, der zehn Vagantenstrophen umfaßt. Nicht überall ist der Autor mit dem damals bereits überaus geläufigen Formmuster zurechtgekommen. Etliche Abverse und sogar ein Anvers beginnen mit einer Senkung. Strophen 1–4 stellen dem früheren glücklichen Zustand die nunmehr eingetretene völlige Umkehrung der Welt, die ihrer Hauptstütze *(Atlans)* beraubt ist, entgegen. Alle beklagen den Tod dieses Hektor, dieses Paris, dessen Schönheit in den Schmutz gezerrt worden ist. Strophe 5 rekapituliert stichwortartig die siegreiche Schlacht, an deren Ende man den vermißten Anführer sucht; Str. 6 ruft Gott zur Rache auf, „wenn ein Joab (d. h. ein Mörder) dabei war wie bei Absalom". Die Strophen 7–9 schildern nun in Bildern die schrecklichen Zustände in den einst glücklichen Ländern, dem reichen Österreich und der wehrhaften Steiermark, die Auflösung der Machtstruktur, den Kampf aller gegen alle, die völlige

Rechts- und Treuelosigkeit. Am Ende steht die Bitte an Gott, das Herz derer, die das Leben der verwaisten Bewohner verzehren, zu bewegen (Str. 10).

Der zweite Lessus (Walther 20784a) beginnt mit der Strophe:

> *Voce tristi causam tristicie,*
> *Plange genus regalis glorie,*
> *Ducem clarum Fridricum Austrie*
> *Decus et presidium Styrie.*

Mit trauervoller Stimme beklage den Grund der Trauer, das Geschlecht königlichen Ruhmes, den berühmten Herzog Friedrich von Österreich, den Schmuck und Schutz der Steiermark.

Wie im anderen Trauergedicht kommt hier ein Zusammengehörigkeitsgefühl der beiden Länder deutlich zum Ausdruck. Formal unterscheiden sich die beiden Stücke. Die Strophenart des zweiten ist keineswegs „der metrischen Eigenart nach schwer zu bestimmen, weil hier antike und mittelalterliche Characteristica zugleich erscheinen" (A. Lhotsky). Vielmehr liegt eine verbreitete, aus dem Westen stammende und auch im *Klosterneuburger Osterspiel* verwendete Hymnenform aus vier Zehnsilbern vor (s. o. S. 218). Hier sind diese allerdings nicht paarweise, sondern in der Strophe durchgereimt. Daß der Rhythmus nicht überall regelmäßig ist, entspricht der älteren Hymnentradition. Aber auch die Zäsur der Zeile 4p+6pp wird mehrfach, wie schon in der ersten Strophe, mißachtet. Mit dem Aufbau der poetischen Bildwelt tut sich der Autor dieses Gedichtes auch nicht viel leichter als der des vorangehenden. Der Vergleich des für die Seinen dem Tode überantworteten und nicht mehr zurückgekehrten Herzogs mit dem von den Seinen nach Ägypten verkauften Joseph wirkt gezwungen (Str. 2). Üblicher Topik entspricht dann die Verwendung der anderen biblischen Exempelfiguren: Friedrich habe als Heerführer Schrecken verbreitet wie Judas Makkabäus, mit ihm sei das Schwert Gideons, das Haupt Samsons (gemeint ist wohl das kraftspendende Haupthaar), die Gestalt Absaloms, der Thron Salomons dahingegangen. Auch die damals hierzulande offenbar allgemein unterstellte unehrenhafte Art und Weise, in welcher man den Herzog in der Schlacht angeblich getötet hatte, wird nur bildhaft ausgedrückt: Das Schwert des Neides habe die Blüte der Ritterschaft niedergemäht, dieser Betrug des Todes *(fraus mortis)* die Könige der Welt erschreckt. Auch das schuldige Ungarn könne er einmal treffen. Um den Schmerz über den Verlust zu schildern, greift der Autor sogar zu der altehrwürdigen Vorstellung vom Anteil aller Kreatur an dieser Trauer, den er aber als irreal einstuft: „Wenn sie es vermöchten, würden die Steine klagen etc." (Str. 7). Diesen Lessus schließt wie den ersten eine Wendung an Gott: Er solle die Schuldigen bestrafen und der armen Seele gnädig sein (Str. 9).

Neben diesen beiden Carmina rhythmica, die auf ein einzelnes herausragendes Zeitereignis Bezug nehmen, hat man noch zwei andere von allgemeinerem zeitkritischen Inhalt mit unserem Raum in Verbindung gebracht. Das erste Gedicht mit dem Incipit *Ad terrorem omnium surgam locuturus* (Walther 465) ist aber gewiß ausländischer (wohl westeuropäischer) Herkunft.

Das andere Gedicht (Inc.: **Altitonans celicola**, Walther 868) richtet sich mit kaustischer Polemik gegen Bettelorden, nämlich die Franziskaner und die Pauliner. Die Pauliner wurden als Eremitenkongregation von Eusebius von Gran in den Bergen von Pilis um 1250 gegründet. Obwohl sich der nach der Augustinerregel lebende Ordo Sancti Pauli primi eremitae von Ungarn nach Österreich, Italien, Deutschland und Polen ausbreitete, blieb sein Schwerpunktgebiet – neben Polen – doch Ungarn, wo im Mittelalter sonst kein religiöser Orden gegründet wurde. Aber auch die Dominikaner nannten sich mancherorts Pauliner (nach dem Predigerapostel Paulus), so daß man zögern wird, den außer in einer Admonter Handschrift des 13. Jahrhunderts (Cod. 443) noch in späteren Handschriften in Breslau, Merseburg, Trier und Wien erhaltenen Text nach Ungarn zu verweisen. Er beleuchtet in eindringlicher Weise die europaweit vom Weltklerus gegen die Bettelorden gehegten Ressentiments. Grund dafür war insbesondere die Beeinträchtigung des Laienseelsorgerechts des Weltklerus. Dementsprechend unterstellt das Gedicht den neuen Mönchen, für Geld jeden noch so großen Sünder gegen geringe Buße zu absolvieren, für Geld zu predigen etc. Der zweite Hauptvorwurf ist der Zusammenschluß mit Konversschwestern, mit deren Hilfe sie bei der Landbevölkerung noch bessere Einkünfte erzielen und die ihnen auch sonst manche Genüsse bereiten. Die witzigen Pointen des überaus gehässigen Textes alle zu verstehen, hindern uns allerdings die teilweise unbeholfene Ausdrucksweise und die unbefriedigende Textherstellung. Die gewählte Form der insgesamt 28 Strophen ist die folgende: 3x7ppa, 6pb, 3x7ppc, 6pb. Es treten aber statt der Siebensilber auch zahlreiche Achtsilber auf.

Sicher nicht in unseren Raum, sondern in das Patriarchat Aquileia gehört schließlich ein für den Historiker nicht ganz uninteressantes Preisgedicht auf den Babenbergerherzog Leopold VI. aus der Zeit nach 1261. Verfaßt hat es ein unbekannter schwäbischer Mönch in der von Leopold VI. wiederhergestellten südsteirischen Kartause Geirach. In der – einzig erhaltenen – Laibacher Handschrift des 13. Jahrhunderts trägt es den Titel *Gesta sive religiosa preconia incliti ducis Leupoldi nostri fundatoris* (Taten oder fromme Rühmungen des berühmten Herzogs Leopold, unseres Gründers) und umfaßt 228 meist paarweise gereimte Vagantenzeilen sowie 20 kurze Reimpaarverse (6p, 8p) am Ende. Inhalt und Form sind ziemlich dürftig, Adressaten des Gedichtes die Mitbrüder des Autors. Die Wahl des Lateinischen verdankt sich also vermutlich nicht nur der Gattungstradition, sondern auch der Rücksicht auf die slawische Herkunft einiger Klosterinsassen.

Geistliches Spiel

Die liturgische Osterfeier des Typs II, bestehend aus dem Grabbesuch der Frauen und der beiden Apostel, wird im Hochmittelalter in der gesamten Salzburger Kirchenprovinz weitergepflegt. Aus der Diözese Brixen haben wir allerdings das früheste handschriftliche Zeugnis erst aus dem 15. Jahrhundert (Lipphardt, Bd. III, Nr. 627: Neustift). Selbstverständlich kann dieser wie etliche Texte des 14. bis 17. Jahrhunderts aus der Erzdiözese Salzburg eine bereits im Hochmittelalter gebräuchliche Feierform abbilden. Sicher trifft dies natürlich für die Aufzeichnungen des 12. Jahrhunderts aus Salzburg, Seckau und St. Lambrecht, die bereits oben (S. 92ff.) genannt wurden, zu, wahrscheinlich aber auch für alle Niederschriften des 13. Jahrhunderts, sofern Lipphardt sie richtig datiert hat: Bd. III, Nr. 543 Chiemsee, Bd. IV, Nr. 729 St. Lambrecht, Nr. 743a Seckau, Nr. 744 Seckau, Nr. 756 Vorau.

Auch der Feiertypus III mit der Hortulanus-Szene wurde im Erzbistum vermutlich seit dem 12. Jahrhundert gepflegt. Als Aufzeichnung erhalten haben sich zwar nur solche Texte, die bereits als Spiele anzusprechen sind. Das *Chiemseer Osterspiel*, niedergeschrieben in einem Antiphonar des Augustiner-Chorherrenstifts Herrenchiemsee aus dem 13. Jahrhundert (Lipphardt V 782), hält sich jedoch inhaltlich noch völlig an die liturgische Handlung des Feiertyps III. Auch die Inszenierung wahrt den liturgischen Rahmen. Aber die Sprechweise der „handelnden" Personen weicht teilweise beträchtlich ab. So verwenden die drei Marien zu Anfang rhythmische, großteils reimlose Fünfzehnsilber, und der Herr (der hier Maria Magdalena nicht als Gärtner erscheint!) kleidet das *Noli me tangere* in vier rhythmische Strophen aus je vier gereimten Achtsilbern, worin er *auctorabili voce*, mit ehrfurchtgebietender Stimme (Z. 74), die Verwandlung seines vergänglichen Leibes in einen unvergänglichen, unberührbaren verkündet und die Frau auffordert, den Jüngern davon Nachricht zu geben. Im übrigen bestehen die Rollentexte jedoch nahezu ausschließlich aus traditionellen Antiphonen, Responsorien, Hymnen und Sequenzen.

Den zum geistlichen Spiel führenden Weg, auf dem in Chiemsee nur ein kleiner Schritt gewagt wurde, hat man, wie wir oben (S. 217ff.) gesehen haben, in Klosterneuburg, und zwar vielleicht sogar ein wenig früher, ganz vehement weiterverfolgt. Ein direktes Abhängigkeitsverhältnis zwischen den beiden Spielen liegt also nicht vor. Daß sie beide einem ähnlichen geistigen Klima entstammen, darf jedoch angenommen werden, war doch in dem 1125/29 regulierten Augustiner-Chorherrenstift Herrenchiemsee Hartmann, zuvor Dekan des Salzburger Domkapitels, als erster Propst eingesetzt worden, ehe er 1133 Propst von Klosterneuburg und 1140 Bischof von Brixen wurde. In dem von Hartmann gegründeten, wiederum demselben Orden angehörenden Neustift bei Brixen könnte dann durchaus auch die Neufassung des *Klosterneuburger Osterspiels* erfolgt sein, die im Nachtrag der *Carmina-Burana*-Handschrift als CB 15* aufscheint. Daß dieses *Benediktbeurer Osterspiel* direkt auf das *Klosterneuburger Osterspiel* zurückgeht, ist bei einer solchen Textsorte zwar keineswegs beweisbar, aber angesichts der Übereinstimmungen doch wohl wahrscheinlicher als die Annahme einer gemeinsamen Vorlage. Leider bricht der Text des Benediktbeurer Spiels bereits nach Zeile 123 unvermittelt ab, so daß ein Vergleich nur für die erste Hälfte möglich ist. (Die Zeilenzählung ist im folgenden der in der neueren Forschung stets zitierten Ausg. v. B. Bischoff entnommen, die die liturgischen Elemente jeweils als 1 Zeile, die Bühnenanweisungen gar nicht zählt.)

Der Handlungsgang ist in beiden Spielen weitgehend gleich. Im Wortlaut gibt es Umstellungen und Ergänzungen, nur vereinzelt Kürzungen. Einiges davon sei hier genannt. Im Wächterspiel des Benediktbeurer Textes treten eine Warnung der Ehefrau des Pilatus vor der Verschlagenheit der Juden (Z. 14–17), eine eindringliche Bitte der Juden um Wächter (Z. 22–27) und vor allem das drastische Feilschen der Wächter um den Lohn (Z. 32–46) hinzu. Die Szene gewinnt damit an Lebendigkeit und nimmt teilweise komödiantische Züge an. Gekürzt wird dagegen der Hymnus des Engels in der Auferstehungsszene (drei Strophen statt sechs). Das darin formulierte christologische Programm war offenbar in Klosterneuburg ein wichtigeres Anliegen (s. o. S. 203), ist aber auch im Benediktbeurer Text in einem Zweizeiler (Z. 71,2) noch deutlich genug erhalten geblieben. Die an dem Wächterspiel beobachtete Erweiterungsrichtung setzt sich in der Krämerszene fort, die in Klosterneuburg mit einer Vierzeilerstrophe der drei Marien und einer des antwortenden Krämers gerade nur angedeutet, nun aber auf das Dreifache ausgebaut ist. In drei aus dem Westen kommenden Strophen geht es hauptsächlich um den für die Salben zu zahlenden saftigen Preis (in Gold). Jede Strophe schließt jedoch mit einem (leicht abgewandelten) Refrain, der den tiefen Schmerz der Marien zum Ausdruck bringt: *heu, quantus est dolor noster* (Z. 83), im Munde des Krämers und seiner Frau aber ironische bzw. zynische Färbung annimmt (Z. 79; 91). Dann freilich weist der Krämer in einigen nur hier belegten Versen höflich und ernst den Weg zum Grab (Z. 92–98). Sie fehlen im Klosterneuburger Text ebenso wie die folgenden Verse Z. 101–110, ein Gesang der Marien in Fünfzehnsilbern, der (mit unterschiedlicher Reihenfolge) in vielen deutschen *Visitationes sepulchri*, so auch im *Chiemseer Osterspiel* (s. o. S. 425), vorkommt, hier aber mit dem aus dem Westen stammenden dreimaligen Ruf *O Deus!* versehen ist. Mit der Frage „Wer wird uns den Stein vom Eingang des Grabes wälzen?" (Z. 111) mündet der Text wieder in den aus Klosterneuburg ein (Z. 89f.), enthält aber im Anschluß daran nicht den hier zu erwartenden Wechselgesang mit dem Engel bzw. den Engeln (der somit für eine spätere Stelle aufgespart worden sein muß), sondern geht sofort zu dem in beiden Fassungen bis auf die Strophenfolge identischen Beginn des zweiten Teiles des Wächterspiels über, von dem hier aber nur wenige Verse erhalten sind (s. o.). Wir dürfen jedoch unterstellen, daß die beiden Fassungen auch im folgenden nicht stärker als zuvor divergiert hätten. Vielleicht können wir das im Codex Buranus nicht mehr überlieferte Hortulanus-Spiel in etwa aus dem Klagenfurter Fragment (Lipphardt V 790) erschließen. Das im 13. Jahrhundert in eine Handschrift des Benediktinerklosters Ossiach eingetragene, 32 Zeilen lange Textstück stimmt mit dem Wortlaut des *Klosterneuburger Osterspiels* fast völlig überein. Nur das hier noch biblisch formulierte *Noli me tangere* ist im **Ossiacher Spiel** etwas mühsam in eine Zehnsilberstrophe gepreßt, also den Strophen der Maria Magdalena angepaßt. Wir haben es somit im Falle der drei Texte vermutlich im Grunde mit ein und demselben, eigenständigen, von allen übrigen deutlich abstehenden Spiel zu tun. –

Manche Osterspiele schließen an die Hortulanus-Szene (s. o. S. 94) noch ein Emmausspiel an, so die Osterspiele von Maastricht und Egmond. Im normannischen Sizilien, in England und in Frankreich tritt das Emmaus-(oder Peregrinus-)Spiel dagegen selbständig auf. Einige solche Spiele hat es auch im deutschen Sprachraum gegeben, erhalten geblieben ist aber nur der Text des **Benediktbeurer Emmausspiels**, der in der 2. Hälfte des 13. Jahrhunderts in den Codex Buranus eingetragen wurde (CB 26*). Ausgangspunkt ist wie bei fast allen geistlichen Spielen ein Bibeltext, nämlich das Lukasevangelium, Kapitel 24,13–32(–35): Zwei Jünger wandern am Ostermorgen traurig von Jerusalem nach Emmaus. Ihnen begegnet der auferstandene Herr, den sie jedoch trotz seiner Worte nicht eher erkennen, als er in der Herberge das Brot bricht. Unser Spiel bringt keine Versifizierung des Bibeltextes, sondern eine Zusammenstellung liturgischer Antiphonen, die ihrerseits großteils wörtlich die Bibel zitieren. Mit den Worten übernimmt das Spiel auch die Melodien. Eine Auferstehungsantiphon ist vorangestellt; dann tritt Jesus auf, vermutlich in Pilgerkleidung wie in anderen Emmausspielen. In der Bibel wird Jesus von seinen Jüngern an der Stelle (Luk. 24,18) als *peregrinus*, als Fremder, bezeichnet, was man im Mittelalter aber gewöhnlich als Pilger verstand. Als solcher gibt sich Jesus also wohl auch hier aus *(se fingens peregrinum)*. Neun Antiphonen schildern stichwortartig das Geschehen bis zum Entschwinden Jesu und den Worten der Jünger nach Luk. 24,32. Damit wäre das Emmausgeschehen zu Ende, im Spiel folgen aber noch drei andere biblische Szenen.

Die Antiphonen 11–16 sowie 17–22, unterbrochen wie zuvor durch Szenenanweisungen, geben in knappen Strichen den Inhalt der beiden Erscheinungen des Auferstandenen im Kreis der Jünger, einmal in Abwesenheit, dann in Anwesenheit des ungläubigen Thomas (Johannes 20, 19–29), wieder. Darauf folgt die – auch ins *Klosterneuburger Osterspiel* übernommene – berühmte Himmelfahrtshymne *Iesu, nostra redemptio* (AH 51, Nr. 89) statt der 23. Antiphon. Das sieht nach einem Abschluß aus, doch gehört der in der Handschrift folgende Text ganz offenkundig zu dem Spiel hinzu. Wiederum werden Antiphonen, diesmal fünf, von Regieanweisungen eingeleitet, aneinandergereiht. Sie stammen dieses Mal aber nicht aus der Liturgie des Osterkreises, sondern der Feste Mariä Geburt und Himmelfahrt und bestehen aus Hohenliedzitaten (3,11; 2,12; 4,16; 5,1; 5,16; 4,7; 4,11; 2,11–13; 4,8). Auch in diesem Teil bereiten nur einige spärliche theatralische Elemente gottesdienstliche Gesänge zum Spiel auf. In den vorangehenden Teilen tritt zu den Protagonisten ein Chor der Kleriker mit verbindenden erzählenden Worten hinzu, im Schlußteil sind die Worte von Braut und Bräutigam des Hohenliedes Maria und Christus in den Mund gelegt, ohne daß Handlungsanweisungen an sie ergehen. Zu Anfang heißt es nur: „Danach soll die Mutter des Herrn auftreten, zusammen mit zwei zeptertragenden Engeln und Maria Jacobi und Maria Salome." Diese beiden bilden das Bindeglied zum Ostergeschehen, repräsentieren aber zugleich die Töchter Zions, denen die Braut den König Salomon unter der Krone zeigt. Es ist nach den Worten des Hohenliedes diejenige „Krone, mit der ihn seine Mutter am Tage seiner Hochzeit ... gekrönt hat" (3,11), und am Ende der letzten Rede des Herrn steht die Einladung an die Geliebte, vom Libanon herabzukommen, um selbst gekrönt zu werden (Cant. 4,8). Damit erhält die Muttergottes einen bemerkenswerten Rang im Heilsgeschehen der Erlösung zugesprochen. Die Krönung des Auferstandenen bezieht sich vermutlich zurück auf die Worte des Hymnus *Iesu, nostra redemptio* 3,2f: „Du sitzt in herrlichem Triumphe zur Rechten des Vaters." Die Krönung Marias aber steht zum Zeitpunkt unmittelbar nach der Auferstehung Jesu als notwendiger Akt Gottes im Heilsgeschehen noch bevor. Obwohl in der Gestalt Marias hier gewiß auch die Kirche repräsentiert wird, darf der Text doch wohl primär als Ausdruck tiefer Marienverehrung angesprochen werden, die das kleine Emmausspiel mit dem *Benediktbeurer Weihnachtsspiel* (s. u. S. 435ff.) verbindet. –

Wie man mit der Emmaus-Szene dem Ostergeschehen ein Nachspiel folgen ließ, so hat man ihm auch vielerorts ein Vorspiel, die Passion Christi, vorangestellt. Die erste Aufführung eines lateinischen Passionsspiels ist uns spätestens 1227 (auf der Wartburg bei Eisenach), vielleicht sogar schon 1187 und 1190 (in Hagenau) belegt. Erhalten hat sich aber nur ein einziger rein lateinischer Spieltext dieser Gattung, die **Kleine Benediktbeurer Passion (Ludus breviter de passione)**, die in der zweiten Hälfte oder Ende des 13. Jahrhunderts in den Codex Buranus eingetragen wurde (CB 13*). Voraus geht der Katharinenhymnus CB 12*, und es folgt das bereits besprochene Osterspiel CB 15*. Mitten in CB 13* steht die Marienklage *Planctus ante nescia* des Gottfried von St. Victor (CB 14*), die bereits vor dem Passionsspiel in der Mitte des 13. Jahrhunderts hier notiert und von dem Spieltext ohne Rücksicht auf dessen Zusammenhang sozusagen umrahmt wurde. Sie dürfte im Spiel Verwendung gefunden, aber kaum für dessen Niederschrift den Anlaß gegeben haben. Unverkennbar ist dagegen der unmittelbare Zusammenhang mit dem Osterspiel CB 15*, das am Ende des Passionsspiels CB 13* angekündigt („Und so beginnt das Spiel von der Auferstehung") und mit den Worten der Hohenpriester anzitiert wird.

Ganz im Gegensatz zu diesem besteht aber das *Kleine Benediktbeurer Passionsspiel* sowohl in den Rollentexten wie in den Szenenanweisungen zum Großteil aus wenig abgewandelten Bibelzitaten, namentlich aus dem Matthäusevangelium, verzichtet also, wie das Emmausspiel, auf jede dichterische Ausgestaltung (vielleicht, wie gesagt, mit Ausnahme der eingeschobenen Marienklage). Der Verlauf der Geschehnisse wird äußerst knapp wiedergegeben. Er reicht von der Bereitung des letzten Abendmahls über dieses selbst (Schauplatz 1 am Ort der liturgischen Fußwaschung), das eingeschobene, gleichzeitig mit dem zweiten Teil des Abendmahls auf der Simultanbühne dargestellte Feilschen um den Judaslohn (Schauplatz 2), die Gefangennahme Jesu (Schauplatz 3), die Vernehmung durch Pilatus (Schauplatz 4) und die Kreuzigung (Schauplatz 5) bis zur nur pantomimisch ausgeführten Kreuzesabnahme und Grablegung durch Joseph von Arimathia. Es fehlen Jesu Gebet in Gethsemane, seine Verleugnung durch Petrus, der Selbstmord des Judas, das Verhör durch Kaiphas, die Dornenkrönung und anderes. Die Befragung durch Herodes wird nur bei Lukas berichtet und wohl deshalb hier ebenfalls nicht aufgenommen. Der Beschränkung auf fünf Schauplätze *(loca)* entspricht die auf acht Sprechrollen und ca. 17 Statisten. Manche Geschehnisse erscheinen besonders stark gerafft, so die Gefangennahme und die Kreuzigung, von denen nur wenige Zeilen (Matthäus 26,49–50 bzw. Matth. 27,31; 40–43; 46; 56; Lukas 23,46; Johannes 19,17; 25–26; 34) aufgegriffen werden. Bei den Rollentexten hat man meist peinlich auf wörtliche Übernahme aus der Bibel geachtet. Ein gewisses Schwergewicht liegt dabei trotz aller Kürze auf einer Zusammenstellung der letzten Worte Jesu am Kreuz aus verschiedenen Evangelien. Den einzigen Eingriff in die Handlungsfolge – abgesehen von der Synchronisierung des Abendmahls und des Angebots der 30 Silberlinge an Judas (entgegen Matthäus 26,14ff.) – erlaubt sich der Verfasser (oder Spielleiter oder Redaktor) bei dem Lanzenstich, der gemäß Joh. 19,34f. den Beweis des eingetretenen Todes Jesu erbringt, in unserem Spiel jedoch vor den letzten Worten Jesu erfolgt und als bloße Berührung bezeichnet wird (Rubrik a27). Darüber wird weiter unten zu sprechen sein (S. 430).

Da wir nichts über den Ursprung der Gattung des Passionsspiels wissen, können wir auch nichts, was sich beweisen ließe, über die Nähe unseres Textes zu diesem Ursprung sagen. Die Annahme liegt aber gleichwohl nahe, daß wir in dem *Kleinen Benediktbeurer Passionsspiel* eine wenig entwickelte Gestalt, wenn nicht gar so etwas wie eine Urform der Spielgattung vor uns haben. Die dramatische Vergegenwärtigung entspricht in etwa der liturgischen Osterfeier der Stufe II. Schon vom *Klosterneuburger Osterspiel* trennen es Welten, erst recht von der nun zu besprechenden *Großen Benediktbeurer Passion*, die den bisher gegebenen Rahmen des lateinischen Spiels aus dem deutschen Sprachgebiet in mehrfacher Hinsicht, nicht zuletzt durch Einfügung reichlicher volkssprachlicher Partien sprengt.

Das Passionsspiel ist in der 2. Hälfte des 13. Jahrhunderts als CB 16* im Nachtrag des Codex Buranus aufgezeichnet worden und umfaßt in der Ausgabe von K. Young (ohne den ergänzten Schluß, s. u.) 305 Zeilen, nach der Zählweise B. Bischoffs (s. o.) 284 Zeilen. In der Handschrift beträgt der Gesamtumfang rund 500 Zeilen. Das ist viel im Vergleich mit den bisher besprochenen Spielen, aber nur etwa ein Drittel der ebenfalls mischsprachigen *St. Galler (mittelrheinischen) Passion* (1. Hälfte des 14. Jahrhunderts), ganz zu schweigen von der zwei ganze Tagesaufführungen umfassenden

Frankfurter Dirigierrolle (wohl 1. Viertel des 14. Jahrhunderts). Wie alle großen Spiele besteht auch unseres aus ziemlich disparaten Partien. Während diese aber etwa im *Wiener (bairischen) Passionsspiel* von ca. 1310/20 einem schlüssigen heilsgeschichtlichen Konzept unterworfen werden, bleibt es in unserem Spiel nicht selten bei der bloßen Szenenreihung.

Zu Anfang ziehen Pilatus mit seiner Frau und seinen Soldaten, Herodes mit seinen Soldaten, die Hohenpriester, der Krämer mit seiner Frau, schließlich Maria Magdalena, begleitet von dem Chorgesang des Prozessionsresponsoriums *Ingressus Pilatus* (das auch in CB 15* verwendet wird), ein und nehmen an fünf verschiedenen Orten Aufstellung oder Platz. Szene 1 zeigt die Berufung der Apostel Petrus und Andreas (Z. 2–3 in der Ausg. v. B. Bischoff), Nr. 2 die Heilung eines Blinden nach Lukas 18,38–42 (Z. 4–7), Nr. 3 Jesus und Zachäus (Z. 8–10), Nr. 4 Jesu Einzug in Jerusalem (Z. 11–15), Nr. 5 die Einladung Jesu zum Gastmahl des Pharisäers (Z. 16–18), Nr. 6 das Weltleben der Maria Magdalena (Z. 19–87), Nr. 7 ihre Bekehrung (Z. 88–122), Nr. 8 die Salbung Jesu durch Maria Magdalena im Hause des Pharisäers (Z. 123–166), Nr. 9 die Auferweckung des Lazarus (Z. 167–171), Nr. 10 Judas bei den Hohenpriestern (Z. 172–183), Nr. 11 das nur in der Regieanweisung genannte Abendmahl, das offenbar während der vorher genannten Szene *(interea)* nach gebräuchlicher Übung *(ut mos est)* stattfinden soll (a184), Nr. 12 Jesus auf dem Ölberg (Z. 184–191), Nr. 13 die Gefangennahme Jesu (Z. 192–205) – darin eingeschoben statt der Malchusszene als Lückenfüllung von anderer Hand Nr. 14, die Verleugnung Jesu durch Petrus (Z. 204a–f) –, Nr. 15 die Beratung der Juden (Z. 206–209), Nr. 16 Jesus vor Pilatus (Z. 210–214, 217–226, 229–240), unterbrochen von drei Szenen, Nr. 17, Jesus vor Herodes (Z. 215–216), Nr. 18, der Versöhnung von Pilatus mit Herodes (a217), und Nr. 19, der Geißelung und Dornenkrönung Jesu (Z. 227–228). Es folgen Nr. 20, Jesus auf dem Weg nach Golgotha, begleitet von weinenden Frauen gemäß Lukas 23,27f. (a241–Z. 244), und vermutlich simultan damit die eingeschobene Szene 21, der Selbstmord des Judas (Z. 241–243), dann Nr. 22, die Kreuzigung und Beschriftung des Kreuzes nach dem Befehl des Pilatus (Z. 245–47), Nr. 23, eine deutsche (Z. 248–264) und zwei lateinische (in der Ausg. nur als zwei Zeilen 265–266 gezählte) Marienklagen, die teilweise an Johannes gerichtet sind und von ihm auch in Z. 267–270 erwidert werden, schließlich Nr. 24, Jesus am Kreuz, seine letzten Worte gemäß Johannes 19,26–28 und Matthäus 27,46, der Lanzenstich, die Heilung des Longinus und der Spott der Juden (Z. 271–284).

Hier bricht der Text ab. Es folgen in der Handschrift unmittelbar die Andachtstexte CB 18*. Aber an späterer Stelle stehen als CB 23* noch zwei deutsche Strophen, bestehend aus kreuzgereimten Vierhebern, ein Wechselgesang zwischen Joseph von Arimathia, der Pilatus um Jesu Leichnam bittet, und Pilatus, der diese Bitte als redlich und maßvoll einstuft und folglich gewährt. Ob diese im späten 13. Jahrhundert nachgetragenen Strophen Reste der am Schluß der *Großen Benediktbeurer Passion* vom Schreiber weggelassenen Grablegungsszene sind, läßt sich nicht entscheiden. Daß eine solche Szene ursprünglich noch dazugehört hat, wird durch den Vergleich mit der *Kleinen Benediktbeurer Passion* zumindest nahegelegt. Doch könnte sie so wie dort auch bloß pantomimisch dargestellt worden sein.

Sprachlose Handlungen, in der Regel begleitet von Chorgesang, kommen auch sonst in CB 16* vor. Sie markieren die immer noch bestehende große Nähe zur Liturgie. Diese kommt auch darin zum Ausdruck, daß nicht nur immer wieder der

Chor des Klerus epischen Bibeltext vorträgt, sondern auch bei den biblischen Rollentexten mehrfach die dramatische Illusion durchbrochen wird. So trägt etwa Jesus am Kreuz in der *Kleinen* wie in der *Großen Benediktbeurer Passion* den Anruf Gottes *Ely, Ely, lema sabactany* zusammen mit der lateinischen Übersetzung vor (Z. 27 bzw. Z. 278), die selbst Johann Sebastian Bach in seiner für den gottesdienstlichen Gebrauch komponierten *Matthäuspassion* dann dem Evangelisten zuweisen wird. Andererseits nimmt im *Großen Benediktbeurer Passionsspiel* der schauspielerische und szenische Aufwand im Vergleich mit den bisher beschriebenen Spielen wesentlich zu. 54 Darsteller, davon 23 Sprechrollen, und 16 Bühnenstände werden in etwa benötigt. Mehrfachfunktionen und Simultanhandlungen verstehen sich da von selbst.

Die entscheidende Emanzipation von der biblisch-liturgischen Vorgabe findet aber in den Magdalenenszenen, in den Marienklagen und im Auftritt des Longinus statt. Beginnen wir mit der Schlußszene des überlieferten Spiels. Wie in der *Kleinen Passion* tritt der römische Kriegsknecht bzw. Hauptmann, der in der Bibel den Tod Jesu mit dem Lanzenstich überprüft (s. o.), gemäß der frühchristlichen Legende schon an den noch lebenden Gekreuzigten heran und sticht ihm die Lanze ins Herz, *daz sich ende siner marter pin* (Z. 276), wie er selbst auf deutsch sagt. Wenn er in der *Kleinen Passion* nur Jesu Seite berühren soll (*tangat latus eius* a27), so ist damit vermutlich keine Handlungsabwandlung, sondern die konkrete Regieanweisung an den Schauspieler gemeint, der den Stich nur spielerisch ausführen soll. In der *Großen Passion* spricht nun des weiteren Longinus, wie er hier legendenmäßig heißt, auf Latein und Deutsch, die biblischen Worte (Matth. 27,54), die Jesu Gottessohnschaft bestätigen und damit den Sprecher zum gläubigen Christen machen, und hierauf von dem an ihm vollbrachten Legendenwunder: *Er* (= Jesus) *hat zaichen an mir getan, / wan ich min sehen wider han* (Z. 280f.). Er ist zuvor blind gewesen und nun durch das Blut Christi wieder sehend geworden. Beides wird allerdings durch keine Bühnenanweisung deutlich gemacht. Die anschließende dreifache Verspottung Jesu durch die Juden, die in der Bibel dem Lebenden gegolten hatte, ist hier offenbar deshalb an den Toten gerichtet, um auf das dreimalige Bekenntnis des Longinus zum Sohn Gottes zu antworten.

Bildet die Longinuslegende nur ein Einsprengsel in dem sonst biblisch bestimmten Text der Szene 24, so ist Szene 23 reine dichterische Ausschmückung des Heilsgeschehens. Der ebenso in der *Kleinen Passion* faßbare Ausgangspunkt, die große Mariensequenz Gottfrieds von St. Victor *Planctus ante nescia* (AH 20, Nr. 199), ist bewahrt. Maria hat sie auch hier zu singen (Incipit Z. 266), zuvor jedoch eine zweite, etwas jüngere, ebenfalls aus Frankreich stammende Mariensequenz *Flete, fideles animae* (AH 20, Nr. 198). Sie ist im Codex Buranus als CB 4* mit vier Versikeln und innerhalb der Passion mit fünf von den ursprünglich zwölf Versikeln überliefert. Der Versikel 5a, der an Johannes, den neuen Sohn, gerichtet ist, soll gemäß Regieanweisung von Maria, während sie den Jünger in den Armen hält, gesungen und nach dem Vortrag der Sequenz *Planctus ante nescia* unter neuerlicher Umarmung des Johannes wiederholt werden, der darauf mit einem hinzugedichteten Vierzeiler tröstend antwortet. Beiden Sequenzen vorangestellt wird aber eine deutsche Marienklage. Auf den wie eine Überschrift wirkenden Ausruf *Awe, awe, mich hiut vnde immer we* (Z. 248: Wehe, wehe über mich heute und immerdar! [lies *me*?]) folgen vier Strophen paargereimter Vierheber. Die klagende Mutter steht vor dem traurigen Bild ihres einst so schönen liebsten Kindes, fordert die Menschen *(wip vnde man)* auf, mit ihr den so geschundenen Leib anzusehen und mitzuleiden, und fleht schließlich die Henker an, statt dem Sohn ihr selbst das nun nutzlose Leben zu rauben. Die letzte Strophe erinnert deutlich an *Planctus ante nescia*, Versikel 8b, sonst finden sich nur schwache Anklänge an diese wie die andere genannte lateinische Klagesequenz. Sprache, Stil und Rhythmus der deutschen Strophen sind wesentlich roher und anspruchsloser, weisen aber in ihrer konsequenten Vermenschlichung stärker auf die gotische *compassio*-Frömmigkeit voraus.

Auf das Angebot an den Zuschauer, sich mit der Hauptfigur unmittelbar zu identifizieren, ist auch die „realistische" Magdalenenepisode des Spiels ausgerichtet, die mehr als ein Drittel von dessen Umfang ausmacht. Wie bei den Marienklagen dient hier die biblische Vorlage nur als Anlaß freier dichterischer Ausgestaltung in lateinischen und deutschen Versen; wie dort sind aber die lateinischen Partien großteils keine Neuerungen des *Großen Benediktbeurer Passionsspiels*. Vielmehr stammen sie aus einem – vermutlich selbständigen – Magdalenenspiel, das B. Bischoff aus dem *Wiener Passionsspiel* (s. o.) im Vergleich mit unserer Passion rekonstruieren konnte. Dieses Magdalenenspiel unbekannter Herkunft war völlig in Rhythmen, vornehmlich in Vagantenstrophen abgefaßt: Simon der Pharisäer lädt Jesus in sein Haus zum Mahle ein. Jesus sagt zu. Maria Magdalena singt ihr Auftrittslied von den Freuden der Welt, denen sie sich ergeben hat. Um ihren schönen Leib zu schmücken, bietet sie dem Krämer viel Geld für wirksame Kosmetika. Ein Bote Simons kündet Magdalena den Besuch Jesu, des Erlösers, der Sünden vergibt, im Hause des Pharisäers an, und ein Engel fordert sie auf, diese Möglichkeit, das Heil zu erlangen, nicht zurückzuweisen. Die Sünderin besinnt sich ihrer Schuld, kehrt sich von ihrem bisherigen Leben ab und eilt zu Jesus. Sie salbt ihm die Füße, wäscht sie mit ihren Tränen und trocknet sie mit ihren Haaren. Auf die Vorhaltungen des Apostels (hier Judas) und des Pharisäers antwortet Jesus in der aus der Bibel bekannten Weise, nur eben in versifizierter Form. Maria Magdalena erhält die von ihr ersehnte Vergebung ihrer Sünden.

In unserer Passion ist das Bild wesentlich bunter. Auf eine kurze prosaische Einladungsszene (Nr. 5 – s. o.) folgen vier oder fünf Vagantenstrophen des lateinischen Magdalenenspiels (Weltlob, Krämerszene) und drei deutsche mit Refrain, deren erste lautet (Z. 35–40):

> *Chramer, gip die varwe mier, / div min wengel roete,*
> *da mit ich die iungen man / an ir danch der minneliebe noete.*
> Refrain: *Seht mich an, ivnger man,*
> *lat mich ev gefallen!*

Krämer, gib mir die Schminke, die meine Wänglein röten soll, damit ich die jungen Männer gegen ihren Willen zur Liebe verführe. Schaut mich an, ihr jungen Männer, und findet Gefallen an mir!

Diese Strophe paraphrasiert also die dritte lateinische, läßt dabei die für das lateinische Krämerspiel typische Betonung des hohen Preises weg und gibt statt dessen sogleich den Zweck der Schönheitsmittel, die Verführung der Männer an. Die folgende Strophe führt den Gedanken mit einer Aufforderung der *tugentlichen* Männer zur Minne, die freudige Hochstimmung und Ehre verleihen könne, fort, um dann in Strophe 5 in den Weltpreis der ersten beiden lateinischen Strophen einzumünden. Spricht Magdalena zuerst den Krämer, dann die Männer an, so nun die *vreudenreiche* Welt selbst, der sie stets untertan sein wolle. Auch auf Latein bekennt sie, ihr ganzes Leben für weltliche Freuden hingeben zu wollen, definiert diese aber gleichsam objektiv als süß, angenehm, schön und noch genauer als allein auf das Leibliche konzentriert.

Nun setzt die Botschaft des Engels aus dem lateinischen Magdalenenspiel ein. Nur die erste Strophe daraus wird aber übernommen (Z. 53–61), dann wiederholt die aus dem Schlaf erwachte Sünderin starrköpfig ihr Bekenntnis zur Welt mit der Wiederholung der ersten beiden lateinischen Strophen (Z. 62–69 = 21–26). Vermutlich hat sie ein Teufel dazu pantomimisch ermuntert, da ein solcher dann bei ihrer Bekehrung von ihr weicht (s. u.). Hierauf erscheint ein Liebhaber (*amator*), und Magdalena ruft auf deutsch die anderen Mädchen auf, mit ihr Schminke zu kaufen, wiederholt überdies die Strophe *Chramer, gip die varwe mier*, worauf nun der Krämer (ebenfalls auf deutsch) sie ihr unter Anpreisung der hohen Qualität übergibt. Alle sechs genannten deutschen Strophen orientieren sich rhythmisch an den lateinischen Vagantenstrophen, wandeln sie aber charakteristisch ab. Alle bestehen zu Anfang aus einer regulären Vagantenzeile (4m + 3wa) und einer, die um zwei Hebungen verlängert ist (4m + 5wa). Strophe 1–3 (sowie 5) haben am Ende als Refrain noch eine Vagantenzeile, jedoch mit Binnen- und ohne Endreim (2ma + 2ma + 3wx); Strophe 6 endet mit einer regulären Vagantenzeile (4m + 3wa), Strophe 4 dagegen mit einem vierhebigen Reimpaar.

In einer neuerlichen Traumvision repetiert der Engel seine Botschaft, und zwar zweimal, da die Sünderin beim ersten Mal ihr *Mundi-delectatio*-Bekenntnis nochmals abgibt. Erst jetzt zeigt sich Magdalena in zwei (aus dem älteren lat. Spiel entnommenen) Strophen reuig zur Umkehr bereit (Z. 114–117, 118–122 mit dazwischengeschalteter Prosa des Engels). Der Umschlag erfolgt ganz abrupt, ohne psychologische Begründung. Die Entscheidung zwischen Himmel und Hölle ist gefallen. Sie kleidet sich in Schwarz, worauf Liebhaber und Teufel sie verlassen (Rubrik a123). Der im lateinischen Magdalenenspiel fehlende Kauf der für die Fußsalbung erforderlichen Essenz wird hier dramatisch dargestellt, und zwar – bis auf eine Zeile – mit zwei Dialogstrophen aus dem *Benediktbeurer Osterspiel* (CB 15*, 80–84 = CB 16*, 123–126; CB 15*, 88–90 = CB 16*, 127–129). Aus dem Magdalenenspiel stammt wiederum die folgende Vagantenstrophe (Z. 132–135); die beiden, die die Fußsalbung begleiten, werden aber hier nur auf deutsch, und zwar mit Konzentration auf die Bitte um Sündenvergebung und in ganz abweichender Form (zweimal zwei vierhebigen Reimpaaren), wiedergegeben. Im weiteren greift der Verfasser unserer Passion zu einem guten Teil auf die biblische Prosa der Antiphonen und Responsorien zurück. Nur das Gleichnis von den beiden Schuldnern, mit dem Jesus Simon seine Handlungsweise plausibel macht, bedient sich der Vagantenzeilen des lateinischen Spiels (Z. 149–156). Von diesem entfernt sich dann der Schluß der Szene im Hause des Pharisäers gänzlich. Auf die Vergebungsworte der Bibel (Lukas 7,48; 50) antwortet Magdalena überraschend nicht mit Erleichterung und Heilsgewißheit, sondern mit Entsetzen über ihre schweren Sünden und mit Furcht vor Gottes Strafgericht. Das entspricht inhaltlich in etwa der aus dem lateinischen Spiel übernommenen Vagantenstrophe Zeilen 114–117, paßt hierher (Z. 158–165) aber gar nicht. Formal handelt es sich wieder um vier paargereimte Vierheber. Die beiden Strophen beginnen aber mit jeweils derselben Anfangszeile und haben im weiteren auch jeweils dieselben Reimwörter. Jene Anfangszeile erinnert stark an drei Verse aus dem *Frauendienst* Ulrichs von Lichtenstein (38,17 – zu diesem Werk s. u. S. 486ff.), der das Spiel also wohl kannte. Eine Erklärung für Magdalenas seltsames Verhalten liefert auch die folgende Auferweckung des Lazarus (Szene 10), wo dieselbe Gestalt nochmals auftritt, nicht. Vielleicht sind die deutschen Strophen vom Verfasser oder vom Schreiber falsch eingereiht worden. Das ist allemal noch wahrscheinlicher als die gelegentlich geäußerte Vermutung, hier fasse Magdalena gleichsam als Vertreterin der zeitgenössischen Zuschauer den Sinn der ganzen Szene zusammen.

Der Grund für jenen nochmaligen Auftritt Magdalenas besteht darin, daß im Johannesevangelium (12, 1–8) Maria, die Schwester Marthas und des Lazarus, während eines Gastmahls, das die Familie des einige Zeit zuvor wieder zum Leben Erweckten für den Heiland gibt, Jesu Füße salbt, während dieselbe Szene von Matthäus (26, 6–13) und Markus (14, 3–9) ins Haus Simons des Aussätzigen in Bethanien, von Lukas (7, 36–50) ins Haus Simons des Pharisäers versetzt, aber mit teilweise gleichen Worten erzählt wird. Namenlos ist die Frau bei allen drei Synoptikern, als Sünderin, der Jesus vergibt, erscheint sie aber nur bei Lukas. Da dieser unmittelbar darauf (8, 2) eine Maria Magdalene, die durch Jesus von sieben Dämonen befreit wurde, erwähnt, hat die Bibelexegese seit dem 4. Jahrhundert, insbesondere dann seit Gregor dem Großen, diese Maria Magdalena nicht nur mit der Schwester des Lazarus, sondern auch mit jener Sünderin identifiziert. Wer denselben Eigennamen Maria Magdalena (oder ähnlich) trug, galt ohnehin als ein und dieselbe Person. Darauf baut die alte Legende auf, die bereits das Leben in Prunk und Wollust mit wenigen Strichen ausmalt. Damit sind die Grundzüge des erschlossenen lateinischen Spiels auch schon gegeben.

Wirklich neue Akzente setzen erst die deutschen Strophen, die von den Weltfreuden nur die erotischen thematisieren und mit der Wahl der Leitwörter *minne, tugent, vröide, wünne, schoene, êre* direkt auf die Welt des Minnesanges zielen. Wenn der Gesang *Chramer, gip die varwe mier* auf uns als „ein reizendes und ganz unschuldiges Liedchen" (H. Linke) wirkt (und als solches auch Carl Orff inspiriert hat), so besagt dies nicht, daß es mit dieser Intention tatsächlich einmal geschaffen und hier nur umfunktioniert wurde. Weit eher soll diese hier sozusagen bewußtlos proklamierte erotische Emanzipation der Frau das ganze Minnewesen von Grund auf moralisch diskreditieren. Schminken als Eingriff in die Natur fand im Mittelalter ohnehin bei den wenigsten Poeten volle Zustimmung, der offen eingestandene Einsatz zur Verführung der Männer ist als positiver Wert dem Minnesang überhaupt fremd. Wenn Magdalena unmittelbar nach Empfang ihres Liebhabers andere Mädchen auch zum Kauf solcher Mittel auffordert, so liegt der Gedanke an ein Bordell recht nahe, auch wenn eine genauere Bühnenanweisung fehlt. Als Hurerei ist die weltliche Minne von geistlichen Rigoristen ja immer wieder verunglimpft worden, so von Heinrich in der *Erinnerung an den Tod* (s. o. S. 235) oder vom Dichter der *Warnung* (s. o. S. 240). Breitere Resonanz in volkssprachlicher Dichtung findet diese weltverneinende Sicht freilich erst im Spätmittelalter. Der Gattung der Legende ist sie prinzipiell seit Anfang an eigen und so auch dem Magdalenenspiel. Der Kauf von Schminke und Parfüm bildet dabei keinen notwendigen Zug, aber einen, der die Verfallenheit an den äußeren Schein gut demonstrieren kann. Daß er aus dem Salbenkauf des Osterspiels herausgesponnen worden ist, läßt sich nicht beweisen, aber doch wohl vermuten, obwohl eine direkte Entlehnung aus dem Osterspiel erst in der *Großen Benediktbeurer Passion* enthalten ist (s. o.). Deren deutsche Strophen verändern den Charakter dann noch in der angedeuteten Weise. Sie bieten in ihrem Stil ein eher holzschnittartiges Bild. Teilweise holprig und mit unreinen Reimen kommen sie daher, tragen aber mit ihrer dialogischen Konzeption und ihren konkreten Aussagen ganz wesentlich zur dramatischen Lebendigkeit bei. Am entscheidensten aber wirkt sich natürlich die Wahl der Volkssprache selbst aus. Sie kann nicht einfach als Sprache des sündigen

Menschen gemeint sein, denn Magdalena bringt ihre Diesseitsverfallenheit ebenso auch auf Latein zum Ausdruck, während sich die klagende Muttergottes ebenso wie der bekehrte Longinus auch der deutschen Sprache bedienen. Die Absicht besteht doch wohl in erster Linie darin, dem Laienpublikum ein wörtliches Verständnis des Gesagten zu eröffnen und damit eine direkte Identifikation mit dem exemplarisch vorgeführten sündigen, reuigen, mitleidenden und gläubigen Menschen auf der Bühne zu ermöglichen.

Eindeutig bestimmen lassen sich nur die extremen Standorte der lateinischen Feier und des volkssprachigen Spiels. „Ihrer Intention nach ist die Feier theozentrisch, das Spiel hingegen anthropozentrisch gerichtet. Im letzteren Falle bedingt und erklärt das Streben nach heilspädagogischer Einwirkung auf die nach wie vor als Gemeinde verstandenen ‚Zuschauer' die weitgehende Ersetzung der Kirchen- durch die Volkssprache. Ferner verursacht es den Stilwandel von der uneingeschränkt symbolischen Repräsentation der Feier zur demgegenüber vorwiegend wirklichkeitsangenäherten Darstellung des Spiels ..." (H. Linke). Schon das lateinische Spiel nimmt hier eine Zwischenstellung ein, um so mehr das mischsprachige. Schon das lateinische Spiel öffnet sich gleichsam nach beiden Seiten, vielleicht im Vertrauen auf die dem Gottesdienst ja durchaus innewohnende Kraft der Vermittlung zwischen Gott und dem Menschen. Das mischsprachige Spiel enthält, wie wir gesehen haben, auf der einen Seite noch rein liturgische Elemente neben den poetischen Teilen in der Kirchensprache, wendet sich aber auf der anderen Seite unmittelbar an die Zuschauer, die nicht Latein verstehen. Waren diese bisher durch die eindrucksvolle Schaustellung zur distanzierten Bewunderung des in Ansätzen verstandenen Heilsgeschehens angeregt worden, so geht es nun um Erziehung zur Umkehr jedes einzelnen, um die Erlösung auf diese Weise auch für ihn wirksam werden zu lassen. Als Parallele bietet sich die volkssprachige Predigt an, die im Hoch- und Spätmittelalter entweder im Rahmen der lateinischen Meßfeier oder auch eines eigenen von der Meßfeier getrennten Predigtgottesdienstes mit lateinisch-liturgischer und deutsch-liturgischer Umrahmung gehalten werden konnte (s. o. S. 223f.). –

Im Gegensatz zu den Spielen des Osterfestkreises öffnen sich die des Weihnachtsfestkreises im Hochmittelalter, nach den erhaltenen Texten zu schließen, noch nicht für die deutsche Volkssprache. Die Dramatisierung des Weihnachtsgeschehens von der Verkündigung bis zur Darstellung Jesu im Tempel nimmt ihren Ausgang von der Hirtenfeier *(Officium pastorum)*. Sie dürfte in Frankreich im 10./11. Jahrhundert nach dem Vorbild des Ostertropus bzw. der frühen Osterfeier entstanden sein, nicht wie diese also direkt aus biblischer Wurzel, da die Evangelien hier keinen passenden Dialog bereithielten. Ebenfalls wohl in Frankreich tritt im 11. Jahrhundert das Dreikönigs- oder Magierspiel hinzu, dies auch in dem buchstäblichen Sinne, daß es meist mit dem Hirtenspiel kombiniert wird. Die liturgische Vorform, das *officium stellae*, führt dagegen ein durchaus selbständiges Leben, ist freilich spärlich belegt. Dasselbe gilt für die Verkündigungsfeier. Regelrechte eigene Spiele scheinen sich aus ihr aber gar nicht entwickelt zu haben, und selbst in kombinierte Weihnachtsspiele fand die Verkündigungsszene höchst selten Eingang, vermutlich deshalb, weil das Verkündigungsfest auf den 25. März und somit – außer in der gallikanischen Festordnung – nicht in die Weihnachtszeit fiel. An deren Ende stellte die Kirche ein Fest, das seit dem Mittelalter drei Namen trägt: Reinigung *(purificatio)* Mariä, Darstellung *(hypopanti* in falschem Griechisch) Jesu im Tempel und Mariä Lichtmeß *(candelaria)*. Die dritte Bezeichnung leitet sich von dem Brauch ab, brennende Kerzen als Zeichen der Reinigung in den Händen zu tragen. Diese Reinigung war nach dem Gesetz des Mose 40 Tage nach der Geburt vorgeschrieben, was den Festtermin am 2. Februar ergab. Damit lag er zu weit abseits, um eine Einbeziehung des Geschehens in die kombinierten Weihnachtsspiele nahezulegen. Platz fand es um so weniger, da in diesen Spielen Hirtenspiel und Dreikönigsspiel meist zusammengezogen wurden. Anlaß dazu gab im Matthäusevangelium die ungenaue Zeitangabe des Besuchs der Weisen (2, 1–12), der jedoch nur nach der Darstellung im Tempel stattgefunden haben konnte. Dieses nur bei Lukas geschilderte Ereignis blieb somit fast ausschließlich selbständigen Lichtmeßfeiern und -spielen vorbehalten, die sich nur in ganz wenigen Texten erhalten haben.

Weit größerer Beliebtheit erfreute sich das Herodesspiel, das aber im Gegensatz zum Lichtmeßspiel kaum je selbständig auftritt. Der erste der beiden Handlungskomplexe, in denen Herodes eine wesentliche Rolle spielt, ist in der Bibel überhaupt Teil des Besuchs der Weisen. Matthäus berichtet im 2. Kapitel, daß Herodes die Weisen, deren Frage nach dem neugeborenen König der Juden ihm hinterbracht worden war, zu sich ruft und heimtückisch als unwissende Spione zu gebrauchen sucht, was aber durch Gottes Eingreifen mißlingt. Unmittelbar an die Heimreise der Weisen schließt der Evangelist die Flucht der Heiligen Familie nach Ägypten und den Bethlehemitischen Kindermord an (2, 13–15; 16–18). Diese vom König angeordnete Untat, mit der sich das Wort des Jeremias von der um ihre Kinder weinenden Rachel (31, 15) erfüllt, bildet den zweiten Handlungskomplex des Herodesspiels, zugleich den Festinhalt am Tag der Unschuldigen Kinder (28. Dezember) und somit gelegentlich den Gegenstand eines eigenen *Ordo Rachelis*. –

Nur ganz vereinzelt weitet ein kombiniertes Weihnachtsspiel den zeitlichen Rahmen auch noch über die Verkündigung oder den Kindermord aus. Beides tut das **Benediktbeurer Weihnachtsspiel**, das bereits damit einen besonderen Rang unter den mittelalterlichen Dramen beanspruchen kann. Dieser Rang bestätigt sich im vergleichsweise freien Umgang mit traditionellem Gut, in der formalen Vielfalt und im theatralischen Aufwand. Das Spiel stand bereits dem Redaktor der Hauptsammlung der *Carmina Burana* zur Verfügung, der es als Schlußstein seines wohlüberlegten Sammlungsaufbaus benutzte, ist also um 1230 aufgezeichnet und wohl nicht lange davor entstanden. Allerdings hat man bei der Aufzeichnung einiges durcheinandergebracht, was die Forschung bis heute zu divergierenden Rekonstruktionsversuchen veranlaßt hat. Die Hauptfrage ist, ob und wie die in der Handschrift ursprünglich durch einen freien (später durch einen Nachtrag, das Lied CB 6*, aufgefüllten) Raum und dementsprechend auch von O. Schumann getrennten Stücke CB 227 und CB 228 zusammengehören. Daß hier eine enge Verbindung besteht, scheint nachgerade nicht mehr bezweifelt zu werden. Doch die Verklammerung muß irgendwie in der Überlieferung verlorengegangen sein. Nach H. Linke hat der Abschreiber aufgrund einer Unordnung der Vorlage und eines Augensprunges den Schluß des aus beiden Stücken bestehenden Gesamtspiels – die Rückrufung der Heiligen Familie aus Ägypten – von dort an das Ende des jetzt als CB 227 abgetrennten Spielteils verlegt und überdies im Wortlaut mit einer früheren Stelle, dem Befehl zur Flucht nach Ägypten, vertauscht. B. K. Vollmann meint dagegen, der Schlußteil VII von CB 228 gehöre nicht hierher, sondern (wie B. Bischoff vorgeschlagen hat) in den Abschnitt V (s. u.), dafür fehle aber am Ende von CB 228 eine längere Partie, die, wie einige vorangehende Passagen, aus dem *Ludus de Antichristo* übernommen werden hätte sollen, aus irgendwelchen Gründen aber nicht in den Codex Buranus eingetragen worden sei. Für beide Vorschläge gibt es gute Argumente, gegen beide müssen Bedenken bestehen bleiben.

Das – im folgenden als Einheit behandelte – Weihnachtsspiel CB 227–228 beginnt mit einem ausführlichen (fast den Umfang von CB 228 erreichenden) Prophetenspiel *(Ordo prophetarum)*, einem eigenen Spieltyp, der zuvor in der Geschichte des mittelalterlichen Dramas offenbar nur selbständig aufgetreten war und insofern im Rahmen dieser Geschichte eine Ausnahme bildet, als er nicht auf Bibel, Antiphonen, Responsorien oder Legende beruht, sondern auf einer Predigt. Dieser *Contra Iudaeos, Paganos et Arianos sermo de symbolo* wurde im Mittelalter durchgängig, aber irrtümlich Augustinus zugeschrieben und besaß somit hohe Autorität. Mit der Liturgie verbunden war die Predigt aber doch, da sie häufig im Officium divinum als Lesung in der Matutin von Weihnachten oder eines anderen Tages der Weihnachtszeit Verwendung fand. Sowohl im Sermo selbst wie etwa in der Fassung eines Lektionariums des 12. Jahrhunderts aus Arles werden als Zeugen für die Inkarnation des Gottessohnes nach der Reihe zitiert: Isaias, Jeremias, Daniel, Moses, David, Habacuc, Simeon, Zacharias und Elisabeth, Johannes der Täufer, Vergil, Nabuchodonosor und die erythräische Sibylle. In dem *Ordo prophetarum* des 11./12. Jahrhunderts aus St. Martial in Limoges sind es dieselben in leicht abweichender Reihenfolge. Liturgische Fragmente derselben Zeit in Einsiedeln lassen die Propheten dagegen nur als Gruppe auftreten.

Im *Benediktbeurer Weihnachtsspiel* nimmt Augustinus selbst auf der Bühne vor (?) der Kirche in der Mitte Platz mit Isaias, Daniel und anderen Propheten zu seiner Rechten sowie dem Synagogenvorsteher und den Juden zu seiner Linken. Dann tragen der Reihe nach Isaias, Daniel, die Sibylle, Aaron und Balaam ihre Prophezeiungen teils in liturgischer Prosa, teils in Metren, überwiegend aber in (wechselnden) Rhythmen vor. Aaron und Balaam, die bei Pseudo-Augustin fehlen, sind beliebte Gestalten in der typologischen marianischen Bibelexegese und werden von dort gerne in die lateinische und volkssprachliche geistliche Dichtung übernommen, wie wir gesehen haben (vgl. z. B. S. 99, 116), Aaron tritt hier (gemäß Numeri 17, 1–8) mit seinem typischen Attribut, dem Zweig *(virga)*, auf, den er als einzig blühenden von zwölf Zweigen vom Altar genommen hat, begleitet vom Responsorium des Chores *Salve nobilis virga* etc. (aus der Liturgie von Mariä Himmelfahrt), und spricht:

> *Ecce nouo more frondes dat amigdala nostra*
> *Virgula: nux Christus, sed uirgula uirgo beata.*
>
> *Vt hec uirga floruit/ omni carens nutrimento,*
> *sic et uirgo pariet/ sine carnis detrimento.*
>
> *Vt hic ramus uiruit/ non nature copia,*
> *Uerum ut in uirgine/ figuret misteria,*
> *clausa erunt uirginis/ sic pudoris ostia,*
> *quando uirgo pariet/ spiritali gratia.*

V. 34–41; Übersetzung v. B. K. Vollmann: Siehe, auf neue Weise treibt unser Mandelzweig Laub: Die Frucht ist Christus, der Zweig aber die selige Jungfrau. – Wie dieses Reis erblühte ohne jede Nahrung, so wird auch die Jungfrau gebären, ohne daß ihr Leib versehrt wird. – Wie dieser Zweig nicht aus der Wirkkraft der Natur ergrünte, sondern um die geheimnisvollen Vorgänge in der Jungfrau typisch vorzubilden, so werden die Pforten jungfräulicher Scham geschlossen bleiben, wenn die Jungfrau gebären wird in der Kraft des Heiligen Geistes.

Die ersten beiden Zeilen sind Hexameter, die übrigen Zeilen Rhythmen mit zweisilbigem Endreim, zuerst ein Reimpaar aus Fünfzehnsilbern (7pp+8p), dann eine durchgereimte Strophe aus vier Vierzehnsilbern (7pp+7pp). Den Stil prägen Paronomasie und Polyptoton, ausgehend von dem traditionellen Wortspiel *virga – virgo*. Auch die Bildwelt ist durchaus nicht neu, konzentriert sich aber hier wie in den übrigen Prophetien auffällig auf einen einzigen Glaubensinhalt, die unverletzte Jungfräulichkeit der Muttergottes. Diesem Leitgedanken folgen offenkundig auch die Auswahl der Propheten und ihrer Voraussagen aus der pseudoaugustinischen Predigt sowie die zusätzliche Aufnahme Aarons und Balaams.

Auch der nun – abweichend von allen vergleichbaren Spielen – eingeschobene Teil II des Prophetenspiels verliert dieses Ziel nicht aus dem Auge. Unverkennbar ist daneben aber die Absicht, massive antijüdische Affekte zu erregen. Laut Bühnenanweisung (a45) hat der Synagogenvorsteher sein Haupt und seinen ganzen Körper vor Widerwillen zu bewegen, mit dem Fuß aufzustampfen und „auch mit dem Stab in jeder Hinsicht die Gebärden eines Juden nachzuahmen", ehe er seine Schmähungen gegen die Propheten vorbringt, die solch eine Widernatürlichkeit behaupten (Z. 45–52). Darauf ergreift der Kinderbischof *(episcopus puerorum)* das Wort. Da am Tag der Unschuldigen Kinder (28. Dezember) die Chorknaben der Kathedralen aus ihren Reihen einen Bischof wählen durften, war unser Spiel vermutlich für diesen Tag bestimmt. Der Knabenbischof fordert nun Augustinus selbst auf, den Streit zu entscheiden. Der folgende Disput (Z. 57–105) geht zumindest indirekt auf eine andere antijüdische, Augustinus fälschlich zugeschriebene Schrift, den *Dialog über den Streit der Kirche und der Synagoge*, zurück. Unser Verfasser macht den Gegensatz zwischen dem Künder der christlichen Wahrheit und den Vertretern des Volkes, das dem Irrtum ergeben ist *(gens errori dedita:* Z. 62) schon äußerlich mit theatralischen Mitteln deutlich. Die Juden äußern sich ständig tumultuarisch, laut und mit schallendem Gelächter, Augustin dagegen spricht „nüchtern und überlegt" (a90). Dabei berufen sich ausgerechnet die Juden auf die Vernunft, die das unumstößliche Gesetz der Natur zu erkennen vermöge und anzuerkennen verpflichtet sei. Augustin nennt dies dagegen ein sophistisches Verhalten *(mores sophistici)*. Eine wunderbare Ausnahme könne vielmehr das Naturgesetz nur bestätigen, und die Regeln aristotelischer Logik seien eben auf die jungfräuliche Mutter nicht anzuwenden. Doch der Kirchenvater scheint weder diesen Argumenten noch dem folgenden Vergleich mit dem durch die unverletzte Glasscheibe dringenden Sonnenstrahl (den auch Walther von der Vogelweide in seinem Leich M 1,5,3 verwendet) die Kraft, die Juden zu überzeugen, zuzutrauen; vielmehr stimmt er die weit verbreitete Weihnachtssequenz *Laetabundus exultet fidelis chorus* (AH 54, Nr. 2) an und singt sie trotz der Zwischenrufe der Juden zusammen mit den Propheten zu Ende (14 Verse, bei Bischoff als eine einzige Zeile 106 gezählt). Dann aber kündet er etwas anderes an, aus dem die Juden den rechten Glauben schöpfen könnten. Es ist das Weihnachtsgeschehen selbst, das nun vor ihren Augen abrollen soll. In diesem Theater auf dem Theater spielen die Juden die Rolle sowohl von Zuschauern wie von Akteuren, sind also zugleich die Juden der Zeit des Herodes wie der des Augustinus, wohl aber auch der Zeit der hochmittelalterlichen Aufführung des Spiels. „Hier ist, wie es dann im volkssprachigen Drama überall üblich wird, die Zeit aufgehoben, weil eine zeitlose Wahrheit dargestellt werden soll" (H. Linke).

Das Spiel im Spiel beginnt, vermutlich um die Rolle Marias im Heilsgeschehen nochmals herauszustreichen, mit einer Verkündigungs- und einer Heimsuchungsszene. Beide werden aber nur kurz mit biblisch-liturgischen Gesängen dargestellt (Z. 111–119), Marias Niederkunft dann pantomimisch, während der Chor eine Weihnachtsantiphon intoniert. Zu Beginn des Dreikönigsspiels (Z. 121–258) geht es neuerlich um den Widerstreit von Vernunft und Glauben, von Naturgesetz und Wunder. Die drei Könige stellen sich ausführlich als weise Astronomen und Astrologen vor, die angesichts des neuen Sterns mit ihrer Vernunft und Klugheit Schiffbruch (*rationis et mentis naufragium*) erleiden (Z. 122), aber doch immerhin erkennen, daß der Komet die Geburt des Weltherrschers bedeutet. Vom Stern gelenkt, treffen sie zusammen und ziehen gemeinsam weiter. Sie befragen einen Knaben nach dem neugeborenen König der Juden und verraten auch den Boten des Herodes das Ziel ihrer Reise. Herodes ist über die Nachricht empört und befragt den Synagogenvorsteher und die jüdischen Meister, die aber entgegen dem biblischen Bericht (Matth. 2,5f.) hier noch keine Auskunft aus dem Alten Testament geben, sondern raten, zuerst den drei Königen ihr ganzes Geheimnis zu entreißen. Die Unterredung mit Herodes verläuft wiederum in den von Matthäus (2,7f.) vorgezeichneten Bahnen, nur eben in rhythmischen Strophen (überwiegend in Vierzehnsilbern, s. o.), wie nahezu das gesamte Dreikönigsspiel.

Nun wird in dieses das Hirtenspiel eingeschoben (Z. 218–257). Über die Vorlage des Evangeliums hinausgehend, hat der Verfasser hier wiederum die unerhörte Herausforderung des Glaubens anschaulich zu machen versucht. Der Verkündigung der Engel an die Hirten macht der Teufel Konkurrenz, der an den gesunden Menschenverstand appelliert: „Daß so die Gottheit in eine Krippe gebettet sein soll, das ist doch eine Lüge, die in die Augen springt" (Z. 224f.; Übers. v. B. K. Vollmann, wie auch im folgenden). Die Situation gemahnt an die Magdalenas im *Großen Benediktbeurer Passionsspiel*. Der *simplex animus*, das schlichte Gemüt, der einfache Mensch (Z. 248) sieht sich dem Widerstreit zwischen Himmel und Hölle ausgesetzt, zur eigenen Entscheidung in welthistorischem Augenblick, der sich aber für jeden Menschen wiederholt, aufgerufen. Erst das *Gloria in excelsis Deo* bewirkt den Durchbruch des Glaubens. Der Anbetung durch die Hirten folgt unmittelbar die durch die drei Könige, die den heimkehrenden Hirten zuvor begegnet sind und hernach im Traum vor der Rückkehr zu Herodes gewarnt werden. Die Nahtstelle zwischen den Evangelien des Lukas und des Matthäus wird mit liturgischer Prosa bewältigt (Z. 256f.).

Das folgende Herodesspiel (Z. 259–294) holt die zuvor ausgesparte Antwort der befragten Schriftgelehrten nach. Hierauf befiehlt Herodes den Kindermord in Bethlehem. Dieser wird pantomimisch vorgeführt und von der Klage der Mütter begleitet, die dazu fünf mit Klagerufen *heu, heu, heu* eingeleitete, im übrigen aus drei durchgereimten Siebensilbern bestehende Strophen benutzen (Z. 272–291). Herodes, der Theaterbösewicht des Mittelalters schlechthin, der egoistische und machtbesessene Tyrann, ähnelt nur scheinbar einem Charakter des neuzeitlichen Dramas, ist vielmehr eine typische Figur wie die anderen im mittelalterlichen Spiel auch, wenn auch eine, die durch historische Überlieferung und allgemeine menschliche Erfahrung gleichermaßen hohe Plausibilität und Suggestionskraft beanspruchen konnte. In diesem Typus wird die selbstangemaßte, nicht durch Gott legitimierte, nicht zum Wohle der Untertanen, sondern zu ihrer Knechtung und Ausbeutung ausgeübte, nur mit Gewalt gegen rechtmäßige Widerstände gesicherte, rein weltliche Herrschaft vorgestellt und im Sinne der mittelalterlichen christlichen Staatstheorie verurteilt. Hier beansprucht Herodes nicht nur die Herrschaft über die ganze Erde, sondern über den

Kosmos (Z. 194), stellt sich somit Gott gleich. Dafür ereilt ihn ein gräßliches Ende, das die Apostelgeschichte des Neuen Testaments (12,21–23) von Herodes Agrippa I. berichtet, Flavius Josephus und danach u. a. Beda und Petrus Comestor aber auf Herodes den Großen übertragen:

Dann soll Herodes von Würmern zerfressen werden und, wenn er tot vom Thronsessel herunterfällt, von Teufeln in Empfang genommen werden, die sich darüber ausgelassen freuen. Die Krone des Herodes soll seinem Sohn Archelaus aufgesetzt werden (a292).

Stumm werden der postmortale Verfall des Leibes an dem noch Lebenden (wie konkret?) und seine Höllenfahrt den Zuschauern als Exempel der Hinfälligkeit jedes Menschen und aller irdischen Macht sowie als Warnung vor der Bestrafung des verstockten Sünders im Jenseits vor Augen geführt. Jetzt erst folgen der Aufruf des Engels an Joseph, nach Ägypten zu fliehen, und der Auszug selbst (mit Worten aus dem Freisinger *Ordo Rachelis* des 11./12. Jahrhunderts). Das gibt hier keinen Sinn, ist also an eine falsche Stelle geraten oder (zusammen mit dem Bericht vom Ende des Herodes?) interpoliert (s. u.).

Während einerseits in der mehrfachen Verwendung des *chorus* und in einigen theatralischen Kernstücken wie der pantomimischen Anbetung durch Hirten und Weise die Nähe zur Liturgie unmittelbar greifbar wird, zeichnet sich unser Spiel CB 227 andererseits durch ein erstaunlich hohes Maß eigener poetischer und musikalischer Erfindungen aus. Natürlich sind etliche Melodien und so gut wie alle Versformen (Hexameter, Vagantenzeilen, 6-, 7-, 12-, 15- und v. a. 14-Silber mit unterschiedlichen Reim- und Strophenformen) älterer Herkunft, aber sie werden überwiegend zur Gestaltung eigener sprachlicher Aussagen eingesetzt. Um so mehr muß es erstaunen, wie unselbständig dagegen in weiten Teilen das folgende Stück CB 228 ist. Von den sieben in B. Bischoffs Ausgabe unterschiedenen und mit eigener Zeilenzählung versehenen Spielteilen sind vier von anderswoher übernommen. Die Entlehnungen stammen auch nicht aus der Liturgie, vielmehr werden weltliche rhythmische Lieder und der Tegernseer *Ludus de Antichristo* als Vorlagen benutzt. Dieses in der mittelalterlichen Dramatik einzigartige Spiel, verfaßt in der Regierungszeit Friedrichs I. Barbarossa (um 1160/70?), gab wohl überhaupt den Anstoß zur Abfassung des Spielteils CB 228, ohne daß deshalb die politische (prostaufische) Tendenz des Tegernseer *Antichrist* übernommen worden wäre. Mit dieser Abhängigkeit von dem älteren Spiel fällt CB 228 sozusagen in die üblichen Gleise des mittelalterlichen Theaters zurück, welche CB 227 gerade verlassen hatte.

Daß aus den alten Versatzstücken aber doch etwas Neues und Sinnvolles entstanden ist, hat die neuere Forschung (insbesondere H. Linke) gezeigt. Dazu müssen allerdings ein paar Lücken im überlieferten Text gefüllt werden. Dann ergibt sich folgender einigermaßen gesicherter Handlungsgang: Teil I enthält den Einzug des Königs von Ägypten – daher die gebräuchliche, aber unzutreffende Bezeichnung des Spiels als *Ludus de Rege Aegypti* – und des königlichen Gefolges mit dem Einzugslied *(conductus) Estivali gaudio*, einem weltlichen Frühlings- und Liebeslied, das auch als CB 80 überliefert ist, in CB 228 nur mit dem Incipit zitiert wird und vermutlich nicht zur Gänze im Spiel Verwendung fand. Mit einem inhaltlich gleichgearteten Lied nimmt dann in Teil II der König von Babylon mit seinem Gefolge auf der Bühne Platz bzw. Aufstellung. Dieses Lied entspricht CB 161, das im Spiel vollständig – bis auf die deutsche Zusatzstrophe – zitiert wird. Teil III enthält drei Strophen eines Liedes des

10./11. Jahrhunderts über die Artes liberales. Diesem Aufruf, zu den Quellen abendländischer Weisheit zu eilen, der vermutlich wiederum vom ägyptischen Gefolge vorgetragen wurde, steht in Teil IV als Kontrast ein sonst nicht nachgewiesenes Lied in tänzerisch anmutenden daktylischen Strophen (6ppa, 5pb, 6ppa, 5pb) mit Refrain gegenüber. Dessen Wortlaut weist das Lied den Babyloniern zu:

> *Dulcia flumina*
> *sunt Babylonis,*
> *mollia semina*
> *perditionis.*
> *concupiscentia*
> *mixti saporis*
> *ingerit somnia*
> *lenis amoris.*

Süß sind die Flüsse Babylons, verlockend die Samen der Verderbnis. Geilheit, verschieden gewürzt, erzeugt Träume lustvoller Liebe.

Dasselbe Bekenntnis zu Luxus und Ausschweifung im offen eingestandenen Bewußtsein, damit die Seele vom Pfad der Glückseligkeit weg zur ewigen Verderbnis zu führen, prägt alle Strophen. Was uns geradezu schizophren anmutet, entspricht einer Hypothese der mittelalterlichen Moraltheologie, die vielen Sündern den Willen zum Bösen wider besseres Wissen unterstellt. Wir haben sie u. a. beim Stricker (s. o. S. 342) und im *Helmbrecht* (s. o. S. 355) kennengelernt.

In den zitierten Liebesliedern wird zwar die Macht Amors und der Venus gefeiert, doch kann sie durchaus metaphorisch verstanden werden. Nun erst verkünden die Gefolgschaften der beiden Könige offen ihren polytheistischen Glauben mit einer anzitierten Strophe aus dem Anfang des Antichristspiels (V. 1ff.). Bischoff rechnet sie dem Teil VI zu; vielleicht beginnt dieser Teil, der längste selbständige des Spiels, aber auch erst mit dem nun mimisch dargestellten Einzug der Heiligen Familie. Als Quelle dient hier das *Evangelium des Pseudo-Matthäus*, Kapitel 23–24. Die Handlung wird aber bereichert und von einer lokalen Angelegenheit der ägyptischen Stadt Sotinen unter dem Stadtherrn Affrodisius zu einer Staatsaffäre gemacht. Vor Jesus stürzen die Götzenbilder der Ägypter zusammen. Diener richten sie wieder auf, entzünden dabei Weihrauch und stimmen einen Götterhymnus an. Da dies nicht hilft, erstatten sie ihrem König Meldung. Auf Anraten der Weisen Ägyptens wird der Restitutionsversuch mit dem gleichen Zeremoniell ein zweites Mal wiederholt. Der dritte Einsturz der Götzenbilder überzeugt die Weisen und den König von der Allmacht des einen Gottes. Während nun der ägyptische König dazu aufruft, „den neuen Gott mit seiner Mutter" zu verehren (Z. 57), und die Götzenbilder beseitigen läßt, demonstriert Teil VI das entgegengesetzte Verhalten des babylonischen Königs. Dieser Teil VI besteht ausschließlich aus Versatzstücken, die aus dem *Ludus de Antichristo* entnommen und neu angeordnet sind. In der Aufzeichnung gewiß ausgefallen ist der Einzug des Antichrist mit dem Gefolge der Heuchler. Er fordert vom König von Babylon Abschaffung der Vielgötterei und Anerkennung des eigenen messianischen Status. Die babylonischen Heiden und ihr König lehnen mit mehrfacher Wiederholung von Versen des Antichristspiels diese „Bekehrung" ab. In der Schlacht besiegt, unterwerfen sie sich aber gezwungenermaßen der Macht des Antichrist.

Ohne Bühnenanweisung folgt ein Gesang in zehn paargereimten zweiteiligen Fünfzehnsilbern (wohl einer Erweiterung der Vagantenzeile), die die Macht des

Ägypterkönigs feiern und Herodes, dem tyrannischen König von Jerusalem, die Unterwerfung und den Untergang prophezeien (Teil VII). Entsprechend den oben genannten Forschungsmeinungen gehört entweder dieser Teil VII an eine frühere Stelle des Spiels, oder der Schluß von CB 227 hat seinen richtigen Platz nach CB 228 VII am Ende des Gesamtspiels. Als Konsequenz der erstgenannten Annahme hat man vermutet, dieses Ende sei als ganzes verlorengegangen, denn der Verfasser habe den letzten Abschnitt des Antichristspiels vom Sieg des Antichrist bis zu seiner Vernichtung durch Gott in den Grundzügen voll übernehmen wollen. Beide Spiele hätten somit am Ende auch noch die Bekehrung der Juden vom falschen Messias zum echten und ihre Hinrichtung durch den Antichrist enthalten. Auf diese Weise sei vor dem Ende des Antichrist die *civitas Dei*, die wahre Kirche der christgläubigen Juden und Heiden, der *civitas diaboli* aus verstockten Heiden (Babylon) und sündigen Christen gegenübergestanden. Diese Annahme würde den Schluß des gesamten Spiels CB 227–228 gut mit dem Anfang (Prophetenspiel) verklammern, läßt aber die Szene vom Ende des Herodes unerklärt, weshalb hier eine Interpolation vorliegen müßte. Nun sagen aber die Zeilen 7–8 von CB 228 VII eindeutig ebendieses Ende voraus, müssen also ursprünglich, falls sie nicht auch interpoliert sein sollen, vor jener Todesszene gestanden haben. Wer aber den Schluß von CB 227 ans Ende von CB 228 versetzen will, muß erklären, wie nach dem Auftreten des Antichrist nochmals auf Herodes zurückgeblendet werden kann. Daß dieser hier den Babylonierkönig ersetzt und wie dieser dem Ägypterkönig gegenübertritt, ist nicht möglich, da für ebendiesen König der Ägypter in VII, Zeile 5, göttliche Verehrung gefordert wird. Die Stelle gibt also nur einen Sinn v o r der Bekehrung des Ägypters zu Christus. Denkbar wäre es dagegen, daß sich am Ende der Antichrist als der historische König von Judäa herausstellt, der wie der „Held" des Antichristspiels schließlich von Gott gestürzt wird. Damit wäre die eschatologische Dimension des Antichrist nur noch als Zweitsinn des Geschehens angesprochen, in erster Linie ein *Antichristus* gemeint, wie es deren nach Meinung etlicher mittelalterlicher Theologen viele gebe, welche im Verlauf der gesamten Weltgeschichte immer wieder auftreten. Einer dieser Theologen, die eine Menge hervorragender *Antichristi* vor dem *ultimus Antichristus* aufzählen, ist Gerhoch, der Propst des (wie Neustift bei Brixen dem Augustiner-Chorherrenorden angehörenden) Stiftes Reichersberg, gewesen. Unter die *praecipui Antichristi* rechnet er eben auch den Tyrannen Herodes (*De quarta vigilia noctis*, Kap. 18). In unserem Spiel verbindet ihn und den letzten Antichrist der Anspruch universaler Herrschaft. Daß er der König der Juden zur Zeit der Geburt Christi ist, macht sein grausiges Ende zum Abschluß eines Dramas geeignet, das mit dem erfolglosen Versuch, die Juden zum Christentum zu bekehren, anhebt.

Der schauerliche Effekt der Todesszene entspringt wohl ebensowenig wie der massive Antijudaismus des Spiels in erster Linie der Absicht, den Geschmack eines breiteren Publikums zu treffen, sondern einer durchaus gelehrten Konzeption. Es sind somit vornehmlich klerikale Zuschauer angesprochen, die allein auch in der Lage waren, die literarischen Qualitäten der lateinischen Verse mit ihrer Formenvielfalt und ihren stilistischen Feinheiten zu verstehen. Anders als beim *Großen Benediktbeurer Passionsspiel* konnten sich die Laien auch nicht an volkssprachliche Einschübe halten, sondern einzig an den theatralischen Aufwand, der im Vergleich zu anderen Weihnachtsspielen in CB 227–228 mit 47–49 Darstellern (und Chor) und 9–10 Bühnenständen tatsächlich beträchtlich ist, aber doch hinter jenem Passionsspiel zurückbleibt. Es sind somit auch Zweifel angebracht, ob das *Benediktbeurer Weihnachtsspiel* wirklich vor der Kirche (mitten im Winter!) aufgeführt wurde. Der Ausdruck *in fronte ecclesie* in der ersten Bühnenanweisung läßt sich zwar am einfachsten so verstehen, könnte aber auch „innen an der Stirnseite der Kirche" heißen.

Ein breiteres Publikum scheidet vermutlich von vornherein bei dem einzigen in unserem Raum zu lokalisierenden alttestamentlichen Spiel aus, da es nicht nur rein lateinisch abgefaßt, sondern auch mit Allegorese schwer befrachtet ist. Es handelt sich um das **Vorauer Spiel von Isaak, Rebekka und ihren Söhnen (Ordo de Ysaac et Rebecca et Filiis eorum Recitandus)**. Als einziges von den hier zu besprechenden Spielen ist es nicht im Codex Buranus überliefert. Seinen Namen trägt es von dem Augustiner-Chorherrenstift Vorau, wo das Pergamentblatt, das unseren Text fragmentarisch bietet, zum Einband des Codex 223 aus dem 15. Jahrhundert benutzt wurde. Obwohl dem Spiel der Schlußteil fehlt, ist der am Ende des 12. Jahrhunderts niedergeschriebene Text immer noch der längste, der uns von einem alttestamentarischen Spiel aus dem Reichsgebiet des Mittelalters überhaupt überliefert ist. Aus Westeuropa sind auch längere Stücke (wie die beiden Danielspiele) bekannt, doch war diese Gattung gewiß immer ein schwächerer Seitentrieb am Stamme der mittelalterlichen Dramatik.

Im erstaunlichen Kontrast zu dem gelehrten Anstrich des Vorauer Spiels steht seine ausgesprochen realistische Darstellungsweise. Es sollen drei *tabernacula*, also Zelte, Hütten oder irgendwelche Gehäuse, mit Betten und anderen Ausschmückungen für Isaak, für Jakob und Rebekka und für Esau, Küchen für Esau und Jakob mit delikaten Speisen und Brot und Wein, an weiteren Requisiten ein Zicklein, zwei Böcke, haarige Felle für Hände und Nacken (Jakobs), verschiedenfarbige Judenhüte für Isaak und seine Söhne, ein Bogen mit Pfeilen und anderes, alles freilich nach Maßgabe der Mittel, zur Verfügung stehen. Jedem Rollensprecher bzw. -sänger *(predictor)* sind Knaben (mit ihren Chorleitern) beizugeben, „die an den einzelnen Stellen die Allegoresen der Geschichte lieblich singen" (Rubrik a1). Der Chor zum Einzug Isaaks bringt gleich die Gebrechlichkeit und Hilfsbedürftigkeit des Greises beredt zum Ausdruck, die Knaben geben die Deutung: Das Alter bedeutet die Hinfälligkeit der Welt, seine erloschenen Augen das Verschwinden des Glaubens aus der Welt und die Wandlung in Aberglauben. Auf dieselbe Weise verfährt der Verfasser im ganzen (erhaltenen) Stück. Isaak schickt nach Esau und bittet seinen Erstgeborenen, für ihn auf die Jagd zu gehen und das erlegte Wild für ihn zuzubereiten, wofür er ihm den letzten Segen geben werde. Rebekka ist bei dem Gespräch zugegen. In ausführlicher Pantomime wird nun die Jagd Esaus und seiner Gefährten vorgeführt. Er bläst ins Horn, streift umher und erlegt ein Wild. In der Zwischenzeit rät Rebekka ihrem Sohn Jakob, an Esaus Statt dem Vater zwei Böcke zu bringen und seinen Segen zu empfangen. Sie will dafür auch den Fluch für den Betrug auf sich nehmen. Sie bedeckt Jakobs Hände und Nacken mit Fellen und kleidet ihn in die besten und duftenden Kleider Esaus. Jakob bringt dem Vater die gewünschten Speisen und erklärt ihm, der sich wundert, wie Esau so rasch mit der erlegten Beute zurückkehren konnte, Gottes Hilfe habe es möglich gemacht. An dieser Stelle der Handlung bricht der Text ab.

Diese folgt getreulich Genesis 27, 1–20; der Verfasser setzt die Rollentexte aber in Achtsilber mit fast durchweg reinen zweisilbigen Paarreimen um, die ihn aber mehrfach zu seltsamen Formulierungen veranlassen. Der Verdacht, er habe sich am deutschen Reimpaar orientiert, wird aber durch die Seltenheit männlicher Versschlüsse

(8pp statt des üblichen 8p) entkräftet. Inhaltlich kommt es ihm offenbar in erster Linie auf die Allegorese an, wobei er sich aber ebenfalls mit der Versifikation von Vorgegebenem, hier der gängigen Bibelexegese, begnügt. Dergemäß bedeuten hier dann Esau die Synagoge (das gesetzesgläubige Judentum), Jakob das Heidenchristentum; Isaak Gottvater und Rebekka die Gnade; das erjagte Wild den mit den Waffen des Wortes erlegten sündigen Menschen; der verheißene Segen Isaaks die Ausgießung des Gotteswortes und die Hoffnung auf das Jenseits; die Böcke die von Christus erlösten Menschen; die von Esau zu Hause gelassenen Kleider die von den Juden verlassenen Gesetzestafeln; die von Jakob gebrachten Speisen die frommen Taten der Heiden; usw. Die Auslegungen bewegen sich also auf allen drei Ebenen des *sensus spiritualis* (s. o. S. 73f.), bevorzugen aber den typologischen, insbesondere den typologisch-ekklesiologischen Sinn. Eine solche Konzentration auf das Heilswirken der Kirche findet sich sonst in den alttestamentlichen Spielen offenbar nicht, teilweise jedoch, wie wir gesehen haben, im deutschen *Vorauer Moses* (s. o. S. 114). Ein direkter Zusammenhang läßt sich hier aber schon deshalb nicht konstruieren, da gerade die Geschichte von der Segnung Jakobs in der *Vorauer Genesis* (s. o. S. 112) gar keine vergleichbare Auslegung erhält. Aber auch im Vergleich zum *Vorauer Moses* setzt unser Text noch weit mehr bibelhistorisches und bibelexegetisches Wissen voraus, um das mitunter bloß Angedeutete zu verstehen. So heißt z. B. Esau Vers 33 u. 121 Seyr, ohne daß dies erklärt wurde. *Se'ir* ist Numeri 24,18 das von Esau bewohnte Land, da dieser wie ein haariger Mantel (hebräisch *se'ar*) aus dem Mutterleib kam (Genesis 25,25). In Vers 75f. wird der versprochene Segen ausgelegt als „die Hoffnung auf den zukünftigen Sitz, wo sie Sabbat feiern werden". Daß es sich um das Reich Gottes handelt, wo die Seligen den wahren Sabbat feiern werden, war dem Kenner gewiß klar, mit eindeutigen Worten sagt es an entsprechender Stelle aber die *Glossa Ordinaria* (zu dieser s. o. S. 61).

Ob der Spieltext, der solche Anforderungen an das Publikum stellt, wirklich im Stift Vorau, das erst 1163 gegründet wurde, entstanden ist, muß ungewiß bleiben, und dies selbst dann, wenn sich die Niederschrift der großen Vorauer Handschrift (s. u. S. 454f.) zu Ende des 12. Jahrhunderts für eben dieses Stift sichern ließe. Dem Augustiner-Chorherrenorden haben wir den *Ordo de Ysaac et Rebecca* aber vermutlich ebenso zu verdanken wie die Benediktbeurer Spiele, die natürlich ebenfalls nicht am Ort der Aufzeichnung des Codex Buranus verfaßt worden sein müssen. Eine enge Verbindung mit der Hauptsammlung dieses Codex weist allerdings der zweite Teil des *Benediktbeurer Weihnachtsspiels* auf (s. o. S. 439). Da wir bei rein lateinischen Texten aber ohnehin nur zu oft keinen anderen Anhaltspunkt für die Lokalisierung haben als die Überlieferung, darf die Einordnung der Benediktbeurer Spiele in den Tiroler Raum allemal noch die größte Plausibilität für sich beanspruchen. Die deutschen Strophen des *Großen Benediktbeurer Passionsspiels* sprechen zumindest nicht gegen diese Annahme (auch wenn die wenigen auswertbaren Reime wiederum keinerlei Gewißheit geben). Der Ostalpenraum könnte dann den Ruhm für sich beanspruchen, die wichtigste hochmittelalterliche Pflegestätte des lateinischen geistlichen Dramas im deutschen Sprachraum, vergleichbar nur mit westeuropäischen Gebieten, gewesen zu sein.

2. Deutsche Literatur

Den epochalen Wandel der Literaturszene in der zweiten Hälfte des 12. Jahrhunderts, wie er sich im gesamten deutschsprachigen Raum vollzieht, hat schon die Einleitung zur Darstellung der deutschen Literatur der Diözese Passau von 1156 bis 1273 kurz anzudeuten versucht (s. S. 221). Dieser Wandel erfaßt selbstverständlich auch das deutschsprachige Ostalpengebiet, jedoch mit einer gewissen Verspätung erst um die Jahrhundertwende, dann aber mit verstärkter Wucht. Soweit die bekannten Schwierigkeiten der Datierung und Lokalisierung solche Schlüsse überhaupt erlauben, versiegt der hier ohnehin dünne Strom geistlicher Versdichtung nach dem Ende des 12. Jahrhunderts gänzlich, nachdem er um diese Zeit in handschriftliche Sammelbecken eingemündet war, die gerade unser Raum für eigenes und auswärtiges Gut bereitgestellt hatte. Im neuen Jahrhundert herrscht dann allein die weltliche Versdichtung. Während das Bistum Passau uns solche Dichtung aber erst in Handschriften der zweiten Jahrhunderthälfte überliefert, zeugen hier die beiden vermutlich aus Südtirol stammenden Handschriften des *Nibelungenliedes* (s. o. S. 305f.) vom kräftigen Einsatz der Verschriftlichung bereits im 2. Viertel des 13. Jahrhunderts. Die zeitliche und räumliche Nähe zum oben besprochenen Codex Buranus legt einen wie immer gearteten kulturhistorischen Zusammenhang nahe. Wie die beiden Nibelungenhandschriften B und C, deren erste auch Werke Wolframs und des Strickers aufnimmt, enthält der Codex Buranus überwiegend Texte auswärtiger Herkunft. Immerhin findet sich darin auch ein umfängliches Gedichtkorpus, das im Umkreis der Niederschrift entstanden sein dürfte, während im St. Galler Codex 857 (*NL*-Handschrift B) nur die Strophen Friedrichs von Sonnenburg (s. u. S. 477) als einheimisches Gut gelten können. Der entscheidende Unterschied zwischen den beiden Nibelungenhandschriften und dem Codex Buranus liegt aber natürlich darin, daß dieser nur verhältnismäßig schmale deutsche Einsprengsel unter lauter Werken in der Gelehrtensprache aufweist. Nichtsdestoweniger bietet der Codex Buranus die älteste Überlieferung von deutschen Minneliedern namentlich bekannter Autoren – abgesehen von dem etwa gleich alten Kremsmünsterer Codex 240, wo ein Lied Heinrichs von Morungen ebenfalls unter lateinische Texte geraten ist.

Vielleicht darf man den Codex Buranus mit seiner Vermittlerfunktion einerseits zwischen dem Religiösen und dem Profanen und andererseits zwischen dem Latein der Kleriker und dem Deutsch der Laien als ein Paradigma für die kulturelle Situation eines geographischen Gebietes ansehen, das weit stärker als das der Diözese Passau von weltlicher Macht geistlicher Fürstentümer geprägt ist. In Südtirol kommt gewiß noch die außergewöhnliche Rolle von Laien im klerikalen Bildungswesen (s. o. S. 370) hinzu. Mehr als Ansätze zu einer Erklärung der regionalen Unterschiede zwischen den einzelnen Literaturlandschaften sind damit aber selbstverständlich nicht gewonnen.

Prosa

Die Anfänge der Verschriftlichung mittelhochdeutscher Predigten im 12. Jahrhundert sind, wie oben (S. 223) bemerkt, nach wie vor großteils in Dunkel gehüllt, da sich die einzelnen Predigtsammlungen (geschweige denn einzelne Predigten) kaum je zeitlich und räumlich festmachen lassen. So greifen wir, wenn uns ausnahmsweise ein Autorenname begegnet, zu diesem wie zu einem Strohhalm.

In dem Codex Vindobonensis 2684*, den man früher an den Anfang des 13. Jahrhunderts gesetzt hat, K. Schneider aber ins dritte Jahrhundertviertel verweist, tritt uns so ein Name entgegen. Im Proömium dieses Predigtbuches nennt sich ein *Cuonradus prespiter*, der es insbesondere für Leut- und Volkspriester *(plebei et populares prespiteri)* bestimmt und für „solche, denen etwa keine Menge an Büchern zur Verfügung gestanden und die allzu häufig zusammen mit der seligen Martha sich um Äußerliches gesorgt und gekümmert und daher seltener die Möglichkeit gehabt hätten, mit der seligen Maria zu Füßen des Herrn zu sitzen, d. h. sich um die heilige Lektüre zu bemühen." Die Wahl der Muttersprache begründet Konrad dementsprechend auch nicht nur mit einem Bescheidenheitstopos, sondern auch mit dem leichteren Zugang des Lesers und Hörers zu dem Text. Das zielt schwerlich auf das Laienpublikum, dem in jedem Fall nur in der Volkssprache gepredigt werden konnte, sondern auf die Prediger, denen eine sonst erforderliche Übersetzungstätigkeit die ohnehin knappe Zeit für die seelsorgerische Praxis nicht noch weiter kürzen sollte.

Wer war dieser **Priester Konrad**? V. Mertens hat Anhaltspunkte für eine Lokalisierung in Tirol beigebracht: die Bezeichnung des ersten Fastensonntags als Käsesonntag und v. a. eine mit Konrads Predigtbuch eng verwandte Parallelsammlung, deren Heiligenpredigten eindeutig auf die Diözesen Brixen oder Trient weisen. Da diese Sammlung vollständig zwar nur in einer späten Berliner Handschrift, zum kleinen Teil aber auch in – angeblich – dem 12. Jahrhundert angehörenden Fragmenten aus Hall und Proveis in Tirol überliefert ist, hat Mertens in diesem Jahrhundert gesucht und zwei Kapellane des Brixener Bischofs mit Namen Konrad von Pollingen ausfindig gemacht. Beide waren Augustiner-Chorherren des Stiftes Polling (bei Weilheim in Oberbaiern), eines ehemaligen Reichsklosters, das 1065 dem Brixener Bischof übereignet und nach 1100 zum regulierten Chorherrenstift umgewandelt wurde. Der ältere Konrad leitete unter Bischof Hartmann (1140–1164) die Bistumsverwaltung und starb 1180 als Propst von Polling. Der jüngere Konrad urkundet 1184–1196. Sollte einer der beiden unser Priester Konrad sein, so würde sich der Umstand recht gut erklären, daß in Predigt 90 der hl. Augustinus und die nach seiner Regel Lebenden großes Lob erhalten. Mertens hat sogar erwogen, die Beschreibung der um das Weltliche besorgten Kleriker im Proömium auf den Verfasser selbst zu beziehen, weil die *Vita Hartmanni* (s. o. S. 383ff.) von jenem älteren Kapellan Konrad berichtet, er sei mehr mit verwalterischen als mit geistlichen Aufgaben betraut gewesen.

Wie bei den anderen Predigtsammlungen der Zeit ist der Anteil des Verfassers auch in unserem Fall relativ bescheiden. Konrad hat nur eine ältere erschließbare deutsche Predigtsammlung aus der Mitte (?) des 12. Jahrhunderts bearbeitet und um weitere Predigten nach deutschen und lateinischen Vorlagen erweitert. A. Schönbach hat in seiner Edition der Altdeutschen Predigten (3 Bände, 1886–1891) vielfältiges lat. Quellenmaterial aus älterer und neuerer Zeit zusammengetragen. Für Konrads Predigtbuch sind dies vor allem Bibelkommentare und Homilien von Beda Venerabilis, Heimo von Halberstadt, Rupert von Deutz, Honorius Augustodunensis und Petrus Lombardus. Wo Konrad direkt auf diese Schriften zurückgegriffen hat, läßt sich kaum je sicher sagen, da andere Prediger vor und nach Konrad sich aus demselben Fundus bedienen. Da die Mehrzahl der mittelalterlichen lateinischen Predigten noch ungedruckt ist, brauchen wir Konrad die freie Erfindung auch dort nicht zuzutrauen, wo wir die Vorlage nicht besitzen. Als sklavischer Übersetzer verstand sich der deutsche Predigtverfasser aber auch nicht.

Greifen wir ein Beispiel heraus, wo wir die Quellen zu kennen meinen: Predigt 93 *Von unser vrouwen als si geborn wart*. Sie beginnt mit einem lateinischen Zitat wie alle Predigten der Sammlung, hier aus dem Hohenlied 6,9 *Que est ista, que processit sicut aurora consurgens etc.* (Wer ist diese, welche hervortrat wie die aufsteigende Morgenröte usw.). Es folgt eine allgemeine Mahnung, sich an diesem Festtag der stets nötigen Fürsprache Mariens bei ihrem Sohn zu versichern. Aus der Johannes-Baptista-Predigt im *Speculum ecclesiae* des Honorius Augustodunensis (s. o. S. 163) stammt sodann die Begründung für die kirchliche Feier von nur drei Geburtsfesten, nämlich des hl. Johannes des Täufers, Jesu Christi und der seligen Jungfrau Maria. Konrad hat die vorgegebenen Aussagen jedoch verbreitert. So heißt es etwa bei Honorius: *Maria vero nascens quasi aurora surrexit de qua Sol aeternus processit* (Maria aber stieg auf bei ihrer Geburt gleich der Morgenröte, aus der die ewige Sonne hervortrat. – Vgl. das Eingangszitat!), bei Konrad dagegen:

unser frouwen sant Marien geburte, die ir hiut beget, diu ist gebenmazet (verglichen) *zuo der morgenröte, wan* (denn) *also diu morgenröte die naht unde die vinster vertribet unde iemer e chumt e der sunne uf ge, also ist ouch si vil liebiu frouwe ain sihtigez urchunde* (sichtbares Zeichen) *des trostes unde der genaden, die si uns vil armen sundaeren an dise werlt tragen unde gebern solte an dem waren sunnen* (der wahren Sonne), *an dem heiligen Christo.*

Des Honorius *Sigillum sanctae Mariae*, eine Erklärung liturgischer Bibeltexte, sowie sein Hoheliedkommentar liefern die weitere Gedankenfolge: Maria, die Morgenröte, die die Finsternis der Sünde vor der Sonne des Erlösers beseitigt; Maria, der Mond, das hellste Nachtgestirn, und die Sonne, der hellste Stern überhaupt, da sie dessen (= Christi) Glanz den Sündern vermittelt; Maria, die schreckenerregende, geordnete Schlachtreihe. Wie die vorangehenden Vergleiche stammt dieser aus dem selben Vers 6,9 des Hohenliedes. Honorius und, diesem folgend, Konrad legen ihn so aus: Drei Stände *(ordines, ordenunge)* bilden die Heerscharen der heiligen Christenheit gegen Sünder und Teufel, (1) die in treuer Ehe lebenden Laien, (2) die geistlichen Väter und Richter *(doctores* bei Honorius) und (3) die übrigen Kleriker, die sich in Enthaltsamkeit von der Welt abgekehrt haben. Während aber bei Honorius der Zusammenhang mit Maria nur über deren übliche Gleichsetzung mit der Kirche gegeben ist, stellt Konrad ihn über das – lehensmäßig verstandene – Dienstverhältnis der drei Stände zur Himmelskönigin her, die ihnen auch in Anfechtungen beistehen möge.

Schließen sich also die im Predigtbuch vermittelten Glaubenswahrheiten, Morallehren und Bibelauslegungen (zumeist nach dem *sensus spiritualis*) hier wie sonst eng an lateinische Muster an, so tritt dennoch die Tendenz zur Verdeutlichung, Verlebendigung und Annäherung an die Laienhörerschaft zutage. Wie in anderen deutschen Predigtsammlungen dieser Zeit begegnen feststehende Formeln, asyndetische und polysyndetische syntaktische Reihungen, synonyme und antonyme Parallelismen (vgl. z. B. oben *die naht unde die vinster; des trostes unde der genaden; tragen unde gebern;* in anderen Predigten z. B. *angest unde arbeit, vater unde vogt* mit Alliteration oder die Gegensatzpaare *guote unde boese, himel unde erde, junge unde alte*). Dem Kontakt mit dem Publikum dienen Anreden *(min vil lieben, miniu vil lieben lute)*, Fragen und Ausrufe, doch liegt darin kein Unterschied zur lateinischen Predigt. Die Bestimmung zum mündlichen Vortrag wird dadurch allerdings bestätigt. Niederschriften tatsächlich gehaltener Predigten hat uns freilich Priester Konrad ebensowenig überliefert wie sein späterer viel berühmterer Kollege Berthold von Regensburg (s. o. S. 228), sondern Musterpredigten, die er laut Vorwort ausdrücklich den Amtsbrüdern zur selbständigen Verwendung und Abänderung überlassen hat. Daß sie zumindest im nachhinein auch als erbauliches Lesebuch benutzt wurden, läßt sich – anders als etwa bei der *Oberalteicher Predigtsammlung* (s. o. S. 225) – durch keinerlei Indizien begründen.

Die Wiener Handschrift von Konrads Predigtbuch in Schönbachs Ausgabe enthält 114 Stücke. Durch Beschädigung der Handschrift sind einige Predigten verstümmelt, aber höchstens die eine oder andere als ganze verlorengegangen. Die gestörte Ordnung dürfte nicht auf Konrad, sondern einen Bearbeiter zurückgehen. Ursprünglich könnten die Predigten für die Sonntage und Feste des Kirchenjahres *(Sermones de tempore)* und die Predigten für bestimmte Heiligenfeste *(Sermones de Sanctis)* gemäß deren Daten im Kirchenjahr eine einzige Abfolge gebildet, die Predigten für Heiligenfeste allgemein *(Commune Sanctorum)* dagegen als eine eigene Gruppe die Sammlung beschlossen haben. Aus dieser Gruppe scheinen allerdings die Kirchweihpredigten Nr. 42, 43 und 44 auch bereits von Konrad an eine feste Stellung des Kirchenjahres und damit in den ersten Teil der Sammlung gerückt worden zu sein. Der spätere Bearbeiter hat dann möglicherweise, um den aus dem wechselnden Ostertermin resultierenden Schwierigkeiten auszuweichen, die Heiligenpredigten ab dem Fest Johannes Baptista (am 24. 6.) aus Teil I herausgenommen und zu einem eigenen Teil II zusammengefaßt (Predigt 80–105).

Das Predigtbuch enthält für jeden Sonntag des Kirchenjahres eine Predigt, für die Feste Weihnachten, Ostern, Christi Himmelfahrt, Dreifaltigkeit, Sonntag Septuagesima und den ersten Adventssonntag zwei oder mehr, für die besonderen Heiligenfeste meist eine, selten zwei (z. B. für die Marienfeste Geburt, Verkündigung, Himmelfahrt; für Lichtmeß sogar drei), im *Commune Sanctorum* je zwei für jede Klasse der Heiligen (Apostel, Märtyrer, Bekenner, Jungfrauen; Translation von Heiligen) bzw. drei für das Kirchweihfest. Der Umfang der Predigten schwankt von ca. 50 bis ca. 250 Zeilen in der Ausgabe Schönbachs. Eine gewisse Einheitlichkeit in der Länge war bei den Homilien über Epistel und Evangelium leicht dadurch zu erzielen, daß man den einen Teil zugunsten des anderen kürzte. Bei den Sonntagen herrscht ausschließlich die Form der Homilie (s. o. S. 76). Regelrechte Sermone (s. o. S. 163) über ein frei gewähltes Thema gibt es nur bei Herrenfesten (z. B. Nr. 4, Weihnachten, oder Nr. 32, Ostern). Die Heiligenpredigten enthalten in der Regel die betreffende Legende mit einer Auslegung, die bisweilen von einem biblischen Thema ausgeht. So stellt Konrad z. B. den hl. Laurentius in eine Reihe mit den Abkömmlingen Aarons und Moses, die Gott einst aus dem Volke Israels zu seinem Dienst erkoren hatte (Predigt 87).

Kaum irgendein Charakteristikum hebt somit diese eine aus der Menge der Predigtsammlungen vom ausgehenden 12. und beginnenden 13. Jahrhundert heraus –

abgesehen eben von der Zweckbestimmung und der Autorennennung im Vorwort, die uns zumindest eine Ahnung vom Sitz im Leben zu vermitteln vermögen.

Neben der Predigt ist es nahezu ausschließlich die literarische Gattung des Gebetes, welche innerhalb der hier gesetzten zeitlichen und räumlichen Grenzen in deutscher Prosa auftritt. Literatursoziologisch eindeutig zuzuordnen und daher am besten auszuwerten sind davon jene Texte, die in Seckauer Handschriften des 12. und 13. Jahrhunderts auf uns gekommen sind. Dabei muß man den gesamten Überlieferungszusammenhang, der als solcher Seltenheits- oder sogar Einzigkeitswert hat, ins Auge fassen. Das hat zuletzt E. Hellgardt getan, dessen Führung wir uns getrost anvertrauen dürfen.

Insgesamt 20 **Breviere, Gebetbücher und Hymnare** mit deutschen Einschiebseln aus dem 12. und 13. Jahrhundert (dazu eine Handschrift des 14. Jahrhunderts) sind in die Grazer Universitätsbibliothek **aus dem Augustiner-Chorherrenstift Seckau** gelangt, welche sämtlich zum Gebrauch der Chorfrauen bestimmt waren, wie sich aus den Texten selbst, bisweilen aber auch aus kunstvollen Ausbesserungen des Pergaments und sogar aus eindeutigen Aufschriften wie *Breviarium monialum* oder *liber abbatissae* (so Cod. 1257) entnehmen läßt. Diese Handschriften des spätestens seit 1149 bestehenden, 1488 aufgehobenen Frauenkonvents zeichnen sich alle durch deutsche, rubrizierte (also durch Mennig rot gefärbte) Überschriften zu ihren lateinischen Texten aus. Die deutschen Rubriken können in längeren oder in kürzeren Abständen auftauchen, eine knappe Inhaltsangabe (z. B. *von S. Johannes, von den engelen*) oder auch eine ausführliche bieten, die Personen, für welche Fürbitten gebetet werden sollen, bezeichnen (z. B. *umb den pabes unt Romiske gerihte*), Incipit oder Explicit signalisieren oder den folgenden bzw. vorhergehenden lateinischen Text in den konkreten Vollzug klösterlichen Lebens einordnen. Da heißt es z. B. *Dise siben salmen* (Psalmen) *unt die letnie* (Litanei) *sol tu sprechen alle morgen vor prime* (Prima, der ersten Stunde). An anderer Stelle wird etwa der Gebrauch des kleineren Psalters erklärt: Er ist für diejenigen bestimmt, die von den Beschwernissen einer Reise, einer Krankheit oder einer Arbeit daran gehindert werden, den großen Psalter zu beten. Die Zeiten für die Psalmen sind im allgemeinen geregelt, für andere Gebete gilt das nicht. Man vergleiche z. B. die Rubrik: *Dar nach so du dich nider legest, so sprich suuaz* (was immer) *dir gevalle unt gedencke diner scolare*. Mit *scolare* (= *scolares, schuolaere*) sind hier vermutlich Stiftsschülerinnen, die von einzelnen Chorfrauen unterrichtet wurden, gemeint. Es wird hier also nicht die *magistra* des Frauenkonvents angesprochen, welche z. B. in der folgenden Rubrik auftaucht: *da nah chlophet diu magistrinne unt gent die swestr ze dormir* (in den Schlafsaal). Die von A. Schönbach veröffentlichten deutschen Eintragungen in den Grazer Handschriften 1244 und 832, denen die genannten Beispiele entnommen sind, oder in Codex 763 bieten noch etliche weitere aufschlußreiche Einzelheiten aus dem Alltag der Chorfrauen. Da erfahren wir etwas über den Küchen- und Lesedienst, über Hygiene und Gesundheit (Baden, Menstruationsblutung, Aderlaß), liturgische Fußwaschung, Bestattung und anderes. Zur Liturgie gehört natürlich auch die österliche *Visitatio sepulchri*, deren Seckauer Zeugnisse bereits Erwähnung gefunden haben (s. o. S. 92f., 424). Auch hierin finden sich deutsche Rubriken (Cod. 763, 864, 1549).

Entgegen einer mehrfach in der Forschung geäußerten Meinung können diese trotz der deutschen Einschübe dennoch überwiegend lateinischsprachigen Codices nicht von Chorfrauen ohne jegliche Lateinkenntnisse benutzt worden sein. Dagegen spricht schon die übliche Verbindung von Latein- und Leseunterricht. „Die Funktion der deutschen Rubriken in den liturgischen Büchern der Seckauer Chorfrauen wird man dann am besten im Hinblick auf Frauen eines mittleren Bildungsstandes verstehen, als Orientierungshilfe und Belehrung beim Gebrauch von Büchern, deren Verständnis im Prinzip fundiert, im einzelnen aber noch oder überhaupt nicht gefestigt war" (E. Hellgardt).

Abgesehen von den Rubriken finden sich in diesen Handschriften nun auch noch selbständige deutsche Texte von unterschiedlichem Umfang, sowohl in Versen wie in Prosa. Diese Texte waren alle zum Andachtsgebrauch bestimmt, wenn wir von den wenigen Zeilen eines *Wurmsegens* (anspruchslos gereimten Versen zum Schutz gegen Würmer im Cod. 1501-II) und der *Grazer Monatsregeln* (prosaischer Übersetzungen von 12 lateinischen Hexametern für die Anleitung zur jahreszeitlichen Gesundheitspflege in Cod. 287) absehen. Daß auch diese im Brevier eingetragen sind, weist ihnen einen festen Platz im praktischen Lebensvollzug der Chorfrauen zu, der primär eben von der Tageszeitenliturgie bestimmt war. Dem Officium divinum unmittelbar zugeordnet sind die wörtlichen und freieren deutschen Prosaübersetzungen lateinischer Gebete in den Grazer Codices 763, 1257, 1501-II und 1550.

Eng an die Vorlage lehnen sich naturgemäß die Interlinearversionen an. Doch auch hier gibt es Abstufungen. Ziemlich sklavisch hält sich die dem lateinische Psalm 88 *Misericordias Domini in aeternum cantabo* beigegebene Übersetzung in Codex 1257 an die darunter stehenden Wörter, auch wo dadurch eine Wortstellung entsteht, die in der damaligen deutschen Prosa ungewöhnlich oder ganz ungebräuchlich ist, z. B. Vers 14b *Firmetur manus tua, et exaltetur dextera tua: Wirt gevestet diu hant din und wirt gelobet diu zeswe din* (Deine Hand wird gefestigt und deine Rechte wird gelobt). Die Nachstellung des attributiven Adjektivs im Lateinischen wird generell beibehalten. Glättende Zusätze der Übersetzung begegnen sehr selten. Gelegentlich schleichen sich eindeutige Übersetzungsfehler ein. Nicht viel gewandter fällt (trotz des Herausgebers gegenteiliger Meinung) die Interlinearversion zu den Gebeten im Codex 763 aus. Es handelt sich um Gebete zu Gottvater, Christus, dem Heiligen Geist, der Dreifaltigkeit, Maria, den Heiligen, den Erzengeln Michael, Gabriel und Raphael, allen Engeln und im besonderen (am Ende) dem Schutzengel, insgesamt 12 Stücke mit eigenen deutschen Überschriften. Ganz selten werden Substantiv und Possessivpronomen anders als im Lateinischen gereiht, dafür sogar Hyperbaton und Ablativus absolutus wörtlich wiedergegeben (z. B. Z. 45 *pro nostra exaudi salute preces – umb unser erhor haeil daz gebet*; Z. 299f. *Sed iubente deo perduc me – Sunder haeizende got belaeit mich*). Das Deutsche dient also einzig und allein – wie es schon in den ersten Anfängen der deutschen Übersetzungsprosa der Fall gewesen war – dazu, das wortwörtliche Verständnis des ausschließlich lateinisch gebeteten Andachtstextes zu gewährleisten. Die Interlinearversionen sind hier auch nicht von vornherein bei der Anlage der Handschrift eingeplant, sondern nachträglich hinzugefügt worden.

Durchaus anders liegen die Dinge im Falle der Grazer Handschrift 1501. Sie besteht aus zwei ursprünglich selbständigen, wenngleich bereits im Mittelalter vereinigten Teilen, deren erster, bis auf die Rubriken rein lateinischer Teil, hier außer Betracht bleiben soll. Teil II (Cod. 1501-II) besteht großteils aus planmäßig eingetragenen deutschen Texten, zuerst eines längeren Versgedichtes, der *Litanei* eines Autors namens Heinrich (s. u. S. 461ff.), hierauf zweier deutscher Eucharistiegebete in Prosa.

Dann allerdings folgen lateinische Frauengebete. Was auf den unmittelbar anschließenden Wurmsegen (s. o.) noch folgte, läßt sich infolge der Zerstörung der Schriften auf den letzten Seiten nicht mehr feststellen. Die Beschriftung wurde hier getilgt, um für einen neuen Text Platz zu machen, einen Text, der ansonsten zusammen mit anderen im 2. Viertel des 14. Jahrhunderts in Codex 1501 und parallel dazu in eine weitere Grazer Handschrift aus Seckau auf den unteren Rändern ihrer Blätter eingetragen wurde. Bei diesen Texten handelt es sich überwiegend um auswärtigen Import, nämlich um eine gereimte Alexiuslegende (*Alexius A*, um 1300, Sudetenland?), die *Juliane* des Schäftlarner Priesters Arnolt (vor 1158?) und die *Himmelfahrt Mariä* Konrads von Heimesfurt (um 1225, aus dem schwäbisch-fränkischen Grenzgebiet). Die *Grazer Margaretenlegende* und das *Grazer Marienleben*, die ebenfalls hier auf den Blatträndern Platz gefunden haben, könnten allerdings aus dem deutschsprachigen Südosten stammen (s. B. II).

Die beiden Eucharistiegebete sind auch in eine zweite Seckauer Handschrift (Grazer Cod. 1550, 13. Jahrhundert) eingetragen worden. Die lateinischen Vorlagen sind mehrfach überliefert, darunter das erste, Anselm von Canterbury zugeschriebene Gebet sogar im ersten Teil der Handschrift 1501. Die Übersetzung wird also im 12. Jahrhundert in Seckau selbst angefertigt worden sein. Die unter dem alten Namen „St. Lambrechter Gebete" laufenden, zu Recht aber als *Seckauer Gebete* zu bezeichnenden Texte haben mit dem Officium divinum, das nach wie vor lateinisch gesungen wurde, nichts zu tun, sondern entsprechen dem vielerorts geübten Brauch der Gläubigen, zugleich mit dem Priester bei der Vorbereitung, während und nach der Kommunion stille Gebete zu sprechen, sei es lateinisch wie der Priester oder – gewiß weit häufiger – in der Muttersprache. Man kann also mit A. Masser von einer „Überführung liturgischer Gebete in den Bereich privater Andacht" sprechen. Die damit verbundene „persönliche Note hingebender Frömmigkeit" ist aber zu einem guten Teil bereits den lateinischen Fassungen eigen. Wieweit sie im deutschen noch gesteigert worden ist, läßt sich schwer sagen, da wir den unmittelbar der Übersetzung zugrunde liegenden Teil nicht besitzen. In weiten Teilen ist eine ziemlich genaue Entsprechung mit den erhaltenen lateinischen Fassungen gegeben, z. B. zu Beginn von Gebet I:

Rogo te, domine, per sacrosanctum et vivificum venerandumque misterium corporis et sanguinis tui, quo cottidie pascimur et potamur, abluimur et sanctificamur atque unius summe divinitatis participes efficimur, da mihi virtutes tuas [...]

Ich bitte dich, herre, durch die wihe unde di liphaftige und die erwirdigen tougen und durch di michelen chraft dines heiligen lichnamen und dines heren bluotes, daz uns taegelichen vuoret vnd trencket, daz uns leutert und raeinet und uns hailich machet und uns tailnuftich machet der ewigen gotheit: Gib mir, here, deine heilige tugende [...] (nach Cod. 1550).

Ich bitte dich, Herr, durch das heilige und lebenspendende und verehrungswürdige Geheimnis und durch die große Kraft deines heiligen Leibes und deines erhabenen Blutes, das uns täglich nährt und tränkt, das uns läutert und reinigt und uns heiligt und uns teilhaftig der ewigen Göttlichkeit macht, gib mir deine heiligen Vorzüge [...]

Die mittelhochdeutsche Version (die hier auch neuhochdeutsch wiedergegeben wurde) bringt nur einzelne Zusätze *(di michelen chraft; heiligen; heren; und raeinet)*, gibt *summa* frei mit *ewig* wieder und transponiert den Nebensatz ins Aktiv. Einem Sprecher, der täglich die Kommunion empfängt, also keinem in der „Welt" lebenden Laien, sind beide Versionen in den Mund gelegt. In Gebet II stellt sich dieser Sprecher im deutschen wie im lateinischen Text der Benediktbeurer Handschrift (nicht der

Trierer Handschrift) als eine Dienerin *(ancilla, maget)* Gottes heraus. Im Gebet III finden sich zunehmend Abweichungen der Seckauer von der lateinischen Benediktbeurer Fassung, bis jene am Ende ganz eigene Wege geht. Hier tritt nochmals, jetzt ohne lateinische Entsprechung, die Beterin als *sundarinne* und *vil armez wip* hervor und bittet um die ewige Seligkeit. Die benutzten Formeln weichen aber von denen in den vorherigen Gebeten wenig ab. Es handelt sich um geistliche Gebrauchsprosa, aber selbständig geformte in durchaus gehobenem, dem heiligen Gegenstand angemessenem Stil.

Alle genannten Seckauer Prosastücke sind von bescheidenem Umfang, stellen aber zusammen mit den damit überlieferungsmäßig verbundenen Dichtungen (*Heinrichs Litanei*, s. S. 461ff., und *Seckauer Mariensequenz*, s. S. 458ff.) eine kleine Sammlung geistlicher Texte desselben Gebrauchszusammenhanges dar, wie wir sie sonst im deutschen Sprachraum nicht mehr nachweisen können, obwohl es etliche derselben Art gegeben haben muß. Was sonst an Prosa aus unserem Raum zu nennen ist, steht jeweils für sich.

Aus dem Benediktinerinnenkloster Sonnenburg im Pustertal könnten eventuell die spärlichen Fragmente einer Psalmenübersetzung auf einem Doppelblatt stammen, das aus dem Einband eines Urbars dieses Klosters abgelöst und nach Innsbruck gebracht wurde (Tiroler Landesarchiv, Cod. 21/V). Der Herausgeber hat die Schrift auf das Ende des 12. oder den Anfang des 13. Jahrhunderts datiert. Die Übersetzung ist Wort für Wort, mit ganz geringen Zusätzen, über dem lateinischen Text in einer eigens dafür von Anfang an vorgesehenen Zeile eingetragen. Erhalten haben sich nur einige Verse aus Psalm 108 und 113, welche eine genauere Beurteilung der Übertragung und ihrer Abhängigkeit von anderen deutschen Psaltern (*Windberger, Wiener Psalter?*) nicht erlauben.

Das bei weitem umfangreichste Ensemble deutscher Gebetsprosa aus unserem Raum ist in der sogenannten **Millstätter Interlinearversion** enthalten. Der ehemals Millstätter, nun Wiener Codex 2682 umfaßt insgesamt 187 beschriebene Blätter, davon bis auf die ersten drei (ein lat. Kalendar) nur solche mit zweisprachigen geistlichen Texten, den lateinischen Psalmen (fol. 4v–123v), biblischen Lobgesängen (fol. 123v–132r), dem Athanasianischen und dem Apostolischen Glaubensbekenntnis mit dem Paternoster dazwischen (fol. 133r–135r), Hymnen (fol. 135v–178v) und einigen wenigen Perikopen (fol. 179r–187v). Wären nur die lateinischen Texte hier zusammengestellt, so hätten wir den nicht unüblichen Typus eines monastischen Liturgicums vor uns. Die durchgehende interlineare Übertragung verleiht dem Codex jedoch ein durchaus einmaliges Gepräge.

Mehr als paläographische und kunsthistorische Argumente, die leichter in Zweifel gezogen werden können, fallen Beobachtungen am Kalendar der Hs. für die Lokalisierung ins Gewicht. Die Translationsfeste der Heiligen Rupert und Benedikt sowie die Oktavfeier des hl. Blasius weisen auf Admont als Entstehungsort. Die bevorzugte Stellung der Translation des hl. Martin, des zweiten Patrons des Admonter Frauenkonvents (neben dem hl. Rupert), im Kalendar läßt sogar eine nähere Bestimmung der Handschrift für die Benediktinerinnen von Admont erwägenswert erscheinen. Die Schrift dürfte nicht vor das Jahr 1200 zu datieren sein.

Der verwendete lateinische Psalter gehört einer ziemlich modernen Fassung der gallikanischen Rezension an. Die Interlinearversion ist gelegentlich etwas freier als andere verwandte Psalmenübersetzungen des 12. Jahrhunderts (wie etwa der *Wind-*

berger Psalter). Da begegnen bereits passende Auflösungen von Partizipialkonstruktionen, wie *die da tunt wider dem reht* für *facientes preuaricationes* (100,3) oder *so du gist in enphahent siz* (wenn du es ihnen gibst, so empfangen sie es) für *dante te illis colligent* (103,28), und geschickte Variationen der Wortart, wie *daz darinne si* für *plenitudo eius* (97,7) oder *so siv dûrstet* für *in siti sua* (103,11). Gebrauch des Artikels, der Tempora und Modi richten sich überwiegend nach den Erfordernissen der Übersetzungssprache. Latinismen werden meist vermieden. Aber das Gesamtbild entspricht doch dem der anderen Interlinearversionen. Namentlich die in damaliger deutscher Prosa durchaus ungewöhnliche Postposition des attributiven Adjektivs und Possessivums wird nach wie vor aus dem lateinischen Grundtext übernommen. Ein beliebiges Beispiel, der Anfang von Psalm 28,1–2:

Afferte Domino filii dei: afferte domino filios arietum. Afferte domino gloriam et honorem. afferte domino gloriam nomini eius: adorate dominum in atrio sancto eius.

Bringet got kint gotes bringet got chint der widere. bringet got rum und ere bringet got rum namen sinem anbetet got in houe heiligem sinem.

Bringt Gott, Kinder Gottes, bringt Gott junge Schafböcke dar! Bringt Gott und seinem Namen Ruhm und Ehre dar! Betet den Herrn an in seinem Heiligtume!

Ins Auge springt etwa auch die sklavische Wiedergabe des lateinischen *non* mit deutsch *nieht*, wo der damalige Sprachgebrauch weit eher doppelte Negation oder einfaches proklitisches *en-/ne-* erwarten ließe. Man vergleiche z. B. *qui pecuniam suam non dedit ad usuram; et munera super innocentes non accepit* (Ps. 14,5) mit *der den schatce sinen nieh gab ze wocher unde miete uber die unschuldigen nieht nam* (der seinen Schatz nicht auf Wucher lieh und nicht Lohn nahm gegen die Unschuldigen). Dabei hat der Herausgeber diesen Psalm sogar als besonders gelungenes Beispiel der Kunst unseres Übersetzers der Fassung des *Windberger Psalters* gegenübergestellt, wo sich aber die zu erwartende doppelte Negation (allerdings mit lateinischer Wortstellung) findet: *nih negab* [...] *nih ennam* [...]

Die *Millstätter Interlinearversion* des Psalters ist auch keineswegs unabhängig von älteren Übersetzungen angefertigt worden, sondern in deutlicher Anlehnung an diese, wenngleich mit zahlreichen Neuerungen des Bearbeiters. Nicht selten entspricht die deutsche Version auch gar nicht dem darunter stehenden lateinischen Wortlaut, sondern einer noch jüngeren Textstufe, die eben der benutzten deutschen Vorlage als Ausgangspunkt diente. Diese Vorlage(n) mit einem der Vulgata noch näher stehenden Text hat man in eine Reihe mit den erschließbaren Vorstufen des sogenannten *Südwestfälischen Psalters* und einiger mitteldeutsch-niederdeutscher Psalterien gestellt, ohne deshalb eine Verwandtschaft mit anderen Psalmenübersetzungen wie dem *Windberger Psalter* in Abrede zu stellen.

Während sich also die Psalmenübertragung unserer Handschrift in ziemlich reicher Gesellschaft befindet, steht das zweisprachige Hymnarium ganz allein. Zwischen den *Murbacher Hymnen* des 9. Jahrhunderts und dem (nur teilweise mit deutschen Interlinearglossen versehenen) *Engelberger Hymnar* des 14. Jahrhunderts klafft eine Lücke, die nur durch unser Denkmal geschlossen wird. Als vollständiges lateinisch-deutsches Hymnar hat es im Mittelalter überhaupt keine Konkurrenz bekommen. Es umfaßt 113 Hymnen. Gemäß der üblichen Gruppierung folgen auf die für das ganze Kirchenjahr verwendbaren Hymnen (*hymni communes de tempore*, Nr. 1–30) die speziellen Hymnen des Kirchenjahres (*hymni proprii de tempore*) und der einzelnen

Heiligen *(hymni proprii de sanctis)* und am Schluß (Nr. 104–113) die Hymnen für alle oder mehrere Heiligen *(hymni communes de sanctis)*. Die meisten hier aufgenommenen Hymnen leben auch im jetzigen *Breviarium Romanum* noch fort, einige davon sind erst durch das Tridentinum herausgenommen worden. Alle gehören der ältesten, spätantiken oder frühmittelalterlichen, bis ins 11. Jahrhundert reichenden Schicht an (davon 101 Stücke in AH 50 und 51), bis auf drei, deren Überlieferung nur bis ins 12. Jahrhundert hinaufreicht: Nr. 48, 49 und 111. Weisen bereits alle übrigen Hymnen in ihren Lesarten eine enge Verwandtschaft mit süddeutschen, insbesondere österreichischen Hymnenhandschriften auf, so sind die drei zuletzt genannten Stücke überhaupt nur in solchen Codices überliefert. Vereinigt finden sie sich außer in unserem Codex Vindobonensis 2682 nur noch im Admonter Codex 18 vom Jahre 1180. Wenn man überdies bedenkt, daß Nr. 48 an den hl. Blasius, den Admonter Klosterpatron, gerichtet ist, ergibt sich eine weitere starke Stütze für die Entstehung unseres zweisprachigen Hymnars in Admont. Die Übersetzungstechnik ist in etwa dieselbe wie bei den Psalmen, nur daß die poetische Vorlage dem deutschen Sprachduktus z. T. noch stärker in die Quere kommt als im Psalter. So macht z. B. die Übersetzung des eben erwähnten Blasius-Hymnus sogar das Hyperbaton nach: *effice ut tibi nostrum placeat obsequium – mache daz dir vnser gevalle dienest* (48,1).

Die rein dienende Funktion der deutschen Texte dürfte hier wie bei den *Seckauer Interlinearversionen*, die nach Umfang und Anspruch freilich noch bescheidener anmuten, nicht in Frage stehen. Ob es sich dabei allerdings geradewegs um Schultexte handelt, scheint dagegen nicht ganz so sicher. Daß man anhand liturgischer Texte Latein lernte, war freilich üblich, eine vollständige Verdeutschung aller in Cod. Vind. 2682 vereinigten lateinischen Stücke dazu aber nicht erforderlich. Eher wird in unserem Fall die Praxis des liturgischen Gesanges im Vordergrund gestanden haben: Eine klösterliche Gemeinschaft, die der Kirchensprache nur teilweise mächtig war, sollte den zu singenden Wortlaut in allen Details verstehen. Zum Repertoire gehörten neben den Psalmen und Hymnen eben auch die biblischen Cantica und die Chorgebete des Ordo Missae (Glaubensbekenntnis und Vaterunser). Ein Problem bereiten dabei nur die am Ende der Handschrift stehenden alttestamentarischen Perikopen (aus den Propheten, Jesus Sirach und dem Buch Weisheit), da ihre liturgische Verwendung bisher nicht in allen Fällen genau eruiert werden konnte und dort, wo dies möglich war, eine Bestimmung für den Gemeinschaftsgesang keineswegs überall wahrscheinlich ist. Die Frage muß den Spezialisten der Liturgieforschung überlassen werden.

Nirgends ist dagegen eine poetische Gestaltung der deutschen Interlinearversionen intendiert. Sie haben den lateinischen Text gewiß niemals im liturgischen Chorgesang ersetzt, ja sind wohl außer zu Zwecken des Lernens oder der privaten Andacht nie laut gelesen worden. Sie haben ihren Platz also nur in der Sprach-, Bildungs- und Frömmigkeitsgeschichte.

Geistliche Dichtung

Sofern uns die ziemlich vagen Hinweise der Forschung zur geographischen Verortung der sogenannten frühmittelhochdeutschen Dichtung nicht in die Irre leiten, so hat die Erzdiözese Salzburg zur Produktion dieser Dichtung recht wenig, zur handschriftlichen Überlieferung aber um so mehr beigetragen. Die drei großen Sammelhandschriften, die Wiener, Millstätter und Vorauer, dürften alle im Erzbistum entstanden sein, freilich nicht am Metropolitansitz selbst, sondern weit eher in der Kärntner und Steirer „Provinz".

Vielleicht nach Gurk, dem Sitz des vom Salzburger Oberhirten 1072 eingesetzten Eigenbischofs, gehört der Codex Vindobonensis 2721, den wir oben (S. 101) mit der älteren Forschung in das dritte Viertel des 12. Jahrhunderts datiert haben, K. Schneider nun aber ins letzte Jahrhundertviertel verschieben möchte. Kaum viel jünger wäre dann der **Codex 276 der Stiftsbibliothek Vorau**. Eine sichere Zuordnung dieser jedenfalls noch vor 1200 entstandenen Sammelhandschrift an ein bestimmtes Skriptorium ist ebensowenig möglich wie bei den anderen beiden Codices. Da sich in dieser Zeit in Vorau aber gar kein solches nachweisen läßt, muß der Import der Handschrift, am ehesten aus einem benachbarten Chorherrenstift wie Seckau, erwogen werden, obwohl sich der Codex seit dem späten 13. Jahrhundert in Vorau nachweisen läßt. Selbst wenn die Hypothese, daß der markgräfliche Notar Bernhard, der Seckauer Schreiber Bernhard, Propst Bernhard I. von Vorau (1185–1202) und der Schreiber des Codex Vorowensis 276 ein und dieselbe Person gewesen seien, beweisbar wäre, fiele die Entscheidung noch immer nicht zwangsweise zugunsten von Vorau aus, da Bernhard den fertigen Codex schon dahin mitgebracht haben könnte. Eindeutig frühgotischen Schriftcharakter weist gegenüber den beiden genannten Codices die **Millstätter Handschrift** im Kärntner Landesarchiv zu Klagenfurt, Cod. 6/19 des

Abb. 10 Geschichtsvereins für Kärnten, auf. Eine Datierung vor 1200 scheint nicht vertretbar. Vielleicht muß man mit ihr sogar noch um etliche Jahre ins neue Säkulum hineingehen. Millstätter Entstehung ist unerweislich, Kärntner Provenienz wahrscheinlich.

Die drei Pergamentcodices bilden eine unverkennbare Überlieferungsgemeinschaft. Die Wiener Handschrift (W) und die Millstätter Handschrift (M) gehen auf eine gemeinsame zu erschließende Vorlage *WM zurück, die aber, wie oben bereits ausgeführt (s. S. 101), aus zwei unterschiedlichen Teilen, eventuell selbständigen Handschriften, bestand. Eine weitere Vorstufe von *WM ist offenbar auch die Vorlage für den *Vorauer Joseph* (s. o. S. 113) gewesen, also eine Handschrift *WMV. Deren Gesamtinhalt läßt sich nur äußerst spekulativ erschließen. Es wird sich aber um eine Art „Bible moralisée" gehandelt haben wie bei den erhaltenen drei Handschriften. In W beschränkt sich das Programm auf die Heilsgeschichte vor dem mosaischen Gesetz *(ante legem)* mit Genesis und Exodus und dem *Physiologus* dazwischen, der als Erläuterung zum Schöpfungsbericht aufgefaßt werden konnte. M greift bereits weiter aus. Sie besteht aus der *Millstätter Genesis* (s. o. S. 111f.) auf fol. 1r–84r, dem *Millstätter Vers-Physiologus* (s. o. S. 124f.) auf fol. 84v–101r, der Millstätter Abschrift der *Altdeutschen Exodus* (s. o. S. 109) und einer Reihe kleinerer Gedichte: Nr. 4, fol. 135v–142r, *Vom Rechte*; Nr. 5, fol. 142r–154v, *Die Hochzeit* (s. o. S. 128ff.); Nr. 6, fol. 154v–164v, der *Millstätter Sündenklage*, einem vermutlich alemannischen Gebet in Versen; Nr. 7, fol. 164v–167v, der *Auslegung des Vaterunsers* (s. o. S. 126f.) und zuletzt Nr. 8, fol. 167v, den Anfangsversen des vollständig in der Vorauer Handschrift überlieferten *Himmlischen Jerusalem* (s. o. S. 125f.). Diese fünf kleineren Gedichte könnten eine Ersatzfunktion in der Fortsetzung des biblischen Konzeptes erfüllt haben. H. Freytag erwägt „eine mögliche heilsgeschichtliche Zuordnung der Dichtungen *Vom Recht* und *Hochzeit* (mittelbar wohl eine Exegese des Hohenliedes) zur Zeit *sub lege*, der nachfolgenden drei Dichtungen zur Zeit *sub* *gratia:* nämlich der Sündenklage als gebetähnlicher Dichtung, die das Bewußtsein der Sündhaftigkeit und die Erwartung der Erlösung trägt, und der in ihrer Exegese eschatologisch ausgerichteten Dichtungen *Paternoster* und *Vom himmlischen Jerusalem*".

Das konsequenteste Programm weist die Vorauer Handschrift auf, obwohl man auch hier eine gewisse Freiheit der Assoziation im einzelnen und einen gelegentlichen Wechsel der Perspektive einkalkulieren muß. Die ursprüngliche Einheit der gesamten Handschrift läßt sich schon vom kodikologischen Befund her nicht sichern. Gehörte der gesonderte Faszikel (Blatt 136–183), der die lateinischen *Gesta Friderici imperatoris* Ottos von Freising (s. o. S. 139) von der Hand eines im Auftrage des Propstes Bernhard von Vorau (s. o.) schreibenden Wolfcangus enthält, von Anfang an zum deutschen Teil der Handschrift, oder wurde er erst später dazugebunden? Auf unbeweisbaren Prämissen und gewagten Zahlenspielen beruht die Annahme, die Handschrift habe ursprünglich aus drei exakt gleich langen, nämlich je neun Quaternionen (das sind Lagen zu acht Blättern) umfassenden Faszikeln bestanden, wobei die beiden Außenfaszikel I und III einander auch inhaltlich entsprochen hätten: hier die deutsche *Kaiserchronik*, dort die lateinischen *Gesta Friderici*, mit geistlichen deutschen Gedichten als Faszikel II in der Mitte. Im erhaltenen Zustand umfaßt der gewiß als Einheit angelegte deutsche Teil der Handschrift 135 Blätter. Die Blätter 1–73 bieten die genannte *Kaiserchronik* (die berühmte Regensburger Reimchronik aus der Zeit vor 1150), die folgenden dann die anderen deutschen Gedichte. Hier fehlen zwischen Blatt 116 und 117 eines und am Ende wohl mehrere Blätter vom ursprünglichen Bestand.

Die Anfänge der einzelnen deutschen Texte sind in der Schrift jeweils hervorgehoben. Die Initialen stammen aber offenbar von verschiedenen Händen und lassen in der Abstufung ihrer Größe und Ausstattung kaum einen Schluß auf eine mehrschichtige Gliederung des Faszikels zu. Auch der Umstand, daß das *Alexanderlied* mit einem neuen Blatt beginnt, hat, da dasselbe auch auf die *Summa theologiae* (s. u.) zutrifft, nur bedingten Aussagewert. Die Vermutung hat jedoch einiges für sich, daß das *Alexanderlied*, ein nach franko-provenzalischer Vorlage von dem moselfränkischen Kleriker Lambrecht vermutlich in Regensburg nach 1150 geschaffenes pseudohistorisches Epos, nach dem Willen des Handschriftenredaktors die Mitte zwischen den Gedichten mit Themen aus dem Alten Bund und den neutestamentlichen Werken einnehmen sollte. Zu den Stücken der ersten Kategorie wären dann die vorangehenden 11 Nummern, zu denen der zweiten Kategorie die folgenden Nummern 13–20 (und die danach verlorenen) zu zählen:

Nr. 1, fol. 74ra–78rb, *Vorauer Genesis* (s. o. S. 112f.); Nr. 2, fol. 78rb–87vb, *Vorauer Joseph* (s. o. S. 113); Nr. 3, fol. 87vb–93va, *Vorauer Moses* (s. o. S. 113ff.); Nr. 4, fol. 93va–94ra, *Vorauer Marienlob* (s. o. S. 115); Nr. 5, fol. 94ra–96ra, *Vorauer Balaam* (s. o. S. 115f.); Nr. 6, fol. 96ra–96vb, *Die Wahrheit* (s. o. S. 131f.); Nr. 7, fol. 97ra–98va, *Summa theologiae*; Nr. 8, fol. 98va–99va, *Das Lob Salomons;* Nr. 9, fol. 99va–100ra, *Die drei Jünglinge im Feuerofen*; Nr. 10, fol. 100ra–100va, die sogenannte *Ältere Judith*; Nr. 11, fol. 100va–108vb, die sogenannte *Jüngere Judith*.

Die Nummern 1–6 dürften südostdeutsche, „passauische" Produkte sein, die Nummern 7–11 hingegen Importe aus dem Westen bzw. Nordwesten. Die balladesken, kurzepischen Erzählungen Nr. 9–10 sind wohl schon als einheitliches Werk konzipiert worden, das aber schon früh mit dem *Lob Salomons*, einem halb erzählenden, halb allegorisierenden Stück, und dann vermutlich noch mit der *Summa theologiae*, einer kleinen Glaubenslehre in Versen, in einer fränkischen Sammlung vereinigt und so als ganze vom Redaktor der Vorauer Handschrift übernommen wurde. Diesen hat es offenkundig nicht gestört, daß das folgende Stück Nr. 11 das Geschehen um die Befreierin Israels nochmals, nun aber episch breit darbot, sondern vielmehr zur Aufnahme in die Handschrift bewogen. Dem alttestamentarischen Rahmen entsprach es ja allemal, im Gegensatz zu anderen genannten Stücken. In Nr. 4 und 7 spielen immerhin die typologischen Beziehungen zwischen Altem und Neuem Bund eine Rolle. Nr. 6, *Die Wahrheit*, hätte aber als Lebenslehre in Versen ihren Platz in dem heilsgeschichtlichen Konzept, wenn überhaupt, bestenfalls unter den Gedichten der zweiten, neutestamentlichen Kategorie finden können.

Diese Reihe hat folgende Bestandteile: Nr. 13–15, die Werke der Frau Ava, das *Leben Jesu* (mit *Johannes* und *Sieben Gaben des Heiligen Geistes*), fol. 115va–123ra, *Antichrist*, fol. 123ra–123va, *Jüngstes Gericht*, fol. 123va–125ra (s. o. S. 117ff.); Nr. 16, fol. 125ra–128rb, *Vorauer Sündenklage* (s. o. S. 132ff.); Nr. 17, fol. 128rb–129vb, das sogenannte *Ezzolied*, den berühmten heilsgeschichtlichen Lobgesang des Bamberger Scholastikus Ezzo vom Anfang der frühmittelhochdeutschen Periode (vor 1065); Nr. 18, fol. 129vb–133vb, Priester Arnolts Gedicht *Von der Siebenzahl* (vor 1163, Diözese Freising, s. o. S. 127); Nr. 19, fol. 133vb–135va, *Das himmlische Jerusalem* (s. o. S. 125f.); Nr. 20, fol. 135v, *Gebet einer Frau*, fragmentarisch (s. u. S. 457f.). Die Zuordnung der Stücke Nr. 16, 18, 19 und 20 zur Zeit *sub gratia* ließe sich mit den oben für die Millstätter Handschrift verwendeten Argumenten begründen. Das *Ezzolied* ist bei aller heilsgeschichtlicher Spannweite natürlich auf Christi Leben, Sterben und Auferstehung zentriert, nicht anders als das Schaffen Avas, das dann aber auch die Endzeit ins Auge faßt, zu guter Letzt das *himelriche* [...] *unser heimuot*, wie es im *Ezzolied* (V. 405) heißt. Fast am Ende des Faszikels II der Vorauer Handschrift, vor dem Fragment des Frauengebets, steht das *Himmlische Jerusalem*. Mit dessen ersten Versen bricht die Millstätter Handschrift ab (s. o.), so daß sich für die beiden Codices in etwa dieselben Anfangs- und Endpunkte, Schöpfung und Apokalypse, ergeben, sofern wir den Mittelteil des Vorauer Codex für sich betrachten. Teil III einzubeziehen, sind wir ohnehin nicht gezwungen. Teil I allerdings mit der *Kaiserchronik* von Julius Caesar bis Konrad III. ist gewiß alter, wohl zuerst geschriebener Bestand der Handschrift. Daß auch in der *Kaiserchronik* Historie unter heilsgeschichtlicher Perspektive dargestellt wird, ist gleichermaßen unbezweifelbar. Sollte hier Augustins *civitas terrena* gemeint sein, im Teil II dagegen die *civitas Dei*? Auch gegen eine solche Polarisierung erheben sich Bedenken. Man wird sich wohl damit begnügen müssen, in den kleineren deutschen Gedichten des Teils II der Handschrift eine sinnvolle Ergänzung der Geschichte des Imperium Romanum (= Teil I) zu sehen, eine nachträgliche Einbettung in den Gesamtablauf der Weltereignisse von Anfang bis Ende aus christlicher Sicht. Die Füllung des Rahmens konnte freilich nur mit greifbaren Texten erfolgen, so daß Doppelungen, Überschneidungen, Lücken und Rahmenüberschreitungen nicht besonders wundernehmen. Greifbar war gewiß in erster Linie Material aus näher gelegenen Produktionsstätten, auch wenn der literarische Austausch zwischen weiter entfernten geistlichen Kommunitäten namentlich desselben Ordens rege war.

Wo wir keine Hinweise in andere Richtung besitzen, dürfen wir uns also – mit allem Vorbehalt – die Texte, welche in die drei Sammelhandschriften aufgenommen worden sind, in deren Entstehungsgebiet auch entstanden denken. Das trifft auf die meisten Stücke der Wiener und der Millstätter Handschrift zu, nicht aber auf die Masse der in die Vorauer Handschrift gelangten Texte. Für die Herkunft vom Mittelrhein, aus Ostfranken, aus dem österreichischen und bairischen Donauraum und von anderswoher ist hier die Forschung eingetreten, kaum je für eine aus Salzburg, Kärnten oder der Steiermark. Nur das letzte im Codex enthaltene und erhaltene fragmentarische Stück bietet keinerlei Anhaltspunkte für eine auswärtige Provenienz, was aber auf die Kürze und den Mangel an individuellen Zügen zurückgeführt werden könnte. Dieses *Vorauer Gebet einer Frau* umfaßt 85 Zeilen in dem fortlaufend geschriebenen Text, das sind 107 Verszeilen, und bricht am Ende der Seite 135v mitten im Satz ab.

Das Gebet ist einer Frau, *mir armen sundarinne* (V. 17 in der Ausg. v. F. Maurer), in den Mund gelegt. Sie richtet ihre Bitten an Gott, den Herrn, beruft sich dabei auf mehrere Instanzen, Christus, Maria, Engel und Heilige, und nennt vorbildhafte Beispiele göttlicher Hilfe. Dazu setzt sie sechsmal neu an, wovon aber nur fünf Abschnittsgrenzen in der Handschrift ausgezeichnet sind. Vom letzten Abschnitt ist nur der Anfang erhalten; die anderen umfassen eine jeweils unterschiedliche, aber stets bei etwa 20 liegende Zahl von Versen (wenn man den ersten überlangen Abschnitt der Handschrift mit den Herausgebern in zwei teilt). In I (V. 1–17/19) bittet die Beterin um die Sendung des Hl. Geistes, der einst auch Susanna vor den Verleumdungen geschützt und Daniel eingegeben hat, die Wahrheit zu verkünden (Daniel 13 – vgl. *Vorauer Sündenklage*, V. 688ff.), in II (V. 18/20–36) um Schutz vor allen Nöten und Feinden (ein in den Psalmen immer wiederkehrender Gedanke), in III (V. 37–58) um eigene Versöhnungsbereitschaft sowie um Vergebung der Sünden und Rettung vor dem ewigen Tod. Wie zuvor die Bitte in Berufung auf die Inkarnation (V. 18) ausgesprochen wurde, so jetzt mit ausführlichem Bezug auf die Passion, an deren Gnadenwirkung die Beterin Anteil zu erhalten hofft. Abschnitt IV (V. 59–84) formuliert die Bitte um die Sendung eines Schutzengels *durch sancte Michaeles ere* (V. 60) und *durch allez himeliske here* (V. 71: um der ganzen himmlischen Heerschar willen). Als Vorbild wird Tobias genannt, den der Engel – hier fälschlich Gabriel statt Raphael genannt (V. 75) – vor der Ermordung durch den Dämon bewahrt hat (Tobias 7–8). In Abschnitt V (V. 85–104) redet die Beterin Gott als *trost*, Hoffnung, Zuversicht, Beistand (ein Beiname des Hl. Geistes) an, welchen sie für sich erfleht um des Täufers Johannes willen, des größten aller Menschen gemäß einem auch von Frau Ava (*Johannes*, V. 365) und in Heinrichs *Litanei* (V. 463f.) zitierten Herrenwort (Matth. 11,11; Lukas 7,28) und „erinnert" den Herrn an seine Auferstehung, um in bewährter Manier aus dem allgemeinen Gnadenerweis den speziellen, an der Beterin zu übenden abzuleiten. Der Beginn von VI (V. 105–108) wiederholt nochmals die Bitte um die Sendung des Hl. Geistes.

Das *Vorauer Gebet einer Frau* ordnet sich in Inhalt und Formulierung zwanglos den lateinischen Gebeten der Messe *(Confiteor)* und der Tageszeitenliturgie zu, in der Sprachgebung den übrigen erhaltenen deutschen Gebeten des 12. Jahrhunderts, insbesondere natürlich den Gebeten in Versen. Eine spezifisch weibliche Note ist aus ihm nicht herauszulesen, geschweige denn eine individuelle Notsituation der Beterin, vergleichbar etwa der Susannas im Alten Testament. Diesem Beispiel steht ja nicht nur das zweite des Tobias gegenüber, sondern es folgten wohl im ursprünglichen Text noch weitere. Ein gewisser „weltlicher" Einschlag, den man in der mehrfachen Bitte um Schutz vor Feinden erblicken kann, läßt sich ebenfalls problemlos aus der

Liturgie, nämlich dem Psalter, ableiten. Bisher quellenmäßig nicht nachgewiesen ist einzig und allein die Wendung in V. 34–36: „Nun laß mich eher sterben, ehe sich an mir erfülle der Wille eines meiner Feinde." Der Gedanke entspricht aber der heroischen Haltung sowohl alttestamentarischer Helden wie Saul oder Nikanor (2. Makkabäerbuch 14, 37ff.) als auch der christlichen Märtyrer(innen) zur Zeit der Christenverfolgung. Eine Durchsicht der entsprechenden Festliturgien könnte hier vermutlich weiterhelfen.

Mit irgendwelchen theologischen Problemen ist unser Text ebensowenig befrachtet wie mit poetischen Schmuckformen. Entspringt deren völliges Fehlen einem bewußten Streben nach dem *stilus humilis* des demütigen Religiosen? Wohl kaum. Der Versbau tendiert zum regelmäßigen Vierheber; ein paar Fünfheber kommen aber auch vor. Die Reime sind zu einem Drittel unrein. Dem stehen wiederum die relativ häufigen Fälle von Enjambement (syntaktischem Überspielen der Reimpaargrenze) entgegen, die zu einer Datierung in die späteren Jahrzehnte des 12. Jahrhunderts Anlaß gegeben haben.

Etwas mehr vermögen wir über ein zweites Gebetsfragment unseres Raumes, das ein klein wenig älter sein dürfte, auszusagen. In der Grazer Handschrift 287, einem Brevier der Seckauer Chorfrauen, findet sich am Ende des ersten Quaternios anschließend an ein Kalendarium (mit den erwähnten Monatsregeln) und Tabellen zur Berechnung des Ostertermins ein deutsches Gedicht unter der Rubrik *Sequentia*, das sich offenbar einmal auf dem nächsten, nun verlorenen Blatt fortgesetzt hat. Die folgende verstümmelte Lage enthält einen kleinen Zyklus ganzseitiger Illuminationen mit Szenen aus der Heilsgeschichte. Der nun gewiß anschließende Hauptteil des Breviers hat sich auch nicht erhalten, sondern ist durch jüngere Texte ersetzt worden. Ursprünglich erhielt aber das nach der Ordnung des Jahreskreises angeordnete Stundengebet durch den Vorspann nicht nur eine ganz anschauliche Ausrichtung auf die gesamte Heilsgeschichte, sondern mit dem deutschen Gebet vielleicht auch einen direkten Bezug auf den Kreis der Benutzer, die Chorfrauen des Seckauer Marienstifts. Denn der Text der **Seckauer Mariensequenz** lautet:

1   *Ave, du vil schoniu maris stella,*
ce saelden aller diet exorta,
gotes muter Maria.

2   *Frou dich, gotes porta,*
5   *diu verslozzen gebaere*
die sunne der warheit
mit maidelicher reinecheit,
mit mennesklicher nature
got ce dirre werlte braehte.

3 10 *Maget aller magede,*
schone als diu sunne,
himelischiu chuniginne,
dirre werlte gimme,
erchenne alle die dich minnent
15 *und mit rehtem glouben ce dinen gnaden dingent.*

4   *Dich bezeichenot diu Aarones gerte,*
diu in dem dinchuse alle verte
brahte bluode und wucher:
als wunterlichen wurte du muter.
20 *die alten vater din e*
wunschten und die wissagen.

> 5 *Du bis eine stamme*
> *des lebens, daz Eva*
> *in dem paradyse verlos,*
> 25 *du sie den tot erchos.*
> *gotes gebot sie ubergie,*
> *von danne ir afterchumfte michel sere lie.*
>
> 6 *Do den schephaere sin gnade ermante,*
> *daz er die menneslîche brode erchante,*
> 30 *den engel Gabriel mit niwer botschafte zu dir sante.*
> *er sprach: ‚Ave Maria,*
> *du bis genaden plena.*
> *mait du swanger wirst,*
> *iz ist got selbe, den du gebirst.'*
>
> 7 35 *Be disem worte,*
> *himilischiu porte,*
> *enpfinge in dinem reinen libe,*
> *daz du doch niht wurde ce wibe*
> [...]

Gegrüßet seist du, wunderschöner Stern des Meeres, aufgegangen zum Heile aller Menschen. Freue dich, Pforte Gottes, die du verschlossen gebarst die Sonne der Wahrheit in jungfräulicher Reinheit und Gott in menschlicher Natur auf diese Welt brachtest. Jungfrau aller Jungfrauen, schön wie die Sonne, himmlische Königin, Edelstein dieser Welt, erkenne alle, die dich lieben und in rechtem Glauben auf deine Gnade hoffen. Dich bezeichnet der Stab Aarons, der in der Bundeshütte allseits Blüten und Frucht trug: Ebenso wundersam wurdest du Mutter. Die alten Väter wünschten und prophezeiten dich zuvor. Du bist allein der Stamm des Lebens, das Eva im Paradies verloren hatte, als sie den Tod erwählte. Gottes Gebot übertrat sie und hinterließ dadurch ihrer Nachkommenschaft großen Schmerz. Als den Schöpfer seine Gnade gemahnte, die menschliche Schwäche (verzeihend) anzuerkennen, sandte er den Engel Gabriel mit neuer Botschaft zu dir. Er sprach: „Gegrüßet seist du, Maria, du bist voll der Gnaden. Als Jungfrau wirst du schwanger. Es ist Gott selbst, den du gebären wirst." Mit diesem Wort, himmlische Pforte, empfingst du in deinem reinen Leib, so daß du doch nicht zur Frau wurdest [...]

Wir haben es also mit einem Marienpreis zu tun, wie wir ihm auch schon im Deutschen, nämlich in Form des *Vorauer Marienlobs* und des *Melker Marienlieds* (s. o. S. 134ff.), begegnet sind. Wie dort tritt auch hier gegenüber der lat. Hymnik das narrative und explikative Element stärker hervor. Unsere *Seckauer Mariensequenz* bleibt aber noch enger als das ältere Lied dem bildungssprachlichen Nährboden verbunden, ist sie doch, zumindest zu einem Teil, eine wohl freie, aber doch direkte Übertragung der bekannten lat. Sequenz *Ave praeclara maris stella* (AH 50, Nr. 241) Hermanns von Reichenau (1013–54), die im 12. Jahrhundert v. a. in Handschriften der Salzburger Kirchenprovinz, darunter dem Cod. Vind. 13314 (s. o. S. 97), begegnet. Am Anfang folgt der deutsche Text der Vorlage ziemlich genau und übernimmt sogar die lat. Reimwörter, entfernt sich aber dann sukzessive davon, um im zweiten Teil eine neue Konzeption zu eröffnen, die wir aber aufgrund des Fragmentcharakters nur erahnen können. In Strophe 1 wird das von Hermann gebrauchte Bild des Lichtes, das vom Stern des Meeres (zu dieser Namensallegorese s. o. S. 132) ausgeht, sogleich aufgelöst: Das Licht für die Völker (= Heiden) ist deren Heil. Ebenso bleibt es in 2 nicht bei der bloßen allegorischen Benennung Marias als der verschlossenen Pforte Gottes (nach Ezechiel 44,2), sondern die Auslegung auf die jungfräuliche Geburt tritt hinzu. Die *sunne der warheit* (V. 6) verkürzt zwei biblische Wendungen der Vorlage („Sonne der Gerechtigkeit" nach Malachias 4,2 und „Licht der Wahrheit" nach Johannes 14,6) zu einer einzigen. Sie bleibt aber nicht als allegorische Metapher Christi allein stehen, sondern wird ausdrücklich mit Gott, der Mensch wird, identifiziert. Eine neuerliche Verkürzung begegnet in Strophe 3. Statt der in der Vorlage abgewandelten Vergleiche des Hohenliedes 6,9 *pulchra ut luna, electa ut sol* erscheint hier Maria nur als „schön wie die Sonne" (V. 11). Die „Zierde der Welt" bei Hermann wird zu *dirre werlte gimme* konkretisiert. Die folgende Gebetsbitte an Maria weitet die der Vorlage nur unwesentlich aus. Noch genauer erfolgt die Wiedergabe am Schluß der Strophe 4, der die alttestamentarischen Allegorien als Voraussagen der Erzväter und Propheten zusammenfaßt. Zuvor aber tritt die *virga* Aarons (Numeri 17,7f.) an die Stelle der von Hermann genannten *virga* aus der Wurzel Jesse. Damit verschiebt sich die Perspektive zugunsten des Wunders der jungfräulichen Geburt. Diese Bedeutung wird auch expressis verbis ausgesprochen (V. 19), die alttestamentarische Stelle dagegen als bekannt vorausgesetzt. Strophe 5 geht nochmals von einer Allegorie der Vorlage, vom Lebensbaum, aus (vgl. Genesis 3,22; Sprüche 3,18; Offenbarung 2,7), knüpft daran aber, wie so mancher andere mittelalterliche Autor, die Typologie Eva – Maria, Sündenfall – Erlösung. Damit ist die Brücke zu dem nichtallegorischen Teil der Dichtung geschlagen, der nun die Verkündigungsszene und deren Auslegung nach dem *sensus litteralis* bietet. Nach der heilsgeschichtlichen Rückbindung an Sündenfall und Erlösungsbeschluß folgen die Worte des Engels gemäß dem Lukasevangelium 1,28ff. Bei der engen Anlehnung an den Bibeltext fallen die Abweichungen besonders ins Auge. Neben das *gratia plena*, das andeutungsweise auf die unbefleckte Empfängnis hin ausgelegt wird (V. 37), rückt der Autor nämlich die Verkündigung der Jungfräulichkeit der werdenden Mutter und die Göttlichkeit des Kindes. Die Erläuterung des *iz ist got selbe* (bei Lukas nur „Sohn Gottes") ist vielleicht in Vers 39 verlorengegangen. Das Fragment endet mit der Erklärung des Paradoxons der schwangeren *mait*, worin wir offenbar das Hauptthema des Gedichts vor uns haben. Ob wir dies unmittelbar mit dem Rezipientenkreis, den Seckauer Chorfrauen, in Verbindung bringen dürfen, muß offenbleiben. Daß das Gedicht aus dem Festgedanken von Mariä Verkündigung geflossen ist und Lesungen sowie Predigten zu diesem Fest benützt hat, hat dagegen viel für sich. Dasselbe war schon für das *Vorauer Marienlob* und das *Melker Marienlied* zu erwägen.

Die Sequenz Hermanns besteht aus je einem alleinstehenden Versikel am Anfang und am Ende und 7 Versikelpaaren (2a–8b) dazwischen. So weit wie die inhaltlichen Entsprechungen reichen auch die formalen, nämlich bis zum zweiten Versikelpaar (3ab = Str. 4–5). Eine genaue Nachahmung der rhythmischen Struktur wird aber nirgends unternommen. Am nächsten stehen noch die Strophen 2–3 des deutschen Textes dem ersten Versikelpaar 1a–b des lateinischen. Schon die Strophen 4–5 weichen von der Vorlage stark ab, obwohl sie offenbar auch noch als Versikelpaar gedacht sind. Die weitere Strophengliederung der Seckauer Sequenz scheint durch die Initialen der Handschrift (danach die oben benutzte Ausg. v. W. Schröder) klar, ist in dieser Form von der Forschung aber angezweifelt worden. Paarversikel wollen sich so oder so nicht recht herstellen lassen. Die große Freiheit, mit der im ganzen Gedicht der Versrhythmus, die Kadenzen und Reime gestaltet werden, erweist jede metrische Analyse ohnehin als problematisch. Jedenfalls konnte die deutsche Fassung schwerlich auf die Melodie der lateinischen Sequenz gesungen, d. h. vermutlich also gar nicht gesungen werden.

Der *Mariensequenz von Seckau* kommt als dem ersten belegten Versuch, eine deutsche Sequenz und doch zugleich ein selbständiges Stück geistlicher Lyrik in der Volkssprache zu schaffen, in der Entwicklung dieser gesamten Gattung und im speziellen der deutschen Mariendichtung ein wichtiger Platz zu. Das darf aber nicht blind machen für die formale Unbeholfenheit, mit welcher hier im Vergleich zur gleichzeitigen weltlichen Lyrik in deutscher Sprache ans Werk gegangen wird. Sofern man das lateinisch vorgeprägte Material als Hemmschuh dafür verantwortlich machen wollte, sollte man bedenken, daß das Gedicht mit zunehmender Lösung von dem Vorbild keineswegs viel gewandter in der Darstellung wird. Es fragt sich auch, ob diese Lösung freiwillig vollzogen wurde, um die vielbeschworene volkssprachliche Schlichtheit zu wahren. Ebensogut könnte die an diesem Punkt neuerlich gesteigerte Gelehrsamkeit der Sequenz Hermanns abschreckende Wirkung gehabt haben. Die Frömmigkeitshaltung ist in beiden Stücken aber in etwa dieselbe. Neben dem hymnischen Du treten das Ich und Wir der Betenden gar nicht in Erscheinung – im Gegensatz zu der etwas jüngeren, nach demselben Vorbild gestalteten *Mariensequenz aus Muri* (in der Schweiz). Vielleicht urteilen wir hier aber auch voreilig, und die bewußt überpersönliche Sehweise ist im verlorenen Teil der *Mariensequenz aus Seckau* doch aufgegeben worden.

In jeder Hinsicht gewichtiger ist ein anderer Beitrag, den Seckau zur deutschen geistlichen Dichtung des 12. Jahrhunderts geleistet hat: die *Litanei* in der Grazer Handschrift 1501 (Teil II). Sie stellt überhaupt das einzige umfangreiche religiöse Denkmal in deutschen Versen dar, welches wir mit einiger Sicherheit dem deutschsprachigen Ostalpenraum zuweisen können, denn von einem gereimten Psalter aus der Bischöflichen Bibliothek in Klagenfurt (Cod. XXIXe27) sind nur ein paar Zeilen erhalten, die bestenfalls eine Zuweisung an den oberdeutschen Sprachraum und das 12. Jahrhundert, im übrigen aber keine literarhistorische Einordnung zulassen.

Die *Litanei* wurde in die Grazer Handschrift vielleicht von dem Seckauer Schreiber Gerold von Eppenstein, dem nachmaligen Propst dieses Stiftes eingetragen, verfaßt jedoch von einem Manne, der sich am Ende Gott, dem Vater, als seinen *scalch Heinrichen* (V. 939), seinen Knecht Heinrich, zu Gnaden empfiehlt. Entgegen verbreiteter Skepsis dürfen wir mit E. Hellgardt den Autor wohl mit einem der im Seckauer Verbrüderungsbuch und Nekrolog genannten gleichnamigen Seckauer Chorherren identifizieren. Denn dazu passen die Angaben in der wenig jüngeren Bearbeitung der *Litanei*, wie sie uns die (1870 verbrannte) Straßburger Handschrift überliefert, vorzüglich. Unter den langen Zusätzen dieser zweiten „Auflage" findet sich auch ein Gebet zum hl. Koloman (erkennbar an den erzählten Legendenzügen, obwohl der westmitteldeutsche Redaktor der Handschrift S den ihm offenbar nicht vertrauten Namen durch Columban ersetzt hat), einem Heiligen der Diözese Passau und des Herzogtums Österreich (s. o. S. 82f.), der auf besonderes Geheiß eines Abtes Engelbrecht hier erwähnt wird, wie es Vers 889f. (Handschrift S) heißt. In diesem Auftraggeber haben wir (trotz des mißverständlichen, gelegentlich aber auch sonst für einen Propst verwendeten Titels Abt) gewiß Engelbrecht (Engelbert), den Propst des Augustiner-Chorherrenstiftes St. Florian (1172–1203), zu sehen, da dieser auch im Seckauer Verbrüderungsbuch verzeichnet und vielleicht auch mit dem Seckauer Chorherrn (und Schreiber) gleichen Namens identisch ist. Engelbrecht wird also die *Litanei* **Heinrichs von Seckau** nach St. Florian gebracht haben, sei es bereits in erweiterter Form, sei es, um diese erst in Österreich herstellen zu lassen. Man hat für diese „Neuauflage" oder zumindest für deren Abschnitt V. 978–1035 (in der Handschrift S) eine weibliche Verfasserschaft annehmen wollen. Damit würde St. Florian als Entstehungsort nicht ausscheiden, da dort wie in Seckau neben dem Chorherrenstift auch eines für Chorfrauen eingerichtet war, auch wenn es bei weitem nicht die Bedeutung des Seckauer Chorfrauenstifts erreichte. Der Hinweis auf die Autorschaft in dem genannten Abschnitt, worin die hl. Margarete angerufen wird, ist aber beileibe nicht eindeutig. In der Bitte, „daß wir unter anderen Jungfrauen deines Anblickes (im Himmel) froh werden mögen, berühmte Jungfrau" (V. 1033ff.), kann sich nämlich das Wort „andere" ebensogut auf die Gemeinschaft mit der heiligen Jungfrau Margarete wie auf die mit einer Sprecherin beziehen.

Das in Handschrift G 952 Verse umfassende Werk wird vom Autor ausdrücklich als *letanie* (lat. *letania, litania* „Bitte, Gebet") bezeichnet und folgt dementsprechend dem Schema und mitunter auch dem Wortlaut der katholischen Allerheiligenlitanei, die zu manchen Anlässen, insbesondere in der Osternacht und an den Bittagen, gesungen und gebetet wurde. Es liegt aber dennoch keine Übersetzung vor, sondern eine freie dichterische Bearbeitung, die die Gewichte neu verteilt (d. h. die Teile 2 und 3 stark kürzt, Teil 1 um ein Vielfaches verlängert) und das bisweilen nur aus Namen und Gebetsformeln bestehende Gerüst der Litanei mit mannigfaltigem neuen Material ausfüllt. Am Anfang steht ein Einleitungsgebet um Gottes Hilfe in dem Kampf, den die Tugenden und Sünden in der Seele des Betenden ausfechten (G, V. 1–36), einem Kampf, der zwar in der Bibel vorgeprägt (vgl. besonders Epheserbrief 6, 10–18), aber dann von Prudentius in seiner *Psychomachia* (s. o. S. 43) zum allegorischen Kolossalgemälde ausgestaltet worden ist. Heinrich hält das Bild von der Begegnung der „bleiernen Masse der Sünden" (V. 21) mit der „tugendlichen Schar" (V. 19), der Gott als „Vorkämpfer" (V. 18) „mit seinem Friedensschild" (V. 32) Schutz gewähren soll, immerhin fast zwei Dutzend Verse lang durch. Das Anfangsgebet entspricht in etwa der üblichen Antiphon *Exsurge, Domine, adiuva nos* an den Bittagen, ehe die Allerheiligenlitanei selbst mit dem *Kyrie eleison* (hier zitiert V. 36) angestimmt wurde. Aus den Anrufungen der drei göttlichen Personen in je einer Zeile macht Heinrich drei längere Gebete (V. 37–130) und schließt sie mit den drei dem Kyrie angeschlossenen lateinischen Rufen *(Pater de caelis; Christe, audi nos; miserere nobis)*. Dabei läßt er seiner Lust an rhetorischer Häufung von Synonymen und Antonymen freien Lauf: Gottvater, der Schöpfer, *der scaffit unde antreitet,/ der vuogit unt zileitet,/ der zimbrit unt zebrichit/ der entlibit unde richit* (der schafft und ordnet, der fügt zusammen und zerlegt, der zimmert und zerbricht, der schont und rächt: V. 39–42) und so fort bis Vers 50. In der Handschrift S ist die Liste noch um Dutzende Verse länger, wobei Gott unmittelbar angesprochen wird, so wie schon in G der Heilige Geist: *du bivoitist und bisuonist,/ du brennist unt chuolist,/ du viuhtist unt derrist* (V. 107–109: du beschützest und versöhnst, du brennst und kühlst, du befeuchtest und dörrst) etc. Im Gebet an den Sohn häuft der Autor einen allegorischen Namen Christi auf den anderen. Die Bibelexegese der Väter hatte hier ein breites Arsenal zur Verfügung gestellt: Lebendiges Brot (V. 70, vgl. Joh. 6, 41 u. 51), wahre Weinrebe (V. 70, vgl. Hohelied 1, 13), Berg und Tal (V. 73, vgl. Isaias 2,2; Psalm 103,10), Weg (V. 73, vgl. Joh. 14,6), Stiege (V. 74, vgl. Genesis 28,12f.), Steg (V. 74, vgl. Isaias 35,8), Priester (V. 75, vgl. Ps. 109,4) und so weiter. Auch Tiernamen befinden sich darunter (V. 76f.): Kalb (nach Genesis 18,7), Lamm (vgl. Isaias 16,1 u. Joh. 1,29), Leopard (ein sonst kaum nachweisbares Christusattribut) neben dem Löwen, dem Einhorn und dem Adler, die wir schon aus dem *Physiologus* kennen (s. o. S. 124). Katalogartige Häufungen dieser Art beggnen in der früh- und hochmittelalterlichen lateinischen Literatur nicht selten und auch in der frühmittelhochdeutschen Dichtung gelegentlich (z. B. in der *Millstätter Sündenklage*). Sie sind also keine Erfindung Heinrichs, prägen aber dessen Ausdrucksweise nicht unwesentlich.

Der Mittelteil der *Litanei* übertrifft den Rest an Umfang bei weitem. Er reicht von V. 131 bis 802 und bringt die Anrufung der Heiligen. In G ist er durch eigene lateinische Rubriken in die folgenden Abschnitte gegliedert: *de sancta Maria* (V. 131–334), *de Angelis* (V. 335–382), *de sancto Johanne Bapt.* (V. 383–506), *de Apostolis* (V. 507–556), *de martyribus* (V. 557–586), *de confessoribus* (V. 587–636), *de virginibus* (V. 637–704), *de omnibus sanctis* (V. 705–802). Die mehr als zweihundert Verse über die Gottesmutter zeugen von intensiver Marienverehrung. Wiederum bietet Heinrich zahlreiche allegorische Metaphern aus dem reichen Schatz der Exegese, insbesondere des Hohenliedes auf: die Rose unter Dornen, den verschlossenen Garten, in dem der Baum des Lebens steht, das aufgehende Morgenrot, die Sonne, den Mond, die gewaffnete Schar, die gnadenspendende Quelle (vgl. Cant. 2,2; 4,12–5,1; 6,9) usw. Aber auch auf beliebte Naturvergleiche für die jungfräuliche Gottesgebärerin greift er zurück, so auf die Perle (V. 198) und, ausführlicher, auf das Glas (V. 188–190): *sam der sunne durch das glasvenster/ derliuhtet den tuncheln sal,/ sam taete du die werlt uberal* (So wie die Sonne durch das Glasfenster den dunklen Saal erleuchtet, so erleuchtetest du die Welt allenthalben). Diesem Vergleich begegnen wir u. a. auch in dem mittelrheinischen *Arnsteiner Mariengebet* (Mitte des 12. Jahrhunderts?) und in Walthers *Leich* (M 1, 5, 3) in etwas anderer Formulierung, welche das Virginitätsmirakel viel deutlicher anspricht. Unser Dichter will ganz offenkundig gar nichts erklären, er ruft Bekanntes auf und dies nicht nur zum Schmuck heiliger und göttlicher Personen, sondern auch zur Versinnbildlichung des psychischen Geschehens im Menschen. Die Allegorie von der Schlacht der Tugenden und Laster haben wir schon kennengelernt. Andere wären etwa die von Weiß und Schwarz (V. 63f., vgl. z. B. Matth. 5,36; Apoc. 6,2; 6,5; 19,11), von Dürre und Fruchttragen nach dem Regen der Gnade (V. 119ff., vgl. z. B. Deut. 11,11; 32,2; Ps. 67, 10; Eccli. 35, 26; 39,9; Ez. 34, 26).

Die Sündenthematik wird so auch stilistisch eng mit dem Lobpreis verkettet. Den Gedankengang steuert sie ja in der Regel ohnehin. Die Hoffnung des Sünders richtet sich in diesem Abschnitt vor allem auf die neue Eva, die das todbringende Vergehen der Stammutter in Heil verwandelt hat, und die Mutter, die, als Mensch über die Engel erhöht, ihrem göttlichen Sohn Erbarmen „gebieten" kann.

Kürzer fällt der Abschnitt über die Engel aus, vermutlich nicht zuletzt aus Mangel an biblischer Erzählsubstanz. Es werden außer den „guten" Engeln in ihrer Gesamtheit nur Michael, der Sieger über den Satansdrachen, und die persönlichen Schutzengel ausdrücklich benannt (vgl. Exodus 23,20ff.; Ps. 90,11f.). An der Spitze der irdischen Heiligen steht traditionsgemäß Johannes der Täufer. Einer Zeile der lateinischen Litanei entsprechen hier 124 Verse. Von den Aposteln werden mit Namen nur Peter und Paul angerufen, von den Märtyrern Stephan und Lorenz, von den Bekennern Gregor, Martin und Hieronymus, von den Jungfrauen Agnes und Cäcilie. An die Stelle des Namenkatalogs mit dem stereotypen „bitte(t) für uns" setzt Heinrich ausgewählte Kurzcharakteristiken von Heiligen, woraus sich die spezifischen Bitten des Beters ergeben. Der Abschnitt von allen Heiligen faßt nun noch deren Gruppen zusammen, die Engel, Patriarchen und Propheten, die Jünger Jesu, die Unschuldigen Kinder, die Mönche und Einsiedler, die Witwen und die, „welche die eheliche Verbindung hin zu Gott gebracht hat" (V. 733f.) – diese fehlen in der lateinischen Litanei!

In dieser beginnt nun ein neuer Abschnitt: die Bitte an den Herrn um Befreiung von diversen, einzeln bezeichneten Hauptsünden. Heinrich schafft hier eine Art Übergangszone. Er verdoppelt den Sündenkatalog und wendet sich beim ersten noch an die Mittlerinstanz der Heiligen, um erst beim zweiten (ab V. 803) das *libera nos, Domine* direkt auszusprechen. Er faßt sich dabei wie auch bei der Aufzählung der Lebens- und Leidensstationen Christi, den Siegeln der Erlösung (s. o. S. 127), an die der Herr „erinnert" werden soll, fast so kurz wie die lateinische Litanei. Er drängt erkennbar zum Schluß. Zwar zitiert er das an die Erwähnung des Jüngsten Gerichts angeschlossene „wir bitten Dich, erhöre uns" auf Latein, faßt die damit verbundenen vielfältigen Fürbitten für verschiedene Gruppen der Christenheit aber in den Versen 869–924 (mit *Communis* überschrieben) zusammen. Vielleicht stützt sich der Autor hier auf lat. Versfassungen der Litanei, wie sie seit dem 9. Jahrhundert angefertigt wurden. Mit dem knappen Schlußgebet (V. 925–52) tritt er ganz aus dem Litaneischema heraus. Die bittere Gewißheit, daß kein Mensch von sich aus so viel Gutes tun könne, daß er nicht dennoch der Verdammnis schuldig sei, veranlaßt ihn zur Bitte um die eucharistischen Speisen als Überreste vom Tisch des Herrn (Matth. 15,27) für sich und alle guten Christen. Wenn einer durch das Sprechen dieses seines Gebetes Gnade erwerben sollte, so möge auch ihm, dem Autor, ein Anteil davon zukommen. Er widmet es Maria und allen himmlischen Heerscharen, damit Gott alle ausgesprochenen und möglichen Bitten erhören möge. Eine lateinische Gebetsschlußformel setzt den Endpunkt.

Die Fassung der Straßburger Handschrift bietet wenige Auslassungen und eine ganze Reihe von Erweiterungen. Die umfangreicheren Zusätze betreffen die Trinität, den Apostel Johannes, die Heiligen Blasius, Koloman, Nikolaus, Ägidius, Margarete und Maria Magdalena. Das bereits in der Erstfassung vorhandene thematische Schwergewicht wird also bloß verstärkt, so daß das Werk auf 1468 Verse anschwillt. Wollte man die Verbindung zum Stift St. Florian anzweifeln, weil dieser Heilige keine Erwähnung findet, so darf andererseits daran erinnert werden, daß ausgerechnet Altmann von St. Florian auch eine *Passio s. Blasii* verfaßt hat (s. o. S. 198).

Formal ist die „Neuauflage" durch größere Reimreinheit gekennzeichnet. In beiden Fassungen schwankt die Hebungszahl trotz Tendenz zur Vierhebigkeit noch stark. In G sind ca. ein Siebtel der Reime bloße Assonanzen. Statt einer Regelung der Metrik widmet Heinrich sein Augenmerk der rhetorischen Ausgestaltung, wie wir gesehen haben. Dabei hat er sich fraglos an lateinischer wie deutscher geistlicher Dichtung geschult und seine Stilkunst ganz in den Dienst seines religiösen Anliegens gestellt, das in allererster Linie im Ausdruck eines massiven Sündenbewußtseins und eines demütigen Flehens um Vergebung besteht. Die *Litanei* rückt damit nahe an die Gattung der Sündenklage heran (s. o. S. 132). Ob man mit G. Ehrismann von „Ausströmungen einer erregten Seele" sprechen soll, bleibe dahingestellt. Persönliche Betroffenheit des Autors kann man in jedem Falle heraushören, welche ihn aber nicht hindert, ein von allen Christen verwendbares Gebet zu verfassen. So spricht er keineswegs nur Angehörige einer geistlichen Gemeinschaft an, sondern betet etwa auch um Befreiung aus weltlichen Schanden (V. 754) oder aus Gefangenschaft (V. 894). Andererseits ist das Gebet in ein Brevier der Seckauer Chorfrauen eingetragen worden, und zwar in einer Schönschrift, die sonst lateinischen Liturgica vorbehalten zu sein pflegte. Es war also wohl zur Tischlesung im Konvent bestimmt, darüber hinaus aber vermutlich auch zur Erbauungslektüre außerhalb desselben. Wir hätten somit wiederum ein Zeugnis der Zwischenstellung der Augustiner-Chorherren vor uns, die ihre seelsorgerischen Aufgaben eben sowohl nach innen wie nach außen wahrzunehmen hatten.

Sangspruchdichtung

Daß wir mit der Zuordnung fahrender Sangspruchdichter einen besonders wunden Punkt einer regionalen Literaturgeschichte berühren, war bereits mehrfach einzugestehen. Bruder Wernher, der Marner, Friedrich von Sonnenburg zogen offenkundig durch weite Teile des deutschen Sprachgebietes, um hier und vereinzelt auch darüber hinaus ihre Kunst feilzubieten. Daß sie dabei auch ins Ostalpengebiet gelangten, versteht sich fast von selbst. Da sich aber eine zeitweise Bindung an diesen Raum auch positiv beweisen läßt, seien sie an dieser Stelle behandelt, ohne daß freilich der Anspruch erhoben würde, entweder den regionalen Anteil ihres gesamten Œuvre exakt abgrenzen oder gar dieses voll würdigen zu können.

Vom Werk **Bruder Wernhers** sind insgesamt 76 Strophen überliefert, davon 67 in der Jenaer Liederhandschrift J (Jena, Universitätsbibliothek, Ms. El. f. 101) aus der Mitte des 14. Jahrhunderts (Wittenberg?), 38 in der Großen Heidelberger Liederhandschrift C, drei in der Kleinen Heidelberger Liederhandschrift A, eine Strophe schließlich in einer jetzt verlorenen, vermutlich aus Österreich stammenden und nach Böhmen gelangten Handschrift. Zwei Strophen finden sich nur in A, sieben nur in C. Wo zwei Handschriften für dieselbe Strophe zur Verfügung stehen (oder gar drei, was nur für Nr. 17 und 25 zutrifft), weichen die Überlieferungen z. T. erheblich voneinander ab, weshalb sich F. V. Spechtler in seiner Neuausgabe 1984 mit einem diplomatischen Handschriftenabdruck begnügt. Für unsere Zwecke reicht jedoch die (zweifellos textkritisch nicht unproblematische, aber leichter les- und zitierbare) normalisierte Ausgabe von A. E. Schönbach (1904/05). Erst in der modernen Edition abgedruckt sind allerdings die sechs Melodien der Jenaer Handschrift. Diesen Tönen I–VI lassen sich nicht nur alle 67 Strophen von J zuordnen, sondern auch weitere sechs, in J fehlende Strophen. Für die zwei restlichen Töne VII (Strophe 39) und VIII (Strophen 40 und 41) besitzen wir keine Melodien.

Abb. 7

Die von der Überlieferung her nicht gegebene Verbindung des Autors mit unserem Raum gründet sich auf die Strophen Nr. 30, 56 und 74. Als Gönner des Sängers wird allerdings keiner der drei darin gepriesenen Herren direkt angesprochen. Immerhin heißt es im Spruch 56, Graf Wilhelm von Heunburg (urkundlich belegt bis vor 1250) sei nicht nur freigebiger als der sprichwörtlich *milte* Sultan Saladin, sondern geradezu *der gernden ôstertac*, das höchste Fest für die Berufssänger (56,6), unter denen sich eben auch Wernher befunden haben wird. Einen *tugentrîchen hern von Orte* (wohl Hartnid IV., gest. 1230, oder dessen Sohn, gest. 1245) preist der Sänger über die Maßen in Strophe 30, aber er tut dies aus räumlicher Entfernung, wo er auf eine gute Kunde aus der Steiermark über das Wohlbefinden des Gepriesenen wartet. Der in Strophe 74 gerühmte tugendreiche, tapfere, aufrichtige und freigebige Graf von Osterberg hat sich bisher historisch überhaupt nicht identifizieren lassen. Die – natürlich unbeweisbare – Vermutung, die (einzige) Handschrift J habe hier *Osterberc* für *Ortenberc* verschrieben, hat aber doch einiges für sich. Die Kärntner Grafen von

Ortenberg/Ortenburg gehörten neben den ebenfalls Kärntner Grafen von Heunburg und dem Traungauer Ministerialengeschlecht derer von Ort zu den einflußreichsten Machthabern in Kärnten, Krain und Steier. Ulrich von Liechtenstein läßt im Friesacher Turnier seines *Frauendienstes* (s. u. S. 489) Graf Wilhelm von Heunburg neben Graf Hermann von Ortenburg, dem Herrn von Ort und anderen in derselben Schar kämpfen (Str. 251–53).

Dürfen wir somit wichtige Gönner unseres Sängers unter den Landherren des südostdeutschen Raumes annehmen, überrascht es uns nicht, daß Wernher gegenüber dem babenbergischen Landesherrn eine merkliche Distanz spüren läßt. Nicht so sehr gegenüber Leopold VI. (der ja mit dem Adel seines Landes gut auskam), obwohl das Lob in Strophe 32 für des Herzogs Kreuzzugsteilnahme 1217/19 ähnlich wie bei Walther (s. o. S. 276) ironisch gefärbt erscheint – aus der Sicht eines Fahrenden, der die Gunst des Gepriesenen nicht erfahren durfte. In der Auseinandersetzung Herzog Friedrichs mit dem Kaiser ergreift Wernher jedoch eindeutig für diesen Partei. In Strophe 37 rät er dem Herzog (dessen eben erfolgte Ächtung im Sommer 1236 als Hintergrund vorauszusetzen ist), um des Kaisers Huld auf einem Reichstag nachzusuchen, in wie großer räumlicher Entfernung dieser auch anberaumt werden sollte. An des Herzogs Stelle würde er, Wernher, auf keinen Fall *die guoten stat ze Wiene* und zwei Länder aus eigener Schuld verlieren wollen. Die hohen Einkünfte könnte er ja noch verschmerzen, niemals aber *die edelen dienestman!* Deren und der anderen Landherren Interessen vertritt der Sänger besonders eindeutig in Strophe 5 und 48. Strophe 5 bringt ein *bîspel* von Jagdhunden, mit denen man liebevoll umgehen solle, wenn man sich auf sie bei der Jagd verlassen will. Ausgelegt wird dies auf die ehrenvolle Behandlung der tapferen *liute*, die zu Macht und Ehre verhelfen können. „Erzwungener Dienst, ein Freund aus Furcht, da ist von Zuneigung *(liebe)* gar keine Rede mehr; wer dagegen einen geneigten Freund im Kampf besitzt, der kann gar wohl über Feinde siegen" (V. 11f.). Das zielt auf den Abfall der Landherren, die ja gegen Friedrich beim Kaiser Klage erhoben hatten. Der hier von Wernher apostrophierte Vorwurf *(betwungen dienst)* ist derselbe wie im *Buch von Bern* (s. o. S. 322). In der Totenklage auf den 1246 gefallenen Babenberger klingt es freilich dann ganz anders: Friedrich habe nie auf *grâven, vrîen, dienestman* vergessen, Ritter und Edelknechte seien bei ihm reich geworden (Str. 48, 4f.). Das ist wohl weniger auf das veränderte Verhalten des Herzogs, der aus den Jahren 1236–39 tatsächlich Lehren gezogen hatte, gemünzt, sondern entspricht den Absichten der österreichischen und steirischen Landherren, die mit dem Böhmenkönig ein Abkommen zu treffen wünschten. Wernher behauptet, der frühere Herzog habe für sein Wohlverhalten von den genannten Adeligen alles, was er zur Ehre des Landes von ihnen verlangte, erhalten können, und dieselben guten Dienste würden sie auch weiter leisten. „Edelster König von Böhmen, willst du gegen die Feinde rüsten, so hilf den Wackeren aus Österreich, und, glaube mir, dir kann nie Übles geschehen!" (V. 11f.). Das gehört wohl in die Situation vor der Anerkennung Ottokars als *dux Austriae* 1251. Angesprochen ist entweder König Wenzel I. (gest. 1253) oder Ottokar selbst, der 1248/49 als *rex iuvenis Boemorum* urkundet.

Einen Spruch, der sicher in die zweite Jahrhunderthälfte zu datieren wäre, kennen wir nicht. Auch die Gedichte, die sich auf Personen außerhalb unseres Raumes beziehen, passen alle in die Zeit davor, so etwa das Lob der Strophe 31 auf den jungen König (Heinrich von Staufen) ins Jahr 1220, die Schelte der Str. 1 auf denselben in die

Jahre 1235/36, die Totenklage auf Herzog Ludwig von Baiern ins Jahr 1231 (Strophe 75) oder der Spruch 60 auf Poppo VII. von Henneberg in dessen bis 1245 reichende Lebenszeit. Eine Abfolge von Lebens- und Wirkungsräumen des Sängers läßt sich nicht erkennen. Wohl stehen ihm offenbar die einzelnen Länder des Reiches als eigenständige Größen deutlich vor Augen. Er nennt *Ôsterlant/Ôsterrîche, Stîremarke, Beierlant, Ôstervranken, der Swâbe werdekeit* (Str. 14) und tadelt *des Rînes site* (Str. 67). Wernhers Verbindung mit dem babenbergischen Südosten scheint jedoch etwa so alt wie seine – zumindest verbale – Wendung in den staufischen Südwesten des Reiches; und in Strophe 13 beklagt er allgemein die Machtübernahme in Reich und Ländern durch junge Fürsten, die nicht daran denken, das Lob der Fahrenden mit Gaben zu belohnen. Das bezieht sich offenkundig auf den Regierungsantritt Heinrichs (VII.) im Reich 1229, Friedrichs in Österreich und Steier 1230, Ottos in Baiern 1231 und vielleicht auch Wenzels in Böhmen 1230, die dann alle als potentielle Gönner angesprochen wären. Dieser subjektiven „Flexibilität" entspricht im politischen Objektsbereich ein Festhalten an der überkommenen Hierarchie der Macht. Obwohl Wernher auf seiten des Landesadels steht, stellt er die leitende Funktion der Landesfürsten grundsätzlich nicht in Frage, will allerdings ihre Machtbefugnisse beschnitten sehen, und zwar nach unten und oben. Wie der Stricker (s. o. S. 340) verurteilt er die Abtrünnigkeit der Fürsten vom Kaiser bzw. König (Str. 8; 35). Wie Walther spricht er der monarchischen Spitze des Reiches sakrale Weihe und die daraus abgeleitete Richtergewalt zu (Str. 10; 61); die walthersche Reichsidee läßt er dagegen kaum anklingen. Die Frontstellung gegen die weltliche Macht des Papsttums ist einem Appell zur Harmonie mit dem Kaisertum gewichen (Str. 2; 44).

Besonderes Gewicht legt Wernher auf die ethische Rechtfertigung des Königs vor Gott. Königs-, Fürsten- und Ritterideal werden kaum differenziert, folgen sie doch alle – gemäß einer alten, bei Wernher aber besonders akzentuierten Tendenz – weitgehend allgemeinen Postulaten christlicher Ethik. Gerade weil der Autor sich nie an die breiten unteren Schichten (Bauern etc.) wendet, gilt es, den Gedanken des Tugendadels als Ausgangspunkt seiner Herrenlehre hervorzuheben. Wie Thomasin von Zerklaere, Walther von der Vogelweide, Reinmar von Zweter und andere stellt er fest, *daz nieman edel sî niwan der edellîchen tuot* (22,1f. „daß niemand adelig sei außer, wer edel handelt"; ähnlich Str. 47). Wie bei jenen Autoren ist das nicht sozialrevolutionär gemeint, sondern nur als Aufforderung, sich des Geburtsstandes würdig zu erweisen. Demgemäß sind die *armen hôchgemuoten*, die den *rîchen* als Muster der *höveschheit* vor Augen gestellt werden (Str. 22, 9ff.), gewiß als Angehörige des niederen Adels zu bestimmen.

Anders als die allermeisten Didaktiker des 12. und 13. Jahrhunderts macht Wernher die Minne nicht zu einem Thema. *Wibes güete* und *kiusche* kommt bei ihm nur in einer Strophe über die streng geforderte, weil kirchlich und gesellschaftlich allgemein sanktionierte Unterordnung der Frau unter den Mann vor (Str. 18; vgl. Str. 68). Der hier bestehende Gleichklang mit dem Stricker (s. o. S. 341) erstreckt sich nicht auf die Frauenverehrung als moralisch positiven Antrieb für den Mann (gerade nur angedeutet in Str. 6). Gewandtes Benehmen und kämpferische Bewährung des einzelnen Ritters treten somit auch völlig in den Hintergrund. Ganz vorne stehen dagegen *milte* und *triuwe*. Die Freigebigkeit muß von dem Berufssänger natürlich schon aus eigenstem Interesse gefordert werden, erscheint jedoch, wie beim Stricker und vielen anderen, zugleich als unerläßliche Bedingung sozialen Ansehens und als Christenpflicht des Reichen und Mächtigen. Dementsprechend rückt hier wie bei gleichzeitigen Didaktikern statt der *superbia* die *avaritia*, der Geiz, die Habgier, an die Spitze der Todsünden (Str. 11–14; 36; 47; 59; 64; 67; 72 u. ö.). Über das Gebot der Nächstenliebe sind *milte* und *triuwe* miteinander verbunden. Wernher koppelt die beiden Tugenden an vielen Stellen, ebenso wie die beiden entsprechenden Laster Unzuverlässigkeit (Unaufrichtigkeit, Untreue) und Geiz. Dabei weist er beiden Geboten neben dem allgemeinmenschlichen auch einen speziell lehensrechtlichen Aspekt zu. Wie der Lehensherr verpflichtet ist, *triuwe* zu lohnen (s. o.), so der Lehensträger, ebendiese *triuwe* zu bewahren (Str. 8; 33; 35 u. ö.). Nicht zufällig greift den ungerechtfertigten Übergang zu einem neuen Lehensherrn später der adelige Dichter Herrand ebenfalls auf (s. S. 543).

Mit der Abkehr vom innerweltlichen Ideal der Minne, welches Walther, Wernhers großes Vorbild, so hochgehalten hatte, korrespondiert die massive religiöse Einfärbung der Lebenslehre. Das *memento mori*, das erst in Walthers letzten Liedern, und auch hier meist eigentümlich gebrochen, auftaucht (s. o. S. 280), schlägt in Wernhers Texten immer wieder durch (Str. 3–4; 9; 15–16; 24; 28; 52; 58–59 u. ö.). Die Freuden der schönen Jahreszeit – ein Topos des Minnesangs – geben nur Anlaß, zugleich an den ewigen Schöpfer aller irdischen Schönheit wie an deren Vergänglichkeit zu erinnern (Str. 9). Deutliche Signale dafür sind der Winter in der Natur und das Alter im Menschenleben. Dementsprechend solle jeder zu allen Zeiten sein Seelenheil im Auge behalten, das er nur im Diesseits erwirken könne, freilich nur aufgrund und mit Hilfe der Gnade Gottes und seines Erlösungswerkes. Manche Sprüche münden so geradewegs in Bittgebete angesichts des drohenden Jüngsten Gerichtes (Str. 4; 24). Strophe 40 rät, sich mit dem Schutzengel gegen die List des Teufels zu wappnen, Strophe 41 dagegen in bewährter „klassischer" Manier, zum Dank für Christi Erlösungstat dessen Land, Kreuz und Grab aus den Händen der Heiden zu befreien. Mit Walther und anderen teilt Wernher auch die Neigung zur Zeitklage: *vröide, werdiu vuore* (edles Betragen), *triuwe, zuht, êre* und *milte* seien nun aus der Welt verschwunden (Str. 25; 49). Dieser Verfall gehe einher mit zunehmenden Vorzeichen des Weltendes (Str. 58). Von Walthers vergleichbaren Aussagen (sowie von dessen Absage an die Frau Welt) hebt sich unser Sänger aber durchgehend durch ein gesteigertes Sündenbewußtsein ab, mit dem sich der mehrfache Hinweis auf die Gnadenmittel der Kirche verbindet. Wernher betont expressis verbis, daß die Laien ohne den Klerus nicht zum Heil gelangen können und ohne ihn wie führerlose Blinde durch die Welt stolpern (Str. 19; 42). Obwohl er die Mißstände im Klerus keineswegs leugnet, versteigt er sich zu keiner radikalen Pfaffenschelte wie Walther in M 15, 13 (L 34, 24ff.) *Swelch herze sich bî disen zîten niht verkêret*. Wie sein „Lehrmeister" sagt er aber: *wir leien* (Str. 19,11). Seine Fahrendenexistenz verträgt sich ohnehin nicht mit einer Angehörigkeit zum Priester- oder Mönchsstand. Sofern sich die in den Handschriften und dem Nachruf eines jüngeren Sängerkollegen belegte Bezeichnung Bruder nicht auf einen späteren Klostereintritt des alten Dichters bezieht, bliebe nur die Zugehörigkeit zu einer Gebetsbruderschaft (eine städtisch-bürgerliche Bruderschaft scheidet wohl aus) oder zu einer Wallbruderschaft, einer Gemeinschaft von Pilgern, übrig.

Könnte als Wallbruder im übertragenen Sinn auch der fahrende Berufssänger bezeichnet worden sein? Möglich wäre es. Nicht erklären könnte man aber dann, warum ausgerechnet ihm allein von allen Berufsgenossen dieser Name vorbehalten worden sein sollte. Sein unstetes, armseliges Wanderleben hat der Dichterkomponist in seinen Sprüchen mehrfach angesprochen. Er hat *der lande vil durchvarn* (Str. 38,3); Reichtum kennt er nur im Traum (Str. 54); und das einzige eigene Haus, das er bewohnt, ist eine von Mangel, Verzweiflung, der Herren Untugend, Geiz, Untreue und Schamlosigkeit allseits belagerte (allegorische) Burg (Str. 73). Die völlige Abhängigkeit von Herrengunst wird nirgends geleugnet. Um so mehr muß der Sänger fürchten, der mangelnden Objektivität seiner Lob- und Scheltsprüche geziehen zu werden (Str. 45). Verleumder machen ihm das Leben sauer (Str. 71). Er beteuert, den verlorenen guten Ruf eines schlechten Herrn könne er auch mit seinem Lob nicht wiederherstellen (Str. 62); wer schändlich handle, dem versage er sein Lob ganz und gar (Str. 69); daher fürchte ein solcher Herr einen *künsterîchen varnden man* so wie der Dieb den Schergen (Str. 70). Das hier bekundete künstlerische Selbstbewußtsein bringt er auch sonst bisweilen zum Ausdruck: „Ich habe zuvor soviel gesungen, daß viele durchaus schwören würden, daß ich ganz ausgesungen hätte. Ich habe (aber) noch ganze Winkel (Kammern) voller Kunst, die beim Singen richtig am Platz ist, so wie ich sie vorbringe" (Str. 11, 1–13). Dabei bezieht er sich offenkundig aber nicht oder nicht primär auf seine Vers- und Tonkunst, sondern auf seine Fähigkeit zur guten und richtigen Lehre. Buchgelehrsamkeit kehrt er so wenig hervor wie Walther, obschon beide gewiß darüber verfügten.

Auf formalem Gebiet setzt Wernher Walthers Weg konsequent fort, engt aber die Variationsbreite der Töne stärker ein. Er verwendet nicht nur ausschließlich stollige Strophen, sondern beschränkt sich (bis auf Ton VIII) auf Zwölf- oder Vierzehnzeiler (Ton I–V und IX bzw. VI–VII), deren Abgesänge stets gleich viele Verse aufweisen. Lange Verszeilen dominieren insgesamt, prägen aber nahezu durchgehend den Strophenschluß (Achtergewicht). Die überlieferten Melodien bestätigen den Kanzonencharakter der Strophen. Die Abgesänge sind zumeist zweiteilig, melodiöse Entsprechungen zu den Aufgesängen spärlich. Ausgeprägtes Virtuosentum fehlt hier ebenso wie in der Reimkunst. Syntax, Gedankengang und Strophenstruktur laufen meist parallel. Dem lehrhaften Inhalt entspricht eine Neigung zum sentenziösen Resümee am Strophenende, das häufig mit dem Anfang inhaltlich verknüpft erscheint. Bisweilen führt der Weg von einem konkreten Fall zur allgemeinen Aussage, die dessen anfängliche Einschätzung bestätigt. Öfter bildet jedoch ein *bîspel* den Ausgangspunkt der „Beweisführung". Wo es scheinbar nur ein zeitgeschichtliches Einzelereignis versteh- und bewertbar machen soll, zielt es gleichwohl ebenfalls auf eine allgemeine Einsicht. So feiert der Spruch 63 mit der orientalischen, wohl mündlich übermittelten Fabel vom Affen und der Schildkröte nicht nur einen Triumph des Kaisers über seine Gegner, sondern verurteilt vermutlich auch allgemein das erpresserische Verhalten der Reichsfürsten. Neben der Fabel bedient sich Wernher auch anderer Typen des Bispels (Parabel, Naturgleichnis etc.), wie wir sie beim Stricker kennengelernt haben. Die gleiche Aufgabenstellung bewältigen beide Lehrdichter auch teilweise in gleicher kompositorischer Manier, doch gibt die umfangmäßig beschränkte, im rhythmisch-melodiösen Aufbau komplizierte Strophe Anlaß zur Reduktion entweder des Bild- oder des Auslegungsteils auf Andeutungen. So breitet sich z. B. das Bild von einem schönen Holzhaus auf die gesamte Strophe 7 aus. Alles wird genau und fachmännisch beschrieben, die Ständer, Wände, Trambäume, Deckendielen, das Gespänge, die Türen, die Schlösser, der Dachstuhl mit Hängewerk, Dachstreu und First. Einen solch trefflichen Bau habe er, berichtet der Sprecher, vormals in Wien gesehen. Leider habe das Dach gefehlt, so daß in das Haus Nässe und Schnee eindrangen und es zerstörten. Daß hier nichts als ein schönes Haus in Wien gemeint sei, wird von vornherein keinem Hörer oder Leser eingefallen sein. Sprachliche Signale sind aber allein die Angaben, das Haus sei *lasterlîche* (schändlich) und *ân êren* zugrunde gegangen. Gemeint ist – ausgehend von Walthers Spruch M 9,8 = L 24, 33ff. *Der hof ze Wiene sprach ze mir* – der Hof Herzog Friedrichs, der es versäumt hat, konsequent für den Ausbau seines Ansehens zu sorgen, so daß es nun ganz ruiniert ist. Sofern hier konkret auf den Abfall Wiens 1236 angespielt sein sollte, so steht einem allgemeineren Verständnis doch nichts im Wege. Diese Offenheit auch tagespolitischer Sprüche für generelle moralische Belange geht Hand in Hand mit einer nahezu permanenten Zurücknahme der Person des Autors hinter die Rollenmaske des lyrischen Ich und mit einer relativen Abstraktheit von Herrenlob und Herrenschelte. Nimmt man noch den religiös-geistlichen, fast predigthaften Grundton hinzu, so zeigt Bruder Wernher bei aller gattungs-, form- und stilmäßigen Abhängigkeit von den Sangsprüchen Walthers von der Vogelweide auf der Inhaltsseite doch eine größere Nähe zur didaktischen Reimpaardichtung des Strickers. –

Ein durchaus anderes Profil als Bruder Wernher zeigt der zweite hier zu besprechende Spruchdichter, **der Marner.** Dieser in den Handschriften und bei anderen mittelalterlichen Autoren gut bezeugte sprechende Name, der soviel wie Seefahrer bedeutet (mhd. *marnaere* aus mittellateinisch *marinarius*) ist schon wegen des stereotyp verwendeten Artikels schwerlich ein bürgerlicher Eigenname, der aus einer Berufsbezeichnung entstand (wie Müller oder Schneider), sondern weit eher ein Übername wie der Stricker (s. o. S. 328), der Gärtner (s. o. S. 351), der Pleier (s. u. S. 558) und der Teichner (vgl. Bd. II). Sieht man das semantisch Gemeinsame dieser Namen, so wird man sich dem Vorschlag nicht verschließen, daß der Autor sich nach der beliebten antiken Metapher von der Dichtung als Seefahrt so bezeichnet, zugleich aber auch auf die ambulante Art seiner Berufsausübung (Seefahrer = Vagant) angespielt haben könnte. Über eine klerikale Bildung verfügte er ja nach Ausweis seiner lateinischen Gedichte. Eine geistliche Pfründe konnte oder wollte er jedoch offenkundig nicht erlangen, denn sein Werk weist ihn als fahrenden, auf Herrengunst angewiesenen Berufsdichter aus. Er stammte gemäß einer Angabe seines Berufskollegen Rumelant aus dem (ehemaligen) Herzogtum Schwaben. Seine Gönner suchte er sowohl unter geistlichen wie weltlichen Herren in diversen Ländern des Reichs. Wie Bruder Wernher widmete auch der Marner Lobstrophen einem Henneberger und einem Staufer, nur um eine Generation verschoben: statt dem Grafen Poppo VII. seinem Sohn Hermann (gest. 1290) und statt dem König Konrad IV. seinem Sohn Konradin (gest. 1268). Anders als Wernher wendete sich der Marner dagegen im Südosten des Reiches nicht an Landherren, sondern an geistliche Würdenträger. In einem Lied des ersten Nachtrags der *Carmina Burana*-Handschrift (s. o. S. 410), CB 6*, rühmt er einen *nobilem prelatum de Solio*, einen edlen Prälaten von Maria Saal, als „Muster des wahren Menschen" (5,2), freigebig, leutselig, heiter, umgänglich, umsichtig, klug, ehrenwert, ausgezeichnet durch Wuchs, Aussehen und Lebensführung. In ganz Kärnten kenne er keinen, der ihm gleichkäme. Selbst wenn er Sachsen, Franken, Baiern, Schwaben, das Rheinland und das Elsaß durchwandern wollte (vgl. Walthers Preislied – s. S. 274), fände sich kein Kleriker von solcher Anziehungskraft (*gratia* 6,7). Nur durch ein Versagen Fortunas sei dieser Prälat noch nicht Bischof; die

Kirche solle sich aber bei einer anstehenden Ernennung seiner erinnern. Das hat sie auch getan. 1231 macht Erzbischof Eberhard II. von Salzburg Heinrich von Zwettl, Propst von Maria Saal (belegt seit 1229), zum Bischof von Seckau (Heinrich I., 1231–1243). Es ist äußerst verlockend, sich den Marner unter den *scolares vagi* vorzustellen, denen dieser Bischof im Chorherrenstift Unterkunft und Verköstigung gewährte, ehe er sie 1242 von dort verwies, wohl verweisen mußte, da sie sich mehrten und die Klosterzucht gefährdeten (s. o. S. 372). Das lateinische Preislied aus der Zeit kurz vor Heinrichs Ernennung ist jedenfalls das älteste datierbare Werk des Marners. Ein weiteres panegyrisches Gedicht hat der Chronist Heinrich von Hainburg, Pfarrer von Gmünd im Waldviertel, in seine bis 1300 reichenden Annalen (s. Bd. II) aufgenommen. Es preist Bischof Bruno als „Blüte des Klerus" (1,2), als wahrhaftig, fromm, keusch, freigebig, Vater und Schützer Mährens, Wahrer des Rechts, guten Hirten und Lenker, von hoher Abstammung, voll der Gaben und der Gnade Gottes, einen wahren Israeliten (nach Johannes 1, 47). Der Sänger wünscht ihm ein glückliches Leben. „Jetzt schneidet die liederliche Atropos bei gewissen Bischöfen den Fahrenden den Lebensfaden ab. Aber dich, der du vom Himmel geschenkt bist, erbittet der fremde Ankömmling zum Asyl. Den Clotho vertrieb und Lachesis zu Boden warf, der wandte sich an dich, David mit der starken Hand!" (Str. 4). Die Aufgabenverteilung der drei Parzen hat der Marner teilweise wörtlich einem spätantiken Carmen entnommen (Anthologia Latina Nr. 792). Auf welche Weise die Fahrenden bei Bischöfen ums Leben kommen, wird aber nicht klar. Auf die Neubesetzung vieler deutscher Bistümer 1255 bezieht sich das schwerlich, eher schon auf den Tod mehrerer Oberhirten innerhalb kurzer Zeit (z. B. Heinrichs I. von Seckau 1243, Eberhards II. von Salzburg 1246, Siegfrieds von Regensburg 1246), am ehesten aber doch auf einen Entzug der Gunst per Erlaß, wie wir ihn oben kennengelernt haben. Der Marner könnte somit tatsächlich zu den „Seckauer Opfern" 1242 gehört und bei dem 1245 ernannten Bischof Bruno Aufnahme gefunden haben. Der aus einer norddeutschen Adelsfamilie stammende mährische Oberhirte stieg zum wichtigsten Berater König Přemysl Ottokars II. auf und übernahm v. a. in den babenbergischen Erbländern wichtige Regierungsaufgaben (darunter dann als Landeshauptmann von Steier 1262–70). Ob ihn der Marner auch dorthin begleitet hat, wissen wir nicht. Einen Anhaltspunkt dafür könnte des Marners Gedicht, Carmen Buranum 9* *Mundus finem properans/ vergit ad occasum*, liefern. Es beschwört in 15 Vagantenstrophen den Niedergang der Welt, die Krankheit der Kirche, die Rüstung des Antichrist zum Endkampf und stellt dann die guten Orden der Benediktiner, Zisterzienser, Augustiner-Chorherren und Prämonstratenser den neuen verwerflichen Bettelorden gegenüber, denen die damals geläufigen Vorwürfe gemacht werden. Diese haben wir schon in dem Gedicht *Altitonans celicola* (s. o. S. 423) kennengelernt. Dort werden namentlich *fratres Franciscini et Paulini* nebst den *sorores conversae* der Bettelorden genannt, beim Marner neben den Minoriten die *Magdalenitae* und die *Paulitae* (10,1–3). Die Bezeichnungen sind mehrdeutig und dementsprechend umstritten. Am ehesten dürften die Magdalenerinnen (Orden gegründet 1224) und die Dominikaner gemeint sein. Nur für den eher unwahrscheinlichen Fall, daß sich hinter den *Paulitae* doch die Eremiten vom hl. Paul (s. o. S. 423) verbergen sollten, würde das Carmen auf die Zeit nach der Gründung der Pauliner (1250) zu datieren und räumlich nicht zu weit vom ungarischen Gründungsort abzurücken sein. Daß sich der Marner bis zu diesem Zeitpunkt über 20 Jahre lang ununterbrochen als lateinischer Poet an Bischofshöfen im Südosten des Reiches aufgehalten hat, ließe sich daraus selbstverständlich nicht schließen, auch wenn er die deutsche Lobstrophe auf Hermann von Henneberg (XV,4) erst für dessen Bewerbung um die römische Krone 1256 verfaßt haben sollte. In noch spätere Zeit fällt der Spruch für Konradin (XV,5), und zwar vermutlich auf 1266/67. Weitere chronologische Anhaltspunkte für sein Werk fehlen. Von Berufskollegen des Marners wissen wir allerdings, daß dieser bis ins hohe Alter seinen Dichterberuf ausübte, daß er als alter, blinder, gebrechlicher Mann ermordet wurde und daß bei seinem Tode der Dichter Konrad von Würzburg, der 1287 starb, noch am Leben war.

Von den fünf lateinischen Carmina des Marners sind drei nachträglich in die *Carmina Burana*-Handschrift (s. o. S. 407ff.) eingetragen worden, CB 3* *Iam dudum estivalia*, CB 6* *Pange, vox adonis* in der 2. Hälfte des 13. Jahrhunderts, CB 9* dagegen schon in der Jahrhundertmitte, d. h. falls die oben gegebene Datierung des Liedes stimmen sollte, unmittelbar nach dessen Entstehung. CB 3* ist überdies in einer frühen Klagenfurter Handschrift (1. Hälfte des 13. Jahrhunderts; nur Str. 5) und vollständig in der Sterzinger Miszellaneenhandschrift vom Anfang des 15. Jahrhunderts überliefert, die auch ein weiteres, zusätzlich noch aus der Großen Heidelberger Liederhandschrift bekanntes Gedicht *Fundamentum artium ponit Grammatica* (CB Anhang II = Ausg. Strauch XV, 19) enthält. Das Preisgedicht *Opto quod in seculum* auf Bruno von Olmütz (CB Anhang I) findet sich nur in der genannten Chronik Heinrichs von Hainburg. Es ist auch das einzige, das keinen anderweit bekannten Ton benutzt. Einen genuin lateinischen Ton weist nur CB 9* auf, nämlich Vagantenstrophen, die dem Inhalt durchaus entsprechen (s. o.). Das Preislied auf Heinrich von Zwettl (s. o.), CB 6*, steht im Ton X des Marners, der Katalog der Artes in Ton XV. Dieser sogenannte Lange Ton, von dem wir unten ein deutsches Textbeispiel zitieren, galt den Meistersingern des 16./17. Jahrhunderts als einer der vier Gekrönten Töne. Er stellt eine überaus komplizierte, wahrhaft „meisterliche" Form dar. Die 20 Zeilen haben nur männliche Kadenz, stark differierende Länge und nicht mehr als sechs Reime, von denen einer (f) durch fünfmalige Wiederholung den Abgesang prägt und einer (c) Auf- und Abgesang verklammert: 2x (4ma, 3mb, 4ma, 4mb, 8mc), 7md, 6md, 3me, 8me, 7mf, 2mf, 3mf, 4mf, 8mf, 8mc. Die lateinische Entsprechung verwendet ausschließlich Proparoxytona-Kadenzen mit zweisilbigen Reimen, die allerdings im Schema etwas abweichen (ababb/cbcbd//eeffddddb). Für einen deutschen Takt treten fast stets zwei lateinische Silben ein. Das regelmäßigere Reimschema spricht für die Priorität der deutschen Strophenform, die der Marner gemäß der Überlieferung in C (s. u.) achtzehnmal verwendet hat. Gleichwohl dürfte er die *ars musica* nicht nur, wie etliche, namentlich frühere Sängerkollegen, durch bloße Nachahmung und Übung, sondern auch aus lateinischen Handbüchern erlernt haben, wie es Meister Rumelant neidvoll bezeugt (s. u.). Diese Wissenschaft fehlt natürlich auch in seinem Artes-Katalog nicht. Bemerkenswert erscheint dieser aber durch seine Erweiterung über die sieben Artes liberales hinaus auf die höheren und magischen Wissenschaften: Theologie, Physik (?), Medizin, Metaphysik, Nigromantie (Schwarzkunst), Alchemie, Jurisprudenz. Auch wenn der Marner sie nur dem Namen nach gekannt haben sollte, übertrumpft er damit alle anderen Spruchdichter des 13. Jahrhunderts. Daß er nicht nur mit diesem Carmen die lateinische Kontrafaktur eines deutschen Tones angefertigt hat, erweist CB 3* *Iam dudum estivalia*, das Walthers Lied L 75,25ff. = M 69 *Diu welt was gelf, rôt unde blâ* nachahmt. Der Ton ist so ziemlich derselbe, ebenso das Thema der Winterklage und das Vokalspiel, das den fünf Strophen jeweils einen durchgehenden Reim, und zwar nach der Reihe auf a, e, i, o, u, zuteilt. Im Lateinischen fällt aber aufgrund der zahllosen vokalischen vollen Endungen ein solches Spiel gar nicht schwer, während Walther im Deutschen haupttonige Auslautvokale suchen mußte, wofür fast nur Einsilber zur Verfügung standen. Schon dadurch stellt sich eine, auch sonst durchaus intendierte witzige Note ein, die den konventionellen Rhythmen des Marners durchaus fehlt.

Dieses wie die andern Carmina beweisen nur die lateinische Bildung und handwerkliche Fähigkeit des Marners, mehr nicht. Sie allein hätten den Neid der Rivalen nicht erwecken können. „Jener hervorragende Dichter" (*ille egregius dictator* – so Heinrich von Hainburg) verfaßte aber auch zahlreiche deutsche Lieder und Sprüche, 81 Strophen in der Großen Heidelberger Liederhandschrift C. Von ganz wenigen davon existiert noch eine ältere Streuüberlieferung. Erst die Meistersinger haben wiederum ein Marner-Korpus zusammengetragen. Die Kolmarer Liederhandschrift von ca. 1459/62 enthält jedoch eine Unmenge angeblich Marnerschen Gutes, von dem sich nur 18 Strophen auch in C finden. Der Herausgeber Ph. Strauch hat aus den übrigen nach sprachlichen und stilistischen Kriterien 15 möglicherweise echte ausgesucht. Wir lassen diese hier ganz beiseite, ebenso die nur in dem *Hausbuch* Michaels de Leone (s. o. S. 267) enthaltene Strophe XII, 3. Fraglich erscheint auch die Authentizität der übrigen Strophen des Tones XII sowie des Tones XIII, da sie durch eine Marginalnotiz in C bzw. (bei XIII, 1, 3 u. 4) durch die Jenaer Liederhandschrift (s. o. S. 465) als Werke der Spruchdichter Stolle und Kelin ausgewiesen werden. Vielleicht stammen von diesen aber nur die Töne, die der Marner dann für eigene Sprüche verwendet hätte, wie es bei Ton XII nachweislich auch andere taten. Pikanterweise hat freilich derselbe Marner ausgerechnet Reinmar von Zweter, der fast nur einen einzigen, also gewiß eigenen Ton verwendete (s. o. S. 303), als *doenediep* (Tönedieb) verhöhnt (XI, 3).

Diese bösartige Spottstrophe, die dem Rivalen Geiz, Haß und Neid, vor allem aber hemmungslose Lügerei vorwirft („Dir wird aus einem Tag ein Jahr, ein wilder Wolf wird dir ein Hund, eine Gans ein Kuckuck, eine Trappe ein Star [...] Du hast den Fischen das Husten, den Krebsen das Säen erlaubt"), ist nicht untypisch für den Umgang der zeitgenössischen Dichterkollegen miteinander. Der Marner spart auch sonst nicht mit Angriffen (z. B. XIII, 3), muß aber selbst heftige Hiebe einstecken. So schmäht Rumelant (Rumslant) von Sachsen ihn als alten Müller, der eine große dreirädrige Mühle mit einem riesigen Wasserschwall betreibe, aber dabei nichts als Lärm erzeuge. Der Angriff richtet sich gegen den Überlegenheitsanspruch des lateinisch Gebildeten, der auch die Musik an der Hand (der sogenannten Guidonischen Hand mit dem Hexachordsystem) berechnet hat, des Süddeutschen (Schwaben) und des erfahrenen Alten (dies sind die 3 Räder) aus der Sicht des Laien, des Mitteldeutschen und der folgenden Generation (Parodie und Polemik, hg. v. G. Schweikle, Nr. 82). Derselbe sächsische Sangspruchdichter bedenkt den Marner in einem Nachruf aber mit lobenden Worten, wie schon der Marner selbst den gescholtenen Reinmar von Zweter in seinen Katalog verstorbener *sanges meister* in Spruch XIV, 18 aufnimmt, zusammen mit Walther von der Vogelweide, Rudolf von Fenis, Heinrich von Rugge, Reinmar dem Alten, Heinrich von Veldeke, Wachsmut von Künzich (?), Rubin und Neidhart. Mit diesem Dichterkatalog verbindet er – und zwar offenbar als erster unter den Spruchdichtern – eine Verteidigung der eigenen Kunst: *lîhte* (leicht, selbstverständlich) *vinde ich einen vunt/ den sî vunden hânt, die vor mir sint gewesen:/ ich muoz ûz ir garten und ir sprüchen bluomen lesen.* Da im Mittelalter eine solche poetische Blütenlese (vgl. Wernher den Gärtner, S. 351), eine Erneuerung früherer Erfindungen, geradezu als positive Maxime des Dichtens galt – man vergleiche nur den berühmten Literaturexkurs im *Tristan* Gottfrieds von Straßburg –, kann der Marner das zitierte Geständnis leichten Herzens ablegen, wenn er nur zugleich beteuert, mit seinem Gesang keinerlei betrügerische, also plagiatorische oder verfälschende Absichten zu verfolgen *(daz ich mit sange nieman triuge).* Wenn aber die Weiterführung der Tradition die Hauptaufgabe ist, dann will dieser Sänger sie auch in ihrer ganzen Breite betreiben. Deshalb prunkt er nicht nur mit Sprüchen in zwei Sprachen, sondern breitet schon auf deutsch seine Gelehrsamkeit aus, besonders intensiv etwa in XIV, 15 (über die vier Elemente und die drei Lebenszonen der Erde) oder in XV, 15 (einer allegorischen Auslegung von Tieren des *Physiologus*, welche dann der Meißner polemisch überbieten wird). Größten Wert legt er zudem auf die konkurrenzlose Vielseitigkeit seines Sangesrepertoires. Raffiniert verbirgt er das Selbstlob in einer Schelte des Publikumsgeschmacks (XV, 16). Als mögliche Inhalte seines Gesanges nennt er hier ein *bîspel* (s. o. S. 131) oder ein *spel* (eine erfundene Geschichte, ein Märchen), eine Wahrheit (Natur oder Geschichte) oder eine Lüge, konkret dann den Gralskönig Titurel, Sirenen, Krokodil, Drachen, Greif, Salamander, Chimäre, Viper, Strauß, Phönix, ein Zauberschloß. Mit all dem könne er aber am Hofe vieler Herren nicht reüssieren, die den Worten von Betrügern zum Opfer gefallen seien. Tatsächlich kleidet der Marner seine Aussage gerne in die Form einer Fabel (XIV, 6: Storch und Frösche; XIV, 14: geborstene Kröte; XV, 7: Meineid des Wolfes), eines mythologischen oder historischen Gleichnisexempels (XIV, 13: Gorgonenhaupt; XIV, 4: *salvatio Romae*; XV, 11: Nabuchodonosors Traum), greift aber auch zum Rätsel (XI, 1: Neid; XV, 9: Verleumdung), Adynaton (Gleichnis mit Unmöglichem: VI, 3 u. ö.) und zum Topos der verkehrten Welt (XIV, 12; XV, 12 – zum Lügenmärchen in Reimpaarversen s. o. S. 346). Das Publikum hat aber noch viel weitergehende Wünsche, behauptet der Sänger in XV, 14:

> *Sing ich dien liuten mîniu liet,*
> *sô wil der êrste daz,*
> *wie Dieterîch von Berne schiet,*
> *der ander, wâ künc Ruother saz,*
> *der dritte wil der Riuzen sturm, sô wil der vierde Ekhartes nôt,*
> *Der fünfte, wen Kriemhilt verriet,*
> *dem sehsten taete baz,*
> *war komen sî der Wilzen diet.*
> *der sibende wolde eteswaz*
> *von Heimen ald von Witchen sturm, von Sigfrids ald von Ecken tôt.*
> *Sô wil der ahte dâ bî niht wan hübschen minnesanc.*
> *dem niunden ist diu wîle bî den allen lanc.*
> *der zehend enweiz (niht) wie,*
> *nû sust nû sô, nû dan nû dar, nû hin nû her, nû dort nû hie.*
> *dar über haete manger gerne der Nibelunge hort.*
> *der wigt mîn wort*
> *(noch) ringer danne ein ort:*
> *des muot der ist in schatze verschort.*
> *sus gât mîn sanc in manges ôre, als der mit blîge in marmel bort.*
> *sus singe ich unde sage iu, des iu niht bî mir der künec enbôt.*

Singe ich den Leuten meine Lieder, dann verlangt der erste zu hören, wie Dietrich von Bern Abschied nahm, der zweite, wo König Rother zu Hause war, der dritte verlangt den Reußenkampf, dann verlangt der vierte

Eckeharts Not, der fünfte, wen Kriemhild verriet. Dem sechsten gefiele besser, was aus den Wilzen geworden ist. Der siebente möchte irgendwas, Heimes oder Herrn Wittichs Kampf, Siegfrieds oder Herrn Eckes Tod. Dagegen verlangt der achte nichts als höfischen Minnesang. Dem neunten wird die Zeit bei alldem lang. Der zehnte weiß gar nicht, was er will, mal so, mal so, mal ab, mal an, mal hin, mal her, mal dort, mal hier. Dazu hätten viele gerne den Nibelungenhort. Wer nur auf Geld aus ist, der schätzt meine Worte noch geringer als einen Heller ein. Dementsprechend geht mein Lied vielen so ins Ohr, wie wenn einer mit Blei in Marmor bohrt. Ebenso singe ich und sage euch, was euch durch mich der König nicht hat sagen lassen.

Wie immer die letzte Zeile zu verstehen sein mag – soll das ein Witz sein, oder gehört die Negation in den Hauptsatz, so daß sich der Sänger als verhinderter Königsbote gerieren würde? –, jedenfalls wendet sich der Sänger hier gegen das Banausentum seiner Zuhörerschaft. Ob er einige oder gar alle genannten Heldenlieder in seinem Repertoire gehabt hat, ist in der Forschung umstritten. Nur abgelehnte absurde Wünsche enthält der Katalog aber keinesfalls, da der Marner sich als Minnesänger ja nachweislich betätigte (s. u.). Wichtiger freilich ist die Tatsache, daß uns hier die Existenz solcher Heldenlieder überhaupt bezeugt ist, von denen uns nur zersungene Spätprodukte wie das *Jüngere Hildebrandslied* oder der *Hürnen Seyfried* erhalten sind. Es kann sich aber auch im 13. Jahrhundert nicht um großepische, sondern nur um überschaubare liedhafte, balladeske Produkte, am ehesten Episodenlieder in Strophen, gehandelt haben. Stofflich dominiert eindeutig die Dietrichsage, deren großepische schriftliche Ausformungen vor allem im österreichischen Donauraum und im Ostalpengebiet beheimatet sind (s. S. 320ff.; 498ff.). Manche hier genannten Einzelsagen finden wir aber nur in der nordischen *Thidrekssaga* (s. o. S. 308) aufgezeichnet; sie liefen in Süddeutschland also wohl nur mündlich um. Besonders wertvoll ist für uns das Zeugnis einer Tradition des Nibelungenstoffs neben dem schriftlichen *Nibelungenlied* (s. o. S. 305). Wenn überdies der Rother-Stoff in der Aufzählung erscheint, den wir aus dem pseudohistorischen Brautwerbungsepos *König Rother* von ca. 1160/70 aus Baiern kennen, so wird er damit ebenfalls in den Kreis der mündlich tradierten, heldensagenmäßigen Stoffe einbezogen. Alle diese hier genannten müssen also einer gewissen Nachfrage des Publikums entgegengekommen sein, ob der Marner sie nun befriedigt hat oder nicht.

Als Lyriker sieht sich der Sänger offenbar in erster Linie im Gefolge Walthers von der Vogelweide, der als erster neben dem Minnelied den Sangspruch unterschiedlichster Thematik pflegte. Dabei schöpft der Marner aber eher aus der breiten Walthernachfolge als aus den Werken des großen Meisters selbst, so im Minnesang insbesondere aus der „schwäbischen Schule" Gottfrieds von Neifen (auch wenn er XIV, 12 möglicherweise dagegen polemisiert) mit ihrer stereotypen Kombination von Natureingang und Minneklage (IV, V, VII, VIII). Näher steht der Marner Walther in der Verbindung von Minnelied und spruchartiger Minnelehre (VII–X), die bei unserem Dichter sogar ins Tagelied eindringt (III; das zweite Tagelied, II, ist ganz konventionell). Gerne nimmt sie die Gestalt von Parömien (bildhaften Redensarten) an. Eine ganze Reihe davon begegnet in X,1. Das Sprichwort „Keine Rose ohne Dornen" bildet die zweimalige Pointe des wohl interessantesten Minneliedes V, das einerseits wahre *minne* in fast scholastischer Manier von ihrem falschen Ebenbild *unminne*, welche kein Maß, keine Treue, keine Gegenliebe, kein harmloses Scherzen (!) kennt, abhebt, andererseits aber das Naturhafte der Liebe betont, die den Menschen wie alle Kreatur erfaßt, aber mit der Zeit notwendig dahinwelkt. Hier kreuzen sich die Traditionen des Minnesangs und der Vagantenlyrik (s. o. S. 416), wie B. Wachinger festgestellt hat. Daß sie „dialektisch aufeinander bezogen" seien, ist dagegen dem Text nur mit Mühe zu entnehmen.

An erkennbarem Sinnzusammenhang mangelt es auch so manchem der Sangsprüche des Marners, die aber insgesamt nicht nur quantitativ den acht Minneliedern weit überlegen sind. Die verwendeten Töne zerfallen wie bei Walther in solche, die zwar keine einheitlichen Lieder bilden, aber doch gemeinsame Themen und Motive aufweisen (I: Sünde und Gericht; VI: falsche und wahre Freundschaft; XI: Rivalität und Geiz bei Hofe), und solche, die thematisch offen sind und daher auch beliebig oft verwendet werden können (XIV und XV). Dazwischen stehen Ton XII und XIII, die der Marner möglicherweise von anderen übernommen hat (s. o.) – was sonst berufsmäßige Sänger vermeiden –, mit Marienpreisstrophen, aber auch diversen Invektiven (XII, 2; XIII, 3–4). In XIV und XV reicht das Spektrum dann aber vom Gebet (zum Schöpfer XIV, 11; zu Christus XIV, 8; 10; XV, 6; zu Maria XIV, 1; 9; XV, 1; 8) und von religiöser Unterweisung (XIV, 2; 3; 15; 17; XV, 15) über Tugendlehre und Lasterschelte (XIV, 5; 7; 12?; 14; XV, 3; 7; 9–10; 12–13; 17), Minnelehre (XV, 18), politische Klage und Propaganda (XIV, 4; 6; 13; XV, 5; 11) bis zu Persönlichem, Armutsklage (XV, 2; vgl. auch XIV, 7; 10), Gönnerpreis (XV, 4), Publikumsschelte (XV, 14; 16) und Kunstreflexion (XIV, 16; 18).

Die Vielfalt geht, wie es scheint, auf Kosten eines eigenständigen Profils. Allerdings fehlt eine befriedigende zusammenfassende Untersuchung der Lehrinhalte und ethischen Intentionen der Sprüche. Schon eine oberflächliche Durchsicht zeigt starke Übereinstimmungen mit Walther, Bruder Wernher und vielen anderen Fahrenden, was niemand überraschen wird. Insbesondere die Existenznöte und die Berufssorgen artikulieren sich ähnlich. Die gesteigerte Bedeutung, die schon Bruder Wernher dem Übel des Geizes beimißt, nimmt beim Marner noch zu. In der Auseinandersetzung mit der Konkurrenz schließt dieser enger an Walther an, ebenso in den politischen Grundideen, der Polemik gegen die weltliche Macht des Papstes und der Kirche sowie gegen die Schmälerung der Reichsgewalt durch die Fürsten. Obwohl er auch für geistliche Fürsten tätig gewesen ist, steht er dem konkreten Wirken der Kirche in seinen (späteren?) deutschen Sprüchen offenbar distanzierter gegenüber als Bruder Wernher. Glaubt man aus dessen Werk immer wieder einen geistlichen Bußprediger herauszuhören, der auch um sein eigenes Seelenheil ernsthaft bangt, so bieten des Marners religiöse Texte größtenteils objektive heilsgeschichtliche Belehrung oder deutsche Übertragungen liturgischer Muster. Wissen auszubreiten scheint erstes Gebot. Um es unterzubringen, greift der Sänger oft zur lockeren Reihung der Gedanken, die mitunter erst in den Schlußzeilen den Sinnzusammenhang preisgeben. Vorbild dafür könnte die ältere Spruchtechnik Spervogels (12. Jahrhundert) gewesen sein. Formales Gefäß ist beim Marner aber die große, aufwendige Kanzone geworden (s. o.), die auch musikalisch von großer Kunstfertigkeit zeugt. Melodien zu drei Tönen sind uns bei den Meistersingern überliefert, die den Marner ja zu den 12 alten Meistern zählten, zu Ton I, dem Goldenen Ton, Ton XIV, dem Kurzen oder Hofton, und zu Ton XV, dem Langen Ton (wie sie im 16./17. Jahrhundert genannt wurden). Eine davon (XIV) läßt sich nun auch anhand einer lateinischen Kontrafaktur aus der 1. Hälfte des 14. Jahrhunderts überprüfen. (Die entlehnten Töne XII und XIII stehen mit Notation in der Jenaer Handschrift). In ihrem musikalischen Aufbau tendieren die Spruchtöne wie bei Reinmar von Zweter und Friedrich von Sonnenburg zur Wiederholung des Stollens am Ende des Abgesanges, ohne daß es zur vollen Ausprägung dieses sogenannten dritten Stollens käme.

Der Marner war, wie wir gesehen haben, bei Lebzeiten heftiger Kritik ausgesetzt. So rief ihm etwa Rumelant zu: *des versmâ die leien niht ze sêre,* „verachte deshalb (weil du klerikale Bildung hast) die Laien nicht zu sehr" (Nr. 82, V. 24). Der oberfränkische Lehrdichter Hugo von Trimberg, der selbst lateinisch und deutsch dichtet, erhebt in seinem im Jahre 1300 vollendeten *Renner* dagegen den Marner über alle Sänger, sogar über Walther von der Vogelweide und den in seiner Vielseitigkeit unerreichten Konrad von Würzburg: *Doch rennet in allen der Marner vor, Der lustic tiutsch und schoene latîn, Alsam frischen brunnen und starken wîn Gemischet hât in süezem gedoene* (V. 1198–1201). Ob der so Gelobte sein Deutsch auch nur als bloß ergötzlich, als frisches Quellwasser gegenüber dem starken Wein des schönen Lateins eingestuft hätte, ist äußerst fraglich. Als zweisprachiger Dichter bildet er auf alle Fälle in seiner Zeit eine einmalige, herausragende Erscheinung, deren geistigen Nährboden wir wohl nicht grundlos in unserem Raum vermuten. Daher mußten wir so lange bei diesem *poeta doctus* verweilen, auch wenn sein poetisches Genie so viele Worte nicht gerechtfertigt hätte.

Was den Marner, abgesehen von seiner Propagandastrophe für Heinrich von Seckau, mit dem Ostalpenraum verbindet, ist die Überlieferung seiner lateinischen Gedichte im Codex der *Carmina Burana*. Im gleichen Zeitabschnitt, nämlich im 3. Viertel des 13. Jahrhunderts, sind auch fünf Strophen **Friedrichs von Sonnenburg** in eine ebenso berühmte Handschrift eingetragen worden, die von K. Schneider ebenfalls nach Südtirol verwiesen wird (s. o. S. 305), den Codex Sangallensis 857 (G). Dessen ursprünglicher Bestand mit „klassischen" großepischen Werken auswärtiger Provenienz ist ungefähr gleichzeitig mit dem Codex Buranus angelegt worden oder wenig später. Wir haben also guten Grund, Friedrichs Beinamen mit dem Namen des Ortes im Pustertal gleichzusetzen, wo 1022/39 ein – 1785 aufgehobenes – Benediktinerinnenkloster gegründet wurde. Die neuzeitliche Form Sonnenburg ist das Ergebnis desselben volksetymologischen Wandels von *suone* (nhd. Sühne) zu *sunne* (nhd. Sonne), den auch die Jenaer Liederhandschrift für den Dichternamen *Meister vriderich von svnnenburc* bezeugt. Die anderen Handschriften verwenden dieselbe alte Schreibung *Suon(en)burg* (mit o über dem u) wie die Urkunden für die zahlreichen Nennungen von Ministerialen des Klosters. Unser Dichter könnte also einer solchen Ministerialenfamilie angehört haben. Jedenfalls sprechen noch weitere Indizien für Südtirol. Friedrich nennt in Strophe 30 als Gewährsmann für die wundersame Erscheinung bei der Krönung König Rudolfs in Aachen 1273 einen Brunecker, also einen offenbar seinem Publikum bekannten Herrn von Bruneck, womit die 1251 vom Brixener Bischof angelegte Burg nahe bei Sonnenburg gemeint sein dürfte. Und in Strophe 41 feiert er *den von Rifenberc* als großen Baum der *tugenden,* der für die Berufssänger reiche Frucht trägt, d. i. Ulrich von Reifenberg, einen 1231–1270 urkundlich belegten Ministerialen der Grafen von Görz bzw. Görz-Tirol. Den Begründer des Landes Tirol, Graf Meinhard II. (1258–95), nennt Friedrich dagegen nirgends. Der energische Realpolitiker scheint sich um die Kunst wenig gekümmert zu haben. Der Spruchdichter Boppe erwähnt ihn zwar später als Herzog von Kärnten (ab 1286), aber nicht als einen Mäzen. Auch sein berühmter Kollege Frauenlob (Heinrich von Meißen, gest. 1318) sagt von seinem Kärntner Aufenthalt nur, er habe dort *ritterschaft* gesehen. Ganz anders Meinhards Schwäger, die Herzöge von Baiern ab 1253, Ludwig II. (von Oberbaiern und Pfalz 1255–1294) und Heinrich XIII. (von Niederbaiern 1255–1290), die als wichtige Gönner in die Literaturgeschichte eingegangen sind. *Heinrich in Peierlant* wird vom Sonnenburger namentlich seiner *milte* wegen gefeiert (Str. 45). Selbst die Vermittlung an den Wittelsbacher Hof in Landshut hat unser Sänger keinesfalls dem Grafen Meinhard II. zu verdanken, da er bereits auf Heinrichs Vater, den 1253 verstorbenen Herzog Otto II., eine Preisstrophe verfaßt hat. Jener Hof ist es zweifelsohne gewesen, der Friedrich die meiste Förderung angedeihen ließ: *Ahi wie werdiclichen stat/ der hof in Peierlande,/ enkeiner me so werdiclich/ in al der kristenheit!* (65,1–4: Hei, wie ehrenvoll steht der Hof in Baiern, keiner sonst so ehrenvoll in der ganzen Christenheit!), heißt es in seiner Strophe 65 aus den Jahren 1251/53, die mit den Worten ausklingt: „Dorthin läßt man immer noch jeden gehen, der sich um des Fürsten Brot bemühen will" (V. 16). Es ist also unwahrscheinlich, daß sich Friedrich in ebendiesen Jahren nebenbei schon am Hof des Böhmenkönigs aufgehalten hat, dem er in Strophe 53 die Freigebigkeit Saladins zuspricht. So wird er wohl auch hier schon König Ottokar II. Přemysl (1253–1278) meinen, dessen Ungarnfeldzug 1271 er dann als „Kriegsberichterstatter" in Strophe 52 schildert (s. o. S. 304). Daß der dieser Militäraktion vorausgehende Bruch des Waffenstillstandes durch den Ungarnkönig das „falsche Ja eines Königs" sei, welches Friedrich in Strophe 27 anprangert, wie der Herausgeber A. Masser meint, läßt sich dagegen nicht sichern, da Wortbrüche in der Politik keine Seltenheit waren. Mit des Sängers eigener Trennung vom Přemyslidenhof, die spätestens 1273 erfolgt sein muß, hat die Strophe aber ziemlich sicher nichts zu tun. Vielleicht hat er wieder bei den Wittelsbachern Aufnahme gefunden, als er die Propagandastrophen 28, 29 und 30 für den 1273 neu gewählten und gekrönten römischen König Rudolf I. verfaßte, war doch Herzog Ludwig II. der wahrhaftige Königsmacher bei dieser Wahl, *des Roemeschen rîches êrste kieser an der kür,* wie es der Spruchdichter Rumelant von Sachsen ausdrückt. Friedrich erwähnt freilich Ludwigs Rolle mit keinem Wort, sondern streicht statt dessen Rudolfs Erwählung durch Gott (in Form des vom Brunecker bezeugten Kreuzeswunders, s. o.) und den Papst heraus, dessen Briefe von 1274 an den König (Str. 28) bzw. an die Reichsfürsten (Str. 29) er resümiert und teilweise sogar wörtlich zitiert. Somit schließen diese spätestens 1275 anzusetzenden, letzten datierbaren Sprüche des Sonnenburgers den Kreis zu seinem vielleicht ersten, der im Sinne der päpstlichen Partei den kürzlich (im Dezember 1250) verstorbenen Kaiser Friedrich II. als habgierigen, sein Seelenheil verspielenden Sünder verunglimpft (Str. 59). Im Gegensatz zu den Rudolf-Sprüchen entsprach diese Strophe von 1251 jedoch ganz und gar nicht den wittelsbachischen Interessen, so daß Friedrich unmittelbar darauf – wie auch später öfter – die Seite gewechselt haben muß. Über Vermutungen kommen wir hier ebensowenig hinaus wie auch sonst über weite Strecken bei der Erstellung solcher Dichterbiographien. Das Todesdatum Friedrichs kennen wir auch nicht. Wie der Marner muß er aber vor Konrad von Würzburg (gest. 1287) gestorben sein.

Die umfangreichste schriftliche Sammlung von Friedrichs Sprüchen findet sich in der mitteldeutschen Jenaer Liederhandschrift, 63 Strophen in drei Tönen (mit Melodien), daneben 26 Strophen in vier Tönen in C und 22 in der Streuüberlieferung. Von den insgesamt – abgesehen von der Meistersingerüberlieferung – Friedrich zugeschriebenen 73 Strophen sind also eine Menge nur in einem Codex überliefert, 40 nur in J, 7 nur in C, 2 nur in je einer anderen Handschrift, was die Echtheitsfrage nicht erleichtert. Bei weitem am besten (in 4 Handschriften) überliefert sind 6 geistliche

Strophen in Ton I, ein Marienpreis (Str. 14) und die fünf Frau-Welt-Sprüche, die in J das Sonnenburger-Korpus eröffnen und schon weit früher, nämlich noch zu Lebzeiten des Dichters in die Handschrift G (s. o.) eingetragen wurden. Diese Frau-Welt-Strophen stehen nahezu einzig da in der deutschen Literatur des 13. Jahrhunderts. Sie treiben den Preis der irdischen Schöpfung ins Extrem, bis an die Grenze des theologisch Vertretbaren: Die Entstehung des Menschen geschehe auf natürlichem Wege durch die Zeugung der Eltern, deren gebotene Verehrung mit einer Schmähung der Welt unvereinbar sei (Str. 1). Kein Mensch könne wahrhaft der Welt entsagen *(sich abetuon der werlde),* sondern einzig einem freizügigen, sündhaften Leben. Bei der Auferstehung werde selbst der Leib zusammen mit der Seele ewiges Leben erlangen (Str. 2). Aus der irdischen Welt habe Gott sein menschliches Sein, seine Mutter und alle Heiligen genommen. Aus ihr werde selbst noch das himmlische Jerusalem geschmückt werden (Str. 3). *Swer dich beschiltet werlt, der schiltet got,* denn dieser erweise täglich eben der Welt die Ehre, sich in einem (irdischen) Brot zu verbergen, und erhebe sie damit über den Himmel der Engel (Str. 4). An diesem Wunderwerk der Schöpfung, mit welchem Gott seine Gottheit als Mensch umkleidet hat, habe das Böse einzig durch die Sünde der Menschenkinder Anteil (Str. 5). Solcher Weltpreis, der nur durch eine gewisse Unverbindlichkeit der Begriffe den Häresieverdacht vermeidet, geht selbst über die relativ diesseitsgewandte Sicht der religiösen Lieder Walthers von der Vogelweide noch hinaus, der der leiblichen Auferstehung zumindest den Untergang der irdischen Welt im Feuer gegenüberstellt (s. o. S. 279). Dennoch erweckt die positive Einseitigkeit dieser Strophen nur den Eindruck einer dialektischen Abstraktion, einer gedankenexperimentellen Absehung von der Welt als Wirkungsstätte des Teufels, nicht dagegen den einer existentiellen Bindung an das Diesseits, welche Walther selbst in seiner Weltabsage nicht leugnen kann. Die folgenden Strophen in J (und in Massers Ausg.), welche die Aussagen von Strophe 1–5 gerade wiederum dadurch zu widerlegen suchen, daß sie die irdische Welt als Stätte und Nährboden der Sünde entlarven, entsprechen denn auch sozusagen nur den Kontraargumenten in einer nach dem *sic et non*-Schema aufgebauten scholastischen *quaestio,* könnten also einer Art Dichterdisputation vor demselben Publikum, ja vielleicht sogar dem Munde ein und desselben Sängers entstammen. Gegen die ursprüngliche Zusammengehörigkeit der Pro- und Kontrastrophen spricht allerdings – neben stilistischen Unterschieden – die Überlieferung. Alle 10 Strophen stehen nur im Anhang zur Kleinen Heidelberger Liederhandschrift, neun davon in anderer Reihenfolge auch in J. Die Südtiroler Handschrift (St. Gallen 857), die zu des Sängers Lebzeiten, ja vielleicht sogar unter seinen Augen vollendet wurde, enthält jedoch, ebenso wie die Große Heidelberger Liederhandschrift C, ausschließlich die Pro-Strophen.

In ihrer speziellen Tendenz stechen die fünf Sprüche nicht nur aus der gesamten zeitgenössischen Lyrik, sondern auch aus Friedrichs Œuvre hervor. In ihrer geistlichen Prägung geben sie jedoch einen Grundzug dieses Schaffens an. Mehr als ein Drittel aller Strophen sind als religiöse Sprüche im engeren Sinne anzusprechen (Welt-Disputation s. o.; Gebete zu Gott, Str. 11, 12, 61; Gebete zu Maria, Str. 13, 15–16, 62; heilsgeschichtliche Belehrung, Str. 14, 39, 40, 50, 71; Weihnachtslied, Str. 32; Aufforderung zur Buße, Str. 20; Schelte der Frau Welt, Str. 21–22!), mindestens zwei Dutzend moralische Sprüche haben überdies einen stark religiösen Einschlag. An Ausbreitung theologischer Gelehrsamkeit mangelt es hier ebensowenig wie in den Weltlobsprüchen. Aber anders als der Marner begnügt sich der Sonnenburger damit nicht, sondern sucht bisweilen das gedanklich Gewagte und Paradoxe. So wiederholt er in Strophe 71 37mal das Wort *got* in 16 Versen und spitzt dabei das unbegreifliche Wunder von der Allmacht des dreieinigen Gottes so zu: „Hätte Gott gegen Gott (im Heilsgeschehen) etwa mehr begehrt, als Gott um Gottes willen da tat, so hätte Gott es Gott sehr wohl gewährt: Gott tat um Gottes willen, was Gott Gott um Gottes willen bat, nach Gottes Bitte" (V. 13–16). Maria erhöht der Dichter nicht nur über alle Engel, wie es dem Usus der Hymnen und der katholischen Lehrmeinung entspricht, sondern nimmt sie in die Präexistenz bei Gott vor aller Schöpfung auf (Str. 14). Diese Vorstellung, die durch Verweis auf Gottes ewige Vorsehung kaum abgeschwächt erscheint, begegnet zwar auch bei anderen deutschen Dichtern (dem Meißner, Konrad von Würzburg, Hermann Damen), widerspricht aber dem klaren Votum der Hochscholastik: *Solus Deus est aeternus* (Thomas von Aquin, *Summa theologiae* I q. 10 a. 3). In Strophe 62 riskiert Friedrich sogar ein Spiel mit Marias Gottesbrautschaft. Er droht der Königin, wenn sie ihm keinen Lohn geben wolle, ihre heimliche Minnebeziehung zu einem „hohen Manne", ja sogar zu dreien, auszuplaudern.

Dagegen nimmt sich die religiöse Rechtfertigung der Kunst und ihrer Ausübung für materiellen Lohn eher harmlos aus, obwohl Friedrich gerade hier zu besonderer Eigenständigkeit des Denkens vorstößt. Der Stand der Unterhaltungskünstler war seit der Verdammung des heidnischen Theaters in der christlichen Spätantike ständig der ablehnenden Haltung der Kirche ausgesetzt. Im Frühmittelalter unterschied diese kaum je zwischen den diversen Gruppen des fahrenden Volkes, der Sänger, Gaukler, Tänzer, Kunstfechter, Feuerfresser, Hellseher usw., und warf sie zumeist sogar mit Räubern, Dieben, Landstreichern, Huren, entsprungenen Mönchen und anderen in einen Topf. Dementsprechend wurden sie noch im 13. Jahrhundert von den Rechtsbüchern als rechtlos angesehen, obwohl zu dieser Zeit sich die Haltung der Kirche bereits längst zu differenzieren begonnen hatte. Hatte in der ersten Hälfte des 12. Jahrhunderts Honorius Augustodunensis (s. o. S. 140) den *ioculatores* (mhd. *spilliuten*) noch keine Hoffnung auf das ewige Heil zugebilligt, so schrieb Thomas von Aquin zu Lebzeiten des Sonnenburgers: „Der Beruf der Spielleute, der darauf ausgerichtet ist, den Menschen Erleichterung zu bringen, ist an sich nicht unerlaubt, und sie sind nicht im Stande der Sünde, sofern sie nur Spiel und Scherz mäßig gebrauchen, d. h. dazu keine unerlaubten Worte und Inhalte und sie auch nicht zu unzulässigen Geschäften und Zeiten gebrauchen [...] Daher sündigen auch die nicht, welche sie maßvoll unterstützen, sondern tun recht, wenn sie sie für ihren Dienst entlohnen" (*Summa theologiae* II, II q. 168 a. 3). Selbstverständlich konnte dann für solche Spielleute *(histriones)* auch die im Corpus iuris canonici ausgesprochene Exkommunikation nicht gelten. Rigorose Prediger wie Berthold von Regensburg (s. o. S. 228f.) rechneten dagegen noch immer *alle die guot für êre nement* zu den Dienern des Satans (wie es Honorius getan hatte). Berthold bedauert, daß einem solchen Sünder jemals die Taufe gespendet wurde, und verbietet jede Gabe an ihn: „Alles, was man dir gibt, das gibt man dir mit Sünden; denn sie müssen sich Gott gegenüber verantworten am Jüngsten Tage, die dir etwas geben" (*Predigt von den zehn Chören der Engel und der Christenheit*).

Unmittelbar gegen solche Angriffe setzt sich Friedrich mit seinen an der Gerichtsrede und der Predigt geschulten Sprüchen heftig zur Wehr. In Strophe 19 beteuert er, die Kunst ehre und erfreue die Fürsten und Herren, sie sei heilig und nehme nur um Gottes willen für die Ehre (das durch den Sänger gesteigerte Ansehen) das Gut (Entlohnung, Unterhalt) von vielen Edlen, die folglich auch um Gottes willen die Kunst entlohnen sollten. Die Befürchtung, daß auf diese Weise Unwürdige beschenkt würden, zerstreut der Sonnenburger mit der kühnen Behauptung: *got undiet künste niht engan* („Gott gönnt dem Gesindel keine Kunst", V. 7). Die Gabe der Kunst führt er geradezu auf die Barmherzigkeit Gottes zurück. In Strophe 68 erinnert er dann die potentiellen Gönner an Gottes Gebefreudigkeit, die sogar den Juden, Heiden und Ketzern das Leben und seine Freuden spendet. Den rechtschaffenen Leuten *(der rehten diet)* schenke er aber das Himmelreich – und dies der Ehre wegen, welche jene ihm erwiesen haben. Somit seien, heißt es in Strophe 69, alle Menschen Empfänger von *guot umbe êre*. Nehmen sei also für niemand Sünde, es sei denn, er nehme aus Habgier zuviel. Logische Bocksprünge nimmt der Sänger bei dieser Argumentation durchaus in Kauf: Gottes grenzenlose Barmherzigkeit und das allgemeine Gebot der Nächstenliebe (vgl. Str. 66) vertragen sich im Grunde gar nicht mit der Forderung nach der Rechtschaffenheit des Empfängers. Gerade diese im Falle der Berufssänger, der „Begehrenden" *(gernden)*, allem Zweifel zu entheben ist aber das Hauptanliegen (Str. 67):

> *Swer giht, die guot den gernden geben,*
> *die möhtenz also maere*
> *dem tiuvel stozen in den munt,*
> *der liuget nides vaz.*
> *Diu wise gernder ist mir kunt:*
> *si hazzent offenbaere*
> *untriuwe, unvuore, unrehtez leben –*
> *mit gote erziuge ich daz:*
> *Si gernt durch got des man in git*
> *und wünschent ane lougen*
> *Den gebenden heiles ze aller zit,*
> *si habent got vor ougen,*
> *Si enpfahent gotes lichnamen*
> *und hant ze Kriste pfliht;*
> *Ouch kunnen sie sich sünden schamen*
> *und bitten vür die kristenheit – desn tuot kein tiuvel niht!*

Wer sagt, diejenigen, welche den Begehrenden etwas geben, könnten es ebensogut dem Teufel ins Maul stopfen, der lügt, dieser Neidhammel! Die Lebensweise der Begehrenden ist mir bekannt: Sie hassen offenkundig Untreue, Ausschweifung, sittenloses Leben. Dafür rufe ich Gott zum Zeugen an! Sie begehren um Gottes willen, was man ihnen gibt, und wünschen aufrichtig den Gebenden Glück und Segen allezeit. Sie haben Gott vor Augen, sie empfangen den Leib Gottes und pflegen der Gemeinschaft mit Christus. Sie vermögen sich auch ihrer Sünden zu schämen und für die Christenheit zu beten. – Das tut kein Teufel!

Integration der Berufssänger in die christliche Gemeinschaft – sie stand noch immer oder schon wieder in Frage, sie war aber Bedingung ihrer diesseitigen und jenseitigen Existenz. So wird der religiöse Anstrich der Texte sozusagen zum Legitimationsausweis des Autors, ob er nun politische Propaganda macht (s. o.), ob er vor Geiz, Heuchelei, Habsucht, Mißgunst, Lüge, falschem Rat oder anderem warnt. Mit gutem Grund sagt daher Lupold Hornburg von Würzburg um 1350 in seinem Katalog von den zwölf Meistern – nicht zu verwechseln mit dem Meistersingerkatalog der 12 alten Meister, worin Friedrich fehlt –: *Von sunneburg der Gotheit vns ein teil beschiet.* Ganz selten bleibt einmal ein Spruch ganz im innerweltlichen Bereich wie etwa Strophe 73, in der der Sonnenburger behauptet, er würde auch höfische Minnelieder singen, wenn die jungen Adeligen sie nicht mißachteten und dafür lieber beim Wein Frauen schmähten (vgl. *Helmbrecht,* V. 984ff., s. o. S. 355). Das hat dem Sangspruchdichter wohl genügt, sich von der Gattung des Minnesangs zu dispensieren. Jedenfalls ist nichts dergleichen von ihm erhalten.

Mit des Marners Vielseitigkeit will er nicht konkurrieren noch mit dessen Formkünsten. Die erhaltenen Melodien erinnern allerdings insofern an die des Marners, als sie ebenfalls mehr oder minder starke Andeutungen, aber keine volle Realisierung der Stollenreprise aufweisen. Aber Friedrich begnügt sich mit vier (stolligen) Tönen (Ton I: Str. 1–50; Ton II: Str. 51–52, nur in C, ohne Melodie; Ton III: Str. 53–60; Ton IV: Str. 61–73). III und IV sind auch noch eng verwandt; sie unterscheiden sich vornehmlich durch eine abweichende Reimstellung. Diese fällt im 2. Stollen des Tons IV einmal wirklich kompliziert aus, wie oben an der zitierten Strophe 67 nachgeprüft werden kann: 4ma, 4kb, 4mc, 3md/4mc, 4kb, 4ma, 3md//4me, 4kf, 4me, 4kf, 4mg, 3mh, 4mg, 7mh. Sonst gibt er es meist billiger, was der unmittelbaren Publikumswirkung gewiß nicht abträglich war. Auch Sprache und Stil kommen fast ohne manieristisches Virtuosentum aus. Von den gattungsüblichen rhetorischen Mitteln benutzt er häufig nur die – oft anaphorische – Wiederholung thematischer Leitwörter, bisweilen allerdings *ad nauseam* (z. B. in Str. 71, s. o.). So stimmt denn beides: Einerseits ist Friedrichs Formkunst „nie zu anspruchsvoll im Niveau, zuweilen eher hausbacken" (A. Masser); andererseits darf der Sonnenburger, blickt man auf die inhaltliche Seite seiner Sprüche, als „einer der besten und einfallsreichsten der späten Literaten" (H. de Boor) gelten.

Ulrich von Liechtenstein und die Minnelyrik

Ulrich von Liechtenstein gehört zu den wenigen mittelalterlichen Dichtern, die bis heute noch über den Kreis der Fachleute hinaus zumindest dem Namen nach bekannt sind. Diese Prominenz verdankt er nicht seinem dichterischen Können, sondern dem Umstand, daß wir hier ausnahmsweise einmal einen Poeten jener fernen Zeit als historische Person wirklich fassen können. Ja, die ältere Forschung – deren Ergebnisse sich in der populärwissenschaftlichen Literatur hartnäckig halten – glaubte sogar, aus Ulrichs autobiographischem Roman auch das „Privatleben" des Minnesängers und Minnedieners rekonstruieren zu können. Auf dieser Rekonstruktion beruhte dann auch das allermeiste, was man überhaupt von der damaligen „Praxis" höfischen Liebeslebens im deutschen Sprachraum zu wissen meinte. Inzwischen ist hier größte Skepsis eingekehrt, die wiederum zu einer fein säuberlichen Scheidung zwischen Leben und Werk, zwischen dem *homo politicus* und dem *homo poeta* tendiert, wie wir sie notgedrungen bei allen Dichtern vornehmen, die uns zwar in außerliterarischen Zeugnissen, in ihnen jedoch nie als Dichter begegnen.

So ist auch in den nahezu hundert Urkunden, in welchen Ulrich aufscheint, nie von seiner Literatur- und Musikproduktion die Rede. Selbst der steirische Reimchronist Ottokar (s. Bd. II) stellt ihn nicht als Dichterkollegen vor, sondern nur als *witzic* (klug) *unde menlich und volkomen an triwen* (Österreichische Reimchronik, V. 1972f.) und schildert dann nur Ulrichs politische Aktivitäten. Die einschlägigen Urkunden umfassen die Zeitspanne von 1227 bis 1274 und belegen Ulrichs Tätigkeit in den Ländern Steier, Österreich, Kärnten und Krain und seine Beziehungen zu deren gesamter politischer Prominenz. Schon gegen Ende der Babenbergerzeit bekleidete er ein Hofamt, das des steirischen Truchsessen (1244/45). Während der Herrschaft Ottokars ist er 1267 und 1272 als Marschall der Steiermark belegt, 1272 auch als Landrichter, d. h. Vertreter des Landesherrn bei Gerichtsverhandlungen und beim Landtaiding. Diese herausragende Stellung verdankt Ulrich gewiß zum Teil eigener Tatkraft, fürs erste aber bereits dem Sozialprestige seiner Familie. Die nach der steirischen Burg Liechtenstein – dies die historische Schreibung (mhd. *lieht* = nhd. Licht) – benannten landesfürstlichen Ministerialen stammen höchstwahrscheinlich von den Edelfreien von Traisen-Feistriz ab, mit denen sie auch das Hausstift Seckau gemeinsam haben. Der dort begrabene Ulrich I., unser Dichter, starb am 26. Januar 1275 als etwa Siebzigjähriger nach einem in jedem Falle überaus tatenreichen Leben, gleichgültig ob wir ihm nun auch noch einige seiner „privaten" Erlebnisse zuschreiben wollen oder nicht. Allein das Lavieren zwischen dem jeweiligen Landesfürsten und dessen Gegnern bedurfte der Anspannung aller psychischen und physischen Kräfte. Sollte dieser Mann auch noch Lust und Muße zum endlosen Minnewerben, zu Mummenschanz und Turnieren gehabt haben?

Zur Abfassung von 58 Liedern, eines Minneromans und eines didaktischen Minnebüchleins ist ihm jedenfalls genug Zeit geblieben, denn diese Werke sind uns unter Ulrichs Namen überliefert, der Roman *Frauendienst* in zwei kleinen Fragmenten und einer bis auf ein Doppelblatt vollständigen Handschrift (München, Cgm 44, Sigle M) in bairisch-österreichischer Schreibsprache aus der Zeit um 1300, das *Frauenbuch* nur im *Ambraser Heldenbuch* vom Anfang des 16. Jahrhunderts (zu diesem s. o. S. 316), die Lieder schließlich sowohl in der Münchner Handschrift des *Frauendienstes*, der ja den epischen Rahmen dafür liefert, als auch getrennt von diesem in der Großen Heidelberger Liederhandschrift C. In C fehlen allerdings die Lieder XXII, XXIII, XXV, LI und LVI, in M dagegen Lied XXXVII (zum Teil), LVII und LVIII. Auch diese beiden vollständig ausgefallenen Lieder müssen jedoch echt sein, da Ulrich selbst sagt, er habe 58 *doene gesungen* (*Frauendienst*, Str. 1846). Lied XII und XL, Strophe 1, stehen auch in der Kleinen Heidelberger Liederhandschrift A. In keinem der drei Codices findet sich eine Melodieaufzeichnung. Ulrichs kompositorische Leistung entzieht sich also völlig unserer Kenntnis. *Abb. 6*

Daß das Liedkorpus auch allein überliefert ist, zeugt von einer eigenständigen Rezeption des lyrischen Schaffens. Allerdings dürfte der Sammler der Lieder von C bereits eine Handschrift des *Frauendienstes* benützt haben. Ohne den epischen Rahmen verständlich sind sämtliche Lieder, manche von ihnen sogar ziemlich mangelhaft darin eingefügt. Die meisten werden also wohl auch vor dem Roman entstanden sein. Wenn dieser dann eine relative Chronologie der Lieder und oft sogar den Entstehungsanlaß liefert, sind wir jedoch schwerlich berechtigt, dies anders denn als fiktional einzustufen.

Beim Wort nehmen dürfen wir den Erzähler wohl bei den Gattungsbezeichnungen. 37 Liedern (Nr. I–XXXVIII bis auf XXI) gibt er eine Überschrift, davon 26mal *tanzwîse* – woraus wir, wie bei Neidhart und dem Tannhäuser, auf die Hauptfunktion des gesamten Liedgutes schließen dürfen –, viermal *sincwîse* oder *sancwîse* (VII, IX, XI, XVIII), zweimal *langiu wîse* (III, XV), zweimal *ûzreise* (XVI, XXXVIII) und je einmal *reie* (XXIX), *tagewîse* (XXXVI) und *leich* (XXV). Die Kriterien der Benennung sind offenkundig teils formaler, teils inhaltlicher Art. Beides zugleich könnte auf die zwei Ausreisen zutreffen, wohl marschartige Lieder, möglicherweise eine von Ulrich neu eingeführte Gattung, welche die engste thematische Beziehung zur epischen Rahmenhandlung aufweist. Die konkrete Realisierung des Minnedienstes durch Waffentaten, ein dem klassischen Minnesang fremder Gedanke, der dagegen den Höfischen Roman der Blütezeit prägt, wird hier von der Epik in die Lyrik übertragen. Wenn die Ritter aufgefordert werden, sich unter Helmen und Schilden schauen zu lassen und dabei Hochherzigkeit, Mut, Anstand und Freigebigkeit zu beweisen, so ist wohl vornehmlich an Turniere gedacht, so wie sie im Roman laufend abgehalten werden.

Die beiden *ûzreisen* gehören zu den wenigen unstolligen Liedern Ulrichs. Ihre jeweils sieben Strophen setzen sich aus je zwei ungleichen Teilen zusammen. Ebenso asymmetrisch gebaut sind die Lieder XII und XXVI, symmetrisch dagegen IX und XX, ungegliedert schließlich Lied XXXIII, sämtlich Tanzlieder bis auf eines. Alle übrigen Lieder sind – abgesehen von dem einen Leich – Kanzonen mit gewöhnlich fünf oder sieben meist kurzen Strophen, vereinzelt drei, vier oder sechs. Die Stollen zählen überwiegend zwei Verse, der Abgesang drei oder zwei. Ein so langer Ton wie der von XV (5ma, 3mb, 6mc/5ma, 3mb, 6mc//5md, 2me+3md, 2me+3md, 6me) ist die Ausnahme. Die Bezeichnung *lanc wîse* würde gut dazu passen, aber Lied III mit derselben Überschrift entspricht wiederum der siebenzeiligen Normalform. Den kompliziertesten Bau weist selbstverständlich der Leich (Nr. XXV) auf. Der Länge nach (97 Verse) entspricht er etwa der Normalform des altfranzösischen *descort* (s. o. S. 297), der Struktur nach dagegen der lat. Sequenz mit doppeltem Kursus. Der Anfangs- und der Schlußversikel (A u. G) stehen allein und rahmen zwei identische Versikelreihen (BCDEFE/BCDEFE).

Inhaltlich handelt es sich um einen Minneleich, der die wichtigsten Themen Ulrichs vereint: Preis des Minnedienstes und der Frauen, Beteuerung eigener *staete*, Klage über mangelnden Minnelohn, Ausschau nach einer Minnedame, die ebenso *staete* ist. Diese Themen können in anderen Liedern ebenfalls gemeinsam, ebenso aber auch getrennt auftreten. Dabei zeichnet sich eine gewisse Gruppenbildung, aber keine klare Entwicklungslinie in der Gesamtabfolge der Lieder ab, genausowenig wie in stilistischer Hinsicht. Hauptvorbild ist und bleibt ohne Frage Walther von der Vogelweide, doch verbindet Ulrich Walthers Forderung nach Gegenseitigkeit der Minne und nach Unterscheidung der Frauen gemäß ihren moralischen Qualitäten mit Reinmars aristokratischem Bekenntnis zur Hohen Minne. Schon in III nimmt er die von Walther in L 46, 32ff. = M 80 *Aller werdekeit ein füegerinne* vorgelegte Alternative auf und entscheidet sich gegen die Niedere Minne. Daß sie ständisch bestimmt ist, geht am deutlichsten aus XXXIV,4 hervor:

> *Daz ist ein wip, diu wol ir wipheit chan mit tugenden chroenen:*
> *ir wiplicher muot ist wandels fri.*
> *ichn gesach nie wibes lip so guoten noch so schoenen:*
> *ir reines wibes fuore bi.*
> *si ist ein frowe von geburt: so ist ir süezer lip*
> *von ir tugenden ein vil wiplich wip.*

Das ist eine Frau – meine Minneherrin –, die ihre Eigenschaft als Frau trefflich mit Vorzügen krönen kann: Ihr weiblicher Sinn ist frei von jedem Tadel. Ich habe nie eine so gute und schöne Frau gesehen: Ihr ist die Verhaltensweise einer makellosen Frau eigen. Sie ist eine Edeldame von Geburt, zugleich ist ihre liebliche Person aufgrund ihrer Vorzüge ein Inbegriff des Weiblichen.

Diesem adeligen Frauenideal spricht Ulrich auch den von Walther (s. o. S. 270) geforderten Tugendadel zu (Lied LI, LIII, LV). Die von Walther hergestellte Verbindung von *hôher minne* und *hôhem muot* als Zentralgedanke von Ulrichs Lyrik wendet sich wiederum gegen Reinmars beständiges *trûren* (s. o. S. 265): „Trauern kann guten Frauen durchaus mißfallen, denn dadurch erleidet die Ehre Einbußen. Ich rate euch Männern Hochgestimmtheit *(hôhen muot),* da Frauen Freude angenehm ist" (XXVII, 4, 3–6). So gibt es zwar auch bei Ulrich die elegische Minneklage, meist tritt aber an ihre Stelle – außer der waltherschen Schelte (z. B. XXII) – das freie, nicht an eine bestimmte Dame gerichtete freud- und hoffnungsvolle Minnelied. Hier schließt sich Ulrich vor allem an Gottfried von Neifen an (s. o. S. 301). Frühlingseingang, Beschwörung der höfischen Lebens- und Sinnenlust zeugen davon. Gottfrieds formales Virtuosentum findet allerdings kaum Nachfolge, am ehesten noch in dem Reigentanzlied XXIX mit seiner galoppierenden Reim- und Kolonfolge. Strophe 1 lautet:

> 1 *Sumervar   ist nu gar*
> *heide, velt,   anger, walt*
> *hie und da,   wiz, rot, bla,*
> *gel, brun, grüene,   wol gestalt.*
> 5 *wunneclich,   vreuden rich*
> *ist gar, swaz diu erde treit;*
> *saelic man,   swer so chan*
> *dienen, daz sin arbeit*
> *in liebe leit.*

Sommerlich sehen nun vollends Heide, Feld, Anger, Wald hier und dort aus, weiß, rot, blau, gelb, braun, grün, wohlgestaltet. Wonniglich, freudenreich ist ganz und gar alles, was die Erde trägt. Selig der Mann, der so zu dienen versteht, daß seine Mühe ihn liebreich bettet!

Das ganze Lied ist auf den Einklang von Maienglanz und Liebesvereinigung, *der minne freuden spil,* ausgerichtet. Strophe 5 spricht es unverhohlen aus:

> 1 *Minnen solt   wirt geholt*
> *volleclich,   da ein man*
> *und ein wip   umb ir lip*
> *lazent vier arm gan,*
> 5 *decke bloz.   freude groz*
> *wirt da beidenthalben chunt –*
> *ob da niht   mer geschiht?*
> *chleinvelhitzeroter munt*
> *wirt minnen wunt –*
> 10 *dar nach gesunt.*

Minnelohn wird vollständig geholt, wo ein Mann und eine Frau um ihren Körper vier Arme gehen lassen, hüllenlos! Große Freude lernen beide Seiten kennen. Ob da nicht etwa mehr passiert? Zarthäutigheißroter Mund wird von Liebe wund – danach aber gesund.

Der augenzwinkernde Schluß, der statt des erwarteten sexuell Eindeutigen nur die wundgebissenen Lippen zur Sprache bringt und mit einem überschüssigen Geleitvers sie auch gleich wieder heilt, erinnert an die anmutige Erotik des Tannhäusers (s. o. S. 296). Vor allem aber soll hier wohl der Topos des roten Mundes aus der Neifenschule überboten werden, der ja auch sonst zusammen mit den dort obligatorischen Merkmalen der strahlenden Augen und des hellen Lachens oft genug in den Frauenbeschreibungen bei Ulrich auftritt. Erfüllte körperliche Liebe beschränkt sich in diesem lyrischen Œuvre also nicht auf das Tagelied, das damit seine übliche Ausnahmestellung verliert. Die beiden Tagelieder bringen aber Ulrichs Minneethik am prägnantesten auf den Punkt. Lied XXXVI legt im Zwiegespräch der Liebenden dem *herren* die Formel in den Mund: *din lieber man, min liebez wip,/ daz si wir beidiu und ein lip* (2, 7–8). Das zitiert überdeutlich die biblische Wendung in Genesis 2,24 und bei Matthäus 19,5f. *erunt duo in carne una* (Sie werden zwei in einem Fleische sein), die dort aber natürlich auf die Ehe gemünzt ist und von Paulus dementsprechend zur Warnung vor außerehelicher Unzucht herangezogen wird (1. Korintherbrief 6, 15–18). Gerade von einer illegitimen Beziehung ist aber im Tagelied traditionell die Rede. Der Mann muß zum Schutze der Ehre der Dame bei Tagesanbruch heimlich fortschleichen, was bei Ulrich als Vertreibung aus dem *minnen paradise* (5,1) erscheint. Im zweiten Tagelied (XL) wird die Zeit der Minnefreuden zwar in novellistisch-schwankhafter Manier verlängert – der Mann versäumt die Zeit der Morgendämmerung zum Aufbruch und muß nun noch einen Tag und eine Nacht von der Dame in ihrer Kemenate verborgen werden –, am Ende steht aber auch hier die Trennung. Was Ulrich zu einer Art Paradiesehe verklärt und so dem Zugriff irdischer Institutionen entrücken will, bindet er andererseits ganz realistisch in die ihm so wichtige Standeshierarchie ein: Die traditionelle Rolle des Wächters und Weckrufers teilt er einer adeligen Zofe der *vrouwe* zu, da, wie er selbst im *Frauendienst* anmerkt (Str. 1621ff.), ein bäuerlicher Wächter ein solches Geheimnis ja doch nicht bewahren könne.

Der Erzählerkommentar, der auch die *duo in carne una*-Formel bekräftigt (Str. 1630), bindet das lyrische Element hier besonders eng in den Roman ein. Doch auch sonst fehlt es nicht an formalen und inhaltlichen Gemeinsamkeiten. So korrelieren die – nicht häufigen – Natureingänge der Lieder in der Regel mit den das Romangeschehen gliedernden Jahreszeiten. Vor allem werden etliche Lieder ausdrücklich an die *vrouwe* des Minnesängers übersandt, von ihr gelesen oder ihr vorgesungen. Der Lyrik äußerlich angenähert ist die Erzählung durch Bündelung der üblichen vierhebigen Reimpaare zu (insgesamt 1850 erhaltenen und über 30 verlorenen) achtzeiligen Strophen, während umgekehrt in den Liedern solche Vierheber nicht selten sind. Zusätzlich zu den Liedern lagert der Autor in den Roman dann noch drei Minnereden, sogenannte *büechelîn*, fünf Briefe in Versen und zwei in Prosa ein. Die Verse der Minnereden (1. Büchlein, 387 Verse, ein Sendschreiben an die Dame; 2. Büchlein, 393 Verse, ein Dialog von Dichter und Minne; 3. Büchlein, 397 Verse, eine Rede an Herz und Dame) sind gewöhnliche höfische Reimpaare mit männlicher oder klingender Kadenz, ebenso die der Versbriefe a, b, d, e, während Brief c sowie alle Strophen der Erzählung nur männliche Kadenzen aufweisen. Die Vielfalt der Formen ist zweifelsohne Programm, vergleichbar der Tendenz der großen Denker des Jahrhunderts zur enzyklopädischen Summe. Deren selbstverständliches Gefäß ist das Lateinische, aber auch etliche Versuche in romanischen Volkssprachen sind schon zu verzeichnen, darunter das naturwissenschaftliche Lehrbuch des provenzalischen Franziskanerpaters Matfre Ermengau, *Breviari d'Amor (Liebesbrevier)*, das im Rahmen der vom Liebesprinzip gesteuerten Schöpfung Gottes auch der geschlechtlichen Liebe ihren gebührenden Platz einräumt und zu diesem Zwecke eine große Menge von Trobadorliedern zitiert. Freilich deutet der Bettelordensbruder die Trobadorlyrik im kirchlichen Sinne um und sieht ihre theologische Rechtfertigung nur in der Verherrlichung der Frau schlechthin (vgl. o. S. 341 das zum Stricker Gesagte) oder in der Ausrichtung auf das Ziel der Ehe. Doch als Vorbild für Ulrich kommt das erst 1288 begonnene – völlig anders geartete – Werk schon aus chronologischen Gründen nicht in Frage. Hingegen könnte unser Dichter in Oberitalien etliche okzitanischen *vidas* und *razos*, Biographien von Trobadors und Erklärungen ihrer Lieder, kennengelernt haben. Nicht wenige dieser Sängerviten tragen ausgesprochen novellistische Züge wie etwa die Fernliebe Jaufre Rudels oder die Geschichte vom gegessenen Herzen Guilhems de Cabestanh. Allerdings sind diese Texte in Prosa gehalten, stammen auch in den seltensten Fällen von den Trobadors selbst, sondern zumeist wohl von Berufssängern, die fremdes Liedgut vortrugen und für ihr Publikum kommentierten. Eigene Lieder hat dagegen Jean Renart zu Anfang des 13. Jahrhunderts in seinen Versroman *Guillaume de Dole* eingefügt, und zwar als literarische Neuerung, wie er selbst sagt, die dann auch bald von Gerbert de Montreuil im *Roman de la Violette* nachgeahmt wurde. Ulrich kann aber gut und gerne ohne Kenntnis dieser französischen Romane auf sein literarisches Experiment verfallen sein. Keines der darin verwendeten Einzelelemente ist als solches neu. An Minnereden gab es zuvor den *Heimlichen Boten* (2. Hälfte des 12. Jahrhunderts, alemannisch?), die *Klage (Das Büchlein)* Hartmanns von Aue (um 1180), das früher ebenfalls Hartmann zugeschriebene sogenannte *Zweite Büchlein* und vor allem die *Frauenehre* des Strickers (s. o. S. 340). Diesen Minnereden eignet eine gewisse Nähe zum Briefgedicht – so soll das *Zweite Büchlein* nach Wunsch des Verfassers seine *vrouwe* begleiten –, aber weit näher stehen Ulrichs Versbriefen die romanischen *saluts*. Das kurze Schreiben der ersten Minneherrin an Ulrichs *niftel* (Nichte, Verwandte) und Ulrichs Rundschreiben mit der Ankündigung der Venusfahrt (s. u.) sind in ihrer prosaischen Gestalt vermutlich als Versatzstücke der Wirklichkeit gemeint. Paraphrasierung und Kommentierung, die vor allem gegen Ende des Romans viele Lieder begleiten, sind dagegen ausschließlich in Versform gehalten. Soweit hat die deutsche Prosa zum Unterschied von der romanischen ihren Geltungsbereich eben noch nicht ausgedehnt.

Das romanhafte Leben des Minneritters Ulrich von Liechtenstein, dessen Name im folgenden an sich von Rechts wegen zur Bezeichnung der Fiktionalität dieser Person stets in Anführungszeichen stehen sollte, läßt sich in Kürze so resümieren:

Als zwölfjähriger Page beginnt Ulrich bereits einer adeligen Dame zu dienen, pflückt für sie Blumen, trinkt das Wasser, in dem sie zuvor ihre Hände gewaschen hat, ehe er nach vier Jahren beim Markgrafen Heinrich von Istrien (?) seine Lehrzeit als Knappe durchmacht und dabei reiten, höfisch konversieren und Liebesbriefe dichten lernt. (Von einem Unterricht im Lesen und Schreiben hören wir kein Wort.) Dann erprobt Ulrich sich in Turnieren und erhält anläßlich der Feierlichkeiten zur Hochzeit der Tochter Herzog Leopolds VI. mit Herzog Albrecht von Sachsen die Schwertleite. Als Ritter läßt Ulrich seiner – durchweg ungenannten – *vrouwe* Anträge in Liedform durch Vermittlung seiner *niftel* zukommen, die stets abgewiesen werden. Als die *vrouwe* einmal beiläufig erwähnt, ihm stünde sein Mund *ungefüege* (unordentlich, garstig), läßt er sich operieren. Ein Meister in Graz schneidet ihm eine seiner drei Lippen (eine Hasenscharte?) ab. Ulrich läßt sich bei der ungemein schmerzhaften, weil selbstverständlich narkoselosen Prozedur nicht einmal anbinden, um davon seiner Dame Kunde zukommen zu lassen. Wochenlang leidet er am Wundfieber; sein Mund stinkt nach der Heilsalbe „wie ein fauler Hund"; er kann kaum etwas essen. Dem eben Geheilten ist zumindest eine kurze Begegnung mit der Angebeteten vergönnt. Aber die Antwort auf sein übersandtes Büchlein ist wiederum negativ

(Str. 1–176). Zwei Jahre nach seiner Schwertleite nimmt Ulrich zusammen mit zahlreichen namhaften Rittern aus Österreich, Steier, Kärnten, Tirol, Krain, Görz und einzelnen Gästen aus Baiern am großen Turnier zu Friesach teil. Bei einem Turnier im nächsten Jahr in Südtirol wird er an der Hand verletzt. Als seine Minnedame davon erfährt und spottet, er habe ja den angeblich eingebüßten Finger noch, läßt er sich diesen (inzwischen steifen) abhacken und sendet ihn mit dem Zweiten Büchlein an die *vrouwe*, welche ihn zwar in ihrer Lade aufhebt, aber dem Spender deshalb doch keine weitere Gnade gewährt (Str. 177–469). Ulrich veranstaltet nun einen langen Turnierritt in der Verkleidung der Frau Venus von Mestre bei Venedig durch Friaul, Kärnten, Steiermark und Niederösterreich bis zur mährischen Grenze und entbietet alle Ritter dieser Länder zum Zweikampf. Diese Fahrt bringt ihm soviel Ruhm ein, daß seine Minnedame ihm erstmals ein Stelldichein zusagt (Str. 470–1123). Dazu muß Ulrich zuerst in Lumpen gehüllt zusammen mit dreißig Aussätzigen vor der Burg der Angebeteten lagern und das als Almosen gespendete Brot teilen. Endlich wird ihm die Stelle gezeigt, wo er zur Kemenate hinaufgezogen werden soll. Ausgerechnet dort, wo Ulrich sich im Burggraben verborgen hält, verrichtet der Hausschaffner bei seinem abendlichen Rundgang seine Notdurft, so daß Ulrich sein triefend nasses Gewand ablegen muß. Endlich wird er hinaufgezogen, umgekleidet und in die Kemenate geführt. Ans Ziel seiner Wünsche, ins Bett der *vrouwe*, gelangt er aber auch jetzt nicht, sondern wird, da er freiwillig das Feld nicht zu räumen gewillt ist, mit List auf recht unsanfte Art in den Burggraben zurückbefördert. Mit Mühe vor dem Selbstmord bewahrt, schöpft er doch bald wieder Hoffnung. Tatsächlich scheint Ulrich schließlich doch erhört worden zu sein, doch deutet er dies gemäß dem Minnegebot der Diskretion gerade nur verhüllend an. Dieselbe Zurückhaltung übt er dann bei der Erwähnung einer Missetat seiner *vrouwe*. Ulrich sagt nun endgültig seinen Dienst auf und hält Ausschau nach einer neuen Herrin (Str. 1124–1389). Schließlich findet er auch eine, der er ausschließlich Gutes nachsagt. Das neue Minneverhältnis scheint harmonischer zu verlaufen, erhält aber gar keine epischen Konturen mehr. Anderes drängt sich in den Vordergrund, zuerst Ulrichs Turnierfahrt in Gestalt des Königs Artus durch die Herzogtümer Steier und Österreich – der Anfang davon ist in der Lücke der Handschrift verlorengegangen –, dann der Tod Herzog Friedrichs, die friedlose Zeit danach, Ulrichs hinterlistige Gefangennahme durch falsche Freunde und seine Auslösung durch den kaiserlichen Statthalter, Graf Meinhard von Görz. Mit allgemeinen Betrachtungen über das höfische Leben und die Minne schließt das Werk (Str. 1390–1850).

Dieses seltsame Gebilde hat eine Fülle von Interpretationen provoziert, die in unserem Rahmen nur in Form einer eigenwilligen Auswahl und Zusammenschau zu bewältigen ist. Mit Memoiren im modernen Sinne wird heute niemand mehr diese Erzählung verwechseln. Aber die Realität steht doch in ganz anderem Ausmaß als beim Höfischen Roman dahinter, ja dringt mehrfach ins erzählte Geschehen ein. Die Hochzeit der Tochter des österreichischen Herzogs verzeichnen die Göttweiger Annalen zum Jahr 1222, wodurch die im Roman gegebene relative Chronologie der Ereignisse einen Fixpunkt von außen gewinnt und auch eine Datierung des Werkes ermöglicht. Ulrich sagt im Epilog (Str. 1845), er habe es vollendet, nachdem er 33 Jahre Ritter gewesen sei, also im Jahre 1255. Im letzten Teil des Romans, dem zweiten Minnedienst, fällt die innere Chronologie (nicht nur aufgrund des fehlenden Doppelblattes in der Handschrift) allerdings nur noch rudimentär aus. Mittels anderer Zeugnisse lassen sich Friedrichs Schlachtentod auf 1246 und die Entsendung des Görzer Grafen in die Steiermark auf 1249 festlegen. Beide Ereignisse spielen aber im Minnegeschehen gar keine Rolle. Der Fall des Herzogs dient nur zur Begründung der allgemeinen Situation im Lande. Graf Meinhard soll zwar den Romanhelden befreit haben, doch läßt sich die mehr als dreijährige Gefangenschaft mit den Urkunden der Jahre 1247–49 gar nicht vereinbaren, was zur Skepsis auch gegenüber anderen Taten wie der Venus- und der Artusfahrt Anlaß gibt, obwohl sie in der urkundlich nachweisbaren Biographie Ulrichs zumindest teilweise zeitlich Platz fänden. Wenn diese Fahrten aber nicht, zumindest nicht in dieser phantastisch-bombastischen Form stattgefunden haben sollten, wozu dann die hier, beim Turnier von Friesach und anderswo, ausgebreitete Fülle der Namen realer, von der Forschung inzwischen größtenteils identifizierter Personen, die alle dem Adel (einzelne der Geistlichkeit) angehören? Global gesehen, soll die gesellschaftliche, insbesondere kämpferisch-spielerische Interaktion der Ritter verschiedenster Familien, Länder, Regionen und Stände hinauf bis zum Landesfürsten ein aristokratisches Solidaritäts- und Sendungsbewußtsein beschwören; im einzelnen können auch noch spezielle politische Aktionen dahinterstehen. So dürfte die Artusfahrt die Rekonziliation des Liechtensteiners und anderer Landherren mit dem damals noch geächteten Herzog Friedrich im Jahre 1239 bildhaft verklären (M. Weltin). Da der Text aber gewiß nicht nur der Vergangenheitsbewältigung dient, mag in derselben Maske zugleich ein politisches Anliegen der 50er Jahre (Votum für die Personalunion der ehemaligen babenbergischen Länder?) verborgen sein.

Das Turnier ist für Ulrich der ideale Ort der sozialen Integration, der Repräsentation und der ritterlichen Bewährung des gesamten Adels. Für arme Ritter darf dabei sogar ein materieller Gewinn abfallen, der sie von dem Zwang zu unritterlichen Erwerbsarten zu befreien vermag. Reichen bietet sich dagegen hier die Gelegenheit zu grenzenloser Freigebigkeit. Edelster Antrieb für alle aber soll die Minne sein, die weitab von allen Nützlichkeitserwägungen liegt, die Kommunikation unter Edelleuten fördert und sie von ständisch Unterlegenen, zur Minne Unfähigen abschottet. Minnesang und Minneroman gehörten offenkundig zum Kulturleben der Aristokratie des 13. Jahrhunderts in Österreich und Steier. Sie wurden im geselligen Kreis vorgetragen, diskutiert und wohl auch partiell nachgespielt. Das Übersenden von Liedern und Büchlein dürfte ebenfalls keine bloße Erfindung sein, so daß wir auch kaum Anlaß zum Zweifel an Ulrichs Angabe haben, er selbst sei im Gegensatz zu seiner Minnedame des Lesens und Schreibens nicht fähig gewesen – ein wichtiger Beleg für die Möglichkeit mündlicher Produktion und schriftlicher Rezeption von Lyrik (und Epik) zu jener Zeit. Die Biographie des Minnesängers von der Liebe des Knaben zu der verheirateten höhergestellten *vrouwe* über die grotesken Szenen des Küchen-, Apotheken- und Medizinalhumors, die Transvestitenkomik der Venusfahrt, das Leben unter den Aussätzigen, die Tageliedparodie der Kemenatenszene, den Selbstmordversuch bis hin zur Absage an die erste und Hinwendung zur zweiten *vrouwe* ist dagegen schwerlich anders denn als fiktionales Gebilde denkbar, angefertigt nach literarischen Mustern, zuvörderst nach den Topoi des klassischen Minnesanges selbst, dann den Vidas und Razos (s. o.) oder regelrechten Minneritternovellen wie der (verlorenen) französischen, dann ins Deutsche übertragenen Verserzählung von dem Trouvère Maurice de Craon (mit ihrer prunkvollen Turnierfahrt), dem (zweiteiligen!) Artusroman, dem *Tristan* (Aussatzmotiv), ja sogar Bibel und Legende.

Die Verehrung der Minneherrin trägt von Anfang an einen religiösen Anstrich, der den modernen Leser blasphemisch anmuten muß. Zugleich nähert sich da und dort das Minnemartyrium des Helden dem Leidensweg eines Heiligen, dessen Finger auch als eine Art Reliquie aufbewahrt wird. Daß es auch komische Züge annimmt, ist vom Autor durchaus beabsichtigt, beeinträchtigt das ethisch positive Rollenbild des Minneritters aber keineswegs, sondern beweist nur dessen bis zur Selbstparodie und demütigen Selbstentäußerung reichenden Idealismus. Dabei übersteigt kein Abenteuer des Minnetoren vollends die Grenzen des real Vorstellbaren. Das Wunderbare des Höfischen Romans bleibt ausgeschlossen. Der *Frauendienst* soll *historia* im mittelalterlichen Sinne sein, also historisches und historisch mögliches Geschehen abbilden, bei dem eben auch die zahlreichen realen Personen „mitspielen" können.

Wirkt schon die Partie des ersten Dienstes (bis Str. 1389) auf den heutigen Leser in der Nacherzählung unterhaltsamer als im Original, da viele komische Pointen und epische Spannungselemente erbarmungslos zerredet werden, so reißt der Erzählfaden im letzten Teil fast völlig. Das scheint seinen Hauptgrund im Wechsel der geschilderten politischen Situation zu haben. Schon der Artusfahrt bereiten Spannungen mit Böhmen ein Ende, dann folgt gar die Anarchie des Interregnums. Für amouröse Abenteuer bleibt da wenig Raum. Einziger Hort des *hôhen muotes* in dieser heillosen Welt ist nun der Minnesang selbst. Den zweiten Dienst, der nur wenig mehr als ein Viertel der Erzählstrophen umfaßt, illustriert Ulrich mit fast der Hälfte aller Lieder und füllt viele dieser Erzählstrophen auch noch mit Liedkommentaren und Minnereflexion. Ganz zu Recht konstatiert J.-D. Müller, daß Ulrich beim ersten Dienst die Gegenwelt höfisch-galanten Spiels, wie sie ähnlich schon die klassische Epik um 1200 aufgebaut hat, als Alternative zur politisch-sozialen Ordnung in diese selbst hineinverpflanzt, im zweiten Dienst die beiden aber wieder auseinandertreten läßt. Gerade wenn nun aber der Autor in dem ersten Dienst das Als-ob seines Entwurfs bewußt machen und halten wollte – wofür die Maskeraden die deutlichsten Zeichen wären –, so gab er damit wohl zu erkennen, daß er die „gute, alte Zeit", wie sie so viele seiner Dichterkollegen beschworen, nicht als absolut positive Realität dem Niedergang in der Gegenwart gegenüberzustellen beabsichtigte. Ganz ferne liegt es ihm jedenfalls, objektive soziale oder ökonomische Veränderungen für den Verfall verantwortlich zu machen. Der Verrat an den echten adeligen Werten der Ritterschaft und der Minne trägt für ihn eindeutig die Schuld daran.

Diesen seinen Standpunkt faßt Ulrich nach dem *Frauendienst* nochmals und diesmal noch eindeutiger, weil nahezu ohne jede narrative Einkleidung, in seinem *Frauenbuch* zusammen. Er reiht es selbst unter die „Büchlein" ein, deren er drei schon in den *Frauendienst* verpackt hatte (s. o.), und datiert die Vollendung auf das 35. Jahr seiner Ritterschaft (s. o.), also auf 1257. Das 2134 höfische Reimpaarverse umfassende, nicht eben wirkungsmächtige Minnelehrbuch folgt dem in solchen „Büchlein" gerne gewählten Ablauf eines Streitgesprächs, das die Kernaussagen jedoch keineswegs relativiert. Ulrich will auch mit diesem Werk seiner Minneherrin dienen und zugleich alle edlen Damen ansprechen: „Die Damen sollen es gerne lesen, es nennt ihnen die edlen Männer, die ihnen im Dienste untertan sind. Diesen soll ihre Güte Huld schenken. Welche dies tut, die verhält sich richtig" (V. 2130–34). Selbstverständlich ist die traditionelle neuhochdeutsche Wiedergabe des vom Autor selbst stammenden Titels hier ebenso irreführend wie beim *Frauendienst,* da er ursprünglich nur auf die adelige Frau, eben die *vrouwe,* zielt.

Das epische Element des *Frauenbuchs* beschränkt sich auf den knappen Aufbau der Dialogsituation und auf das Hinzutreten des Erzählers (V. 1821), eben des namentlich genannten Autors selbst, der nun als Schiedsrichter fungiert. Die Entscheidung durch einen „objektiven" Dritten begegnet in der Gattung des Streitgesprächs gemäß ihrer Herkunft aus der juristischen Rhetorik nicht selten, setzt mit der gewählten Ich-Form hier aber die Linie des *Frauendienstes* direkt fort. Im ersten Teil des Streitgesprächs werfen der *herre* und die *vrouwe* einander gegenseitig vor, sie trügen Schuld an dem Verlust der Freude in der Welt. Die Damen entzögen sich der höfischen Unterhaltung und der Bewunderung durch die Ritter und gebärdeten sich statt dessen als fromme Büßerinnen; sofern sie überhaupt einem Manne ihre Gunst schenken wollten, so träfen sie ihre Wahl nicht nach den Kriterien höfischer Sittlichkeit und Ehre. Die Ritter hinwiederum seien zu richtigem Minnedienst gar nicht fähig, verbrächten ihre Zeit nur mit Jagen und Zechen, seien in der Minne nur auf sexuelle Erfolge aus, um dann beim Wein damit zu prahlen, oder trieben es gar widernatürlich mit Männern. Im zweiten Teil (V. 757–1820) beschreibt dann der Ritter auf Wunsch der Dame das seiner Ansicht nach richtige Verhalten der beiden Geschlechter. Die Erkenntnis der Gesprächspartner, daß beide Seiten für den Verfall der höfischen Sitten verantwortlich seien (obgleich man sich natürlich vor Verallgemeinerungen insbesondere bei den gravierendsten Verfehlungen zu hüten habe), wird im dritten Teil des Werkes (ab V. 1821) vom Erzähler bestätigt, der allerdings dann die Frauen durch den Hinweis auf ihre Gehorsamspflicht gegenüber den Männern exkulpiert. Dies kann schließlich in einen allgemeinen Frauenpreis und in das Bekenntnis zum lebenslangen Minnedienst münden.

Damit schwenkt Ulrich wieder ganz in die Gattungstradition des Minnebüchleins ein. Wieweit diese sich mit der kirchlichen Sexualmoral vertragen konnte, beweist die *Frauenehre* des Strickers (s. o. S. 340), dessen satirische Stoßrichtung gegen Verfehlungen in der höfischen Gesellschaft des öfteren mit der Ulrichs zusammentrifft (etwa gegen die Homosexualität). Um so auffälliger sind die Unterschiede. Soweit der immer noch von der Forschung ungenügend erschlossene Text seinen Sinn preisgibt, nimmt er eindeutig gegen die rigorosen kirchlichen Restriktionen Stellung. Mag des Ritters Angriff gegen das nonnenhafte Gehabe der *vrouwen* noch parteiische Übertreibung sein, so bleibt sein Plädoyer für den Ehebruch im ganzen Text unwidersprochen: Wenn eine wahrhaft liebenswerte Dame von einem schlechten, ehrvergessenen Gatten, den sie sich nicht selbst gewählt hat, keine Freude und Liebe empfange, so habe sie das Recht, sich auch körperlich ihrem Geliebten hinzugeben, sofern dieser ihre Liebe verdiene (V. 909–994). Ja, an späterer Stelle geht der männliche Gesprächspartner, nun wieder ganz von der Warte des Minneritters aus argumentierend, sogar so weit zu behaupten, vollkommener Dienst verdiene an sich vollkommenen, d. h. sexuellen Lohn (V. 1519–92). Das ist genau die Ansicht des Erzählers (= Autors) im *Frauendienst*, wie wir gesehen haben. Dabei kennt er die Bedenken aus religiöser Sicht sehr wohl. Seine Angebetete sagt ausdrücklich, die *huote* ihres Ehegatten könnte sie vom Ehebruch nicht abhalten, wenn sie „es nicht um Gottes willen unterlassen wollte" und um ihrer Ehre willen (Str. 1210). Dieselbe Möglichkeit räumt auch der Ritter im *Frauenbuch* ein (V. 924). Sie war damals auch schwerlich zu übersehen, wie etwa ein Blick in eines der populärsten Moralhandbücher des Mittelalters, das der französische Dominikaner Wilhelm von Peyraut vor der Mitte des 13. Jahrhunderts vollendet hat, lehren kann, wo für jeden ungesühnten außerehelichen Beischlaf die sichere Verdammnis angedroht wird. Um so verblüffender ist die Selbstverständlichkeit, mit welcher Ulrich seine Laienmoral als Alternative jenem Verdikt gegenüberstellt. Anstatt des religiösen Verbotes formuliert er nur sittliche Normen für die Auswahl des Liebespartners und die Warnung vor der Verletzung der absoluten Diskretion: „Ist er (der Geliebte) ein so gesinnter Mann, daß er ihre (der Geliebten) Ehre mit rechter Treue bewahren kann, wie er soll, so hat er Freude und Wohlergehen. Ihnen beiden hat Gott ein freudenspendendes süßes Leben geschenkt" (Str. 1618). Der Minnetor, der auf den modernen Leser mehr als einmal den Eindruck eines mit den Windmühlen kämpfenden Don Quijote macht, entpuppt sich als veritabler Vorkämpfer der Laienemanzipation gegen die massive Frömmigkeitsbewegung, die zur gleichen Zeit von vielen Berufsdichtern wie dem Stricker, dem Sonnenburger oder Bruder Wernher kräftig unterstützt wird. Ulrich versucht dagegen, die autonome Kultur des Kriegeradels, ohne die auch dessen soziale Stellung nicht haltbar sein würde, auf der Grundlage des bis zur letzten Konsequenz, ja bis zu einer Art Ersatzreligion gesteigerten Minnedienstes zu perpetuieren. Dies vor allem, mehr noch als das Gattungsexperiment seines *Frauendienstes,* macht diesen talentierten Sänger und mittelmäßigen Erzähler zu einer der wichtigsten Gestalten der nachklassischen deutschen Literatur.

Bei einem literarischen Unikum wie dem *Frauendienst* wird man von vornherein volles Gelingen kaum erwarten können. Bei seinen Liedern konnte Ulrich sich dagegen erfolgreich von einem breiten Traditionsfluß treiben lassen, und er blieb damit in seiner Heimat nicht allein. Was andere steirische Lyriker des 13. Jahrhunderts hinterlassen haben, erreicht aber umfangmäßig in der Überlieferung (der Großen Heidelberger Liederhandschrift C) insgesamt kaum mehr als ein Drittel der Liedproduktion Ulrichs. Da sie sich überdies zumeist auch noch der kleinen Sonderströmung Ulrichscher Kunst innerhalb jenes Traditionsflusses anschließen, dürfen wir sie hier knapp und summarisch abhandeln.

Von den **„kleinen" steirischen Minnesängern,** die W. Hofmeister in seiner kommentierten Ausgabe (von 1987) vereinigt, haben wir den von Scharfenberg (Scharpfenberg) schon oben (S. 292) erwähnt, da er trotz seiner vermuteten Abstammung aus einer Krainer Adelsfamilie dem Wiener Sängerkreis in der Neidhartnachfolge angehört haben dürfte. Es verbleiben die folgenden Namen der Handschrift C: *her Heinrich von der Muore* (4 Lieder), *von Stadegge* (3 Lieder), *Der von Wildonie* (3 Lieder), *von Suonegge* (3 Lieder), *von Obernburg* (7 Lieder). Keiner dieser Namen ist, wie nicht anders zu erwarten, einwandfrei mit einer historischen Persönlichkeit zu identifizieren. Die in der Forschung geäußerten Zweifel an einer Zuweisung an die Steiermark scheinen aber in den meisten Fällen wenig berechtigt. Die Bezeichnung *von der Muore* (mit Artikel!) kann wohl nur den Fluß Mur (mhd. *Muor*) meinen, nicht einen Ort Mauer, Mauren oder Muri (mit mhd. *û*). Ob allerdings der in der Mitte des 13. Jahrhunderts in den Nekrolog von St. Lambrecht eingetragene *Hainricus miles de Mura* (vermutlich ein Ministeriale von Murdorf bei Judenburg) unser Dichter ist, bleibe dahingestellt. Der zweite Sänger kann wahrscheinlich als Angehöriger der Ministerialenfamilie von Stadeck (nördlich von Graz) gelten. Am ehesten kommt der 1230 bis 1262 urkundlich (davon mehrfach zusammen mit Ulrich von Liechtenstein und Herrand von Wildon!) bezeugte Rudolf II. von Stadeck in Frage, der auch die Münchener Handschrift des Aeneasromans Heinrichs von Veldeke in

Auftrag gegeben haben dürfte. Beim dritten Sänger bietet sich die Gleichsetzung mit dem 1248 bis 1278 urkundlich belegten Herrand II. von Wildon (südlich von Graz) geradezu von selbst an. Der Beiname des vierten Sängers erklärt sich am besten durch die Annahme, die Quelle der Handschrift C habe hier die Schreibung *u* mit darübergesetztem *o* nicht, wie gewöhnlich, für den Laut *uo*, sondern, wie auch sonst gelegentlich im Oberdeutschen, für *ou* verwendet. Der Dichter könnte dann aus dem Geschlecht der Edelfreien von Souneck stammen (zu Soune, d. i. Savina, kleine Save; späterer deutscher Name Sann, danach Saneck oder Sanneck). Ulrich von Liechtenstein nennt einen Konrad von Souneck als Teilnehmer am Friesacher Turnier (Str. 191). Unweit Souneck/Saneck liegt der Ort Ober(n)burg an einem Nebenflüßchen der Sann. Den fünften und letzten Sänger unserer Gruppe mit dem Benediktinerkloster dieses Ortes in unmittelbare Verbindung zu bringen erscheint jedoch nicht ratsam, da wir uns die Herren von der Mur, von Stadeck, Wildon und Saneck doch am ehesten als adelige Dilettanten wie Ulrich vorzustellen haben. Um den von Obernburg in eine klösterliche Studierstube zu versetzen, reicht ohnehin keines der vorgebrachten Argumente, am wenigsten des Dichters formale Virtuosität bei gleichzeitig mangelnder lebendiger Ausdruckskraft, aber auch nicht das fehlende Wappen in der Miniatur der Handschrift C. Ein solches vermissen wir etwa auch bei Kol von Nutzing-Frauenhofen (s. o. S. 292) oder dem zweifelsfrei adeligen Reichsministerialen Friedrich von Hausen. So wird der Obernburger wohl auch sozial der hier besprochenen Sängergruppe angehört haben. In den Jahren zwischen 1257 und 1269 sind denn auch mehrere Burgvögte *(castellani)* von Obernburg (mit Namen Volker, Hermann und Johannes) urkundlich belegt.

Als Anhaltspunkt einer innerliterarischen Chronologie könnte der Grad der Aufnahme motivlicher und formaler Anregungen aus der schwäbischen Neifenschule dienen. Dabei steht **der von Obernburg** mit den meisten Entlehnungen am Ende, also vermutlich auch am Ende der hier darzustellenden Epoche. **Der von Saneck** kommt ihm am nächsten, **der Stadecker** und **der Wildonier** stehen in der Mitte (und somit ungefähr in der Mitte des Jahrhunderts). Keinen westlichen Einfluß der genannten Art läßt **Heinrich von der Mur** erkennen. Mit Ulrich hat er freilich etliches gemeinsam, aber dabei kann er da oder dort auch der Gebende gewesen sein. Weit mehr als die anderen vier steirischen Sänger trägt Heinrich ein eigenes Gepräge, das er offenbar in persönlicher Auseinandersetzung mit der Liedkunst Reinmars und Walthers gewonnen hat. Wenn er von diesen etwa die Zwiesprache mit dem Herzen oder die große Schuld der *vrouwe* in Lied IV übernimmt, so vermittelt er seinerseits (mit demselben Lied) das in der geistlichen Literatur heimische und bei Heinrich von Morungen ins Positive gewendete Motiv der Augen als Verführer des Herzens an Herrand (Lied III, 3) und den Sanecker (III, 1). In Lied II, einer Minneklage, läßt er auf die Eingangsrede an die treuen Freunde, denen er in Reinmars Manier sein *trûren* klagt, eine Frauenstrophe folgen, die den Sänger etwa nach Art des frühen donauländischen Minnesanges als Freude der Frauen und Pein der *merkaere* preist. Das einstrophige Lied I, das die grammatischen Reime des Reinmarliedes MF 198,4ff. nachahmt und überbietet, tritt gar inhaltlich aus dem Kreise des Minnesanges überhaupt heraus. Wie einige religiöse Lieder Walthers formuliert es die Abkehr von der Welt, jedoch in einer wesentlich radikaleren Weise: Früher habe der Sänger als Blinder Blinde geführt (vgl. Matth. 15,14; Lukas 6, 39), nun aber sei er an der Gabelung den rechten Weg (vgl. Matth. 7,13f.) geritten, und sein Haar sei von einem „besser" Geschorenen geschoren worden. Zur Vermeidung ewigen Verderbens habe er so ein neues, wohlbehütetes Leben gewählt. Das kann nur die Klosterzucht nach Empfang der Tonsur durch einen ranghöheren Geistlichen meinen. Dementsprechend stellt auch die Miniatur der Handschrift C einen Novizen (noch ohne Tonsur) im Gespräch mit einem Abt dar, beide im Habit der Benediktiner. Obwohl diesem Bild kaum ein Zeugniswert zukommt, dürfen wir die Aussage des Liedes getrost autobiographisch verstehen. Die drei Minnelieder wären also dann noch Produkte von Heinrichs Weltleben.

Mit Rudolf(?) von Stadeck beginnt dann die Reihe der zweifellos von Ulrich abhängigen Sänger, von denen manche auch noch Anregungen von Heinrich aufgenommen haben. Selbstverständlich setzen sie ebenfalls die klassischen Gattungen wie Minneklage und Frauenpreis, Werbungslied und Minnepreis fort, kommen dabei aber über anspruchslosen Eklektizismus – der, wie oben festgestellt, auch westliches Gut einbezieht – kaum je hinaus. Wo man einen originellen Gedanken zu entdecken meint, trügt einen meist nur die mangelnde Kenntnis der Tradition. So sind etwa das Festhalten an Frohsinn und Minnetreue trotz widrigster Umstände beim Wildonier (Lied I) oder die Dienstaufsage beim Stadecker (Lied III) auch in Ulrichs *Frauendienst* zu finden. Wenn in ebendiesem Lied Rudolf (?) allerdings seiner Herrin wünscht, sie solle, wenn sie ihm schon den Lohn verweigert habe, sich nicht (weiterhin) *arger minne,* schlechter, geiziger Liebe, widmen, so liegt vielleicht wirklich ein „in der mittelhochdeutschen Lyrik einzigartiger Schluß" (W. Hofmeister) vor. Am ausgiebigsten bedient sich der von Obernburg aus dem literarischen Fundus des Minnesangs von Reinmar und Walther bis Ulrich von Liechtenstein und Gottfried von Neifen. Selbst auf Neidhart, dessen Neuerungen sonst von den Steirern großteils gemieden werden, greift er mitunter zurück. Der Sammler der Handschrift C scheint die stark reflektierende Art und die Formkünste dieses Dichters – Refrain (Lied VII), Wortspiele (V, VI), Binnenreime (III, V, VI, VII), Reiminversion im Stollen wie in der provenzalischen Lyrik (IV) – besonders geschätzt und ihr deshalb mehr Platz als den anderen Sängern dieser Gruppe (die in dem Codex fast völlig auseinandergerissen erscheint) eingeräumt zu haben.

Die ältere Forschung hat neben der steirischen Gruppe auch noch eine von Tiroler Sängern in der unmittelbaren Nachfolge Walthers von der Vogelweide, der ebenfalls für einen Tiroler galt, in dessen Heimat ausgemacht. Die Indizien reichen für eine solche Lokalisierung aber nur in wenigen Fällen aus. Bei Alram von Gresten (s. o. S. 294) und Rubin (s. o. S. 300) haben wir (allerdings auch nur mit schwachen Argumenten) für Österreich plädiert. Kaum nach Säben bei Brixen dürfte **Leuthold von Seven** gehören, da neben dieser Form des Beinamens in den Handschriften auch noch die Variante Saven vorkommt und in einer Urkunde von 1218 ein *dominus Levtoldus de Sauen* bezeugt ist, ein adeliger Herr von Saven (heute Safenau nördlich von Graz), der der Vater oder Onkel des Minnesängers gewesen sein könnte. Wir dürfen diesen also wohl dem eben vorgestellten Kreis adeliger Dilettanten in der Steiermark zurechnen, obwohl Leutholds Werk kaum Gemeinsamkeiten mit Ulrich von Liechtenstein aufweist. Eine Beurteilung des Œuvre wird durch die Überlieferung allerdings erschwert. Von den insgesamt 59 in den drei großen Minnesanghandschriften A, B und C überlieferten Strophen ist die Mehrzahl durch wechselnde Zuweisungen oder aus anderen Gründen dem Verdacht ausgesetzt, unecht zu sein. Wenn man unserem Dichter die 38 in A aufgezeichneten Strophen, welche in C unter anderen Namen stehen, und vier Sangspruchstrophen (KLD Lied VII und VIII), die offenbar dem

Repertoire eines Berufssängers entstammen, abspricht, so bleiben sechs Lieder mit insgesamt 16 Strophen über. Darunter befindet sich ein (echtes?) Tageliedfragment (IV) mit der von Wolfram von Eschenbach eingeführten und von Ulrich abgelehnten Wächtergestalt. Die übrigen Stücke sind Klage- oder Werbelieder, zumeist beides in einem. Der Sänger von der Vogelweide wirkt in ihnen allenthalben nach, daneben stellen aber nicht nur der stereotype Natureingang (mit Dissonanz oder Konsonanz von Jahreszeit und Minne), sondern auch rhythmische und andere Merkmale die Verbindung zur Neifenschule her. Von deren sensualistischer Haltung und artifizieller Stilgebung läßt Leuthold in seinen Versen aber kaum etwas ahnen: Er neigt vielmehr bisweilen zur theoretischen Reflexion, so wenn er etwa in II, 4 die *unstaete* einer einzelnen Frau als notwendige Voraussetzung bezeichnet, um die vielen *guoten wîp* in ihrer Qualität zu würdigen. Wären die in A unserem Dichter zugeschriebenen Strophen alle oder mindestens teilweise echt, würde sich das ziemlich blasse Bild seiner Lyrik freilich beträchtlich beleben. Dazu könnte eine Lobstrophe eines biographisch nicht greifbaren Sängers mit Namen Reinmar der Fiedler passen, die Leuthold eine unermüdliche Produktion von Liedern und eine gewaltige Vielfalt von Gattungen zuschreibt (Parodie und Polemik, hg. v. G. Schweikle, Nr. 110). Doch der Preis ist eindeutig ironisch gemeint, und die genannten Gattungen, *tageliet, klageliet, hügeliet* (Freudengesang), *zügeliet*(?), *tanzliet, leich, kriuzliet* (Kreuzzugslied), *twingliet* (Heischelied), *schimpfliet* (Spottlied), *lobeliet, rüegliet*, die sich literarhistorisch gar nicht alle bestimmen lassen, sollen in ihrer Menge wohl nur den übertriebenen Anspruch des Rivalen kennzeichnen. Gab dieser adelige Dilettant – Reinmar der Fiedler nennt ihn ausdrücklich *hêr Liutolt von Seven* – etwa fremde Lieder reihenweise für eigene aus und ließ er dieses sein ganzes Repertoire in einem Liederheft aufzeichnen, das dann dem Sammler der Handschrift A auf irgendeinem Wege zur Kenntnis gelangte? Das Rätsel bleibt ungelöst.

Daß Ulrich von Liechtenstein Leuthold nicht erwähnt, besagt nur, daß er mit ihm – ebenso wie etwa mit Heinrich von der Mur – in keiner gesellschaftlichen, politischen oder ökonomischen Verbindung stand. Ganz anders liegt der Fall dagegen beim Burggrafen **Heinrich von Lienz.** Heinrich, ein 1231 bis 1258 urkundlich bezeugter Ministeriale des Grafen von Görz, Kastellan der damals noch zu Kärnten gehörigen, in der Neuzeit osttirolischen Burg Lienz, erscheint im *Frauendienst* als Teilnehmer am Turnier von Friesach (Str. 286) wie auch an der Venusfahrt (Str. 586–587) und an der Artusrunde (Str. 1553 unter dem Namen Parcival). Als Sänger tritt er hier freilich nicht auf. Dennoch dürfen wir ihm getrost die beiden Tagelieder (KLD Nr. 36 I–II) zuschreiben, die in C unter dem Namen *Der Burggrave von Lüenz* stehen. Lied II läßt in der seit Wolfram von Eschenbach üblichen Weise auf den Weckruf des Wächters die Klage der Frau und die beim Abschied nochmals vollzogene Liebesvereinigung folgen. Diese wird freilich weit indirekter als bei Wolfram geschildert, ebenso in Lied I, Strophe 5. Am Eingang dieses Liedes steht – vielleicht in Auseinandersetzung mit Ulrich – das Gespräch eines Hoffräuleins mit dem Wächter, der, nunmehr vom Kommen des Ritters im voraus unterrichtet, diesen diskret empfängt und zu seiner Herrin einläßt (Str. 1–2). Erst Strophe 3 bringt den Weckruf, Strophe 4 dann die Klage der Frau, Strophe 5 das innige Abschiednehmen. Die Unzertrennlichkeit der Liebenden markiert der beliebte Topos des Herztausches. Die Strophe 6 verläßt das Szenarium des Stelldicheins und wechselt von der objektiven Schilderung zur direkten Aussage des lyrischen Ich: Der Sänger zieht ins Heilige Land, hat aber keine

Gelegenheit gehabt, persönlich Abschied von allen seinen Freunden auf dem Sand (im Tiroler Tauferertal?) zu nehmen, und will ihnen einen Gruß senden. Das könnte eine verhüllende Anrede an die Geliebte sein, der auf diese Weise das ganze Lied zugeeignet würde. C. von Kraus hat mit Recht die „beziehungsvolle, verborgen-andeutende Art dieses mit wenigen Worten viel Empfindung ausdrückenden Liedes" gelobt.

Kann Heinrich von Lienz aufgrund seiner prominenten Stellung im *Frauendienst* zumindest teilweise auch dem Minnesängerkreis um den Liechtensteiner zugezählt werden, so **Hartmann von Starkenberg** höchstens aufgrund literarischer Einflüsse. Von seinen drei kurzen Liedern, die uns Handschrift C überliefert, bestehen KLD Nr. 18 II und III aus je zwei sechszeiligen Strophen, deren durchgehendes wohl von Ulrich angeregtes Grundelement der Viertakter ist (II: 4wa, 4mb/4wa, 4mb//4mc, 4wd, 2wd+2mc; III: 4wa, 4mb/4wa, 4mb//4mc, 2wd+2wd, 4mc). Beide zwischen Minneleid und Minnehoffnung schwankende Lieder werden mit formelhaften Natureingängen eröffnet, die nichts Spezifisches an sich haben. Aber die Art der Werbung in Lied III erinnert wiederum deutlich an den Liechtensteiner: *ez muoz in ir dienste erkrachen/ beide schilt und ouch daz sper* (III, 2, 3–4). So mag denn auch der Gedanke vom Übersenden der Lieder in KLD Nr. 18 I von Ulrich angeregt sein, obwohl er hier durchaus originell abgewandelt wird. Der Sänger hat eine Wallfahrt zu einem Heiligen, der jedem eine Bitte erfüllt, unternommen, um ihn anzuflehen, seiner *vrouwe* seinen Kummer kundzutun, ohne Erfolg, wie es scheint, denn am Ende sieht er sich in Ermangelung eines vertrauenswürdigen Überbringers genötigt, das Lied selbst als Boten zu übersenden. Daß literarische Anleihen für die Lokalisierung eines Autors nur sehr bedingte Aussagekraft haben, beweist uns nicht zuletzt das lyrische Werk Ulrichs selbst, das, wie wir gesehen haben, auch von der schwäbischen Schule beeinflußt ist. Eine Festlegung Hartmanns auf den bairisch-österreichischen Bereich scheint allerdings aus sprachlichen Gründen möglich, und innerhalb dieses Raumes ist nur unter den Tiroler Ministerialen ein Hartmann von Starkenberg urkundlich nachweisbar (1260–76). Die Burg Starkenberg liegt bzw. lag bei Imst im Pitztal. Ausgehend vom Wappen, das die Miniatur der Handschrift C dem Dichter beigibt, hat man freilich auf einen Hartmann von Werdenberg aus der Nebenlinie der Vorarlberger Grafen von Montfort getippt. Dagegen spricht jedoch – abgesehen vom sprachlichen Aspekt –, daß Starkenberg als deutsche Variante von Montfort in den Urkunden nicht auftaucht. Das Wappen in C wäre hier also ebenso irreführend wie bei Ulrich von Liechtenstein und anderen.

Dasselbe mußte auf das Wappen zutreffen, das in der Miniatur von C unter dem Dichternamen *Her Walther von Mezze* erscheint, wenn hier ein Angehöriger der Südtiroler Familie von Metz gemeint sein sollte. Unter den Angehörigen dieser Adelsfamilie ist allerdings kein Walther belegt. Aber die Namensformen von *Mezze, Metze, Metz* in den Minnesanghandschriften passen auffällig gut zu den Varianten *de Meze, Metze, Mezo, Mez* (auch mit c für z) in den Urkunden des 12. und 13. Jahrhunderts, so daß man die Herkunft unseres Sängers aus Mezzocorona (Kronmetz, seit dem 13. Jahrhundert auch Deutschmetz) im Etschtal bei Salurn doch erwägen sollte. Den Tod Walthers können wir annähernd auf ca. 1270 datieren, da Reinmar von Brennenberg, ein vor 1276 erschlagener Ministeriale des Bischofs von Regensburg, in einem Nachruf auf verstorbene Minnesänger auch **Walther von Metz** nennt (KLD Nr. 44 IV, 13). Leider läßt die Reihe der 11 Sänger keine Ordnung nach Herkunftsräumen erkennen.

Wenig sicheren Boden haben wir auch in der Echtheitsfrage unter den Füßen. Schwerlich unserem Dichter gehören sechs altertümliche Strophen, die nur in A überliefert und Walther von Mezze zugeschrieben werden. H. Tervooren hat sie (wie seine Vorgänger) in die Ausgabe von des Minnesangs Frühling unter die namenlosen Lieder (XI, XIII und XIV) aufgenommen. In Form und Haltung passen sie zum frühen donauländischen Minnesang, weisen allerdings überwiegend reine Reime auf. Eine weitere nur in A überlieferte Strophe (KLD Nr. 62 IX) ist zweifelsohne weit jünger und könnte von unserem Dichter stammen. Von den 30 Strophen, die Walther in C zugeschrieben erhält, sind in A nur 11 unter demselben Namen eingetragen (KLD Nr. 62 II, V, VI,4, IX, X), vier unter dem Namen des Truchsessen von St. Gallen (= Ulrich von Singenberg). Die Weingartner Liederhandschrift B bringt zwei Strophen (KLD Nr. 62 Ia und Ib) unter der Rubrik Otto von Botenlauben, drei unter Reinmars Namen (Lied VI, 1–3). Auch Walther von der Vogelweide wird als Autor in Anspruch genommen, und zwar für Lied IV und VII im *Hausbuch* Michaels de Leone (s. o. S. 267) und teilweise in einer Berliner Handschrift. Überdies erscheinen etliche Strophen Walthers von Metz in anderen Codices ohne Namen. Ausschließlich in C steht Lied VIII. In der Regel wird das Zeugnis von C wohl den Vorzug verdienen; ob auch gegenüber B, muß allerdings unentschieden bleiben, so daß wir dieses fragliche Liedgut hier besser ausscheiden.

Doch auch das Verbleibende, insgesamt acht Lieder, kann sich sehen lassen. Walther von Metz versteht es wie wenige, die Kunst der Wiener Klassik, an der er sich gründlich geschult hat, nochmals eigenständig zu beleben. In II unterscheidet er wie Walther von der Vogelweide schlechte und gute Frauen, jedoch um den Haß der einen als Wohltat und der andern als Bedrückung zu qualifizieren. Am Ende ersetzt er die alte Unterscheidung dann sogar durch eine weitere in kluge und törichte Frauen: Die versagte Huld einer klugen Frau könne allemal mehr erfreuen als die gewährte einer *tumben*. Solch geistreiche Abwandlung der Klage über die erfolglose Werbung erreicht ihren Höhepunkt in Lied VII. Darin wird die Antithese aufgestellt zwischen dem *varnden lôn*, dem vergänglichen Minnelohn, der, unbeständig wie der Klee und die Blumen, nur einen Sommer lang währt und daher auch dem Sänger wenig gilt, und der Erfüllung wahrer Liebe, die trotz allem bisherigen Mißerfolg weiter das Ziel sein müsse. Freilich gebe es zuchtlose Lügner, die bei Frauen reüssieren und anständige Männer in Mißkredit bringen. An einer solchen Schmutzkonkurrenz will sich der Sänger aber nicht beteiligen, obwohl er auch gut betrügen könnte wie die, welche ihr Haar färben – ein damals als naturwidrig eingeschätztes Verhalten. In Form eines erweiterten Wechsels antwortet die *vrouwe*, sie habe ihm als Boten ihre *triuwe* und *staete* gesandt, deren Rat er befolgen solle. Doch diese auf die läuternde Kraft des Minnedienstes in klassischer Manier ausgerichtete Strophe 4 fehlt in C (ebenso wie 5), so daß berechtigte Zweifel an ihrer Authentizität bestehen. Lied III verbindet des Vogelweiders *herzeliebe* und Reinmars liebende Versenkung ins eigene Leid mit der Begründung durch die weiblichen Reize der *lôsen blicke* und des lachenden Mundes, Anleihen bei Gottfried von Neifen, die aber im Œuvre unseres Sängers fast ganz allein bleiben. So hat es eines Einflusses aus dieser Richtung gewiß nicht bedurft, um dem Metzer die bei ihm seltenen Naturelemente einzugeben. Sie lagen ja schon bei Walther von der Vogelweide bereit. Dessen wichtigstes Anliegen, Frauen und Männer nach ihren ethischen Qualitäten streng zu scheiden, drückt nun unser Walther mit einem überraschenden Gedankenspiel in Lied IX und X aus:

Hätten Blumen und Vögel – die gängigen Versatzstücke der Maienkulisse – die Kraft, moralische Unterscheidungen zu treffen, so trügen nur die Guten hübsche Blumenkränze, die Schlechten höchstens Laub oder einen *krumben bluomenhuot,* und nur für die Guten sänge die Nachtigall, während man die Schlechten am Liede des Kuckucks und Distelfinks erkennen würde. Selbst in der Beschwörung des Unmöglichen wirkt der klassische Idealismus noch nach, der freilich eine Überbietung kaum zuläßt. Wie klug, witzig und formvollendet Epigonentum sich gerieren kann, läßt sich aber an Walther von Metz ermessen. Es ist äußerst bedauerlich, daß seine Zugehörigkeit zu dem hier besprochenen Raum nicht besser bezeugt ist. Das Urteil über den ostalpenländischen Minnesang des 13. Jahrhunderts kann davon nicht unbeeinflußt bleiben.

Heldenepik

Im Abschnitt A des 3. Kapitels ist bereits der Sagenkreis um Dietrich von Bern und seine Vorfahren vorgestellt worden. Dabei wurde die Schwierigkeit, die einzelnen epischen Gedichte einem konkreten historischen Ort zuzuweisen, nicht verschwiegen. Nachdem die ältere Forschung in ziemlich unbekümmerter Weise Vorgeschichte und Entstehung der Werke ermittelt hatte, schien die Kritik von J. Heinzle (1978) den allermeisten Erkenntnissen dieser Art den Boden entzogen zu haben. Was blieb, waren die erhaltenen Texte in ihrer konkreten überlieferten Gestalt. Nun unterscheidet sich die deutsche Heldenepik nach dem *Nibelungenlied* von diesem zum Teil gerade dadurch, daß sie nicht nur die Detailvariation im Wortlaut durch Umformulierung, Einschub oder Auslassung einzelner Strophen, sondern ganze konkurrierende, nur in Grundzügen identische Handlungsabläufe kennt. Bedingung dieser produktiven Überlieferung ist die lockere Machart dieser Texte mit Hilfe typischer Erzählschablonen, wie wir sie schon in der *Kudrun* kennengelernt haben (s. o. S. 316ff.). Solche Erzählschablonen können als Einzelmotive, typische Szenen oder ganze Fabelgerüste (z. B. Brautwerbungsschema) auftreten und auch in verschiedenen Gattungen Verwendung finden. In der späten deutschen Heldenepik erreicht ihr Einsatz aber einen selten hohen Grad der Beliebigkeit. Auf diese Weise können völlig selbständige Ausformungen desselben Stoffes entstehen, aber auch textlich verwandte, im Wortlaut mehr oder minder ähnliche Fassungen, die entweder auf ganz oder teilweise schriftliche Reproduktion durch fahrende Berufssänger oder auf freie Neugestaltung durch schriftliche Redaktoren zurückzuführen sein dürften. Obwohl der Übergang im Einzelfall fließend sein kann, empfiehlt es sich, hier auch eine strenge terminologische Scheidung vorzunehmen, d. h. die erstgenannten Ausformungen als eigene „Epen" und nicht nur als „Versionen" (so J. Heinzle) von den „Fassungen" zu unterscheiden.

Was hier entstanden ist, könnte man eine mittelalterliche Trivialliteratur nennen, sofern man damit nicht die Vorstellung von völliger Problemlosigkeit und Wirklichkeitsferne verbinden wollte. Die Texte artikulieren durchaus Existenzfragen menschlichen Lebens und Zusammenlebens, nur eben auf simple, einschichtige Weise durch Aneinanderreihung überkommener Erzählmuster ohne besondere stilistische, kompositorische oder symbolschaffende Finesse. Künstlerische Bescheidenheit ist aber schwerlich der maßgebende Grund für die Anonymität dieser Texte gewesen, sondern vielmehr jenes bereits anläßlich des *Nibelungenliedes* (s. S. 306) beschriebene Bewußtsein, ein erzählerisches Gemeingut aus der Vorzeit zu tradieren. Ein solches Bewußtsein konnte sich freilich nur herausbilden, wenn die räumlich und zeitlich breit gestreuten erhaltenen schriftlichen Texte in eine reiche mündliche – liedhafte, epische und prosaische (s. o. S. 308) – Sagenüberlieferung eingebettet waren. Diese als unbeweisbar einfach zu vernachlässigen, wie dies J. Heinzle tut, ist nach den Forschungen von M. Curschmann und anderen absolut unzulässig. Ebensowenig kann man auf die prinzipielle Unterscheidung zwischen dem Hauptstrang einer Sage und ihren Nebenvarianten und Sproßformen verzichten. Deshalb brauchen wir noch lange nicht zu der fragwürdigen Methode der Rekonstruktion ganzer „Urepen" zurückkehren. Wenn wir aber die konkurrierenden Fassungen jeweils einmal für sich betrachten, so findet diese notwendige Vorgangsweise schon dort ihre Grenze, wo eine solche Version offenkundig verstümmelt überliefert ist und nach hypothetischer Ergänzung aus anderen Fassungen verlangt. Des weiteren erfordert gewiß jede Version ihre eigene Datierung und Lokalisierung. Da man aber stets mit Übernahme älterer Inhalte und Formulierungen zu rechnen hat, bleibt, strenggenommen, als Anhaltspunkt nur die (älteste) Handschrift übrig. Für unsere Epoche wäre damit aber herzlich wenig gewonnen, da die schriftliche Überlieferung der nachnibelungischen Heldenepik größtenteils erst im 14. Jahrhundert einsetzt. Es müssen also auch andere Argumente geltend gemacht werden, wobei wir aber rein stoffliche Anspielungen in anderen Werken (entgegen J. Heinzles Meinung) nicht so ohne weiteres auf schriftliche Fassungen beziehen dürfen.

Einen Fixpunkt liefert die *Carmina-Burana*-Handschrift von ca. 1230, die als deutsche Zusatzstrophe des Liedes 203 eine Strophe des *Eckenliedes* (s. o. S. 410f.) enthält. Sie entspricht – mit gattungsüblichen Abweichungen im Wortlaut – der Strophe 69 der Fassung *E2* in der Donaueschinger Handschrift 74 vom Ende des 13. oder (eher) Anfang des 14. Jahrhunderts:

> 69 *Erst sait von Lune Helferich,*
> *wie zwene fürsten lobelich*
> *im walde zesamen kament:*
> *her Egge und ouch her Dietherich.*
> *die riuwent baide sament mich,*
> *won si den schaden namen.*
> *so rehte vinster was der tan,*
> *da si an ander funden.*
> *her Dietherich und der küene man,*
> *wol an den selben stunden.*
> *her Egge der kam zuo gegan;*
> *er lie da haim vil rosse:*
> *das was ser missetan.*

Als erster hat Helferich von Lune davon berichtet, wie zwei rühmenswerte Fürsten im Walde aneinandergerieten: Herr Ecke und auch Herr Dietrich. Sie tun mir beide leid, denn sie sind zu Schaden gekommen. Äußerst finster war der Tannenwald, als sie, Herr Dietrich und der tapfere Held, um diese Zeit aufeinandertrafen. Ecke kam zu Fuß dahergelaufen; er hatte viele Rosse daheim gelassen: Das war sehr unüberlegt gehandelt (Ausg. u. Übers. von F. B. Brévart).

Vielleicht haben wir hier die Eingangsstrophe eines Epos mit Quellenangabe vor uns, d. h. eines älteren *Eckenliedes,* das dann in ein neues Epos eingearbeitet worden wäre. Es könnte sich aber auch um den Beginn einer neuen Vortragseinheit innerhalb des Epos handeln, welche als Gewährsmann einen selbst in das Geschehen verwickelten Helden benennt: In *E2*, Strophe 55, findet Ecke einen von Dietrich verwundeten Mann, der sich *Helfrich von Lun* nennt (Str. 59) und Ecke vor Dietrich warnt. Der Codex Buranus hat die Namensform *von Lutringen Helfrich,* die auch in *Dietrichs Flucht,* Vers 5156, begegnet. Besonders viel Vertrauen verdient sie nicht, da in der *Carmina-Burana*-Handschrift selbst der Hauptheld *her Ecke* in *Erek(k)e* verwandelt erscheint. Daß Hartmanns Artusromane damals im Bistum Brixen große Prominenz besaßen, bezeugen die *Iwein*-Fresken auf Burg Rodeneck (bei Brixen) vom Anfang des 13. Jahrhunderts. Das *Eckenlied* mit seinem tirolischen Lokalkolorit kann hier aber ebenfalls nicht unbekannt gewesen sein. Der Verfasser der lateinischen Kontrafaktur CB 203 nutzt jedenfalls den bekannten Ton für seine Zwecke und spielt wohl auch inhaltlich auf das *Eckenlied* an (s. o. S. 411). Für den Namensirrtum ist also vermutlich allein der Schreiber verantwortlich.

Abb. 4

Die Strophenform, den sogenannten Bernerton, teilt das *Eckenlied* mit dem *Goldemar,* der *Virginal* und dem *Sigenot,* anderen Heldenepen des Sagenkreises um Dietrich von Bern, deren älteste Überlieferung auf den alemannischen Raum weist. Der Ton hat die stollige Form 4ma, 4ma, 4kb/ 4ma, 4ma, 4kb// 4mc, 4kd, 4mc, 4kd, 4me, 4kx, 3me (bzw. 4me – so meist im *Goldemar*). Die Melodie ist (nach U. Brunners Nachweis) identisch mit der Flammweise der Meistersinger. Als Erfinder des Tons kommt **Albrecht von Kemenaten** in Frage. So lautet die Verfasserangabe in Strophe 2 des *Goldemar* in der einzig erhaltenen, jetzt in Nürnberg befindlichen Handschrift (German. Nationalmuseum, Cod. 80, aus der Mitte des 14. Jahrhunderts im schwäbischen Dialekt). Der fragmentarische Text erzählt von Dietrich, wie er im Wald auf eine Zwergenschar trifft und unter ihnen ein Mädchen erblickt, für das der Held sogleich Liebe empfindet, das die Zwerge aber vor ihm verbergen. Mitten in des Zwergenkönigs (Goldemars) Antwort auf Dietrichs Frage nach diesem Mädchen bricht der Text (nach kaum 10 Strophen) ab. Aus der *Prosavorrede des Straßburger Heldenbuchs* (um 1480) erfahren wir, das Mädchen, die Tochter des Königs von Portugal, habe Hertlin geheißen, sei von Goldemar geraubt, von Dietrich befreit und (in erster Ehe) zur Frau genommen worden. Wie dieses Abenteuer Dietrichs im Epos geschildert wurde, läßt sich bestenfalls erahnen. Immerhin enthalten die beiden Einleitungsstrophen ein Programm, das gegen das Haudegentum der älteren (großteils nur mündlich tradierten) Heldenepik polemisiert: *man sprach, er taet das beste,/ der mängen ane schuld* (ohne Grund) *ersluog* (1,10f.). Als ein solcher Held, der nie gegenüber Damen *hôhen muot* gezeigt habe, sei auch Dietrich verschrieen und sein Sinn nur auf Kampf ausgerichtet gewesen, bis er eine schöne Dame gesehen habe, von der dann eben erzählt wird. Daß der Autor Partei für das höfische Minnerittertum ergreift, scheint zur Nennung des Verfassernamens zu stimmen, die sonst – bis auf den unsicheren Fall Heinrichs des Voglers (s. o. S. 322) – in der Heldenepik nicht vorkommt. Einen Herrn Albrecht von Kemenat (Keminat) nennt auch, leider ohne Werkangabe, Rudolf von Ems in den Literaturexkursen zweier seiner Werke um 1230/40 als geschätzten zeitgenössischen Dichterkollegen (*der maisterliche tihten kan: Willehalm von Orlens,* V. 2246). Der Ortsname Kemenaten, Kemnaten, Kemenat, Kemnat u. ä. ist ziemlich weit verbreitet. Als Dichter in Erwägung zu ziehen ist insbesondere ein Angehöriger des schwäbischen Dienstmannengeschlechts von Kemenaten (Groß-Kemnat) bei Kaufbeuren oder der Tiroler Ministerialenfamilie von Kemenaten (Kematen) im Tauferer Tal. Aus dieser Familie ist ein Albertus de Chemenaten in der 1. Hälfte des 13. Jahrhunderts urkundlich bezeugt.

Angesichts der oben herausgestellten unfesten Gestalt dieser Heldenepen kann man nun Albrecht von Kemenaten einerseits als Autor eines oder mehrerer Epen, des *Goldemar*, vielleicht noch des *Ecke* oder des *Sigenot* (schwerlich der ziemlich andersartigen *Virginal*), d. h. als den respektablen Begründer eines eigenen Typus des Heldenepos, den man den aventürehaften zu nennen pflegt, da Dietrich hier allein auf *âventiure* ausreitet, in Anspruch nehmen, andererseits aber auch nur als Redaktor einer einzigen, zufällig erhaltenen Fassung des *Goldemar*. Eine mittlere Lösung der Frage würde ihm die Verfasserschaft des *Goldemar* und des Bernertons zuerkennen, den dann mehrere Anonymi aufgegriffen hätten. Die besonders schlechte Überlieferung des *Goldemar* könnte eventuell darauf hindeuten, daß hier eine teilweise romanhafte, also gattungsfremde Formung eines Heldenepos versucht, dann aber spärlich tradiert und in der Hauptsache nur als formaler und inhaltlicher Anstoß für andere Epen in Anspruch genommen worden sei. Das alles sind luftige Spekulationen. Wir lassen jedenfalls im folgenden die Epen *Sigenot* und *Virginal* ihrer handschriftlichen Überlieferung wegen, die sich nahezu völlig auf den alemannischen Raum beschränkt, beiseite.

Selbstverständlich ist die Zuweisung an unseren Raum bei den Epen, die wir hier besprechen wollen, auch nicht sicher. Beim *Eckenlied* kommt zur Überlieferung unter den *Carmina Burana* noch der Umstand, daß in E_2 die Königinnen, welche Ecke aussenden, auf dem Jochgrimm, einem bis heute berühmten Tiroler Berg an der Südgrenze des deutschen Sprachgebietes, sitzen und der Kampf zwischen Ecke und Dietrich im Tiroler Wald nördlich von Trient um den Nonsberg herum stattfindet. Daß die Fassung E_2 die Handlung im Rheinland beginnen läßt und dazu auch Jochgrimm dorthin verlegt, fällt dagegen kaum ins Gewicht. Aus der Dietrichsage ergibt sich das Tiroler Ambiente keineswegs notwendig, auch wenn das Ostgoten- und Langobardenreich das spätere Land Tirol ganz oder teilweise einschloß. Vielmehr dürfen wir darin einen Hinweis auf die ursprünglich intendierte Hörerschaft des Epos erblicken.

Das *Eckenlied* ist nun aber nicht nur in die Dietrichsage eingebettet, sondern auch mit dem Sagenkreis um Ortnit und Wolfdietrich verknüpft, und auch dies hat offenkundig etwas mit dem Tiroler Lokalkolorit zu tun. Königin Seburg von Jochgrimm rüstet ihren Ritter Ecke mit der unverletzbaren Brünne König Ortnits von Lamparten aus und erzählt auch gleich deren Geschichte, wie Ortnit in dieser Brünne ein trauriges Ende fand, wie Wolfdietrich sie hernach erkämpfte, am Ende seines Lebens aber einem Kloster überließ, von wo sie durch Kauf nach Jochgrimm gelangte. Schlägt man nun die Epen *Ortnit AW* und *Wolfdietrich A* auf (zur Titelgebung s. u.), so finden darin die Ereignisse um den legendären Brustpanzer wiederum im Trentino statt. Die Drachenbrut, die Ortnit ums Leben bringen wird, wächst bei Trient in einer Steinwand auf (*Ortnit AW*, Str. 513) und sucht das Land bis vor die Mauern von Garda, Ortnits Residenz, heim. Dementsprechend bricht Wolfdietrich dann von Trient in den wilden Tann zum Drachenkampf auf (*Wolfdietrich A*, Str. 562). Wenn wir nun überdies in Rechnung stellen, daß beide Epen im *Ambraser Heldenbuch* (s. o. S. 316) stehen, das zwar eine sehr junge Handschrift ist, aber in diesem Teil wohl auf eine ältere Tiroler Vorlage, das *Heldenbuch an der Etsch*, zurückgeht, so scheint es nicht zu verwegen, sich *Ortnit AW* und *Wolfdietrich A* in Tirol entstanden zu denken.

Zeitlich ergäbe sich die Abfassung vor dem *Eckenlied*, und zwar jenem *Eckenlied*, das bereits dem Verfasser des Carmen Buranum 203 vorlag, falls die oben ausgesprochene Vermutung zutrifft (s. o. S. 410). Doch kann es sich dabei jeweils um mündliche Vorformen der erhaltenen Texte handeln, so daß für deren Datierung wiederum nur die älteste Handschrift ausschlaggebend ist. Der Wiener Codex 2779, die Windhagensche Handschrift W (s. o. S. 221), stammt vom Anfang des 14. Jahrhunderts. Hinter dem hier überlieferten *Ortnit W* befindet sich eine Lücke, in der vermutlich der *Wolfdietrich* hätte folgen sollen. Wahrscheinlich enthielt bereits die Vorlage der Handschrift W beide Gedichte in der Fassung AW des 13. Jahrhunderts, die auch der Aufzeichnung in A, dem *Ambraser Heldenbuch*, indirekt zugrunde liegt.

Das Heldenepos von *Laurin* in seiner (vermutlich) ältesten schriftlichen Gestalt, der *Laurin A* (so benannt vom Herausgeber G. Holz), ist vollständig ebenfalls erst ab dem 14. Jahrhundert überliefert, die ersten vier Verse allerdings als Federprobe bereits in einer Wiener Handschrift aus der Zeit um 1300. Die Strophe 3 des *Goldemar* (s. o.) erinnert daran, daß Dietrich so manchen seiner Gegner gefangen nach Bern brachte, was, soweit wir die Dietrichsagen kennen, nur auf Laurin paßt. Auch wenn dieses Indiz trügen sollte, werden wir die Entstehung des *Laurin* am besten in die erste Hälfte des 13. Jahrhunderts setzen. An der Tiroler Herkunft besteht angesichts des Handlungsschauplatzes und der Verwurzelung in der einheimischen Volkssage kein ernsthafter Zweifel.

Das Epos von *Biterolf und Dietleib*, das nur am Rande der Dietrichepik zugehört, ist aufgrund des abschließenden Lobes der Steiermark mit größter Wahrscheinlichkeit diesem Land zuzuordnen. Am ehesten stammt es aus der Zeit der Böhmenherrschaft (s. u.). Daß es uns überhaupt erhalten ist, verdankt es der Aufnahme in das *Ambraser Heldenbuch*. Die Stellung zwischen *Kudrun* und *Ortnit* wird der *Biterolf* wohl schon im *Heldenbuch an der Etsch* (s. o.) eingenommen haben. Thematisch teilweise eng verwandt mit dem *Biterolf* ist der *Rosengarten von Worms*, ein Lieblingssujet des späten Mittelalters im Gegensatz zum *Biterolf*. Er wird behandelt in vier hochdeutschen Epen (mit verschiedenen Fassungen) sowie in anderssprachigen und dramatischen Bearbeitungen. Der *Rosengarten F* (Siglen nach dem Herausgeber G. Holz) ist seit der Wende vom 13. zum 14. Jahrhundert in mitteldeutschen Handschriften überliefert; *Rosengarten A* und *D*, die wichtigsten Ausprägungen des Stoffes, finden sich erst in Handschriften des 14. und 15. Jahrhunderts, die, sofern sie überhaupt bestimmbar sind, auf den alemannischen und den mitteldeutschen Entstehungsraum weisen. Da der *Rosengarten A* aber einige für den bairischen Ostalpenraum typische Reime aufweist, wird man in diesem Falle die vom Stoff her gegebene Nähe zum *Biterolf* auch für die Lokalisation und Datierung geltend machen dürfen. Dazu paßt, daß Ottokar in seiner *Österreichischen Reimchronik* auf den *Rosengarten* anspielt (V. 16597ff.).

Wenn wir nun noch aus dem Kreis der Dietrichepen *Alpharts Tod*, ein Sproßepos aus dem Geschehensbereich von *Dietrichs Flucht* und *Rabenschlacht* (s. o. S. 321ff.), und den *Wunderer*, der von einem Riesenkampf Dietrichs berichtet, beiseite lassen, da jenes Epos vermutlich im alemannischen Mundartgebiet entstanden und dieses vor dem 15. Jahrhundert gar nicht zu belegen ist, so bleiben für unsere Darstellung die folgenden Heldenepen übrig: *Ortnit AW, Wolfdietrich A, Eckenlied E2, Laurin A, Rosengarten A* und *Biterolf*. Hinzu kommt als Vertreter eines völlig anderen Sagenkreises noch das nur in Bruchstücken erhaltene Epos von *Walther und Hildegunde* (s. u.).

Vorneweg ist einmal mehr kurz die Gattungsfrage zu erörtern (s. o. S. 323ff.). Bis auf zwei weisen alle Texte die gattungstypische Strophenform und damit Sangbarkeit auf. Daß dies auch auf den *Titurel* Wolframs von Eschenbach und seines Fortsetzers Albrecht zutrifft, sollte gegenüber dem sonst allgemein vom Höfischen Roman benutzten viertaktigen Reimpaarvers nicht zu sehr ins Gewicht fallen. In höfischen Reimpaaren sind nun freilich auch *Laurin A* und *Biterolf* abgefaßt. Sie stehen also wie das *Buch von Bern* in der Formtradition der *Klage* und damit der (pseudo)historischen Buchepik (s. o. S. 315 u. 332). Aber sie nehmen durch Personal, Raum und Zeit der Geschehnisse an einer gemeinsamen epischen Welt teil, die namentlich durch die Reiche der Burgunder am Rhein, König Etzels in Ungarn und König Dietrichs in Italien markiert ist. Dieser stoffliche Gesichtspunkt war für Autoren, Redaktoren, Vortragende, Schreiber und Publikum gewiß das Entscheidende, das natürlich über gewichtige formale und inhaltliche Differenzen nicht hinwegtäuschen konnte. So hat der *Laurin A* nur 1596 Verse, also bloß den Umfang einer Versnovelle, der *Biterolf* dagegen 13510 Verse, also mehr als Hartmanns Versromane. Der in den meisten strophischen Epen benutzte Ton ist aus der Nibelungenstrophe entwickelt, aber der Autor des *Eckenliedes* wählte die kompliziertere kanzonenförmige Bernerstrophe. Die Bezeichnung als Lied, wie sie am Beginn der handschriftlichen Fassung E2 steht, meint jedoch nur die Sangbarkeit im allgemeinen – wie die Schlußzeile des *Nibelungenliedes C*. Zu den formalen Unterschieden zwischen den Epen treten inhaltliche. In der Zeit der Ahnen Dietrichs spielen *Ortnit AW* und *Wolfdietrich A*. Wolfdietrich erscheint in der Sage einmal als Großvater, einmal als Ururgroßvater Dietrichs, dessen späteres Reich in Oberitalien er durch die Heirat mit Ortnits Witwe gewinnt und so seinen Nachkommen vererben kann. Dietrichs Kämpfe mit Ecke (?), Laurin und im Burgunderreich am Rhein sind Jugendtaten vor der in *Dietrichs Flucht* dargestellten Vertreibung aus dem angestammten Reich (s. o. S. 324ff.). In dieselbe Periode setzt der Autor des *Biterolf* das Geschehen seines Epos, denn hier bietet Etzel außer seiner eigenen Armee sowohl die Scharen Dietrichs von Bern wie die Ermenrichs von Raben gegen die Burgunder auf. Dietrich und seine Gesellen sind hier also nur Mitspieler der beiden Titelhelden des Epos, die nur mit Etzel ein enges Freundschaftsverhältnis eingehen. Verwandtschaftlich verbunden ist Biterolf mit seinem Schwestersohn Walther von Spanien. Die Ereignisse der Walthersage werden im *Biterolf* ebenso wie im *Nibelungenlied* als Vorgeschichte vorausgesetzt und dadurch gleichfalls in die gemeinsame epische Welt integriert. –

Den Anfang bei der Besprechung der einzelnen Epen soll der **Ortnit AW** – so benannt nach der Überlieferung im *Ambraser Heldenbuch* und in der Windhagenschen Handschrift (s. o. S. 221) – machen. Die Erzählung besteht aus zwei deutlich getrennten Teilen, Ortnits Brautfahrt (Aventiure 1–5, Str. 1–483) und Ortnits Ende (Aventiure 6–8, Str. 484–597). Ortnit, dem König von Lamparten (Lombardei), dem Brixen, Bern, Garda, Rom und der Lateran untertan sind und die Stärke von 12 Männern eignet, fehlt zu seinem vollkommenen Glück nur eine ebenbürtige Gemahlin. Tagelang beraten die Großen des Reiches. Endlich schlägt Ortnits Oheim Ilias von Reußen die überaus gefährliche Werbung um die Tochter des Heidenkönigs Machorel von Syrien vor, der alle Freier töten läßt, weil er das Mädchen nach dem Tod seiner Frau selbst heiraten will. Man rüstet zur Heerfahrt. Die Fürsten von der Toscana und von Benevent, aber auch der Heide Zacharis von Sizilien und Apulien leisten gemäß ihrer

Lehenspflicht Unterstützung. In der Zwischenzeit (Av. 2) reitet Ortnit *nâch âventiure* in den Wald. Seine anfangs widerstrebende Mutter weist ihm den Weg und gibt ihm einen Ring, mit dessen Hilfe er in einer Aue in der Nähe des Gardasees den Zwergenkönig Alberich sehen kann. Diesem erweist sich Ortnit körperlich überlegen und an Schlauheit nahezu ebenbürtig. Alberich bekennt sich als Ortnits Vater. Er hat Ortnits Mutter, da sie von ihrem Gatten kein Kind empfangen konnte, gegen ihren Willen geschwängert. Dafür, daß Ortnit bereit ist, diese seine illegitime Geburt zu akzeptieren, erhält er von Alberich eine unverletzbare Rüstung, ein Wunderschwert und die Zusage der Hilfe auf der Orientfahrt. In der 3. Aventiure vergißt Ortnit allerdings, seinen zauberkundigen Vater auf die Seereise mitzunehmen. Dieser war aber ohnehin unsichtbar mit von der Partie und gibt nun dem Sohn den Rat, sich als Kaufmann in die heidnische Hafenstadt Suders (= Tyrus) hineinzuschwindeln. Einen heimlichen Angriff auf die Königsburg Muntabur duldet er aber nicht, sondern bringt als unsichtbarer Bote dem König die Kriegserklärung. Die 4. Aventiure schildert die Eroberung von Suders, die 5. Aventiure die Feldschlacht mit den Heiden. Da diese trotz ihrer Überzahl in die Enge getrieben werden, willigt die Prinzessin zur Rettung ihres Vaters in die Werbung des Zwerges ein, der mit unsichtbaren Machinationen die Götzengläubigkeit der Heiden ausnützt und die Prinzessin Ortnit in die Arme führt. Gegen den nachstürmenden Heidenkönig und seine Truppen hält Ortnit allein die Stellung, bis Ilias Hilfe bringt. Unzählige Heiden werden erschlagen, aber König Machorel kann in die Burg entkommen. Seine Tochter wird bei der Heimfahrt der Christen auf See von Alberich und Ilias getauft. Die feierliche Hochzeit in Garda beschließt Teil I.

In Aventiure 6 setzt Machorel seine Rache mit Hilfe eines Jägers ins Werk, der Dracheneier als angebliche Versöhnungsgeschenke zu Ortnit bringt und die ausgeschlüpften Jungen in der Wildnis heimlich aufzieht. Als diese nun das Land verheeren, zieht Ortnit (in Av. 7) trotz der Angst seiner Gattin mit Pferd und Hund aus, nachdem er ihr das Versprechen abgenommen hat, im Falle seines Todes nur den Drachenbezwinger zu heiraten. Trotz tagelanger Suche kann er die Drachen nicht finden. Völlig übermüdet fällt er in tiefen Schlaf, obwohl Alberich ihn gerade davor gewarnt hatte. Ein Drache trägt ihn in seine Höhle, wo ihn die Jungen durch die unzerstörbare Rüstung aussaugen. Aventiure 8 bringt ein Nachspiel: Ortnits Witwe weigert sich, einen anderen als den Rächer ihres Gatten zu ehelichen, und wird entthront. Am Schluß wird ein neues *liet* von dem Drachenbezwinger, einem alten Ahnen Dietrichs von Bern, angekündigt.

Die übrigen 6 Fassungen weichen zwar im Wortlaut beträchtlich ab, sind aber kaum als eigenständige Werke einzustufen, am ehesten noch die des *Dresdener Heldenbuchs* des Schreibers Kaspar von der Rhön (um 1472, Nürnberg?), die Fassung K, die zwar ebenfalls den Handlungsverlauf bewahrt, aber mit etwa der Hälfte der Strophen auskommt (s. u. S. 509). Die letzten beiden Aventiuren der Fassung AW enthält aber gerade auch das *Dresdener Heldenbuch,* während die übrigen (vollständigen) Fassungen vorher abbrechen und zum *Wolfdietrich* überleiten. Auch der *Ortnit AW* ist mit seinen nicht ganz 600 Strophen nur ein Text bescheideneren Umfanges, verglichen mit den großen Heldenepen und Versromanen.

Nicht nur umfangmäßig steht der *Ortnit AW* dem *König Rother* (5188 Verse in der unvollständigen Heidelberger Handschrift) und dem *Münchner Oswald* (3564 Verse) nahe, sondern auch durch das verwendete Grundschema der Brautwerbung: Ein abendländischer König fährt übers Meer, um aus dem Osten eine ebenbürtige Frau gegen den Willen ihres Vaters mit Gewalt und List heimzuführen. Der Schluß divergiert stark: Alle drei Werbungen haben Erfolg, doch Rother zeugt mit seiner Gemahlin einen Erben des Reiches, ehe er ins Kloster geht, Oswald führt eine Josefsehe, und Ortnit fällt, ohne die Erbfolge gesichert zu haben, dem Anschlag des rächenden Vaters zum Opfer. C. Schmid-Cadalbert versteht die Brautwerbungsdichtungen als eigene Gattung (s. o. S. 317) der Schemaliteratur am Rande der Schriftlichkeit. Diese Dichtungen lassen sich seiner Meinung nach „verstehen und interpretieren als Verhaltensentwürfe, d. h. als Dichtungen, welche auf der Basis eines tradierten Handlungsschemas mittels relevanter Schemavariation und -individuation mögliche Existenzmuster und Verhaltensweisen beispielhaft vorführen". Das mündlich tradierte Schema wird damit zwar zu Recht als Erfahrungshorizont des Autors und des Publikums vorausgesetzt, der Wille zur individuellen und v. a. konsistenten Sinngebung der Schemavarianten durch einen rein schriftlichen Dichter jedoch überschätzt. Vielmehr wahrt der Stoff – ganz anders als im Höfischen Roman – sein Eigenrecht. Der negative Ausgang des *Ortnit AW* entspricht dem für das Doppelepos konstitutiven sagenhaften Tod-und-Rache-Schema, wie es die *Thidrekssaga* (zu dieser s. o. S. 308f.) bewahrt hat: König Hertnid von Bergara (= Bergamo? Bulgaria?) reitet allein zum Drachenkampf aus, wird von dem fliegenden Lindwurm in die Höhle getragen und den Jungen zum Fraße vorgeworfen. König Thidrek rächt ihn und heiratet die Witwe (s. u. zum *Wolfdietrich A*). In derselben norwegischen Saga finden sich aber noch weitere Personen mit Namen Hertnid, von denen einer in Holmgard, d. h. dem russischen Nowgorod, regiert und Vater des Ilias von Griechenland ist und ein anderer, der Sohn des Ilias, eine gefährliche Brautwerbung für seinen Onkel unternimmt. Dahinter steht offenkundig eine niederdeutsche Sage, die in unserem Epos durch Ersatz von Holmgard (niederdeutsch Nogarden) durch Garda (mhd. Garte) zwar dem südlichen Milieu angepaßt wurde, ein altes russisches Element, Ilias von Reußen (mhd. Riuzen), den berühmten ostslawischen Helden Iljas von Murom, aber an den Süden weitergegeben hat. Eine dem *Ortnit AW* vorausliegende Struktur der Brautwerbung läßt sich aus dem Vergleich mit der *Thidrekssaga* freilich nicht erschließen. In unserem Epos erscheint sie wesentlich geprägt vom Kreuzzugsmilieu und der Gestalt des koboldhaften Helfers. Beides haben der *Ortnit AW* und die französische Chanson de geste von *Huon de Bordeaux* gemeinsam. Das frei an ein historisches Ereignis der Karolingerzeit anknüpfende Heldenepos aus dem ersten Viertel des 13. Jahrhunderts (?) erzählt von einem Vasallen Karls des Großen, der als Buße für den an seinem Sohn verübten Totschlag vom Helden schier unlösbare Aufgaben im Orient verlangt. Daß Huon letztendlich Erfolg hat und mit der Tochter des Emirs von Bagdad als Gattin an Karls Hof zurückkehren kann, verdankt er weniger seiner zweifellos enormen Tapferkeit als dem zauberkundigen Zwergenkönig Auberon (der in der Neuzeit als Oberon weiterlebt – vgl. W. Shakespeares *Sommernachtstraum*, 1595, Ch. M. Wielands Versepos, 1780, C. M. von Webers Oper, 1826). Im übrigen gehen die Handlungen des französischen und des deutschen Epos durchaus getrennte Wege. Auffallen muß freilich die christliche Einfärbung des Zwerges hier wie dort: So wird z. B. die Heidenprinzessin von Alberich getauft, ehe Ortnit mit ihr schlafen darf (*Ortnit AW*, Str. 481f.), bzw. dem Helden die Gunst Auberons entzogen, da er ein entsprechendes Gebot des Zwergenkönigs übertritt (*Huon de Bordeaux*, V. 6734ff.). Die Gestalt ist also wohl aus der von Anfang an religiös imprägnierten Heldenepik

Frankreichs, und zwar vermutlich auf mündlichem Wege (s. o. S. 311f. zum *Nibelungenlied*) in unseren Raum gelangt, hier aber noch mit anderen, einheimischen Zügen versehen worden, so mit dem des Waffenschmiedes, als welcher der Zwerg Alfrik in der *Thidrekssaga* auftritt. Ebenda begegnet auch ein namenloser Albe, der als Incubus Hagen (Högni), den Halbbruder der Burgunderkönige, zeugt.

Den Kreuzzugshintergrund teilt der *Ortnit AW* sowohl mit dem *Huon de Bordeaux* wie mit einigen deutschen Brautwerbungsdichtungen wie dem *Münchner Oswald*. Doch enthält er offenbar auch direkte zeitgeschichtliche Anspielungen. Hinter Machorel von Muntabur verbirgt sich ziemlich sicher Saladins Bruder und Nachfolger Malek al-Adel, der 1212 in Galiläa auf dem Mons Tabor eine Festung errichten, jedoch 1217 wieder schleifen ließ, obwohl es den Kreuzfahrern nicht gelang, sie zu erobern. Diese waren allerdings nicht wie König Ortnit von Messina nach Tyrus gesegelt, sondern von Spalato (Split) nach Akkon. Die Vermutung, daß Tyrus als Krönungsstadt der Königin von Jerusalem, Isabella-Jolande, Tochter König Johanns von Brienne, die Aufmerksamkeit des Ependichters erregt habe, weil er auf die Reise der Königin nach Brindisi und ihre hier vollzogene Vermählung mit Kaiser Friedrich II. 1225 anspielen wollte, will nicht recht einleuchten, hat die christliche Königin mit der Tocher Machorels doch gar nichts gemein. Eher könnte man glauben, daß hier eine Erinnerung an den hellenistischen, im Mittelalter reich überlieferten Roman *Apollonius von Tyrus* vorliegt, aus dem vielleicht das Motiv des inzestuös liebenden Vaters stammt. Gleichwohl mochte Ortnits Langobardenreich beim Publikum Assoziationen mit dem Herrschaftsgebiet Friedrichs II. in Italien wecken. Doch auch da ergeben sich Unstimmigkeiten (ein heidnischer Vasall herrscht im Süden, Rom ist integrierender Bestandteil des Territoriums etc.), so daß die Beziehung vage bleibt.

Wenn die Erzählung ausdrücklich am Ende in ferner Vergangenheit, in der Zeit vor Dietrich von Bern angesiedelt wird und nicht in der Gegenwart, so sind es nichtsdestoweniger deren Probleme, Ausübung, Wahrung und Vererbung von Herrschaft, Bekämpfung und Bekehrung der Heiden, die in dem Epos zur Sprache kommen. Einheitliche Aussagen darf man aber keine erwarten. Der oben genannte Heide Zacharis ist zwar ein Musterbild der Lehenstreue, so daß Ortnit ihn geradezu an Bruders Statt annehmen wollte, falls er sich taufen ließe, was er freilich ablehnt, doch sonst regiert weitestgehend der notorische Heidenhaß der älteren Kreuzzugsdichtung. Der schauerlichste Heidenschlächter ist Ilias von Reußen – ein Wüterich wie Wate in der *Kudrun* (s. o. S. 318), – doch wird sein Verhalten von Alberich und Ortnit mißbilligt, die zumindest die Frauen vor Ilias' Zorn retten und, sofern diese es wünschen, auch taufen (Str. 336). Später hilft der Reuße sogar bei der Taufe von Ortnits Braut mit. Im übrigen ist die Heidenbekehrung keineswegs ein vorrangiges Ziel. Man kann auch nicht behaupten, daß die Christen vornehmlich für ihr eigenes Seelenheil in den Kampf ziehen, obwohl dieses aus der Kreuzzugspropaganda bekannte Argument auch von Ortnit zur Anwerbung gebraucht wird (Str. 26). Mit der Religion der Heiden vermag der Autor ebensowenig anzufangen wie die allermeisten seiner mittelalterlichen Dichterkollegen. Wolfram von Eschenbach bildet mit seinem *Willehalm* die große Ausnahme, obgleich selbst hierin der monotheistische Charakter des Islam völlig verkannt wird. Im *Ortnit AW* bietet die Idolatrie als dummer Aberglaube nur Gelegenheit, die Heiden von dem unsichtbaren Zwerg gründlich an der Nase herumführen zu lassen und so dem Spott auszuliefern.

Die Heidenkampfpartie erstreckt sich auch nur auf 171 Strophen (von 597). Ihr steht als zweiter Handlungsschwerpunkt die 2. Aventiure (143 Strophen), die Begegnung mit Alberich gegenüber, die sich ziemlich leicht aus dem Gesamtwerk isolieren ließe. Man hat darin eine Übernahme aus dem Höfischen Roman gesehen, da der Held hier wie Erec, Iwein oder andere allein eine *âventiure* suche. Ohne diese Parallele zu leugnen, sollte man andererseits die noch größere Nähe zu Siegfrieds ebenso einsam bestandenen Abenteuern mit Zwergen, darunter einem Alberich, nicht aus dem Auge verlieren. Ortnit bleibt Sieger wie Siegfried, doch nicht allein aus eigenem Vermögen, sondern dank des Wohlwollens seines koboldhaften Vaters. Darauf die Gesamtinterpretation aufzubauen – Ortnit liefere sich der fragwürdigen Welt Alberichs, der *wilde,* aus, erringe seine Erfolge nur mit deren Hilfe, werde aber im entscheidenden Augenblick dann von ihr im Stich gelassen (C. Schmid-Cadalbert) – verbietet sich angesichts der ambivalenten Wertungen im Text. Da wird Ortnit ausgerechnet in der Alberichaventüre *listic,* „klug, schlau", genannt (158,1) und verliert den Zauberring auch nur, weil er den Eiden des Zwerges vertraut. Er selbst erweist sich stets als *triuwe,* dies bis zuletzt, da er zum Schutz seines Landes zum Drachenkampf aufbricht. Daß er dies wieder allein tut, mag unvorsichtig sein, entspricht aber wiederum nicht nur der Haltung der Artushelden, sondern auch der Siegfrieds oder Dietrichs von Bern in der Sage. Gegen den Drachen steht ihm Alberich in der Tat nicht aktiv bei, immerhin gibt er ihm berechtigte Warnungen mit. An das Gebot, nicht einzuschlafen, will Ortnit sich auch durchaus halten, nach mehr als vierundzwanzig Stunden überwältigt ihn die Müdigkeit aber wider seinen Willen. Das hat offenkundig weder mit den Rosen auf dem Anger (565,4) etwas zu tun noch mit dem Drachen, der erst hernach herbeikommt und im Text auch sonst nirgends eine (in mittelalterlicher naturkundlicher Literatur mitunter erwähnte) einschläfernde Wirkung hat, schon gar nicht mit dem Typus des Zweibrüdermärchens (so H. Gehrts). Es handelt sich im Gegensatz zu dem Motiv des zwanghaften Schlafes im Höfischen Roman um einen ganz „natürlichen" Schlaf, dem Ortnit auch schon früher, nämlich nach einem anstrengenden Schlachttag in Erwartung seiner Braut erlegen war (Str. 436). Ein ähnliches Mißgeschick begegnet auch dem Helden der Minnesängernovelle *Maurice de Craon* (*Moriz von Craûn* – s. o. S. 486). Am Ende des *Ortnit AW* erhält das Motiv aber eine tragische Dimension, die nur in ein Heldenepos paßt. Ortnits Tod ist zwar immer wieder als ganz und gar unheroisch eingestuft worden, doch ergibt sich das auf uns komisch wirkende Aussaugen des Leibes durch den Kettenpanzer hindurch aus dessen wunderbarer Unverletzlichkeit. Daß Ortnit nicht mit dem Schwert in der Hand stirbt, hat er mit den meisten großen Protagonisten der Heldensage gemein. Aber er verliert sein Leben in Ausübung seiner Herrscherpflicht und ermöglicht seiner Witwe und seinem Rächer die Wahrung des Reiches.

Wenn weder eine durchgehende Sinngebung noch eine konsequente kompositorische Verzahnung der Episoden und Szenen angestrebt wird, so sind diese selbst in der Regel recht geschickt aufgebaut, anschaulich und farbig herausgearbeitet, spannend und zügig erzählt. Der Autor ist nicht zimperlich in der Wahl seiner Mittel. Für einen überfeinerten Publikumsgeschmack sind weder die Brutalitäten noch die komischen und sentimentalen Farbtupfer bestimmt gewesen. Die Mischung scheint aber nicht eben schlecht angekommen zu sein.

Insgesamt ernster und archaischer wirkt der zweite Bestandteil des Doppelepos, der **Wolfdietrich A** (zur Überlieferung s. o. S. 502). An der engen Zusammengehörigkeit kann jedoch kein Zweifel bestehen, gleichgültig, ob eine Abfassung durch denselben Autor oder zumindest in derselben „Werkstatt" oder keines von beiden anzunehmen ist. Sofern der *Ortnit AW* als Vorgeschichte aus dem zweiten Epos herausgesponnen worden sein sollte, lag die Keimzelle dafür, das Tod-und-Rache-Schema, doch unserem Doppelepos bereits voraus, wie oben (S. 501) im Gegensatz zu anderen Forschermeinungen festgehalten wurde. Der gemeinsamen Sagengrundlage entspricht die gleichmäßige äußere Form im sogenannten Hildebrandston, der seine Bezeichnung von seiner Verwendung im *Jüngeren Hildebrandslied* des 15./16. Jahrhunderts erhalten hat. Es handelt sich um eine Vorstufe oder (eher) um eine Reduktionsform der Nibelungenstrophe (s. o. S. 312) mit vier gleichen paargereimten Langzeilen (4k+3m), also ohne die Schlußbeschwerung des Achthebers. Der schlichte Ton ist in Heldenepik und Lieddichtung recht beliebt. Im 16. Jahrhundert findet sich auch eine Aufzeichnung der Melodie als *cantus firmus* eines zweistimmigen Satzes (bei Georg Rhaw, *Bicinia*, I, 1545, Nr. 94). Wieweit sie auch für die musikalische Struktur des Tones im frühen 13. Jahrhundert Aussagekraft besitzt, ist naturgemäß umstritten.

Das *Ambraser Heldenbuch* bietet die einzige Überlieferung unseres Epos, bricht aber nach Strophe 606 (= 17. Aventiure) ab, so daß wir den Schluß aus dem *Wolfdietrich K*, der kürzenden Bearbeitung des *Dresdener Heldenbuchs* (s. o. S. 504), rekonstruieren müssen. Der Inhalt ist der folgende: Huge Dietrich, König von Griechenland (mit der Hauptstadt Konstantinopel), hat die Schwester des Hunnenkönigs Botelung zur Frau und mit ihr drei Söhne namens Dietrich. Der dritte Sohn wird in Abwesenheit des Vaters geboren und von einem Einsiedler getauft, da seiner Mutter, die, obgleich Heidin, an Gott glaubt, eine Stimme dies im Schlaf befohlen hat. Der Einsiedler verkündet dem Kind eine ruhmreiche Zukunft; mit jedem Lebensjahr werde es die Stärke eines Mannes hinzugewinnen, und sein Taufgewand könne ihn vor allen Waffen, vor Wasser und Feuer schützen. Dennoch steht die Geburt vorerst unter einem schlechten Stern, da die Mutter die unsittlichen Anträge Herzog Sabens, des Reichsverwesers, abgewiesen hat (Av. 1). Der kleine Dietrich, ein schönes, aber kraftstrotzendes und höchst ungebärdiges Kind, erweckt den Verdacht teuflischer Abkunft, welchen Saben dem König gegenüber aus Rache erhärtet, worauf dieser seinem treuen Gefolgsmann Berchtung von Meran unter schweren Drohungen die Tötung des Kindes aufträgt (Av. 2). Nächtens händigt der König ihm das Kind aus. Berchtung bringt es in den Wald, doch die dort hausenden hungrigen Wölfe tun ihm nichts zuleide – daher sein künftiger Name *Wolf her Dietrîch*. Durch die Probe mit einem Kreuz überzeugt sich Berchtung, daß das Kind mit Gott und nicht dem Teufel im Bunde ist, gelobt ihm immerwährende Treue und bringt es zu Pflegeeltern (Av. 3). Der Abschnitt II (Av. 4–6) berichtet von Berchtungs Gefangennahme und Rehabilitierung. Da den König seine Tat reut, wälzt Saben alle Schuld auf den Herzog von Meran ab und erwirkt seine Einkerkerung. Dank der Unterstützung durch die Königin, einen Eideshelfer und ein schriftliches Beweisstück kommt Berchtung vor Gericht frei, bittet jedoch für den verräterischen Ankläger, der so der Hinrichtung entgeht. Wolf Dietrich, der sich noch immer ganz roh gebärdet, wird Berchtung zur Erziehung übergeben. Sein Erbe bleibt ihm jedoch gemäß einem früheren Eide seines Vaters vorenthalten. Damit ist die Vorgeschichte von Wolfdietrichs Kindheit beendet. Die folgenden Abschnitte stehen bis auf die Schlußepisode unter dem Motto „Vertreibung und Rückgewinnung der Herrschaft". In Abschnitt III (Av. 7 und 8) verleumdet der ungetreue Saben nach dem Tode Hugdietrichs Wolfdietrich bei seinen

Brüdern als *kebeskint,* als außerehelichen Sohn der Königin, und erwirkt so beider Verstoßung. Sie fliehen zu Berchtung nach Lilienporte. Wolf Dietrich erfährt nun erst von seiner wahren Abkunft und will sein Erbe erkämpfen. Es kommt zur großen Schlacht, in der Wolfdietrichs Mannen bis auf Berchtung und zehn von dessen 16 Söhnen den Tod finden. Abschnitt IV (Av. 9-10) enthält die vierjährige Belagerung der Burg Lilienporte. Trotz heldenhafter Kriegstaten vermag Wolfdietrich letztlich gegen die Übermacht nichts auszurichten und beschließt auf Berchtungs Anraten, bei König Ortnit Hilfe zu holen. Er reitet aus, versehen mit des Vaters Pferd und Rüstung sowie mit dem wunderkräftigen Taufhemd. In Abschnitt V (Av. 11-16) begegnet der Held nach einem tagelangen strapaziösen Ritt durch die öde, menschenleere Romanîe auf einem Anger an der felsigen Meeresküste einem häßlichen Meerweib, das sich jedoch dann als schön und hilfreich herausstellt. In der Lombardei besiegt er Räuber, befreit dabei eine Jungfrau, erfährt in Garda von Ortnits Tod, reitet zur Rache aus, hilft einer Frau bei der Geburt eines Sohnes im Wald, wo sie ihr inzwischen vom Drachen getöteter Mann zurückgelassen hat, und schläft schließlich vor Übermüdung ein. Ein Zwerg vermag ihn nicht zu wecken, aber Ortnits Schicksal bleibt dem Helden erspart. Sein Roß vertreibt den Drachen. Endlich erwacht, steht Wolfdietrich einem Löwen (dem eigenen Wappentier) im Kampf gegen den Drachen bei, zerschlägt aber seine Waffen auf der Drachenhaut. Hier bricht der Text in Handschrift A ab.

Im *Wolfdietrich K,* der bis zu diesem Punkt den Handlungsverlauf von A trotz radikaler Kürzungen bewahrt hat, wird nun der Held zusammen mit dem Löwen durch die Lüfte in die Drachenhöhle getragen, jedoch nicht wie das arme Tier aufgefressen, sondern durch das Taufhemd gerettet. Mit den in der Höhle gefundenen Waffen Ortnits vermag er den Drachen zu überwinden. In Garda gibt sich ein anderer als der Drachentöter aus, doch durch den Ring Ortnits und die herausgeschnittene Drachenzunge beweist Wolfdietrich sein alleiniges Anrecht auf die Hand der Königin. Abschnitt VI spielt teils in Konstantinopel, teils in der Lombardei. Dort erfährt er von Berchtungs Tod und der Gefangennahme seiner Söhne. Hier ist inzwischen Wolfdietrichs Gattin von einem Zwerg entführt worden und muß aus einem Berg befreit werden. Endlich kann Wolfdietrich mit gewaltiger Heeresmacht in Griechenland einfallen, die Brüder besiegen und töten. Berchtungs Söhne macht er zu Herren über das Land. Saben wird grausam hingerichtet. Der abschließende Abschnitt VII erzählt von Wolfdietrichs Eintritt in ein Kloster (nach zwölfjähriger Ehe) und der endgültigen Buße seiner Sünden im Kampf mit Hunderten Teufeln in der letzten Nacht seines Lebens. Seine goldene Brünne kaufen nach seinem Tod drei Königinnen von Jochgrimm. Wolfdietrichs Frau beschließt ihr Leben im selben Kloster.

Der Redaktor des *Dresdener Heldenbuchs* vermerkt am Ende ausdrücklich, daß er die 700 Strophen des alten Gedichtes auf 333 verkürzt hat, *das man auf einem sitzen dick müg hörn anfanck vnd ent* (damit man bei einer einzigen Vortragssession immer Anfang und Ende hören könne). Da davon ca. 100 Strophen allein auf den in A fehlenden Teil entfallen, muß dieser etliches mehr als 100 Strophen umfaßt haben. Wir vermögen also den *Wolfdietrich A* nicht einmal in seinem originalen Umfang abzuschätzen. Um so weniger dürfen wir uns auf die Dresdener Fassung K für die Wiedergewinnung von Inhaltsdetails verlassen. Aber die Grundzüge werden durch die Vorausdeutungen im *Ortnit AW,* Strophen 546-549, und im *Wolfdietrich A,* Strophen 439-440, sowie die Reminiszenz im *Eckenlied E*$_2$ bestätigt. Dessen Strophe 22 berichtet nicht nur von Ortnits Brünne (s. o. S. 501), sondern auch von Wolfdietrichs Klostereintritt und nächtlicher Buße und lokalisiert dieses heiligmäßige Lebensende des Helden in Tischen (Tischzung in K) in Burgun, d. h. in Dijon (Herzogtum Burgund).

Diese Ortsangabe legt die Vermutung nahe, das Motiv sei eher der Gattung der *Chanson de geste,* wo der Moniage-Schluß ziemlich beliebt ist, als dem *König Rother* entlehnt. Es fragt sich, ob damit auch ein Hinweis auf einen merowingisch-fränkischen Ursprung der Kernsage gegeben ist. Einen solchen nimmt die Mehrheit der Forscher an, ist jedoch gänzlich uneins in der konkreten Identifizierung des Haupthelden. Es kämen in Frage: Theudebert I. (534–548), dessen Vater Theuderich I. in den *Quedlinburger Annalen* (um 1000) Hugo Theodoricus genannt wird, oder Theuderich I. (511–534) selbst, der als Bastard verdächtigt wurde und dessen Vater Chlodwig I. bei Widukind von Corvey (10. Jahrhundert) Huga heißt, oder ein Halbbruder Theuderichs I. namens Gundovald, der von seinem Vater nicht als legitimer Sohn anerkannt wurde und in Byzanz aufwuchs. Dieser Franken-Theorie steht eine andere gegenüber, die in Wolfdietrich so etwas wie einen Doppelgänger Dietrichs von Bern sieht. Dieser sei ursprünglich der Held auch der Wolfdietrichsage gewesen, aber zur Bewahrung alter Sagenzüge, die in der neuen Dietrichsage nicht mehr unterzubringen waren, durch den Helden eines neuen Sagenkreises, einen Vorfahren Dietrichs, ersetzt worden. Historischer Ausgangspunkt ist nach dieser Theorie die Zeit des Ostgotenreiches auf dem Balkan. König Theoderich erlangte für sein Volk vom oströmischen Kaiser den Föderatenstatus und für sich die Stellung eines kaiserlichen Waffensohnes. Im Jahre 479 überfiel jedoch Sabinianus, der byzantinische Heermeister von Illyricum, den Zug der Goten, von denen viele den Tod fanden oder in Gefangenschaft gerieten; der Verräter wurde auf Veranlassung des Kaisers getötet, Theoderich erhielt (für einige Zeit) eine hohe Position in der Hauptstadt, in der er schon vom achten bis zum achtzehnten Lebensjahr als Geisel gelebt hatte. Eine Entscheidung zwischen den beiden Theorien zu treffen, ist kaum möglich. Für fränkische Herkunft sprechen v. a. der Name Hugdietrich und die Vasallenthematik, für gotische der Schauplatz, die Rolle Sabens und das Zeugnis der *Thidrekssaga,* die das Drachenabenteuer Dietrich von Bern zuschreibt. Am ehesten haben wir wohl mit mehrfacher Überlagerung westlicher und südöstlicher Elemente zu rechnen, die für uns aber im Dunkel der mündlichen Überlieferung liegt.

Ein Problem für sich bildet die Gestalt des treuen Gefolgsmannes Berchtung von Meran, das positive Pendant zu dem Verräter Saben. Während dieser typenmäßig dem Verräter Sibeche in *Dietrichs Flucht* entspricht (s. o. S. 325), ähnelt jener in vielen Punkten, so schon im Namen, Berchther (Berhter) von Meran, dem Erzieher des jungen Rother, der später die zwölf Söhne Berchthers zu einer gefährlichen Brautwerbung aussendet und, als sieben von ihnen gefangen werden, diese befreien muß, wie der *König Rother* erzählt. Dem *Wolfdietrich A* noch näher steht jedoch abermals eine Chanson de geste, nämlich *Parise la Duchesse,* worin ein loyaler Vasall, Clarembaut, die Herzogin und ihren Sohn gegen ihren Gatten und dessen schlechte Ratgeber in Schutz nimmt und schließlich zusammen mit seinen Söhnen viel dazu beiträgt, die ursprünglichen Rechtsverhältnisse zu restaurieren. Die Namenskomponente Bercht- (leuchtend) ist typisch fränkisch, der Beiname verweist jedoch auf Meran, d. i. Meranum, Maronia, das istrisch-dalmatinische Gebiet um Fiume, also in den Balkanraum. Das könnte die Ostgoten-These stützen, sofern der Name aus der Wolfdietrichsage stammt. Im *Rother* hat er aber gewiß eine aktuelle Bedeutung: Er sollte das Publikum an den damaligen Grafen von Dachau gemahnen, der 1152 den Titel eines Herzogs von Meran erhielt. Als die Dachauer Linie der Wittelsbacher erlosch, ging das Titularherzogtum auf die Grafen von Andechs über (ca. 1180). So könnte auch im *Wolfdietrich A* eine zeitgenössische Anspielung enthalten sein, nämlich eine Hommage an Otto I., Graf von Andechs, Herzog von Meran und Pfalzgraf von Burgund (1204–1234), der reiche Tiroler Besitzungen vom Brixener Bischof zu Lehen hatte. Am Hofe desselben Fürsten hat vermutlich auch der fränkische Dichter Wirnt von Grafenberg seinen Versroman *Wigalois* verfaßt, aus dem etliche Beschreibungselemente des Drachen in unser Doppelepos übernommen worden sein dürften. Gegen eine Verwurzelung des Namens Meran in der Sage muß das alles gleichwohl nicht sprechen, da durch sie die Hommage an den aktuellen Träger des Titels nur gesteigert worden wäre. Mehr wüßten wir, wenn die historische Identifizierung von Berchtungs Burg Lilienporte befriedigend gelungen wäre, was nicht der Fall ist.

Der *Wolfdietrich A* enthält viele typische Motive eines Heldenlebenschemas, wie es sich in traditionellen Erzählungen der verschiedensten Kulturkreise, speziell aber des indogermanischen, vielfach nachweisen läßt: geheimnisvolle Geburt, weissagender Traum der Mutter, ungebärdiges Verhalten des Kindes, Erwerb von Helfern, Zauberdingen und Waffen, Sieg über Räuber und Drachen, Befreiung einer Landesherrin und Heirat mit ihr, Lebensende unter ungewöhnlichen Umständen. Das Schema, das etwa im griechischen Bereich die Herakles- und Theseussage am reinsten abbilden, ist nicht an eine bestimmte Gattung gebunden. Der *Wolfdietrich A* weist aber ausgesprochen heroische Züge auf, wie man immer wieder hervorgehoben hat. Er „repräsentiert den Typus der Heldenepik reiner als irgendeine andere nachnibelungische Dichtung" (K. Ruh). Dazu trägt nicht unbedingt der Drachenkampf bei, der, obgleich doch wohl ein genuin heroisches Motiv, damals längst auch im Höfischen Roman heimisch geworden war *(Tristan, Iwein, Wigalois).* Um diese Erzählmitte, die mit dem Erwerb der neuen Landesherrschaft und der militärischen Stärke zugleich die Wende zum Besseren bringt, gruppieren sich jedoch typische Heldensagenmotive, Verlust und Wiedergewinnung des legitimen väterlichen Erbes im Kampf mit den Brüdern, Unterstützung durch treue Gefolgsmannen, denen der Gefolgsherr schließlich seinerseits die Treue hält und die verlorene Freiheit wiedergibt. Das erinnert alles stark an *Dietrichs Flucht* und *Rabenschlacht,* die sogenannte historische Dietrichepik (s. o. S. 320ff.), der man also unter Umständen auch unser Doppelepos zurechnen könnte, auch wenn man die sagengeschichtliche Zusammengehörigkeit nicht akzeptiert. Nichtsdestoweniger gilt es, auch die Affinität zur französischen Heldenepik im Auge zu behalten, die nicht nur die genannten Motive mit der Dietrichepik weitgehend teilt, sondern auch jene religiöse Einfärbung des Heroischen aufweist, die den *Wolfdietrich A* doch weit stärker als das österreichische (?) Doppelepos prägt. Der Moniage und Buße am Ende entsprechen zu Anfang die von übernatürlicher Instanz befohlene Taufe, das mit dem Helden wachsende und ihn unbedingt schützende Taufhemd, das Verhalten der hungrigen Wölfe gegenüber dem Kleinkind. Ob hierin der weit, insbesondere im slawischen Raum verbreitete Volksglaube an den Werwolf und die Glückshaube (einen Teil der Embryonalhülle, der bisweilen am Körper des Neugeborenen haftet und für glückbringend gehalten wurde) weiterlebt, bleibe dahingestellt. Unmittelbare Quelle sind wohl in jedem Falle die Legende oder die Bibel gewesen. Das ausgesetzte Kind unter den wilden Tieren gemahnt z. B. an Daniel in der

Löwengrube. Die Szene ist allerdings durchaus eigenständig mit hübschen Details ausgemalt: Die Wölfe riechen die köstliche Beute, reißen die Mäuler auf, sind aber plötzlich satt und setzen sich in einem Kreis um das Kind, welches nach den wie Kerzen im Finstern leuchtenden Wolfsaugen greift (Str. 100–103). Beim Drachenkampf könnte einem das legendenhafte Pendant des hl. Georg in den Sinn kommen, doch die Rettung des Helden durch das Taufhemd hat dort keine Parallele.

Wenn auch nicht alles Wunderbare in dem Text der christlich-religiösen Sphäre entstammt oder in diese überführt wird, so erscheint doch das Heroische hier gleichsam getauft so wie der Sohn einer heidnischen Mutter, der seine Siege eben nicht mehr einfach aus eigener Tapferkeit und Kraft, sondern mit Hilfe Gottes erringt. Seine Ziele sind auch nicht bloß eigene Ehre und Macht, sondern ebenso auch „sozialer" Natur. Daß es hierbei nur um *triuwe* im alten feudalen Sinne, d. h. um inneradelige Solidarität geht, versteht sich bei einem Heldenepos fast von selbst (s. o. S. 326). Dieser Gattung entspricht auch die ziemlich düstere, kaum je in dem Werk ganz aufgehellte Stimmung. Etliche Aventiuren werden am Ende geradezu als überwundene oder noch andauernde *sorge* (Sorge, Kummer, Gefahr) bezeichnet. Nicht ganz zu Unrecht empfindet Wolfdietrich die Verantwortung für den Tod vieler Mannen, namentlich von Berchtungs sechs Söhnen. Er klagt fast so unmäßig wie Dietrich in der *Rabenschlacht* (s. o. S. 324) und bietet Berchtung als Ersatz sein eigenes Leben an (Str. 360–366). Davon will der Getreue, der seinen Herrn noch mehr als seine Kinder liebt, natürlich nichts wissen. Ihn und seine Söhne zu befreien, ist jedoch fortan für den Helden heilige Pflicht. Für den Alten kommt die Hilfe freilich zu spät. Der Ausklang des Werkes mit der Buße des Helden wirkt somit nur konsequent. Wenn der *Ortnit AW* streckenweise so etwas wie ein burleskes Vorspiel zu sein scheint, um dann eher bedrückend zu enden, so wahrt der *Wolfdietrich A* fast durchgehend den ernsten Ton, schließt aber mit einem tröstlichen Aufblick nach oben. Soweit die Überlieferung den Schluß zuläßt, wird die Handlung etwas folgerichtiger und fester gefügt als in den übrigen nachnibelungischen Heldenepen. Dennoch kann kaum davon die Rede sein, daß der *Wolfdietrich A* in seiner ursprünglichen Gestalt „eines unserer trefflichsten mittelhochdeutschen Epen" gewesen sei, wie H. Schneider behauptet hat. Auf das Zierkolorit höfischen Lebens und Treibens, das hier fast völlig fehlt, wird man bei einem solchen Stoff gerne verzichten, aber die simple Szenenreihung läßt doch die typischen Schemata zu deutlich durchscheinen. Einzelnen Szenen mangelt es gewiß nicht an Kraft und Ausdruck, doch haftet ihnen fast allen etwas Ungefüges und Gewaltsames an, wie dem Helden, der schon als Kleinkind die Hunde, welche ihm sein Essen wegschnappen wollen, kurzerhand an die Wand wirft (Str. 38).

Die späteren Wolfdietrichepen, die hier nicht mehr zu behandeln sind, wirken in ihrem unersättlichen Hunger nach dem Außerordentlichen und Unerhörten aber noch roher und hölzerner, so schon der *Wolfdietrich B*, 932 Strophen umfassend (mit eingearbeiteter Ortnithandlung), entstanden vielleicht um 1250, geographisch kaum einzuordnen, überliefert in drei Handschriften des 15. und 16. Jahrhunderts, dann der nur in kleinen Fragmenten einer rheinfränkischen Handschrift aus der Wende vom 13. zum 14. Jahrhundert erhaltene *Wolfdietrich C*, vor allem aber der zum Großepos aufgeschwellte, rein kompilatorische, doch sehr beliebte spätmittelalterliche *Wolfdietrich D* (2242 Strophen, neun Handschriften, sechs Drucke bis 1590, entstanden wohl im alemannischen Raum zu Anfang des 14. Jahrhunderts), „der Wildwestfilm des Mittelalters" (H. de Boor). –

In der nordischen *Thidrekssaga* wird Dietrichs Drachenkampf, der bis in viele Details hinein dem Drachenkampf Wolfdietrichs gleicht (s. o. S. 509), in die spätere Lebenszeit des Berners nach der Wiedererlangung seines Reiches verlegt. Für die Herrschaftsbegründung oder -sicherung hat es somit keine Bedeutung, wenn der Held auch hier die kostbaren Waffen und die Frau eines Königs (Hertnids) gewinnt. Dietrichs Kämpfe mit Ecke und Fasold erscheinen an weit früherer Stelle in der Saga unter den Jugendabenteuern Dietrichs. Auch dabei sind außergewöhnliche Waffen zu erringen, die aber nichts mit König Hertnid zu tun haben. Nur von Eckes Schwert Eckesachs (Ekkisax) erfahren wir die Herkunft: Es wurde vom Zwerg Alberich (Alfrik, s. o. S. 506) unter der Erde geschmiedet, im Fluß Drau (Treya) gehärtet und gelangte auf mannigfachen Wegen in die Hände des Riesen. In diesem Provenienzbericht sowie in etlichen anderen Zügen stimmt das deutsche *Eckenlied E2* mit der Saga überein, weicht aber in anderen Punkten entscheidend ab, so u. a. in der Gleichsetzung der Brünne Eckes mit der König Ortnits (s. o. S. 501). Das von J. Heinzle mit der Sigle E2 versehene, in der Donaueschinger Handschrift (Fürstliche Fürstenbergische Hofbibliothek, Cod. 74, nach 1300, alemannisch) bis Strophe 245 (Mitte) ohne Schluß überlieferte, ursprünglich vielleicht an die 270 Strophen umfassende kleine Heldenepos bietet folgende Geschichte:

Drei Helden unterhalten sich über den Kampfesruhm Dietrichs von Bern. Ebenrot beschuldigt den Berner einer unehrenhaften Tat, Fasold verteidigt ihn, Ecke beneidet ihn. Ecke will sich als bester Held erweisen, indem er den Berner fällt. Drei in der Nähe, auf Jochgrimm, ansässige Königinnen hören davon. Eine von ihnen, Seburg, will den berühmten Berner unbedingt einmal zu Gesicht bekommen, stattet Ecke für den Kampf mit Ortnits Brünne aus und fordert ihn auf, den Berner lebendig herbeizuschaffen. Ecke verspricht, es zu versuchen, obwohl ein alter Fahrender abrät. Seburg rüstet Ecke völlig aus und verspricht ihm die Minne einer der drei Königinnen. Ein Pferd lehnt der riesenhafte Mann ab, da es ihn nicht weit tragen könnte (Str. 1–36). Er läuft übers Gebirge, rastet nächtens bei einem Einsiedler im Wald, kommt nach Bern, fragt Hildebrand nach Dietrich und erhält die gewünschte Auskunft, aber auch Spott und Warnungen mit auf den Weg, der ihn über Trient zum Nonsberg führt. Dort tötet er einen Kentauren und findet den todwunden Helferich von Lun, der zu viert vom Rhein im Auftrag schöner Frauen ausgeritten war, um Ruhm zu erlangen, vom Berner aber seiner Gefährten und beinahe auch des eigenen Lebens beraubt, nun Herrn Ecke eindringlich warnt, ihm aber doch den Weg zeigt, den der Berner genommen hat (Str. 37–68). Endlich trifft Ecke auf den gesuchten Gegner, der aber keinen Grund sieht, Eckes Herausforderung anzunehmen, auch nicht, als dieser ihm seine Waffen als Beute anpreist. Selbst der wiederholte Vorwurf der Feigheit kann ihn nicht dazu bewegen, sondern erst die Selbstverfluchung des rasenden Riesen, Gott möge Dietrich schützen und ihn selbst töten. Der Berner sitzt ab. Die Schwerter schlagen taghelle Funken aus den Rüstungen. Dietrich gerät in Bedrängnis, schlägt aber dann mit Gottes Hilfe den Gegner doch zu Boden. Da er seinen Harnisch nicht zu durchbohren vermag, geht er zum Ringen über und gewinnt die Oberhand. Ecke zieht den Tod der Schande vor. Um sein eigenes Leben zu bewahren, muß Dietrich ihn töten, und zwar, da dies nicht anders möglich ist, indem er ihn betäubt, die Schöße seines Waffenrockes aufhebt und ihn ersticht. Obwohl er diese unehrenhafte Tat ebenso beklagt wie den Tod des übermütigen jungen Frauenritters, eignet er sich doch dessen wunderbare Waffen an. Schließlich schlägt er Ecke, der noch einmal zu sich kommt, auf dessen eigene Bitte den Kopf ab und befestigt diesen an seinem Sattel (Str. 69–150). An einer Quelle heilt eine zauberkundige Frau Dietrichs Wunden. Er rettet ein Edelfräulein vor dem Riesen Fasold, der im Wald Jagd auf es macht. Fasold, Eckes Bruder, steht angesichts der Wunden des Berners vorerst vom Kampf ab, wird dann aber von Dietrich, den ein Kraut des Fräuleins ganz wiederhergestellt hat, besiegt. Als er vom Tod seines Bruders erfährt, beschuldigt er Dietrich des heimtückischen Mordes und muß nochmals mit Waffen bezwungen werden (Str. 151–201). In der letzten erhaltenen Partie von *E2* führt Fasold, obwohl er von dem Berner geschont worden ist, diesen verräterisch in neue Gefahren, zuerst zu einem Gefolgsmann Eckes, dann zu Fasolds und Eckes Mutter und Schwester, die alle Ecke rächen wollen und von Dietrich getötet werden (Str. 202–245).

Der Tod der Riesenschwester ist im Text nicht mehr enthalten, kann aber ohne weiteres erschlossen werden. Weit schwieriger ist die Rekonstruktion der weiteren Handlung, da sowohl das *Eckenlied* des *Dresdener Heldenbuches (E7)* als auch das in elf Drucken *(e1–e11)* des 15. und 16. Jahrhunderts erschienene *Eckenlied* schon ab Strophe 202 stark von *E2* und untereinander abweichen. Die Vorausdeutung in *E2*, Strophe 150, macht es aber sehr wahrscheinlich, daß am Ende des Epos Dietrich auf Jochgrimm den Königinnen heftige Vorwürfe machen und ihnen den Kopf des Riesen vor die Füße werfen sollte. So erzählt es auch *E7*.

Nicht erst der fehlende Schluß stellt uns vor unüberwindbare Schwierigkeiten, sondern schon eine Menge innerer Widersprüche im erhaltenen Text von *E2*. Sie können nicht einfach alle aus der blockartigen und schubweise variierenden Darstellung erklärt werden und haben so (angesichts analoger Erzählungen in anderen Sprachen) Anlaß zur Annahme einer verwickelten Entstehungsgeschichte gegeben. Eine ältere, zwar heftig bekämpfte, aber nichtsdestoweniger noch bis heute immer wieder vertretene Hypothese nimmt drei Stufen an: (1) ein tirolisches *Jochgrimmlied*, das zur Erklärung des undurchsichtig gewordenen Namens von Dietrichs Schwert Eckesachs (mhd. *ecke* „Schneide", *sahs* „kurzes Schwert") einen frei erfundenen Riesen Ecke präsentierte und mit Tiroler Volkssagen von drei Wetterhexen auf dem Jochgrimm und dem Wilden Jäger und Wetterriesen Fasold verband; (2) ein rheinisches *Eckenlied,* das die Vorlage mit eigenem Lokalkolorit und Entlehnungen aus einem französischen Versroman, der nur in Form einer spätmittelalterlichen Prosabearbeitung des *Chevalier du Papegau*, erhalten ist, bereicherte und die Basis für die entsprechende Episode in der *Thidrekssaga* lieferte; (3) das erhaltene Tiroler *Eckenlied.* Dieses Stufenmodell trägt natürlich der lebendigen Vielfalt der mündlichen Sagenentwicklung viel zu wenig Rechnung und ist vielmehr den Vorstellungen Andreas Heuslers von der Abfolge weniger individuell geprägter Dichtungen (mündlicher wie schriftlicher) verhaftet. Gleichwohl bleiben der ätiologische Ursprung ebenso erwägenswert wie naturmythische Einflüsse und die Übereinstimmungen mit dem *Papageienroman*. Namentlich diese sind viel zu zahlreich und zu sehr zu einer sinnvollen Motivkette verknüpft, als daß sich ein genetischer Zusammenhang leugnen ließe. Die Kette reicht von der Aussendung eines riesenhaften Ritters durch eine Fürstin zur Suche nach einem berühmten Helden über den tödlichen Zweikampf bis zum Versuch, den Gefallenen zu rächen, und schließt Details wie den unverletzlichen Panzer und die Dunkelheit im Wald während des Kampfes ein. Die Frage ist nur, welche der beiden Erzählungen von welcher abhängig ist oder ob beide auf eine gemeinsame Quelle (eine französische oder deutsche?) zurückgehen. Auch der Gattungsunterschied fällt auf, denn der Papageienritter ist niemand anderer als König Artus. Kein solcher Unterschied besteht dagegen zwischen dem *Chevalier du Papegau* und dem *Wigalois* (s. S. 545; 547), die ebenfalls eine ganze Reihe von wichtigen Erzählmotiven miteinander teilen. Dieser Befund macht jedoch die Situation noch komplizierter, da wir uns den *Wigalois* in Ostfranken, Baiern oder Tirol entstanden denken müssen, einen regen Austausch von französischen und deutschen Erzählungen uns aber doch leichter in größerer Nähe zur Sprachgrenze vorstellen können. In der Tat weisen die Eckenepisode in der *Thidrekssaga* und die erste Strophe von E_2 auf die Rheinlande. Diese Eingangsstrophe lobt die wohlerbaute Stadt Köln am Rhein, die Hauptstadt eines Landes, das zur Heidenzeit Gripiar (von Colonia Agrippinensis) genannt worden sei. Strophe 2 beginnt dann mit der Zeile: *Es sasen held in ainem sal*. Diese Halle muß sich also wohl in Köln befinden, obwohl dies nicht gesagt wird, und dementsprechend wäre dann die Angabe in Strophe 17 zu verstehen, daß in der Nähe die drei Königinnen zu Jochgrimm (Str. 19) saßen. Ein Tiroler Dichter hätte eine solche Lokalisierung des Berges Jochgrimm (s. o. S. 501) auf keinen Fall vornehmen können. Hier liegt also irgendeine Art von Textmischung oder -überlagerung in E_2 vor, deren Alter wir nicht näher bestimmen, deren nordwestdeutsche Herkunft wir aber vermuten können. Daß der nordische Sagamann die Erzählung nicht aus dem oberdeutschen Raum bezog, versteht sich ohnehin von selbst, auch wenn man die Verlegung des Sagageschehens nach Westfalen und ins Rheinland als unbewiesen oder späte Zutat einstuft.

Bei einem solch inhomogenen Text sind der formalen und inhaltlichen Interpretation enge Grenzen gesetzt – eine Erkenntnis, die es in diesem Abschnitt immer wieder zu betonen gilt, gerade weil die moderne Forschung sich ihr vielfach verschließt. Die Aufgabe, die Handlung in die Form recht komplizierter Strophen (s. o. S. 500) zu gießen, nahm offenbar unseren Autor schon so stark in Anspruch, daß ein komplexerer Aufbau der Erzählung gar nicht in Frage kam. Mehr als eine lineare, einsträngige Reihung der Ereignisse war in dieser Gattung aber ohnehin unüblich. Die Reihung folgt dem einfachen Schema von Auszug – Kampf/Tod – Rache, wobei der Racheteil in ziemlich ungeordnete Einzelaktionen im Stil traditioneller Riesenkämpfe zerfällt. Die vorangehenden Teile lassen wenigstens Ansätze zu einer nachvollziehbaren Sinnstruktur erkennen.

Der Auszug Eckes ist doppelt motiviert, nämlich durch Eckes eigenen unbeugsamen Willen, sich als den besten aller Ritter zu erweisen, und durch den Wunsch der königlichen *vrouwen*, den berühmten Dietrich einmal zu Gesicht zu bekommen und sich von der Rechtmäßigkeit des weltweiten Ruhmes zu überzeugen. Diese steht von Anfang an zur Debatte. Ebenrot behauptet, Dietrich habe um einer Rüstung willen das Riesenpaar Hilde und Grim *lasterlichen*, d. h. gegen die Regeln ritterlichen Kampfes, erschlagen (E_2, Str. 7). Es scheint sich dabei um eine Verleumdung zu handeln. Das behauptet jedenfalls Fasold, und Ecke stimmt ihm offenbar bei, wird jedoch dann selbst Opfer einer schändlichen Tötung. Zu dieser Tat wird allerdings Dietrich durch Eckes Unbeugsamkeit und den Wunderharnisch gezwungen (der ja schon den unrühmlichen Tod Ortnits verursacht hatte). Beweisen kann das Dietrich in Ermangelung eines Augenzeugen aber nicht, so daß neuerlich der Verdacht aufkommen muß, er habe den Gegner heimtückisch ermordet. Dementsprechend ist Dietrich über seinen Sieg keineswegs froh, sondern tief betrübt. Alle Welt werde auf ihn zeigen und ausrufen: „Seht, das ist der Berner, der Könige abstechen kann!" (Str. 141). Er wünscht sich den Tod; die Erde solle ihn um dieses Mordes willen gar nicht mehr tragen, habe er ja doch ein für allemal seine Ehre verloren. Da von allem Anfang an aufgrund der psychischen und rüstungsmäßigen Disposition Eckes kein ehrenvoller Sieg über den Riesen denkbar ist, hat man mit einem gewissen Recht von Tragik gesprochen. Doch die Konzeption ist brüchig. Besonders seltsam mutet es an, daß Dietrich seine Leichenfledderei *(reroup)* an dem toten Ecke damit rechtfertigt, daß sein Ruf jetzt ohnehin schon ruiniert sei und er sich offen zu seiner Tat bekennen könne (Str. 146). Aber die Rüstung wird im weiteren eben gebraucht, weil Dietrich darin immer wieder für Ecke gehalten werden wird. Die erwarteten Verleumdungen Dietrichs bleiben zwar nicht aus, werden aber alle hinreichend geahndet. Vor allem steht jedoch die Klage, die der Berner vor Gott erhebt, nicht so recht im Einklang mit dem religiösen Hintergrund des Zweikampfes. Ecke hat sich ja in maßloser Hoffart der göttlichen Hilfe freiwillig begeben (s. o.), und so vertraut Dietrich auf ebendiese Hilfe für seine gerechte Sache. Als er infolge der Ungleichheit der Waffen arg ins Hintertreffen gerät, kommen ihm zwar Zweifel, die aber nur in ein um so inbrünstigeres Bittgebet münden, den – möglicherweise teuflischen – Gegner zu fällen (Str. 112; 115f.). Ecke fühlt dann ganz richtig, daß in Dietrich zwei fechten und ihn niederringen. Es ist nicht recht einzusehen, warum den Berner Gottes Beistand am zwangsläufigen Ende des Kampfes verlassen haben sollte. Der Text schweigt sich darüber aus.

Überdies spielt hier noch die Problematik des Frauendienstes hinein, die auch keine eindeutigen Konturen gewinnt. Ecke beruft sich mehrfach darauf, daß edle Frauen ihn ausgesandt haben, und begründet auch seine Weigerung, sich zu unterwerfen, mit der Angst vor dem Spott der drei Königinnen. Aber vor dieser Aussendung war er schon selbst felsenfest zu seiner Tat mit ihrer eventuell tödlichen Konsequenz entschlossen (Str. 3ff.). Den entscheidenden negativen Aspekt des Kampfes steuert allerdings erst die unverletzbare Rüstung aus der Hand Seburgs bei. Dietrich unterstellt den Königinnen die Absicht, einen der beiden Kämpfer oder gar beide in den Tod zu schicken, um noch darüber lachen zu können (Str. 98; 125). Dietrichs Schelte am Ende des Werkes dürfte dem entsprochen haben (s. o. S. 514). Ob der Erzähler diese Ansicht teilt, wird nicht klar, da er sich, wie die Gattung es verlangt, ganz im Hintergrund hält. Sein Sprachrohr vernehmen wir aber wahrscheinlich in dem alten fahrenden Mann auf Jochgrimm, der Ecke vor seinem Übermut warnt und Dietrich überschwenglich lobt: Der Berner sei *ellendes vater*, ein Vater aller Heimatlosen, er übe stets *milte* und liebe die Ehre (Str. 28). Erzähler und Publikum haben dann sicher Dietrichs Weigerung gebilligt, gegen jemand zu kämpfen, der ihm nichts zuleide getan hat (Str. 92). Aber war der junge unbekannte Ecke nicht in einer ganz anderen Lage als der weltberühmte Dietrich? Nicht zufällig versetzt der Erzähler das Geschehen gegen alle Sagenlogik in die Zeit nach der Rabenschlacht (Str. 198). Damit ist aber nicht nur ausgesagt, daß Dietrich seine Lehrjahre längst hinter sich gebracht, sondern auch bereits bitteres Leid erfahren hat. Der Typus des „armen Dietrich" der historischen Dietrichepik wird also in eine erfolgreich bestandene Aventüre Dietrichs übernommen und wirft auch hier ihren Schatten über den Erfolg. Mag im *Eckenlied E2* auch Kritik an der kämpferischen Aventüre aus reiner Ruhmsucht und an deren gesellschaftlicher Sanktionierung durch edle Frauen, welche ihre Ritter dazu aussenden, laut werden, im Zentrum der Aufmerksamkeit steht doch wohl der unvergleichliche, von allen bewunderte und beneidete Held, dessen am schwersten errungenen Siege sich zuletzt stets als Niederlagen herausstellen. Darin klingt die Frage der Theodizee an, bis zu der unser Dichter sich jedoch trotz der religiösen Töne, die er heftig anschlägt, nicht im entferntesten versteigt. –

Hildebrands Auskunft im *Eckenlied E2*, Str. 48, lautet, Dietrich sei *ze Tirol gen dem walde* (V. 10) geritten. Im **Laurin A** reitet Dietrich zur Jagd *ze Tiroldes walde* (V. 96). Über den Schauplatz besteht also hier wie dort kein Zweifel, aber die Laurinsage ist doch noch weit fester im Tiroler Heimatboden verwurzelt. Allem Anschein nach geht die Vorstellung von dem Rosengarten eines Zwergenkönigs auf eine ätiologische Lokalsage zurück, die das Naturphänomen des Alpenglühens in den Südtiroler Bergen mythisch zu erklären sucht. Laurin, der Name des Zwergenkönigs, ist vermutlich romanischen, genauer ladinischen Ursprungs (vgl. das Wort Lava). Ein Ort mit dem ladinischen Namen Laurein (ital. Lauregno) liegt westlich von Bozen. Besonders gut ist das Alpenglühen an dem Rosengarten, einem rötlichen Gebirgsstock der Dolomiten östlich von Bozen (ital. Catinaccio), zu beobachten. Aber der Name Rosengarten begegnet auch sonst mehrfach innerhalb und außerhalb von Tirol und bezeichnet seit alters her insbesondere Begräbnisstätten, Gerichtsorte sowie Festplätze. Auch davon könnte sich etwas in Laurins Rosengarten, dessen Betreten mit Leibesstrafen geahndet wird, erhalten haben.

Das in der Ausgabe von G. Holz nur 1596 Verse umfassende Epos oder besser: Epyllion erzählt von dem König zu Bern, der seiner Taten wegen vor allen gepriesen wird, der jedoch, wie Meister Hildebrand vermerkt, es noch nicht gewagt habe, sich mit Zwergen zu messen. Um auch *der getwerge âventiure* kennenzulernen, und zwar die gefährlichste, begibt sich Dietrich mit Witege zu König Laurins Rosengarten, auf dessen Zerstörung das Abschlagen von Hand und Fuß steht. Sie finden im Tiroler Tann auf einem grünen Anger einen herrlich duftenden und leuchtenden, von einem seidenen Faden umgebenen Rosengarten. Dietrich verschont, Witege aber verwüstet ihn, worauf Laurin herbeireitet und Genugtuung fordert. Er ist kaum drei Spannen lang, besitzt aber vielfältige Zaubermittel. Ein Gürtel verleiht ihm die Kraft von 12 Männern, eine unzerstörbare Rüstung schützt ihn. So besiegt er Witege und bringt auch Dietrich, der seinem Gesellen beispringt, in große Not. Hildebrand, der seinem Herrn mit Wolfhart und Dietleib nachgeritten ist, gibt ihm den Rat, den Zwerg zu betäuben und, da dieser sich auch noch mit einer Tarnkappe unsichtbar macht, ihm im Ringkampf den Gürtel abzureißen. Dies gelingt. Dietrich, der ob der zuvor drohenden Niederlage vor Zorn rast, will Laurin unbedingt töten (V. 1–568). Den Tod vor Augen, bittet der Zwerg Dietleib um Hilfe. Dieser ist dazu bereit, als er erfährt, daß Laurin seine Schwester Kühnhild (in den Handschriften *Kunhilt* oder *Kimhilt* oder gar geändert zu *Krimhilt*) entführt und zu seiner Gattin erwählt hat, muß aber dazu mit Dietrich kämpfen. Mit Mühe können die übrigen Gesellen die Streitenden trennen und eine Versöhnung herbeiführen, die auch Laurin einschließt (V. 569–820). Die fünf Ritter folgen trotz Bedenken einer Einladung in Laurins wunderbares Reich, gelangen nach einer längeren Reise auf eine herrliche Wiese, die ihnen wie das Paradies erscheint, und dann in des Zwergenkönigs unterirdisches Schloß, wo sie mit aller Pracht und Lustbarkeit empfangen werden. Auch Kühnhild geht es dort gut, aber sie will dennoch nicht bei den Zwergen bleiben, da sie Heiden sind. Dietleib verspricht ihr, sie zu befreien. Doch Laurin sinnt inzwischen auf Rache für seine Niederlage, sucht Dietleib für sich zu gewinnen und sperrt ihn, da er sich weigert, in ein Verlies und getrennt davon auch seine Gefährten, denen er zuvor einen Betäubungstrank verabreicht hat. Mit Hilfe Kühnhilds vermögen sich alle fünf zu befreien und sich auch nach und nach zu waffnen. Sie geraten jedoch gegen die riesige Zwergenschar, die wiederum Zauber einsetzt und auch Verstärkung durch Riesen erhält, in schwere Bedrängnis. Mittels eines Ringes, den Kühnhild bringt, kann Dietleib die unsichtbaren Zwerge sehen. Zum selben Zweck gibt Hildebrand Dietrich einen Gürtel und rät ihm überdies, dem Zwergenkönig den Finger, woran ein kraftspendender Ring steckt, abzuschlagen. So bleiben die Berner siegreich. Laurin wird gefangen und muß fortan *ze Berne ein goukelaer sîn* (V. 1574). Die übrigen Zwerge werden erschlagen. Dietleib kehrt mit seiner Schwester nach Steier heim und verheiratet diese ehrenvoll. Die vier übrigen Helden werden in Bern froh empfangen und erzählen von ihrem Erfolg (V. 821–1596).

Dieses Heldenepyllion könnte in der ersten Hälfte des 13. Jahrhunderts in Tirol entstanden sein, ist jedoch erst ab dem 14. Jahrhundert in vornehmlich mitteldeutschen Handschriften überliefert. Ein jüngeres alemannisches Lauringedicht (*Laurin D*, um 1300?) bietet die Erzählung mit einer Vor- und Nachgeschichte in nahezu 3000 Versen. Dem ältesten Epyllion folgt im Grundriß der *Laurin* des *Dresdener Heldenbuches* (s. o. S. 504), der jedoch anstatt in höfischen Reimpaaren in der sogenannten Heunenweise, d. h. in Strophen des Hildebrandstones mit Zäsurreimen abgefaßt ist. Der in einer Kopenhagener Handschrift überlieferte *Laurin K* dürfte im 1. Viertel des 15. Jahrhunderts in bairischer Mundart im Umkreis Georgs von Nürnberg, des Verfassers eines italienisch-deutschen Sprachbuchs von 1424, für das Deutsche Haus, den *Fondaco dei Tedeschi*, die Niederlassung deutschsprachiger Kaufleute in Venedig, geschrieben sein. Der Bearbeiter hat nicht nur den Schluß des ältesten *Laurin* ins Versöhnliche umgebogen, sondern eine eigenständige Fortsetzung angeschlossen, dessen Held Laurins Oheim Walberan, der Herr der Zwerge im Orient, ist (1855 + 1266 Verse). Eine Vorstufe des *Laurin K* (oder dieser selbst?) könnte noch im 13. Jahrhundert (ebenfalls in Venedig?) entstanden sein, sofern die Laurin-Strophen des *Wartburgkrieges* (Thüringen, Ende des 13. Jahrhunderts) sich darauf beziehen. Ein fünftes Gedicht von *Laurin* ist nur zu einem ganz geringen Teil erhalten. Von allen fünf Epen sind insgesamt 17 Handschriften (bzw. Fragmente) und 11 Drucke (bis 1590, davon ein niederdeutscher Druck von ca. 1560) auf uns gekommen. Für die außergewöhnliche Beliebtheit des Stoffes zeugen überdies eine tschechische Fassung aus dem 14. Jahrhundert, eine dänische Version aus dem 15. Jahrhundert und eine daraus abgeleitete färöische Ballade.

Das Zubereitungsrezept des *Laurin A* ist denkbar einfach. Man nehme einen, ja den berühmtesten Krieger der Heldensage, versetze ihn in eine prachtvolle höfische Welt, lasse ihn gegen übermächtigen Zauber lange vergeblich, dann aber doch mit Hilfe von Gegenzauber siegreich kämpfen und kleide dies alles in wenige flott dahineilende, wenngleich ziemlich vergröberte höfische Reimpaarverse. Das Grundgerüst geben zwei unabhängige und auch nur oberflächlich zusammengefügte Erzählschablonen ab, das Herausforderungs- und das Befreiungsschema. Die Gestalt Kühnhilds wird ganz unvermittelt eingeführt, um die Versöhnung und die Einladung in den Berg zu ermöglichen. Die Befreiung des Mädchens ergibt sich jedoch dann von selbst aus dem Sieg über Laurin, der von sich aus seine Gäste verräterisch überfallen hat. Das Befreiungsschema wird also von dem Schema der hinterlistigen Einladung, wie wir es aus dem *Nibelungenlied* kennen, überlagert.

Wie beim höfischen Reimpaarvers, der hier immer wieder einmal heldenepenhaft einherholpert und dissoniert, so erweist sich der Text auch sonst als veritable *mélange de genres*. Das menschliche Personal besteht, abgesehen von der profillosen lieblichen Frauengestalt, aus den bekannten Heldentypen, dem anfänglich zaudernden, dann im Kampfeszorn rasenden, Feueratem aushauchenden Dietrich, dem gewitzten, erfahrenen, selbst Dämonen durchschauenden, sentenzenreichen Waffenmeister Hildebrand, dem groben, rücksichtslosen, dafür gedemütigten Witege, dem Heißsporn Wolfhart, dem eher blassen, edlen und tapferen Dietleib. Die im Berg hausenden, ungeheure Schätze aufhäufenden, kunstreichen, Waffen schmiedenden Zwerge stammen aus dem Volksglauben und beleben dergestalt vor allem das heroische Genus. Schon deutlich unterscheiden sich davon die Zwergenvölker des Orients, die aus dem hellenistischen Roman in die mittelalterlichen Erzählwerke übernommen werden. (Eine Kombination versucht dann der *Walberan* – s. o.) Von anderer Art sind die Zwerge des Höfischen Romans, die nur einzeln und in Nebenrollen auftauchen. Eine Ausnahme könnte der treffliche Guivrez li Petiz (Guivreiz le pitiz) im *Erec* darstellen, der jedoch nur beinahe so klein wie ein Zwerg ist und über die Muskeln eines Mannes verfügt, wie Hartmann von Aue erzählt. Von Zauberkraft hat er nichts an sich. Im übrigen ist gerade der Höfische Roman vielfach ein wahrer Tummelplatz der Zauberei. Obwohl das Heldenepos dieser gewiß nicht ermangelt, tritt sie in solcher massiven Gestalt von sich gegenseitig aufhebenden Wunderkräften doch sonst nur in Höfischen Romanen wie in des Strickers *Daniel* (s. o. S. 329ff.), Ulrichs von Zatzikhoven *Lanzelet* oder Heinrichs *Krone* (s. u. S. 548ff.) auf.

Ganz in die romanhafte Atmosphäre taucht der *Laurin* aber mit seinen Beschreibungen der Natur, der Festespracht, der Kleidung und Rüstung ein. Sowohl der Rosengarten wie dann insbesondere die liebliche Ebene am Bergeshang mit einer Linde, Obstbäumen, Blumen und herrlich singenden Vögeln (V. 889ff.) erinnern deutlich an den *locus amoenus* im *Iwein,* wo Kalogrenant den Herrn des Brunnens bestehen muß, oder an den Baumgarten, den Mabonagrin im *Erec* verteidigt. Beide wunderbaren Plätze sind wie der Rosengarten für Fremde tabu. Der Eindringling muß um sein Leben kämpfen. Alle drei Orte tragen Züge des irdischen Paradieses. Die achtzig Verse umfassende Beschreibung von Laurins Ausstattung bei seinem Auftritt schwelgt in Bewunderung solcher Schönheit und Kunstfertigkeit. Alles leuchtet von Edelsteinen und Gold. Auf der Krone sitzen singende Vögel, auf Fahne und Schild nehmen sich die Wappentiere wie lebendig aus. Dem entsprechen die unermeßlichen Schätze in Laurins unterirdischem Palast, die Einrichtung, die Gerätschaften, die Gewänder, der Schmuck usw. (Wie in allen vergleichbaren Erzählungen herrscht die unrealistische Vorstellung, daß Gold und Edelsteine von sich aus auch im Dunkeln leuchten!) Ebenso köstlich und höfisch vollkommen gestaltet sich auch die Bewirtung und Unterhaltung (Ritterspiele, Gesang, Geigen-, Harfen-, Flötenspiel, Rezitation *hovelîcher maere*): *Der berc ist aller vröuden vol*, bemerkt Dietrich selbst (V. 1030).

Aber der sich so höfisch gebärdende Zwergenkönig, der sich zu Anfang über das rüde, rechtswidrige Verhalten Witeges ereifert, ihn turniermäßig besiegt und auch ritterlich mit Dietrich Waffengleichheit herstellt, ist doch zugleich der typusgerechte Frauenräuber, bedient sich dämonischer Kräfte und muß demgemäß niedergerungen, betäubt und verstümmelt werden. Vor allem handelt er schließlich als Verräter. Daß diese wie die anderen bereits genannten Unstimmigkeiten als parodistische Effekte für ein kunstsinniges Publikum gedacht gewesen seien, das „imstande war, die kontrapunktische Spannung zwischen dem Heroischen und dem Romanhaften zu schätzen", wie G. T. Gillespie meint, scheint wenig glaubhaft. Dazu werden die Gattungselemente viel zu naiv gemischt. Daß Witege und Dietrich sich bei der ritterlichen *âventiure*, die sie zu Anfang ausdrücklich suchen, so gar nicht wie Erec, Iwein oder andere höfische Romanhelden benehmen, stimmt nur zu gut zu der unbeholfenen Manier, in der der Erzähler das *âventiure*-Schema sogleich wieder fallen läßt, ohne dessen symbolischen Charakter auch nur ahnen zu lassen.

In der Tat scheint hier die Grenze der heldenepischen Gattung überschritten, aber das Ergebnis ist kein spannungsreiches Gattungsexperiment, sondern eine in ihrer Problemlosigkeit wirklich nahezu triviale Erzählung. Das erweist sich nicht zuletzt an der Behandlung des in der nachnibelungischen Heldendichtung offenbar obligatorischen religiösen Themas: Der heidnische Glaube Laurins wird unvermittelt ins Spiel gebracht, um Kühnhilds Wunsch nach Befreiung zu erklären, obwohl sie dem Zwergenkönig gar nicht abgeneigt scheint. Als Erklärung für Laurins Treuebruch dient er nicht, ja nicht einmal für die unversöhnliche Haltung der Berner am Ende, obwohl sich damit sowohl Laurins künftiger Auftritt auf Jahrmärkten (oder als Hofnarr?) als auch die Zwergenschlächterei halbwegs hätte begründen lassen. Spätere Laurinepen billigen dem Zwergenkönig wenigstens die Bekehrung zu.

Es sieht fast so aus, als hätte sich der Autor des *Laurin A* die ebenso berühmte wie primitive Definition der *âventiure* zum Vorbild genommen, welche in Hartmanns *Iwein* Kalogrenant dem – auf Burg Rodeneck so eindrucksvoll gemalten – Waldmenschen auf dessen Frage vorträgt: Aventiure heiße nichts anderes als die Suche nach einem gleichgewaffneten Ritter, den im Kampf zu besiegen eine Steigerung des eigenen Ruhmes einbringt (*Iwein*, V. 527–37). Im *Iwein* geht es dann selbstverständlich für den Haupthelden um unvergleichlich mehr, für Dietrich im *Laurin A* offenkundig nicht. Diese Art von Aventüre hat wohl schon Albrecht von Kemenaten (s. o. S. 500) nicht befriedigt. Er vermerkt ja zu Anfang seines *Goldemar*, daß Dietrich bisher nur auf Kampf aus gewesen sei und seine Gegner erschlagen oder verwundet als Gefangene nach Bern gebracht habe – was auf Laurin paßt –, bis er eine schöne Dame erblickt habe. Deren Situation als Gefangene im Reich eines Zwergenkönigs entspricht ganz der Kühnhilds im *Laurin A*. Die im folgenden zu erwartende Aventüre ist gewiß allein durch den Wunsch zur Befreiung der edlen *maget*, d. h. zugleich als soziale wie als Minnetat motiviert gewesen. Damit war Albrecht auf dem Weg, das heroische Genre gänzlich hinter sich zu lassen. Auf die weitere Tradition des Laurinstoffes hat er damit keinen Einfluß ausgeübt. Daß der *Laurin A* auch keinen solchen zeigt, kann also nicht als Beweis für eine Frühdatierung dienen. Albrecht könnte sich auf ein verlorenes Laurinepyllion beziehen, das aber wegen seiner Abhängigkeit von Hartmanns *Iwein* nach ca. 1210 entstanden und unbedingt von Anfang an ein rein schriftliches Werk gewesen sein muß. –

Zumindest teilweise aus der mündlichen Tradition herausgewachsen ist dagegen das älteste Gedicht vom **Rosengarten zu Worms**, der (vom Herausgeber G. Holz so benannte) *Rosengarten A*, den wir hier als einziges von mehreren Rosengartenepen (s. u.) näher besehen wollen, da es in der Mitte des 13. Jahrhunderts im Ostalpenraum, am ehesten in der Steiermark, entstanden sein könnte. Überliefert ist der *Rosengarten A* allerdings nur in fünf Handschriften mitteldeutscher, schwäbischer oder unbestimmbarer Herkunft aus dem 14. oder 15. Jahrhundert. Er trägt seine Affinität zur mündlichen Heldenepik deutlich genug zur Schau. Seine Strophen im Hildebrandston sind metrisch mitunter recht sorglos gestaltet und nicht frei von unreinen Reimen (wie z. B. *degen/leben*), der Stil reich an formelhaften Wendungen und Repetitionen, der Gesamtaufbau primitiv, der Handlungsgang im Detail locker gefügt. Die Gestalten und ihre Worte wirken reichlich klobig. Der Erzähler schlägt ebenso rücksichtslos zu wie seine Helden in Kampf und Streitrede. Der Handlungsgang zeichnet sich nicht eben durch besonderen Einfallsreichtum aus:

Kriemhild, Tochter König Gibichs zu Worms, Verlobte Siegfrieds von Niederland, besitzt einen herrlichen Rosengarten, den ein seidener Faden umspannt und zwölf Helden, ihr Vater, ihre Brüder, ihr Verlobter und andere, bewachen. Sie bietet damit allen Fürsten, die hier eindringen wollten, Trotz. Auf die Nachricht von der unvergleichlichen Kühnheit der Wülfinge, d. h. König Dietrichs und seiner Mannen, sendet sie eine Botschaft nach Bern: Dietrich solle mit elf Recken gegen die zwölf Hüter des Rosengartens kämpfen und mit dem Sieg einen Kranz aus den Rosen des Gartens und einen Kuß Kriemhilds erringen. Dietrich ist mehr erstaunt als begeistert, nimmt dann aber um seiner Ehre willen die Herausforderung doch an. Hildebrand nennt die einzelnen Kämpfer auf Berner Seite, von denen der in der Ferne weilende Dietleib erst aufgespürt und Ilsan, Hildebrands Bruder, aus dem Kloster geholt werden muß. Der streitbare Mönch zieht freudig mit und verspricht jedem seiner 52 Mitbrüder ein Rosenkränzlein. Nach zehn Tagesritten werden die Wülfinge von Gibich und Kriemhild feierlich empfangen (Str. 1–191 in der Ausg. v. G. Holz). Teil II besteht aus den ziemlich stereotypen Zweikämpfen und den etwas kurzweiligeren begleitenden Streitreden. Auf seiten der Nibelungen (so heißen sie nur einmal, der Name Burgunder wird ganz vermieden) treten der Reihe nach vier Riesen, vier Helden und vier Könige an. Mit Ausnahme des unentschiedenen Kampfes zwischen Dietleib von Steier und Walther von dem Wasgenstein bleiben stets die Berner siegreich, auch Dietrich selbst, der als letzter gegen Siegfried antritt, dazu aber erst von Hildebrand und Wolfhart auf drastische Weise gereizt werden muß, da er sich vor Siegfrieds Stärke und Unverwundbarkeit fürchtet. Schließlich gerät er aber so in Rage, daß er Feuer speit und Siegfried durch Harnisch und Hornhaut verwundet. Der Held von Niederland flieht in den Schoß seiner Verlobten, die auch zuvor die unterlegenen Nibelungen zu schützen versucht hat, ohne jedoch alle am Leben erhalten zu können. Die versprochene Belohnung ist allen Siegern zuteil geworden, nun erhält auch Dietrich, nachdem Hildebrand ihn besänftigt und Kriemhild seine Unvergleichlichkeit anerkannt hat, Kränzlein und Kuß (Str. 192–370). Ein Nachspiel hat Ilsan zum Helden. Der Mönch reitet in den Rosengarten, besiegt 52 Gegner und bekommt 52 Rosenkränze. Bei den 52 Küssen sticht Ilsans langer Bart Kriemhild derartig, daß ihr das Blut herunterrinnt. Ein ähnliches Schicksal steht dann Ilsans Mitbrüdern bevor, denen der rohe Mönch nach seiner Rückkehr die Kränzlein so stark ins Haar drückt, daß ihre Köpfe bluten (Str. 371–380).

Der Text kombiniert auf nicht eben raffinierte Weise Elemente der mündlichen Sage mit Anregungen aus schriftlichen Werken. Ein Vergleich mit der *Thidrekssaga* läßt als ältestes Kernmotiv ein Kräftemessen der Berner mit ausgewählten Helden eines fremden Landes vermuten. Reihenkämpfe solcher Art sind in der germanischen und deutschen Heldenepik nicht selten, bilden aber erst im *Rosengarten* (und im *Biterolf*) den Handlungsmittelpunkt. Sie trugen ursprünglich wohl das Gepräge von

Schaukämpfen zum Zwecke des lobenden Vergleichs von Helden oder namentlich zweier Helden, für die die übrige Heldenrevue nur die Staffage abgab. In diesem Falle sind es die beiden unvergleichlichen Krieger Siegfried und Dietrich, beide noch in der vollen Blüte ihrer Jugend. Siegfried (mhd. Sîvrit wie im *Nibelungenlied*) entspricht im *Rosengarten A* nicht dem Bild, welches vom *Nibelungenlied* gezeichnet wird, sondern dem der mündlichen Tradition, wie sie das *Lied vom Hürnen Seyfried*, die *Vorrede zum Straßburger Heldenbuch* und teilweise die *Thidrekssaga* repräsentieren. Dieser Siegfried ist bei einem Schmied aufgewachsen, er hat auf einem Stein einen Drachen erschlagen und dort sein Schwert Balmung gefunden, er freit eben noch um Kriemhild und hält sich dazu offenbar nicht ständig am Hof zu Worms auf. Der Vater Kriemhilds heißt übrigens wie in der ältesten Überlieferung Gibich (Gibeche), also anders als im *Nibelungenlied* und in der *Thidrekssaga*. Diese verlegt die Reihenkämpfe ins Bertangaland, d. h. Britannien oder die Bretagne, wo sich Jung-Sigurd seltsamerweise aufhält und mit seinem Kampfesruhm den Berner zur Herausforderung veranlaßt. Als Mitspieler treten ein sonst unbekannter König des Landes und seine namenlosen elf Söhne hinzu, um einen Reihenkampf zu ermöglichen.

Der Sagamann scheint damit einen Gegensatz seiner Sagenwelt zur westlichen, arthurischen anzudeuten. Der *Rosengarten A* greift dagegen ohne Zweifel die Polarität der nordwestlichen und der südöstlichen Sagenwelt auf, eine Polarität, welche das *Nibelungenlied* in seinen letzten Aventüren entwickelt hatte. Hier siegt letztlich der dem Hunnenkönig eng verbundene, weil bei ihm im Exil lebende Dietrich von Bern über Gunther und Hagen, die als einzige von den rheinischen Burgundern das furchtbare Gemetzel in der ungarischen Etzelburg bisher noch überlebt haben. Aber dem Nibelungendichter fällt es nicht ein, eine Seite schlichtweg für kämpferisch oder moralisch überlegen zu erklären, wie es der Autor des *Rosengartens A* tut. Dazu benutzt er eine damals geläufige kulturgeographische Vorstellung: Höfisches Ritterwesen und höfische Liebe sind im Nordwesten des deutschen Sprachgebietes, in Flandern, Brabant, im Hennegau, in den Rheinlanden zu Hause. Dort kämpfen feine Ritter vor den Augen oder im Auftrage kapriziöser Damen, um deren Gunst zu erwerben. Daß es sich dabei um einen französischen Import handelt, war jedem höfisch gebildeten Zeitgenossen klar. Ob der *Rosengarten A* deshalb aber als Satire auf das verstiegene Aventüre- und Minnerittertum des Höfischen Romans gemeint war (so H. de Boor u. a.), bleibe dahingestellt. Man kann sich durchaus an den *Parzival* erinnert fühlen, wo Herzeloyde zum Turnier um ihre Hand nach Wales lädt oder Orgeluse Gawan erbarmungslos malträtiert und mehrfach in Todesgefahr bringt. Aber beide tun dies eben nicht aus Jux und Tollerei, was der Text des *Rosengartens A* seiner Kriemhild ganz offenkundig unterstellt. Zwar hält sich der Erzähler, wie es sich im Heldenepos gehört, mit eigenen Aussagen zurück, aber der Handlungsgang gibt eindeutig den Helden, die barsche Kritik an der Königin üben, Recht. Am schärfsten formuliert sie der alte Biterolf:

> 111 *Dô sprach der alte Biterolf: „ir müget tôren sîn,*
> *daz ir durch rôsen willen   rîtet an den Rîn,*
> *und daz ir welt volgen   einer unsinnigen meit,*
> *diu durch ir grôze affenheit   daz mort zesamene treit."*

Für den ergrauten Helden ist Kriemhild geradezu verrückt und verursacht nur aus großer Torheit ein solches Morden. Immer wieder wird die Königin mit den Termini *übermuot* und *hôchvart* belegt, mitunter aber sogar als *ungetriuwe* bezeichnet (294,2; 376,3). Hier tritt der literarische Antagonismus deutlich zutage. Der Autor des *Nibelungenliedes,* namentlich der Redaktor der Fassung *C, und der Dichter der *Klage,* hatten sich angesichts der Rache Kriemhilds bemüht, Siegfrieds Witwe vor dem naheliegenden Verdacht der *untriuwe* zu schützen und ihre *triuwe* zu dem toten Gatten herauszustellen. Das durchaus negative Kriemhildbild der mündlichen Tradition schimmerte gleichwohl immer wieder durch, so v. a. in dem Epitheton *vâlandinne,* Teufelin, das ihr Dietrich und Hagen verleihen (1748,4; 2371,4). Hier im *Rosengarten A* nennt Rüdiger sie wiederum so (116,5). Was sie zu der Herausforderung *(trutz, widertrutz)* treibt, ist eine unbändige Freude an Kampf und Blut: „Ihr seht gerne die tapferen Helden morden" (187,3), wirft ihr Dietrich vor, und selbst ihr Vater gesteht: *Strîten ist ir spil* (175,2). Wenn den Helden das Blut herunterrinnt, so lacht Kriemhild darüber (270,4). „So geriert sich naturgemäß, ganz aus der Perspektive der Dietrichsage gesehen, die rach- und mordsüchtige Kriemhild des Burgundenuntergangs, wenn man sie nur in die Zeit ihrer Jugend versetzt und pseudohöfisch einkleidet" (M. Curschmann). Gegen die Kriemhild des *Nibelungenliedes* richtet sich diese Darstellung also in erster Linie. Hatte dort nicht ihretwegen Siegfried als Freier so viele gefährliche Taten, ja sogar die fatale Hilfe bei der Brautwerbung Gunthers auf sich genommen? Hatte sich der Streit der Königinnen nicht an einem Männervergleich anläßlich eines Turniers entzündet? Hier ergibt sich nun alles aus dem unstillbaren Verlangen Kriemhilds, „ihren" Siegfried und den berühmten Berner zu einem solchen Vergleich zusammenzubringen (Str. 4). Was der Erzähler davon hält, bringt er am Ende zum Ausdruck. Als Dietrich der Königin empfiehlt, ihren *widertrutz* selbst wieder „hineinzutreiben", schlägt sie sich mit der Faust auf den Mund, und, noch ganz blutig von Ilsans Küssen, bekennt sie: „Wer sich selbst Spott einkauft, der muß die Schande davontragen" (Str. 369 bzw. 379).

Wie wir wissen, hat die Vorstellung von der *ungetriuwen* Kriemhild im ganzen Spätmittelalter dominiert. Der Name Kriemhild wird geradezu zum Schimpfwort. Die letzte Konsequenz aus dem üblen Rosengartenkampf zieht dann der Verfasser der *Vorrede zum Straßburger Heldenbuch* etwa in den 70er Jahren des 15. Jahrhunderts. Nach seiner Angabe hat Dietrich Siegfried im Rosengarten erschlagen. Ob dies nun junge Erfindung ist – wie die neuere Forschung ziemlich einhellig meint – oder auf eine ältere Sagentradition zurückgeht, im *Rosengarten A* (und in den anderen Rosengartenepen) geht die Sache jedenfalls glimpflicher ab. Abgesehen von dem recht blutigen „Nachtragskampf" Ilsans müssen hier nur einige Riesen das Leben lassen. Riesen (und Zwerge) als traditionelles „Kanonenfutter" liegen sowohl in den Heldenepen wie den Höfischen Romanen allenthalben am Ende tot herum, ohne in der Regel Anspruch auf Mitleid zu haben. Ob hier damit doch der Ernstcharakter der Kämpfe gegenüber den Turnieren der Höfischen Romane betont werden soll, läßt sich nicht sagen. Immerhin liegt der Bezug auf das *Eckenlied E2* nahe, das eine ähnliche Problematik wie der *Rosengarten A* aufweist. Männervergleich und Aussendung durch Frauen könnten aus dem *Eckenlied* übernommen, aber am Ende ins Versöhnliche und Burleske umgebogen sein. Dazu werden jene Erzählschablonen mit dem Rosengartenmotiv aus dem *Laurin A* kombiniert. In beiden Rosengartenaventüren heimst der Berner nichts als Ehre ein. Weder Laurin noch Kriemhild werden künftig einen Rosengarten hegen. Im übrigen ist das Motiv im *Rosengarten A* ziemlich funktionslos, da der Platz nur als Kampfstätte dient. Oder sollte hier die

Rechtsvorstellung vom Rosengarten als Begräbnis- und Gerichtsstätte (s. o. S. 517) durchschlagen?

Wie dem auch sei, der tragisch anmutenden Fabel im *Eckenlied E2* und der bloßen Fabulierlust im *Laurin A* steht im *Rosengarten A* eine eher burleske Problemlösung mit eindeutiger moralischer Wertung gegenüber. Dem rauhen Haudegentum, das nur den Kampf für die Ehre, den Freund und den Lehensherrn, aber nicht um die Gunst einer Dame akzeptiert, gehört die ganze Sympathie. Der Berner nimmt die Herausforderung auch nur an, um seine Ehre zu wahren und Kriemhilds Hochmut zu demütigen. Das alles entspricht der ungebrochenen Gefolgschaftsmentalität, deren Gefäß seit alters her die Heldenepik ist. Verbindet sie sich hier mit einem Ressentiment des ostalpenländischen Adels gegen den rheinischen, der die kulturelle Überlegenheit für sich beansprucht? Möglich wäre es. Auf die südöstliche Provenienz des Gedichtes weist nicht nur die inhaltliche Nähe zum *Nibelungenlied* und *Biterolf*, sondern auch die darin dargestellte einläßliche Suche nach Dietleib in Steier, Pöchlarn und Wien. Aber anders als der Nibelungendichter kennt sich der Autor im Westen, namentlich in Schwaben, recht gut aus (weit weniger dagegen offenbar in Tirol und Oberitalien). Dieser Umstand ist natürlich nach beiden Seiten hin auslegbar. Fest steht nur der Gegensatz der beiden Sagenwelten (s. o.).

Zu jener alten Gefolgschafts- und Kriegermentalität gehört schließlich auch die Haltung gegenüber der Kirche. Von frommen Skrupeln werden die Helden unseres Gedichtes kaum geplagt, wenn man nicht Wolfharts gutes Gewissen, bloß einen heidnischen Riesen erschlagen zu müssen (Str. 95), hierher rechnen will. Am schnellsten aber werden ausgerechnet dem Mönch Ilsan, *dem guoten bruoder sîne heilegen sinne benomen* (135,2). Der kraftstrotzende Held im Kloster ist ein der Chanson de geste und der Dietrichepik gemeinsames Motiv (s. o. S. 511). Wichtigster Vertreter des Typus in der *Thidrekssaga* ist Heime. Wie dieser steht Ilsan trotz seines neuen Berufes stets bereit, sein Kloster mit Waffengewalt zu verteidigen, richtet seine Aggressivität aber auch gegen seine Mitbrüder, die sich entsprechend vor ihm fürchten. Beim Abschied vom Kloster läßt er alle 52 regelrecht antreten und das Gelübde ablegen, für ihn zu beten. In Wirklichkeit bitten sie jedoch Christus um Ilsans Tod im Kampf. Dementsprechend erschrecken sie bei seiner Heimkehr und lassen die schmerzhafte Dornenkrönung nicht nur wortlos über sich ergehen, sondern versprechen auch, seine Sünden auf sich zu nehmen und dafür Buße zu leisten. Es ist gewiß kein heiliger Zorn, der hier die unehrlichen Mönche zu Recht züchtigt. Vielmehr macht sich eine derbe Kriegerwelt über kampfesunfähige und -unwillige Beter lustig. *Ez was ie* (stets) *der leien site, daz si den phaffen truogen haz*, formuliert es ein ungefährer Zeitgenosse aus Mittelfranken (*Der Winsbecke* 7,1–2). Die Wiener Provinzialsynode von 1267 sah sich gezwungen, angesichts der Zunahme der Ruchlosigkeit der Laien, wie es heißt, die härtesten Kirchenstrafen anzudrohen, um die Übergriffe gegen Kirchengüter und Leib und Leben der Kleriker einzudämmen. Das war nichts Neues, damals jedoch offenkundig von besonderer Aktualität. Die „harmlosen" Scherze unseres Mönches Ilsan passen da ganz gut dazu.

Dieser ausgesprochen antiklerikale Affekt fehlt den anderen Rosengartenepen, deren es einige gibt. Nicht als eigene Dichtungen können die Bearbeitungen des *Rosengartens A* mit Zäsurreimen (Heunenweise) im *Dresdener Heldenbuch* und in den 6 Drucken des Heldenbuchs gelten, wohl jedoch der (äußerlich) ein wenig stärker höfisch geprägte *Rosengarten DP* (um 1280? alemannisch?), der vielleicht etwa gleichzeitige mitteldeutsche *Rosengarten F,* der *Rosengarten C,* eine Mischversion aus Teilen des *A-* und des *DP-*Typus, erhalten nur in einer rheinfränkischen Handschrift des 14. Jahrhunderts, ferner eine nur in einem kurzen Bruchstück des 15. Jahrhunderts überlieferte niederdeutsche Version, eine tschechische Übersetzung (zwei Fragmente) und schließlich Dramatisierungen des Stoffes, darunter *Das recken spil* aus der Sterzinger Sammlung Vigil Rabers von 1511. *Rosengarten zu Worms* und *Laurin* halten sich also so ziemlich die Waage, was ihre Beliebtheit im Spätmittelalter betrifft. Die unterschiedliche äußere Form der Texte spielt dabei offenbar keine Rolle. Das Interesse des Publikums wird vielmehr allein von inhaltlichen Aspekten gesteuert. –

In gänzlich verwandelter Gestalt lebt der Stoff vom *Rosengarten zu Worms* überdies in einem anderen epischen Werk des mittleren 13. Jahrhunderts aus unserem Raum weiter, in *Biterolf und Dietleib.* So unverkennbar die stofflichen Anleihen beim *Rosengarten* sind, so deutlich fallen die Unterschiede schon rein äußerlich ins Auge. Den 390 Strophen des *Rosengartens A* (das wären umgerechnet ca. 3100 Kurzzeilen) im Hildebrandston stehen 13510 höfische Reimpaarverse des *Biterolf* gegenüber, dem roh gezimmerten, auch formal aus der mündlichen Tradition geflossenen, sangbaren Heldenepos eine durch und durch schriftliche, geradezu gelehrte, geglättete Dichtung. Obwohl der Autor des *Biterolf* die – an sich eher dünne – Handlung des *Rosengartens A* nach allen Regeln der Kunst auswalzt und auffüllt, reicht sie für sein großepisches Gedicht dennoch nicht, und so macht er weitere größere Anleihen außerhalb der Dietrichepik.

Wichtigster Stofflieferant ist dabei das mittelhochdeutsche Heldenepos von **Walther und Hildegund**, das mit einiger Wahrscheinlichkeit auch in unserem Raum, und zwar in der ersten Hälfte des 13. Jahrhunderts entstanden sein dürfte, sich aber einer genaueren Beurteilung entzieht, da es nur in zwei kleinen Bruchstücken des 13. Jahrhunderts, einem Grazer (Steiermärkisches Landesarchiv, Handschriften-Proben Nr. 15) und einem Wiener (Cod. Vind. 13383), erhalten ist. Die Walthersage gehört zu den heroischen Erzählstoffen des Frühmittelalters, die bis in die frühe Neuzeit fortlebten. Wir kennen Darstellungen in einem altenglischen Gedicht, dessen (fragmentarische) Handschrift dem 9. Jahrhundert angehört, in dem lateinischen *Waltharius* aus dem 9. oder 10. Jahrhundert, in der lateinischen Chronik von Novalese (11. Jahrhundert), im genannten mittelhochdeutschen Epos, in der *Thidrekssaga,* in der lateinischen Chronik des Boguphalus (Polen, 14. Jahrhundert) und in weiteren polnischen Chroniken des 16. Jahrhunderts. Das komplizierte und von der Forschung durchaus kontrovers beurteilte Verhältnis dieser divergierenden Fassungen zueinander kann hier nicht dargestellt werden. Zur Rekonstruktion des mittelhochdeutschen Waltherepos hat man neben den Bruchstücken insbesondere den *Biterolf* herangezogen, ein problematisches Unterfangen, da hier ja auch der Rosengartenstoff entscheidend umgestaltet erscheint. Vielleicht hatte der deutsche Text des 13. Jahrhunderts folgende Grundlinie der Handlung:

Hagen, Walther und Hildegund weilen als Geiseln an Etzels Hof. Hagen kann mit Etzels Einwilligung heimkehren. – Im ersten Bruchstück erinnert er Walther an sein Verlöbnis in der Kindheit, der darauf Hildegund seine Treue verspricht. – Walther leistet Etzel als Krieger wertvolle Dienste, flieht aber mit seiner Verlobten heimlich und wird von Etzels Truppen verfolgt. Rüdiger läßt den alten Freund entkommen. Am Rhein treten ihm Gunther und etliche burgundische Krieger entgegen, die Walther besiegt. Hagen läßt vom Zweikampf ab, als er den Freund erkennt, worauf ein versöhnlicher Schluß folgt. – Das zweite Bruchstück enthält die Rückkehr Walthers und Hildegunds unter burgundischem Geleit nach Lengers (d. i. Langres), wo Walthers Vater Alker (Alpker, Alpher) regiert, die Verabredung der Hochzeit und die Aussendung von Boten nach England, Navarra, Kerlingen (d. i. Frankreich), selbst zu Etzel.

Besser verständlich wäre das zweite, das Wiener Bruchstück, allerdings, wenn man keinen Kampf mit den Burgundern voraussetzen müßte. Ein solcher fehlt auch in der wohl auf einem niederdeutschen Lied beruhenden Waltherepisode der *Thidrekssaga*. An positiven Übereinstimmungen zwischen *Thidrekssaga* und mittelhochdeutschem Waltherepos mangelt es jedoch ebenso. In der nordisch-niederdeutschen Sagenvariante verfolgt Hagen mit anderen Mannen Etzels die Flüchtigen, will Walther am Lagerfeuer erschlagen, büßt seine Absicht aber mit dem Verlust seines Auges. Walther reitet zu seinem Onkel Ermenrich zurück, der ihn als Geisel zu Etzel geschickt hatte. Nicht auf diese Sagenvariante spielt das *Nibelungenlied* an, wenn Etzel hier in Strophe 1756 erklärt, er habe von den drei Geiseln Hagen heimgesandt, die beiden anderen aber durch ihre Flucht verloren, und wenn Hildebrand Hagen wegen seiner Untätigkeit beim Kampf an dem Waskenstein, wo Walther ihm, Hagen, so viele Freunde erschlagen habe, verspottet (Str. 2344). Das stimmt besser, wenngleich auch nicht völlig, zur Darstellung im *Waltharius,* dessen Kern der innere Konflikt Hagens zwischen Lehenstreue zu Gunther und Freundestreue zu Walther bildet. Im lateinischen Epos (von dem sich ein Codex in der 2. Hälfte des 12. Jahrhunderts in St. Lambrecht befand und ein anderer des 12. Jahrhunderts aus Salzburg sich erhalten hat – s. o. S. 368) haben am Ende Gunther ein Bein, Hagen ein Auge und Walther eine Hand verloren und versöhnen sich unter Austausch sarkastischer Kriegerscherze. Ob der Sage jemals ein tragischer Schluß zukam, wie ihn die ältere Forschung vorausgesetzt hat, muß fraglich bleiben.

Als Seitentrieb der Nibelungensage war vermutlich einst die Walthersage entstanden, welche die nibelungischen Schauplätze Etzelburg in Ungarn und Burgunderreich am Rhein auf eigene Weise verband; in Anlehnung an das schriftliche *Nibelungenlied* entstand dann im 13. Jahrhundert das schriftliche deutsche Epos von *Walther und Hildegund.* Das zeigt sich schon an der Strophenform, die der des *Nibelungenliedes* mit Ausnahme des vierten Anverses, der auf sechs Takte verlängert ist, gleicht. Muß schon dies als ein Mißgriff erscheinen, da die sinnvolle Schlußbeschwerung der Strophe auf die vorletzte Einheit rückverlagert wird, so noch mehr die Wahl des Stoffes, der bei Bewahrung der Charaktere Gunthers und Hagens mit dem *Nibelungenlied* in Konflikt geraten, ansonsten aber rettungslos verflacht werden mußte. Wie auch immer der Autor sich entschieden haben mag – aus den 50 erhaltenen, vielfach verstümmelten Strophen läßt sich das nicht erschließen –, Erfolg hat er jedenfalls keinen erzielt.

Im Personal der Heldenepik behält Walther jedoch seinen festen Platz, entweder unter den Männern Ermenrichs (so in *Dietrichs Flucht,* in der *Rabenschlacht,* in der *Thidrekssaga*) oder unter den Männern Gunthers (so im *Rosengarten A* und im *Biterolf*). Sein Beiname verbindet ihn entweder mit dem Wasgenstein, also wohl den Vogesen (franz. Vosges, ahd. Wascgo silva), oder mit Spanien (vermutlich durch Verwechslung mit dem Land der Basken, das im Ahd. als Wasconolant belegt ist). Im *Biterolf* tritt Walther dann als Herrscher von Karlingen (Frankreich) sowie von Aragon und Navarra auf. Seine enge Verwandtschaft mit Biterolf und Dietleib als deren Neffe bzw. Vetter scheint der Autor dieses Epos erfunden zu haben und damit zugleich die Rolle Biterolfs als eines Königs von Spanien, den in seiner Abwesenheit Walther vertritt. Die Herrschaft über Steier erhalten Vater und Sohn erst am Ende des Epos, während Dietleib im *Laurin A* und *Rosengarten A* einfach von Steier (Stîre) genannt wird. In der *Thidrekssaga* begegnen die beiden ebenfalls, aber als dänische Helden, und die inhaltlichen Berührungen mit dem **Biterolf** sind marginal.

Im Teil I (V. 1–4740), der ein Drittel des *Biterolf* umfaßt, stehen Biterolf und Dietleib im Mittelpunkt. Biterolf, König von den Bergen mit Sitz in Toledo, ein mächtiger Herrscher, glücklich verheiratet, Vater eines kleinen Kindes, hört von dem unvergleichlichen König der Hunnen und dessen huldreicher Gattin Helche, und verläßt heimlich sein Land (Aventiure 1). Er reitet durch das Land der Burgunder und weiter an die Donau, wo die Baiern Gelfrat und Else und die Herren von Osterland, Wolfrat und Astolf, Tribut fordern, aber rasch besiegt werden. In Ungarn wird Biterolf anonymes Mitglied von Etzels Hofgesellschaft, erwirbt sich große Reputation als einer von Etzels Heerführern, lehnt aber jede Belohnung ab und lüftet auch sein Inkognito nicht. Die größten Heldentaten verrichtet er im Verlaufe des Hunnenfeldzuges ins Land der Preußen (Av. 2). Etwa zehn Jahre später bricht der ungefähr zwölfjährige Sohn Biterolfs, Dietleib, ebenfalls heimlich von zu Hause auf, um seinen Vater zu suchen (Av. 3). Nach der Überquerung des Rheins bei Oppenheim stellen sich ihm Gunther, Gernot und Hagen in den Weg, die er alle im Kampf verwundet. Als Gunther merkt, daß er einen Knaben vor sich hat, entschuldigt er sich und lädt den Gegner an seinen Hof. Dietleib reitet jedoch im Zorn davon in Richtung Franken. Von den räuberischen Baiern bleibt er dank eines Lorbeerzweiges, der als Zeichen des Reiches gilt, verschont und gelangt zu Etzel, wo ihn niemand erkennt (Av. 4). An dem Polenfeldzug der Hunnen nimmt er, obschon wegen seiner Jugend von Etzel dazu nicht zugelassen, dennoch teil und zeichnet sich dabei besonders aus. Vater und Sohn geraten im Kampfgetümmel unversehens aneinander, werden aber von Rüdiger rechtzeitig getrennt (Av. 5). Erst etliche Zeit später fädelt der Markgraf von Bechelaren, der die Identität der beiden in Erfahrung gebracht hat, am Etzelhof eine Erkennungsszene ein. Die verdiente Ritterweihe lehnt Dietleib mit dem Hinweis ab, daß er die Schmach im Burgunderland noch nicht gerächt habe. Etzel verspricht ihm dafür machtvolle militärische Unterstützung (Av. 6).

In Teil II (V. 4741–13510) wird die kriegerische Auseinandersetzung vor Worms dargestellt. Boten bringen Gunther die Herausforderung, der zu keiner Genugtuung bereit ist, da er Dietleib ja ziehen ließ. Wie seine Gegner sammelt auch er Verbündete, indem er berühmte Helden mit ihrem Gefolge zu einem großen Fest nach Worms lädt (Av. 7). Rüdiger führt Etzels Streitmacht nach Westen, die sich auf dem Lechfeld mit den Alliierten aus dem Süden, Dietleibs Verwandten Dietrich, Ermenrich, den Harlungen und deren Gefolgsleuten, vereinigt. Sie ziehen vereint nach Worms weiter (Av. 8). Rüdiger kündet in Worms die Fehde an, wird aber als alter Freund Hagens überaus freundlich aufgenommen (Av. 9). Insbesondere die Frauen erweisen ihm ihre Gunst und beschenken ihn reich. Von Brünhild erhält er eine Fahne. Wenn sie von den Gegnern bis zur Stadtmauer getragen werden kann, werden sich Gunthers Leute geschlagen geben (Av. 10). Rüdiger kehrt zum Lager zurück (Av. 11), Hildebrand organisiert die Heereseinheiten und teilt jedem Helden seinen prominenten Gegner zu. Dietrich muß er erst durch den Vorwurf der Feigheit dazu bringen, den Zweikampf mit dem gefürchteten Siegfried zu riskieren (Av. 12). Rüdiger vereinbart mit Gunther gleichsam als Vorspiel ein Turnier zur Abendzeit *(vesperîe)*, weil die Hunnen dergleichen noch nicht erlebt haben. In dessen Verlauf wird Wolfhart von dem riesigen Stutfuchs gefangen, zur Befreiung hierauf die Schlacht bereits begonnen; Dietrich erschlägt Stutfuchs, Wolfhart entkommt (Av. 13). Den eigentlichen Kampftag eröffnet eine Heldenschau. Zu Beginn der Schlacht greift Biterolf erfolglos Siegfried an. Gunther kämpft mit Dietleib, Gernot mit Biterolf, Walther mit Rüdiger, schließlich der neuerlich gereizte Dietrich mit Siegfried, was der anfänglichen Überlegenheit der westlichen Truppen ein Ende bereitet. Einen entscheidenden Vorteil vermögen sie aber nicht zu erringen (Av. 14). Erst am dritten Tag gelingt der Sieg im Fahnenkampf. Rüdiger versammelt dazu 86 Kämpfer, ausschließlich Fürsten, um sich und kann die von Brünhild gestellte Aufgabe tatsächlich erfüllen. Die Damen, die den Kämpfen von den Zinnen aus zugesehen haben, gebieten Frieden. Im Bad tauschen die Krieger Scherze über ihre Wunden aus, die sich dann beim großen Festmahl mit den Damen in Worms fortsetzen (Av. 15). Die Gäste ziehen nach Hause. Biterolf und Dietleib werden von Etzel besonders herzlich empfangen und mit dem Land Steier beschenkt. Sie reisen zwar vorerst heim nach Toledo, kehren aber dann mit Biterolfs Gattin und Vasallen in die Steiermark zurück und leben hier in der Nähe Etzels und Helches und in ständigem gesellschaftlichen Verkehr mit diesen glücklich bis an ihr Ende (Av. 16).

Teil II des Epos spiegelt also die Handlung des *Rosengartens A* wieder, Teil I die Walthersage, wobei Walthers Weg von Ungarn nach Westen verdoppelt und in der Richtung umgekehrt erscheint. Walthers Kämpfe im Donauraum und dann am Rhein sind komplimentär auf die beiden Helden Biterolf und Dietleib verteilt. Dabei verschleiert der Autor seine Anleihen keineswegs, sondern legt vielmehr das ganze Werk als für das Publikum erkennbare große Heldensagencollage an. Mit nahezu philologischer Akribie setzt er ein möglichst vollständiges Panorama aus den ihm zur Verfügung stehenden, vornehmlich wohl schriftlichen Quellen minuziös zusammen und läßt den sagenkundigen Hörer oder Leser an dem intertextuellen Spiel aus Zitaten, Kombinationen und Umdeutungen teilnehmen. Die bekannten Helden spielen zumeist ihre traditionellen Rollen, z. B. Rüdiger den Boten und Vermittler, Hildebrand den militärischen Fachmann, Dietrich Hildebrands ewigen Zögling, der stets zum Kampf erst heftig gereizt werden muß. Manche erfüllen die Erwartungen aber auch gar nicht. Ausgerechnet der blindwütige Haudegen Wolfhart zeigt Lust auf ein ritterliches Turnier, dessen Regeln er nicht kennt und die ihm auch zum Verhängnis werden. Und als Schiedsrichterin und Friedenswahrerin im Ritterspiel fungiert Brünhild, deren Vergangenheit dazu gar nicht paßt. Es wird ausdrücklich im Text als spaßhafte Ungerechtigkeit markiert, wenn Rüdiger ihrer Freude am Kampf die Schuld an den Wunden der Streiter gibt (V. 12618ff.). Aber hinter dieser musterhaften höfischen Dame steht natürlich zugleich die böse Kriemhild aus dem *Rosengarten A*, die der Autor des *Biterolf* zusammen mit Brünhilds heroischer Herkunft eskamotiert und so – im Anschluß an die *Klage* – vor dem moralischen Verdikt „gerettet" hat. Der höchste Grad an Raffinesse ist dann erreicht, wenn ausgerechnet Siegfried Heime als *eines küniges eigen man* (V. 10887) disqualifiziert (vgl. *Nibelungenlied*, Str. 820ff.).

Auch auf Motive des Höfischen Romans greift unser Autor zurück, setzt dabei jedoch höchst selten Signale, die ein ähnliches intertextuelles Spiel wie beim Heldenepos vermuten lassen. Vielleicht kann man Dietleibs Behauptung, er wisse selbst nicht, wer er sei (V. 2448), als scherzhafte Anspielung auf die Identitätssuche der Artushelden werten, da Dietleib die Aussage nur als schlichte Lüge zur Wahrung seines Inkognitos gebraucht. Aber eine Einbeziehung von Personen- und Ortsnamen aus dem Höfischen Roman hat der Autor streng gemieden, so daß er die gattungsfremden Motive offenbar nicht als solche ausweisen, sondern in sein Heldenepos integrieren wollte. Der Etzelhof tritt – zumindest als Machtzentrum – an die Stelle des Artushofes. Biterolf und Dietleib ziehen wie Artushelden auf Aventüre aus. Der Vater ist von dem berühmten Hof angezogen. Daß ihn der große König zum Ritter macht, hat er allerdings – anders als etwa Parzival – nicht nötig. Der Knabe Dietleib wehrt dagegen die Ritterweihe am Etzelhof gerade ab und erhält sie – vermutlich ein Versehen des Autors – bis zum Schluß nicht. Den Auszug unternimmt er – wie Wigalois im Versroman des Wirnt von Grafenberg – zur Vatersuche. Den Anstoß zur Handlung des 2. Teils liefert – wie im *Lanzelet* Ulrichs von Zatzikhoven (Schweiz, um 1200) – ein kleiner ungelöster Rest aus dem 1. Teil, eine hier wie dort wenig überzeugende Lösung. Daß Biterolf und Dietleib im 1. Teil ihre Kämpfe ganz oder weitgehend auf sich gestellt und anonym ausfechten, erinnert natürlich auch an die romanhaften Aventüren, hat aber, wie oben bereits vermerkt (S. 507), auch im Heldenepos Parallelen. Im 2. Teil gehen sie dann ziemlich im allgemeinen Turnier- und Kriegsgeschehen unter. Wenn Gunther Dietleib am Ende das größte Lob zuspricht, so tut er es, um ihm für die frühere Kränkung volle Genugtuung zu verschaffen. Hauptsieger des Tages ist tatsächlich Rüdiger, der gewaltigste Krieger des ganzen Kampfgeschehens Dietrich, obwohl auch er kräftig Hiebe einstecken muß. Preis und Ruhm werden ziemlich gleichmäßig auf alle verteilt. Keinesfalls füllt Dietleib die dominierende Rolle eines Artushelden, der herausragende Leistungen für und anstatt der Gemeinschaft vollbringt, aus. Ihn hebt nur sein kindliches Alter heraus, was dem Text einen Hauch von Jugendliteratur verleiht, den wir auch bei manchem nachklassischen Artusroman und ebenso etwa beim *Eckenlied* zu spüren vermeinen. Vom Problemgehalt eines *Erec, Iwein* oder *Parzival* ist natürlich nichts in den *Biterolf* gelangt. Was der junge Dietleib zugleich mit dem Publikum des Werkes lernen soll, das ist der gesamte ritterliche Verhaltenskodex, den der Höfische Roman bietet. Dessen Atmosphäre des Wunderbaren, Geheimnisvollen und Vieldeutigen ist dem *Biterolf* aber gänzlich fremd. Hierin trifft sich unser unbekannter Verfasser völlig mit Ulrich von Liechtenstein, dessen *Frauendienst* auch formale Gemeinsamkeiten (höfische Reimpaare, Aventürengliederung) mit dem *Biterolf* aufweist. Obwohl beide Autoren ihre Erzählinhalte frei nach literarischen Mustern erfinden, setzen sie voll auf die Fiktion von Realität. Ulrich beschränkt sich dabei sogar auf die unmittelbare Vergangenheit, der unser Autor nur einige einwandfrei erkennbare Versatzstücke entnimmt. Das wichtigste Beispiel dafür ist Etzels Zug gegen die Preußen. Seit 1230 hatten die Mönchsritter des Deutschen Ordens ihren Kreuzzug gegen die heidnischen Preußen (Prußen) begonnen und die Eroberung des Landes an der Ostsee systematisch vorangetrieben. 1254/55 wurden sie tatkräftig unterstützt von einem Heer aus Böhmen, Mähren und Österreich unter der Führung König Ottokars II. Přemysl, der in kürzester Zeit bis zum Pregel vordrang, aber keinen durchschlagenden militärischen Erfolg erzielen konnte. Ein zweites Kreuzzugsunternehmen des Böhmenkönigs 1267/68 schlug überhaupt fehl. Die in der Forschung mehrfach vorgeschlagene Parallele zwischen Ottokar und Biterolf, dem Helden des Preußenzuges im Epos, ist mehr als vage. Keine der Personen- oder Ortsnamen stimmen irgendwie überein, am wenigsten die konkreten Umstände des Kriegsverlaufs. Der Autor des *Biterolf* erzählt hier ausnahmsweise relativ plastisch und hebt insbesondere Biterolfs Kühnheit und Klugheit hervor, dank derer es dem Helden gelingt, aus der Gefangenschaft zu entkommen und seinerseits den Preußenkönig zur Geisel zu machen. Die Geschehnisse wirken durchaus fiktiv. Überdies handelt es sich um einen reinen Eroberungszug ohne jegliche religiöse Implikationen, an dessen Ende der heidnische Etzel die Lehenshoheit über den heidnischen Preußenkönig erringt. Daß das Publikum sofort an die realen Preußenzüge denken mußte, steht gleichwohl außer Frage.

Im *Biterolf* ist Etzels Großmachtpolitik im Ostseeraum völlig integriert in die bekannte, traditionsgemäß in längst vergangenen Zeiten angesiedelte Welt der Heldensage. Doch ist dies noch die grundsätzlich als historisch geglaubte Welt des *Nibelungenliedes*? M. Curschmann hat dies nachdrücklich in Frage gestellt und statt dessen den *Biterolf* als „literarisches Experiment", „Heldenfestspiel" und „Dichtung über Heldendichtung" bestimmt. Angesichts des oben kurz dargestellten intertextuellen Spieles, das auf das Augurenlächeln des Connaisseurs angewiesen ist, scheint eine solche Bestimmung nur zu berechtigt. Es stellt sich nur dieselbe Frage wie beim *Frauendienst* (s. o. S. 490), beim *Daniel* (s. o. S. 331) und bei der *Krone* (s. u. S. 554): Heben die erkennbaren komischen und spielerischen Elemente das weltanschauliche Grundanliegen, das in den Werken vermittelte höfisch-ritterliche Lebensideal auf? Besteht die Absicht allein in ironischer Distanz zu den benutzten Gattungsvorlagen und in deren Parodie? Man kann die Frage nur verneinen, will man nicht alle diese Werke für mißlungen erklären, weil sich so viele tausend Verse ihres beträchtlichen Umfanges nicht sinnvoll in ein solches Konzept einpassen lassen.

Zweifellos ist der *Biterolf* „anti-nibelungisch" (M. Curschmann). Während die *Klage,* die unserem Autor stilistisches Vorbild gewesen ist, die Nibelungenkatastrophe trauernd zu bewältigen versucht hat, schildert *Biterolf und Dietleib* eine hellere, bessere, ausgleichs- und versöhnungsbereitere Zeit vor den Tragödien in Worms, Bern, Raben und Etzelburg. Das blutige Geschäft des Kämpfens und Tötens erscheint im Verlauf der Handlung mehr und mehr als Sport mit Unterhaltungswert für Teilnehmer und Zuschauer, insbesondere die fachkundigen Damen, ein gefährlicher Sport allerdings, der durchaus seine Opfer fordert. Der Tod des riesenhaften Stutfuchs, den im *Rosengarten A* niemand bedauert, stellt hier den ganzen Sinn des Turniers in Frage: *diu vesperîe was geschehen/ ze schaden und nieman ze frumen* (V. 9418f.). An den folgenden Kampftagen gibt es zwar auch genug Tote, aber es handelt sich um namenlose Ritter und Knechte, zu einem Gutteil sogar um hunnische Schützen, die auch im *Nibelungenlied* nur die Staffage für die Helden abgeben. Diese tragen im *Biterolf* nur heilbare Wunden davon, die am Ende – vermutlich nach dem Vorbild des *Waltharius* – Anlaß zu kräftigen Haudegenscherzen geben. Da sich der Erzähler derartiger Späße genauso bedient wie die handelnden Personen – typisches Beispiel sind die witzigen Küchenmetaphern bei den Hieben Rumolds –, sollen sie schwerlich die naive Mentalität der Helden aus rationaler Sicht entlarven, sondern ihre alte Funktion innerhalb der Heldenepik behalten. Nicht aufgehoben wird die Heroik also, sondern ritterlich-höfisch adaptiert zu einer standesexklusiven kämpferischen Leistungsdemonstration, wie sie auch der Liechtensteiner vorführt. So wird denn auch die – dem heutigen Betrachter komisch-hypertroph anmutende – pseudochronikalische Heldensagengeographie Europas im *Biterolf* im Prinzip ernst gemeint sein. Wäre sie es nicht, geriete auch das wichtigste Identifikationsangebot an das Publikum ins Zwielicht der Parodie, das Lob der Steiermark am Ende des Werkes. Das Land wird von Etzel als Eigen, nicht als Lehen an die Titelhelden, also Fürsten von königlicher Stellung, vergeben und zugleich als eines der ertragreichsten Länder gepriesen, vor allem aber als Sitz so vieler edler Ritter und Ministerialen (V. 13308–31), daß nur diese hier angesprochen sein können. Man hat immer wieder nach punktuellen Entsprechungen zur zeitgenössischen Realität in der Art eines Schlüsselromans gesucht, um die Entstehung des Werkes auf die Jahre 1257–59, die Zeit der Ungarnherrschaft in der Steiermark, unmittelbar nach Ottokars Preußenzug (s. o.) und der Wahl Alfons' X. von Kastilien zum römischen König 1257 (vgl. Biterolf von Toledo), festlegen zu können. Ohne diese möglichen Bezüge in Abrede stellen zu wollen, sollte man einem so breit angelegten Werk doch mehr als das Streben nach tagespolitischer Aktualität zubilligen. Entscheidend ist doch wohl die massive Präsentation der Steiermark als eines wertvollen eigenständigen Landes, dessen Souveränität jeder potentielle Landesfürst gerade in diesen unruhigen Zeiten des Interregnums unangetastet lassen sollte.

Darüber hinaus legt der *Biterolf* aber auch Zeugnis ab für ein gewisses Zusammengehörigkeitsgefühl des Adels im gesamten Südosten des Reiches. Ulrichs *Frauendienst* beschwört es in etwa derselben Zeit durch die Beschränkung der Turnierfahrten des Helden auf Friaul, Kärnten, Tirol, Steier und Österreich. Im *Biterolf* weitet sich die im *Rosengarten A* vorgeprägte Rivalität der Sagenkreise (s. o. S. 522) zu einer Art heroischem „Weltkrieg", wobei die „Welt", d. h. Europa, geradezu pedantisch in zwei Hälften eingeteilt wird: auf der einen Seite Ungarn, Walachei, Türkei, Steiermark, Österreich, Oberitalien, auf der anderen Seite das Rheinland, Elsaß, Lothringen, Frankreich, Aragon, Navarra, Schwaben, Baiern, Hessen, Thüringen, Meißen, Westfalen, Sachsen, Dänemark, das Sorbenland, Böhmen und Sizilien. Zu diesem Zwecke erfindet der Autor eine Reihe neuer Helden. Daß Baiern und Böhmen der rheinischen Partei zugeschlagen werden, hat keinerlei Stütze in der Sagentradition und deshalb wohl Signalfunktion für ein bestimmtes politisches Bewußtsein.

Wenn der Autor des *Biterolf* dieses Bewußtsein mit dem Liechtensteiner teilt, so setzt er sich in vielen anderen Punkten, wie wir gesehen haben, von dem steirischen „Konkurrenzunternehmen" ab. Nicht zuletzt weist er sein Werk als „Heldenepik pur" dadurch aus, daß er die Minne ausschließt. Mit Ulrichs erotischer Libertinage will er nichts zu tun haben: Gleich zu Beginn preist er das nun leider in Verfall geratene Ideal der Einehe (V. 490ff.). Aber selbst der Minne, die zur rechten Ehe führt, räumt er in seinem Epos keinen Platz ein – ein gewichtiger Unterschied zum Höfischen Roman. Klerikaler Einfluß zeigt sich darin aber kaum, da die Religion in dem Text auch keine Rolle spielt. Das Heidentum des freigebigen Hunnenkönigs gibt nur Anlaß, christlichen Fürsten Geiz vorzuwerfen. War der Autor selbst auf *milte* angewiesen? Irgendjemand muß das Pergament für die umfangreiche Niederschrift bezahlt haben. Dann aber geriet das Epos in Vergessenheit. Nur der traditionsbewußte Sammler des *Ambraser Heldenbuches* hat das alte Werk wieder ausgegraben und uns so vermacht. Besäßen wir das weitschweifige, wiederholungsreiche und handlungsarme Gedicht nicht, so blieben uns, abgesehen von einigen gelungenen „Sagenspielereien", keine besonderen literarischen Genüsse vorenthalten, dafür aber eines der interessantesten mentalitätsgeschichtlichen Zeugnisse des 13. Jahrhunderts.

Rückblickend seien noch einige Bemerkungen zur Gattungsfrage der besprochenen Epen angebracht. Man pflegt in der Regel die österreichischen (?) Epen *Dietrichs Flucht* und *Rabenschlacht* (zusammen mit *Alpharts Tod*) der historischen Dietrichepik (Gruppe 1) zuzuschlagen, *Goldemar*, *Eckenlied* und *Laurin* der märchenhaften oder aventürehaften Gruppe 2, die übrigen hier besprochenen Epen keiner der beiden Gruppen. Daneben gibt es Stimmen, die für einen Anschluß des *Rosengartens* an Gruppe 2 oder des Doppelepos von *Ortnit* und *Wolfdietrich* an Gruppe 1 plädieren. Auch an der Zugehörigkeit des *Biterolf* zur Dietrichepik überhaupt hat man gezweifelt. Für alle Positionen gibt es gute Gründe, und alle sind dennoch angreifbar, wie auf diesem Gebiet nicht anders möglich. Hier sei folgender Vorschlag gemacht: Der Begriff des Märchenhaften ist aus der Diskussion zu streichen, sofern er Elemente wie Riesen, Zwerge oder Drachen charakterisieren soll, die Höfischem Roman und Heldenepos gemeinsam sind. Als „echte" Aventüre (das altfranz. Wort *aventure* wird im Mhd. *âventiure* geschrieben und im Nhd. volksetymologisch zu *Abenteuer* umgeformt) soll nur die ganz oder fast allein bestandene, nicht von Anfang an auf Herrschaftsbegründung oder -bewahrung ausgerichtete kämpferische Bewährung gelten. Wo bekannte Figuren der Heldensage wie Siegfried oder Dietrich agieren, konnte dergleichen im Mittelalter als „historisch" angesehen werden, im engeren Sinne aber doch nur, sofern historisch bestimmbare Reiche und Territorien in ihrem politischen Schicksal zur Disposition standen. Das Heldenepos artikuliert diesen Problemkreis in Form des Zusammenspiels von Fürsten und ihren Gefolgsleuten. Insofern gehören nicht nur *Dietrichs Flucht* und *Rabenschlacht* (sowie *Alpharts Tod*) zur historischen Dietrichepik, sondern auch *Rosengarten* und *Biterolf*, die in gleicher Weise die beiden traditionellen Heldensagenkreise gegeneinander stellen und daher beisammengelassen werden sollten, und schließlich *Ortnit* und *Wolfdietrich*, da sie die Vorgeschichte von Dietrichs Reich schildern. Es verbleiben in der Gruppe 2 *Goldemar*, *Eckenlied* und *Laurin* (sowie andere hier nicht besprochene Texte). Wichtiger als diese Binnengliederung ist jedoch die thematisch gegebene übergeordnete Gattungseinheit (s. o. S. 503), die allerdings im Falle des *Biterolf* und noch mehr des *Laurin* gesprengt zu werden droht. Aber selbst deren Autoren wahren die gattungstypische Anonymität.

Kleinere Reimpaardichtung

Das intertextuelle Spiel mit literarischen Gestaltungsmustern, Gattungen, Motiven und Figuren gehört zu den hervorstechendsten Zügen der nachklassischen Dichtung und gerade der besten ihrer Denkmäler. Ein ganzes großepisches Werk auf diesem Prinzip aufzubauen, wird – abgesehen vom Tierepos und vom Schwankzyklus – erst die Neuzeit unternehmen, aber Ansätze dazu finden sich allenthalben. Im Bereich des Heldenepos haben wir eben *Biterolf und Dietleib* als Beispiel dafür kennengelernt. Bei Gedichten kürzeren Umfangs wird der Punkt leichter und daher früher erreicht, wo das literarische Spiel den Text insgesamt prägt, in der Lyrik seit Neidhart, in der Reimpaardichtung vielleicht seit dem Stricker, wenn man ein Gedicht wie *Der unbelehrbare Zecher* (Nr. 60) als vollgültiges Beispiel dafür gelten lassen will (s. u.). Erst die Strickernachfolger schöpfen aber das komische Potential der Gegenbildlichkeit voll aus, darunter in unserem Raum der oder die Dichter der *Bösen Frau* und des *Weinschwelgs*. Beide Texte lassen sich als wichtige Rezeptionszeugnisse der Heldensage gut an den vorangehenden Abschnitt anschließen, gehen in diesem literarischen Bezug aber keineswegs auf.

Die böse Frau trägt ihren modernen Titel entsprechend der Überschrift im *Ambraser Heldenbuch*: *Das puech von dem übeln weibe*. Nur hier ist das 820 Verse umfassende Gedicht überliefert. Dieser Umstand, der vermutlich ostalpenländische Wortschatz und die Anspielung auf den guten Bozner Wein, den man in Innsbruck trinken kann (V. 552ff.), lassen eine Lokalisierung des Textes in Tirol (nördlich des Brenners?) erwägenswert erscheinen. Wenn die gewalttätige Gattin ihrem Mann androht, ihn unter dem Arm nach Wien zu tragen (V. 758f.), so wird damit wahrscheinlich eine relativ große Entfernung gemeint sein, welche dann in etwa auch von den wichtigsten auf *Die böse Frau* wirkenden literarischen Einflüssen zurückgelegt worden wäre. Diese gingen zweifellos von den Werken des Strickers und Neidharts aus. Neidhart hat nur das bäuerliche Milieu, vielleicht auch das Motiv der gewaltsamen Auseinandersetzung mit der Bäuerin (WL 8 = B 29) geliefert, der Stricker aber das Grundthema, die Eheproblematik, und den Gattungsrahmen. Dieser ist allerdings in unserem Falle gar nicht leicht abzustecken.

Das Gedicht beginnt mit einem Lob auf die rechte Ehe, die dem sprechenden Ich aber gerade verwehrt ist (V. 1–19). Er und sein Weib haben einander das Leben vergiftet. Schon die traditionelle Eierspeise am Morgen nach der Hochzeitsnacht enthielt das Salz des Wehs *(riuwe)* und das Schmalz der Zwietracht *(untriuwe)*. Dazu tranken sie den Maulbeerwein des Zornes und Hasses (V. 20–46). (Die Metaphern erinnern an die geistliche Allegorie im Prolog der Verslegende *Gregorius* von Hartmann von Aue, der üble Morgentrunk aber natürlich an den Liebestrank aus dem Tristanroman.) Das Zusammenleben schildert der Sprecher als totale Uneinigkeit. Seine Frau sagt stets nur das Gegenteil von dem, was er wolle (V. 47–87). Deshalb rechtet er, obgleich er nur deutsche Bücher lesen kann, mit allen Klerikern hinauf bis zum Papst um das Verbot der Ehescheidung. Eine Ehe mit einer bösen Frau gefährde Leib und Seele, deren Heil der Mann in seinem ständigen Zorn verspielen müsse. Deshalb möge jeder, der eine böse Frau habe, in die Klage einstimmen (V. 88–140). Wiederum beschwört das Ich die Widerspenstigkeit der Frau, die zudem fast die Kühnheit eines Asprian (des Riesen in König Rothers Gefolge) besitze (V. 141–172). Wer ein böses Weib hat, habe mehr zu leiden als die Märtyrer, die sich für Gott schinden, braten, durchbohren, rädern oder sieden ließen – gemeint sind so berühmte Heilige wie Bartholomäus, Laurentius, Sebastian, Georg oder Veit –, denn ihre Qual dauerte vergleichsweise ganz kurz, nur einen Tag (V. 173–198). Nochmals wird das Bild der idealen, nach Gottes Gebot geführten Ehe – wie es der Stricker entworfen hat (s. o. S. 341) – der eigenen, vom Rad der Fortuna herbeigeführten Misere entgegengehalten (V. 199–256), ehe mit einem Heldensagenvergleich die Reihe der blutigen Ehezweikämpfe eingeleitet wird (V. 257–282). Der Sprecher zählt die ersten vier Kämpfe durch, die folgenden zwei (oder drei?) nicht mehr. Eine zeitliche Abfolge liegt, abgesehen vom ersten Kampf am dritten Tag der Ehe, offenbar der Aufzählung nicht zugrunde, sondern eine Steigerung in der Intensität bis zum letzten geschilderten Streit, der in 269 Versen (V. 495–763) erzählt wird. Der Anlaß ist jeweils entweder völlig nichtig – eine (zu früh?) aus der Glut geholte gebratene Birne (Kampf I, V. 283–310), ein wenig in die Glut gefallener Flachs (Kampf II + III, V. 311–328), die Arbeitsteilung beim Stoßen der Stampfmühle (Kampf IV, V. 329–442) – oder die enttäuschte Erwartung der Frau, daß der Gatte *guot* nach Hause bringen würde (Kampf V, V. 443–494; Kampf VI). Alle Kämpfe enden mit der Niederlage des schwächeren Mannes. Den letzten überlebt er nur dank dreier *friunde*, die das rasende Weib festhalten, während der Mann mit

Wasser gelabt werden muß. Ihr Kampfeswille ist ungebrochen, sie wäre sogar zur Teilnahme am Kreuzzug bereit. Er hingegen schweigt wie eine Maus, um den ohnehin prekären Waffenstillstand nicht zu gefährden (V. 764–820).

Obwohl der überwiegende Teil des Gedichtes (V. 283–820) also erzählenden Charakters ist, scheint, da die einzelnen Kämpfe nur als Beispiele die Klage über eine weiterhin andauernde leidvolle Situation illustrieren, die Frage berechtigt, „ob *Die böse Frau* nicht insgesamt als Ich-Rede zu interpretieren wäre" (H.-J. Ziegeler). An der Grenze zur Versnovelle steht der Text allemal; dagegen sprechen weder die dialogischen Partien noch die zahlreichen Vergleiche, beides probate Mittel epischen Gestaltens. Zugleich erinnern die Reden aber auch an die Gattung des Streitgesprächs (vgl. insbesondere des Strickers *Ehescheidungsgespräch*, Nr. 163), und die Mehrzahl der Vergleiche bringt literarische Reminiszenzen, welche zur Lage des Ehemannes insgesamt im komischen Kontrast stehen. Am ehesten haben wir doch so etwas wie die witzige Parodie einer durchaus ernsten Lehrrede über den Ehestand vor uns, wie sie der Stricker mit den Gedichten *Ehemanns Rat* (Nr. 86) oder *Von bösen Frauen* (Nr. 119) geliefert hat.

Eine Umkehrung des in der Weltordnung vorgesehenen Herrschaftsverhältnisses hätte unweigerlich zur Folge, daß die Männer zitternd den törichten, gnadenlosen und nachtragenden Frauen zu Füßen liegen müßten, warnt der Stricker (*Ehemanns Rat*, V. 131ff.). Genau diese Folge schildert unser Gedicht, und zwar vornehmlich in Form eines konkreten Falles in der ländlich-dürftigen Szenerie eines Bauernhofes. Die Eheleute üben nicht nur bäuerliche Arbeiten aus, sie bedienen sich im Streit auch der entsprechenden Utensilien, eines Knüppels, Flachseisens, Schürhakens, Spinnrockens, Lichtscheits, einer Ofenkrücke, einer Getreideschwinge und anderer, sofern die bessere Ehehälfte nicht ohnehin ihre Fäuste und Krallen benützt. Der Mann hat zwar in Sachsen gelernt, sich mit dem Schild zu decken. Hier steht ihm dazu aber nur ein Schemel zur Verfügung, und dergestalt sind allenthalben die „zünftigen" Waffen als Gegensatz entweder direkt benannt oder zumindest mitgedacht. Mit ihnen kannte sich das adelige Publikum gut aus, und es wußte auch, wovon die Rede war, wenn die großen Helden zitiert wurden: Witege, der tagelang mit Dietrich kämpft – eine nur annähernd ähnliche Sage enthält die *Thidrekssaga* –, Walther, der mit Hildegund flieht (s. o. S. 525ff.), Meister Hildebrand, der so manchen Schild zerhaut, Dietleib, der gegen ein Meerweib fechten muß – eine verlorene Sage, auf die auch *Biterolf* und *Rosengarten A* anspielen. Die Versicherung, daß diese Abenteuer leichter zu bestehen waren als die Ehekämpfe, konnte sich ihres Heiterkeitserfolges sicher sein, nicht weniger aber der Vergleich mit den großen Liebespaaren der Antike und des klassischen Höfischen Romans, Pyramus und Thisbe (vgl. Albrecht von Halberstadt, *Metamorphosen*, um 1200), Erec und Enite, Aeneas und Dido (vgl. Heinrich von Veldeke, *Eneasroman*, um 1170/85), Tristrant und Isalde (vgl. Eilhart von Oberg, *Tristrant*, um 1170), Gahmuret und Belakane (aus Wolframs *Parzival*). Daß alle diese Liebesbeziehungen ethisch nicht unproblematisch sind, tritt dabei gewiß hinter der Absolutheit solcher Minne zurück, welche dem totalen Haß der Eheleute diametral entgegensteht.

Aber auch ins Allgemeine wird der Abstand zur Minne von „einst" ausgeweitet: „Heutzutage stirbt niemand aus Liebe oder Sehnsucht. Der Reiche sehnt sich mehr nach Wein als nach seiner Dame; der Arme sehnt sich dagegen täglich nach Brot" (V. 391ff.). Das kann nur satirisch gemeint sein. Der erste Vorwurf ist der topische

Ausgangspunkt für die gleich anschließend zu besprechende Zechrede, der zweite beschreibt wohl die ärmlichen Verhältnisse der kleinen Ritter, die sich mit ihrer Hände Arbeit den Lebensunterhalt verdienen müssen – ein schon vom Stricker und Neidhart beklagter unwürdiger Zustand eines Adeligen. Als kleinen Ritter stilisiert sich offenkundig auch der Sprecher unseres Gedichts. Ob der Autor auch ein solcher gewesen ist oder ob ein Fahrender in diese Rolle geschlüpft ist, wissen wir nicht.

Am glorreichsten schlägt sich unser Dichter auf dem Felde von Sprache und Stil. Wie er das brutale Handgemenge und dessen schmerzhafte Folgen in stets neue Worte zu kleiden weiß, sucht seinesgleichen. Wenn Autoren ernster Kampfschilderungen mitunter zu auflockernden Vergleichen aus alltäglichen Lebenssphären greifen, so spielt hier die Handlung in einer solchen, und die Vergleiche können der heroischen Welt entnommen werden. Ein paar andere bleiben gleichwohl übrig, so wenn sich der geprügelte Pantoffelheld wie eine Erbse im Kochkessel (V. 654f.) oder ein umgetriebener Topfkreisel (V. 692ff.) fühlt. Die Kampfwörter entstammen jedoch beiden Sphären und ergeben eine köstliche Mischung, insbesondere wenn dabei noch kuriose Reimbindungen benutzt werden, z. B.

> V. 375 *und traf mich hinden uf den bürel*
> *daz mir emphiel der ovenstürel*

Und sie traf mich hinten auf dem Steiß, daß mir der Ofenschürstecken entfiel

oder

> V. 403 *dô was ouch ir diu krucke einzwei:*
> *sî nam daz lenger drumzei,*
> *und vâhten eine schanze.*
> *ich waere bî einem tanze*
> *die wîle michels baz gewesen* [...]

Da war auch ihr die Ofenkrücke entzweigebrochen. Sie nahm das längere Stück, und wir fochten auf gut Glück. Ich wäre zu dieser Zeit viel lieber beim Tanzen gewesen [...]

Den Höhepunkt der Parodie markiert dann ein 26zeiliger Lobpreis auf den lebensrettenden Schemel mit der litaneiartigen 18maligen Repetition des Wortes *stuol*. Der komische Effekt steht in dem Gedicht also eindeutig im Vordergrund. Die satirische Stoßrichtung gegen eine „Verkehrte Welt", in der ein Ritter nicht nur Armut, sondern vor allem die Zwingherrschaft seines Weibes erduldet, bleibt zwar aufrecht, aber auf Veränderung der realen Verhältnisse geht dieser Dichter schwerlich aus. Ob er es ernstlich auf einen dogmatischen Streit mit der Kirche anlegt, ist mehr als fraglich, so frappierend die Attacke gegen die normativ geltende und dementsprechend vom Stricker propagierte Unauflöslichkeit der Ehe sein mag. Die groteske, ins Irreale übersteigerte Klage fordert, dem Wortlaut nach, Mitleid, provoziert in Wahrheit aber nur Gelächter. So erwartet kein Hörer oder Leser am Ende etwas anderes, als daß der traurige Prügelknabe nach den 45 kräftigen Abreibungen (V. 277) alsbald die nächste zu gewärtigen hat und so weiter, bis der Tod die Eheleute scheidet.

Der reiche Einsatz des *ornatus facilis* (s. o. S. 200), d. h. gesuchter Reime, der Wortwiederholung, der Paronomasie, des Polyptotons, begegnet ebenso in dem etwa halb so umfangreichen Gedicht vom **Weinschwelg**. Da auch eine enge Gattungsverwandtschaft hinzukommt – es handelt sich ebenfalls um eine Ich-Rede –, hat man beide Gedichte demselben Tiroler Autor in der Mitte des 13. Jahrhunderts zugewiesen, eine ansprechende Vermutung, weiter nichts, denn weder Text noch Überlieferung des kürzeren Gedichtes liefern konkrete Anhaltspunkte für die Lokalisierung in Tirol. *Der Weinschwelg* steht am Ende der ältesten Strickerhandschrift A von ca. 1260/70 (s. o. S. 345) und in der Handschrift 408 der Badischen Landesbibliothek Karlsruhe von ca. 1430/40, hier allerdings in quantitativ und qualitativ stark reduzierter Form. Ein paar Zeilen sind als Fragment in der Leipziger Universitätsbibliothek erhalten. Daß das Gedicht als Nr. 271 die Handschrift A beschließt, spricht natürlich nicht für eine Verfasserschaft des Strickers, dem ja auch die meisten der rund 100 letzten Stücke des Codex nicht gehören, aber immerhin für einen engen zeitlichen Anschluß an die älteren Teile des Textkorpus.

Nähe und Abstand kann ein vergleichender Blick auf den *Unbelehrbaren Zecher* (Nr. 60) demonstrieren. Darin stellt der Stricker einen ebenso regelmäßigen wie unmäßigen Trinker dem Publikum vor Augen und läßt ihn dann als Antwort auf die Vorwürfe seines Neffen (oder Vetters) eine ausgiebige Lobrede auf den Wein halten. Der Wein ist all seine *vröude*, für die er die Wonnen höfischen Lebens, die Jagd, das Turnier, schöne Kleider, *des meien schîn* […] *der vogelîn gesanc, sagen, singen, seitenklanc* (V. 82ff.), *die liljen und die rôsen* (V. 90) und sogar die Minne hinzugeben bereit ist. Daß er auf diese Weise ohne Ehre lebt, nimmt er in Kauf, ja noch mehr: Er erklärt die Trunkenheit zu seinem einzigen Himmelreich (V. 74f.). Er widerspricht denn auch der Vorhaltung, er trachte nicht nach Ehre und setze nach dem Willen des Teufels Leib und Seele aufs Spiel, gar nicht, sondern bekennt nur sein Unvermögen, dieses sein Leben aufzugeben. Erfolglos und mit einem Fluch auf den Lippen trennt sich der Neffe von dem Unbelehrbaren.

Obwohl das Streitgespräch also scheinbar unentschieden endet, hat sich der wider besseres Wissen handelnde Sünder – wie der junge Helmbrecht (s. o. S. 355) – bereits längst selbst entlarvt. Dem Trunkenbold gehört der Löwenanteil der Verse des Gedichts, aber nur, um in dem rhetorisch geschickten Monolog eine „Verkehrte Welt" aufzubauen. Der groteske Anspruch auf Allmacht, Weltherrschaft und Weisheit und die Ablehnung etablierter adeliger Werte sollen sich als komische Ausgeburten des Säuferwahns selbst desavouieren.

Wenn in diesem Falle die Satire auf das Laster der Trunkenheit keinem Zeitgenossen – im Gegensatz zu einigen modernen Interpreten – verborgen geblieben sein dürfte, so streift *Der Weinschwelg* wohl wirklich alles Lehrhafte ab. Die Welt des Weines und die des Trinkers werden gleichsam absolut gesetzt. Die Einleitung präsentiert im epischen Präteritum der Welt gewaltigsten Säufer (mhd. *swelch*, zum Verb *swelhen, swelgen* „schlingen, schlucken, saufen"), dem Becher, Näpfe und Schalen nicht genügen, sondern nur große Kannen. Eine solche muß er stets gefüllt vor sich stehen haben, um daraus seine Schlucke zu tun, die kein Auerochs oder Elch zustande brächte. An den Wein oder an sich selbst, kaum je an anwesende Zuschauer richtet er seine große Rede. Sie ist in 23 ungleichzeilige Abschnitte gegliedert, welche alle von der Erzählerbemerkung geschlossen werden: *dô huob er ûf unde tranc*. Die vorletzte Zeile des Abschnitts bietet zu diesem Refrain den nötigen Reim, und zwar *banc, blanc, clanc, cranc, danc* und so weiter in ungefährer alphabetischer Ordnung. Die erste Zeile des jeweils folgenden Abschnitts gibt in syntaktischer Abhängigkeit vom Verb *trinken* die Art des Schlucks an: *dô huob er ûf unde tranc/ einen trunc von zweinzec slünden* (Schlucken), oder *dô huob er ûf unde tranc/ einen trunc, der für die andern gie* (übertraf), usw. Alle Abschnitte sind also mittels Reimbrechung miteinander verfugt, so daß nie eine Atempause entsteht. Der Schwall des Weines und der

Rede rinnt und wogt also ununterbrochen wie ein Perpetuum mobile dahin und läßt sich am Ende des Gedichts in Gedanken ad infinitum fortsetzen – ein ähnlicher Effekt wie in der *Bösen Frau*. Wie diese folgt auch der *Weinschwelg* dem Prinzip der Steigerung. Sie läßt sich sowohl an den Reden wie an den erzählten Wirkungen des Weines ablesen. Im Abschnitt VIII entfachen die Weinwogen in der zu engen Kehle ein solches Gedränge, daß sie blubbern und rauschen wie eine Windsbraut auf dem Meer. Der Trunk in XIV hört sich wie das Wasser in der Mühle an. Der Säufer beginnt mit seltsamen Sprüngen zu tanzen. In XVII kracht die Bank; in XX birst des Trinkers Gürtel; in XXII biegt sich die Kanne; in XXIII schließlich reißt das Hemd, so daß er sich in Hirschhaut und einen Eisenharnisch schnüren lassen muß. So kann er weitertrinken und doch nicht bersten.

Gleichwohl sind die Erzählereinschübe von geringem Ausmaß gegenüber dem gewaltigen Redefluß des Säufers. Man hat sich bei seinem hymnischen Ton mit Recht an die Minnelyrik erinnert gefühlt, noch näher steht aber der selbstverständlich auch mit lyrischen Elementen arbeitende Frauen- und Minnepreis, wie ihn der Stricker in der *Frauenehre* vorgelegt hat (s. o. S. 340). In der Parodie tritt an die Stelle von Minne und Minnedame der Wein und an die Stelle des ehrerbietigen Minnedieners der Trinker. Dieser gewinnt mit seiner Hingabe an den verehrten Gegenstand ebenso an Wert wie der Minnende, ja schreibt den Ruhm des Weines zusehends sich selbst zu. Ausgangspunkt der „Argumentation" ist die Übertragung der üblichen rühmenden Attribute der *vrouwe* wie *guot, tugenthaft, schoene*, sowie der verwandelnden Kraft der Liebe auf den Wein: Er gibt *hôhen muot*, macht kühn und klug. Die segensreiche Wirkung des gegorenen Rebensaftes ersetzt aber auch alle anderen Freuden des höfischen Lebens. Alles, was wir aus des Strickers *Unbelehrbarem Zecher* kennen, kehrt hier, mitunter wörtlich, wieder, wird aber viel detailreicher ausgemalt, unter anderem durch literarische Exempelfiguren wie in der *Bösen Frau*. Dem Herzog Iram und seinem Jäger Nordian empfiehlt der Zecher, sie hätten statt einem Wisent besser dem Wein nachjagen sollen – eine Anspielung, die wir aufgrund einer Passage in der *Thidrekssaga* entschlüsseln können. Den Wohlklang, den der Weingenuß in seinem Kopf erzeugt, stellt er weit über Horands Gesang, der nach Aussage der *Kudrun* (s. o. S. 316ff.) Menschen und Tiere fasziniert hat. Die berühmten Minnemärtyrer, die alle um der Liebe willen ihr Leben gelassen haben, Paris, Dido, Pyramus und Thisbe, Graland und Curaz – die Liebesgeschichten der beiden letztgenannten kennen wir nur aus Anspielungen in diesem und anderen Werken –, bezichtigt er alle der *tumpheit*: Hätten sie wie er den Wein geliebt, hätten sie besseren Lohn erhalten. Sein inniges Verhältnis zum Wein beschreibt er folgerichtig mit dem Vokabular des Minnesangs:

>V. 50 *in hât in dem herzen mîn*
>*mîn minne also behûset,*
>*versigelt und verclûset:*
>*wir mugen uns niht gescheiden.*

Ihn – den Wein – hat meine Liebe in meinem Herzen beherbergt, versiegelt und eingeschlossen. Wir können uns nicht trennen.

Mag der Wein auch seinen Gürtel sprengen, das „innere" Band wird dadurch nicht zerrissen, denn es ist außer durch die Gewohnheit noch durch *des wînes güete* und durch das *staete gemüete* des Trinkers geknüpft (V. 355f.). Zeichnen diese Vorzüge sonst Minnedame und Minnedienst aus, so kommt auch die kniefällige Verehrung der

Dame nach Meinung des Säufers von Rechts wegen dem Weine zu (V. 222). Eben eine solche Verschiebung der Werte orten, und zwar keineswegs beifällig, in der Realität des mittleren 13. Jahrhunderts Ulrich von Liechtenstein (s. o. S. 491) und Wernher der Gärtner (s. o. S. 355). Wie im *Unbelehrbaren Zecher* des Strickers ergreift im *Weinschwelg* die Umwertung aber auch den religiösen Bereich. Der Zecher setzt sich geradewegs an die Stelle Gottes, des Allmächtigen (V. 379ff.): Alle Leute sollen seinem Gebote gehorchen, alle Lebewesen ihn erkennen. Die ganze Welt ist sein eigen. Er tut, was er will. Was er will, ist getan. Deshalb heißt er *Ungenôz*, Ohnegleichen (vgl. Psalm 23,1f.; 49,12; 113,3; 134,6; 88,9; Isaias 46,9). Eine weitere Steigerung des Selbstlobes ist nicht denkbar.

Der äußeren und inneren Steigerung könnte sogar eine Zahlenkomposition des Gedichtes entsprechen (I–VII = 132 Verse; VIII–XXII = 264 V. = 2mal 132 V.; XXIII = 20 V.). Jedenfalls ist diese Annahme weit besser begründet als im Falle der *Bösen Frau*. Der Versuch, den beiden Gedichten ein engverwandtes Bauprinzip zu unterstellen, vermag nicht zu überzeugen.

Die Parodie der Bibelworte, die gelehrte Rhetorik und Allusionstechnik könnten – abgesehen natürlich von der Sprache – aus der Werkstatt eines *poeta latinus* stammen. So wird auch das Gattungsvorbild des seit der Antike ununterbrochen gepflegten lateinischen Zechliedes auf den *Weinschwelg* nicht ohne Einfluß geblieben sein. Daß es gerade in unserem Raum damals bereitlag, zeigt die entsprechende Liedreihe in den *Carmina Burana* (s. o. S. 409ff.). Einzelne, nicht eben zahlreiche Motivgleichungen ergeben sich etwa zu CB 201 oder CB 202. Es ist also verlockend, sich den Dichter des *Weinschwelgs* im Kreis der Kleriker vorzustellen, welche den Codex Buranus hüteten und mit Nachträgen versahen. Aber die thematischen Divergenzen springen ebenso ins Auge. Nur die wichtigste sei genannt: Während die lateinischen Vagantenlieder den Weingenuß stets als Stimulus der Liebeslust feiern, ist er im *Weinschwelg* gerade vollwertiger Ersatz der – anders konzipierten – Minne.

Da das höfische Kontrastbild hier stets mitgedacht werden soll und die Gestalt des Säufers über alles menschliche Maß ins Überwirkliche, Urbildliche gesteigert erscheint, liegt primär das vor, was man in der Theoriediskussion „Komik der Gegenbildlichkeit" genannt hat. Man lacht über den komischen Helden, weil er hohe Ideale – deren Geltung vom Autor wohl noch nicht wirklich angetastet wird – auf sein bloß kreatürliches Niveau herabzerrt. Das konnte auf jeden Fall als momentane Entlastung vom Druck der Normen empfunden werden, vielleicht aber von einigen Hörern und Lesern sogar als mehr. Vielleicht gewinnt dieser Trinkerheros trotz aller Verzerrungen schon soviel Eigengewicht und Plastizität, daß man – wie später bei Shakespeares Falstaff – nicht mehr bloß ü b e r ihn, sondern auch schon m i t ihm lacht, weil das Materiell-Leibliche das positive Übergewicht zu bekommen beginnt.

Wie dem auch sei, wer unsern Zecher einmal kennengelernt hat, der vergißt ihn nicht mehr, wie er bramarbasierend vor seiner Riesenkanne sitzt und sie in gewaltigen Zügen leert bis in alle Ewigkeit: *Dô huob er ûf unde tranc* [...] –

Neben einer solchen poetischen Meisterleistung nehmen sich die vier Reimpaargedichte **Herrands von Wildon** bescheidener aus. Einen adeligen Herrn dieses Namens haben wir bereits unter den kleineren steirischen Minnesängern kennengelernt (s. o. S. 493), und es liegt nahe, die beiden dichtenden Ministerialen zu identifizieren, obwohl die drei Lieder in der Großen Heidelberger Liederhandschrift nur mit *Der von Wildonie* überschrieben sind und zwei Angehörige des Geschlechtes, Vater und Sohn, in der 2. Hälfte des 13. Jahrhunderts den Vornamen Herrand trugen, mit dem die vier Reimpaargedichte „unterzeichnet" sind (z. B. *Die Katze*, V. 301f.: *den rât iu râtet Herrant/ von Wildonie genant*). Herrand II. urkundet 1248–1278. Er dürfte um 1230 geboren sein, heiratete Perchta, die Tochter Ulrichs von Liechtenstein, bekleidete das Amt eines Truchsessen von Steier, wechselte, wie die meisten steirischen Landherren, in der Absicht, sich möglichst große Selbständigkeit zu erhalten, im Machtkampf um die Steiermark zwischen Bela, Ottokar und Rudolf mehrfach die Fronten und geriet dabei des öftern in überaus prekäre Situationen, so etwa 1268, als er zusammen mit Ulrich und anderen Landherren wegen Hochverrats in Festungshaft genommen wurde. Zwischen 1278 und 1282 ist er gestorben. Herrand III., Herrands II. Sohn, urkundet 1281 bis 1292 und könnte frühestens 1260 geboren sein. Sowohl die Sprache wie die (vermuteten) politischen Zeitbezüge der Reimpaargedichte würden eine Zuordnung an beide Herren ermöglichen. Ein Blick auf die Quellenangabe im *Betrogenen Gatten* läßt das Pendel aber doch wohl zugunsten des älteren ausschlagen:

> V. 17 *Hêr Uolrîch von Liehtenstein,*
> *der ie in ritters êren schein,*
> *sagte mir ditz maere,*
> *daz ein ritter waere*
> *ze Friûl gesezzen* [...]

Die Angabe verdient einiges Vertrauen, da einerseits Ulrich Beziehungen zu Friaul unterhielt, andererseits eine verwandte italienische Version dieser Erzählung existiert (s. u.). Herrand III. war nun aber bei Ulrichs Tod am 26.1.1275 höchstens 14 Jahre alt. Daß der alte Großvater dem Halbwüchsigen ausgerechnet eine solche Ehebruchsgeschichte auf den Lebensweg mitgegeben und der Enkel sich dessen auch noch gerühmt haben sollte, dünkt wenig wahrscheinlich, wenn man die moralisierende Tendenz von Herrands gesamtem Erzählwerk bedenkt. Denn jene Schwankerzählung hat der Dichter offenbar nur als negatives Pendant zu der erbaulichen Geschichte von der *Treuen Gattin* konzipiert, ja vielleicht alle vier Stücke als zusammengehörig der Nachwelt vermacht. Die eventuell von ihm selbst in Auftrag gegebene kleine Sammelhandschrift ist nicht erhalten, dürfte aber (über eine Zwischenstufe?) dem Schreiber des *Ambraser Heldenbuches* (s. o. S. 316) vorgelegen haben. Nur diese Handschrift der frühen Neuzeit hat uns Herrands vier Reimpaargedichte erhalten, abgesehen von einer Prosaauflösung des *Nackten Kaisers*, die um 1480 im nordschwäbischen Kloster Reutin aufgeschrieben wurde und in der Württembergischen Landesbibliothek Stuttgart liegt. Die vier Stücke weisen ein erstaunlich breites Gattungsspektrum auf. *Die treue Gattin* (Nr. I) und *Der betrogene Gatte* (Nr. II) sind Versnovellen, jedoch die erste von ernster, moralisierender, die andere von komischer Art. *Der nackte Kaiser* (Nr. III) ist eine historische Beispielerzählung mirakulösen Inhalts. *Die Katze* (Nr. IV) schließlich gehört der Gattung des Bispels an (s. o. S. 130; 336). Erfunden hat Herrand den Stoff in keinem Fall. Die eine unmittelbare Vorlage läßt sich zwar auch für keines der Stücke ermitteln, doch handelt es sich jedesmal um altes europäisches Erzählgut, das im 13. Jahrhundert auch von anderen deutschen Autoren verarbeitet wurde. Seine Aufgabe sah Herrand offenbar nur in neuer sprachlicher (von dem Liechtensteiner beeinflußter) und erzählerischer Gestaltung sowie in einer eigenen Sinngebung.

Die treue Gattin (*Die getrew kone* in der Handschrift) enthält ein extremes Beispiel von Frauentreue. Beim Kaplan Andreas (s. o. S. 418) gibt es eine entsprechende Entscheidung eines Liebeskasus, und im Versroman *Ille et Galeron* (um 1170) von Gautier d'Arras ist der Kasus bereits auf die eheliche Treue und in Handlung übertragen. Noch vor Herrand erzählt im 13. Jahrhundert ein deutscher Anonymus dieselbe Geschichte von dem Ritter, der im Kampf ein Auge verliert und sich fürchtet, so verunstaltet vor seine schöne Frau zu treten, jedoch von dieser dadurch den untrüglichen Beweis ihrer immerwährenden Zuneigung erhält, daß sie sich ebenfalls ein Auge aussticht. Was uns eher grausig anmutet, wurde damals offenbar anders empfunden, sei es, weil man allgemein Eingriffen in die leibliche Integrität weit weniger zartfühlend gegenüberstand, sei es, weil die Erzählwelt stärker von der Realität abgehoben war. Jedenfalls kündet Herrand im Prolog die Erzählung gerade als ein *guotez maere* an, das *von lieben* (angenehmen) *dingen sagen* und den Zuhörern *von rehte behagen* soll. Im Handlungsablauf weicht er wenig von der anonymen Versnovelle *Das Auge* ab, legt aber das ganze Schwergewicht auf die tiefe Seelengemeinschaft der beiden von Anfang an äußerlich so unähnlichen Ehegatten. Da der Ritter sich durch Freigebigkeit, Ehre und Lehenstreue auszeichnet, erscheint er, obgleich in Wahrheit klein und eingetrocknet wie ein Hundertjähriger, seiner ebenso lieblichen wie treuen Gattin schön wie Absalom und stärker als Samson. Und am Ende erweist der Einäugigen nicht nur der Gatte noch größere Liebe als zuvor, sondern alle Welt sieht sie nun ihrer *triuwe* wegen noch lieber an, als sie es zuvor um ihrer Schönheit willen tat.

Die zweite Erzählung *Der betrogene Gatte* (*Der verkerte wirt*) steht in direktem Kontrast zur ersten. Der Prolog kündet daher auch kein *guotez maere* an, sondern bringt den geläufigen Topos der Wahrheitsbeteuerung, der jedoch in charakteristischer Weise abgewandelt erscheint: Damit auch ein *unhübscher* (unhöfischer) Zweifler diese *âventiure* für wahr halten könne, beruft sich der Erzähler auf einen ehrenvollen Ritter, nämlich Ulrich von Liechtenstein (s. o.). Da aber auch Ulrich nicht Augenzeuge war, liefert der Epilog einen solchen nach: Die am Geschehen leidvoll beteiligte Gevatterin der Ehebrecherin habe dieses aus Ärger über die Verweigerung des ihr zustehenden Lohns ausgeplaudert (V. 355ff.). Wir vermögen natürlich weder den subjektiven noch gar den objektiven Wahrheitsgehalt der Behauptung zu überprüfen. Daß es sich um eine verbreitete Wandererzählung handelt, beweist zumindest für die subjektive Seite wenig, da nachweislich auch heutzutage viele „unglaubliche" Geschichten, welche von Mund zu Mund gehen, mit bestem Gewissen als authentisch ausgegeben werden. Im Mittelalter schrieb allerdings die theologisch bevormundete Poetik die Verpflichtung zur Wahrheit vor, so daß sich selbst ein so souveräner Erzähler wie Giovanni Boccaccio noch genötigt sieht, sich (ironisch?) gegen diejenigen zu verteidigen, „welche behaupten, diese Geschichten hätten sich nicht auf die erzählte Weise zugetragen" (*Il Decamerone*, 4. Tag, Einleitung). Daß Herrand sich bei der ersten Erzählung, nicht aber bei der zweiten den Topos erspart, könnte in deren Immoralität begründet sein. Daß er den Topos ad absurdum führen und gerade dadurch die Freiheit der Fiktion deklarieren wollte, scheidet wohl aus. Die erzählte Handlung ist nicht unwahrscheinlicher als die Dutzender anderer Versnovellen. Eine hübsche junge Frau hat einen alten Ritter zum Mann, daneben aber – im Gegensatz zur treuen Gattin in Nr. I – auch einen jungen Ritter zum Liebhaber. Um die erste Liebesnacht – welche der Minnediener sich nach Meinung der *vrouwe* redlich verdient hat – einzufädeln, bindet sie sich eine Schnur an den Fuß, deren anderes Ende mit einem Ringlein über einen Erker in den darunter befindlichen Hag herabhängt. Als der Amant nächtens an der Schnur zieht, fühlt sie der im Bett neben seiner Frau liegende Ehemann auf einem seiner Beine, geht der Sache nach und ergreift den Wartenden. Die herbeigelaufene Ehefrau läßt, während der Gatte Licht holt, den Liebhaber entkommen und faßt statt dessen einen Esel fest bei den Ohren. Der Gatte ahnt zwar den Betrug, geht aber doch wieder zu Bett. Sie steht heimlich auf, überredet eine Gevatterin, für Geld ihre Stelle im Ehegemach zu vertreten, und vergnügt sich mit dem jungen Ritter. Der Ehemann erwacht und verprügelt seine vermeintliche Gattin, da sie die ihr auferlegte Schweigepflicht einhält, und schneidet ihr überdies die langen Locken ab. Am Morgen kann er die Zeichen der nächtlichen Strafaktion nicht wiederfinden, glaubt an Sinnestäuschung, leistet seiner Gattin Abbitte und verspricht ihr für das erlittene Unrecht einen schönen neuen Mantel.

Ganz ähnlichen Inhalt haben die zwei französischen Erzählungen *Des tresces (Von den Zöpfen)*, die achte Geschichte des siebenten Tages im *Decamerone* und die drei (oder vier) Fassungen von dem *Pfaffen mit der Schnur*. Am nächsten steht die zuletzt genannte deutsche Versnovelle, doch sie spielt im ländlichen Milieu, weist dem Dorfpfarrer die Buhlerrolle zu und ergreift am Ende für den düpierten Ehemann Partei. Herrand erzählt eine Dreiecksgeschichte unter adeligen Standesgenossen von Minnedienst und Minnelohn, aber ohne jede Wertung, geradezu kaltschnäuzig, was dem Handlungsfluß durchaus zugute kommt. Die Moral von der Geschichte ergibt sich aber zweifelsfrei aus dem unmittelbaren Anschluß an die *Treue Gattin*. Als negatives Beispiel weiblichen Verhaltens erhält so *Der betrogene Gatte* seinen legitimen Platz unter „seriöser" Literatur.

Die beiden folgenden Stücke ergänzen einander in vergleichbarer Weise, nämlich als Beispiele eines pflichtvergessenen Fürsten bzw. eines pflichtvergessenen Lehensmannes. Nr. III, *Der nackte Kaiser (Von dem plossen kayser)* beruht nach Aussage des Prologs auf einer deutschen Prosachronik. Diese Quelle hat sich allerdings unter den zahlreichen erhaltenen mittelalterlichen Versionen des Stoffes nicht finden lassen. Die Geschichte vom Herrscher, der dem Hochmut verfällt und dafür gedemütigt wird, ist über die halbe Welt verbreitet. Sie knüpft sich schon an Salomon und Nebukadnezar und lebt im christlichen Europa bis in unser Jahrhundert weiter, namentlich dank ihrer Verwendung als Predigtexempel. Das älteste erhaltene lateinische Exempel dieser Art dürfte schon der ersten Hälfte des 13. Jahrhunderts angehören; ein weiteres steht dann in den *Gesta Romanorum* (Kap. 59). In beiden heißt der Herrscher Jovinianus, bei Herrand Gorneus, in einer etwas jüngeren deutschen Versfassung (*Der König im Bad*, s. Bd. II) bleibt er namenlos.

Herrand erzählt – auf Bitten einer von ihm verehrten *frouwe minniclich* (V. 8) – etwa folgendes: Der römische Kaiser Gorneus hört im Sonntagsevangelium die Lukasworte 14,11: „Denn ein jeder, der sich selbst erhöht, wird erniedrigt, und wer sich selbst erniedrigt, wird erhöht werden." Er stellt seinen Glauben dagegen, daß auch im Jenseits die irdischen Machtverhältnisse weiterbestehen werden. Da nach zehn Jahren ohne kaiserlichen Gerichtstag das Unrecht völlig überhandnimmt, entschließt er sich endlich, einen einzuberufen. Da er mit dem Kommen edler Damen rechnet, sucht er zur Körperpflege ein Bad in der Stadt auf. Während er drinnen schwitzt, tritt ein Doppelgänger aus der Tür und wird vom Gefolge für den Kaiser gehalten. Dem echten Gorneus verweigern dagegen alle den Dienst, selbst ein Burgherr, dem er ehemals seine besondere Gunst bezeugt hatte. Nur den Rock eines Knechts bekommt er, läuft wieder zur Stadt und verrichtet niedrige Küchendienste. Sein Doppelgänger hält inzwischen gnadenlos Gericht über die Bösewichte, die der Kaiser verschont hatte. Nun sieht dieser ein, daß er sein Amt zum Zwecke der Bereicherung ständig mißbraucht hat und fleht zu Gott um Verzeihung. Als er sich unter die Zuschauer des Gerichtstages mischt, nimmt ihn sein Doppelgänger unsanft mit sich in sein Gemach, gibt sich unter vier Augen dem reuigen Sünder als Engel Gottes zu erkennen und legt ihm wieder sein kaiserliches Gewand an. Als der echte Gorneus den Gerichtstag fortsetzt, merkt niemand den Wechsel der Person, wohl jedoch jeder den der Gesinnung. Er macht alles Unrecht gut, übt Freigebigkeit und stiftet Klöster, so daß man ihn im Volk zu Recht für heilig hält.

Herrand gestaltet die Mirakelerzählung – an deren historischem Grundgehalt er gewiß nicht gezweifelt hat – nicht einfach als allgemeines Exempel eines hochmütigen Herrschers, der von Gottes höherer Macht erst durch seinen jähen Fall überzeugt werden muß, obwohl die Worte des Engels V. 499–524 durchaus in diese Richtung weisen, sondern schildert den Wandel eines ungerechten zum gerechten und gottgefälligen Fürsten. Dabei nennt er ganz konkrete Verfehlungen: willkürliche und eigennützige Vorenthaltung des Erbes, Mautfestsetzung und Münzverschlechterung (V. 584ff.). Das ist offenbar in die zeitgenössische Realität hineingesprochen, ohne daß sich aber ein bestimmtes historisches Vorbild für Gorneus dingfest machen ließe.

Auch der Epilog gibt darüber nicht den geringsten Aufschluß. Er ist ein Gebet (V. 643–668): Gott möge um dieses Heiligen willen dem Dichter den törichten Sinn reinigen und auch an ihm seine *tugent* (wunderbare Wirkkraft) wie *an disem hêrren* offenbar werden lassen. Ins Allgemeine werden nur Erniedrigung, Erhöhung und ewige Seligkeit dieses Herrn übertragen. Der Gorneus des Mirakels ist aber nicht bloß ein Adeliger, sondern Herrscher eines großen Reiches mit besonderen Machtbefugnissen. Das Mirakel fungiert also nicht als parabolisches Bispel, sondern als historische Beispielerzählung.

Vom Hochmut handelt auch das vierte Stück *Die Katze (Von der katzen)*. Während Herrand aber im *Nackten Kaiser* soziale und politische Konkretisierungen in die Mirakelerzählung selbst einbringt, ohne im Epilog daraus eine Lehre zu ziehen, unterwirft er im Bispel von der *Katze* die Fabel einer ganz speziellen politischen Auslegung. Die Fabel erzählt von einem Kater, der sich in jeder Hinsicht über seine Katze erhaben dünkt und nach einer schöneren, edleren und v. a. mächtigeren Gattin Ausschau hält. Von der Sonne wird er aber an den Nebel verwiesen, vom Nebel an den Wind, vom Wind an eine Mauer, von der Mauer an eine Maus, von der Maus schließlich wieder an die Katze, denn jedes belebte oder unbelebte Ding in der Welt findet in einem andern seinen Meister. So kehrt der Kater demütig und reuevoll zu seiner Katze zurück, klagt sich selbst der *untriuwe* an und bittet um Vergebung, welche ihm gemäß dem Satz *genâde ist bezzer danne reht* (V. 266) auch gewährt wird.

Der Typus einer solchen in Form eines geschlossenen Ringes angelegten Tiergeschichte läßt sich quer durch alle Zeiten und Räume verfolgen. Die abendländische Tradition dürfte über persische und arabische Vermittlung auf ein Stück aus dem altindischen *Pantschatantra* zurückgehen. Die mittelalterliche Fabel mit einem Mäuserich bzw. einer Maus als Werber(in) begegnet zuerst im französischen *Esope* der Marie de France, im 13. Jahrhundert dann in mehreren lateinischen Fabelsammlungen. Die beiden deutschen Versionen, *Der Kater als Freier* (Nr. 32) von dem Stricker und Herrands Gedicht, setzen dagegen den Kater als Helden ein, müssen also näher zusammengehören. In der Deutung weicht unser Dichter aber völlig vom Stricker ab. Der Stricker nutzt die bildhafte Erzählung zur Demonstration der unantastbaren gottgesetzten Weltordnung, in der jeder Mensch ebenso wie jedes Geschöpf seinen festgelegten Platz hat. Der Kater bedeutet den *tumben man* (V. 159), der sich selbst verkennt und das verschmäht, was ihm angemessen *(ze mâze)* wäre, schließlich aber eines Besseren belehrt wird (s. o. S. 336). Herrand will zwar auch ein Bispel vom *übermuot* (V. 299) vortragen, schränkt diesen aber auf einen speziellen Fall der sozialen Realität ein: Ein Lehensmann wendet sich einem neuen Lehensherrn, der höher geboren und mächtiger ist, zu, erfährt aber für seinen Dienst nur Geringschätzung und kehrt nach einem zweiten vergeblichen Versuch reumütig zu seinem ersten Lehensherrn zurück. Damit hat er seine *triuwe* gebrochen und riskiert, vom ersten Herrn verachtet zu werden. Davor warnt Herrand, appelliert aber offenbar zugleich an ebendiesen Lehensherrn, Gnade vor Recht ergehen zu lassen (vgl. V. 256; 295ff.). Ein Lehenstreuebruch solcher Art war in jenen wechselvollen Zeiten geradezu an der Tagesordnung, so daß ein einzelner konkreter Anlaß für die Abfassung des Gedichtes kaum auszumachen sein dürfte. Es konnte sich aber fast jeder im adeligen Publikum durch Warnung oder Tadel direkt angesprochen fühlen.

Um diesen Zweck zu erreichen, gibt Herrand ohne weiteres die wesentlich leichter aus der Erzählung ableitbare allgemeine Lehre preis. Ob diese pragmatische Konkretisierung von der Forschung zu Recht als ästhetischer Vorzug gewertet wird, scheint fraglich. Dasselbe gilt für die unzweifelhafte Verlebendigung der Erzählung durch psychologische, höfisierende und genrehafte Züge, welche die im Rahmen der abstrakten Fabelwelt verständliche Werbung des Katers um Sonne, Nebel und Mauer nur noch befremdlicher erscheinen lassen müssen.

Trotz gewisser erzählerischer Meriten liegt Herrands literarhistorische Bedeutung also doch wohl in erster Linie in dem Umstand, daß wir hier zum ersten Mal einen adeligen Dilettanten als Verfasser kleinerer Reimpaardichtungen und in diesen dann auch standesspezifische Bearbeitungstendenzen ausmachen können.

Artusroman

Zu den auffallendsten Merkmalen der Literatur in dem hier beschriebenen Raum gehört das Fehlen des Höfischen Versromans zur Zeit der Entstehung der großen klassischen Werke Hartmanns (*Erec*, um 1180; *Iwein*, um 1200), Wolframs (*Parzival*, zwischen 1200 und 1210) und Gottfrieds (*Tristan*, um 1210). Wie oben (S. 330) angemerkt, kommt bei der Einbürgerung des neuen, letztlich aus Frankreich stammenden Genres im südöstlichen Randgebiet des deutschen Sprachraums dem *Daniel* des Strickers eine Brückenfunktion zu. Außer an die drei Klassiker schloß der Stricker noch an einen Autor an, der damals jenen an Beliebtheit beim Publikum keineswegs nachstand (wie schwer dies aus heutiger Sicht auch zu begreifen sein mag), an Wirnt von Grafenberg. Der vermutliche Herkunftsort, das heutige Gräfenberg nordöstlich von Nürnberg, weist den Dichter – wie Wolfram von Eschenbach (südwestlich von Nürnberg) – dem Grenzgebiet der ostfränkischen und der nordbairischen Mundart zu. Eindeutig bairisch sind nicht nur die Reime von Wirnts Versroman *Wigalois*, sondern auch der Schriftdialekt der beiden ältesten erhaltenen Textzeugen aus dem ersten Viertel des 13. Jahrhunderts, der Kölner Handschrift A und der Wiener Fragmente E. Insgesamt existieren 41 Handschriften des Werkes (davon 13 vollständige), also mehr als von dem vielgelesenen *Iwein*, der trotz seiner alemannischen Provenienz ebenfalls früh im bairischen Dialektraum rezipiert wurde, wie die Gießener Handschrift B und das Kremsmünsterer Fragment V aus dem ersten Drittel des 13. Jahrhunderts sowie insbesondere die Iwein-Fresken auf Burg Rodeneck in Südtirol vom Anfang des Jahrhunderts beweisen. Das einzige einigermaßen handfeste Indiz für den Auftraggeber des *Wigalois* liefern dessen Verse 8058–92. Hier wird zum Vergleich die Totenklage um einen *vil edeln vürsten von Merân* herangezogen, welche der Autor selbst mitangesehen habe. Diese Klage hätten *vrouwen* erhoben, *geboren von der hoehsten art, diu ie in der werlte wart*. Diese Verbeugung vor der weiblichen Verwandtschaft des verstorbenen Reichsfürsten war gleichermaßen angebracht, ob der Dichter nun eine literarische Fürbitte für das Seelenheil des ersten Herzogs von Meran, Bertholds I. (gest. 1204), oder des zweiten, Ottos I. (gest. 1234), vorbringen wollte. Aufgrund der ältesten Überlieferung des *Wigalois* scheidet eine Entstehung im 2. Drittel des Jahrhunderts aber wohl aus. Graf Berthold III. von Andechs, als Herzog von Meran (= Maronia am Quarnero um Fiume) Berthold I., hinterließ bei seinem Tode reiche Besitzungen in Oberfranken, in der Oberpfalz, in Nieder- und Oberbaiern, in Nord- und Südtirol, in Krain, Friaul und Istrien. Von seinen Söhnen erbte Otto den Herzogstitel und erlangte 1208 durch Heirat mit Beatrix von Staufen noch die Würde eines Pfalzgrafen von Burgund; Heinrich folgte seinem Vater als Markgraf von Istrien nach; Berthold und Eckbert hatten die Bischofsstühle von Bamberg bzw. von Kalocza inne. Als Eckbert und Heinrich 1208 jedoch wegen angeblicher Verwicklung in die Ermordung König Philipps von Schwaben geächtet wurden, hatte dies trotz ihrer späteren Rehabilitierung schwere Besitzverluste der Familie zur dauernden Folge. So verblieben die Grafschaft Andechs und die Reichslehen nördlich der Alpen den Wittelsbachern, die Markgrafschaft Istrien dem Patriarchen von Aquileia, der freilich 1218–1251 ebenfalls ein Andechser war, nämlich der ebengenannte Berthold, zuvor Bischof in Ungarn. Sein Bruder Otto vermochte zumindest die Grafschaften Unterinntal und Pustertal sowie die Vogtei über das Hochstift Brixen 1231 vom Brixener Bischof wieder zu Lehen zu erhalten, allerdings nur gemeinsam mit dem Schwiegervater seines Sohnes, dem Grafen Albert II. von Tirol, der diesen, Herzog Otto II. von Meran (1234–1248), überlebte und in Tirol beerbte. Mit dem Tode Ottos II. 1248 bzw. seines Onkels Berthold 1251 starb eines der mächtigsten Adelsgeschlechter des Hochmittelalters im Mannesstamme aus.

Die über so weite Gebiete vom Fichtelgebirge bis zur Adria verstreuten Herrschaften der Andechser kommen theoretisch alle als Entstehungsort des *Wigalois* in Frage, so daß wir das Werk für die hier beschriebene Literaturlandschaft nicht in Anspruch nehmen dürfen. Es scheint aber nicht abwegig, die Andechs-Meranier als potentielle Gönner auch einiger Dichtungen, deren Zuschreibung an den Ostalpenraum aus anderen Gründen naheliegt, ins Spiel zu bringen. In Frage kommen da in erster Linie einige Tiroler Heldenepen, insbesondere der *Wolfdietrich A* (s. o. S. 511), vielleicht aber auch der Artusroman *Die Krone*, den man früher allgemein als Werk eines Kärntner Dichters für den Hof der Sponheimer Herzöge angesehen hat. In dem Autor **Heinrich von dem Türlin** (oder Turlin) sah man einen Angehörigen der prominenten St. Veiter Bürgerfamilie von dem Türlin (oder Türlein, lat. de Portula). Ein

Heinrich urkundet dort aber erst 1299, der älteste Vertreter der Familie überhaupt erst ab 1268, während die *Krone* wesentlich früher entstanden sein muß. Rudolf von Ems bezeugt ihre Existenz im Prolog zu Buch II seines Alexanderromans, das er wahrscheinlich vor seinem auf 1235/43 datierbaren *Wilhelm von Orlens* verfaßt hat. Rudolf war Alemanne und gehörte dem staufischen Literaturkreis im deutschen Südwesten an. Die Sprache der *Krone* ist zwar nach Ausweis der Reime mittel- oder südbairisch – eine weitere Eingrenzung ist nur mit untauglichen Mitteln versucht worden –, aber die engen verwandtschaftlichen und politischen Beziehungen der Andechser zu den Staufern könnten die erste und auch einzige Nennung der *Krone* bei Rudolf leicht erklären. Was für deren Anbindung an den Tiroler Raum vor allem spricht, sind einzelne Erzählmotive, welche die *Krone* mit *Laurin A* und *Wolfdietrich A* (zu diesen Heldenepen siehe oben S. 501ff.) gemeinsam hat: Rosengarten und Zwergenkönig, Drachenkampf in der Drachenhöhle mit fremden Waffen u. a. Auch einige, wenngleich undeutliche Spuren italienischen Einflusses sind in dem Roman auszumachen. In diesem tirolisch-oberitalienischen Raum kämen selbstverständlich verschiedene mächtige Adelsfamilien als Gönner eines deutschen Literaturwerkes in Frage, so die Grafen von Tirol selbst, die Grafen von Görz, deren erste Machtzentren im heutigen Osttirol um Lienz und in Friaul am Isonzo um Görz lagen, die Andechs-Meranier und andere. Nur die Andechser verfügten aber (seit 1208) über ein territoriales Standbein im französischen Sprachraum, *ze Karlingen*, wo Heinrich nach eigener Angabe das *maere geschriben las* (V. 218ff.). Daß dies in der Franche Comté gewesen sei, sagt er freilich nicht, und gewidmet hat er das Werk auch keinem Andechser, sondern den *vrouwen, die nâch werde lebent* (V. 29990), vielleicht deshalb, weil es nun nach der Vollendung doch kein bestimmter Mäzen in Empfang nehmen wollte. Als ein auf Adelsgunst angewiesener gelehrter Fahrender tritt uns der Dichter allenthalben aus seinen Versen entgegen. Den bedeutenden Brixener Ministerialen von Voitsberg, die sich nach dem Voitsberger Tor in Brixen auch de Porta nannten, wird er daher kaum angehört haben. Vielleicht ist er aber mit einem Geistlichen identisch, den eine Brixener Urkunde von 1217/20 *dominus Hainricus de Hostiolo* (= *de Ostiolo* „von dem Türlein") nennt. Dann müßte er aber wohl seinen geistlichen Beruf zugunsten der unsicheren Dichterexistenz wieder aufgegeben haben.

Ehe wir uns ganz in den spekulativen Bereich verirren, kehren wir zu den Texten selbst zurück, d. h. vorerst zum *Wigalois*, dem deshalb so großes gattungsgeschichtliches Gewicht zukommt, weil hier das klassische, von Chrétien de Troyes geprägte und von Hartmann von Aue ins Deutsche verpflanzte Strukturmodell des Artusromans ebensowenig gilt wie im *Lanzelet* Ulrichs von Zatzikhoven, obwohl beide Artusromane schon kurz nach Wolframs *Parzival* geschaffen worden sein dürften und auf französischen Originalen fußen. Das Strukturmodell des *Erec* von Chrétien bzw. Hartmann stellt sich, stark verkürzt, so dar: Der Held wird von außen zu einer Ausfahrt vom Artushof provoziert und gewinnt am Ende dieser ersten Aventürenreihe (zur Aventüre s. o. S. 532) mit seinem siegreichen Kampf zugleich eine ebenbürtige Gattin. Am Artushof findet die feierliche Hochzeit statt. Seine übergroße Liebe veranlaßt Erec jedoch, seine ritterlichen und herrschaftlichen Verpflichtungen gegenüber der Gesellschaft zu vernachlässigen, und stürzt ihn, da seine Gattin – ebenfalls aus Liebe – ein unbedachtes Wort darüber verliert, in eine tiefe Krise. Er hebt die eheliche Gemeinschaft auf und zieht – gleichwohl mit seiner Frau – nochmals auf Aventüre aus, die sich diesmal viel breiter in zweimal drei Stationen (mit einer Zwischeneinkehr am Artushof) entfaltet und trotz der unvergleichlichen, neuerlich unter Beweis gestellten Kampfeskraft des Helden diesen bis an den Rand des Todes führt, wo ihn nur noch die Liebe der Gattin zu retten vermag. Am Ende kehrt er mit ihr an den Artushof zurück und tritt die Nachfolge seines königlichen Vaters in seinem Erbland an. Der zweite Teil nach der Krise des Helden wiederholt also, aber auf höherer Ebene den ersten, weshalb die Forschung hier den Terminus Doppelweg, Doppelkursus oder Doppelkreis verwendet. Damit nicht zu verwechseln ist die so häufig in Erzählungen aller Gattungen, Zeiten und Räume anzutreffende Aufeinanderfolge zweier deutlich getrennter, jedoch grundsätzlich niveaugleicher Teile, wie wir sie etwa in den Brautwerbungsepen kennengelernt haben (s. o. S. 316ff.). Das Doppelwegschema des *Erec* variiert nicht bloß die Stationen der ersten Aventürefahrt in der zweiten, sondern weist ihnen einen symbolischen Sinn zu, der sich erst im Kontrast mit den korrespondierenden Stationen dieses zweiten Teils enthüllt. Der erste allzu leicht errungene Erfolg trägt den Keim des Verlustes bereits in sich selbst. Erst mit weit größerem körperlichem und seelischem Aufwand muß das vorerst bloß scheinbare in ein dauerhaftes Glück überführt werden. Die ethische Grundproblematik besteht in der „Integration der insbesondere im erotischen Bereich erfahrenen Macht der Individualität in die gesellschaftliche Ordnung" (W. Haug). Es geht also um mehr als nur um Bewährung des Helden als Kämpfer, Herrscher und Gatte. Eine solche Bewährung haben faktisch alle Artusromane gemeinsam, ebenso den nach Abkunft und Anlagen hervorragenden adeligen Helden, der vom Artushof auszieht, um in einer antiarthurischen Gegenwelt das – vielfach ins Übernatürliche gesteigerte – Böse zu bekämpfen. Selbst eine soziale Funktion, der Schutz der Wehrlosen, namentlich der adeligen Frauen, kommt vielen kämpferischen Aktionen der diversen Artushelden zu. Am Anfang und Ende steht jeweils die Festesfreude am Artushof oder anderswo. Unverwechselbar prägt unseren speziellen Typus des Artusromans jedoch der Weg, der den Helden – wiederum verkürzt ausgedrückt – durch Sieg, Liebesglück, unbewußte Schuld, Verlust und Todesnähe hindurch in die Gesellschaft, aus ihr heraus und wiederum in sie zurück und zugleich endgültig zu sich selbst und zu dem geliebten Du führt. Und selbst diese „Endgültigkeit" ist nur eine auf Widerruf. Es gibt keinerlei aus dem Handlungsverlauf resultierende Garantie, daß der Held nicht wiederum in den Anfangsstatus zurückfallen, die Geschichte also wiederum von vorne beginnen könnte. Entscheidender als die ethische Bewährung scheint also – was v. a. W. Haug in neueren Arbeiten betont – das durch Erfahrung gewonnene höhere Reflexionsniveau des Helden und noch mehr des Publikums.

Ganz rein hat Chrétien diesen Typus nur in *Erec et Enide* verwirklicht, in *Yvain* oder *Le Chevalier au Lion* (dem Hartmanns *Iwein* entspricht) aber nur geringfügig abgewandelt, indem er die strukturelle Bedeutung des Artushofes hinter dem Feenreich der Königin Laudine, die dem Helden von sich aus ihre Liebe schenkt, entzieht und abermals gewährt, zurücktreten läßt. Bleibt der Artushof hier immerhin noch höchste Rechtsinstanz (vor der Iwein und Gawein, ohne einander zu erkennen, im Gerichtszweikampf für die streitenden Gräfinnen vom Schwarzen Dorn einander gegenübertreten), so steht er im *Conte du Graal*, dem Gralroman Chrétiens, und dementsprechend in Wolframs *Parzival* eindeutig auf einer tieferen Stufe als das Reich des Grals. Zwar erwirbt Perceval/Parzival im Kampfe eine Frau, ein Land und die Aufnahme in die Artusrunde, zwar erweist sich dieser gesamte Erfolg als Scheinglück, von dessen Höhe der Held in Verzweiflung stürzt, zwar ist er sich auch hier seiner Schuld nicht bewußt und muß ihrer erst innewerden, zwar erinnert schließlich die Lösung bei Wolfram – der französische Roman ist unvollendet – ein wenig an den *Iwein*, doch die Bewährung vor der Welt wird als ganze entproblematisiert und von der einzig wirklich relevanten, der vor dem Gral abgekoppelt. Dazu bedarf es nur der Lösung des Gralsgeheimnisses. Die dazu nötige Frage vermag der Held von sich aus aber gar nicht zu stellen, solange seine Schuld unerkannt und ungebüßt auf ihm lastet. Die Schuld besteht in einer eher geringfügigen Unterlassung: Wie Erec seine Ritterpflichten, wie Yvain seine Gattenpflichten vernachlässigt, so versäumt es Perceval, sich bei seinem Ausritt als unreifer Jüngling weiter um den Schmerz seiner Mutter zu kümmern. Aber die Schuld ist nicht mehr einfach durch neue Taten in der Welt wiedergutzumachen. Perceval erinnert sich recht bald seiner Mutter, aber sie ist tot. Der Extrempunkt der Negativität, an den Erec und Yvain in Scheintod und Wahnsinn nur nahe herangeführt werden, ist damit überschritten, und zugleich erhält die Schuld erstmals expressis verbis eine religiöse Dimension. Sie muß vor Gott getragen und von ihm vergeben werden, ehe der Held die ebenfalls den irdischen Bereich übersteigende Gralsaventüre bestehen kann. Chrétien de Troyes hat die Lösung nicht mehr gestaltet, auch von den vier Fortsetzern des Werkes tut es nur einer, jedoch höchstens ansatzweise im Sinne Chrétiens. Auch Wolfram von Eschenbach geht bei dem eigenen Abschluß seiner Bearbeitung der unvollendeten Vorlage durchaus neue Wege. Er hebt jedoch wie Chrétien das Gralsreich über die Artuswelt empor und teilt dieser eine eigene, dem Weg des Gralshelden parallele Aventürensequenz zu, welche der aus den vorangehenden Romanen bekannte Hauptrepräsentant der um Artus ständig versammelten Tafelrundenritter, Gauvain/Gawein/Gawan, zu bestehen hat.

Die Initialaventüre des *Wigalois* hat ebenfalls Gawein zum Helden. Dieser gelangt in ein fremdes Reich, heiratet dort, kehrt aber an den Artushof zurück und vermag nun den Weg zu seiner Gattin ohne den bei ihr zurückgelassenen Zaubergürtel nicht mehr zu finden. Sein bei der Mutter aufgewachsener Sohn bricht zur Vatersuche auf und gelangt dabei an den Artushof, wo er sich durch eine wundersame Probe unwissend sogleich als vollkommener Ritter erweist und natürlich auch seinen Vater trifft, ohne ihn vorläufig als solchen zu erkennen. Der weit längere Hauptteil des Werkes erzählt nun von dem jungen, eben erst von Artus zum Ritter geschlagenen Wigalois (Gwigalois = altfranz. Gui li Galois „Gui der Waliser"). Eine Botin erbittet am Artushof Hilfe für ihre Herrin. Wigalois bietet sich an, erweist in fünf Kämpfen seine von der Botin ob seiner Jugend bezweifelte Eignung und gelangt zu der bedrängten Landesherrin. Die Befreiungsaventüren bestehen in einem Drachenkampf, der mit dem Tode des Ungeheuers, aber auch der Ohnmacht und Hilflosigkeit des Helden endet, und weiteren fünf Kämpfen gegen zumeist übernatürliche Gegner, zuletzt den mit dem Teufel verbundenen Heiden Roaz. Heirat, Krönung zum neuen Landesherrn und Wiedersehen mit dem inzwischen als Vater erkannten Gawein bilden noch nicht den Abschluß, sondern eine Hilfsaktion für eine Verwandte seiner Gattin. Sie erfolgt nicht mehr als Einzelaventüre, sondern als regelrechter Krieg, in dem Wigalois seine (um Artusritter verstärkte) Heeresmacht zum Siege führt und ein weiteres Land gewinnt, das er musterhaft befriedet und einem Lehensmann anvertraut.

Abgesehen von diesem zuletzt genannten Bestätigungsabenteuer, das zwar strukturell einer (oben nicht erwähnten) Episode des *Erec* entspricht, aber thematisch der Welt der Chanson de geste entnommen ist – was dann im *Daniel* (s. o. S. 330) und beim Pleier (s. u. S. 560ff.) Schule macht –, abgesehen auch von der vorgeschalteten

Elterngeschichte, die im *Parzival* und *Tristan* Parallelen hat, besteht die kardinale Differenz zum Doppelwegschema im Fehlen der Krise des Helden. Dessen Vollkommenheit erweist sich schon zu Anfang durch den Tugendstein, auf dem der Halbwüchsige ohne Umstände Platz nimmt, was sonst keinem außer Artus vergönnt ist. Was folgt, kann diese Vorgabe nur nach außen demonstrieren. Nicht durch die immer gleiche Perfektion des fechtenden Helden unterscheiden sich die beiden Aventürenreihen, sondern durch die Qualität der Aventüren, die im zweiten Teil mit Kampfeskraft allein nicht mehr bestanden werden können. Die Gegenwelt entfaltet weit mehr als bei Chrétien übernatürliche Kräfte bis hin zu Höllenzauber und Teufelsspuk, wogegen nur Gottes unmittelbares Eingreifen hilft. Dieser Hilfe würdig erweist sich der Held aber durch eine – hier gegebene, von Parzival dagegen erst allmählich zu erwerbende – tiefe Frömmigkeit, welche sich in zahlreichen Gebeten und Annahme diverser geweihter Talismane äußert. Das Rad der Fortuna in seinem Wappen zeigt gerade nicht die Unbeständigkeit des Glücks an, sondern dessen Bändigung durch Gottes gütige Vorsehung. Wie der Gralsroman nimmt also auch der *Wigalois* Elemente der Legende auf, um den Artusroman zu „taufen", doch die Ebenen bleiben nicht prinzipiell getrennt wie im *Conte du Graal*, sondern werden gemischt, wodurch so etwas wie ein „naiver, stilloser Synkretismus" (M. Wehrli) entsteht. Das Faszinierendste am *Wigalois* ist die Fülle an stimmungsvollen, fremdartigen, bezaubernden, grausigen oder gar höllischen Bildern, die manchmal eindeutig als christliche Jenseitsvisionen erkennbar sind – wie etwa das Turnier der Ritter im Fegefeuer –, meist aber zwischen den sonst durchaus trennbaren Welten des Märchens, der Sage und der Legende schillern und zu nicht geringem Teil nicht nur unerklärt, sondern auch funktionslos bleiben. Offen zutage liegt freilich die Funktion des Teufelsreiches in seiner Gesamtheit. Mit seinem Sieg über die höllischen Mächte durch Tapferkeit, Glaubensstärke und Gottes Hilfe bringt Wigalois dem Volk das dies- und das jenseitige Heil. –

Diese Andeutungen müssen genügen, um die zum Verständnis nötige Vorgeschichte der Gattungsentwicklung bis zur *Krone* zu skizzieren. Heinrich von dem Türlin und Wirnt von Grafenberg behaupten übereinstimmend, eine französische Quelle bearbeitet zu haben. Beide haben aber unzweifelhaft daneben – und nicht nur sprachlich und stilistisch – auf die klassischen deutschen Werke zurückgegriffen, Heinrich darüber hinaus auch noch auf den *Daniel, Lanzelet* und *Wigalois*. Gleichwohl darf man Wirnt wohl Glauben schenken, wenn er beteuert, die französische Geschichte einzig und allein aus dem Munde eines Knappen – etwa im Gefolge der Pfalzgräfin von Burgund? (s. o. S. 544) – erfahren zu haben, weshalb ihm an vielen Stellen der Faden ausgegangen sei (V. 11686ff.). Heinrich hingegen mag zwar das *maere* seines Riesenromans von 30000 Versen – der *Wigalois* bringt es nur auf 11708 Verse – in Frankreich gelesen haben (s. o. S. 545), aber schwerlich in Form eines einzigen Werkes. Vielmehr scheint er selbständig Versromane und Versnovellen benutzt zu haben, um aus ihnen Motive und Motivketten zusammenzufügen und zu verweben, und zwar nach neuesten Forschungsergebnissen mindestens *Le Chevalier de la Charrete (Lancelot)* und *Le Conte du Graal* von Chrétien de Troyes sowie die anonyme *Erste Fortsetzung* des Gralsromans, *La Mule sans Frein* von Païen de Maisières, *Les Enfances Gauvain, Le Chevalier à l'Epée, Le Bel Inconnu*, die Lais *De l'Espine, Graelent* und *Lanval*, überdies die Prosaromane *Lancelot* und *La Quête du Saint Graal*, möglicherweise auch *La Mort Artu, Perceval en prose* und andere. Selbst wenn wir damit rechnen, daß Heinrich einige der in diesen Werken enthaltenen Motive bereits kombiniert in dem einen oder anderen verlorenen französischen Text vorfand und einige bloß aus mündlicher Überlieferung kannte, ist eine solche breite Kenntnis französischer Artusliteratur im deutschen Sprachraum absolut einmalig und war wohl nur in einer französischen Adelsbibliothek zu erwerben. Als frühestes Abfassungsdatum der *Krone* ergibt sich aufgrund der benutzten Vorlagen das dritte, vielleicht sogar das vierte Jahrzehnt des 13. Jahrhunderts.

Die intensive *Krone*-Forschung hat erst vor ca. 20 Jahren eingesetzt, befindet sich noch stark im Fluß und wird durch das Fehlen einer befriedigenden Ausgabe behindert. Die Überlieferung ist nicht eben gut zu nennen. Nur eine einzige späte Handschrift (Heidelberg Cpg 374, alemannisch-rheinfränkisch, geschrieben 1479 für den Kurfürsten von der Pfalz) überliefert das ganze Werk, jedoch mit einzelnen Versauslassungen und -zusätzen, so daß der Gesamtumfang daraus nicht mit Sicherheit hervorgeht. Der Schluß ist jedenfalls ein Schreiberzusatz (41 Verse). Vermutlich hat der Dichter sein Werk auf genau 30000 Verse angelegt. Für die ersten 12281 (und darüber hinaus noch für ca. 1200 Verse zwischen V. 12898 und V. 14721) steht der im ersten Viertel des 14. Jahrhunderts vielleicht in Wien geschriebene Codex Vindobonensis 2779, die Windhagensche Handschrift (s. o. S. 221), zur Verfügung. Die ältesten, die Berliner Fragmente vom Ende des 13. Jahrhunderts (in nordoberdeutscher Sprache) enthalten nicht einmal 200 Verse, die jüngeren Kieler und Kölner Bruchstücke aus dem 14. Jahrhundert zusammen auch nur etwa 500 Verse.

Die verwirrende Fülle von Episoden ließe sich zur Not zusammenfassen wie folgt:
Ein Prolog und ein Epilog rahmen das Werk. Der Prolog geht unmerklich in die Handlung über. Vermutlich reicht er bis Vers 456 und besteht aus einem *prologus praeter rem* (außerhalb des Darstellungsgegenstandes) poetologischen Inhalts und einem *prologus ante rem* (vor dem Gegenstande und auf diesen hinführend) mit Artuslob und kurzer Vorgeschichte von des Königs Jugend. Die Handlung besteht aus zwei großen Teilen (I: V. 457–13901; II: 13902–29908; Zählung immer nach der Ausg. v. G. H. F. Scholl). Teil I: Am Artushof vermag im Verlauf eines großen Festes zu Weihnachten Artus allein von allen Herren der Tafelrunde und ihren Damen die Tugendprobe mit einem Zauberbecher zu bestehen, wird aber hernach von den meisten Rittern heimlich eines Turnieres wegen verlassen und von seiner Gattin verspottet, er wärme sich nach der Jagd frierend am Feuer, während ein Ritter jede Nacht singend nur im Hemd durch den Winterwald reite. Artus findet den Ritter und ficht mit ihm. Dieser nennt sich Gasoein (so die richtige Form nach der Wiener Handschrift V, während die Heidelberger Handschrift P Gasozein hat) und behauptet, ältere Rechte als Artus auf dessen Gattin Ginover zu besitzen, und belegt dies mit dem Zaubergürtel der Fee Garanphiel, den Ginover ihm geschenkt habe. Ein Gerichtszweikampf zum Entscheid dieser Frage am Artushof wird anberaumt (A = V. 457–5468). Inzwischen wird Gawein zu Hilfe geholt, um König Flois gegen einen Riesen und dessen Vasallen zu verteidigen, unterbricht aber seine Mission, um einer Bitte der Königin Amurfina Folge zu leisten. Amurfina will ihrer Schwester Sgoidamur (= afrz. *Joi d'amour*) ihr Erbteil, namentlich einen zauberkräftigen Maultierzaum, vorenthalten und einen Streiter für den Gerichtszweikampf gewinnen. Gawein verliebt sich in Amurfina, muß ihr, gezwungen von einem ihn fesselnden Schwert, die eheliche Treue geloben, wird durch einen Vergessenheitstrank bei der künftigen Gattin festgehalten und erst durch das Bild einer seiner Taten an seine Identität gemahnt, worauf er seine

unterbrochene Hilfsaktion für Flois glorios absolviert, die angebotene Herrschaft aber ablehnt (B = V. 5469–10112). Während Gawein zum Artushof reitet, ist hier Gasoein zum Zweikampf erschienen, steht aber von diesem ab, um Ginover die Entscheidung zu überlassen, die jedoch gegen ihn fällt. Nicht weit vom Artushof entfernt kann er Ginover im letzten Moment davor bewahren, von ihrem Bruder wegen Verletzung der Familienehre getötet zu werden. Er will die Einsamkeit des Waldes ausnutzen, um die Königin zu vergewaltigen, was jedoch der in diesem Augenblick vorbeireitende Gawein verhindern kann. Die beiden Ritter kämpfen bis zur völligen Erschöpfung. Wiederhergestellt, reiten sie an den Artushof, wo Gasoein zugibt, seinen Anspruch auf Ginover erfunden zu haben (A' = V. 10113–12583). Bei dem zur Versöhnung veranstalteten Hoffest zu Pfingsten erscheint Sgoidamur, um ihrerseits einen Ritter für den Rechtsstreit zu gewinnen. Da Key scheitert, macht sich Gawein auf, um den Wunderzaum des Maultiers zu erkämpfen, womit er, ohne es zu wissen, Partei gegen seine zukünftige Gattin ergreift. Er sprengt auf dem Maultier in das Tor einer sich ständig im Kreis drehenden Burg, die dem Magier Gansguoter, dem Oheim Amurfinas und Sgoidamurs und zweiten Gatten der Mutter des Königs Artus, gehört. Der Magier verlangt als Mutprobe von Gawein, ihn zuerst zu köpfen und hernach von ihm dasselbe zu erdulden. Gansguoter, der geköpft munter weiterlebt, verschont Gawein bei seinem Schlag und unterweist ihn für die folgenden Kämpfe. Gawein besiegt zwei Löwen, einen Ritter, zwei Drachen, um schließlich zu erfahren, daß er damit den Zaum errungen, ihn jedoch als Amurfinas künftiger Gatte ohnehin schon zuvor besessen habe. Er kehrt mit dieser an den Artushof zurück, gibt Sgoidamur den Zaum, ihr Erbteil und Gasoein zum Manne, da er selbst ihre Hand ja ausschlagen muß. Eine feierliche Doppelhochzeit beschließt Teil I (B' = V. 12584–13901).

Teil II: Bei dem Hoffest erreicht die Tafelrundenritter die Einladung zu einem Turnier. Auf dem Ritt dorthin kommt Gawein vom Weg ab und in ein verzaubertes Land, trifft auf eine weinende Jungfrau auf einem weißen Roß mit einem toten Ritter im Arm, welche darüber klagt, daß Parzival die Frage beim Gral nicht gestellt habe (vgl. Wolframs Sigune), und auf 600 Ritter, die von selbsttätigen Waffen, Schwert und Lanze, getötet werden und in Flammen aufgehen. Gawein folgt den Waffen, um das Geheimnis aufzuklären, und erblickt auf seinem schier endlosen Ritt zahlreiche grelle und grauenvolle Bilder des Todes, der Vernichtung und Qual, ohne irgend jemandem helfen zu können. Auf wundersame Weise vor dem Ertrinken in einem Fluß gerettet, gelangt er schließlich auf eine Burg, wo er Hände mit einer blutenden Lanze aus der Kapellenmauer ragen und eine schöne Jungfrau ein Gefäß mit Blut in den Saal tragen sieht, woraus ein alter Adeliger mit einem Röhrchen trinkt. Er stellt keine Frage und erwacht am folgenden Morgen auf freiem Feld. Die Burg ist verschwunden (Abschnitt A = V. 13902–14926). Gawein kommt ins Land seiner Todfeinde Fimbeus und Garanphiel (P: Giramphiel). Die Fee (*gotinne*) hatte einst ihrem Minneritter einen Gürtel geschenkt, der seinen Träger in jeder Hinsicht unübertrefflich macht, solange er mit dem Wunderstein aus der Hand von Garanphiels Schwester Saelde (= Fortuna) verziert ist. Gawein hatte jedoch Gürtel und Stein auf Ginovers Wunsch dem Fimbeus mit Kampfeskraft und Glück abgerungen. Garanphiel lockt ihn dafür jetzt in gefährliche Aventüren, darunter in eine Drachenhöhle, kann aber nicht verhindern, daß er den Palast ihrer Schwester erreicht. Bei Gaweins Eintritt bleibt Frau Saeldes Rad stehen. Fortuna schenkt ihm um seiner Ehre willen dauerndes Glück und für Artus einen Ring als Zeichen des ewigen Bestandes seiner Herrschaft. Auf dem Rückweg aus dem Land der Saelde wird Gawein nicht nur von schrecklichem Unwetter, sondern auch von Hilfesuchenden bedrängt, für die er jedoch aufgrund eines von Fortuna auferlegten Verbotes nicht kämpfen darf (B = V. 14927–16496). Nun wird Gawein in eine Streitsache verwickelt, kreuzt dabei mit einem Ritter, der ihm äußerlich völlig gleicht, die Klinge, verschont den Besiegten und reitet davon. Der Doppelgänger wird aber heimtückisch erschlagen, sein Haupt an den Artushof gebracht und dort für das Gaweins gehalten. Während sich hier maßlose Trauer erhebt, gelangt Gawein auf die schwimmende Jungfraueninsel und wählt hier statt Minne die Salbe ewiger Jugend. Es folgt eine Aventürenkette, die weitgehend einer in Chrétiens Gralsroman (unter Benutzung auch des deutschen *Parzival*, aber mit neuen Namen) entspricht und Gawein auf ein Zauberschloß führt, wo er die Probe des Wunderbettes besteht und dadurch die dort eingeschlossenen Frauen befreit, darunter seine Schwester, Mutter und seine Großmutter (und Mutter von König Artus) Igerne, für die ihr zweiter Gatte Gansguoter das Schloß erbaut hat. Noch steht ihm ein weiterer Zweikampf bevor, der sich jedoch vermeiden läßt, da der Gegner die Hand von Gaweins Schwester erhält. Die Hochzeit der beiden im Rahmen eines großen Festes am Artushof, bei dem Gawein den Ring der Saelde überbringt, schließt diesen Abschnitt (C = V. 16497–22972). Auf dem Fest erscheint eine Jungfrau mit einem Zauberhandschuh, der als Mittel einer Tugendprobe nicht nur wiederum die Mitglieder der Tafelrunde bis auf Artus und Gawein beschämt, sondern einem Ritter, der auf einem Bock herbeireitet, die Gelegenheit gibt, Stein und Ring der Saelde zu entwenden. Garanphiel hat die beiden zur Rache ausgesandt. Gawein, diesmal begleitet von Key, Lanzelet und Kalocreant, bricht zur Suche nach den geraubten Wunderdingen auf, um sich zuerst der Hilfe Gansguoters zu versichern, überwindet mehrere Gegner, darunter einen Drachen, und Hindernisse und erhält von Gansguoter eine gegen jeden Zauber gefeite Rüstung, so daß im folgenden Kampf mit Fimbeus die Kraft des Saeldesteines neutralisiert wird und Gaweins Sieg nicht verhindern kann. Die Bedrohung des Artushofes von seiten der bösen Schwester Fortunas ist damit gebannt (B' = V. 22973–28261). Gawein und seine (ebenfalls siegreichen) Gefährten können aber noch nicht zu Artus zurückkehren, da sie gelobt haben, den Gral zu suchen. Gawein war dieser Schwur schon weit früher im Verlauf seiner Aventüren abverlangt worden. Sie reiten verschiedene Wege. Gawein kommt ins Land von Gansguoters Schwester, die ihn auf die Gralsfrage vorbereitet und auffordert, den Saeldering als Lebenszeichen an den Artushof zu senden. Auf dem Weg zum Gral sieht Gawein abermals schauerliche Leidensbilder, trifft Lanzelet und Kalocreant und erreicht mit ihnen die Gralsburg, wo die beiden vom Wein einschlafen, während Gawein, rechtzeitig vorgewarnt, wach bleibt, in der Gralsträgerin Gansguoters Schwester erkennt und die Frage nach dem Gralsgeheimnis stellt. Der von dem Gral genährte Alte erklärt, daß er und seine Ritter hier als Tote „leben", nun aber erlöst seien. Das ganze Totenreich versinkt. Gawein befreit nun noch den inzwischen eingekerkerten Key und kehrt mit den Gefährten an den Artushof zurück, wo ein großes Freudenfest sie erwartet (A' = V. 28262–29908). Epilog.

Die neuere Forschung hat in mehreren Anläufen eine Ordnung in der riesigen Masse der Aventüren zu entdecken versucht, wo man vormals nur ein unentwirrbares Chaos wahrzunehmen bereit war. Die hier vorgeschlagene Großgliederung lehnt sich natürlich an andere Vorschläge an, welche ebenfalls in den Versammlungen und Festen am Artushof die wichtigsten Abschnittsmarkierungen sehen. Im ersten Teil wechseln zwei Erzählstränge, einer von Artus, Ginover und Gasoein und einer von Gawein, Amurfina und Sgoidamur, einander ab (A – B – A' – B'), um am Ende zusammenzufließen. Mit dem Zaubergürtel der Feen, den Gawein von Fimbeus gewinnt und Ginover dem Gasoein schenkt (V. 4870ff.; 6102ff.; 9039f.), und mit der Gestalt des Magiers Gansguoter – beides Neuerfindungen unseres Autors – sind unübersehbare Klammern mit dem zweiten Teil gegeben, den der Hauptheld Gawein noch stärker dominiert. Teil II zeigt, wenn ich recht sehe, keine gekreuzte, sondern eine umarmende Anordnung der korrespondierenden Abschnitte. Am Anfang und Ende stehen Gralsaventürenketten, wobei sich die erste, vom Helden ohne Erfolg absolvierte (A) erst im Rückblick von der Gralserlösungssequenz (A') eindeutig als zum Gral gehörig erweist. A und A' rahmen die Aventüren Gaweins im Reiche der beiden Feen, der einen, die über sein Glück wacht (Saelde), und der andern, die ihn aus Rache vernichten will (Garanphiel). Dieser Erzählstrang wird in zwei ungleiche Hälften B und B' geteilt durch einen breiten Mittelblock, dessen Einheit allerdings in Frage steht. Eingeleitet und beschlossen wird er von der vorgespiegelten Ermordung Gaweins, der Trauer um ihn und der Aufklärung des Irrtums. Ob die Gewinnung der ewigen Jugend auf der Jungfraueninsel und die Befreiung seiner weiblichen Verwandtschaft, während der Hof um den Helden trauert, als eine Art Abstieg ins Totenreich und Wiedergeburt verstanden werden soll, ist keineswegs ausgemacht. Welche Funktion der „Perceval-Block" im Werkganzen sonst haben sollte, bleibt aber auch ziemlich rätselhaft. Das von Gawein hierin abgelegte Gelöbnis zur Gralsuche hätte sich leicht auch anderswo unterbringen lassen, paßt übrigens auch nicht recht zu der bereits zuvor erzählten Einkehr auf der Gralsburg, wo Gawein allerdings nichts von ihrer Bedeutung erfährt.

Der Zusammenhang der Teile I und II ist fester gefügt als etwa im *Lanzelet* oder im *Biterolf* (s. o. S. 529). Von der Warte des Helden Gawein liegt aber bloß eine sich steigernde Fortsetzung der Aventürenkette bis hin zur Gralserlösung vor. Von einer Krise des Helden kann weder auf der Schwelle zwischen Teil I und II noch überhaupt im ganzen Roman die Rede sein, da der Gedächtnis- und Identitätsverlust bei Amurfina nicht innerlich begründet, sondern durch einen Zaubertrank bewirkt wird. Heinrich kombiniert hier zwar offenbar Iweins Wahnsinn mit Erecs *sich verligen*, ohne jedoch die strukturelle Symbolik zu übernehmen. Der Anlaß zur Selbstbesinnung Gaweins kommt wiederum von außen: Amurfina läßt einen Teller mit der Abbildung einer Heldentat des zukünftigen Gatten hereintragen. Der Anblick erinnert Gawein an andere seiner Taten und an die kürzlich unterbrochene Befreiungsaventüre. Er schneidet sich absichtlich mit einem Tafelmesser in die Hand, offenbar um sich endgültig von der Fixierung auf Minne und Landesherrschaft zu befreien, und nimmt seinen Weg als fahrender Ritter wieder auf. Damit ist gewiß eine deutliche Wertung durch den Erzähler verbunden: Das Ideal des *chevalier errant* steht über dem des perfekten Herrschers, wie er in Artus durchaus gepriesen wird (nicht zuletzt aufgrund seiner *milte* als Lehensherr und Mäzen), und auch über dem der Minne, die zwar in Form der Feudalehe ihre unverzichtbare stabilisierende Funktion für die adelige Artusgesellschaft erfüllt, den perfekten Ritter aber nicht hindern darf, in beständigen Kämpfen alle Bedrohungen von jener Gesellschaft abzuhalten. Deshalb muß Gawein auch mit seiner Gattin am Artushof seinen Wohnsitz nehmen, nicht in seinem Land als eigener Herrscher. Eine leicht geänderte Einstellung Gaweins gegenüber der Minne im Verlaufe der geschilderten Ereignisse ist an den Tugendproben ablesbar. Bei der ersten tritt noch ein kleiner Makel zutage, weil der Held sich einmal zu Unrecht der Gunst einer Dame gerühmt hat, bei der zweiten, der Mantelprobe, jedoch nicht mehr. Der aus der Gattungstradition bekannte Don Juan avant la lettre ist Gawein somit in der *Krone* von Anfang an nicht, nach der – keineswegs ganz freiwilligen – festen Verbindung mit Amurfina wird er aber keiner Frau mehr wirklich gefährlich. Entsprechende Angebote lehnt er ebenso ab wie die einer Krone. Auch in diesem geringfügigen Gesinnungswandel steckt also nichts von Krise und Selbstfindung.

In der genannten Erinnerungsszene gedenkt Gawein auch des Grals und der blutigen Lanze (V. 9028ff.), die er beide allerdings erst beträchtlich später auf der Gralsburg, V. 14686ff., 14756ff., und bewußt sogar erst bei seinem zweiten Besuch, V. 29416ff., erblicken wird. Da dies kein Einzelfall in dem Werk ist, besteht Erklärungsbedarf: Will der Erzähler einen bloßen Motivkatalog seiner Quelle(n) geben, den Leser verwirren oder gar die Zeitperspektive aufheben? Am ehesten zeugen die Stellen doch von einer älteren Schaffensphase, die noch einen geringeren Umfang des Romans vorsah und deren Spuren in der Endfassung nicht alle getilgt wurden. Den Überblick über die Hunderte (überwiegend aus den Quellen übernommenen) Einzelmotive, von denen nur ein Bruchteil in der Nacherzählung erscheint, zu behalten fiel wohl schon dem Autor nicht leicht. Daß ihnen allen ein kompositorischer Stellenwert oder gar ein tieferer Sinn im Werkganzen zukommt, ist von vornherein nicht eben wahrscheinlich. Vor allem angesichts der surrealen Visionen des Gralsreiches gewinnt man leicht den Eindruck „abgelöster lebender Bilder", die nichts mehr bedeuten als „den Kontrast, den sie darstellen", so als befänden wir uns „auf dem Wege zum fantastischen Panoptikum" (W. Haug). Als Gawein den selbsttätigen Waffen, die über zwei Pferden schweben, folgt, sieht er unter anderem, wie ein nacktes Mädchen Vögel von einem häßlichen Riesen abwehren will, die ihm Fleisch aus der Brust hacken – wohl eine Prometheus-Reminiszenz –, oder ein gräßliches, grasgrünes Tier mit drei Hörnern, im blutroten Sattel ein altes Weib, kostbar gewandet mit langem eisgrauem Haar, auf diesem einen goldenen Kranz, unter den Augen fahlgelb wie eine Tote, die Augen brennend wie Feuer, in ihrer Hand einen Hanfstrick, an dem ein scheußlicher, riesiger, nackter Neger angebunden und von Geißelhieben angetrieben einherläuft, oder einen auf einem Anger gelegenen, mit einer zwölf Klafter hohen Mauer umgebenen Palast ganz aus durchsichtigem Kristall, erfüllt von fröhlichem Gesang, und einen sechs Klafter großen, nackten, schrecklichen, rabenschwarzen Bauern mit einer Stahlkeule, die vier Pferde mit Mühe auf einem Wagen hätten ziehen können.

Also zvo dirre maur
Kam gelaufen dirre gebaur.
Den slegel er über ahsel reit
Vnd sluoc mit solher girscheit
An die maur ein so vesten slac,
Daz si mit alle belac
Auf der erd da von vnd bran.
Dar inne die meid wolgetan,
Die e der vroede phlagen,
Vil sweigend lagen
Vnd begunden alle brinnen;
Do sich ausen vnd innen
Daz palas ensamt enphienc,
Der gepaur in daz vivr gienc
Vnd schurt mit seins slegels stil
Der meid über ein ander vil
Ze houffen in dem vivre.

(Verse 14301–17 nach der Wiener Handschrift:) So kam zu dieser Mauer dieser Bauer gelaufen. Die Keule schwang er über seine Achsel und schlug mit solcher Begierde so fest gegen die Mauer, daß sie davon völlig auf der Erde lag und brannte. Drinnen lagen die schönen Mädchen, die zuvor fröhlich waren, schweigend und begannen alle zu brennen. Als außen und innen der ganze Palast Feuer gefangen hatte, ging der Bauer in das Feuer und brachte mit dem Stiel seiner Keule viele Mädchen zuhauf übereinander in dem Feuer zum Aufflammen.

Die Bilder sind in ihrem inneren Aufbau und ihrer Folge offenkundig trotz ihrer Phantastik der Logik des Kontrastes und der Parallelität unterworfen (schwarz – weiß, rot – schwarz, lieblich – schrecklich, weiblich – männlich usw.). Es sind makabre Visionen des Todes und der Qual, die aber zugleich mit Pracht, Glanz, Duft, Wohllaut und Wohlgeformtheit prunken, und sei es nur, um deren Zerstörung zu demonstrieren. Wie im *Wigalois*, der hier Pate gestanden hat, repräsentieren sie, erkennbar allein schon an dem fast allgegenwärtigen Feuer, Strafen der Hölle oder des Fegefeuers. Die explizite Erklärung im Text fällt aber noch magerer als im *Wigalois* aus. Am Ende steht nur der globale Hinweis, alle Aventüren, die Gawein gesehen habe, seien *von dem grâle* geschehen (V. 29550f.). Wir wissen also, daß es sich um ein einziges Reich des Todes handelt und daß ein Brudermord eine ganze Sippe zu diesem Wiedergängerdasein verurteilt hat, mehr nicht. Soll man annehmen, daß es Heinrich „darum geht, die Präsenz des Todes, die eine Absenz von Sinn ist, in wechselnden Arrangements von Verweisungen zu umspielen" (U. Wyss)? Dies würde freilich auf die bewußte Verweigerung christlicher Sinngebung hinauslaufen, während sonst in diversen mittelalterlichen Jenseitsvisionen, namentlich in Dantes *Divina Commedia* vom Anfang des 14. Jahrhunderts, den geschilderten Strafen gemäß dem *ius talionis* gerade bestimmte Sünden entsprechen.

Genau hierin liegt das Hauptproblem jeder *Krone*-Interpretation. Die meisten neueren Arbeiten zu dem Thema betonen den durchaus weltlichen, prononciert antispirituellen Charakter des Werkes. Auch wenn man nicht so weit gehen will, in der *Krone* geradezu eine Parodie des traditionellen Artusromans und eine Satire auf die kämpferischen und sittlichen Ideale der zeitgenössischen höfischen Gesellschaft zu sehen, so sprechen immerhin die meisten Aussagen des Textes dafür, daß Heinrich Gawein als hart geforderten, aber letztlich erfolgreichen Garanten eines diesseitigen Artusideals, auf das kein Schatten der Sünde fällt, vorführen will. Der Artushof und sein Vorkämpfer sind, wie in allen vorausgehenden „reinen" Artusromanen, von vielerlei Feinden bedroht, nicht aber von der Gefahr des Verlustes göttlicher Gnade. Die berühmten Damen und Herren der Tafelrunde werden zwar keineswegs von Spott verschont, ihre diversen angeblichen Verfehlungen aber offenbar ebensowenig ernstgenommen wie der Hauptspötter Key selbst. Nicht mit dem Problem einer ebenso unvermeidbaren wie existenzbedrohenden persönlichen Schuld ist der Held als Repräsentant dieser adeligen Gesellschaft konfrontiert, sondern allein mit dem launischen Schicksal, das gewohnheitsmäßig Glück und Überleben gewährt oder verweigert, wie es will. In der *Krone* tritt Fortuna leibhaftig auf, halb Allegorie, halb „reale" Person, halb heidnische Göttin, halb Madonna mit dem Jesusknaben. *Vrou Saelde und daz Heil, ir kint* (V. 15829) sitzen hoch oben auf dem – seit der berühmten Schilderung im *Trost der Philosophie* des Boethius allseits bekannten – Glücksrad, von dem viele Menschen herumgedreht werden. Auf der linken Seite des Rades und auch der Fortunagestalt erscheinen Armut, Finsternis und Verfall, auf der rechten Reichtum, Glanz und Freude. Diese positiven Merkmale breiten sich aber auch auf der linken Hälfte aus, als Gawein den Saal betritt. Alle an dem Rad Hängenden verneigen sich vor Gawein und singen seinen Lobpreis. Fortuna heißt ihn willkommen als Freudenbringer und verspricht ihm beständiges Heil *an allen werltsachen* (V. 15900) und den Ring, der den ewigen Bestand des Artusreiches garantiert (s. o.). Das geht außer auf biblische und ikonographische Vorbilder insbesondere auf das allegorische Gedicht *Anticlaudianus* Alains von Lille (verfaßt 1182/83) zurück, bedeutet bei Heinrich aber im Gegensatz zu allen Quellen doch wohl, daß der perfekte *chevalier errant* mit seinen eigenen, namentlich seinen kämpferischen Qualitäten selbst das Schicksal zu bezwingen vermag. Dementsprechend kann Gawein sogar den Besitzer des Fortunasteines auch ein zweites Mal, und zwar allein durch seine *manheit* (V. 27366) besiegen (s. o.). Nur wer im Notfall auch ohne Fortunas Gaben auskommt, dem fallen sie wie selbstverständlich zu.

Und Gott? Frau Saelde sagt, Gawein solle ihr und Gott willkommen sein (V. 15894); Gawein führt ebenso wie viele andere Gestalten des Romans den Namen Gottes im Munde und wendet sich gelegentlich auch einmal mit Bitte und Dank an ihn. Aber ein flüchtiger Blick hinüber auf Wigalois zeigt, wie marginal, wie äußerlich, wie konventionell diese religiösen Anwandlungen ausfallen. Nur gegen Ende des Werkes in der Gralserlösungssequenz häufen sich die Erwähnungen Gottes. Nachdem Gawein angesichts der Lanze, der von ihr auf eine Schale fallenden drei Blutstropfen, welche der Greis (mittels einer goldenen Röhre) trinkt, und der Büchse, welcher der Alte ein Brotstückchen entnimmt, die erlösende Frage, *waz [...] daz wunder bediute* (V. 29437), gestellt hat, jubeln alle Ritter und Damen ihm zu (wie einst im Palast der Saelde), und der *altherre* gibt Auskunft, zwar nicht über das unergründliche *gotelîche tougen* (göttliche Geheimnis) des Grals selbst, aber immerhin über die Entstehung des Gralsreiches: Die Bewohner seien zugleich lebendig und tot, einst erschlagen, da ein Angehöriger ihres Geschlechtes einen Brudermord begangen und Gott sie daher mit seinem Zorn verfolgt habe. Immerhin sei ihnen als Trost in der Qual dieses Scheinlebens von Gott die Verheißung der Erlösung durch ein anderes Mitglied des Geschlechtes zuteil geworden. Die Gralsträgerin und ihre vier Begleiterinnen seien dagegen am Leben und brächten auf Gottes Geheiß einmal im Jahr dem unschuldigen, aber dennoch ebenfalls toten Greis den Gral zur Labung. In dieser Erklärung fehlt es nicht an Unklarheiten und Widersprüchen, vielleicht auch aufgrund mangelhafter Überlieferung. Es dürfte aber kein Zweifel daran bestehen, daß einerseits das Blut an der Lanze von erschlagenen Rittern stammt (vgl. V. 14065f.) und andererseits die Speisung des Alten unmittelbar dem Altarsakrament (einschließlich der im Mittelalter vielerorts gebräuchlichen eucharistischen Röhre für den Wein) nachgebildet ist. An die Stelle der – in der *Quête du Saint Graal* sinnlich wahrnehmbaren – Transsubstantiation tritt jedoch die vampirhafte Existenz eines Wiedergängers. Wie immer man mit diesem Greuelmärchen fertig werden will, Ausfluß einer frommen, rechtgläubigen Christenseele ist es schwerlich. Dieser Gral wirft seinen göttlichen Glanz nicht auf die Welt. Man ist froh, wenn er mit dem ganzen Spuk verschwindet. Das Gralsabenteuer A' nimmt auch mit Nachspiel nur etwa 5% des Romans in Anspruch, hat also auch quantitativ keine herausragende Stellung mehr. Gawein siegt nicht nur über die Macht des Bösen und des Schicksals, sondern auch über die des Todes, will Heinrich wohl sagen. Pures Wunschdenken in Kategorien der Märchenlogik ersetzt die Metaphysik.

Wirklich alle Aventüren Gaweins zu sammeln, mag Heinrichs Bestreben gewesen sein. Das 13. Jahrhundert ist ja die Zeit der systematischen Kompilation in vielen

Wissensbereichen, der *summa*. So ist jedoch die Titelmetapher nicht gemeint. Der Autor behauptet nämlich, unter dem Stoffmaterial sehr wohl ausgewählt zu haben, um nur wirklich edle Steine in seine wohlgeschmiedete *Krone* aufzunehmen (V. 29911ff.). Beträchtliches künstlerisches Selbstbewußtsein spricht auch aus dem Prolog und vielen Autorbemerkungen im Laufe des Werkes. Dreimal nennt der Autor sich mit Namen, einmal in Form eines Akrostichons der Verse 183–216: *Heinrich von dem Turlin hat mich getihtet*. Er prunkt mit reicher Gelehrsamkeit auf den Gebieten der Grammatik (einschließlich Poetik und Mythologie), Rhetorik, Dialektik, Astronomie, Musik, Jurisprudenz, Medizin und Mineralogie. Er kennt neben der deutschen und französischen auch die lateinische Literatur besser als die meisten seiner deutschen Dichterkollegen im Hochmittelalter. Sein Spiel mit intertextuellen Bezügen stellt an das Publikum höchste Anforderungen. In der äußeren Gestalt des Werkes schließt er sich an den *Wigalois* an, begnügt sich also nicht mit fortlaufenden vierhebigen Reimpaaren, sondern bündelt sie mit Dreireimen zu ungleichzeitigen „Strophen". Dem formalen Zierat *(ornatus)* widmet er besondere Aufmerksamkeit, vor allem dem leichten Schmuck nach dem Vorbild Hartmanns und Gottfrieds, ohne aber darauf zu verzichten, mitunter Wolfram an dunkler Bildlichkeit zu übertrumpfen. Nicht selten ertrinkt der Sinn in einer manieristischen Wortflut, obwohl der Dichter sein Werk gerade an seinem inneren und d. h. ethischen Wert gemessen sehen will. Immer wieder tritt er als Tugend- und Weisheitslehrer hervor. Das kaufen ihm aber die meisten Interpreten ebensowenig ab wie seinen angeblichen feurigen Einsatz für die Ehre der Frauen. Vielmehr läßt sich die für einen klerikal gebildeten Autor nicht untypische Neigung zur Misogynie schwer verkennen. Zwar gibt es auch Beispiele für „partnerschaftliche" Erotik wie die unvergleichlich sinnliche Beschreibung der Küsse V. 26398ff., doch die Vorstellung von der Frau als Sexualobjekt dominiert und dies nicht nur in der berühmt-berüchtigten Vergewaltigungsszene V. 11629ff. Diese bildet freilich einen einsamen Höhepunkt erotischer Metaphorik im Höfischen Roman. Heinrichs von der lateinischen Vagantendichtung, den französischen Schwankerzählungen und Wolframs *Parzival* angeregte Darstellung ist hier auf dem Gebiet der Epik ähnlich revolutionär wie Neidharts Neuerungen in der Lyrik.

Wer sich durch den Strudel dieser unendlichen, keineswegs immer kurzweiligen Geschichte treiben läßt, wird immer wieder Überraschungen erleben, aber nie so recht wissen, was er im Detail eigentlich von dem hypertrophen Heldentum und dem prätendierten Tiefsinn ernst nehmen soll. Daß hier ein Autor für den Fortbestand des alten Artusideals im Versroman und damit gegen den Einfluß der Kirche auf die emanzipierte Weltsicht des Laienadels eintritt, scheint evident. Wo aber lugt in dem Werk der echte Freigeist, wo bloß der harmlose Hofnarr hervor? Aufzuhalten vermochte Heinrich die ganz richtig erkannte Gattungstendenz jedenfalls nicht. Einige Jahrzehnte später (1260/70?) entstand in Baiern (?) Albrechts *Titurel*, ein todernster, tief religiöser Artus- und Gralroman in engster Wolframnachfolge, der mehr als zehnmal so gut überliefert ist wie die *Krone*. Auch wenn in dieser gewiß nicht alle Steine echt sind, entspricht ein solch krasser Beliebtheitsunterschied nur einem streng zeitgebundenen, zweifellos von der Kirche beeinflußten Publikumsgeschmack. –

Wo sich Heinrich besonders mit anzüglichen, teilweise geradezu gepfefferten Scherzen hervortun kann, das sind die Spottreden anläßlich der beiden Tugendproben mit Becher und Handschuh. Solche Tugendproben sind ungemein weit verbreitet. Die französische Literatur kennt namentlich zwei wunderbare Probemittel, das Trinkhorn und den Mantel. Das Trinkgefäß begegnet im *Lai du Cor* von Robert Biket (um 1200) und in der *Ersten Fortsetzung* von Chrétiens *Gralroman* (vor 1200), der Mantel im *Lai du Mantel mautaillié* (*Lai vom schlechtgeschnittenen Mantel*, vor 1200) und in der verlorenen französischen Vorlage von Ulrichs *Lanzelet*. Heinrich hat wohl alle vier Gestaltungen des Motivs (außer die von Robert Biket?) gekannt und für seine beiden Proben als Vorlagen benutzt, wobei er bei der Handschuhprobe am eigenständigsten vorgeht. Der Handschuh vermag, wenn ein vollkommen tugendhafter Mensch ihn anzieht, die ganze Körperhälfte unsichtbar zu machen. Bei anderen bleiben diejenigen Körperteile sichtbar, mit denen irgendeine Verfehlung begangen wurde. Das ist entfernt dem Mantel vergleichbar, der nur der vollkommenen Dame richtig paßt. Daß Heinrich davon angeregt wurde, läßt er auch durch zwei Anspielungen auf den Mantel erkennen. Die zweite weist er eindeutig als literarisches Zitat aus Ulrichs *Lanzelet* aus (V. 24074–112). Die erste ist rätselhaft. Hier (V. 23503ff.) spricht er von dem allgemeinen Leid der Damen, von dem er selbst *(ich)* erzählt habe *An dem kopf und an dem mandel*. Da er an früherer Stelle der *Krone* aber nur von der Probe mit dem Becher *(kopf)* gesprochen hat, liegt hier entweder ein verderbter Text, ein Irrtum bzw. eine Mystifikation des Autors oder ein tatsächlicher Bezug auf einen Text außerhalb der *Krone* vor. Alle erwogenen Möglichkeiten haben einiges für sich, auch die zuletzt genannte, denn es gibt ein Fragment von 994 Reimpaarversen eines vom Herausgeber **Der Mantel** genannten Gedichtes, das tatsächlich inhaltliche und sprachliche Gemeinsamkeiten mit der *Krone* aufweist. Diese genügen allerdings keineswegs, um eine Verfassereinheit zu beweisen, da sie ebensogut auf Entlehnung beruhen können und es daneben auch genug Divergenzen gibt.

Auf einen Prolog mit poetologischen Topoi und ein ausführliches Artuslob folgen die Ladung zum Hoffest, dessen lange Beschreibung, die mit Fasten erwartete Aventüre, deren Erscheinung in Form eines Knappen mit dem Zaubermantel, schließlich dessen Erprobung an der Königin Ginover sowie an Keys, Engreweins, Gaweins und Erecs Freundinnen, von denen keine unbeschämt davonkommt. Am besten schneidet noch Enite ab, da ihr Vergehen in der Minne angeblich weit geringer ist. Dann bricht der Text ab. In der einzigen Handschrift, im *Ambraser Heldenbuch* (s. o. S. 316, 502, 539), schließt ohne Markierung einer Lücke oder eines Einschnitts Hartmanns *Erec* an, dessen Anfang auch in dieser bei weitem vollständigsten Überlieferung fehlt und eben durch das Mantelfragment ersetzt ist, und zwar gewiß nicht erst durch Hans Ried, sondern bereits in dessen alter Vorlage. Wie dort dieser „Verschnitt" aus zwei grundverschiedenen, einander auch inhaltlich widersprechenden Dichtungen entstanden sein könnte, muß offenbleiben. Wenn mit dem *Mantel* jemand den bereits defekten *Erec* hätte ergänzen wollen, so hätte er schwerlich Enite gleich auftreten lassen, die bei Hartmann (wie bei Chrétien) erst viel später in der Handlung auftaucht. Wenn aber eine selbständige Dichtung nach dem oben erwähnten französischen Vorbild vorliegt, so würden nur noch einige weitere gleichgeartete Proben und die bestandene Schlußprobe von Caradocs Freundin fehlen, wofür die Einleitung des deutschen Textes seltsam überproportioniert anmutet. Aber das könnte auf das Konto des etwas unbeholfenen deutschen Autors gehen, der die auch nicht gerade umwerfende poetische Substanz des französischen Lai allenthalben weiter ausdünnt. Gegenüber der halbwegs witzigen Parodie auf die idealisierende Artusdichtung im Romanischen wirkt die deutsche Nachdichtung „pedantisch, steif und unbeholfen"

(B. Kratz). Während im *Mantel mautaillié* und auch bei Heinrich von dem Türlin der Seneschall Key eine ambivalente Gestalt ähnlich einem Hofnarren ist, wird er im deutschen *Mantel* zum bösartigen Frauen-, ja Menschenhasser, dem man denn auch allseits dieselben Gefühle entgegenbringt. Auch Artus erhält harte Züge. Gelacht wird in dem Werk höchstens *tougen in der leide* (heimlich im Schmerz: V. 774).

Sofern Heinrich von dem Türlin tatsächlich den *Mantel* als Frühwerk verfaßt haben sollte, müßte er sich also später beträchtlich gesteigert haben. Leichter vorstellbar ist es doch, daß hier ein Autor des späteren 13. Jahrhunderts aus dem bairischen Dialektraum versucht hat, auf Heinrichs Spuren zu wandeln. Dazu würde auch der sprachliche Befund am besten passen. –

Ebenfalls in der Nachfolge der *Krone* könnte ein bairisch-österreichisch gefärbter, nur in kümmerlichen Bruchstücken erhaltener Versroman von dem Artusritter *Edolanz* stehen. Dafür spricht aber im Grunde nur die Gestalt des Wichtels auf dem Rehbock, die, wie etliche in der *Krone*, der heimischen Sagenwelt des Ostalpenraumes zu entstammen scheint. Der Einsatz des Dreireims könnte der *Krone*, ebensogut aber dem *Wigalois* entnommen sein. Die führende Rolle des jungen Helden Edolanz in einer Schlacht verbindet den Text stärker mit dem *Wigalois* oder dem *Daniel* als mit der *Krone*. Die Kämpfe mit einem Riesen, zwei Drachen und vier Löwen sind zu verbreitete Motive, um irgendwelche spezielle Abhängigkeiten zu konstituieren. Der Kampf um den Preis eines Sperbers erinnert an Hartmanns *Erec*. Die Namensform Gawan, andere Namen und der Wortschatz erweisen schließlich den Anschluß an Wolframs *Parzival*. Daß der Autor selbständig auf französische Quellen zurückgegriffen hat, ist wenig wahrscheinlich. Das Personal und die Anlage der vier teilweise erhaltenen Aventüren sind typisch für einen nachklassischen Artusroman. Umfang und Handlungsverlauf bleiben im dunkeln. Soweit das Überlieferte ein Urteil zuläßt, brauchen wir es nicht allzusehr zu bedauern, daß wir außer den Fragmenten in Seitenstetten (bair., um 1300, 124 Verse) und in Wien (Cod. Vind. s. n. 4001, bair., 1. Hälfte des 14. Jahrhunderts, 255 Verse) nichts von diesem Gedicht besitzen. –

Ziemlich vollständig sind dagegen, wenngleich auch nur in späten Handschriften, die drei Artusromane des **Pleiers** auf uns gekommen. Der Name des Autors läßt sich am besten als metaphorische Berufsbezeichnung eines fahrenden professionellen Dichters wie beim Gärtner (s. o. S. 351) und beim Stricker (s. o. S. 328) erklären, welch letzterer wohl das Vorbild abgegeben hat. Der *blaejaere* (bair. *plaejaere*) ist der Schmelzmeister (zu *blaejen* „blasen", „schmelzen"). Wie die meisten Berufsbezeichnungen sind auch die genannten im Spätmittelalter als Familiennamen bezeugt. Daß unsere Dichter aber bereits solche Familiennamen trugen, ist nicht eben wahrscheinlich. Die Verbindungslinie zum Stricker zeichnet sich beim Pleier noch deutlicher ab als bei Wernher dem Gärtner. Des Pleiers *Garel von dem blühenden Tal* erweist sich schon vom Titel her als eine Art Kontrafaktur des *Daniel von dem blühenden Tal*, womit zugleich ein – nicht besonders präziser – Terminus post quem für die Entstehung des *Garel* fixiert ist. Ein genaueres Datum ergibt sich, wenn man gemeinsame Züge der großen Schlacht im *Garel* und der Schlacht zwischen Ottokar II. Přemysl und Béla von Ungarn 1260 bei Groißenbrunn als bewußte Anspielungen des Dichters auf reale, dem Publikum vertraute Ereignisse akzeptieren will: In beiden Fällen gestattet ein Feldherr dem Gegner, den zwischen beiden Heeren liegenden Fluß ungehindert zu überqueren, um so das Gefecht überhaupt zu ermöglichen. In beiden Fällen findet sich in einem der Heere ein großes heidnisches Kontingent. Wesentlich vager ist der Realitätsbezug des großen Vermählungsfestes in *Tandareis und Flordibel* zur Hochzeit von Bélas Sohn mit Ottokars Nichte 1264 und des im selben Werk erwähnten namenlosen Königs von Castel zu König Alfons X. von Kastilien (1252–1282, röm.-dt. Gegenkönig 1256–1275). Seinen Gönner erwähnt der Pleier im Epilog zum *Meleranz*. Er behauptet Vers 12766ff., das Buch um eines trefflichen, edlen und ruhmreichen Mannes willen, der ihm dafür Unterhalt gewährte, geschrieben zu haben, und setzt fort: *der frum edel Wîmar,/ ez ist an sînem lîbe gar,/ swaz ein ritter haben sol* (V. 12775–78: Der wackere, edle Wimar: An ihm ist alles, was ein Ritter besitzen soll). Nun könnte der Name hier allerdings statt eines Appellativums stehen (wie heute z. B. Don Juan, Herkules usw.), nämlich in Erinnerung an den französischen edlen, gastfreien Kaufmann Wimar in Wolframs *Willehalm*, der ohne Zweifel das Vorbild für den Kaufmann Todila im *Tandareis* geliefert hat. Dann hätten wir bloß die Hommage an einen angeblich oder tatsächlich ritterbürtigen reichen Handelsherrn vor uns, ohne dessen Namen zu erfahren. Nun ist aber der Name Wimar (oder Wigmar, Wichmar bzw. Winimar, Winmar, Weimar) auch im Deutschen nicht ganz selten, auch nicht im deutschen Südosten. Ein Träger des Namens im 13. Jahrhundert gehörte dem Schärdinger Geschlecht der Frumesel (Vrumesel, lat. Probus Asinus) an. Wimar Frumesel, der von 1260 bis 1286 nachweisbar ist, urkundet 1281 als *ratgebe hertzogen Heinrichs* (XIII. von Niederbaiern). Obwohl J. Bumke für den alten Einfall der Forschung, der Pleier könnte *frum edel* schmeichelnd für *Frumesel* eingesetzt haben, nur Spott übrig hat, ist diese Möglichkeit doch nicht von der Hand zu weisen. Der oben erwogene Zeitansatz des *Garel* läßt sich damit auch vereinbaren. Der Erzähler stellt den Titelhelden dieses Werkes allerdings als potentiellen Erben des Landes Steier vor und rekurriert auffällig oft im Verlauf des Werkes auf Garels steirisches Panther-Wappen, so daß in erster Linie ein steirisches Adelspublikum angesprochen scheint. Das schließt aber eine spätere (?) Verbindung des Autors zu einem niederbairischen Ministerialen keineswegs aus. Besonderer politischer Konstellationen hat es dazu gewiß nicht bedurft. Es wird also für unsere Frage kaum von Belang sein, daß Herzog Heinrich XIII. von Niederbaiern (1253–1290) sich Hoffnungen auf den Gewinn der Steiermark gemacht hatte, ehe sein Schwiegervater, Béla IV. von Ungarn, 1254 sie sich selbst unterstellte, und daß er gleichwohl weiterhin das Geschick der ehemals babenbergischen Länder bis zu deren endgültigem Anfall an die Habsburger mitbestimmte. In seinem Verhältnis zum Böhmenkönig wechselte Heinrich mehrfach die Seite, wie dies viele Machthaber taten. Auch ein abhängiger Berufsdichter wird in solche sich stets neu bildende Koalitionen irgendwie hineingezogen worden sein, ohne daß wir im Falle des Pleiers konkrete Anhaltspunkte hätten. Zwischen den Taten Garels und Ottokars gibt es bestenfalls punktuelle Gleichungen. Daß der *Tandareis* ins Tschechische übertragen wurde, besagt wenig, da die kürzende Bearbeitung erst aus dem 14. Jahrhundert stammt – wie die des *Laurin* (S. 518). Der Name des Meerungeheuers *Wlganus* (*Garel*, hg. v. M. Walz, V. 8165 u. ö. = hg. v. W. Herles, V. 8146 u. ö.) ist allerdings eindeutig von dem slawischen Wort *vlk* „Wolf" abgeleitet wie Anspielungen im Text (V. 8161ff. = V. 8142ff.; 9279f. = 9259f.) beweisen. Aber das Wort gehört eben nicht nur der tschechischen Sprache, sondern ebenso der slowenischen an, die in der ganzen damaligen Südsteiermark (Mark Pettau) und in Krain gesprochen wurde.

Der Pleier hat seine drei Versromane wahrscheinlich in der Reihenfolge *Garel – Tandareis – Meleranz* geschaffen. Der *Tandareis* nimmt eindeutig auf den *Garel* Bezug, die Endstellung des *Meleranz* ist dagegen nur aus der Entwicklung der Reim- und Erzähltechnik hypothetisch zu erschließen. Das älteste Werk ist das umfangreichste. Es umfaßt (ohne die zu Anfang verlorenen ca. 100 Verse) 21310 Verse in der Ausgabe von M. Walz, 21282 V. in der Ausgabe von W. Herles, kommt also beinahe an die 24810 Verse des *Parzival* heran. Ein Resümee könnte so aussehen:

Eben hat den König Artus der Schicksalsschlag der Entführung Ginovers getroffen, da erscheint ein Riesenbote und übermittelt im Namen seines Herrn Ekunaver die Aufforderung, sich gegen einen Rachefeldzug zu rüsten, da einst Artus' Vater Ekunavers Vater getötet habe. Während Gawan und Lanzilet die Königin suchen, will ein anderer Ritter der Tafelrunde, Garel von dem blühenden Tal, das Land des Herausforderers auskundschaften (V. 1–742 = V. 1–738). Auf seinem Ritt hat Garel Kämpfe von steigender Intensität zu bestehen, zuerst gegen Gerhart, der einen Burgherrn und dessen Tochter bedroht, da ihm deren Hand verweigert wird, und gegen Gerharts Vasallen, dann gegen Gilan, der ihn für Eskalibon hält, hierauf gegen diesen selbst, der in sklavischem Minnedienst einen herrlichen Blumengarten gegen jeden Angreifer verteidigt und so schon 400 Ritter, darunter zwei Neffen Gilans, besiegt und in Gewahrsam genommen hat, des weiteren gegen ein Riesenpaar, das ebenfalls Gefangene hält und auch ein Zwergenvolk samt seinem König unterjocht hat, und schließlich gegen das Meerungeheuer Wlganus. Schon vor diesem gefährlichsten Unternehmen werden dem Befreier für seine Rettungstaten mehrfach die Hand einer edlen Dame und eine Landesherrschaft angeboten. Er lehnt stets ab, verpflichtet aber alle hohen Herren, denen er zu Hilfe gekommen war, zur militärischen Unterstützung im Feldzug gegen Ekunaver. Vom dankbaren Zwergenkönig Albewin erhält er ein Zauberschwert und einen Zauberring, der die Kraft von 12 Männern verleiht (V. 743–7193 = V. 739–7177). Doch auch diese Mittel garantieren noch nicht den erfolgreichen Abschluß der Aventüre im Land Anferre. Dessen verwaiste Erbin Laudamie ist nahezu schutzlos dem Meerwunder Wlganus ausgeliefert, das, halb Roß, halb Mann, durch eine undurchdringliche Fischhaut und einen Schild mit einer Art Medusenhaupt gegen jeden Angriff gewappnet ist. Garel verliebt sich auf den ersten Blick in Laudamie, benötigt aber die Hilfe Albewins, um die Bedrohung abzuwenden. Der Zwergenkönig entwendet mit Hilfe seiner unsichtbar machenden Tarnkappe den gefährlichen Schild. Im Kampf erfleht Garel die Hilfe Gottes und entdeckt, daß das Ungeheuer an den Extremitäten doch nicht unverwundbar ist. So kann er siegen. Das Medusenhaupt wird im Meer versenkt, aus der Fischhaut für Garel von Albewin eine Rüstung verfertigt, die Hochzeit Garels und Laudamies anberaumt. Die Vasallen der Königin billigen die durch Liebe und Recht begründete Eheschließung und nehmen ihre Lehen aus Garels Hand entgegen, der das Land musterhaft wieder aufbaut und verwaltet (V. 7194–9342 = V. 7178–9322). Im nächsten Frühjahr versammelt er sein eigenes Heer und die Truppen der durch seine Befreiungstaten erworbenen Verbündeten und erobert die Grenzfeste des Feindeslandes. Der besiegte Riese Malseron wird (zusammen mit anderen Riesen) Garels Vasall. Eine todbringende Lärmmaschine in Gestalt eines erzenen Löwen wird von Eskalibon entschärft. Garel erklärt Ekunaver den Krieg und ermöglicht durch eine Vereinbarung (s. o.) die Eröffnung der Schlacht am Ufer eines Flusses. Die fünf Abteilungen Garels besiegen die sieben Ekunavers, der von Garel gefangen wird. Nach

Bestattung der Toten bricht Garel mit dem besiegten Ekunaver und dessen vornehmsten überlebenden Vasallen nach Britannien auf (V. 9343–17634 = V. 9323–17608). Artus hat inzwischen nach der Befreiung Ginovers durch Lanzilet ein riesiges Heer versammelt, zieht nun gegen den Feind, für welchen man das entgegenkommende Heer Garels hält. Key als Kundschafter wird von Garel, den er nicht erkennt, schmählich besiegt, Artus von einem Boten Garels unterrichtet, und alle begeben sich gemeinsam an den Artushof, wo Ginover ein großes Fest vorbereitet hat, bei dem Versöhnung gefeiert wird. Danach kehren alle Beteiligten in ihre Länder zurück. Garel reitet nochmals seinen früheren Aventürenweg entlang und stiftet allenthalben herrschafts- und friedenserhaltende Ehebündnisse. Ekunaver, wieder in seinem Reich angelangt, läßt auf dem Schlachtfeld ein Kloster errichten, für welches Garel ebenfalls reiche Mittel spendet. Der Held herrscht mit seiner Gattin glücklich in Anferre (V. 17635–21287 = V. 17609–21258). Epilog.

Das Hauptvorbild, des Strickers *Daniel*, hat nicht nur viele Einzelmotive, sondern auch den Grundriß vorgegeben. Der zweieinhalbmal so umfangreiche *Garel* ist ebenfalls dreiteilig. Den ersten Hauptteil bilden die Exposition am Artushof, wo Garel nur Mitspieler ist, die Reihe der Hilfeaventüren des Haupthelden und der Erwerb der Gattin und der Landesherrschaft (V. 1–9342), den zweiten Hauptteil der Krieg Garels und seiner Alliierten mit Ekunaver (V. 9343–17634), den dritten schließlich das Zusammentreffen mit dem Artusheer, die Siegesfeier, die Versöhnung, die Ehe- und Friedensstiftungen. In dem Maße freilich, als Artus beim Pleier wiederum zur statischen Figur wird, die zwar, um zu agieren, auf der Bühne erscheint, sich die Aktivität dann aber sparen kann, tritt er auch als Gliederungsfaktor zurück, so daß man die Rückkehr zu Artus wie im zweiteiligen klassischen Artusroman als Station innerhalb des zweiten Hauptteils auffassen könnte. Nichtsdestoweniger wird die Zäsur nach dem Hauptteil I natürlich durch keinerlei Krise des Helden, sondern wie im *Daniel* durch den Wechsel von der Einzelaventüre zum Feldzug geprägt, an dem nun aber Artus gar nicht teilnimmt. Garel als Heerführer wandelt somit eher auf den Spuren des Wigalois als des Daniel, erficht seinen Sieg in der Massenschlacht aber ausschließlich für Artus. Auch als siegreicher Schlachtenlenker und Landesherr von Anferre gelobt er: *herre, ich bin des iwer gewer,/ daz ich iu dienstes niht ab gestân,/ die wîl und ich daz leben hân* (V. 19290ff.: Herr, ich verbürge mich bei euch dafür, daß ich euch meinen Dienst nicht aufsage, solange ich am Leben bin). Hier geht Garel wieder ganz mit Daniel konform, der aber sein Land noch aus Artus' Hand, obschon nicht zu Lehen, sondern zu eigen erhalten hat.

Was in einer Hinsicht als Spiegelbild des *Daniel* erscheint, erweist sich in einer andern wiederum als Kontrast, als „Anti-Daniel" (H. de Boor). Die zu bestehenden Aventüren entsprechen einander bisweilen bis in markante Einzelheiten hinein. Man braucht sich nur der Episoden vom bauchlosen Ungeheuer, vom Wächterriesen oder vom schreienden Metalltier im *Daniel* zu entsinnen. Sogar die Sequenzen ähnlicher Aventüren sind mitunter die gleichen. Aber der Stricker hatte sich auch beträchtliche Abweichungen gegenüber dem klassischen Artusroman gestattet, wie oben dargestellt (S. 330). Ihm hatte ja auch kein französischer Artusroman mehr als „Übersetzungsvorlage" gedient. Auch der Pleier schuf seine Werke ohne eine solche. Ähnlich wie der Stricker behauptet er jedoch im *Tandareis* und *Meleranz*, diese Bücher aus dem Romanischen übersetzt zu haben. Anders als der Stricker beläßt er es aber nicht bei der leicht durchschaubaren Prätention, sondern setzt massiv auf die Mittel der

„Integration" und „Imitation", wodurch er „die Anerkennung seiner Werke durch das Publikum, ihre Aufnahme in den Kanon akzeptierter Artusromane über die Idee einer quasi-objektiven, werkübergreifenden Erzählwelt zu erreichen sucht" (P. Kern). Im *Garel* ersetzt er Personen, welche der Stricker erfunden hat, vielfach durch solche aus der klassischen Artusepik, so schon den Helden mit dem biblischen Namen durch Garel, den Wolfram im *Parzival* mehrfach erwähnt, oder den Herausforderer des Königs Artus, Matur von Cluse, durch den ebenfalls von Wolfram her bekannten vorbildlichen Ritter Ekunaver. Der Eschenbacher war es gewesen, der im *Parzival* und *Titurel* das Bild einer weitverzweigten Artussippe entwarf, das der Pleier als ganzes getreulich reproduziert, viele bei Wolfram genannte Einzelglieder allerdings verschweigt und an passender Stelle neue einfügt, so den im *Parzival* „sippenlosen" Garel als Sohn Lammires, die bei Wolfram als Parzivals Vaterschwester und Herrin der Steiermark erscheint, oder den frei erfundenen Tandareis als Sohn Antikonies, einer Kusine Parzivals, oder den ebensowenig vorher bekannten Meleranz als Schwestersohn des Artus. Desgleichen bildet der Pleier die Geographie der arthurischen Welt bei Hartmann und Wolfram getreulich nach und füllt scheinbare oder tatsächliche Lücken mit neuen Schauplätzen. So reitet Garel vom Lande des Artus durch „Neuland" nach Anferre und dann weiter nach Kanadic, die beide schon von Wolfram erwähnt werden. Die Integration in die „Artus-Zeit" wird schon durch das Personal geleistet. Garel gehört derselben Generation wie Parzival an, Meleranz der vorausgehenden, Tandareis der folgenden. Auch die Institution des großen Artusfestes zu Pfingsten als Ausgangspunkt der Handlung im *Iwein* findet sich beim Pleier wieder, der jedoch im *Garel* damit nicht nur ein alljährlich wiederkehrendes Ereignis ins Gedächtnis ruft, sondern sozusagen auch das Jahr festlegt, indem er die berühmte Entführung Ginovers, wie sie Hartmann erwähnt und Chrétien im *Karrenritter* erzählt (s. u.), auf dieses Pfingstfest datiert. Andere dem Publikum vertraute Geschehnisse aus Artusromanen bilden in reichlicher Zahl den zitierten Hintergrund der neuen Erzählung, die ihrerseits ja vielfach nach klassischen Modellen gebaut ist. Im *Garel* z. B. überlagert die Struktur des *Iwein* teilweise die des *Daniel*, die Eskalibon-Episode basiert auf dem Kampf mit dem Minnesklaven gegen Ende des *Erec* und so fort.

Was den *Garel* insbesondere vom *Daniel* weg in die Nähe der klassischen Artusromane rückt, ist – neben der Artusrolle – das Persönlichkeitsbild des Titelhelden: Garel ist nicht in erster Linie durch Geschicklichkeit und Intelligenz zum besten Ritter und König qualifiziert, sondern durch Tapferkeit und Kampfesbereitschaft, und die Minne wird wiederum zum Hauptmotiv für die Heirat mit der Landesherrin. Aber die legitime, herrschafts- und friedenssichernde Ehe spielt dieselbe wichtige Rolle wie beim Stricker, der seinem Helden die traditionellen Rittertugenden ebensowenig aberkennt wie der Pleier dem seinen die Klugheit. Nur die Gewichte sind ein wenig verschoben, was für den gesamten ethischen Bereich gilt. Hier wie dort wird die soziale Harmonie der feudalen Welt beschworen, dasselbe Herrschafts-, Lehens- und Friedensideal, nur daß der Pleier die Idealität sogar noch steigert. Hilfsbereitschaft, Bündnis- und Lehenstreue werden sozusagen epidemisch. Ein paar ganz wenige rein böse Gegenkräfte, zwei Riesen, ein Ungeheuer, sind nur durch Tötung zu beseitigen. Die andern Feinde lassen sich als Unterlegene zum Guten bekehren. Aus großzügig verziehenem Unrecht wird Recht. Das rechte moralische Verhalten erscheint gleichsam ritualisiert wie die Normen höfischen Benehmens, die bei jeder passenden Gelegenheit von den Akteuren der Handlung erfüllt, ja übererfüllt werden: Empfang, Entwaffnung, Reinigung, Einkleidung, Begrüßung, Konversation mit Damen, Sitzordnung, Tischsitten, Aufheben der Tafel, Vorbereitung zum Schlafengehen, Aufstehen, Frühmesse, Frühstück, Abschied etc. Kein anderer Höfischer Roman bietet das in solcher Fülle. Der *Garel* kann gut und gerne ein Hofzuchtbuch (dazu s. o. S. 348) ersetzen.

Die beiden anderen Romane des Pleiers stehen nicht nur in diesem Punkte dem *Garel* wenig nach. Man darf ohne große Übertreibung sagen: Wer einen Roman des Pleiers gelesen hat, hat sie alle gelesen. Kürze scheint im folgenden daher dringend geboten. Der Inhalt des *Tandareis* läßt sich etwa so auf das Wichtigste konzentrieren:

Tandareis, der jugendliche Sohn des Königs von Tandarnas, verliebt sich am Artushof in die indische Prinzessin Flordibel, die von Artus das Versprechen erhalten hat, jeden zu töten, der mit ihr intime Beziehungen pflegen sollte. Da sie sich aber ihrerseits ebenfalls in Tandareis verliebt, flieht sie mit ihm nach Tandarnas. Bei der Abwehr von Artus' Streitmacht zeichnet sich der junge Ritter durch Kampfeskraft und Großmut aus und kann sich in einem Gerichtsverfahren von dem Verdacht reinigen, Flordibel berührt zu haben. Zur Strafe für die Entführung muß er aber, getrennt von der Geliebten, Aventüren in der Fremde bestehen (Teil I, nach einem Minneprolog, V. 156–4056). Auf seiner Fahrt besiegt er Räuberbanden, wird von einem Kaufmann gesund gepflegt, erlöst im Kampf gegen vier Raubriesen Hunderte Ritter und Damen aus ihrer Gefangenschaft und die überlebenden Räuber selbst von ihrem unfreiwilligen Verbrecherleben und wird Herr der befreiten Länder. Ehe ihn die Nachricht von Artus' Gnade erreicht, ist er weitergezogen. Er schützt zwei edle Damen, begleitet eine der beiden zu ihrem Vater, wird unterwegs von einem Reitertrupp überfallen, muß sich, um seine Begleiterin vor Vergewaltigung zu bewahren, dem herzoglichen Anführer gefangen geben, wird aber von dessen Schwester aus dem Hungerturm heimlich befreit und gepflegt (Teil II, V. 4057–11745). Inzwischen hat Artus, in der Hoffnung, den vergeblich gesuchten Tandareis auf diese Weise anzulocken, regelmäßige Turniere ausrufen lassen. Tandareis erhält von seiner Befreierin gegen das Versprechen zurückzukehren die Erlaubnis, dreimal heimlich daran teilzunehmen. Um eine von Artus ausgesetzte Belohnung zu erhalten, führt der Herzog, der Tandareis eingekerkert hat, nun aber erfährt, daß sein Gefangener noch lebt, diesen selbst an den Artushof. Tandareis schlägt selbstverständlich Heiratsangebote, die aus seinen Aventüren resultieren, ab und vermählt sich mit Flordibel. Nach den großen Hochzeitsfeierlichkeiten am Artushof reist das Paar zur Krönung in die von Tandareis eroberten Länder (Teil III, V. 11746–18303). Epilog (V. 18304–18338).

Hatte der Pleier im *Garel* einen „verwilderten" Artusroman zu „arthurisieren" unternommen, so nun einen Liebesroman nach dem Schema: Entstehung der Liebe – Trennung der Liebenden – Wiedervereinigung der Liebenden. Diese Struktur weisen zahlreiche hellenistische Romane auf, von denen namentlich *Apollonius von Tyrus* im Abendland bekannt wurde. Nach demselben Grundgerüst sind *Flore und Blanscheflur* von Konrad Fleck (um 1220, alemannisch) und *Wilhelm von Orlens* von Rudolf von Ems (s. o. S. 545) gebaut. Rudolfs Versroman enthält darüber hinaus die Motive der Entführung und der Verbannung, so daß er den Pleier unmittelbar angeregt haben dürfte. *Wilhelm von Orlens* hat aber mit Artus nichts zu tun. Die Verbindung stellt erst der Pleier her, und er tut dies mit denselben Mitteln wie im *Garel*. An den Anfang setzt er ein notorisches Verhaltensmuster des Königs, die Gewährung einer unbekannten Bitte, wobei der Spötter Kei an die berühmte Mantelprobe aus dem *Lanzelet* (s. o. S. 557) erinnert. Die Zeit der Trennung der Liebenden füllt der Autor mit diversen Aventüren, die sich erkennbar an Mustern aus *Erec, Iwein* und *Parzival*, aber auch dem eigenen *Garel* orientieren. Auf das Geschehen des *Garel* wird im *Tandareis* als auf etwas Vergangenes angespielt. Insgesamt wirkt der *Tandareis* vielleicht sogar arthurischer als der *Garel*, da die Schlachtepisode umfangmäßig reduziert, die Massenschlacht fast ganz in Einzelkämpfe aufgelöst und diese so ziemlich zu „harmlosen" Turnieren umfunktioniert werden. Im *Garel* hatte der Pleier für seine Schlachtschilderung Wolframs *Willehalm*, die Bearbeitung einer französischen Chanson de geste, regelrecht geplündert, im *Tandareis* verzichtet er weitgehend darauf. Dafür übernimmt er aus dem *Willehalm* die Gestalt des reichen, barmherzigen und freigebigen Kaufmannes (s. o. S. 559), den er sich aber im Gegensatz zu dem standesbewußten Ritter Wolfram nicht zu adeln genötigt sieht. Der fahrende Berufsdichter billigt auch einem Stadtbürger zu, *kurteis* (afrz. *corteis*, nfrz. *courtois* „höfisch") zu sein (V. 4494). Eine Episode, nämlich die Erzählung von den heimlichen Turnierfahrten des „Hafturlaubers" Tandareis, ist überraschenderweise weder einem bekannten klassischen deutschen Artusroman noch dem *Garel* entnommen, sondern dem *Chevalier de la Charrete (Lancelot)* von Chrétien de Troyes. Da der Pleier im Gegensatz zu Wolfram, der mehrfach auf Chrétiens *Karrenritter* anspielt, vermutlich keinen Zugang zu dem französischen Werk hatte – seine Behandlung französischer Namen verrät keine ausreichenden Sprachkenntnisse –, müssen wir entweder mit mündlicher oder schriftlicher deutscher Vermittlung rechnen. Eine deutsche Bearbeitung des *Karrenritters* hat sich aber nicht erhalten, und eine deutsche Fassung der entsprechenden Partie des *Prosa-Lancelot* ist erst aus dem Spätmittelalter bekannt. Wenn uns hier nicht die Ungunst der Überlieferung einen Streich spielt, so müßte der Pleier wie Wirnt von Grafenberg aus jemandes Munde die *âventiure* empfangen haben (s. o. S. 548).

Dasselbe wird dann wohl auch bei dem Initialmotiv für die Liebesgeschichte des letzten Romans von dem Pleier zutreffen: Meleranz gelangt ohne seine Absicht auf eine Waldlichtung, wo eine schöne Jungfrau unter einem Baum, auf dem ihre Kleider liegen, ein Bad nimmt. Dieselbe Szene findet sich mehrfach im bretonischen Feenmärchen, wie es uns schon altfranzösische Versnovellen (Lais) überliefern, so der Lai von *Graelent* oder der Lai von *Guingamor*. Mehr als diese eine Szene, die er im folgenden völlig anders ausgestaltet, muß der Pleier von den französischen Texten gar nicht gekannt haben. Jedenfalls übernimmt er keinen der überlieferten Namen des Helden und baut die Szene in ein ganz anderes Geschehen ein, das sich resümieren ließe wie folgt:

Die schicksalhafte, von den Sternen vorausgesagte erste Begegnung mit seiner zukünftigen Gattin, der jungen Königin Tydomie von Kamerie, wird dem erst zwölfjährigen Sohn des Königs von Frankreich auf seinem Ritt zu seinem Onkel Artus zuteil. Obwohl die beiden jungen Menschen von unversiegbarer Minne erfaßt werden, begibt sich Meleranz doch allein an den Artushof, wo er nach zwei Jahren die Schwertleite, zugleich aber auch eine Botschaft von Tydomie empfängt. Er beschließt, den Ort des ersten Zusammentreffens wieder aufzusuchen (Teil I, V. 127–4132; davor Prolog, V. 1–126, mit Lob der *milte*). Diverse Aventüren verzögern jedoch das Wiedersehen. Meleranz besiegt einen Tyrannen, der Riesen und Riesinnen zum Raub zwingt, und befreit so das Land und die darin Gefangenen. Als neuer Landesherr kommt er einer benachbarten Burgherrin, die von einem heidnischen König bedroht wird, zu Hilfe und trägt den Sieg im Zweikampf und in der Schlacht davon. Die befreite Burgherrin, eine Kusine Tydomies, berichtet von deren unglücklicher Lage: Ihr Onkel wolle sie zu einer Heirat zwingen. Der Freier fordert alle Ritter auf der Waldwiese, auf welcher die Liebenden einander zu Anfang der Erzählung zuerst begegnet sind, zum Kampfe heraus. Meleranz überzeugt den Rivalen mit Waffengewalt und Tydomies Onkel durch den Nachweis seiner hohen Abkunft von der Rechtmäßigkeit seiner Ansprüche. Die Heirat mit Tydomie wird als glänzendes Fest in Anwesenheit des Königs von Frankreich, des Königs Artus und seiner Tafelrunde gefeiert. Meleranz vergibt als König des eroberten und des erheirateten Landes Lehen und regiert mit seiner Gattin in Glück und Frieden (Teil II, V. 4133–12834). Schlußgebet (V. 12835–40).

Den Schlußabschnitt nach dem letzten Sieg des Titelhelden als Teil III abzugrenzen, wäre wenig sinnvoll. Dagegen könnte man erwägen, die im Lande Tydomies spielenden Anfangs- und Schlußpartien als Rahmen A und A' (V. 127–1586 bzw. V. 9175–12834) von der Mittelpartie B abzuheben, wodurch die Zwischenstellung des Werkes zwischen Minne- und Aventüreroman ganz gut zum Ausdruck käme. Ein Aufbau von zwingender poetischer Logik kommt aber weder so noch so zustande. Der Pleier hat ihr im *Meleranz* noch weniger Aufmerksamkeit geschenkt als in seinen anderen Werken. Auch um den unmittelbaren Anschluß an den klassischen Artusroman bemüht er sich nicht mehr mit der gleichen Intensität. Zwar bleiben Sprache, Stil und Darstellungstechnik jenem ebenso verhaftet wie die Motivik, zu der v. a. *Iwein*, *Parzival*, *Wigalois*, auch Gottfrieds *Tristan* beigetragen haben, aber die vertraute arthurische Welt bleibt bis auf den Artushof selbst und dessen bekanntes „Kernpersonal" nahezu ausgespart; der Weg des Helden führt ganz überwiegend durch unbekannte Gegenden; Ereignisse älterer Romane werden weder vorausgesetzt noch weitergesponnen. Aber auch Motive aus der heimischen Heldensage finden keine Verwendung mehr. Im *Tandareis* tauchen immerhin noch so nebenbei hilfreiche, im Gebirge lebende Zwerge auf, welche einer Königin Speise, Kleider, Silber und Gold beschaffen (V. 9723ff.). Eine ganz wichtige Rolle fällt dagegen in des Pleiers erstem Roman dem Zwergenkönig Albewin zu, der unverkennbare Züge Alberichs aus der Siegfried- und Ortnit-Sage (s. o. S. 505ff.) trägt. Überdies kämpft Garel gegen ein Riesenpaar so wie Dietrich gegen den Riesen Grim und sein Weib Hilde (s. o. S. 515). Man hat vermutet, der Pleier habe durch die Heldenepenmotive den Bereich der bedrohlichen außerhöfischen Wildnis stärker von der arthurischen Sphäre abheben und gattungsabweichende Aventüren auf jenen Bereich beschränken wollen. Sollte dies zutreffen, so würde an dessen Stelle im *Meleranz* das idyllische Feenreich Tydomies treten, das jedoch der übernatürlichen Elemente ebenso entkleidet wird wie der hier ursprünglich beheimateten Erotik. Die wunderschöne Badende erscheint in den Lais in paradiesischer Nacktheit. Sowohl Graelent als auch Guingamor rauben dem Mädchen die Kleider (Schwanenjungfrauenmotiv), geben sie dann zwar wieder zurück, erlangen jedoch die sexuelle Hingabe mit oder ohne Einwilligung des Mädchens. Nichts könnte die strengen sittlichen Maßstäbe des Pleiers besser illustrieren als seine Darstellung dieser Szene: Tydomie badet in einem künstlich mit Wasser gespeisten Bottich, der oben mit Samt zugedeckt ist. Meleranz wagt es nicht, sich zu nahen, um das Schamgefühl der Badenden nicht zu verletzen, die somit ihrerseits den Ritter umständlich zum Bleiben auffordern muß. Als sie sich angekleidet auf ihr Prunkbett gesetzt hat, getraut er sich nur an dessen äußerstem Ende Platz zu nehmen und sie schüchtern anzusehen. Gerade dadurch erweist er sich als der einzig geeignete künftige Gemahl der jungen Königin. An eine Vereinigung ist vorläufig ebensowenig zu denken wie im *Tandareis*. Die Helden sind noch zu jung, müssen erst ihre Eignung für das Hofleben, den Kampf und die Herrschaft erweisen. Die in allen drei Romanen angelegten Erziehungsstrategien schlagen im *Meleranz* also am stärksten durch. Was bei manchen Dietrichepen zu vermuten stand, scheint hier unabweisbar: Es handelt sich zum mindesten partiell um Jugendliteratur.

Daher wohl der Hang zum trivialen Überidealisieren und Einhämmern von Benehmensregeln und Moralnormen von der Keuschheit bis zur Frömmigkeit. Angesprochen sind natürlich ausschließlich Angehörige des Adels. Hohe Abkunft garantiert zwar nicht edle Haltung, stellt aber deren unabdingbare Voraussetzung dar. Dynastisches Denken bedarf im *Meleranz* der arthurischen Legitimation offenbar auch nur noch am Rande. Ob darin ein Plädoyer für eine schwache Position der Reichsgewalt gegenüber den Landesherren steckt, erscheint fraglich. Im *Garel*, wo Realitätsbezüge eher greifbar sind, wird immerhin die Loyalität des neuen Landesfürsten gegenüber Artus noch stark betont (s. o.). Vermutlich appelliert die steirische Abkunft Garels aber ohnehin nur an das Selbstwert- und Zusammengehörigkeitsgefühl des Adels der Steiermark.

Nicht nur hier stieß die „arthurische Idealität aus der Steiermark" (M. Zimmermann) dann im Spätmittelalter auf gewisses Interesse. Vom *Garel* haben sich schon aus der Zeit um 1300 umfangreiche bairisch-österreichische (südbair.?) Fragmente (heute in Berlin, Innsbruck und Stams) erhalten. Die fast vollständige Linzer Handschrift (Oberösterr. Landesarchiv, Schlüsselberger Archiv, Hs. 96/IV/54; mittelbair.) wurde um 1400 geschrieben. Aus derselben Zeit stammen die im Auftrag Nikolaus Vintlers gemalten Wandfresken mit *Garel*-Szenen im Sommerhaus von Schloß Runkelstein bei Bozen. Die Überlieferung des *Tandareis* setzt in der Mitte des 14. Jahrhunderts mit einem mittelbairischen Bruchstück ein. Die vier mehr oder minder vollständigen Handschriften (in Hamburg, München, Heidelberg und Köln) gehören erst der zweiten Hälfte des 15. Jahrhunderts an, ebenso auch die drei Handschriften der alttschechischen, stark kürzenden Bearbeitung in 1808 Versen (Incipit: *Byl král jeden, ten slúl Artuš*), die aber bereits in der Mitte des 14. Jahrhunderts entstanden sein dürfte. Am schlechtesten überliefert ist der *Meleranz* (nur in dem Donaueschinger Codex 87 von 1480). Immerhin hat Ulrich Fuetrer den Roman in seinem *Buch der Abenteuer* (1473/78) für Herzog Albrecht IV. von Baiern-München (1467–1508) nachgedichtet. Da gerade der *Meleranz* am wenigsten in die arthurische Welt integriert ist, scheint namentlich deren perfekte Reproduktion es dem Publikum angetan zu haben. Es muß von eigenartigem Reiz gewesen sein, sich als Hörer und Leser ständig in einen klassischen Artusroman versetzt zu sehen, zugleich aber an einer neuen Geschichte teilzunehmen. Um dieses ständige Déjà-vu-Erlebnis des immer Gleichen zu erzeugen, bedurfte es selbstverständlich umfangreichsten literarischen Wissens und handwerklichen Könnens auf seiten des Autors. Eine solche künstlerische Absicht einfach aus dem mangelnden Originalitätsstreben der mittelalterlichen Dichter zu erklären, geht aber nicht an. Werke wie die Chrétiens de Troyes oder Wolframs von Eschenbach wären dann neuzeitliche Produkte, ebenso aber auch die *Krone*, die unter vielem Vertrauten jede Menge Überraschungen bereithält. Der Pleier erhebt die Bewahrung dagegen zum alleinigen poetischen Dogma, so daß das einzelne erzählte

Geschehen nahezu beliebig wird. Endlose Wiederholungen verstehen sich von selbst, Widersprüche fallen wenig ins Gewicht, läppische Motivationen (wie für die Aventüren des Tandareis nach der Eroberung seiner Länder oder für den Aufbruch des Meleranz nach der ersten Begegnung mit Tydomie) ebensowenig, denn allemal springt dabei etwas für die Verherrlichung ritterlicher Tugend und sozialer Leistung heraus. Ein Endstadium der Gattung ist damit aber auf jeden Fall erreicht, da eine solch problemlose Darstellung „einer Schematisierung Vorschub leistet, die trotz der äußeren Rückwendung zum klassischen Modell dieses von innen her aushöhlt" (W. Haug). Für den modernen Leser versickert so mit den rund 52500 Versen des Pleiers der Artusroman in endloser Langeweile.

ANHANG: Hebräische Literatur

Was als Anhang zur Abteilung A dieses Kapitels oben S. 357ff. mitgeteilt wurde, ist hier noch durch Angaben zum Ostalpenraum zu ergänzen, wobei die allgemeinen Bemerkungen zur Geschichte des Judentums und seiner Literatur als bekannt vorausgesetzt werden.

Bis zum Ende des hier behandelten Zeitraumes sind Judengemeinden in den Bistümern Brixen und Trient nicht nachzuweisen, wohl jedoch im Erzbistum Salzburg. Völkermarkt in Kärnten heißt zu Anfang des 12. Jahrhunderts in einer Urkunde Forum Judeorum, Judenmarkt. In unmittelbarer Umgebung wurde der Grabstein eines Rabbiners gefunden, der auf 1129/30 datiert wird und somit als der älteste aus dem heutigen Österreich erhaltene gelten kann. Ebenso dürfte eine Synagoge in Friesach vor 1124 bestanden haben. Da Friesach salzburgisches Territorium war (s. o. S. 373), werden wohl Juden zu so früher Zeit auch am Sitz des Erzbischofs selbst anwesend gewesen sein. Jüdischer Grundbesitz ist aber in Salzburg erst 1230/38, in Friesach 1255 bezeugt. Die dritte wichtige Kärntner Judengemeinde des Hochmittelalters mit Friedhof und Synagoge war die von Villach. Leider findet sich unter den frühen Zeugnissen für das Kärntner Judentum auch schon eines, das von der Niedermetzelung mehrerer in einem Hofe versammelter Juden berichtet. Das erfahren wir von dem berühmten Rabbi Ephraim ben Jakob aus Bonn, der das Ereignis auf 1146 datiert. Im selben Jahr soll nach seiner Angabe ebenfalls in Kärnten Rabbi Peter ben Joseph beim Leichenbegängnis eines Gemeindevorstehers ermordet worden sein. Von diesem in Kärnten tätigen Rabbi Peter erfahren wir auch aus anderen jüdischen Quellen, so aus *Or Sarua* von Isaak ben Mose (s. o. S. 358ff.). Er stand in gelehrtem Briefwechsel mit Rabbi Isaak ben Malki Zedek aus Siponte in Süditalien und mit seinem Lehrer Rabbi Tam (gest. 1171).

Blutiger Verfolgung war offenbar auch die größte hochmittelalterliche Judengemeinde der Erzdiözese Salzburg, nämlich die von Wiener Neustadt, und zwar im Jahre 1230, ausgesetzt, sofern Isaak ben Jakob aus Neustadt, der in einem Trauergedicht das Unglück seiner Gemeinde beklagt, aus diesem Neustadt stammt. Daß die erst gegen Ende des 12. Jahrhunderts vom babenbergischen Landesfürsten gegründete Nova Civitas bereits zu Anfang der Regierungszeit Friedrichs des Streitbaren eine einflußreiche Judengemeinde beherbergte, wird durch das Privileg des Herzogs für die Stadt vom 5. Juli 1239 bewiesen, das den Bürgern zusichert, daß sie inskünftig nicht durch Einsetzung von Juden als Beamten bedrückt werden würden, was zuvor also der Fall gewesen sein muß. Herzog Friedrich hatte damals allen Grund, den Wiener Neustädter Bürgern dankbar zu sein, da sie wie der Landadel des Pittner Raumes im Kampf mit dem Kaiser 1236–1239 auf seiten des Landesfürsten verblieben, wodurch die Abtrennung des Gebietes zwischen dem Semmering und der Piesting von der Steiermark vorbereitet wurde, wie sie dann der Friedensvertrag von 1254 zwischen Ottokar und Béla festlegte. Das 1278/80 kompilierte *Landbuch* nennt allerdings wiederum die Piesting als Grenze zwischen Österreich und Steier, und die Bistumsgrenze war von den Veränderungen von vornherein unberührt geblieben.

H. Tykocinski zählt im Handbuch „Germania Judaica" sechs jüdische Gelehrte des 13. Jahrhunderts in Wiener Neustadt auf, den oben genannten Rabbi Isaak ben Jakob, der auch ein synagogales Gedicht verfaßt haben dürfte, des weiteren Rabbi Meir, einen erschlagenen Gemeindevorsteher von Neustadt, Rabbi Mose, einen Gemeindevorbeter, Rabbi Jakob ben Nathan, einen in mehreren Quellen, darunter in den alten Tosafot (s. o. S. 357), angeführten Gelehrten, der eventuell auch Verfasser eines Hochzeitsgesanges war, schließlich noch zwei, von denen sich Rechtsgutachten erhalten haben.

Rabbi Chajjim ben Mose aus Neustadt verfaßte u. a. ein ausführliches Responsum über eine gefälschte Trauungsurkunde von 1239, zu der sich auch die beiden Wiener Rabbinen Isaak Or Sarua und Abigedor ha-Kohen (s. o. S. 358ff.) geäußert haben. Mit Isaak stand Chajjim in persönlichem und brieflichem Kontakt. Isaaks Sohn Chajjim, den man wegen eines von ihm angefertigten Auszuges aus dem berühmten Hauptwerk seines Vaters Chajjim Or Sarua nannte (geb. um 1240, vgl. Bd. II), zählte Chajjim ben Mose zu seinen Lehrern. Er stand jedoch nicht in so hohem Ansehen wie sein Schwiegersohn, der eben erwähnte Rabbi Abigedor aus Wien, der sich gleichwohl auch von ihm belehren ließ.

Der letzte Gelehrte in dieser Reihe hat der Forschung viel Kopfzerbrechen bereitet. Im 15. und 16. Jahrhundert wird eine Schrift *Ketab Tamim (Das vollkommene Buch)* einmal einem Rabbi Mose Taku, einmal einem Rabbi Mose ben Chisdai zugeschrieben, einmal schließlich beiden, indem sie für identisch erklärt werden. Mose ben Chisdai ist ein schon in der ersten Hälfte des 13. Jahrhunderts als Autorität anerkannter, wohl vor 1240 verstorbener Halachist (zur Halacha s. o. S. 357), dessen Wirkungsort wir allerdings nicht kennen, sofern man diesen Mose nicht mit Mose Taku gleichsetzt. Von diesem hat sich eine Entscheidung in einer Ehesache erhalten, die er zusammen mit Rabbi Samuel aus Bamberg getroffen hat. Dessen Lebenszeit läßt sich auf die 1. Hälfte oder Mitte des 13. Jahrhunderts festlegen. Aus derselben Quelle, die die beiden Gelehrten mit Namen Mose als ein und denselben auffaßt, erfahren wir auch den Begräbnisort Wiener Neustadt. Weitere Werkzuschreibungen an Mose Taku sind unsicher. Eventuell hat er einen Kommentar zu Schekalim (Tempelsteuer: 9. Traktat der 2. Ordnung des Talmud) verfaßt.

Rätselhaft wie der Autor bleibt auch die Schrift *Ketab Tamim* selbst. Aus späten Referenzen und Zitaten wissen wir nur, daß sie sich gegen die Philosophen richtete, zu einem Ausspruch aus dem *Einheitsgesang (Schir ha-Jichud)* Stellung bezog und aus einem Hiobkommentar des Mose ben Nachman zitierte. Mehr wüßten wir, wenn ein erhaltenes Fragment, das in der Forschung als Teil des *Ketab Tamim* aufgefaßt und veröffentlicht wurde, wirklich daraus stammen sollte. Die in dem Fragment an den Tag gelegte Haltung, eine Art fundamentalistischer Talmudgläubigkeit bei gleichzeitiger Ablehnung gewisser mystischer sowie philosophischer Lehren, weist die beiden Schriften zwar als verwandt, aber nicht notwendig als identisch aus.

Wie immer man diese Rätsel lösen will, Wiener Neustadt als geistiges Zentrum des deutschsprachigen Judentums stand auf jeden Fall hinter Wien zurück, überragte aber alle übrigen in der Erzdiözese Salzburg. Auf dem ehemaligen Gebiet des Herzogtums Steiermark blieb es überhaupt das einzige, da die Judengemeinden von Pettau und Marburg erst seit dem letzten Viertel des 13. Jahrhunderts und von Graz und Judenburg erst seit dem Anfang des 14. Jahrhunderts existierten.

DAS PROFIL DER EPOCHE

Der Zeitrahmen von 1156 bis 1273 ist, entsprechend den zu Anfang des Bandes formulierten Richtlinien, der politischen Geschichte entnommen, gleichwohl mit Blick auf eine mögliche Synchronisierung mit dem literaturgeschichtlichen Befund ausgewählt worden. Die beiden Daten markieren in etwa Anfang und Ende der weltlichen höfisch-ritterlichen Dichtung in unserem Raum. Natürlich gibt es Übergangszonen von ein bis zwei Jahrzehnten. Doch das letzte Viertel des 13. Jahrhunderts zeigt in unserem Raum – zum Unterschied von einigen anderen deutschsprachigen Regionen – keine eindeutig nachweisbaren Spuren einer produktiven (nicht bloß rezeptiven!) Fortsetzung der Gattungen Minnesang, Heldenepik und Artusroman, welche der dargestellten Epoche ihre unverwechselbare Prägung verleihen, hernach aber von anderen ersetzt werden (s. Bd. II). Dem gemeinsamen Auslaufen der Gattungen steht allerdings ein zeitlich gestaffelter Beginn gegenüber. Nur der Einsatz des Minnesangs ist für 1150/60 einigermaßen nachweisbar, der der Heldenepik nur spekulativ zu erschließen. Der Artusroman kommt erst mit großer Verspätung in den deutschen Südosten. Dann aber lebt er hier ebenso ungebrochen wie die beiden anderen Gattungen über die Jahrhundertmitte hinweg weiter. Diese bildet hierzulande keinen wichtigen literarhistorischen Einschnitt, weshalb die so bedeutsame politische Grenze von 1246 zur Gliederung unserer Darstellung nicht taugt. Dafür kommt dann nur der Übergang zur habsburgischen Herrschaft in Frage. Ob es allerdings gerechtfertigt ist, von den einigermaßen „gleichberechtigten" Daten von 1273 bis 1282 das erste (Wahl Rudolfs und Einziehung entfremdeter Reichslehen) zu wählen, muß dahingestellt bleiben.

Etwa gleichzeitig mit der hier beschriebenen Literaturperiode läuft in den Diözesen Passau, Salzburg, Brixen und Trient, die wir der Einfachheit halber unter dem anachronistischen und daher in Anführungszeichen gesetzten Begriff „Österreich" zusammenfassen wollen, auch die **Epoche der romanischen Kunst** aus. Diese Behauptung mag überraschen, sind doch so wichtige bis heute erhaltene Bauwerke der zisterziensischen Frühgotik wie die Kreuzgänge der Klöster Heiligenkreuz und Zwettl oder der Chor der Klosterkirche von Lilienfeld schon in der ersten Hälfte des 13. Jahrhunderts errichtet worden. Nun ist aber die burgundische Baukunst der ersten Hälfte und Mitte des 12. Jahrhunderts, nach deren Vorbild die ersten österreichischen Zisterzienserklöster errichtet wurden, ein typisches Übergangsphänomen, das durchaus divergierende Zuordnungen erfahren hat. Sofern man Spitzbogen, Kreuzrippengewölbe und Bündelpfeiler nicht als ausreichende Kennzeichen gotischen Formwillens gelten lassen will, sondern nur die Auflösung der Wand, also die architektonische Umsetzung der neuplatonisch-christlichen Lichtmetaphysik, so ist diese Idee in „Österreich" erst in dem 1295 geweihten Hallenchor von Heiligenkreuz verwirklicht worden. Die oben genannten Bauwerke zeigen freilich bemerkenswerte Ansätze dazu, weit mehr jedenfalls als die wegen ihrer Spitzbogigkeit zur Gotik gezählten Bettelordenskirchen in Stein an der Donau und Friesach in Kärnten (beide 1264 geweiht), die hoch über großen ungegliederten Mauerflächen nur kleine Obergadenfenster aufweisen.

Daß gleichzeitig in „Österreich" noch unverdrossen in einem gar nicht oder kaum gotisch „angehauchten" romanischen Stil weitergebaut wurde, beweisen solche Zeugnisse wie das Westwerk der Stephanskirche in Wien (1230/40–63), die Karner von Tulln und Mödling (Mitte 13. Jahrhundert), der Westturm der Pfarrkirche von Schladming (Mitte 13. Jahrhundert), die Burgkapelle in Lienz (Mitte 13. Jahrhundert oder später), die (sich jetzt in barocker Gestalt präsentierende) Klosterkirche von Stams in Tirol (1273–84!) oder der 1284(!) geweihte Umbau der Stiftskirche von Innichen. Unangefochten herrschen in unserer Epoche romanische Plastik und Wandmalerei. Beispiele gotischer Formgebung haben sich erst aus der Zeit des ausgehenden Jahrhunderts (1280/90) erhalten. So hervorragende romanische Fresken wie die auf der Westempore des Doms von Gurk stammen in ihrer jetzigen Gestalt wahrscheinlich erst aus den Jahren 1263/64. In der Buchmalerei ist die große Zeit der romanischen Kunst zwar schon um 1200 vorbei, doch sie wirkt im 13. Jahrhundert in der Form einer manieristischen Übersteigerung nach, ehe die frühgotische Formsprache in der zweiten Jahrhunderthälfte allmählich vordringt, ihren Siegeszug aber erst um 1300 antritt. Dieser Entwicklung weit voraus eilt nur die Schrift. Die neue gotische Buchschrift kündigt sich in Belgien und Nordfrankreich schon im 11. Jahrhundert an, setzt sich hier im Verlaufe des 12. Jahrhunderts rasch durch und beginnt im deutschen Sprachraum im letzten Viertel desselben Jahrhunderts die spätkarolingische Minuskel abzulösen, die im bairischen und österreichischen Raum allerdings daneben noch bis ins 13. Jahrhundert hinein in Gebrauch bleibt. Im zweiten Jahrhundertviertel hat sich hier dann der frühgotische Formtyp weitgehend durchgesetzt (dessen Hauptmerkmale die Streckung und gerade Aufrichtung aller Schäfte und insbesondere die Bogenbrechung sind), die hochgotische Schrift (mit der Tendenz zur doppelten Brechung und Bogenverbindung) jedoch erst im letzten Viertel des 13. Jahrhunderts, also nach Ende der in diesem Band behandelten Periode.

Alles in allem hat es also eine gewisse Berechtigung, den Ausklang der hier beschriebenen Literaturepoche mit dem Ausklang der romanischen Kunst zeitlich zu verbinden. Deren Spitzenleistungen in „Österreich" zwischen 1156 und 1273 als Hintergrund zu skizzieren droht zwar den gegebenen Rahmen zu sprengen, scheint aber gleichwohl angezeigt, wobei freilich im allgemeinen nur Denkmäler, die heute noch zu bewundern sind, Erwähnung finden können. Im Bereich der sakralen Bauten gelangen einige in der vorangehenden Epoche in Angriff genommene Vorhaben (s. o. S. 138f.) nun ganz oder teilweise zum Abschluß, so die Kloster- und Stiftskirchen von Seckau (1164), von Heiligenkreuz (Langhaus 1187), von Gurk (um 1200), von *Abb. 14* Viktring (1202). Neu hinzu kommen u. a. der Kapitelsaal des Konventgebäudes von Zwettl (2. Hälfte des 12. Jahrhunderts), der (nicht mehr vorhandene) Neubau des Salzburger Doms (um 1180 bis um 1200), die Benediktinerkirche von St. Paul im Lavanttal (Ende des 12. Jahrhunderts bis um 1220), die Franziskanerkirche in Salzburg (geweiht 1223), die Stiftskirche von Reichenhall in Oberbaiern (1228 geweiht), der Dom von Trient (begonnen 1212), die bereits oben genannten spätromanischen „Nachzügler" in Stams und Innichen (von denen die Stiftskirche von Innichen allerdings im Kern schon auf die Zeit von ca. 1170 zurückgeht) und die ebenfalls zuvor erwähnten „Vorreiter" frühgotischer Kunst in Lilienfeld (Hallenchor, *Abb. 16* vollendet 1230?; Kreuzgang, Mitte des 13. Jahrhunderts; Langhaus, vollendet 1263), in Zwettl (Kreuzgang, 1. Hälfte des 13. Jahrhunderts), in Heiligenkreuz (Kreuzgang, ca. 1220–50), in Stein (Minoritenkirche, Langhaus, 1264 geweiht) und in Friesach

571

(Dominikanerkirche, Langhaus, 1264 geweiht). Ein wichtiges Werk des Überganges, das Langhaus der Wiener Neustädter Pfarrkirche, ist zwar erst 1279 geweiht, vermutlich aber schon früher im wesentlichen fertiggestellt worden. Im Burgenbau ist das älteste erhaltene Zeugnis für das Eindringen gotischer Elemente die 1260/80 erbaute Stadtburg des landesfürstlichen Stadtrichters Gozzo in Krems. Sonst herrscht damals der romanische Typus, von dem Tirol die meisten Beispiele vorzuweisen hat: Die Alte Burg (Castelvecchio) des Castello del Buonconsiglio in Trient (12. Jahrhundert, ca. 1239 vollendet), Schloß Tirol (Mitte des 12. Jahrhunderts), Burg Ried bei Bozen (12./13. Jahrhundert), Burg Boimont bei Missian (ca. 1230), Burg Taufers in Sand im Tauferertal (Mitte des 13. Jahrhunderts), Burg Hasegg in Hall (Münzerturm, 13. Jahrhundert), Schloß Bruck in Lienz (um 1280), die Zenoburg in Meran (Umbau 1285–1309!).

Abb. 15

Abb. 13

Eines der ältesten Zeugnisse der romanischen Skulptur in „Österreich" schmückt eine dieser Burgen, nämlich die Portale des Palas und der Kapelle des Schlosses Tirol. Die lombardisch beeinflußte Steinmetzarbeit stellt heilsgeschichtliche Szenen und allegorische Tiergestalten dar (zur Tierallegorese vgl. S. 123ff.). Etwa aus derselben Zeit um 1170 könnte die Bauplastik in Kirche und Kreuzgang des Benediktinerklosters Millstatt stammen, teilweise aber auch schon aus den vorangehenden Jahrzehnten. Nur Trümmer sind von der Bauplastik des hochmittelalterlichen Salzburger Doms übrig. Von den erhaltenen figural ausgestalteten romanischen Kirchenportalen im übrigen „Österreich" wären insbesondere das sogenannte Riesentor am Westbau der Wiener Stephanskirche (im Tympanon Christus in der Mandorla, um 1240) und die prächtigen Löwen am Dom von Trient (1. Hälfte des 13. Jahrhunderts) und an der Stiftskirche von Reichenhall (Anfang des 13. Jahrhunderts, nach oberitalienischem Vorbild!) hervorzuheben. An völlig ungewöhnlicher Stelle, nämlich an der Außenwand der Apsis, sind die berühmten Figurenreliefs der ca. 1230 erbauten Pfarrkirche von Schöngrabern in Niederösterreich angebracht worden, die sich einer Einordnung in die geistige Landschaft so hartnäckig entziehen. Holzschnitzarbeiten aus der romanischen Periode sind wenige auf uns gekommen, darunter die alte, aus dem dritten Viertel des 12. Jahrhunderts stammende, heute nur noch teilweise am selben Ort befindliche Kreuzigungsgruppe in der Stiftskirche von Seckau, und die (fragmentarischen) Reliefs auf den Türflügeln des Westportals des Gurker Doms (aus dem frühen 13. Jahrhundert). Noch rarer sind romanische Glasmalereien in unserem Raum, weshalb dem hochwertigen östlichen Chorfenster mit Darstellungen der Margaretenlegende in der Stiftskirche von Ardagger in Niederösterreich (um 1230/40) besondere Bedeutung zukommt.

In nahezu allen Regionen „Österreichs" finden sich dagegen Zeugnisse romanischer Wandmalerei, aus denen die folgenden herausgegriffen seien: die Präfigurationen Marias im Münster Frauenwörth auf der Fraueninsel im Chiemsee von 1160/70 (oder älter?); die großteils biblischen, kleinerenteils aber auch allegorischen Darstellungen in der Johanneskapelle im obersteirischen Pürgg (um 1160/70); der Leben-Jesu-Zyklus von der Verkündigung bis zum Jüngsten Gericht in der Kapelle der Burg Hocheppan bei Bozen (um 1180 bis 1200); die thronende Weisheit und der Thron Salomons an den Schiffswänden der Johannes-Kirche in Brixen, die (nach Meinung N. Rasmos) vom selben Künstler wie die berühmten Iwein-Fresken auf Schloß Rodeneck zu Anfang des 13. Jahrhunderts gemalt wurden, schließlich die bereits genannten heilsgeschichtlichen Darstellungen in Gurk (s. u.).

Ein solcher Überblick vermag freilich nicht mehr zu belegen, als daß sich die kulturellen Aktivitäten in unserem Raum keineswegs auf Literatur und Musik (auf die anläßlich der Besprechung der deutschen und lateinischen Liedkunst bereits hinzuweisen war) beschränkten. Wichtiger wäre eine direkte Verbindung bestimmter Denkmäler aus den Bereichen Wort und Bild. Sie ist jedoch nur in seltenen Fällen herzustellen, da uns aus beiden Bereichen nur Trümmer eines ehemals weit reicheren Erbes überkommen sind, Produktion, Rezeption und Tradition in den beiden Bereichen sehr unterschiedlichen Bedingungen unterliegen und zudem in den meisten Fällen quellenmäßig ganz unzureichend – am besten noch bei der Überlieferung – dokumentiert sind.

Selbst dort, wo die Medien einander am nächsten stehen, bei der Buchkunst, lassen sich Zentren literarischer Produktion kaum je in besonders leistungsfähigen Skriptorien orten. Am ehesten ist dies noch beim lateinischen Schrifttum der Fall. Immerhin hat Salzburg im letzten Viertel des 12. Jahrhunderts einige lateinische Viten und geistliche Lieder aufzuweisen, die man der Schrift- und Malkunst der Erzbischofsstadt an die Seite stellen kann, allerdings kaum in qualitativer Hinsicht, ist die Salzburger Buchkunst doch schon seit dem 11. Jahrhundert und bis ins 13. Jahrhundert hinein im deutschen Südosten absolut führend. Solche Werke wie das herrliche Antiphonar von *Abb. 3* St. Peter (Cod. Vind. s. n. 2700) von ca. 1160/65 oder das bereits dem beginnenden 13. Jahrhundert angehörende Orationale von St. Erentrud (München, Clm 15902), aber auch etwas weniger originelle Stücke aus derselben Schule wie das Graduale von St. Peter (Stiftsbibliothek Cod. a. IX. 11) von ca. 1200 oder das Psalterium von St. Peter (Stiftsbibl. Cod. a. I. 26) überragen die literarischen Leistungen an Bedeutung beträchtlich. Die Salzburger Malschule hat weithin in die eigene Erzdiözese, aber auch in die gesamte Kirchenprovinz, nicht zuletzt in das Passauer Bistum ausgestrahlt, nach Passau selbst, nach Mondsee, wo der große Meister Liutold (s. o. S. 138) auch noch Anregungen vom Antiphonar von St. Peter empfing, nach Lambach, wo sich ein illuminiertes Rituale von ca. 1200 (Stiftsbibliothek Cod. 73) zeitlich mit der *Vita Adalberonis* verbinden läßt, nach Garsten, wo die wichtigsten bebilderten Handschriften, zwei Missalia in der Linzer Studienbibliothek (Cod. 286 und 466), allerdings Jahrzehnte später als die oben S. 174 behandelte *Vita Bertholdi* entstanden sind, nach St. Florian, dessen literarisch tätiger Propst Altmann (1212–1221/23) zumindest noch eine Nachblüte der romanischen Buchmalerei seines Stifts erlebte, auch wenn die bedeutendsten Leistungen, wie der Codex III/208 der Stiftsbibliothek, ein Missale, schon dem 12. Jahrhundert angehört, nach Melk, dessen Skriptorium nicht etwa zur Zeit Heinrichs (von Melk?), sondern erst unter Abt Walther (1225–1247) seine Blüte erlebte, nach Klosterneuburg, Seitenstetten, Göttweig und auf andere Klöster und Stifte.

Die Zisterzienserklöster scheinen ihre hauptsächlichen Anregungen dagegen – ebenso wie in der Baukunst – aus dem burgundischen Raum empfangen zu haben. Die Illumination beschränkt sich fast ganz auf Initialen, bevorzugt die Federzeichnung vor der Deckfarbenmalerei und hält sich von dem für die salzburgische Richtung typischen byzantinischen Einfluß frei. Dem literarischen Leben haben die „österreichischen" Zisterzen in unserer Epoche relativ wenige Impulse gegeben. Das *Magnum Legendarium Austriacum* ist, wie wir gesehen haben (S. 173f.), höchstwahrscheinlich nicht in „Österreich" entstanden, aber gerade hier in schönen Codices aufgezeichnet worden. Bemerkenswerte Federzeichnungen finden sich insbesondere in den vier Heiligenkreuzer Bänden des Legendars von ca. 1190 (Codices Sancrucenses 11–14) und dem ebenfalls vierbändigen Legendar in den Zwettler Codices 13, 14, 15 und 24 von ca. 1220. Nimmt man die gleichzeitige Bautätigkeit hinzu (s. o.), so wirkt das Schrifttum dieser niederösterreichischen Klöster dagegen äußerst bescheiden. Den Höhepunkt des zisterziensischen Zeichenstils markiert das sogenannte Reuner Musterbuch (Cod. Vind. 507), eine in Rein 1208–18 angefertigte Sammlung von Modellzeichnungen zur Ornamentik aus den Bereichen Ehe, Viehzucht, Ackerbau, Handwerk, Fischerei, Jagd, Kochkunst, Schreibkunst, Malerei, Klerus, Tierallegorie u. a. Von literarischen Aktivitäten aus dieser Zeit wissen wir dagegen nichts. Immerhin kann Kloster Rein aber auf einen namentlich bekannten, einige Jahrzehnte vorher tätigen Prediger verweisen (s. o. S. 375ff.).

Am ehesten ist mit einer wechselseitigen Befruchtung der Künste in den Kanonikerstiften der Augustiner-Chorherren (und -Chorfrauen) zu rechnen, wo wir uns das Gros der lateinischen geistlichen Lieder und Spiele und auch einzelne deutsche religiöse Denkmäler entstanden denken dürfen. Auf St. Florian wurde um seines gelehrten Propstes willen eben schon kurz hingewiesen. In Klosterneuburg sind leider die meisten Denkmäler der romanischen bildenden Kunst von Bränden und Umbauten zerstört worden. Für vieles entschädigt freilich der Verduner Altar von 1181, dessen ikonographisches Programm aufs anschaulichste den ideellen Zusammenhang der Künste im Mittelalter zu demonstrieren vermag (s. o. S. 201ff.). Am deutlichsten tritt die Symbiose der Künste aber in Seckau hervor. Die lateinischen Seckauer Sequenzen (s. o. S. 401ff.) waren dazu bestimmt, in dem 1164 geweihten monumentalen Gotteshaus zu erklingen, dessen ursprünglichen Raumeindruck wir zumindest teilweise auch noch jetzt nachempfinden können. Und im Skriptorium der Chorfrauen entstanden nicht nur die Texte zahlreicher liturgischer Bücher (s. o. S. 448ff.), sondern auch die reiche Bebilderung etlicher dieser Codices wie der Grazer Handschrift 286, 287, 778 oder 832. Die Miniaturen weisen die für die Buchkunst der Erzdiözese typische Abhängigkeit vom Zentrum Salzburg auf, ohne dessen Niveau zu erreichen. Qualitätsmäßig eher noch weiter davon entfernt sind die ebenfalls dem Salzburger Stil verhafteten Zeichnungen in der vermutlich nicht aus einem Kanoniker- bzw. Kanonissenstift stammenden deutschen Millstätter Handschrift von ca. 1200 (s. o. S. 454ff.). Der Vorauer Codex 276 (s. o. S. 455ff.) ist gar nicht bebildert, wenn man von einigen Schmuckinitialen im letzten Teil absieht. Aber auch diese beeindrucken den Beschauer weit weniger als etwa die Ornamentinitialen des vermutlich in Admont hergestellten Millstätter Psalters (Cod. Vind. 2682), der die S. 451ff. besprochene deutsche Interlinearversion enthält. Die ca. 1200 geschriebene Handschrift gehört schon dem Ausgange der großen Blüte des Admonter Skriptoriums im 12. Jahrhundert an. Zu deren zahlreichen Zeugen zählen die S. 75 erwähnten Prachtcodices der *Admonter Predigten* und der Kommentare Irimberts. Viele Initialen in diesen und anderen Handschriften aus der Zeit zwischen 1155 und 1185 zeigen Gestalten aus dem Alten und Neuen Testament, aus Geschichte und Gegenwart der Kirche, darunter auch stilisierte Autorenbildnisse. Im Verlaufe der Entwicklung wandelt sich der Stil, vermutlich unter hirsauischem Einfluß, zu größerer Strenge, was auch für andere südostdeutsche Skriptorien gilt.

Herzlich wenig ist von Tiroler Buchkunst auf uns gekommen. Um so mehr Beachtung verdienen daher die Schmuckinitialen und namentlich die acht kolorierten Federzeichnungen in dem nunmehr Südtirol zuzusprechenden Codex Buranus von

Abb. 10

ca. 1230. Die Bilder stellen das Rad der Fortuna, Bäume und Tiere, ein Liebespaar, Aeneas und Dido, Zecher, Würfel-, Tricktrack- und Schachspieler, also weltliche Sujets, dar. Dieser Tatsache kommt weit größeres Gewicht zu als der keineswegs exzeptionellen Qualität oder der kaum auszumachenden textgliedernden oder textdeutenden Funktion der Bilder. Von der profanen Kunst der Romanik besitzen wir ja wahrlich nicht viel, am wenigsten von der Skulptur und Malerei. Gewiß war die Sakralkunst im Mittelalter stets quantitativ überlegen, erfreute sich aber im großen und ganzen günstigerer Überlebensbedingungen. So präsentieren sich uns unter verzerrter Optik die Werke der Blütezeit weltlicher Literatur im Hochmittelalter ohne die nötigen Vergleichsobjekte aus dem bildnerischen Bereich gleichsam isoliert. Ihm wären in „Österreich" außer den Bildern des Codex Buranus, der ja der gelehrten Sphäre angehört, und zwei „halbgeistlichen", in ihrer Deutung überdies keineswegs gesicherten Darstellungen von Dietrichs Höllenritt an der Außenwand der Burgkapelle von Hocheppan (um 1200) und über dem Portal des Karners von Mödling (Relief, Mitte 12. Jahrhundert) nur die großartigen Fresken auf Burg Rodeneck (Rodenegg) zuzuzählen. Sie stellen Szenen aus dem *Iwein* Hartmanns von Aue dar, *Abb. 4* also aus keinem einheimischen Werk, wenngleich einem, das in „Österreich" breit rezipiert wurde. Der Bischof von Brixen stellte möglicherweise dem damaligen Herrn der Burg Rodeneck, einem seiner Ministerialen und Verwandten, für diesen Auftrag den Maler Hugo, der die Johanneskapelle in Brixen (und vielleicht noch andere Sakralräume in der Gegend) ausgestaltete, zur Verfügung. Hugo ist 1214/15 im Gefolge des Bischofs in Cividale belegt. Künstlerische Einflüsse von seiten Aquileias sind daher zu erwägen. Deutlicher ins Auge springen aber doch die Ähnlichkeiten mit den Fresken von Frauenchiemsee (s. o.). In Rodeneck tritt nun gleichsam sakrale Kunst in den Dienst des weltlichen Kulturlebens. Die mit den Iwein-Bildern ausgestaltete Stube mit relativ bescheidenen Ausmaßen erlebte wohl so manchen Vortrag nicht nur aus dem *Iwein,* sondern auch aus anderen Versromanen, Heldenepen und so fort. Unsere durch diese Vorstellung beflügelte Phantasie dürfen wir getrost weiterschweifen lassen, um die alten Burgen wieder mit Festlichkeiten, Gesang und Rezitation zu füllen. Wir werden schwerlich mit der Annahme fehlgehen, auf Burg Tirol sei etwa das *Eckenlied* oder auf der Gozzoburg in Krems das Epos von der *Rabenschlacht* bald nach Entstehung des betreffenden Gedichts erklungen.

Völlig getrennt von dieser Kulturwelt der Laien haben wir uns allem Anschein nach die rein klerikale Atmosphäre eines Raumes wie der Gurker Bischofskapelle *Abb. 8* vorzustellen. Hier auf der Westempore des ca. 1200 vollendeten Doms versammelten sich ausschließlich der Bischof und das Domkapitel. Spätestens seit den 60er Jahren des 13. Jahrhunderts hatten sie dabei die noch heute zum Großteil im Originalzustand vorhandenen, von den Kunsthistorikern als eines der größten Meisterwerke der deutschen Romanik eingestuften Fresken vor Augen. Das ikonographische Programm breitet die gesamte Heilsgeschichte vom irdischen zum himmlischen Paradies aus. Es ist bis in alle Details nach dem *sensus allegoricus* durchkonstruiert, folgt aber gemäß den architektonischen Voraussetzungen – zwei Jochen mit je drei Wänden und vier Gewölbequadranten – dem Prinzip der Vierzahl und der Zweieropposition: im Ostgewölbe der Garten Eden mit der Geschichte der Ureltern von ihrer Einführung bis zur Vertreibung, an den Wänden darunter einander gegenüber die Verkündigung der Geburt Marias und Jesu sowie an der Ostwand Maria als die Weisheit auf Salomons Thron, im Westgewölbe das ewige Jerusalem mit den vier Toren, darunter einander gegenüber der Ritt der Heiligen Drei Könige und Jesu Christi beim Einzug ins irdische Jerusalem sowie an der Westwand die Verklärung des Heilands auf dem Berg Tabor. Eine Menge typologischer Figuren tritt noch hinzu. Wer dieses Programm entworfen hat, muß über ein breites Wissen auf dem Felde der Bibelexegese verfügt haben, das aber an jeder besseren damaligen Schule, natürlich auch in Gurk, erworben werden konnten. Es steht, wie wir gesehen haben, hinter den allermeisten geistlichen Schriften des Mittelalters, auch den deutschsprachigen wie den Bibelepen, dem *Anegenge,* den Marienliedern oder etlichen religiösen Sangsprüchen. Aber eine zugleich zeitlich und räumlich naheliegende Verbindung zu den Gurker Fresken läßt sich nicht herstellen. Am nächsten stehen wohl noch die nach Art einer Bible moralisée geordneten deutschen Sammelhandschriften (s. o. S. 101ff. u. 454ff.).

Einen noch rätselhafteren „erratischen Block" in der geistigen Landschaft stellen die Apsisreliefs an der ca. 1230 errichteten Kirche von Schöngrabern dar. Ob hier ein einheitliches ikonographisches Programm zugrunde liegt und, wenn ja, welches, wird in der Forschung nach wie vor heftig diskutiert. Ohne in diesen Streit eingreifen zu wollen oder zu können, darf man festhalten, daß ein mit Gurk vergleichbarer klarer gedanklicher Aufbau keinesfalls vorliegt. Das liegt wohl in erster Linie daran, daß neben expliziten oder impliziten typologischen Bezügen (Sündenfall – Jüngstes Gericht; Samson/David – Christus) tropologische Allegorien wie *luxuria, superbia* (?), *constantia* (?) stehen, die sich jenen nicht eindeutig zuordnen lassen. Das entspricht jedoch dem Verfahren des Predigers. Mögen diese bildlichen Darstellungen an der Außenseite einer Pfarrkirche auf dem platten Lande auch stilistisch und ikonographisch von den Reliefs an der St. Jakobskirche des Schottenklosters in Regensburg abhängen, so müssen sie doch für das Volk bestimmt und folglich auch dem Verständnis der in dieser Gegend lebenden *laici illitterati* bis zu einem gewissen Grade zugänglich gewesen sein. Dafür können nur die deutsche Predigt und geistliche Reden und Bispel wie die des Strickers das Rüstzeug zur Verfügung gestellt haben. Wenn unter den Schöngraberner Figuren eine Frau erscheint, der ein Teufel auf die Schleppe ihres Gewandes tritt, und eine weitere mit Spiegel und Schleier neben einem offenbar abweisenden Mann, so drücken sie wohl dieselbe Kritik am weiblichen Verhalten aus wie des Strickers Rede *Von bösen Frauen* (Nr. 119), die ausführlich die Putzsucht, das Schminken, das Anlocken fremder Männer als Sünden geißelt (V. 425ff.) und des Teufels Einfluß auf böse Frauen betont (V. 111; 124; 143; 245 u. ö.).

Abb. 12 Die auf dem mittleren, dem östlichen Bildfeld oben links dargestellte Fabel von Wolf und Kranich findet sich auch unter den Gedichten der Strickerschule im Cod. Vind. 2705 als Nr. 195. Um hier direkte Abhängigkeiten zu postulieren, wäre selbstverständlich ein systematischer Vergleich nötig. Vorläufig ist nur der vage Schluß auf ein gemeinsames geistiges Klima zulässig.

Auch wenn diese kirchliche Kunst in Laienkreise hineinwirken wollte, ergeben sich Gemeinsamkeiten natürlich nur mit der Literatur religiösen oder zumindest moraldidaktischen Zuschnitts. Gerade die Periode von 1156 bis 1273 ist aber von einer zuvor gänzlich unbekannten literarischen Gattungsvielfalt gekennzeichnet, insbesondere in der Volkssprache, aber in bescheidenerem Umfang auch im Lateinischen. Der allgemeinen Verbesserung der Lebensbedingungen in **Europa** seit der Jahrtausendwende, dem allmählichen ökonomischen Aufschwung und der Zunahme der Bevölkerungsdichte folgte im 12. Jahrhundert ein „Zivilisationsschub". Kirchliche Würdenträger und weltliche Machthaber erhöhten den Aufwand ihrer Lebensführung, bauten Kirchen, Klöster, Residenzen, Burgen, umgaben sich ständig mit Gefolgschaft und Beamten, richteten Schulen, Bibliotheken und Kanzleien ein, erhöhten den Glanz der Repräsentation, ohne die keine Macht und kein Amt Bestand haben konnten, durch die Heranziehung von Künstlern, nicht zuletzt von Dichtern, Sängern und Spielleuten. Ja, angesehene Mitglieder der Hofgesellschaft, manchmal der Fürst selbst, betätigten sich als Poeten, Tonsetzer und Vortragende. Die Verdichtung von Verkehr, Handel und Kommunikation erforderte den massiveren Einsatz der Schrift und spezialisierter „Kopfarbeiter" in Wirtschaft, Verwaltung und Bildungswesen.

In Italien, wo die Stadtkultur mit ihrer Bürokratie und Schriftlichkeit vom Untergang des antiken Römischen Reiches und von der Völkerwanderung nicht so nachhaltig beeinträchtigt worden war wie in den anderen Teilen des Westreichs, brauchte man vielerorts nur an mehr oder minder intakte Traditionen anzuschließen, war aber gerade deshalb offenbar vorerst nicht in der Lage, der neuen europäischen Kultur solche epochale Impulse zu geben wie **der okzitanische und der französische Raum.** Südlich der Loire von der Guyenne bis zur Provence blühte seit etwa 1100 jene Hofkultur auf, welche den abendländischen Minnesang, die wohl wirkungsmächtigste Gattung volkssprachlicher Dichtung des Mittelalters, hervorbrachte. Nördlich der Loire aber bildete sich in der ersten Hälfte des 12. Jahrhunderts in den wirtschaftlich aufstrebenden Bischofsstädten Paris, Tours, Orléans, Laon u. a. jene geistige Atmosphäre heraus, welche man die Renaissance des 12. Jahrhunderts genannt hat (s. o. S. 139ff., 157ff., 365ff.). Sie wurde nicht mehr von Klostergeistlichen getragen, sondern vom Weltklerus, von regulierten und nicht regulierten Kanonikern sowie außerhalb jeder geistlichen Gemeinschaft lebenden unverheirateten und auch verheirateten Klerikern, denen allen nur die gelehrte, lateinische Schulbildung, nicht aber die höheren Weihen oder das Amt des Seelsorgers, gemeinsam war. In ihren Händen lagen alle schriftlichen Tätigkeiten vom Rechtswesen, der Verwaltung, der Wirtschaft, der Regierung bis zur Wissenschaft, Kunst und Religion. Natürlich waren auf allen diesen Gebieten auch weiterhin Mönche tätig, sie beschränkten sich aber mehr und mehr auf das für das klösterliche Leben und namentlich für den Gottesdienst Nötige. Am Aufschwung der frühscholastischen Theologie, des gelehrten Rechts, der Ars dictaminis, der Ars poetica, der weltlichen humanistischen Prosa und Poesie hatten sie keinen erwähnenswerten Anteil. Selbst zur geistlichen Lyrik und zum geistlichen Spiel trugen sie weniger bei als der Weltklerus. Auf diesem Felde lösten die regulierten Augustiner-Chorherren die Mönche in der Führungsrolle ab. Sie standen (zusammen mit den Prämonstratensern) den Mönchen in der Lebensführung am nächsten und verbanden daher Altes und Neues, monastisches und scholastisches Denken, Meditation und Humanismus. An großen augustinischen Autoren seien nur der Theologe Hugo von St. Victor (um 1096–1141), der Sequenzendichter Adam von St. Victor (um 1110–1192) und Petrus Riga (gest. 1209), der Verfasser der allegorischen Bibeldichtung *Aurora,* erwähnt. Die radikale scholastische Dialektik wurde nur von den Kathedern der bischöflichen Schulen aus verkündet, so von Petrus Abaelardus (1079–1142), Gilbert von Poitiers (um 1080–1154) oder Petrus Lombardus (um 1095–1160), der aber bald etwas gemäßigtere Bahnen einschlug. Das Studium der Artes liberales und der antiken Dichter erhielt seinen stärksten Impuls von Bernhard, dem Kanzler der Kathedralschule von Chartres (gest. 1124/30), und wurde dann insbesondere von Bernhard von Tours, genannt Silvestris (12. Jahrhundert), Wilhelm von Conches (um 1080–1154) und Johann von Salisbury (um 1115–1180) weiterpropagiert. Die weltliche lateinische Dichtung im französischen und anglonormannischen Raum erreichte – nach den Vorläufern aus der Loireschule um 1100 (s. o. S. 140) – ihren Höhepunkt erst in der zweiten Jahrhunderthälfte. Einige Lyriker wurden oben S. 409f. genannt, da sie unter den Dichtern der *Carmina Burana* vertreten sind. Unter den epischen Dichtern ragen Walther von Châtillon (um 1135–um 1179) und Joseph von Exeter (gest. um 1210), unter den didaktisch-allegorischen Alanus von Lille (um 1120–1202) und Johannes von Hauville (2. Hälfte des 12. Jahrhunderts) hervor. Zugleich wurden auch eigene Lehrbücher für die Verfertigung von Schulpoesie von Matthäus von Vendôme (12. Jahrhundert), Galfred von Vinsauf (gest. um 1210) und anderen verfaßt.

Diese wenigen ausgewählten Namen mögen eine schwache Ahnung von der Fülle lateinischen Schrifttums neuer Art vermitteln, neben dem die alten Gattungen zumeist unvermindert weitergepflegt wurden. Die von Nordfrankreich ausgehende Bewegung strahlte nach allen Himmelsrichtungen aus, so auch in den deutschsprachigen Raum. Im eigenen Lande befruchtete sie aber sogleich die volkssprachliche Dichtung. Am augenfälligsten präsentiert sich der humanistische Einschlag im französischen Antikenroman, der die Geschichten von Theben, Troja, Aeneas und Alexander dem Großen verarbeitet, dabei aber mit Blick auf den neuen Rezipientenkreis des Laienadels und unter Einfluß der okzitanischen Hofkultur und Minnepoesie charakteristisch umgestaltet. Nicht nur antike Stoffe werden jedoch aufgegriffen, sondern das große Arsenal literarischer Techniken aus dem Lateinischen in alle volkssprachlichen Gattungen eingeführt, so auch in den aus gänzlich unantikem, nämlich keltischem Sagen- und Märchenstoff gewebten Versroman. Die älteste, jedoch verlorene Fassung des Tristanromans dürfte in der Jahrhundertmitte entstanden sein, der erste Artusroman, *Erec et Enide* von Chrétien de Troyes, um 1165/70. Zugleich florierten damals im Französischen das traditionelle Heldenepos *(chanson de geste)* und die vom Süden beeinflußte, aber keineswegs durchgehend abhängige Lyrik der Trouvères ebenso wie die didaktische und religiöse Dichtung, die Legende, die Fabel, das Tierepos, die Versnovelle, ja selbst so sehr dem lateinischen Bereich verhaftete Genera wie das geistliche Spiel (schon ab der Jahrhundertmitte) oder die historiographische Prosa (erst ab Anfang des 13. Jahrhunderts). Aber nichts davon hat im Ausland so Furore gemacht wie der Höfische Roman, die zweite epochale Neuerung mittelalterlicher Dichtung neben der Trobadorpoesie.

In den **deutschsprachigen Raum** haben beide Neuerungen im 12. Jahrhundert übergegriffen, teils auf dem Wege über die zweisprachigen Grenzregionen im Westen, teils im weiträumigen Austausch infolge internationaler Beziehungen des europäischen Adels und der Kreuzzüge. Obwohl der zweite Vermittlungsweg nicht ohne Bedeutung gewesen ist, muß doch hervorgehoben werden, daß Heinrich von Veldeke seinen Aeneasroman vor 1174 in seiner limburgischen Heimat begonnen, Hartmann von Aue seine Bearbeitungen der Artusromane Chrétiens, *Erec* und *Iwein,* etwa 1180–1200 für einen Fürstenhof des alemannischen Raumes verfaßt hat und die ältesten, stark an romanischen Vorbildern orientierten Minnesänger allesamt in der Nähe des Rheins (von Limburg bis in die Westschweiz) zu Hause gewesen sind. Eine wichtige, im Detail freilich vielfach ungeklärte Mäzenatenrolle kam dabei den im schwäbischen und elsässischen Raum verwurzelten Staufern zu, die 1138 auf den Thron des

Reiches gelangten und in der Regierungszeit Friedrichs I. Barbarossa (1152–1190) ein gewaltiges Machtpotential entfalteten.

Relativ deutlich zeichnet sich die Gönnerrolle König Friedrichs für den rheinischen Minnesang ab, desgleichen aber auch für die lateinische Literatur, die damit nochmals zu hohem europäischem Rang aufsteigt. 1157/58 verfaßt Otto von Freising (s. o. S. 139) sein zweites Geschichtswerk, die *Gesta Friderici I. imperatoris,* die nach Ottos Tod 1158 Rahewin (gest. 1170/77), ein auch als geschickter Verseschmied (s. S. 198) bekannter Domkanoniker in Freising, fertigstellt. Einen ersten versepischen Bericht über Geschehnisse der Barbarossazeit liefert nach 1160 das *Carmen de gestis Frederici I. imperatoris in Lombardia* eines anonymen Italieners aus Bergamo, einen wesentlich längeren in 6577 formvollendeten klassischen Hexametern 1186/87 der *Ligurinus* (so benannt nach dem Helden von Ligurien, eben Barbarossa), zugeschrieben dem Zisterzienserpater Gunther von Pairis (im Elsaß). Mehr durch seinen Umfang als durch Qualität zeichnet sich das Werk des staufischen Hofkapellans und Notars Gottfried von Viterbo (um 1125–um 1192) aus, Verse und Prosa historiographischen Inhalts, der jedoch zu Unterhaltungszwecken stark mit Sagen, Legenden, Anekdoten etc. durchsetzt ist. Höhepunkte der mittellateinischen Literatur werden dagegen mit dem Tegernseer *Ludus de Antichristo* (um 1160?), einem geistlichen Spiel von beispielloser Originalität, und den rhythmischen Liedern jenes Vaganten, den wir nur unter dem Pseudonym Archipoeta kennen (um 1130–nach 1167), markiert.

Ein internationaler und interregionaler Vergleich läßt, sofern man sich von patriotischen Vorurteilen freimacht, erkennen, daß der okzitanische und französische Kulturraum (zu dem damals auch England und bis zu einem gewissen Grad Norditalien und Nordspanien gehören) in unserer Epoche in Europa – abgesehen natürlich vom Einflußbereich der arabischen und der byzantinischen Kultur – die unbestrittene Führungsrolle übernommen hat. Dies gilt sowohl für den lateinischen wie den volkssprachlichen Sektor. Kaum ein deutschsprachiger Dichter kann sich dem Sog jener dominierenden Literatur entziehen. Natürlich gibt es bodenständige Traditionen wie den donauländischen Minnesang, die Heldenepik, die geistliche Dichtung, aber auch diese bleiben ab den 80er Jahren des 12. Jahrhunderts höchst selten gänzlich unberührt von westlichen Einflüssen. Das lateinische Schrifttum im Umkreis des Stauferhofs sucht zwar an die ruhmvolle Produktion im Reiche der Ottonen und Salier anzuschließen, entwächst aber gleichwohl ebenfalls dem Nährboden der westlich geprägten Renaissance des 12. Jahrhunderts. Unter den eben skizzierten Voraussetzungen wäre es mehr als seltsam, wenn ausgerechnet die im Südosten des Reichs gelegenen deutschsprachigen Gebiete vor anderen weiter westlich gelegenen den ersten Platz im literarischen Wettstreit errungen haben sollten. Importierte Neuerungen werden naturgemäß hierzulande in der Regel später und mitunter auch reservierter aufgenommen, bodenständige Gewächse dagegen liebevoller gepflegt als anderswo. Unsere Darstellung bestätigt diesen schon seinerzeit von Wilhelm Scherer festgestellten, aber mit unzureichenden Argumenten gestützten und daher in neuerer Zeit bezweifelten Befund, auch wenn einige bemerkenswerte Ausnahmen die Regel bestätigen. In vorderster Front bei der Aneignung westlichen Gutes stehen die „österreichischen" Augustiner-Chorherren, welche von ihren französischen Mitbrüdern die neue Form der Sequenz übernehmen, sogleich zur höchsten Blüte bringen und auch zur Ausgestaltung des sich nun voll entfaltenden geistlichen Spiels benutzen. Relativ früh öffnen auch Albrecht von Johannsdorf, Reinmar und Walther ihre Liedkunst romanischen Innovationen, ohne freilich ihre Bindung an den donauländischen Minnesang aufzugeben. Konrad von Fußesbrunnen trimmt sein kleines Bibelepos ganz nach hartmannscher und somit nach chrétienscher Manier, kann aber der dafür ungeeigneten einheimischen Gattung keine neue Zukunft eröffnen. Behutsamer geht da schon der Dichter des *Nibelungenliedes* vor. Obschon er die Substanz des alten Sagenstoffes nicht antastet, verschmäht er Einzelelemente des Höfischen Romans keineswegs.

Wo es gelingt, eine auf eigenem Boden gewachsene Pflanze mit einem westlichen Pfropfreis so zu veredeln, daß die autochthone Eigenart doch bewahrt wird, dort reifen auch hierzulande Früchte von einzigartigem Geschmack. Dazu zählen auf lateinischer Seite die besten Stücke geistlicher Lyrik und Dramatik, auf deutscher Seite Lieder der drei genannten, aber auch späterer Lyriker, insbesondere Neidharts und des Tannhäusers, die allesamt keinen Vergleich mit andern großen deutschen Minnesängern, wie Friedrich von Hausen, Hartmann von Aue oder Heinrich von Morungen, zu scheuen brauchen, ferner das *Nibelungenlied* und der *Helmbrecht*. Die übrige Heldenepik genügt so hohen Ansprüchen nicht, ebensowenig wie die so ungemein wirkungsmächtigen Werke des Strickers, der u. a. die Gattung der Versnovelle in Österreich einbürgert, so daß Wernher der Gärtner dann daran anschließen kann. Auch den Höfischen Roman führt der Stricker ein. Aber da sind die großen Meisterwerke der Gattung, *Erec*, *Iwein*, *Parzival* und *Tristan*, im Westen und in der Mitte Deutschlands bereits fertig. Kein Nachfahre der Gattung kann mehr damit konkurrieren, auch ein so eigenständiges und aufwendiges Werk wie die *Krone* nicht. In einer vergleichbaren Situation befinden sich die lateinischen Lyriker im Umkreis des Sammlers der *Carmina Burana* angesichts der unerreichbaren Qualität weltlicher rhythmischer Liedkunst des 12. Jahrhunderts. Sie schaffen nichtsdestoweniger eine Fülle neuer Gedichte, von denen zumindest einige den großen Vorbildern recht nahe kommen, gerade weil sie Anregungen aus dem deutschen Minnesang aufgreifen. Ein paar wirklich respektable Leistungen auf dem Felde der literarischen Prosa sind noch zu vermerken, die Chroniken des Magnus von Reichersberg und Hermanns von Niederalteich und die Niederalteicher *Vita Salomes et Judith*. Sie stammen nicht zufällig aus dem Herzogtum (Nieder-)Baiern, also aus einem alten Kerngebiet lateinischen Schrifttums. Was sonst in „Österreich" auf Latein produziert wird, mag von hohem kulturhistorischem Interesse sein (wie das gelehrte Recht), erreicht jedoch nicht das literarische Niveau der besten Werke im übrigen Deutschland und im romanischen Westen. Wenn man neben der Qualität auch noch die Quantität des Schrifttums berücksichtigt, kann man sich dem Gesamturteil nicht verschließen, daß „Österreich" doch weit eher aufgrund seiner deutschen als seiner lateinischen Produktion zu den erheblichen Aktivposten im Literaturhaushalt Europas zählt.

Aber zu dieser Schlußabrechnung tragen doch die Zwischensummen aus den **verschiedenen Gattungen und Teilregionen** ganz unterschiedlich bei, denen wir uns nun zuwenden müssen.

Nichts prägt das Profil dieser Epoche zum Unterschied von der vorhergehenden so wie das Vordringen der weltlichen Dichtung, die naturgemäß in allererster Linie für ein weltliches Publikum bestimmt ist, ein adeliges Publikum, versteht sich, dem sich gleichwohl einige reiche Kaufleute zugesellen mochten. Auf der andern Seite bilden selbstverständlich Angehörige geistlicher Kommunitäten nach wie vor den wichtigsten Rezipientenkreis des lateinischen Schrifttums und der meisten deutschen geistlichen Texte. Aber es gibt nun auch erkennbare Überschneidungen. Thomasin von Zerklaere wünscht seinem Buch, dem *Welschen Gast* (s. o. S. 334f.): *frume ritter und guote vrowen / und wise pfaffen suln dich schowen* (V. 14695f.: „Wackere Ritter und gute Damen und weise Kleriker sollen dich zu Gesicht bekommen"). Der Aquileienser Domherr mag hier fürs erste an die getrennte Lektüre des Buches durch einzelne Vertreter der drei genannten Personengruppen gedacht haben. Schon dies würde eine gleichzeitige Bestimmung des Textes für den Laienadel und den „Geistesadel" belegen. Aber allem Anschein nach gab es am Hofe des Patriarchen von Aquileia ebenso wie an allen Bischofshöfen ein aus Laien und Klerikern gemischtes Publikum, das gemeinsam dem Vortrag diverser Texte, gesungener wie gesprochener, lauschte. Zumindest an den größeren Höfen weltlicher Adeliger, insbesondere natürlich der Landesfürsten, herrschten ähnliche Verhältnisse, nur daß hier der Klerus stets eine Minderheit bildete. Zum Vortrag vor einem solchen Hörerkreis waren lateinische Werke (abgesehen vom geistlichen Spiel – s. u.) kaum geeignet, auch wenn mitunter selbst Laien ein lateinisches Buch zur Hand nehmen mochten. Der Archipoeta klagt in einer in die *Carmina Burana* aufgenommenen Strophe (CB 220,1) den *viri litterati*, den gebildeten Männern, sein Leid als mittelloser Dichter, denn „die Laien verstehen nicht, was zu einem Dichter gehört", wie er sagt. Gerade dort, wo ein klerikaler Poet ein weltliches Sujet aufgreift, also seinerseits die alten Grenzen überschreitet, sieht er sich veranlaßt, seinem gelehrten Publikum ein Überlegenheitsgefühl über die Laien zu vermitteln, über das „Laienvieh", wie es in Carmen Buranum 138,3 polemisch heißt (wenn der Herausgeber O. Schumann mit seiner ansprechenden Konjektur *laicorum pecus bestiale* recht hat). Weltliche lateinische Gedichte sind also wohl, wenn überhaupt, nur am Hof eines Bischofs oder im Hause eines Domherrn, da und dort vielleicht auch an der Tafel eines Propstes, schwerlich aber eines Abtes oder Priors vorgetragen worden, jedenfalls nicht, solange die Klosterzucht halbwegs intakt war. Ebenso können sie als Schulübung gedient haben. Vermutlich auf die Schule beschränkt blieb die Rezitation von juristischen Lehrgedichten, von Briefsammlungen und Brieflehren. Theologische, hagiographische und historiographische Texte waren grundsätzlich für jedes geistliche Ohr geeignet, wurden aber doch wohl überwiegend durch das Auge aufgenommen, abgesehen von gelegentlicher Verwendung von Heiligenviten im Officium divinum. Primär für diesen Rahmen bestimmt waren die lateinischen Hymnen und Sequenzen. Im Mönchskapitel der Zisterzienser wurden die Predigten Hermanns von Rein gehalten. Im Schoß geistlicher Gemeinschaften, namentlich der Augustiner-Chorherren, entwickelte sich aus der liturgischen Feier das liturgische Spiel, das allerdings alsbald auch weltlichen Kirchenbesuchern vorgeführt wurde, vermutlich da oder dort schon in seiner rein lateinischen, aber als „Pantomime" verständlichen Form. Ein sicheres Indiz für ein lateinunkundiges Publikum sind größere eingefügte volkssprachliche Partien. Sie haben pastorale Funktion, vergleichbar der Volkspredigt.

So wie neben die Schriftzeugnisse lateinischer Klosterpredigten in dem hier dargestellten Zeitabschnitt solche deutscher Predigten treten, die sich zweifelsfrei ans Volk und nicht bloß an illiterate Laienbrüder wenden, so scheiden diese auch als Publikum der *Erinnerung an den Tod* (Melk? um 1160/70?), der *Kindheit Jesu* (um 1200) und der *Warnung* (um 1250?) aus. Hier zielt geistliche Dichtung erstmals direkt auf den

Adel in der „Welt", belehrend, tadelnd, beißend-satirisch oder auch gemütvoll erbauend. Alle drei Gedichte stammen höchstwahrscheinlich aus der Passauer Diözese, das erst- und das letztgenannte nehmen zu dem hier geübten Minnesang negativ Stellung. Das biblisch-legendäre Epyllion bietet einen geistlichen Ersatz für den Höfischen Roman hartmannscher Prägung. Nicht, daß es im Passauer Bistum im späteren 12. Jahrhundert an neuen Texten für den Gebrauch in der geistlichen Gemeinschaft gänzlich mangeln würde, aber sie überwiegen nicht mehr. Ganz anders in den Alpenbistümern. Hier fällt die volkssprachliche Produktion im geistlichen Bereich überhaupt spärlich aus, bricht zur Jahrhundertwende ganz ab und ist in allererster Linie für die Tischlesung im Konvent gedacht oder überhaupt nur als Hilfestellung für das Verständnis der täglich gefeierten Liturgie (so die *Seckauer Gebete* und die *Millstätter Interlinearversion* des Psalters).

Was sich anderswo nur vermuten läßt, eine Symbiose lateinischen und deutschen Schrifttums (wie wir sie für die erste Hälfte des 12. Jahrhunderts in Melk ausgemacht haben), wird in der zweiten Jahrhunderthälfte in Seckau greifbar. An der Rezeption nehmen hier offenbar damals Chorherren und Chorfrauen in ziemlich gleicher Weise teil, an der Produktion lateinischer und deutscher Dichtung haben die Chorherren mit Sicherheit höheren Anteil, während die Prosaeinschübe in einigen Handschriften wohl nur von Chorfrauen stammen. Zur dienenden Rolle der Frau in der Kirche paßt es auch, wenn Texte männlicher Verfasser vielfach von weiblicher Hand aufgezeichnet werden, in Seckau und anderweit. Die Regel ist dies aber keineswegs. Etwa im Falle der drei großen alpenländischen Sammelhandschriften geistlicher Dichtungen aus der zweiten Hälfte des 12. Jahrhunderts bzw. vom Anfang des 13. Jahrhunderts (s. o. S. 454ff.) haben wir keinen Anhaltspunkt für die Annahme weiblicher Skriptorenschaft. Auffällig und nach wie vor einer Erklärung bedürftig ist das Mißverhältnis zwischen dieser regen Schreibtätigkeit und der geringen Eigenproduktion geistlicher Dichtung in den Alpendiözesen.

Immerhin läßt sich im weltlichen Bereich ein ähnliches Mißverhältnis beobachten. Die weltliche Dichtung setzt im deutschsprachigen Ostalpenraum mit großer Verspätung, nämlich erst nach der Jahrhundertwende ein, die Verschriftlichung weltlicher Texte dagegen bereits kurz danach im zweiten Viertel des 13. Jahrhunderts, also Jahrzehnte früher als in der Diözese Passau. Es wird kaum Zufall sein, daß die beiden Nibelungenhandschriften B und C vermutlich in Südtirol, also in räumlicher und zeitlicher Nähe zum Codex Buranus (von ca. 1230) entstanden sind, welcher seinerseits das Ausgreifen der Schriftlichkeit auf weltliches, wenngleich ganz überwiegend noch gelehrtensprachliches Terrain markiert. Ein Zusammenhang mit der wichtigen Rolle der weltlichen Macht geistlicher Fürstentümer im Ostalpenraum und mit der größeren Verbreitung der Schriftkundigkeit unter den Laien in Südtirol liegt nahe.

Eine echte kulturelle Konkurrenz erwuchs den Residenzen der Bischöfe von Trient, Brixen, Salzburg und Gurk in den Höfen der weltlichen Landesfürsten von Tirol, Kärnten und der Steiermark erst allmählich im 13. Jahrhundert. Landshut und namentlich Wien nahmen dagegen schon in der zweiten Hälfte des 12. Jahrhunderts als Herzogsresidenzen einen großen Aufschwung und überflügelten Passau nach Wolfgers Wechsel auf den Patriarchenstuhl von Aquileia zumindest als Zentren volkssprachlicher Literatur spielend. Die lateinische Geschichtsschreibung zeigte bereits im 12. Jahrhundert eine deutliche Tendenz zur Ausbildung eines bairischen bzw. österreichischen Landesbewußtseins ohne Rücksicht auf die Diözesangrenzen, was auch mit der Tradition der bairischen Chronistik einerseits und der österreichischen Annalistik andererseits zusammenhängt. In der Steiermark artikuliert sich das erwachende Eigenständigkeits- und Solidaritätsgefühl der Machthaber des Landes dagegen erst in der volkssprachlichen Dichtung des 13. Jahrhunderts, seitdem die Landesherrschaft umkämpft und die Zukunft des Landes ungewiß ist. Aus Kärnten haben wir keine vergleichbaren Zeugnisse. Die Ausbildung des Landes Tirol erfolgt erst unter Graf Meinhard II. (1259–1295). Aber schon die Heldenepik der ersten Jahrhunderthälfte, *Ortnit*, *Wolfdietrich*, *Ecke*, *Laurin*, legt großes Gewicht auf tirolisches „Lokalkolorit", setzt bei ihrem adeligen Publikum also Interesse daran voraus. Ob der Name Tirol im *Eckenlied E₂* und im *Laurin A* nur das gräfliche Territorium oder schon das Land meint, läßt sich nicht entscheiden. Es sollten sich aber gewiß möglichst viele *grâven*, *vrîen*, *dienestman* angesprochen fühlen. Diese Gruppe der führenden Männer wird in anderen Ländern im 13. Jahrhundert, wie wir gesehen haben, sogar direkt angeredet, teils als Partner, teils als Kontrahenten des Landesfürsten. Es entsteht so etwas wie eine eigene Landherrenliteratur.

Im 12. Jahrhundert läßt sich dagegen vorerst überhaupt nur ein einziger Gönner weltlicher deutscher Dichtung in unseren vier Bistümern ausmachen, der Herzog von Österreich. An seinem Hof florierte vermutlich der frühe donauländische Minnesang, hier sangen dann Reinmar der Alte und Walther von der Vogelweide. Gegen Ende des Jahrhunderts trat dem Herzog allerdings der Passauer Bischof als Mäzen zur Seite. An seinem Hof wirkten wahrscheinlich Albrecht von Johannsdorf, der Dichter bzw. Redaktor des *Nibelungenliedes* und der Autor der *Klage;* hier fand Walther, nachdem er Wien hatte verlassen müssen, zeitweilig Aufnahme. Sowohl die direkte Reinmar- und Walthernachfolge als auch die *dörperlîche* Wendung gegen diesen Minnesang zentrierten sich dann aber wiederum auf den Babenbergerhof. Allerdings kam der Initiator des „Gegensanges", Neidhart, aus Baiern, so wie schon der eine oder andere Vertreter der frühen „Donauschule". Den Anschluß an den rheinischen, romanisch beeinflußten Minnesang stellte Reinmar (dessen persönliche Herkunft wir nicht kennen) her. Auch Walther griff romanische Anregungen bereitwillig auf, daneben aber ebenso gerne Formen und Inhalte geistlicher und weltlicher lateinischer Lyrik, die auch schon mit dem frühen Minnesang in einem, wenngleich schwer zu definierenden Wechselverhältnis gestanden hatte.

Während das Bistum Passau (im Unterschied zu den Alpenbistümern) in der sogenannten Blütezeit der mittelhochdeutschen Dichtung von 1170/80 bis 1220/30 zum Minnesang einen hervorragenden Beitrag leistet, fehlt ein solcher im Bereich der (pseudo)historischen Epik und des Höfischen Romans völlig. Während das bairische Kernland Werke wie die Regensburger *Kaiserchronik* (Mitte des 12. Jahrhunderts), *König Rother* (um 1160/70), Konrads *Rolandslied* (um 1170) oder *Herzog Ernst* (um 1170/80) für sich buchen kann, schließt sich das Passauer Bistum hier erst mit der *Klage* (Anfang des 13. Jahrhunderts) an, die aber auch nur die Form und historisierende Tendenz von jenen Epen übernimmt, im Erzählinhalt aber völlig von dem eben erst entstandenen oder entstehenden *Nibelungenlied* abhängig ist. Unsere Region setzt also neugestaltende Bewahrung germanischer Heldensage der Beschäftigung mit christlich-frühmittelalterlicher Geschichte, Sage und Legende entgegen. Die Rolandssage kommt erst mit dem *Karl* von Baiern weiter nach Osten. Der Stricker hat diese seine Version des *Rolandsliedes* aber vielleicht schon ebenso fertig nach Österreich mitgebracht wie den *Daniel*. Wirklich Fuß fassen kann der Höfische

Versroman erst mit dem Pleier, dessen Lebens- und Schaffensraum wir allerdings nur schwer festlegen können. Beziehungen zur Steiermark wie zu Niederbaiern scheinen jedoch durchaus erwägenswert. Vor den Werken des Pleiers entsteht aber schon die *Krone* (1220/40), und zwar höchstwahrscheinlich südlich des Alpenhauptkamms, vielleicht in Tirol. Der Artusroman hartmannscher und wolframscher Prägung erfährt in der neuen Umgebung bei Heinrich von dem Türlin eine „manieristische" Übersteigerung bzw. eine „klassizistische" beim Pleier.

Der nachklassische Artusroman, die Heldenepik und der Minnesang sind allesamt sowohl in der Passauer als auch in den Alpendiözesen vertreten. In den beiden zuletzt genannten Gattungen macht sich aber eine gewisse „Spezialisierung" hier wie dort bemerkbar. In der alpenländischen Heldenepik dominiert die Dietrichsage völlig, während der Donauraum stärker im Banne des *Nibelungenliedes* zu stehen scheint. Die Ausstrahlung von Neidharts Minnesang nimmt, ausgehend von Wien, mit steigender Entfernung offenbar ab, während im Süden ein neues Gravitationsfeld um Ulrich von Liechtenstein entsteht, der in sein Konzept eines „verritterlichten" Minnesangs reinmarsche und walthersche Vorgaben integriert. Größere Gunst bei alpenländischen als bei donauländischen Gönnern finden die Sangspruchdichter, und zwar sowohl mehr volkstümlich predigthafte wie Bruder Wernher als auch sich ganz gelehrt gerierende wie der Marner. Als lateinischer Dichter stellt sich der Marner in eine Reihe mit den *Carmina Burana*-Autoren. Ein Naheverhältnis zu einem geistlichen Fürstenhof versteht sich bei einem solchen Autor nahezu von selbst, ist aber auch bei anderen *poetae docti*, auch wenn sie deutsch schreiben wie Heinrich von dem Türlin oder der Verfasser des *Weinschwelgs*, zu erwägen.

Trotz einer gewissen Gelehrsamkeit ganz auf volles Verständnis und Interesse bei den Laien zielt dagegen der Stricker mit seinem unvergleichlich breit gefächerten Œuvre vom *Daniel* und *Karl* über die Versnovelle und den Schwankzyklus bis zu Bispel und Rede. Er hat offenbar im Bistum Passau bis zu einem gewissen Grad Ersatz für den Versroman anderer Verfasser wie für den Sangspruch geboten und bildet hierzulande neben Neidhart den wichtigsten literarhistorischen Kontinuitätsfaktor vom 13. Jahrhundert bis zum Beginn der Neuzeit (s. Bd. II). Nichtsdestoweniger wirkt er (ebenso wie Neidhart) natürlich auch, wenngleich etwas schwächer, auf andere Regionen, wie sich u. a. an Herrand von Wildon, der *Bösen Frau* und dem *Weinschwelg* ablesen läßt. Die diversen Typen der kleineren Reimpaardichtung sind vom Stricker entweder überhaupt ins deutsche Schrifttum eingeführt oder erstmals in den weltlichen Bereich übertragen oder zumindest ins Stadium der „Massenproduktion" überführt worden. Eine der wichtigsten Gattungsneuerungen der gesamten deutschen nachklassischen Literatur fällt somit dem Herzogtum Österreich zu. Eine vergleichbare Innovation hat auf der steirischen Seite Ulrich von Liechtenstein mit seiner fiktiven Autobiographie unternommen, damit aber keine Nachfolge gefunden. Literaturgeographische Bedeutung kommt dem *Frauendienst* aber insofern zu, als Ulrich dabei offenkundig Anregungen aus dem oberitalienischen Raum aufgenommen hat. Auf die Verbindung des deutschen mit dem romanischen Alpenraum weist auch die Topographie der Dietrichepen. Die Randlage ist also nicht ganz ohne Auswirkung auf die südostdeutsche Literaturlandschaft geblieben. Wenn wir umgekehrt fragen, was aus dem Westen und Nordwesten gar nicht bis in unsere vier Bistümer vorgedrungen, d. h. hierzulande ohne produktive Nachfolge geblieben ist, so wären vor allem der Antikenroman, der anderswo durch so wichtige Werke wie die *Eneide*

Heinrichs von Veldeke, den Straßburger *Alexander* (um 1170) oder den *Alexander* Rudolfs von Ems (um 1240) vertreten ist, und der Tristanroman zu nennen, nicht zuletzt aber auch die literarische Prosa, die in „Österreich" außer zu interlinearer Übersetzung und zur Abfassung des *Österreichischen Landfriedens* von 1254 nur für die Predigt Verwendung findet.

Fassen wir solche markante Leerstellen ebenso ins Auge wie die Übergewichte, die Verspätungen und Verfrühungen bei anderen Literaturgattungen, so zeichnen sich die Konturen eines eigenen, wenngleich keineswegs autochthonen Literaturraumes ab. Den Gemeinsamkeiten dieses Gesamtraumes stehen wichtige innere Gegensätze zwischen dem Bistum Passau und den Alpenbistümern gegenüber. Auch innerhalb dieser beiden Regionen zeichnen sich bereits Differenzierungen ab, die näher zu bestimmen die Quellenlage jedoch kaum erlaubt. Von den „österreichischen" Ländern entwickeln die Herzogtümer Österreich und Steier den größten inneren Zusammenhalt, so daß es nicht besonders verwundert, wenn sie auch schon am ehesten ein eigenes literarhistorisches Profil gewinnen. Zur Leitgröße der Darstellung eignen sich die Länder Österreich, Steier, Kärnten, Tirol und Salzburg aber erst, wenn sie sich alle als eigene staatliche Einheiten im Rahmen des mittelalterlichen Reiches etabliert haben (s. Bd. II).

Schon der vergleichende Ausblick auf die romanische Kunst in „Österreich" und auf die gesamteuropäische Literatur des Hochmittelalters hat zu großzügigster Auswahl und geradezu leichtfertiger Oberflächlichkeit genötigt. Wenn sich nun noch die Aufgabe stellt, den **ideen- und mentalitätsgeschichtlichen Gehalt der Literatur** unserer Epoche zusammenzufassen, so kann dabei zwar immer wieder auf die zuvor in den diversen Abschnitten der Literaturgeschichte herausgearbeiteten Einzelergebnisse verwiesen, aber eben gerade nicht die verwirrende Vielfalt der Stimmen als solche aufgerufen werden, sondern sie muß auf ein überschaubares Maß reduziert und damit grob simplifiziert, zugleich aber wieder ansatzweise in den größeren Zusammenhang der Kulturgeschichte des Reichs und Europas eingebettet werden.

Nicht wenige Mediävisten der Gegenwart wollen die entscheidenden soziokulturellen Epochenschwellen im 12. und im 18. Jahrhundert ansetzen, im 15./16. Jahrhundert dagegen nur einen Einschnitt von geringerer Bedeutung sehen. In diese Diskussion kann hier nicht eingegriffen werden. Vom Standpunkt der Literaturgeschichte läßt sich eine so eindeutige Gewichtung jedenfalls nur schwer begründen. In der volkssprachlichen Literatur scheinen die Innovationen des 12. Jahrhunderts allerdings bedeutsamer als die des 15./16. Jahrhunderts zu sein. Aber das immer wieder als Argument verwendete lateinische Schrifttum der Theologie und anderen Wissenschaften ist im 12. Jahrhundert trotz seiner unverkennbaren rationalistischen, subjektivistischen und säkularistischen Tendenzen doch noch weit stärker in das christliche Weltbild der einen katholischen Kirche eingebunden als die Literatur des 15./16. Jahrhunderts, was allein schon an der Trägerschicht ablesbar ist, die im 12. Jahrhundert fast ausschließlich aus Klerikern, in der italienischen Hochrenaissance des 15./16. Jahrhunderts aber überwiegend aus Laien besteht. Wir brauchen uns mit der Bestimmung des religiösen Standpunkts der Renaissance des 12. Jahrhunderts jedoch gar nicht weiter auseinanderzusetzen, da jene das christliche Weltbild partiell gefährdenden Tendenzen entweder gar nicht oder in stark abgeschwächter Form nach „Österreich" gelangen. Die sprachlogischen Subtilitäten des Magisters Petrus von

Wien stoßen hier auf wenig Verständnis. Die freizügige Sexualmoral der *Carmina Burana* erhebt keinen Absolutheitsanspruch, sondern wird als Zugeständnis an die „triebverfallene" Jugend in den Rahmen einer Enzyklopädie christlich-moralischer Lebenslehre eingebettet – anders als die Sexualmoral des volkssprachlichen Minnesangs (s. u.). Vom Platonismus eines Bernardus Silvestris (s. o.) oder vom Averroismus weiß man hierzulande offenbar nichts. Gelehrtes Recht und Ars dictaminis treten fast ausschließlich in den Dienst der Kirche. Im übrigen kommt die intensivierte Sprachschulung vor allem der geistlichen Lyrik zugute. Inhaltlich bleibt diese der monastischen Tradition streng verhaftet. Die schon in der vorangehenden Periode ständig im Steigen begriffene Verehrung der Gottesmutter gewinnt allerdings noch beträchtlich an Raum. Im Mittelpunkt der staunenden Bewunderung steht nach wie vor das Wunder der jungfräulichen Geburt, das durch zahlreiche typologische Präfigurationen „erklärt" wird. Das manifestiert sich nicht nur in den Marien- und Weihnachtssequenzen, sondern etwa auch im *Benediktbeurer Weihnachtsspiel,* und nicht nur in der lateinischen, sondern auch in der deutschen Dichtung, wie der *Seckauer Mariensequenz,* der *Litanei* Heinrichs von Seckau oder Walthers Leich. Aber in der lateinischen Marienlyrik erscheint das Verhältnis Marias zu Jesus trotz aller heilsgeschichtlicher Implikationen in zunehmendem Maße vermenschlicht und verinnerlicht. Während auf der einen Seite die innige Beziehung von Mutter und Kind schon auf das spätmittelalterliche Verständnis des Neuen Testaments vorausweist, rückt das aus der Bibelallegorese, genauer der christlichen Hoheliedexegese gewonnene Bild von Braut und Bräutigam mehr als einmal in die unmittelbare Nähe der weltlichen deutschen Minnelyrik, so wenn etwa in der Sequenz AH 54, Nr. 224 der sehnsüchtige Ruf nach der Geliebten beim Anbruch der schönen Jahreszeit erklingt (s. o. S. 212). Im 13. Jahrhundert ist das Bild vom Geliebten Marias dann offenbar so geläufig, daß Friedrich von Sonnenburg sich anzügliche Scherze darüber zu machen getrauen kann.

Die Arbeitsteilung zwischen der lateinischen und der deutschen Sprache bleibt während der gesamten Periode einigermaßen aufrecht. Selbst die religiöse Dichtung, wo das Deutsche dem Lateinischen noch am ehesten Konkurrenz zu machen pflegt, hält sich, abgesehen von wenigen Ausnahmen wie der *Seckauer Mariensequenz,* von den genuin lateinischen Genera fern. In der Liturgie des Chorgesangs ist ohnehin nur die heilige Sprache zugelassen. Umgekehrt überschneiden sich die weltlichen Lieder der *Carmina Burana* inhaltlich und gattungsmäßig nur in relativ wenigen Fällen unmittelbar mit der deutschen Lyrik. Immerhin besingen sie menschliche und allzumenschliche Empfindungen, Vorstellungen und Situationen, denen wir in Kenntnis der vorher in dieser Literaturgeschichte besprochenen lateinischen Literatur innerhalb derselben zu begegnen nicht gewärtig sein konnten. Daß der oder die Sammler der *Carmina Burana* deshalb nicht einfach als epikureische Genußmenschen zu gelten haben, wurde schon mehrfach betont. Gleichwohl gewinnen rein irdische Belange hier eine zumindest partielle Autonomie wie sonst nur in volkssprachlicher Dichtung. Dagegen zeigt sich die Geschichtsschreibung weiterhin der traditionellen religiösen Sicht der Dinge verhaftet, sei es, daß sie überhaupt in Form von Lebensbeschreibungen frommer und heiliger Männer auftritt, sei es, daß sie Welt-, Kirchen- und Reichsgeschichte von der Warte eines Klosters oder Stifts aus beschreibt, in jedem Falle aber, weil sie die Taten der Menschen, insbesondere der Machthaber, unter dem Aspekt von Gut und Böse, von Gottes Lohn und Strafe erzählt. Dahinter wird das geschichtstheologische Konzept Augustins zwar schattenhaft sichtbar, aber nie explizit gemacht, schon gar nicht, wo sich aus dem Gang der Ereignisse Widersprüche zu dem Konzept ergeben. Man denkt nicht daran, die Geschichte in den geschlossenen Rahmen von Weltschöpfung und Weltuntergang, von Sündenfall und Jüngstem Gericht einzuspannen, wie dies Otto von Freising getan hat. Nur auf diesen Rahmen und das dazwischenliegende zentrale Ereignis der Erlösung beschränken sich dagegen die Bibelallegorese, Heilsgeschichtsabrisse wie das *Anegenge* und geistliche Spiele wie das *Benediktbeurer Weihnachtsspiel.* Magnus von Reichersberg läßt seine Annalen zwar mit Christi Geburt, Hermann von Niederalteich die seinen sogar mit der Erschaffung der Welt beginnen, beide begnügen sich aber für die ältere Zeit mit einer ganz knappen Chronographie und verbreitern die Darstellung erst gegen Ende, wo das Hauptinteresse der Geschichte Baierns und der eigenen Diözese gilt. Keineswegs stellen die Chronisten die grundsätzliche Bedeutung der legitimen Reichsgewalt in Frage. Der *honor imperii* ist aber kein wichtiges Anliegen. Vielmehr zeichnet sich die Entwicklung zur spätmittelalterlichen Landeschronik schon ab (s. Bd. II).

Im Norden des Reichs wird bereits in der ersten Hälfte des 13. Jahrhunderts deutsche Prosa für die Geschichtsschreibung verwendet. Den deutschen Vers benutzt Rudolf von Ems, um für den Staufer Konrad IV. um 1250 seine (unvollendete) *Weltchronik* abzufassen. Erst in den 70er Jahren des 13. Jahrhunderts schließt sich ihm der Wiener Bürger Jans mit seiner *Weltchronik* an (s. Bd. II). Historische Ereignisse kommen auf deutsch in unserem Raum allerdings durch die Sangspruchdichter, einige ganz wenige auch bei Neidhart und Ulrich von Liechtenstein zur Sprache. Dabei läßt sich dieselbe Beobachtung wie bei der lateinischen Historiographie machen: Die Reichsidee spielt, wenn überhaupt, nur eine untergeordnete Rolle. Selbstverständlich sind davon die für den Kaiserhof verfaßten Sprüche Walthers von der Vogelweide und Reinmars von Zweter ausgenommen, die aus unserem regionalen Rahmen herausfallen. Aber auch die beiden „Reichsdichter" stellen die Machtbefugnisse der Landesfürsten nicht grundsätzlich in Frage, plädieren jedoch für eine freiwillige Unterordnung unter die Reichsgewalt, sofern diese das Recht auf ihrer Seite hat. Diese politische Stellungnahme fügt sich nahtlos in die allgemeine Sozialethik ein, wie sie sowohl von den lateinischen Historiographen als auch den deutschen Didaktikern und Sangspruchdichtern der Zeit vertreten wird: Gott hat die menschliche Gesellschaft in Analogie zum gesamten Kosmos als hierarchisch gestuften, auf vollkommene Harmonie der Glieder ausgerichteten Organismus geschaffen. Vor Gott und seinem Gericht sind alle Stände von gleichem Wert, im Diesseits haben sie aber verschiedene Aufgaben und daher auch verschiedene Befugnisse. Aufgrund der Erbsünde maßen sich ihre Vertreter allerdings Rechte an, die ihnen nicht zukommen, die Niederen das Recht zum Aufbegehren und Aufstieg, die Höheren zur Überhebung und Unterdrückung. Ihre Pflicht besteht vielmehr in gehorsamem Dienen auf der einen und in liebender Fürsorge auf der andern Seite. Für die Gesellschaft gilt grundsätzlich dasselbe wie für die christliche Familie, deren für das Mittelalter gültiges Bild der Apostel Paulus entworfen hat. Das in der Realität nur allzuoft von brutaler Repression beherrschte Verhältnis von *rîchen unde armen, potentes et pauperes,* wird dem Postulat gegenseitiger Hilfeleistung und treuen Beistandes unterworfen. Verhaltensmaßregeln für die unteren Stände tauchen verhältnismäßig selten auf (so z. B. beim Stricker, am massivsten bei Wernher dem Gärtner), verständlicherweise, da die Dichtung aller weltlichen Gattungen ja für die Höfe der Fürsten und Landherren bestimmt ist. So schallen uns aus fast allen diesen Texten die Aufrufe zur Wahrung der alten Standestugenden entgegen, die da sind: ritterliche Tapferkeit, Lehenstreue, Beständigkeit, Zuverlässigkeit, Gerechtigkeit, Mäßigkeit, Freigebigkeit und dergleichen. Kaum ein Didaktiker oder Spruchdichter, mag er nun Walther von der Vogelweide, Reinmar von Zweter, Thomasin von Zerklaere, Bruder Wernher, Wernher der Gärtner oder anders heißen, verzichtet darauf, den Adeligen vor Augen zu führen, daß Geburt, Macht und Reichtum allein den Anspruch wahren Adels nicht rechtfertigen, sondern erst die Erfüllung jener ethischen Forderungen. Das darin steckende sozialrevolutionäre Potential bleibt unter Verschluß, weil der bereits im frühmittelhochdeutschen Gedicht *Vom Rechte* propagierte (s. S. 128f.) Tugendadel zwar prinzipiell für jedermann erstrebenswert und zugänglich ist, aber nur im Jenseits als alleiniger Bewertungsmaßstab, im Diesseits dagegen nur im Rahmen der vorgegebenen Standespflichten zur Geltung kommen kann. Dem Bauern untersagt, dem Adeligen jedoch aufgetragen ist hier eine repräsentative Lebensführung in Schönheit, Festglanz und steter Freude über das ihm von Gott zugeteilte Standesprivileg. Dazu gehört die Förderung der Künste, nicht zuletzt der Sänger und Dichter. Im ureigensten Interesse werden die Berufspoeten nicht müde, ihren tatsächlichen oder potentiellen Gönnern diese ihre Aufgabe einzuhämmern. Wahre aristokratische Gesinnung soll sich auch in gutem ästhetischem Urteil beweisen. Selbstverständlich dem Adel vorbehalten ist auch das Führen von Waffen, die er freilich nur zum Schutz der Wehrlosen, d. h. der Bauern, Bürger, Frauen, Kinder und des Klerus, und zur Wahrung von Frieden und Recht gebrauchen darf.

Die Berufsdichter, die selbst ja ganz überwiegend nicht dem Adel angehören, lassen wenig Zweifel daran, daß viele, ja die Mehrheit der Adeligen sich ihres Standes nicht würdig erweisen. Aber kaum einer geht so unbarmherzig mit ihnen ins Gericht wie einer der Ihren schon in den ersten Jahrzehnten der Entfaltung dieser neuen Standeskultur, Heinrich (von Melk?), der die Welt und seinen Stand verlassen hat und nun nicht nur den Rittern alle ihre Verfehlungen vorrechnet, sondern überhaupt dieses Ritterethos vom Standpunkt eines christlichen Rigorismus der innern Hohlheit zeiht. Selbstverständlich verträgt sich mit der Nachfolge Christi im strengen Sinne des Evangeliums kein innerweltliches Leben ganz, aber die tägliche Mühe und Plage eines armen Bauern doch noch weit eher als das blutige Ritterhandwerk und das Wohlleben des Adels. Unter den frommen Männern seiner und späterer Zeit steht Heinrich mit dieser Meinung nicht allein, auch wenn wir ähnliche scharfe Töne in unserem Raum nur vereinzelt vernehmen, hier und da einmal in einer Bischofsvita oder Chronik sowie in der *Warnung* aus der Mitte des 13. Jahrhunderts. Selbst so kirchentreue Autoren wie der Stricker oder Bruder Wernher suchen die Maximen der christlichen Moraltheologie mit dem weltlichen Ritterideal in der eben skizzierten Weise in Einklang zu bringen. Ganz einfach war das freilich nicht; die größten Schwierigkeiten bereitete dabei der zentrale Wert der Minne.

Im donauländischen Minnesang verschafft sich erstmals in der Geschichte unseres Raumes der Kriegeradel, der „Ritter", selbständig und unmittelbar Gehör. Er stimmt ein von nun an immer neues Lied von den ganz und gar weltlichen Freuden und Leiden der Liebe an, so als wäre dies das Selbstverständlichste von der Welt, während rund um ihn noch jahrzehntelang nur Kleriker, Laienbrüder und Klausner das Wort ergreifen. Wenn diese sich überhaupt zu dem neuen Gesang äußern, dann kommt ein derartig vernichtendes Urteil heraus wie das Heinrichs (von Melk?). Darum scheinen sich anfangs die Minnesänger ihrerseits kaum zu kümmern und erst gegen Ende des 12. Jahrhunderts auf den Vorwurf der Sündhaftigkeit der Minne einzugehen. Albrecht von Johannsdorf räumt in Lied IV scheinbar ein, daß seine Zuneigung zu einer Frau Sünde sei. Doch diese liegt offenbar eher darin, daß ihn die Liebe vom Kreuzzug abzuhalten droht. In Lied II spricht der Sänger hingegen der wahren, echten und treuen Liebe geradezu sündentilgende Kraft zu (s. o. S. 260). Wo die irdische Minne mit der Gottesliebe in Konkurrenz zu treten im Begriff steht, dort gerät die Seele jedoch allemal in Gefahr. Walther von der Vogelweide kennt beim Lob weiblicher Schönheit keine Grenzen, schränkt aber ein: „Wenn ich es, ohne eine Sünde zu begehen *(vor sünden)*, zu sagen wagte, so sähe ich sie lieber an als Himmel und Himmelswagen" (L 54,1f. – M 66,3,5f.). Mag dies auch nur eine halb scherzhafte Distanzierung von einem Gemeinplatz der Trobadors und Trouvères sein, die gerne die Gunst ihrer Dame über die Erlangung des Paradieses stellen oder gar (wie Peire Vidal) den Anblick der Geliebten mit dem Gottes zu vergleichen wagen, so wird dahinter dennoch der wahre ideelle Fluchtpunkt aller Hohen Minne sichtbar: die Erhebung der *vrouwe* in die Sphäre des Absoluten, woraus sich die demütige Unterwerfung, die endlose Sehnsucht und die letztlich vergebliche Werbung allein erklären. Während der frühe Minnesang dem kirchlichen Verdikt ausgesetzt war, die freie Liebe, die vor- oder außereheliche Sexualität zu propagieren, so entging die Liedkunst der Hohen Minne diesem Verdikt nur um einen hohen Preis. Die sexuelle Erfüllung wurde zwar ad infinitum hinausgeschoben, aber sie blieb das teils implizite, teils explizite Ziel aller Wünsche und war nur deshalb nicht erreichbar, weil die Dame in gottgleiche Höhen entrückt wurde, was an Blasphemie oder Ketzerei grenzte. Zwar mochte der Minnesänger darauf hinweisen, daß treuer unbelohnter Minnedienst den moralischen Wert des Mannes steigert (Albrecht von Johannsdorf XIII, 7,6; Walther L 93, 18 – M 74, 4, 12), in den Augen religiöser Rigoristen handelte es sich doch allemal um fleischliche Minne, *amor carnalis.* Am Ende seines Lebens gestand Walther es dann auch ein: *lobe ich des lîbes minne, deis der sêle leit* (L 67, 24– M 5,5,5; s. o. S. 279). Damit meinte er gewiß nicht nur seine Lieder der sogenannten niederen Minne. Schlechtweg als Götzendienst qualifiziert die Hohe Minne dann der Verfasser der *Warnung* (S. 240).

Drei Wege boten sich in dieser Lage an. Zum einen konnte die Minne tatsächlich total spiritualisiert werden. Das Ziel des Lobpreises und der Verehrung ist nur noch die Frau schlechthin. Als Krone der Schöpfung weist sie auf die Schönheit und Güte des Schöpfers. Zum andern konnten die erotischen Wünsche von Mann und Frau in die kirchlich sanktionierten Bahnen der Ehe gelenkt werden. Schließlich konnte man offen gegen die kirchliche Bevormundung Front und das Recht des Kriegeradels auf eine eigenständige Sexualmoral geltend machen. Den letzten Weg beschritten die wenigsten. Man vertraute lieber darauf, daß die Welt des Minnesangs als ein Freiraum gesellschaftlichen Spiels auch von der Kirche respektiert werden würde, lag doch der Widerspruch zur realen patriarchalischen Sozialstruktur, die keine erhabene Position der Frau kannte, ohnehin klar zutage. So hat man in der neueren Forschung mehrfach die völlige Irrealität des Minnesanges betont, der über das tatsächliche Verhalten des höfischen Menschen nichts aussage und daher mit moraltheologischen Maßstäben gar nicht meßbar sei. Daß zumindest nicht alle Zeitgenossen die Sache so gesehen haben, beweisen didaktische Dichter wie der Stricker und Bruder Wernher, die die ersten beiden Wege beschritten haben, sowie Ulrich von Liechtenstein, der Vertreter des dritten Weges.

Gewiß richtig gesehen ist allerdings, daß der Minnedienst nicht einfach eine Art Allegorie der sozialen Wirklichkeit ministeriellen Dienstes sein kann, auch wenn aus ihr einiges an Begrifflichkeit in die literarische Sphäre eingedrungen sein mag. Vielmehr appelliert alle klassische mittelhochdeutsche Dichtung an das Solidaritätsgefühl einer in der Realität nach Macht und Besitz differenzierten adeligen Hofgesellschaft, für die die Berufsbezeichnung des Ritters (ursprünglich des gepanzerten Reiters) als eine verklammernde Chiffre dient. Die soziale Mobilität am unteren Rand zwischen niederem Adel und reichem Bauerntum kann unter dieser Voraussetzung nur als Störfaktor empfunden werden. Die Verunglimpfung der pseudoritterlichen Bauerngecken durch Neidhart und im *Helmbrecht,* die Verurteilung der Macht des Geldes und der Erwerbstätigkeit Adeliger durch den Stricker, das Festhalten an äußeren Unterscheidungsmerkmalen der Stände im Lebensstil bei so gut wie allen Autoren entspringen sowohl den speziellen Interessen des Gesamtadels wie dem völlig statischen Weltbild des Mittelalters im allgemeinen. Daß sich derartige Äußerungen erst im Verlaufe des 13. Jahrhunderts häufen, mag vor allem an Art und Zahl der Quellen liegen. Aber die Mentalität des Adels muß auch von der Herausbildung des neuen Solidaritätsbewußtseins bis zu dessen Verfestigung und Verrechtlichung einen gewissen Wandel durchgemacht haben. Schließlich ist die reale ökonomische Entwicklung natürlich auch in unserer Epoche nicht stehengeblieben. Die steigende Bedeutung der Geldwirtschaft schafft für kleinere Adelige Schwierigkeiten bei der Befriedigung ihres Repräsentationsbedürfnisses, für reiche Bauern dagegen die Möglichkeit, sich bis zu einem gewissen Grade aus grundherrschaftlichen Abhängigkeiten zu befreien und auf vergleichsweise großem Fuße zu leben.

Aber es gibt kaum Indizien dafür, daß maßgebliche Teile des Adels diese Entwicklung, soweit sie sie überhaupt in ihren Auswirkungen wahrnahmen, als echte Bedrohung ihres Standes oder gar als Krise der Feudalgesellschaft überhaupt empfanden. Erstaunlich etwa, wie wenige Reflexe der tatsächlich steigenden Bedeutung der Städte unseres Raumes in den Texten begegnen. Selbst der von allen Lehr- und Spruchdichtern geübte Tadel des neuen Krämergeistes und der überhandnehmenden Raffgier, die als oberste Todsünde den Hochmut in der Werteskala verdrängt, sagt mehr über die abhängige Lage der Berufspoeten aus als über den Bewußtseinsstand der adeligen Gönner. Hier greifen wir nun wirklich entscheidende Neuerungen: In den vorangehenden Epochen treten nur Angehörige geistlicher Kommunitäten, hier und da einmal ein Säkularkleriker als Autoren hervor. In der Periode ab der Mitte des 12. Jahrhunderts setzt sich diese Linie natürlich, wenn auch abgeschwächt, fort, unvermittelt ergreifen jedoch „Ritter" das Wort als Minnesänger, bald auch als Erzähler. Vom Kürenberger bis zum Liechtensteiner, von Konrad von Fußesbrunnen bis Herrand von Wildon reißt nun die Kette der adeligen Dilettanten nicht mehr ab. Aber daneben tragen auch klerikal gebildete „Beamte" bei Hofe Wesentliches zur Literaturproduktion bei, die allerdings schwer von den „echten", nur vom Vortrag ihrer Werke lebenden Berufsdichtern zu trennen sind. Dieser neue Stand von Männern unterschiedlicher, mitunter sogar kleinadeliger Herkunft, die von einzelnen Gönnern für ihren kulturellen Beitrag zum Hofleben beherbergt, verköstigt und meist noch darüber hinaus entlohnt werden, stellt nun erstmals die vermutlich stärkste Gruppe unter den Produzenten deutscher Literatur und artikuliert selbstverständlich auch die eigenen Standesinteressen, die teilweise mit denen des Klerus parallel laufen, teilweise diesen aber auch diametral entgegengesetzt sind. Übereinstimmungen mit dem

Klerus können sich aus der gleichartigen Ausbildung, aus dem Wunsch nach einer kirchlichen Pfründe, nach Aufnahme am Hof eines geistlichen Fürsten oder aus anderen Gründen ergeben. Geradezu existenzbedrohend für den neuen Berufsstand ist es dagegen, wenn die Reformkreise der Kirche im 13. Jahrhundert, allen voran die Bettelorden, das alte, über Spielleute aller Art verhängte Verdikt auch auf solche professionelle Literaten ausdehnen. Dagegen erhebt am lautesten Friedrich von Sonnenburg Einspruch und rechtfertigt seinen Beruf als gottgefällige Tätigkeit. Dementsprechend kehrt er auch sonst in seinem Werk seine Frömmigkeit hervor, und dies tun, wenngleich mit wechselnden Akzenten, alle seine Zunftgenossen.

Walther von der Vogelweide wahrt allerdings die Distanz zur Amtskirche. Vor allem ist er noch von dem überwältigenden Optimismus seiner Generation erfüllt, die glaubt, das neue weltliche Lebensideal des Adels bruchlos mit den Forderungen der christlichen Religion vereinbaren zu können. Wie und wieweit dies gelungen ist, hat die Forschung endlos diskutiert und soll hier nicht nochmals erörtert werden. Drei Feststellungen mögen genügen: Der höfische Mensch, der zugleich Gott und der Welt zu gefallen vermag, ist von Anfang an ein der Lebenswirklichkeit ziemlich entrücktes, utopisches Leitbild einer eng begrenzten Standesgemeinschaft. Dem ständigen Zwang zur Rechtfertigung gegenüber der kirchlichen Autorität und dem christlichen Gewissen begegnet man durch Berufung auf die frühmittelalterliche *militia-Christi*-Vorstellung, die vor allem auf dem alttestamentarischen Kriegerethos und Königsideal aufbaut und auch jetzt bei ihrer weiteren Säkularisierung durch den Rückgriff insbesondere auf die Weisheitslehren des Alten Testaments, weit weniger auf die antike Moralphilosophie, ausgeweitet wird. Die Spannung zwischen Diesseits und Jenseits bleibt jedoch letztlich unaufhebbar, und selbst ausgesprochen lebensbejahende Dichter wie Walther schlagen am Ende ihres Lebens Töne des *memento mori* und *contemptus mundi* an.

Im folgenden spielt man gleichsam alle Kompromißmöglichkeiten mit stärkerer Betonung einmal des weltlichen, einmal des religiösen Anspruchs durch. Dabei überschneidet sich die jeweils gewählte Richtung häufig noch mit der politischen Parteinahme in der ab 1230 in Österreich und Steier immer wieder ausbrechenden, andernorts in unserer Region schon älteren Konfrontation von Landesherrn und Landherren. Grundsätzlich steht die Kirche eher auf seiten des Fürsten, doch läßt sich bei unseren Autoren die Frontstellung selten so klar erkennen wie im Falle Ulrichs von Liechtenstein, der weder für die überragende Macht des Landesherrn noch für bestimmte kirchliche Moralvorstellungen etwas übrig hat (s. S. 489f.). Der Stricker und die Sangspruchdichter nach Walther erweisen sich zwar keineswegs als religiöse Eiferer, aber als treue Söhne der Mutter Kirche, vertreten deren Lehre von Liebe und Ehe, mahnen zu Reue und Buße, gestatten jedoch ein standesgemäßes adeliges Leben. Auf Ausgleich bedacht sind sie auch in ihrer Gesellschaftslehre, die ein harmonisches Verhältnis von Landesherrn und Landherren vorsieht. In der jeweiligen Situation erlaubt das dem auf wechselnde Gönnergunst angewiesenen Fahrenden eine Entscheidung in jede Richtung. Auf des Strickers Spuren wandelt auch der Pleier, nur daß er sich mit der rauhen Wirklichkeit der Sünde gar nicht abgibt und eine rein ideale Romanwelt entwirft. Unter den Heldenepenautoren finden sich allerdings welche, die den Landesfürsten im Namen der Landherren offen angreifen, wie der Verfasser des *Buchs von Bern*, oder antiklerikale Affekte provozieren, wie der Dichter des *Rosengartens zu Worms A*. Das Äußerste an Säkularisierung, das im 13. Jahrhundert möglich gewesen ist, bezeichnet vermutlich jedoch die *Krone* Heinrichs von dem Türlin.

Nicht umfassende und radikale Umwälzungen in Wirtschaft und Gesellschaft, Religion und Weltbild verleihen also dem Antlitz der Zeit von 1156 bis 1273 seine teils von Anfang an, teils im Verlaufe der Periode sich ausprägenden gänzlich neuen Züge, sondern kleinere Verschiebungen in allen genannten Bereichen, vornehmlich der partielle Wechsel in der Zusammensetzung der Produzenten und Rezipienten von Literatur. Alles in allem erweisen sich im „österreichischen" Mittelalter die Kräfte der Beharrung als die stärkeren. Der Durchbruch der diesseitig orientierten volkssprachlichen Dichtung ist nur verständlich als Fortsetzung einer jahrhundertealten mündlichen Lyrik und Epik, die auch jetzt nicht völlig verstummen. Gewiß erhebt sich die Dichtung mit der Verschriftlichung auf ein neues Niveau, dessen qualitativen Abstand zur mündlichen Vorstufe wir allerdings höchstens erahnen können. Vor allem bleibt sie in aller Regel eingebettet in eine gesellschaftliche Aufführungssituation und damit ein Teil sozialen Denkens, Fühlens und Handelns. Ob kirchlich oder ritterlich-höfisch geprägt, zweckfreie, sich selbst genügende Kunst ist diese Dichtung niemals, nicht einmal dort, wo sich ihre formale Virtuosität zum Höchstmaß steigert oder wo sich ihr Sinn im intertextuellen Spiel zu erschöpfen scheint. Meist gibt sie ihre belehrende Funktion aber ohnehin deutlich genug zu erkennen. Das muß keineswegs auf Kosten des ästhetischen Reizes oder des „Unterhaltungswertes" gehen, tut es gleichwohl nicht ganz selten.

Eine primär auf kollektiven Nachvollzug ausgerichtete Literatur bietet notwendigerweise der Entfaltung des Individuums auch nur beschränkten Raum. Wenn man aus den Aussagen des werbenden, klagenden oder jubilierenden lyrischen Ich im Minnesang subjektive Gefühlsäußerungen herauszuhören glaubte, würde man die typische Rolle, die der Sänger hier als Stellvertreter der Liebenden schlechthin bzw. ihrer Gesprächspartner übernimmt, verkennen. Ähnliches gilt für den Sangspruchdichter. Hier und da lugt aber doch wohl hinter und neben der Maske die eine unverwechselbare Person mit ihren ureigensten Gefühlen und Gedanken hervor wie Walther in einigen Zeilen seines Alterstones (s. o. S. 278ff.). Aber auch dieser Mensch fühlt sich selbstverständlich fest eingefügt in ein allgemeinverbindliches Weltbild, nicht verurteilt oder befreit zu selbständiger Sinngebung seiner Existenz. Zur epischen Gestaltung des Innenlebens einer Person erscheint uns der Roman der geeignete Ort, und tatsächlich gibt es auch im deutschen Versroman des Mittelalters so etwas wie Selbstreflexion der Protagonisten, insbesondere bei Hartmann, Gottfried und Wolfram. Doch selbst Iwein, Tristan oder Parzival sind keine konkreten Individuen im modernen Sinn, sondern ziemlich abstrakte Figuren. Obwohl diese Figuren unauslöschlich und unverwechselbar im Gedächtnis des Lesers oder Hörers haftenbleiben, haben sie doch nur schwache Konturen und erfüllen als Repräsentanten des Ritters und Menschen im allgemeinen auf ihrem Weg ein quasi gemeinverbindliches Programm. Birgt dieses noch dazu keine tiefere Problematik, wie in den besprochenen Höfischen Romanen aus „Österreich", so entfällt auch die Möglichkeit, dem Protagonisten durch schrittweise Anreicherung des Bewußtseins und Rückbesinnungen eine Art Entwicklung zuzuerkennen. Die Helden werden in ihrer permanenten unvergleichlichen Schönheit, Klugheit, Tapferkeit und Stärke nahezu austauschbar. Niemand würde dagegen Kriemhild und Brünhild, Siegfried und Hagen aus dem *Nibelungenlied* verwechseln. Es sind zwar typische, aber runde, volle Gestalten, die, wenngleich keineswegs folgerichtig mit klarer Motivation, doch stets aus der Mitte ihrer Persönlichkeit heraus handeln. Teilweise erhalten sie sogar, wie Hagen, in ihrem Äußeren ein porträthaftes Profil. In ihr Inneres bekommen wir aber keinen Einblick, und ihr Handeln erfolgt nur im Rahmen und nach den Regeln des feudalen Personenverbands der Sippe und Gefolgschaft, so daß wiederum die Entwicklung individueller Subjektivität in ersten Ansätzen steckenbleibt.

Unbefangen, ohne historisches Vorwissen können wir uns einer solchen Literatur nicht angemessen nähern. Deshalb ist sie aber noch lange nicht das ganz „andere", dem wir nur unter völligem Absehen von uns selbst begegnen dürften. Goethes Satz aus den *Zahmen Xenien* behält auch hier seine Geltung: „Sind eben alles Menschen gewesen." In Form und Inhalt schlagen immer wieder poetische und anthropologische Universalien durch, die wir relativ leicht nachzuempfinden und nachzudenken vermögen. Zumindest in einigen Fällen fühlen auch wir uns gerade von jenen Werken unmittelbar angezogen, die schon das ursprüngliche Publikum hochgeschätzt hat. Allzu viele sind es freilich nicht, werden wir zugeben, aber allemal noch weit mehr als unter den Werken des Früh- oder Spätmittelalters. Die Gründe dafür sind vielfältig und zu einem Gutteil wohl wissenschaftlich kaum erfaßbar. Einer davon besteht aber gewiß darin, daß unser gänzlich säkularisiertes Zeitalter sich noch am ehesten einer Kunstübung verbunden weiß, die aus der großen Laienemanzipation des Hochmittelalters entsprungen ist. Schon wenige Jahrzehnte nach deren Beginn setzt jedoch die von der Kirche ins Rollen gebrachte Respiritualisierungswelle ein und ergreift der Reihe nach die verschiedenen literarischen Gattungen, formt und biegt sie um oder, soweit dies nicht möglich ist, drängt sie ins Abseits. Der Widerstand dagegen bleibt freilich nicht aus und hält bis zum Ende unserer Epoche an. Dann scheint er – zumindest vorübergehend – so ziemlich gebrochen. Die produktive Phase des Artusromans, der Heldenepik und der Minnelyrik ist vorüber. In gewisser Weise fühlen wir uns wieder in das Frühmittelalter versetzt. Das wird in Band II dieser Literaturgeschichte darzustellen sein.

Literaturverzeichnis

Das Literaturverzeichnis ist eine Auswahlbibliographie. Weitere Literatur kann leicht mittels der genannten Handbücher aufgefunden werden. Aufgenommen wurden nur Studien, welche die Grundlage für die eigene Darstellung geliefert haben – darunter etliche, die eine Widerlegung zu erfordern schienen – und/oder den Weg zu weiterer Beschäftigung mit der Materie ebnen. Besonders wichtige neuere Ausgaben, Untersuchungen und Handbücher, die nicht mehr benutzt werden konnten, sind, soweit sie mir bis 1992 zufällig bekannt wurden, nachträglich registriert und mit einem Sternchen versehen worden. Wo genügend (bibliographisch ausreichend erschlossene) Sekundärliteratur zu einem mittelalterlichen Text existiert, fehlen hier meist die älteren und spezielleren Arbeiten; wo wenig zur Verfügung steht, wird eher Vollständigkeit angestrebt, freilich nur, soweit literaturwissenschaftliche Belange betroffen sind. Studien aus dem Bereich der Nachbarwissenschaften sind nur eklektisch herangezogen und angeführt worden. Die allermeisten figurieren zu Anfang der Bibliographie unter den abgekürzten Titeln und unter der allgemeinen Literatur zum Gesamtband, auch wenn sie erst für die Zusammenfassungen am Ende der drei Kapitel oder sonstwo für Details Verwendung gefunden haben. Ingesamt schreitet die Gliederung des Literaturverzeichnisses vom Allgemeinen zum Besonderen fort. Titel, die auf mehreren Ebenen erscheinen sollten, werden ganz selten mehrmals voll zitiert. In der Regel bietet entweder eine Abkürzung oder ein globaler Verweis auf die Literatur eines anderen Abschnitts Ersatz. Vieles fällt aber auch stillschweigend ganz fort. In den einzelnen Abschnitten richten sich die Literaturangaben nach der Abfolge der behandelten Werke. Auf die Edition(en) folgen der jeweilige Artikel der 2. Auflage des Verfasserlexikons (soweit vorhanden) und dann einzelne (chronologisch geordnete) Untersuchungen.

Abgekürzt zitierte Literatur

(Handbücher, Reihen, Sammelbände, Zeitschriften)

AASS	Acta Sanctorum, begründet von J. Bolland, Antwerpen et al. 1643ff.
ABäG	Amsterdamer Beiträge zur älteren Germanistik, Amsterdam 1965ff.
AH	Analecta Hymnica Medii Aevi, hg. v. G. M. Dreves, C. Blume u. a., Band 1–55, Leipzig 1886–1922, 2 Bde. Register, Bern/München 1978.
Ahd.SD	Die kleineren althochdeutschen Sprachdenkmäler, hg. v. E. Steinmeyer, 1916, Nachdruck Dublin/Zürich 1971.
Anal.Boll.	Analecta Bollandiana, Brüssel 1882ff.
ASNSL	Archiv für das Studium der neueren Sprachen und Literaturen, Braunschweig et al. 1846ff.
ATB	Altdeutsche Textbibliothek, Halle/Tübingen 1881ff.
BA	Bibliotheca ascetica antiquo-nova, hg. v. B. Pez, 12 Bde., Regensburg 1723–1740.

BB	Bayerische Bibliothek: Texte aus zwölf Jahrhunderten, Bd. 1: Mittelalter und Humanismus, hg. v. H. Pörnbacher, München 1978.
BBIAS	Bibliographical Bulletin of the International Arthurian Society, Paris et al. 1949ff.
BHL	Bibliotheca hagiographica latina, Bd. 1–2, Brüssel 1898–1901 (Neudruck 1949), Supplementum 2. Aufl. 1911, Novum Supplementum 1986.
Bibl. Germ.	Bibliotheca Germanica, Bern/München 1951ff.
BNL	Bibliothek der gesammten deutschen Nationalliteratur, Quedlinburg/Leipzig 1835–1872.
CC	Corpus Christianorum, Series Latina, Turnhout 1954ff. (CM = Continuatio Mediaevalis).
DA	Deutsches Archiv für Erforschung des Mittelalters, Marburg/Köln 1951ff.
DHB	Deutsches Heldenbuch, 5 Bde., Berlin 1866–70, Neudruck Berlin/Dublin/Zürich 1963–68.
DHT	Deutsche Heldenepik in Tirol, hg. v. E. Kühebacher, Bozen 1979.
DLMA	Deutsche Lyrik des Mittelalters, Auswahl und Übersetzung von M. Wehrli, Zürich 1962.
DTM	Deutsche Texte des Mittelalters, Berlin 1904ff.
DVjs	Deutsche Vierteljahrsschrift für Literaturwissenschaft und Geistesgeschichte, Stuttgart 1923ff.
Engelbrecht	H. Engelbrecht, Geschichte des österreichischen Bildungswesens, Bd. I: Von den Anfängen bis in die Zeit des Humanismus, Wien 1982.
FRA	Fontes rerum Austriacarum, Wien 1849ff.
FS	Festschrift
GAG	Göppinger Arbeiten zur Germanistik, Göppingen 1968ff.
GDL	Geschichte der deutschen Literatur von den Anfängen bis zur Gegenwart, hg. v. H. de Boor/R. Newald, München 1949ff.
GDLH	Geschichte der deutschen Literatur von den Anfängen bis zum Beginn der Neuzeit, hg. v. J. Heinzle, Königstein/Ts. 1984ff.
GDV	Geschichtsschreiber der deutschen Vorzeit, Leipzig 1847ff.
Gesch. Sbg.	Geschichte Salzburgs, Bd. I: Vorgeschichte – Altertum – Mittelalter, hg. v. H. Dopsch, 3 Teile, Salzburg 1981–84.
GLL	German Life and Letters, Oxford 1936ff.
GLLM	German Language and Literature Monographs, Amsterdam 1956ff.
GRLMA	Grundriß der romanischen Literaturen des Mittelalters, hg. v. H. R. Jauß/E. Köhler u. a., Heidelberg 1972ff.: I: Généralités, 1972; II: Les Genres Lyriques, 1979–1990 (unvollständig); III: Les Epopées Romanes, 1981–87 (unvollst.); IV: Le Roman jusqu'à la fin du XIIIe siècle, 1978–1984; V: Les Formes Narratives Brèves, 1985 (unvollst.); VI: La Littérature Didactique, Allégorique et Satirique, 1968–1970; VIII: La Littérature Française aux XIVe et XVe siècles (unvollst.); IX: La Littérature dans la Péninsule Ibérique aux XIVe et XVe siècles, 1983-1985 (unvollst.); X: Die italienische Literatur im Zeitalter Dantes und am Übergang vom Mittelalter zur Renaissance, 1987–1989; XI: La Littérature Historiographique des origines à 1500, 1986–1987 (unvollst.).

GRM	Germanisch-romanische Monatsschrift, Heidelberg 1909ff.
HBG	Handbuch der bayerischen Geschichte, hg. v. M. Spindler, Das alte Bayern, Bd. I, München ²1981; Bd. II, München 1969 (Nachdruck 1977).
Hist. St.	Handbuch der historischen Stätten: Österreich, Bd. 1: Donauländer und Burgenland, hg. v. K. Lechner, Stuttgart 1970, Nachdruck 1985; Bd. 2: Alpenländer mit Südtirol, hg. v. F. Huter, Stuttgart ²1978.
Hughes	A. Hughes, Medieval Manuscripts for Mass and Office. A Guide to Their Organization and Terminology, Toronto et al. 1982.
IBKW	Innsbrucker Beiträge zur Kulturwissenschaft, Germanistische Reihe, Innsbruck 1974ff.
JbLkNÖ	Jahrbuch für Landeskunde von Niederösterreich, Wien 1865ff.
KDG	Kleinere deutsche Gedichte des 11. und 12. Jahrhunderts, hg. v. A. Waag/W. Schröder (ATB 71/72), Tübingen 1972.
KLD	Deutsche Liederdichter des 13. Jahrhunderts, hg. v. C. von Kraus, 2 Bde. (1. Bd.: Text, 2. Bd.: Kommentar), 2. Aufl., durchgesehen von G. Kornrumpf, Tübingen 1978.
Linke	H. Linke, Drama und Theater, in: Die deutsche Literatur im späten Mittelalter. Zweiter Teil (GDL III/2), München 1987.
Lipphardt	Lateinische Osterfeiern und Osterspiele, hg. v. W. Lipphardt, 6 Bde., Berlin/New York 1975–81.
LKTMA	Literatur und bildende Kunst im Tiroler Mittelalter, hg. v. E. Kühebacher, Innsbruck 1982.
LMA	Lexikon des Mittelalters, München/Zürich 1977ff. (bis 1989 4 Bde.).
LQK	A. Lhotsky, Quellenkunde zur mittelalterlichen Geschichte Österreichs, Graz/Köln 1963.
LThK	Lexikon für Theologie und Kirche, 2., veränderte Aufl., hg. v. J. Höfer/K. Rahner, 1957–65.
MABKD	Mittelalterliche Bibliothekskataloge Deutschlands und der Schweiz, IV, 1: Bistümer Passau und Regensburg, bearb. v. C. E. Ineichen-Eder, München 1977.
MABKÖ	Mittelalterliche Bibliothekskataloge Österreichs, Wien 1915ff.: Bd. 1: Niederösterreich, bearb. v. Th. Gottlieb, 1915; Bd. 2: Niederösterreich (Register), bearb. v. A. Goldmann, 1929; Bd. 3: Steiermark, bearb. v. G. Möser-Mersky, 1961; Bd. 4: Salzburg, bearb. v. G. Möser-Mersky/M. Mihaliuk, 1966; Bd. 5: Oberösterreich, bearb. v. H. Paulhart, 1971.
Das Märe	Das Märe, hg. v. K.-H. Schirmer (WdF 558), Darmstadt 1983.
MB	Monumenta Boica, hg. v. d. Bayerischen Akademie der Wissenschaften, München 1763ff.
MGG	Musik in Geschichte und Gegenwart, hg. v. F. Blume, 13 Bde., Kassel et al. 1949–68.
MGH	Monumenta Germaniae Historica, Hannover et al. 1826ff.
Auct. ant.	Auctores antiquissimi
Epist.	Epistolae
Lib.	Libelli de lite inter regnum et sacerdotium saeculi XI. et XII. conscripti
Poet.	Poetae
SS	Scriptores

Script. rer. Germ.	Scriptores rerum Germanicarum in usum scholarum [...] editi
Script. rer. Lang.	Scriptores rerum Langobardicarum et Italicarum
Script. rer. Mer.	Scriptores rerum Merovingicarum
MHDC	Monumenta historica ducatus Carinthiae, hg. v. A. v. Jaksch/H. Wießner, 9 Bde., Klagenfurt 1896–1965.
MIÖG	Mitteilungen des Instituts für österreichische Geschichtsforschung, Innsbruck/Graz et al. 1880ff.
Mlat.Jb.	Mittellateinisches Jahrbuch, Köln 1964ff.
MLET	Monumenta liturgica ecclesiae Tridentinae saeculo XIII antiquiora, hg. v. F. Dell'Oro/I. Rogger, Bd. I: Testimonia chronographica, Bd. II: Fontes liturgici, Trento 1983–85.
MLKntn	Die mittelalterliche Literatur in Kärnten, hg. v. P. Krämer (WAGAPH 16), Wien o.J. (1981).
MLStmk	Die mittelalterliche Literatur in der Steiermark, hg. v. A. Ebenbauer/ F. P. Knapp/A. Schwob (Jahrbuch für Internationale Germanistik, Reihe A, Bd. 23), Bern et al. 1988.
MMS	Münstersche Mittelalter-Schriften, München 1970ff.
MPL	J. P. Migne, Patrologia latina, 221 Bde., Paris 1844–64.
MR	Recueil général et complet des fabliaux des XIIIe et XIVe siècles, hg. v. A. de Montaiglon/G. Raynaud, 6 Bde., Paris 1872–90, Neudruck Genf 1973.
MRD	Die religiösen Dichtungen des 11. und 12. Jahrhunderts nach ihren Formen besprochen und herausgegeben von F. Maurer, 3 Bde., Tübingen 1964–70.
MSD	Denkmäler deutscher Poesie und Prosa, hg. v. K. Müllenhoff/W. Scherer, Berlin ²1873.
MTU	Münchener Texte und Untersuchungen zur deutschen Literatur des Mittelalters, München 1960ff.
NA	Neues Archiv der Gesellschaft für ältere deutsche Geschichtskunde, Hannover 1876–1935.
NHLW	Neues Handbuch der Literaturwissenschaft, hg. v. K. von See, Wiesbaden 1972ff.
NÖLA	Mitteilungen aus dem niederösterreichischen Landesarchiv.
ÖLZB	Österreichische Literatur zur Zeit der Babenberger, hg. v. A. Ebenbauer/F. P. Knapp/I. Strasser (WAGAPH 10), Wien 1977.
Österr. Lit. 1050–1750	Die österreichische Literatur – Ihr Profil von den Anfängen im Mittelalter bis ins 18. Jahrhundert (1050–1750), unter Mitwirkung v. F. P. Knapp hg. v. H. Zeman, Graz 1986.
Oswald-Jb.	Jahrbuch der Oswald-von-Wolkenstein-Gesellschaft, Marbach/N. 1981ff.
PBB	Beiträge zur Geschichte der deutschen Sprache und Literatur, begründet von H. Paul u. W. Braune, Halle 1874ff. (seit 1955 daneben eigene Reihe, Tübingen).
PhStQ	Philologische Studien und Quellen, Berlin 1950ff.
QE	Quellen und Erläuterungen zur bayerischen und deutschen Geschichte, München 1856ff.

QGÖ	Die Quellen der Geschichte Österreichs, hg. v. E. Zöllner (Schriften des Instituts für Österreichkunde 40), Wien 1982 (darin die Mittelalter-Artikel v. S. Haider u. P. Uiblein).
RL	Reallexikon der deutschen Literaturgeschichte, 2. Aufl., Bd. 1–3, hg. v. W. Kohlschmidt/W. Mohr, Berlin 1958–1977; Bd. 4–5, hg. v. K. Kanzog/A. Masser, Berlin/New York 1984–1988.
Schmale	W. Wattenbach, Deutschlands Geschichtsquellen im Mittelalter. Vom Tode Kaiser Heinrichs V. bis zum Ende des Interregnum, Bd. I von F. J. Schmale, Darmstadt 1976.
Schneyer	J. B. Schneyer, Repertorium der lateinischen Sermones des Mittelalters für die Zeit von 1150–1350 (Beiträge zur Geschichte der Philosophie und Theologie des Mittelalters 43), Heft 1–5: Autoren A–Z, 2. Aufl., Münster 1973/74, Heft 6: Konzils-, Universitäts- u. Ordenspredigten, 1975, Heft 7: Ordens-, Bibel-, Pastoral- und Titelpredigten, 1976, Heft 8–9: Anonyme Predigten A–Z, 1978–80, Heft 10–11: Index der Textanfänge, 1989–90.
Schweikle, FML	Die mittelhochdeutsche Minnelyrik, Bd. I: Die frühe Minnelyrik, Texte und Übertragungen, Einführung und Kommentar von G. Schweikle, Darmstadt 1977.
Script.rer. Austr.	Scriptores rerum Austriacarum, hg. v. H. Pez, Leipzig 1721–1745.
SM	Sammlung Metzler, Stuttgart 1961ff.
StMOSB	Studien und Mitteilungen zur Geschichte des Benediktinerordens und seiner Zweige, München 1882ff.
StMS	Die steirischen Minnesänger. Edition, Übersetzung, Kommentar v. W. Hofmeister (GAG 472), Göppingen 1987.
Szövérffy	J. Szövérffy, Die Annalen der lateinischen Hymnendichtung, 2 Bde., Berlin 1964–65.
TAN	Thesaurus anecdotorum novissimus, hg. v. B. Pez, 6 Bde., Augsburg/Graz 1721–29.
Tervooren, MF	Des Minnesangs Frühling, 36., neugestaltete Ausgabe v. H. Moser/H. Tervooren, 2 Bde., Stuttgart 1977.
TspMA	Texte des späten Mittelalters, Berlin 1956ff.
UB Babenb.	Urkundenbuch zur Geschichte der Babenberger in Österreich, hg. v. H. Fichtenau/E. Zöllner, Bd. 1–2, Wien 1950–55; Bd. 4, 1, hg. v. H. Dienst/H. Fichtenau, Wien 1968.
UB Bgld	Urkundenbuch des Burgenlandes, bearbeitet v. H. Wagner, Bd. I, Wien/Köln/Graz 1955.
UB Brixen	Die Urkunden der Brixner Hochstifts-Archive 845–1295, hg. v. L. Santifaller, Innsbruck 1929.
UB Krain	Urkunden- und Regentenbuch des Herzogtums Krain, hg. v. F. Schumi, 2 Bde., Laibach 1882–87.
UB OÖ	Urkundenbuch des Landes ob der Enns, 11 Bde., Wien/Linz 1852–1956.
UB Sbg	Salzburger Urkundenbuch, hg. v. W. Hauthaler/F. Martin, 4 Bde., Salzburg 1910–33.
UB Stmk	Urkundenbuch des Herzogtums Steiermark, 3 Bde., hg. v. J. von Zahn, Graz 1875–1903; Bd. IV, hg. v. G. Pferschy, Wien 1975.

UB Tirol	Tiroler Urkundenbuch, I. Abteilung: Die Urkunden zur Geschichte des deutschen Etschlandes und des Vintschgaus, bearbeitet von F. Huter, 3 Bde., Innsbruck 1937–1957.
VL	Die deutsche Literatur des Mittelalters. Verfasserlexikon, 2. Aufl., hg. v. K. Ruh, Berlin/New York 1978ff. (bis 1989 7 Bde.).
WAGAPH	Wiener Arbeiten zur Germanischen Altertumskunde und Philologie, Wien 1973ff.
Walther	H. Walther, Initia carminum ac versuum medii aevi posterioris Latinorum, Göttingen ²1969.
Wattenbach-Holtzmann	W. Wattenbach, Deutschlands Geschichtsquellen im Mittelalter. Die Zeit der Sachsen und Salier, hg. v. R. Holtzmann, Neuausg. v. F. J. Schmale, 3 Bde., Darmstadt 1967–71.
Wattenbach-Levison	W. Wattenbach, Deutschlands Geschichtsquellen im Mittelalter. Vorzeit und Karolinger, hg. v. W. Levison/H. Löwe, Weimar 1952–1963.
WDDP	Denkmäler deutscher Prosa des 11. und 12. Jahrhunderts, hg. v. F. Wilhelm, A: Text (Germanische Bücherei 3), o. J., B: Kommentar (Münchener Texte 8), 1916, Nachdruck in einem Bd., München 1960.
WdF	Wege der Forschung, Darmstadt 1956ff.
WSB	Österreichische Akademie der Wissenschaften (zu Wien), philosophisch-historische Klasse, Sitzungsberichte, Wien 1848ff.
Young	K. Young, The Drama of the Medieval Church, 2 Bde., Oxford 1933.
ZfdA	Zeitschrift für deutsches Altertum und deutsche Literatur, Wiesbaden 1841ff.
ZfdPh	Zeitschrift für deutsche Philologie, Berlin 1868ff.

Allgemeines

Zur allgemeinen Geschichte (besonders zu den Kapiteleinleitungen)
HBG – Hist. St. – LMA – LThK – Gesch.Sbg. – E. Zöllner, Geschichte Österreichs, Wien 1962, 7. Aufl. (mit neuer Bibliographie), 1984. – O. Brunner, Land und Herrschaft. Grundfragen der territorialen Verfassungsgeschichte Österreichs im Mittelalter, Wien ⁵1965, Nachdruck Darmstadt 1984. – H. Grundmann, Über die Welt des Mittelalters, in: Summa historica, hg. v. Golo Mann u. a. (Weltgeschichte 11), Frankfurt/M. 1965, Nachdruck 1980, S. 363–446. – A. Lhotsky, Geschichte Österreichs seit der Mitte des 13. Jahrhunderts (1281–1358), Wien 1967. – J. Le Goff, Kultur des europäischen Mittelalters, übers. v. G. Kurz/S. Summerer, München/Zürich 1970. – Babenberger-Forschungen, hg. v. M. Weltin, Wien 1976 (= JbLkNÖ NF 42). – 1000 Jahre Babenberger in Österreich. Niederösterreichische Landesausstellung in Lilienfeld 1976, Katalog, Wien 1976. – F. Largaiolli, Bibliografia del Trentino (1475–1903), o.O.o.J., Nachdruck Trento(?) 1977. – A. Costa, I vescovi di Trento, Trento 1977. – Lexikon der deutschen Geschichte, hg. v. G. Taddey, Stuttgart 1977. – Europäische Wirtschaftsgeschichte, hg. v. C. M. Cipolla, deutsche Ausg. hg. v. K. Borchardt, Bd. 1: Mittelalter, Stuttgart/New York 1978 (UTB 1267, 1983). – Ottokar-Forschungen, hg. v. M. Weltin/A. Kusternig, Wien 1979 (= JbLkNÖ 44/45). – P. Czendes, Geschichte Wiens, Wien 1981. – Die Kuenringer. Das Werden des Landes Niederösterreich, Aus-

stellungskatalog, Wien 1981. – Tausend Jahre Oberösterreich. Das Werden eines Landes, Ausstellungskatalog-Beitragsteil, Linz 1983. – E. Ennen, Frauen im Mittelalter, München 1984. – C. Fräss-Ehrfeld, Geschichte Kärntens, Bd. 1: Das Mittelalter, Klagenfurt 1984. – C. Andresen/G. Denzler, dtv-Wörterbuch der Kirchengeschichte, München ²1984. – K. Lechner, Die Babenberger, Wien/Graz ³1985. – W. Leitner/P. W. Haider/J. Riedmann, Geschichte des Landes Tirol, Bd. 1: Von den Anfängen bis 1490, Bozen/Innsbruck 1985. – M. Weltin, Die Gedichte des sogenannten „Seifried Helbling" als Quelle für die Ständebildung in Österreich, in: JbLkNÖ NF 50/51 (1984/85), S. 338–416. – A. Gerlich, Geschichtliche Landeskunde des Mittelalters, Darmstadt 1986. – J. K. Hoensch, Přemysl Otakar II. von Böhmen, Graz et al. 1989.
Quellen zur allgemeinen Geschichte: GDV – MB – MGH – MHDC – MLET – MPL – QE – Script. rer. Austr. – UB Babenb., Bgld, Brixen, Krain, OÖ, Sbg, Stmk, Tirol.

Zur Ideen- und Mentalitätsgeschichte

Engelbrecht – LMA – LThK – F. A. Specht, Geschichte des Unterrichtswesens in Deutschland von den ältesten Zeiten bis zur Mitte des 13. Jahrhunderts, Stuttgart 1885, Nachdruck Wiesbaden 1967. – M. Grabmann, Die Geschichte der scholastischen Methode, 2 Bde., Freiburg 1909/11, Nachdruck Darmstadt 1961. – J. Bühler, Klosterleben im Mittelalter. Nach zeitgenössischen Quellen, 1923, Neudruck Frankfurt a. M. 1989. – E. Gilson, History of Christian Philosophy in the Middle Ages, London 1955. – E. Nußbaumer, Geistiges Kärnten. Literatur- und Geistesgeschichte des Landes, Klagenfurt 1956. – Geschichtsdenken und Geschichtsbild im Mittelalter, hg. v. W. Lammers (WdF 21), Darmstadt 1961, ²1970. – W. Totok, Handbuch der Geschichte der Philosophie, Bd. 2: Mittelalter, Frankfurt a. M. 1973. – E. Kleinschmidt, Herrscherdarstellung. Zur Disposition mittelalterlichen Aussageverhaltens, untersucht an Texten über Rudolf I. von Habsburg (Bibl. Germ. 17), Bern 1974. – F. Ohly, Schriften zur mittelalterlichen Bedeutungsforschung, Darmstadt 1977. – H. Brinkmann, Mittelalterliche Hermeneutik, Tübingen 1980. – P. Ariès, Geschichte des Todes, dt. v. H.-H. Henschen/U. Pfau, München 1980, Taschenbuchausg. ²1985. – O. Borst, Alltagsleben im Mittelalter, Frankfurt a. M. 1983.

Zur Kunst- und Musikgeschichte

MGG – LMA – O. Demus, Romanische Wandmalerei, München 1968. – Kunstdenkmäler in Österreich, hg. v. R. Hootz, 4 Bde., Darmstadt 1966–1975. – H. E. Kubach, Architektur der Romanik (Weltgeschichte der Architektur, hg. v. P. L. Nervi), Stuttgart/Mailand 1974. – O. Mazal, Buchkunst der Romanik, Graz 1978. – N. Rasmo, Kunst in Südtirol, Bozen o. J. (1975). – R. Perger/W. Brauneis, Die mittelalterlichen Kirchen und Klöster Wiens (Wiener Geschichtsbücher 19/20), Wien/Hamburg 1977. – M. Schwarz, Romanische Architektur in Niederösterreich, St. Pölten/Wien ²1979. – Reclams Kunstführer: A. v. Reitzenstein/H. Brunner, Deutschland I,1: Bayern Süd, Stuttgart ⁹1983; K. Oettinger u. a., Österreich, 2 Bde., Stuttgart ⁵1981; M. Wundram u. a., Italien II,2: Südtirol, Trentino, Venezia, Giulia, Friaul, Veneto, Stuttgart ³1981. – N. Rasmo, Kunstschätze Südtirols, Rosenheim ²1985. – Musikgeschichte Österreichs, Bd. 1 (Von den Anfängen zum Barock), hg. v. R. Flotzinger/G. Gruber, Graz 1977.

Zur Literaturgeschichte
GDL – GDLH – LMA – LThK – NHLW – Österr. Lit. 1050–1750 – RL – VL – BBIAS – W. Scherer, Das geistige Leben Österreichs im Mittelalter, in: Ders., Vorträge und Aufsätze zur Geschichte des geistigen Lebens in Deutschland und Österreich, Berlin 1874, S. 124–146. – G. Gröber, Übersicht über die lateinische Literatur von der Mitte des VI. Jahrhunderts bis zur Mitte des XIV. Jahrhunderts, 1902, Nachdruck München o. J. (1966). – M. Manitius, Geschichte der lateinischen Literatur des Mittelalters, 3 Bde., München 1911–1931, Neudruck 1971. – G. Ehrismann, Geschichte der deutschen Literatur bis zum Ausgang des Mittelalters, 4 Bde., 2. Aufl., München 1932–1935, Nachdruck München 1959. – Bibliographie der deutschen Literaturwissenschaft, bearb. v. C. Köttelwesch, Frankfurt 1957ff. – E. Auerbach, Literatursprache und Publikum in der lateinischen Spätantike und im Mittelalter, Bern 1958. – Germanistik. Internationales Referatenorgan mit bibliographischen Hinweisen, Tübingen 1960ff. – H. de Boor, Kleine Schriften, 2 Bde., Berlin 1964–66. – E. R. Curtius, Europäische Literatur und lateinisches Mittelalter, Bern/München ^{7}1969. – H. Kuhn, Dichtung und Welt im Mittelalter, Stuttgart ^{2}1969. – H. Kuhn, Text und Theorie, Stuttgart 1969. – M. Wehrli, Formen mittelalterlicher Erzählung, Zürich/Freiburg 1969. – Th. Kaeppeli, Scriptores Ordinis Praedicatorum Medii Aevi, Rom 1970ff. – K. Bertau, Deutsche Literatur im europäischen Mittelalter, 2 Bde., München 1972. – P. Klopsch, Einführung in die mittellateinische Verslehre, Darmstadt 1972. – M. Wehrli, Geschichte der deutschen Literatur, Bd. I: Vom frühen Mittelalter bis zum Ende des 16. Jahrhunderts, Stuttgart 1980. – Medioevo Latino. Bulletino bibliografico della cultura europea dal secolo VI al XIII, Spoleto 1980ff. – Propyläen-Geschichte der Literatur, Bd. II: Die mittelalterliche Welt 600–1400, Berlin 1982. – R. Sprandel, Gesellschaft und Literatur im Mittelalter, Paderborn et al. 1982. – Lyrik des Mittelalters. Probleme und Interpretationen, hg. v. H. Bergner, 2 Bde., Stuttgart 1983. – M. Wehrli, Literatur im deutschen Mittelalter. Eine poetologische Einführung, Stuttgart 1984. – R. Schnell, Causa Amoris. Liebeskonzeption und Liebesdarstellung in der mittelalterlichen Literatur (Bibliotheca Germanica 27), Bern/München 1985. – W. Haug, Literaturtheorie im deutschen Mittelalter, Darmstadt 1985. – F. P. Knapp, Gibt es eine österreichische Literatur des Mittelalters? in: Österr. Lit. 1050–1750, S. 49–85. – Geistliche und weltliche Epik des Mittelalters in Österreich, hg. v. D. McLintock u. a. (GAG 446), Göppingen 1987. – *W. Haug, Strukturen als Schlüssel zur Welt. Kleine Schriften zur Erzählliteratur des Mittelalters, Tübingen 1989. – *Deutsche Dichter, hg. v. G. E. Grimm/F. R. Max, Bd. 1: Mittelalter, Stuttgart 1989. – *K. Langosch, Mittellatein und Europa. Führung in die Hauptliteratur des Mittelalters, Darmstadt 1990.

1. Kapitel
Grundlagen und Vorgeschichte: Erste Spuren des Schrifttums zur Zeit der Kolonisation und Missionierung des deutschen Südostens

HBG – LQK – QGÖ – LMA – LThK – H. de Boor, Die deutsche Literatur von Karl dem Großen bis zum Beginn der höfischen Dichtung (= GDL I), München 1953, ^{9}1979. – F. Brunhölzl, Geschichte der lateinischen Literatur des Mittelalters, Bd. I,

München 1975. – J. S. Groseclose/B. O. Murdoch, Die althochdeutschen poetischen Denkmäler (SM 140), Stuttgart 1976. – Europäisches Frühmittelalter, hg. v. K. von See (NHLW 6), Wiesbaden 1985. – *Althochdeutsch, hg. v. R. Bergmann u. a., 2 Bde., Heidelberg 1987. – *W. Haubrichs, Die Anfänge (GDLH 1/1), Frankfurt a. M. 1988. – *D. Kartschoke, Geschichte der deutschen Literatur im frühen Mittelalter, München 1990. – Weitere Literatur siehe unter Allgemeinem.

Mündlichkeit und Schriftlichkeit
D. Hofmann, Vers und Prosa in der mündlich gepflegten Erzählkunst der germanischen Länder, in: Frühmittelalterliche Studien 5 (1971), S. 135–175. – E. R. Haymes, Das mündliche Epos (SM 151), Stuttgart 1977. – Oral Poetry, hg. v. N. Voorwinden/M. de Haan (WdF 151), Darmstadt 1979.

Die kirchliche Organisation
Siehe Literatur zur allgemeinen Geschichte!

Das Schrifttum der Klöster und Stifte
Engelbrecht – Wattenbach-Levison – Wattenbach-Holtzmann – B. Bischoff, Die südostdeutschen Schreibschulen und Bibliotheken in der Karolingerzeit, Teil I: Die bayrischen Diözesen, Wiesbaden ³1974; Teil II: Die vorwiegend österreichischen Diözesen, Wiesbaden 1980.

Salzburg
H. Löwe, Salzburg als Zentrum literarischen Schaffens im 8. Jahrhundert, in: Mitteilungen der Gesellschaft für Salzburger Landeskunde 115 (1975), S. 99–143. – St. Peter in Salzburg: Das älteste Kloster im deutschen Sprachraum. Ausstellungskatalog, Salzburg 1982. – Virgil von Salzburg. Missionar und Gelehrter, hg. v. H. Dopsch/R. Juffinger, Salzburg 1985. – O. Kronsteiner, Virgil als geistiger Vater der Slawenmission und der ältesten slawischen Kirchensprache, ebenda, S. 122–128. – K. Forstner, Die lateinische Literatur, in: Gesch. Sbg., S. 1087–1096. – K. F. Hermann, Wissenschaft und Bildung, in: Gesch. Sbg., S. 1071–85. – I. Reiffenstein, Die deutsche Literatur, in: Gesch. Sbg., S. 1097–1106.
Salzburger Verbrüderungsbuch, Faksimile-Ausg. (Codices selecti 51), Graz 1974.
Codex Vindobonensis 795, Faksimile-Ausg. v. F. Unterkircher (Codices selecti 20), Graz 1969. – Alkuin, *Briefe,* hg. v. E. Dümmler, in: MGH Epistolae Karolini aevi II, Berlin 1895, Neudruck München 1978, S. 1–481.
Alkuin, *Carmina,* hg. v. E. Dümmler, in: MGH Poetae I (1881), S. 160–351 *(Inscriptiones Salisburgenses:* Nr. CIX).
Aethicus Ister, *Cosmografia,* hg. v. H. Wuttke, Leipzig 1854. – Lit.: H. Löwe, Ein literarischer Widersacher des Bonifatius. Virgil von Salzburg und die Kosmographie des Aethicus Ister (Abhandlungen der Akademie der Wissenschaften und der Literatur in Mainz, geistes- u. sozialwiss. Klasse, Jg. 1951, Nr. 11), Wiesbaden 1965. – F. Brunhölzl, Zur Kosmographie des Aethicus, in: FS M. Spindler zum 75. Geburtstag, München 1969, S. 75–89. – O. Prinz, Untersuchungen zur Überlieferung und zur Orthographie der Kosmographie des Aethicus, in: DA 37 (1981), S. 474–510. – P. G. Dalché, Du nouveau sur *Aethicus Ister*?, in: Journal des Savants 1984, S. 175–186. – M. Richter, Sprachliche Untersuchung der Kosmographie des

Aethicus Ister, in: Virgil von Salzburg, hg. v. H. Dopsch/R. Juffinger, Salzburg 1985, S. 147–153.
Vita Ruperti (Gesta Hrodperti), hg. v. W. Levison, in: MGH Script. rer. Mer. 6 (1913), S. 157–162.
Liber de numeris, hg. (nur Anfang) in: MPL 83, Sp. 1293–1302. – Lit.: E. v. Dobschütz, Das Decretum Gelasianum De libris recipiendis et non recipiendis, hg. u. untersucht (Texte und Untersuchungen III 8), Leipzig 1912, S. 62–78 (mit dem Text der Gelasius-Paraphrase in De numeris). – R. E. McNally, Der irische Liber de numeris. Eine Quellenanalyse des pseudo-isidorischen Liber de numeris, Diss. München 1957.
Carmina Salisburgensia, hg. v. E. Dümmler, in: MGH Poetae 2 (1884), S. 637–648.
Translatio sancti Hermetis, hg. v. G. Waitz, in: MGH SS 15/1 (1887), S. 410.
Conversio Bagoariorum et Karantanorum, hg. v. H. Wolfram, Graz 1979.
Freisinger Denkmäler, hg. mit Faksimile, Übersetzung und Untersuchungen v. R. Kolarič/J. Pogačnik u. a., München 1968. – Lit.: N. Daniel, Handschriften des zehnten Jahrhunderts aus der Freisinger Dombibliothek (Münchener Beiträge zur Mediävistik und Renaissance-Forschung 11), München 1973. – A. Masser, ‚Altbairische Beichte‘, in: VL I (1978), Sp. 273f. – O. Kronsteiner, Salzburg und die Slawen, in: Die Slawischen Sprachen 2 (1982), S. 27–51.
Salzburger Glossen, hg. v. E. Steinmeyer/E. Sievers, Die althochdeutschen Glossen, 5 Bde., Berlin 1879–1922, Neudruck 1968/69 (geordnet nicht nach Quellen, sondern nach glossierten Texten; Handschriftenbeschreibungen in Bd. IV).
Wiener Hundesegen, hg. in: Ahd. SD Nr. LXXVI, S. 394. – Lit.: C. L. Miller, The Old High German and Old Saxon Charms, Diss. (masch.), Washington University 1963. – A. Masser, Zaubersprüche und Segen, in: RL 4 (1984), S. 956–965.

Mondsee
Mondsee-Wiener Fragmente, hg. v. G. A. Hench, The Monsee Fragments (mit Erläuterung und Faksimile), Straßburg 1890. – Lit.: VL I (1978), Sp. 296–303 (K. Matzel).
Althochdeutscher Isidor, hg. v. G. A. Hench (mit Faksimile des Pariser Codex), Straßburg 1893.
Mondseer Glossen, hg. v. E. Steinmeyer/E. Sievers (siehe Lit. zu den *Salzburger Glossen*; Beschreibung der Codices Vind. 2723 u. 2732 in Bd. IV, S. 650–659).
Klosterneuburger Gebet, hg. in: Ahd. SD Nr. XXXIV. – Lit.: VL IV (1983), Sp. 1258 (A. Masser).

Niederalteich
Gerhard von Seeon, *Carmen ad Henricum II.*, hg. v. K. Strecker, in: MGH Poetae 5 (1937/39), S. 397. – Lit.: VL II (1980), Sp. 1238f. (F. J. Worstbrock).
Annales Altahenses maiores, hg. v. W. v. Giesebrecht/E. v. Oefele (MGH Script. rer. Germ.), Hannover 1891 (Neudruck 1979); übers. v. L. Weiland (GDV), Berlin 1871.

Passau
F. P. Knapp, Neue Spekulationen über alte Rüdiger-Lieder, in: Pöchlarner Heldenliedgespräch: Das Nibelungenlied und der mittlere Donauraum, hg. v. K. Zatloukal, Wien 1990, S. 47–58.
Madalwins Bibliotheksverzeichnis, hg. in: MABKD IV, 1, S. 24–26.

Diözesen Brixen und Trient
G. Gerola, Cronache Trentine del Medioevo, in: Studi Trentini di scienze storiche 19 (1938), S. 1–26.
Hildebrandslied, Faksimile in: H. Fischer, Schrifttafeln zum althochdeutschen Lesebuch, Tübingen 1966, S. 12f. – Lit.: VL III (1981), Sp. 1240–56 (K. Düwel).
Passio Vigilii, hg. v. L. Cesarini Sforza, Gli Atti di Santo Vigilio, in: Scritti di Storia e d'arte, Trento 1905.
Paulus Diaconus, *Historia Langobardorum,* hg. v. L. Bethmann/G. Waitz (MGH Script. rer. Lang.), Hannover 1878, Neudruck 1964, S. 45–187; übers. v. O. Abel (GDV), Berlin 1849.
Sacramentale Udalricianum, hg. in: MLET II, S. 717–874. – Lit.: G. Gerola, I testi trentini dei secoli VI–X, in: Atti del Reale Istituto Veneto di Scienze, Lettere ed Arti 83 (1923/24), II, S. 237–246.

2. Kapitel
Die Literatur in der Zeit vom Ausbruch des Investiturstreits bis zum Privilegium minus (1075–1156)

HBG – LQK – QGÖ – LMA – LThK – VL – A. Linsenmayer, Geschichte der Predigt in Deutschland von Karl dem Großen bis zum Ausgange des 14. Jahrhunderts, München 1886. – F. R. Albert, Die Geschichte der Predigt in Deutschland bis Luther, Teil 1–3, Gütersloh 1892–1896. – Das Rituale von St. Florian aus dem 12. Jahrhundert, hg. v. A. Franz, Freiburg i. Br. 1904. – A. Fauser, Die Publizisten des Investiturstreites. Persönlichkeiten und Ideen, Würzburg 1935. – H. Freytag, Honorius Augustodunensis, in: VL IV (1983), Sp. 122–132. – *M.-O. Garrigues, L'oeuvre d'Honorius Augustodunensis, in: Abhandlungen der Braunschweiger Wissenschaftlichen Gesellschaft 38 (1986), S. 7–138; 39 (1987), S. 123–228. – K. Forstner, Die lateinische Literatur, in: Gesch. Sbg., S. 1087–96. – Weitere Lit. siehe unter Allgemeinem und zum 1. Kapitel.

1. Lateinische Literatur

MABKD – MABKÖ.

Kirchenreform und Klostergründungen
HBG – Hist. St. – Gesch. Sbg. – Engelbrecht – M. Schellhorn, Die Petersfrauen, in: Mitteilungen der Gesellschaft für Salzburger Landeskunde 65 (1925), S. 113–208. – H. Spies, Geschichte der Domschule zu Salzburg, in: Mitteilungen der Gesellschaft für Salzburger Landeskunde 78 (1938), S. 1–88. – K. Hallinger, Gorze-Kluny. Studien zu monastischen Lebensformen und Gegensätzen im Hochmittelalter, 2 Bde., Rom 1950–51 (Neudruck 1971). – M. Richter, Kommunikationsprobleme im lateinischen Mittelalter, in: Historische Zeitschrift 222 (1976), S. 43–80. – U.-R. Blumenthal, Der Investiturstreit, Stuttgart et al. 1982 (Lit.).

Streitschriften des Reformzeitalters
N. Wibiral, Die Wandmalereien des XI. Jahrhunderts im ehemaligen Westchor der Klosterkirche von Lambach, Sonderdruck aus der Zeitschrift Oberösterreich Jg. 17, Heft 3/4, Linz 1967. – *Derselbe, Frühe Bauten und Bilder in Lambach, in: 900 Jahre Klosterkirche Lambach. Ausstellungskatalog Linz 1989, Teil I, S. 34–42, Teil II, S. 170–185.
Gebhard von Salzburg, *Epistola ad Herimannum Mettensem episcopum*, hg. v. K. Francke, in: MGH Lib. 1 (1891), S. 261–279.
Idungus von Prüfening, *Werke*, hg. v. R. B. C. Huygens, in: Studi Medievali, Serie terza, 13 (1972), S. 291–470. – Lit.: VL IV (1983), Sp. 362–364 (R. B. C. Huygens). – A. H. Bredero, Le „Dialogus duorum monachorum", in: Studi Medievali, Serie terza, 22 (1981), S. 501–585.

Gerhoch von Reichersberg
Gerhoch von Reichersberg, *Werke*, hg. in: MPL 193, Sp. 489–1814; 194, 9–1480 (unvollst.); Teile hg. v. E. Sackur, in: MGH Lib. 3 (1897), S. 136–525; v. D. u. O. van den Eynde/A. Rijmersdael, Spicilegium Pontificii Athenaei Antoniani VIII–X, Rom 1955–56; v. N. M. Häring, in: Studies and Texts of the Pontifical Institute of Mediaeval Studies 24 (1974) *(De novitatibus huius temporis);* v. F. Scheibelberger, Linz 1875 *(De investigatione Antichristi).* – Lit.: VL II (1980), Sp. 1245–59 (H. Haacke). – E. Meuthen, Kirche und Heilsgeschichte bei Gerhoh von Reichersberg (Studien u. Texte zur Geistesgeschichte des Mittelalters 6), Leiden/Köln 1959. – P. Classen, Gerhoch von Reichersberg. Eine Biographie, Wiesbaden 1960. – A. Lazzarino del Grosso, Armut und Reichtum im Denken Gerhohs von Reichersberg (Zs. f. bayerische Landesgeschichte, Beiheft 4), München 1973. – *M. Curschmann, Imagined Exegesis. Text and Picture in the Exegetical Works of Rupert of Deutz, Honorius Augustodunensis, and Gerhoch of Reichersberg, in: Traditio 44 (1988), S. 145–169.
Arno von Reichersberg, *Scutum canonicorum*, hg. in: MPL 194, Sp. 1489–1528; *Apologeticus contra Folmarum*, hg. v. C. Weichert, Leipzig 1888; *Hexaemeron*, ungedruckt. – Lit.: VL I (1978), Sp. 458f. (I. Peri). – I. Peri, Das Hexaemeron Arnos von Reichersberg, in: Jahrbuch des Stiftes Klosterneuburg NF 10 (1976), S. 9–115. – 900 Jahre Stift Reichersberg. Augustiner Chorherren zwischen Passau und Salzburg, Ausstellungskatalog, Linz 1984.

Admonter Predigten und Bibelkommentare
Vita cuiusdam magistrae monialium Admuntensium, hg. in: Anal. Boll. 12 (1893), S. 356–366. – Lit.: F. Ohly, Ein Admonter Liebesgruß, in: ZfdA 87 (1956/57), S. 13–23.
Irimbert von Admont, *Kommentare zu Büchern des Alten Testaments*, in Auszügen hg. v. B. Pez, TAN II, 1 (1721), Sp. 369–424; IV, 1 (1723), Sp. 127–474; BA VIII (1725), S. 455–464. – Lit.: VL IV (1983), Sp. 417–419 (V. Honemann). – J. W. Braun, Irimbert von Admont, in: Frühmittelalterliche Studien 7 (1973), S. 266–323.
Admonter Predigten (bisher Gottfried von Admont zugeschrieben), hg. in: MPL 174 (1854), Sp. 21–1210. – Lit.: VL III (1981), Sp. 118–123 (J. W. Braun). – U. Faust, Gottfried von Admont, in: StMOSB 75 (1964), S. 271–359.

Hagiographische Prosa

BHL – Wattenbach-Holtzmann – Schmale – LQK – QGÖ – H. Grundmann, Geschichtsschreibung im Mittelalter, Göttingen 1965.
Vita Gebehardi, hg. v. W. Wattenbach, in: MGH SS 11 (1854), S. 25–27.
Vita Altmanni, hg. v. W. Wattenbach, in: MGH SS 12 (1856), S. 226–243; übers. v. J. Oswald, in: Der heilige Altmann, Bischof von Passau. Festschrift zur 900-Jahr-Feier 1965, Göttweig 1965, S. 142–166.
Historia (Passio) Cholomanni, hg. v. G. Waitz, in: MGH SS 4 (1841), S. 674–678.

Historiographische Prosa

LQK – Schmale – QGÖ – HBG.
Österreichische Annalistik, hg. v. W. Wattenbach, in: MGH SS 9 (1852), S. 479–843.
Melker Annalen-Codex. – Lit.: M. Bruck, Descriptiones codicum historicorum medii aevi 2: Codex Mellicensis 391, in: NÖLA 8 (1984), S. 1–44.

Versdichtung

Passio Thiemonis (metrica), hg. v. W. Wattenbach, in: MGH SS 11 (1854), S. 28–33. –
Passio Thiemonis (prosaica), hg. v. W. Wattenbach, in: MGH SS 11 (1854), S. 52–62.
De constructione vel destructione claustri in Maense, hg. v. O. Holder-Egger, in: MGH SS 15, S. 1101–1105.
Johannes (abbas), *Liber de VII viciis et VII virtutibus,* hg. (mit Einleitung u. Kommentar) v. H.-W. Klein, in: Mlat. Jb. 9 (1973), S. 173–247. – Lit.: VL IV (1983), Sp. 535–536 (H.-W. Klein). – M. W. Bloomfield, The Seven Deadly Sins, Michigan 1952.
Carmina Runensia, hg. v. N. N. Yates, in: Traditio 40 (1984), S. 318–328.

Liturgische Feier und liturgischer Gesang

Lipphardt – Linke – Young – Hughes – Szövérffy – AH – MGG – E. Ranke, Das kirchliche Perikopensystem aus den ältesten Urkunden der Römischen Liturgie, Berlin 1847. – *Breviarium Romanum* ex decreto ss. concilii Tridentini restitutum s. Pii V. pontificis maximi jussu editum, Ausgabe in 4 Bde.n, Regensburg et al. 1886. – *Missale Romanum* ex decreto ss. concilii Tridentini restitutum s. Pii V. pontificis maximi jussu editum, Ausgabe Mecheln 1889. – S. Bäumer, Geschichte des Breviers, Freiburg i. Br. 1895. – G. M. Dreves, Godescalcus Lintpurgensis, Leipzig 1897. – J. Pascher, Das Stundengebet der römischen Kirche, München 1954. – W. Michael, Das deutsche Drama des Mittelalters, Berlin 1971. – H. de Boor, Die Textgeschichte der lateinischen Osterfeiern (Hermaea NF 22), Tübingen 1967. – B. Stäblein, Tropus, in: MGG 13 (1965/66), Sp. 797–826. – B. Stäblein, Sequenz (Gesang), in: MGG 12 (1964/65), Sp. 522–549. – H. Brinkmann, Voraussetzung und Struktur religiöser Lyrik im Mittelalter, in: Mlat. Jb. 3 (1966), S. 37–54. – U. Mehler, *dicere* und *cantare.* Zur musikalischen Terminologie und Aufführungspraxis des mittelalterlichen geistlichen Dramas in Deutschland (Kölner Beiträge zur Musikforschung 120), Regensburg 1981. – R. Schieffer, Gottschalk von Aachen, in: VL III (1981), Sp. 186–189.
Consuetudines Mellicenses, hg. v. W. Neumüller, Ein Fragment alter Mönchsgewohnheiten, in: MIÖG 62 (1954), S. 219–237.
Codex Vindobonensis 13314. – Lit.: R. W. Schmidt, Die Frage nach der Herkunft des Cod. Vind. palat. 13314 und die Problematik seines Sequenzenrepertoires, in: Jahrbuch des Stiftes Klosterneuburg NF 12 (1983), S. 43–62.

2. Deutsche Literatur

GDL I – ÖLZB – NHLW – H. Kuhn, Frühmittelhochdeutsche Literatur, in: RL I (1958), S. 494–507. – C. Soeteman, Deutsche geistliche Dichtung des 11. und 12. Jahrhunderts (SM 33), Stuttgart 1963. – J. Janota, Studien zu Funktion und Typus des deutschen geistlichen Liedes im Mittelalter (MTU 23), München 1968. – H. Rupp, Deutsche religiöse Dichtungen des 11. und 12. Jahrhunderts, Bern/München ²1971. – A. Masser, Bibel- und Legendenepik des deutschen Mittelalters, Berlin 1976. – *Codex Vindobonensis 2721,* Faksimile-Ausg. v. E. Papp (Litterae 79), Göppingen 1981. – H. Freytag, Die Theorie der allegorischen Schriftdeutung und die Allegorie in deutschen Texten besonders des 11. und 12. Jahrhunderts, Bern/München 1982. – H. Freytag, Die frühmittelhochdeutsche geistliche Dichtung in Österreich, in: Österr. Lit. 1050–1750, S. 119–143. – G. Vollmann-Profe, Wiederbeginn im hohen Mittelalter (GDLH I, 2), Königstein/Ts. 1986. – *E. Hellgardt, Die deutschsprachigen Handschriften im 11. und 12. Jahrhundert. Bestand und Charakteristik im chronologischen Aufriß, in: Deutsche Handschriften 1100–1400. Oxforder Kolloquium 1985, hg. v. V. H. Honemann/N. F. Palmer, Tübingen 1988, S. 35–81. – *D. Kartschoke, Geschichte der deutschen Literatur im frühen Mittelalter, München 1990.

Alttestamentliche Bibelepik

U. Hennig, Untersuchungen zur frühmittelhochdeutschen Metrik am Beispiel der Wiener Genesis, Tübingen 1968. – M. Wehrli, Formen mittelalterlicher Erzählung, Zürich/Freiburg 1969.
Wiener Genesis, hg. v. K. Smits (Philologische Studien u. Quellen 59), Berlin 1972. – Lit.: VL I (1978), Sp. 279–284 (U. Hennig). – B. Murdoch, The Fall of Man in the Early Middle High German Biblical Epic (GAG 58), Göppingen 1972. – D. Hensing, Zur Gestaltung der ‚Wiener Genesis', Amsterdam 1972. – *J. Eßer, Die Schöpfungsgeschichte in der Altdeutschen Genesis (Wiener Genesis V. 1–231). Kommentar und Interpretation (GAG 455), Göppingen 1987.
Altdeutsche Exodus, hg. u. untersucht v. E. Papp (Medium Aevum 16), München 1968. – Lit.: VL I (1978), Sp. 276–279 (U. Hennig). – O. Pniower, Die Abfassungszeit der Altdeutschen Exodus, in: ZfdA 33 (1889), S. 73–97. – H. Blinn, Die altdeutsche Exodus, Amsterdam 1974.
Millstätter Genesis und Exodus, hg. v. J. Diemer, 2 Bde., 1862, Nachdruck Vaduz 1984. – Lit.: D. H. Green, The Millstätter Exodus. A Crusading Epic, Cambridge 1966.
Vorauer Bücher Mosis, hg. v. J. Diemer, Deutsche Gedichte des elften und zwölften Jahrhunderts, Wien 1849 (Nachdruck, Darmstadt 1968), S. 1–90, und in: Beiträge zur älteren deutschen Sprache und Literatur XX *(Vorauer Joseph),* in: WSB 47 (1864), S. 636–687 u. 48 (1865), S. 339–423. – Lit.: D. A. Wells, The Vorau Moses and Balaam, Cambridge 1970.
Vorauer Marienlob, hg. in: MRD I, S. 354f.

Neutestamentliche Bibelepik

Ava, *Werke,* hg. v. K. Schacks (Wiener Neudrucke 8), Graz 1986. – Lit.: VL I (1978), Sp. 560–565 (E. Papp). – *Ordo inclusorum Baumburgensis,* hg. v. M. Räder, Bavaria sancta, Bd. III, München 1627, S. 117–118. – R. Stroppel, Liturgie und geistliche Dichtung zwischen 1050 und 1300 (Deutsche Forschungen 17), Frankfurt/Main 1927, Nachdruck Hildesheim 1973. – O. Doerr, Das Institut der Inclusen in Süd-

deutschland, Münster i. W. 1934. – E. Greinemann, Die Gedichte der Frau Ava. Untersuchungen zur Quellenfrage, Diss. Freiburg i. Br. 1968. – P. K. Stein, Stil, Struktur, historischer Ort und Funktion. Literarhistorische Beobachtungen und methodologische Überlegungen zu den Dichtungen der Frau Ava, in: FS A. Schmidt zum 70. Geburtstag, hg. v. G. Weiss, Stuttgart 1976, S. 5–85. – H. Eggers, ‚Fünfzehn Vorzeichen des Jüngsten Gerichts', in: VL II (1980), Sp. 1013–1020.
Baumgartenberger Johannes Baptista, hg. in: MRD II, S. 136–139. – Lit.: VL I (1978), Sp. 646f. (K.-E. Geith).

Glaubenslehre in Versen
Der altdeutsche Physiologus. Die Millstätter Reimfassung und die Wiener Prosa (nebst dem lateinischen Text und dem althochdeutschen Physiologus), hg. v. F. Maurer (ATB 67), Tübingen 1967. – Lit.: *VL VII (1989), Sp. 620–634 (Ch. Schröder). – N. Henkel, Studien zum Physiologus im Mittelalter, Tübingen 1976.
Das himmlische Jerusalem, hg. in: MRD II, S. 143–152; KDG Nr. VII, S. 92–111. – Lit.: VL IV (1983), Sp. 36–41 (Ch. Meier). – H.-F. Reske, Jerusalem caelestis – Bildformeln und Gestaltungsmuster, Göppingen 1973. – Ch. Meier, Gemma spiritualis. Methode und Gebrauch der Edelsteinallegorese vom frühen Christentum bis ins 18. Jh., Teil I, München 1977.
Siebenzahlgedichte: Auslegung des Vaterunsers, hg. in: MRD I, S. 332–343; KDG Nr. V, S. 68–85. – *Von der Siebenzahl*, hg. in: MRD I, S. 348–351; KDG Nr. VI, S. 86–91. – V. Schupp, Septenar und Bauform, Berlin 1964. – Lit.: VL I (1978), Sp. 554–556 (E. Papp: ‚Auslegung des Vaterunsers'). – H. Meyer, Die Zahlenallegorese im Mittelalter, München 1975. – P. Ganz, Priester Arnolt, in: VL I (1978), Sp. 489–493. – E. Hellgardt, Zahlensymbolik, in: RL 4 (1984), S. 947–957.

Lebenslehre in Versen
Vom Rechte, hg. in: MRD II, S. 156–177; KDG Nr. VIII, S. 112–131. – Lit.: *VL VII (1989), Sp. 1054–1056 (P. Ganz). – I. Schröbler, Das mittelhochdeutsche Gedicht vom ‚Recht', in: PBB 80 (Tüb. 1958), S. 219–252. – *S. Speicher, ‚Vom Rechte'. Ein Kommentar im Rahmen der zeitgenössischen Literaturtradition (GAG 443), Göppingen 1986.
Die Hochzeit, hg. in: MRD II, S.182–223; KDG Nr. IX, S.132–170. – Lit.: VL IV (1983), Sp. 77–79 (P. Ganz). – P. Ganz, Die Hochzeit: fabula und significatio, in: Studien zur frühmittelhochdeutschen Literatur, hg. v. L. P. Johnson u. a., Berlin 1974, S. 58–73.
Die Wahrheit, hg. in: MRD I, S. 429–432; KDG Nr. XI, S. 184–192. – Lit.: B. Murdoch, Die sogenannte ‚Wahrheit' – Analyse eines frühmittelhochdeutschen Gedichts, in: Akten des V. Internationalen Germanisten-Kongresses Cambridge 1975, hg. v. L. Forster/H.-G. Roloff, Bd. II, 2, Frankfurt/Main 1976, S. 404–413.

Gebete in Versen
Vorauer Sündenklage, hg. in: MRD III, S. 95–123; KDG Nr. XII, S. 193–222. – Lit.: H. Eggers, Sündenklage, in: RL 4 (1984), S. 296–298.
Klagenfurter Gebete, hg. in: MRD II, S. 324–327. – Lit.: VL IV (1983), Sp. 1169f. (E. Papp.).
Melker Marienlied, hg. in: MRD I, S. 359–363; KDG Nr. XV, S. 232–238; hg. u. übers. v. M. Wehrli, DLMA, S. 8–15. – Lit.: VL VI (1987), Sp. 374–377 (K. Kunze). –

H. Brinkmann, *Ave praeclara maris stella* in deutscher Wiedergabe, in: Studien zur deutschen Literatur und Sprache des Mittelalters. FS H. Moser zum 65. Geb., Berlin 1974, S. 8–30.

3. Kapitel
Die Literatur zur Zeit der babenbergischen Herzöge und des Interregnums (1156–1273)

LMA – LThK – J. Bühler, Klosterleben im Mittelalter. Nach zeitgenössischen Quellen, 1923, Neudruck Frankfurt a. M. 1989. – C. H. Haskins, The Renaissance of the Twelfth Century, Cambridge/Mass. 1927. – R. Limmer, Bildungszustände und Bildungsideen des 13. Jahrhunderts, München/Berlin 1928. – H. Grundmann, Religiöse Bewegungen im Mittelalter, Darmstadt ²1961. – Geschichtsdenken und Geschichtsbild im Mittelalter, hg. v. W. Lammers (WdF 21), Darmstadt 1961, ²1970. – Ritterliches Tugendsystem, hg. v. G. Eifler (WdF 56), Darmstadt 1970. – Das Rittertum im Mittelalter, hg. v. A. Borst (WdF 349), Darmstadt 1976. – P. Dronke, Die Lyrik des Mittelalters, dt. v. P. Hasler, München 1973, Taschenbuchausgabe München 1977. – V. Schupp, Kritische Anmerkungen zur Rezeption des deutschen Artusromans anhand von Hartmanns ‚Iwein'. Theorie – Text – Bildmaterial, in: Frühmittelalterliche Studien 9 (1975), S. 406–442. – H. Szklenar, Iwein-Fresken auf Schloß Rodeneck in Südtirol, in: BBIAS 27 (1975), S. 172–180. – F. P. Knapp, Literatur und Publikum im österreichischen Hochmittelalter (1976), Neudruck in: Österr. Lit. 1050–1750, S. 87–117. – Europäisches Spätmittelalter, hg. v. W. Erzgräber (NHLW 8), Wiesbaden 1978. – P. Klopsch, Einführung in die Dichtungslehren des lateinischen Mittelalters, Darmstadt 1980. – Europäisches Hochmittelalter, hg. v. H. Krauß (NHLW 7), Wiesbaden 1981. – A. Masser, Die ‚Iwein'-Fresken von Burg Rodenegg in Südtirol und der zeitgenössische Ritterhelm, in: ZfdA 112 (1983), S. 177–198. – A. Masser/M. Siller, Der Kult des hl. Oswald in Tirol und die „Hirschjagd" der Burgkapelle von Hocheppan, in: Der Schlern 57 (1983), S. 55–91. – P. Dronke, The Medieval Poet and his World (Storia e letteratura 164), Rom 1984. – F. P. Knapp, Die gefesselte Muse. Kirchliche Einflußnahme auf die weltliche Literatur des 13. Jahrhunderts, in: Akten des VII. Internationalen Germanisten-Kongresses Göttingen 1985, Tübingen 1986, Bd. 8, S. 12–15. – J. Bumke, Höfische Kultur. Literatur und Gesellschaft im hohen Mittelalter, 2 Bde., München 1986. – A. Wolf, Deutsche Kultur im Hochmittelalter 1150–1250 (Handbuch der Kulturgeschichte, 1. Abteilung: Zeitalter deutscher Kultur), Essen 1986.

ABTEILUNG A: Die Literatur im Bistum Passau

1. Lateinische Literatur

Alte und neue Wege des Bildungswesens
HBG – Hist-St. – MABKD – MABKÖ – Engelbrecht – A. Mayer, Die Bürgerschule zu St. Stephan in Wien, in: Blätter des Vereins für Landeskunde von Niederösterreich,

NF 14 (1880), S. 341–382. – E. Mühlbacher, Die literarischen Leistungen des Stiftes St. Florian bis zur Mitte des 19. Jahrhunderts, Innsbruck 1905. – J. Hollnsteiner, Das Chorherrenstift St. Florian, Steyr o. J. – P. Classen, Zur Geschichte der Frühscholastik in Österreich und Bayern, in: MIÖG 67 (1950), S. 249–277. – A. Lhotsky, Umriß einer Geschichte der Wissenschaftspflege im alten Niederösterreich – Mittelalter, Wien 1964. – C. Pfaff, Scriptorium und Bibliothek des Klosters Mondsee im hohen Mittelalter, Wien 1967. – I. W. Frank, Hausstudium und Universitätsstudium der Wiener Dominikaner bis 1500 (Archiv für österreichische Geschichte 127), Wien 1968. – G. Glauche, Einige Bemerkungen zum ‚Florileg von Heiligenkreuz', in: FS B. Bischoff zum 65. Geb., Stuttgart 1971, S. 295–306. – R. Foreville, Lateran I–IV, übers. v. N. Monzel (Geschichte der ökumenischen Konzilien VI), Mainz 1971. – S. Haider, Das bischöfliche Kapellanat, Bd. 1: Von den Anfängen bis in das 13. Jahrhundert, Wien et al. 1977. – E. Englisch, Zur Geschichte der Franziskanischen Ordensfamilie in Österreich von den Anfängen bis zum Einsetzen der Observanz, in: 800 Jahre Franz von Assisi, Niederösterreichische Landesausstellung, Katalog, Wien 1982, S. 289–306.

Theologisches Schrifttum

Petrus von Wien(?), *Die Zwettler Summe*, hg. v. N. M. Häring (Beiträge zur Geschichte der Philosophie u. Theologie des Mittelalters NF 15), Münster 1977. – Lit.: H. Weisweiler, Das wiedergefundene Gutachten des Magister Petrus über die Verherrlichung des Gottessohnes gegen Gerhoh von Reichersberg, in: Scholastik 13 (1938), S. 225–246 (mit Text). – H. Fichtenau, Magister Petrus von Wien, in: Ders., Beiträge zur Mediävistik, Bd. I, Stuttgart 1975, S. 218–238. – L. Ott, Das Konzil von Chalkedon in der Frühscholastik, in: Das Konzil von Chalkedon. Geschichte und Gegenwart, Bd. II, Würzburg 1953, S. 873–922.
Rüdiger von Klosterneuburg, *Brief an Magister Petrus*, hg. v. H. Weisweiler, in: Scholastik 14 (1939), S. 21–49. – Lit.: F. Röhrig, Die Brüder Gerhochs in Klosterneuburg, in: 900 Jahre Stift Reichersberg, Ausstellungskatalog Linz 1984, S. 93–99.
Passauer Anonymus, *De Iudaeis, Antichristo et haereticis,* Teiledition v. A. Patschovsky/K.-V. Selge, Quellen zur Geschichte der Waldenser (Texte zur Kirchen- und Theologiegeschichte 18), Gütersloh 1973, S. 19–46, 70–103. – Lit.: *VL VII (1989), Sp. 320–324 (A. Patschovsky). – A. Patschovsky, Der Passauer Anonymus (Schriften der MGH 22), Hannover 1968. – P. Segl, Ketzer in Österreich (Quellen u. Forschungen aus dem Gebiet der Geschichte NF 5), Paderborn et al. 1984.

Hagiographische Prosa

BHL – LQK – QGÖ – Schmale.
Magnum Legendarium Austriacum, Teilausg. u. Index Sanctorum v. A. Poncelet, in: Anal. Boll. 17 (1898), S. 24–96; 132–216. – Lit.: H. Quentin, Les martyrologes historiques du moyen âge, Paris 1908. – G. Eis, Die Quellen des Märterbuchs (Prager deutsche Studien 46), Reichenberg 1932. – A. Kern, Magnum Legendarium Austriacum, in: Die Österreichische Nationalbibliothek, FS J. Bick, Wien 1948, S. 429–434. – G. Philippart, Les Légendiers Latins et autres manuscripts hagiographiques (Typologie des sources du moyen âge occidental 24/25), Turnhout 1977. – G. Philippart, Legendare (lateinische im deutschen Bereich), in: VL V (1985), Sp. 644–657.
Vita Valentini, hg. in: AASS, Januarius I, S. 369–372.

Vita Bertholdi, hg. v. J. Lenzweger (s. Lit.). – Lit.: J. Lenzweger, Berthold, Abt von Garsten (Forschungen zur Geschichte Oberösterreichs 5), Graz/Köln 1958 (Text der Vita S. 225–270).
Vita Wirntonis, hg. v. O. Holder-Egger, in: MGH SS 15,2 (1888), S. 1126–1135.
Vita Adalberonis, hg. u. übers. v. I. Schmale-Ott, Würzburg 1954.
Vita Alrunae, hg. v. B. Pez, TAN II, 3, Sp. 253–266.
Vita Salomes et Judith, hg. in: AASS, Junius VII, S. 492–498. – Lit.: A. Sturm, Niederbayrische Klausnerinnen (Inklusen), in: Die beiden Türme. Niederalteicher Rundbrief 1963, S. 9–15.

Historiographische Prosa
LQK – Schmale – QGÖ – HBG.
Chronicon pii marchionis, hg. v. W. Wattenbach, in: MGH SS 9 (1852), S. 610–612. – Lit.: G. Wacha, Leopold III., der Heilige, St. Pölten/Wien 1975. – Der Heilige Leopold – Landesfürst und Staatssymbol. Niederösterreichische Landesausstellung Klosterneuburg 1985, Katalog, Wien 1985.
Breve chronicon Austriae Mellicense, hg. v. W. Wattenbach, in: MGH SS 24 (1879), S. 70–71.
Magnus von Reichersberg, *Annales (Chronica),* hg. v. W. Wattenbach, in: MGH SS 17 (1861), S. 443–523.
Garstener Annalen (Continuatio Garstensis), hg, v. W. Wattenbach, in: MGH SS 9 (1852), S. 594–600.
Hermann von Niederalteich, *Annales Altahenses* (und kleinere Schriften), hg. v. Ph. Jaffé, in: MGH SS 17 (1861), S. 369–407; übers. v. L. Weiland/O. Holder-Egger (GDV 78), Berlin ³1941. – Lit.: VL III (1981), Sp. 1076–80 (K. Colberg). – M. Müller, Die Annalen und Chroniken im Herzogtum Bayern 1250–1314, München 1983.
Albert Böheim, *Werke,* hg. v. P. Uiblein, Studien (s. Lit.), S. 8–27; 28–33, und v. G. Waitz, in: MGH SS 25 (1880), S. 617–627. – Lit.: VL I (1978), Sp. 116–119 (W. Stelzer). – C. Höfler, Albert von Beham und Regesten Papst Innocenz IV., Stuttgart 1847. – P. Uiblein, Studien zur Passauer Geschichtsschreibung des Mittelalters, in: Archiv für österreichische Geschichte 121 (Wien 1956), S. 93–180 (auch separat als Heft 2).
Historia Romanorum pontificum, hg. in: MPL 213, Sp. 987–1040. – Lit.: K. Rost, Die Historia pontificum Romanorum, Greifswald 1932.
Historia de expeditione Friderici, hg. v. A. Chroust, Quellen zur Geschichte des Kreuzzuges Kaiser Friedrichs I. (MGH Script. rer. Germ. N. S. 5), Berlin 1928, S. 1–115. – Lit.: *VL IV (1983), Sp. 59f. (F. J. Worstbrock).

Briefsammlungen
H. Koller, Zwei Pariser Briefsammlungen, in: MIÖG 59 (1951), S. 299–327. – J. Meisenzahl, Die Bedeutung des Bernhard von Meung für das mittelalterliche Notariats- und Schulwesen, seine Urkundenlehre und deren Überlieferung im Rahmen seines Gesamtwerks, Diss. (masch.) Würzburg 1960.
Klosterneuburger Briefsammlung: Auszüge hg. in: UB Bgld I, Nr. 225–227. – Lit.: L. Auer, Eine österreichische Briefsammlung aus der Zeit Friedrichs des Streitbaren, in: MIÖG 77 (1969), S. 43–77 (mit Regesten der Briefe).
Laaer Briefsammlung, hg. v. M. Weltin (s. Lit.). – Lit.: M. Weltin, Die „Laaer Briefsammlung", Wien/Köln/Graz 1975 (mit Edition, S. 97–131).

Gelehrtes Recht

W. Stelzer, Gelehrtes Recht in Österreich von den Anfängen bis zum frühen 14. Jahrhundert, Wien/Köln/Graz 1982.
Altmann von St. Florian, *Kanonistische Werke,* hg. v. F. Altmann, Über einen Ordo iudiciarius vom Jahre 1204, in: Zeitschrift der Savigny-Stiftung für Rechtsgeschichte, Romanistische Abteilung 10 (1889), S. 44–71 (nur kurze Proben S. 49f. u. 55–62). – Lit.: VL I (1978), Sp. 308–310 (W. Stelzer).
Eilbert von Bremen, *Ordo iudiciarius,* hg. v. L. Wahrmund, Quellen zur Geschichte des römisch-kanonischen Processes im Mittelalter, I/5, 1906. – Lit.: VL I (1978), Sp. 410 (W. Stelzer).
Vagantenurkunde St. Pölten 1209, hg. v. M. Pangerl, in: Anzeiger für Kunde der deutschen Vorzeit 15 (1868), Sp. 198–199. – Lit.: W. Stelzer, Satire und Anekdote im mittelalterlichen Österreich (1. Teil), in: Österreich in Geschichte und Literatur 31 (1987), S. 261–274.

Metrische Versdichtung

Altmann von St. Florian, *Conversio et passio s. Afrae,* hg. v. F. R. Swietek (mit Einleitung), in: Mlat. Jb. 17 (1982), S. 134–156. – *Passio s. Floriani,* hg. v. H. Pez, Script. rer. Austr. I (1721), S. 53–62. – Lit.: VL I (1978), Sp. 308–310 (W. Stelzer). – H. Riedlinger, Die Makellosigkeit der Kirche in den lateinischen Hoheliedkommentaren des Mittelalters (Beiträge zur Geschichte der Philosophie und Theologie des Mittelalters 38/3), Münster 1958 (mit Textproben aus Altmanns Hoheliedkommentar S. 145ff.).
Verduner Altar. – Lit.: H. Buschhausen, Der Verduner Altar, Wien 1980.
Heinrich von Prüfening, *Relationes seniorum,* hg. in Auszügen v. A. Lhotsky, Über eine angebliche Gründungsgeschichte des Stiftes Göttweig, in: DA 17 (1961), S. 247–254. – Lit.: VL III (1981), Sp. 864f. (F. J. Worstbrock). – H.-G. Schmitz, Kloster Prüfening im 12. Jahrhundert (Miscellanea Bavarica Monacensia 49), München 1975.
Versus de primis fundatoribus monasterii Zwetlensis, hg. v. J. von Frast, Das Stiftungsbuch des Cistercienser-Klosters Zwetl (FRA II 3), Wien 1851, S. 23–27.
Gedicht über den Mongoleneinfall, hg. v. H. Pez, Script. rer. Austr. II, Sp. 397–398.
Konrad (Chunradus Saxo), *Epitaphium ducis Friderici,* hg. v. W. Wattenbach, in: MGH SS 11 (1854), S. 51.
Klagegedicht auf Friedrich II. (Linzer Hs.), hg. v. W. Wattenbach, in: MGH SS 11 (1854), S. 51.
Lobgedicht auf Přemysl Ottokar II., hg. v. W. Wattenbach, in: NA 10 (1851), S. 612.
Chronicon rhythmicum Austriacum, hg. v. W. Wattenbach, in: MGH SS 25 (1880), S. 349–368. – Lit.: VL I (1978), Sp. 1256–58 (E. Kleinschmidt). – G. Möser-Mersky, Das österreichische „Chronicon rhythmicum", in: MIÖG 73 (1965), S. 17–38.
Versus de Innocentio IV. et Friderico II., hg. v. J. Werner, in: NA 32 (1907), S. 589–604.

Geistliche Lyrik

AH – Szövérffy – Hughes – MGG – A. Kellner, Musikgeschichte des Stiftes Kremsmünster, Kassel/Basel 1956. – W. Lipphardt, Studien zur Musikpflege in den mittelalterlichen Augustiner-Chorherrenstiften des deutschen Sprachgebietes, in: Jahrbuch des Stifts Klosterneuburg NF 7 (1971), S. 7–102. – W. Lipphardt, Hymnologische Quellen der Steiermark und ihre Erforschung (Grazer Universitätsreden 13), Graz

1974. – W. Lipphardt, Musik in den österreichischen Klöstern der Babenbergerzeit, in: Musicologica Austriaca 2 (1979), S. 48–68. – F. Röhrig, Die Brüder Gerhochs in Klosterneuburg, in: 900 Jahre Stift Reichersberg, Ausstellungskatalog, Linz 1984, S. 93–99. – J. Szövérffy, Marianische Motivik der Hymnen (Medieval Classics: Texts and Studies 18), Leiden 1985. – J. Szövérffy, Marienhymnen in Österreich (Medieval Classics: Texts and Studies 21), Washington/Leiden 1987. – Weitere Lit. siehe 2. Kap., Liturgische Feier und liturgischer Gesang.
Arno von Reichersberg, *Dreifaltigkeitshymnus*, hg. v. H. Pfeiffer/B. Cernik, Catalogus Codicum manuscriptorum qui in bibliotheca can. reg. S. Augustini Claustroneoburgi asservantur, Bd. 2, 1931, S. 97f.

Geistliches Spiel
Young – Lipphardt – Linke – Weitere allgem. Lit. siehe 2. Kap., Liturgische Feier und liturgischer Gesang.
Klosterneuburger Osterspiel, hg. bei Young I, S. 421–429; Lipphardt V, Nr. 829. – Lit.: VL IV (1983), Sp. 1259–63 (H. Linke). – J. Nowé, Kult oder Drama. Zur Struktur einiger Osterspiele des deutschen Mittelalters, in: The Theatre in the Middle Ages, hg. v. H. Braet u. a. (Mediaevalia Lovaniensia I 13), Leuven 1985, S. 269–313.

2. Deutsche Literatur

HBG – ÖLZB – H. de Boor, Die Höfische Literatur (GDL II), München 1953, [10]1979. – H. de Boor, Die deutsche Literatur im späten Mittelalter. Erster Teil (GDL III/1), München 1962. – H. Wenzel, Frauendienst und Gottesdienst. Studien zur Minne-Ideologie (PhStQ 74), Berlin 1974. – J. Bumke, Mäzene im Mittelalter. Die Gönner und Auftraggeber der höfischen Literatur in Deutschland, München 1979. – M. G. Scholz, Hören und Lesen. Studien zur primären Rezeption der Literatur im 12. und 13. Jahrhundert, Wiesbaden 1980. – Wittelsbach und Bayern, Bd. I/1: Die Zeit der frühen Herzöge. Von Otto I. zu Ludwig dem Bayern. Beiträge zur Bayerischen Geschichte und Kunst, hg. v. H. Glaser, München 1980. – G. Schweikle, Die *frouwe* der Minnesänger, in: ZfdA 109 (1980), S. 91–116. – Minnesang in Österreich, hg. v. H. Birkhan (WAGAPH 24), Wien 1983. – W. Mohr, Gesammelte Aufsätze II: Lyrik (GAG 300), Göppingen 1983. – J. Heinzle, Wandlungen und Neuansätze im 13. Jahrhundert (GDLH II 2), Königstein/Ts. 1984. – Der deutsche Minnesang, hg. v. H. Fromm, 2 Bde. (WdF 15 u. 608), Darmstadt [5]1972 u. 1985. – H. Freytag, Die frühmittelhochdeutsche geistliche Dichtung in Österreich, in: Österr. Lit. 1050–1750, S. 119–143. – J. W. Thomas, Lied und Spruch in Österreich vom Kürenberger bis Ulrich von Liechtenstein, in: Österr. Lit. 1050–1750, S. 151–170. – I. Glier (Hg.), Die deutsche Literatur im späten Mittelalter. Zweiter Teil (GDL III/2), München 1987. – *G. Schweikle, Minnesang (SM 244), Stuttgart 1989. – *J. Bumke, Geschichte der deutschen Literatur im hohen Mittelalter, München 1990. – *E. Willms, Liebesleid und Sangeslust. Untersuchungen zur deutschen Liebeslyrik des 12. und frühen 13. Jahrhunderts (MTU 94), München 1990.

Handschriften
H. Menhardt, Verzeichnis der altdeutschen literarischen Handschriften der österreichischen Nationalbibliothek, 3 Bde., Wien 1960–61. – E. J. Beer, Die Bilderzyklen

mittelhochdeutscher Handschriften aus Regensburg und seinem Umkreis, in: Regensburger Buchmalerei (Ausstellungskataloge der Bayerischen Staatsbibliothek 39), München 1987, S. 69–78. – K. Schneider, Gotische Schriften in deutscher Sprache, Bd. I. Vom späten 12. Jahrhundert bis um 1300. Textband und Tafelband, Wiesbaden 1987.
Heidelberger Liederhandschrift A, Faksimile-Ausg. mit Einleitung v. W. Blank, 2 Bde., Wiesbaden 1972. – Lit.: VL III (1981), Sp. 577–584 (G. Kornrumpf).
Heidelberger Liederhandschrift C, Faksimile-Ausg., hg. v. I. F. Walther, Frankfurt a. M. 1974–1979; Kommentar, hg. v. W. Koschorreck/W. Werner, Frankfurt a. M. 1981; Miniaturen, hg. v. I. F. Walther, Frankfurt a. M. 1988. – Lit.: VL III (1981), Sp. 584–597 (G. Kornrumpf).
Weingartner Liederhandschrift B, Faksimile-Ausg., 2 Bde., Stuttgart 1969.
**Budapester Liederhandschrift* (Fragmente), hg. v. A. Vizkelety, in: PBB 110 (Tüb. 1988), S. 387–407. – Lit.: A. Vizkelety, Funde zum Minnesang: Blätter aus einer bebilderten Liederhandschrift, in: PBB 107 (Tüb. 1985), S. 366–375.
Ambraser Heldenbuch, Faksimile-Ausgabe des Codex Vindobonensis Series nova 2663, Kommentar v. F. Unterkircher, Graz 1973. – Lit.: VL I (1978), Sp. 323–327 (J. Janota).

Prosa
R. Cruel, Geschichte der deutschen Predigt im Mittelalter, Detmold 1879, Nachdruck Hildesheim 1966. – H. Fromm, Zum Stil der frühmittelhochdeutschen Predigt, in: Neuphilologische Mitteilungen 60 (1959), S. 405–417. – K. Morvay/D. Grube, Bibliographie der deutschen Predigt des Mittelalters (MTU 47), München 1974. – G. Steer, Geistliche Prosa, in: Die deutsche Literatur im späten Mittelalter. Zweiter Teil, hg. v. I. Glier (GDL III/2), München 1987, S. 306–370. – P. Johanek, Rechtsschrifttum, in: Die deutsche Literatur im späten Mittelalter. Zweiter Teil, hg. v. I. Glier (GDL III/2), München 1987, S. 396–431.
Kremsmünsterer Ordo sermonarius, Teilausg. siehe Lit. – Lit.: VL V (1985), Sp. 355 (V. Honemann). – V. Honemann, Kremsmünsterer ‚Beichte' und ‚Glauben', in: PBB 102 (Tüb. 1980), S. 339–56 (mit Ausg. der deutschen Teile).
Klosterneuburger Bußpredigten, Ausg. siehe Lit. – Lit.: N. F. Palmer, Die ‚Klosterneuburger Bußpredigten'. Untersuchung und Edition, in: Überlieferungsgeschichtliche Editionen und Studien zur deutschen Literatur des Mittelalters, FS Kurt Ruh zum 75. Geb., Tübingen 1989, S. 210–244.
Wiener Predigtbruchstücke, hg. v. J. Haupt, in: ZfdA 23 (1879), S. 345–353.
Oberalteicher Predigten, hg. v. A. Schönbach, Altdeutsche Predigten II, Graz 1888. – Lit.: VL VI (1987), Sp. 1273f. (V. Mertens).
Hoffmannsche Predigtsammlung, hg. v. H. Hoffmann, Fundgruben für Geschichte deutscher Sprache und Literatur, Teil I, Breslau 1830, Nachdruck Hildesheim 1969, S. 70–126. – Lit.: VL IV (1983), Sp. 82–84 (V. Mertens).
Rothsche Predigten, hg. v. K. Roth, Deutsche Predigten des XII. und XIII. Jahrhunderts (BNL 11/1), Quedlinburg/Leipzig 1839. – Lit.: *VL VIII (1992), Sp. 286–288 (V. Mertens).
Leipziger Predigten, hg. v. A. Schönbach, Altdeutsche Predigten I, Graz 1886. – Lit.: VL V (1985), Sp. 695–701 (V. Mertens).
St. Pauler Predigten, hg. v. A. Jeitteles (Altdeutsche Handschriften aus Österreich 1), Innsbruck 1878, Nachdruck Vaduz 1984; hg. v. N. E. Whisnant, Diss. Univ. of North

Carolina/Chapel Hill 1978 (mit einleitenden Untersuchungen). – Lit.: *VL VII (1989), Sp. 366–69 (N. E. Whisnant).
Speculum ecclesiae. Eine frühmittelhochdeutsche Predigtsammlung (Cgm. 39), hg. v. G. Mellbourn, Diss. Lund 1944.
Berthold von Regensburg. – Lit.: VL I (1978), Sp. 817–822 (F. G. Banta).
Österreichischer Landfriede (1254), in: MGH Constitutiones II, hg. v. L. Weiland, Hannover 1896, S. 604–608 (Nr. 440). – Lit.: M. Weltin, Landesherr und Landherren, in: Ottokar-Forschungen (JbLkNÖ NF 44/45), Wien 1979, S. 159–225, bes. S. 176ff.
Bairischer Landfriede (1244 u. 1256), hg. v. L. Weiland, in: MGH Constitutiones II (1896), S. 570–579 (Nr. 427) u. S. 596–602 (Nr. 439).

Glaubenslehre in Versen
Das Anegenge, hg. (mit Einleitung) v. D. Neuschäfer (Medium Aevum 8), München 1966; von demselben, München 1969. – Lit.: VL I (1978), Sp. 352–356 (P.-E. Neuser). – E. J. Mäder, Der Streit der „Töchter Gottes". Zur Geschichte eines allegorischen Motivs, Bern/Frankfurt a. M. 1971.
Lilienfelder Andachtsbuch, hg. v. H. Menhardt, Lilienfelder Heilsgeschichte, in: ZfdA 78 (1941), S. 167–184 (nur dt. Teile). – Lit.: VL V (1985), Sp. 832f. (A. Masser). – F. X. Haimerl, Mittelalterliche Frömmigkeit im Spiegel der Gebetbuchliteratur Süddeutschlands, München 1952.

Geistliche Lebenslehre in Versen
Heinrich von Melk, *Werke,* hg. v. R. Heinzel, Berlin 1867, Neudruck Hildesheim et al. 1983; hg. v. R. Kienast, Heidelberg 1946; hg. in: MRD III, S. 258–359. – Lit.: VL III (1981), Sp. 787–797 (P.-E. Neuser). – O. Lorenz, Heinrich von Melk, der Juvenal der Ritterzeit, Halle 1886. – E. Kimmich, Das Verhältnis des sogenannten Heinrich von Melk zur mittellateinischen Dichtung, Diss. (masch.) Tübingen 1952. – P.-E. Neuser, Zum sogenannten „Heinrich von Melk", Köln/Wien 1973. – W. Freytag, Das Priesterleben des sogenannten Heinrich von Melk, in: DVjs 52 (1978), S. 558–580. – G. S. Williams, Against court and school: Heinrich von Melk and Hélinant of Froidmont as critics of twelfth-century society, in: Neophilologus 62 (1978), S. 513–26.
Die Warnung, hg. v. L. Weber (Münchener Archiv 1), München o. J. (1912). – Lit.: K. Zatloukal, Zur ‚Warnunge', in: ÖLZB, S. 278–296.

Legendenepik aus biblischer Wurzel
A. Masser, Bibel- und Legendenepik des deutschen Mittelalters, Berlin 1976.
Adelprecht, *Johannes der Täufer,* hg. in: MRD II, S. 332–341. – Lit.: VL I (1978), Sp. 62f. (K.-E. Geith). – H. Menhardt, Zur Herkunft der Maria Saaler Bruchstücke, in: PBB 82 (Tüb. 1960), S. 77–94.
Konrad von Fußesbrunnen, *Die Kindheit Jesu,* hg. v. H. Fromm/K. Grubmüller, Berlin/New York 1973; Ausgewählte Abbildungen zur gesamten handschriftlichen Überlieferung hg. v. H. Fromm/K. Gärtner/K. Grubmüller/K. Kunze (Litterae 42), Göppingen 1977 (darin S. 109–113 auch ein Auszug aus der *Infantia domini nostri Jesu Christi*). – Lit.: VL V (1985), Sp. 172–175 (H. Fromm). – A. Masser, Bibel, Apokryphen und Legenden. Geburt und Kindheit Jesu in der religiösen Epik des deutschen Mittelalters, Berlin 1969.

Ein Marienmirakel
Bonus, hg. v. E. Schröder, in: Nachrichten von der Gesellschaft der Wissenschaften zu Göttingen, philosophisch-historische Klasse 1924, Heft 1, S. 1–13. – Lit.: VL I (1978), Sp. 952f. (K. Kunze). – *Rhythmus de casula S. Boni*, hg. v. M. Haupt, in: ZfdA 3 (1843), S. 299–304.

Früher donauländischer Minnesang
Allgemeine Lit. siehe 3. Kap., Abt. A, 2. Dt. Lit. (auch zu den Handschriften).
Der von Kürenberg, *Lieder*, hg. u. übers. v. Schweikle, FML, S. 118–123; hg. v. Tervooren, MF, Nr. II, S. 24–27; hg. v. G. Agler-Beck, Amsterdam 1978 (mit Kommentar). – Lit.: VL V (1985), Sp. 454–461 (G. Schweikle). – C. Schmid, Die Lieder der Kürenberg-Sammlung: Einzelstrophen oder zyklische Einheiten? (GAG 301), Göppingen 1980.
Burggraf von Regensburg, *Lieder*, hg. u. übers. v. Schweikle, FML, S. 124f.; hg. v. Tervooren, MF, Nr. IV, S. 32f. – Lit.: *VL VII (1989), Sp. 1087–89 (G. Schweikle).
Burggraf von Rietenburg, *Lieder*, hg. u. übers. v. Schweikle, FML, S. 160–165; hg. v. Tervooren, MF, Nr. V, S. 34–37. – Lit.: *VL VIII (1992), Sp. 64–67 (G. Schweikle).
Dietmar von Aist, *Lieder*, hg. u. übers. v. Schweikle, FML, S. 136–159; hg. v. Tervooren, MF, Nr. VIII, S. 56–69. – Lit.: VL II (1980), Sp. 95–98 (H. Tervooren). – A. Wolf, Variation und Integration. Beobachtungen zu hochmittelalterlichen Tageliedern, Darmstadt 1979.

Liedkunst der Hohen Minne
Albrecht von Johannsdorf, *Lieder*, hg. u. übers. v. Schweikle, FML, S. 326-351; hg. v. Tervooren, MF, Nr. XIV, S. 178–195; hg. v. D. P. Sudermann (s. Lit.). – Lit.: VL I (1978), Sp. 191–195 (K.-H. Schirmer). – D. P. Sudermann, The Minnelieder of Albrecht von Johansdorf. Edition, Commentary, Interpretation (GAG 201), Göppingen 1976. – K.-H. Schirmer, Albrecht von Johansdorf: Kreuz- und Liebeslied 94,15 ‚Guote liute, holt die gâbe', in: Handbuch der Literatur in Bayern, hg. v. A. Weber, Regensburg 1987, S. 79–88.
Reinmar der Alte, *Lieder*, hg. v. Tervooren, MF, Nr. XXI, S. 285–403; *Lieder* (der Hs. B), hg. u. übers. v. G. Schweikle, Stuttgart 1986. – Lit.: *VL VII (1989), Sp. 1180–91 (G. Schweikle). – W. E. Jackson, Reinmar's Women. A Study of the Woman's Song („Frauenlied" und „Frauenstrophe") of Reinmar der Alte (GLLM 9), Amsterdam 1981. – S. Ranawake, Gab es eine Reinmar-Fehde?, in: Oxford German Studies 13 (1982), S. 7–35. – H. Tervooren, Brauchen wir ein neues Reinmarbild?, in: GRM 36 (1986), S. 255–266. – *Ders., Reinmar-Studien. Ein Kommentar zu den ‚unechten' Liedern Reinmars des Alten, Stuttgart 1991.

Walther von der Vogelweide
Walther von der Vogelweide, *Lieder und Sprüche*, hg. v. K. Lachmann, 13., aufgrund der 10. von C. von Kraus bearbeiteten Ausg. neu hg. v. H. Kuhn, Berlin 1965; hg. v. F. Maurer, 2 Bde. (ATB 43 u. 47), Tübingen ⁴1974 bzw. ³1969; übers. v. H. Böhm, Berlin ³1964; hg. u. übers. v. J. Schaefer, Darmstadt 1972; Faksimile-Ausg. der gesamten Überlieferung (Texte u. Melodien), hg. v. H. Brunner/U. Müller/F. V. Spechtler (Litterae 7), Göppingen 1977. – Lit.: Walther von der Vogelweide, hg. v. S. Beyschlag (WdF 112), Darmstadt 1971. – W. Mohr, Altersdichtung Walthers von der Vogel-

weide, in: Sprachkunst 2 (1971), S. 329–356. – M. Curschmann, Waltherus cantor, in: Oxford German Studies 6 (1971/72), S. 5–17. – V. Schupp, *Er hât tûsent man betoeret*. Zur öffentlichen Wirkung Walthers von der Vogelweide, in: Poetica 6 (1974), S. 38–59. – G. Kaiser, Die Reichssprüche Walthers von der Vogelweide, in: Der Deutschunterricht 28 (1976) H. 2, S. 5–24. – W. Haubrichs, Grund und Hintergrund in der Kreuzzugsdichtung, in: Philologie und Geschichtswissenschaft, hg. v. H. Rupp, Heidelberg 1977, S. 12–62. – Ch. Ortmann, Die Kunst *ebene* zu werben. Zu Walthers *Aller werdekeit ein füegerinne*, in: PBB 103 (Tüb. 1981), S. 238–263. – T. McFarland, Walther's bilde. On the synthesis of Minnesang and Spruchdichtung in *Ir reinen wîp, ir werden man* (L 66, 21ff.), in: Oxford German Studies 13 (1982), S. 183–205. – H. Wenzel, Typus und Individualität. Zur literarischen Selbstdeutung Walthers von der Vogelweide, in: Internationales Archiv für Sozialgeschichte der deutschen Literatur 8 (1983), S. 1–34. – S. L. Clark, *ein schoenez bilde*. Walther von der Vogelweide and the idea of image, in: From symbol to mimesis, hg. v. F. Bäuml (GAG 368), Göppingen 1984, S. 69–91. – Th. Cramer, *Ich sach swaz in der welte was*. Die Ordnung des Kosmos in Walthers zweitem Reichsspruch, in: ZfdPh 104 (1985), S. 70–85. – G. Hahn, Walther von der Vogelweide (Artemis Einführungen 22), München/Zürich 1986. – *Walther von der Vogelweide, FS für K.-H. Borck zum 65. Geb., hg. v. J.-D. Müller/F. J. Worstbrock, Stuttgart 1989. – *Walther von der Vogelweide. Beiträge zu Leben und Werk, hg. v. H.-D. Mück, Stuttgart 1989. – *Th. Nolte, Walther von der Vogelweide. Höfische Idealität und konkrete Erfahrung, Stuttgart 1991.

Minnesangs Wende
H. Kuhn, Minnesangs Wende (Hermaea NF 1), Tübingen ²1967. – J. Goheen, Mittelalterliche Liebeslyrik von Neidhart von Reuental bis zu Oswald von Wolkentein (PhStQ 110), Berlin 1984.
Neidhart, *Die Lieder*, hg. v. S. Beyschlag (Text u. Übertragung, Einführung u. Worterklärungen, Edition der Melodien v. U. Brunner), Darmstadt 1975; hg. v. E. Wießner/H. Fischer, 4. Aufl. v. P. Sappler (H. Lomnitzer: Melodien) (ATB 44), Tübingen 1984; Auswahl hg. u. übers. v. H. Lomnitzer, Stuttgart ²1984; Die Berliner Neidhart-Handschrift c (mgf 779), hg. v. I. Bennewitz-Behr (GAG 356), Göppingen 1981; Abbildungen zur Neidhart-Überlieferung, 2 Bde., hg. v. G. Fritz bzw. E. Wenzel (Litterae 11 u. 15), Göppingen 1973 u. 1976. – Lit.: VL VI (1987), Sp. 871–893 (S. Beyschlag). – H. Birkhan, Zur Datierung, Deutung und Gliederung einiger Lieder Neidharts von Reuental (WSB 273/1), Wien 1971. – J. Schneider, Studien zur Thematik und Struktur der Lieder Neidharts (GAG 196/197), Göppingen 1976. – U. Schulze, Zur Frage des Realitätsbezuges bei Neidhart, in: ÖLZB, S. 197–217. – P. Giloy-Hirtz, Deformation des Minnesangs (Beiheft zum Euphorion 19), Heidelberg 1982. – Neidhart von Reuental, hg. v. H. Birkhan (Philologica Germanica 5), Wien 1983. – Neidhart, hg. v. H. Brunner (WdF 556), Darmstadt 1986. – J. D. Müller, Strukturen gegenhöfischer Welt: Höfisches und nichthöfisches Sprechen bei Neidhart, in: Höfische Literatur – Hofgesellschaft – Höfische Lebensformen um 1200, hg. v. G. Kaiser/J.-D. Müller, Düsseldorf 1986, S. 409–451. – I. Bennewitz-Behr, Original und Rezeption. Funktions- und überlieferungsgeschichtliche Studien zur Neidhart-Sammlung R (GAG 437), Göppingen 1987. – *G. Schweikle, Neidhart (SM 253), Stuttgart 1990.

Von Scharfenberg, *Lieder*, hg. in: StMS, S. 103–127. – Lit.: *VL VIII (1992), Sp. 604–606 (I. Glier).
Kol von Nüssen (Nünzen), *Lieder*, hg. in: KLD Nr. 29. – Lit.: VL V (1985), Sp. 14–16 (G. Schweikle). – M. Weltin, in: JbLkNÖ NF 50/51 (1984/85), S. 358, Anm. 98.
Geltar, *Lieder*, hg. in: KLD Nr. 13. – Lit.: VL II (1980), Sp. 1187–89 (V. Mertens).
Alram (Waltram) von Gresten, *Lieder*, hg. in: KLD Nr. 64.
Friedrich der Knecht, *Lieder*, hg. in: KLD Nr. 11. – Lit.: VL II (1980), Sp. 950–952 (G. Kornrumpf).
Der Tannhäuser, *Lieder u. Sprüche*, hg. v. J. Siebert (s. Lit.); Faksimile-Ausg. der Lieder und Sprüche in den Hss. C u. J, hg. v. H. Lomnitzer/U. Müller (Litterae 13), Göppingen 1973. – Lit.: J. Siebert, Der Dichter Tannhäuser. Leben – Gedichte – Sage, Halle a. d. S. 1934, Nachdruck Hildesheim/New York 1980. – M. Lang, Tannhäuser, Leipzig 1936. – J. W. Thomas, Tannhäuser: Poet and Legend (with Texts and Translations of his Works), Chapel Hill 1974. – S. Brinkmann, Die deutschsprachige Pastourelle, Diss. Bonn 1976. – H. Tervooren, Schönheitsbeschreibung und Gattungsethik in der mittelhochdeutschen Lyrik, in: Schöne Frauen – schöne Männer, hg. v. Th. Stemmler, Mannheim 1988, S. 171–198.
Der von Sachsendorf, *Lieder*, hg. in: KLD Nr. 51. – Lit.: *VL VIII (1992), Sp. 462–465 (E. Hages).
Rubin, *Lieder*, hg. in: KLD Nr. 47. – Lit.: *VL VIII (1992), Sp. 293–296 (G. Kornrumpf). – G. Kaiser, Beiträge zu den Liedern des Minnesängers Rubin, München 1969.
Pfeffel, *Spruch- und Liedstrophen*, hg. v. K. Bartsch, Die Schweizer Minnesänger, Frauenfeld 1886, Neudruck Darmstadt 1964, S. 71–73. – Lit.: *VL VII (1989), Sp. 558–560 (M. Schiendorfer).

Sangspruchdichtung neben und nach Walther
U. Müller, Untersuchungen zur politischen Lyrik des deutschen Mittelalters (GAG 55/56), Göppingen 1974.
Reinmar von Zweter, *Gedichte*, hg. v. G. Roethe, Leipzig 1887 (mit ausführlichen Untersuchungen). – Lit.: *VL VII (1989), Sp. 1198–1207 (H. Brunner).
(Meister) Sigeher, *Gedichte*, hg. v. H. P. Brodt, Breslau 1913. – Lit.: *VL VIII (1992), Sp. 1233–1236 (J. Haustein).
Friedrich von Sonnenburg, Ausg. u. Lit. siehe Abt. B, Sangspruchdichtung.

Heldenepik
W. Grimm, Die deutsche Heldensage (³1889), 4. Aufl. mit Nachträgen v. K. Müllenhoff/O. Jänicke, Darmstadt 1957. – H. Schneider, Germanische Heldensage, Bd. 1: Einleitung; Deutsche Heldensage, Berlin/Leipzig 1928. – Zur germanisch-deutschen Heldensage, hg. v. K. Hauck (WdF 14), Darmstadt 1961. – H. Uecker, Germanische Heldensage (SM 106), Stuttgart 1972. – W. Hoffmann, Mittelhochdeutsche Heldendichtung, Berlin 1974. – *Helden und Heldensage. Otto Gschwantler zum 60. Geburtstag, hg v. H. Reichert/G. Zimmermann (Philologica Germanica 11), Wien 1990.
Das Nibelungenlied, hg. v. K. Bartsch/H. de Boor (Deutsche Klassiker des Mittelalters 3), 21. Aufl. v. R. Wisniewski, Wiesbaden 1979; Paralleldruck der Handschriften A, B und C nebst Lesarten der übrigen Handschriften, hg. v. M. Batts, Tübingen 1971; nach der Handschrift C hg. v. U. Hennig (ATB 83), Tübingen 1977. – Lit.:

VL VI (1987), Sp. 926–969: ‚Nibelungenlied' und ‚Klage' (M. Curschmann). – *Thidreks saga*, hg. v. H. Bertelsen, 2 Bde., Kopenhagen 1905–11. – *Vorrede zum Straßburger Heldenbuch*, hg. v. J. Heinzle, in: Heldenbuch. Nach dem ältesten Druck in Abbildungen, Bd. II, Göppingen 1987, S. 223–242. – A. Heusler, Nibelungensage und Nibelungenlied, 1920, Dortmund [6]1965. – W. J. Schröder, Das Nibelungenlied. Versuch einer Deutung, in: PBB 76 (Halle 1954/55), S. 56–143. – G. Weber, Das Nibelungenlied, Stuttgart 1963. – W. Krogmann/U. Pretzel, Bibliographie zum Nibelungenlied und zur Klage, Berlin [4]1966. – F. Neumann, Das Nibelungenlied in seiner Zeit, Göttingen 1967. – B. Nagel, Das Nibelungenlied, Frankfurt a. M. [2]1970. – J.-D. Müller, Sîvrit: *künec – man – eigenholt*, in: ABäG 7 (1974), S. 85–124. – Nibelungenlied und Kudrun, hg. v. H. Rupp (WdF 54), Darmstadt 1976. – R. Wisniewski, Die Darstellung des Niflungenuntergangs in der Thidrekssaga (Hermaea NF 9), Tübingen 1961. – I Nibelunghi (Atti dei Convegni Lincei 1), Rom 1974. – M. Curschmann, Nibelungenlied und Nibelungenklage, in: Deutsche Literatur im Mittelalter (Hugo-Kuhn-Gedenkschrift), Stuttgart 1979, S. 85–119. – Hohenemser Studien zum Nibelungenlied (Montfort 1980, H. 3/4), Dornbirn 1981. – W. Hoffmann, Das Nibelungenlied (SM 7), Stuttgart [5]1982. – F. P. Knapp, Nibelungentreue wider Babenberg?, in: PBB 107 (Tüb. 1985), S. 174–189. – O. Ehrismann, Nibelungenlied. Epoche – Werk – Wirkung, München 1987. – Th. M. Andersson, A Preface to the Nibelungenlied, Stanford 1987. – Nibelungenlied und Klage. Sage und Geschichte, Struktur und Gattung, hg. v. F. P. Knapp, Heidelberg 1987. – *M. Curschmann, Zur Wechselwirkung von Literatur und Sage. Das „Buch von Kriemhild" und Dietrich von Bern, in: PBB 111 (Tüb. 1989), S. 380–410.
Die Klage, hg. v. K. Bartsch, Leipzig 1875, Neudruck Darmstadt 1964. – Lit.: A. Günzburger, Studien zur Nibelungenklage, Bern et al. 1983. – Weitere Lit. siehe zum *Nibelungenlied*.
Kudrun, hg. v. K. Bartsch, 5. Aufl. v. K. Stackmann 1965, ergänzter Neudruck Wiesbaden 1980. – Lit.: VL V (1985), Sp. 410–426 (K. Stackmann). – I. Schröbler, Wikingische und spielmännische Elemente im zweiten Teil des Gudrunliedes, Halle 1934. – H. Rosenfeld, Die Kudrun: Nordseedichtung oder Donaudichtung?, in: ZfdPh 81 (1962), S. 289–314. – W. Hoffmann, Kudrun. Ein Beitrag zur Deutung der nachnibelungischen Heldendichtung, Stuttgart 1967. – H. Siefken, Überindividuelle Formen und der Aufbau des Kudrunepos (Medium Aevum 11), München 1967. – L. Peeters, Historische und literarische Studien zum dritten Teil des Kudrunepos, Meppel 1968. – I. R. Campbell, Kudrun. A Critical Appreciation, Cambridge 1978. – Th. Nolte, Das Kudrunepos – ein Frauenroman?, Tübingen 1985.
Dukus Horant, hg. v. P. F. Ganz/F. Norman/W. Schwarz (ATB Ergänzungsreihe 2), Tübingen 1964. – Lit.: VL II (1980), Sp. 239–243 (M. Caliebe). – *G. L. Strauch, Dukus Horant: Wanderer zwischen zwei Welten, Amsterdam 1990.
Dietrichs Flucht (Buch von Bern), hg. v. E. Martin, in: DHB II (1866), S. 55–215. – *Die Rabenschlacht*, hg. v. E. Martin, in: DHB II (1866), S. 217–326. – Lit.: VL II (1980), Sp. 116–127: ‚Dietrichs Flucht' und ‚Rabenschlacht' (H. Kuhn). – *Thidreks saga*, hg. v. H. Bertelsen, 2 Bde., Kopenhagen 1905–11. – W. Haug, Die historische Dietrichsage, in: ZfdA 100 (1971), S. 43–62. – R. R. H. Firestone, Elements of Traditional Structure in the Couplet Epics of the Late MHG Dietrich Cycle (GAG 170), Göppingen 1975. – M. Curschmann, Zur Struktur und Thematik des Buchs von Bern, in: PBB 98 (Tüb. 1976), S. 357–383. – J.-D. Müller, Heroische Vorwelt, feudal-

adeliges Krisenbewußtsein und das Ende der Heldenepik. Zur Funktion des ‚Buches von Bern', in: Adelsherrschaft und Literatur, hg. v. H. Wenzel, Bern et al. 1980, S. 209–257.
Dietrich und Wenezlan, hg. v. J. Zupitza, in: DHB V (1870), S. 265–274. – Lit.: VL II (1980), Sp. 149–151 (J. Heinzle).

Der Stricker und seine „Schule"
A. Mihm, Überlieferung und Verbreitung der Märendichtung im Spätmittelalter, Heidelberg 1967. – H. Fischer, Studien zur deutschen Märendichtung, 1968, 2. Aufl. ergänzt v. J. Janota, Tübingen 1983. – J. Suchomski, ‚Delectatio' und ‚utilitas'. Ein Beitrag zum Verständnis mittelalterlicher komischer Literatur, Bern/München 1975. – *I. Strasser, Vornovellistisches Erzählen (Philologica Germanica 10), Wien 1989.
Der Stricker, *Daniel von dem Blühenden Tal*, hg. v. M. Resler (ATB 92), Tübingen 1983. – *Karl der Große*, hg. v. K. Bartsch, Quedlinburg/Leipzig 1857, Neudruck mit Nachwort v. D. Kartschoke, Berlin 1965. – *Der Pfaffe Amis*, hg v. K. Kamihara (GAG 233), Göppingen 1978. – Die bisher unveröffentlichten geistlichen Bispelreden, hg. (mit Einleitung und Kommentar) v. U. Schwab, Göttingen 1959. – Tierbispel, hg. v. U. Schwab (ATB 54), Tübingen ³1983. – Verserzählungen I + II, hg. v. H. Fischer/J. Janota (ATB 53 u. 68), Tübingen ⁴1979 u. ³1984. – Die Kleindichtung, hg. v. W. W. Moelleken u. a., 5 Bde. (GAG 107), Göppingen 1973–78. – Lit.: A. de Montaiglon/G. Raynaud, Recueil général et complet des fabliaux des XIIIᵉ et XIVᵉ siècles, 6 Bde., 1872–90, Nachdruck Genf 1973 (im Text abgekürzt zit. als MR). – U. Schwab, Beobachtungen bei der Ausgabe der bisher unveröffentlichten Gedichte des Strickers, in: PBB 81 (Tüb. 1959), S. 61–98. – H. Menhardt, Der Stricker und der Teichner, in: PBB 84 (Tüb. 1962), S. 266–295. – J. Margetts, Die erzählende Kleindichtung des Strickers und ihre nichtfeudal orientierte Grundhaltung (1972), in: Das Märe, S. 314–343. – R. Schnell, Strickers ‚Karl der Große'. Literarische Tradition und politische Wirklichkeit, in: ZfdPh 93 (1974), Sonderheft: Spätmittelalterliche Epik, S. 50–80. – U. von der Burg, Strickers Karl der Große als Bearbeitung des Rolandsliedes (GAG 131), Göppingen 1974. – I. Henderson, Strickers ‚Daniel', Amsterdam 1976. – K.-E. Geith, Carolus Magnus. Studien zur Darstellung Karls des Großen in der deutschen Literatur des 12. und 13. Jahrhunderts, Bern/München 1977. – S. L. Wailes, Studien zur Kleindichtung des Stricker (PhStQ 104), Berlin 1981. – H. Ragotzky, Gattungserneuerung und Laienunterweisung in Texten des Strickers, Tübingen 1981. – K. H. Borck, Zeitbezug und Tradition in den ‚Beiden Knechten' des Strickers, in: Literaturwissenschaft und Geistesgeschichte, FS f. R. Brinkmann, Tübingen 1981, S. 45–62. – D. Rocher, Inwiefern sind Strickers *maeren* echte ‚contes à rire', in: Wolfram-Studien VII, Berlin 1982, S. 132–143. – H. Brall, Höfische Ideologie und feudale Herrschaftsgewalt. Überlegungen zum Strukturwandel höfischer Epik im Werk des Stricker, in: Philologische Untersuchungen, FS f. E. Stutz, Wien 1984, S. 102–130. – H. Brall, Strickers *Daniel von dem Blühenden Tal*, in: Euphorion 70 (1976), S. 222–257. – R. Brandt, ‚erniuwet'. Studien zu Art, Grad und Aussagefolgen der Rolandsliedbearbeitung in Strickers ‚Karl' (GAG 327), Göppingen 1981. – K.-F. Kraft, ‚Die Minnesänger' des Strickers, in: Philologische Untersuchungen, FS f. E. Stutz, Wien 1984, S. 229–256. – E. Müller-Ukena, Rex humilis – rex superbus. Zum Herrschertum des Königs Artus von Britanje und Matur von Cluse in Strickers

,Daniel von dem blühenden Tal', in: ZfdPh 103 (1984), S. 27–51. – D. Vogt, Ritterbild und Ritterlehre in der lehrhaften Kleindichtung des Stricker und im sog. Seifried Helbling, Frankfurt/Main et al. 1985.
Thomasin von Zerclaere, *Der Welsche Gast*, hg. v. F. W. von Kries (GAG 425), 4 Bde., Göppingen 1984/85. – Lit.: D. Rocher, Thomasin von Zerklaere: Der Wälsche Gast, 2 Bde., Lille/Paris 1977.
Wiener Korpus der Stricker-Schule, Teilausgaben von J. Grimm, Altdeutsche Beispiele, in: Altdeutsche Wälder III (1816), S. 167–238; J. Grimm, Reinhart Fuchs, Berlin 1834, S. 301–11; 345–47; 354f.; 363f.; W. Wackernagel, Drei Lügenmärchen, in: ZfdA 2 (1842), S. 560–569, hier S. 560–63; F. Pfeiffer, Altdeutsche Beispiele, in: ZfdA 7 (1849), S. 318–382; A. Mihm, Aus der Frühzeit der weltlichen Rede, in: PBB 87 (Tüb. 1965), S. 406–433. – Lit.: I. Glier, Artes amandi. Untersuchungen zu Geschichte, Überlieferung und Typologie der deutschen Minnereden (MTU 34), München 1971. – K. Grubmüller, Meister Esopus. Untersuchungen zu Geschichte und Funktion der Fabel im Mittelalter (MTU 56), München 1977. – I. Glier, Kleine Reimpaargedichte und verwandte Großformen, in: Die deutsche Literatur im späten Mittelalter. Zweiter Teil, hg. v. I. Glier (GDL III/2), München 1987, S. 18–141. – *H.-J. Ziegeler, Beobachtungen zum Wiener Codex 2705 und zu seiner Stellung in der Überlieferung früher kleiner Reimpaardichtung, in: Deutsche Handschriften 1100–1400. Oxforder Kolloquium 1985, hg. v. V. Honemann/N. F. Palmer, Tübingen 1988, S. 469–526.

Anstands- und Lebenslehre in Merkversen
Tannhäusers Hofzucht, hg v. J. Siebert, Der Dichter Tannhäuser, Halle a. S. 1934, Neudruck Hildesheim/New York 1980, S. 194–206. – *Höfische Tischzuchten*, hg. v. T. P. Thornton (TspMA 4), Berlin 1957.
Der Magezoge, hg. v. G. Rosenhagen, Kleinere mittelhochdeutsche Erzählungen, Fabeln und Lehrgedichte III: Die Heidelberger Handschrift Cod. Pal. Germ. 341 (DTM 17), Berlin 1909, Neudruck Dublin/Zürich 1970. – Lit.: VL V (1985), Sp. 1153–55 (K. Gärtner).
Disticha Catonis (Deutsche Fassung der Zwettler Handschrift), hg. v. L. Zatočil (siehe Lit.), S. 29–73. – Lit.: VL I (1978), Sp. 1192–96 (P. Kesting). – L. Zatočil, Cato a Facetus, Brno 1952. – N. Henkel, Deutsche Übersetzungen lateinischer Schultexte (MTU 90), München 1988.

Helmbrecht **von Wernher dem Gärtner**
Wernher der Gärtner, *Helmbrecht*, hg. u. übers. v. H. Brackert/W. Frey/D. Seitz, Frankfurt/M. 1972; hg. v. F. Panzer, 9. Aufl. v. K. Ruh (ATB 11), Tübingen 1974; Faksimile-Ausg. v. F. Hundsnurscher (Litterae 6), Göppingen 1972. – Lit.: H. Fischer, Gestaltungsschichten im *Meier Helmbrecht*, in: PBB 79 (Tüb. 1957), S. 85–109. – H. Bausinger, Helmbrecht, in: Studien zur deutschen Literatur und Sprache des Mittelalters, FS f. H. Moser, Berlin 1974, S. 200–215. – F. Tschirch, Die Struktur der Handlungsführung im ‚Helmbrecht', in: FS f. K. Bischoff, Köln/Wien 1975, S. 416–441. – G. Schindele, ‚Helmbrecht'. Bäuerlicher Aufstieg und landesherrliche Gewalt, in: Literatur im Feudalismus, hg. v. D. Richter, Stuttgart 1975, S. 131–211. – F. P. Knapp, „Helmbrecht" in gegenwärtiger Sicht, in: Adalbert-Stifter-Institut. Vierteljahresschrift 28 (1979), S. 103–121. – U. Seelbach, Bibliographie zu Wernher

der Gartenaere, Berlin 1981. – U. Seelbach, Späthöfische Dichtung und ihre spätmittelalterliche Rezeption, Berlin 1987. – U. Seelbach, Kommentar zum „Helmbrecht" von Wernher dem Gartenaere (GAG 469), Göppingen 1987. – F. P. Knapp, Noms professionels d'écrivains au Moyen Age, in: Etudes Germaniques 43 (1988), S. 427–432.

Anhang: Hebräische Literatur
J. Bloch, The People and the Book, New York 1954. – Germania Judaica, Bd. 1: Von den ältesten Zeiten bis 1238, 2. Aufl. v. I. Elbogen u. a., Tübingen 1963; Bd. 2, 1–2: Von 1238 bis zur Mitte des 14. Jahrhunderts, hg. v. Z. Avneri, Tübingen 1968. – L. Zunz, Literaturgeschichte der synagogalen Poesie, Berlin 1865, Nachdruck Hildesheim 1966. – Lexikon des Judentums, hg. v. J. F. Oppenheimer u. a., Gütersloh et al. 1971. – A. Drabek, Judentum und christliche Gesellschaft im hohen und späten Mittelalter, in: Das österreichische Judentum, Wien/München 1974, S. 25–57. – G. Stemberger, Geschichte der jüdischen Literatur, München 1977. – G. Stemberger, Der Talmud. Einführung – Texte – Erläuterungen, München 1982.

ABTEILUNG B: Die Literatur in den Bistümern Salzburg, Brixen und Trient

1. Lateinische Literatur

Alte und neue Wege des Bildungswesens
HBG – Hist. St. – MABKD – MABKÖ – Engelbrecht – Gesch. Sbg. – *Codex Wangianus*, hg. v. R. Kink (FRA II 5), Wien 1852, Nachdruck New York/London 1964. – F. Krones, Zur Geschichte des Schulwesens der Steiermark im Mittelalter und während der Reformationsepoche bis 1570, in: Mitteilungen des historischen Vereins der Steiermark 34 (1886), S. 3–27. – A. Zingerle, Über Dom- und Stiftsschulen Tirols im Mittelalter mit besonderer Berücksichtigung ihrer Lehrmittel, Innsbruck 1896. – L. Santifaller, Das Brixner Domkapitel in seiner persönlichen Zusammensetzung im Mittelalter, Innsbruck o. J. (1924). – A. Dörrer, Mittelalterliche Bücherlisten aus Tirol, in: Zentralblatt für Bibliothekswesen 51 (1934), S. 245–261, und 56 (1939), S. 329–334. – P. Classen, Zur Geschichte der Frühscholastik in Österreich und Bayern, in: MIÖG 67 (1950), S. 249–277. – E. Weinzierl-Fischer, Geschichte des Benediktinerklosters Millstatt in Kärnten, Klagenfurt 1951. – F. Huter, Die Anfänge der landesfürstlichen Kanzlei in Tirol, in: Südost-Forschungen 14 (1955), S. 66–84. – B. Roth, Seckau, Geschichte und Kultur 1164–1964, Wien/München 1964. – H. Braumüller, Ursprung und Werden der Kärntner Bildungsstätten, Klagenfurt 1965. – G. Gerhartl, Das Schulwesen in Wiener Neustadt (I. Von den Anfängen bis zum Einsetzen der Gegenreformation), in: Festschrift des Bundesgymnasiums für Mädchen, Wiener Neustadt 1965, S. 55–71. – J. Obersteiner, Die Bischöfe von Gurk 1072–1822, Klagenfurt 1969. – S. Haider, Das bischöfliche Kapellanat, Bd. 1: Von den Anfängen bis in das 13. Jahrhundert, Wien et al. 1977. – Beiträge zur Handschriftenkunde und mittelalterlichen Bibliotheksgeschichte, hg. v. W. Neuhauser (IBKW 14), Innsbruck 1979. – M. Mairold, Die Millstätter Bibliothek, in: Carinthia I 170 (1980), S. 87–106. – Weitere Lit. siehe unter Allgemeinem, unter 3. Kap. u. 3. Kap., Abt. A, 1. Lat. Lit., Bildungswesen.

Predigt
Schneyer.
Hermann von Reun, *Sermones festivales*, hg. v. E. Mikkers/J. Theuws/R. Demeulenaere (CC, CM, LXIV), Turnhout 1986. – Lit.: VL III (1981), Sp. 1090f. (F. J. Worstbrock). – A. Schönbach, Über Hermann von Reun, in: WSB 150 (1904/05), 4. Abh.

Hagiographische Prosa
BHL – LQK – QGÖ – Schmale.
Vita Gebehardi et successorum eius, hg. v. W. Wattenbach, in: MGH SS 11 (1854), S. 33–50.
Heinricus archidiaconus, *Historia calamitatum ecclesiae Salzburgensis*, hg. in: MPL 196, Sp. 1539–1552.
Vita Chuonradi, hg. v. W. Wattenbach, in: MGH SS 11 (1854), S. 62–77. – Lit.: A. Sieberer, Über den Verfasser der ‚Vita Chunradi archiepiscopi Salisburgensis', in: Mitteilungen der Gesellschaft für Salzburger Landeskunde 62 (1922), S. 1–24.
Vita Eberhardi, hg. v. W. Wattenbach, in: MGH SS 11 (1854), S. 77–84.
Vitae et miracula sanctorum Juvavensium Virgilii, Hartwici, Eberhardi, hg. v. W. Wattenbach, in: MGH SS 11 (1854), S. 84–103.
Rodulfus/Rudolfus (von Chiemsee?), *Collectio de tempore et de translatione beati Ruperti*, hg v. W. Wattenbach, in: MGH SS 11 (1854), S. 17.
Vita Hartmanni, hg. v. A. Sparber, Innsbruck 1940. – Lit.: A. Sparber, Leben und Wirken des seligen Hartmann, Bischof von Brixen, Klosterneuburg 1957.
Bartholomaeus Tridentinus, *Epilogus in gesta sanctorum*: Teilausgaben v. A. Lütolf (siehe Lit.); in: AASS (Nachweise dieser und anderer älterer Drucke in BHL u. bei A. Poncelet – s. Lit.); in: Analecta Franciscana 10 (1926–41), S. 540–43; in: Analecta Sacri Ordinis Praedicatorum 22 (1935/36), S. 35–43; v. I. Rogger (s. Lit.); v. *D. Frioli, in: Atti della Accademia Roveretana degli Agiati. Classe di Scienze humane, di lettere ed arti 235 (1985), S. 279–307; v. *A. Degl'Innocenti, ebd., S. 389–410. – *Liber miraculorum beatae Mariae virginis*: Druck weniger Passagen bei I. Paltrinieri/ G. Sangalli (s. Lit.). – Lit.: A. Ferrua, Bartolomeo di Trento, in: Dizionario Biographico degli Italiani 6 (1964), S. 778–779. – Jacobus de Voragine, *Legenda aurea*, hg. v. Th. Graesse, Breslau ³1890, Nachdruck Osnabrück 1965; dt. Übers. v. R. Benz, Heidelberg ¹⁰1984. – A. Lütolf, Bartholomeus Tridentinus, in: Theologische Quartalschrift 63 (1881), S. 465–472. – A. Poncelet, Le Légendier de Pierre Calo, in: Anal. Boll. 29 (1910), S. 5–116 (zu Bartholomaeus Tridentinus S. 14–19). – I. Paltrinieri/G. Sangalli, Un'opera finora sconosciuta: „Il Liber miraculorum B.M.V." di fra Bartolomeo Tridentino, in: Salesianum 12 (1950), S. 372–397. – A. Dondaine, L'„Epilogus in gesta sanctorum" de Barthélemy de Trente, in: Studia mediaevalia et mariologica P. Carolo Balic OFM septuagesimum expleti annum dicata, Rom 1971, S. 333–360. – I. Rogger, Vita, morte e miracoli del beato Adelpreto (1156–1172), nella narrazione dell'agiografo Bartolomeo da Trento, in: Studi Trentini di scienze storiche 56 (1977), S. 331–384. – H. Hilg, ‚Marienmirakelsammlungen', in: VL VI (1987), Sp. 19–42.
Ulrich von Völkermarkt, *Jenseitsvision*, übers. v. H. Menhardt (s. Lit.). – Lit.: H. Menhardt, Eine Vision des Propstes Ulrich von Völkermarkt, in: Carinthia I 121 (1931), S. 107–114. – P. Dinzelbacher, Vision und Visionsliteratur im Mittelalter (Monographien zur Geschichte des Mittelalters 23), Stuttgart 1981.

Historiographische Prosa
LQK – QGÖ – Schmale.
Österreichische Annalistik, hg. v. W. Wattenbach, in: MGH SS 9 (1852), S. 479–843.
Annales ex annalibus Iuvavensibus antiquis excerpti, hg. v. H. Breßlau, in: MGH SS 30/2 (1934), S. 748–755.
Fundationes monasterii S. Pauli, hg. v. O. Holder-Egger, in: MGH SS 15/2 (1888), S. 1057–1060. – *Fundatio monasterii Victoriensis*, hg. v. A. Jaksch, in: Monumenta ducatus Carinthiae III, Klagenfurt 1904, S. 290–295. – *Fundatio monasterii Seckowiensis*, hg. in: UB Sbg. II (1916), S. 694. – *Fundatio monasterii Runensis*, hg. in: UB Sbg. II (1916), S. 268–270. – *Fundatio monasterii Berchtesgadensis*, hg. v. O. Holder-Egger, in: MGH SS 15/2 (1888), S. 1064–1066. – *Fundatio monasterii Baumburgensis*, hg. v. O. Holder-Egger, in: MGH SS 15/2 (1888), S. 1061–1064. – Lit.: J. Kastner, Historiae fundationum monasteriorum (Münchener Beiträge zur Mediävistik und Renaissance-Forschung 18), München 1974. – V. Honemann, Klostergründungsgeschichten, in: VL IV (1983), Sp. 1239–47.
Chronicon Gurcense, hg. v. W. Wattenbach, in: MGH SS 23 (1925), S. 8–10.
Genealogia marchionum Austriae, hg. v. W. Wattenbach, in: MGH SS 9 (1852), S. 609f. – *Genealogia marchionum de Stire*, hg. v. W. Wattenbach, in: MGH SS 24 (1880), S. 72.
Brixener Bischofskatalog, hg. v. A. Sparber, in: MIÖG 58 (1950), S. 373–385.
Ordo episcoporum Tridentinorum, hg. in: MLET II, S. 719–721.
Annales Montis sancti Georgii, hg. v. O. Holder-Egger, in: MGH SS 30/1 (1896), S. 721–22.

Ars dictaminis
Admonter Briefsammlung nebst ergänzenden Briefen, hg. v. G. Hödl/P. Classen (MGH Briefe der deutschen Kaiserzeit VI), München 1983.
Admonter Briefsteller für Nonnen: Ausg. siehe Lit. – Lit.: J. Wichner, Das ehemalige Nonnenkloster O. S. B. zu Admont, in: StMOSB 2 (1881), S. 75–86 u. 288–319 (darin 2 Briefe aus dem Briefsteller abgedruckt S. 318–319).
Baldwinus Victoriensis, *Liber dictaminum*, hg. v. S. Durzsa, in: Quadrivium 13,2 (Bologna 1972), S. 5–41. – Lit.: VL I (1978), Sp. 586f. (F. J. Worstbrock). – D. Schaller, Baldwin von Viktring. Zisterziensische ars dictaminis im 12. Jahrhundert, in: DA 35 (1979), S. 127–137.

Metrische Versdichtung
Ulrich von Völkermarkt, *Kanonistische Werke*: Kurze Auszüge hg. v. J. F. von Schulte (s. Lit.). – Lit.: J. F. von Schulte, Die Rechtshandschriften der Stiftsbibliotheken zu Göttweig, Heiligenkreuz, Klosterneuburg, Melk, Schotten in Wien, in: WSB 57 (1868), S. 559–616 (darin Proömien zu Werken Ulrichs von Völkermarkt abgedruckt S. 595–597).
Trauergedicht auf die Grafen von Pitten, hg. u. übers. v. J. Wendrinsky, Ein lateinisches Trauergedicht auf die letzten Grafen von Pütten, in: Blätter des Vereins für Landeskunde von Niederösterreich NF 14 (1880), S. 30–37.

Geistliche Lyrik
AH – Szövérffy – Hughes – MGG – J. Szövérffy, Gaude Roma ... (Marginal Notes on Some St. Peter Sequences Attributed to Adam of St. Victor), in: Proceedings of the

Royal Irish Academy, Vol. 57, Sect. C, No. 1, Dublin 1955. – Weitere Lit. siehe zum 2. Kap., Liturgische Feier u. liturgischer Gesang, und zum 3. Kap., Abt. A, 1. Lat. Lit., Geistliche Lyrik.

Carmina Burana
Carmina Burana, hg. v. A. Hilka/O. Schumann/B. Bischoff, I. Bd. (Text) in 3 Teilbänden, Bd. II, 1 (Kommentar), Heidelberg 1930–1970; hg., übers. und komm. v. B. K. Vollmann (Bibliothek des Mittelalters 13), Frankfurt a. M. 1987; Faksimile-Ausgabe der Handschrift Clm 4660/4660a, hg. v. B. Bischoff, Brooklyn, New York/München 1967. – Lit.: VL I (1978), Sp. 1179–86 (G. Bernt). – M. Bechtum, Beweggründe und Bedeutung des Vagantentums in der lateinischen Kirche des Mittelalters (Beiträge zur mittelalterlichen, neueren und allgemeinen Geschichte 14), Jena 1941. – W. Lipphardt, Unbekannte Weisen zu den Carmina Burana, in: Archiv für Musikwissenschaft 12 (1955), S. 122–142. – P. Dronke, Medieval Latin and the Rise of European Love-Lyric, I–II, Oxford ²1968. – R. W. Lenzen, Überlieferungsgeschichtliche und Verfasseruntersuchungen zur lateinischen Liebesdichtung Frankreichs im Hochmittelalter, phil. Diss. Bonn 1973. – U. Müller, Beobachtungen zu den ‚Carmina Burana', in: Mlat. Jb. 15 (1980), S. 104–111. – W. Lipphardt, Zur Herkunft der Carmina Burana, in: LKTMA, S. 209–223. – H. Spanke, Studien zur lateinischen und romanischen Lyrik des Mittelalters, hg. v. U. Mölk, Hildesheim et al. 1983. – G. Steer, ‚Carmina Burana' in Südtirol. Zur Herkunft des clm 4660, in: ZfdA 112 (1983), S. 1–37. – B. Wachinger, Deutsche und lateinische Liebeslieder. Zu den deutschen Strophen der Carmina Burana, in: Der deutsche Minnesang, Bd. II (WdF 608), Darmstadt 1985, S. 275–308. – *O. Sayce, Plurilingualism in the Carmina Burana (GAG 556), Göppingen 1992.

Weltliche rhythmische Dichtung außerhalb des Codex Buranus
Trauergedichte auf Friedrich II. (Admonter Hs.), hg. v. W. Wattenbach, in: MGH SS 11 (1854), S. 50f.
Rhythmus contra Fratres Minores, hg. v. W. Wattenbach, Bericht über eine Reise durch die Steiermark im August 1876, in: NA 2 (1877), S. 383–425 (Text S. 422–425).
Gesta ducis Leupoldi, hg. v. M. Kos, in: Časopis za slovenski jezik, književnost in zgodovino 6 (1927), S. 236–241.

Geistliches Spiel
Young – Lipphardt – Linke – R. Steinbach, Die deutschen Oster- und Passionsspiele des Mittelalters, Köln/Wien 1970. – R. Bergmann, Studien zu Entstehung und Geschichte der deutschen Passionsspiele des 13. und 14. Jahrhunderts (MMS 14), München 1972. – R. Bergmann (u. a.), Katalog der deutschsprachigen geistlichen Spiele und Marienklagen des Mittelalters, München 1986. – B. Neumann, Geistliches Schauspiel im Zeugnis der Zeit. Zur Aufführung mittelalterlicher religiöser Dramen im deutschen Sprachgebiet, 2 Bände (MTU 85), München/Zürich 1987. – Weitere Lit. siehe 2. Kap., Liturgische Feier und liturgischer Gesang; 3. Kap., Abt. A, 1. Lat. Lit., Geistliches Spiel; 3. Kap., Abt. B, 1. Lat. Lit., *Carmina Burana*.
Benediktbeurer Osterspiel, hg. v. B. Bischoff, in: Carmina Burana, Nr. 15*, Bd. I, 3, S. 134–149; hg. v. B. K. Vollmann, in: Carmina Burana, Nr. 15*, S. 802–815 (mit Übersetzung). – Lit.: K. Dürre, Die Mercatorszene im lateinisch-liturgischen, altdeutschen und altfranzösischen religiösen Drama, Diss. Göttingen 1915.

Benediktbeurer Emmausspiel, hg. v. B. Bischoff, in: Carmina Burana, Nr. 26*, 26a*, Bd. I, 3, S. 184–188; hg. v. B. K. Vollmann, in: Carmina Burana, Nr. 26*, S. 882–893 (mit Übersetzung).
Kleines Benediktbeurer Passionsspiel, hg. v. B. Bischoff, in: Carmina Burana, Nr. 13*, Bd. I, 3, S. 127–129; hg. v. B. K. Vollmann, in: Carmina Burana, Nr. 13*, S. 790–799 (mit Übersetzung).
Großes Benediktbeurer Passionsspiel, hg. v. B. Bischoff, in: Carmina Burana, Nr. 16*, Bd. I, 3, S. 149–175 (einschließlich des rekonstruierten Magdalenenspiels); hg. v. B. K. Vollmann, in: Carmina Burana, Nr. 16*, S. 816–859 (mit Übersetzung). – Lit.: W. Werner, Studien zu den Passions- und Osterspielen des deutschen Mittelalters in ihrem Übergang vom Latein zur Volkssprache (PhStQ 18), Berlin 1963. – U. Hennig, Der Abschluß des Großen Passionsspiels in den ‚Carmina Burana', in: Mlat. Jb. 11 (1980), S. 121–127.
Benediktbeurer Weihnachtsspiel, hg. v. B. Bischoff, in: Carmina Burana, Nr. 227–228, Bd. I, 3, S. 86–111; hg. v. B. K. Vollmann, in: Carmina Burana, Nr. 227–228, S. 704–763 (mit Übersetzung). – Lit.: VL I (1978), Sp. 693–702 (H. Linke). – Pseudo-Augustinus, *Contra Judaeos, paganos et Arianos sermo de symbolo*, hg. in: MPL 42, Sp. 1117–1130. – Pseudo-Augustinus, *De altercatione ecclesiae et synagogae dialogus*, hg. in: MPL 42, Sp. 1131–1140. – H. Linke, Der Schluß des mittellateinischen Weihnachtsspiels aus Benediktbeuren, in: ZfdPh 94 (1975), Sonderheft Mittelalterliches deutsches Drama, S. 1–22. – N. King, Mittelalterliche Dreikönigsspiele (Germanistica Friburgensia 3B), Fribourg 1979 (2 Bde.). – A. K. Bate, The Structure and Meaning of the Benediktbeuern Christmas Play, in: Latomus 45 (1986), S. 100–114.
Vorauer Spiel von Isaak, Rebekka und ihren Söhnen, hg. bei Young II, S. 259–264. – Lit.: G. Dahan, L'interprétation de l'Ancien Testament dans les drames religieux (XIe–XIIIe siècles), in: Romania 100 (1979), S. 71–103.

2. Deutsche Literatur

DHT – Gesch. Sbg. – HBG – MLKntn – MLStmk – ÖLZB – H. de Boor, Die höfische Literatur (GDL II), München 1953, [10]1979. – H. de Boor, Die deutsche Literatur im späten Mittelalter. Erster Teil (GDL III/1), München 1962, [4]1973. – A. Kern, Die Handschriften der Universitätsbibliothek Graz, Bd. 1, Leipzig 1942; Bd. 2, Wien 1956; Bd. 3 (Nachträge u. Register v. M. Mairold), Wien 1967. – O. Sayce, The Medieval German Lyric 1150–1300, Oxford 1982. – Der deutsche Minnesang, hg. v. H. Fromm, 2 Bde. (WdF 15 u. 608), Darmstadt [5]1972 u. 1985. – J. Bumke, Mäzene im Mittelalter, München 1979. – F. P. Knapp, *Chevalier errant* und *fin' amor*. Das Ritterideal des 13. Jahrhunderts in Nordfrankreich und im deutschsprachigen Südosten, Passau 1986. – K. Schneider, Gotische Schriften in deutscher Sprache, Bd. I: Vom späten 12. Jahrhundert bis um 1300, 2 Bde. (Textband u. Tafelband), Wiesbaden 1987. – *J. Bumke, Geschichte der deutschen Literatur im hohen Mittelalter, München 1990. – Weitere Lit. siehe 3. Kap., Abt. A, 2. Dt. Lit.

Prosa
Priester Konrad, *Predigtbuch*, hg. v. A. Schönbach, Altdeutsche Predigten III, Graz 1891. – Lit.: VL V (1985), Sp. 131–134 (V. Mertens). – V. Mertens, Das Predigtbuch des Priesters Konrad (MTU 33), München 1971.

Seckauer Interlinearversionen, hg. v. A. Schönbach, Über einige Breviarien von Sanct Lambrecht, in: ZfdA 20 (1876), S. 146–149 u. 160–167. – *Seckauer Wurmsegen*, hg. in: MSD Nr. XLVII 2b (S. 142f.). – *Grazer Monatsregeln*, hg. in: WDDM, A, S. 48–49; B, S. 123–125 (Kommentar). – *Seckauer Gebete*, hg. in: WDDM, A, S. 96–103; B, S. 185–193 (Kommentar). – Lit.: VL III (1981), Sp. 230f. (G. Keil: ‚Grazer Monatsregeln'). VL V (1985), Sp. 511f. (A. Masser: ‚St. Lambrechter Gebete'). – A. Schönbach, Über einige Breviarien von Sanct Lambrecht, in: ZfdA 20 (1876), S. 129–197. – E. Hellgardt, Seckauer Handschriften als Träger frühmittelhochdeutscher Texte, in: MLStmk, S. 103–130.
Sonnenburger Psalter-Fragmente, hg. v. H. Kriedte, Deutsche Bibelfragmente des XII. Jahrhunderts, Halle a. S. 1930, S. 144–147 (Einleitung S. 51–54).
Millstätter Interlinearversion des Psalters und der Hymnen des Römischen Breviers, hg. v. N. Törnqvist, Cod. Pal. Vind. 2682, 3 Bde. (Lunder germanistische Forschungen 3, 7, 26), Lund 1934–53. – Lit.: VL VI (1987), Sp. 534–538 (K. Kirchert). – K. E. Schöndorf, Die Tradition der deutschen Psalmenübersetzung, Köln/Graz 1967. – P. Wind, Zur Lokalisierung und Datierung des „Millstätter Psalters", in: Codices manuscripti 8 (1982), S. 115–134. – P. Wind, Die Kärntner Entstehung des Millstätter Sakramentars, in: Alte und moderne Kunst 30 (1985), S. 25–32. – Weitere Lit. siehe 3. Kap., Abt. A, 2. Dt. Lit., Prosa.

Geistliche Dichtung
Allgemeine Lit. siehe unter 2. Kap., 2. Dt. Lit.
Millstätter Handschrift, Faksimile-Ausg. der Sammelhandschrift 6/19 des Geschichtsvereines für Kärnten im Kärntner Landesarchiv Klagenfurt, mit Einführung v. A. Kracher, Graz 1967. – Lit.: VL VI (1987), Sp. 531–534 (F. Rädle). – H. Voß, Studien zur illustrierten Millstätter Genesis (MTU 4), München 1962.
Vorauer Handschrift, Faksimile-Ausg. des deutschen Teils, Bd. I (Kaiserchronik), hg. v. P. Fank, Graz 1953; Bd. II, hg. v. K. K. Polheim, Graz 1958. – Lit.: M. Menhardt, Die Vorauer Handschrift/Zur Herkunft der Vorauer Hs., in: PBB 78 (Tüb. 1956), S. 116–159; ebd., S. 394–452; PBB 80 (Tüb. 1958), S. 48–66. – P. Fank, Die Vorauer Handschrift. Ihre Entstehung und ihr Schreiber, Graz 1967.
Vorauer Gebet einer Frau, hg. in: MRD III, S. 621–624. – Lit.: VL II (1980), Sp. 1109f. (E. Papp). – E. Stutz, Das Vorauer Frauengebet, in: MLStmk, S. 269–297.
Seckauer Mariensequenz, hg. in: KDG Nr. XVI, S. 239–242. – Lit.: VL VI (1987), Sp. 54–56 (K. Kunze). – H. Brinkmann, *Ave praeclara maris stella* in deutscher Wiedergabe, in: Studien zur deutschen Literatur und Sprache des Mittelalters, FS f. H. Moser zum 65. Geb., Berlin 1974, S. 8–30.
Heinrich von Seckau, *Litanei*, hg. in: MRD III, S. 124–251. – Lit.: VL III (1981), Sp. 662–666 (E. Papp).

Sangspruchdichtung
K. Ruh, Mittelhochdeutsche Spruchdichtung als gattungsgeschichtliches Problem, in: DVjs 42 (1968), S. 309–324. – U. Müller, Untersuchungen zur politischen Lyrik des deutschen Mittelalters (GAG 55/56), Göppingen 1974. – Parodie und Polemik in mittelhochdeutscher Dichtung. 123 Texte von Kürenberg bis Frauenlob samt dem Wartburgkrieg nach der Großen Heidelberger Liederhandschrift C, hg. v. G. Schweikle, Stuttgart 1986.

Bruder Wernher, *Sprüche*, hg. v. A. E. Schönbach, Beiträge zur Erklärung altdeutscher Dichtwerke III–IV, in: WSB 148 (1903/4), VII. Abh., u. 150 (1904/5), I. Abh.; Abbildung und Transkription der gesamten Überlieferung v. F. V. Spechtler, 2 Hefte (Litterae 27), Göppingen 1982–84. – Lit.: U. Gerdes, Bruder Wernher. Beiträge zur Deutung seiner Sprüche (GAG 97), Göppingen 1973. – I. Strasser, Zur „Herrenlehre" in den Sprüchen des Bruder Wernher, in: ÖLZB, S. 239–254.

Der Marner, *Lieder und Sprüche*, hg. v. Ph. Strauch, 1876, Neudruck mit Nachwort u. Register besorgt v. H. Brackert, Berlin 1965. – Lit.: VL VI (1987), Sp. 70–79 (B. Wachinger). – B. Wachinger, Sängerkrieg. Untersuchungen zur Spruchdichtung des 13. Jahrhunderts (MTU 42), München 1973. – H. Brunner, Die alten Meister (MTU 54), München 1975. – G. Kornrumpf, Eine Melodie zu Marners Ton XIV in Clm 5539, in: ZdfA 107 (1978), S. 218–230. – B. Wachinger, Anmerkungen zum Marner, in: ZfdA 114 (1985), S. 70–87. – U. Kühne, [...] *ex opere dicuntur Paulite*. Zu Marner CB 9*, in: PBB 113 (Tüb. 1991), S. 251–256.

Friedrich von Sonnenburg, *Die Sprüche*, hg. v. A. Masser (ATB 86), Tübingen 1979. – Lit.: VL II (1980), Sp. 962–965 (G. Kornrumpf). – A. Schwob, Plädoyer für die wandernden Literaten. Friedrich von Sonnenburg: Spruch 67, 68 und 69, in: Spectrum medii aevi. FS f. G. F. Jones, hg. v. W. C. McDonald (GAG 362), Göppingen 1983, S. 457–477.

Ulrich von Liechtenstein und die Minnelyrik

J. Goheen, Mittelalterliche Liebeslyrik von Neidhart von Reuental bis zu Oswald von Wolkenstein (PhStQ 110), Berlin 1984. – J. W. Thomas, Lied und Spruch in Österreich vom Kürenberger bis Ulrich von Liechtenstein, in: Österr. Lit. 1050–1750, S. 151–170. Ulrich von Liechtenstein, *Lieder*, hg. in: KLD Nr. 58; *Frauendienst*, hg. v. F. V. Spechtler (GAG 485), Göppingen 1987; *Frauenbuch*, hg. v. F. V. Spechtler (GAG 520), Göppingen 1989. – Lit.: B. Thum, Ulrichs von Lichtenstein „Frauendienst". Höfisches Ethos und soziale Wirklichkeit, Diss. Heidelberg 1968. – U. Peters, Frauendienst (GAG 46), Göppingen 1971. – D. Kartschoke, Ulrich von Liechtenstein und die Laienkultur des deutschen Südostens im Übergang zur Schriftlichkeit, in: MLKntn, S. 103–143. – J. Goheen, Ulrich von Lichtensteins „Frauendienst": „Maere" und „Liet", in: ABäG 3 (1972), S. 147–180. – U. Herzog, Minneideal und Wirklichkeit. Zum „Frauendienst" Ulrichs von Liechtenstein, in: DVjs 49 (1975), S. 502–519. – R. Hausner, Ulrichs von Liechtenstein „Frauendienst". Eine steirisch-österreichische Adaption des Artusromans, in: FS f. A. Schmidt, Stuttgart 1976, S. 121–192. – I. Reiffenstein, Rollenspiel und Rollenentlarvung im Frauendienst Ulrichs von Liechtenstein, in: FS f. A. Schmidt, Stuttgart 1976, S. 107–120. – A. Wolf, Komik und Parodie als Möglichkeiten dichterischer Selbstdarstellung im Mittelalter, in: ABäG 10 (1976), S. 73–101. – H. Dopsch, Der Dichter Ulrich von Liechtenstein und die Herkunft seiner Familie, in: FS f. F. Hausmann, Graz 1977, S. 93–118. – J. Kühnel, Zu den Tageliedern Ulrichs von Liechtenstein, in: Oswald-Jb. 1 (1980/81), S. 99–138. – M. Pieper, Die Funktionen der Kommentierung im „Frauendienst" Ulrichs von Liechtenstein (GAG 351), Göppingen 1982. – J.-D. Müller, Lachen – Spiel – Fiktion. Zum Verhältnis von literarischem Diskurs und historischer Realität im „Frauendienst" Ulrichs von Liechtenstein, in: DVjs 58 (1984), S. 38–73. – K. Grubmüller, Minne und Geschichtserfahrung. Zum „Frauendienst" Ulrichs von Liechtenstein, in: Geschichtsbewußtsein in der deutschen Literatur des Mittelalters, hg. v. C. Gerhardt u. a., Tübingen 1985, S. 37–51. – H.-J. Behr, Frauendienst als Ordnungsprinzip, in: MLStmk, S. 1–13. – W. Hofmeister, Minne und Ehe im ‚Frauenbuch' Ulrichs von Liechtenstein, in: MLStmk, S. 131–142. – E. Schmid, Verstellung und Entstellung im ‚Frauendienst' Ulrichs von Liechtenstein, in: MLStmk, S. 199–229. – F. V. Spechtler, Ulrich von Liechtenstein, in: MLStmk, S. 199–299.

Heinrich von der Mure, *Lieder*, hg. in: StMS, S. 19–56. – Lit.: VL III (1981), Sp. 837f. (G. Schweikle).

Von Stadeck, *Lieder*, hg. in: StMS, S. 57–78.

Herrand von Wildon, *Lieder*, hg. in: StMS, S. 79–102. – Lit. siehe 3. Kap., Abt. B, 2. Dt. Lit., Kleinere Reimpaardichtung.

Von Suneck/Saneck, *Lieder*, hg. in: StMS, S. 129–149.

Von Obernburg, *Lieder*, hg. in: StMS, S. 151–201. – Lit.: VL VII (1989), Sp. 6f. (R. Hausner).

Leuthold von Saven (Seven), *Lieder*, hg. in: KLD Nr. 35 – Lit.: VL V (1985), Sp. 735–38 (V. Mertens).

Burggraf (Heinrich) von Lienz, *Lieder*, hg. in: KLD Nr. 36. – Lit.: VL V (1985), Sp. 825f. (K.-H. Schirmer).

Hartmann von Starkenberg, *Lieder*, hg. in: KLD NR. 18. – Lit.: VL III (1981), Sp. 526f. (V. Mertens).

Walter von Metz, *Lieder*, hg. in: KLD Nr. 62.

Heldenepik
Thidreks saga, hg. v. H. Bertelsen, 2 Bde., Kopenhagen 1905–11. – H. Schneider, Studien zur Heldensage, in: ZfdA 54 (1913), S. 339–369. – H. Schneider, Deutsche und französische Heldenepik (1926), wieder abgedruckt in: Ders., Kleinere Schriften zur germanischen Heldensage und Literatur des Mittelalters, Berlin 1962, S. 52–95. – M. Curschmann, ‚Spielmannsepik'. Wege und Ergebnisse der Forschung, Stuttgart 1968. – G. T. Gillespie, A Catalogue of Persons Named in German Heroic Literature, Oxford 1973. – R. R. Firestone, Elements of Traditional Structure in the Couplet Epic of the Late MHG Dietrich Cycle (GAG 170), Göppingen 1975. – J. Heinzle, Mittelhochdeutsche Dietrichepik (MTU 62), München 1978. – H. Brunner, Strukturprobleme der Epenmelodien, in: DHT, S. 300–328. – J. Heinzle, ‚Heldenbücher', in: VL III (1981), Sp. 947–956. – P. K. Stein, Überlieferungsgeschichte als Literaturgeschichte – Textanalyse – Verständnisperspektiven. Bemerkungen zu neueren Versuchen zur mittelhochdeutschen Dietrichepik, in: Sprachkunst 12 (1981), S. 29–84. – J. Williams, Etzel der rîche (Europäische Hochschulschriften I 364), Bern et al. 1981. – J. Bahr/M. Curschmann, Spielmannsdichtung, in: RL 4 (1984), S. 105–122. – R. Wisniewski, Mittelhochdeutsche Dietrich-Dichtung (SM 205), Stuttgart 1986. – *Das Heldenbuch*, Faksimile-Ausg. des ältesten Drucks (mit Kommentar) hg. v. J. Heinzle, 2 Bde. (Litterae 75), Göppingen 1981–87. – C. L. Gottzmann, Heldendichtung des 13. Jahrhunderts. Siegfried – Dietrich – Ortnit, Frankfurt a. M. et al. 1987. – Weitere allgemeine Lit. siehe 3. Kap., Abt. A, 2. Dt. Lit., Heldenepik.

Albrecht von Kemenaten, *Goldemar*, hg. v. J. Zupitza, in: DHB V (1870), S. 201–204. – Lit.: VL I (1978), Sp. 195–198 (J. Heinzle).

Ortnit AW, hg. v. A. Amelung, in: DHB III (1871), S. 1–77; engl. Übers. v. J. W. Thomas, Columbia o. J. (1986). – Lit.: VL VII (1989), Sp. 58–67 (W. Dinkelacker). – H. Gehrts, Das Märchen und das Opfer, Bonn 1967. – W. Dinkelacker, Ortnit-

Studien. Vergleichende Interpretation der Fassungen, Berlin 1972. – H. Rupp, Der ‚Ortnit' – Heldendichtung oder?, in: DHT, S. 231–252. – C. Lecouteux, Der Drache, in: ZfdA 108 (1979), S. 13–31. – C. Lecouteux, Des Königs Ortnit Schlaf, in: Euphorion 73 (1979), S. 347–355. – R. H. Firestone, A new look at the transmission of ‚Ortnit', in: ABäG 18 (1982), S. 129–142. – C. Schmid-Cadalbert, Der Ortnit AW als Brautwerbungsdichtung (Bibl. Germ. 28), Bern 1985.

Wolfdietrich A, hg. v. A. Amelung, in: DHB III (1871), S. 79–163. – Lit.: H. Schneider, Die Gedichte und die Sage von Wolfdietrich, München 1913. – N. Lukman, Der historische Wolfdietrich (Theoderich der Große), in: Classica et Mediaevalia 3 (1940), S. 253–284; 4 (1941), S. 1–61. – L. Baecker, Die Sage von Wolfdietrich und das Gedicht Wolfdietrich A, in: ZfdA 92 (1963), S. 31–82. – K. Abels, Germanische Überlieferung und Zeitgeschichte im Ambraser Wolf Dietrich (Wolf Dietrich A), Diss. Freiburg 1965. – B. Kratz, Von Werwölfen, Glückshauben und Wolfdietrichs Taufhemd, in: ASNSL 211 (1974), S. 18–30.

Das Eckenlied, hg. v. J. Zupitza, in: DHB V (1870), S. 217–264; hg. u. übers. v. F. B. Brévart, Stuttgart 1986 (E$_2$, Schluß von E$_7$ u. e$_5$). – Lit.: VL II (1980), Sp. 323–327 (J. Heinzle). – O. Freiberg, Die Quelle des Eckenliedes, in: PBB 29 (1904), S. 1–79. – H. Kratz, The Eckenlied and its Analogues, in: Spectrum Medii Aevi. FS f. G. F. Jones (GAG 362), Göppingen 1983, S. 231–255. – F. B. Brévart, won mich hant vrouwan usgesant (L 43,4). Des Helden Ausfahrt im *Eckenlied,* in: ASNSL 220 (1983), S. 268–284. – F. B. Brévart, Der Männervergleich im ‚Eckenlied', in: ZfdPh 103 (1984), S. 394–406. – M.-L. Bernreuther, Herausforderungsschema und Frauendienst im „Eckenlied", in: ZfdA 117 (1988), S. 173–201.

Laurin (A, K, D), hg. v. G. Holz, Halle a. S. 1897. – Lit.: VL V (1985), Sp. 625–630 (J. Heinzle). – K. Ranke, Rosengarten. Recht und Totenkult, Hamburg 1951. – M. Zips, König Laurin und sein Rosengarten, in: Tiroler Heimat 35 (1972), S. 5–50. – O. Pausch, Österreichische Literatur am Ausgang des Hochmittelalters – neue quellenkundliche Perspektiven, in: ÖLZB, S. 152–162. – J. Heinzle, Überlieferungsgeschichte als Literaturgeschichte. Zur Textentwicklung des Laurin, in: DHT, S. 172–191. – O. Pausch, Laurin in Venedig, in: DHT, S. 192–211. – K. Klein, Eine wiedergefundene Handschrift mit ‚Laurin' und ‚Rosengarten', in: ZfdA 113 (1984), S. 214–228. – M. Cometta, Il Laurin e il mondo dei racconti popolari, Milano 1981. – G. T. Gillespie, Laurin, in: Geistliche und weltliche Epik des Mittelalters in Österreich, hg. v. D. McLintock u. a. (GAG 446), Göppingen 1987.

Der Rosengarten zu Worms (A, D, F), hg. v. G. Holz, Halle a. S. 1893 (Neudruck Tübingen 1982). – Lit.: *VL VIII (1992), Sp. 187–192 (J. Heinzle). – H. de Boor, Die literarische Stellung des Gedichtes vom Rosengarten zu Worms (1959), in: Ders., Kleine Schriften II, Berlin 1966, S. 229–245. – B. Schnell, Eine neue Fassung des ‚Rosengarten', in: ZfdA 108 (1979), S. 33–50. – K. H. Ihlenburg, Zum „Antihöfischen" im Rosengarten A, in: Studien zur Literatur des Spätmittelalters (Deutsche Literatur des Mittelalters 2), Greifswald 1986, S. 41–52.

Walther und Hildegund (Grazer und Wiener Fragmente), hg. v. K. Strecker, Ekkehards Waltharius, Berlin 1907, S. 100–109; hg. v. U. Schwab (s. Lit.), S. 279–289. – Lit.: R. Heinzel, Über die Walthersage, in: WSB 117 (1889), 2. Abh. – U. Schwab, Waldere. Testo e commento, Messina 1967.

Biterolf und Dietleib, hg. v. O. Jänicke, in: DHB I (1866), S. 1–197; hg. v. A. Schnyder (Sprache und Dichtung 31), Bern/Stuttgart 1980. – Lit.: VL I (1978), Sp. 879–883

(M. Curschmann). – J. Lunzer, Steiermark in der deutschen Heldensage, in: WSB 204 (1927), 1. Abh. – M. Curschmann, Dichtung über Heldendichtung: Bemerkungen zur Dietrichepik des 13. Jahrhunderts, in: Akten des V. internationalen Germanistenkongresses Cambridge 1975, Heft 4, Frankfurt a. M. 1976, S. 17–21. – F. V. Spechtler, Biterolf und Dietleib. Dietrichdichtung und Roman im 13. Jh., in: DHT, S. 253–274. – M. Curschmann, Biterolf und Dietleib. A Play upon Heroic Themes, in: Germanic Studies in Honor of O. Springer, Pittsburg 1979, S. 77–91. – J. Williams, Etzel – auf den Spuren der deutschen Ordensritter?, in: ZfdA 110 (1981), S. 28–34. – G. Zimmermann, ‚Biterolf und Dietleib'. Gedanken zu Gattung, Sinnstruktur und Thema, in: MLStmk, S. 317–336. – M. Curschmann, Zur Wechselwirkung von Literatur und Sage. Das „Buch von Kriemhild" und Dietrich von Bern, in: PBB 111 (Tüb. 1989), S. 380–410.

Kleinere Reimpaardichtung
K. Hufeland, Die deutsche Schwankdichtung des Spätmittelalters, Diss. Basel 1966. – K.-H. Schirmer, Stil- und Motivuntersuchungen zur mhd. Versnovelle (Hermaea 26), Tübingen 1969. – H.-J. Ziegeler, Erzählen im Spätmittelalter (MTU 87), München/Zürich 1985. – *Kleinere Erzählformen im Mittelalter. Paderborner Kolloquium 1987, hg. v. K. Grubmüller u. a., Paderborn et al. 1988. – Weitere allgemeine Lit. siehe 3. Kap., Abt. A, 2. Dt. Lit., Der Stricker und seine „Schule".
Die böse Frau (Von dem übeln wîbe), hg. v. E. A. Ebbinghaus (ATB 46), Tübingen 1968. – Lit.: VL I (1978), Sp. 964–966 (H.-F. Rosenfeld). – F. Brietzmann, Die böse Frau in der deutschen Literatur des Mittelalters (Palaestra 42), Berlin 1912, Nachdruck New York/London 1967. – J. Carles, La sagesse dans la farce: Le récit *De la méchante femme (Von dem übeln wîbe),* in: FS f. J. Fourquet, München/Paris 1969, S. 43–58.
Der Weinschwelg, hg. v. H. Fischer/J. Janota, Anhang zu: Der Stricker, Verserzählungen II (ATB 68), Tübingen ³1984, S. 42–58. – Lit.: S. L. Wailes, Wit in *Der Weinschwelg,* in: GLL 27 (1973/74), S. 1–7. – E. Grunewald, Die Zecher- und Schlemmerliteratur des deutschen Spätmittelalters, Diss. Köln 1976. – W. Adam, Die „wandelunge". Studien zum Jahreszeitentopos in der mhd. Literatur, Heidelberg 1979.
Herrand von Wildon, *Vier Erzählungen,* hg. v. H. Fischer/P. Sappler (ATB 51), Tübingen ²1969. – Lit.: VL III (1981), Sp. 1144-47 (M. Curschmann). – K. F. Kummer, Die poetischen Erzählungen des Herrand von Wildonie und die kleinen innerösterreichischen Minnesinger, Wien 1880. – M. Curschmann, Zur literarhistorischen Stellung Herrands von Wildonie, in: DVjs 40 (1966), S. 56–79. – J. Margetts, Herrand von Wildonie: The Political Intentions of *Der blôze keiser* and *Diu katze,* in: Court and Poet. Selected Proceedings of the Third Congress of the International Courtly Literature Society, hg. v. G. S. Burgess, Liverpool 1981, S. 249–266. – I. Strasser, Ein mündiger Poet. Tradition und Neuerung in zwei Erzählungen Herrands von Wildonie, in: MLStmk, S. 249–267.

Artusroman
K. G. Gürttler, „Künec Artûs der guote". Das Artusbild der höfischen Epik des 12. und 13. Jahrhunderts, Bonn 1976. – G. Kaiser, Textauslegung und gesellschaftliche Selbstdeutung. Die Artusromane Hartmanns von Aue, Wiesbaden ²1978. – W. Haug, Paradigmatische Poesie. Der spätere deutsche Artusroman auf dem Weg zu einer

‚nachklassischen' Ästhetik, in: DVjs 54 (1980), S. 204–231. – K. Ruh, Höfische Epik des deutschen Mittelalters, 2 Bde., Berlin 1967–1980. – Artusrittertum im späten Mittelalter, hg. v. F. Wolfzettel, Gießen 1984. – K. Grubmüller, Artusroman und Heilsbringerethos. Zum ‚Wigalois' des Wirnt von Grafenberg, in: PBB 107 (Tüb. 1985), S. 218–239. – C. L. Gottzmann, Artusdichtung (SM 249), Stuttgart 1989. – H.-J. Schiewer, Ein ris ich dar vmbe abe brach/ Von sinem wunder boume. Beobachtungen zur Überlieferung des nachklassischen Artusromans im 13. und 14. Jahrhundert, in: Deutsche Handschriften 1100–1400. Oxforder Kolloquium, hg. v. V. Honemann/N. F. Palmer, Tübingen 1988, S. 222–278.

Heinrich von dem Türlin, *Diu Crône*, hg. v. G. H. F. Scholl (Bibliothek des literarischen Vereins in Stuttgart 27), Stuttgart 1852, Nachdruck Amsterdam 1966; Ausgewählte Abbildungen zur handschriftlichen Überlieferung, hg. v. K. Zatloukal (Litterae 95), Göppingen 1982. – Lit.: VL III (1981), Sp. 894–899 (C. Cormeau). – B. Kratz, Zur Biographie Heinrichs von dem Türlin, in: ABäG 11 (1976), S. 123–167. – C. Cormeau, ‚Wigalois' und ‚Diu Crône'. Zwei Kapitel zur Gattungsgeschichte des nachklassischen Artusromans (MTU 57), München 1977. – A. Ebenbauer, Fortuna und Artushof, in: ÖLZB, S. 25–49. – L. Jillings, *Diu Crone* of Heinrich von dem Türlein (GAG 258), Göppingen 1980. – A. Ebenbauer, Gawein als Gatte, in: MLKntn, S. 33–60. – F. P. Knapp, Heinrich von dem Türlin. Literarische Beziehungen und mögliche Auftraggeber, dichterische Selbsteinschätzung und Zielsetzung, in: MLKntn, S. 145–187. – U. Wyss, Die Wunderketten in der ‚Crône', in: MLKntn, S. 269–291. – F. P. Knapp, *Chevalier errant* und *fin'amor*. Das Ritterideal des 13. Jahrhunderts in Nordfrankreich und im deutschsprachigen Südosten, Passau 1986. – A. Mentzel-Reuters, Vröude. Artusbild, Fortuna- und Gralkonzeption in der „Crone" des Heinrich von dem Türlin als Verteidigung des höfischen Lebensideals, Frankfurt a. M. et al. 1989. – C. Zach, Die Erzählmotive der *Crône* Heinrichs von dem Türlin und ihre altfranzösischen Quellen (Passauer Schriften zu Sprache und Literatur 5), Passau 1990.

Der Mantel, hg. v. O. Warnatsch (s. Lit.), S. 8–54. – Lit.: O. Warnatsch, Der Mantel. Bruchstück eines Lanzeletromans des Heinrich von dem Türlin, nebst einer Abhandlung über die Sage vom Trinkhorn und Mantel und die Quelle der Krone (Germanistische Abhandlungen 2), Breslau 1883, Nachdruck Hildesheim/New York 1977. – B. Kratz, Die Ambraser *Mantel*-Erzählung und ihr Autor, in: Euphorion 71 (1977), S. 1–17.

Edolanz, hg. v. H. Meyer-Benfey, Mittelhochdeutsche Übungsstücke, Halle ²1920, S. 145–150. – Lit.: VL II (1980), Sp. 359f. (C. Cormeau).

Der Pleier, *Garel von dem blühenden Tal*, hg. v. M. Walz, Freiburg i. B. 1892; hg. v. W. Herles (WAGAPH 17), Wien 1981; *Meleranz*, hg. v. K. Bartsch, Stuttgart 1861, Nachdruck (mit Nachwort v. A. Hildebrand), Hildesheim/New York 1974. – *Tandareis und Flordibel,* hg. v. F. Khull, Graz 1885. – Lit.: VL VII (1989), Sp. 728–737 (P. Kern). – H. de Boor, Der Daniel des Stricker und der Garel des Pleier, in: PBB 79 (Tüb. 1957), S. 67–84. – P. Kern, Die Artusromane des Pleier (PhStQ 100), Berlin 1981. – H. P. Pütz, Pleiers ‚Garel von dem blühenden Tal'. Protest oder Anpassung?, in: LKTMA, S. 29–44. – U. Bamborschke, Der altčechische Tandariuš nach den drei überlieferten Handschriften mit Einleitung und Wortregister, Berlin 1982. – G. Zimmermann, Die Verwendung heldenepischen Materials im ‚Garel' von dem Pleier, in: ZfdA 113 (1984), S. 42–60. – W. Schröder, Das ‚Willehalm'-Plagiat im ‚Garel' des

Pleier oder die vergeblich geleugnete Epigonalität, in: ZfdA 114 (1985), S. 119–141. –
D. Buschinger, Ein Dichter des Übergangs. Einige Bemerkungen zum Pleier, in: Daß
eine Nation die andere verstehen möge, FS M. Szyrocki zum 60. Geb. (Chloe 7), Amsterdam 1988, S. 137–149. – *Liebe und Aventiure im Artusroman des Mittelalters,
hg. v. P. Schulze-Belli/M. Dallapiazza (GAG 532), Göppingen 1990.

Anhang: Hebräische Literatur
Gesch. Sbg. – W. Wadl, Geschichte der Juden in Kärnten im Mittelalter, Klagenfurt
1981. – Weitere Lit. siehe 3. Kap., Abt. A, Anhang.

Abkürzungsverzeichnis

1. Biblische Bücher

Apoc.	Apocalypsis/Offenbarung
Apg.	Apostelgeschichte
Cant.	Cantica Canticorum/Hoheslied
Deut.	Deuteronomium/5.Buch Mose
Eccli.	Ecclesiasticus/Jesus Sirach
Eph.	Epheserbrief
Ez.	Ezechiel/Hesekiel
Gen.	Genesis/1.Buch Mose
Is.	Isaias/Jesaja
Iud.	Iudicum liber/Richter
Joh./Ioan.	Johannesevangelium
Matth.	Matthäusevangelium
Prov.	Proverbia/Sprüche
Ps.	Psalmen
Zach.	Zacharias/Sacharja

2. Handschriftensiglen

Cgm	Codex germanicus Monacensis
Clm	Codex latinus Monacensis
Cod.	Codex
Cod. germ.	Codex germanicus
Cod. Vind.	Codex Vindobonensis
Cpg	Codex Palatinus germanicus
Ms. germ. fol. (Mgf)	Manuscriptum germanicum in folio
r	(folio) recto „auf der Vorderseite des Blattes"
s.n.	series nova
UB	Universitätsbibliothek
v	(folio) verso „auf der Rückseite des Blattes"

Abbildungsverzeichnis

Abb. 1 Evangelist Matthäus. Codex Millenarius, Stiftsbibliothek Kremsmünster, ms. Cim. 1. Lat., fol. 17v (s. S. 38).

Abb. 2 Sturz des Herodes. Teil des Freskenzyklus im ehemaligen Westchor der Lambacher Stiftskirche (s. S. 63).

Abb. 3 Geburt Christi. Antiphonar von St. Peter. Codex Vindobonensis s. n. 2700, pag. 182 (s. S. 573).

Abb. 4 Iwein bittet um die Huld Laudines. Teil des Iwein-Freskenzyklus auf Burg Rodenegg (Rodeneck)/Südtirol (s. S. 500 u. 575).

Abb. 5 Albrecht von Johan(n)sdorf. Codex Manesse – Große Heidelberger Liederhandschrift C, Heidelberg, Cpg 848, fol. 179v, Bild Nr. 56 (s. S. 257).

Abb. 6 Ulrich von Liechtenstein. Codex Manesse – Große Heidelberger Liederhandschrift C, Heidelberg, Cpg 848, fol. 237r, Bild Nr. 77 (s. S. 483).

Abb. 7 Bruder Wernher. Codex Manesse – Große Heidelberger Liederhandschrift C, Heidelberg, Cpg 848, fol. 344v, Bild Nr. 117 (s. S. 465).

Abb. 8 Thron Salomons. Teil des Freskenzyklus auf der Westempore des Gurker Doms (s. S. 575).

Abb. 9 Gotische Alphabete und Schriftproben. Sammlung von Alkuin-Briefen. Codex Vindobonensis 795, fol. 20v (s. S. 29).

Abb. 10 Gott führt alle Tiere zu Adam. *Millstätter Genesis.* Sammelhandschrift geistlicher Gedichte, Bibliothek des Kärntnerischen Geschichtsvereins, Klagenfurt, Codex 6/19, fol. 9r (s. S. 454 u. 574).

Abb. 11 Walther von der Vogelweide in den Reiserechnungen Bischof Wolfgers von Erla vom Jahre 1203, Museo Archeologico Nazionale/Cividale del Friuli, fol. IIr [Ausschnitt] (s. S. 273).

Abb. 12 Kranich und Wolf. Nonne und Teufel. Bildgruppen aus den Apsisreliefs an der Pfarrkirche von Schöngrabern/Niederösterreich (s. S. 576).

Abb. 13 Kreuzabnahme (Tympanon), alttestamentliche Szenen, allegonische Tiergestalten. Portal der Kapelle von Schloß Tirol/Südtirol (s. S. 572).

Abb. 14 Inneres des Langhauses der Stiftskirche von Heiligenkreuz/Niederösterreich (s. S. 138 u. 571).

Abb. 15 Gozzo-Burg in Krems/Niederösterreich (s. S. 572).

Abb. 16 Chor der Stiftskirche in Lilienfeld/Niederösterreich (s. S. 571).

Bildquellennachweis

Die Bildvorlagen wurden von folgenden Personen und Institutionen zur Verfügung gestellt:
Bozen, Landeskonservatorat für Südtirol, Abb. 13. Graz, Akademische Druck- u. Verlagsanstalt, Abb. 1, 3, 9, 10. Gurk, Domkustodie Salvatorianerkolleg, Abb. 8. Heidelberg, Universitätsbibliothek, Abb. 5, 6, 7. Kiel, Fritz Peter Knapp, Abb. 4, 11. Wien, Bundesdenkmalamt, Abb. 2, 12, 14, 15, 16.

Abb. 1 Evangelist Matthäus. Codex Millenarius, Stiftsbibliothek Kremsmünster, ms. Cim. 1. Lat., fol. 17v.

Abb. 2 Sturz des Herodes. Teil des Freskenzyklus im ehemaligen Westchor der Lambacher Stiftskirche.

Abb. 3   Geburt Christi. Antiphonar von St. Peter. Codex Vindobonensis s. n. 2700, pag. 182.

Abb. 4 Iwein bittet um die Huld Laudines. Teil des Iwein-Freskenzyklus auf Burg Rodenegg (Rodeneck)/Südtirol.

Abb. 5   Albrecht von Johan(n)sdorf. Codex Manesse – Große Heidelberger Liederhandschrift C, Heidelberg, Cpg 848, fol. 179v, Bild Nr. 56.

Abb. 6 Ulrich von Liechtenstein. Codex Manesse – Große Heidelberger Liederhandschrift C, Heidelberg, Cpg 848, fol. 237r, Bild Nr. 77.

Abb. 7   Bruder Wernher. Codex Manesse – Große Heidelberger Liederhandschrift C, Heidelberg, Cpg 848, fol. 344v, Bild Nr. 117.

Abb. 8 Thron Salomons. Teil des Freskenzyklus auf der Westempore des Gurker Doms.

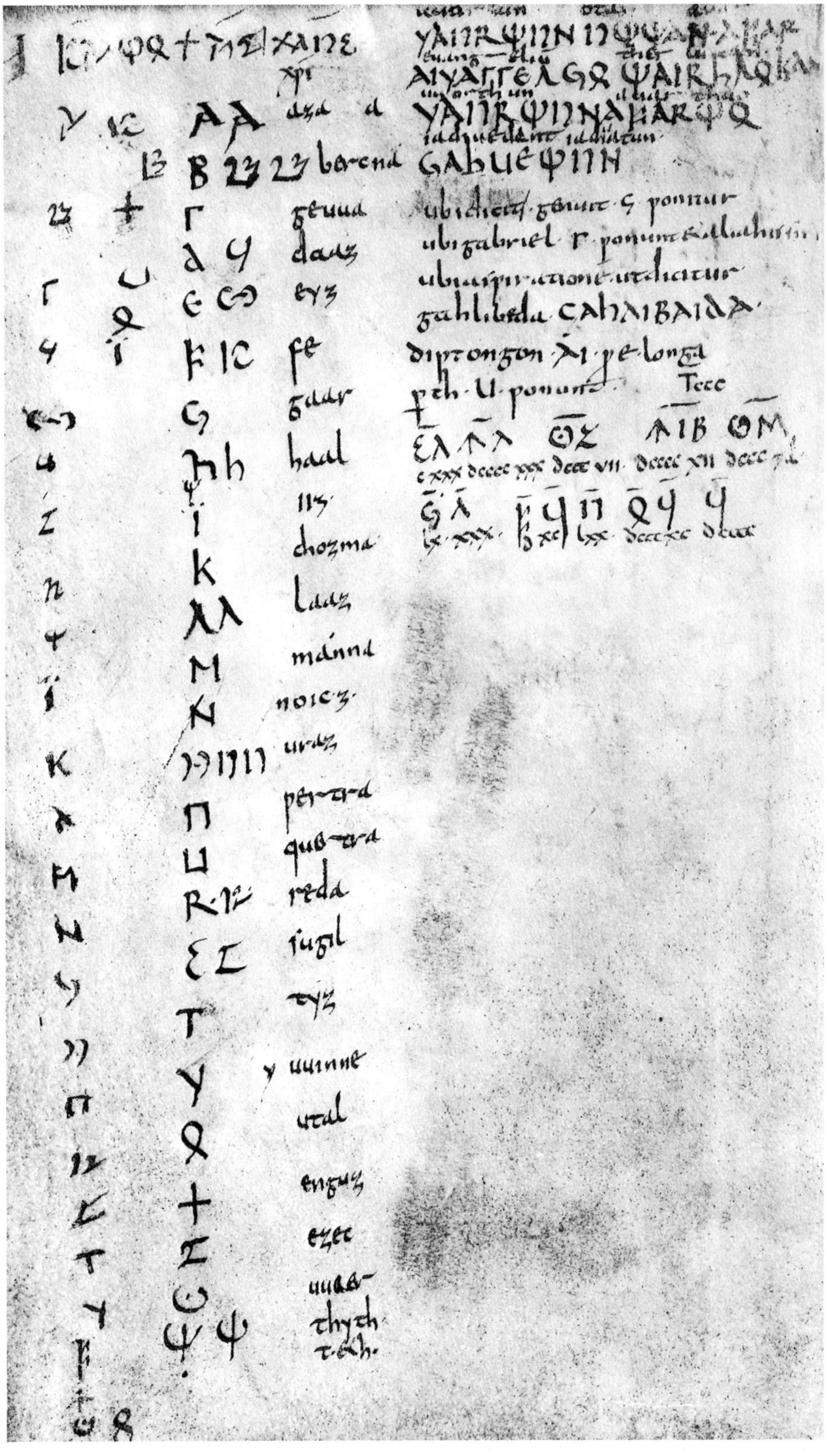

Abb. 9 Gotische Alphabete und Schriftproben. Sammlung von Alkuin-Briefen. Codex Vindobonensis 795, fol. 20v.

Abb. 10 Gott führt alle Tiere zu Adam. *Millstätter Genesis.* Sammelhandschrift geistlicher Gedichte, Bibliothek des Kärntnerischen Geschichtsvereins, Klagenfurt, Codex 6/19, fol. 9r.

Abb. 11 Walther von der Vogelweide in den Reiserechnungen Bischof Wolfgers von Erla vom Jahre 1203, Museo Archeologico Nazionale/Cividale del Friuli, fol. IIr [Ausschnitt].

Abb. 12 Kranich und Wolf. Nonne und Teufel. Bildgruppen aus den Apsisreliefs an der Pfarrkirche von Schöngrabern/Niederösterreich.

Abb. 13 Kreuzabnahme (Tympanon), alttestamentliche Szenen, allegorische Tiergestalten. Portal der Kapelle von Schloß Tirol/Südtirol.

Abb. 14 Inneres des Langhauses der Stiftskirche von Heiligenkreuz/Niederösterreich.

Abb. 15 Gozzo-Burg in Krems/Niederösterreich.

Abb. 16 Chor der Stiftskirche in Lilienfeld/Niederösterreich.

Register der Autoren und Werke

Das Register erschließt nur den Darstellungsteil, nicht das Literaturverzeichnis. Nicht berücksichtigt sind biblische Bücher und Autoren/Werke der Neuzeit. - Werke (und Handschriften) erscheinen im Schrägdruck. Artikel (auch: Der von) sind bei der alphabetischen Ordnung außer acht gelassen. Die Zahlen beziehen sich auf die Seiten. Fettdruck bezeichnet Hauptstellen.

Abaelardus, Petrus   69, 73, 139, 158, 231, 365, 366, 577
Abailard, s. Abaelardus
Abbreviatio in gestis et miraculis sanctorum   387
Abhandlung zu Psalm 64, s. *Tractatus in psalmum LXIV*
Abigedor ben Elija ha-Kohen   358, 360, 569
Achilleis   159, 368
Adalbero von Laon   355
Adalbertus Samaritanus   397
Adam Puschmann, s. Puschmann
Adam von St. Victor   97, 98, 209, 402, 406, 577
Ad auram post meridiem (AH 54, Nr. 26)   97
Ad laudes salvatoris (AH 54, Nr. 88)   97
Ad terrorem omnium surgam locuturus   423
Adelbrecht, Priester   123, **241f.**
Admonter Briefsteller für Nonnen   396
Admonter Predigten   **75-79**, 104, 115, 127, 143, 375, 377, 574
Admonter Rechtsbuch   370
Adso von Montier-en-Der   121
Adversus simoniacos   103
Aelred von Rievaux   117
Ältere Judith   142, 455
Ältere Not   305, 308
Älterer deutscher Prosa-Physiologus   124
Aeneasroman, s. *Eneide*
Aeneis   159, 160, 312
Aesop (Aisopos)   159, 161
Aethicus Ister   **30f.**, 188
Ahi! Amors, cum dure departie   261
Ahî, wie kristenlîche nû der bâbest lachet   272
Alain von Lille   123, 159, 163, 335, 366, 555, 578
Alanus von Lille, s. Alain von Lille
Alber (von Windberg)   237
Alberich von Montecassino   397
Albert Böheim   **187-189**, 192
Albert Marque de Malaspina   261
Albertus Magnus   171
Albrecht (Autor des *Titurel*)   503, 556
Albrecht von Halberstadt   534
Albrecht von Johannsdorf   **257-261**, 264, 301, 580, 583, 589
Albrecht von Kemenaten   **500f.**, 520
Aldhelm von Malmesbury   28, 43
Alexander (Lambrecht)   330, 455
Alexander (Rudolf von Ems)   585

Alexander, s. *Straßburger Alexander*
Alexanderlied, s. *Straßburger Alexander*
Alexius A   450
Alkuin   29, 32, 46, 48, 49
Alleluia hac clara die turma (AH 53, Nr. 98)   208
Aller werdekeit ein füegerinne   484
Alpharts Tod   321, 502, 531
Alram von Gresten   **294**, 494
Altbairische Beichte   35, 224
Altdeutsche Exodus   101, **109-111**, 112, 141, 142, 454
Alte clamat Epicurus (CB 211)   411
Altitonans celicola   **423**, 471
Altmann von St. Florian   159, **195**, 196, **197-201**, 204, 213, 214, 573
Amalarius von Metz   198
Ambraser Heldenbuch   316, 320, 322, 351, 501, 502, 503, 508, 531, 533, 539
Ambrosius von Mailand   28, 95, 163, 371, 377
Amores   160, 367, 368
Andreas, Kaplan   418
Das Anegenge   **229-232**, 576, 587
Annales Altahenses (antiquiores)   **41f.**, 47, 49, 185
Annales Altahenses (Hermann)   **184-187**, 295
Annales Austriaci   **84f.**, 179
Annales Claustroneoburgenses   84
Annales Garstenses   **183**, 186
Annales Iuvavenses antiqui   30
Annales Iuvavenses antiquissimi   30
Annales Iuvavenses maximi   30, 41
Annales Mellicenses   82, 84, 117, 134, 140
Annales Montis sancti Georgii   396
Annales Patavienses   189
Annales Reichersbergenses   67, 182
Annales Zwettlenses   168, 189
Anno novali mea (CB 168)   413f.
Annolied   141, 142, 144
Ansbert   191
Anselm von Canterbury   61, 77, 139, 161, 237, 366, 450
Anselm von Laon   65
Ante torum virginalem (AH 54, Nr. 97)   402
Der Antichrist   118, 121, 456
Anticlaudianus   159, 555
Apollonius von Tyrus   367, 506, 563
Apologeticus contra Folmarum   73

653

Arabel 334
Aram crucis omnes lucis (AH 8, Nr. 21) 403
Arator 43, 106, 107, 160, 368
Arbeo von Freising 32, 173
Arbores virtutum et vitiorum 87
Archipoeta 196, 197, 206, 409, 421, 579, 581
Argumentum super quatuor quaestionibus 64
Aristoteles 357
Der Arme Heinrich 242, 352
Der Arme und der Reiche 338
Arno von Reichersberg 72f., 158, 167, 202, 215, 216, 219
Arn(o) von Salzburg 25, 29, 46, 49
Arnold von Prüfening 173
Arnolt, Priester 450
Arnsteiner Mariengebet 463
Ars amatoria 367
Ars poetica 175, 197
Artus (Libellus de Artusio) 159
A solis ortus cardine (AH 50, Nr. 53) 402
Athanasios von Alexandria 28
Atlilied 307, 311
Attila 159
Audite caeli (AH 50, Nr. 284) 208
Das Auge 540
Augustin (Aurelius Augustinus) 28, 38, 163, 171, 184, 201, 230, 315, 366, 368, 371, 377, 436, 437, 445, 456, 587
Aulularia 160
Aurora 159, 200, 577
Das ausgestreute Licht, s. *Or Sarua*
Auslegung des Sechstagewerkes, s. *Hexaëmeron*
Auslegung des Vaterunsers 101, **126**, 230, 454, 455
Ava, Frau 109, **117-123**, 130, 131, 132, 135, 140, 144, 238, 241, 456, 457
Ave, candens lilium (AH 54, Nr. 228) 97, 212
Ave, cella novae legis (AH 54, Nr. 227) 406
Ave, Dei genetrix (AH 9, Nr. 77) 215
Ave, Dei genetrix summi (AH 53, Nr. 105) 212, 213
Ave, plena gratiae (AH 54, Nr. 223) 96, 212
Ave, plena singulari gratia (AH 54, Nr. 222) **97**, 98, 212
Ave, praeclara maris stella (AH 50, Nr. 241) 99, 136, 459
Ave, spes mundi, Maria (AH 54, Nr. 217) 213
Aventinus 190
Avian(us) 43, 159, 160, 367, 368
Avitus (Alcimus Ecdicius A.) 106, 107, 160

Balderich (Baudri) von Bourgueil 140
Baldo von Salzburg 29, 32
Balduin von Viktring (Victoriensis) 373, **396f.**, 398
Barlaam und Josaphat 345
Bartholomäus von Trient 386-392
Basileios der Große 28
Baumgartenberger Johannes Baptista **122**, 242
Bayerischer Landfriede 289
Beda Venerabilis 28, 43, 47, 89, 182, 198, 234, 377, 445f.

Der begrabene Ehemann 338, 341
Die beiden Knappen 340, 354
Die beiden Königinnen 344
Die beiden ungleichen Liebhaber 346
Le Bel Inconnu 548
Benediktbeurer Emmausspiel (CB 26*) 426
Benediktbeurer Glaube und Beichte 224
Benediktbeurer Osterspiel (CB 15*) **425f.**, 431
Benediktbeurer Weihnachtsspiel (CB 227-228) 410, 427, **435-442**, 443, 586, 587
Benediktinerregel, s. *Regula Benedicti*
Berchtold von Kremsmünster 188
Bericht von der Wahl Lothars zum König der Römer, s. *Narratio de electione Lotharii in regem Romanorum*
Bernardus Bononiensis, s. Bernhard von Bologna
Bernardus Parmensis de Botone 398
Bernardus Silvestris, s. Bernhard von Tours
Bernart de Ventadorn 281
Bernhard von Bologna 397, 398
Bernhard von Chartres 577
Bernhard von Clairvaux 61, 64, 71, 77, 78, 89, 127, 139, 159, 161, 231, 366, 376, 377, 390
Bernhard von Meung 162, 192, 193
Bernhard von Morlas 159, 400
Bernhard (Silvestris) von Tours 578, 586
Berthold von Regensburg 185, 228, 447, 480
Bertran de Born 268
Bescheidenheit 347, 348
Der betrogene Gatte 539, 540, 541
Biblische Altertümer 114
Biterolf und Dietleib 321, 502, 503, 521, 525, 526, **527-531**, 532, 534, 551
Der blinde Führer 337
Blôzen wir den anger ligen sâhen 286
Boccaccio, Giovanni 540
Die Böse Frau 240, 532, **533-535**, 537, 538, 584
Boethius (Anicius Manlius Severinus B.) 28, 36, 129, 159, 160, 314, 315, 366, 367, 368, 554
Boguphalus 525
Boncompagnus von Signa 397, 398
Boppe 477
Boto von Prüfening 173
Breve chronicon Austriae Mellicense 181
Breviari d'Amor 486
Breviarium pauperum 398, 399
Briefe vom Pontus, s. *Epistolae ex Ponto*
Buch der Abenteuer 566
Buch gegen zwei Häresien, s. *Liber contra duas haereses*
Buch von Bern, s. *Dietrichs Flucht*
Buch von den sieben Lastern und den sieben Tugenden, s. *Liber de septem vitiis et septem virtutibus*
Bücher vom Landbau, s. *Georgica*
Büchlein von der Reihe der Gaben des Heiligen Geistes, s. *Libellus de ordine donorum sancti Spiritus*
Bucolica (Eclogae) 43, 159, 161, 368
Burggraf von Lienz, s. Heinrich, Burggraf von Lienz

Burggraf von Regensburg 248, **252**, 254
Burggraf von Rietenburg 222, 248, **252f.**, 255
Byl král jeden, ten slúl Artuš 566

Caelestis te laudat chorea (AH 54, Nr. 37) 215
Caesarius von Arles 366
Caesarius von Heisterbach 390
Candor surgens (AH 8, Nr. 7) 211
Captus amore gravi (CB 60) 268
Carmen de consecratione ecclesiae 198
Carmen de gestis Frederici I. imperatoris in Lombardia 579
Carmen paschale 106, 175
Carmina Burana 196, 197, 222, 238, 266, 268, 293, **407-422**, 470, 472, 477, 499, 500, 501, 538, 574, 578, 580, 581, 584, 586
Carmina Cantabrigiensia 213, 256
Carmina Runensia 89f.
Carmina Salisburgensia **32**, 43
Cassianus, Johannes 105
Cassiodor (Flavius Magnus Aurelius Cassiodorus) 28, 182, 188
Castae matris ante thorum (AH 10, Nr. 119) 213
Catilina (*De coniuratione Catilinae*) 160
Cato (Marcus Porcius C.) 272, 350
Cato maior (Cicero) 159, 367, 368
Chadalhoch von Göttweig 80, 83
Chajjim ben Mose = Chajjim Or Sarua 569
Chalcidius 161
Chanson de Roland 332, 333
Le Chevalier à l'Epée 548
Le Chevalier au Lion 546
Le Chevalier de la Charrete (*Lancelot*) 548, 564
Le Chevalier du Papegau 514, 515
Chiemseer Osterspiel 218, **425**, 426
Chrétien de Troyes 314, 330, 545, 546, 547, 548, 551, 562, 564, 566, 578, 580
Christ ist erstanden 93
Chronica (*De duabus civitatibus*) 86, 367
Chronicon Gurcense 395
Chronicon pii marchionis **180**, 181, 203
Chronicon rhythmicum Austriacum 206-208
Chronik, s. *Chronica*
Chronik des frommen Markgrafen, s. *Chronicon pii marchionis*
Cicero (Marcus Tullius C.) 28, 65, 85, 158, 159, 160, 335, 367, 368
Claudianus (Claudius C.) 89
Clavis physicae 73
Clemens von Alexandrien 28
Codex Millenarius Maior 38
Codex 276 der Stiftsbibliothek Vorau, s. *Vorauer Handschrift*
Codex Vindobonensis 795 29
Codex Vindobonensis 2721 101, 454, 457
Codex Vindobonensis 2239 192, 454
Codex Vindobonensis 13314, s. *Missale im Cod. Vind. 13314*
Codex Wangianus 373
Colin Muset 299

Collationes 105
Collectio de tempore et de translatione beati Ruperti 383
Commentariorum Reipublicae Romanae libri XII 44
Concentu veneremur cuncti (AH 53, Nr. 120) 96
Confessiones 368
Congaudentes exsultemus (AH 54, Nr. 66) 209, 402
Conon de Béthune 261
Le Conte du Graal 546, 548, 551
Contra Iudaeos, Paganos et Arianos sermo de symbolo 436
Conversio Bagoariorum et Karantanorum **32f.**, 378, 382
Conversio et Passio sancte Afre 197, 204
Corpus iuris canonici 195
Corpus iuris civilis 194, 195
Cronica Karoli 159, 367
Cura pastoralis 163, 368
Cursus titulorum 398, 399
Cyprian (Thascius Caecilius Cyprianus) 28

Daniel von dem Blühenden Tal 328, **329-332**, 342, 519, 530, 543, 547, 548, 558, 561, 562, 583, 584
Dante Alighieri 356, 554
De advocatis Altahensibus 184
De aedificio Dei 66
De altercatione ecclesiae et synagogae dialogus 437
De amicitia, s. *Laelius*
De amore 418
De arte praedicatoria 163
Il Decamerone 540, 541
De consolatione philosophiae 28, 159, 366, 368, 554
De constructione vel deconstructione claustri in Maense 86
De contemptu mundi 159, 400
Decretum Gratiani 195, 196, 366
De differentia naturae et personae, s. *Liber de differentia naturae et personae*
De divisione naturae 73
De doctrina Christiana 163
Deduc, Sion uberrimas (CB 34) 409
De eo quod princeps huius mundi iam iudicatus sit, s. *Liber de eo quod princeps huius mundi iam iudicatus sit*
De fide catholica 38
De gemma animae 105
De gloria et honore Filii hominis 66
De institutione clericorum 163
De institutione monasterii Altahensis 184
De invasione Tatarorum 204
De investigatione Antichristi 67, 72, 73, 95
De laude fidei 67
De laude novae militiae 78
De l'Espine 548
De litteris 31

655

De miraculis, s. *Liber de miraculis* (Johannes Monachus)
De miraculis sanctae Mariae, s. *Liber de miraculis sanctae Mariae* (Sammlung Pez)
De miseria humanae condicionis 400
De natura rerum 197
De novitatibus huius temporis, s. *Liber de novitatibus huius temporis*
De numeris, s. *Liber de numeris*
De ordine donorum 71
De quarta vigilia noctis 67, 441
De quinque septenis 87
Der hof ze Wiene sprach ze mir 273, 470
De sacramentis christianae fidei 159, 201, 366
De senectute, s. *Cato maior*
De septem vitiis et septem virtutibus, s. *Liber de septem vitiis et septem virtutibus*
De spiritalis historiae gestis 107
Des tresces 541
De supernis obumbratur (AH 20, Nr. 294) 216
De vanitate mundi 203, 400
De vocatione gentium 38
Dêswâr, Reinmâr, dû riuwes mich 269
Dialog über den Streit der Kirche und der Synagoge, s. *De altercatione ecclesiae et synagogae dialogus*
Dialogus duorum monachorum 64
Dialogus inter clericum saecularem et regularem 66
Dic, Christi veritas (CB 131) 409
Dietmar von Aist 248, **253-256**, 301, 408, 413
Dietrichs Flucht 221, **321**, 322, **324-327**, 466, 500, 502, 503, 510, 526, 531, 532, 591
Dietrich und Wenezlan 321, **327**
Die wîle ich weiz drî hove sô lobelîcher manne 276
Disticha Catonis 43, 65, 88, 90, 159, 160, 161, 348, 349, 367, 368
Disticha Catonis (deutsch) 348, **350**
Diu welt was gelf, rôt unde blâ 472
La Divina Commedia 554
Dô Liupolt spart ûf gotes vart, ûf künftige êre 276
Donat (Aelius Donatus) 28, 43, 159, 348, 367, 368
Donaueschinger Briefsteller 192
Donin von La Rochelle 361
Dracontius (Blossius Aemilius D.) 116
Die drei Jünglinge im Feuerofen 455
Die drei Wünsche 338
Dresdener Heldenbuch 504, 508, 509, 514, 518
Drî sorge habe ich mir genomen 276
Dudo von St. Quentin 318
Dukus Horant 320
Dum inventus floruit (CB 30) 409
Dungal 48
Der durstige Einsiedel 344
Du vilain mire 344

Ecce gratum et optatum (CB 143) 417
Eckenlied 321, 410, 411, 499, 500, 501, 502, 503, 529, 531, 532, 575, 583
Eckenlied E₂ 499, 500, 501, 503, 509, 513, **515-517**, 523, 583
Eckenlied E₇ (im *Dresdener Heldenbuch*) 514
Die Edelsteine 347
Edolanz 558
Ehemanns Rat 534
Ehescheidungsgespräch 354, 534
Eilbert von Bremen 196
Eilhart von Oberg 534
Ein altiu diu begunde springen 285
Einhard 48, 333
Die eingemauerte Frau 341
Ein man verbiutet âne pfliht 269
Ekkehard von Aura 185
Ekkehard I. von St. Gallen 36
Eklogen, s. *Bucolica (Eclogae)*
Elegie (Walther von der Vogelweide) 240, **276f.**, 303
Elieser ben Joel 358
Elucidarium 230, 232, 368
Eneide 492, 534, 578, 584
Les Enfances Gauvain 548
Engelberger Hymnar 452
Enikel, Jans, s. Jans Enikel
En mai au dous tens novel 281
Ephraim ben Jakob (aus Bonn) 358, 568
Epilogus in gesta sanctorum **387-389**, 390
Episteln (Horaz) 366
Epistolae ex Ponto 175, 367
Epitaphium ducis Friderici Austrie et Stirie 204
Erchinfrid, s. Erkenfried von Melk
Erec 242, 243, 330, 519, 529, 534, 543, 545, 547, 557, 558, 564, 578, 580
Erec et Enide 545, 546, 578
Erinnerung an den Tod, s. *Von der Erinnerung an den Tod*
Erkenfried (Erchinfrid) von Melk 83, 84, 140, 234
Ermenrich von Passau 42
Erste Fortsetzung des Gralsromans 548, 557
Esope 542
Estivali gaudio (CB 80) 439
Estuans intrinsecus (CB 191) 409
Etymologiae 28, 107
Etymologien, s. *Etymologiae*
Eugipp(ius) 182, 188
Euklid (Eukleides) 367
Eusebios von Caesarea 28, 170
Eutyches 368
Evangelienbuch (*Evangelienharmonie*) 49, 106
Evangelium des Pseudo-Matthäus 242, 244, 440
Evangelium Nicodemi 121, 219
Excerpta decretalium Gregorii IX. 398
Exordium magnum ordinis Cisterciensis 390
Expositio metrica super cantica canticorum 198, 200
Expositio super benedictiones Iacob 76
Exsultent filii sponsae (AH 10, Nr. 363) 97
Ez gruonet wol diu heide 288, 413
Ezzolied 80, 132, 456

Falkenlied (Kürenberger)   250, 254, 420
Fas et nefas ambulant (CB 19)   409
Fasten, s. *Fasti*
Fasti   160, 175, 366
Fervet amore Paris (CB 102)   409
Flavius Josephus, s. Josephus
Flete, fideles animae (AH 20, Nr. 198)   430
Flores dictaminum   162, 192
Floret silva nobilis (CB 149-149a)   418
Flore und Blanscheflur   563
Floriansvita, s. *Passio sancti Floriani*
Florileg von Heiligenkreuz   160
Folmar von Triefenstein   66, 67
Frankfurter Dirigierrolle   429
Frauenbuch   483, **490f.**
Frauendienst   222, 300, 303, 431, 466, 483, **486-490**, 491, 492, 494, 495, 496, 529, 530, 531, 584
Die Frauenehre   339, **340f.**, 487
Frauenlob   477
Freidank   345, 346, 348, 349
Freisinger Denkmäler   34f.
Freisinger Ordo Rachelis   439
Friedrich der Knecht   294
Friedrich der Streitbare   292
Friedrich von Hausen   257, 258, 259, 260, 493, 580
Friedrich von Sonnenburg   303, 304, 305, 444, 465, 476, **477-482**, 492, 586, 591
Froumund von Tegernsee   41, 49
Frô Welt, ir sult dem wirte sagen   277
Frutolf von Michelsberg   185
Fürstenbuch (Jans Enikel)   304
Fundamentum artium ponit Grammatica   472
Fundatio monasterii Baumburgensis   395
Fundatio monasterii Berchtesgadensis   395
Fundatio monasterii Runensis   395
Fundatio monasterii sancti Pauli   395
Fundatio monasterii Seckowiensis   395
Fundatio monasterii Victoriensis   395

Die Gäuhühner   340
Galfred von Vinsauf   578
Garel von dem blühenden Tal   558, 559, 560-563, **563-566**
Garstener Annalen, s. *Annales Garstenses*
Gaude, fidelis concio (AH 4, Nr. 88)   401
Gaude, Maria, templum summae maiestatis (AH 54, Nr. 213)   403
Gaude, mater luminis (AH 54, Nr. 225)   403
Gaude, Roma caput mundi (AH 55, Nr. 283)   406
Gautier d'Arras   540
Gautier d'Espinau   281
Gebet für Kreuzfahrer   340
Gebhardsvita, s. *Vita Gebehardi*
Gebhard von Salzburg   **63**, 79
Gedrut   293
Gegen zwei Häresien, s. *Liber contra duas haereses*
Geltar   293

Genealogie der Markgrafen von Österreich   395
Genealogie der Markgrafen von Steier   395
Geoffrey of Monmouth   330, 333
Georgica   43, 90, 159, 160, 197
Georg von Nürnberg   518
Gerbert de Montreuil   487
Gerbert von Aurillac   48
Die gerechten Schläge Gottes   339
Gerhard von Seeon   41
Gerhoch von Reichersberg   63, **65-74**, 77, 78, 79, 87, 94, 95, 109, 119, 139, 144, 145, 158, 163, 167, 168, 169, 170, 182, 183, 202, 203, 215, 216, 219, 237, 238, 369, 441
Geschichte der Könige von Britannien, s. *Historia regum Britanniae*
Geschichte der Lorcher Kirche, s. *Historia ecclesiae Laureacensis*
Gesta Anglorum   367
Gesta Francorum et aliorum Hierosolymitanorum   190
Gesta Friderici I. imperatoris   455, 579
Gesta Karoli   366, 367
Gesta Romanorum   541
Gesta sive religiosa preconia incliti ducis Leupoldi nostri fundatoris   424
Geta   160
Getica   188, 189
Gilbert von Poitiers   69, 139, 158, 159, 161, 167, 168, 169, 365, 366, 367, 577
Gloriosa fulget dies (AH 54, Nr. 89)   215
Glossa ordinaria   61, 114, 171, 199
Goeli   292
Goldemar   321, 500, 501, 502, 520, 531, 532
Got, dîner Trinitâte, s. *Leich*
Gotengeschichte, s. *Getica*
Gottfried von Admont   74, 75, 76
Gottfried von Neifen   301, 302, 475, 485, 494, 495, 497
Gottfried von Straßburg   261, 265, 266, 314, 353, 474, 543, 556, 565, 592
Gottfried von St. Victor   427, 430
Gottfried von Totzenbach   292
Gottfried von Viterbo   579
Gottschalk von Aachen   97, 208
Graelent   548, 564
Gratianus   195
Grazer Margaretenlegende   450
Grazer Marienleben   243, 450
Grazer Monatsregeln   449
Gregor der Große   28, 47, 77, 106, 163, 167, 171, 175, 230, 234, 366, 368, 371, 377, 390, 433
Gregorius   242, 243, 334, 352, 354, 533
Gregor von Nazianz   28
Gregor von Nyssa   28
Gregor von Tours   176, 390
Grimlaicus   117
Große Benediktbeurer Passion (CB 16*)   **428-434**, 438, 441, 443
Guibert von Nogent   190
Guido von Arezzo   367
Guilhem de Cabestanh   487

Guillaume de Dole 487
Guingamor 564
Gunther von Pairis 579
Gutolf von Heiligenkreuz 164

Hac in die mentes [var. *laudes*] *piae* (AH 55, Nr. 202 = CB 22*) 403, 404, 410
Hartmann von Aue 221, 222, 242, 260, 312, 330, 334, 352, 353, 354, 487, 500, 519, 520, 533, 543, 545, 546, 551, 556, 557, 558, 562, 575, 578, 580, 582, 592
Hartmann von Starkenberg 496
Hartwig von Raute 248
Der Hase 337
Hausbuch (Michael de Leone) 261, 267, 473, 497
Hebet sidus (CB 169) 412
Die Heidin 221
Heilmittel gegen die Liebe, s. *Remedia amoris*
Der heimliche Bote 487
Heimo von Halberstadt 446
Heinrich, Burggraf von Lienz **495**, 496
Heinrich von dem Türlin 221, 519, **544-556**, 558, 584, 592
Heinrich von der Mur 492, **493f.**
Heinrich von Hainburg 471, 472, 473
Heinrich (von Melk?) **233-239**, 241, 246, 260, 349, 573, 588
Heinrich von Morungen 408, 444, 493, 494, 580
Heinrich von Rugge 222, 297, 473
Heinrich von Salzburg 378f.
Heinrich von Seckau 449, 451, 457, **461-465**, 586
Heinrich von Tegernsee 183
Heinrich von Veldeke 100, 103, 257, 312, 473, 492, 534, 578, 585
Heliand 49, 106
Helinand von Froidmont 238
Helmbrecht 324, **350-356**, 580, 590
Herger 271
Hermann Damen 300, 480
Hermann von Niederalteich 179, **184-187**, 228, 295, 393, 580, 587
Hermann (der Lahme) von Reichenau 48, 84, 97, 99, 136, 189, 217, 459, 460
Hermann von Rein **375-377**, 581
Heroides 159, 160, 367, 368
Herrand von Wildon 292, 492, **493**, **538-543**, 584, 590
Die Herren zu Österreich 340, 344
Herzeliebez frouwelîn 271
Herzog Ernst 583
Herzoge ûz Ôsterrîche, ez ist iu wol ergangen 276
Hexaëmeron (Arno von Reichersberg) **73f.**, 215
Hiemali tempore (CB 203) 410
Hieronymus (Sophronius Eusebius H.) 28, 31, 36, 132, 163, 182, 371
Hilarius von Orléans 416
Hildebert von Lavardin 140
Hildebrandslied 45, 321
Hildegard von Bingen 139
Die Himmelfahrt Mariä 450
Die Himmlische Hierarchie 203

Das Himmlische Jerusalem **125f.**, 141, 142, 230, 246, 454, 455, 456
Hirtengedichte, s. *Bucolica*
Historia calamitatum ecclesiae Salzburgensis 378
Historia (*Passio*) *Cholomanni* **82f.**, 140
Historia de expeditione Friderici imperatoris 190f.
Historia ecclesiae Laureacensis 188
Historia Langobardorum 46
Historia miscella 182
Historia quae dicitur Gesta Dei per Francos 190
Historia regum Britanniae 330
Historia Romanorum pontificum 189
Historia scholastica 114, 159, 232
Die Hochzeit 100, **130f.**, 141, 142, 454
Hoc in natalitio Martyri Georgio (AH 55, Nr. 147) 406
Hodiernae festum lucis (AH 55, Nr. 38) 406
Hoffmannsche Predigtsammlung 225
Hofzucht (Tannhäuser?) 299, **348**
Hoheliedkommentar, s. *Expositio metrica super cantica canticorum*
Homer(os) 85, 313, 314
Homerus latinus, s. *Ilias latina*
Honorius Augustodunensis 73, 105, 136, 140, 161, 163, 182, 198, 225, 226, 230, 232, 234, 235, 237, 335, 366, 367, 368, 376, 446, 480
Horaz (Quintus Horatius Flaccus) 36, 65, 89, 158, 159, 160, 175, 177, 197, 366, 367, 368
Hrabanus Maurus 48, 163, 198
Hrotsvit von Gandersheim 48
Hürnen Seyfried, s. *Lied vom Hürnen Seyfried*
Hugo Primas von Orléans 89, 90, 140, 421
Hugo von Honau 168
Hugo von Pisa 168
Hugo von St. Victor 61, 65, 77, 87, 89, 127, 139, 158, 159, 161, 178, 201, 365, 366, 377, 577
Hugo von Trimberg 477
Huius diei gaudia (AH 53, Nr. 126) 97
Humbert von Moyenmoutier 103
Huon de Bordeaux 505, 506
Hystoria Romanorum 367

Iam dudum Amoris militem (CB 166) 413
Iam dudum estivalia (CB 3*) 472
Ibis 160
Ich hân mîn lêhen, al die werlt, ich hân mîn lêhen 276
Ich sah mit mînen ougen 272
Ich was ein chint so wolgetan (CB 185) 419
Ich wirbe umb allez, daz ein man 269
Idung von Prüfening **64f.**, 173
Iesu, nostra redemptio (AH 51, Nr. 89) 220, 427
Ilias latina 36, 85, 159, 160, 161, 367
Ille et Galeron 540
Imago mundi 73, 182, 367
Imperatorie maiestati 370, 371
Imperatrix gloriosa (AH 54, Nr.221) 403, 405
In agone spe coronae (AH 9, Nr. 209) 198, **213f.**
Infantia domini nostri Jesu Christi 245

In lacu miserie (CB 29)   409
In nomine dumme ich wil beginnen   275
In nomine summe et individue vanitatis (St. Pöltner Urkundenparodie)   196
In sapientia Disponens omnia (AH 54, Nr. 116)   402, 403
Introductiones prosaici dictaminis   397
Irimbert von Admont   **74-79**, 135, 574
Ir reinen wîp, ir werden man   278-280
Ir sult sprechen willekommen, s. *Preislied*
Isaak ben Jakob (aus Neustadt)   568, 569
Isaak ben Mose (Isaak Or Sarua)   358, 359, 360, 568, 569
Isidor von Sevilla   28, 31, 38, 39, 47, 106, 107, 132, 171, 367
Iulius Paulus, s. Paulus
Ivo von Chartres   368
Iwein   221, 222, 312, 330, 500, 511, 519, 520, 529, 543, 544, 546, 547, 562, 564, 565, 575, 578, 580

Jacobus de Voragine   387, 391
Jakob ben Nathan   569
Jans Jansen Enikel   208, 304, 587
Jaufre Rudel   487
Jean de Mailly   387
Jean Renart   487
Jehuda ben Isaak   358
Johannes (Adelbrecht)   123, **241f.**
Johannes (Ava)   **118**, 123, 241, 457
Johannes abbas   **87-89**, 90
Johannes Cassianus   28
Johannes Chrysostomos   28
Johannes Monachus   390
Johannes Scotus (Eriugena)   73, 178
Johannes von Damaskos   28
Johannes von Hauville   578
Johannes von Salisbury   139, 335, 578
Jordanes   188, 189
Joseph Scottus   43
Josephus (Flavius J.)   114, 170, 366, 367
Joseph von Exeter   578
Der Juden Abgott   337
Das Jüdel   246
Jüdische Altertümer   170
Jüdischer Krieg   170, 366
Jüngere Judith   100, 455
Jüngerer deutscher (Wiener) Prosa-Physiologus   101, **124**
Jüngeres Hildebrandslied   475, 508
Das Jüngste Gericht   118, 119, 121, 132, 456
Juliane   450
Der junge Ratgeber   338
Juvenal (Decimus Iunius Iuvenalis)   36, 89, 159, 160, 196, 197, 238, 367
Juvencus (Gaius Vettius Aquileius Iuvencus)   106, 107, 160, 366

Kaiserchronik (Regensburger Kaiserchronik)   122, 141, 144, 221, 289, 315, 455, 456, 583
Karl der Große (der Stricker)   305, 328, **332-334**, 583, 584

Kaspar von der Rhön   504
Katalog der Brixener Bischöfe   395
Der Kater als Freier   336, 337, 542
Die Katze   539, 542
Kelin   473
Ketab Tamim   569
Die Kindheit Jesu   221, **242-245**, 246, 581
Kirchenspiegel, s. *Speculum ecclesiae*
Die Klage (*Das Büchlein*)   487
Die Klage (Nibelungenklage)   43, 44, 45, 305, 306, **314-316**, 324, 326, 327, 332, 334, 339, 340, 342, 503, 523, 528, 530, 583
Klagegedicht auf den Tod Friedrichs   205
Klagenfurter Gebete   133
Kleine Benediktbeurer Passion, s. *Ludus breviter de passione*
Klosterneuburger Annalen, s. *Annales Claustroneoburgenses*
Klosterneuburger Briefsammlung   192-194
Klosterneuburger Bußpredigten   224
Klosterneuburger Gebet   40
Klosterneuburger Osterspiel   **217-220**, 408, 425, 427, 428
Der kluge Knecht   338, **338f.**, 342
Der König im Bad   541
König Rother   320, 475, 504, 510, 511, 533, 583
Des Königs alte Kleider   341
Kol von Nüssen (Nutzing-Frauenhofen)   **292f.**, 493
Kommentare zu den Büchern Josua, Richter und Ruth (Irimbert)   75
Kommentar zu ausgewählten Stellen des Hohenliedes (Irimbert)   75
Kommentar zu den vier Büchern der Könige (Irimbert)   75
Kommentar zum Hohenlied, s. *Expositio metrica super cantica canticorum*
Konrad (der Sachse)   204f.
Konrad Fleck   563
Konrad, Pfaffe   241, 332, 583
Konrad, Priester   226, 227, **445-448**
Konrad von Fußesbrunnen   221, **242-245**, 246, 580, 590
Konrad von Heimesfurt   245, 246, 450
Konrad von Würzburg   472, 477, 478, 480
Die Krone   221, 519, 530, 544, 545, **548-556**, 558, 566, 580, 584, 592
Kudrun   **316-320**, 502
Der Kürenberger   222, **248-252**, 253, 254, 255, 256, 259, 312, 590

Laaer Briefsammlung   193f.
Laelius   159, 367, 368
Laetabundus exultet fidelis chorus (AH 54, Nr. 2)   437
Lai du Cor   557
Lai du Mantel mautaillié   557, 558
Laktanz (Lucius Caecilius Firmianus Lactantius)   28, 123
Lambacher Dreikönigsspiel   94
Lambrecht, Pfaffe   330, 455

Lancelot (Chrétien de Troyes), s. *Le Chevalier de la Charrete*
Lancelot (Prosaroman), s. *Prosa-Lancelot*
Lanfranc von Bec 161
Lanval 548
Lanzelet 519, 529, 545, 548, 551, 557, 564
Laude Christo debita (AH 55, Nr. 265) 209
Laudes crucis attolamus (AH 54, Nr. 120) 209
Laurin 525, 531, 532, 583
Laurin A 502, 503, **517-520**, 523, 524, 527, 545, 583
Laurin D 518
Laurin K 518
Lazius, Wolfgang 44
Das Leben Jesu **118-121**, 130, 131, 135, 456
Leben Karls des Großen, s. *Vita Karoli Magni*
Lebensbeschreibung des Bischofs Altmann, s. *Vita Altmanni*
Lebensbeschreibung des hl. Severin, s. *Vita Severini*
Lebensbeschreibungen der Väter, s. *Vitaspatrum*
Legenda Aurea 387, 388, 391, 406
Leich (Walther von der Vogelweide) 268, 463
Leipziger Predigtsammlung 226
Leuthold von Seven 494f.
Libellus de ordine donorum sancti Spiritus 66
Liber contra duas haereses 66, 74
Liber de differentia naturae et personae 168
Liber de eo quod princeps huius mundi iam iudicatus sit 66
Liber de miraculis (Johannes Monachus) 390
Liber de miraculis sanctae Mariae (Sammlung Pez) 390
Liber de novitatibus huius temporis 166, 167
Liber de numeris 31
Liber de septem vitiis et septem virtutibus **87-89**, 90
Liber dictaminum 396
Liber extra 195, 398
Liber miraculorum beatae Mariae virginis (Bartholomäus) 389-392
Liber pontificalis 189
Licet eger cum egrotis (CB 8) 409
Liebesgedichte, s. *Amores*
Lieder-Edda 307, 308
Lied vom Hürnen Seyfried 307, 318, 475, 522
Ligurinus 200, 579
Lilienfelder Andachtsbuch **222f.**, 242
Litanei (Heinrich von Seckau) 449, 451, 457, **461-465**, 586
Liudprand von Cremona 48
Liupolt ûz Ôsterrîche, lâ mich bî den liuten 273
Liuthold von Mondsee 86
Lobgedicht auf Kaiser Friedrich II. 371
Lobgedicht auf Ottokar 205
Das Lob Salomons 455
Lothar von Segni 400
Ludus breviter de passione (CB 13*) **427f.**, 430
Ludus de Antichristo 95, 436, 439, 440, 441, 579
Ludus de Rege Aegypti (CB 228) 439
Lucan (Marcus Annaeus Lucanus) 36, 158, 159, 160, 200, 366, 367, 368

Lukrez (Titus Lucretius Carus) 197
Lupold Hornburg von Würzburg 481

Maastrichter Osterspiel 217
Macrobius (Ambrosius M. Theodosius) 159
Der Magezoge 348, 350
Magnificate Dominum (AH 50, Nr. 276) 208
Magnum Legendarium Austriacum **173**, 573
Magnus von Reichersberg **182f.**, 184, 186, 190, 393, 580, 587
Mainzer Reichslandfriede 229
Mallius Theodorus 43
Mane prima sabbati (AH 54, Nr. 143) 402
Der Mantel 557f.
Marbod von Rennes 140, 159
Marcabru 268
Marcus von Regensburg 82
Marie de France 542
Marienleben (Philipp von Seitz) 245
Marienleben (Priester Wernher) 221
Marienmirakel vom Bischof Bonus 246
Mariensequenz aus Muri 461
Markward von Ried 371
Der Marner 300, 302, 303, 410, 421, 465, **470-477**, 478, 480, 482, 584
Martial (Marcus Valerius Martialis) 159
Martianus Capella 28, 36, 43, 367, 397
Die Martinsnacht 338, 344
Mater sancta, mater Dei (AH 10, Nr. 124) 215
Matfre Ermengau 486
Matthäus von Vendôme 160, 578
Maurice de Craon, s. *Moriz von Craûn*
Maximian(us) 160, 161
Medulla matrimonii 195
Meinhart Tröstel 292
Meinloh von Sevelingen 248
Meir ben Baruch 360
Der Meißner 474, 480
Meleranz 559, 560, 561, **564-566**
Melker Annalen, s. *Annales Mellicenses*
Melker Marienlied 97, 99, 131, **134-137**, 140, 141f., 144, 459, 460
Die Messe 339, 341
Die Metamorphosen (Albrecht von Halberstadt) 534
Die Metamorphosen (Ovid) 160, 366, 367, 368
Metaphysik (Aristoteles) 367
Metellus von Tegernsee 44
Michael de Leone 261, 267, 473, 497
Michael, Gabriel (AH 50, Nr. 280) 208
Millstätter Genesis 109, **111f.**, 113, 454
Millstätter Handschrift **454**, 457, 574
Millstätter Interlinearversion **451-453**, 574, 582
Millstätter Sündenklage 100, 132, 454, 463
Millstätter Vers-Physiologus 112, **123f.**, 454
Milo 160
Mîn alter klôsenaere, von dem ich dô sanc 272
Die Minnesänger 339, 341, 346
Mir ist verspart der saelden tor 276
Missale im Codex Vindobonensis 13314 **97, 208**, 400

Missale Udalricum 46
Missus Gabriel de caelis (AH 54, Nr. 192) 402
Mole gravati criminum (AH 46, Nr. 130) 217
Mondseer Glossen 40
Mondsee-Wiener-Fragmente 38
Moriz von Craûn 489, 507
La Mort Artu 548
Mose ben Chisdai 569
Mose ben Maimon (Maimonides) 359
Mose ben Nachman 569
Münchner Oswald, s. *Oswald*
Muget ir schouwen waz dem meien 411
La Mule sans Frein 548
Mundi creator optime (AH 51, Nr. 97) 215
Mundus finem properans/ vergit ad occasum (CB 9*) 471
Murbacher Hymnen 452

Der nackte Bote 338
Der nackte Kaiser 539, 541, 542
Narratio de electione Lotharii in regem Romanorum 83f.
Narrenspiegel, s. *Speculum stultorum*
Nate, summe rex, utero (AH 52, Nr. 62) 401
Neidhart 221, 222, 262, **281-292**, 293, 294, 295, 296, 297, 299, 300, 328, 352, 353, 408, 413, 414, 483, 494, 532, 533, 535, 556, 580, 583, 584, 587, 590
Nemt, frouwe, disen kranz 271
Nibelungenlied 43, 44, 222, 249, 276, **304-314**, 316, 317, 319, 321, 323, 324, 328, 334, 444, 503, 518, 522, 523, 526, 528, 530, 580, 583, 584, 592
Niederalteicher Annalen, s. *Annales Altahenses*
Nigellus von Canterbury 344
Nikodemus-Evangelium, s. *Evangelium Nicodemi*
Notitia Arnonis 33
Notker (der Stammler) von St. Gallen 48, 95, 97
Novus Cato 161
Nû alrêst lebe ich mir werde, s. *Palästinalied*
Nû wil ich mich des scharpfen sanges ouch genieten 275

Oberalteicher Predigtsammlung 225, 226, 447
Ob ich mich selben rüemen sol 271
Ob ieman spreche, der nu lebe 273
Der von Obernburg 492, **493f.**
Österreichische Annalen, s. *Annales Austriaci*
Österreichischer Landfriede **229**, 585
Österreichische (Steirische) Reimchronik 304, 482, 502
Olim sudor Herculis (CB 63) 409
Omnis ager scripturarum (AH 9, Nr. 79) 401
Opto quod in seculum 472
Opusculum ad cardinales 67
Ordo de Ysaac et Rebecca et Filiis eorum Recitandus 442f.
Ordo episcoporum sanctae Tridentinae ecclesiae 395
Ordo inclusorum 117
Ordo iudiciarius (Altmann) 196
Ordo iudiciarius (Eilbert) 196
Ordo prophetarum (aus St. Martial/Limoges) 436
Ordo Rachelis, s. *Freisinger Ordo Rachelis*
Ordo sermonarius, s. *Predigtliturgie aus Kremsmünster*
Orendel 317
Organa leticie quondam resonabant 422
Origines 28, 77, 366
Orosius 28, 43, 159, 182
Or Sarua (Das ausgestreute Licht) 359, 360, 568
Ortnit 221, 532, 583
Ortnit AW 501, 502, **503-507**, 508, 509, 512
Ortnit W 502
Ossiacher Spiel 426
Ostergedicht, s. *Carmen paschale*
Oswald (Münchner) 317, 504, 506
Otfried von Weißenburg 49, 100, 103, 106
Otloh von St. Emmeram 49
Ottokar von Steiermark 304, 482, 502
Otto von Botenlauben 408, 497
Otto von Freising 61, 86, 139, 167, 170, 180, 182, 184, 185, 186, 188, 189, 195, 378, 383, 455, 578, 587
Ovid (Publius Ovidius Naso) 65, 87, 89, 158, 159, 160, 161, 175, 177, 178, 247, 366, 367, 368
Owê, hovelîchez singen 281
Owê, lieber sumer, dîner süeze bernden wünne 282
Owê war sint verswunden alliu mîniu jâr!, s. *Elegie*
Owê waz êren sich ellendet von tiuschen landen 278

Paien de Maisières 548
Palästinalied 278, 281, 410, 411
Pamphilus 160
Pange, lingua, gloriosi (AH 50, Nr. 66) 402
Pange, vox adonis (CB 6*) 472
Pantschatantra 542
Parise la Duchesse 510
Parzival 288, 294, 305, 334, 522, 529, 534, 543, 545, 546, 548, 551, 556, 558, 560, 562, 564, 565, 580
Passauer Annalen, s. *Annales Patavienses*
Passauer Anonymus 170-172, 342
Passio Afrae, s. *Conversio et Passio sancte Afre*
Das Passional 245
Passio sancti Blasii 198
Passio sancti Floriani 198, 213
Passio sancti Quirini 183
Passio sancti Vigilii 46, 173
Passio Thiemonis **85f.**, 378
Passio Thiemonis prosaica 86, 378
Paternoster, s. *Auslegung des Vaterunsers*
Paulinus von Aquileia 48
Paulus Diaconus 46, 48
Paulus (Iulius P.) 194
Pax Austriaca, s. *Österreichischer Landfriede*

Pax Bavarica 229
Peire Vidal 275, 589
Perceval en prose 548
Pergama flere volo (CB 101) 409
Persius (Aulus P. Flaccus) 36, 159, 160, 367, 368
Peter ben Joseph 568
Petrus Abaelard, s. Abaelardus
Petrus Alfonsi 361
Petrus Comestor 114, 121, 159
Petrus Damiani 121, 127, 136, 390
Petrus Lombardus 139, 158, 171, 365, 366, 377, 446, 577
Petrus Riga 159, 199, 200, 577
Petrus von Blois 268, 409, 421
Petrus von Wien 74, 167, **168-170**, 369, 585f.
Der Pfaffe Amis 221, **342-345**
Der Pfaffe mit der Schnur 541
Der Pfaffen Leben 340
Der Pfarrer von Kahlenberg 345
Pfeffel 301f.
Philipp der Kanzler 409, 421
Philipp von Harvengt 130
Philipp von Seitz 245
Physiologus (griech., lat.) 71, 124, 125, 131, 230, 367, 401, 454, 474
Physiologus Theobaldi 125, 367
Pilgrim von Passau 43, 188
Pindar(os) 85
Planctus ante nescia (AH 20, Nr. 199 = CB 14*) 427, 430, 431
Platon 161, 367
Plausu chorus laetabundo (AH 55, Nr. 6) 214
Plautus (Titus Maccius P.) 43, 91
Der Pleier 470, 547, **558-567**, 584, 591
Plinius (Gaius P. Secundus), der Ältere 123
Porphyrios 367
Potestate, non natura (AH 54, Nr. 96) 210
Le Povre Clerc 338
Praeloquia 129
Predigtkunst, s. *De arte praedicatoria*
Predigtliturgie aus Kremsmünster 164, **223**
Preislied (Walther von der Vogelweide) 273-275
Priscian(us) 28, 159, 367
Processus Luciferi 339
Prosa-Edda 307
Prosa-Lancelot 330, 548, 564
Prosavorrede des Straßburger Heldenbuchs 500, 522, 523
Prosper Aquitanus 43, 159, 160, 161, 367, 368
Protoevangelium des Jakobus 242
Prudenz (Aurelius Prudentius Clemens) 43, 87, 159, 160, 161, 367
Psalmenkommentar, s. *Tractatus in psalmos*
Pseudo-Beda 121
Pseudo-Dionysius Areopagita 77, 178, 203
Pseudo-Philo 114
Psychomachia 43, 87
Puschmann, Adam 281

Quan vei la flor e l'erba vert e la foilla 281
Quedlinburger Annalen 510

Querolus 43
La Quête du Saint Graal 548, 555
Quintilian (Marcus Fabius Quintilianus) 367
Quirinalia 44
Qui sunt isti (AH 54, Nr. 87) 403

Die Rabenschlacht 221, **321-324**, 325, 326, 502, 526, 531, 532, 575
Raber, Vigil 525
Rahewin von Freising 195, 197, 198, 204, 381, 386, 579
Raimund von Peñaforte 171
Rainer Sacconi 171
Raschi, s. Salomo ben Isaak
Rather von Verona 48, 129
Rationes dictandi 397
Ratio, qualiter renovata est vita monachorum 36
Das recken spil 525
Rector potens caeli, terrae, maris (AH 45b, Nr. 70) 217
Reden (Cicero) 367
Der Regensburger, s. Burggraf von Regensburg
Regino von Prüm 182, 189
Registrum Admontense 366
Regula Benedicti 105, 111, 122, 167
Die reiche Stadt 340
Reinhart Fuchs 345
Reinmar (der Alte) 222, 253, 255, 258, **261-266**, 268, 269, 270, 275, 300, 301, 408, 413, 417, 473, 484, 485, 493, 494, 497, 580, 583, 584
Reinmar der Fiedler 495
Reinmar von Brennenberg 496
Reinmar von Zweter **302f.**, 467, 473, 476, 587, 588
Relationes seniorum 203
Remedia amoris 160, 367
Remigius von Auxerre 367
Der Renner 477
Rennewart 334
Resurgenti tuo nato (AH 54, Nr. 229) 215
Rhetorica ecclesiastica 196
Rhythmus de casula Sancti Boni 246
Richard von St. Victor 89
Der Richter und der Teufel 338
Der Rietenburger, s. Burggraf von Rietenburg
Rituale aus St. Florian, s. *Rituale sancti Floriani*
Rituale sancti Floriani 145
Robert Biket 557
Rodulfus von Salzburg 383
Rolandslied 241, 315, 330, 332, 334, 583
Rolandus Passagerii 163
Roman d'Eneas 312
Roman de la Violette 487
Der Rosengarten zu Worms 502, 525, 532
Der Rosengarten zu Worms A 502, **520-525**, 526, 527, 528, 530, 531, 534, 591
Der Rosengarten zu Worms C 525
Der Rosengarten zu Worms D 502
Der Rosengarten zu Worms DP 524
Der Rosengarten zu Worms F 502, 525

Rothsche Predigtsammlung 225
Rubin **300f.**, 473
Rudolf von Ems 222, 245, 329, 345, 500, 545, 563, 585, 587
Rudolf von Fenis 473
Rudolf von Rotenburg 222
Rüdiger von Klosterneuburg 167, 203, 204, **209**, 219
Rumelant (Rumslant) von Sachsen 470, 472, 473, 477, 478
Ruodigerus 400
Ruodlieb 49, 204
Rupertsvita, s. *Vita Ruperti*
Rupert von Deutz 65, 70, 71, 73, 77, 127, 139, 159, 161, 191, 366, 446

Der von Sachsendorf 300
Sachsenspiegel 152
Sacra mundo fulget dies (AH 9, Nr. 69) 213
Sagt an, hêr Stoc, hât iuch der bâbest her gesendet 272
Sakramentenlehre, s. *De sacramentis*
Sallust (Gaius Sallustius Crispus) 160, 367
Salman und Morolf 317
Salomo ben Isaak (Raschi) 359
Salomo III. von Konstanz 49
Salutata coelitus (AH 9, Nr. 62) 402
Salve dies, dierum gloria (AH 54, Nr. 146) 218
Salve mater salvatoris (AH 54, Nr. 245) 402
Salve, martyr gloriose (AH 9, Nr. 208) 214
Salve porta (AH 53, Nr. 108) 208
Salve, proles Davidis (AH 54, Nr. 224) 211
Salve, regina misericordiae 217
Salve sancta virgo, sancta parens (AH 4, Nr.89) 401
Salvianus 75
Salzburger Annalen (*Annales ex annalibus Iuvavensibus antiquis excerpti*) 185, **394f.**
Salzburger Annalen, s. *Annales Iuvavenses maximi*
Salzburger Glossen 36
Salzburger Verbrüderungsbuch 29
Sammlung Pez, s. *Liber de miraculis sanctae Mariae*
Sancta virgo (AH 10, Nr. 83) 213
Der von Saneck 492, **493f.**
St. Galler (mittelrheinische) Passion 428
St. Georgenberger Annalen, s. *Annales Montis sancti Georgii*
Sankt Pauler Predigten 226-228
Saxo Grammaticus 318
Der von Scharpfenberg 292
Schild der Kanoniker, s. *Scutum canonicorum*
Das Schneekind 346
Schwäbische Weltchronik 189
Scutum canonicorum 73
Seckauer Gebete und Interlinearversionen **448-451**, 453, 582
Seckauer Mariensequenz 451, **458-461**, 586
Seckauer Wurmsegen 449
Secundus von Trient 46

Sedulius 43, 106, 107, 159, 160, 175, 367, 402
Seifried Helbling 304, 352, 354
Seneca (Lucius Annaeus S.), der Jüngere 91, 158, 159, 161, 335
Sententiae (Petrus Lombardus) 366
Sententiae Herimanni 366
Sentenzensumme, s. *Summa sententiarum*
Serlo von Wilton 89
Servius 43
Sicardus von Cremona 198
Si de more cum honore (CB 147) 413
Siebenzahl-Gedichte, s. *Von der Siebenzahl*
Siegfried von Laa 193f.
Sigeher, Meister 303f.
Sigenot 321, 500, 501
Sigillum beatae Mariae 136, 446
Sing ich dien liuten mîniu liet 474
Sî wunderwol gemachet wîp 296
Slâfest du friedel ziere? 254
Snorri Sturluson 307
Sold aber ich mit sorgen iemer leben 413
Solin (Gaius Iulius Solinus) 367
Der Sonnenburger, s. Friedrich von Sonnenburg
Sonnenburger Psalter-Fragmente 451
Speculum ecclesiae 163, 225, 235, 446
Speculum ecclesiae deutsch 225, 227
Speculum stultorum 344
Spervogel 271
Der von Stadeck 492, **493f.**
Statius (Publius Papinius S.) 36, 158, 159, 160, 368
Steinbuch 347
Steirische Reimchronik, s. *Österreichische Reimchronik*
Stetit puella (CB 177) 420
Stola iucunditatis (AH 54, Nr. 61) 402
Stolle 473
Straßburger Alexander 585
Der Stricker 221, 239, 240, 294, 305, **327-345**, 346, 347, 349, 350, 351, 354, 444, 467, 469, 470, 492, 519, 532, 533, 534, 535, 536, 537, 538, 542, 543, 558, 561, 562, 576, 580, 583, 584, 587, 588, 589, 590, 591
Südwestfälischer Psalter 452
Sulpicius Severus 75, 160, 175
Sumervar ist nu gar 485
Summa brevis 203
Summae trinitatis (AH 50, Nr. 279) 208
Summa Rolandina 163
Summa sententiarum 161, 366
Summa theologiae 455
Summa titulorum 398
Summa Zwettlensis **168-170**, 366
Summi regis mater virgo (AH 4, Nr. 47) 401
Supernorum civium (AH 10, Nr. 180) 97
Swaz ich nu niuwer maere sage 263
Swelch herze sich bî disen zîten niht verkêret 468
Swer giht, die guot den gernden geben 481
Symphosius (Caelius Firmianus S.) 43
Tageno 190

Talmud 170
Tandareis und Flordibel 559, 560, 561, **563f.**
Der Tannhäuser 295-300, 302, 348, 483, 580
Tegernseer Antichrist-Spiel, s. *Ludus de Antichristo*
Tegernseer Briefsammlung 49
Der Teichner 470
Tempus transit gelidum (CB 153-153a) 414-416
Terenz (Publius Terentius Afer) 36, 65, 90, 91, 159, 160, 367
Thebais 159
Theodul 159, 160, 161, 367, 368
Theodulf von Orléans 48
Theophilus-Vita, s. *Vita Theophili*
Thidrekssaga 307, 308, 309, 310, 311, 325, 327, 505, 510, 514, 515, 521, 522, 525, 526, 527, 534, 537, 537
Thietmar von Merseburg 82
Thomas-Apokalypse 121
Thomas Ebendorfer 188
Thomasin von Zerklaere 172, 221, 239, 271, 272, **334f.**, 341, 349, 355, 467, 581, 588
Thomas von Aquin 480
Timaios 161, 367
Titurel (Albrecht) 503, 556
Titurel (Wolfram von Eschenbach) 503, 562
Tractatus in psalmos 66, 68, 95
Tractatus in psalmum LXIV 66
Transit nix et glacies (CB 113) 413
Translatio sancti Hermetis 32
Trauergedicht auf die Grafen von Pitten 399
Trauergedichte auf Herzog Friedrich II. 422
Die treue Gattin 539f.
Tristan 261, 265, 266, 314, 474, 489, 511, 533, 543, 548, 565, 578, 580, 585
Tristrant 534
Les trois aveugles de Compiègne 344
Trojaroman 315
Tu es Petrus (AH 55, Nr. 285) 406
Tugend- und Lasterbäume, s. *Arbores virtutum et vitiorum*
Der Turse 328, 340

Über die Tröstung der Philosophie, s. *De consolatione philosophiae*
Ulpian (Domitius Ulpianus) 194
Ulrich Fuetrer 566
Ulrich von dem Türlin 334
Ulrich von Liechtenstein 222, 292, 300, 303, 349, 431, 466, **482-492**, 493, 494, 495, 496, 529, 530, 531, 539, 540, 584, 587, 589, 590, 591
Ulrich von Singenberg 497
Ulrich von Türheim 334
Ulrich von Völkermarkt 371, 392, 393, **398f.**
Ulrich von Zatzikhoven 519, 529, 545, 557
Der unbelehrbare Zecher 341, 346, 354, 536, 537, 538
Under der linden 281, 419
Unterredungen, s. *Collationes*
Unterredung zweier Mönche, s. *Dialogus duorum monachorum*

Utar contra vitia (CB 42) 409
Utrum Christus homo sit Filius Dei et Deus natura an gratia 66f.

Vacillantis trutine (CB 108) 409
Venantius Fortunatus 160, 402
Veni, veni, venias (CB 174-174a) 418
Verbum aeternaliter (AH 50, Nr. 272) 208
Verbum Dei, Deo natum (AH 55, Nr. 188) 403
Verbum sapientiae (AH 55, Nr. 46) 209
Verduner Altar **201-203**, 574
Vere dulci mediante (CB 158) 419
Der verflogene Falke 340
Vergil (Publius Vergilius [Virgilius] Maro) 36, 43, 65, 85, 89, 90, 158, 159, 160, 161, 178, 197, 200, 312, 367, 368
Veritas veritatum (CB 21) 409
Versa est in luctum (CB 123) 409
Vers de la mort 238
Versus de beata virgine 198
Versus decretales 195
Versus de Innocentio IV. et Friderico II. 207
Versus de primis fundatoribus Zwetlensis monasterii 203
Verteidigungsschrift gegen Folmar, s. *Apologeticus contra Folmarum*
Die verzagten aller guoten dinge 271
Victimae paschali laudes (AH 54, Nr. 7) 93, 220
Die vier Evangelisten 341
Viertes Buch Esra 121
Le Vilain de Bailleul 338
Vil süeze waere minne 278
Virent prata hiemata (CB 151) 411
Virgil von Salzburg 29, 30, 31, 32, 48
Virginal 321, 500, 501
Virgo parit labe carens (AH 54, Nr. 235) 215
Virgo quedam nobilis (CB 184) 420
Virgo restauratrix mundique (AH 46, Nr. 106) 406
Visio Tnugdali (Tundali) 82, 237
Visitatio sepulchri Iuvavensis 93
Visitatio sepulchri Mellicensis 91
Visitatio sepulchri Seckowiensis 92
Vita Adalberonis **175-177**, 181, 573
Vita Alrunae 177
Vita Altmanni 54, **80-82**, 83, 139, 144, 174
Vita beatarum Salomes et Iudith **178f.**, 580
Vita beati Bertholdi abbatis coenobii Garstensis, s. *Vita Bertholdi*
Vita Bertholdi 174f., 573
Vita Brandani 366
Vita Chuonradi 378, **379f.**
Vita Columbani 173
Vita Corbiniani 32
Vita cuiusdam magistrae monialium Admuntensium 74
Vita des Erzbischofs Gebhard von Salzburg, s. *Vita Gebehardi*
Vita des hl. Columban, s. *Vita Columbani*
Vita des hl. Valentin, s. *Vita Valentini*
Vita Eberhardi **380f.**, 382

Vitae et miracula sanctorum Iuvavensium Virgilii, Hartwici, Eberhardi 381-383
Vita et miracula sancti Adelpreti 388, 392
Vita Gebehardi **79f.**, 85, 366, 378
Vita Gebehardi et successorum eius **378**, 383
Vita Hartmanni **383-386**, 395, 408
Vita Karoli Magni 333
Vitalis von Blois 160
Vita Mariani 173
Vita Martini 175
Vita Maximiliani 188
Vita Ruperti 30, 32, 80
Vita Salomes et Judith, s. *Vita beatarum Salomes et Iudith*
Vita sanctae Alrunae, s. *Vita Alrunae*
Vita sancti Adalberonis, s. *Vita Adalberonis*
Vita Severini 43, 81, 82, 188
Vitaspatrum (*Vitae patrum*) 105, 172, 173, 366
Vita Theophili 198, 204
Vita Valentini 173
Vita Wirntonis 175
Vita Wirnts, des Abtes von Formbach, s. *Vita Wirntonis*
Vite perdite (CB 31) 409
Voce tristi causam tristicie 423
Völsunga saga 307
Volez oir muse Muset 299
Volmar 347
Vom Aufspüren des Antichrist, s. *De investigatione Antichristi*
Vom heiligen Geist 339
Vom Lob des Glaubens, s. *De laude fidei*
Vom Mongoleneinfall, s. *De invasione Tatarorum*
Vom Priesterleben **233-239**, 246
Vom Rechte 100, **128-130**, 132, 141, 142, 143, 145, 454, 588
Von bösen Frauen 339, 341, 534, 588
Von den Ereignissen der Heilsgeschichte, s. *De spiritalis historiae gestis*
Von den Neuerungen dieser Zeit, s. *De novitatibus huius temporis*
Von der Einteilung der Wirklichkeit, s. *De divisione naturae*
Von der Erinnerung an den Tod **234-237**, 238, 239, 241, 246, 581
Von der Errichtung und Zerstörung des Klosters in Mondsee, s. *De constructione vel deconstructione claustri in Maense*
Von der Hoffart 339
Von der Siebenzahl 101, 126, **127**, 230
Von der Siebenzahl (Arnolt) 127, 456
Von fünf Siebenzahlen, s. *De quinque septenis*
Von Gottes Gebäude, s. *De aedificio Dei*
Von Ruhm und Ehre des Menschensohnes, s. *De gloria et honore Filii hominis*
Vorauer Balaam **115f.**, 135, 455
Vorauer Beichte 35
Vorauer Bücher Mosis 100, 101, 109, **112-116**, 132, 134, 142
Vorauer Gebet einer Frau 456, **457f.**
Vorauer Genesis 112, 114, 455

Vorauer Handschrift 443, **454-456**, 457, 574
Vorauer Joseph **113**, 455
Vorauer Kaiserchronik 226
Vorauer Marienlob **115**, 116, 134, 144, 455, 459, 460
Vorauer Moses **113**, 455
Vorauer Spiel von Isaak, Rebekka und ihren Söhnen, s. *Ordo de Ysaac et Rebecca et Filiis eorum Recitandus*
Vorauer Sündenklage **132f.**, 134, 135, 141, 144, 456, 457

Wachsmut von Künzich 473
Der wahre Freund 336, 337
Die Wahrheit **131f.**, 142, 455, 456
Walahfrid Strabo 48, 50
Der Waldschratt 337
Waltharius 368, 525, 526, 530
Walther und Hildegund 502, **525-527**
Walther von Châtillon 409, 418, 421, 578
Walther von der Vogelweide 222, 240, 253, 259, 261, 262, 263, **267-281**, 285, 286, 287, 288, 289, 290, 291, 293, 294, 296, 297, 300, 301, 302, 303, 328, 341, 347, 354, 355, 408, 411, 413, 419, 437, 463, 466, 467, 468, 469, 470, 473, 475, 476, 477, 479, 484, 485, 493, 494, 495, 497, 580, 583, 584, 586, 587, 588, 589, 591, 592
Walther von Metz 496-498
Walther von Speyer 36, 43
Die Warnung **239-241**, 246, 260, 349, 581, 588, 589
Der Wartburgkrieg 518
Der Weinschwelg 346, 532, **535-538**, 584
Das weiße Tuch 339
Der Welsche Gast 172, 221, 271, 272, **334f.**, 341, 348, 581
Weltchronik (Jans Enikel) 587
Weltchronik (Rudolf von Ems) 222, 587
Wernher, Bruder 303, 322, **465-470**, 476, 492, 584, 588, 589
Wernher der Gärtner 324, **350-356**, 470, 474, 558, 580, 587, 588
Wernher, Priester 221
Widukind von Corvey 48, 510
Wiener Exodus 101
Wiener Genesis 101, **102-113**, 121, 122, 142, 143
Wiener Handschrift, s. *Codex Vindobonensis 2721*
Wiener Hundesegen 37
Wiener (bairisches) Passionsspiel 429, 431
Wiener Predigtbruchstücke 225
Wigalois 329, 511, 515, 543, 544, 545, 547, 548, 554, 556, 558, 565
Der Wildonier, s. Herrand von Wildon
Wilhelm von Conches 335, 578
Wilhelm von Peyraut 171, 491
Wilhelm von Poitou 252
Willehalm 287, 305, 324, 333, 334, 506, 559, 564
Willehalm von Orlens 245, 329, 500, 545, 563
Windberger Psalter 451f.
Der Winsbecke 348, 349

665

Wipo von Burgund 48, 93, 97, 220
Wîp unde vederspil, die werdent lîhte zam 251
Wirnt von Grafenberg 329, 511, 529, 543, 548, 564
Wolfdietrich 532, 583
Wolfdietrich A 501, 502, 503, 504, 505, 507, 545
Wolfdietrich B 512
Wolfdietrich C 512
Wolfdietrich D 512
Wolfdietrich K 508, 509
Wolfger von Prüfening 173
Wolfram von Eschenbach 287, 294, 305, 324, 333, 334, 349, 353, 444, 495, 503, 506, 534, 543, 545, 546, 547, 550, 556, 558, 559, 562, 564, 566, 592
Wolf und Geiß 346
Wol mich der stunde, dâ ich sie erkande 281
Der Wunderer 502

Ysagoge iuris 196

Das Zweite Büchlein 487
Zwettler Annalen, s. *Annales Zwettlenses*
Zwettler Passional 173
Zwettler Stiftungsbuch 203
Zwettler Summe, s. *Summa Zwettlensis*